Kalt- und Warmhauspflanzen

Acalypha hispaniolae

Kalt- und Warmhauspflanzen

Arten, Herkunft, Pflege und Vermehrung
Ein Handbuch für Liebhaber und Fachleute

Von Dr. h.c. Fritz Encke, Greifenstein

Unter Mitarbeit von Prof. Alfred Feßler, Freising
Dr. Erich Götz, Hohenheim, Klaus Hesselbarth, Kiel
Dr. Hans-Werner Opitz †, Frankfurt a. M., Walter Vöth, Mödling

Zweite, völlig neubearbeitete, erweiterte und
neugestaltete Auflage mit 438 Farbfotos
und 166 Schwarzweißfotos

CIP-Titelaufnahme der Deutschen Bibliothek

Encke, Fritz:
Kalt- und Warmhauspflanzen : Arten, Herkunft, Pflege u.
Vermehrung ; e. Handbuch für Liebhaber u. Fachleute / von
Fritz Encke. Unter Mitarb. von Alfred Feßler ... - 2., völlig
neubearb., erw. u. neugestaltete Aufl. - Stuttgart : Ulmer, 1987
  ISBN 3-8001-6191-5

Das Werk einschließlich aller seiner Teile ist urheberrechtlich
geschützt. Jede Verwertung außerhalb der engen Grenzen des
Urheberrechtsgesetzes ist ohne Zustimmung des Verlages
unzulässig und strafbar. Das gilt insbesondere für Verviel-
fältigungen, Übersetzungen, Mikroverfilmungen und die
Einspeicherung und Verarbeitung in elektronischen Systemen.

© 1968, 1987 Eugen Ulmer GmbH & Co.
Wollgrasweg 41, 7000 Stuttgart 70 (Hohenheim)
Printed in Germany
Umschlaggestaltung: Alfred Krugmann, Freiberg am Neckar
Satz: Typobauer, Filmsatz GmbH, Ostfildern-Scharnhausen
Druck: Offsetdruckerei Karl Grammlich GmbH, Pliezhausen
Bindung: G. Lachenmaier, Reutlingen

Inhaltsverzeichnis

Vorwort 6
Allgemeine Kulturanweisungen 8

Behandelte Familien

Acanthaceae 32
Agavaceae 47
Aizoaceae 53
Amaranthaceae 73
Amaryllidaceae 74
Anacardiaceae 81
Apocynaceae 82
Araceae 87
Araliaceae 102
Araucariaceae 106
Aristolochiaceae 107
Asclepiadaceae 107
Balsaminaceae 115
Basellaceae 117
Begoniaceae 117
Berberidaceae 122
Bignoniaceae 123
Bixaceae 123
Bombacaceae 124
Boraginaceae 124
Bromeliaceae 125
Buddlejaceae 141
Byblidaceae siehe
    Insektivoren 266
Cactaceae 141
Campanulaceae 187
Capparaceae 190
Caprifoliaceae 190
Casuarinaceae 191
Cephalotaceae siehe
    Insektivoren 270
Chloranthaceae 192
Cistaceae 193
Clethraceae 193
Cneoraceae 194
Commelinaceae 194
Compositae 199
Convolvulaceae 209
Cornaceae 209
Corynocarpaceae 210
Crassulaceae 211
Cucurbitaceae 219
Cunoniaceae 220
Cupressaceae 220
Cuscutaceae 221
Cycadaceae 221
Cyclanthaceae 222
Cyperaceae 223

Daphniphyllaceae 224
Didiereaceae 225
Dilleniaceae 225
Dioscoreaceae 226
Droseraceae siehe
    Insektivoren 270
Elaeagnaceae 227
Elaeocarpaceae 227
Epacridaceae 228
Ericaceae 229
Euphorbiaceae 235
Gentianaceae 244
Geraniaceae 245
Gesneriaceae 248
Gramineae 261
Guttiferae 263
Haemodoraceae 263
Hamamelidaceae 264
Hypoxidaceae 264
Insektivoren 266
Iridaceae 292
Labiatae 293
Lauraceae 297
Leeaceae 298
Leguminosae 298
    Mimosoideae 298
    Caesalpinioideae 301
    Faboideac 302
Lentibulariaceae siehe
    Insektivoren 279
Liliaceae 308
Linaceae 324
Loganiaceae 324
Lowiaceae 325
Lythraceae 325
Malpighiaceae 326
Malvaceae 327
Marantaceae 330
Melastomataceae 333
Melianthaceae 339
Moraceae 340
Musaceae 345
Myoporaceae 348
Myrsiniaceae 349
Myrtaceae 350
Nepenthaceae siehe
    Insektivoren 283
Nyctaginaceae 356
Nymphaeaceae 357
Ochnaceae 359
Oleaceae 359
Onagraceae 361
Orchidaceae 363

Orobanchaceae 439
Oxalidaceae 440
Palmae 441
Pandanaceae 447
Passifloraceae 448
Phytolaccaceae 452
Piperaceae 452
Pittosporaceae 454
Plumbaginaceae 456
Polemoniaceae 456
Polygalaceae 458
Polygonaceae 458
Pontederiaceae 460
Portulacaceae 461
Primulaceae 462
Proteaceae 463
Pteridophyta 466
Punicaceae 489
Rhamnaceae 489
Roridulaceae siehe
    Insektivoren 287
Rosaceae 490
Rubiaceae 494
Rutaceae 503
Sapindaceae 507
Sarraceniaceae siehe
    Insektivoren 289
Saxifragaceae 507
Scrophulariaceae 509
Solanaceae 516
Sterculiaceae 522
Taccaceae 525
Theaceae 525
Theophrastaceae 527
Thymelaeaceae 527
Tiliaceae 529
Tropaeolaceae 530
Turneraceae 531
Urticaceae 531
Verbenaceae 533
Violaceae 535
Vitaceae 536
Winteraceae 539
Zingiberaceae 539

Empfehlenswerte Bücher 546
Pflanzen-Gesellschaften 547
Bildquellen 547
Deutsche Pflanzennamen 548
Wissenschaftliche Pflanzennamen 550

Vorwort

Aus der 1. Auflage

Der Kreis von Menschen, der ein kleines Gewächshaus sein eigen nennt, vergrößert sich von Jahr zu Jahr. Dies läßt sich aus dem steigenden Angebot verschiedenster Kleingewächshäuser ablesen, aber auch aus dem zunehmenden Platz, den viele Zeitschriften der Liebhaberei, Pflanzen im Gewächshaus zu ziehen, einräumen. Sinn dieses Buches nun ist es, den Liebhabern die Vielfalt dessen vor Augen zu führen, was man in einem Kleingewächshaus ziehen kann. Dabei ist der Bogen weit gespannt worden, denn praktisch behandelt diese Schrift alles, was an schönen und interessanten tropischen und subtropischen Pflanzen heute noch gezogen wird und wert ist, auch außerhalb öffentlicher botanischer Sammlungen von Pflanzenliebhabern im Kleingewächshaus gezogen zu werden. Es ist also in ihm all das enthalten, was in der Fachsprache seit hundert Jahren mit dem Ausdruck »Kalt- und Warmhauspflanzen« bezeichnet wird. Es fehlen lediglich drei große Pflanzenfamilien – Orchideen, Kakteen, Mesembryanthemaceen –, über die eine reiche Spezialliteratur auch für den Liebhaber vorliegt.

Es macht einen großen Unterschied, ob der Erwerbsgärtner von bestimmten Pflanzenarten hundert, tausend oder hunderttausend Stück in eigens dafür hergerichteten Gewächshäusern kultiviert oder ob Liebhaber und botanische Gärtner auf beschränktem Raum zusammen mit einer Vielzahl anderer Pflanzen drei, vier oder fünf Stück einer Art ziehen. Dem trägt dieses Buch Rechnung. Es schildert nicht die Kulturmethoden, die der Erwerbsgärtner anwenden muß, sondern wendet sich ganz ausgesprochen an den Pflanzenliebhaber, der ein Kleingewächshaus besitzt, das er befriedigend ausnutzen will, darüber hinaus aber auch an den botanischen Gärtner, der die Aufgabe hat, auf geringem Raum eine Vielzahl von Pflanzenarten ziehen zu müssen. Auch der Erwerbsgärtner aber wird über so manche Pflanze, die in seinen Kulturen fehlt, hier erste Informationen schöpfen, ja sich über Wert oder Unwert für seine Zwecke und Möglichkeiten klar werden können.

Haemanthus coccineus

Pflanzenliebhaber, botanische Gärtner, mehr am Rande auch Erwerbsgärtner wurden als Leser dieses Buches genannt. In einem Winkel seines Herzens aber dachte der Verfasser noch an einen weiteren Leserkreis, an die Jugend des Berufes nämlich. Sie sollte sich bemühen, aus der Einseitigkeit herauszukommen. Sie sollte wissen, daß es neben aller unumgänglichen Spezialisierung zur gärtnerischen Allgemeinbildung gehört, auch andere Pflanzen zu kennen, nicht weil es größeren wirtschaftlichen Erfolg verspricht, sondern weil es ganz einfach den Gesichtskreis weitet. Eine interessante Erscheinung unserer Zeit liegt darin, daß die Pflanzenkenntnis der Berufsgärtner abnimmt, die der Laien sich aber ganz erheblich vergrößert. Ein Hauptgrund dafür sind die weiten Reisen in ferne Länder mit fremdartiger Vegetation, die aufgeschlossenen Menschen neues Wissen vermittelt, ein Wissen, das bei steigender Reiselust eher zu- als abnehmen wird.

Das Wort allein kann nur unvollkommen etwas über Aussehen und Gestalt einer Pflanze aussagen. Deshalb wurde versucht, möglichst viele und verschiedenartige Vertreter der hier behandelten Pflanzenfamilien im Bilde vorzuführen.

Bei der Vielfalt der aufzunehmenden Pflanzenarten konnte manches nur stichwortartig behandelt werden. Ausführliche Literaturangaben erleichtern weiteres Studium. Wem dann aber noch Fragen offen bleiben, der schreibe an den Verfasser, der versuchen wird, sie zu beantworten.

Fritz Encke
Frankfurt a.M., Sommer 1968

Zur 2. Auflage

Für Verfasser und Verlag ist es eine große Freude, daß nach 20 Jahren eine weitere Auflage dieses Werkes erscheinen kann.

Außer den eigentlichen Kalt- und Warmhauspflanzen, bei denen sich die Zahl der behandelten Gattungen und Arten weiter vermehrt hat, wurden nun auch die großen Gruppen der Orchideen, Kakteen und Mittagsblumengewächse, ebenso ein Kapitel »Allgemeine Kulturanweisungen« aufgenommen. Dafür wie auch für die Bearbeitung der heute so beliebt gewordenen Insektivoren konnten besonders erfahrene Mitarbeiter gewonnen werden. Es behandelten Erich Götz die Kakteen, Klaus Hesselbarth die Mittagsblumengewächse, Hans-Werner Opitz die Insektivoren und Walter Vöth die Orchideen. Die »Allgemeinen Kulturanweisungen« steuerte Alfred Feßler bei. Ihnen danke ich ganz besonders.

Sehr dankbar bin ich auch den Fotografen, die ausgesuchtes Bildmaterial beigesteuert, teilweise sogar eigens für dieses Buch Aufnahmen gemacht haben (wie E. Morell im Frankfurter Palmengarten). Die Namen der Bildautoren sind bei den Bildquellen am Ende des Buches verzeichnet.

Mein herzlicher Dank gilt auch dem Verleger, Herrn Roland Ulmer, der zu einer wesentlich erweiterten und neugestalteten zweiten Auflage drängte, und seinen Mitarbeitern.

Alles Grundsätzliche zu diesem Buch wurde schon im Vorwort zur ersten Auflage gesagt. Dem ist nur ein Hinweis zu den jetzt aufgenommenen Einführungsdaten der Pflanzen hinzuzufügen. Diese sind nur als ungefähre Angaben zu betrachten, da sie lediglich den Zeitpunkt nennen, zu dem die Namen der betreffenden Pflanzen erstmals in Schriften der verschiedensten Art auftauchen.

Mancher wird nach Bezugsquellen für die in diesem Buch behandelten Pflanzen fragen, vor allem wenn er erst am Beginn einer Sammlung steht und sich noch nicht so recht auskennt. Vor 20 Jahren war es noch vertretbar, dem Leser eine halbwegs überschaubare Aufstellung anzubieten, ohne allzuviele Lieferanten auszulassen. Das ist

Columnea gloriosa 'Purpurea'

aber heute, angesichts der außerordentlich gewachsenen Pflanzenliebhaberei und den entsprechend stark verbreiteten und z.T. sehr spezialisierten Pflanzenangeboten, nicht mehr möglich – und auch nicht mehr nötig. Wenn der Pflanzenfreund trotz aller Mühe bei den ihm naheliegenden Adressen nicht weiterkommt, muß er wie jeder echte Sammler den Kontakt zu den Spezialisten suchen, die nicht selten nur im Ausland zu finden sind. Dabei kann auch der Weg über die am Schluß des Buches aufgeführten Pflanzengesellschaften zum Ziel führen oder – noch eher – der Austausch mit gleichgesinnten Pflanzenliebhabern.

In den Jahren seit Erscheinen der ersten Auflage erreichten mich viele Fragen und Anregungen aus dem Leserkreis, für die zu danken mir ein besonderes Bedürfnis ist. Auch weiterhin bin ich gerne bereit, offen gebliebene Fragen zu beantworten.

Dr. h.c. Fritz Encke
Greifenstein i. Westerwald
Frühjahr 1987

Allgemeine Kulturanweisungen

Von Prof. Alfred Feßler, Freising-Weihenstephan

Samenvermehrung

Von Urlaubsreisen werden vielfach die Samen von Tropen- und Subtropenpflanzen mitgebracht. Nur bei frisch geerntetem Saatgut ist mit einer hohen Keimfähigkeit zu rechnen. Bei den grünen Kaffeebohnen läßt die Keimkraft nach zwei Monaten nach. Wer auf längeren Ferienreisen die Keimfähigkeit der Bohnen erhalten will, sollte die roten »Kaffeekirschen« in angefeuchtetes Holzkohlenpulver legen. Dadurch läßt sich die Lebensfähigkeit des Embryos um zwei Monate verlängern. In jedem Fall müssen vor der Aussaat der keimhemmende fleischige Teil und die feine Pergamentschale von den Bohnen entfernt werden. Bei 30° werden die Bohnen nach vier Wochen auf dem Weg der epigäischen Keimung über die Erde gehoben, und nach weiteren vier Wochen entfalten sich die Keimblätter.

Eine samenechte Vermehrung etlicher tropischer und subtropischer Nutzpflanzen ist nur bei Wildformen möglich. Die haselnußgroßen weichen Kerne von den frisch geernteten süß-säuerlichen Früchten der Wollmispeln keimen bereits nach 8 bis 10 Tagen. Von den Zitronatzitronen, den Sauren Limetten und den Pampelmusen erscheinen die Sämlinge im Warmhaus nach zwei Wochen, nach weiteren zwei Wochen können die Sämlinge eingetopft werden, und nach fünf Jahren fruchten die Pflanzen. Aus den Samen der ungezählten Apfelsinen-, Zitronen- oder Grapefruit-Sorten sind nur Wildlinge zu erwarten, die höchst selten genießbare Früchte tragen. Auch eine Aussaat der samentragenden Bananen ist nicht schwierig. Die verhältnismäßig großen Kerne werden einzeln in 6- bis 9-cm-Töpfe gelegt. Nach dem Durchwurzeln des Topfballens kommen sie in 10- bis 11-cm-Töpfe, von diesen in 13- bis 14-cm-Pflanzgefäße und später in den vorgesehenen Kübel. Auch die Anzucht des Granatapfelbaumes, von *Callistemon citrinus*, *Dracaena draco*, *Lagerstroemia indica* oder des Rosmarins bereitet keine Schwierigkeiten. Nur der Rosmarin geht langsam und häufig schlecht auf. Seine Keimdauer beträgt etwa vier Wochen.

Wenn die Möglichkeit besteht, Palmen-Saatgut zu bekommen, wird der Samen sofort nach dem Eintreffen der Sendung ausgelegt. Bis zur Aussaat beläßt man die Beeren und Steinfrüchte in ihrer fleischigen oder faserigen Hülle. Wenn die sehr kurz keimfähigen *Howeia* und *Phoenix* nicht sofort ausgesät werden können, bettet man die Samen schichtweise in feuchten Sand. Nach dieser Stratifikation keimen die meisten Palmsamen ohne Verzögerung. Vor der Aussaat kann das *Phoenix*-Saatgut auch zwei Tage in 35° warmes Wasser eingeweicht werden. Den vorhandenen Samen legt man einzeln in 6- bis 8-cm-Töpfe. In einem humosen Substrat aus Einheitserde P oder TKS 1 wird das Saatgut leicht überdeckt. Die Palmsaaten dürfen auf keinen Fall austrocknen. Bei einer Temperatur von 25 bis 30° beginnen die *Chamaedorea*-Arten sehr rasch zu keimen. Die *Howeia*- und *Phoenix*-Samen laufen dagegen sehr unregelmäßig auf. Bei *Howeia* muß bis zur Keimung der letzten Samenkörner ein halbes Jahr gewartet werden.

Bisweilen liefern die Pflanzen kein ergiebiges Stecklingsmaterial oder sie lassen sich vegetativ schlecht vermehren. In den einschlägigen Fachgeschäften wird von den nicht kletternden Philodendron-Arten und anderen Gattungen Saatgut angeboten. Bei voller Reife sind die Philodendron-Samen etwa vier Wochen keimfähig. Unmittelbar nach dem Eintreffen des Saatgutes wird ausgesät. Unbedeckt im Licht läßt sich die Keimzeit verkürzen. Sie benötigen zwischen 12 und 20 Tage. Ein Gramm Philodendron-Saatgut enthält etwa 750 Korn. Bei einem Bedarf von 1000 Pflanzen sind drei Gramm Samen erforderlich. Von dem außerordentlich feinkörnigen Saatgut der Gloxinien wird von einer Pflanze nur ein halbes Gramm geerntet, was etwa 15 000 Einzelsamenkörnern entspricht. Für 1000 Gloxinien würden somit 0,033 g Samen ausreichen. Während der Anzucht ist mit einem so großen Ausfall zu rechnen, daß man für 1000 Pflanzen von der drei- bis sechsfachen Menge ausgeht. Bei der Feinheit des Saatgutes wird erst gar nicht versucht, mit Erde abzudecken. Man drückt die Aussaaten nur leicht an und legt gegen ein rasches Austrocknen Glasscheiben auf, die bei Sonneneinstrahlung noch einen Seidenpapierschutz erhalten. Bei einer Temperatur von 25 bis 30° erscheinen die Keimlinge nach 14 Tagen. Die Sämlinge sind nach vier Wochen immer noch so klein, daß man zum Fassen ein »Pikiergäbelchen« verwenden muß. Gelegentlich ist auch eine Aussaat anderer Tropen- und Subtropenpflanzen möglich, aber nicht immer zu empfehlen. Die Sämlingspflanzen gefüllter Sorten bringen dabei einfache Blüten hervor oder sind sehr blühfaul.

Stecklingsvermehrung

Eine Stecklingsvermehrung ist während des ganzen Jahres möglich. Um früh- und reichblühende Nachzuchten zu bekommen, dürfen keine blühfaulen Mutterpflanzen Verwendung finden. Ganz allgemein neigen bei der Zimmerlinde die Stecklinge der oberen Region eher zum Blühen, während die starkwachsenden Bodentriebe blühfaule Pflanzen ergeben. Von Blütentrieben geschnittene Ableger bringen schon als Jungpflanzen einen reichen Winterflor zur Entfaltung. Von den Passionsblumen (*Passiflora caerulea*, *P.* × *decaisneana* u.a.) sollte man zur Stecklingsvermehrung nur Seitentriebe mit zwei oder drei Blattpaaren abtrennen. Die Kopftriebe langer Ranken kommen kaum zum Blühen. Myrtenableger (*Myrtus communis*) werden nur von guten Blühern genommen. Bevorzugt findet die »Hamburger Brautmyrte« Verwendung.

Bei vielen Arten ist das Schneiden von Blattstecklingen die einfachste Vermehrungsmethode. Begonien, Usambaraveilchen und Peperomien mit grundständigen Blättern können ohnehin nur aus Blattstecklingen vermehrt werden.

Pflanzen, die in schattigen Vorräumen, Treppenaufgängen und in dunklen Zimmerecken, in lufttrockenen Räumen oder bei zu kühlen Überwinterungstemperaturen nahezu alle unteren Blätter verloren haben, werden im Frühjahr verjüngt. Den Zimmer-Philodendron schneidet man auf seine halbe Länge zurück und pflanzt den Kopftrieb mit den Luftwurzeln in einen nicht zu großen Topf. Triebspitzen der

Strauchbegonien, von Acalyphen, *Codiaeum*, Buntnesseln, Pileen oder Zimmerlinden, die beim Rückschnitt in der Länge von 5 bis 15 cm anfallen, werden als Stecklinge verwendet. Um reich verzweigte Pflanzen zu erhalten, entspitzt man im Frühjahr auch *Allamanda cathartica*, die *Cissus*-Arten, *Clerodendrum splendens* und *C. thomsoniae*, die Wachsblumen, die Passionsblumen, die *Piper*-Arten und *Stephanotis floribunda*. Die anfallenden Kopftriebe bewurzeln sich bei einer Bodenwärme von 25 bis 30° nach fünf bis sechs Wochen. Wenn sich unter den *Abutilon*-Sämlingen auffallend schöne Formen befinden, lassen sie sich durch Stecklinge erhalten. Ausgereifte Kopftriebe ergeben auch bei den Daturen, dem Rosmarin, der Bleiwurz, den Myrten und dem Japanischen Spindelstrauch das beste Stecklingsmaterial. Die Ausbeute durch Kopfstecklinge ist bei *Aucuba japonica* und den Daturen so gering, daß voll ausgereifte Blätter mit Trieben gesteckt werden. Von *Callistemon citrinus* läßt sich die Sorte 'Splendens' nur durch Stecklinge vermehren. Von *Nerium oleander* können die kräftigsten Triebe schon etwas verholzt sein, und bei den Calamondin-Zierapfelsinen wird – wie bei allen Citrus-Arten – im Bereich eines Knotens durch das ausgereifte Holz ein schräger Längsschnitt gemacht. Von *Erythrina crista-galli* und *Cassia corymbosa* trennt man gut ausgereifte Stecklinge mit etwas Holzansatz (Fuß) von den Mutterpflanzen ab. Die krautigen Stecklinge würden ohne altes Holz sehr leicht faulen. Die Wurzeln junger Pflanzen sind sehr brüchig. Man steckt sie deshalb in 5- bis 7-cm-Kunststoff-, Gitter- oder Tontöpfe. Dabei kommen je nach Größe ein bis zwei Stecklinge in einen Topf. Durch die Behandlung der Schnittflächen mit einem Bewurzelungshormon wird, zumindest bei den schwerwurzelnden Gattungen, das Anwachsergebnis verbessert.

Wenn die Schlinger und Hänger zu groß geworden sind, läßt sich mit dem Messer Ordnung schaffen. Man zerschneidet sie in Teilstücke mit zwei bis drei Blättern und steckt drei bis fünf Ableger in einen kleinen Topf. Lianenartige Vertreter mit Luftwurzeln machen es uns sehr leicht. Das Verjüngen der Vanille, von *Epipremnum pinnatum* (*Scindapsus aureus*), *Philodendron*- und *Syngonium*-Arten ist keine Kunst. Die Pflanzen können in jeder beliebigen Länge abgeschnitten und mit ihren Luftwurzeln eingepflanzt werden. Ergiebig ist bei den Philodendron-Arten auch eine Vermehrung aus Stammstecklingen. Sie beanspruchen allerdings eine drei bis sechs Monate längere Kulturzeit. Man schneidet die Stammstücke in einer Länge zwischen fünf und zehn Zentimetern. Jeder Steckling hat ein bis zwei Augen. Man legt sie waagrecht mit oder ohne Blätter nach oben. Als Vermehrungssubstrat wird bevorzugt ein Torfkultursubstrat verwendet.

Bewurzelungshormone

Eine Anwendung von Bewurzelungshormonen auf der β-Indolyl-Essigsäure-Basis, wie z.B. Wurzelfix oder Rhizopon, das Naphtylessigsäure enthält, ist fast nur bei verholzten Stecklingen erforderlich. Bei krautigen Pflanzen ist eine Anwendung meist schädlich. Durch die Verwendung von Bewurzelungshormonen wird das Anwachsergebnis bei den Stecklingen folgender Pflanzen verbessert:

Bougainvillea, Bougainvillea
Brunfelsia, Brunfelsie
Callistemon, Zylinderputzer
Campanula isophylla, Glockenblume
Citrus, Zitrusfruchtbäumchen
Cytisus, Geißklee, Ginster
Ficus elastica, Gummibaum
Ficus lyrata, Geigenfeige
Hibiscus rosa-sinensis, Chinesischer Roseneibisch
Stephanotis floribunda, Kranzschlinge

Auch die Stecklinge von

Acalypha, Katzenschwanz
Beloperone, Spornbüschchen
Camellia, Kamelie
Codiaeum, Kroton
Corokia, Zickzackstrauch
Dizygotheca, Fingeraralie
Erica, Erika
Eriobotrya, Wollmispel
Erythrina, Korallenstrauch
Eucalyptus, Fieberheilbaum
Grevillea, Australische Silbereiche
Medinilla, Medinille
Nepenthes, Kannenpflanze
Punica, Granatapfel
Rhododendron, Azalee

bewurzeln sich nicht leicht. Es empfiehlt sich, auch da ein Bewurzelungshormon einzusetzen. Oft dauert es mehrere Wochen, bis sich an den Schnittstellen Kallus bildet.

Rhizopon 0,1 % oder AK 0,5 %
Rhizopon B 02
Rhizopon B
Rhizopon A 07 und B 01
Wurzelfix
Wurzelfix
Wurzelfix, Seradix oder Rhizopon
Wurzelfix, Seradix oder Rhizopon

Wurzelfix, Seradix oder Rhizopon
Rhizopon B mit 0,1 %

Bodenwärme und Wurzelbildung

Nach dem Stecken der Blatt-, Kopf- und Stammstecklinge sind die Vermehrungsräume geschlossen zu halten. Dabei bilden der Oleander und der Rosmarin, *Erythrina crista-galli*, *Plumbago auriculata* und *Punica granatum* bei mäßiger Bodenwärme sehr leicht Wurzeln. Den Myrten genügt eine Lufttemperatur von 12 bis 16°, *Aucuba japonica* und *Callistemon citrinus* werden bei 18 bis 20° zur Bewurzelung gebracht. Ohne Bodenheizung und bei einer Lufttemperatur von 18 bis 25° bewurzeln sich auch die Daturen, bei den Zimmerlinden soll die Heizwärme zwischen 20 und 22° liegen, zur Bewurzelung von *Abutilon* und *Euonymus japonicus* sind 22 bis 25° erforderlich, und bei einer Boden- und Lufttemperatur von 25 bis 35° und einer Luftfeuchtigkeit von 80 bis 90 % bewurzeln sich die Calamondin-Zierapfelsinen und alle Tropenpflanzen.

Die Zeit bis zur Wurzelbildung ist bei den meisten Arten sehr kurz. Sie beträgt bei den Daturen zwischen 14 Tagen und drei Wochen. Bei *Erythrina crista-galli*, *Callistemon citrinus*, *Sparmannia africana* und *Euonymus japonicus* vergehen bis zur Kallus- und Wurzelbildung drei bis vier Wochen. Die Bewurzelungsdauer der Calamondin-Zierapfelsinen beträgt vier bis sechs Wochen und die der Myrten drei bis fünf Wochen. Bei einer Bodentemperatur zwischen 25 und 35° und gespannter Luft sind die meisten Tropenpflanzen nach vier bis acht Wochen bewurzelt. Die Entfaltung des dritten Blattes ist bei den *Philodendron*-Stammstecklingen ein sicherer Hinweis, daß die Wurzelbildung so weit fortgeschritten ist, daß sie eingetopft werden können.

Teilung

Nicht immer finden wir die Gelegenheit, unsere Tropen- und Subtropenpflanzen aus Samen und Stecklingen heranzuziehen. Die Farn- und *Selaginella*-Arten, die Fittonien, Maranten, Caladien und Anthurien, etliche Peperomien, Begonien, Dieffenbachien, Dracaenen und *Pandanus* lassen sich durch Teilung und aus Ablegern vermehren. Beim Umsetzen der Clivien und »Amaryllis« sollte man vorsichtig sein. Pflanzen mit auffallend vielen Ablegern sind zwar sehr wüchsig, aber blühfaul. Wenn von solchen Mutterpflanzen laufend Seitentriebe und Brutzwiebeln abgetrennt werden, wird ein ganzer Bestand von Nichtblühern verbreitet. Bei der Auswahl der Clivien und »Amaryllis« sollte man sich nur auf die breitblättrigen Formen beschränken, die meist reicher und schöner blühen, jedoch kaum »Kindel« ansetzen. Auch die *Haemanthus* kann man während ihrer winterlichen Ruhezeit durch Brutzwiebeln vermehren. Die Nebentriebe trennt man von der Mutterpflanze ab und setzt sie in ein nahrhaftes Erdgemisch.

In den Wintergärten und Gewächshäusern erfolgt die Vermehrung der Bananen durch Schößlinge mit nicht entfalteten Blättern. Bei Neupflanzungen lassen sich auch die knollig-verdickten Wurzelstöcke mit zwei oder drei Augen ausstechen und pflanzen. Die Bananenwurzeln überdauern Trockenzeiten im scheintoten Zustand. Für die Verbreitung der Bananen genügen also Wurzeln, die im getrockneten Zustand verschickt oder von Urlaubsreisen mitgebracht werden. Nach dem Einpflanzen lösen sie sich aus der Trockenstarre (Anabiose) und beginnen zu sprossen.

Ausläufervermehrung

Ausläufertreibend werden von den Stekkenpalmen *Rhapis excelsa* und *R. humilis* Generationen von Nachkommen in Form von Schößlingen gebildet. Auch bei den kriechenden *Philodendron crassinervium*, *P. gloriosum*, *P. mamei*, *P. martianum* und *P. mexicanum* bereitet die Nachzucht durch Zerschneiden ihres Rhizoms oder niederliegender Stämme keine Schwierigkeiten. Mit der Blütenbildung der Bromelien wird ihr Leben durch Tochtersprosse fortgesetzt. Die Zahl der Kindel bewegt sich in engen Grenzen. Vielfach sind es nur ein oder zwei Ableger. Viele Arten aus der Gattung *Billbergia* zeigen eine starke Horstbildung durch Tochtersprosse. Die bekannte *Vriesea splendens* setzt ein, bei gut ernährten Pflanzen auch zwei Kindel an. Das Leben der Mutter wird von den Ablegern unmittelbar neben dem Blütenstand fortgesetzt. Bei dieser Wuchsform ist eine Abtrennung der Tochtersprosse nicht möglich. Andere *Vriesea*-Arten setzen ihre Kindel unmittelbar neben der Mutterpflanze an. Auch bei der bekannten *Aechmea fasciata* erscheinen die Kindel dicht neben der abgeblühten Pflanze. Man sollte mit dem Abtrennen von Ablegern, die aus der Erde kommen, viel Geduld haben und warten, bis die Kindel fast erwachsen drei bis sechs Blätter aufweisen. Wenn die Tochtersprosse selbständig auf eigenen Wurzeln stehen, wird die Verbindung nahe der Mutterpflanze abgetrennt. Man nimmt die Kindel unter Schonung der Wurzeln aus dem Gefäß und pflanzt sie sofort in einen möglichst kleinen Blumentopf. Die Grünlilie (*Chlorophytum comosum*) entwickelt am Ende der Blütenstengel junge Pflänzchen. Nach der Wurzelbildung werden sie abgenommen und in kleine Töpfe gesetzt. Auch der Hängende Steinbrech (*Saxifraga stolonifera*) und die Indische Erdbeere (*Duchesnea indica*) werden von zahlreichen Tochterpflanzen umgeben.

Abmoosen

Pflanzen, die leicht zur Luftwurzelbildung neigen, lassen sich durch einfache Moospackungen verjüngen. Das Vermehrungssubstrat muß sehr luft- und wasserreich, bieg- und schmiegsam sein. Ein derartiger Pflanzstoff wächst als sogenanntes Sumpf- oder Torfmoos unter dem Namen *Sphagnum acutifolium*, *S. squarrosum*, *S. palustre*, *S. compactum* und *S. cuspidatum* in quelligen Waldsümpfen, auf feuchten Heide- und Moorflächen. Mit Zustimmung der örtlichen Forst- und Gemeindeverwaltungen können im Herbst die quirlartig verästelten Gipfelschöpfe in einer Länge von 5 bis 10 cm geerntet werden. Bei einer kühlen, feuchten und luftigen Aufbewahrung lassen sich diese *Sphagnum*-Arten ein Jahr auf Vorrat halten und zum Abmoosen sowie als vielseitiger Pflanzstoff in den Substraten von Orchideen, Bromelien und insektenfangenden Pflanzen verwenden. Wo dieses Sphagnum nicht zu bekommen ist, wird es durch Fasertorf ersetzt.

Etliche Baumfarne aus Südaustralien und Tasmanien, wie *Dicksonia antarctica* und *Cyathea australis* (*Alsophila australis*), entwickeln aus den primär weichen Stengeln durch die Ausbildung harter Stütz- und Festigungsgewebe Stämme bis zu 20 Meter Höhe. Die zahlreichen Sklerenchymplatten (Festigungsgewebe) tragen gemeinsam mit einem 2 bis 4 cm starken Mantel von steifen, nach unten wachsenden Adventivwurzeln zur Verstärkung der Stämme bei. Wenn die Baumfarne beginnen, mit ihren Blattwedeln am Glasdach anzustoßen, wird um die 15 bis 20 cm dikken Stämme unter dem letzten Blattansatz ein dicker Verband mit lebendem Torfmoos (*Sphagnum*) gewickelt und gegen ein Austrocknen mit Kunststoffolie eingebunden. Die sproßbürtigen Wurzeln um die Baumfarnstämme beginnen nur zögernd das Moos zu durchwachsen. Nach wenigen Monaten haben sie einen so dichten Kranz von Saugwurzeln gebildet, daß nach einem dreiviertel Jahr die Folie entfernt und der Stamm unterhalb der Moospackung abgesägt werden kann. Die Stämme werden dabei von den verbleibenden Stümpfen abgehoben und nach einer Wundbehandlung mit Holzkohlenpulver in die vorbereiteten Kübel oder Pflanzlöcher gesetzt. Um die Wasserverdunstung einzuschränken, verringert man die dichten Rosettenschöpfe, indem man einige der Blattwedel entfernt. Die sproßbürtigen Wurzeln in den Moospaketen versorgen sofort die Baumfarne mit Wasser. Diese Technik des Abmoosens läßt sich auch auf die lianenartigen *Monstera*-, *Philodendron*- und *Syngonium*-Arten, die Dieffenbachien und Cordylinen übertragen. Derartige Pflanzen mit der Neigung zur Adventivwurzelbildung, welche im Laufe der Jahre zu groß geworden sind oder nahezu alle unteren Blätter verloren haben, werden im Frühjahr verjüngt. Wenige Millimeter unter dem letzten Blattansatz der *Monstera*, *Philodendron*, *Syngonium*, *Dieffenbachia* und *Cordyline* umwickelt man die Stämme mit feuchtem Moos oder Torfmull und bindet sie mit einer Kunststoffolie ein. Wenn die Packung ständig feucht gehalten wird, bilden sich an den Stengeln sproßbürtige Wurzeln, die den Pflanzstoff durchwachsen. Nach wenigen Wochen können die Stämme unter diesem Kranz von Saugwurzeln abgeschnitten, die Folien entfernt und die bewurzelten »Köpfe« in Töpfe gepflanzt werden. In der Regel treiben die Stümpfe mit zwei bis drei Augen wieder durch und entwickeln mehrtriebige Pflanzen.

Mit der Blütenbildung der Bromelien schließt das vegetative Wachstum der Ananasgewächse ab. Ihr Leben wird durch Tochtersprosse, die sogenannten Kindel, fortgesetzt. Etliche Arten zeigen eine abstehende oder erhöhte Kindelbildung. Die stark verholzten Seitensprosse werden unter den jungen Blattzisternen mit Moos umwickelt. Nach der Wurzelbildung löst man mit einem scharfen Schnitt die Kindel von der Mutterpflanze ab und setzt die Tochtersprosse in nicht zu große Töpfe. Ein auffallendes Merkmal vieler Tropenpflanzen ist ihre Neigung zur Stelzwurzelbildung. Sie entspringen den unteren

Stammteilen, wachsen schräg nach unten und bilden nach dem Eindringen in die Erde Saugwurzeln. Leider erweisen sie sich nicht immer als Stütze des Stammes. Bei den Schraubenbäumen *(Pandanus)*, der Großen Flamingoblume *(Anthurium-Andreanum-*Hybriden) und etlichen Aronstabgewächsen, die zu lang geworden sind und auf wackligen »Beinen« stehen, umgibt man die unteren Stengelteile bis zum Blattansatz mit feuchtem Sumpfmoos oder Torf. Nach wenigen Wochen durchwachsen zahlreiche Saugwurzeln das Substrat. Die Pflanzen werden dann zwischen dem Topf und der Sumpfmoos- oder Torfpackung abgeschnitten und tiefer gesetzt.

Markottage

Eine Form des Abmoosens ist die Markottage. Schwach verholzte Triebe werden mit einem scharfen Messer bis zur Hälfte eingeschnitten. Um einem Zusammenwachsen der Schnittflächen vorzubeugen, hält man den Spalt durch ein dazwischengeklemmtes Steinchen auseinander. Die Schnittwunde umwickelt man mit *Sphagnum* oder Fasertorf. Ein starkes Austrocknen des Substrates läßt sich auch hier durch Einbinden mit einer Plastikfolie verhindern. Wenn die Moos- oder Torfpackung laufend feucht gehalten wird, setzt nach wenigen Wochen die Kallusbildung ein. Sowie die Wurzeln das Moos- oder Torfpaket durchwachsen, schneidet man die Triebe unterhalb der Schnittfläche ab und pflanzt sie ein. Zum Markottieren lassen sich auch halbierte Töpfe, aufgeschnittene Blechgefäße und kleine Holzkisten anbringen und mit einer humosen Blumenerde füllen. Gut zu markottieren sind alle Gummibaum-Arten, von denen die Kopftriebe nach dem vierten bis achten Blatt abgemoost werden. Bei den Zitrusfruchtbäumchen müssen die Triebe eine Länge von 30 bis 40 cm erreicht haben. Das heißt, die mehr oder weniger verholzten Stengel schneidet man schräg nach oben ein und spaltet sie fast bis zur Mitte. In den Spalt klemmt man etwas Moos, umwickelt ihn mit Sphagnum und verbindet die so behandelte Schnittstelle mit einer Polyethylenfolie. Nach acht Wochen sind sie bewurzelt und nach weiteren vier Wochen kommen sie in 11- oder 12-cm-Töpfe.

Zur Erhaltung schwer wurzelnder Tropen- und Subtropenpflanzen lassen sich weitere Gehölze markottieren. Ein Abmoosen gelingt besonders gut bei *Calophyllum inophyllum*, *Chrysophyllum cainito* (Sternapfel), *Cinnamomum aromaticum* (Zimtkassie) und *C. zeylanicum* (Ceylonzimtbaum), *Coussapoa schottii*, *Deherainia smaragdina*, *Dillenia indica*, *Excoecaria bicolor*, *Ficus religiosa* (Pepulbaum der Inder, Bobaum), *Garcinia mangostana*, *Manilkara zapota* (Sapotill- oder Breiapfelbaum), *Mascarenhasia elastica*, *Medinilla magnifica* und *Napoleona imperialis*. Bei den schlecht wurzelnden *Nepenthes ampullaria* und *N. ventricosa* werden die nicht zu sehr verholzten Triebe halbmondförmig eingeschnitten. Man umwickelt die Wunden mit Moos. Sie können auch in einem mit Sphagnum ausgelegten Vermehrungskasten eingesenkt und bei Temperaturen von 30 bis 35° und bei hoher Luftfeuchtigkeit zur Bewurzelung gebracht werden.

Zeitpunkt der vegetativen Vermehrung und Vermehrungstöpfe

Bei den Zimmerlinden, dem Japanischen Spindelstrauch und dem Zylinderputzer ist eine ganzjährige Vermehrung möglich. Der Schwerpunkt liegt bei den Zimmerlinden in den Monaten Januar bis März. *Euonymus japonicus* wird bevorzugt im Herbst und Winter gesteckt, während bei *Callistemon citrinus* der Zeit von August bis März der Vorzug zu geben ist. Von *Aucuba japonica* und der Bleiwurz ergeben die Triebe im August bis September und im Februar bis März das beste Stecklingsmaterial. Auch die ausgereiften Zweige von *Abutilon*, *Erythrina*, Myrten und *Punica* bewurzeln sich im Frühjahr am besten. Im Sommer kann man den Granatapfelbaum auch aus halbreifen krautigen Stecklingen vermehren, während man beim Rosmarin am besten im Juli bis August, wenn die Pflanze keine neuen Blätter mehr bildet, mit der Vermehrung beginnt. Die *Datura*-Arten liefern im Sommer eine Menge Stecklinge. Bei einer Juli-, August- oder September-Vermehrung sind erst im Frühjahr des nächsten Jahres die ersten Blüten zu erwarten. Die beste Zeit für eine Nachzucht liegt zwischen Februar und April. Dabei müssen die Stecklinge gut ausgereift sein. Weiche Triebspitzen würden gleich wegfaulen. Die Oleander-Vermehrung ist während des ganzen Jahres möglich. Die ausgereiften Triebe der Bleiwurz, des Zickzackstrauches und des Kanarischen Ginsters ergeben im August bis September und im Februar bis März das beste Stecklingsmaterial. Als Vermehrungsgefäße haben sich die Multitopfplatten 3,5 bis 5 cm, Quick Pot 30 bis 40 mm, Gittertöpfe, 5 bis 6 cm oder Jiffy 7 eingeführt. Es kann auch sofort in 7- bis 8-cm-Töpfe gesteckt werden oder es kommen 3 bis 5 Kopftriebe dicht nebeneinander in 9- bis 11-cm-Töpfe.

Vermehrungssubstrate

Als Vermehrungssubstrate werden bevorzugt reines *Sphagnum*, faseriger Weißtorf oder ein Torf-Sand-Gemisch verwendet. Die wachstumsfördernden Eigenschaften des Torfs, sein hoher Humussäuregehalt und die bakterienhemmenden Eigenschaften machen ihn bei der Pflanzenvermehrung unentbehrlich. Die Stecklinge bewurzeln sich am sichersten in einem Gemisch aus zwei Teilen Torf und einem Teil Sand.

Den Aussaatsubstraten läßt sich ein Drittel Lava in der Korngröße von 2 bis 3 mm zusetzen. Die Aussaattöpfe trocknen nicht so schnell aus, eine Vernässung läßt sich verhindern, die Veralgung ist nicht so groß und Schäden durch die Larven der Trauermücken sind nicht mehr festzustellen.

Für die Sukkulenten-Nachzucht wird ausgesiebte Lava-Schlacke in den Korngrößen von 0 bis 6 mm verwendet. Das verhältnismäßig feine Substrat weist nach dem Gießen einen sehr hohen Sättigungsgrad auf. Bei Kakteen und anderen Sukkulenten kann ein Drittel der überschüssigen Feuchtigkeit über die porösen Wände der Tontöpfe verdunsten. Die undurchlässigen Kunststofftöpfe geben nur über die Erdoberfläche Wasser ab.

Um Wurzelschädigungen vorzubeugen, wird bei Sukkulenten, die in Kunststofftöpfen stehen, durch Absieben des Staubanteils eine Korngröße von 1 bis 6 mm erreicht.

Das Umstellen der Sukkulenten-Nachzucht und -Kultur auf dieses Lava-Substrat ist mehr als nur ein Auswechseln der Pflanzerde. Durch das basaltische Lockergestein hat sich das Problem der Wurzelläuse, des gefürchteten Dickmaulrüßlers und anderer Wurzelparasiten von selbst gelöst.

Als Vermehrungssubstrate eignen sich auch Industrie-Erden.

Aussaat-Substrate: Einheitserde Typ VM, Torfkultursubstrat TKS 0 und Brill-Null-Erde.

Steckling-Substrate: Einheitserde Typ VM und Torfkultursubstrat TKS 0.

Wenn die Mutterpflanzen zwei bis drei Tage vor dem Stecklingsschneiden und die Ableger acht Tage nach dem Stecken mit Euparen 0,25 %ig behandelt werden, sind keine Ausfälle durch den Grauschimmel zu befürchten.

Substrate

Die Laub-, Nadel-, Heide-, Moor-, Mist- und Rasenerden wurden früher bevorzugt verwendet. Die Möglichkeit, daß es anders besser und einfacher geht, zeigen uns die Industrie-Substrate:
Pikiererden: Einheitserde Typ P, Torfkultursubstrat TKS 1 und Brill-Jungpflanzenerde.
Standardgemische für Pflanzen mit mittlerem Nährstoffbedarf: Einheitserde Typ T, Einheitserde ED 73 und Torfkultursubstrat TKS 2.
Standardgemische für Pflanzen mit hohem Nährstoffbedarf: Einheitserde Typ T und Einheitserde ED 73.
Wo Torf, Kompost und Rindenkompost zur Verfügung stehen, werden sie jedem anderen Pflanzstoff vorgezogen. Der Kompost bildet den Hauptbestandteil der Erdgemische.
Jede Humuserde ist bespickt mit Unkrautsamen, nützlichen und schädlichen Bakterien und Pilzen, Wurzelläusen, Drahtwürmern, Tausendfüßlern, Käferlarven und Älchen. Zum Entseuchen kleinerer Erdmengen läßt sich der Einkochapparat oder Kartoffeldämpfer verwenden. Der untere Teil wird mit Wasser gefüllt. Der Siebeinsatz und ein Tuch trennen die Erde vom Wasser. Die Erde kann auch in ein Säckchen gefüllt werden. Durch das Verdampfen des Wassers entsteht die erforderliche Hitze von 95 bis 100°. Nach einer knappen Stunde ist die Erde entseucht. Zwei bis drei Wochen nach dem Dämpfen lassen sich die Erden verwenden.
Neben der Komposterde spielt der Torfmull und der Rindenkompost eine wichtige Rolle. Während der Torf aus den süddeutschen Vorgebirgs- und Alpenmooren einen faserigen Charakter aufweist, setzt sich der pulverförmige norddeutsche Weißtorf fast ausschließlich aus *Sphagnum* zusammen. In ihrer Qualität als Pflanzstoff weisen die nord- und süddeutschen Herkünfte keine wesentlichen Unterschiede auf.
Die Rindenkomposte von Weichhölzern entsprechen physikalisch grobem Torf. Aus den relativ weichen Fichten und Kiefern entstehen saure Rindenkomposte mit pH-Werten von 4,0. Dagegen bringen Harthölzer wie die Buchen, Eichen oder Ulmen Rindenkomposte im Neutralbereich. Sie zeigen allein durch ihre dunklere Farbe der Walderde vergleichbare Eigenschaften. Sie bilden einen guten Nährboden für alle bodenbürtigen Organismen und tragen als gutes Bodenverbesserungsmittel zur Humusanreicherung sandiger und schwerer Erden bei.

Erdgemische

Bei unseren Kalt- und Warmhauspflanzen können wir uns auf drei Eigengemische beschränken:

Komposterde, Torf oder Rindenkompost 1 : 1

Abutilon, Schönmalve
Agapanthus, Schmucklilie
Ampelopsis, Scheinrebe
Aphelandra, Glanzkölbchen
Asparagus, Zierspargel
Aucuba, Goldorange
Beloperone, Spornbüchschen
Bougainvillea, Bougainvillea
Brunfelsia, Brunfelsie
Campanula, Glockenblume
Ceropegia, Leuchterblume
Chlorophytum, Grünlilie
Cissus, Klimme
Clerodendrum, Losbaum
Clivia, Clivie
Coffea, Kaffee
Coleus, Buntnessel
Cyperus, Zypergras
Datura, Stechapfel
Erythrina, Korallenstrauch
Eucalyptus, Eucalyptus
× *Fatshedera*, Bastardaralie
Fatsia, Zimmeraralie
Fuchsia, Fuchsie
Grevillea, Austral. Silbereiche
Haemanthus, Blutblume

Helxine, Bubiköpfchen
Hibiscus, Roseneibisch
Hippeastrum, Amaryllis
Impatiens, Fleißiges Lieschen
Lantana, Wandelröschen
Mimosa, Sinnpflanze
Myrtus, Myrte
Nerium, Oleander
Parthenocissus, Jungfernrebe
Pelargonium, Geranie
Petunia, Petunie
Pilea, Kanonierblume
Plectranthus, Harfenstrauch
Plumbago, Bleiwurz
Primula, Primel
Punica, Granatbaum
Rosmarinus, Rosmarin
Sansevieria, Bogenhanf
Saxifraga, Judenbart
Schefflera, Schefflera
Solanum, Korallenstrauch
Sparmannia, Zimmerlinde
Tradescantia, Tradeskantie
Yucca, Palmlilie
Zantedeschia, Zimmerkalla

Komposterde, Torf oder Rindenkompost 1 : 2

Acacia, Echte Akazie
Acalypha, Katzenschwanz
Aglaonema, Kolbenfaden
Allamanda, Allamanda
Araucaria, Zimmertanne
Aspidistra, Schildblume
Begonia, Begonie
Aeschynanthus, Aeschynanthus
Fittonia, Fittonie
Hedera, Efeu
Hoya, Wachsblume
Hydrangea, Hortensie
Ixora, Ixore
Jacaranda, Palisanderbaum
Maranta, Marante
Medinilla, Medinille
Monstera, Zimmerphilodendron
Nephrolepis, Schwertfarn
Pandanus, Schraubenbaum

Caladium, Kaladie
Codiaeum, Croton
Columnea, Columnee
Cyclamen, Alpenveilchen
Dieffenbachia, Dieffenbachie
Dizygotheca, Fingeraralie
Dracaena, Drachenbaum
Ficus, Gummibaum
Passiflora, Passionsblume
Peperomia, Pfeffergesicht
Philodendron, Baumfreund
Piper, Pfeffer
Pteris, Saumfarn
Rubus, Chinabrombeere
Saintpaulia, Usambaraveilchen
Scindapsus, Efeutute
Sinningia, Gloxinie
Stephanotis, Kranzschlinge

Grober Torf (Streutorf) mit einer 0,15%igen Grunddüngung
= 1,5 kg Volldünger auf 4 Ballen = 1m³ Torf

Adiantum, Frauenhaarfarn
Anthurium, Flamingoblume
Asplenium, Nestfarn
Blechnum, Rippenfarn

Camellia, Kamelie
Erica, Erika
Platycerium, Geweihfarn
Rhododendron, Topfazalee

Blumenerde aus Kunststoffbeuteln

Viele tütenverpackten Erdgemische sind auf der Grundlage von Weiß- oder Schwarztorf, Lehm oder Komposterde zusammengestellt. In den Gärtnereien und Blumengeschäften, im Samenfachhandel und in verschiedenen Einzelhandelsläden sind derartige Substrate erhältlich. Bei der Vielzahl von nicht weniger als hundert oder gar zweihundert handelsüblichen Erdgemischen ist es kaum möglich, genaue Angaben über deren pH-Werte, Humusanteile und Nährstoffgehalte zu geben. Wenn der Aufdruck auf den Verpackungen keinen Hinweis auf die Zusammensetzung der Erde, die Wasser- und Luftkapazität, den Nährstoff- und Humusgehalt gibt, dann sollte wenigstens ein Qualitätszeichen erkennen lassen, daß die Erde unter ständiger Kontrolle einer amtlichen Stelle steht. Ebenso genau sollte auch der Hinweis auf den pH-Wert sein.

Erdgemische für Kübelpflanzen

Um den Kübelpflanzen günstige Lebensbedingungen zu schaffen, muß in Pflanzerden aus Kompost oder Gartenboden durch Zuschläge von Torf der Porenraum so vergrößert werden, daß für die Kübelpflanzen über einen Zeitraum von mehreren Jahren eine gesunde Wurzelatmung erreicht und Staunässe vermieden wird. Pufferungsfähige Substrate wie TKS 2 oder Einheitserde T sind dabei besonders gut geeignet. An Fertigsubstraten sind bei den kalkempfindlichen Kamelien, *Callistemon citrinus* und den Calamondin-Zierapfelsinen Einheitserde P oder TKS 1 zu empfehlen. Für die Kübelpflanzung läßt sich auch ein Eigengemisch aus $1/3$ Acker- oder Gartenboden und $2/3$ Torf herstellen. Bei schweren Lehm-Torf- oder Landerde-Torf-Substraten wird beim Rosmarin unter die Erde reichlich Sand gemischt oder mit Lava-Naturschlacke stabilisiert. Bei den Kübelpflanzen setzt sich das Mischungsverhältnis aus $1/4$ Lava-Schlacke, $1/4$ Torf oder TKS 1 und $2/4$ Landerde zusammen. Die gute Luftführung des basaltischen Lockergesteins trägt wesentlich zum Auflockern der Substrate bei.
Derartige Substrate müssen auch eine Grunddüngung erhalten. Unmittelbar vor dem Ein- und Umtopfen werden unter 10 Liter Erde 50 Gramm Plantosan 4 D oder Osmocote 15:12:15 gemischt. Eine Überdüngungsgefahr ist bei diesen Langzeitdüngern (Depotdüngern) nicht gegeben. Sie gehen anfangs kaum in Lösung. Wenn nach drei Monaten die Nährstoffwirkung nachläßt, kann nachgedüngt werden. Die Langzeitdünger lassen sich oben auf das Substrat streuen, wobei man auf einen Kübel mit 100 Liter Inhalt 300 Gramm gibt. Die Depotdünger geben dann Nährstoffe ab, wenn die Kübel gegossen werden.

Substrate für Kakteen und Bromelien

Eine gute Kakteenerde läßt sich aus einem Eimer Komposterde, einem Eimer Sand und zwei Eimern Torf und einem Eimer Lehmerde zusammenstellen. Ein sehr vereinfachtes Kakteengemisch setzt sich aus einem Teil Komposterde und einem Teil Torf zusammen, wobei der Torfanteil bei den Säulen- und Feigenkakteen um einiges erhöht werden kann.
Als Kakteensubstrat läßt sich auch basaltisches Lockergestein verwenden, das als Lava-Naturschlacke in einer Korngröße von 0 bis 16 mm aus Baustoffgroßhandlungen bezogen werden kann. Aufgrund seiner physikalischen und chemischen Eigenschaften bildet dieses Substrat bei allen Sukkulenten die Grundlage für ein optimales Pflanzenwachstum. Sein Vorteil liegt in einem geringen Gewicht, einem relativ hohen Nährstoffgehalt und Wasserspeichervermögen, Wasserdurchlässigkeit, Luftgehalt, neutralem Reaktionsgrad sowie Unkraut- und Schädlingsfreiheit. Die Lava-Naturschlacke ist für die schwachzehrenden Sukkulenten ausreichend mit Nährstoffen versorgt. Sie enthält sämtliche Spurenelemente, die für die Pflanzen wichtig sind. Gekörnte Lava enthält je 100 Gramm:

Stickstoff	14–19 mg
Phosphor	8–10 mg
Kali	19–54 mg
Magnesium	7–9 mg
Salz	unter 0,1 %

Bei Sukkulenten, die in reiner Lava stehen, ist eine Vorratsdüngung erforderlich. Beim Aufstreuen von 30 g/m² Nitrophoska permanent, Plantosan 4 D oder Osmocote 16:10:13 ist von April bis Juli eine Drei- bis Viermonatsversorgung gesichert. Diese Langzeitdünger geben langsam fließend ihre Nährstoffe ab, durch das Gießen sind keine Auswaschverluste zu befürchten und die Pflanzen zeigen in dem basaltischen Lockergestein eine gute Wurzelentwicklung. Die Fähigkeit der Lava-Naturschlacke, Wasser zu speichern, liegt bei 15 bis 20 %vol. Selbst eine maximale Sättigung bedeutet noch keine Gefährdung der lebensnotwendigen Wurzelatmung. Die groben Poren nehmen das Wasser auf und speichern es in pflanzenverfügbarer Form. Diese Eigenschaften bilden die Voraussetzungen für eine intensive Durchwurzelung des Lava-Substrates. Bei hohen Wassergaben ist keine Vernässung zu befürchten und jedes Zuviel an Wasser fließt sehr schnell nach unten ab.
Die Bromelien haben ein verhältnismäßig geringes Wurzelvermögen. Sie werden so fest getopft, daß die Pflanzen gut im Gefäß stehen. Auf den Grund der Töpfe kann eine wasserableitende Schicht aus Topfscherben gegeben werden. Als Bromelien-Pflanzstoff verwendet man ein äußerst luftdurchlässiges Material aus Torfstreu, gehacktem Buchenlaub, Sumpfmoos oder grober Lauberde. Als Grunddüngung erhalten sie eine Nährsalzmenge von $1/4$ bis $1/2$ Gramm auf einen Liter Substrat. Die starkwüchsigen Billbergien, Aechmeen und Neoregelien vertragen einen Zusatz von Einheitserde P.

»Versauern« des Bodens

Die gefürchtete »Versauerung des Bodens« ist auf das ständige Gießen mit kalkhaltigem Wasser zurückzuführen. Die »verseifte« Erde weist einen sauren, unangenehm muffigen Geruch auf. In kalkübersättigten Erden verlieren die Blätter ihr saftiges Grün, werden gelb und sterben vorzeitig ab. Hartes Wasser enthält stets gelöste Kalk- und Magnesium-Verbindungen. Auf der grauen Kalkkruste siedeln sich Blaualgen und Moose an, die den Topf und die Erdoberfläche mit einem schwärzlichgrünen, schleimigen Überzug bedecken. Die Algen weisen einen sauren, unangenehm muffigen Geruch auf. Deshalb glauben viele Pflanzenliebhaber, die Erde sei versauert. Einer Kalkanreicherung im Boden kann durch Gießen mit Regenwasser vorgebeugt werden. Wir bezeichnen es als weiches Wasser. Es ist frei von Alkalien.

Pflanzengerechte Töpfe und Kübel

Neben unseren altvertrauten Tontöpfen findet man immer häufiger Pflanzgefäße aus Kunststoff. Selbst in den Gärtnereien scheint der Tontopf immer mehr vom Kunststofftopf verdrängt zu werden. Im Gegensatz zum Tontopf sind sie verschieden eingefärbt, fast unzerbrechlich und nicht an die runde Form gebunden.

Die Luftdurchlässigkeit der porösen Tontöpfe wurde bisher als Voraussetzung für ein gutes Pflanzenwachstum angesehen. Daß dieser Luftaustausch in den wassergesättigten, mit Erde verschmierten Poren gar nicht möglich ist, mag folgender Hinweis zeigen. Jeder fabrikneue Tontopf muß vor seiner Verwendung durch längeres Wässern von wurzelschädigenden Stoffen befreit werden. Dabei nimmt frisch gebrannter Ton mehr als $1/4$ seines Eigengewichtes an Wasser auf. Wenn die Tontöpfe vor ihrem Gebrauch nicht eingeweicht werden, wird die Feuchtigkeit der Erde entzogen. Durch den ständigen Verdunstungsstrom bleiben die Tontöpfe für gasförmige Stoffe undurchlässig. In unseren lufttrockenen Wohnräumen ist die Wasserabgabe über die Topfwände besonders hoch, was einem Mehrverbrauch von etwa $1/4$ bis $1/3$ Feuchtigkeit gegenüber den Kunststofftöpfen entspricht. Pflanzen in den Kunststofftöpfen brauchen also nicht so häufig gegossen werden. Außerdem entsteht an der Topfwand keine Verdunstungskälte, was sich sehr günstig auf das Wachstum vieler Pflanzen auswirkt. Die bekannten »kalten Füße« sind häufig eine Folge von Unterkühlung im Wurzelbereich der Pflanzen. Eine alte Gärtnerregel sagt: »Die Pflanzen wollen einen warmen Fuß und einen kühlen Kopf.« Durch die abkühlende Wirkung poröser Tontöpfe sind Erkältungskrankheiten in Form von Wachstumsstockungen, Hängenlassen und Abstoßen der Blätter gar nicht so selten. Die wasserundurchlässigen Kunststofftöpfe sind um ein halbes Grad wärmer als die Tontöpfe, was sich sehr günstig auf das Wurzelwachstum auszuwirken scheint. Eine Ausnahme machen lediglich die großporigen Schaumkunststofftöpfe. Ihre Wasserdurchlässigkeit ist von Topf zu Topf verschieden. Sie reicht von einer kapillaren bis tropfbaren Wasserabgabe. Die großporigen Schaumkunststofftöpfe, die einen guten Luftzutritt gestatten, vermögen bei den sauerstoffhungrigen *Anthurium*- und Orchideen-Wurzeln das Wachstum besonders günstig zu beeinflussen. Mit dem Verdunstungsstrom gelangen auch Nährsalze in den porösen Ton und blühen aus. Die Wurzeln folgen dem Dünger und legen sich so dicht an die nährstoffgesättigte Topfwand, daß sie beim Umtopfen der Pflanzen nur mit Mühe gelöst werden können. In einem luftundurchlässigen Kunststofftopf erfolgt nur an der Erdoberfläche eine Nährstoffanreicherung. Die Düngesalze werden durch das Gießen immer wieder in den Topfballen ausgewaschen. Dadurch finden sich die Wurzeln gleichmäßig über den Erdballen verteilt. In Kunststofftöpfen mit undurchlässigen Wänden ist die Kultur relativ großer Pflanzen in kleinen Gefäßen möglich. Die klare Trennung von Wurzeln und Topfwand ermöglicht ein leichtes Herausnehmen. Das Austopfen stark durchwurzelter Pflanzen macht keine Schwierigkeiten, und die feinen Saugwurzeln werden geschont.

In ländlichen Gegenden werden schon seit Jahrzehnten mit bestem Erfolg Geranien, Fuchsien und Begonien in Blechdosen gezogen. Selbst in alten Wasch-, Koch- und Emaille-Töpfen findet man die schönsten Aukuben, Oleander, Granatbäume und *Yucca*. Wer in ausgedienten Metallbehältern Pflanzen ziehen will, darf für den Wasserabzug die Löcher nicht vergessen. Die Blechgefäße haben den Nachteil, daß sie sehr schnell rosten. Um das Metall zu schützen, erhalten sie mit Bitumen- oder Emaillelack einen Innenanstrich.

Wer gute Erfahrungen mit den irdenen Pflanzgefäßen gemacht hat und den kalten Kunststoff nicht liebt, sollte bei seinem altvertrauten Tontopf bleiben. Erfahrungsgemäß halten sich bei übereifrigem Gebrauch der Gießkanne unsere Kalt- und Warmhauspflanzen in den Tontöpfen länger. Ein gutes Viertel des Wassers verdunstet über die poröse Topfwand. Beim Kunststofftopf muß man schon etwas vorsichtiger sein und nur drei Viertel bis zwei Drittel der bisher gewohnten Wassermengen geben. Der Tontopf steht auch auf festeren Beinen. Durch sein größeres Gewicht bekommen die Pflanzen nicht so leicht das Übergewicht und kippen um. Natürlich verliert der Tontopf mit zunehmendem Alter an Schönheit. Durch den ständigen Verdunstungsstrom siedeln sich Algen an, Nährsalze blühen aus und Kalkflecken bedecken die Wände. Diskret werden sie in Manschetten gebunden oder in Übertöpfe gestellt. Man sollte die schlichte Natürlichkeit der Gefäße nicht verhüllen, zumal sich die Töpfe mit Bürste und Wasser reinigen lassen. Der gebrannte Ton paßt zu jeder Pflanze. Schon aus diesem Grunde werden viele Pflanzenliebhaber dem altvertrauten Tontopf auch weiterhin ihre Treue halten.

Wo Terrassenhäuser, Gartenhöfe und Hauseingänge in Stein und Beton ersticken, lassen sich Container, Fässer, Tonnen, Tröge, Wannen oder Betonpflanzkübel aufstellen. Die gepflasterten Freiflächen können damit sehr abwechslungsreich gestaltet werden. Die festen Waschbeton-Container sind so schwer, daß sie nur für eine Wechselbepflanzung in Frage kommen. In kleinen Hinterhöfen und auf Dachgärten, auf den Treppenwangen, dem Balkon und der Terrasse, in Foyers und der »Guten Stube« müssen die Kübelpflanzen dem Streß von Lufttrockenheit, hohen Temperaturen und dem tiefen Schatten, Zugluft, Staub und dem Asphaltklima widerstehen. Man ist versucht, den tropischen und subtropischen Gehölzen die entsprechenden Lebensbedingungen zu schaffen. Pflanzkübel mit einem Fassungsvermögen von 50 bis 200 Liter Erde bieten dem Wurzelwerk genügend Lebensraum. Beim Eigenbau von Pflanzgefäßen kann man mit den Maßen spielen und pflanzengerechte Gefäße anfertigen. Von den vielen Möglichkeiten lassen sich durch eine Verbindung von Holz oder Eisen mit Kunststoff die Kübel den Wachstumsbedingungen der Pflanzen anpassen. Dabei können hitze- und kältebedingte Wurzelschäden durch seitliches Einstellen von Schaumstoffmatten zwischen den Kübelwänden und der Erde vermieden werden.

Ein- und Umpflanzen

Stark durchwurzelte und sichtlich unter Nährstoffmangel leidende Pflanzen lassen sich von März bis August verpflanzen. Vor dem Umsetzen werden die Topfballen durchdringend gewässert oder so lange in ein Gefäß mit Wasser gestellt, bis keine Luftblasen mehr aufsteigen. Der neue Topf darf nur zwei oder drei Zentimeter größer als der alte sein. Um die Drainage zu regulieren, legt man Scherben, Kies oder Sand auf den Topfboden. Den Wurzeln wird dadurch der Weg durch das Abzugsloch verlegt und die Öffnung kann durch keine Bodenteile verklebt werden. Beim Umsetzen der Myrten, Zimmertannen, Azaleen, Kamelien und anderer tropischer und subtropischer Gehölze ist zu beachten, daß kein Stück des Stammes unter die Erde kommt. Die Gefahr der Stammfäule ist bei holzigen Pflanzen sehr groß. Die Wurzeln der Palmen wachsen am Grund der Töpfe spiralförmig im Kreis. Der Wurzelwust drückt die Pflanzen allmählich hoch und der Gießrand wird kleiner. Die Palmen haben es nicht gern, wenn beim Umpflanzen ihre Wurzeln eingekürzt werden. Beim Schneiden entstehen an den fleischigen Palmenwurzeln große Wunden, die häufig von Fäulnispilzen befallen werden. Verletzte Palmenwurzeln sind mit Holzkohlepulver einzupudern. Nach dem Austopfen ist der Wurzelwust vorsichtig aufzulockern und in ein tiefes Gefäß zu setzen. Auch Clivien, die sich selbst aus den Töpfen heben oder ihren Topf sprengen, müssen im Frühjahr umgesetzt werden. Verpflanzt wird unmittelbar nach der Blüte. Das Netz der dicht ineinander verflochtenen Wurzeln darf nicht aufgelockert werden. An den Wunden abgebrochener oder gequetschter Wurzeln stellen sich sehr schnell Fäulnispilze ein. Verletzte Stellen sind deshalb mit Holzkohlepulver einzupudern.

Das Andrücken der Erde richtet sich nach der Pflanzenart. Kulturen mit empfindlichen Wurzeln dürfen nur ganz locker getopft werden. Bei starkwüchsigen Tropen- und Subtropengehölzen drücken wir das Substrat mit dem Daumen zwischen Ballen und Topfwand oder stampfen die Erde mit einem Holz in das Pflanzgefäß.

Moosstabbepflanzung

Eine Möglichkeit der Lianenkultur in den Kleingewächshäusern und Blumenfenstern ist die Moosstabbepflanzung. Das Gerüst eines Moosstabes kann aus einer überstarken Fichtenstange, einem Haselnuß- oder Tonkinstab bestehen. Die 30, 60, 100 oder 200 Zentimeter langen Stäbe werden armdick mit Moos oder grobfaserigem Torf umwickelt und in die Töpfe oder Kübel mit Pflanzen gesteckt. Die Ranken werden am Moosstab mit Bast oder Klammern befestigt. Sie wachsen bereits nach wenigen Wochen in die Höhe, bilden in der feuchten Moos- oder Torfpackung Saugwurzeln und halten sich fest. Vor dem Befestigen der Ranken taucht man den ganzen Moosstab so lange in eine Blumendüngerlösung, bis das Moos durchfeuchtet ist. Wenn die Moosstäbe von Zeit zu Zeit mit einer 0,1- bis 0,2 %igen Blumendüngergabe (ein bis zwei Gramm Nährsalz auf einen Liter Wasser) getränkt werden, bekommen sie Blätter, die um das Doppelte und Dreifache größer werden. Die Triebe der Vanille können in verschiedenen Längen geschnitten werden, wobei Ranken mit vier Blättern das Minimum bilden. Die langen um die Moosstäbe gelegten und mit Draht befestigten Triebe bilden schon nach wenigen Wochen Adventivwurzeln. Sie dringen in die feuchte Moospackung ein und halten die Triebe fest. Die stete Wasser- und Nährstoffquelle aus dem Sumpfmoos hat ein so üppiges Wachstum zur Folge, daß man jeden Trieb, der über den Moosstab hinauswächst, wieder nach unten um die Moosstäbe legen muß. Der Erfolg mit den Vanille-Arten wird uns ermutigen, nach weiteren lianenartigen Vertretern Ausschau zu halten, die sich an den Moosstäben hochziehen lassen.

In erster Linie kommen dafür *Philodendron erubescens* und *P. scandens, Scindapsus pictus, Epipremnum pinnatum (Scindapsus aureus), Syngonium auritum, S. podophyllum* und *S. wendlandii* in Frage.

Epiphytenträger

In Vitrinen und Blumenfenstern, Wintergärten und Foyers können reich verzweigte Äste als Epiphytenstämme aufgestellt werden. Die knorrigen Triebe von Wacholdersträuchern und Reben, die skurrilen Robinien, Eichen und Zwetschgen, Birnen und Äpfel bieten viele Möglichkeiten ihrer Bepflanzung. Am besten haben sich die Scheinakazien (*Robinia pseudoacacia*) bewährt. Sie stoßen ihre Rinde nicht ab, die baumbewohnenden Pflanzen können sich an der Borke festklammern, und das Holz hält in der feuchtigkeitsgesättigten Luft und bei tropischen Temperaturen sieben bis zehn Jahre. Die Epiphytenstämme werden in einen Tontopf, Holz- oder Kunststoffkübel gestellt. Ihre Standfestigkeit erhalten sie durch Zement oder Gips, womit die Gefäße als Füllmasse ausgegossen werden. Die Stämme und Äste lassen sich zusätzlich mit dünnen Spanndrähten an der Wand oder Decke befestigen. Das Befestigen der Pflanzen kann auch auf Rinden- oder Wurzelstücken erfolgen. Auf grünen Stammstücken sind die Epiphyten durch die Gefahr der Pilzbildung und auf alten Stämmen durch morsche Stellen gefährdet. Von der Form, Größe und Verzweigung der Pflanzenträger ist ihre spätere Verwendbarkeit im Raum abhängig. Unverzweigte oder kurz gestelzte Aststücke lassen sich unter Verzicht auf Hänger, Schlinger und sehr großblättrige Pflanzen auf Aquarien und Terrarien verwenden. Auch für das Blumenfenster, für Foyers, Arbeitsräume und Konferenzsäle sind die liegenden Epiphytenstämme geeignet. Gestelzte Epiphytenstämme erfordern als Pflanzenträger eine sichere Gleichgewichtslage. Man kann sie in großen und kleinen Räumen aufstellen. Dabei können neben den Bromelien geeignete Begleitpflanzen Verwendung finden. Dem stehenden Epiphytenstamm sind in großen und kleinen Räumen keine Grenzen gesetzt. Man kann sie mit allen baumbewohnenden Bromelien einschließlich ihrer Begleitpflanzen garnieren. Der hängende Epiphytenstamm läßt verschiedene Verwendungsmöglichkeiten zu. Das Aufhängen kann senkrecht, waagerecht oder angelehnt an eine mit Bastmatten verkleidete Wandfläche erfolgen.

Die epiphytischen Pflanzen sind auf den Stämmen so zu plazieren, daß die kleinen nach oben und die großen nach unten kommen. Als Aufsitzmöglichkeiten bieten sich die Astgabeln, Astansätze, Rindenaufrisse und Vertiefungen an. Dabei werden sie so ausgerichtet, daß die Pflanzen ihr »Gesicht« zum Zimmer zeigen. Ehe man an das Aufbinden geht, besorge man sich etwas Torfmoos oder Orchideenpflanzstoff. Vor dem Aufbinden nimmt man die Pflanzen aus den Töpfen, schüttelt die Erde etwas aus und umkleidet die Wurzelballen mit dem Torfmoos oder Orchideenpflanzstoff. Die Pflanzen werden anschließend mit dünnem Kupferdraht, nicht oxidierenden Nylonbändern oder Kunststoffdrähten auf ihrer Unterlage befestigt.

Dieses zeitraubende Aufbinden, der relativ teure und keineswegs leicht zu beschaffende Pflanzstoff läßt sich bei Verwendung von Epiphytenkörben sehr gut durch Torfkultursubstrate ersetzen. Die Pflanzenbehälter können schon Wochen vor ihrer Verwendung hergestellt werden. Von grobrindigen Eichen- oder Robinienstämmen lassen sich sehr leicht Rindenstücke gewinnen. Wenn sie der austrocknenden Sonne ausgesetzt oder in einen geheizten Raum gelegt werden, löst sich die Rinde von selbst. Ein verzinktes oder kunststoffbeschichtetes Sechseck-Drahtgeflecht in der Stärke von 0,8 mm und einer Maschenweite von 25 mm wird auf die gewünschte Körbchengröße zugeschnitten. Die Rindenstücke werden nun dem Maschendrahtgeflecht angepaßt und doppelnähtig mit Kupferdraht befestigt. Die Körbchen zeigen die gleichen Unterbreiten und Höhen wie der Umfang des zu bepflanzenden Epiphytenastes oder -stammes. Nach oben verbreitern sich die Körbchen um das Doppelte. Für Stämme mit einem Umfang von 15 cm müssen also Körbchen mit folgenden Maßen angefertigt werden: Oberweite 30 cm, Unterweite 15 cm und die Höhe 15 cm. Um das einheitliche Rindenbild zu wahren, wird für die Körbchen Borke derselben Holzart verwendet. Mit verzinkten Dachpappe-Nägeln befestigt man sie noch vor dem Aufstellen der Epiphytenstämme wie Schwalbennester an den Stämmen. Die Bepflanzung läßt sich auch in kunststoffbeschichteten grüngefärbten Drahtgeflechten durchführen.

Die Epiphytenkörbe bieten genügend Platz für die Wurzelballen und das Substrat. Von den Bromelien, *Rhipsalis*, Anthurien und Farnen lassen sich fast alle Arten auf den Stämmen verwenden. Selbst unter den *Be-*

gonia-, *Peperomia-*, *Columnea-* und *Aeschynanthus*-Arten, einigen Vertretern der Gattung *Hoya* und *Ficus*, den *Commelinaceae*, *Orchidaceae* und *Vitaceae* gibt es Pflanzen, die epiphytisch in den Körbchen angesiedelt werden können.

Als Pflanzstoff bieten sich alle handelsüblichen Torfkultursubstrate mit einer Grunddüngung von 0,1 bis 0,2 % einschließlich der Spurennährstoffe an. Schon wenige Wochen nach der Bepflanzung der Körbchen kann eine sehr gute Entwicklung der Epiphyten beobachtet werden. Die Luft- und Wasserführung, der Wuchsstoffgehalt, die organischen Säuren, die Volldüngergaben und die Spurenelementzusätze lassen die Epiphyten unermüdlich wachsen, und schon die einjährigen Pflanzen blühen.

Die Natur kann uns bei der Bepflanzung der Epiphytenstämme eine Fülle von Anregungen geben. Um das erforderliche Kleinklima zu schaffen, sind geschlossene Räume unumgänglich. In das ausgebaute Blumenfenster oder Kleingewächshaus mit einer Durchschnittstemperatur von 18 bis 22° gehören *Billbergia × fascinator* und *B. saundersii*, *Guzmania*-Hybriden 'Intermedia' und 'Magnifica', *G. lingulata*, *G. lingulata* var. *splendens*, *G. minor*, *G. musaica* und *G. zahnii*, *Neoregelia carolinae*, *N. carolinae* var. *tricolor* und *N. meyendorffii*, *Tillandsia cyanea* und *T. flabellata*, *Vriesea* 'Flammendes Schwert', *V. × illustris*, *V. splendens* und *V. splendens* var. *major*. Diese Warmhaus-Bromelien lassen sich vergesellschaften mit *Aeschynanthus parasiticus*, *A. pulcher* und *A. speciosus*, *Columnea gloriosa*, *C. hirta*, *C. × kewensis* und *C. macrophylla*, den Wachsblumen *Hoya bella*, *H. longifolia* und *H. multiflora*, den buntblättrigen *Piper ornatum*, *P. porphyrophyllum* und *P. sylvaticum* sowie der China-Brombeere *Rubus reflexus*.

Bromelien mit Temperaturansprüchen von 15 bis 18° weisen noch auf dem verbreiterten Fensterbrett und im offenen Blumenfenster eine gute Haltbarkeit auf. Schöne Blüher sind *Aechmea × compacta*, *A. fasciata*, *A. fulgens* var. *discolor*, *A. miniata* var. *discolor*, *A. orlandiana* und *A. × polyantha*, *Guzmania monostachya*, *Nidularium billbergioides*, *N. fulgens*, *N. innocentii*, *N. innocentii* var. *erubescens* und *N. innocentii* var. *wittmackiana*, *Vriesea psittacina*, *V.* 'Gnom' und *V.* 'Komet'. Dieser Gemeinschaft passen sich die Leuchterblume *Ceropegia woodii*, die Kletterficus-Arten *F. pumila* und *F. radicans*, die Wachsblume *Hoya carnosa*, *Peperomia rotundifolia*, *P. major*, *P. glabella* und die verwandten Pfeffer-Arten *Piper betle*, *P. cubeba* und *P. nigrum* sowie *Epipremnum pinnatum* an.

In einem kühlen Raum bei Temperaturen von 12 bis 15° lassen sich aus der großen Bromelienfamilie nur *Billbergia nutans* und *B. × windii* halten. Sie passen gut zu den Klimmen *Cissus antarctica* und *C. rhombifolia*, dem Efeu *Hedera helix* und seinen Formen sowie dem Hängenden Steinbrech *Saxifraga stolonifera*.

Bekannte Baumbewohner sind auch die Nest- und Geweihfarne. Sie lassen in einem kalten und warmen, hellen und schattigen Raum alle Strapazen über sich ergehen. Der Nestfarn ist ein altweltliches Gegenstück zu den mittel- und südamerikanischen Bromelien. Und die Geweihfarne dürfen wegen ihrer interessanten Blattformen nicht fehlen. Ihre »Geweihe« werden so groß, daß sie den Luftraum eines ganzen Blumenfensters füllen.

Auf den Epiphytenstämmen verdienen einige botanische Kostbarkeiten wie Orchideen, insektenfangende Kannenpflanzen oder ameisenbewohnende *Myrmecodia-*, *Hydnophytum-* oder *Dischidia*-Arten den Vorzug. Zum Aufhängen epiphytischer Pflanzen können Drahthalterungen angebracht werden. Hier lassen sich Pflanzen mit hängendem Wuchs, wie die Weihnachts- oder Oster- und Peitschenkakteen, die Columneen und *Aeschynanthus* unterbringen. Die skurrilen Epiphytenstämme, Schnur- und Drahtbespannungen lassen sich mit lianenartigen Pflanzen begrünen. Bei ihren Klettereien sind sie genau zu beobachten, damit sie ihre Nachbarn nicht bedrängen.

Sehr viel Bewegungsfreiheit benötigen die lianenartigen *Philodendron-* und *Monstera*-Arten, *Allamanda cathartica*, *Hoya imperialis*, *Cissus antarctica*, *C. discolor* und *C. rhombifolia*. Ausgepflanzt im Wintergarten oder Kleingewächshaus sind sie am richtigen Platz. Auch die wuchsfreudigen *Passiflora quadrangularis*, *P. alata* und *P. × decaisneana* werden an Drähten unter der Decke entlanggezogen. Ebenso wie die *Allamanda* lassen die *Clerodendrum splendens* und *C. thomsoniae* während ihrer ausgedehnten Blütezeit vom Frühjahr bis in den späten Sommer keine Nachbarn neben sich bestehen.

Düngemittel

Gut ernährte Kalt- und Warmhauspflanzen sind widerstandsfähiger gegen Krankheiten und zeigen eine gute Haltbarkeit. Nährstoffmangel äußert sich durch eine hellgrüne Verfärbung der Pflanzen, die Blätter bleiben klein und die Pflanzen stellen das Wachstum ein. Auch das Abwerfen der Blüten bei Fuchsien und Begonien, das ungenügende Aufblühen von Alpenveilchen, Primeln und Gloxinien kann auf Hunger zurückzuführen sein.

Mineraldünger

Bei der einseitigen Anwendung von Stickstoff-, Phosphor- oder Kalidüngern besteht die große Gefahr von Mangelkrankheiten. Die chemische Industrie hat deshalb Volldünger in den Handel gebracht, die in ihrer Zusammensetzung dem Nährstoffbedürfnis der Pflanzen entsprechen. Die mineralischen Dünger setzen sich aus anorganischen Stoffen zusammen. Sie werden deshalb auch anorganische Dünger, Handelsdünger, chemische Dünger und »Kunstdünger« genannt. Diese Nährsalze enthalten neben Stickstoff, Phosphor und Kali auch Spurenelemente. Meist handelt es sich hier um Bor, Mangan, Kupfer, Kobalt, Molybdän, Eisen und Zink. Durch die Anwendung von Volldüngern ist die Zimmerpflanzenernährung vereinfacht. Grobe Düngungsfehler können nicht mehr passieren. Viele Firmen geben auf den Düngepackungen die Prozentgehalte an Stickstoff, Phosphor und Kali an. Der Stickstoff ist mit dem chemischen Zeichen N (lat. Nitrogenium), der Phosphoranteil mit P und der Kaligehalt mit K gekennzeichnet.

Dort wo wir Nährstoffangaben finden, zeichnen sich die Mehrnährstoffdünger fast immer durch einen hohen Gesamtnährstoffgehalt aus. Mit den Volldüngern Alkrisal werden 36 %, durch Poly-Crescal 38 %, mit Hakaphos blau 39 %, durch Poly-Fertisal und Mairol Pflanzennährsalz 40 %, mit Nitrophoska blau 43 %, durch Plantosan 51 % und mit Pflanzennährsalz Staufen 70 % Gesamtdünger gegeben. Die chemische Industrie bietet auch in Kleinstpackungen unter Firmenbezeichnungen wie Euflor, Bayfolan, Wuxal, Mairol oder Etisso flüssige Volldünger für Zimmerpflanzen an.

Der reine Nährstoffgehalt in diesen flüssigen Düngern liegt nur knapp über 20 %. Es erscheint angebracht, größere Gebinde eines wasserlöslichen Blumendüngers zu kaufen. Bei großen Kalt- und Warmhauspflanzenbeständen lohnt es sich in jedem Fall, zumal man diese Volldünger wie Alkrisal, Poly-Crescal und Poly-Fertisal, Hakaphos blau, Mairol Pflanzennährsalz, Nitrophoska blau oder Pflanzennährsalz Staufen auch im Stauden- und Gemüsegarten, für Einjahrsblumen und Gehölze verwenden kann.

Langzeitdünger

Jede flüssige Nährsalzgabe ist mit einem relativ hohen Arbeitsaufwand verbunden. Um kräftige Pflanzen mit einem fortlaufenden Blütenflor zu erhalten, dürfen keine Mangelperioden auftreten. Wichtig ist ein fließendes Nährstoffangebot. Der Einsatz von sogenannten Depotdüngern, die eine monatelange Langzeitwirkung ausüben, bietet große Vorteile. Der übliche Wachstumsstoß nach einer Grund- oder Flüssigdüngung mit einem schnellen Abfall der Wachstumskurve ist bei einer Depotdüngung kaum zu befürchten. Eine Kombination von schnell und langsam fließenden Nährstofformen muß so harmonisch abgestimmt sein, daß die Pflanzen während ihrer gesamten Kulturdauer ausreichend mit Stickstoff, Phosphor und Kali versorgt sind. Für die Lang- und Kurzzeitkulturen lassen sich die entsprechenden Depotdünger mit einer Wirkungsdauer von 90, 180, 270 und 360 Tagen auswählen. Die Wirkungsweise der einzelnen Depotdünger läßt sich wie folgt darstellen:

Plantosan 4 D kommt als Feingranulat zur Grunddüngung und als Grobgranulat zur Nachdüngung auf den Markt. Es enthält alle Nährstoffe in einem Verhältnis von 20% Stickstoff, 10% Phosphor, 15% Kali, 6% Magnesium sowie die pflanzenverfügbaren Spurenelemente Mangan, Eisen, Bor, Kupfer, Zink, Molybdän und Kobalt. Seine Stickstoffkomponente ist ein Gemisch langsam abbauender Harnstoffderivate in Form von Crotodur und Ureaform unter Einsatz einer geringen Menge von schnellfließendem Salpeterstickstoff. Die Phosphor- und Kalianteile liegen als schwerlösliche Kalium-Magnesium-Phosphate vor.

Triabon ist mit 16% Stickstoff, 8% Phosphor, 12% Kali, 4% Magnesium und den Spurennährstoffen Bor, Eisen, Kupfer, Mangan und Molybdän ebenfalls ein Volldünger. Von den 16% Stickstoff liegen 1% als rasch wirkender Nitrat-Stickstoff, 3% als nachhaltig wirkender Ammonium-Stickstoff und 12% als langsamfließender Stickstoff aus Crotodur vor. Von den 8% Phosphor sind 6% wasserlöslich und deshalb sehr gut pflanzenverfügbar. Die 12% Kali und 4% Magnesium sind chlorfrei.

Nitrophoska permanent enthält 15% Stickstoff, 9% Phosphor, 15% Kali, 2% Magnesium, 0,3% Eisen, 0,1% Mangan und 0,02% Zink zusammen. Von den 15% Stickstoff sind 4% rasch wirkender Salpeter-Stickstoff, 5% langsamer wirkender Ammonium-Stickstoff und 6% langzeitig wirkender Isodur-Stickstoff. Die 9% Phosphor sind wasser- und nitratlöslich, und die 15% Kali sind als Kaliumsulfat chlorfrei. Osmocote 15:12:15 zeigt in der Zusammensetzung von 15% Stickstoff, 12% Phosphor und 15% Kali eine Wirkungsdauer von drei bis vier Monaten. Osmocote 16:10:13 ist dagegen ein Langzeit-Dünger für eine 8- bis 9-Monatsversorgung. Beide Formen enthalten keine Spurenelemente. Die Düngergranulate sind von einer semipermeablen (halbdurchlässigen) Kunststoffhülle (polymere Harze) ummantelt, deren unterschiedliche Beschaffenheit und Dicke die Nährstofffreisetzung reguliert.

Nutricote ist ein Dauerdünger aus Japan mit einem sehr günstigen Stickstoff-Phosphor-Kali-Verhältnis. Die Beschichtungstechnik der granulierten Düngerkörner ermöglicht eine gleichmäßige Freigabe von Nährstoffen entsprechend dem Typ 100, 140, 180, 270 und 360 von 100 bis 360 Tagen.

Für die Topf- und Kübelpflanzen ist es sinnvoll, die Erdgemische mit Langzeitdüngern zu bevorraten. Unmittelbar vor der Bepflanzung werden die Depotdünger unter die Erde gemischt. Die granulierten Düngekörner erleichtern eine gleichmäßige Verteilung im Substrat. Die Aufwandmengen sind dabei entsprechend der Salzempfindlichkeit der Kulturen unterschiedlich:

Kulturen mit geringem Nährstoffbedarf	2–3 g/l Erde
Kulturen mit mittlerem Nährstoffbedarf	3–4 g/l Erde
Kulturen mit hohem Nährstoffbedarf	4–5 g/l Erde
Kübelpflanzen	5–6 g/l Erde

Das aufgedüngte Substrat muß sofort verwendet werden. Um ein vorzeitiges Umsetzen der Stickstoff-Dauerformen zu verhindern, wird die Erde erst nach dem Einpflanzen befeuchtet. Die Nährstofffreisetzung beginnt dann mit dem Wachstum konform zu laufen. Der Wirkungsmechanismus der einzelnen Depotdünger ist je nach Bodentemperatur und -feuchtigkeit, Bakterientätigkeit, Granulatgröße und pH-Wert sehr unterschiedlich. Die Anforderung, daß die Topf- und Kübelpflanzen während der gesamten Wachstumszeit versorgt werden, erfüllen die beiden Depotdünger Osmocote 15:12:15 mit Kurzzeitwirkung und Osmocote 15:10:13 mit einer Langzeitwirkung. Sie werden im Verhältnis 2:1 unter die Erde gemischt. Da Osmocote weder Eisen noch Spurenelemente enthält, müssen von dem Mikronährstoffdünger Radigen 100 g/m^3 gegeben werden. Bei der Verwendung von Langzeitdüngern mit Spurenelementen wie Plantosan 4 D ist es nicht erforderlich, diese Mikronährstoffe dem Substrat gesondert hinzuzufügen. Wenn nach drei Monaten die Nährstoffwirkung nachläßt, kann nachgedüngt werden, wobei man auf einen 12-cm-Topf mit 900 cm^3 Inhalt 4,5 g Plantosan 4 D aufstreut.

Langzeitdünger wie Nitrophoska permanent, die den Stickstoff als Harnstoffaldehyd in der Verbindung Isodur enthalten, sind von der Bodensäure abhängig. Bei einem pH-Wert unter 5,5 spaltet Isodur sehr schnell auf. Die Nährstofffreisetzung in Torfsubstraten ist dabei so hoch, daß die Pflanzen ein kurzfristiges Stickstoffüberangebot haben. Wenn das Substratgemisch sehr sauer ist, wird mit 3 kg kohlensaurem Kalk aufgedüngt. Auch bei dem Langzeitdünger Triabon ist durch die rasche Anfangswirkung eine relativ gute Jugendentwicklung zu erwarten. Seine Stickstoffkomponente besteht aus Crotodur, der schneller in Nitratstickstoff umgewandelt wird als das langsam abbauende Harnstoffderivat Ureaform. Mit zunehmender Größe können bei dieser hohen Anfangs-, aber schwächeren Dauerwirkung Nährstoffmangelerscheinungen auftreten. Dadurch wird bei langlebigen Kulturen eine Nachdüngung erforderlich. Bei den Gehölzen in Pflanzkübeln erfolgt eine Nachdüngung durch das Aufstreuen auf die Erdoberfläche. Dabei werden die allmählich gelösten Nährstoffe durch das Gießwasser in das Substrat eingespült. Auffallend ist, daß diese hohen Düngergaben zu keinen Schädigungen führen. Die freigesetzten leichten Nährstofformen sind der Wachstumsintensität angepaßt. Dadurch hält sich die Salzkonzentration im Substrat konstant niedrig, die Pflanzenwurzeln können bis an die Düngerkörner heranwachsen und Auswaschverluste werden verhindert.

Organische Dünger

In den Fachgeschäften werden die organischen Dünger in kleineren und größeren Mengen als Hornspäne, Knochenmehl, Blutmehl oder Guano angeboten. Hornspäne und Blutmehl darf man allenfalls nur dort anwenden, wo ein starkes Blattwachstum gewünscht wird. Diese beiden Organdünger enthalten zwar viel Stickstoff, jedoch kein Phosphor und Kali. Ein reiner Phosphordünger ist Knochenmehl. Dagegen haben wir im Guano einen organischen Volldünger, der ausreichend Stickstoff und Phosphor und etwas Kali enthält. Er zersetzt sich im Boden sehr leicht und dient als ständig fließende Nährstoffquelle. In der Regel mischt man 60 Gramm Guano unter 10 Liter Erde, wobei die stark zehrenden Clivien, Amaryllis, Philodendron, Gummibäume und Geranien etwas mehr, die empfindlichen Primeln, Azaleen, Usambaraveilchen und Gloxinien entsprechend weniger erhalten. Die Hornspäne und das Knochenmehl zersetzen sich langsam. Sie müssen deshalb rechtzeitig, d.h. einige Wochen oder gar Monate vor dem Gebrauch der Erde zugesetzt werden. Mit den organischen Handelsdüngern aus Horn und Knochen bringt man zwar Stickstoff und Phosphor, jedoch kein Kali in den Boden. Als Vorratsdünger verabreicht müssen neben 40 g Hornspänen und 30 g Knochenmehl auch 20 g Patentkali (Schwefelsaures Kalimagnesia) auf 10 Liter Topfpflanzenerde gegeben werden.

Nährstoffbedarf der Pflanzen

Der Hauptnährstoffbedarf unserer Zimmerpflanzen liegt bei Stickstoff, Phosphor und Kali. Zu den Kernnährstoffen gehört auch der Kalk. Er wird in größeren Mengen von den Zimmerpflanzen kaum vertragen. Außerdem bringt das Gießwasser oft mehr Kalk in den Boden als erwünscht ist. Viele Pflanzen haben ganz spezifische Ansprüche. Die einen wollen mehr Stickstoff und die anderen mehr Phosphor oder Kali. Eine stickstoffbetonte Düngung garantiert ein gutes Wachstum. Unsere Blattpflanzen sind immer stickstoffbedürftig, besonders dann, wenn sie reichlich gegossen werden. Eine Phosphordüngung trägt bei Zimmerpflanzen sehr viel zur Blütenförderung und deren Frühzeitigkeit bei. Durch eine kalibetonte Zusatzernährung kann ein großer Einfluß auf die Gesundheit der Pflanzenbestände ausgeübt werden. Bei zwei- bis dreifachen Kaligaben in Verbindung mit einer optimalen Phosphordüngung wird die Anfälligkeit der Pflanzen gegen Pilzkrankheiten und tierische Schädlinge weitgehend verhindert.

Jede Pflanze hat in den einzelnen Wachstumsphasen ein ganz spezifisches Nährstoffbedürfnis. Während bei den Jungpflanzen der Stickstoff im Vordergrund steht, verlangen sie zur Blüten- und Fruchtbildung mehr Phosphor und Kali. Für jede Kalt- und Warmhauspflanze und jedes Alter die entsprechenden Nährsalze zu geben, ist selbst mit einem Volldünger kaum möglich. Entsprechend dem Nährstoffbedürfnis kommen in den Fachgeschäften stickstoffreiche und stickstoffarme Volldünger zum Angebot. Wer die Pflanzen in ihren jeweiligen Wachstumsphasen unterstützen will, kann die passenden Volldünger verabreichen. Den Typ von stickstoffreichen Volldüngern stellen Poly-Crescal, Alkrisal, Pflanzennährsalz Staufen, Mairol Pflanzennährsalz und Hakaphos grün dar. Stickstoffarm, dafür aber phosphor- und kalireicher sind Poly-Fertisal, Hortal und Hakaphos rot. Wesentlich bei der Wahl der Dünger ist es immer, daß sie wasserlöslich und chlorfrei sind. Diese Volldünger sind nicht nur hochprozentig, ihre Nährstoffe werden auch sofort mit dem Gießwasser von den Pflanzen aufgenommen. Zimmerpflanzen, die zwar eine gute Laub- und Triebentwicklung zeigen, jedoch schlecht oder gar nicht blühen, mangelt es an einer ausreichenden Phosphor-Düngung. Diesen Pflanzen kann mit einem phosphathaltigen Dünger geholfen werden. Auch bei den buntblättrigen Kalt- und Warmhauspflanzen, die vergrünen, kann die Ursache in einer falschen Düngung liegen. Wenn sie zu oft mit stickstoffbetonten Nährsalzen gefüttert werden, dann verschwinden die gelben oder weißen Flecken auf den jungen Blättern sehr rasch. Durch die Anwendung wasserlöslicher Volldünger haben wir die Pflanzen besser in der Hand. Wir können die Nährsalzzuführung mindern oder steigern. Die Höhe der Düngung richtet sich nach der Pflanzenart und ihrer Entwicklung. Kulturen mit empfindlichen Wurzeln dürfen erst nach der völligen Durchwurzelung der Erde gedüngt werden. Zwischen den einzelnen Pflanzenarten gibt es hinsichtlich der Düngerverträglichkeit große Unterschiede. Es ist auf jeden Fall besser, unseren Zimmerpflanzen jede Woche eine leichte Nährsalzlösung zu verabreichen, als nur einmal im Monat mit erhöhter Konzentration zu düngen. Im allgemeinen genügen Blumendüngergaben in Höhe von ein bis zwei Gramm auf einen Liter Wasser. Nur starkzehrende Kulturen vertragen Düngermengen von zwei bis vier Gramm auf einen Liter Wasser. Je hochprozentiger ein Volldünger ist, um so vorsichtiger muß er angewendet werden. Wenn wir z.B. Gummibäume mit dem 36%igen Alkrisal 0,4%ig düngen, genügt von dem 70%igen Pflanzennährsalz Staufen die halbe Menge. 0,4% entsprechen vier Gramm Pflanzennährsalz auf einen Liter Wasser. Wer keine Briefwaage zur Hand hat, nehme einen kleinen Fingerhut als Maß. Randvoll gefüllt faßt er etwa zwei Gramm Blumendünger.

Mit blühfaulen Wachsblumen (*Hoya carnosa*) darf man nicht ungeduldig werden. Meist hungern die Pflanzen. Wenn die Wachsblumen erst einmal älter geworden sind, an einem Südfenster stehen und regelmäßig gedüngt werden, setzt ein ununterbrochenes Blühen ein. Den wachsenden Pflanzen können vom Frühjahr bis zum Herbst wöchentliche Nährsalzgaben in Höhe von drei Gramm auf einen Liter Wasser gegeben werden. An den alten Doldenstielen, die schon in den vergangenen Jahren Blüten getragen haben, bilden sich immer wieder Knospen. In den Frühjahrswochen werden die Zweige der ostindischen *Hibiscus rosa-sinensis* förmlich von den Blüten erdrückt. Großen Einfluß auf die Dauer des Blühens haben das Licht, das Wasser und die Ernährung. Wer also die Pracht der *Hibiscus*-Blüten lange genießen will, darf das Düngen nicht vergessen. Am besten ist der Knospenansatz bei einer wöchentlichen Nährsalzgabe von zwei bis vier Gramm auf einen Liter Wasser. Bei Wasser-, Licht- und Nährstoffmangel werden die Blätter gelb und die Blütenknospen fallen ab. Becherprimeln (*Primula obconica*), die unermüdlich blühen, zeigen sehr leicht Müdigkeitserscheinungen. Die gelben Blätter und die Blütenreste sind dann zu entfernen. Wenn mit leichten Blumendüngergaben nachgeholfen wird, kommen sie nach wenigen Wochen ein zweites und drittes Mal zum Blühen. Man gibt ihnen deshalb wöchentlich ein bis zwei Gramm Nährsalz auf einen Liter Gießwasser. Fleißige Lieschen (*Impatiens walleriana*), die mit Stickstoff überdüngt werden, füllen das Blumenfenster ohne zu blühen. Die Pflanzen können das ganze Sommerhalbjahr flüssige Nährsalzgaben erhalten, wobei man am besten einen der bekannten Blumendünger verwendet. Bei den Beloperonen (*Beloperone guttata*) ist ein reicher Blütenflor nur in einer nährstoffreichen Erde zu erwarten. Im Sommer darf man also nicht vergessen, die Beloperonen viel zu düngen und reichlich zu gießen.

Die *Medinilla magnifica* könnte ihre Statistenrolle aufgeben und mehr in unseren Wintergärten erscheinen. Wenn im Spätsommer das Düngen eingestellt, die Wassergaben reduziert und die Temperatur auf etwa 15° gesenkt wird, blühen die Medinillen von Februar bis August. Auch bei der Verwendung anderer Tropensträucher muß eine Sonderbehandlung eingelegt werden. Bei etwas Düngenachhilfe bringen die Gloxinien noch die letzten Blütenknospen zur Entfaltung. Man muß allerdings mit Pflanzennährsalzen vorsichtig sein. In einem Liter Gießwasser dürfen nicht mehr als drei Gramm Blumendünger aufgelöst werden. Dabei sind die Blätter nicht zu benetzen. Zwischen den Pflanzenhaaren setzen sich sonst die Nährsalze fest und verursachen braune Flecken. Das Wachstum der baumbewohnenden Bromelien ist kein Leben im Überfluß. Man darf ihnen deshalb nur ganz schwache Volldüngerlösungen in Höhe von 0,25 bis 0,50 Gramm Nährsalz auf einen Liter Wasser verabreichen. Mit dieser Volldüngerlösung können die Pflanzen 14tägig gegossen oder gespritzt werden. In den Zisternen sammelt sich die Düngerlösung und wird am Grunde der Blätter von den Saugschuppen aufgenommen. Unterernährte Bromelien bleiben unter ihrer normalen Größe und zeigen durch ein starkes Hervortreten der Farbstoffe eine ausgeprägte Blattzeichnung.

Wer einen tropischen Regenwald nachzuahmen versucht und mit dem Dünger nicht spart, erhält riesengroße Pflanzen. Die Philodendron-Arten, die verwandten *Epipremnum pinnatum* und die *Syngonium*-Arten bilden mit ihren Luftwurzeln eine undurchdringliche Urwaldimitation und die Blätter werden doppelt so groß.

Ausblühen von Nährsalzen

Mit dem Umtopfen der Pflanzen sollte man spätestens beginnen, wenn die Wurzeln keine Nahrung mehr finden oder die Erdoberfläche und die Topfwand von einer grauen Kruste überzogen sind. Bei diesen Ausscheidungen handelt es sich um kohlensauren Kalk und andere Mineralsalze. Über das Gieß- und Düngewasser kommen davon große Mengen in den Boden. Durch die Wasserverdunstung steigt ein ununterbrochener Wasserstrom nach oben oder verdunstet über die Topfwand. Auf der Erde und am Topf bleibt dabei eine bräunlichweiße Kruste zurück. Die Durchlüftung der Topfpflanzenerde und damit die Atmung der sauerstoffbedürftigen Pflanzenwurzeln wird durch diese Rückstände stark gehemmt. Die Erdoberfläche ist deshalb aufzulockern, oder die Töpfe sind zu waschen. Durch Ausschütteln der Erdballen und Umtopfen der Pflanzen, Durchspülen der Erde mit Wasser oder Aussetzen der Düngung läßt sich einer Übersalzung der Erde begegnen.

Luftfeuchtigkeit und Pflanzen

Nur selten finden unsere Kalt- und Warmhauspflanzen ideale Lebensbedingungen. Von den Heizkörpern streicht trockene Luft über die Blätter und fördert die Ausbreitung von Blatt-, Schild- und Wolläusen, Thrips und Spinnmilben (Rote Spinne). Den Pflanzen wird Wasser entzogen. Die Folgen sind trockene Blattspitzen und -ränder. Man schneidet sie ab, ohne das eigentliche Übel zu beseitigen. Die Blätter trocknen weiter und müssen schließlich entfernt werden. Um diesen Schädigungen vorzubeugen, müßte die Luftbefeuchtung ebenso selbstverständlich sein wie eine Heizung. Entscheidend ist immer die »relative Luftfeuchtigkeit«. Sie gibt in Prozent an, wieviel Wasser die Luft im Verhältnis zur vollen Sättigung (100 Prozent) bei gleicher Raumtemperatur enthält. Das Wasseraufnahmevermögen der Luft nimmt mit steigender Temperatur zu. Wenn geheizte Räume keine zusätzliche Befeuchtung erhalten, entsteht zu trockene Luft. Bei 0 Grad Celsius kann die Luft 4,8 Gramm Wasser je Kubikmeter aufnehmen, was einer relativen Luftfeuchtigkeit von 100 Prozent entspricht. Wird der Raum auf 20 Grad Celsius erwärmt, so erhöht sich das Wasseraufnahmevermögen auf 17,3 Gramm Wasser je Kubikmeter Luftraum. In Wohnräumen und in ausgebauten Blumenfenstern enthält die Luft selten auch nur annähernd die Höchstmenge an Wasser. In den meisten Fällen läßt sich sogar ein erhebliches Sättigungsdefizit feststellen. Durch die Raumheizung wird zwangsläufig die relative Luftfeuchtigkeit auf 20 bis 30 Prozent herabgesetzt. Die Folgen sind, daß nicht nur den Pflanzen, sondern allen Gegenständen Wasser entzogen wird. Staubteilchen wirbeln auf und schlagen sich auf den Blättern nieder. Auch durch einströmende Frischluft wird die Feuchtigkeit im Raum noch vermindert, denn die kühle Außenluft nimmt bei ihrer Erwärmung zusätzlich Raumfeuchtigkeit auf.

Die vielfachen Hinweise, Pflanzen auf Fensterbrettern und Blumentischen mehrmals am Tag zu überspritzen, lassen sich schlecht verwirklichen. Schlauch und Blumenspritzen können wir zwischen den feuchtigkeitsempfindlichen Einrichtungsgegenständen kaum anwenden. Selbst das Fensterbrett verträgt keine dauernde Befeuchtung. Nur die Handzerstäuber lassen ein feines Vernebeln des Wassers zu. In den Fachgeschäften werden heute Messing-Handspritzen, Flaschenspritzen, Ballbrause-Spritzen und Einhandzerstäuber mit Glas-, Kunststoff- und Messingbehältern angeboten. Dem idealen Sprühgerät kommen die Einhandzerstäuber am nächsten. Der Sprühnebel legt sich wie ein feiner Film über die Pflanzen. Nicht jede Pflanze verträgt eine solche Befeuchtung.

Wenn die Begonien, Pantoffelblumen, Amaryllis, Primeln, Gloxinien, Usambaraveilchen oder Orchideen gespritzt werden, zeigen sie fleckige Blüten. Auch bei einem Befeuchten der Pflanzen bleibt das Spritzwasser auf den Blättern und zwischen den Knospen stehen. Auf den stark behaarten Usambaraveilchen, Gloxinien, Primeln und Begonien zeigen sich Flecken, und die Knospen faulen weg. Auch den unbehaarten Gummibäumen, Croton, Dieffenbachien, Zimmeraralien, Peperomien und Philodendron-Arten bekommt das Sprühen zuweilen sehr schlecht. Durch ein ständiges Befeuchten mit sehr kalkhaltigem Wasser bleibt ein unschöner weißer Belag auf den Blättern zurück. Die Verdunster zwischen den Rippen der Heizkörper und Wasserschalen auf dem Ofen sind in ihrer Wirkung meist zu schwach. Um das Luftfeuchtigkeitsbedürfnis richtig abzuschätzen, müssen wir nach den Ansprüchen unserer Kalt- und Warmhauspflanzen fragen. Der Gärtner spritzt, wenn die Luft in der Umgebung der Pflanzen sehr trocken ist oder frisch umgetopft wurde. Für das Wohlbefinden unserer Zimmerpflanzen ist bei einer Heizwärme von 18 bis 25° eine relative Luftfeuchtigkeit von 55 bis 65 % ausreichend, denn selbst in ihrer Heimat herrscht nicht immer eine so hohe Luftfeuchtigkeit.

Im Winter können wir bei Außentemperaturen unter minus 7° ohnehin keine höheren Werte halten. An den Metall- und Glasteilen der Blumenfenster tritt dann eine so starke Kondenswasserbildung ein, daß es zu einem unerträglichen Tropfenfall kommen kann. Sogar in ausgebauten Blumenfenstern, Kleingewächshäusern und Wintergärten, in denen wir im Winter gern eine relative Luftfeuchtigkeit von etwa 80 % erreichen wollen, sind wir gezwungen, auf 65 % zurückzugehen. Unter diesem Wert tritt keine nennenswerte Kondenswasserbildung mehr auf.

Eine optimale und gleichbleibende Luftfeuchtigkeit kann nur mit leistungsfähigen Luftbefeuchtern erzielt werden. Ihre Arbeitsweise beruht auf dem Aerosol-Prinzip. Durch die Zentrifugalkraft rotierender Ansaugstutzen steigt das Wasser an der Innenwand der Geräte hoch und bildet einen Wasserfilm. Das Wasser wird durch den Luftstrom aus dem Gerät herausgewirbelt und in mikroskopisch feinen Nebeltröpfchen von 5- bis 20tausendstel Millimeter zerstäubt. Diese Flüssigkeitspartikelchen gehen sofort, ohne zu netzen, in echte Luftfeuchtigkeit über. Dadurch wird gewährleistet, daß empfindliche Blätter, Blüten und Einrichtungsgegenstände nicht benetz werden. Nur bei einem sehr starken Anstieg von über 75 bis 80% ist die Zimmerluft so stark mit Wasser gesättigt, daß die aufsteigenden Nebeltröpfchen nur noch ungenügend von der Raumluft aufgenommen werden. Eine wassergesättigte Luft ist für die Pflanzen ebenso ungünstig wie zu trockene Luft, denn sie begünstigt Pilzkrankheiten. Zur Kontrolle kann ein automatischer Feuchtregler zwischengeschaltet werden. Die hygrostatische Steuerung der Luftbefeuchter gewährleistet einen gleichbleibenden Feuchtigkeitsgehalt der Luft.

Nach dem Einstellen der Raumfeuchte arbeitet die Anlage automatisch. Das ist besonders wichtig, wenn nach einer Periode kühler Tage die Heizung in Gang gesetzt wird. Dadurch läßt sich verhindern, daß die Pflanzen plötzlich unter der trockenen Luft zentralgeheizter Räume leiden. Für die Aufhängung des Hygrostaten wählt man am besten einen absonnigen Platz an der Innenwand des Blumenfensters oder Zimmers. Das Meßgerät muß einer durchschnittlichen Raumtemperatur und Feuchte ausgesetzt sein.

Optimale Luftfeuchtigkeitsansprüche unserer Kalt- und Warmhauspflanzen

Pflanze		Rel. Luftfeuchtigkeit Winter (%)
Blütenpflanzen		
Abutilon-Hybriden, *A. megapotamicum*	Schönmalven, Zimmerahorne, Samtpappeln	40–55
Anthurium-Andreanum-Hybriden, *A.*-Scherzerianum-Hybriden	Große Flamingoblume, Kleine Flamingoblume	55–65
Aphelandra squarrosa	Glanzkölbchen	55–65
Beloperone guttata	Spornbüschchen	40–55
Bromelien	Ananasgewächse	40–65
Brunfelsia pauciflora	Brunfelsie	55–65
Camellia japonica	Kamelie	40–55
Clivia miniata	Clivie, Riemenblatt	40–55
Cyclamen persicum	Alpenveilchen	40–55
Euphorbia pulcherrima	Weihnachtsstern	55–65
Hibiscus rosa-sinensis	Rosen-Eibisch	40–45
Hippeastrum-Hybriden	Amaryllis, Rittersten	40–65
Hydrangea macrophylla	Hortensie	40–55
Impatiens walleriana	Fleißiges Lieschen	40–55
Pelargonium grandiflorum	Engl. Geranie	40–55
Primula malacoides	Fliederprimel	40–55
Primula obconica	Becherprimel	40–55
Rhododendron simsii	Topfazalee	40–55
Saintpaulia ionantha	Usambaraveilchen	55–65
Senecio cruentus	Cinerarie	40–55
Sinningia speciosa	Gloxinie	55–65
Solanum pseudocapsicum	Korallenstrauch	40–55
Zantedeschia aethiopica	Zimmerkalla	40–55
Blattpflanzen		
Araucaria heterophylla	Zimmertanne	40–55
Aspidistra elatior	Metzgerpalme	40–55
Begonia, B. × *credneri, B. metallica* u.a.	Strauchbegonien	40–55
B.-Rex-Hybriden	Rex-Begonien, Königsbegonien	40–65
Codiaeum variegatum var. *pictum*	Croton, Wunderstrauch	55–65
Coleus-Blumei-Hybriden	Buntnesseln, Blumennesseln	40–55
Cyperus alternifolius	Zypergras	40–65
Dieffenbachia, alle Arten	Dieffenbachie	55–65
Dizygotheca elegantissima	Fingeralie	55–65
Dracaena deremensis	Dracaene, Drachenlilie	55–65
Fatsia japonica	Zimmeraralie	40–55
Ficus elastica	Gummibaum	40–65
Grevillea robusta	Austral. Silbereiche	40–55
Maranta leuconeura	Marante, Pfeilwurz	55–65
Myrtus communis	Brautmyrte	40–55
Peperomia argyreia, P. obtusifolia, P. sarcophylla u.a.	Pfeffergesicht	40–65
Philodendron bipinnatifidum, P. mamei, P. selloum u.a.	Baumfreunde, Philo	55–65

Pflanze		Rel. Luftfeuchtigkeit im Winter (%)
Pilea cadierei	Kanonierblume	40–65
Rosmarinus officinalis	Rosmarin	40–55
Sparmannia africana	Zimmerlinde	40–55
Schling- und Hängepflanzen		
Aeschynanthus parasiticus, A. pulcher, A. speciosus		55–65
Asparagus densiflorus 'Sprengeri', *A. setaceus*	Zierspargel	40–55
Bougainvillea glabra, B. spectabilis	Bougainvillea	40–55
Chlorophytum comosum	Grünlilie	40–65
Cissus antarctica	Känguruhklimme, Russischer Wein	40–65
C. rhombifolia	Rautenbl. Klimme	
Columnea gloriosa, C. hirta, C. microphylla, C. oerstediana u.a.	Columneen	55–65
Epipremnum pinnatum	Efeutute	40–65
Hedera colchica, H. helix	Efeu	40–55
Hoya carnosa	Wachsblume, »Asclepias«	40–55
Monstera deliciosa	Fensterblatt	40–65
Peperomia glabella, P. rotundifolia, P. serpens u.a.	Pfeffergesichter	40–65
Philodendron erubescens u.a.	Kletter-Philo	55–65
Saxifraga stolonifera	Judenbart	40–55
Soleirolia soleirolii	Bubiköpfchen	40–55
Stephanotis floribunda	Kranzschlinge	40–55
Tradescantia albiflora, T. fluminensis u.a.	Tradeskantie	40–55
Kakteen		
Aporocactus flagelliformis	Peitschenkaktus	30
Astrophytum myriostigma	Bischofsmütze	30
Cephalocereus senilis	Greisenhaupt	30
Cereus	Säulenkaktus	30
Echinocactus grusonii	Goldkugelkaktus	30
Echinocereus	Igelsäulenkaktus	30
Echinopsis	Seeigelkaktus	30
Eriocactus leninghausii	Igelkaktus	30
Lobivia	Lobivien	30
Mammillaria bocasana, M. gracilis u.a.	Warzenkakteen	30
Opuntia	Feigenkakteen	30
Parodia chrysacanthion, P. maassii u.a.	Parodien	30
Phyllocactus-Hybriden	Blattkaktus	40–55
Rebutia	Rebutie	30
Rhipsalidopsis gaertneri	Osterkaktus	40–65
Schlumbergera-Hybriden	Weihnachtskaktus	40–65
Selenicereus grandiflorus u.a.	Königin der Nacht	30–55

Kulturanweisungen

Pflanze		Rel. Luftfeuchtigkeit Winter (%)
Sukkulente Pflanzen		
Aeonium tabulaeforme		30
Agave americana u.a.	Agave	30
Aloe arborescens, *A. variegata*	Aloe u.a.	30
Cotyledon jacobseniana, *C. orbiculata*, *C. undulata*	Nabelkräuter	30
Crassula falcata	Dickblatt	30–55
Echeveria agavoides, *E. elegans* u.a.	Echeverien	30
Euphorbia milii	Christusdorn	30–55
Gasteria liliputana, *G. verrucosa* u.a.	Gasterien	30
Haworthia attenuata, *H. fasciata*, *H. margaritifera* u.a.	Haworthien	30
Kalanchoe blossfeldiana, *K. crenata*, *K. daigremontiana*, *K. pinnata*, *K. tubiflora*	Flammendes Käthchen, Brutblätter	30–55
Rochea coccinea		30
Sansevieria trifasciata	Bogenhanf	30–55
Sedum sieboldii	Fetthenne	30
Stapelia hirsuta, *S. grandiflora*, *S. variegata*	Ordensstern, Ordensblume, Aasblume	30

Pflanze		Rel. Luftfeuchtigkeit im Winter (%)
Zimmerfarne		
Adiantum	Frauenhaarfarn	55–65
Asplenium nidus	Nestfarn	55–65
Blechnum brasiliense, *B. gibbum*	Rippenfarne	55–65
Nephrolepis cordifolia, *N. exaltata* u.a.	Schwertfarne	55–65
Platycerium	Geweihfarne	55–65
Pteris-Arten	Saumfarne, Flügelfarne	55–65
Zimmerpalmen		
Chamaedorea elatior, *C. elegans*	Berg-Palmen	40–55
Chamaerops humilis	Zwerg-Palme	40–55
Howeia belmoreana	Howea-Palme	40–55
Howeia forsteriana	Kentia-Palme	40–55
Livistonia australis, *L. chinensis*	Livistonien	40–55
Microcoelum weddelianum	Kokospälmchen	55–65
Phoenix canariensis, *P. roebelenii*	Dattel-Palmen	40–55
Rhapis excelsa, *R. humilis*	Stecken-Palmen	40–55
Trachycarpus fortunei	Hanf-Palme	40–55

Gießen

Einer Kalkanreicherung im Boden kann durch ständiges Gießen mit Regenwasser vorgebeugt werden. Wir bezeichnen es als weiches Wasser, weil es frei von Alkalien ist. Leider besteht nicht überall die Möglichkeit, Regenwasser zu sammeln oder gesammeltes Regenwasser zu verwenden. In der Nähe von Industrieanlagen und großen Städten muß man bei der Verwendung von Regenwasser sehr vorsichtig sein. Durch die Industrieabgase und den Ölheizungsrauch können pflanzenschädliche Stoffe in das Regenwasser gelangen. Abgekochtes Wasser erfüllt denselben Zweck. Einige Blumenfreunde machen es wie viele Gärtner und verwenden Wasser aus stehenden und fließenden Gewässern. Es kommt in seiner Qualität dem Regenwasser am nächsten. Durch die industriellen und städtischen Abwässer können auch hier pflanzenschädliche Stoffe enthalten sein. Ein sicheres Zeichen für die Gesundheit von Fluß- und Seewasser ist das Fischleben. In verseuchtem Wasser ist kaum eine Fauna zu finden.

Zur Neutralisierung des Kalkgehaltes läßt sich das Leitungswasser mit Hilfe von Torfbeuteln ansäuern. Auf 10 l Wasser gibt man 100 g frischen Torf. Die Beutel werden in die Gießkanne gehängt. Nach 24 Stunden läßt sich das Wasser verwenden. Diese Enthärtungsmethode ist verhältnismäßig billig, jedoch sehr arbeitsaufwendig. Angesäuertes Gießwasser kann auch mit Hilfe eines Torffilters hergestellt werden. Durch ein torfgefülltes Sieb läßt man Wasser laufen und benutzt es anschließend zum Gießen kalkempfindlicher Pflanzen. Diese Methode des Ansäuerns ist sehr unzuverlässig. Die chemische Industrie kommt uns hier mit Enthärtungstabletten zu Hilfe. In handlichen Kleinstpackungen werden sie im Fachhandel angeboten. Für den Besitzer eines ausgebauten Blumenfensters, Wintergartens oder Kleingewächshauses werden entsprechend größere Packungen geliefert. Auch durch die Verwendung der physiologisch sauren Volldüngemittel wird der überschüssige Kalk im Boden gebunden. Wasserlösliche Nährsalze werden in 0,1 bis 0,2 %iger Lösung (1 bis 2 g/l Wasser) verabreicht. Das enthärtete Wasser sollte besonders bei den kalkempfindlichen Eriken, Azaleen, Kamelien, Orchideen, Bromelien, Farnen, Flamingoblumen und Hortensien Anwendung finden.

Allgemeingültige Gießanleitungen lassen sich nicht geben. Um das Wasserbedürfnis der Pflanzen richtig abzuschätzen, muß man die Pflanzenart, das verwendete Erdgemisch, die Temperatur und die Ruhezeit der Pflanzen kennen. Das Gießwasser sollte immer den ganzen Topfballen durchfeuchten. Wenn der Wasserabzug in Ordnung ist, sammelt sich die überschüssige Feuchtigkeit im Untersatz. Pflanzen mit sehr empfindlichen Wurzeln, wie Primeln oder Gloxinien, vertragen keine Dauerfußbäder. Die Wurzeln werden sonst krank, die Blüten vorzeitig abgestoßen und ein Teil der Blätter beginnt abzufallen. Beim Austopfen wurzelkranker Kalt- und Warmhauspflanzen, die infolge Ballentrockenheit Blattrandschädigungen, Spitzen- und Blattdürre zeigen, ist vielfach zu beobachten, daß nur die Oberfläche angefeuchtet und der untere Teil des Wurzelballens vertrocknet ist. Ballentrockene Pflanzen lösen sich vom Rand, und zwischen den Wurzeln und dem Topf kann die Feuchtigkeit sehr schnell abfließen. Bei den Azaleen, Eriken, Kamelien und Myrten ist eine völlige Ballentrockenheit zu vermeiden. Das Abfallen von Blättern, Blüten und Blütenknospen ist eine Folge von Wassermangel. Völlig ausgetrocknete Pflanzen stellt man bis zum Topfrand in ein Gefäß mit Wasser. Man kann die Farne oder Orchideen mit ihren Körbchen oder Kistchen so lange ins Wasser tauchen, bis keine Luftblasen mehr aufsteigen.

Das Wurzelsystem vieler epiphytischer Bromelien ist nur noch als Haftapparat entwickelt. Die Wasser- und Nährstoffaufnahme erfolgt am Grunde der Blatttrichter mit Hilfe von quellbaren Saugschuppen. Bei den Zisternen-Bromelien müssen die Blatttrichter ständig mit Wasser gefüllt sein. Bei fehlender Feuchtigkeit ist die Blütenentwicklung in Frage gestellt. Pflanzen mit grundständigen Blättern, wie die Cyclamen, die Primeln, Gloxinien oder

Usambaraveilchen, dürfen dagegen nicht ins Herz gegossen werden. Das Wasser bleibt zwischen den jungen Blatt- und Blütenknospen stehen und verursacht Fäulnis. Die Empfehlung, die Alpenveilchen von unten zu gießen, wird deshalb vielfach befolgt.

Junge Palmen und ausgewachsene Zypergräser bekommen häufig braune Blattspitzen. Diese Blattdürre läßt sich bei Wassermangel in trockenen, zentralgeheizten Räumen nicht ganz vermeiden. Wassermangel kann beim »Kokospälmchen«, *(Microcoelum weddelianum)* den Verlust ganzer Wedel nach sich ziehen. Die trockenen Blattspitzen können wir mit der Schere entfernen, wobei ein schmaler Streifen des abgestorbenen Gewebes stehenbleiben muß. Meist fehlt den kleinen, aber hohen Palmen-Töpfen das Abzugsloch. Wenn die Erde ständig feucht und nicht zu naß gehalten wird, gedeihen sie auch ohne Wasserabzug. Wenn zum Abzug der überschüssigen Feuchtigkeit ein Loch in den Topfboden gebohrt wird, müssen die »Kokospälmchen« ständig in einem mit Wasser gefüllten Untersatz stehen. Ein ständiges Fußbad erhalten auch das Zypergras, blühende Zimmerkalla und *Scirpus cernuus*, das Frauenhaargras. Auch Kalthausfarne lassen sich in zentralgeheizten, warmen Räumen nur in einem mit Wasser gefüllten Untersatz halten.

Frisch verpflanzte Gewächse sind bis zum Durchwurzeln des Erdballens mit großer Vorsicht zu gießen. Die Häufigkeit und Höhe der Wassergaben hängt auch von den verwendeten Erden ab. Reine Moor- oder Torfsubstrate geben nur geringe Wassermengen an die Wurzeln ab. Die Pflanzen beginnen schon bei 60 % des Wassergehaltes zu welken. Im Gegensatz dazu stehen die Kompost- und Lehmerden, in denen bis zu 10 % des Wasservorrates den Pflanzen an Feuchtigkeit zugänglich ist.

Tröpfchenbewässerung

Mit Hilfe der Tröpfchenbewässerung läßt sich bei den Epiphytenstämmen der Arbeitsaufwand für Gießen und Düngen um das Fünffache verringern. Die Hauptzuleitung besteht aus ½″ PVC-Rohren. Von ihr gehen 30 bis 150 cm lange Dosierschläuche ab. Zum Gießen der Epiphyten-Pflanzstellen werden entweder Einzeltopfbewässerer mit verstellbarer Öffnung oder Wasserringe mit einem kapillaren Austritt des Wassers verwendet. Die Einzeltopfbewässerer lassen stündlich bis zu 34 Liter Wasser austreten, während durch die Wasserringe – die den Wurzelbereich ringförmig bewässern – eine deutlich bessere Verteilung der Feuchtigkeit erreicht wird. Die kapillaren Öffnungen geben stündlich 2,3 bis 2,5 l Wasser ab. Auftretende Verstopfungen konnten bislang noch nicht beobachtet werden. Der Wasserdurchfluß wird durch schwaches Öffnen der Leitung einreguliert. Nach einer Minute kann die Hahneinstellung so weit geöffnet werden, bis starkes Tropfen anzeigt, daß alle Epiphyten die nötige Wasserzufuhr erhalten.

Die Substratzusammenstellung ist für die Durchlässigkeit des Wassers und das Speichervermögen von Nährstoffen ausschlaggebend. Es werden daher die gebräuchlichen Epiphytensubstrate wie Osmunda, Polypodium, Sphagnum, gehacktes Buchenlaub, grobfaseriger Torf oder TKS und andere Torfkultursubstrate verwendet.

Mit diesem System der Tröpfchenbewässerung können auch Nährstoffe verteilt werden. Die Flüssigdüngung erfolgt wöchentlich, und zwar von Mitte April bis Ende Juli, mit dem stickstoffbetonten Poly-Crescal und von August bis November mit dem phosphor- und kalireichen Poly-Fertisal. Zwischen der Wasserleitung und den Epiphyten wird die Nährsalzkonzentration durch einen zwischengeschalteten Düngemischer gesteuert, wobei die vollöslichen Nährsalze 0,05 %ig = 5 g Düngesalz auf 10 l Wasser ausgebracht werden. Zur Verhütung von Ablagerungen wird nach jeder Düngung das Bewässerungssystem mit klarem Wasser durchspült. Bei Verstopfungen müssen die Ringe abgebaut und mit Oxal- oder Salzsäure gereinigt werden, wobei man die Schleimalgen in den Zuleitungen mit einem Chlorbleichmittel beseitigt.

Für die Verlegung des ½″ PVC-Zuleitungsrohres und Anbringen der Wasserringe benötigt eine Arbeitskraft für einen 6 m hohen Epiphytenstamm 5 bis 7 Stunden. Die reinen Materialkosten belaufen sich dabei auf 20 bis 30 DM.

Eine andere Möglichkeit der Befeuchtung besteht bei den Nestfarnen und Zisternen-Bromelien durch das Anbringen von Tegtmeier-Düsen über den Pflanzen. Bei dichter Bepflanzung mit *Nephrolepis*, Peperomien oder baumbewohnenden Kakteen läßt sich eine Befeuchtung mit seitlich sprühenden Düsen durchführen. Sie werden an den PVC-Rohren im Abstand von 70 cm angebracht.

Anwendung von Wachstumsregulatoren bei einzelnen Kulturen

Pflanze	Handelspräparat	Konzentration	Anwendung	Zeitpunkt
Abutilon	Alar 85	0,1–0,2 %	Spritzen	In einem frühen Entwicklungsstadium
	Gartenbau-Cycocel	0,15–0,25 %	Spritzen	
	Gartenbau-Cycocel	0,25–0,5 %	Gießen	
Acalypha	Gartenbau-Cycocel	0,5 %	Spritzen	Bei einer Pflanzhöhe von 12–15 cm
	Gartenbau-Cycocel	1,0 %	Gießen	
Achimenes	Alar 85 Kann bei stark wachsenden Sorten nach 10 Tagen wiederholt werden	0,1–0,2 %	Spritzen	Bei einer Länge von 5–7 cm
Allamanda cathartica	Alar 85	0,25 %	Tauchen	Vor dem Topfen
	Alar 85	0,25 %	Gießen oder Spritzen	Wenn sich die Internodien zu strecken beginnen
Aphelandra squarrosa	Gartenbau-Cycocel	1 %	Gießen 8–9-cm-Topf 50–85 ml 11–12-cm-Topf 100–150 ml	2–3 Wochen nach dem Eintopfen
Begonia-Elatior-Hybriden	Gartenbau-Cycocel	0,05–0,1 %	Spritzen	3 Wochen nach dem Eintopfen
Begonia-Knollenbegonien-Hybriden	Gartenbau-Cycocel	0,1–0,15 %	ein- bis dreimalige Spritzung	14 Tage nach dem Topfen, nach jeweils 14 Tagen weitere Spritzungen

Pflanze	Handelspräparat	Konzentration	Anwendung	Zeitpunkt
Begonia-Lorrainebegonien-Hybriden	Gartenbau-Cycocel	0,1 %	Spritzen	Wenn Triebe zu lang werden
Beloperone	Gartenbau-Cycocel	0,15–0,25 %	Gießen 80 ml/10-cm-Topf	Wenn nach dem Stutzen Durchtrieb 3 cm lang ist oder 2–3 Wochen nach dem Stutzen
	Alar 85	0,25 %	Spritzen 150 ml/m²	
Bougainvillea	Gartenbau-Cycocel	0,25 % 0,3–0,4 %	Spritzen Gießen	7–10 Tage nach dem Stutzen
Browallia	Alar 85	0,15–0,25 %	Spritzen	Bei langwerdenden Sorten
Calceolaria	Gartenbau-Cycocel	0,1 %	Spritzen	Bei Belichtungsbeginn zur Blühverfrühung
Campanula isophylla	Alar 85	0,3 %	Spritzen	Wenn Austrieb 3–4 cm lang
Clerodendrum thomsoniae	Reducymol	0,5–0,75 %	Gießen 100 ml/11-cm-Topf	10 Tage nach dem Stutzen, zweite Behandlung nach weiteren 10 Tagen
Coleus	Gartenbau-Cycocel	0,25 %	Spritzen	Bei einer Pflanzenhöhe von 10–15 cm
Crossandra	Alar 85	0,15 %	Spritzen 150 ml/m²	Wenn sie im Endtopf durchgewurzelt sind
Fuchsia	Gartenbau-Cycocel	0,35–0,40 %	Spritzen	2–3 mal im Abstand von 10 Tagen. Erst Spritzung kurz nach dem Verpflanzen
	Gartenbau-Cycocel	0,8–1,0 %	Gießen	Nach dem Topfen, wenn Wurzeln Topfrand erreicht haben und Triebe Länge von 3–4 cm über der Stutzstelle haben
Grevillea	Gartenbau-Cycocel	1,0 %	Gießen 50 ml/11-cm-Topf	Nach guter Durchwurzelung des Topfes
Hibiscus rosa-sinensis	Gartenbau-Cycocel	0,075–0,15 %	Spritzen 120–150 ml/m²	Wenn Durchtrieb nach dem Stutzen 5–8 cm lang ist
Pachystachys lutea	Gartenbau-Cycocel	0,5 %	Gießen 100 ml/11-cm-Topf	Nach dem Stutzen, wenn Trieb 3–5 cm lang ist
Pavonia	Gartenbau-Cycocel	0,0075–0,01 %	Spritzen (0,75–1,0 ml/10 l Wasser) 150 ml Spritzbrühe/m²	Nach dem Stutzen, wenn Durchtrieb 5–10 cm lang ist

Jedes dieser Bewässerungssysteme setzt eine wasserunempfindliche Unterpflanzung voraus, die in der Lage ist, die abtropfende Nährlösung zu verarbeiten. In einem Kleingewächshaus, ausgebautem Blumenfenster oder Wintergarten mit Temperaturen von 18 bis 25° sind etliche Begonien, Farne, Gummibäume, *Philodendron*-Arten, Peperomien und Tradeskantien dazu geeignet.

Wachstumsregulatoren

Die sogenannten Stauchemittel unterbinden eine Streckung des Zellgewebes. Sie wirken nur bei Pflanzen mit jungem, teilungsfähigem Gewebe, dessen Wachstum noch nicht abgeschlossen ist. Beim Spritzverfahren müssen alle oberirdischen Pflanzenteile gleichmäßig und gründlich benetzt werden. Beim Gießverfahren ist topfrandvoll zu gießen. Vor der Anwendung von Wachstumsregulatoren sind die Pflanzen gründlich mit Wasser zu versorgen und nach der Behandlung 24 Stunden nicht zu gießen. Der günstigste Anwendungszeitpunkt ist gegen Abend bei einer Raumtemperatur zwischen 15 und 22°, einer Luftfeuchtigkeit über 60 % und einer Beschattung am darauffolgenden Tag. Siehe dazu die entsprechende Übersicht.

Temperaturbedarf der Pflanzen

Zum Wachstum der Kalt- und Warmhauspflanzen gehört ein bestimmtes Maß an Wärme. Ihre Temperaturansprüche sollten wir beim Auslegen der Heizung berücksichtigen. Nach dem Einbau von Elektro-, Dampf- oder Warmwasserheizungen wird es nicht schwierig sein, einen Wintergarten oder ein Kleingewächshaus frostfrei zu halten. Eine Bodenwärme entspricht vielen Pflanzen, ist jedoch keineswegs die Voraussetzung für optimales Wachstum. Wenn die Sonne die Heizung übernimmt, kann man eine Temperatur von 25 bis 35° halten. Nur bei Nacht genügen tiefere Temperaturen. In Frostnächten lassen sich zur Einsparung der Heizkosten die Glasflächen mit Strohmatten, Decken oder Brettern abdecken. In Ausnahmewintern, die Extreme von minus 20° zeigen, ist es häufig schwer, eine Mindestheizwärme von 4 bis 8° zu halten. Wenn die Wärmezuführung von den umliegenden Wohnräumen erfolgt, bleibt nichts anderes übrig, als sich auf die ganz harten Wollmispeln (*Eriobotrya japonica*), *Eucalyptus*-Arten, Zimmer-

(*Fatsia japonica*) und Efeuaralien (× *Fatshedera lizei*), Goldorangen (*Aucuba japonica*), Oleander (*Nerium oleander*), Zimmertannen (*Araucaria heterophylla*) oder Myrten (*Myrtus communis*) zu beschränken. Es gelingt eher, Pflanzen, die an kühle Zimmertemperaturen gewöhnt sind, in warmen Räumen durch den Winter zu bringen, als Tropenpflanzen in einem ungeheizten Zimmer zu halten. Andererseits stellen sich bei Subtropenpflanzen die Spinnmilben, Woll- und Schildläuse in überheizten und lufttrockenen Räumen ein.

Bei der Kultur tropischer Arten sollte man nicht so ängstlich sein. Bei gut funktionierender Heizung und genügend Licht halten etliche Arten bei 18 bis 25° aus. In diesen Temperaturbereichen entwickeln sich *Dieffenbachia* zu baumartigen Pflanzen, die in Höhen bis zu drei Metern von oben bis unten beblättert sind. Hier überstehen auch die Schraubenbäume *Pandanus sanderi*, *P. utilis* und *P. veitchii* den Winter. Die meisten Solitärs stellen der Gummibaum *Ficus elastica* und die Geigenfeige *Ficus lyrata*. Auch der Wunderstrauch *Codiaeum variegatum* var. *pictum* gehört zu den Kübelpflanzen warmer und heller Räume. Pflanzen aus den subtropischen Bereichen wollen es nicht so warm. Für Vorräume und Treppenaufgänge, die man mit Rücksicht auf die Heizkosten nur leicht temperiert (4–12°), bieten sich die Akazien, Orangen- und Zitronenbäumchen an. Auch die Zimmertanne, Myrten und Zimmerlinden eignen sich als Kalthauspflanzen. Die Bäumchen brauchen nur kühle Überwinterungsräume mit einer Heizwärme von 8 bis 10°. Zuweilen ist es gar nicht möglich, einen Vorraum frostfrei zu halten oder es streicht beim Öffnen der Tür Kaltluft über die Blätter. In solchen Fällen ist man in der Wahl der Pflanzen sehr vorsichtig und greift nur Arten heraus, die noch Temperaturen knapp über der Frostgrenze ertragen. Die Efeuaralie (× *Fatshedera lizei*), temperatur- und schattenverträglich, ist eine ideale Kübelpflanze für sehr kühle Räume. In extremen Lagen verwenden wir die Goldorange, *Aucuba japonica*, die bei leichten Frostgraden und im tiefen Schatten nicht enttäuscht.

Temperatur und Knospenansatz

Der Blütenansatz der *Columnea*-Arten fällt nach einer warmen Überwinterung sehr spärlich aus. Ausschlaggebend für die reiche Knospenbildung sind kühle Temperaturen. Pflanzen mit gut ausgereiften, 25 bis 30 cm langen Trieben neigen besonders stark zum Blühen. Wenn die Columneen diese Voraussetzungen erfüllen, werden sie 30 Tage lang bei einer Temperatur zwischen 12 und 15° gehalten. Nach dem Kühlstellen kommen die Columneen wieder in ein luftfeuchtes Blumenfenster mit einer Heizwärme von 18 bis 22°. Drei Monate nach Behandlungsbeginn zeigen die Columneen ihre ganze Farbenpracht. Es ist also jederzeit möglich, das Wachstum der Columneen zu steuern und den Blühtermin vorherzubestimmen.

Bei einem Tropenwaldklima von 25°, das durch Heizen, ein laufendes Benetzen der Wege und zusätzlichen Schatten erreicht wird, werden die Gloxinien so lange gehalten, bis sie einen Durchmesser von 10 bis 20 cm erreicht haben. Bei einer gleichbleibenden Temperatur würden wenig Blütenknospen gebildet. Deshalb senkt der Gärtner nach Erreichen dieser Größe die Temperatur für drei Wochen auf 16°. Die Pflanzen bilden dadurch mehr Seitentriebe und entsprechend viele Blütenknospen.

In hellen und kühlen Überwinterungsräumen beginnen die Hängenden Glockenblumen Blütenknospen anzusetzen. Über die ganzen Pflanzen verteilt sind im zeitigen Frühjahr die hellblaue *Campanula fragilis* und ihre weiße Sorte 'Alba' mit einer Fülle kleiner Glockenblüten bedeckt. Von *C. isophylla* schmücken sich die großblütigen Sorten 'Alba' und 'Mayi' von Ende Juli bis zum Spätsommer mit weißen und blauen Blütensternen.

Um bei den Bougainvilleen einen guten Knospenansatz zu erreichen, hält man die Pflanzen im Spätherbst und im Winter bei einer Heizwärme von 8 bis 12°. Die violette *Bougainvillea glabra* var. *sanderiana* wird dabei etwas trockener und kühler bei Temperaturen von 5 bis 8° gehalten. Wenn sie im Winter das Laub fallen läßt, beginnt die Pflanze zu ruhen. Dieser Winterschlaf wirkt sich bei der violetten Bougainvillea sehr günstig auf die Blütenbildung aus. Nach einer kühlen Überwinterung sind die Pflanzen von April bis Juni mit Blüten überschüttet.

Bei der Kranzschlinge (*Stephanotis floribunda*) ist mit einem reichen Knospenansatz nur zu rechnen, wenn die Pflanze im Herbst und Winter kühl und luftig bei Temperaturen von 12 bis 15° gehalten wird. Von Juni bis September ist dann die ganze Pflanze von wachsartigen, köstlich duftenden Blüten überschüttet.

Die Edelpelargonien (*Pelargonium*-Grandiflorum-Hybriden) – mancherorts werden sie auch als Englische Geranien bezeichnet – haben im Winter keine Ruhezeit. Nach einer hellen und kühlen Überwinterung ist ein reicher Blütenknospenansatz zu erwarten.

Wenn die Korallenbeere (*Nertera granadensis*) hell und kühl gehalten wird, entfaltet sie einen reichen Blütenflor. Während dieser Zeit darf nicht gespritzt werden. Bald folgen die roten Korallenbeeren.

Der Kanarische Ginster (*Cytisus canariensis*) liebt eine Überwinterungstemperatur von 4 bis 12°. Mit dem Rückschnitt der Pflanzen wartet man bis zum Frühjahr. Die Triebe werden auf die Hälfte ihrer Länge zurückgenommen. Wenn der Kanarische Ginster unmittelbar nach der Blüte geschnitten wird, bildet er starke Ruten, die nach einer kühlen Überwinterung im nächsten Jahr wieder blühen.

Die Echten Akazien (*Acacia armata*, *A. alata*, *A. drummondii* u. a.) blühen von Januar bis April. Ihr zitronengelber Blütenflor leidet sehr unter zu hohen Zimmertemperaturen. Jedes Jahr fallen die schönsten Pflanzen der trockenen Heizwärme zum Opfer. Die Echten Akazien dürfen deshalb nur bei Temperaturen zwischen 3 und 10° gehalten werden.

Die Myrten kommen im Sommer nächsten Jahres zum Blühen, wenn sie im Winter kühl, hell und luftig stehen. Als Aufenthaltsraum eignet sich jedes ungeheizte Zimmer.

Die *Citrus*-Arten kommen nur in einem hellen und kühlen Zimmer zum Blühen und Fruchten. Von allen sind die Pomeranzen am wenigsten kälteempfindlich. Die Calamondin-Zierapfelsinen werden bei 16° gehalten. Das Ausreifen der Früchte erfolgt bei 15 bis 18°, dabei darf die Temperatur nicht über 25° ansteigen. Von allen Mandarinenarten sind die Clementinen am meisten kälteempfindlich. Nach einer kalten Nacht mit Temperaturen unter 0° beginnen sie ihre Blätter einzurollen und die Früchte leiden. Der Frost läßt auch den zuckerarmen Saft der Zitronen einfrieren. Nach dem Zerplatzen der Zellhäute trocknet das Fruchtfleisch langsam ein und wird ungenießbar. Die Zitrusfruchtbäumchen sollte man deshalb bei 6 bis 12° überwintern und wenig gießen, wobei man die Orangenbäumchen etwas kühler bei 5 bis 8° halten kann. Damit bei den Apfelsinen eine orangegelbe Schalenfarbe herauskommt, sind nicht Sonne und Wärme, sondern Nachttemperaturen nahe 0° erforderlich. Orangenbäume, an denen grüngefleckte Früchte hängen, zeigen nicht unbedingt eine mangelnde Reife, sondern Zimmertemperaturen, die im letzten Wachstumsstadium der Pflanzen zu hoch lagen.

Lichtbedarf der Pflanzen

Nach der Lage zur Sonne verwendet man licht- oder schattenverträgliche Pflanzen. Die Ausrichtung nach Süden ist nicht in jedem Fall gut. Für Pflanzen aus der schattigen Tiefe des Urwaldes ist es vorteilhafter, einen Wintergarten oder ein Kleingewächshaus nach Norden zu bauen. Unter Berücksichtigung eines bodensauren und humosen Torfsubstrates läßt sich ein ganzer Farngarten pflanzen. Die einen sind bodenbegrünend, die anderen kletternd oder baumbewohnend. Die Geweihfarne mit ihrem hängenden Wuchs gehören allein schon wegen ihrer geweihförmig geteilten Blätter zum Erlebnis eines Wintergartens, und als Bodenbedecker überziehen die Selaginellen teppichartig den Boden. Unter den mehr als schlechten Temperatur- und Lichtverhältnissen eines Foyers gedeihen die Kentia-Palmen, das Zimmerphilodendron und diverse Araliengewächse. Durch manches Flurfenster kommt so viel Helligkeit, daß es eben noch die Schusterpalme schafft. Vielen Gewächsen aus dem Bereich des tropischen Regenwaldes macht ein wochenlanger Dauerschatten nichts aus. Die Blätter sind ein Hinweis auf die Zimmerhärte der Pflanzen. Zumindest ist an ihrer ledrigen Beschaffenheit zu erkennen, was sich für die extremen Standortverhältnisse eines Foyers oder Treppenaufganges eignet. Es gibt Philodendron mit unterschiedlicher Empfindlichkeit, wie *Monstera deliciosa*, die sich für warme und kühle, helle und schattige Räume gleichermaßen eignet. In den halbschattigen Treppenaufgängen lassen sich auch die Steckenpalmen *Rhapis excelsa* und *R. humilis* verwenden. Im Schatten wachsen auch so bekannte Pflanzen wie die *Schefflera actinophylla*, die Zimmeraralie (*Fatsia japonica*) und die Efeuaralie (× *Fatshedera lizei*). Nur wenn sie zu warm gehalten und die Sonne fehlt, werden diese Subtropenpflanzen sehr lang und krankheitsanfällig. Im totalen Schatten wachsen nicht einmal die Zimmeraralien. *Fatsia japonica* erträgt bei geringen Lichtmengen Temperaturen von 5 bis 12°. Verwandtschaftlich steht ihr *Schefflera actinophylla* sehr nahe. Mit ihren großen handförmig geteilten Blättern zählt sie zu den dekorativsten Kübelpflanzen. Ihre Lichtansprüche decken sich weitgehend mit denen der Zimmeraralien.

In den Südlagen haben wir ohne Schattiervorrichtungen eine beschränkte Pflanzenauswahl. Man wird sich hier auf die sonnenhungrigen Kakteen, die *Hibiscus* und Wachsblumen beschränken. An Kletterpflanzen mit buntem Blütenflor bieten sich auch die Bougainvilleen, die *Allamanda*, Passionsblumen und *Clerodendrum* an. Mit etwas Phantasie läßt sich gut vorstellen, wie in spätestens einem Jahr skurrile Epiphytenstämme, Schnur- und Drahtbespannungen mit diesen lianenartigen Pflanzen begrünt sind. Bei den Bromelien bringt eine optimale Belichtung schöne Zeichnungseffekte hervor. Nur *Vriesea splendens* entwickelt ihre querverlaufenden Bänderungen im Halbschatten. Für ausgesprochene Sonnenlagen sind *Aechmea recurvata*, *A. recurvata* var. *ortgiesii*, *A. sphaerocephala* und *A. purpureorosea*, *Billbergia rosea*, *B. sanderiana*, *B. saundersii*, *B. venezuelana* und *B. zebrina*, *Neoregelia ampullacea*, *N. marmorata*, *N. sarmentosa* var. *chlorosticta*, *N. tristis* und *N. zonata* geeignet. Die dünnen und weichblättrigen *Aechmea*, *Guzmania*, *Nidularium* und *Vriesea* lieben den Halbschatten oder Ost-, West- und Nordlagen. Viele dieser schattenverträglichen Bromelien zeichnen sich durch eine auffallende Blattzeichnung aus. Sie sind daher auch im nichtblühenden Zustand äußerst dekorativ.

Zusatzbelichtung

Auf geschlossene Fensterläden und dunkle Ecken reagieren viele Kalt- und Warmhauspflanzen durch das Gelbwerden der ausgewachsenen Blätter. Wenn in den Vorräumen nur Düsternis um die Pflanzen ist, sollte man ernsthaft daran denken, einen Elektrofachmann mit dem Einbau von Leuchtstofflampen zu beauftragen. Es wird nicht ohne Eindruck auf die Gäste des Hauses sein, wenn zu einem abendlichen Rundgang durch einen erleuchteten Wintergarten oder ein Kleingewächshaus eingeladen wird.

Eine Zusatzbeleuchtung kann nur als Korrektur des Tageslichtes betrachtet werden. Bei der Belichtungsdauer spielt die geographische Herkunft der Pflanzen eine wichtige Rolle. Manche Pflanzen haben eine sogenannte Tageslichtlängenempfindlichkeit. Am Äquator beträgt die Tageslänge das ganze Jahr hindurch 12 Stunden. Es sind relativ kurze Tage, und einige in dieser Zone wachsenden Pflanzen sind Kurztagspflanzen. Das bedeutet, daß der Weihnachtsstern bei 12,5 Stunden nicht mehr blüht. In unseren Sommern steigt die physiologisch wirksame Tageslänge bis auf 17,5 Stunden. Unter diesem Langtageinfluß ist in der einheimischen Flora das beste generative Wachstum zu beobachten. Damit der Blühimpuls bei Pflanzen, die aus den Tropen kommen, nicht zerstört wird, gibt man den meisten Kurztagpflanzen am besten eine Tageslänge von 8 bis 10 Stunden.

Die meisten Kalt- und Warmhauspflanzen benötigen eine Mindest-Beleuchtunsstärke von 400 bis 1000, einige bis 6000 Lux. Eine Intensivbelichtung ist während der Wintermonate bei Jungpflanzen und bestimmten Kulturen wie Gloxinien, Saintpaulien, Begonien, Primeln, Farnen und Anthurien sinnvoll. Die maximale Assimilationsleistung der Gloxinien wird erst bei 10000 Lux erbracht. Um zu den zahlreichen Frühjahrsfesten blühende Gloxinien auf den Markt zu bringen, ist für den Gärtner eine künstliche Zusatzbelichtung mit 65-Watt-Leuchtstofflampen der Lichtfarbe 22 und 30 oder Quecksilberdampf-Hochdrucklampen unumgänglich. Zur Steigerung der Assimilation lassen sich auch die Pflanzenstrahler Osram L-Fluora oder True-Lite-Leuchtstoffröhren 65 W verwenden. Die Leuchtstoffröhren werden in Höhen von 80 bis 100 cm über den Pflanzen aufgehängt.

Pflanze	Mindestbeleuchtungsstärke (Lux)
Abutilon	über 1000
Adiantum-Arten	1000–700
Aechmea fasciata	1000–700
Aeschynanthus radicans	1000–700
Aglaonema commutatum	700–400
Allamanda cathartica	über 1000
Ananas bracteatus	1000–700
Ananas comosus	über 1000
Anthurium-Andreanum-Hybriden	1000–700
Anthurium crystallinum	1000–700
Anthurium-Scherzerianum-Hybriden	1000–700
Aphelandra squarrosa	über 1000
Araucaria columnaris	über 1000
Araucaria heterophylla	über 1000
Ardisia crenata	über 1000
Asparagus densiflorus	über 1000
Asparagus falcatus	über 1000
Aspidistra elatior	700–400
Asplenium nidus	1000–700
Aucuba japonica	700–400
Begonia-Arten	über 1000
Beloperone guttata	über 1000
Billbergia nutans	700–400
Brunfelsia pauciflora	über 1000
Caladium-Bicolor-Hybriden	über 1000
Calathea lancifolia	1000–700
Calathea makoyana	1000–700
Chamaedorea elegans	700–400
Chamaerops humilis	1000–700
Chlorophytum comosum	700–400
Chrysalidocarpus lutescens	1000–700

Pflanze	Mindestbeleuchtungsstärke (Lux)
Cinnamomum aromaticum	über 1000
Cissus antarctica	700–400
Cissus rhombifolia	700–400
Citrus microcarpa	über 1000
Clerodendrum thomsoniae	über 1000
Clivia miniata	700–400
Cocos nucifera	1000–700
Codiaeum variegatum	über 1000
Coffea arabica	über 1000
Coleus-Blumei-Hybriden	1000–700
Columnea hirta	1000–700
Columnea microphylla	1000–700
Cordyline terminalis	über 1000
Cyclamen persicum	über 1000
Cyperus-Arten	über 1000
Didymochlaena truncatula	1000–700
Dieffenbachia bausei	über 1000
Dieffenbachia maculata	1000–700
Dizygotheca elegantissima	über 1000
Dracaena-Arten	700–400
Ensete ventricosum	über 1000
Epipremnum pinnatum	700–400
Euonymus japonicus	1000–700
Euphorbia-Arten	über 1000
Euterpe edulis	700–400
× *Fatshedera lizei*	1000–700
Fatsia japonica	700–400
Ficus-Arten	1000–700
Fittonia gigantea	1000–700
Fittonia verschaffeltii	1000–700
Gardenia jasminoides	über 1000
Grevillea robusta	über 1000
Harpephyllum caffrum	1000–700
Hedera helix	700–400
Hibiscus rosa-sinensis	über 1000
Howeia forsteriana	700–400
Hoya bella	1000–700
Hoya carnosa	700–400
Hypocyrta glabra	1000–700
Impatiens walleriana	700–400
Kakteen-Arten	über 1000
Kalanchoe-Hybriden	über 1000
Maranta bicolor	über 1000
Maranta leuconeura	über 1000
Medinilla magnifica	über 1000
Microcoelum weddelianum	1000–700
Microlepia speluncae	1000–700
Monstera deliciosa	700–400
Neoregelia-Arten	1000–700
Nephrolepis-Arten	über 1000
Orchideen-Arten	über 1000
Pachypodium geayi	über 1000
Pachystachys lutea	über 1000
Pandanus veitchii	über 1000
Pavonia multiflora	1000–700
Pellionia repens	1000–700
Peperomia-Arten	über 1000
Philodendron-Arten	1000–700

Pflanze	Mindestbeleuchtungsstärke (Lux)
Phoenix canariensis	1000–700
Pilea-Arten	über 1000
Pisonia umbellifera	über 1000
Platycerium-Arten	1000–700
Polyscias balfouriana	über 1000
Pseuderanthemum atropurpureum	über 1000
Pteris-Arten	über 1000
Rhododendron simsii	1000–700
Rhoeo spathacea	1000–700
Rhoicissus capensis	1000–700
Saintpaulia ionantha	1000–700
Sansevieria hyacinthoides	700–400
Sansevieria trifasciata	700–400
Schefflera actinophylla	700–400
Siderasis fuscata	1000–700
Skimmia japonica	über 1000
Spathiphyllum floribundum	700–400
Spathiphyllum wallisii	700–400
Stephanotis floribunda	700–400
Streptocarpus-Hybriden	1000–700
Syngonium-Arten	700–400
Tetrastigma voinierianum	700–400
Tradescantia-Arten	700–400
Washingtonia robusta	1000–700
Yucca aloifolia	über 1000
Yucca elephantipes	1000–700
Zebrina pendula	1000–700
Zingiber officinalis	1000–700

Ruhezeit der Pflanzen

In den geheizten Kulturräumen entfällt bei vielen Pflanzen die Winterruhe. Durch die verringerte Beleuchtungsstärke und die kurzen Tage aber ist die Assimilation so herabgesetzt, daß schwächer gedüngt werden muß. Andere Pflanzen ruhen für einige Wochen oder Monate. Die Kakteen, Fuchsien und Geranien erhalten im Winter keine Nährstoffe. Ohne Düngenachhilfe bleiben auch die Alpenveilchen nach der Blüte bis Ende Juni, die Amaryllis von Anfang August bis zum Durchtrieb der Blüten, die Clivien von Oktober bis Weihnachten, die Gloxinien nach der Blüte bis Februar, die Hortensien von Anfang August bis zum Spätwinter und die Zimmerkalla nach der Blüte bis August.

Die Wachstumsruhe im Winter erfordert eine sorgfältige Behandlung der Kakteen. Den hellsten Platz erhalten jene Arten, die im Spätwinter ihre Knospen entwickeln. Die frühjahrsblühenden Rebutien und Lobivien, die Igelkakteen, der Schlangenkaktus, die Zwergcereen und die Warzenkakteen rückt man nahe an ein Südfenster. An die Sonne kommen auch das echte mexikanische Greisenhaupt, die behaarten Säulenkakteen und die dicht bestachelten Arten. Im Hintergrund können die Blattkakteen und die Feigenkakteen, die Oster-, Weihnachts- und Korallenkakteen sowie einige schwach bestachelte Säulen- und Kugelkakteen stehen. Beim Öffnen des Fensters darf keine Kaltluft auf die erwärmten Pflanzen fallen. Blaugelbe Flecken auf den Kakteenkörpern, die sich rasch vergrößern und schwarz oder grau werden, sind die unabänderlichen Folgen. Zum Schutz der Pflanzen lüften wir nur an milden Tagen und legen die Doppelfenster mit Holzwolle aus. Gegen Zugluft lassen sich die Töpfe auf erhöhte Fensterbänke stellen oder in einen Kasten mit Torfmull einfüttern. Selbst helle und kühle Keller, Vorräume und Treppenaufgänge sind als Überwinterungsräume geeignet. Während der kalten Tage kürzt man die Wasserrationen der Kakteen. Das heißt jedoch nicht, daß die Kakteen im Winter nicht mehr gegossen werden dürfen. Andererseits kann jedes Zuviel an Wasser zu Wurzelfäule führen. Die Pflanzen entwickeln dann einen schwachen Wintertrieb, der keine Blütenknospen ansetzt, schlechte Stacheln bildet und sehr krankheitsanfällig ist. Mit dem Gießen ist also äußerst vorsichtig zu verfahren. Es genügen alle 10 bis 14 Tage geringe Wassergaben. Die Erde soll eben so viel an Feuchtigkeit enthalten, daß die feinen Faserwurzeln nicht vertrocknen. Man sollte sich an kalten Tagen zur Gewohnheit machen, die Kakteen nur bei Sonnenschein, und dann auch nur in den Vormittagsstunden zu gießen, damit die Pflanzenkörper bis zum Abend wieder abtrocknen. Bei einer konstanten Heizwärme zwischen 8 und 16° überwintern die Kakteen am besten. Wenn die Temperatur bei Nacht auf 4 bis 6° abfällt, ertragen es die Kakteen ohne Schaden.

Das Rezept heißt also: Kühle Temperaturen, viel Licht und wenig Wasser. Die Kakteen müssen im Winter ruhen. Das darf jedoch nicht zum Verlust der Wurzeln führen. Die Pflanzen benötigen dann mehrere Wochen, um die feinen Saugwurzeln wieder zu ersetzen. Dadurch wird die ganze Wachstumsperiode im Sommer erheblich verkürzt.

Vielen Sammlern ist es aus Platzmangel nicht möglich, ihren Pfleglingen einen idealen Überwinterungsraum zuzuweisen. Um den Kakteen die unerläßliche Ruhe zu bieten, greifen sie zu einer sehr einfachen Methode. Sie nehmen die Kakteen aus den Töpfen und wickeln jedes Stachelpolster in mehrere Lagen Zeitungspapier. Bis zum

Ende der Frostperiode werden die Kakteen in einem Pappkarton auf dem Schrank eines kühlen Zimmers aufbewahrt. Eingetrocknete Kakteen legt man eine halbe Stunde in sehr warmes Wasser. Nach dem Einpflanzen stülpt man ein großes Glas über die Pflanzen. Die Kakteen erholen sich dann wieder bei mäßiger Feuchtigkeit und Temperaturen zwischen 15 und 20°.

Im Herbst kommen die Fuchsien in einen frostfreien Keller oder Schuppen. Man kann sie auch in ein kühles Zimmer stellen. Die Temperatur der Überwinterungsräume sollte bei 4 bis 8° liegen. Bei höheren Temperaturen werden die Pflanzen zum vorzeitigen Austrieb angeregt und geschwächt. Erst im Februar bis März wird die Heizwärme auf 10 bis 12° erhöht. Die Pflanzen schneidet man kräftig zurück. Man kürzt die Triebe um ein Drittel ihrer Länge ein, schüttelt die Erde aus dem Ballen und setzt sie in ein humoses Erdgemisch.

Die Geranien (*Pelargonium*-Peltatum- und -Zonale-Hybriden) vertragen keine feuchte Überwinterung. Man hält die Pflanzen also mehr trocken als naß. Nach Eintritt der völligen Winterruhe verlieren die Geranien ihre Blätter. Um kräftige Blütentriebe zu erhalten, kürzt man die Geranien im frühen Frühjahr auf etwa 15 cm über den Boden ein. Nach dem Rückschnitt schüttelt man die Erde aus den Wurzeln und setzt die Pflanzen in eine humose Blumenerde.

Wenn man die Alpenveilchen im nächsten Jahr wieder zum Blühen bringen will, müssen die Pflanzen im Winter ruhen. Nach der letzten Knospe wird immer weniger gegossen. Langsam ziehen die Pflanzen ihre Nährstoffe aus den Blättern in die Knolle zurück und ruhen. Während der Trockenzeit wird nur so viel gegossen, daß die Knollen nicht schrumpfen. Am besten stehen die Töpfe in einem kühlen und schattigen Raum. Wenn sich im Mai bis Juni junge Blättchen zeigen, nimmt man die Knollen aus den Töpfen, schüttelt die alte Erde unter Schonung der Wurzeln aus den Ballen und setzt sie in eine humose Blumenerde.

Verblühte Gloxinien (*Sinningia speciosa*) ruhen bis zum Frühjahr nächsten Jahres. Die Knollen werden in trockenem Torfmull aufbewahrt. Man kann die Pflanzen auch völlig trocken in einen temperierten Raum mit 10 bis 15° stellen. Im Februar werden dann die Gloxinien-Knollen aus dem Topf genommen und so tief in eine humose Blumenerde gelegt, daß sie nur wenig mit Erde bedeckt sind.

Das Gießen und Düngen der Hortensien muß gegen Ende August eingestellt werden. Dadurch erreichen wir einen guten Triebabschluß der Pflanzen. Wenn die Blätter der Pflanzen gelb werden und abfallen, überwintert man die Topfhortensien in einem kühlen Raum bei Temperaturen von 1 bis 4°. Erst im Februar kann man die Topfhortensien in einem hellen Zimmer bei Temperaturen von 10 bis 15° wieder antreiben.

Im Frühjahr und im Sommer wollen die Zimmerkalla trocken stehen. Sie erhalten dann keinen Tropfen Wasser. Man wird sie deshalb nach der Blüte in den Garten, auf den Balkon oder die Terrasse stellen. Nach der Ruhezeit im August entfernt man die abgestorbenen Blätter und setzt die Pflanzen in eine nahrhafte Blumenerde. Die Zimmerkalla kommen dann wieder zurück in einen hellen und kühlen Raum, wo sie vor und während der Blüte viel Wasser und zusätzliche Blumendüngergaben erhalten.

Die Knollenbegonien lassen sich im Winter in einer Schachtel aufbewahren. Wenn die Pflanzen eingezogen sind, fallen die Stengel sehr leicht von den Knollen ab. Die Erde wird abgeschüttelt und die Knollen in trockenen Torfmull oder in Hobelspäne gelegt. Man kann die Knollenbegonien auch in ihren Töpfen oder Balkonkästen belassen. Die Triebe werden dann nur abgeschnitten und die Pflanzgefäße in einen frostfreien Raum gestellt. Die Knollen dürfen den ganzen Winter nicht gegossen werden. Ende Februar, Anfang März werden die Knollenbegonien von ihren Wurzelresten gereinigt und in angefeuchteten Torf gelegt. Das Antreiben kann in Töpfen, Schalen oder Kisten erfolgen.

Wenn die Flamingoblumen (*Anthurium*-Andreanum- und -Scherzerianum-Hybriden) einen ganzen Sommer geblüht haben, muß man ihnen im Herbst eine kurze Ruhezeit gönnen. Das Gießen wird etwas eingeschränkt und die Heizwärme auf 16 bis 18° gesenkt. Erst nach Weihnachten erhöht man wieder die Temperatur auf 20 bis 22° und gießt die Flamingoblume häufiger.

Blühfähige Blutblumen (*Haemanthus katharinae* und ihre Sorte 'König Albert') erhalten von Ende September bis Februar eine Ruhezeit. Im Herbst und Winter darf nur ab und zu gegossen werden. Während die Blutblumen ruhen, bereiten sie ihre Blüten für den Frühjahrsflor vor.

Im Spätsommer vergrünen die Caladien-Blätter und beginnen, Nährstoffe in den Knollen einzulagern. Das Laub stirbt langsam ab und die Pflanzen ziehen sich in ein Ruhestadium zurück. Im Herbst wird das Gießen eingeschränkt und die Töpfe werden in einem warmen Raum überwintert. Die abgestorbenen Blätter werden dann entfernt. Im Februar bis März schüttelt man die Erde unter Schonung der Wurzeln aus dem trockenen Topfballen und pflanzt die Knollen in ein humoses Erdgemisch.

Überwinterung der Pflanzen

Die meisten Kalthauspflanzen können ohne nennenswerte Heizkosten in einem hellen Lauwarmhaus überwintert werden. Bei Temperaturen von 2 bis 6° ist bei Myrten mit einem reichen Knospenansatz zu rechnen. Auch Aukuben und Rosmarin kommen zur Überwinterung in ein Kalthaus. Bei den Zimmerlinden, *Abutilon* und *Callistemon citrinus* ist die Heizung auf 8 bis 12° einzustellen. Die Calamondin-Zierapfelsinen werden bei 16° kultiviert. Das Ausreifen der Früchte erfolgt bei 15 bis 18°, dabei darf die Temperatur nicht über 25° ansteigen.

Zur Pflanzenüberwinterung bedarf es nicht immer eines Gewächshauses. Ein frostfreier Schuppen oder eine Garage, ein heller Keller, ein geräumiger Vorraum oder ein ungeheiztes Zimmer erfüllen dieselbe Aufgabe. Selbst mit Hilfe von Dachlatten oder Rahmenschenkeln und einer transparenten Polyethylen-Folie läßt sich für die Kübelpflanzen auf dem Balkon, der Terrasse oder im Garten ein improvisiertes Gewächshaus bauen. In das Folienhaus ist allerdings ein thermostatisch gesteuerter Elektroheizofen zu stellen, damit die Pflanzen frostfrei gehalten werden können.

Der Oleander ist vor Hauseingängen, auf Treppenwangen und im Garten eine gern verwendete Kübelpflanze. Bei anhaltenden Niederschlägen kommen die Knospen nicht zur Entfaltung. Sie überwintern dann an den Pflanzen. Man darf sie also nicht entfernen. Nach einem sonnenreichen Frühjahr ist mit der Entfaltung der vorjährigen Blütenansätze zu rechnen. Im Herbst bringt man den Oleander zur Überwinterung in einen hellen und kühlen Raum, wo er bei mäßigen Wassergaben bis zum Frühjahr gehalten wird. Auch die Echten Akazien, welche um Weihnachten ihre gelben »Mimosenblüten« entfalten, wollen in kühlen und hellen Räumen bei 3 bis 10° überwintern. Die Goldorangen (*Aucuba japonica*) können während der kalten Jahreszeit in einem nicht zu hellen, jedoch sehr kühlen Raum stehen. In milden Gegenden sind die Goldorangen sogar winterhart. Der neuseeländische Zickzackstrauch (*Corokia cotoneaster*) ist zur Bepflanzung von Wintergärten geeignet. Allerdings dürfen die Temperaturen nicht über 15° ansteigen. Nach einer hellen Überwinterung und bei

Temperaturen von 4 bis 12° bringt der Kanarische Ginster *(Cytisus canariensis)* im Frühjahr leuchtend gelbe Blüten hervor. Die Wollmispel *(Eriobotrya japonica)* kommt nach sonnenreichen, warmen Jahren bereits im September–Oktober in Blüte. In einem hellen und kühlen Zimmer beginnen ihre Früchte im Winter zu reifen. Auch die *Eucalyptus*-Bäume lassen sich nur an einem Sonnenfenster bei 8 bis 10° überwintern, während der Granatapfelbaum *(Punica granatum)* in jeder halbschattigen Diele, im Treppenaufgang, in einem Schuppen oder Keller stehen kann. Denn im Herbst fallen die Blätter nach einer prächtigen gelben Laubfärbung ab. Vor Einbruch der kalten Nachtfröste, wobei einige Grad Kälte den Pflanzen nicht schaden, kommen die Granatbäume in einen kühlen Raum. Die kahlen Pflanzen sind dabei möglichst trocken zu halten. Vor dem Einräumen der Pflanzen können zu lange Triebe eingekürzt und die schwachen, abgestorbenen Äste herausgeschnitten werden.

Für die Überwinterung der *Agapanthus* genügt ein kühler Raum mit Temperaturen von 4 bis 6°. Während dieser Zeit ruhen die Pflanzen. Sie haben deshalb einen geringen Wasserbedarf. Wenn keine geeigneten Überwinterungsräume zur Verfügung stehen, genügt auch ein dunkler Keller. Leider verlieren sie bei Lichtmangel einen Teil ihrer Blätter. Man läßt sie deshalb im Herbst sehr lange im Freien, denn leichte Fröste schaden den Pflanzen nicht. Schon im April kommen die *Agapanthus* – zunächst noch etwas geschützt gegen die Sonne und Spätfröste – zurück ins Freie.

Die Daturen läßt man so lange im Freien, bis die Blätter vergilben und abfallen. Anfang November bringt man sie in einen frostfreien Keller zur Überwinterung. Um den geringen Wasserverbrauch der blattlosen Triebe zu ergänzen, werden sie gelegentlich etwas gewässert. Im Mai kommen sie wieder in den Garten, wo sie vom Hochsommer bis zum Herbst ihre wohlriechenden Trompetenblüten entfalten.

Auch der Korallenstrauch *(Erythrina crista-galli)* muß wegen seiner Frostempfindlichkeit in einem mäßig temperierten Raum überwintert werden. Pflanzenliebhaber, die nicht über ein Gewächshaus verfügen, können den Korallenstrauch in einem frostfreien Zimmer, Schuppen oder Keller halten. Im Überwinterungsraum ziehen die einjährigen Triebe völlig ein. Nach dem Laubfall werden sie auf 10 cm zurückgeschnitten. Der kurze Stamm erhält im Laufe der Jahre eine weidenkopfähnliche Form. Ältere Erythrinen sind dadurch in der Lage, eine große Anzahl von Blütenständen hervorzubringen. Die Pflanzen werden im Winterquartier völlig trocken bei 2 bis 8° gehalten. Mit Beginn des Durchtriebs Anfang April werden die Pflanzen wieder gegossen. Bei Korallensträuchern, die in dunklen Räumen überwintert werden, ist darauf zu achten, daß die Pflanzen, bevor sie zu treiben beginnen, ans Licht kommen. Im Frühjahr müssen sie deshalb vor dem Auspflanzen in den Garten rechtzeitig in einen hellen und luftigen Raum gebracht werden. Kräftig entwickelte Erythrinen pflanzt man nach den letzten Nachtfrösten ins Freie.

Die Überwinterung der Feigenbäume erfolgt in einem kühlen Raum. Man bringt die Pflanzen im Herbst in eine geräumige Diele, in den Treppenaufgang oder in eine Garage. Der Feigenbaum läßt sich auch in einen luftigen, frostfreien und dunklen Keller stellen. Selbst unter einer leichten Winterdecke, geschützt gegen die kalten Nord- und Ostwinde, können sie im Freien überwintern. Wenn die tief buchtig gelappten Blätter des Feigenbaumes im Herbst gelb werden und abfallen, sollte man nicht beunruhigt sein, denn im Frühjahr treiben sie wieder aus. Auch wenn sie im Oktober bis November mit gut entwickelten Feigen besetzt sind, sollte man sie an den Pflanzen belassen, denn sie reifen erst im kommenden Sommer.

Zur Überwinterung wird die Bleiwurz *(Plumbago auriculata)* in einen kühlen, jedoch frostfreien Raum gestellt. Beim Einräumen schneidet man die meterlangen Triebe auf 10 cm zurück und hält die Erde mehr trocken als feucht. Auch die Überwinterung eingetopfter Palmlilien erfolgt in einem frostfreien und hellen Raum. Nur die ausgepflanzten *Yucca glauca, Y.filamentosa* und *Y.flaccida* überdauern unter einem leichten Laubschutz oder einer Fichtenzweigdecke die kältesten Winter im Freien.

Schnitt der Pflanzen

Wer buschige Kalt- und Warmhauspflanzen erreichen will, muß sie häufig stutzen. Bei *Eriobotrya japonica* hat man große Mühe, eine regelmäßige Verzweigung zu erreichen. Zur Erzielung einer besseren Verzweigung werden *Abutilon* und *Euonymus japonicus* weich, d.h. vor dem Verholzen der Zweige, gestutzt. Wenn von den Zimmerlinden und Aukuben mehrtriebige Pflanzen gewünscht werden, schneidet man sie als Jungpflanzen zurück. Von *Callistemon citrinus, Punica granatum* und *Myrtus communis* erhält man durch mehrmaliges Stutzen dichtbuschige Pflanzen. Dabei ist bei älteren *Callistemon citrinus* und *Punica granatum* ein Rückschnitt ins alte Holz möglich. Nach dem Laubfall werden die einjährigen Triebe von *Erythrina crista-galli* und *Plumbago auriculata* bis auf 10 cm zurückgenommen. Der Oleander kann im Laufe der Jahre Ausmaße von 2 bis 4 m Höhe erreichen. Zu große Pflanzen lassen sich durch ein kräftiges Zurückschneiden bis ins alte Holz verjüngen. Dadurch erhält man stark verzweigte Kübelpflanzen. Dichtbuschige Myrten-Bäumchen erhält man durch ein wiederholtes Stutzen der Pflanzen. Nach dem Entfernen der Triebspitzen kommen aus den Blattachseln Seitentriebe, die erneut zu entspitzen sind. Myrten, die ständig gestutzt werden, kommen nie zum Blühen. Das Formieren der Kronen wird deshalb nur jedes zweite oder dritte Jahr vorgenommen. Jedes Einkürzen der Krone hat bei den Zitrusfruchtbäumchen mit äußerster Vorsicht zu erfolgen. Pflanzen, die zu stark formiert werden, kommen nicht zum Blühen.

Starkwachsende Usambaraveilchen, die mit dem Blühen nachlassen, müssen ausgeputzt werden. Die Blütenknospen kommen dann sicher zur Entfaltung, wenn man die Blättchen, die sich in der Pflanzenmitte bilden, vorsichtig entfernt. Viele Strauchbegonien *(Begonia × credneri, B.fuchsioides, B.metallica* u.a.) sind zugleich Blatt- und Blütenpflanzen. Zwei- bis dreimal im Jahr bringen sie ihre großen Blütenstände zur Entfaltung. Wenn die Pflanzen von unten kahl geworden sind, schneidet man die strauchigen Arten im Frühjahr etwas zurück. Schwache Triebe werden dabei ganz entfernt. Dadurch erhalten wir verzweigte Pflanzen mit einem reichen Blütenansatz. Wenn die *Aphelandra*-Arten unansehnlich geworden sind, werden die Pflanzen zurückgeschnitten. Man sollte etwas Geduld mit ihnen haben und auf die jungen Triebe warten. In einem feuchtwarmen Blumenfenster bei Temperaturen von 20 bis 25° erscheinen nach wenigen Wochen die zum Teil auffallend gezeichneten Blätter und Blüten. Krautige Pflanzen, wie abgeblühte Pantoffelblumen, können im nächsten Jahr wieder in Blüte gebracht werden. Wenn die Blüten abfallen, werden die Fruchtknoten ausgebrochen. Die Pantoffelblumen treiben dann aus den Blattachseln zahlreiche Seitentriebe. Die Weiterkultur erfolgt in den Sommermonaten an einem kühlen und halbschattigen Platz in der Nähe des Fensters. Wenn bei den *Philodendron*, den verwandten *Epipremnum pinnatum* und *Syngonium*-Arten mit dem Dünger nicht gespart wird, bilden ihre Luftwurzeln eine undurchdringliche Urwaldimitation. Das Wachstum der Lianen läßt sich mit Hilfe von Messer und Schere bändigen.

Erziehung von Halb- und Hochstämmen

Junge *Callistemon*, Myrten und *Plumbago*, *Punica granatum*, *Sparmannia africana* und *Abutilon*-Hybriden lassen sich als Halb- und Hochstämme ziehen. Der stärkste Trieb soll einmal das Stämmchen bilden. Sämtliche schwachen Triebe werden entfernt. Durch den Rückschnitt der Seitentriebe werden die Myrten auf eine Höhe von 20, 30 oder 40 cm, die *Callistemon*, *Punica*, *Sparmannia* und *Eriobotrya* auf 50 bis 100 cm und die *Plumbago* und *Abutilon* auf 100 bis 130 cm hochgezogen. Durch stickstoffhaltige Blumendüngergaben läßt sich das Wachstum der Halb- und Hochstämme zusätzlich steigern. In der gewünschten Höhe entspitzt man den Trieb. Durch mehrmaliges Einkürzen erreichen wir im Kronenbereich eine starke Verzweigung der Halb- und Hochstämme.

Ursachen von Krankheiten und Schädigungen

Die Anpassungsfähigkeit vieler Kalt- und Warmhauspflanzen hat ihre Grenzen. Wenn die Luftfeuchtigkeit zu gering ist, fallen die Blätter ab und ganze Triebe vertrocknen. Blatt-, Schild- und Wolläuse, Blasenfüße (Thripse), Weiße Fliegen (Mottenschildläuse) und Spinnmilben (Rote Spinnen) breiten sich aus. Den Blattflächen wird das Wasser entzogen und die Folgen sind trockene Blattspitzen und braune Blattränder. Man schneidet sie ab, ohne das eigentliche Übel zu beseitigen. Die Blätter trocknen weiter und müssen schließlich entfernt werden. Um diesen Schädigungen vorzubeugen, muß im Winter in geheizten Räumen die Luftfeuchtigkeit erhöht werden. Aber täuschen wir uns nicht, selbst die feuchtigkeitsempfindlichen Woll- und Schildläuse, die Rote Spinne und die Blattläuse richten sich nicht immer nach dem Hygrometer. Wenn diese Schädlinge zu lästig werden, dann begegnen wir ihnen mit Präparaten, die keiner Giftabteilung angehören. Auf den Etiketten der empfohlenen Pflanzenschutzmittel darf sich weder ein Totenkopf (giftig) noch ein schwarzes Balkenkreuz (gesundheitsschädlich) befinden. Das besagt noch lange nicht, daß diese sogenannten ungiftigen Mittel – besser ist es, von wenig giftigen Mitteln zu sprechen – bei mißbräuchlicher Verwendung nicht auch zu Gesundheitsschädigungen führen. Um sie sicher vor Kindern und unberufenen Händen aufzubewahren, darf ein gut verschließbarer Schrank für Schädlingsbekämpfungsmittel nicht fehlen.

Im Falle eines zu starken Schädlingsbefalls sollten wir immer Gegenmittel bereithalten. Dabei dürfen keine Sprühdosen zur Stubenfliegenbekämpfung herangezogen werden. Sie enthalten vielfach Stoffe, die für das Blattgrün unserer Zimmerpflanzen schädlich sind.

Sprühdosen

Die grünen, gelben oder schwarzen Blattläuse haben es auf die zarten Triebe unserer Kalt- und Warmhauspflanzen abgesehen. Ein lokaler Befall läßt sich noch mittels Zeigefinger und Daumen bekämpfen. Bei einer größeren Ausbreitung wird man wohl oder übel zu einer Sprühdose greifen müssen. Es werden heute viele insekten- und milbentötende Mittel in Sprühdosenform angeboten, von denen sich gegen die Blattläuse das »Detia-Pflanzol-Spray« empfiehlt.

Gegen Woll- und Schildläuse, Spinnmilben, Blasenfüße und Weiße Fliegen nimmt man für die Kalt- und Warmhauspflanzen z.B. »GEO Pflanzenspray«, »Egesa-Pflanzenspray«, »Gardol-Pflanzenspray«, »terrasan Pflanzen-Spray«, »Etisso-Pflanzenschutz«, »Lizetan-Pflanzen-Spray«, »4-Blatt-bio-Spray«, »Parexan-Pflanzenspray« und »Spruzit-Gartenspray«.

Die Marken »ABC-Pflanzenspray«, »Blattlaus-Spray«, »Cindy«, »Gabi Pflanzenspray«, »maxima Pflanzenschutz«, »Mestro«, »Perfekthion Pflanzenspray« und »recozit Pflanzenspray« enthalten den Wirkstoff Dimethoat. Dieser wird nicht von allen Pflanzenarten gleich gut vertragen. Die Anwendung empfiehlt sich nicht bei Farnen, *Hibiscus*, der Zimmer-Aralie, einigen Gummibaum-Arten, dem *Asparagus*, dem Russischen Wein und der Flamingoblume.

Bei Verwendung von Pflanzensprays ist es wichtig, einen ausreichenden Abstand zwischen Pflanze und Spraydose einzuhalten. Meist ist auf den Dosen ein Mindestabstand von 30 oder 50 cm angegeben. Sprüht man aus zu kurzer Entfernung, kann es durch das Treibgas zu Kälteschäden an den Pflanzen kommen. Wenn man im Freien sprüht, sollte man einen windstillen Tag abwarten. Die winzigen Tröpfchen werden sonst abgetrieben.

»Pflanzenzäpfchen«

Bei Blattläusen und Spinnmilben können wir mit »Wacker Insektizid-Stäbchen«, »Plant pin« und »Pflanzen-Paral-Pflanzenschutz-Zäpfchen« eine Langzeitwirkung von etwa sechs Wochen erzielen. Von den pfeilförmig ausgestanzten Pappstäbchen brauchen bei jungen Pflanzen nur ein bis zwei, bei ausgewachsenen Pflanzen zwei bis drei Stäbchen in die Topferde gedrückt zu werden. Sie enthalten einen Wirkstoff, der über die Wurzeln aufgenommen und in die Zellen weitergeleitet wird. Damit nicht Kleinkinder an den Pappstäbchen lutschen, enthalten sie noch einen ungiftigen Bitterstoff. Wenn sich trotz wiederholten Einsprühens die Schädlinge weiter vermehren, greifen wir zu einem Schwamm und lauwarmem Wasser. Die Schildlauskolonien entlang den Blattadern und die Wolläuse in den Blattquirlen, die wir nicht erfassen, entfernen wir mit Hilfe von Holzstäbchen.

Bekämpfung der Ameisen

Wo sich Blatt- und Schildläuse befinden, trifft man auf Ameisen. Sie regen die Blattläuse zu verstärkter Honigtau-Abgabe an. Nicht selten siedeln sich auf dieser klebrigen Masse Rußtaupilze an. Hartlaubige Pflanzen, die von einem dunklen Myzel überzogen sind, lassen sich abwaschen. Damit sich die Kruste leichter löst, setzt man dem Wasser etwas Schmierseife zu. Es empfiehlt sich bei starker Ameiseninvasion im Zimmer wenig giftige Ameisen-Streu- und Gießmittel zu verwenden oder Köderdosen aufzustellen.

Lästige Asseln

Wenn am Abend die lichtscheuen Asseln aus ihren Verstecken hervorkriechen und durch Löcherfraß an Blättern, an keimenden Samen, Keimlingen und zarten Wurzeln schädigen, werden sie abgelesen und zerdrückt oder durch das Auslegen von Kartoffel- und Möhrenscheiben geködert. Und wenn wir auf den häßlich zerfressenen Blättern und Blüten die Schleimspuren von Schnecken entdecken, schaffen ausgestreute Giftkörner bald Abhilfe.

Pflanzenfeindliche Pilze

Wenn sich das Hygrometer der 80%-Marke nähert, entwickeln sich viele pflanzenfeindliche Pilze besonders gut. Bei hoher Luftfeuchtigkeit wird oft plötzlich der mehlig-weiße Blattbelag der Echten Mehltaupilze sichtbar. Um diese gefürchteten Pilze vorbeugend zu bekämpfen, empfiehlt sich das »terrasan Pflanzen-Spray«, welches neben den Echten Mehltaupilzen auch Schädlinge wie Blattläuse, Weiße Fliegen, Schild- und Wolläuse, die Blasenfüße und die Spinnmilben abtötet. Wer darüber hinaus den braunen oder schwarzen Verfärbungen der Blattfleckenpilze, den braunen Pusteln rostbefallener Zimmerpflanzen und auf den Blattunterseiten den weißgrauen Belägen des Falschen Mehltaus begegnet, greift zum Maneb-Spritzpulver.

Tropenguß aus der Gießkanne

Eine Schädlingsplage läßt sich bei Zimmerpflanzen kaum ausschließen. Doch was sich dichtgedrängt zwischen den Rippen vieler Kakteen versammelt hat, sind häufig keine Wolläuse, sondern weiße Haar- und Stachelpolster. Ob Kakteen, Blüten- oder Blattpflanzen, die Zimmerbewohner müssen gelegentlich einen »Tropenguß« in der Badewanne oder bei mildem Sommerregen über sich ergehen lassen. Philodendron und Gummibaum, Zimmeraralien, Clivien, Zimmer- und Schusterpalmen, Kamelien und Sansevierien bekommen blanke Blätter, wenn man den Staub mit einem feuchten Schwamm abwäscht und den Kalkflecken mit einem Spülmittel in schwach konzentrierter Lösung zu Leibe rückt.

Zu warme Überwinterung

Nach einer zu warmen Überwinterung machen sich bei den Kalthauspflanzen verschiedene Krankheiten bemerkbar. Die Triebe verlieren einen Teil ihrer Blätter oder werden von Schädlingen befallen. Man wird die Kalthauspflanzen deshalb an einem Sonnenfenster bei Temperaturen von 2 bis 6° halten. Vielfach reagieren sie auf Ballentrockenheit mit Blattfall, während bei einem Zuviel an Wasser die Blätter vergilben und abfallen. Die Pflanzen sind nur noch zu retten, wenn das kahle Gezweig nicht vertrocknet ist. Sofern die Rinde noch grün ist, schneidet man die Krone etwas zurück. In einem hellen und kühlen Raum beginnen sie nach wenigen Wochen mit dem Austrieb. Im Sommer lieben sie viel Luft.

Physiologische Blattschädigungen

Die häufigen Blattrandschädigungen, Spitzen- und Blattdürren sind auf eine zu geringe Luftfeuchtigkeit zurückzuführen. Diese Blattrandschädigungen treten auch bei Ballentrockenheit und Übergießen auf. Wenn nicht ausreichend gegossen wird, kann es vorkommen, daß die Trieb- und Blattspitzen unvermittelt braun werden. Ein Einrollen oder Hängenlassen der Blätter zeigen uns die Warmhauspflanzen bei sehr tiefen Temperaturen, Durchzug, einem Zuviel oder einem Zuwenig an Wasser an.

Die Ursache des Blattfalles können zu tiefe Temperaturen und ein ständiger Durchzug im Winter sein. Auf den Blättern treten vielfach auch glasig durchscheinende Blattflecken auf, die später eintrocknen und sich bräunlich verfärben. Diese eckigen Blattflecken beobachten wir besonders an Weinrebengewächsen infolge starker Temperaturschwankungen, häufigen Lichtwechsels, Ballentrockenheit, Bodennässe oder Unterkühlung des Topfballens.

Monstera-, *Philodendron-* und *Ficus-*Arten, die zu gut ernährt in den Winter gehen, leiden unter der Korksucht. Auf den Blättern bilden sich gelbliche und bräunliche Pocken, Warzen und Schwielen von unterschiedlicher Größe. Das Düngen ist deshalb vom Spätherbst bis zum frühen Frühjahr einzustellen. Vielfach tritt die Korksucht auch bei niederen Temperaturen, Lichtmangel und bei zu hoher Luft- und Bodenfeuchtigkeit auf

Gelbsucht

Die hellgrünen bis gelbgrünen Aufhellungen zwischen den Blattnerven und ihrer unmittelbaren Umgebung, die anfangs noch dunkelgrün bleiben, sind charakteristisch für die Chlorose. An den jungen Trieben sind krankhaft gelbe bis gelblichweiße Blätter zu erkennen, die in der Sonne leicht verbrennen. Die Ursache liegt in einem zu hohen Kalkgehalt im Boden oder im Gießwasser. Das für die Bildung von Blattgrün notwendige Eisen ist nicht mehr verfügbar, und die Aufnahme von Magnesium und Mangan durch Überschuß an Kalzium und Kalium gestört. Es ist deshalb zu empfehlen, den pH-Wert zu ermitteln und ihn notfalls auf 4,5 bis 5,0 durch physiologisch saure Dünger wie Schwefelsaures Ammoniak oder die Verwendung von Torfmull im Erdgemisch abzusenken. Ferner sollten die Kalt- und Warmhauspflanzen mit Eisenchelaten wie Fetrilon oder Sequestren gegossen oder gespritzt werden. Ein Dauererfolg ist nur bei einem Absenken des pH-Wertes gegeben. Das heißt, physiologisch sauer düngen, sauren Torfmull geben und verhindern, daß zu viel Kalk an die Wurzeln gelangt.

Düngeschädigungen

Hohe Düngermengen in der Erde können bei empfindlichen Pflanzen zu Wurzelschädigungen führen. Das hat zur Folge, daß die Blattspitzen und -ränder braun werden, ein Teil der Blätter trocknet ein und fällt ab. Deshalb sollte man nie das Gießen vor dem Düngen vergessen. Durch Ausschütteln der Erdballen und Umtopfen der Pflanzen, Durchspülen der Erde mit Wasser oder Aussetzen der Düngung lassen sich diese Nährsalzschädigungen wieder beheben.

Wassermangel

Wenn nicht genügend gegossen wird, können die Blüten etlicher Pflanzen eingeklemmt zwischen den Blättern sitzen bleiben. Mit lauwarmem Gießwasser, das eine Temperatur von etwa 30° aufweist, läßt sich bei den Clivien der Blütenschaft zwischen den Blättern herauslocken.

In den trockenen Blatttrichtern der Bromelien besteht immer die Gefahr, daß die Blüten sitzen bleiben. Nur bei einem Absinken der Temperatur unter 12° muß bei den Zisternenepiphyten auf gefüllte Rosetten verzichtet werden. Das Wasser übt eine kühlende Wirkung aus. Es kann also die Ursache der häufig zu beobachtenden Fäulnis der Herzblätter sein.

Die Familien ihre Gattungen und Arten

Aristolochia littoralis

Acanthaceae
Akanthusgewächse

Eine sehr einheitliche Familie, u.a. ausgezeichnet durch den Schleudermechanismus des Samens. 250 Gattungen mit 2500 Arten, fast ausschließlich in den Tropen und Subtropen vorkommend. Kräuter, Sträucher, selten Bäume, vielfach Kletterpflanzen, Xerophyten, Marschpflanzen, häufig Bewohner feuchter Stellen in tropischen Wäldern, mit meist knotig gegliederten Zweigen, gegenständigen, fiedernervigen, ungeteilten, beim Abfallen eine deutliche Narbe hinterlassenden Blättern. Die Blüten sind meist unregelmäßig, typisch fünfzählig, zu deutlich vierzähligen Ähren oder Trauben vereinigt. Jede Blüte mit einem oft lebhaft gefärbten oder geaderten Deckblatt. Staubblätter 4 oder 2. Fruchtblätter 2, mit meist vielen Samenanlagen. Kapsel bis zum Grunde fachspaltig. Nabelstrang meist mit hakenförmigem Auswuchs.

Acanthus L.
(*acanthus* = lat. Form des griech. *akanthos*, abgeleitet von *akantha* = Dorn, Stachel)

Von den 50 im temperierten Afrika, Asien und Mittelmeergebiet vorkommenden Arten werden einige wie *A. dioscoridis* var. *perringii* Siehe, *A. spinosus* L., vor allem aber *A. mollis* L., dessen Blatt in der Ornamentik des klassischen Altertums eine große Rolle gespielt hat, als dekorative Stauden in unseren Gärten gezogen. Sie haben grundständige Blätter. Neben ihnen gibt es aber auch einige strauchige Arten aus tropischen Gebieten, die als schöne Pflanzen für das Warmhaus zu empfehlen sind. Allen *Acanthus* gemeinsam sind die großen endständigen Ähren, in denen die Blüten einzeln in den Achseln oft großer, dornig gezähnter Deckblätter sitzen. Der Kelch ist vierteilig, mit 2 sehr großen Abschnitten, die Krone zweilippig mit sehr großer 3- bis 5lappiger Unterlippe.

A. ilicifolius L. ist eine Charakterpflanze der Brackwasservegetation. Sie wächst entlang der Flußmündungen und Küsten des tropischen Asiens, vieler Inseln Polynesiens und des tropischen Südostafrikas. Sie bildet in der Heimat wie bei uns, wenn man sie im flachen Wasser zieht, Stelzwurzeln aus. Ihre länglichen, fiederspaltigen Blätter werden bis 30 cm lang und tragen bisweilen am Rande Stacheln, sonst ist ihre Oberseite im Gegensatz zur folgenden Art stets glatt und glänzend. 1750 eingeführt.

A. montanus (Nees) T. Anders. wächst an der Westküste Afrikas und auf Fernando Po. Sie wird etwa meterhoch und verzweigt sich kaum. Ihre horizontal abstehenden, dicklichen, fiederspaltigen, bis 30 cm langen Blätter haben stachelspitzige Lappen, oberseits sind sie dunkelgrün mit weißlicher oder zumindest hellerer Nervatur und auffallend gebuckelt. Im Winter erscheinen die weißen, rosa überlaufenen Blüten in bis 25 cm langen endständigen Rispen. Die Deckblätter sind auffallend geadert und am Rande sehr stachelig. 1865 in England eingeführt.

Beide Arten gehören in das Warmhaus. Allgemeine Verbreitung verdient trotz seiner distelartigen Stacheln nur *A. montanus*, der sich sowohl im Topf als auch ausgepflanzt gut entwickelt. Beide gedeihen gleich gut in Einheitserde oder in einer lehmig-humosen Mischung, bei viel Luftfeuchtigkeit und nur leichtem Schatten. *A. ilicifolius* gehört als typische Brackwasserpflanze in das Victoria-Haus botanischer Sammlungen oder in das Paludarium des Liebhabers, wo er, bei niedrigem Wasserstand ausgepflanzt, in Gemeinschaft mit *Thalia dealbata, Canna flaccida, Acrostichum aureum, Lasia spinosa* etc. gut wächst. Nur dort entwickelt er seine charakteristischen Stelzwurzeln. Vermehrung beider Arten bei 25 bis 30° durch Kopf-, Stamm- oder Blattstecklinge mit einem Auge.

Aphelandra R. Br.
(griech. *aphanes* = einfach, *aner* = männlich, ein Hinweis auf die einzelligen Staubbeutel)

200 Arten von Sträuchern oder mehrjährigen Kräutern im tropischen und subtropischen Amerika. Sie alle haben einfache, glänzende, meist große und häufig farbige oder schön gezeichnete Blätter. Ihre Blüten stehen in einfachen oder verzweigten, end- oder achselständigen Ähren. Die Deckblätter sind meist groß, oft farbig und stets dachziegelig angeordnet. Die Krone ist gelb, orangefarben, violett oder rot, stets zweilippig. Fruchtbare Staubblätter 4, Kelchabschnitte 5. Kapsel kurz gestielt, vierkantig.
Die einzige im Gartenbau in größeren Mengen gezogene Art ist *A. squarrosa* mit einigen Sorten. Bis auf wenige, zeitweilig in geringen Mengen angebotene andere Arten findet man die meisten heute nur noch in botanischen Sammlungen, vor allem wohl deshalb, weil die oft prächtigen Blütenstände nur sehr kurz halten. Für den Liebhaber mit Warmhaus oder warmem Blumenfenster gibt es wenige Pflanzen, die es an Farbenpracht mit *Aphelandra* aufnehmen können. Die schönsten Arten werden nachfolgend kurz beschrieben.

A. squarrosa Nees aus Brasilien wird nicht mehr gezogen, sondern nur *A. s.* var. *leopoldii* und *A. s.* var. *louisae*.
A. s. var. **leopoldii** Van Houtte ist die kräftigere von beiden. Sie hat runde, fleischige, sehr kräftige Stengel und gedrängt sitzende, dickliche, 20–30 cm lange Blätter, die oberseits glänzend grün und entlang der ganzen Nervatur silberweiß gezeichnet sind. Die einzeln oder zu mehreren erscheinenden, endständigen Blütenähren erhalten ihren besonderen Charakter durch die gelben, gezähnten, dachziegelig angeordneten Deckblätter, die von den nur kurzlebigen, hellgelben Blüten um ein Drittel überragt werden. Um 1853 in Belgien eingeführt.
A. s. var. **louisae** Van Houtte ist niedriger und in allen Teilen kleiner, die Stengel sind dünn, die Blätter wohl gleich gezeichnet, aber schmaler und nur 7 bis 12 cm lang. Auch der Blütenstand ist zierlicher, aber dabei etwas länger. 1860 in Belgien eingeführt.
Aus der Kreuzung zwischen *A. s.* var. *leopoldii* und *A. s.* var. *louisae* erzielte Fritz Prinsler, Sommerfeld, Oberlausitz, 1938 die Sorte 'Fritz Prinsler', die 1950 von Klietz, Berlin, in den Handel gebracht wurde. Diese Sorte war in jeder Beziehung besser als ihre Eltern. Diese selbst werden als Rarität nur in wenigen botanischen Sammlungen noch gehalten. Besonders *A. s.* var. *louisae* ist sehr empfindlich und muß immer wieder durch Stecklinge vermehrt werden, da ältere Pflanzen leicht absterben. Aus der Sorte 'Fritz Prinsler' wurden durch stete Auslese aus großen Beständen weitere Sorten gewonnen, so die Sorten 'Dania', 'Dania Marit', 'Dania Iva', 'Typ Königer' und 'WSE Brockfeld', alle mehr oder weniger gedrungen wachsend und mit etwas anderer Blattzeichnung als die Ausgangssorte.

Für den Liebhaber und für botanische Sammlungen seien außerdem die folgenden Arten besonders empfohlen:

1. Buntlaubige Arten

A. aurantiaca (Scheidw.) Lindl., verbreitet von Mexiko bis Bolivien. Meist im

Acanthaceae 33

Acanthus montanus

Aphelandra sinclairiana

Sommer und Herbst orangerot blühend, mit auf hellgrünem Grund silberweiß gezeichneten Blättern. Niedrig bleibend. Vermehrung am besten durch Samen, der reich angesetzt wird. 1844 in England eingeführt.

A. blanchetiana (Nees) Hook. f. aus dem brasilianischen Staat Bahia mit im Sommer erscheinenden dunkelgelben Blüten und roten Deckblättern. Kräftig wachsend, mit teilweise weißgezeichneten Blättern. 1888 eingeführt.

A. chamissoniana Nees aus Südbrasilien mit gelben, im Herbst erscheinenden Blüten und ebensolchen, auffallend gezähnten Deckblättern. Niedrig. Blätter längs der Mittelrippe mit silberfarbenem Bande. 1881 eingeführt.

A. liboniana Lind. aus Brasilien. Frühlingsblüher mit kleinen gelben Blüten und großen, glänzenden, orangefarbenen, in vier Reihen gestellten Deckblättern. Blätter dunkelgrün mit einem weißen Streifen längs der Mitte. 1864 eingeführt.

A. maculata (Tafalla ex Nees) Voss (*Stenandrium lindenii* N.E. Br.) hat ihre Heimat in Ekuador, Peru und Bolivien. Sie ist ein niedriges, buschiges Pflänzchen mit 13 × 5,5 cm großen, samtig dunkelgrünen federartig gelbgezeichneten Blättern und unauffälligen gelben Blüten. 1890 in Belgien eingeführt. Vermehrung, Pflege und Verwendung wie *Chamaeranthemum*.

A. nitens Hook. f. (*A. aurantiaca* var. *nitens* (Hook f.) Wasshausen), verbreitet von Kolumbien bis Peru. Zu verschiedenen Jahreszeiten, meist aber im Frühling, erscheinen über den broncefarbenen, wie gelackt aussehenden Blättern die Blütenstände mit hellgrünen Deckblättern und großen, glänzend scharlachroten Blüten. 1867 eingeführt.

2. Grünlaubige Arten

A. flava Nees (*A. fuscopunctata* Markgr.) aus Kolumbien. Zu verschiedenen Jahreszeiten erscheinen hellbraune, dunkler braun gepunktete, 5 cm lange Blüten an bis 30 cm langer, mit ziegelroten, klebrigen Deckblättern besetzter Ähre. 1953 in Deutschland eingeführt.

A. sinclairiana Nees, beheimatet in Panama und Costa Rica, ist ein kleiner Strauch oder ein in der Heimat bis 5 m hohes Bäumchen mit länglich-lanzettlichen, bis 30 cm langen, moosgrünen, behaarten Blättern. Die lachsrosafarbenen, bis 5 cm langen Blüten halten nur wenige Tage, aber noch lange nach dem Abblühen wirken die einzeln endständig oder in Büscheln stehenden, bis 20 cm langen Blütenstände durch die orangeroten bis 2,5 cm langen Deckblätter. Je nach Vermehrung Blütezeit vom März bis Oktober.

A. tetragona (Vahl) Nees aus Venezuela ist ein bis 150 cm hoher Strauch mit im Sommer und Herbst erscheinenden dichten, vierkantigen Endähren und großen, 4 bis 7 cm langen, mennigroten Blüten. Leider blüht diese prächtige Art erst als ältere Pflanze. Deshalb nach der Blüte schwach zurückschneiden, keinesfalls wegwerfen. 1733 eingeführt.

Alle Arten sind ausgesprochene Warmhauspflanzen, die sich nur bei einer Temperatur von 18 bis 22° wohlfühlen. Nur im Winter darf die Wärme für die Mutterpflanzen auf 16 bis 18° sinken. Die Vermehrung der meisten Arten und die der Abkömmlinge von *A. squarrosa* erfolgt durch Kopf- oder Blattstecklinge mit Auge (Kulturdauer dafür allerdings 1½ bis 2 Monate länger), die bei 22 bis 25° im geschlossenen Vermehrungsbeet bald wurzeln. Man steckt in kleine Töpfe und schont sorgfältig alle Blätter, damit die fertigen Pflanzen bis unten hin voll belaubt sind. Im allgemeinen sollte man nicht stutzen, sondern sich auf einen Trieb beschränken. Als Erde bewährte sich Einheitserde, TKS 2 oder eine Mischung aus Lehm, Lauberde und gedüngtem Torf. Während der ganzen Kulturzeit verlangen alle *Aphelandra* Schatten, häufiges Spritzen, reichliche Bewässerung, gute Ernährung und viel Platz. Zu eng stehende Pflanzen verlieren bald ihre Schönheit. Alle Arten mit Ausnahme von *A. tetragona* sollte man nicht zu alt werden lassen, also nach dem Verblühen durch Stecklinge oder Aussaat Jungpflanzen heranziehen und die alten wegwerfen, falls man sie nicht noch ein zweites oder drittes Mal als Mutterpflanzen verwenden will. Manche Arten, die willig Samen ansetzen, aber nur wenig Stecklinge bringen, vermehrt man durch Aussaat bald nach der Reife. Hierzu gehören *A. aurantiaca*, *A. nitens* und die kleine, seltene, deshalb hier nicht beschriebene *A. bahiensis* (Nees) Wasshausen (*A. atrovirens* N.E. Br.). Beim Düngen hüte man sich vor zu reichlichen Stickstoffgaben, da diese u.U. das Blühen verhindern. Bei blühfähiger Größe ist es gut, die Pflanzen eine Zeitlang hungern zu las-

Aphelandra squarrosa 'Fritz Prinsler'

sen, da dann ein gleichmäßiger Durchtrieb der Blütenstände erfolgt. Während der ganzen Kulturzeit ist auf Schädlinge zu achten, denn alle *Aphelandra* werden leicht von Schild- und Wollläusen befallen. Befall von Blattläusen oder gar Thrips erfolgt nur bei unsachgemäßer Kultur.

Barleria L.
(Jacques Barrelier, 1606–1673. Französ. Arzt und Botaniker, Dominikaner-Mönch)

Etwa 230 Arten tropischer, meist afrikanischer und asiatischer Kräuter und Sträucher, viele von ihnen xerophytisch. Die meisten haben kleine, wenige recht große, weiße, violette oder gelbe Blüten, deren vierteiliger Kelch zwei große und zwei kleine Abschnitte hat. Auch die 5 ausgebreiteten Kronabschnitte sind ungleich. 4, seltener 2 Samen liegen in einer in einen spitzen Schnabel verlängerten Kapsel. Bei manchen Arten sind die Samen außen mit Haaren besetzt, die beim Anfeuchten anschwellen. In botanischen Gärten werden hie und da die beiden folgenden Arten gezogen, doch gibt es andere, schönblühende Arten, deren Einführung und Kultur sich der schönen Blüten wegen durchaus lohnen würde, so z.B. *Barleria lancifolia* T. Anders., *B. lupulina* Lindl., *B. obtusa* Nees und *B. strigosa* Willd.

B. cristata L., in Indien und Burma beheimatet, ist ein etwa meterhoher, unbewehrter, aufrechter Strauch mit gelblichen, flaumhaarigen Ästen und rauh-flaumhaarigen, länglichen bis elliptischen, mit kurzer Spitze versehenen Blättern. Die im Sommer erscheinenden, achselständigen, sitzenden oder fast sitzenden Blüten sind blauviolett, selten weiß und etwa 5 cm lang. Die 2 cm langen Deckblätter haben auffallende Nerven und lange dornige Zähne. 1796 eingeführt.

B. prionitis L. ist ein kleiner Strauch, der im wärmeren Asien und Afrika weit verbreitet ist. Seine Zweige sind mit runden, vierteiligen Dornen besetzt, und tragen lanzettliche, etwa 9 × 4 cm große Blätter und im Sommer erscheinende, achselständige, gelbe Blüten. Bereits 1817 in Leipzig in Kultur.

Die hier beschriebenen Arten setzen leicht Samen an und können durch diese vermehrt werden, alle Arten außerdem durch halbreife Stecklinge im geschlossenen, warmen Vermehrungsbeet bei 20 bis 25° Boden- und Luftwärme. Die Weiterkultur findet bei mehrfachem Stutzen in lehmig-humoser Erde, in TKS oder in Fruhstorfer Erde statt. Sie sind ganzjährig luftig und hell, bei Sonne unter Schatten im Warmhaus zu halten. Ihrer geringen Größe und der schönen Blüten wegen eignen sie sich gut für Kleingewächshäuser, außerdem für botanische Sammlungen, zumal sie meist schon im ersten, spätestens im zweiten Jahr nach der Aussaat blühen.

Beloperone Nees
(griech. *belos* = Pfeil, Wurfgeschoß, *perone* = Stachel, Spitze, Spange)

Nahe mit *Justicia* verwandte, von manchen Botanikern mit dieser vereinigte Gattung mit etwa 60 Arten aus den wärmeren Gebieten Amerikas, von denen nur *B. guttata* als Zierpflanze verbreitet ist.

B. guttata T.S. Brandeg. (*Justicia brandegeana* Wasshausen et L.B. Sm.) aus Mexiko blüht fast zu allen Zeiten des Jahres. Sie ist ein von Grund aus verzweigter, bis meterhoher, kurzhaariger Halbstrauch, dessen endständige, überhängende, 10 bis 20 cm langen Ähren dicht mit sich deckenden, braunroten Deckblättern besetzt sind, von denen sich die weißen, nur kurzlebigen Blüten abheben. 1934 in England, wenig später in Deutschland eingeführt.

In der Kleinstadt und auf dem Lande, wahrscheinlich auch in höheren Lagen, gedeihen sie viel besser als in der Großstadt, vielleicht als Folge der stärkeren Lichteinstrahlung. Hat man kein Kalthaus, so ge-

Acanthaceae

Aphelandra flava

Beloperone guttata

hören sie an das helle Fenster eines luftigen Zimmers oder in ein Blumenfenster, dessen Temperatur nicht unter 12° fallen, im Winter aber auch nicht über 16° steigen sollte. Für eine gute Ausfärbung der Brakteen ist viel Licht, reichliche Lüftung und eine nicht zu leichte Erde Voraussetzung. Die Vermehrung durch Stecklinge bei etwa 20°, am besten in einem geschlossenen Beet oder unter einem Glas gelingt leicht. Schon in 2 bis 3 Wochen bewurzeln sie sich. Dann pflanze man 3 bis 5 der bewurzelten Stecklinge in einen 8 bis 10 cm großen Topf in Einheitserde oder eine Mischung aus lehmiger Kompost- und alter Lauberde mit Zusatz von Torf und Sand (pH 7). Um kräftige Büsche zu bilden, müssen sie mehrmals im Laufe des Jahres verpflanzt und 3- bis 4mal gestutzt werden. Im Anfang werden alle Blüten entfernt. Nach Durchwurzelung ist regelmäßig mit einem flüssigen Mischdünger zu düngen. *Beloperone* verlangen gute Ernährung, viel Licht und Sonne. Nur im Sommer gebe man ihnen in den wärmsten Mittagstunden einen Sonnenschutz, dazu aber immer sehr viel Luft, denn in einem geschlossenen Raum vergeilen sie. Alte Pflanzen sind am schönsten. Sie werden bei 12 bis 14° hell und luftig überwintert, im Februar um ein Drittel zurückgeschnitten, verpflanzt und etwas wärmer gestellt.

Brillantaisia P. Beauv.
(M. Brillantais-Morion, 18/19. Jahrhundert. Reeder der Compagnie von Oware, der P. Beauvais bei seinen Forschungen unterstützte und ihn ins tropische Westafrika begleitete)

Mit etwa 40 Arten ist diese kleine Gattung im tropischen Afrika und auf Madagaskar vertreten. Es sind Kräuter und Halbsträucher mit hübschen, großen roten oder violetten, meist drüsig behaarten, in endständigen Rispen sitzenden Blüten. Von ihnen wird **B. lamium** Benth. häufig in botanischen Sammlungen gezogen. Sie stammt aus dem tropischen Afrika und ist ein ausgebreitetes Kraut mit weichen, vierkantigen Stengeln, ungeteilten, ganzrandigen Blättern und ziemlich großen, in endständigen, dreifach verzweigten Rispen stehenden dunkelpurpurfarbenen Blüten. Interessant ist ihre Oberlippe, die am Grunde mit einem eigenartigen, häutigen Gelenk versehen ist.

Als hübsche, wenn auch nicht sehr lange blühende, kleine Pflanze für das Warmhaus zu empfehlen. Man zieht sie alljährlich aus Samen heran, eine Überwinterung der abgeblühten Pflanzen lohnt sich nicht. Auch Stecklingsvermehrung ist möglich. Ausgesät wird im Februar bis März. Nach dem Aufgehen drei Sämlinge in kleine Töpfe setzen, nach Bedarf verpflanzen und 2- bis 3mal stutzen, damit sie sich genügend verzweigen. Je nach der Aussaatzeit blühen sie dann im Sommer oder Herbst. Sie gedeihen in jeder humos-lehmigen Erde, TKS oder Einheitserde.

Chamaeranthemum Nees
(griech. *chamai* = niedrig und Gattungsname *Eranthemum*)

Diese kleine Gattung mit nur 8 Arten wächst im tropischen Südamerika. Sie umfaßt niedrige Kräuter mit ziemlich großen, meist farbigen Blättern und kleinen, in Endähren stehenden Blüten.

C. gaudichaudii Nees (*Eranthemum gaudichaudii* (Nees) Van Houtte) aus Brasilien ist ein niederliegendes oder aufsteigendes Kraut mit 5 bis 8 × 3 bis 5 cm großen ei-, am Grunde herzförmigen, dunkelgrünen, in der Mitte unregelmäßig silberweiß gezeichneten Blättern und kleinen, weißen Blüten in endständigen Rispen. 1865 in Belgien eingeführt.

C. venosum M.B. Foster ex Wasshausen et L.B.Sm. ebenfalls aus Brasilien, ist der vorigen Art sehr ähnlich, u.a. aber sind die weißen Blüten lavendelblau überlaufen.

Reizende kleine Blattpflanzen für schattige, feuchte Warmhäuser und warmfeuchte Terrarien. Vermehrung durch Stecklinge im geschlossenen Beet oder unter Glasglocken. Kultur in jeder humosen Erde mit etwas Lehmzusatz, in Einheitserde oder TKS 1.

Crossandra Salisb.
(griech. *krossos* = Franse, *aner* = männlich)

Etwa 50 im tropischen Afrika, in Madagaskar und Arabien vorkommende, mehr oder weniger kahle Sträucher oder Stauden mit ganzrandigen Blättern und großen, orangeroten, gelben oder weißen Blüten in vierkantigen Ähren. Zahl der Staubblätter 4, Kelch tief fünfteilig, Krone nicht lippig. In Kultur sind 4 bis 5 Arten, *C. infundibuliformis*, *C. nilotica* Oliv. und die kleinen

C. subacaulis C.B. Clarke und *C. flava* Hook., von denen die erste die weitaus schönste ist. Andere schöne Arten harren noch der Einführung.

C. infundibuliformis (L.) Nees *(C. undulifolia Salisb.)* aus Südindien und Ceylon ist ein niedriger, vom Frühjahr bis zum Herbst blühender krautiger Halbstrauch mit glänzend dunkelgrünen, kahlen Blättern. Die lachsfarbenen Blüten sind flach ausgebreitet, etwa 2,5 cm breit, mit einem ausgesprochen einseitigen Kronsaum. Die achselständigen Blütenähren sind etwa 10 cm lang und dicht mit grünen Deckblättern besetzt. Um 1880 in England eingeführt.

Neben der Art gibt es die schöne, gedrungener wachsende und niedriger bleibende Sorte 'Mona Wallhed'. Sie ist nur durch Stecklinge zu vermehren.

Eine der dankbarsten Blütenpflanzen für das luftige Warmhaus, das Blumenfenster und das warme Zimmer, vor allem der überaus langen Blütezeit wegen zu empfehlen. Beste Temperatur liegt um 18° bis 20°, viel Licht, aber keine direkte Sonne ist erwünscht. Vermehrung durch Aussaat und Stecklinge. Samen werden leicht angesetzt. Stecklinge bis zur Bewurzelung geschlossen halten, dann zu dritt oder mehr in 10 bis 12 cm breite Schalen setzen und hinsichtlich der Erde und Weiterkultur wie *Aphelandra* behandeln. Sie sind alljährlich neu anzuziehen, also muß man Mutterpflanzen aufheben. Die Blütenstiele halten sich geraume Zeit in der Vase.

Eranthemum L.
(griech. *er* = Frühling, *anthemon* = Blüte)

Von den 30 bekannten Arten werden nur 2 hier und da in botanischen Sammlungen gezogen. In den Tropen sind sie beliebte Zierpflanzen. Alle Arten stammen aus Indien und dem Malaiischen Archipel, wo sie als aufrechte Halbsträucher oder Sträucher wachsen. Die Kronabschnitte sind vor dem Aufblühen gedreht.

E. pulchellum Andr. *(E. nervosum (Vahl) R.Br., Daedalacanthus nervosus (Vahl) T. Anders.)* aus Indien ist ein ausgesprochener Winterblüher, dessen enzianblaue Blüten im Dezember und Januar erscheinen. Sie sitzen in achsel- und endständigen Ähren, deren weißliche, grün geaderte, ganzrandige Deckblätter einwärts gekrümmte Ränder haben. Das Blühen erstreckt sich über viele Wochen, da sich aus

Oben: Crossandra infundibuliformis
Rechts: Fittonia verschaffeltii
Unten: Fittonia verschaffeltii 'Argyroneura'

der Ähre immer wieder neue Blüten schieben. 1798 in England eingeführt.

E. wattii (Bedd.) Stapf *(Daedalacanthus wattii (Bedd.) C.B. Clarke)*, in Nordindien heimisch, ist sehr ähnlich, im ganzen aber krautiger und kleiner und beginnt etwas früher zu blühen. Um 1900 eingeführt.

Der seltenen Blütenfarbe und der langen Blütezeit wegen sind beide Arten auch für das Gewächshaus des Liebhabers zu empfehlen. Vermehrung durch Stecklinge im geschlossenen, warmen Vermehrungsbeet. Weiterkultur am besten in lehmig-humoser Erde, auch in Einheitserde, im feuchten Warmhaus ausgepflanzt und ein- bis zweimal gestutzt. Am besten wirft man die Pflanzen nach der Blüte fort und ersetzt sie durch Jungpflanzen oder aber man schneidet nach der Blüte stark zurück. *E. wattii* setzt auch keimfähigen Samen an. Die daraus gezogenen Pflanzen blühen schon im Jahr der Aussaat in einer Höhe von 20 bis 30 cm, selbst wenn sie im Topf gehalten werden.

Fittonia Coem.
(nach Elizabeth und Sarah Mary Fitton, erste Hälfte des 19. Jahrhunderts, Verfasserinnen von »Conservations on Botany«, London 1817)

Nur aus 2 Arten bestehende Gattung niedriger südamerikanischer Kräuter, die in Wäldern von Kolumbien bis Bolivien vorkommen und sich durch ihre auffallend geaderten Blätter hervorheben. Die gelblichen Blüten sind unscheinbar. Die meist mehr oder weniger niederliegenden Stengel sind dicht behaart.

F. gigantea Lind. ex Andr., Ekuador und Peru, mehr aufrecht wachsend, wird bis 60 cm hoch und hat mit vier Reihen weißer Haare besetzte violettrote Stengel. Die ovalen bis eiförmigen Blätter sind dunkelgrün, karminrot geadert und kurz zugespitzt.

F. verschaffeltii (Lem.) Van Houtte, Kolumbien bis Peru, ist niedriger als die vorige. Ihre im Gegensatz zu voriger wirr behaarten, kriechenden, wurzelnden Stengel tragen am Grunde abgerundete oder fast herzförmige, elliptische bis eiförmige, 7 bis 10 cm lange und fast stets an der Spitze stumpfe Blätter, die bei der Art karminrot, bei den Sorten 'Argyroneura' silberweiß und 'Pearcei' heller karminrot auf hellerem Grunde geadert sind. Außerdem die heute verbreitete Sorte 'Minima' ein kleinblättriger Sport von 'Argyroneura'.

Nur *F. verschaffeltii* und ihre drei Sorten sind ihrer schön geaderten Blätter wegen als reizende bodenbedeckende Pflanzen für das warme Gewächshaus zu verwenden, aber auch zur Schalenbepflanzung geeignet. *F. gigantea* ist eine wichtige Pflanze für botanische Sammlungen, da sie häufig für Vorlesungen und botanische Übungen gebraucht wird. Auch zum Nachweis des Erfrierens sind sie gut geeignet, da bereits nach einminütigem Einwirken von −5° der Tod durch Erfrieren eingetreten ist. Fittonien brauchen Schatten, Luftfeuchtigkeit und eine stete Wärme, die nicht unter 18° fallen sollte. Häufiges Entspitzen bei Jungpflanzen bewirkt buschigen Wuchs. Die Erde sei locker und humos, Einheitserde und TKS 1 sind geeignet. Vermehrung durch krautige Stecklinge im geschlossenen warmen Vermehrungsbeet. Schlimmster Feind aller Fittonien sind Schnecken, für die sie einen besonderen Leckerbissen darzustellen scheinen. Deshalb laufend entsprechende Mittel auslegen oder mit ihnen spritzen.

Goldfussia Nees
(nach Georg August Goldfuss, 1782 bis 1848, Professor der Zoologie und Mineralogie in Bonn)

Mehr als 30 Arten meist ungleichblättriger Sträucher oder Halbsträucher, deren Heimat im Himalaja, auf Java und den Philippinen liegt. Ihre Blüten sitzen in dichten, end- oder achselständigen Ähren mit dachziegeligen Deckblättern, die Krone ist violett oder weiß, nicht lippig. Die beiden folgenden werden selten in botanischen Sammlungen gezogen. Sie sind einer weiteren Verbreitung wert und gerade dem Liebhaber zu empfehlen.

G. anisophylla (Wall. ex Lodd.) Nees (*Strobilanthes anisophyllus* (Wall. ex Lodd.) T. Anders.) ist ein buschiger, etwa meterhoher Strauch aus Khasia (Indien) mit sehr ungleichen, lanzettlichen Blättern, von denen das eine Paar etwa 9, das nächste nur etwa 3 cm lang ist. Die 3 cm langen, violettblauen Blüten stehen in kleinen Köpfchen. 1823 in Frankreich eingeführt.

G. isophylla Nees (*Strobilanthes isophyllus*) (Nees) T. Anders.) ist ein wahrscheinlich aus Assam stammender, 30 bis 60 cm hoher, ästiger, der vorigen Art sehr ähnlicher Halbstrauch, dessen Blattpaare aber fast gleich groß und auf beiden Seiten von nadelartigen Kristallbildungen bedeckt sind. Ihre Blüte ist blau und kleiner als bei voriger. 1845 in England eingeführt.

Vor allem *G. anisophylla* ist durch die ausgesprochene Heterophyllie auch botanisch sehr interessant. Beide Arten blühen hübsch, leider nur allzu kurz, während des Winters. Sie gedeihen gut im luftigen Warmhaus, in lehmig-humoser Erde oder in Einheitserde. Vermehrung durch Aussaat oder durch krautige Strecklinge im geschlossenen, warmen Vermehrungsbeet. Im Laufe der Kultur mehrmals stutzen und vor direkter Sonne schützen.

Graptophyllum Nees
(griech. *graptos* = bemalt, beschrieben, *phyllon* = Blatt)

Von den 10 im tropischen Westafrika, in Neuguinea, Australien und Polynesien verbreiteten Arten ist *G. pictum* eine in tropischen Gärten verbreitete Blattpflanze.

G. pictum (L.) Griff. (*G. hortense* Nees), das wahrscheinlich aus Neuguinea stammt, bildet bis 2 m hohe, aufrechte Sträucher, deren elliptische, 10 bis 20 × 4 bis 8 cm große, grüne oder purpurrote Blätter unregelmäßig gelb gezeichnet sind. Blüten in dichten, achselständigen Kränzen. Ihre Krone ist bis 3 cm lang, rot und behaart. Bereits 1780 in England in Kultur.

Auch in botanischen Sammlungen nicht mehr häufig gezogene buntblättrige Pflanze für das Warmhaus, wo sie bei Temperaturen um 20°, Schatten und hoher Luftfeuchtigkeit ohne Schwierigkeit gedeiht. Sie verlangt lehmig-humose Erde, TKS oder Einheitserde. Da Jungpflanzen am schönsten sind und im Gewächshaus des Liebhabers nur wenig Platz einnehmen, sorge man laufend für Nachzucht. Stecklinge bewurzeln sich bei 25 bis 30° Boden- und Luftwärme sehr rasch. Man setze gleich drei Pflanzen in einen Topf, stutze ein- bis zweimal, um recht bald zu schönen und buschigen Jungpflanzen zu kommen. In großen Warmhäusern botanischer Gärten pflanzt man sie am besten aus, dann entwickeln sie sich in Kürze zu stattlichen, über meterhohen Büschen.

Hemigraphis Nees
(griech. *hemi* = halb, *graphis* = Griffel)

Niedergestreckte oder ausgebreitete, selten hohe Kräuter, in etwa 100 Arten im tropischen Afrika, Indomalesien und Ostasien vorkommend. Sie gehören in die Verwandtschaft von *Goldfussia* und *Perilepta*.

H. alternata (Burm. f.) T. Anders. (*H. colorata* (Bl.) Hallier f.) ist auf dem ganzen Malaiischen Archipel, den Philippinen und den angrenzenden Gebieten verbreitet, die eigentliche Heimat aber ist unbekannt. Das ausdauernde Kraut hat kriechende, an den Spitzen aufsteigende, bräunliche Stengel und eiförmige, bis 9 × 6 cm große, blasige, oberseits glänzende, silbriggrüne, meist violett schimmernde Blätter mit purpurroter Unterseite. Die weißen Blüten sitzen in endständigen Ähren. 1885 in England eingeführt.

H. repanda (L.) Hallier f., deren Heimat unbekannt ist, wird im ganzen malaiischen Gebiet in den Gärten angepflanzt und ist häufig daraus verwildert. Wie die vorige ist sie ein ausdauerndes Kraut mit niederliegenden, an den Knoten wurzelnden, an der Spitze aufsteigenden rötlichen Stengeln. Aber die Blätter sind sehr viel kleiner und schmaler, etwa 6 × 1,5 cm; sie sind weitläufig tiefgesägt, ja fast eingeschnitten. Ihre Oberseite ist dunkelolivgrün, die Unterseite rot.

Acanthaceae

Beide Arten sind schöne Blattpflanzen des Warmhauses für Liebhaber und botanische Sammlungen, werden aber auch vom Erwerbsgärtner für die Bepflanzung von Schalen und Körben verwendet. Man kann sie als Bodendecker verwenden, am schönsten aber wirken sie als Ampelpflanzen. Sie wollen sehr hell, aber nicht sonnig gehalten werden, denn nur dann färben sie sich schön. Auch im warmen Blumenfenster oder im Wintergarten wachsen sie gut. Zu jeder Jahreszeit bilden Stecklinge im warmen Vermehrungsbeet Wurzeln. Nach der Bewurzelung pflanzt man mehrere von ihnen zusammen in eine Ampel und stutzt sie ein- oder zweimal. In der der Kultur haben sie vieles mit den *Aphelandra* gemein.

Hypoestes Soland. ex R. Br.
(griech. *hypo* = unter, *hestenai* = stellen)

Bis heute sind etwa 150 Arten in den Tropen der Alten Welt bekannt. Hauptverbreitungsgebiete sind neben Südafrika vor allem Madagaskar. **H. phyllostachya** Bak. (*H. sanguinolenta* hort. non (Van Houtte) Hook. f.) aus Madagaskar ist ein bis 50 cm hoher, reich verzweigter Halbstrauch mit ganzrandigen, dunkelgrünen Blättern, deren besonderen Schmuck die purpurroten Nerven und die kleinen roten Flecken bilden. Um 1865, in Deutschland zum zweiten Mal um 1935 eingeführt.
Pflege wie bei *Fittonia*. Außer durch Stecklinge lassen sie sich leicht durch Aussaat vermehren. Sie setzen reichlich Samen an, der oft an den verschiedensten Stellen des Gewächshauses aufgeht. Sparrig gewordene Pflanzen lassen sich zurückschneiden und treiben willig wieder aus.

Hypoestes phyllostachya

Jacobinia pauciflora

Jacobinia Nees ex Moric.
(Herkunft des Names unbekannt; möglicherweise nach der Stadt Jacobina nahe Bahia, Brasilien benannt)

Die etwa 50 Arten starke Gattung ist ausschließlich in den Tropen der neuen Welt anzutreffen. Sie besteht aus meist aufrechten Kräutern oder Sträuchern, von denen manche recht auffallende Blüten haben. Ihre Blätter sind stets ganzrandig, die Blüten gelb, rot oder orangefarben, selten weißlich oder rosa. Einige Arten sind alte Zier- und Zimmerpflanzen.

1. Blüten in endständigen Köpfen

J. carnea (Lindl.) Nichols. (*Justicia carnea* Lindl., *J. magnifica* (Nees) Lindau). Brasilianischer, vom Frühling bis zum Herbst blühender, flaumhaariger, kräftig gabelig verzweigter, über meterhoch werdender Strauch mit nur kurzen Internodien und flaumhaarigen Blättern. Die tief rosenroten, flaumig-klebrigen Blüten sitzen in dichten, 10 bis 12 cm langen, länglichen bis rundlichen Köpfen. 1827 eingeführt.
Leider halten die schönen und auffallenden Blütenstände nur kurze Zeit, doch sollte dies gerade für den Liebhaber kein Grund sein, sie nicht zu ziehen. Von Januar bis April werden sie durch krautige Stecklinge im Warmbeet vermehrt. Aber auch alte Pflanzen kann man nach scharfem Rückschnitt mit Erfolg weiter ziehen. Sie gehören in das luftige Lauwarmhaus (12 bis 16°), werden 2 bis 3mal entspitzt, in lehmige nährstoffreiche Erde oder in Einheitserde gepflanzt und nach Durchwurzelung wöchentlich ein- bis zweimal mit einem Volldünger gegossen. Die Überwinterung der Mutterpflanzen sollte bei einer Temperatur von 12 bis 14°, möglichst nicht wärmer, erfolgen. Im Januar wird etwas wärmer gestellt, um das Durchtreiben anzuregen.

2. Blüten zerstreut oder in wenigblütigen seitlichen Rispen

J. ghiesbreghtiana (Lem.) Hemsl. (*Justicia ghiesbreghtiana* Lem.) stammt aus Mexiko und blüht von November bis Februar. Sie ist ein bis meterhoher Halbstrauch mit ledrigen, 7 bis 15 cm langen Blättern und feuerroten Blüten, deren in Ober- und Unterlippe geteilte Krone 3 bis 4 cm lang ist. Außerhalb weniger botanischer Sammlungen nicht mehr in Kultur. 1838 in Belgien, 1843 in Deutschland eingeführt.

J. pauciflora (Nees) Lindau (*Libonia floribunda* K. Koch, *J. rizzinii* Wasshausen) stammt aus Brasilien, blüht den ganzen Winter hindurch und bildet kleine, 30 bis 60 cm hohe, dichte, mit kleinen, ledrigen Blättern besetzte Sträucher. Ihre Blüten sind zu drei Vierteln rot und zu einem Viertel orangegelb, 2 bis 2,5 cm lang. Auch diese Art ist nicht mehr allzu häufig in Kultur, aber ihres buschigen Wuchses und ihrer Reichblütigkeit wegen sicher die wertvollste. Als „Libonia" war sie früher weit verbreitet und so mancher alte Gärtner erinnert sich ihrer noch gut. 1862 in England eingeführt.

J. × penrhosiensis (Carr.) L.H. Bailey ist der um 1862 herum in England entstandene Bastard der beiden oben beschriebe-

Jacobinia carnea

nen Arten. Sie wurde bis in die zwanziger Jahre dieses Jahrhunderts häufiger gezogen, ist heute aber fast völlig verschwunden. Sie ist sparriger als *J. pauciflora* und auch nicht ganz so reichblütig. Ihre Blüten sind größer, etwa 3 cm lang, leuchtend karminrot mit einem schmalen gelben Ring.

Einen Fehler haben die drei Jacobinien der zweiten Gruppe, sie werfen, einmal trocken geworfen, rasch ihre Blätter ab. Am wenigsten empfindlich in dieser Beziehung ist *J. pauciflora*. Ihre Überwinterung erfolgt in einem luftigen Kalthaus bei 6 bis höchstens 10°. Im Sommer müssen sie in der vollen Sonne im Freien stehen. Die Erde sei lehmig, doch füge man etwas Humus wie alte Lauberde oder Torfmull zu. Auch Einheitserde oder TKS ist zu empfehlen. Vermehrt wird im Januar oder Februar durch Stecklinge im warmen Vermehrungsbeet. Nach der Wurzelbildung pflanzt man 3 bis 5 der Stecklinge zusammen in einen Topf, hält bis zur Durchwurzelung warm und geschlossen. Nach dem ersten Verpflanzen werden sie kühler und luftiger gehalten, im Mai, Juni kommen sie ins Freie. Ein- bis zweimaliges Entspitzen ist zu empfehlen. Ältere Pflanzen werfe man keinesfalls fort, sondern schneide sie nach dem Abblühen ganz leicht zurück und verpflanze sie unter leichter Reduzierung ihres Wurzelballens. Letzteres ist unbedingt nötig, da sie sonst im Laufe der Zeit Töpfe bekommen, die in keinem Verhältnis zur Pflanze mehr stehen. Sehr wichtig ist das richtige und sorgfältige Gießen. Der Ballen soll stets gleichmäßig feucht, nicht naß sein. Trocknet er aber einmal richtig aus, so wirft die Pflanze sofort ihre immergrünen Blätter ab. Von Januar, Februar an bis zum April erscheinen die lebhaft gefärbten Blüten in ununterbrochener Folge. Sie färben sich aber nur dann, wenn sie kühl stehen, also nie mehr als 6 bis 8° Heizwärme bekommen. Nur bei Sonne darf die Temperatur etwas ansteigen. Für das kleine Kalthaus läßt sich kaum eine idealere Pflanze denken!

Mackaya Harv.
(James Townsend Mackay, etwa 1775 bis 1862, schottischer Gärtner und Botaniker. Emigrierte 1804 nach Irland, gründete dort 1806 den Botanischen Garten des Trinity College, Dublin.)

Nur 1 Art in Südafrika.

M. bella Harv. (*Asystasia bella* (Harv.) Benth. et Hook. f.) ist ein bis 2 m hoch werdender, immergrüner, meist völlig kahler Strauch mit 7 bis 12 cm langen, an den Rändern verschiedenartig buchtig-geteilten Blättern und großen, bis 6 cm langen, hellbläulichvioletten und feingezeichneten Blüten, die zu mehreren in endständigen Trauben sitzen. Sie erscheinen während des ganzen Sommers. 1869 in Belgien eingeführt.

Außerhalb botanischer Sammlungen selten anzutreffender Strauch, der aber wegen seiner langen Blütezeit dem Liebhaber mit Gewächshaus zu empfehlen ist. Kultur im hellen und luftigen Lauwarmhaus wie *Jacobinia carnea*. Im Winter verringere man die Wärme auf etwa 10 bis 14°, da die Pflanzen dann eine Ruhezeit durchmachen sollten. Diese ist Anfang März beendet, also müssen sie dann wieder wärmer gehalten werden. Nach dem Abblühen im Herbst ist ein ganz leichter Rückschnitt zu empfehlen. Jungpflanzen sind mehrmals zu entspitzen. Ausgepflanzt blühen die Pflanzen viel reicher als im Topf, bei beiden Methoden ist aber die Einhaltung der Winterruhe gleich wichtig. Gepflanzt wird in lehmig-humose Erde oder in Einheitserde. Vermehrung leicht durch halbreife Stecklinge im Sommer oder durch krautige Stecklinge im Spätwinter. In jedem Fall werden diese in das warme, geschlossene Vermehrungsbeet gesteckt.

Pachystachys lutea

Odontonema Nees
(griech. *odous, odontos* = Zahn, *nema* = Faden)

Von dieser 40 Arten aufrechter Kräuter und Sträucher umfassenden Gattung, ausschließlich im tropischen Amerika heimisch, wird bei uns nur

O. schomburgkianum (Nees) O. Kuntze (*Thyrsacanthus rutilans* Planch.) als schöner und eigenartiger Winterblüher selten einmal gezogen. Es ist ein kolumbianischer, winterblütiger, bis 2 m hoher, wenig verzweigter Strauch mit einfachen, 7 bis 20 cm langen Blättern und schlaff herunterhängenden, bis 50 cm langen, in den Blattachseln erscheinenden Blütenrispen, die mit 4 cm langen, hängenden, röhrenförmigen, roten Blüten besetzt sind.

Dieser schöne und eigenartige Winterblüher wächst im gleichmäßig warmen Gewächshaus (16 bis 20°) sehr schnell aus Stecklingen zu blühfähigen Pflanzen heran. Da Jungpflanzen sich kaum verzweigen, setze man 4 bis 8 zusammen in einen Topf und lasse sie ungestutzt bis zum Blühen wachsen. Sie verlangen eine durchlässige, nährstoffreiche, lockere, mit etwas Lehm vermischte Lauberde, TKS oder Einheitserde, reichliche Luftfeuchtigkeit und Schatten. Vermehrung aus krautigen

Stecklingen im Januar, Februar im geschlossenen Vermehrunsbeet bei 25 bis 30° Boden- und Luftwärme. Ihrer Anfälligkeit gegen Woll- und Schildläuse wegen sollte in regelmäßigen Abständen mit entsprechenden Schädlingsbekämpfungsmitteln behandelt werden. Junge Pflanzen sind am schönsten, deshalb sollte man die abgeblühten Pflanzen bis auf die Mutterpflanzen fortwerfen.

Pachystachys Nees
(griech. *pachys* = dick, *stachys* = eine Ähre)

Etwa 6 Arten ausdauernder Kräuter und Sträucher aus dem tropischen Amerika mit gegenständigen, oft großen Blättern. Die nur kurzlebigen Blüten sitzen an endständigen, mit großen, grünen oder farbigen Deckblättern besetzten Ähren. Ihre Krone ist gelb, purpurfarben oder rot, zweilippig. Nur die folgende Art, deren Schönheit in den lange haltenden, aufrechten Deckblättern liegt, wird seit 1970 im großen gezogen und eignet sich sowohl für warme Zimmer- und Blumenfenster als auch für Kleingewächshäuser.

P. lutea Nees stammt aus Peru, wo sie einen meterhohen Strauch bildet. Die weichen, schmal-eiförmigen Blätter sind bis 12 cm lang. Von März bis Oktober erscheinen in reicher Folge die endständigen, dicht mit aufrechten, bis 2,5 cm langen, orangegelben Deckblättern besetzten Ähren mit den nur wenige Tage haltenden, weißen Blüten. Die Schönheit der Pflanze liegt in den mehrere Wochen frisch bleibenden Deckblättern. Aufbau und Blütenstand erinnern an eine *Aphelandra*. In Deutschland seit 1970 in Kultur.

Vermehrt wird durch Kopfstecklinge, die im geschlossenen, warmen Vermehrungsbeet etwa 2 bis 3 Wochen bis zur Wurzelbildung benötigen. Einige Zeit nach dem Eintopfen wird auf 2 bis 3 Blattpaare gestutzt. Will man größere, mehrtriebige Pflanzen haben, kann noch ein zweites Mal entspitzt werden. Im Gartenbau werden zum Kurzhalten der Pflanzen Stauchemittel eingesetzt, der Liebhaber aber wird darauf verzichten und gerne etwas höhere Pflanzen in kaufnehmen, denn das tut ihrer Schönheit durchaus keinen Abbruch. Als Erde eignet sich TKS 2 und Einheitserde, ebenso eine Mischung aus alter Lauberde und gedüngtem Torf mit geringem Lehmzusatz. Will man bald größere Pflanzen mit mehreren Trieben haben, setze man nach der Wurzelbildung gleich drei Pflanzen in den Topf oder die Schale. *Pachystachys* bedürfen einer guten und reichlichen Ernährung, deshalb sind sie nach genügender Wurzelbildung regelmäßig mit Crescal, Mairol oder einem ähnlichen Volldünger zu gießen. Abgeblühte Pflanzen werfe man nicht fort, denn sie treiben nach dem Abblühen seitlich wieder aus und bilden neue Blütenstände. Für gesunde, gut ausgebildete Pflanzen ist eine gleichmäßige Wärme von 20 bis 22° Vorbedingung. Sie sollte nie unter 18° fallen. Außerdem bedürfen sie eines hellen, aber vor Sonne geschützten Platzes.

Perilepta Bremek.
(griech. *peri* = herum, *leptos* = dünn)

Diese Gattung umfaßt nur 8 Arten ungleichblättriger, krautiger Sträucher mit sitzenden Blättern und kurzen Blütenständen mit blauen oder violetten Blüten. Eine Art, **P. dyeriana** (Mast.) Bremek. aus Burma wird sowohl vom Erwerbsgartenbau als auch von den Liebhabern gezogen, doch ist sie immer noch unter ihrem Synonym *Strobilanthes dyerianus* Mast. bekannter als unter ihrem korrekten Namen. Sie ist in Burma zu Hause. Dort bildet sie einen aufrechten, sparrig verzweigten und behaarten Strauch. Seine bis 20 cm langen, gesägten Blätter sind auf der Oberseite blauviolett, unterseits rot. Die blauvioletten Blüten erscheinen in aufrechten Ähren. Die Schönheit der Pflanze liegt in ihren metallisch schillernden violettblauen Blättern. Aber nur junge und schattig gezogene Pflanzen bekommen diese charakteristische Färbung. Deshalb sollte man das ganze Jahr hindurch immer wieder neu aus Stecklingen, die, ins warme Vermehrungsbeet gesteckt, rasch wurzeln, vermehren. Die Weiterkultur erfolgt bei 16 bis 20°, schattig, in einer Mischung aus Laub-, Rasenerde und Torfmull, TKS oder in Einheitserde. Ein- bis zweimal gestutzte Pflanzen werden buschiger, ungestutzte und gut ernährte bilden größere Blätter. Erstere setzt man einzeln, letztere zu dritt in 10 bis 12 cm große Töpfe. 1892 in Belgien eingeführt.

Peristrophe Nees
(griech. *peri* = herum, *strophos* = Gürtel)

30 Arten von Kräutern oder Halbsträuchern, deren Vorkommen auf die Tropen der Alten Welt beschränkt ist. Ihre Krone ist zweilippig und oft lebhaft gefärbt.

P. hyssopifolia (Burm. f.) Bremek. (*P. salicifolia* (Bl.) Hassk.) aus Java ist ein niedriger, sehr ästiger Halbstrauch mit fast waagerecht abstehenden Ästen und lanzettlichen, an beiden Enden zugespitzten, 5 bis 7 cm langen Blättern, die bei der fast ausschließlich gezogenen Sorte 'Aurea' in der Mitte und längs der Seitennerven goldgelb gezeichnet sind. Ihre Blüten sind hellrot.

P. speciosa (Roxb. ex Wall.) Nees aus Bengalen wird im Gegensatz zu voriger nicht ihrer Blätter, sondern der im Winter erscheinenden 3,5 bis 4 cm langen, purpurroten Blüten wegen hier und da in botanischen Sammlungen gezogen. Sie bildet einen 50 bis 80 cm hohen, ästigen Halbstrauch mit 15 bis 20 cm langen Blättern. Um 1840 in England eingeführt.

P. hyssopifolia gehört in das feuchte Warmhaus und muß immer wieder durch Stecklinge vermehrt werden, da nur jüngere Pflanzen wirklich schön sind. *P. speciosa* fühlt sich am wohlsten im luftigen Lauwarmhaus bei einer Wintertemperatur von etwa 15°. Beide wachsen gut in jeder lehmig-humosen Mischung, TKS oder in Einheitserde. Um buschige, voll belaubte Pflanzen zu bekommen, pflanzt man sie zu dritt in 10 bis 12 cm große Töpfe und stutzt ein- bis zweimal. Stecklinge wurzeln im geschlossenen Warmbeet in 3 bis 4 Wochen.

Pseuderanthemum Radlk.
(griech. *pseudo* = falsch, Gattungsname *Eranthemum*)

Etwa 120 Arten umfassende Gattung von Sträuchern und Halbsträuchern aus tropischen Ländern der ganzen Welt, mit meist ganzrandigen, bei manchen Arten schön gefärbten oder gezeichneten Blättern und in meist endständigen, einfachen oder verzweigten Ähren stehenden weißen, rosafarbenen, roten oder violetten Blüten. Nur bisweilen sind die Ähren auch achselständig.

P. alatum (Nees) Radlk. aus Mexiko ist 15 bis 20 cm hoch, hat mehr oder weniger grüne Stengel, herzförmige, glatte, am Rande gewimperte, braune Blätter mit silbergrauer Zeichnung entlang dem Mittelnerv und kleinen Flecken entlang der Seitennerven.

P. atropurpureum (Bull) L.H. Bailey (*Eranthemum atropurpureum* Bull non Hook. f.) ist wahrscheinlich in Polynesien heimisch, aber im tropischen Amerika ab und zu verwildert anzutreffen. Bis 120 cm hoher Strauch mit großen, kurzgestielten, wein- oder rosenroten, einfarbigen oder gefleckten Blättern. Die weißen Blüten sind purpurn gefleckt. 1872 in England eingeführt.

P. reticulatum (Hook. f.) Radlk. (*Eranthemum reticulatum* Hook. f.), wahrscheinlich aus Polynesien, wird 50 bis 100 cm hoch und hat grüne, mit einem dichten Netz goldgelber Adern überzogene Blätter. Die Blüten sind weiß mit rotem Kronschlund. 1870 in England eingeführt.

P. sinuatum (Vahl) Radlk. (*Eranthemum cooperi* Hook., *E. sinuatum* (Vahl) R. Br.) stammt aus Neukaledonien. Der bis 50 cm hohe Halbstrauch trägt kurzgestielte, 12 bis 15 cm lange, aber nur 2 cm breite, ausgeschweifte oder ausgebuchtete, oberseits olivgrüne, unterseits rötliche Blätter. Die Blütenkrone ist weiß, purpurrot gefleckt und gesprenkelt. 1863 eingeführt.

In botanischen Gärten und auch im Erwerbsgartenbau laufen fast alle Arten immer noch unter dem Namen *Eranthemum*. Die Zugehörigkeit mancher von ihnen zu der richtigen Art – vielleicht handelt es sich bei vielen auch nur um verschiedene Sorten einer Art – ist oft noch ungeklärt. Doch gehören sie – unbeschadet ihres richtigen Namens – zu den schönsten buntblättrigen Pflanzen für das feuchte helle, aber nicht sonnige Warmhaus. Dort wachsen sie gleich gut ausgepflanzt wie in Töpfen, in lockerer, humos-lehmiger Erde, in TKS oder in Einheitserde. Jüngere Pflanzen sind am schönsten, deshalb sollte man sie das ganze Jahr hindurch nach Bedarf immer wieder im geschlossenen, 25° warmen Vermehrungsbeet durch Stecklinge vermehren.

Ruellia L.
(Jean de la Ruelle, 1474 bis 1537, französ. Geistlicher, Arzt und Botaniker, gab mehrere antike Klassiker der Medizin und Botanik heraus)

In Tropen und Subtropen, vor allem Amerikas, sind etwa 250 Arten dieser Gattung verbreitet. Sie wachsen dort als Kräuter, Halbsträucher oder Sträucher, sind meist behaart und tragen oft auffallende, violette, weiße, rote, selten auch gelbe oder orangefarbene Blüten, die fast stets einzeln, gebüschelt oder zu rispigen Trugdolden vereinigt in den Blattachseln erscheinen. Ihre Krone ist trichterförmig, mit einem fünfspaltigen, fast gleichen, abstehenden Saume.

Nur wenige Arten werden in unseren Gewächshäusern gezogen, diese aber sind sehr dankbare Blatt- oder Blütenpflanzen. Ab und zu tauchen noch andere als die hier genannten Arten in den Sammlungen auf. Sie sind oft ebenfalls hübsch, aber ihre Namen sind häufig falsch.

1. Buntblättrige Arten

R. devosiana hort. Makoy ex E. Morr. (*Dipteracanthus devosianus* (hort. Makoy ex E. Morr.) Boom) aus Brasilien ist ein im Herbst und Winter sehr reichblühender, bis 30 cm hoher, mehr oder weniger niederliegender, flaumig behaarter Halbstrauch mit dunkelgrünen, entlang der Nerven oberseits weißgezeichneten, unterseits roten Blättern. Die Blüten sind weiß und bläulich gezeichnet. 1875 in Belgien eingeführt.

R. portellae Hook. f. (*Dipteracanthus portellae* (Hook. f.) Boom), ebenfalls aus Brasilien stammend, ist der vorigen sehr ähnlich, unterscheidet sich von dieser vor allem durch ihre noch größeren, bis 4,3 cm langen und 2,5 cm breiten, rosenroten Blüten. 1879 in England eingeführt.

Reizende buntblättrige Pflanzen für das warme und feuchte Warmhaus, wo sie als Bodendecke ausgepflanzt oder in Töpfen und Ampeln verwendet werden können. Jede humose Erde, auch TKS und Einheitserde sagt ihnen zu. Vermehrung durch krautige Stecklinge im warmen Vermehrungsbeet. Am besten steckt man sie gleich zu dritt in kleine Töpfe.

2. Grünblättrige Arten

R. graecizans Backer (*R. amoena* Nees, *R. longifolia* (Pohl) Griseb. non L.C. Rich., *Stephanophysum longifolium* Pohl). Dieser krautige, glatte, bis 60 cm hoch werdende, in ganz Südamerika verbreitete Halbstrauch blüht unermüdlich vom Frühling bis zum Herbst. Die leuchtendroten Blüten sind 2,5 cm lang und sitzen zu mehreren an langen, achselständigen Blütenstandsstielen. Der Reichblütigkeit entspricht die Ausbildung vieler Samen, die bei der Reife aus den Kapseln geschleudert werden und an den verschiedensten Stellen des Gewächshauses aufgehen. Junge Pflanzen blühen am willigsten und reichsten, deshalb sollte man im Herbst die alten Pflanzen wegwerfen und durch junge ersetzen, die sich leicht aus Samen oder durch Stecklinge heranziehen lassen. 1880 eingeführt.

R. macrantha Mart. ex Nees aus Brasilien wächst strauchig, verzweigt sich reich, wird 1 bis 2 m hoch und blüht vom Spätwinter bis zum Frühling. Ihre Blüten sind 10 bis 12 cm lang und etwa 8 cm breit,

Sanchezia parvibracteata

Acanthaceae

Ruellia portellae

glockenförmig, rosaviolett, wohl die größten in der ganzen Gattung. Leider ist diese Art in den Sammlungen sehr selten geworden, vielleicht deshalb, weil die Blüten nicht sehr haltbar sind und bald abgeworfen werden.

Vermehrt wird am besten im Januar, Februar durch krautige Stecklinge im warmen Vermehrungsbeet. Die weitere Pflege erfolgt im luftigen, hellen Warmhaus in lehmig-humoser Erde, TKS oder in Einheitserde. Sie ähnelt der von *Jacobinia carnea*. Wie diese werden sie mehrmals entspitzt und neben mehrmaligem Umpflanzen wöchentlich flüssig gedüngt.

Sanchezia Ruiz et Pav.
(José Sanchez, 19. Jahrh., Botaniker in Cadiz)

Von den 30 Arten in Südamerika heimischer, starkwachsender Kräuter und Sträucher mit sehr großen, ganzrandigen Blättern und kopfigen, ährigen oder rispigen Blütenständen mit gelben oder roten Blüten werden nur zwei in unseren Gewächshäusern gezogen.

S. nobilis Hook. f. aus Ekuador wird bis 2 m hoch, hat aufrechte, dicke, vierkantige Stengel und durch die herablaufende Spreite geflügelte Blattstiele. Die Blätter werden bis 30 cm lang und sind bei der in Kultur befindlichen Sorte 'Glaucophylla' entlang der Nerven hell- oder goldgelb gezeichnet. Die Blüten sind gelb. Diese Art ist, zumindest in Deutschland, wohl ganz verschwunden. An ihre Stelle tritt die sehr ähnliche

S. parvibracteata Sprague et Hutchins. aus dem tropischen Amerika in der Sorte 'Variegata' mit goldgelb gezeichneten Blättern, deren Blattspreite nicht oder nur wenig am Blattstiel herabläuft, der also ganz oder fast ungeflügelt ist. 1866 in England eingeführt.

Sanchezien gehören zu den schönsten und stattlichsten aller Blattpflanzen, eignen sich aber nur für das Gewächshaus oder das warme ausgebaute Blumenfenster, nicht für das Zimmer. Sie verlangen die gleiche Behandlung wie *Aphelandra*; ausgepflanzt werden sie noch schöner als im Topf, vor allem entwickeln sie dann ihre interessanten Blütenstände. Ältere, im freien Grund stehende Pflanzen braucht man nicht alljährlich durch jüngere zu ersetzen, sondern kann sie kräftig zurückschneiden, denn bei guter Ernährung entwickeln sie sich wieder zu reichbeblätterten Büschen, die über lange Zeit hin blühen. Die Blätter bleiben allerdings etwas kleiner als bei Jungpflanzen. Vermehrung durch krautige Stecklinge im geschlossenen Beet bei 25 bis 30°.

Sympagis (Nees) Bremek.
(griech. *sympages* = miteinander vereint; die Staubfäden sind am Grunde zu einer Haut vereinigt)

Nur 5 Arten im östlichen Himalaja und in den Khasia-Bergen, von denen die folgende in botanischen Gärten gezogen wird.

S. maculata (Wall.) Bremek. (*Ruellia maculata* Wall., *Strobilanthes maculatus* (Wall.) Nees) ist ein 50 bis 100 cm hoher Halbstrauch aus Assam mit länglich-lanzettlichen, 12 bis 15 × 6 bis 8 cm großen, dunkelgrünen Blättern. Diese sind häufig gestrichelt und mit meist in zwei Reihen stehenden, silberweißen Flecken besetzt, bisweilen aber auch nur einfarbig grün. Die aufrechten Blütenähren erscheinen in Kultur nur sehr selten. Die bauchige Krone ist bis 2 cm lang und blaßblau. Um 1848 in England eingeführt.

Keine sehr auffallende Warmhauspflanze, dafür aber noch an sehr schattigen Stellen gut gedeihend. Vermehrung durch Stecklinge im warmen Vermehrungsbeet leicht. Weiterkultur entweder ausgepflanzt oder im Topf, in den man drei der bewurzelten Stecklinge setzt und diese mehrfach stutzt. Jede humose Erde, TKS und Einheitserde ist für ihre Kultur geeignet. Bei Topfpflanzen, die hell, aber vor Sonne geschützt stehen, ist die Zeichnung der Blätter ausgeprägter als bei ausgepflanzt und schattig stehenden Pflanzen.

Thunbergia Retz.
(Carl Pehr Thunberg, 1743 bis 1822, schwed. Botaniker, reiste durch Batavia und Japan, war später Professor in Uppsala)

Meist windende Kräuter oder Sträucher in 200 Arten, vor allem im tropischen und im südlichen Afrika, außerdem in Madagaskar und im wärmeren Asien vorkommend. Die trichter-glockenförmige Krone hat einen fünfspaltigen Saum.
In tropischen Gärten findet man eine ganze Reihe von Arten, für unsere Gewächshäu-

ser aber sind die meisten ungeeignet, weil sie zu groß werden und zu starkwüchsig sind. Manchen scheinen auch unsere Winter zu dunkel zu sein. Für kleinere Gewächshäuser können die folgenden Arten empfohlen werden. Auch andere als die genannten Arten sind versuchswert, so die staudigen *T. battiscombei* Turr. und *T. gregorii* S. Moore aus dem tropischen Afrika. Beide gehören in das luftige Warmhaus und werden am besten jährlich neu aus Samen herangezogen, denn eine Überwinterung lohnt sich kaum.

T. erecta (Benth.) T. Anders. aus dem tropischen Westafrika ist ein fast das ganze Jahr hindurch blühender, bis meterhoch werdender, dünnzweigiger Strauch mit 3 bis 7 cm langen, dünnen Blättern. Die Blüten sind bis zu 7 cm lang, trichterförmig. Ihre Röhre ist innen gelb, außen gelblichweiß, die fünf Kronabschnitte sind dunkelviolett. 1855 eingeführt.

T. laurifolia Lindl., verbreitet in Oberburma, Indochina, Thailand, dem Malaiischen Archipel, ist eine vom Sommer bis zum Herbst blühende, immergrüne Art mit 15 × 8 cm großen Blättern. Sie windet nur 2 bis 3 m hoch. Die Blüten erscheinen in achselständigen Trauben, ihr Kelch ist sehr klein, der Kronsaum blauviolett, die Röhre weißlich. 1856 eingeführt.
Schon Jungpflanzen blühen sehr reich. Ältere kann man durch Schneiden so in Schach halten, daß sie sich selbst im kleinen Gewächshaus noch halten lassen. Trotz Schneidens blühen sie reichlich.

Beide Arten lassen sich leicht aus Stecklingen im geschlossenen Beet bei 25 bis 30° bewurzeln. Später gehören sie in ein luftiges, helles Warmhaus. *T. erecta* sollte, nachdem sie eine gewisse Größe erreicht hat, alljährlich zurückgeschnitten werden, um so mehr als sie am jungen Holz blüht. Als Jungpflanze wird sie mehrmals entspitzt. Auch *T. laurifolia* sollte man alljährlich nicht nur auslichten, sondern auch zurückschneiden. Beide lieben als Pflanzstoff lehmig-humose Erde oder Einheitserde, viel Licht, aber keine direkte Sonne.

Whitfieldia Hook.
(Thomas Whitfield, 19. Jahrh., Reisender und Sammler westafrikanischer Pflanzen)

Tropisch-afrikanische Gattung mit 15 Arten immergrüner, fast kahler Sträucher. Von ihnen ist **W. lateritia** Hook. in der Sierra Leone zu Hause. Sie wird etwa meterhoch, hat runde Zweige und ist dicht mit etwa 12 × 5 cm großen, ledrigen Blättern besetzt. Die ziegelroten Blüten erscheinen von Oktober bis März in endständigen Trauben einzeln in den Achseln großer, häutiger Deckblätter. 1841 in England eingeführt.
Hübscher Winterblüher des hellen, feuchten Warmhauses, der seiner langen Blütezeit wegen nicht nur botanischen Sammlungen, sondern erst recht Liebhabern zu empfehlen ist. Vermehrung durch krautige Stecklinge, am besten im Spätwinter oder Frühjahr im geschlossenen, warmen Vermehrungsbeet. Nach Bewurzelung Stecklinge zu dritt in humos-lehmige Erde, TKS oder in Einheitserde einpflanzen und im Laufe des Wachstums mehrmals entspitzen. Mehrjährige Pflanzen, falls sie gut gepflegt wurden, sind am schönsten, deshalb nach dem Abblühen keinesfalls wegwerfen.

Xantheranthemum Lindau
(griech. *xanthos* = gelb, *Eranthemum* = verwandte Gattung). Nur 1 Art in den peruanischen Anden.

X. igneum (Lind.) Lindau (*Eranthemum igneum* Lind., *Chamaeranthemum igneum* (Lind.) Regel) ist ein ausdauerndes, kleines Kraut mit kurzen niederliegenden Stengeln und 5 bis 10 × 2 bis 4 cm großen, oberseits dunkelgrünen, unterseits rötlichen Blättern, die längs der Nerven gelb gezeichnet sind. Blüten klein, gelb, in endständigen Ähren. 1866 in Belgien eingeführt.
Chamaeranthemum-ähnliche kleine Blattpflanze, für die alles dort auf Seite 36 Gesagte gilt.

Thunbergia laurifolia

Furcraea selloa 'Marginata'

Agavaceae
Agavengewächse

20 Gattungen mit 670 Arten in den Tropen und Subtropen, meist in Trockengebieten. Pflanzen mit Wurzelstock oder Rhizom, nur kurzem, meist aber gut entwickeltem Stamm und mit an der Stammbasis gebüschelten, schmalen, häufig fleischigen und dicken Blättern. Blüten in großen Ähren, Rispen oder Trauben.

Agave L.
(griech. *agaue* = die Herrliche, Erlauchte; in der griech. Mythologie die Tochter des Kadmos und Mutter des Pentheus)

Unter den etwa 300 Arten, deren Verbreitungsgebiet sich von den mittleren Vereinigten Staaten bis zum nördlichen Südamerika erstreckt, ist die bekannteste wohl die riesige *A. americana* L., die „Hundertjährige Aloe", wahrscheinlich schon um 1500 in Italien eingeführt, am Mittelmeer allenthalben angepflanzt und verwildert, daneben die ihrer Fasern wegen im Großen angebauten Sisalagaven, *A. sisalana* Perrine, 1866 eingeführt, *A. fourcroydes* Lem., 1864 eingeführt, *A. cantula* (Haw.) Roxb. und *A. salmiana* Otto ex Salm-Dyck, 1842 eingeführt, u.a., die das Getränk „Pulque" liefern. Sie sowohl wie die meisten anderen Arten eignen sich nicht für den Liebhaber, weil sie viel zu groß werden. Einige Arten könnte man zwar auf eine Terrasse am Hause oder auf einen Dachgarten stellen, doch fehlen, wenn sie größer werden, fast stets geeignete Überwinterungsräume. Einige kleinbleibende Arten dagegen können als besonders schöne und dekorative Pflanzen empfohlen werden. Nur diese werden nachfolgend genannt. Die meisten Agaven blühen nur ein einzigesmal in ihrem Leben und gehen nach der Samenbildung ein, so z.B. die »Hundertjährige Aloe«, *A. americana*, deren rispig verzweigter Blütenstand 5 bis 8 m hoch werden kann und allen Mittelmeerfahrern als Charakterpflanze der Landschaft gut bekannt ist. In den Tropen dauert es bis zu seiner Entwicklung meist nur 10 bis 15 Jahre, bei uns dagegen ein halbes Jahrhundert und mehr.

Kleinbleibende Arten

A. attenuata Salm-Dyck (*A. cernua* Berger) aus Mexiko hat dünne, dunkelgrüne, bereifte Blätter und bildet am Grunde des

Agave americana 'Mediopicta'

Stammes viele Sprosse. Entfernt man den Stamm, so ist sie viele Jahre lang auch im kleinen Gewächshaus zu halten.

A. filifera Salm-Dyck aus Mexiko, deren Blätter bei etwa 3 cm Breite 20 bis 25 cm lang werden. 1833 in Deutschland eingeführt.

A. parrasana Berger aus der Sierra de Parras, mit sehr dicken und starren, etwa 30 cm langen und 10 bis 15 cm breiten, hellblauen Blättern. 1906 eingeführt. Ähnlich ist die in sehr milden Lagen im Freien aushaltende

A. parryi Engelm., deren nördlichstes Vorkommen im nördlichen Arizona liegt. 1873 eingeführt. Unter geräumigeren Verhältnissen ist

A. schidigera Lem. aus Mexiko mit einem kugeligen Schopf ganz schmaler, 1,4 cm Breite nicht übersteigender Blätter zu empfehlen. 1861 eingeführt.

A. victoriae-reginae T. Moore ist wohl die schönste der kleinbleibenden Arten, aus Mexiko, mit im Alter 50 bis 70 cm breiter Rosette, deren bis 5 cm breiten Blätter durch die weißen Hornränder besonders auffallen. 1872 in Frankreich eingeführt, nach anderen Quellen 1861.

Alle Agaven können während des Sommers an geschützte, trockene, sonnige Stellen im Freien gestellt werden, besser jedoch stehen die kleineren Arten das ganze Jahr unter Glas. Im Winter müssen sie sehr hell bei nur mäßigen Wassergaben gehalten werden, am besten bei einer Temperatur von +4 bis 6°. Als Erde eignet sich eine Mischung aus lehmiger, alter Rasenerde und alter Lauberde mit Flußsand untermischt. *A. schidigera* und *A. victoriae-*

Agave attenuata

reginae können nur durch Aussaat vermehrt werden, *A. filifera*, *A. parrasana* und *A. parryi* auch durch abgetrennte Nebensprosse, die nach Trocknung der Schnittstelle in Töpfe mit recht sandiger Erde gepflanzt werden.

Cordyline Comm. ex Juss.
(griech. *kordyle* = Keule)

15 Arten tropischer und halbtropischer Bäume, Sträucher und Halbsträucher mit schwertförmigen, zu einer dichten Krone angeordneten Blättern. Von der nahe verwandten Gattung *Dracaena* unterscheiden sie sich unter anderem durch die zahlreichen Samenanlagen in den Fruchtknotenfächern, knolligen Wurzelstock und weiße Wurzeln. Ihre Heimat erstreckt sich von Indomalesien bis nach Neuseeland, Polynesien und Hawaii, nur eine Art kommt aus Südamerika.

C. fruticosa (L.) A. Chev. (*C. terminalis* (L.) Kunth) ist eine rein tropische Pflanze mit einem sehr großen Verbreitungsgebiet, das sich von Vorderindien über Malesien, Papuasien, Polynesien bis nach Nordostaustralien, Neuseeland und den Sandwichinseln erstreckt. Im übrigen werden ihre zahlreichen buntblättrigen Sorten in den tropischen Gärten aller Erdteile als Zierpflanzen angepflanzt. Die schlanken, unverzweigten Stämmchen werden in den Tropen bis 4 m hoch; auch im Gewächshaus können sie bei guter Pflege im Laufe der Jahre 2 m Länge erreichen. Sie werden von einem dichten Schopf langgestielter, 30 bis 50 cm langer, lanzettlicher Blätter gekrönt. Diese sind bei der Art grün, bei den Sorten rot, rosa, gelblich oder bunt. Die Blüten sind zwar hübsch, haben aber keine große Bedeutung. Die Wurzeln wurden in Neuseeland früher von den Maoris

Agave filifera

Cordyline fruticosa

gegessen. Bereits 1760 in Frankreich kultiviert.
C. fruticosa ist eine der schönsten buntblättrigen Tropenpflanzen für warme Blumenfenster, vor allem für das warme Gewächshaus, wo sie bei einer Wärme zwischen 18 und 22° ausgezeichnet gedeiht. Vermehrt wird am besten durch Kopfstecklinge, die sich nach Köpfen einer alten Pflanze in großer Zahl unterhalb der Schnittfläche bilden. Besser ist es allerdings, den großen Kopf nicht abzuschneiden, da er dabei zuviel Blätter verlieren würde, sondern den Kopf wie einen Gummibaum abzumoosen. Dann bekommt man sofort wieder eine dichtbelaubte niedrige Pflanze. Man kann auch die Stämme abschneiden und waagerecht in den Sand einlegen. Sie bilden dann über ein bis zwei Jahre hinweg neue Triebe, die abgeschnitten und gesteckt werden, am besten gleich in kleine Töpfe in ein Sand-Torfmull-Gemisch. Bei 30 bis 35° Bodenwärme erfolgt die Bewurzelung im geschlossenen Vermehrungsbeet innerhalb von 3 bis 4 Wochen. Das Wichtigste für die weitere Pflege ist viel Schatten, im Sommer hohe Luftfeuchtigkeit, 20 bis 24° Wärme und ein lockeres Substrat aus grober Lauberde, Torf und etwas Lehm. Aber auch in Einheitserde gedeihen sie gut. Mit fortschreitendem Wachstum ist eine wöchentliche Düngung von Vorteil. Von den Sorten sind die rotblättrigen während der trüben Jahreszeit sehr viel weniger empfindlich als diejenigen mit mehrfarbigen Blättern, vor allem solchen, in denen viel rosa, gelbliche und weißliche Tönungen enthalten sind.

Alle anderen Arten haben gärtnerisch weniger Bedeutung, doch sind viele recht hübsch. Deshalb sollen sie wenigstens kurz erwähnt werden. Zu den Arten mit ungestielten Blättern gehört **C. australis** (G. Forst.) Endl. aus Neuseeland, ein auch bei uns mehrere Meter hoch werdender Baum mit stark verdicktem Stamm. 1823 in England eingeführt. Von dieser Art gibt es eine Reihe zum Teil auch buntblättriger Sorten; ähnlich, aber im ganzen zierlicher und mit sehr viel schmaleren Blättern ist die ebenfalls neuseeländische, schon 1830 in England eingeführte **C. indivisa** (G. Forst.) Steud. Noch zierlicher, mit sehr dünnen Stämmchen und lockerem Blattschopf ist **C. stricta** (Sims) Endl., bereits 1825 in England kultiviert, aus dem subtropischen Asien.

Von den Arten mit gestielten Blättern sieht man hier und da **C. banksii** Hook. f. aus Neuseeland, 1860 eingeführt, **C. haageana** K. Koch aus dem tropischen Australien und **C. rubra** Otto et A. Dietr., wahrscheinlich in Südost-Queensland und Nordost-Neusüdwales stammend, schon 1850 in Deutschland in Kultur.

Alle diese Arten sind Kalthauspflanzen, die kühl überwintert, im Sommer aber ins Freie gestellt werden. Kleinere Pflanzen eignen sich auch für kühle Zimmer und ähnliche Räume, soweit ihre Wärme zwischen +2 und 12° liegt. Vermehrung dieser Arten durch eingeführten Samen, der Sorten durch Kopfstecklinge.

Dracaena Vand. ex L., Dracaene (griech. *drakaina* = weiblicher Drache, Schlange)

Etwa 150 Arten von Bäumen oder Sträuchern mit oft holzigem Stamm ohne Stolonen. Sie sind von der nahe verwandten Gattung *Cordyline* leicht durch den unverdickten Wurzelstock, die orangefarbenen oder gelben Wurzeln und den in jedem der drei Fächer nur eine Samenanlage enthaltenden Fruchtknoten zu unterscheiden. Alle Arten stammen aus tropischen und subtropischen Ländern Afrikas, Asiens und der Inselwelt zwischen diesem und Australien. Viele schöne und buntblättrige Arten und Sorten eignen sich für Gewächshaus und Wintergarten.

1. Grünblättrige Arten

D. draco (L.) L. ist eine der eigenartigsten der grünblättrigen Arten. Als »Drachenbaum« der Kanarischen Inseln ist sie jedem wohl bekannt, der dort einmal gewesen ist. Sie bildet mächtige, stark verzweigte, bis 18 m hohe Bäume, von denen jeder Trieb in einen dichten Schopf schwertförmiger, etwas starrer, graugrüner Blätter endet. Seine Rinde liefert ein rotes Harz, das

»Drachenblut«, im Altertum zur Herstellung von Lacken viel verwendet. Clusius sah den Baum bereits 1564 in Lissabon, in England jedoch soll er erst seit 1640 in Kultur sein. Urlauber bringen häufig Samen oder Stecklinge von den Kanaren mit nach Hause. Aus ihnen entwickeln sich kräftige, langlebige Pflanzen, die sowohl im Kalt- als auch im Warmhaus gedeihen. Fast alle anderen Arten, auch die grünlaubigen, sind dagegen reine Warmhauspflanzen. Von den letzteren sind in botanischen Sammlungen, aber auch bei Liebhabern einige anzutreffen. Zu empfehlen sind *D. arborea* (Willd.) Link, Tropisch-Afrika, südlich bis Angola, *D. concinna* Kunth (*D. marginata* hort.), Mauritius, *D. hookeriana* K. Koch, Südafrika, *D. marginata* Lam., Madagaskar, *D. phrynioides* Hook., Tropisch Westafrika, *D. reflexa* Lam., Mauritius und Madagaskar, mit der schönen gelbgestreiften Sorte 'Variegata' ('Song of India'), *D. surculosa* Lindl., Tropisch Westafrika, mit der Sorte 'Punctulata', und *D. umbraculifera* Jacq., Mauritius. Alle diese Arten werden genauso gepflegt wie die buntblättrigen.

2. *Buntblättrige Arten und Sorten*

D. deremensis Engl. ist in Tropisch-Afrika verbreitet und wird 3 bis 5 m hoch. Sie wurde um 1903 in Deutschland eingeführt. Die grünblättrige Art wird selten gezogen, dafür aber einige Sorten, vor allem 'Bausei', deren Blätter einen weißen Mittelstreifen besitzen, und 'Warneckii', bei dem der Mittelstreifen grünlich-rahmweiß und mit helleren und dunkleren Streifen durchzogen ist. Beide Sorten variieren in der Art der Zeichnung, so daß es alle möglichen Zwischenformen gibt, von denen einige mit Sortennamen belegt wurden.

D. fragrans (L.) Ker-Gawl. aus dem tropischen West- und Ostafrika bis zum Nyassaland wird bis 6 m hoch. Bereits 1697 in Holland eingeführt. Für uns wichtig sind die buntblättrigen Sorten, von denen 'Lindenii', vor allem aber 'Victoria' mit leuchtend gelben Seitenstreifen auf den Blättern, nie vergrünend, die wichtigsten sind.

D. surculosa Lindl. var. **maculata** Hook. f. (*D. godseffiana* Bull) kommt aus dem Kongo zu uns. Sie bildet einen dichten, kleinen Strauch mit 7 bis 10 cm langen und 3 bis 5 cm breiten, glänzend grünen, dicht weiß gefleckten, ledrigen Blättern. Die duftenden, nicht sehr auffallenden Blüten erscheinen häufig schon bei jungen Pflanzen. 1862 in England eingeführt. Von einigen Sorten wohl die schönste ist 'Florida Beauty', deren grüne Blätter über und über mit weißen Flecken und Punkten übersät sind.

Dracaena surculosa var. maculata

D. goldieana Bak., Nigeria bis Gabun, 1870 in England eingeführt, bildet kurze Stämmchen, die einen Schopf 18 bis 22 × 10 bis 13 cm großer, sehr schön gezeichneter Blätter tragen. Sie ist von allen Arten am empfindlichsten, verlangt eine gleichmäßige Wärme von 20 bis 24°, hohe Luftfeuchtigkeit und Schutz gegen Sonne. Eine ausgiebige Vermehrung ist kaum möglich, deshalb sieht man diese schöne Art nur selten einmal in botanischen Gärten.

D. sanderiana hort. Sand. ex Mast. kommt aus Kamerun zu uns. 1880 wurde sie in Deutschland eingeführt. Sie bildet kleine, schmal aufrecht wachsende, bis unten beblätterte Pflanzen, deren Blätter mit weißen und silbergrauen Streifen panaschiert sind. Oft enthalten sie nur noch ganz wenig Grün. Ihrer geringen Größe und leichten Kultur wegen sind sie Liebhabern, die nur wenig Platz haben, besonders

Links Cordyline fruticosa, rechts Dracaena fragrans 'Victoria'

zu empfehlen. Von Blumengeschäften wird sie häufig bei der Bepflanzung bunter Schalen verwendet. Man nehme sie bald heraus und pflege sie im Gewächshaus oder Blumenfenster weiter.

Vermehrung und Pflege wie bei *Cordyline terminalis*. Von *D. fragrans* und der Sorte 'Massangeana' werden seit einer Reihe von Jahren Stammstücke verschiedener Länge aus den Tropen eingeführt und bewurzelt oder unbewurzelt angeboten. Nicht bewurzelte Stämme steckt man einzeln in entsprechend große Töpfe in Einheitserde, hält sie warm und schattig sowie bis zur Wurzelbildung, die in 4 bis 6 Wochen stattfindet, nur mäßig feucht. Nach einiger Zeit treiben an den Stammstücken mehrere Augen aus und bilden große Blattschöpfe. Will man eintriebige Pflanzen haben, so schneidet man die Schöpfe mit einem schmalen Ring des alten Holzes ab und steckt sie in entsprechend große Töpfe, wo sie sich in einigen Wochen bewurzeln.

Polianthes L., Tuberose
(griech. *polios* = weißlich, *anthos* = Blüte)

13 Arten ausdauernder Kräuter mit fleischiger Knolle, grasähnlichen Blättern und weißen, seltener roten Blüten aus Mittelamerika.

Polianthes tuberosa

P. tuberosa L., die Tuberose, wird seit dem Ende des 16. Jahrhunderts der wohlriechenden Blüten wegen gezogen. Ihre Heimat ist nicht bekannt. Man vermutet, daß sie aus Mexiko stammt. Die Blüten erscheinen im Sommer und Herbst. Sie sitzen an 50 bis 100 cm hohen, mit nach oben immer kleiner werdenden Blättern besetzten Stengeln, sind 5 bis 6 cm lang, wachsweiß und stark duftend. In Kultur befindet sich fast ausschließlich die gefülltblühende Sorte 'The Pearl'. Am meisten verbreitet waren Tuberosen in der zweiten Hälfte des 19. Jahrhunderts, wo sie viele »Salons« mit ihrem betäubenden Duft erfüllten. In vielen Romanen jener Zeit werden sie genauso häufig erwähnt wie Kamelien.
Tuberosenknollen muß man alljährlich neu kaufen. Für ihre Anzucht verlangen sie ein subtropisches Klima mit viel Sonne und Helligkeit, so wie man es etwa am Mittelmeer, in Südafrika, in Kalifornien findet. Dort werden sie im großen angebaut und in alle Welt exportiert. Je früher man im Winter die Knollen bekommt, desto besser ist es. Will man über zwei Monate hinweg blühende Tuberosen haben, legt man sie von Anfang April bis Ende Mai in Abständen von 14 Tagen zu dritt in 13 bis 15 cm große Töpfe in lehmige Erde. Man stellt sie bei 10 bis 12°C auf und gießt erst, wenn die Blätter erscheinen. Vom Legen bis zur Blüte rechnet man etwa 4 bis 5 Monate. Die Weiterkultur erfolgt im Kalthaus, besser jedoch im luftigen Frühbeetkasten unter hochgelegten Fenstern. Nach dem Abblühen wirft man die Pflanzen mitsamt den Knollen fort, da sie im kommenden Jahre kaum wieder blühen werden. Wer Freude an duftenden Pflanzen hat, für den gehört der betäubende Duft der Tuberosen gewiß zum stärksten, was das Pflanzenreich an Düften zu bieten hat.

Sansevieria Thunb., Bogenhanf
(Raimondo di Sangro, Fürst von Sanseviero, 1710 bis 1771 in Neapel. Italienischer Gelehrter)

Allen Sansevierien, es sind etwa 60 verschiedene Arten bekannt, sind die fleischigen, starren, flachen oder rundlichen Blätter gemeinsam, die aus einem kurzen und dicken Rhizom entspringen. Verwandtschaftlich stehen sie *Cordyline* und *Dracaena* sehr nahe. Die meisten Arten wachsen im tropischen Afrika, wenige in Südafrika und dem tropischen Asien.
Einige Arten werden als nicht allzu wichtige Faserpflanzen (»Sansevieria-Hanf«) angebaut. Die Fasern werden wohl nur in der Seilerei verwendet. Früher verfertigten die Eingeborenen Bogensehnen daraus, daher der nicht allzu volkstümlich gewordene Name »Bogenhanf«.

S. trifasciata Prain stammt aus dem tropischen Westafrika. Schon 1770 war sie in Österreich in Kultur. Ihre bis meterlangen Blätter sind beiderseits mit hell- oder weißlichgrünen und dunkelgrünen Querbinden gezeichnet. An älteren Pflanzen erscheinen häufig die grünlichweißen Blüten, die abends aufblühen und das ganze Zimmer oder Gewächshaus mit ihrem Duft erfüllen. Häufiger als die Art sieht man die wohl schönste, 1904 eingeführte Sorte 'Laurentii' mit goldgelben Längsstreifen auf den Blättern, seltener die Sorten 'Craigii' und 'Hahnii', 1939 in USA entstanden, von denen die letztere rosettenförmig wächst und meist niedrig bleibt. Die um 1950 ebenfalls in den USA entstandene Sorte 'Golden Hahnii' hat außerdem auch noch gelbgerandete Blätter. Für den besonderen Liebhaber dieser im Zimmer und Gewächshaus gleich gut wachsenden und durch ihre Vielgestaltigkeit auffallenden Gattung gibt es noch eine ganze Reihe anderer Arten, deren Pflege sich lohnt. Es sei nur erinnert an *S. cylindrica* Boj., Angola, 1845 in Frankreich eingeführt, und die zierliche *S. gracilis* N. E. Br., Tropisch-Ostafrika, 1856 eingeführt, beide mit zylindrischen Blättern, die eigenartige *S. grandis* Hook. f., Südafrika?, 1896 eingeführt, mit kurzen, breiten Blättern, *S. kirkii* Bak., Tropisch-Ostafrika, um 1881 eingeführt, mit besonders schön gezeichneten und gefärbten Blättern, die eigenartige *S. ehrenbergii* Bak. und die in der Heimat baumartig wachsende *S. arborescens* Gér. et Labr., beide aus Tropisch-Ostafrika.

Sansevierien sind nicht nur ideale Zimmerpflanzen für warme Räume, deren Lufttrockenheit sie, ohne Schaden zu nehmen, vertragen, sondern ebenso schöne und brauchbare Pflanzen für das warme und temperierte Gewächshaus. Je kühler der Raum ist, in dem sie stehen, desto trockener müssen sie gehalten werden. Unter 14° aber sollte die Wärme nie sinken. Am besten zieht man sie in großen, mehr flachen als tiefen Gefäßen in lehmiger, nährstoffreicher Erde, aber auch in Hydrokultur wachsen sie ganz ausgezeichnet. Die Bodenreaktion sollte bei pH 7 liegen. Wie in ihrer Heimat sollen sie auch bei uns hell und sonnig stehen, im Schatten vergeilen sie leicht. Man gieße zwar reichlich, doch halte man die Topfballen nie zu naß. Einmal zu wenig gegossen ist immer noch besser als einmal zu viel! Die Vermehrung durch Teilung ist leicht und ausgiebig. Aber auch die Vermehrung durch 5 bis 6 cm lange Blattstücke ist interessant. Sie gelingt aber nur, wenn die Stecklinge warm stehen und bis zur Wurzelbildung ziemlich trocken gehalten werden. Die Sorten mit gelbgestreiften Blättern kann man nicht aus Stecklingen vermehren, da den neuen Trieben die Gelbstreifung fehlt. Hier also muß man bei der Teilung bleiben.

Yucca L., Palmlilie
(Yucca, ein Volksname der Manihotpflanze, *Manihot esculenta*, wurde fälschlicherweise auf diese Pflanze übertragen)

Etwa 40 Arten ausdauernder, stammloser oder stammbildender Pflanzen mit derben, schopfig gehäuften Blättern und sehr ansehnlichen, hängenden, weißen Blüten an großen endständigen Blütenständen. Ihre Heimat liegt im südlichen Nord- und in Mittelamerika.

Interessant ist die Bestäubung der Blüten, die in der Heimat von der Motte *Pronuba yuccasella* vorgenommen wird. Diese stopft den Pollen in die Narbe und legt die Eier in den Fruchtknoten. Durch die von ihr vorgenommene Bestäubung stellt sie die Ernährung der aus den Eiern schlüpfenden Larven sicher, die von einem Teil der sich bildenden Samen leben.

In den Gärten findet man hin und wieder *Y. filamentosa* L., USA: New Jersey, südlich bis Georgia, Florida und Mississippi, 1675 eingeführt, und *Y. flaccida* Haw., USA: North-Carolina bis Alabama, 1816 eingeführt, als Zierpflanzen angepflanzt. Sie sind völlig winterhart und blühen alljährlich. Die Blattfasern einiger Arten werden zu haltbaren Seilen und Stricken verarbeitet.

Yucca aloifolia var. tricolor

Agavaceae

Sanscvieria trifasciata, 'Laurentii', 'Craigii', 'Silver Cloud', 'Silver Sheen', 'Hahnii', 'Silver Hahnii', 'Golden Hahnii'

Yucca elephantipes

Außerhalb botanischer Gärten wird seit langer Zeit die folgende Art als stattliche Kübelpflanze gezogen.

Y. gloriosa L. wächst an sandigen Ufern der amerikanischen Staaten von North-Carolina bis Florida. Ältere Pflanzen können einen mehr als meterhohen Stamm entwickeln, der einen Schopf von hundert und mehr Blättern trägt. Die Blütenrispe wird 1 bis 2 m lang und trägt eine Vielzahl hängender, glockiger, weißer, außen etwas rötlicher, 3 bis 6 cm langer Blüten. Die Art ist sehr variabel. Bereits im Jahr 1550 eingeführt.

Die schönste Art für größere Sukkulentensammlungen ist die auch schon 1605 in Kultur befindliche, in USA von North Carolina bis Louisiana, in Mexiko und Westindien heimische

Y. aloifolia L. mit ihren buntblättrigen Sorten, von denen 'Quadricolor' und 'Tricolor' die schönsten sind.

Seit einigen Jahren werden von der folgenden, in Guatemala und Mexiko heimischen Art unbewurzelte Stammstücke eingeführt, bewurzelt und verkauft.

Y. elephantipes Regel (*Y. guatemalensis* Bak.), Mexiko, Guatemala, wird in der Heimat 4 bis 8 m hoch. Ihr Stamm ist am Grunde knollig verdickt und trägt einen Schopf schmaler, 50 bis 100 cm langer, schwertförmiger, glänzend grüner Blätter. 1873 in England eingeführt.

Wie alle *Yucca* gehört auch diese Art nicht, wie man es häufig sieht, in warme Räume, sondern vielmehr im Sommer ins Freie, im Winter in einen hellen frostfrei zu haltenden Raum.

Leider dauert es viele Jahre, bis aus dem großen Blätterschopf sich der Blütenstand herausschiebt, doch lohnt es sich darauf zu warten, um so mehr als *Yucca gloriosa* auch ohne Blüten eine der stattlichsten Kübelpflanzen für Dachgarten, Balkon oder Terrasse ist. Voraussetzung ist allerdings, daß ein heller, kühler Raum, der gerade frostfrei gehalten werden kann, für die Überwinterung zur Verfügung steht. Von Mai bis Oktober ist ihr Platz an der sonnigsten und wärmsten Stelle im Freien. Ältere Pflanzen werden einen Holzkübel gebrauchen, in dem sie in nährstoffreicher, lehmig-humoser Erde willig wachsen. Das ganze Jahr hindurch, vor allem aber im Sommer, wird reichlich gegossen. Die Vermehrung durch Samen ist langwierig, auch ist selten keimfähiger Samen zu bekommen. Doch treiben ältere Pflanzen bisweilen am Grunde des Stammes Seitentriebe, die abgetrennt und nach Abtrocknung der Schnittstelle eingetopft werden.

In botanischen Gärten sind außer den hier behandelten Gattungen noch einige andere vertreten, die sich aber der Größe der Pflanzen wegen für kleine Gewächshäuser genauso wenig eignen wie große *Agave*-Arten. Es sind dies die Gattungen **Beaucarnea** Lem., **Beschorneria** Kunth, **Dasylirion** Zucc., **Doryanthes** Corrêa, **Furcraea** Vent. und **Nolina** Michx. Ihre Kultur ähnelt der von *Agave*.

Aizoaceae (Mesembryanthemaceae*)
Mittagsblumengewächse

Von Klaus Hesselbarth,
Botanischer Garten Kiel

Mit wenigen Ausnahmen wachsen alle etwa 2400 Arten dieser Pflanzenfamilie im südlichen Afrika. Die Jahresniederschläge in den Wuchsgebieten betragen 50 bis 300 mm und fallen vorwiegend in einer kurzen Regenzeit. Fast alle »Mesems« haben ein recht kleines Verbreitungsgebiet; manche Arten sind nur von einem einzigen, zum Teil nur fußballfeldgroßen Standort bekannt. Pflanzensammler haben mitunter unbekümmert auch solche kleinen Bestände weiter dezimiert. Heute dürfen nach den Naturschutzgesetzen Südafrikas – sie gelten auch in Namibia (Südwestafrika) – sukkulente Aizoaceae nicht gesammelt und nicht exportiert werden. Auch das Washingtoner Artenschutzabkommen stellt sie unter Schutz. Bei vielen Sukkulentenfreunden, in Spezialgärtnereien und in botanischen Gärten ist auch bei schwierig zu pflegenden Gattungen die Kultur sicher »im Griff«. Kulturpflanzen und Samen von Kulturpflanzen werden gehandelt und getauscht und dürfen es auch.

Für unsere Betrachtung unterteilen wir die Aizoaceen zweckmäßig in zwei Gruppen:
1. die **Hochsukkulenten**, die unser Hauptaugenmerk verdienen und 2. die **Strauchigen**, bei denen es wunderhübsch blühende Arten gibt. Die einjährigen Arten wie die Sommerblume *Dorotheanthus* gehören nicht zum Thema des Buches.

1. Die hochsukkulenten Arten

Bei den Gattungen dieser Gruppe hat die Blattsukkulenz innerhalb des gesamten Pflanzenreiches ihren Höhepunkt erreicht. Die Sprosse sind – zwischen Wurzelansatz und Vegetationspunkt – oft nur wenige Millimeter lang, auch bei viele Jahre alten Pflanzen. An diesen winzigen Sprossen sitzen vergleichsweise riesige Blätter. Die Blattmasse z. B. eines *Ophthalmophyllum* ist bis zu 1000mal größer als die Masse des zugehörigen Sprosses! Am Ende der Vege-

Conophytum wettsteinii var. speciosum

tationszeit enthalten diese Blätter dann 80 bis 95 % Wasser. Sie sind oft paarweise völlig miteinander verwachsen und umschließen zeitlebens den Vegetationspunkt. Man spricht dann von »Körperchen« (bei *Lithops*, *Conophytum* u. a.; siehe dort). Zu diesen Besonderheiten im Bau der Blätter kommen dann noch Blüten von besonderem Reiz. Bei einigen Arten, z. B. *Lithops*, ist der Durchmesser der Blüte doppelt so groß wie der Durchmesser der ganzen Pflanze!

Schon der zutreffende deutsche Name »Lebende Steine« für *Lithops* und »Lebender Granit« für *Pleiospilos* weisen auf die Anpassung dieser Pflanzen an ihre Umgebung hin. Vertreter von *Lithops*, *Fenestraria* und anderen »verstecken« sich zeitlebens unter der Erde. Nur das Blattende schaut als »Fenster« aus dem Erdboden heraus. Durch dieses Fenster gelangt das grelle Tageslicht durch das Blattinnere hindurch an das Chlorophyll. An den heimatlichen Standorten werden mittags bis zu 100000 Lux an Helligkeit gemessen. Ähnliche Extremwerte finden wir bei den Temperaturen. An *Conophytum*-Standorten werden in der Trockenzeit mittags in Pflanzenhöhe 50 bis 60° gemessen, und nachts sinkt die Temperatur bis in Gefrierpunktnähe. Fast überall in Südafrika ist die obere Bodenschicht, in der die Hochsukkulenten wurzeln, aus der Verwitterung von Quarzen und silikatischen Gesteinen hervorgegangen. Diese Bodenschicht ist vorwiegend kalkarm mit Werten zwischen pH 5 und pH 6. Die Erdstruktur ist grob- bis feinsandig. Der Gehalt an Humus und Tonkolloiden ist gering; dafür ist der Boden gut durchlüftet.

Unsere Hochsukkulenten besitzen meist ein feinfaseriges und weit streichendes Wurzelsystem, das in den oberen Bodenschichten bleibt, und das hat seinen Grund: durch die starke nächtliche Abkühlung findet – auch in der Trockenzeit – an jedem Morgen eine starke Taubildung statt, die die obere Bodenschicht durchfeuchtet und von den oberflächennahen Wurzeln erreicht wird. Die Pflanzen können so den Wasserverlust des letzten Tages ausgleichen. Einige Arten unserer Aizoaceen wachsen in Sommerregengebieten; die Mehrzahl jedoch wächst in Winterregengebieten (siehe Kultur bei den einzelnen Gruppen). Fast überall dort ist die Wasserverdunstung von der Erdoberfläche höher als die Summe der Niederschläge.

---

* Nach wie vor ist es auch unter Fachleuten umstritten, welcher Familienbezeichnung der Vorrang gegeben werden sollte. Der Herausgeber hat sich für **Aizoaceae** entschieden.

Da aber nur Wasser verdunstet, bleiben die im Kapillarwasser gelösten Salze in den oberen Bodenschichten zurück. Unsere Hochsukkulenten sind häufig recht salztolerant, soweit es die in der Heimat vorkommenden Salze betrifft. Einige Arten haben sich auf Böden mit sehr hohem Salzgehalt spezialisiert; es sind Halophyten. Sie sind hier nicht beschrieben, da sie fast nicht beschaffbar und sehr schwierig zu pflegen sind.

Acrodon N.E.Br.
(griech. *akros* = spitz, *odon* = Zahn)

Von den 3 bekannten Arten sieht man in Sammlungen gelegentlich die kulturwerte und leicht blühende

A. bellidiflorus (L.) N.E.Br. Es sind anfangs stammlose, im Alter kurzstämmige Pflanzen. Die bis 5 cm langen Blätter sind dreikantig und lanzettförmig zugespitzt. Die Blattkanten sind etwas knorpelig. Die hübschen Blüten sind rosa oder rot gerandet mit weißer Mitte. Sie erscheinen im Sommer und haben etwa 4 cm Durchmesser.
Anzucht aus Samen. Stecklinge wachsen willig im Frühsommer zu Beginn der Wachstumszeit, die bis Oktober anhält. Kultur in Schalen, ganzjährig im Gewächshaus. Winterstandort sehr hell, nicht unter 12°; im Sommer bis 30°. Erde sandig-durchlässig mit geringem Lehmanteil.

Aloinopsis Schwant.
(*Aloe* und griech. *opsis* = Aussehen)

10 Arten hochsukkulenter, rosettig-polsterbildender Pflanzen mit oft knolligem Wurzelstock. Kulturwert auch durch die auffallend geformten Blätter, die glasig punktiert oder samtig behaart oder kalkweiß und in der Oberfläche warzig sind.

A. lodewykii (L.Bol.) L.Bol. Blätter rosettig gestellt, nierenförmig, bis 2 cm lang und 1 cm dick. Am Blattende einige kalkweiße Warzen. Blüte gelblichrosa, 2 cm Durchmesser.

A. luckhoffii (L.Bol) L. Bol. ist ähnlich der vorigen, mit mehr kantigen und größeren Blättern und größeren Warzen. Blüten 2 cm Durchmesser, hellgelb.

A. schooneesii (L.Bol.) L.Bol. Kleine Rosettenpflanze mit spatelig-keulenförmigen, graugrünen Blättern bis 3 cm Länge. Das abgestutzte Blattende ist glasig punktiert.
Anzucht aus Samen. Kultur ganzjährig im Gewächshaus. Stecklinge wachsen nur zu Beginn der Wachstumszeit im April bis Mai in sehr durchlässiger, sandiger Erde. Alte Pflanzen mit starken Rübenwurzeln in tiefen Töpfen kultivieren. Auch in der Wachstumszeit von Mai bis September nur selten, aber durchdringend gießen. Die Ruhezeit streng beachten. Temperaturen im Winter nicht unter 12°; im Sommer an vollsonnigen Tagen bis 30°.

Argyroderma N.E.Br.
(griech. *argyros* = Silber, *derma* = Haut)

Eine Gattung mit 12 einander sehr ähnlichen hochsukkulenten Arten. Sie sind durch die silbrig erscheinende Blattoberfläche in ihrer Heimat, den Quarzfeldern des Namaqualandes, gut getarnt. Stellvertretend für alle anderen sei genannt:

A. delaetii Maass. Die Blätter ähneln, auch in der Größe, einem schief halbierten Hühnerei. Die Blattoberfläche ist wachsigsilbrig. Die Pflanzen sind häufig nur zweiblättrig. Sehr hübsche Blüten schmücken sie im Hochsommer. Sie sind bis 5 cm groß, weiß, gelb oder purpurrosa.
Anzucht aus Samen. Alle Arten sind ihrer Eigenart und Schönheit wegen kulturwert, aber nicht leicht zu pflegen. Wachstumszeit ist Juni bis August. Topfkultur im Gewächshaus hell oder am Südfenster. Im Sommer warm. In der Ruhezeit konsequent trocken halten bei 12 bis 15°. Auch in der Wachstumszeit nicht zuviel Wasser geben, weil die Blätter dann leicht aufreißen. Vor allem im Winter Luftfeuchte über 70% vermeiden. Umpflanzen alle zwei Jahre im Juni in sandig-lehmige Erde.

Bergeranthus Schwant.
(Alwin Berger, 1871–1931. Deutscher Gärtner und Botaniker)

Stammlose, hochsukkulente Pflanzen mit fleischigen Wurzeln. Blätter an Sprossenden gehäuft; Wuchs im Alter klumpenbildend. Blüten zu 1 bis 3 an einem Stiel, 2 bis 5 cm Durchmesser. Es sind 10 Arten beschrieben.

B. multiceps (Salm-Dyck) Schwant. findet man in den Sammlungen häufig. Drei bis fünf Blattpaare sitzen an reichverzweigten Kurztrieben rosettig gedrängt. Die Blätter sind 4 bis 8 cm lang, dreikantig, lanzettlich zulaufend, glattgrün. Die 5 cm lang gestielten Blüten sind 3 cm groß, gelbrot und erscheinen im Spätsommer. Stecklinge wachsen leicht zu Beginn der Wachstumszeit im Mai. Auch die Vermehrung durch Aussaat ist möglich. Ruhezeit von September bis März bis April. Kultur in Schalen im Gewächshaus an hellem Standort; auch im Winter nicht völlig austrocknen lassen. Umpflanzen jährlich im Juni in sandig-leicht lehmige Erde.

Calamophyllum Schwant.
(griech. *kalamos* = Rohr, *phyllon* = Blatt)

Eine Gattung mit nur 3 Arten. Sehr hübsch ist die hochsukkulente, sehr großblütige

C. teretiusculum (Haw.) Schwant. mit zartrosa gerberähnlichen Blüten von mehr als 5 cm Durchmesser. Entgegen anderen Beschreibungen entwickelt sie im Alter einen bodenaufliegenden, sich selten verzweigenden Sproß mit 0,5 bis 2 cm langen Internodien, an denen zigarettenförmige Blätter mit abgerundeten, gefensterten Blattspitzen (ähnlich *Fenestraria*) sitzen.
Anzucht aus Samen und Stecklingen. Kultur in Töpfen, bei Langtriebbildung in Schalen, da die Triebe bodenaufliegend sind und an den Knoten wurzeln. Wachstumszeit von März bis September. Zwischen dem Gießen immer wieder leicht austrocknen lassen. Umpflanzen jährlich. Es genügt auch alle 2 bis 3 Jahre, dann aber ab dem zweiten Jahr stickstoffarme schwache Volldüngung zwei- bis dreimal im Juni geben. Die Erde sollte sandig-lehmig sein.

Cephalophyllum (Haw.) N.E.Br.
(griech. *kephale* = Kopf, *phyllon* = Blatt)

Diese Gattung hat die wohl elegantesten Blüten der *Aizoaceae*. Die 70 einander sehr ähnlichen Arten sind schwer zu bestimmen. Sämlinge haben einen gestauchten, senkrecht wachsenden Hauptsproß mit rosettig oder schopfig gestellten Blättern und sehr kurzen Internodien. Aus diesen heraus bilden sich bodenaufliegende Seitenäste mit 1 bis 4 cm langen Internodien, die an den Knoten gern Wurzeln bilden. Nur an diesen Seitenästen entwickeln sich Blüten.

C. alstonii Marl. Blätter am Hauptsproß 10 cm, an den Seitenästen 5 bis 7 cm lang, fast stielrund, etwa 1 cm Durchmesser, graugrün mit glasigen Punkten. Blüten 5

Calamophyllum teretiusculum

bis 8 cm Durchmesser, purpurrot mit violetten Staubgefäßen. Blütenblätter lackglänzend. Es sind dies wohl die schönsten Blüten in der Familie.

C. dissimile (N.E.Br.) Schwant. hat Blüten von 5 cm Durchmesser, gelbglänzend, langgestielt. Wuchs ähnlich der vorigen Art.

C. tricolorum (Haw.) N.E.Br. hat auch Blüten von 5 cm Durchmesser, an der Spitze gelb, Mitte hochrot, Basis purpur, Staubbeutel braun. Wuchs ähnlich wie bei den vorigen Arten.

Vermehrung aus Samen und Stecklingen von Seitenzweigen, die ihren Wuchscharakter beibehalten. Sämlingspflanzen sind wüchsiger. Kultur in Schalen im luftigen Gewächshaus, nur im Weinbauklima an geschützten Lagen von Mai bis Oktober im Freien. Überwinterung bei 10 bis 12°, trokken. Umpflanzen im Frühjahr in sandiglehmige Erde mit etwa 10% TKS. Ein bis zwei Flüssigdüngergaben im Frühsommer fördern die Blühwilligkeit.

Chasmatophyllum (Schwant.) Dint. et Schwant.
(griech. *chasma* = offener Mund, *phyllon* = Blatt)

Wächst strauchartig, niedrig bis rasenbildend. Internodien kurz. Blätter dadurch gedrängt stehend, rund bis dreikantig, häufig graugrün, runzelig bis erhaben punktiert. Beschrieben sind 6 einander ähnliche Arten. Am bekanntesten ist

C. musculinum (Haw.) Dint. et Schwant. Dichte Rasen bildend, Blätter 1 bis 2 cm groß, graugrün, rauh punktiert, langsam wachsend. Blüte 1 bis 2 cm Durchmesser, gelb, im Spätsommer.

Samen- und Stecklingsanzucht im Sommer leicht. Kultur in Schalen, auch im Sommer im luftigen Gewächshaus; im Winter während der Ruhezeit bei etwa 12°. Umpflanzen im Frühjahr. Auch die anderen Arten sind kulturwert.

Cheiridopsis N.E.Br.
(griech. *cheiris* = Ärmel, *opsis* = Aussehen)

Hochsukkulente Pflanzen aus Südwestafrika und den westlichen Distrikten Südafrikas mit über 100 Arten. Im Alter rasenförmiger Wuchs. In der Regel erscheinen in jeder Wachstumsperiode zwei unterschiedlich geformte Blattpaare und eine recht große Blüte. Das erste Blattpaar ist halbstielrund oder gekielt und nur an der Basis verwachsen. Das zweite und letzte Blattpaar einer Vegetationsperiode ist je nach Art zur Hälfte bis fast vollständig miteinander röhrig verwachsen. Während der Ruhezeit trocknet es ein und umschließt trockenhäutig das sich schon jetzt entwickelnde erste Blattpaar der folgenden Vegetationsperiode. Bei einer kritischen Revision der Gattung ist die Artenzahl sicher um ⅓ zu verringern. Es seien stellvertretend 3 Arten genannt:

C. candidissima (Haw.) N.E.Br. Im Alter rasenbildend. Zweites Blattpaar nur zu ⅖ miteinander verwachsen. Blätter halbstielrund bis bootförmig, weißgrau bewachst, 8 bis 10 cm lang, 1,5 cm dick, eine der schönsten Arten. Blüte 5 bis 6 cm Durchmesser, cremeweiß bis rosa, blüht im Spätsommer.

C. pillansii L.Bol. Blätter kompakte Körper bildend, zu ⅓ verwachsen, 4 bis 5 cm lang, ebenso dick, weißgrau, glasig punktiert, Blüte hellgelb, 2 bis 3 cm Durchmesser, blüht im Sommer.

C. purpurata L.Bol. fällt durch die hübsche Blüte auf. Triebe vierblättrig, sich leicht verzweigend, samtig grau bewachst, bis 4 cm lang, 1 cm dick, halbstielrund, bootförmig zugespitzt. Blüte 3 bis 4 cm Durchmesser, schön purpurrot.

Vermehrung durch Aussaat. Stecklinge wurzeln schlecht. Kultur in Töpfen oder Schalen am Südfenster oder im Gewächshaus an hellem Platz. Sommerwachser von Juni bis September, jedoch auch im Frühjahr und Herbst an warmen Tagen gelegentlich gießen. Im Winter bei 12° trocken halten. Bei Triebbeginn ein- bis zweimal stickstoffarm in schwacher Konzentration düngen. Umpflanzen im Mai bis Juni. Erde sehr sandig.

Conophyllum siehe *Mitrophyllum*

Conophytum N.E.Br.
(griech. *konos* = Kegel, *phyton* = Pflanze)

Eine der größten und interessantesten Gattungen der Familie. Es sind die Durstkünstler unter den Aizoaceen. Über 300

Cheiridopsis borealis

Aizoaceae

Conophytum species

Arten sind beschrieben. Sie sind aufgeteilt in mehrere Untergattungen. Für uns genügt die Zweiteilung in die »Runden« und die »Biloben«. Bei den Runden sind die zwei Blätter einer Vegetationsperiode zu einem annähernd runden Körperchen miteinander verwachsen. Bei den Biloben sind diese Körperchen etwas plattgedrückt und gekerbt. Dadurch ist erkennbar, daß sie aus zwei Blättern bestehen.

Zu Beginn der Vegetationszeit im August erscheinen die Blüten, häufig noch bevor das junge Körperchen die umgebende Trockenhaut des Vorjahrskörpers aufsprengt. Da sie alle recht ähnlich und gleich hübsch sind, sollen hier nur beispielhaft 6 Arten genannt werden.

C.citrinum L.Bol. ist eine wüchsige Art mit hellgelben Blüten von 1,5 cm Durchmesser. Im Alter durch Verzweigung dichte Rasen bildend. Körperchen 2 bis 2,5 cm hoch, 1 cm Durchmesser, ½ cm tief gekerbt. Oberfläche graugrün, samtig. Bilobe Art.

C.cupreiflorum Tisch. Kleine Körperchen von 4 bis 6 mm Durchmesser, eirund, dicht rasenbildend, graugrün, fein punktiert. Blüte blaß kupferfarben, dadurch auffallend. Runde Art.

C.ectypum N.E.Br. Das eingetrocknete Blattpaar des Vorjahres umschließt fast bis zum Ende der Wachstumszeit das neue Blattpaar. Dadurch sind grüne Pflanzenteile nur über kurze Zeit im Jahr zu sehen oder bei »harter« Kultur gar nicht. Es ist dies jedoch eine der am willigsten wachsenden und am leichtesten blühenden Arten! Verzweigt sich willig und bildet dichte Polster. Körperchen (nach Entfernen der alten trockenen Blattpaare!) 15 mm lang, 5 mm Durchmesser, frischgrün runzelig. Blüte im August auf 15 mm langer Blütenröhre, rosa, 1 cm Durchmesser = doppelt so groß wie das Körperchen! Runde Art.

C.frutescens Schwant. Körperchen graugrün und 3 cm lang. Es ist eine der größten biloben Arten. Körper zur Hälfte gekerbt. Die dadurch entstehenden Blätter flach gedrückt und rot gekielt. Blüte goldgelb, 3 cm Durchmesser.

C.minutum (Haw.) N.E.Br. Körperchen runder und kürzer als bei *C.ectypum*. Die papierartige Haut des Vorjahreskörpers platzt früher ab. Blüte hellviolettrot; willig blühend und leichtwüchsig.

C.wettsteinii (Berger) N.E.Br. ist die größte runde Art. Körper 2 bis 3 cm Durchmesser, flachrund, graugrün mit 2 mm breitem Spalt, Blüte violettpurpur im Spätsommer, 1 cm Durchmesser.

Bei Handbestäubung wird willig Samen angesetzt. Bestäubung täglich mittags wiederholen, solange Blüten geöffnet sind. Samenanzucht langwierig, aber nicht schwierig. Erde wie bei Stecklingen genannt. Stecklinge Ende August schneiden, wenn Körperchen annähernd ausgewachsen sind. Mit scharfem Messer ohne Druck mit ziehendem Schnitt Sproßteil von alter Pflanze abschneiden und 1 bis 2 Tage trokken liegen lassen. Dann in ein Gemisch aus etwa je ¼ groben Sand, Leca 2 mm, TKS und milden Lehm in kleinste Töpfe stekken. Diese in Schalen mit Sand einfüttern. Über 4 bis 6 Wochen hinweg warm (25°) und feucht halten. Mit Sämlingsjungpflanzen zusammen im ersten Winter etwas wärmer halten (15 bis 18°) und gelegentlich gießen. Im zweiten Jahr an Normalkultur gewöhnen. Jetzt erstmals im Juli bis August umpflanzen. Im luftigen Haus am sonnigen Platz oder Südfenster jetzt von August bis September gießen, im Oktober nachlassend. Bei 10 bis 12° trocken überwintern, auch im Frühjahr bis Frühsommer nicht gießen, an trocken-heißen Tagen leicht schattieren und morgens ganz leicht übersprühen (Tauersatz!). In der 8monatigen Trockenzeit trocknet das Körperchen zu einer papierartigen Haut ein, die das sich jetzt schon bildende Körperchen der folgenden Vegetationszeit völlig umschließt bis es – wenige Tage nach Beginn der Wachstumszeit – vom wachsenden neuen Körperchen aufgesprengt wird (häufig gleichzeitig mit der Blüte). Nur zu Beginn der Wachstumszeit in jedem zweiten Jahr umpflanzen. Eine schwachprozentige Flüssigdünnung mit stickstoffarmem Volldünger Anfang August (z.B. Poly-Fertisal) in dem Jahr, in dem nicht verpflanzt wird, ist vorteilhaft.

Cylindrophyllum Schwant.
(griech. *kylindros* = Walze, *phyllon* = Blatt)

Mit 5 Arten eine kleine, aber interessante Gattung. An sehr kurzen Internodien sitzen stielrunde, 5 bis 10 cm lange, 6 bis 8 mm dicke Blätter. Durch Verzweigung im Alter rasenbildend. Wachstumszeit und

Blüte im Sommer. Blüten nachmittags geöffnet.

C. calamiforme (L.) Schwant. entspricht der Gattungsbeschreibung; Blattlänge jedoch nur 5 bis 7 cm. Blüte cremeweiß. Samen oder Stecklinge im Frühsommer. Kultur in Töpfen oder Schalen im Gewächshaus oder am Südfenster in sandig-anlehmiger Erde. Bei ein- bis zweimaliger stickstoffarmer Flüssigdünnung im Frühsommer ist die Blühwilligkeit größer.

Dinteranthus Schwant.
(Moritz Kurt Dinter, 1868–1915. Deutscher Botaniker)

Die Gattung besteht aus 6 hochsukkulenten Arten. Es sind fast stammlose Pflanzen, die sich erst im Alter verzweigen. Triebe mit 1 bis 3 verwachsenen Blattpaaren, die annähernd ebenso lang wie breit und dick sind. Das Aussehen der Pflanzenkörper ist dann ei- bis kugelförmig. Wachstumszeit im Sommer, Blütezeit im Spätsommer.

D. microspermus (Dint. et Derenb.) Schwant. wächst meist unverzweigt ein- bis zweiköpfig. Blätter zur Hälfte miteinander verwachsen. 2 bis 3 cm breit und lang, halbrund, leicht gekielt. Die feste Blattoberfläche ist kalkweiß bis grauviolett. Der Durchmesser einer Pflanze beträgt nur 4 bis 5 cm; ebensogroß ist die goldgelbe Blüte. Die weiteren *Dinteranthus*-Arten weichen von dieser Art kaum ab, sind aber ebenso kulturwert.

Anzucht nur aus den sehr feinen Samen. Keimung nach 2 bis 3 Tagen. Weitläufig säen und erst nach Beginn der zweiten Wachstumszeit (ein Jahr nach Aussaat) pikieren. Sehr durchlässige Erde beim Umpflanzen im Juni–Juli. Nur Topfkultur im Gewächshaus oder am hellen Südfenster möglich. Auch in der Wachstumszeit nur mäßig feucht halten. Konsequent trocken halten von Oktober bis Mai; ebenso die Luftfeuchtigkeit niedrig halten! Im Winter bei 12 bis 15° sehr hell stellen.

Faucaria Schwant., Tigerrachen
(lat. *faux* = Rachen)

Die Tatsache, daß sich ein deutscher Name eingebürgert hat, beweist die Bekanntheit und Beliebtheit dieser hochsukkulenten Gattung. Wuchs anfangs stammlos, später rasenförmig verzweigt. Kreuzgegenständige Blätter zu 2 bis 4 Paaren an den Sproßenden gedrängt stehend. Blätter fast

Faucaria tigrina

dreikantig oder bootförmig gekielt, die Kanten zum Teil lang gezähnelt. Blattoberfläche grau oder grün, glänzend oder matt, häufig mit erhabenen weißen Punkten besetzt. Blüten gelb, groß. Die über 30 Arten bastardieren leicht miteinander, deshalb oft unbestimmbare Hybriden in den Sammlungen. Wachstum im Sommer.

F. felina (West.) Schwant. ex Jacobs. Die Blätter sind bis 5 cm lang, 2 cm breit, dreikantig, bootförmig zugespitzt, frischgrün

Fenestraria aurantiaca

undeutlich weiß punktiert, mit wenigen Zähnchen, Blüte 5 cm Durchmesser, goldgelb.

F. bosscheana (Berger) Schwant. Blätter knapp 3 cm lang, an der Basis 2 cm breit, flach dreikantig, bootsähnlich zugespitzt. Blattkanten weiß knorpelig, unregelmäßig gezähnt. Verzweigt sich willig. Blüte goldgelb, 3 cm Durchmesser, kleinbleibende Art.

F. paucidens N.E.Br. wächst leicht, deshalb häufig in Sammlungen anzutreffen, wenn auch oft unter anderem Namen (Abb. 2/163 in Jacobsen »Sukkulentenlexikon« zeigt eine andere Art oder Hybride!). Sie ähnelt *F. felina*, es fehlt nur die Punktierung. Blüte nur 3 cm Durchmesser.

F. tigrina (Haw.) Schwant. Blätter 3,5 cm lang, bis 2,5 cm dick, rhombisch-eiförmig, kurz zugespitzt, graugrün mit weißen kleinen Punkten, die häufig in Reihen stehen. Blattränder mit 8 bis 12 Paaren kräftiger Zähnchen besetzt. Blüten 5 cm Durchmesser, goldgelb. Zwei halbentwickelte und sich gegenüberstehende Blätter haben in der Tat Ähnlichkeit mit einem Tigerrachen; das kommt bei dieser Art am stärksten zum Ausdruck.

F. tuberculosa (Rolfe) Schwant. fällt auf durch kräftige Zähnchen und warzenähnliche graue Höcker auf der Blattoberseite. Wuchs und Blattform wie bei *F. tigrina*. Blüten 4 bis 5 cm Durchmesser, dunkelgelb. Hübsche Art.
Hochsukkulente, leichtwüchsige Gattung. Anzucht aus Samen leicht; Aussaat im Februar bis März, pikieren im Mai bis Juni. Topfen im folgenden März. Erste Blüte oft schon im zweiten Sommer nach der Aussaat. Stecklingsvermehrung im Juni, wenn gute Typen erhalten werden sollen. Umpflanzen im April bis Mai. Erde durchlässig, mäßig nährstoffarm. Gießen von April bis September; zwischen Mai bis Juli zweimal stickstoffarm in schwacher Konzentration düngen. Temperatur bis 30°. Im Winter bei hellem lufttrockenem Stand gelegentlich gießen. Wintertemperatur 12 bis 16°.

Fenestraria N.E.Br., Fensterblatt
(lat. *fenestra* = Fenster)

Eine der interessantesten hochsukkulenten Gattungen. Nur 2 Arten sind beschrieben. Aus einem millimeterkurzen Sproß entwickeln sich stielrunde Blätter von etwa 4

Faucaria tuberculosa

bis 8 mm Durchmesser, die 6 bis 10 cm lang werden und dann recht unvermittelt mit einer uhrglasähnlichen Wölbung enden. Diese Wölbung ist chlorophyllfrei und – wie das Blattinnere – aus glasigen und farbstoffreien Zellen mit über 90% Wassergehalt aufgebaut. In der Heimat schaut nur diese Wölbung aus dem Erdboden heraus. Das Tageslicht fällt durch die Wölbung (Fenster!) in das Blatt hinein auf das Chlorophyll. Alle grünen Pflanzenteile bleiben in der Heimat *unter* der Erdoberfläche.

F. aurantiaca N.E.Br. entspricht der Gattungsbeschreibung. Blüten 5 bis 7 cm Durchmesser, goldgelb bis lachsorange, ähnlich *Gerbera*, hübsch!

F. rhopalophylla (Schlechter et Diels) N.E.Br. hat etwas kürzere Blätter und weiße, etwa 4 cm große Blüten, sonst der vorigen Art ähnlich.
Vermehrung durch Samen problemlos. Diese werden bei Pinselbestäubung willig angesetzt. Auch Teilstücke bewurzeln sich – wenn auch langsam – im Frühjahr. Kultur nur in Töpfen im Gewächshaus oder am Südfenster, sehr hell. Wachstumszeit von März bis September mit Blütezeit im August. Auch in der Wachstumszeit nicht zu naß halten; im Winter trocken bei 12° bis 15°. Leichtes Welken schadet nicht. Nur leicht gießen, wenn die Pflanzen stark welken. In der Kultur darf *Fenestraria* nur bis zum Wurzelhals mit Erde bedeckt sein. Die Blätter müssen in ganzer Länge über der Erdoberfläche sein. Erde durchlässig.

Gibbaeum Haw.
(lat. *gibba* = Höcker)

Hochsukkulente Gattung mit 25 Arten von eigenartigem Wuchs. Die zwei Blätter eines Paares sind wenig (*G. velutinum*) bis fast vollständig (*G. pilosulum*, *G. heathii*) verwachsen, dann einen eiähnlichen Klumpen bildend. Er ist mitunter »schief«, bedingt durch unterschiedlich große Blätter dieses Blattpaares. Blattoberfläche grauweiß bis saftgrün, leicht behaart oder glatt. Wuchs einköpfig bis verzweigt, mitunter klumpen- bis rasenbildend.

G. album N.E.Br. ist ein- bis dreiköpfig. Zwei ungleich große, weiß-wachsfilzige Blätter sind fast völlig miteinander verwachsen und bilden einen »Körper«. Nur durch einen kaum sichtbaren Spalt sind diese beiden Blätter getrennt. Er öffnet sich erst bei Hervorschieben einer Blüte oder/ und eines neuen Blattpaares. Blüte weiß im Herbst zu Beginn der neuen Wachstumszeit, also Winterwachser. Körpergröße 2 bis 3 cm, Blüte ebensogroß.

G. dispar N. E. Br. Im Alter polsterbildend. Zwei ungleich große Blätter zu einem Körper von schief-eiförmiger Gestalt zusammengefügt, jedoch nicht vollständig verwachsen. Körpergröße 2 bis 3 cm. Blattoberfläche frischgrün, leicht samtig. Zu Beginn der Wachstumszeit im August falten sich beide Blätter auseinander. Aus dem Spalt schieben sich die violettrosa, nur 2 cm große Blüte und das neue Blattpaar hervor. Wachstumszeit von August bis Oktober.

G. heathii (N. E. Br.) L. Bol. bleibt ein- bis höchstens dreiköpfig. Körperdurchmesser 3 bis 5 cm, grün, von fester Konsistenz. Weiße oder rosa Blüte im Frühjahr. Wachstumszeit März bis Juli.

G. petrense (N. E. Br.) Tisch. verzweigt sich willig zu dichten kleinen Rasen. Blätter nur 1 bis 1,5 cm lang, zur Hälfte verwachsen, halb-eiförmig, etwas blaugrün. Blüte violettrot am Ende der winterlichen Wachstumszeit im Februar.

G. schwantesii Tisch. ist die größte Art! Blätter ungleich in Länge und Form, kaum verwachsen, dreikantig bis rund, am Ende schief und zusammengedrückt, 4 bis 7 cm lang, samtig-frischgrün. Blüten reinweiß auf 4 bis 5 cm langen Stielen, bis 5 cm Durchmesser. Recht wüchsig. Sommerwachser.

G. velutinum (L. Bol.) Schwant. ist der vorigen ähnlich. Blätter schwach graugrün, samtig, 5 bis 6 cm lang. Blüten rosa, 4 bis 5 cm Durchmesser, im Herbst. Winterwachser.

Anzucht aus Samen leicht, auch Stecklinge wachsen willig. Nur Gewächshauskultur. Die unterschiedlichen Wachstumszeiten beachten. Gießbeginn bzw. Umpflanzen alle 2 bis 3 Jahre, wenn der Spalt auseinanderklafft, bevor die Blüte ›spitzt‹. Arten mit sommerlichen Ruhezeiten sollten an heiß-sonnigen Tagen leicht schattiert werden. In der Wachstumszeit bei Winterwachsern hellster Stand bei 15 bis 18° und nur mäßig feucht. Wenn nicht jährlich verpflanzt wird, fördert eine stickstoffarme Volldüngung die Blütenbildung. Erde gut durchlässig.

Glottiphyllum Haw.
(griech. *glotte* = Zunge, *phyllon* = Blatt)

Beschrieben sind etwa 60 Arten, die bei einer kritischen Bearbeitung wohl auf etwa 40 reduziert werden müßten. Schwer bestimmbar, da in den Sammlungen immer wieder unkontrollierte Kreuzungen entstehen, da *Glottiphyllum* selbststeril ist. Willig wachsende hochsukkulente Gattung mit sehr weichfleischigen, großen wasserreichen Blättern, hellgrün, glasig. In der Form zungenförmig, bis 10 cm lang. Blüten groß, gelb.

G. depressum (Haw.) N. E. Br. Blätter bis 10 cm lang, zweizeilig gestellt, im Alter bodenaufliegend, frischgrün, leicht bogig. Blüten 6 cm Durchmesser, hellgelb. Hierher gehört wohl *Glottiphyllum* 'Album' mit reinweißen Blüten und gelben Staubgefäßen.

G. fragrans (Salm-Dyck) Schwant. Blätter schief zungenförmig, etwa 8 cm lang, 3 cm breit und 2 cm dick. Oft etwas kantig und leicht gebogen. Blüten sehr groß, bis 10 cm Durchmesser, abends duftend, goldgelb, im Spätsommer bis Herbst.

G. jacobsenianum Schwant. verzweigt sich leichter als vorige Art. Blätter etwas kürzer, halbwalzenrund. Blattende manchmal hakenförmig. Unterseite gekielt. Blüten leuchtendgelb, nur leicht duftend.

Glottiphyllum fragrans

G. linguiforme (L.) N. E. Br. zeichnet sich durch große, besonders weichfleischige, zungenförmige Blätter aus; sie sind zweizeilig gestellt. Blüte bis 7 cm Durchmesser, im Sommer bis Frühherbst, willig wachsend.

G. parvifolium L. Bol. verzweigt sich willig zu dichten Polstern. Blätter aufrecht, kreuzgegenständig, halbrund bis rund, 4 bis 6 cm lang, 1 bis 2 cm Durchmesser. Blüten 8 cm Durchmesser, goldgelb.

Anzucht aus Samen und Stecklingen im Mai–Juni problemlos. Sämlinge blühen im zweiten Jahr. Stecklinge nach dem Schneiden ein paar Tage trocken liegen lassen, damit die Schnittfläche gut abtrocknet. *Glottiphyllum*-Arten wachsen im Sommer bis Herbst. Über 8 Monate des Jahres sollten sie völlig trocken stehen (November bis Juni). Dann umpflanzen in sehr sandige Erde in Schalen. Gewächshaus oder Südfenster, im Sommer nur im Weinbauklima in Schalen im Freiland an geschützter Südlage einfüttern, aber nicht auspflanzen. Wintertemperaturen 8 bis 12°. Eine stickstoffarme Düngung nach dem Durchwurzeln fördert die Blütenbildung. Nicht mehr nach August düngen.

Lapidaria (Schwant.) Schwant. ex N. E. Br.
(lat. *lapidarius* = Stein-)

Gattung mit nur 1 Art.

L. margaretae (Schwant.) Dint. et Schwant. ist hochsukkulent und stammlos. Pflanzen zwei- bis vierblättrig, im Alter klumpenbildend. Blätter halb-eiförmig, rückseits gekielt, 1,5 cm lang, je 1 cm breit und dick, weißlich-grün, häufig rosa überhaucht, kalkig aussehend. Blüten 5 cm Durchmesser, goldgelb, im Verblühen rosa.
Kultur wie *Dinteranthus*.

Lithops N. E. Br., Lebende Steine
(griech. *lithos* = Stein, *ops* = Erscheinung)

Lithops ist die bekannteste und wohl auch eigenwilligste Gattung der *Aizoaceae*. Manche Arten verzweigen sich nicht. Sie bestehen dann nur – je nach jahreszeitlichem Wachstumszustand – aus ein bis zwei Blattpaaren, die fast völlig zu einem »Körperchen« verwachsen sind. Dieser Körper wird von einem feinfaserigen Wurzelsystem, das nur flach wurzelt, mit Wasser

60 Aizoaceae

Gibbaeum schwantesii

Glottiphyllum jacobsenianum

und Nährstoffen versorgt. Der Vegetationspunkt ist zeitlebens vom »Körper« umgeben. Die Körperform, aber auch deren Farbe und Zeichnung ist arttypisch und für die Bestimmung der etwa 80 Arten ebenso wichtig wie die Länge und Tiefe des Spaltes, der die beiden den Körper bildenden Blätter erkennen läßt. Die zylindrischen bis kegelförmigen Körper sind in ihrer Heimat bis zu den abgeplatteten oder uhrglasförmigen Blattenden im Erdboden versteckt! Diese sind zudem erdgrau, graugrün, oliv oder in allen Brauntönen gefärbt, marmoriert und gezeichnet, so daß sie an den Wildstandorten außerhalb der Blütezeit nur aus nächster Nähe bei intensivem Suchen entdeckt werden. Aber die Blüte! Während der Durchmesser der Körper bei den meisten Arten 2,5 cm selten übersteigt, beträgt der Blütendurchmesser 2,5 bis 4,5 cm. Er ist also fast immer größer als die einköpfige Pflanze. Viele Arten verzweigen sich im Alter und wachsen dann klumpenförmig mehrköpfig. Die aus dem Erdboden herausschauenden Blattenden der *Lithops* sind chlorophyllfrei. Es sind dort aber jene braunen und grauen Farbstoffe angelagert, die neben ihrer Hauptaufgabe, der Tarnung, das einfallende Licht filtern und mildern, bevor es durch das glasige Innere des Körpers auf die chlorophyllhaltigen Zellen der Unterseite der Blätter (= Körper) trifft.

Für die Beliebtheit der Lebenden Steine spricht, daß es mindestens drei verschiedene Bestimmungsschlüssel zur Identifizierung der Arten gibt. Erschwerend für die Bestimmung der Arten kommt noch hinzu, daß die Zahl der Hybriden und Kreuzungen zunimmt, weil (artreines!) Wildsaatgut kaum noch angeboten wird und die Saat von Kulturpflanzen häufig bastardiert ist. Diese Hybriden sind oft wüchsiger und unempfindlicher als ihre Eltern. Wer keinen Wert auf korrekt bestimmte Arten legt, sollte sie bevorzugen.

Der Praktiker unterteilt die *Lithops* zunächst in zwei Gruppen: Bei den gelbblühenden geht der den Körper teilende Spalt bei Sämlingen nicht über die ganze Endfläche. Die weißblühenden haben einen durchgehenden Spalt, schon bei Sämlingen. So kann bereits kurz nach der Keimung bei unsicherem Saatgut die Zugehörigkeit zu einer der Gruppen bestimmt werden. Da die *Lithops* – zumindest innerhalb einer Gruppe – recht ähnlich sind, seien hier nur 7 Arten genannt. Aber auch alle anderen Arten sind kulturwert und bei Beachtung von wenigen Faustregeln nicht schwer zu pflegen.

L.glaudinae de Boer. Körper 2 bis 2,5 cm hoch, bis 2 cm Durchmesser. Spalt 2 mm breit. Endflächen sehr flach gewölbt, matt rotbraun, glasig punktiert, Blüte gelb, bis 3,5 cm groß.

L.helmutii L.Bol. Durch einen tiefen Spalt klaffen die beiden Blätter weit auseinander und sind dadurch als solche gut zu erkennen. Körper 2 bis 3 cm hoch, 2 cm Durchmesser, Endflächen gewölbt, frischgrün bis olivgrün mit glasiger Fensterung. Blüten 3 cm Durchmesser, goldgelb.

L.karasmontana (Dint. et Schwant.) N.E.Br. verzweigt sich willig zu mehrköpfigen Pflanzen. Körper 2 bis 3 cm hoch, ebenso im Durchmesser. Die Art unterteilt sich in mehrere Varietäten mit unterschiedlicher Zeichnung. Grundfarbe perlgrau bis blaugrün mit mehr oder weniger runzeligen Endflächen. Diese sind je nach Varietät opal- oder amethystfarben, rötlichbraun oder dunkelbraun netzartig gezeichnet. Blüten glänzend weiß, 2,5 bis 3,5 cm Durchmesser.

L.marginata Nel ist eine der schönsten Arten. Körper 2,5 cm Durchmesser, ebenso hoch, matt grauoliv. Endfläche fast gerade, stark warzig-rinnig mit dunkelglasiger Strichzeichnung. Blüten gelb, 3 cm Durchmesser.

L.pseudotruncatella (Berger) N.E.Br. Körperdurchmesser bis 3,5 cm, Höhe nur 2 cm. Es gibt mehrere in der Zeichnung unterschiedliche Varietäten. Grundfarbe braungrau bis blaßgrau mit verästelter Zeichnung und Punkten auf der glatten oder leicht rauhen Endfläche. Blüte bis 4 cm Durchmesser, goldgelb, recht früh im Juli. Hübsche und willig wachsende Art.

L.salicola L.Bol. ist ebenfalls eine in den Sammlungen häufig anzutreffende und willig wachsende Art. Endfläche olivgrün mit großer glasiger Fensterung. Wuchs durch Verzweigung gern klumpenbildend. Körper 2 bis 2,5 cm hoch, ebenso im Durchmesser. Blüte 2,5 bis 3 cm Durchmesser, perlweiß mit Lackglanz.

L.turbiniformis (Haw.) N.E.Br. Endfläche recht flach, 2,5 cm Durchmesser, ebenso hoch, stumpf rotbraun, warzig uneben. Blüten bis 4 cm Durchmesser, goldgelb.

Lithops species

Nur Topfkultur im Gewächshaus oder Südfenster. Die Wachstumszeit beginnt im März mit den gelbblühenden, im April mit den weißblühenden Arten. Zu dieser Zeit sind auch die Aussaaten zu machen. Gesät wird in eine Mischung aus etwa 40% sandigem Lehm, 40% grobem Sand (1 bis 3 mm Durchmesser) und 20% TKS. Die Keimung erfolgt bei etwa 20° nach einer Woche. Nach 4 bis 6 Wochen kann pikiert werden. Bei weitläufigem Stand in der Aussaatschale kann damit auch bis zum folgenden Frühjahr gewartet werden. Wichtig ist beim Pikieren – aber auch beim Umpflanzen alter Pflanzen –, daß der Körper ganz aus der Erde herausschaut. Sonst ist die Fäulnisgefahr zu groß. Der Körper darf *nicht* – wie in der Heimat – bis zur Endfläche im Erdboden verschwinden! (Das gleiche gilt auch für *Conophytum, Fenestraria*

Lithops karasmontana

und *Frithia*.) Eine Vermehrung von *Lithops* ist auch durch Teilung alter mehrköpfiger Pflanzen möglich, deren Wurzelsystem bei Kulturpflanzen gern vergreist und trockenfaul wird. Solche Pflanzen werden dann wuchsschwach und blühunwillig. Dieses Teilen geschieht ebenfalls im Frühjahr. Trockene Faserwurzeln und Erde werden entfernt. Lebendes Gewebe – Sprosse und Wurzeln – werden mit einem sehr scharfen Messer (Rasierklinge) mit ziehendem Schnitt von 1 bis 2 mm nachgeschnitten. Unsaubere Schnitte, Quetschungen und Anreißen der Sproß- oder Wurzelrinde haben Fäulnis zur Folge. Es kann so weit geteilt werden, daß nur Einzelköpfe verbleiben, die aber immer noch 3 bis 5 mm Sproß behalten müssen. Sie bleiben 2 bis 3 Tage trocken und hell liegen, damit die Schnittfläche abtrocknet und verkorkt. Dann werden sie in eine Sand-Torf-Lehm-Mischung 5 : 2 : 1 gesteckt und im ersten Jahr mäßig, aber gleichmäßig feucht gehalten.

Altpflanzen werden bis Mai im 10- bis 14-Tage-Abstand gegossen, danach zunehmend je nach Sonnenintensität in kürzeren Abständen. Mit der Blütezeit ist das Wachstum im wesentlichen abgeschlossen. Es blüht als erste Art *L. pseudotruncatella* im August, mitunter schon im Juli. Ende August bis Anfang September folgen die anderen Gelbblühenden, 14 Tage später die Weißblühenden. Nach der Blüte ist das Gießen einzuschränken und ab Mitte Oktober bis zum nächsten Frühjahr ganz einzustellen. Bei *Lithops* wichtig ist – ähnlich wie bei anderen Hochsukkulenten – auch die Luftfeuchte. Weder in der Wachstumszeit, noch in der Ruhezeit sollte sie 70% übersteigen. Hier werden kritische Werte vor allem bei den durchaus erlaubten niedrigen Nachttemperaturen im Herbst bis Frühjahr erreicht! Der Kultivateur muß dann notfalls bereit sein, einige Zeit gegen die leicht geöffnete Lüftung zu heizen, um zu hohe Luftfeuchtigkeit abzuführen.

Während der Wachstumszeit im Sommer sollte die Nachttemperatur bei etwa 15° liegen. Die Tagestemperatur kann je nach Sonnenintensität an heißen Julitagen bis 35° betragen. In der Ruhezeit ist die Nachttemperatur auf 10 bis 12° abzusenken. Die Tagestemperatur ist auf etwa 15° einzustellen. In jedem zweiten Jahr wird im Frühjahr umgepflanzt. Eine Mischung aus 50% krümelig-sandigem Lehm (aus der oberen Schicht eines gut gepflegten sandig-lehmigen Ackerbodens, der frei von Unkrautspritzmitteln ist!), 40% grobem Sand und 10% TKS ist sicher nicht nur für *Lithops*, sondern auch für manche andere Hochsukkulente angebracht. Für *Lithops* ist der pH-Wert auf 7 einzustellen, andere Gattungen lieben es eher kalkarm!

Mitrophyllum Schwant.
(griech. *mitra* = Mütze, *phyllon* = Blatt)

Eine interessante hochsukkulente Gattung von eigenartigem Wuchs. Die Pflanzen bilden in jeder Vegetationszeit zwei Blattpaare von unterschiedlicher Form. Die beiden Blätter des ersten Paares sind halbstielrund. Sie entwickeln sich schon fast vollständig unter dem zu einer papiernen Haut zusammengetrockneten zweiten Blattpaar der vorigen Wachstumsperiode. Dieses zusammengetrocknete Blattpaar reißt zu Beginn der Vegetationszeit auf; das erste Blattpaar kann sich entfalten. Die beiden gegenständigen Blätter sind nur am Grunde verwachsen. Das zweite Blattpaar dann ist fast völlig zu einem zylindrischen Körper verwachsen. Es umschließt den Vegetationspunkt gänzlich. Während der 10 Monate langen Ruhezeit gibt dieses Blattpaar seinen Wasser- und Nährstoffgehalt an den Vegetationspunkt ab, aus dem sich bis zum Beginn der nächsten Wachstumszeit das neue erste Blattpaar fast völlig entwickelt. Die recht großen gelben oder weißen Blüten erscheinen im August oder September endständig, d.h. unter der Blüte setzen ein oder zwei Seitenzweige an. Die Wachstumszeit im Hoch- oder Spätsommer zeigen die Pflanzen durch Aufsprengen des zweiten vorjährigen Blattpaares selbst an. Es sind etwa 30 Arten beschrieben. Ich nenne hier nur die gelegentlich anzutreffende

M. mitratum (Marl.) Schwant., die sich im Alter rasenbildend verzweigt. Alte Blätter verbleiben im vertrockneten Zustand am 5 bis 8 mm dicken vegetativen Sproß mit kurzen Internodien. Das zweite Blattpaar ist hier 10 cm lang, bis 8 cm Länge zu einem Spitzkegel miteinander verwachsen. Freie Blattenden rundlich, 2 cm lang, 3 bis 4 mm dick. An blühfähigen Langtrieben

Mitrophyllum compactum

Nananthus species

mit 5 bis 8 cm langen Internodien sind die Blätter nur etwa ½ so groß. Blüte 4 cm Durchmesser, weiß.

Vermehrung und Pflege ähnlich *Lithops*. Zu beachten ist die kürzere Wachstumszeit, deren Beginn durch das Aufplatzen des Vorjahreskörperchens angezeigt wird. Jetzt ist über 3 bis 5 Wochen hinweg zu gießen. Mit Ende der Blüte oder mit Erreichen der halben Größe des zweiten Blattpaares ist das Gießen wieder bis zum nächsten Jahr einzustellen.

Nananthus N.E.Br.
(griech. *nanos* = Zweig, *anthos* = Blüte)

Hochsukkulente Pflanzen von im Alter polsterförmig niedrigem Wuchs. Alle etwa 10 Arten zeichnen sich durch einen knolligen Wurzelstock aus, der neben den Blättern in der Ruhezeit von Oktober bis April als Speicherorgan dient. Ähnlich *Aloinopsis* wird in der Ruhezeit ein Teil der Blätter abgeworfen (im Gegensatz zu den meisten anderen *Aizoaceae*, bei denen die Blätter einziges Speicherorgan für die Ruhezeit sind!). Drei Arten seien genannt, von denen gelegentlich Samen angeboten wird.

N.aloides (Haw.) Schwant. Blätter 5 bis 8 cm lang, bis zu 10 je Sproßende. Schieflanzettlich bis rhombisch, flachrund, zur Spitze gekielt, dunkelgrün mit zahlreichen erhabenen kalkweißen Punkten. Blüte im August, 2 bis 3 cm Durchmesser.

N.rosulatus (Kensit) Rowl. Blätter zu 6 bis 8, rosettig gestellt, 2 bis 3 cm lang, am Grunde 0,5 cm breit, löffelartig verbreitert und gewölbt, Unterseite gekielt, Blattfläche mit weißlichen Warzen bedeckt, auf dunkelgrünem Grund. Blüte 3,5 cm Durchmesser, goldgelb.

N.vittatus (N.E.Br.) Schwant. Wurzelstock kräftig ausgebildet. Wurzeln recht fleischig-weich, Blätter bis 4 cm lang, 1 cm breit, halbstielrund, kurz stachelspitzig, samtgrün, grauweiß warzig erhaben punktiert. Blüten etwa 2,5 cm Durchmesser, durch rote Streifung auf den Blütenblättern recht hübsch.

Vermehrung durch Aussaat, Stecklinge wachsen schwer. Wachstumszeit Juni bis September; vor allem bei alten Pflanzen sollte beim Umpflanzen der Wurzelstock mit guter Dränage umgeben sein (Leca 2 bis 3 mm Durchmesser). Sonst wie *Aloinopsis* zu behandeln.

Neohenricia L.Bol.
(griech. *neos* = neu, und *Henricia*)

Nur eine Art.

N.sibbettii (L.Bol) L.Bol. Liebenswerter sukkulenter Zwergstrauch, der in jeder Sammlung noch einen Platz findet. Rasiger Wuchs, Blätter 1 cm lang, 2 mm Durchmesser, grau-warzig-kalkig aussehend, dicht gestellt an den Sproßenden, leicht verzweigend, Blüten 1,5 cm Durchmesser, weiß im Spätsommer.
Stecklinge und Teilung alter Rasen im Juni. Kultur in Schalen, nur Gewächshauskultur oder am Südfensterbrett. Im Winter bei Temperaturen von 12° bis 15° halten, gelegentlich an hellen Tagen auch im Winter bis Frühjahr gießen.

Odontophorus N.E.Br.
(griech. *odous, odontos* = Zahn, *phorein* = tragen)

Vertreter der drei beschriebenen Arten sind gelegentlich in den Sammlungen zu finden. Wuchs polsterbildend, sich willig verzweigend mit 2 bis 3 Blattpaaren je Sproß. Blätter rundlich bis dreikantig, am Ende stumpf abgerundet, oft im vorderen Blattdrittel gezähnt.

O.marlothii N.E.Br. Blätter 2 bis 4 cm lang, sonst wie Gattungsbeschreibung. Aus den rasenförmigen Polstern blühfähiger Pflanzen heraus bilden sich Langtriebe mit 3 bis 8 cm langen Internodien und etwas kleineren Blättern. Nur diese sind blühfähig. Blüte bis 5 cm groß, goldgelb. Die Langtriebe wachsen auch aus Stecklingen und behalten dann den Wuchscharakter eines Langtriebes!

O.nanus L.Bol. Blätter kleiner als bei voriger Art, ein festeres Polster bildend. Blattzähnung deutlicher. Entwickelt keine Langtriebe. Blüte sitzend hellgelb bis cremeweiß, 2 bis 3 cm Durchmesser.

Wachstumszeit im Winter. *Odontophorus* läßt sich bei Sämlingsanzucht jedoch auf Sommerkultur umstellen! Kultur dann wie *Faucaria*.

Aizoaceae

Ophthalmophyllum Dint. et Schwant.
(griech. *ophthalmos* = Auge, *phyllon* = Blatt)

Lithops und *Conophytum* nahe verwandt. Körperform ähnlich *Lithops*, in der Struktur noch weicher, mit samtiger Oberfläche. Körper taubenblau, olivgrün, rotbraun oder kupferfarben, sobald der Körper ausgewachsen ist (die jungen Körper sind mehr oder weniger grün). Blüten weiß, rosa oder purpurfarben, 2 bis 4 cm Durchmesser. Die Körperfarbe ist ziemlich abhängig von der Lichtintensität. Die etwa 20 Arten sind einander recht ähnlich.

O. friedrichiae (Dint.) Dint. et Schwant. Körper einzeln oder zu mehreren. 2,5 bis 3,5 cm lang, oval etwa 1 : 1,5 cm Durchmesser, Spalt etwa 6 mm tief. Endflächen fast wasserhell durchscheinend, grün, zur Ruhezeit kupfrigrot werdend. Blüte 2 bis 3 cm Durchmesser, weiß.

O. pubescens Tisch. Körper 3 bis 4 cm hoch, 2 cm Durchmesser, zylindrisch, Spalt 1 cm tief, Endflächen graugrün, fein behaart auf glasiger Fensterung. Blüten 2 cm Durchmesser, weiß oder rosa.

Vermehrung durch Aussaat, Stecklinge wachsen schwierig. Wachstums- und Ruhezeiten wie bei *Conophytum*. Zum Ende der Ruhezeit im Spätfrühjahr und Frühsommer an sonnig-warmen Tagen gelegentlich gießen.

Pleiospilos N.E.Br., Lebender Granit
(griech. *pleios* = voll, *spilos* = Punkt)

Die merkwürdige Pflanzengestalt dieser Gattung mit über 30 Arten ist eine hervorragende Anpassung an die Umgebung (Mimikry). Die Blätter sind in ihrer grau-marmorierten Färbung und kantigen Form dem sie umgebenden Granitgestein täuschend ähnlich und deshalb in der Heimat kaum zu entdecken. Sie verzweigen sich selten. Die Pflanzen bestehen dann aus 2 bis 4 Blattpaaren, manche Arten aus nur 1 bis 2 Blattpaaren. Die Blüten sind groß und oft duftend.

P. bolusii (Hook.f.) N.E.Br. besitzt oft nur ein Blattpaar je Trieb, 4 bis 7 cm lang, ebenso breit. Ein bis zum Blattansatz tiefer Spalt läßt beide Blatthälften weit auseinanderklaffen. Diese Innenfläche ist halbstielrund, das Blatt nach oben kinnähnlich-

Pleiospilos longibracteatus

kantig und etwas schief kurz zugespitzt, sich auch in der Blattform der steinig-kantigen Umgebung anpassend. Blattoberfläche zunächst glatt, beim leichten Anwelken in der Ruhezeit höckerig-runzelig. Zunächst graugrün mit dunkelgrünen, mitunter glasig-grauen Punkten; in der Ruhezeit zunehmend rötlichgrau werdend. Blüte 6 bis 9 cm Durchmesser, goldgelb im Juli bis August.

P. nelii Schwant. hat manche Ähnlichkeit mit *P. bolusii*, mit der sie leicht bastardiert. Die Blätter sind bei gleicher Größe jedoch rundlich – fast wie eine halbierte Kugel. Blattoberfläche und Blattfarbe wie *P. bolusii*. Blüte etwa 7 cm Durchmesser, gelb, im Verblühen rosa.

P. simulans (Marl.) N.E.Br. Blätter zu zweit oder viert je Sproß. Verzweigt sich ebenfalls selten. Blätter 6 bis 8 cm lang, 4 bis 6 cm breit. Oberseite flach, zungenförmig zugespitzt. Unterseite halbstielrund, zum Blattende gekielt. Oberfläche dunkelgraugrün, glasig punktiert, zur Ruhezeit zunehmend gelblichrötlich überhaucht. Blüte 6 bis 8 cm Durchmesser, gelblichorange, duftend.

P. willowmoorense L. Bol. wächst zwei- bis vierblättrig, verzweigt sich leichter als die vorigen Arten. Wird bis 2 cm breit, 5 bis 7 cm ungleich lang, oberseits flach, dreieckig gekielt und zur Spitze schief bootförmig zulaufend. Grün- bis graupurpurfarben mit erhabenen glasigen

Schwantesia ruedebuschii

Punkten. Blüten bis 7 cm Durchmesser. Blütenblätter locker gestellt, hellgelb, im Zentrum weißlich.

Pleiospilos wachsen im Sommer und blühen am Ende der Wachstumszeit im August bis September. Die Arten gehen leicht Kreuzungen miteinander ein. Samen wird willig angesetzt. Aussaaten keimen gut und wachsen schnell; sie blühen oft schon im zweiten Jahr. Den Beginn der Wachstumszeit zeigen die Pflanzen durch starkes Anwelken der Altblätter an, aus deren zurückgezogenem Wasser und Nährstoffen das wachsende neue Blattpaar zunächst versorgt wird. Wenn jetzt nicht gegossen wird, entsteht nur ein schwaches Blattpaar aus diesen Reserven und keine Blüte! Vor allem zu Beginn der Wachstumszeit ausreichend gießen; im Spätsommer nachlassen. Schon nach der Blüte das Gießen wieder einstellen. Wintertemperaturen um 12°, so hell wie möglich, Luftfeuchte gering halten. Im Sommer werden mittags bis 40° gut vertragen. Während der ersten Hälfte der Wachstumszeit (meist im Juni) nicht voll austrocknen lassen. Verpflanzen nur in jedem zweiten Jahr. Die Erde besteht zu 2/3 aus grobem Sand, 1 bis 3 mm, je 1/6 mildem Lehm und TKS. Wenn nicht verpflanzt wird, fördert ein ein- bis zweimaliges Gießen mit schwacher phosphor- und kalibetonter Volldüngerlösung Wachstum und Blütenbildung.

Rabiea N.E.Br.
(A. Rabie, südafrikanischer Geistlicher)

Eine kleine Gattung mit 8 hochsukkulenten niedrigen, kompakt wachsenden Arten. Blätter gegenständig, 3 bis 10 cm lang, zungenförmig bis dreikantig, oft rosettig gestellt. Blattenden keulig oder gespitzt, Oberfläche der Blätter oft mit erhabenen weißen oder rötlichbraunen Punkten. Blüten einzeln, goldgelb oder rötlich.

R.albinota (Haw.) N.E.Br. Blätter zu 6 bis 8, bis 10 cm lang, bis 1 cm breit. Säbelförmig dreikantig, grauweiß erhaben gefleckt. Blüte im September, goldgelb, 3 bis 4 cm Durchmesser.

R.difformis (L.Bol.) L.Bol. Blätter der Paare mit ca 3 und 5 cm ungleich lang, mit 5 und 8 mm auch ungleich dick. Das längere Blatt ist seitlich zusammengedrückt, insgesamt rundlich dreieckig, in der Mitte am breitesten. Oberfläche dunkelgrün mit gedrängt stehenden, weißen bis grauweißen, erhabenen Punkten. Wuchs klumpig rasenbildend. Blüte einzeln, 4 cm Durchmesser, goldgelb.

Vermehrung aus Samen und Stecklingen im April bis Mai. Nur Topfkultur. Hauptwachstumszeit im Sommer, recht warm, mäßig feucht. Im Winter trocken, sehr hell, nicht unter 15° Tagestemperatur. Kultur in sehr sandiger Erde. Altpflanzen mit Rübenwurzeln in tiefe Töpfe pflanzen. Rübe von Grobkies 5 bis 8 mm umgeben.

Rhinephyllum N.E.Br.
(griech. *rhine* = Feile, *phyllon* = Blatt)

Eine Gattung mit etwa 12 kleinbleibenden, rasen- oder klumpenförmig wachsenden hochsukkulenten Arten. Blätter klein, meist keulenförmig, graugrün, rauh von kleinen weißlich erhabenen Warzen. Blüten klein, hellgelb, nur nachts offen.

R.broomii L.Bol. Kompakte, nur 3 bis 5 cm hohe, zierliche Pflanze. Triebe sehr kurz, sich leicht verzweigend. Blätter aufrecht, spatelig-keulig, zur Spitze fein warzig. Blattränder 4- bis 5zähnig gekerbt. Oberfläche olivgrün. Blüten 1 bis 1,5 cm Durchmesser, hellgelb.

R.muiri N.E.Br. Blätter mit etwa 2 cm Länge größer als bei voriger Art. Wurzelstock fleischig, Blattoberfläche samtgrün, fein weiß warzig punktiert, in der Form keulenförmig. Blüten 1 cm lang gestielt, 1,5 cm Durchmesser, gelbweiß.

Vermehrung aus Samen problemlos. Stecklinge im Juli wachsen willig im Torf-Sand-Gemisch. Wachstumszeit Hochsommer bis Spätsommer. Kultur in Töpfen oder Schalen, im Gewächshaus oder am Südfenster. Nach dem Umpflanzen im Juni mäßig feucht halten. Nach dem Durchwurzeln des Topfes, besonders im zweiten Standjahr im Juli bis August 1- bis 2mal stickstoffarm flüssig in schwacher Konzentration düngen. Besonders Jungpflanzen und Sämlinge auch im Winter gelegentlich gießen. Altpflanzen und Arten mit weichfleischig-knolligem Wurzelstock im Winter nicht gießen. Winterstandort bei 12 bis 15°, sehr hell.

Rhombophyllum (Schwant.) Schwant.
(griech. *rhombus* = Raute, *phyllon* = Blatt)

Eine hochsukkulente Gattung mit nur 3 Arten, die man recht häufig in den Sammlungen findet, weil sie willig wachsen und leicht blühen. Wuchs kurzrasig bis zwergstrauchig. Blätter 3 bis 6 cm lang, in der Form recht unterschiedlich – auch an einer Pflanze. Blüten 4 bis 10 cm langgestielt, gelb.

R.dolabriforme (L.) Schwant. Blätter 2 bis 3 cm lang, Blattbasis stielrund, Blattenden zusammengedrückt. Unterseite gerundet, Blattende gekerbt; graugrün, schwach glasig punktiert. Blüten bis 3 cm Durchmesser, an 3 cm langen Stielen zu 3 bis 4 Blüten. Wuchs im Alter strauchig, bis 30 cm hoch.

R.rhomboideum (Salm-Dyck) Schwant. besitzt bodenaufliegende Blattrosetten. Blattlänge 2 bis 4 cm, Blattoberseite flach, Unterseite halbrund, zum Blattende bootsförmig. Blattkanten knorpelrandig, Oberfläche dunkelgrün, schwach grau punktiert. Blüten willig erscheinend, zu zwei bis fünf an 6 bis 10 cm langen Stielen; 3 cm Durchmesser, goldgelb.

Willig wachsende Gattung, die sich auch leicht durch Samen und Stecklinge vermehren läßt. Wachstumszeit im Sommer. Erde sandig-lehmig. Kultur in Töpfen oder Schalen im Gewächshaus oder am hellen Fenster. Im Winter 10 bis 12°, im Sommer wird viel Wärme vertragen. Im Frühsommer 1- bis 2mal stickstoffarm flüssig schwach düngen.

Sceletium N.E.Br.
(lat. *sceletium* = Skelett)

Eine hochsukkulente Gattung mit etwa 20 Arten, die schwer zu kultivieren und schwer zu beschaffen sind. Ihrer Eigenart wegen sei

S.anatomicum (Haw.) L.Bol. erwähnt, die noch am häufigsten in den Sammlungen zu finden ist. Es ist ein kleiner Halbstrauch mit dünnen niederliegenden Ästen, die in der Jugend papillös sind. Blätter am Grunde verwachsen, etwa 2,5 cm lang, 1 cm breit, zur Basis verjüngt, zum Blattende zugespitzt, sehr fleischig, von wasserhellen Papillen besetzt. Wenn die Blätter absterben, verbleiben Blattrippen und Leitungsbahnen, von der ebenfalls verbleibenden durchscheinenden trockenen Epidermishaut abgedeckt, noch recht lange verrottungsstabil an der Pflanze und geben ihr ein eigenartiges Aussehen. Blüten bis zu 10 cm lang gestielt. 2 bis 3 Blüten an einem Stiel, reinweiß, 4 bis 5 cm Durchmesser.

Anzucht aus Samen oder Stecklingen im Mai. Wachstumszeit von Mai bis September bei nur mäßiger Bodenfeuchtigkeit. Sommertemperaturen 20 bis 30 bis 40° je nach Sonnenstrahlung, im Winter 12 bis 15°. Jungpflanzen im Winter etwas wärmer halten und gelegentlich gießen, Altpflanzen konsequent trocken halten. Umpflanzen im April bis Mai in sandige, leicht lehmige Erde.

Schwantesia Dint.
(Gustav Schwantes, 1881 bis 1960. Deutscher Archäologe und Botaniker)

Hochsukkulente, im Alter vielköpfig rasenbildende Pflanzen mit 2 bis 5 kreuzgegenständigen Blattpaaren je Endsproß. Blätter im Querschnitt dreikantig oder halbrund mit fester und häufig graugrüner bis graublauer Oberfläche mit metallischem Glanz. Blattenden mitunter gesägt oder gezähnt. Blüten groß in allen Gelbtönen. Es sind etwa 10 Arten beschrieben.

S.acutipetala L.Bol. Wuchs im Alter polsterbildend. Blätter unten halbrund, oben flach mit scharfen, bei starker Belichtung geröteten Kanten. Bis 5 cm lang, 1,5 cm breit. Blattoberfläche fest und glatt, bläulichgrau, fein weiß punktiert. Blüten im Sommer, 2 cm lang gestielt, 4 cm Durchmesser, sattgelb.

S.herrei L.Bol. f. **major** Rowl. Polsterbildende Art, Blätter bis 3 cm lang, 1,5 cm breit, abgerundet dreieckig, zur Blattspitze hin Kanten scharf und mitunter rötlich. Unterkante vorgezogen gekielt. Blattoberfläche kalkig bläulichweiß, von fester Struktur. Blüten 5 cm Durchmesser, gelb.

Anzucht aus Samen, der bei Bestäubung blühender Pflanzen willig angesetzt wird. Stecklinge wachsen schlecht. Alte Pflanzen können unter Umständen geteilt werden. Auch in der Wachstumszeit von Mai bis Oktober nur mäßig gießen; im Winter konsequent trocken halten. Erde wie bei *Lithops*.

Stomatium Schwant.
(griech. *stomation* = offenes Mündchen)

Etwa 40 hochsukkulente Arten, kurzstämmig, rasenartig verzweigt mit 3 bis 6 kreuzgegenständigen Blattpaaren an den Triebenden. Blätter am Grunde verwachsen, spatelförmig oder gestreckt dreieckig, halbrund oder scharfkantig, mitunter ge-

Stomatium species

zähnt. Oberfläche weich, oft höckerig oder warzig, mattgrün, blaugrün oder kalkgrau. Blüten 2 bis 4 cm Durchmesser, in allen Gelbtönen. Nachtblüher!

S.agninum (Haw.) Schwant. Blätter weichfleischig, bis 5 cm lang, am Grunde verwachsen, dreikantig, von der Basis an zugespitzt. Kanten mitunter mit 3 bis 5 angedeuteten Zähnchen. Blattoberfläche matt graugrün, etwas rauh von grünen, erhabenen kleinen Punkten. Blüte kurz gestielt, etwa 2 cm Durchmesser, hellgelb.

S.patulum Jacobs. ist rasenbildend. Blätter flach dreikantig, Oberseite leicht gewölbt, bis 2 cm lang, > 0,5 cm breit, zur Spitze breiter. Kanten mit 3 bis 8 etwa 2 mm hohen Höckern, die in einem feinen Spitzchen auslaufen. Hell graugrün, von durchscheinenden Punkten etwas rauh.

Anzucht aus Samen im Frühjahr gebräuchlich und problemlos. Leichtwachsende Gattung mit ganzjähriger Kultur im Gewächshaus. Jugendwachstum recht schnell. Sommerwachser. Erde und Pflege wie *Pleiospilos*.

Titanopsis Schwant.
(griech. *titanos* = Kalk, *opsis* = Aussehen)

Alle 6 Arten dieser hochsukkulenten Gattung sind kulturwerte kleinbleibende Pflanzen. Wuchs rasenförmig bis polsterbildend. Blätter zu 6 bis 8 rosettig am Sproßende gedrängt, klein, dreieckig oder spatelförmig. Oberfläche in der Grundfarbe graugrün, kupfer- oder olivfarben überhaucht – ähnlich manchen *Saxifraga*-Arten. Auffallend sind die dichtstehenden, kalkfarbenen großen Warzen, die den Pflanzen einen eigenartigen Reiz verleihen. *Titanopsis* wachsen in ihrer Heimat in einem aus verwittertem Kalkgestein entstandenen sandig-grusigen Boden, dem sie sich durch ihre kalkfarbenen Warzen hervorragend angepaßt haben. Diese Tarnung (Mimikry) ist so vollendet, daß die Pflanzen am Standort kaum zu entdecken sind.

T.calcarea (Marl.) Schwant. bildet eine Blattrosette von 6 bis 8 cm Durchmesser und verzweigt sich erst nach der ersten Blüte. Blätter bis 2,5 cm lang, breit-spatelig, an der Basis rundlich, zur Spitze flachdreikantig. Blattoberseite im letzten Drittel unregelmäßig kalkwarzig. Blattunterseite glatt graugrün. Blattoberseite blaugrün, oft kupferrot überhaucht, besonders die Warzen. Blüte etwa 2 cm Durchmesser, goldgelb, im Verblühen orange getönt.

T.primosii L.Bol. Blätter dreikantig, am Ende keulig gerundet, bis 3 cm lang, olivgrün, rosafarben überzogen. Das keulige Blattende ist dicht warzig, Warzen kalkgrau. Verzweigt sich williger als die vorige Art und bildet dichte halbkugelförmige Polster. Blüte bis 2 cm Durchmesser, hellgelb.

Titanopsis calcarea

Auch in der Kultur lieben *Titanopsis* eine Erde mit einem pH-Wert von 7 bis 8. Anzucht aus Samen leicht; Samen werden bei Handbestäubung willig angesetzt. Aussaat im Frühjahr. Jugendwachstum verhältnismäßig schnell. Im Jahr nach der Aussaat ist die erste Blüte zu erwarten. Erde sandig-durchlässig, auf pH 8 aufgekalkt. Wachstumszeit im Sommer. Umpflanzen im Mai. Die fleischigen Wurzeln nicht beschädigen! Pflanzen unter Umständen nach Entfernen der abgetrockneten alten Faserwurzeln und der alten Erde 2 bis 3 Tage trocken liegen lassen, bevor sie wieder eingepflanzt werden. Nach erkennbarem Durchwurzeln ein- bis zweimal stickstoffarm schwach düngen. Ruhezeit von Oktober bis etwa April einhalten; unter Umständen kann jedoch im Frühjahr an sonnig-warmen Tagen leicht gegossen werden. In jedem Falle aber ist zu vermeiden, die Blattrosette mit Wasser zu benetzen. Gewächshauskultur im Sommer sonnig-luftig, im Winter bei etwa 15°. Auch auf möglichst trockene Luft ist zu achten.

Vanheerdea L.Bol.
(Pit van der Heerde, 20. Jahrhundert)

Eine hochsukkulente polsterbildende Gattung mit vier Arten. Die zwei Blätter eines Sprosses sind zu kugelförmigen bis eiförmigen Körpern verwachsen, mitunter sind sie leicht gekielt. Ihre beiden Blatthälften sind im Gegensatz zu *Gibbaeum*-Arten, denen sie sonst ähneln, gleichgroß. Blüten gelb.

V. divergens (L.Bol.) L.Bol. ist durch Verzweigung im Alter rasenbildend. Blattpaare 5 bis 6 cm lang, nur im unteren Drittel miteinander verwachsen. Dort halbstielrund mit 2 bis 3 cm Durchmesser, zum Blattende hin breitgedrückt und gekielt. Oberfläche graugrün, in der Ruhezeit rötlich überhaucht. Blüten etwa 1 cm lang gestielt, 3 cm Durchmesser, goldgelb.

V. roodiae (N.E.Br.) L.Bol. wächst ebenfalls rasen- bis klumpenbildend. Die Blattpaare (= Körper) sind nur 2 bis 3 cm hoch, jedoch zu $3/4$ der Länge miteinander verwachsen. Blattform oval bis halbkugelig, in der Jugend durchscheinend punktiert. Unter einer Lupe ist eine feine Behaarung gut erkennbar.

Vermehrung im Februar bis März durch Samen und Stecklinge, die jedoch schwierig wachsen. *Vanheerdea* wächst im Frühjahr und Frühsommer. Schon im Juli ist das Wachstum abgeschlossen. Kultur ganzjährig im Gewächshaus oder am warmen Südfenster hell. Der Erde ist wie bei *Titanopsis* etwas Kalk zuzusetzen.

2. Die strauchigen Arten

Viele von ihnen wurden beliebte Gartenpflanzen in den Ländern am Mittelmeer, auf den Kanaren und überall in subtropischen Gärten. Es sind meist Zwergsträucher, oft von rasenförmigem, weit ausladendem Wuchs. Nur wenige Arten erreichen 1 m Höhe. Allen gemeinsam ist eine reiche, farbenprächtige Blüte, wenn die Sommer sonnig und warm sind. Die Sprosse werden im Alter oft holzig-drahtig. Daran sitzen in kreuzgegenständiger Anordnung stielrunde oder dreikantige Blätter von weichsukkulenter Struktur. Die Arten können im Sommer an sonnig-warmen Standorten im Freiland ausgepflanzt werden. Zwei *Delosperma*-Arten sind in Deutschland bedingt winterhart.

Aptenia N.E.Br.
(griech. *apten* = flügellos)

Eine Gattung von krautig-strauchigem Wuchs mit nur einer Art.

A. cordifolia (L.f.) Schwant. wächst niedrig rasenförmig im Sommer. Triebe bis 1 m lang, verzweigt, häufig an den Knoten wurzelnd. Blätter klein, frischgrün, papillös. Blüten purpurrot, klein, aber zahlreich. Stecklinge Anfang August wachsen leicht. Sie sind kühl und hell zu überwintern, im Frühjahr in nahrhafte Erde umzupflanzen und im Mai bis Juni wieder an eine sonnigwarme Stelle im Freiland auszupflanzen. Problemlose Pflanze, die im Laufe eines warmen Sommers quadratmetergroße Flächen bedeckt.

Carpobrotus N.E.Br.
(griech. *karpos* = Frucht, *brota* = Eßwaren, sich auf die eßbare Frucht beziehend)

Die 20 Arten sind nur an den Blüten sicher zu unterscheiden. Starkwachsend, strauchig mit bodenaufliegenden Trieben.

C. aequilaterus (Haw.) N.E.Br. ist eine der wenigen sukkulenten *Aizoaceae* aus Australien. Diese Art blüht von allen noch am willigsten und wächst nur mäßig stark, obwohl auch hier 1 Meter Trieblänge in einem Sommer erreicht wird. Triebe bodenaufliegend mit bis 6 cm langen dreikantigen sichelförmigen Blättern. Blüte hochrot, 4 cm Durchmesser.

C. edulis (L.) L.Bol. Die Früchte dieser Art sind eßbar und in Südafrika als »Hottentottenfeigen« bekannt. Starkwachsend. Stecklinge von dieser Art und von *Carpobrotus acinaciformis* werden gern aus südlichen Urlaubsländern mitgebracht. Sie

68   Aizoaceae

Carpobrotus acinaciformis   **Carpobrotus edulis**

wachsen sehr stark, blühen bei uns aber nur sehr selten. Mit einem Blütendurchmesser von 12 cm hat *C.acinaciformis* (L.) L.Bol. die größten Blüten der *Aizoaceae*.

Im August bis September gemachte Stecklinge wurzeln leicht und sind kühl und trocken zu überwintern. Im März in nahrhafte Erde umpflanzen und bei gutem Wuchs ein- bis zweimal entspitzen. Im Mai an sonnig-warme Plätze im Freien auspflanzen, an Südmauern überhängend.

Conicosia N.E.Br.
(griech. *konikos* = kegelförmig)

sind in der Heimat sukkulente kleine Sträucher mit 10 Arten. Interessant ist

C.pugioniformis (L.) N.E.Br., die bei uns zweckmäßig einjährig kultiviert wird. Wuchs niederliegend bis 20 cm hoch, Blätter 10 bis 20 cm lang, etwa 1 cm Durchmesser, fast rund, graugrün. Blüten 7 cm Durchmesser, schwefelgelb mit Lackglanz. Nach Aussaat im Februar, nach Pikieren und Topfen im Mai an sonnig warmen Platz im Freien pflanzen. Blüte von Juli bis Oktober. Samen wird willig angesetzt, wenn Blütezeit nicht verregnet.

Delosperma N.E.Br.
(griech. *delos* = sichtbar, *sperma* = Same)

Etwa 160 Arten von kleinstrauchigem Wuchs, aber auch solche mit nur einjährigen Sprossen auf holzigem oder knolligem Wurzelstock enthält diese Gattung.

Sprosse aufrecht oder niederliegend, an den Knoten wurzelnd. Blätter stielrund oder flach, paarweise, häufig kurzlebig. Blüten bei manchen Arten hübsch und willig erscheinend. Mindestens zwei Arten sind in Deutschland bei etwas Winterschutz bzw. Nässeschutz frosthart.

D.aberdeenense (L.Bol.) L.Bol. Wüchsige Art, Äste niederliegend, an den Knoten wurzelnd. Die Sprosse und die bis 2 cm langen, halbstielrunden Blätter sind weich und papillös. Blüten 1,5 cm Durchmesser, purpurrot.

D.brunnthaleri (Berger) Schwant. bildet recht kompakte Polster. Blätter bis 5 cm lang, 1 cm breit, oberseits flach spitz zulaufend; an Kurzsprossen mit kaum erkennbaren Internodien rosettig gestellt. Daraus entwickeln sich einjährige Sprosse mit 2 bis 3 längeren Internodien, kleineren Blättern und endständigen 2 bis 5 purpurroten Blüten mit 3 cm Durchmesser.

D.cooperi (Hook.f.) L.Bol. ist eine der hübschesten Arten. Wuchs niederliegend rasenbildend. Blätter stielrund, bis 6 cm lang, 7 mm Durchmesser, frischgrün, weich papillös. Blüten im Sommer zahlreich, bis 4 cm Durchmesser, purpurrot. Nach trocken-warmem Herbst und sonnigem Standort bei Nässeschutz (= gutes Ausreifen!) frosthart. Williger Samenansatz. Sämlinge von Selbstaussaat überwintern am besten!

Delosperma species

Aizoaceae

Delosperma brunnthaleri

D. lehmannii (Eckl. et Zeyh.) Schwant. Kleinstrauchig wachsend, Blätter derb, graugrün, glatt, 2,5 cm lang, 0,5 cm dreikantig, Seiten gewölbt, am Grunde verwachsen. Blüten 4 cm Durchmesser, blaßgelb, im Sommer.

D. pruinosum (Thunb.) J. Ingram (*D. echinatum* Schwant.). Im Habitus abweichend, Blätter eiförmig, bis 1,5 cm lang. Auffallend durch die dicht stehenden Papillen (igelblättrig). Nur für Topfkultur im Haus.

D. sutherlandii (Hook. f.) N.E.Br. hat manche Ähnlichkeit mit *D. brunnthaleri*; Wuchs jedoch staudig mit 12 bis 15 cm langen papillösen Blättern. Blüte im Spätsommer 6 bis 7 cm Durchmesser, violettrosa. Nur für Topfkultur im Haus. Wurzelstock Oktober bis April trocken halten.

D. tradescantioides (Berger) L.Bol. sei erwähnt, weil leicht wachsend. Niederliegend, an den Knoten wurzelnd. Im Sommer im Freien große Rasen bildend. Blüten klein, weiß. Blätter tradeskantienähnlich, weich.

D. species ist eine verbreitete gelbblühende Pflanze (abgebildet als *D. lineare* in »Kakteen und andere Sukkulenten« Heft 3/82). Sie ist winterhart! Es könnte sich um *D. parviflorum* L.Bol. handeln.

Stecklinge im August wurzeln leicht. Bei 8 bis 15° hell und luftig überwintern. Im Februar bis März zu dritt in kleine Töpfe pflanzen. Diese Ende Mai an sonnig-warmen Freilandstandort auspflanzen.

Drosanthemum Schwant.
(griech. *drosos* = Tau, *anthemon* = Blume)

Strauchig wachsende Gattung mit etwa 100 Arten. Sprosse meist dünn und drahtig, häufig mit Papillen oder Haaren besetzt, im Alter rauh. Blätter klein, kreuzgegenständig, meist stielrund und weich, mit Papillen besetzt. Blüten farbenfroh, groß. Bei der großen Zahl hübscher *Drosanthemum*-Arten fällt es schwer, eine Auswahl zu treffen.

D. floribundum (Haw.) Schwant. Äste niederliegend, fadenförmig, wirr durcheinander wachsend. Blätter klein, stielrund, hellgrün, weich. Blüte »nur« 2 cm Durchmesser, aber reichblühend an kurzen Seitentrieben, rosa.

D. bicolor L. Bol. Bis 30 cm hoch, Blätter halbstielrund, bis 2 cm lang, 6 mm breit. Blüten endständig einzeln, 3 cm Durchmesser, außen purpurrot, innen goldgelb.

D. hispidum (L.) Schwant. Bis 60 cm hoher Strauch, Sprosse mit weißen Härchen besetzt. Blätter bis 2 cm lang, am Grunde verwachsen, durch wasserhelle Papillen glänzend, reichblühend. Blüte bis 3 cm Durchmesser, purpurrot glänzend.

D. speciosum (Haw.) Schwant. Bis 20 cm hoher aufrechter Strauch. Äste anfangs papillös, später grau berindet. Blätter bis 1,6 cm lang, 4 bis 6 mm dick, papillös. Blüte bis 5 cm Durchmesser, orangerot, sehr hübsch!

Bis auf Ausnahmen sind alle 100 Arten im Sommer wachsende, hübsch blühende, blattsukkulente kleine Sträucher. Ende Mai an sonnig-warmen, windgeschützten Standort auf sandig-durchlässigen Boden im Freien auspflanzen. Im August wurzeln Stecklinge leicht. Nur diese hell und mäßig feucht bei 8° nachts bis 15° am Tage überwintern. Im März je nach Wüchsigkeit zu je 3 bis 5 in 7er bis 9er Töpfe pflanzen, die bis Ende Mai zum Auspflanzen ins Freiland gut durchgewurzelt sind.

Lampranthus conspicuus

Erepsia N. E. Br.
(griech. *erepsis* = Bedeckung, wegen des bedeckten Blüteninneren)

Die etwa 30 Arten dieser Gattung haben strauchigen Wuchs. Höhe 20 bis 80 cm. Blüten zu 1 bis 3 an recht langen Stielen. Blüten in Rottönen. In Sammlungen häufig anzutreffen ist

E. inclaudens (Haw.) Schwant. Junge Sprosse zweikantig zusammengedrückt, 20 bis 30 cm hoch. Blätter flach-dreikantig, säbelförmig, durchscheinend punktiert und bei Trockenheit rötlich. Blüten 4 cm Durchmesser, purpurviolett mit auffallend breiten Blütenblättern, hübsch.
Vermehrung und Pflege wie bei *Drosanthemum*.

Lampranthus N. E. Br.
(griech. *lampros* = leuchtend, prächtig, *anthos* = Blüte)

Kleine Halbsträucher und Sträucher mit im Alter holzig-drahtigen Ästen und meist kleinen stielrunden bis dreikantigen Blättern. Blüten in allen Pastellfarben, meist reichblühend und großblütig. Es sind über 200 Arten beschrieben. Wachstumszeit im Sommer. In den Sammlungen findet man gelegentlich

L. aurantiacus (DC.) Schwant. Bis 40 cm hoch, mit drahtig-sparrig verzweigten Sprossen. Blätter stumpf dreikantig, 2 bis 3 cm lang und 0,4 cm Durchmesser, graugrün mit Stachelspitzchen. Die Blüten haben 4 bis 5 cm Durchmesser und sind orangefarbig.

L. coccineus (Haw.) N. E. Br. Stärker wachsend als vorige, sonst ähnlich. Blüten 4 cm Durchmesser, rotorange.

L. conspicuus (Haw.) N. E. Br. Sprosse derb, bleistiftdick, Blätter bis 5 cm lang, halbstielrund bis dreikantig, graugrün bereift. Blüten purpurrot, 5 cm Durchmesser, sehr hübsch und wüchsig.

L. magnificus (L. Bol.) N. E. Br. Äste niederliegend bis kriechend, zierlich. Blätter 1 cm lang, rundlich, frischgrün. Blüten sehr hübsch, kupferrot, 5 cm Durchmesser, leider etwas blühfaul.

L. zeyheri (Salm-Dyck) N. E. Br. ist eine der schönsten Arten. Die Äste sind kräftig mit zahlreichen seitlichen Kurztrieben. Blätter bogig abstehend, 4 cm lang, fast stielrund, weich, glänzend grün. Die Blüten haben 5 bis 6 cm Durchmesser, sind purpurviolett, willig wachsend und leicht blühend.

Im August werden Stecklinge geschnitten, die je nach Wüchsigkeit der Art zu 3 bis 7 in kleine Töpfe in Gemisch von Sand und TKS im Verhältnis 2:1 gesteckt und bei 20 bis 25° nur mäßig feucht gehalten werden. Sie bewurzeln sich willig und werden in ihren Töpfen im Kalthaus hell überwintert oder an einem kühlen Südfenster. Ab Februar etwas wärmer stellen und in 9- bis 11-cm-Töpfe umtopfen. Wenn durchgewurzelt, gelegentlich düngen. Im Mai an sonnig-warmen Standort im Freiland auspflanzen. Von diesen Pflanzen werden im August wieder Stecklinge genommen. So ist der Platzbedarf im Winter gering. Die Pflanzen blühen am Standort weiter bis zum Frost.

Ruschia Schwant.
(nach Ernst Rusch sen., 20. Jahrhundert. Farmer in Südafrika)

Sehr artenreiche Gattung mit über 350 strauchigen Arten; zum Teil von rasenförmigem Wuchs, zum Teil aufrecht wachsend bis zu 1 m Höhe. Blätter am Grunde meist scheidig verwachsen, dreikantig oder halbkugelig, bläulichgrün, oft dunkler durchscheinend punktiert; am Blattende meist mit einem kleinen Stachelspitzchen. Blüten achsel- oder endständig, einzeln oder in wenigblütigen Dolden. Blütenstiele bei einigen Arten verbleibend und verdornend. Blüten weiß, rosa, violett und in allen Rottönen. Aus der großen Artenzahl seien einige stellvertretend genannt:

R. derenbergiana (Dint.) L. Bol. bildet niedrige Polster von etwa 20 cm Durchmesser und nur 10 cm Höhe, da sie kaum Internodien ausbildet. Insofern ist diese Art ein Übergang zu den Hochsukkulenten. Triebe nach 3 bis 4 Blattpaaren mit einer Blüte endend. Blätter etwa 4 cm lang, stumpf dreikantig, am Grunde scheidig verwachsen; hell-bläulichgrün. Blüten etwa 1,5 cm lang gestielt, etwa 2,5 cm Durchmesser, hellrosa, lackglänzend.

R. maxima (Haw.) L. Bol. Wüchsige, bis 30 cm hohe Art. Die wohl größten Blätter der Gattung sind 4 (bis 10) cm lang, bootförmig dreikantig, an der Spitze kurz stachelspitzig. Im Vergleich zur Blatt- und Pflanzengröße erscheinen die etwa 2 cm großen hellrosa Blüten klein.

R. milleflora L. Bol. entspricht dem Wuchsbild der meisten *Ruschia*-Arten. Am kleinen Strauch von etwa 10 bis 25 cm Höhe befinden sich an Ästen mit etwa 1 cm langen Internodien etwa 1 cm lange Blätter, sichelförmig nach oben gebogen, dreikantig gekielt mit kleinen Stachelspitzchen. Blüte zu doldenähnlichen vielblütigen Ständen vereint, etwa 1 cm Durchmesser, purpurrosa.

R. perfoliata (Mill.) Schwant. wenig verzweigter Strauch, in Kultur bis 25 cm hoch. Blätter 1,5 cm lang, dreikantig, gekielt, der Kiel zur Spitze gezähnt, stachelspitzig. Am Grunde scheidig verwachsen und am 2 cm langen Internodium bis zum nächstunteren Blatt herablaufend. Blüte einzeln, 2,5 cm Durchmesser, rosenrot.

R. rubricaulis (Haw.) L. Bol. besitzt strauchigen Wuchs bis 30 cm Höhe. Junge Sprosse purpurrot, im Alter grau verholzend. Blätter dreikantig, am Grunde nicht verwachsen. Alle drei Blattkanten fein gesägt. Blüten 5 cm lang gestielt. 3 cm Durchmesser, hellpurpur.

R. uncinata (L.) Schwant. entspricht weitgehend *R. perfoliata*, nur ist der Wuchs etwas stärker mit dickeren, weniger gezähnten Blättern. Ebenso interessant.

R. derenbergiana und *R. maxima* sollten ganzjährig im Gewächshaus kultiviert werden. Kultur sehr hell in Schalen oder Töpfen. Vermehrung durch Stecklinge im Frühsommer ist leicht, ebenso die Samenvermehrung. Überwinterung bei 10 bis 12°, trocken und hell. An sonnigen Spätwintertagen sollte gelegentlich gegossen werden. Jährlich in stickstoffarme, sonst aber nährstoffreiche Erde umtopfen.

Die außer diesen genannten Arten können im Sommer an sonnigen Plätzen im Freien ausgepflanzt werden. Im August sind Stecklinge zu machen, die nach dem Bewurzeln im Kalthaus hell überwintert werden. Im Frühjahr zu 3 bis 5 in 7er- bis 9er-Töpfe umtopfen und nach dem Durchwurzeln im Mai bis Juni wieder auspflanzen.

Semnanthe N.E.Br.
(griech. *semnos* = erhaben, herrlich, *anthe* = Blüte)

Eine willig wachsende strauchige Gattung mit nur 1 Art.

S. lacera (Haw.) N.E.Br. wächst bis zu 80 cm hoch. Äste aufrecht abstehend, zweikantig. Blätter kreuzgegenständig, 3 bis 5 cm lang, 1,5 cm breit, dreikantig, stark seitlich zusammengedrückt, stachelspitzig. Blattkanten knorpelig, fein gezähnt. Blattoberfläche hellgrün, blau abwischbar bereift mit durchscheinenden Punkten. Blüten zu 1 bis 2 am kurzen Stiel, 4 bis 5 cm Durchmesser, rosenrot. Stecklinge im August bis September wachsen willig und sind bei 8 bis 10° im Stecklingstopf zu überwintern. Im Frühjahr je drei Stecklinge in 9er-Töpfe pflanzen. Erde nährstoffreich, aber stickstoffarm. Bei sonnig-warmem Stand im Freiland ausgepflanzt oder im sehr hellen Gewächshaus gehalten, blühen sie den ganzen Sommer hindurch.

Trichodiadema Schwant.
(griech. *trix*, *trichos* = Haar, *diadema* = Krone)

Die über 30 strauchigen Arten der Gattung kann man von anderen strauchigen Arten schon dadurch unterscheiden, daß sie alle an den Blattenden einen Schopf mit strahlig abstehenden Borsten oder Haaren besitzen. Wuchshöhe 10 bis 30 cm. Blätter recht klein, tonnenförmig rund bis halbrund, oft papillös. Arten mit knollenförmigen oder rübenförmigen Speicherwurzeln stoßen in der winterlichen Ruhezeit einen Teil der Sprosse ab. Blüten einzeln, kurz gestielt, weiß, gelb oder rot, 1,5 bis 5,0 cm Durchmesser.

T. barbatum (L.) Schwant. Diese Art hat niederliegende, nur 10 cm hoch werdende Äste. Blätter etwa 1 cm lang, rund und an der Spitze mit 8 bis 10 schwarzen Borsten. Blattoberfläche mit kleinen haarig-spitzen Papillen besetzt. Blüten in sonnigen Sommern willig erscheinend, sind kräftig rot, 3 cm Durchmesser. Wurzeln etwas rübenförmig.

T. bulbosum (Haw.) Schwant. Bis 20 cm hoch werdend, Blätter 4 bis 8 mm lang, tonnenförmig, graugrün, an der Spitze mit einigen 2 mm langen weißen Borstenhaaren. Blüte 2 cm Durchmesser, tiefrot. Wurzeln rübenförmig, stark ausgebildet.

T. densum (Haw.) Schwant. ist wohl die schönste Art. Sie wird bis 20 cm hoch, verzweigt sich willig. Blätter 1,5 bis 2 cm lang, tonnenförmig, in der Mitte 0,5 cm dick, grün, mit spitzen Papillen besetzt. Am Blattende mit einem Schopf aus 10 bis 15 weißen Borstenhaaren von 2 bis 4 mm Länge besetzt. Blüten 4 bis 5 cm Durchmesser, frei über dem Laub. Wurzeln fleischig verdickt, blüht gern schon im Frühjahr.

T. mirabilis (N.E.Br.) Schwant. Bis 20 cm aufrecht wachsender Strauch mit halbstielrunden, von der Basis an spitz zulaufenden Blättern, an der Blattspitze mit wenigen kurzen stacheligen Borsten. Blüten 4 cm Durchmesser, weiß. Keine ausgeprägten Speicherwurzeln.

Vermehrung sowohl durch Saat als auch durch Stecklinge möglich. Am sommerlichen, sonnigen Freilandstandort wird willig Samen angesetzt. Aussaat im Frühjahr. Stecklinge wurzeln im August bis September leicht. Bei knappem Winterplatz werden nur diese bei 8 bis 10° trocken überwintert. Arten ohne Speicherwurzeln sollten schon im Spätwinter gelegentlich gegossen werden. Auch das Wachstum einiger Arten mit Speicherwurzeln beginnt recht zeitig im Frühjahr. Z.B. blüht *T. densum* mitunter schon zu Ostern! Den Wachstumsbeginn zeigen die Arten selbst an; zu dieser Zeit sollte auch umgepflanzt werden. Erde sandig-lehmig, im Frühsommer kann einige Male schwach gedüngt werden. Im Mai bis Juni können die Pflanzen an sonnig-warmer Südseite im Freien ausgepflanzt werden oder mit dem Topf (nur bei Tontöpfen!) in sandige Erde so tief eingesenkt werden, daß der Topf nicht zu sehen ist.

Allgemeines zur Kultur und Pflege der Aizoaceae

Viele *Aizoaceae*, vor allem hochsukkulente Arten, vergreisen nach einigen Jahren; ihre Wuchsleistung läßt nach, die Blühfreudigkeit nimmt ab. Es ist jetzt die Zeit, sie zu vermehren. Dabei ist zu bedenken, daß Sämlingspflanzen immer wüchsiger sind als Pflanzen, die durch Stecklinge oder Teilung vermehrt werden. Samen von *Aizoaceae* werden im Fachsamenhandel nicht so reichlich angeboten wie z.B. Kakteensamen. Das Sortiment schwankt auch von Jahr zu Jahr, und der Preis ist nicht gerade niedrig. Deshalb sollte immer die Chance genutzt werden, von den eigenen Pflanzen Samen zu erhalten. Wenn zwei Exemplare der gleichen Art gleichzeitig blühen, ist die gegenseitige Bestäubung in der Regel erfolgreich. Sie wird mit einem dünnen weichen Tuschpinsel durchgeführt. Bei den strauchigen Arten, die im Sommer im Freiland ausgepflanzt sind, nehmen Insekten uns diese Arbeit ab. Die Aussaat und Anzucht von Pflanzen aus selbstgeernte-

Aizoaceae

Trichodiadema densum

tem Saatgut hat auch seinen eigenen Reiz. Trotzdem bleibt es nicht aus, daß gelegentlich Samen oder auch Pflanzen dazugekauft werden. Ersteren sollte man sicherheitshalber sofort aussäen.

Es ist zweckmäßig, Jungpflanzen und schwachwüchsige Arten, die in Töpfen bis etwa 7 cm Durchmesser kultiviert werden, in Eternit- oder Kunststoffschalen in groben Sand einzufüttern. Dies gilt jedoch nur für Tontöpfe, die ohnehin für die Kultur der *Aizoaceae* vorzuziehen sind. In der Übergangszeit zwischen Ruhe- und Wachstumszeit genügt es, den Sand zwischen den Töpfen zu gießen; durch die Topfwand hindurch diffundiert genügend Feuchtigkeit. In der Hauptwachstumszeit sind aber die Pflanzen in den Töpfen unmittelbar zu gießen. Von Vorteil ist, daß sie auch an heißen Sommertagen nicht so schnell wieder austrocknen. Es sind jedoch nur Arten mit gleichen Wachstums- und Ruhezeiten in einer Schale zu vereinen. Zweckmäßig ist es, nicht nur ein Thermometer, sondern auch ein Hygrometer in Pflanzenhöhe anzubringen und laufend zu beobachten. Es ist zunächst erstaunlich, wie schnell bei nächtlichem Temperaturabfall die relative Luftfeuchte steigt. Wenn an einem sonnigen Wintertag mittags z.B. 25° erreicht werden und die relative Luftfeuchte 45% beträgt, steigt sie bei der nächtlichen Temperaturabsenkung auf 12° – rein rechnerisch – auf annähernd 100%, und das mögen z.B. *Lithops* gar nicht gern (siehe Hinweise bei *Lithops*!)!

An stickstoffarmen Volldüngern haben sich für das Düngen der *Aizoaceae* bewährt:

Poly-Fertisal
mit 8% Stickstoff, 14% Phosphorsäure und 18% Kaliumoxid.
Ebenso gut ist
Flory 4
mit 8% Stickstoff, 15% Phosphorsäure und 24% Kaliumoxid.
Beide Dünger sind ausreichend mit Spurenelementen versorgt. Sie werden mit 1 g je Liter Wasser verwendet. Ein zweimaliges Düngen in der ersten Hälfte der Wachstumszeit bei den angegebenen Arten ist ausreichend und sollte nicht überschritten werden. Die Erde muß vor dem Düngen mäßig feucht sein.

Reizvoll ist es immer wieder, die Entwicklung der Früchte der *Aizoaceae* zu beobachten. Ihr Bau ist recht kompliziert und ein wichtiges Merkmal für die pflanzensystematische Gliederung der Familie. Die Früchte trocknen bei Reife ein (Ausnahme ist *Carpobrotus*) und werden dann auch Kapseln genannt. Diese Kapseln sind je nach Gattung in 4 bis über 12 Fächer geteilt (wie Tortenstückchen), die alle mit einer Klappe verschlossen sind. Bei Regen oder beim Gießen öffnen sich diese Klappen oft sichtbar schnell. Die Samen liegen dann völlig frei, wie auf einem Teller oder in offenen Taschen. Trifft ein Wassertropfen auf diesen »Teller«, werden die Samen mit dem zerteilten Wassertropfen viele Zentimeter weit weg gespritzt. Auf diese Weise werden die Samen die Trockenzeit hindurch in der geschlossenen Frucht zusammengehalten und erst dann in die Umgebung »ausgesät«, wenn die zur Keimung erforderliche Feuchtigkeit vorhanden ist. Bemerkenswert ist auch, daß die Blütenblätter vieler *Aizoaceae* während der Blühdauer einer Blüte noch wachsen, d.h., kurz vor dem Verblühen ist der Durchmesser dieser Blüten größer als zu Blühbeginn.

Krankheiten und Schädlinge

Unsere *Aizoaceae* werden zum Glück nur selten von Krankheiten und Schädlingen befallen. Bei den Schädlingen sind es Schildläuse und Wolläuse, aber auch Spinnmilben, die vor allem den hochsukkulenten Arten Schaden zufügen können. Verborgen leben Wolläuse an Wurzeln und am Sproßgrund dichtwachsender Polster; sie werden mitunter zu spät entdeckt. Vorschriftsmäßiges Spritzen oder Gießen mit Insektiziden kann ihnen wenig anhaben, denn sie sind durch die umgebende Wachs-»wolle« gut geschützt. Erfolgversprechend ist aber die Wollausbekämpfung beim Umpflanzen zu Beginn der Wachstumszeit. Nach dem Austopfen werden Faserwurzeln, trockene Wurzeln und alle Erde, aber auch trockene Blattreste an den Sprossen gründlich und vollständig entfernt. Dadurch werden die Wollausnester freigelegt, die vorwiegend am Wurzelhals und an den Wurzeln selbst sitzen. Nun wird mit einem Tuschpinsel mittlerer Härte das ganze Sproß- und Wurzelsystem der Pflanze mit der nach Vorschrift angesetzten Insektizidlösung eingestrichen. Dabei müssen mit dem Pinsel die Wachsschichten der Läuse mechanisch zerstört werden, damit die Lösung auf die Tiere einwirken kann. Wenn sie auf der Pflanze eingetrocknet ist, wird die Prozedur noch einmal wiederholt oder die Pflanze insgesamt in die noch vorhandene Lösung getaucht (Gummihandschuhe anziehen!). Nun bleibt die Pflanze noch 2 bis 3 Tage luftig und trocken liegen, bevor sie eingetopft wird, damit kleine Wunden zuvor noch abtrocknen und vernarben können.

In ähnlicher Weise ist bei Schildläusen zu verfahren; die Schildläuse sitzen jedoch vorwiegend an verdeckten Stellen oberirdischer Pflanzenteile. Es muß hier vor dem ersten Einpinseln mit Pflanzenschutzmittellösung jedes der 1 bis 2 mm großen Schilde der Läuse aufgekratzt werden, da die Lösung diese Schilde nicht durchdringt. Dabei ist darauf zu achten, daß auch bei Hochsukkulenten mit weichen Körpern die Körper nicht beschädigt werden.

Es sind alle Insektizide in der jeweils angegebenen Konzentration anwendbar, die gegen Woll- und Schildläuse anerkannt sind. Bei vielen Arten ist die Blattoberfläche von Wachsschichten überzogen, die die Haftfähigkeit der Pflanzenschutzlösungen verhindern oder verringern. Der Zusatz von einem Tropfen Spülmittel (z.B. Pril) je Liter Lösung (aber wirklich nur *ein* Tropfen!) bewirkt gute Haftfähigkeit auf Blättern und Schädlingen und damit bessere Wirksamkeit der Mittel, hat aber auch ein teilweises Auflösen der pflanzeneigenen Wachsschicht zur Folge. Schädigungen dadurch habe ich bisher nicht feststellen können.

Gegen Spinnmilben ist bei Befall innerhalb von 14 Tagen dreimal mit einem Akarizid zu spritzen, dem ebenfalls ein Tropfen Spülmittel je Liter Lösung zur besseren Haftfähigkeit zugesetzt wird. Nach Durchführung dieser Arbeiten sollte die Temperatur auf etwa 20° erhöht werden, da die Pflanzenschutzmittel bei 18 bis 22° die beste Wirksamkeit entwickeln.

Auch gesunde und gesund erscheinende Pflanzen sollten einmal im Jahr mit Pflanzenschutzmitteln vorbeugend behandelt werden, damit die eben beschriebenen Radikalkuren nicht erst erforderlich werden. Geeignet dafür ist das Ende der Wachstumszeit, also meist der Spätsommer bis Frühherbst.

Bakterien- und Pilzerkrankungen – meist in Form von Fäulnis – sind in der Regel die Folge von Kulturfehlern oder Beschädigungen der Pflanzen (hierher gehören auch Beschädigungen durch Anstechen und Saugen von Läusen und Spinnmilben an den Pflanzen!).

Bei zu hoher Luftfeuchtigkeit, vor allem aber bei zu hoher Bodenfeuchtigkeit während der Ruhezeit, treten Naßfäulen auf, die bei jenen hochsukkulenten Arten, deren Körper den Vegetationspunkt umschließt, meist tödlich sind. Stehen die Pflanzen dann noch bei zu niedrigen Temperaturen oder/und erhalten zu wenig Licht, haben die pilzlichen oder bakteriellen Erreger dieser Fäulen leichtes Spiel. Eine Bekämpfung ist nicht möglich. Das Vordringen der Fäulen kann bei verzweigt wachsenden Arten evtl. durch Rückschnitt bis in völlig gesunde Sproß- oder Wurzelteile verhindert werden.

Von den über 2000 Arten der *Aizoaceae* konnten hier nur wenige beschrieben werden. Wer sich eingehender mit dieser interessanten Pflanzenfamilie beschäftigen möchte, findet im »Handbuch der sukkulenten Pflanzen«, Band 3 Mesembryanthemaceae, von Hermann Jacobsen die wohl ausführlichste deutschsprachige Beschreibung aller bis 1955 bekannten Arten. Im Jahr 1981 ist vom gleichen Verfasser der Stoff bearbeitet worden und in sprachlich geraffter Form in »Das Sukkulentenlexikon«, 2. Auflage, veröffentlicht. Verlag Gustav Fischer, Jena und Stuttgart.

Amaranthaceae
Fuchsschwanzgewächse

Von dieser großen, 60 bis 65 Gattungen mit etwa 850 Arten umfassenden Familie werden nur wenige als Zierpflanzen gezogen. Von diesen am bekanntesten sind die Gattungen *Amaranthus* und *Celosia*. Fast alle Fuchsschwanzgewächse sind in den wärmeren Ländern aller Erdteile, besonders in Südamerika, verbreitet. Es sind ein- oder mehrjährige Kräuter, selten Sträucher oder gar kleine Bäume. Von den nahe verwandten *Chenopodiaceae* unterscheiden sie sich unter anderem durch die meist gefärbte oder hell-trockenhäutige Blütenhülle. Die oft farbigen Blüten sind vielfach zu stattlichen Blütenständen zusammengesetzt, so z.B. bei *Amaranthus* und *Celosia*.

Für Teppichbeete und Einfassungen werden *Alternanthera ficoidea* (L.) R.Br. ex Roem. et Schult. mit vielen Sorten, sowie *Iresine herbstii* Hook.f. und *I.lindenii* Van Houtte, ebenfalls mit verschiedenen Sorten, gezogen. Sie werden im Warmhaus überwintert und alljährlich im Winter neu aus Stecklingen vermehrt.

Aerva Forssk.
(abgeleitet von dem arabischen Namen der Pflanze)

Bekannt sind 10 Arten von einjährigen Kräutern, Stauden und Halbsträuchern, davon in Kultur

A. scandens (Roxb.) Wall. (*A. sanguinolenta* (L.) Bl.). Ihr Verbreitungsgebiet erstreckt sich über viele Teile Süd- und Südostasiens. Sie ist eine ausdauernde, krautige Pflanze mit kletternden Stengeln und unscheinbaren Blütenständen. In Kultur ist nur die Sorte 'Sanguinea' mit blutroten Blättern.

Vermehrung und Pflege entsprechen etwa der von *Fittonia*. Nur junge Pflanzen sind schön, deshalb sollte man sie immer wieder aus Stecklingen vermehren und ältere Pflanzen wegwerfen.

Amaryllis belladonna 'Parkeri Alba'

Amaryllidaceae
Amaryllisgewächse

Von den nahestehenden *Liliaceae* vor allem durch den unterständigen Fruchtknoten abweichend. Alle Arten sind krautartig und besitzen eine Knolle oder Zwiebel. Ihre Blätter sind im allgemeinen mehr oder weniger linear, die meist schön gefärbten, vielfach auch duftenden Blüten stehen bei den meisten in mehr oder weniger reichblütigen Blütenständen auf einem Blütenschaft. Sie sind von einer aus zwei oder mehr Blättern gebildeten Hochblatthülle umgeben. 85 Gattungen mit etwa 1100 Arten sind vorwiegend in den Tropen und Subtropen, einige auch in die nördlichen gemäßigten Gebiete ausstrahlend, besonders der südlichen Halbkugel verbreitet. Besonders viele Arten sind Südafrika zu eigen. Wichtige Blütenpflanzen unserer Gärten, vor allem im Vorfrühling und Frühling, sind Schneeglöckchen, Sommertürchen, Narzissen und Ixiolirion und für die Sommerblüte, unter guter Decke aushaltend, Alstroemeria-Arten.

Amaryllis L., Belladonnalilie
(Name einer von Virgil gefeierten Schäferin)

Nur 1 Art.

A. belladonna L., im Kapland. Die Belladonnalilie blüht vom Spätsommer bis zum Herbst. Ihre braune Zwiebel ist etwa faustgroß und birnförmig. Die Blätter sind rinnig, der Blütenschaft wird 50 bis 70 cm hoch und trägt an seiner Spitze 8 bis 12 cm große, hängende, rosenrote, duftende Blüten. Neben der Art gibt es eine ganze Reihe schöner Sorten. Um 1620 eingeführt.
Im Topf gezogen blühen Belladonnalilien fast nie. Am besten pflanzt man sie in einen in voller Sonne liegenden Kasten aus, der im Winter durch entsprechendes Abdecken frostfrei gehalten werden kann. Als Erde nehme man eine sandig-humose, lehmige Rasenerde, in die die Zwiebeln etwa 25 cm tief eingepflanzt werden. Dort lasse man sie 5 bis 6 Jahre unberührt stehen, ehe man sie in erneuerte Erde umpflanzt. Während des Wachstums gebe man ihnen ab und zu einen Dungguß. Von August an erscheinen die Blüten. Will man sich nicht an Ort und Stelle an ihnen freuen, schneide man sie ab und stelle sie in die Vase, wo sie sich lange halten. Die Blätter erscheinen nach den Blüten im Winter oder im frühen Frühjahr.

In einem solchen frostfrei zu haltenden Kasten – früher nannte man ihn »Kapkasten« – kann man noch eine Reihe anderer in unserem Klima nicht winterharter Gattungen pflanzen, so *Alstroemeria, Lycoris, Nerine, Pancratium* und *Sternbergia*, von *Liliaceae* z. B. *Brodiaea, Kniphofia, Triteleia*, von *Iridaceae* nicht winterharte *Iris*, von *Zingiberaceae Cautleya* und *Roscoea*. Vermehrung der Sorten ausschließlich durch Abtrennen der Nebenzwiebeln.

Chlidanthus Herb.
(griech. *chlide* = Prunk, *anthos* = Blüte)

Nur 1 Art.

C. fragans Herb. ist von den Anden Perus bis zum nordöstlichen Argentinien verbreitet. Sie hat etwa walnußgroße Zwiebeln, meist 6 bandartige, 12 bis 20 cm lange, fächerförmig gestellte Blätter, die zusammen mit den *Hemerocallis*-ähnlichen, duftenden gelben Blüten erscheinen. Diese sitzen in der Regel zu 2 bis 3 an einem bis 20 cm hohen Schaft und sind 7 bis 10 cm lang. 1820 eingeführt.
Zwiebeln werden heute ab und zu mit anderen Blumenzwiebeln angeboten. Die Blüten sind zwar nicht sehr haltbar, aber so schön und auffallend, dazu sehr gut duftend, daß man sie mit gutem Gewissen empfehlen kann. Vom Einziehen im Herbst an werden die Zwiebeln im Topf im Kalthaus trocken und frostfrei überwintert, Ende März wieder hervorgeholt, von der alten Erde befreit und in lehmige Rasenerde mit Zusatz alter Lauberde oder Torfmull und Sand wieder eingepflanzt. Mit Beginn des neuen Triebes müssen sie dann hell bei 10 bis 14° aufgestellt werden. Wie andere Zwiebelgewächse werden sie nach dem Abblühen ins Freie gestellt und dort gut weitergepflegt. Man kann sie auch wie bei *Amaryllis* geschildert in einen sog. Kapkasten auspflanzen. Aussaat lohnt sich im allgemeinen nicht, aber durch Abtrennen von Nebenzwiebeln beim Einpflanzen kann man seinen Bestand vermehren.

Clivia Lindl., Clivie
(Lady Charlotte Florentina Clive, Herzogin von Northumberland, gest. 1866)

Einer Beschreibung dieser altbekannten Zimmerpflanze bedarf es wohl nicht. In dem Buch »Zimmerpflanzen« ist ihre Pflege ausführlich beschrieben. Neben der verbreiteten **C. miniata** (Lindl.) Bosse aus Natal, wo sie an feuchten, schattigen Stellen zwischen Felsen oder im Wald wächst, wird hin und wieder einmal die unscheinbare **C. nobilis** Lindl. aus Südafrika gezogen. Ihre Blüten fallen zwar nicht sehr auf und sind auch sehr viel kleiner als die der bei uns allgemein verbreiteten Art, aber auch sehr schön. Die Blütenhülle ist auffallend gekrümmt, die etwa 2 cm langen Abschnitte haben grüne Spitzen, und der Griffel ragt aus der Blüte heraus. *C. miniata* wurde 1849, *C. nobilis* 1827 in England eingeführt.
Nur in Stichworten sei hier über ihre Pflege berichtet. Während des Wachstums reichlich gießen und bei etwa 18° halten. Von Oktober bis Dezember Ruhezeit geben durch Aufstellen bei etwa 10° und weniger gießen. Immer vor Sonne schützen. Im Sommer im Gewächshaus, im Zimmer oder im Freien pflegen. Ältere Pflanzen nur alle paar Jahre einmal umsetzen, dafür aber vom Abblühen an bis Ende Juli alle 10 bis 14 Tage einen Dungguß geben, am besten eine Volldüngerlösung, etwa Fertisal, 2 g auf 1 l Wasser. Als Erde nehme man eine Mischung aus grober alter Lauberde und lehmiger Rasenerde mit Zusatz von Sand und Hornspänen. Der Grund für Nichtblühen liegt fast immer darin, daß die Ruhezeit nicht strikt eingehalten wurde. Vermehrt wird am besten durch Abtrennen des einen oder anderen Nebentriebes. Durch Samen ist die Vermehrung langwierig, da es mindestens – beste Pflege vorausgesetzt – 3 Jahre von der Aussaat bis zur Blüte dauert, beim Liebhaber meist noch länger.

Crinum L., Hakenlilie
(griech. *krinon* = eine Lilie)

Etwa 110 in Tropen und Subtropen verbreitete, stattliche Pflanzen mit meist großer Zwiebel, deren Hals oft stammartig verlängert ist. Die Blätter sind meist lang und zahlreich, die Blüten groß, sitzend oder selten kurzgestielt in mehrblütiger Dolde auf meist hohem Schaft. Fast alle Arten brauchen sehr viel Platz, so daß sie deshalb für kleine Gewächshäuser nicht empfohlen werden können. Man wird sie also größeren botanischen Sammlungen überlassen müssen. Eine Ausnahme macht die folgende Art.

C. purpurascens Herb. wächst im tropischen Westafrika an den Ufern von Flüssen und Seen. Sie blüht nicht nur im Sommer, sondern auch zu anderen Jahreszeiten. Die nur kleinen Zwiebeln bilden viele Neben-

Amaryllidaceae 75

Clivia miniata

Fast alle anderen Arten können nur für große Gewächshäuser botanischer Gärten empfohlen werden, da sie sich nur dort zu voller Schönheit entwickeln. Sie verlangen sehr viel Platz, damit sie sich nach allen Seiten zu großen, reichblühenden Büschen auswachsen können. Für große Kalthäuser zu empfehlen sind *Crinum bulbispermum* (Burm.f.) Milne-Redh. et Schweickerdt (Südafrika), *C.macowanii* Bak. (Südafrika), *C.moorei* Hook.f. (Südafrika), *C.pedunculatum* R.Br. (Australien: Queensland, Neusüdwales), *C.pratense* Herb. (Indien); für große Warmhäuser *C.amabile* Donn (Sumatra), *C.asiaticum* L. (trop. Südostasien), *C.augustum* Roxb. (Mauritius, Seychellen), *C.jagus* (J. Thoms.) Dandy (trop. Westafrika), *C.latifolium* L. (trop. Asien), *C.erubescens* L.f. (trop. Südamerika), *C.virgineum* Mart. (Südbrasilien) *C.zeylanicum* L. (trop. Asien und Afrika) u.a.

Eucharis Planch.
(griech. *eucharis* = anmutig)

Allen Arten gemeinsam ist die durch die verbreiterten Staubfäden gebildete becherförmige Nebenkrone. Von den 10 im tropischen Südamerika beheimateten Arten wird heute wohl nur noch die in Peru und Ekuador heimische

E.amazonica Lind. et Planch. gezogen. Sie blüht mehrmals im Jahre. Ihre langgestielten, etwa 30 cm langen, dunkelgrünen Blätter stehen auf einer hühnereigroßen, braunhäutigen Zwiebel. Die duftenden reinweißen, bis 12 cm breiten Blüten stehen zu 3 bis 6 in einer Dolde auf einem kräftigen Schaft. Ihre besondere Schönheit zeigt unser Bild. Abgeschnitten sind sie nicht nur haltbar, sondern die kleinste Knospe blüht in der Vase noch auf. 1853 in Belgien eingeführt.

Vermehrt wird ausschließlich durch Abnehmen der sich in reicher Zahl bildenden Nebenzwiebeln. Am besten gedeihen sie ausgepflanzt, vor allem an einer Stelle, wo durch die unter dem Pflanzentisch liegenden Heizrohre eine milde Bodenwärme entsteht. Die Erdschicht – Einheitserde oder eine Mischung aus zwei Dritteln alter Lauberde und einem Drittel alter, lehmiger Rasenerde – braucht nur 15 bis 20 cm dick zu sein. Die Zwiebeln selbst sollen 3 bis 6 cm hoch mit Erde bedeckt sein. Nur alle 2 bis 3 Jahre wird man sie herausnehmen und in neue Erde umpflanzen, in der übrigen Zeit erneuere man im Spätwinter nur die oberste Schicht. Die Nachttemperatur

zwiebeln aus, so daß in kurzer Zeit ein dichter Busch entsteht. Die am Rande gewellten Blätter werden bis 30 cm lang, der Blütenschaft, selten über 30 cm hoch, trägt 5 bis 9 Blüten, deren dünne Röhre 12 bis 15 cm lang ist und etwa halb so lange Abschnitte hat. Die leuchtend roten Staubfäden ragen lang aus den rosafarbenen Blüten heraus. Eine schöne, regelmäßig blühende Art. 1826 in England eingeführt.

Das ganze Jahr hindurch können die Büsche durch Teilung vermehrt werden, ohne daß dadurch eine größere Störung hervorgerufen würde. Die Pflanzen müssen dauernd mit den Wurzeln unter Wasser stehen, das eine Temperatur von 20 bis 22° haben sollte. Dies ist auch im kleinen Gewächshaus gut zu machen, indem man den Topf in ein größeres, stets mit Wasser gefülltes Gefäß stellt. 18 bis 22°, also richtiges Warmhausklima das ganze Jahr hindurch, dabei viel Helligkeit, im Winter auch Sonne, sind die einzigen Vorbedingungen für üppiges Wachsen und reichliches Blühen. Die Erde sei lehmig.

C. × powellii hort. *(C.bulbispermum × C.moorei)*, in England um 1858 entstanden, ist ein in geschützter Lage im Garten unter guter Laub-, Torfmull- oder Reisigdecke völlig winterhartes *Crinum*, das ungestört jahrzehntelang am gleichen Platz stehenbleiben sollte. Die Zwiebeln müssen sehr tief in lehmigen, aber durchlässigen Boden gepflanzt werden. Sie bringen dann Jahr für Jahr ihre schönen und stattlichen Blüten, die zu 6 bis 8 auf 60 bis 80 cm hohen Schäften erscheinen.

Amaryllidaceae

hat kleine Zwiebeln, rinnige Blätter und im Sommer erscheinende rosafarbene, nach und nach weiß werdende große Blüten auf einblütigem Schaft. 1828 in England eingeführt. Auch andere Arten sind zu empfehlen.
Vermehrung und Pflege gleichen der von *Vallota*.

Haemanthus L., Blutblume
(griech. *haima* = Blut, *anthos* = Blüte)

Etwa 50 Arten von sehr unterschiedlicher Tracht sind in Afrika von Abessinien bis zum Kapland verbreitet. Verwandtschaftlich stehen sie den Clivien sehr nahe. Wie diese tragen sie fleischige Beerenfrüchte. Die Hüllblätter der reichblütigen Dolde sind oft groß und auffallend gefärbt, am Grunde verwachsen. Die fadenförmigen Staubblätter ragen meist weit aus der Blüte heraus und geben oft dem ganzen Blütenstand sein besonderes Gepräge. Einige Arten sind als Zimmer-, Kalt- und Warmhauspflanzen verbreitet, andere harren noch der Einführung.

1. Arten mit dickfleischigen Blättern

H.albiflos Jacq., das Elefantenohr, aus Südafrika, ist seit mehr als 200 Jahren als Zimmerpflanze verbreitet. Es fällt auf durch seine 2 bis 4 immergrünen oder gleichzeitig mit dem Blütenstand erscheinenden, 15 bis 20 cm langen und halb so breiten, dickfleischigen, am Rande gewimperten Blätter. Der kurze Schaft trägt eine

Crinum × powellii
Eucharis grandiflora

liegt am besten zwischen 15 und 18°, über Tag soll die Wärme auf 18 bis 20° ansteigen. Auch in mehr breiten als hohen Schalen kann man sie ziehen, doch blühen sie dann meist nicht so häufig wie die ausgepflanzten Exemplare. Bei Sonne ist zu schattieren und für die nötige Luftfeuchtigkeit zu sorgen.

Habranthus Herb.
(griech. *habros* = reizend, *anthos* = Blüte)

Den *Zephyranthes* nahe verwandt, von manchen Botanikern sogar mit diesen vereinigt, umfaßt die Gattung 18 bis 20 südamerikanische Arten, von denen **H.tubispathus** (L'Hérit.) Traub, Südbrasilien, Uruguay, Ostargentinien, Südchile, eine schön blühende Kalthauspflanze ist. Sie

dichtblütige Dolde weißer Blüten, aus denen die weißen Staubfäden mit den gelben Staubgefäßen weit herausragen. 1774 in England eingeführt.

H. coccineus L. entwickelt rote Blüten im Herbst und Vorwinter, wie vorige Art in Südafrika heimisch, mit zwei im Winter erscheinenden, zungenförmigen, bis 60 cm langen und 15 bis 20 cm breiten Blättern. 1629 in England eingeführt. Ähnlich, aber mit gewimperten Blättern und im Frühjahr erscheinenden roten Blüten ist *H. tigrinus* Jacq. 1790 in England eingeführt.

2. Arten mit dünnen, häutigen Blättern

H. katherinae Bak. aus Natal, im Juli und August blühend, ist wohl heute die verbreitetste der Gruppe. Sie bildet einen kräftigen, bis 15 cm hohen Stamm, auf dem 4 bis 5 große Blätter stehen, deren Stiel rot gefleckt ist. Der Blütenschaft erscheint gleichzeitig mit den Blättern, meist aber etwas später. Er ist bis 30 cm lang, am Grunde gefleckt und trägt eine dichte Blütendolde, die bis 25 cm Durchmesser aufweisen kann. Die langgestielten Blüten sind leuchtend rot. 1877 in England eingeführt.

Weitere empfehlenswerte Arten dieser Gruppe sind *H. cinnabarinus* Decne., *H. magnificus* Herb., *H. multiflorus* Martyn, *H. natalensis* Pappe ex Hook., *H. puniceus* L. Diese Arten werden auch heute noch in manchen botanischen Sammlungen gezogen.

Die Arten der ersten Gruppe, vor allem das Elefantenohr, gehören in das kühle Zimmer an ein helles Fenster oder in das Kalthaus, wo sie zusammen mit anderen Sukkulenten ausgezeichnet wachsen. Sie werden in lehmiger Erde gehalten, brauchen aber nur alle paar Jahre einmal umgepflanzt zu werden. Vermehrt wird durch Aussaat direkt nach der Samenreife, doch dauert es einige Jahre bis zur Blühfähigkeit. Bei älteren Pflanzen können die Seitenzwiebeln abgenommen werden. Abgetrennte und einmal durchgeschnittene Blätter der dickblättrigen Arten entwickeln – in einen trockenen Raum gelegt – nach einigen Wochen an den Schnittflächen kleine Pflänzchen, die abgetrennt und wie Sämlinge weiterbehandelt werden.

Die Arten der zweiten Gruppe vertragen etwas mehr Wärme und eine ausgesprochene Trockenzeit im Winter, bei der aber vor allem bei *H. katherinae* die Blätter nicht ganz absterben sollen, man also ganz mä-

ßig weitergießen muß. Im Winter genügen 12°, von Beginn des neuen Triebes, also Ende Februar, Anfang März, bis zum Herbst sollte die Wärme zwischen 14 und 16° betragen. Alle 2 bis 3 Jahre wird in eine Mischung aus Laub- und lehmiger Rasenerde mit Sandzusatz verpflanzt, und zwar so, daß die Zwiebeln zur Hälfte in die Erde kommen. Wenn der neue Trieb sich regt, also im Laufe des März, ist die beste Verpflanzzeit. Gut eingewurzelte Pflanzen sind vom Triebbeginn an bis zum Aufblühen wöchentlich leicht zu düngen, etwa mit 1 g Volldünger auf 1 l Wasser. Vermehrung der Arten dieser Gruppe durch Teilung

Haemanthus katherinae
Hippeastrum-Hybride

oder Aussaat. Bei letzterer dauert es zweieinhalb bis dreieinhalb Jahre bis zur ersten Blüte.

Hippeastrum Herb., »Amaryllis«, Ritterstern
(griech. *hippeus* = Ritter, *astron* = Stern)

Etwa 75 Arten schönblühender Zwiebelpflanzen, deren Verbreitungsgebiet sich von Mexiko und Westindien bis nach Südbrasilien und Chile erstreckt. Von den vielen schönen Arten dieser Gattung werden heute fast keine mehr gezogen, statt ihrer jedoch viele Hybriden, die aus Kreuzungen verschiedenster Arten wie *H. aulicum*, *H. leopoldii* Dombr., *H. psittacinum* (Ker-Gawl.) Herb., *H. puniceum* (Lam.) O. Kuntze, *H. striatum* (Lam.) H.E. Moore, und *H. vittatum* (L'Hérit.) Herb. hervorgegangen sind. Auch die reinen Arten mit ihren kleineren Blüten haben ihren Reiz. Sie sind leider kaum noch zu bekommen, doch könnte es durchaus eine befriedigende Aufgabe für interessierte Liebhaber sein, sie zu sammeln.

H. aulicum (Ker-Gawl.) Herb., in Wäldern Mittelbrasiliens vorkommend, bei uns in der Regel von Januar bis März blühend, wird neuerdings wieder angeboten. Die Blätter gleichen denen der Hybriden, nur sind sie immergrün, da diese Art im Winter keine Ruhezeit, bei der die Blätter absterben, durchmacht. Sie ist also nicht nur ein schöner Blüher, sondern auch eine stattliche Blattpflanze. Die großen Blüten sind lebhaft karmin- bis scharlachrot und leuchten in der Sonne, als seien sie mit Goldstaub bepudert. Am Grunde, manchmal auch an den Spitzen der Abschnitte sind sie grün. 1819 in England eingeführt. Häufiger als die Art wird var. **robustum** (Otto et A. Dietr.) Voss gezogen, die wesentlich kräftiger wächst und viele Nebenzwiebeln treibt. Sie liebt einen halbschattigen Standort und ist das ganze Jahr hindurch im Zimmer oder Gewächshaus zu halten. Um 1850 in Deutschland in Kultur.

Sowohl die als Eltern der Hybriden genannten Arten als auch andere hier nicht genannte können empfohlen werden.

Die großblütigen **Hippeastrum-Hybriden** verlieren im Spätherbst ihre Blätter. Sie machen von Oktober bis Mitte Februar eine Ruhezeit durch, während der sie nicht gegossen werden dürfen und bei einer Wärme von etwa 16°, keinesfalls kühler, gehalten werden sollen. Sobald sich ein Blütentrieb an der Zwiebel zeigt – dies wird meist von Januar bis Ende März der Fall sein – setzt man den Topf an das Fenster des Wohnzimmers oder auf den Tisch des Warmhauses, gibt aber erst dann Wasser, wenn der Blütenstiel handhoch geworden ist. Bei früherer Wassergabe entwickeln sich oft die Blätter zu rasch auf Kosten der Blüten. Nach der Blüte wird der Blütenstiel kurz über der Zwiebel abgeschnitten. Entweder kurz vor dem Aufstellen oder kurz nach dem Abblühen wird die alte Erde ausgeschüttet und die Zwiebel in den gleichen Topf, aber in frische Erde wieder eingepflanzt. Dabei soll sie so gepflanzt werden, daß sie etwa zur Hälfte aus der Erde herausragt. Von jetzt an bis Anfang August wird reichlich gegossen und nach genügender Wurzelbildung wöchentlich einmal mit einer Volldüngerlösung (2 g Dünger auf 1 l Wasser) gegossen. Während der ganzen Wachstumszeit sollen die Pflanzen hell und sonnig stehen.

Den Sommer über kann man sie auch ins Freie stellen, doch nur solange die Temperaturen nicht unter 12° sinken. Deshalb ist die Kultur in einem Frühbeetkasten unter aufgelegten, bei warmem Wetter gelüfteten Fenstern der Kultur im Freien in jedem Fall vorzuziehen. Von August an gibt man ihnen viel Licht und Sonne, aber keinen Dünger mehr. Auch die Wassergaben werden verringert, damit die Zwiebeln gut ausreifen und bis zum Oktober ihre Blätter verloren haben.

Die häufig in den Samengeschäften angebotenen *Hippeastrum*-Zwiebeln pflanze man gleich nach dem Kauf in der oben geschilderten Weise ein. Man nehme dazu Einheitserde oder eine Mischung aus einem Drittel Laub-, einem Drittel humoser Kompost- und einem Drittel lehmiger Rasenerde mit Sandzusatz.

Will man selbst »Amaryllis« aus Samen ziehen, ja etwa neue Sorten durch Einkreuzen reiner Arten züchten, dann muß künstlich bestäubt werden. Daß dazu nur die schönsten Blüten genommen werden, ist wohl selbstverständlich. Der Samen wird innerhalb weniger Wochen reif und sollte dann sofort ausgesät werden. Die ersten zwei Jahre werden die Sämlinge warm und ohne Ruhezeit kultiviert, damit sie recht schnell heranwachsen und bald blühfähig werden. Die ersten Blüten darf man, gute Kultur vorausgesetzt, an zwei- bis dreijährigen Sämlingen erwarten.

Hymenocallis Salisb.
(griech. *hymen* = Haut, *kallos* = schön)

Diese Gattung ist im tropisch-subtropischen Amerika, nördlich bis Missouri und Illinois, verbreitet. Viele von ihren rund 50 Arten sind Strandpflanzen. Sie sind mit der Gattung *Eucharis* verwandt und haben wie diese in den auffallenden Blüten eine Nebenkrone.

1. Arten mit ausgesprochener Ruhezeit im Winter

H. amancaës (Ruiz et Pav.) Nichols. (*Ismene amancaës* Herb.) stammt aus Peru, wird 60 bis 80 cm hoch, hat je Zwiebel 4 bis 5 Blätter, einen zweischneidigen Blütenschaft, an dem 3 bis 6 sitzende oder kurzgestielte, sehr große, duftende gelbe Blüten hängen, die im Juni, Juli erscheinen. 1808 in England eingeführt.

H. narcissiflora (Jacq.) Macbr. (*Ismene calathina* (Ker-Gawl.) Herb.) aus Peru und Bolivien blüht ebenfalls im Juni bis Juli, ist aber im ganzen größer, hat einen 60 bis 100 cm hohen Schaft mit 2 bis 6 doldigen, sitzenden, duftenden weißen Blüten. Diese Art wird wesentlich häufiger angeboten als die vorige. 1769 eingeführt.

Eigene Vermehrung durch Nebenzwiebeln ist sehr langwierig, besser ist es deshalb, die Zwiebeln zu kaufen. Im Winter werden die Zwiebeln trocken und kühl, aber frostfrei aufgehoben, Ende März in lehmige Erde eingetopft, bei 8 bis 12° angetrieben und von Mitte Mai an ins Freie gesetzt oder sogar an sonniger Stelle im Garten ausgepflanzt. Bei Einhalten der Ruhezeit, frühzeitigem Antreiben von Ende März an, regelmäßigem Düngen bis zum Erblühen, Entfernung der Brutzwiebeln werden beide Arten jährlich von neuem blühen.

2. Arten für das Warmhaus ohne ausgesprochene Ruhezeit

H. caribaea (L.) Herb. aus Westindien blüht zu verschiedenen Jahreszeiten. Auf hohem Schaft sitzt eine Dolde mit 6 bis 12 großen weißen, sehr wohlriechenden Blüten. Vor 1800 eingeführt.

H. × macrostephana Bak. (*H. narcissiflora × H. speciosa*) ist ein Herbstblüher, der aber auch bisweilen zu anderen Jahreszeiten Blüten bringt. Mit seinem dichten Blätterbusch und der 9- bis 15blütigen Dolde auf hohem Schaft, die sehr große, schneeweiße, nach Vanille duftende Blüten trägt, wohl die schönste Art.

Ihr ähnlich ist *H. tubiflora* Salisb. (*H. undulata* (H.B.K.) Herb.) aus dem nördlichen Südamerika und *H. speciosa* (L.f. ex Salisb.) Salisb. aus Westindien.

Die Vermehrung durch Teilung oder Abtrennen der Brutzwiebeln ist nicht schwierig. Alle sechs Arten sind ausgesprochene Warmhauspflanzen von gleicher Kultur wie *Eucharis*, nur daß sie besser als diese auch in Töpfen oder Schalen gezogen werden können.

Ähnlich *Hymenocallis* sind Arten der Gattung *Pancratium* L. wie *P. illyricum* L. und *P. maritinum* L. Gerade letztere wird so mancher schon am Mittelmeer gesehen haben. Leider wachsen sie in Kultur aber nicht so gut wie in ihrer Heimat oder in anderen subtropischen Ländern. Man sollte sich deshalb mit den in unserem Klima leichter blühenden *Hymenocallis*-Arten begnügen.

Nerine Herb.
(lat. Nerine, eine der 50 Töchter, d.h. Nereïden des Meergottes Nereus, Gestalten der griechischen Mythologie)

Von den 30 in Südafrika heimischen Arten wird eine Reihe ihrer schönen Blüten we-

Sprekelia formosissima

gen vor allem als Schnittblumen angebaut. Alle sind Zwiebelpflanzen mit riemenförmigen Blättern, die zugleich mit dem Blütenstand oder erst später sich entwickeln. Die Blüten erscheinen in mehrblütiger Dolde auf kräftigem Schaft.

Wer einmal blühende Nerinen in milderen Teilen Englands oder in subtropischen Ländern in den Gärten gesehen hat, der möchte sie auch zu Hause ziehen und ist dann enttäuscht, wenn sie dort nur wenig oder gar nicht blühen. Das liegt wohl daran, daß die eigentliche Wuchsperiode in die bei uns so dunklen Wintermonate fällt, in der dann die für die Entwicklung notwendige heimatliche Sonne und Wärme fehlt. Es lohnt sich deshalb für den Liebhaber nicht, Nerinen auf längere Zeit ziehen zu wollen.

Man kaufe sich besser einige blühende Stiele im Blumengeschäft, stelle sie in die Vase und freue sich an ihnen, ehe man wertvollen Platz für sie im Gewächshaus opfert.

Nur 1 Art, **N.bowdenii** W.Wats., hält bei uns unter guter Winterdecke – etwa vor eine Südwand gepflanzt – im Freien aus.

Sprekelia Heist., Jakobslilie
(Johann Heinrich von Sprekelsen, 1691 bis 1764, Hamburger Richter, Besitzer eines schönen Gartens und einer botanischen Bibliothek)

Nur 1 Art.

S.formosissima (L.) Herb., in Mexiko und Guatemala, die schon seit Ende des 16. Jahrhunderts in Europa gezogen wird. Sie blüht bei uns im Frühling. Die Zwiebeln sind schwärzlich, etwa 15 cm im Durchmesser. Ihnen entspringen zusammen mit den Blüten oder etwas später 3 bis 6 flach-linealische, 30 bis 45 cm lange und dabei nur 2 cm breite Blätter. Der bis 30 cm hohe Blütenschaft ist hohl und trägt eine einzige samtig-dunkelscharlachrote, 8 bis 10 cm lange Blüte, deren Form mit dem roten Kreuz der Ritter von St. Jakob von Calatrava verglichen wurde, daher der deutsche Name Jakobslilie. Bereits 1593 in Österreich in Kultur.

Vermehrung und Pflege gleichen der der Hippeastrum-Hybriden. Wie diese verlangen sie eine ausgesprochene, sich vom November bis zum März, April erstreckende Ruhezeit. Sobald die Blütenschäfte erscheinen – und das ist meist wesentlich später der Fall als bei *Hippeastrum* –, kann wieder gegossen werden. Überwinterung am besten bei 10 bis 12°. Während des Sommers Kultur im kalten Kasten unter Glas, in warmen Jahren auch im Freien, immer in voller Sonne.

Vallota Salisb. ex Herb.
(Pierre Vallot, 1594 bis 1661, franz. Arzt und Botaniker, gab 1623 eine Beschreibung der Gärten Ludwig XIII. heraus)

Nur 1 Art.

V.speciosa (L.f.) Dur. et Schinz (*V.purpurea* (Ait.) Herb.), Südafrika. Sie ist schon seit mehr als 150 Jahren als Zimmerpflanze gezogen worden. Auch heute noch ist sie in manchen Gegenden weit verbreitet, während sie in anderen völlig fehlt. Sie hat eine braune Zwiebel, welcher immergrüne, linealische, fächerförmig gestellte, bis 40 cm lange und bis 3 cm breite Blätter entspringen. Von Juni bis September treibt sie bis 30 cm hohe Schäfte, die in eine 3- bis 10blütige Dolde enden. Die Blüten sind purpurrot, 8 cm breit, mit gelben Staubbeuteln. Kräftige Zwiebeln können nacheinander mehrere Blütenschäfte bringen. 1774 in England eingeführt.

Vermehrung und Pflege ähneln der von *Hippeastrum*, doch sollen die Blätter während der Ruhezeit erhalten bleiben. Überwintert wird recht kühl, am besten bei 5 bis 10°, hell und bei mäßigem Gießen. Beim Verpflanzen im Frühjahr sollen die Zwiebeln zu einem Drittel aus der Erde – einer Mischung aus Laub- und sandig-lehmiger Kompost- oder Rasenerde – herausragen. Vermehrung durch Abtrennen der Seitenzwiebeln ist nicht schwierig. Doch entferne man sie nie alle, lasse vielmehr 4 bis 5 an jeder Pflanze, damit man im Laufe der Zeit Töpfe mit mehreren blühfähigen Zwiebeln bekommt.

Worsleya (W. Wats. ex Traub) Traub, Blaue »Amaryllis«
(Archington Worsley, 1861 bis 1943, englischer Bauingenieur und Gärtner)

Diese nahe mit *Hippeastrum* verwandte Gattung enthält nur die folgende Art.

W.rayneri (Hook.f.) Traub et Moldenke (*Amaryllis procera* Duchartre, *Hippeastrum procerum* (Duchartre) Lem.) stammt aus dem Orgelgebirge Brasiliens, wo sie in praller Sonne auf glatten, von Wasser überrieselten Felsplatten wächst. Die häutige Zwiebel hat einen langen, oberirdischen, stammartigen Hals, auf dessen Ende in zwei Reihen die 50 bis 90 cm langen und bis 7,5 cm breiten, auffallend sichelförmigen Blätter stehen. Die heller oder dunkler violettblauen Blüten haben einen gelblichweißen Schlund und stehen zu 4 bis 10 am Ende eines hohlen Schaftes. 1863 eingeführt, in Deutschland um 1935 durch Blossfeld.

Nur selten einmal werden Samen angeboten, die möglichst bald nach der Reife im Warmhaus auszusäen sind. Doch dauert es viele Jahre, bis sich daraus blühfähige Pflanzen entwickelt haben. Man pflanzt sie in ein recht lockeres Material, etwa in Farnwurzeln und Sphagnum (aber auch Fruhstorfer Erde wäre versuchenswert) und hält sie hell und sonnig bei einer Wintertemperatur von 12 bis 18°. Die Töpfe gehören in Untersetzer mit Wasser. Die

Hymenocallis speciosa

Vallota speciosa

Pflanze macht keine Ruhezeit durch. In den Wintermonaten aber sollte man zwar reichlich gießen, jedoch kein Wasser im Untersatz stehen lassen. Die Blaue »Amaryllis« ist eine Kostbarkeit, die bisher nur in wenigen botanischen Sammlungen mit Erfolg kultiviert wird.

Zephyranthes Herb., Zephirblume
(griech. *zephyros* = Westwind, *anthos* = Blüte)

35 bis 40 Arten kleiner Zwiebelgewächse aus dem wärmeren Amerika und Westindien. Sie haben meist linealische oder riemenförmige Blätter, die zusammen mit den Blüten erscheinen. Diese stehen einzeln auf einem Schaft und sind weiß, rosa, purpurn, gelb oder zweifarbig.

Z. atamasco (L.) Herb. wächst in den USA von Virginia bis South Carolina, Florida und Alabama, wo sie feuchte Plätze bevorzugt und von März bis Mai blüht. Die Zwiebeln haben einen nur kurzen Hals, die Blüten sind reinweiß mit grün gezeichneter Röhre. Bereits vor 1629 in Kultur.

Z. candida (Lindl.) Herb. wächst entlang dem La Plata in Sümpfen. Ihre Zwiebeln haben einen bis 5 cm langen, braunhäutigen Hals. Die Blätter sind fast stielrund, binsenartig und überdauern den Winter, die krokusähnlichen Blüten sind weiß und erscheinen im Sommer. 1821 in England eingeführt.

Z. grandiflora Lindl. (*Z. carinata* (Spreng.) Herb.) kommt von Südmexiko und Guatemala. Die eiförmige Zwiebel hat einen nur kurzen Hals, die Blätter sind linealisch. Die im Frühling und Sommer erscheinenden Blüten sind lebhaft rosa. 1824 in England eingeführt.

Z. rosea (Spreng.) Lindl. wächst in den Bergen Kubas und Guatemalas. Sie hat eine bis 2 cm dicke, fast halslose Zwiebel mit etwa 5 mm breiten, linealischen Blättern und lebhaft roten Blüten mit kurzer grünlicher Röhre. Sie blüht im Herbst, aber auch hie und da zu anderen Zeiten. 1823 in England eingeführt.

Z. tubiflora (L'Hérit.) Schinz (*Z. aurea* (Ruiz et Pav.) Bak.) kommt in ihrer peruanischen Heimat vorwiegend auf Getreidefeldern vor. Sie hat linealische, leicht sichelförmig gebogene Blätter und tief orangefarbene Blüten, die bei uns im Spätsommer erscheinen. Leider ist diese besonders schöne Art in den Sammlungen sehr selten geworden.

Vermehrung am besten durch Ablösen der reichlich erscheinenden Nebenzwiebeln. Alle Arten gehören ins Kalthaus oder an das helle Fenster eines kühlen Raumes. Ihre Zwiebeln werden im März zu 5 bis 6 in 12 cm große Töpfe gelegt, und zwar so, daß ihre Spitze mit der Erde abschließt. Nur die im Vorfrühling blühende Z. atamasco kommt im Oktober in die Erde. Am besten eignet sich bei allen eine Mischung aus lehmigem Kompost und alter Lauberde oder aber Einheitserde. Verpflanzt wird nur alle 5 bis 6 Jahre, da gut durchwurzelte Pflanzen am besten blühen. Nach dem Abblühen werden sie trockner gehalten und an einen luftigen, recht sonnigen Platz gestellt, damit die Zwiebeln gut ausreifen können. Erst wenn diese beginnen, wieder auszutreiben, wird nach und nach reichlicher gegossen. Alle Arten sind ihrer schönen Blüten wegen als dankbare Zimmer- und Kalthauspflanzen zu empfehlen.

Zephyranthes candida

Anacardiaceae
Sumach- oder Terebinthengewächse

Von den 60 Gattungen mit etwa 600 Arten wachsen die meisten in den Tropen und Subtropen der ganzen Welt, nur wenige finden sich im temperierten Klima. Von den Bäumen und Sträuchern sind viele wichtige Obstpflanzen warmer Gebiete, so Mango (*Mangifera indica* L.), Cashew nut (*Anacardium occidentale* L.) und Mombipflaume (*Spondias* L.) in verschiedenen Arten. In unseren Gärten finden wir als schöne Ziersträucher Arten der Gattungen *Rhus* L. und *Cotinus* Mill.; als Kalthauspflanzen sieht man hier und da Arten

Pistacia lentiscus

der Gattung *Pistacia* L., so *P. lentiscus* L., den Pistakistrauch, *P. vera*, die Pistakinuß, und *P. terebinthus* L., die Terpentin-Pistazie. Samen und Jungpflanzen werden bisweilen von Urlaubsreisenden aus dem Mittelmeerraum mit nach Hause gebracht. Sie wachsen zu dichtverzweigten Sträuchern mit gefiederten, bei *P. lentiscus* und *P. vera* immergrünen, bei *P. terebinthus* sommergrünen Blättern heran. Ihnen allen sind die unauffälligen, zweihäusigen Blüten, in zusammengesetzten Trauben oder Rispen erscheinend, gemeinsam. Im Winter gehören sie ins Kalthaus, im Sommer dagegen können sie recht hell, warm und sonnig im Freien stehen. Als Erde eignet sich jede lehmige Mischung. Vermehrt wird durch Aussaat. Alle drei Arten wachsen zu recht dekorativen Sträuchern heran, die im Sommer auf der Terrasse fremdartig wirken und an ihre Heimat erinnern.

Apocynaceae
Hundsgiftgewächse

Die Familie ist mit mehr als 1500 Arten in etwa 180 Gattungen in den Subtropen und Tropen der ganzen Welt verbreitet, nur wenige Gattungen kommen in temperierten Gebieten vor. Die meisten sind Holzpflanzen, darunter viele Lianen, nur wenige, meist die in temperierten Gebieten vorkommenden, sind ausdauernde Kräuter. Alle führen Milchsaft in ungegliederten Röhren und sind giftig. Die meist gegenständigen Blätter sind einfach und ganzrandig. Die Blüten erscheinen vielfach in reichblütigen, zusammengesetzten Blütenständen und sind auf die Bestäubung durch Insekten angewiesen. Sie sind fünfzählig und strahlig, die Staubblätter untereinander frei, ebenso, im Gegensatz zu den nahestehenden Asclepiadaceae, die Staubkörner, die höchstens einmal zu je 4 vereinigt sind.

Manche Arten liefern wertvolle Heilmittel, wie zum Beispiel *Strophanthus* DC. (Herzmittel) und *Rauvolfia* L. (blutdrucksenkendes Mittel), andere von den Eingeborenen benutzte, sehr wirksame Pfeilgifte. Für den Garten wertvoll ist *Vinca minor*, das Singrün. Eigenartige sukkulente Gattungen haben wir in *Adenium* und *Pachypodium*.

Acokanthera G. Don, Giftschön
(griech. *akis* = Spitze, *anthera* = Staubbeutel, wegen der oben zugespitzten Staubbeutel)

Nahe mit *Carissa* verwandte Gattung, von dieser aber u.a. abweichend durch den hochgradig giftigen Milchsaft und die achselständigen Blütenstände. Etwa 15 Arten von Sträuchern und kleinen Bäumen in Arabien, dem östlichen tropischen Afrika und Südafrika.

A. oblongifolia (Hochst.) Codd. (*A. spectabilis* (Sond.) Hook.f., *Carissa spectabilis* (Sond.) Pichon) aus Südwestafrika ist ein bis 5 m hoher, immergrüner Strauch oder kleiner Baum mit dunkelgrünen, eiförmigen bis elliptischen, bis 12 cm langen Blättern und weißen, stark duftenden, in achselständigen, kugeligen Blütenständen erscheinenden Blüten.

Die schönste Art ist *A. oblongifolia*, in botanischen Sammlungen findet man außerdem die ähnliche, aber weniger auffallende *A. oppositifolia* (Lam.) Codd. (*A. venenata* auct. non (Thunb.) Pichon), heimisch im tropischen Ost- und in Südafrika. Der Saft beider Arten, vor allem aber der von *A. oppositifolia*, ist sehr giftig, weshalb ihre Wurzeln von den Eingeborenen zu Pfeilgift verarbeitet wurden. Man muß sich also hüten, beim Schneiden der Stecklinge Milchsaft in eine Wunde zu bekommen. Das könnte gefährliche Folgen haben, deshalb stets beim Schneiden Handschuhe tragen! Man vermehrt sie durch Stecklinge im geschlossenen, warmen Vermehrungsbeet. Schon junge Pflanzen blühen, am schönsten aber sind ältere Büsche, die während ihrer Blüte von Februar bis April dem ganzen Gewächshaus ihren starken Duft mitteilen. Ausgepflanzt entwickeln sie sich noch besser als im Topf, doch kommt dies nur für größere Warmhäuser Botanischer Gärten in Betracht. Im Winter stehen sie am besten bei einer Nachttemperatur von 12 bis 15°, tagsüber und im Sommer kann die Temperatur entsprechend ansteigen. Einheitserde oder grobe Lauberde mit Zusatz von Torfbrocken und lehmiger Rasenerde sagt ihnen zu.

Adenium Roem. et Schult., Wüstenrose
(wahrscheinlich nach der Stadt Aden im Südwesten Arabiens)

Sukkulente Sträucher oder kleine Bäume, am Grunde knollenartig verdickt, mit fleischigen, dicken Ästen, an deren Ende eine Rosette während der Trockenzeit abfallender Blätter erscheint. An den endständigen, kurzgestielten Blütenständen sitzen mehrere große, karmin- bis weißlichrote Blüten. Diese sind aus enger Röhre trichterförmig mit fünf breiten, zurückgeschlagenen Abschnitten. Die Staubblätter tragen lange, mehr oder weniger behaarte Anhängsel. Der weißliche Saft ist sehr giftig. Die Gattung ist verbreitet in den Trockengebieten des südlichen Arabiens, des tropischen Afrikas und der Insel Sokotra. Bei den bisher beschriebenen Arten sind sich die Botaniker nicht klar, ob es sich dabei nicht nur um Variationen einer einzigen, formenreichen Art handelt.

Fast ausschließlich gezogen wird heute

A. obesum (Forssk.) Roem. et Schult. Es ist verbreitet in den Dornsavannen und Felsfluren Südarabiens sowie von Uganda bis Moçambique, in Kenia und Tansania. Auf die Art trifft die oben gegebene Beschreibung der Gattung zu. An den Blütenständen befinden sich 2 bis 10 große rosa Blüten.

ssp. **multiflorum** (Klotzsch) Codd. aus Transvaal ist besonders reichblütig und hat 6 cm breite, karminrote Blüten. Diese erscheinen von Mitte März bis Ende Juli und nach kurzer Ruhezeit nochmals von Mitte September bis in den Oktober hinein. Die Einzelblüte ist 8 bis 10 Tage lang geöffnet.

Bei der nicht schwierigen Vermehrung durch Aussaat dauert es 3 bis 4 Jahre, ehe die ersten Blüten erscheinen, deshalb ist es für den Erwerbsgärtner vorteilhafter, die Äste auf den der Gattung nahestehenden Oleander zu veredeln. Dabei wird nicht die für die Art typische Knolle entwickelt, sondern die Äste wachsen ohne diese in die Höhe, blühen aber dafür schon in kurzer Zeit. Im Handel werden heute ausschließlich veredelte Pflanzen angeboten. Man beachte bei der weiteren Kultur, daß Sämlingspflanzen während der in den Winter fallenden Ruhezeit sehr trocken zu halten sind, während auf Oleander veredelte auch dann mäßig gegossen werden müssen. Voraussetzung für gutes Gedeihen und reiches Blühen ist ein möglichst heller Stand in voller Sonne, während der Ruhezeit Temperaturen um 15°, im Sommer Nachttemperaturen um 18 bis 20°, die bei Sonne entsprechend ansteigen können. Einmal jährlich wird – am besten im Spätsommer – in Einheitserde oder eine Mischung aus gleichen Teilen lehmiger Rasenerde und Torf umgepflanzt, doch wähle man dazu immer nur wenig größere Töpfe. Wüchsige Pflanzen können von April bis Ende August alle 14 Tage einen Dungguß mit Mairol oder einem ähnlichen Dünger bekommen, doch nehme man stets nur die Hälfte der für andere Pflanzen angegebenen Menge.

Wie bei allen Hundsgiftgewächsen ist auch der Milchsaft von *Adenium* sehr giftig, also Vorsicht beim Abschneiden der Äste und beim Veredeln, zumal ja auch der Saft des als Unterlage benutzten Oleanders giftig ist. Außerdem stelle man sie da, wo Kleinkinder sind, so, daß sie von Kinderhand nicht erreicht werden können. Die Wüstenrose ist eine der schönstblühenden Pflanzen für das warme Gewächshaus und ein helles Fenster im warmen Zimmer.

Allamanda L.
(Frederik Allamand, um 1735 bis nach 1776, Schweizer Botaniker, der um 1770 in Surinam sammelte und Samen von *Allamanda* an Linné sandte)

15 Arten von Bäumen, Sträuchern oder Lianen, meist in Brasilien heimisch, mit quirl-, gegen- oder seltener wechselständi-

gen Blättern und sehr großen, an den Enden der Zweige sitzenden gelben oder violetten Blüten.

A. cathartica L. Eine formenreiche, im nördlichen Südamerika heimische Art, die heute in vielen Tropenländern gezogen wird und von dort aus den Gärten häufig auswandert. In der Heimat wächst sie häufig in Mangrovesümpfen und entlang der Wasserläufe in den Tiefländern. Dort blüht sie fast das ganze Jahr hindurch, bei uns ununterbrochen von April bis in den November. Der Typ und manche Sorten klettern bis 10 m und höher. Die glänzenden, meist glatten Blätter stehen in Paaren oder Quirlen zu drei oder vier. Die sehr großen Blüten finden sich zu 10 bis 12 in achsel- oder endständigen, unregelmäßigen Trugdolden, öffnen sich nacheinander, duften und sind gelb mit hellerem Schlunde. 1785 in England eingeführt.
Schon in der Natur gibt es viele von der Art abweichende Formen, die zunächst als Arten, später als Varietäten beschrieben wurden, vom Standpunkt des Gärtners aber am besten als Sorten geführt werden. Inwieweit und ob die nachfolgenden Sorten noch rein in Kultur sind, ist zweifelhaft. Es handelt sich um die folgenden:
'Grandiflora' (*A. grandiflora* Lam.) ist schwachwüchsiger, niedriger und buschiger wachsend; ihre Blüten sind zitronengelb und bis 10 cm breit. Sie eignet sich besonders gut für Topfkultur. 1844 in England eingeführt.
'Hendersonii' (*A. hendersonii* Bull) ist besonders starkwüchsig und dabei sehr reichblühend. Ihre Blüten sind 10 bis 12 cm breit, orangegelb mit 5 hellen Schlundflecken. Sie wird vor allem in botanischen Gärten mit großen Gewächshäusern gezogen. 1864 in England eingeführt.
'Nobilis' (*A. nobilis* T. Moore) hat kurzgestielte, unterseits behaarte Blätter und nach Magnolien duftende, rein goldgelbe, 10 bis 12 cm breite Blüten. 1867 in England eingeführt.
'Schottii' (*A. schottii* Pohl) ist besonders starkwüchsig mit warzigen älteren Zweigen und sehr großen, gelben, im Schlunde dunkleren und braun gestreiften Blüten. 1840 in Deutschland kultiviert.
'Williamsii'. Was heute darunter gezogen wird, ist sicher nicht identisch mit der unter diesem Namen im vorigen Jahrhundert herausgebrachten Sorte. Es handelt sich bei ihr um eine schwachwüchsige, niedrige, für den Gartenbau wichtige Zwergsorte, von der auch eine gefüllt blühende Form gezogen werden soll. 1891 in England eingeführt.

A. neriifolia Hook., ebenfalls aus Südamerika, von Juni bis November blühend, ist eine buschige oder halbschlingende Pflanze, die kaum höher als 1 m wird. Sie unterscheidet sich von der vorigen Art dadurch, daß ihre Blüten am Grunde angeschwollen sind und nur 3,5 bis 4 cm breit werden. Sie ist weniger wertvoll als die vorige mit ihren Varietäten. Doch eignet sie sich trotz ihrer kleineren Blüten fast besser für die Kultur im kleinen Warmhaus. 1847 in England eingeführt.

A. violacea Gardn. et Fielding aus Südamerika ist eine schwachwüchsige, in unserem Klima lange nicht so reichblühende Schlingpflanze, deren Blüten paarweise erscheinen, 5 bis 6 cm breit und violettrot sind. Sie ist in Deutschland seit einiger Zeit wieder in Kultur. Im übrigen ist sie bei uns nur dann für längere Zeit mit Erfolg zu ziehen, wenn man sie auf eine starkwüchsige Sorte von *A. cathartica* veredelt. 1889 in England eingeführt.

Die Vermehrung ist leicht durch krautige Stecklinge im Warmbeet bei etwa 25°. Weiterkultur in Einheitserde oder einer lehmigen Praxismischung, am besten ausgepflanzt, im hellen, sonnigen Warmhaus, wo sie ununterbrochen den ganzen Sommer und Herbst blühen. Man sollte sie einmal wöchentlich mit einer Volldüngerlösung (1 g auf 1 l Wasser) gießen, vor allem dann, wenn man sie im Topf halten muß. Im November wird kräftig zurückgeschnitten, da junge, kräftige Triebe am besten blühen. Außerdem gibt man ihnen von November bis Februar durch Trockenerhalten eine gewisse Ruhezeit. Die beste Temperatur liegt zwischen 18 und 20°, im Winter bei 18°. Man sollte sie nicht stutzen, da man damit die späteren Blüten abschneiden würde, die stets am Ende der Triebe erscheinen. Die vom Gartenbau angebotenen mit Knospen und Blüten besetzten gedrungenen Pflanzen werden mehrmals mit einem wuchshemmenden Mittel gegossen.

Carissa L., Wachsbaum
(latinisierter ostindischer Volksname)

Etwa 30 Arten verzweigter, meist mit starken, einfachen oder gabelig geteilten Dornen und kreuzgegenständigen, ledrigen Blättern besetzte Sträucher aus den wärmeren Teilen Afrikas und Asiens. Sie haben Blüten mit tellerförmiger Krone, einem tief fünfteiligen Kelch und beerenartige Früchte.

C. bispinosa (L.) Desf. ex Brenan (*C. arduina* Lam.) ist von der östlichen Kapprovinz bis in das tropische Afrika verbreitet. Sie bildet einen kräftigen Strauch mit ledrigen, dunkelgrünen Blättern, gabelig geteilten Dornen und 1,2 cm breiten weißen Blüten, denen kleine, rote, eßbare Früchte folgen. 1790 in England eingeführt.

C. macrocarpa (Eckl.) A. DC. (*C. grandiflora* (E. Mey.) A. DC.), aus dem östlichen Südafrika, ist im ganzen kräftiger, mit bis 3,5 cm langen, gabelig geteilten Dornen und etwa 5 cm breiten, duftenden weißen Blüten. 1862 in England eingeführt.

Beide Arten wird man vor allem ihrer merkwürdigen, gabelig geteilten Dornen wegen ziehen. Sie sind reine Kalthaussträucher, die hell und luftig bei 8 bis 10° zu halten sind. Vermehrt werden sie durch Aussaat oder halbreife Stecklinge im August, September.

Catharanthus G. Don
(griech. *katharos* = sauber, rein, ohne Fehl, *anthos* = Blüte)

Ein- oder mehrjährige Kräuter. Von den 5 Arten ist eine in den Tropen weit verbreitet, eine andere ist in Indien, die übrigen sind in Madagaskar zu Hause. Von der nahe verwandten Gattung *Vinca* unterscheiden sie sich u.a. durch die 2 bis 3 in den Achseln trugdoldig erscheinenden Blüten, die tellerförmige Krone und den durch borstenförmige Haare geschlossenen Kronschlund. Einzige bei uns gezogene Art ist

C. roseus (L.) G. Don (*Vinca rosea* L.), ein tropischer Kosmopolit, eigentlich ein Halbstrauch, in Kultur aber einjährig gezogen und dann von Sommer bis zum Herbst blühend. Die dunkelgrünen, 2,5 bis 7 cm langen Blätter haben eine weiße Mittelrippe. Die etwa 3 cm breiten Blüten sind rosenrot, doch gibt es auch Sorten mit weißen Blüten, deren Schlund rot oder gelb ist. Bereits 1757 in England in Kultur.

Vermehrt wird durch Aussaat im Warmhaus, am besten im Februar, oder durch Stecklinge, die von überwinterten Pflanzen genommen werden und sich im Warmbeet in wenigen Tagen bewurzeln. Stecklinge und Sämlinge setzt man zu dritt in einen Topf, stutzt sie einmal und hält sie entweder ganz im luftigen Lauwarmhaus in voller Sonne, oder aber man setzt sie von März an auf den warmen Kasten. Durch

84 Apocynaceae

Adenium obesum

Allamanda cathartica

ihre reiche und anhaltende Blüte sind sie im Sommer und Frühherbst ein Schmuck sonst leerstehender kleiner Gewächshäuser, ebenso für das helle Fenster eines warmen Zimmers. Samen wird seit einiger Zeit in den Samenhandlungen angeboten.

Dipladenia siehe *Mandevilla*

Mandevilla Lindl., Dipladenie
(Henry John Mandeville, englischer Gesandter in Buenos Aires um 1837)

Die im Gartenbau noch allgemein als *Dipladenia* geführten Arten wurden 1938 von Woodson zu der Gattung *Mandevilla* gestellt, eine Änderung, der wir uns hier anschließen. Diese Gattung enthält etwa 100 Arten meist kletternder Sträucher und einige Kräuter, alle heimisch im tropischen Amerika. Sie haben ungeteilte, in Paaren oder Quirlen stehende Blätter und meist in seitenständigen, wenig- oder vielblütigen Trauben stehende große weiße, rosa- oder purpurfarbene Blüten. Im vorigen Jahrhundert waren sie schon einmal beliebte Zimmer- und Gewächshauspflanzen, von denen nicht nur einige Arten, sondern auch eine Reihe schöner Züchtungen verbreitet waren. Dann verschwanden sie ganz und wurden nur in einigen Botanischen Gärten gezogen. Seit 1955 etwa werden sie wieder angeboten. Dies verdanken wir dänischen Gärtnereien, die sie als erste in Kultur nahmen und in Europa verbreiteten.

M. boliviensis (Hook. f.) Woods. (*Dipladenia boliviensis* Hook. f.), heimisch in Ekuador und Bolivien, ist ein Schlinger mit glatten Zweigen, glänzend grünen Blättern und 5 cm breiten Blüten, deren tellerförmige Krone weiß ist und einen bis zur Hälfte gelben Schlund hat. Ihre Blütezeit liegt im Frühling und Sommer. 1868 in England eingeführt

M. laxa (Ruiz. et Pav.) Woods. (*M. suaveolens* Lindl.) stammt aus Bolivien und der argentinischen Provinz Tucuman. Sie ist ein sommerblühender, starkwachsender Schlinger mit eirunden, langzugespitzten, 5 bis 15 cm langen, oberseits kahlen, unterseits in den Aderwinkeln zottigen Blättern. Die meist achselständigen Blütenstände tragen 5 bis 15 sich nacheinander öffnende, bis 5 cm breite, weiße, wohlriechende Blüten. 1837 in England eingeführt.

M. eximia (Hemsl.) Woods. (*Dipladenia eximia* Hemsl.) aus Brasilien blüht im Sommer. Ihre Blüten sind leuchtend rosenrot, 6 bis 8 cm breit, mit einer 5 cm langen, rahmfarbigen Kronröhre und rotem Kelch. Sie sitzen in 6- bis 8blütigen Trauben. 1881 in England eingeführt.

M. sanderi (Hemsl.) Woods. (*Dipladenia sanderi* Hemsl.) aus Brasilien ist der vorigen Art sehr ähnlich, nur hat sie dickere, lang zugespitzte Blätter und etwa 7 cm

Mandevilla sanderi

breite, rosafarbene Blüten, deren Schlund wie auch der äußere Grund der Röhre gelb sind. 1896 in England eingeführt.

M. splendens (Hook. f.) Woods. (*Dipladenia splendens* (Hook. f.) DC.), im Orgelgebirge Brasiliens in etwa 900 m Höhe vorkommend, blüht ebenfalls im Sommer und hat größere, auf der Unterseite behaarte Blätter. Ihre zu 4 bis 6 in achselständigen Trauben zusammenstehenden 10 cm breiten Blüten sind rosafarben, im Schlunde tiefer rosa gefärbt und auf der Außenseite weiß. 1841 in England eingeführt.

Außer den oben genannten Arten werden im Erwerbsgartenbau vor allem einige Sorten gezogen, so z. B. 'Amabilis' mit langen Trauben rosapurpurn gefärbter Blüten; *M. sanderi* 'Rosea', rosarot-lachsfarben und *M. sanderi* 'Rubiniana', kräftig rosenrot, nicht ganz so reichblütig wie vorige.

Nerium oleander

Stecklinge bewurzeln sich bei 22 bis 25° im geschlossenen Vermehrungsbeet nach 3 bis 4 Wochen. Man schneide dazu einen Trieb in mehrere Stücke mit ein bis zwei Blattpaaren, die zu dritt in kleine Töpfe gesteckt werden, nachdem man vorher den Austritt des Milchsaftes (giftig!) in lauwarmem Wasser zum Stillstand gebracht hat. Nach der Bewurzelung werden sie in TKS 1, später 2, in Einheitserde oder in eine durchlässige humos-lehmige Mischung eingetopft und weitergezogen. Man gebe ihnen nur verhältnismäßig kleine, mehr flache als tiefe Töpfe oder Schalen und gieße sehr vorsichtig, da sie gegen zuviel Feuchtigkeit sehr empfindlich sind. Im übrigen sollen sie hell und sonnig stehen und nur während der Mittagsstunden leicht schattiert werden. Während des Herbstes und Winters machen sie bei geringerem Gießen und 15 bis 18° eine gewisse Ruhezeit durch, deren Einhaltung sich für die spätere Blütenbildung günstig auswirkt. Deshalb darf auch nicht länger als bis August gedüngt werden.

Die Kultur von *M. laxa* weicht von der der anderen Arten insofern ab, als sie am besten ausgepflanzt im freien Grunde eines Kalthauses oder noch besser eines luftigen, hellen temperierten Hauses gedeihen. Wo dies nicht möglich ist, pflanze man sie in recht große Töpfe oder kleine Kübel. Im Winter werden sie kühler und trockener als die übrigen Arten gehalten. Die Anzucht aus Samen, der reichlich angesetzt wird, ist einfach. Im Januar warm ausgesät, blühen sie bereits im Spätsommer.

Nerium L., Oleander
(griech. *nerion* bei Dioskurides, lat. *nerium* bei Plinius, Name des Oleanders im Altertum)

Die Gattung *Nerium* enthält nach neuen Erkenntnissen nur 1 Art.

N. oleander L., von der die früher als Arten geführten *N. indicum* Mill. und *N. odorum* Willd. nur Synonyme sind. Sorten mit duftenden Blüten, die sich aber außer dem Duft in nichts von *N. oleander* unterscheiden, wurden früher unter diesen Namen geführt. Oleander sind im ganzen Mittelmeergebiet und im Orient verbreitet. Häufig begleiten sie dort wie unsere Weiden kleine und größere Wasserläufe, außerdem bilden sie an vielen anderen Orten, wo der Boden im Untergrund auch während der Trockenzeit feucht genug ist, größere Bestände. Da sie gegen Frost empfindlich sind, macht ihre Verbreitung an der Frostgrenze halt. Sie bilden immergrüne Sträucher oder kleine Bäume mit harten, immergrünen Blättern und großen Blüten. Da sie in allen Teilen sehr giftig sind, darf beim Abschneiden von Zweigen oder Stecklingen kein Saft in eine Wunde kommen. In südlichen Ländern gibt es eine nicht geringe Zahl von Sorten, so einfach-, halbgefüllt- und gefülltblühende, solche mit roten, rosafarbenen, gelben und weißen Blüten, duftlose und duftende, mit gelb- oder weißbunten Blättern, starkwachsende und kleinbleibende. Seit viele Menschen in ihren Ferien in südliche Länder fahren, hat sich die Oleanderliebhaberei wieder verbreitet, denn so mancher Steckling aus dem Süden ist in den letzten Jahrzehnten in deutschen Wohnungen zu einer stattlichen Pflanze herangewachsen. Wirklich reich blühen sie leider nur in warmen und sonnigen Sommern, in Regensommern entfalten sich die Knospen häufig nicht.

Vermehrt wird im allgemeinen durch Stecklinge jeglicher Größe, die mit dem unteren Ende in eine Flasche oder ein Glas mit Wasser gesetzt bald wurzeln, zumal wenn man sie an einen recht warmen Platz, z. B. neben die Heizung, stellt. Die Wurzelbildung dauert bei den einzelnen Sorten verschieden lang. Danach werden sie in nicht zu kleine Töpfe eingepflanzt, und zwar in eine Mischung aus alter lehmiger Rasenerde oder mildem Lehm (Maulwurfshügelerde von lehmigen Wiesen) mit Zusatz von etwas Torfmull und Sand sowie Plentosan D. Die gleiche Erde bekommen auch ältere und alte Pflanzen. Sie wird recht fest gedrückt, bei Kübelpflanzen nehme man ein flaches Holz zuhilfe. Jungpflanzen werden mehrmals gestutzt, damit sie recht buschig werden. Ältere Pflanzen kann man, wenn sie zu groß werden, alle paar Jahre im Vorfrühling zurückschneiden, damit sie neue Triebe von unten bilden. Diese nämlich setzen am reichsten Blütenknospen an. Die Überwinterung soll kühl – am besten bei Temperaturen zwischen 2 und 10° – luftig und hell erfolgen. Hat man Platz genug, kann man die Pflanzen von Anfang März an in einen wärmeren Raum stellen und dort kräftig gießen. Erst von Mai an kommen sie ins Freie, wo sie je nach der Gegend bis Ende

September oder gar bis in den Oktober hinein, also bis zum Eintritt der Nachtfröste und der schweren Regenfälle stehen bleiben können. Vom Frühling bis zum Herbst können sie gar nicht genug Sonne bekommen, also stellen wir sie an den hellsten Platz. Je wärmer es dort ist, desto reichlicher muß man gießen. Bei warmem Sommerwetter kann sogar über Tag Wasser im Untersatz stehen. Bis August werden gut durchwurzelte Pflanzen einmal wöchentlich mit einem Volldünger (2 g auf 1 l Wasser) gegossen.

Auch Aussaat ist möglich, doch ist die Keimkraft der Samen nur kurz, er muß also direkt nach der Reife ausgesät werden. Im allgemeinen geht der Samen gut auf, aber die Sämlinge gleichen meist nicht den Eltern, sondern bringen vielmehr in ihrer Mehrzahl einfache Blüten hervor, die aber trotzdem recht reizvoll sind. Im übrigen wachsen Sämlingspflanzen in der Regel viel buschiger und vieltriebiger als Stecklingspflanzen.

Pachypodium Lindl., Dickfuß
(griech. *pachys* = dick, *podion* = Füßchen)

18 Arten in den Trockengebieten und Halbwüsten Süd- und Südwestafrikas sowie in den Trockenwäldern und im zentralen Hochland Madagaskars. Den *Adenium* gleichende Stammsukkulenten, sich von diesen aber durch das Vorhandensein von Dornen unterscheidend. Vor allem die säulenförmigen, von denen einige Arten bis 6 m hoch werden können, sind dicht mit starren Dornen besetzt. Neben diesen gibt es eine Gruppe strauchförmiger Arten mit einer oft großen Sproßknolle. Die Blüten sind gelb, weiß oder rot und ähneln denen von *Adenium*.

Die meisten Arten wachsen in Kultur recht gut. Von den säulenförmigen sind besonders zu empfehlen **P. geayi** Cost. et Bois und **P. lameri** Drake, beide aus Madagaskar, von den Arten mit dicken Sproßknollen sind vor allem zu nennen **P. brevicaule** Bak. und **P. rosulatum** Bak., ebenfalls aus Madagaskar, sowie die im Kapland heimischen **P. succulentum** DC. und **P. bispinosum** (Thunb.) DC. Aber auch manche der anderen Arten wachsen und blühen leicht, sind also ebenfalls zu empfehlen. Alle sind Perlen einer jeden Sukkulentensammlung.

Vermehrung durch Aussaat. Sämlinge fast aller Arten blühen schon als junge Pflanzen. Kultur in einem hellen und warmen Sukkulentenhaus bei Wintertemperaturen

Pachypodium lamerei

nicht unter 15°. Während der meist im Sommer einsetzenden Ruhezeit, die sich durch Abwerfen der Blätter ankündigt, ist nur wenig zu gießen, je kühler, desto weniger, jedoch ist bei warmem Stand darauf zu achten, daß die Erde nicht austrocknet. Als Substrat dient eine sandige lehmig-humose Erde. Unten im Topf muß eine gute Dränage liegen, damit alles Wasser gleich ablaufen kann.

Plumeria L., Frangipani
(zu Ehren von Charles Plumier, 1646 bis 1704, französischer Franziskanermönch, Botaniker und Reisender, der 1689 und 1690 Martinique, Guadeloupe, Haiti und Westindien bereiste)

7 von Westindien bis zum nördlichen Südamerika verbreitete Arten von Bäumen und Sträuchern mit dicken, fleischigen Zweigen, wechselständigen, langgestielten Blättern und großen, wachsartigen, weißen, gelben, roten bis rosa Blüten in endständigen, zwei- bis dreigabelig-verzweigten Trugdolden.

P. rubra L., verbreitet von Mexiko bis Panama, heute aber in vielen tropischen Ländern der schönen Blüten wegen gepflanzt. Bis 8 m hoher Baum mit büschelig am Ende der Äste sitzenden verkehrt-eiförmigen, bis 45 cm langen und bis 15 cm breiten Blättern mit auffallendem Randnerv. Die Blüten sind 5 bis 6 cm breit, stark duftend und weiß, gelb, rosa oder rot. Die

Plumeria rubra

endständigen Trugdolden sind kürzer als die Blätter. In den Tropen fast das ganze Jahr hindurch, bei uns meist von Juni bis September blühend.

Schon um 1770 soll die Art in den kaiserlichen Gärten zu Wien gezogen worden sein und alljährlich geblüht haben. Miller beschreibt die Pflanze und ihre Kultur bereits 1754. Wer blühende Frangipani-Bäume einmal in den Tropen gesehen und gerochen hat, möchte sie auch in seinem Gewächshaus ziehen, denn sie gehören wirklich zu den schönsten Tropenpflanzen überhaupt.

Vermehrt wird durch Aussaat, besser durch aus den Tropen eingeführte Stecklinge, deren Schnittfläche einige Wochen abtrocknen sollte, ehe man sie in ein offenes Vermehrungsbeet mit etwa 25° Bodenwärme – am besten sofort in Töpfe – setzt. Nach einigen Wochen haben sie Wurzeln gebildet.

Das ganze Jahr hindurch gehören sie in das Warmhaus, wo sie bei Temperaturen um 20° gut gedeihen. Doch bleibt ihre Kultur vielfach unbefriedigend. Zwar bringen aus den Tropen beschaffte Stecklinge im ersten Jahr nach der Bewurzelung meist reichlich Blüten, in den folgenden Jahren aber bleiben sie aus. Voraussetzung für die Anlage von Knospen ist die strenge Einhaltung einer Ruhezeit von etwa November bis Anfang Mai, während der die Pflanzen trocken stehen müssen. Auch während des Sommers brauchen sie nur mäßige Bodenaber hohe Luftfeuchtigkeit, viel Licht, doch Schutz vor Sonne. Sie gedeihen gut in Einheitserde oder in TKS, doch halte man die Gefäße nur mäßig groß.

Prestonia R.Br.
(Charles Preston, Professor der Botanik in Edinburgh, verfaßte 1716 einen Edinburgher Pflanzenkatalog)

Von den etwa 65 Arten tropischer und subtropischer amerikanischer Lianen wird nur

Prestonia quinquangularis (Jacq.) Spreng. (*Echites rubrovenosa* Lind.) der hübsch gezeichneten Blätter wegen gezogen. Sie ist ein Kletterstrauch, dessen 10 bis 15 × 6 cm große, eirund zugespitzte Blätter mit einem Netz roter Adern bedeckt sind. Ihre Heimat erstreckt sich von Westindien westlich bis Guayana und Venezuela.

Diese schöne, heute selten gewordene Blattpflanze läßt sich nur durch Abtrennen und Eintopfen der Ausläufer und durch Wurzelstecklinge vermehren. Sie gedeiht nur gut – vor allem die wunderbare Blattzeichnung entwickelt sich nur vollkommen – bei hoher Luftfeuchtigkeit und einer Wärme, die nicht unter 18° sinkt. Die weitere Pflege gleicht der von *Allamanda*, doch beansprucht sie Sonnenschutz und während des Winters keine Ruhezeit.

Trachelospermum Lem.,
Sternjasmin
(griech. *trachelos* = Genick, Hals, *sperma* = Same)

Etwa 30 Arten milchsaftführender Klettersträucher aus dem tropischen und subtropischen Ostasien, 1 Art in Nordamerika. Die gestielten Blätter sind ganzrandig, die Blüten sitzen in lockeren, end- oder seitenständigen Blütenständen. Meist sind sie weiß, bisweilen gelblich oder purpurn. Die einzige bei uns gezogene Art ist

T. jasminoides (Lindl.) Lem., der Sternjasmin, in Japan, Korea und dem wärmeren China verbreitet. Diese Art ist ein 2 bis 5 m hoher, windender, sich auf feuchter Unterlage auch durch Wurzeln festhaltender immergrüner Kletterstrauch mit lederigen, gegenständigen, elliptisch-lanzettlichen, tiefgrünen Blättern und in den oberen Blattachseln sitzenden lockerrispigen Blütenständen. Die im Sommer erscheinenden, sternförmigen, 2 bis 2,5 cm breiten weißen Blüten duften wie Jasmin. In England 1844, in Deutschland um 1848 eingeführt.

Vermehrt wird am besten aus halbreifen Seitentrieben, die mit einem schmalen Holzring geschnitten werden, bei mäßiger Bodenwärme. Jungpflanzen sollten zunächst im Warmhaus stehen, später ihren Platz in einem luftigen Kalthaus finden. Dort wachsen sie ausgepflanzt am besten, doch können sie auch im Topf oder Kübel gehalten und während des Sommers an einen halbschattigen Platz ins Freie gestellt werden. Wichtig ist, im Winter durch trokkenere Haltung eine gewisse Ruhezeit einzulegen. Einheitserde oder eine humoslehmige Mischung sagt ihnen zu. Von April bis Anfang August ist wöchentlich einmal zu düngen, denn nur gut ernährte Pflanzen wachsen und blühen reich. Jungpflanzen wachsen in den ersten Jahren recht langsam, später dafür aber um so üppiger, so daß man den Sternjasmin eigentlich nur für größere Gewächshäuser empfehlen kann. Leider läßt die Blühwilligkeit bei uns zu wünschen übrig, deshalb nur sehr reichblütige Typen zur Vermehrung benutzen.

Araceae
Aronstabgewächse

Bei den meisten Arten dieser Familie sind die unscheinbaren Blüten auf einem besonderen Organ, dem »Kolben«, dicht zusammengedrängt. Dieser wird von einem Hochblatt (Spatha) mehr oder weniger umschlossen. Dieses Hochblatt ist ein vielgestaltiges, laubblattähnliches Gebilde, das vielfach durch seine Färbung der Anlokkung der Insekten dient oder so gestaltet ist, daß es den Kolben ganz oder teilweise umhüllt. Die Blüten sind meist eingeschlechtig. Stets stehen die weiblichen im unteren Teil des Kolbens (Spadix), die männlichen darüber. Die Staubbeutel öffnen sich erst, nachdem die Narben der weiblichen Blüten nicht mehr empfängnisfähig sind. Als Pollenüberträger kommen fast nur Fliegen verschiedenster Arten in Frage. Am vollkommensten an ihre Bestäuber angepaßt sind alle diejenigen Arten, deren Spatha den Kolben umhüllt und durch eine Einengung im unteren Teil eine regelrechte Kesselfalle bildet, wie z.B. beim Aronstab. Alle Arten sind mehr oder weniger krautige Pflanzen, häufig mit knolligem Rhizom, auch als Kletterpflanzen, Epiphyten oder Sumpfpflanzen wachsend. Ihre Blätter sind in Größe und Form sehr vielgestaltig, bei einer Anzahl schön gefärbt und gezeichnet. Die meisten der in

Alocasia korthalsii

115 Gattungen zusammengefaßten rund 2000 Arten wachsen in Tropen und Subtropen, in ersteren vor allem im Regenwald. Die wichtigste Nutzpflanze der Familie ist *Colocasia esculenta*, deren Knollen den Taro liefern.

Acorus L., Kalmus
(*akoron* = griech. Pflanzenname unbekannter Bedeutung, ursprünglich der griech. Name von *Iris pseudacorus*)

Von den zwei Arten ist der Kalmus (**A.calamus** L.), eine Pflanze mit schwertlilienartigen Blättern und aromatischem Rhizom, als Sumpf- und Wasserpflanze, die man auch im Garten halten kann, allbekannt. Anders ist **A.gramineus** Soland. aus Japan, China, Thailand und Indien, eine Staude von grasartigem Habitus, die niedrige Büsche von 15 bis 40 cm Höhe bildet. Die Varietät **pusillus** (Sieb.) Engl. wird nur 10 cm hoch. Zudem gibt es Sorten mit weiß- oder gelbgestreiften Blättern. Auch diese Art ist im Freien durchaus hart, nur die bunten Sorten sind empfindlicher, doch wird sie gerne im Kalthaus, im Paludarium, ja selbst eine Zeitlang als Unterwasserpflanze im kalten Aquarium gezogen. Am besten wächst sie im seichten Wasser in sandig-mooriger Erde, bei sehr viel Licht. Vermehrt wird durch Teilung.

Aglaonema Schott
(griech. *aglaos* = glänzend, herrlich, *nema* = Faden)

Von den etwa 21 indomalesischen Arten sind einige bekannte Warmhauspflanzen. Alle wachsen aufrecht und haben zum Teil schön gefärbte und gezeichnete Blätter.

A.commutatum Schott von den Philippinen und Nordost-Celebes hat bis 50 cm hohe, grüne, verzweigte, an den Spitzen dichtbeblätterte Stämmchen. Die grünen Blätter sind zwischen den Nerven aschgrau gefleckt, etwa 10 bis 20 × 4 bis 6 cm groß. Die häufig erscheinenden Früchte sind bis 2,5 cm lang, zunächst gelb, später leuchtend rot. In England 1864 eingeführt.
Diese variable Art enthält einige schöne Sorten, darunter 'Pseudobracteatum' ('White Raja') mit auffallenden, gelblichweißen Blattstielen, die kleiner bleibende 'Treubii' (*A.treubii* hort. non Engl.) und 'Tricolor' (*A.marantifolium tricolor* hort.). Diese Art gedeiht noch in tiefem Schatten.

Aglaonema commutatum 'Fransher'

A.costatum N.E.Br. von der Insel Langkawi bildet einen niedrigen, dichtbeblätterten Busch, dessen smaragdgrüne Blätter unregelmäßig weißgefleckt und gezeichnet sind. In England 1892 eingeführt.

A.crispum (hort. Pitcher et Manda) Nicols. (*A.roebelinii* hort. Pitcher et Manda) von Südluzon bildet meterhohe und meterbreite Büsche, deren derbe, 20 bis 30 × 8 bis 13 cm große Blätter silbergrau gezeichnet sind. Die öfter erscheinenden Früchte sind zunächst gelb, später feuerigrot. Seit 1907 in Belgien in Kultur.

A.nitidum (Jack) Kunth, verbreitet in Burma und östlich bis Sumatra und Borneo, bildet aufrechte, bis 90 cm hohe Stämmchen mit langgestielten, 45 × 15 cm großen, stachelspitzigen Blättern mit 7 bis 8 Hauptnerven, die bei der fast ausschließlich gezogenen, 1907 nach England eingeführten Sorte 'Curtisii' beiderseits silbrig gesäumt sind.

A.pictum (Roxb.) Kunth von Sumatra hat bis 60 cm hohe, im Alter grau werdende Stämmchen und längliche bis ovale, 20 × 7 cm große, am Rande kraus-wellige, dunkelblaugrüne Blätter, die unregelmäßig hellgrün und silbrig gefleckt sind. In Indien seit 1882 kultiviert, wenig später auch in England.

Vermehrung und Pflege sind die gleichen wie bei *Dieffenbachia*.

Alocasia (Schott) G. Don
(aus dem Gattungsnamen *Colocasia* gebildet)

Etwa 70 Arten aufrechter Kräuter mit unter- oder oberirdischem, dickem Stamm und vielfach schildförmigen Blättern mit verlängerten, langscheidigen Blattstielen. Ihre Heimat erstreckt sich über das tropische Asien, den Malaiischen Archipel und Neuguinea. Viele Arten haben buntlaubige und oft sehr große, pfeilförmige Blätter. Sie gehören zu den schönsten Blattpflanzen des Warmhauses. Auch eine Reihe schöner Züchtungen gibt es, entstanden meist im vorigen Jahrhundert, aber heute selten geworden oder ganz verschwunden. Nur für sehr große Warmhäuser eignet sich die ostindische

A.macrorrhiza (L.) G. Don (*A.indica* (Lour.) Spach) mit 1 bis 2 m hohem Stamm, bis meterlangen Blattstielen und fast ebenso langer Spreite. Bei der Sorte

'Variegata' sind die Spreiten grauweiß gefleckt, der grüne Blattstiel violett gezeichnet.
Die folgenden Arten haben bunte Blätter oder Blattstiele. Ihre Nerven sind fast immer anders als die Spreite gefärbt, und zwar meist weiß. Zu den schönsten dieser Arten gehören die folgenden, alle gleich empfehlenswert.

A. cuprea (K. Koch et Bouché) K. Koch (*A. metallica* (Otto) Hook.f. non Schott) aus Borneo hat oberseits metallisch glänzende, kupferrote Blätter, die auf ihrer Unterseite violett sind. Um 1858 in England eingeführt.

A. korthalsii Schott aus Borneo hat dunkelolivgrüne Blätter mit breiten, silberweißen Adern. 1862 eingeführt.

A. lowii Hook.f. wächst in Borneo und Malakka. Ihre Blätter sind olivgrün, mit weißen Bändern um die Hauptnerven. In England 1862 eingeführt.

A. micholitziana hort. Sand. von den Philippinen hat aufrechte Stämmchen und 50 × 15 cm große, samtig-olivgrüne Blätter mit silbrigweißen Hauptnerven.

A. sanderiana Bull von Mindanao, mit knolligem Wurzelstock, hat tief metallischglänzend-grüne Blätter, deren Adern und Blattrand auffallend weiß gefärbt sind. 1884 in England eingeführt.

A. zebrina K. Koch et Veitch stammt von den Philippinen, hat Blätter mit einfarbig olivgrüner Spreite. Das Auffallende an dieser Art sind die 35 bis 50 cm langen Blattstiele, die der Länge nach mit breiten Zickzackbändern gezeichnet sind. 1878 eingeführt.

Alocasien gehören das ganze Jahr hindurch in das Warmhaus, dessen Temperatur auch im Winter nicht unter 18° fallen darf. Die meisten Arten – eine Ausnahme macht *A. zebrina* – bedürfen während des Winters einer Ruhezeit, während der nur wenig gegossen wird, aber immer soviel, daß die Blätter erhalten bleiben. Im Spätwinter wird in neue Erde umgepflanzt. Diese muß sehr locker sein, etwa aus einer Mischung von alter, brockiger Lauberde mit Torfstreu und Sphagnum bestehen, der außerdem noch Holzkohlenstückchen oder Styromull beigefügt wird. Auch Einheitserde ist brauchbar. Voraussetzung zu freudigem Wachstum sind hohe Wärme (vom Frühling bis zum Herbst tagsüber 22 bis 25°),

Amorphophallus bulbifer

feuchte Luft, Schatten und geschlossene Luft. Ausgepflanzt wachsen sie besser als im Topf, doch braucht man dazu recht große Gewächshäuser. Vermehrung durch Abnehmen der Ausläufer und Zerschneiden der Rhizome, die bei hoher Wärme im Vermehrungsbeet austreiben. Doch muß man bei manchen lange darauf warten, also nicht vorzeitig aus Ungeduld fortwerfen. Bis zum Austrieb darf nicht zu feucht gehalten werden. Nach dem Schneiden muß man alle Schnittstellen gut mit Holzkohlenpulver einpudern. Aussaat erfolgt auf die gleiche Weise wie bei *Anthurium*.
Außer den obengenannten Arten gibt es noch viele ebenso schöne und kulturwerte andere, die früher einmal in Kultur waren, aber heute verschwunden sind.

Amorphophallus Bl. ex Decne., Titanenwurz
(griech. *amorphos* = gestaltlos, *phallos* = männliches Glied)

Alle Arten der Gattung sind Knollenpflanzen mit großem, sterilem Kolbenanhang und oft riesigen Blättern, Hüllblättern und Blütenständen. Sie sind in etwa 100 Arten in den altweltlichen Tropen verbreitet. Die Knollen sind stärkereich und werden geröstet oder gekocht gegessen. Bei vielen Arten verbreitet der Blütenstand einen scheußlichen Aasgeruch, außerdem entwickelt er während seines Wachstums

Wärme. Nur wenige Arten werden bei uns gezogen. Sie sind aber so interessant, daß man sie sehr empfehlen muß.

A. bulbifer (Roxb.) Bl. aus Nordostindien ähnelt *A. rivieri*, ist aber im ganzen kleiner, hat weniger auffallend gezeichnete Blattstiele und trägt an den Kreuzungspunkten der Blattnerven kleine Knollen. Die Spatha ist 15 bis 20 cm lang, außen grünlich mit rosa Flecken, innen gelblichgrün, am Grunde rot. Der Kolbenfortsatz ist fleischfarben. Eingeführt 1813.

Amorphophallus titanum

A. rivieri Durieu (*Hydrosme rivieri* (Durieu) Engl.) stammt aus Südostasien und bildet wie *A. bulbifer* eine bis 30 cm breite Knolle. Der Blattstiel ist auffallend weiß gezeichnet und 60 bis 100 cm hoch. Er trägt das einzige schirmförmige, dreiteilige Blatt. Sein Blütenstand kann meterhoch werden, die Spatha ist etwa 30 cm lang und dunkelpurpurfarben. Der lang herausragende Kolben hat einen schwarzvioletten Fortsatz von 20 bis 30 cm Länge. 1869 in Frankreich eingeführt

A. titanum (Becc.) Becc. ex Arcang. aus Sumatra hat eine bis 50 cm breite Knolle, einen 2 bis 5 m hohen Blattstiel und eine bis 3 m breite Spreite. Sein Kolben, bis 1,20 lang, ist der größte Blütenstand überhaupt. Eine blühende Pflanze gehört zu den größten Seltenheiten botanischer Gärten. Eingeführt 1878.

Im Winter werden die Knollen warm und trocken aufbewahrt. Sind sie groß genug, so entwickeln sich aus ihnen im Spätwinter – ohne daß man ihnen etwa Wasser gibt – die riesigen Blütenstände. Nach dem Abblühen pflanzt man sie in frische Erde ein, erst dann nämlich entwickeln sich nach einiger Zeit Wurzeln und das einzige Blatt. Man kann auch *A.bulbifer* und *A.rivieri* nach Mitte Mai im Freien auspflanzen, natürlich in sehr nährstoffreiche Erde, am besten eine Mischung aus Lauberde und lehmiger Rasenerde. Bis Anfang August wird allwöchentlich einmal mit einer Mischdüngerlösung gegossen. Nach dem Abwelken der Blätter hat sich dann bis zum Herbst eine neue Knolle gebildet. Je kräftiger sie ist, desto kräftiger wird auch der Blütenstand werden. Vermehrung durch Samen ist durchaus möglich, doch dauert es einige Jahre bis zur Blüte. Schneller zum Ziel kommt man durch das Abtrennen der Brutknollen oder bei *A.bulbifer* durch das Abnehmen der auf den Blättern gebildeten Knollen.

Anthurium Schott
(griech. *anthos* = Blüte, *oura* = Schwanz)

Mit etwa 550 Arten ist diese Gattung die umfangreichste der Araceen. Ihr Vorkommen ist beschränkt auf Mittel- und Südamerika, wo sie als aufrechte Pflanzen mit oder ohne Stamm, seltener als kletternde Gewächse in Wäldern und an Waldrändern wachsen. Im Habitus sind sie sehr verschieden voneinander. Ihre Blüten sind zwitterig und sitzen an einem fortsatzlosen Kolben.

Viele Arten werden in botanischen Sammlungen gezogen. Am schönsten sind diejenigen mit großen, bunten Blättern und der oft rot gefärbten Spatha. Manche der grünblättrigen, unscheinbar blühenden Arten fallen durch den dicht mit leuchtend roten Beeren besetzten Kolben auf.

1. Arten mit schönen Blüten

A.-Andreanum-Hybriden (*A.* × *cultorum* Birdsey, *A.andreanum* hort. non Lind.), Große Flamingoblume.
Die reine, 1876 in Belgien eingeführte Art aus Kolumbien ist wohl nicht mehr in Kultur, sondern nur eine Anzahl von Sorten hybriden Ursprungs. Sie haben kurze Stämmchen, langgestielte, lanzettlich-herzförmige Blätter mit 30 bis 40 cm langer und 10 bis 12 cm breiter, herunterhängender Spreite. Die Spatha ist verschieden groß, glatt oder blasig, stets stark glänzend,

Anthurium-Andreanum-Hybride

weiß, rosa, lachsfarben, orange- bis dunkelrot. Der Kolben ist leicht gebogen oder gerade.

A.-Scherzerianum-Hybriden
(*A.* × *hortulanum* Birdsey, *A.scherzerianum* hort. non Schott), Kleine Flamingoblume.
Auch diese, aus Costa Rica und Guatemala stammende, 1862 in Deutschland eingeführte Art ist wohl nicht mehr in Kultur, sondern nur aus Kreuzungen, vielleicht auch als Mutationen hervorgegangene Sorten, die alle viel kräftiger als die Art sind. Im ganzen sind sie viel kleiner als die *A.*-Andreanum-Hybriden, die Blüten sind zahlreicher, die Spatha kleiner und vor allem nicht glänzend, der Kolben spiralig gedreht. Die Spatha ist in Form, Farbe und Größe so variabel wie die der *A.*-Andreanum-Hybriden.

Sowohl Kopf- wie Stammstecklinge können im warmen Vermehrungsbeet bewurzelt werden. Der Erwerbsgärtner, der im großen Jungpflanzen heranzieht, sät sie aus, und zwar meist Samen seiner eigenen Zucht. Wer Spaß daran hat, kann sich auch leicht Samen ziehen, doch braucht er dazu mehrere Blütenstiele verschiedenen Alters, denn in der zwitterigen Blüte wird zuerst die Narbe empfängnisfähig, erst einige Zeit danach tritt der Blütenstaub aus den Staubbeuteln aus. Mit einem Pinsel wird er auf die Narben übertragen, und zwar sobald sie ein klebriges Sekret ausscheiden. Nach etwa 9 Monaten werden die Samen reif und sofort auf grobe Lauberde oder

Torf ausgelegt, aber nicht mit Erde bedeckt. Nach dem Aufgehen wird pikiert, eingetopft und verpflanzt, also so behandelt wie ältere Pflanzen auch. Nach zweimaligem Pikieren setzt man 2 bis 3 Pflänzchen zusammen in einen Topf. Schon nach 10 bis 12 Monaten erscheinen die ersten, allerdings noch kleinen Blüten. Flamingoblumen sollen stets bei 18 bis 20° stehen, bei Sonne schattiert, wenig gespritzt, aber bei hoher Luftfeuchtigkeit gehalten werden. Nur *A.*-Scherzerianum-Hybriden hält man im Winter 6 bis 8 Wochen lang etwas kühler – etwa bei 16° – heller und trockener. Als Erde eignen sich die verschiedensten Substrate, so auch Einheitserde oder eine Mischung aus brockiger Laub- oder Heideerde, Torfbrocken, Styromull oder Holzkohle oder aber reiner Torf. Für alle Anthurien ist eine sehr lokkere, also luftdurchlässige Erde besonders wichtig. Auch in Hydrokultur wachsen alle Anthurien gut. An Schädlingen ist vor allem auf Schnecken zu achten. Bei der Verwendung von Schädlingsbekämpfungsmitteln ist Vorsicht am Platze. E 605 und ähnliche Mittel vertragen sie nicht.

2. *Arten mit farbigen und schöngezeichneten Blättern*

A. crystallinum Lind. et André, Panama bis Peru, hat fast runde, auf ein Drittel ihrer Länge scheidige Blattstiele, ein 50 bis 60 × 40 bis 50 cm großes, herzförmiges, olivgrünes, von hellen Nerven durchzogenes Blatt. Die Blüten duften wie Gewürznelken. In Belgien 1872 eingeführt.

A. regale Lind., eine peruanische Art vom oberen Amazonas, hat fast runde, oben tief gefurchte Blattstiele und eine hängende, länglich-herzförmige, langzugespitzte, bis 90 cm lange Spreite. Diese ist in der Jugend rosa, später dunkel-olivgrün und schmal weiß geadert. In Belgien 1872 eingeführt.

A. veitchii Mast. aus Kolumbien hat 60 bis 100 cm lange Blattstiele, an denen die bis meterlange Spreite senkrecht nach unten hängt. Sie ist leicht gebuckelt, in der Jugend metallisch-braunrot, später dunkelgrün mit metallischem Glanz. Um 1875 in Belgien eingeführt.

A. warocqueanum T. Moore, ebenfalls aus Kolumbien, hat in Form und Größe ähnliche Blätter, jedoch ist die Spreite glatt und noch länger als bei voriger, dunkelgrün mit silberweißen Nerven. In England 1876 eingeführt.

Anthurium crystallinum

Die beiden letztgenannten Arten sind sehr groß. Sie gehören in botanische Gärten. Die übrigen aber können auch im kleinen Warmhaus gezogen werden. Sie gedeihen unter den gleichen Bedingungen wie Alocasien. Man hüte sich, die Blätter zu verletzen, da diese viele Monate, ja vielfach länger als ein Jahr an der Pflanze haften bleiben.
Ähnlich den oben genannten Arten sind *A. forgetii* N.E.Br. aus Kolumbien und *A. leuconeurum* Lem. aus Mexiko.

3. *Arten mit grünen, geteilten oder ungeteilten Blättern*

Hierzu gehört die Masse der Arten. Viele von ihnen sind auch sehr dekorativ, aber brauchen sehr viel Platz. Sie seien deshalb hier nicht beschrieben, sondern nur einige der schönsten genannt, so **A. bogotense** Schott, Kolumbien; **A. crassinervium** (Jacq.) Schott (*A. ellipticum* K. Koch et Bouché, Venezuela; **A. digitatum** (Jacq.) G. Don, Venezuela; **A. erythrocarpum** Sodiro, Brasilien; **A. insigne** Mast., Kolumbien, Ekuador; **A. kalbreyeri** hort. Veitch ex Mast. et T. Moore, Kolumbien; **A. pedatoradiatum** Schott, Mexiko; **A.-signatum** K. Koch et Mathieu, Venezuela. Der leuchtend roten Beeren wegen sind u.a. empfehlenswert das aufrecht wachsende **A. bakeri** Hook.f., Guatemala bis Kolumbien, und **A. wendlingeri** G.M. Barroso, Costa Rica, mit herabhängenden, langen, schmalen Blättern und langen, mit roten Beeren besetzten Fruchtständen.

Eine seltene, kleinbleibende, als Epiphyt an Baumstämmen und Ästen kletternde Art ist **A. radicans** K. Koch, wahrscheinlich in Südbrasilien heimisch. Wie diese für kleinere Häuser zu empfehlen ist das schöne, 1840 in England eingeführte **A. scandens** (Aubl.) Engl., eine sehr variable, von Westindien und Südmexiko bis Südbrasilien vorkommende, epiphytische Art. Sie hat lederige, 10 bis 12 × 4 bis 4,5 cm große, lanzettliche Blätter, eine nur winzige Spatha, dafür aber einen bis 5 cm langen Fruchtstand, der dicht mit großen weißen, bei 'Violaceum' mit violetten Beeren besetzt ist.

Kultur und Vermehrung aller grünblättrigen Arten gleicht der der *Anthurium*-Andreanum-Hybriden. Manche sind nur durch Aussaat, andere auch durch Kopf- und Stammstecklinge zu vermehren. *A. scandens* und *A. radicans* eignen sich gut für Epiphytenstämme.

Anubias Schott
(nach der hundsköpfigen ägyptischen Gottheit Anubis)

In Sümpfen, an Ufern und in Regenwäldern Westafrikas kommen etwa 13 Arten vor. Es sind kriechende, nicht allzu große Pflanzen mit langgestielten, ungeteilten Blättern verschiedener Form. Schönheitlichen Wert haben sie nicht, doch können sie als derbe, unempfindliche Pflanzen für feuchtwarme Paludarien und Terrarien gar nicht warm genug empfohlen werden. Sie

Arisaema serratum

gedeihen am besten im Sumpf bei einem über dem Wurzelballen liegenden Wasserstand von nur wenigen Zentimetern. Sie vertragen noch tiefsten Schatten, doch gedeihen sie ohne Schaden zu nehmen auch bei nur leichter Beschattung. Überall dort, wo im Winter die Temperatur nicht unter 16° sinkt, sind sie am Platze. Vermehrt wird durch Teilung. Lehmige Erde ist ihnen am zuträglichsten.

A. barteri Schott var. **glabra** N.E.Br. (*A. lanceolata* N.E.Br.), beheimatet in Kamerun, Gabun und Südnigeria, ist die bekannteste Art; selten, aber für beschränkte Platzverhältnisse besser ist die *var.* **nana** (Engl.) Crusio (*A. nana* Engl.) aus Kamerun, im ganzen 10 cm Höhe nicht überschreitend.

Arisaema Mart., Feuerkolben
(griech. *aris* oder *aron* = Arum, *haima* = Blut, in der Bedeutung von verwandt)

Mit 150 Arten in Ostafrika, dem tropischen Asien, dem atlantischen Nordamerika bis Mexiko verbreitete Gattung, die deshalb innerhalb der Araceen besonders interessant ist, weil bei ihr fast ausnahmslos eingeschlechtliche Kolben vorhanden sind, also stets männliche und weibliche Blüten auf verschiedene Pflanzen verteilt sind. Wahrscheinlich sorgen Schnecken für die Bestäubung. Alle sind Knollenpflanzen mit schönen eigenartigen Blütenständen.
Neben einer Anzahl winterharter Arten wie *A. consanguineum* Schott, vom gemäßigten Ostasien bis Jünnan verbreitet, *A. dracontium* (L.) Schott, Grüner Drachen, Drachenwurzel, Nordamerika, *A. triphyllum* (L.) Torr., Nordamerika, gibt es eine ganze Reihe sehr schöner Arten, von denen manche zwar einige Jahre unter guter Decke im Freien aushalten, die Mehrzahl aber besser im Kalthaus oder frostfreien Kasten gehalten wird. Noch viele Arten harren der Einführung. Für frostfreie Haltung sind besonders zu empfehlen **A. candidissimum** W.W. Sm. aus Westchina, **A. fargesii** S. Buchet aus Szetschuan, **A. griffithii** Schott aus Sikkim und das wohl vor allem in botanischen Sammlungen verbreitetste **A. ringens** (Thunb.) Schott aus Japan, Ostchina und Südkorea.
Vermehrt wird durch Abnehmen der Nebenknollen und Aussaat. Alle im Topf gezogenen *Arisaema* gedeihen gut in lehmiger, abgelagerter Rasenerde, der etwa ein Drittel alte Lauberde und Sand zugesetzt wird. Nach dem Absterben der Blätter und der Samenreife machen sie eine Ruhezeit durch. Sie sind dann ganz trocken zu halten und frostfrei ins Kalthaus oder einen kalten Keller zu stellen. Im Januar bis Februar schüttelt man die alte Erde aus, pflanzt sie in neue Erde wieder ein und stellt sie bei Triebbeginn dicht unter Glas bei 2 bis 10° auf. Die Blüten erscheinen bei den meisten Arten im März bis April, bei manchen aber erst im Mai bis Juni. Die Spatha ist meist lebhaft gestreift. Auch die Blätter sind recht interessant. Alle sind anspruchslose, aber höchst eigenartige und auch schöne Pflanzen.

Caladium Vent., Kaladie
(Ableitung vom malaiischen *keladi* = Pflanze mit eßbaren Wurzeln)

Von den etwa 15 im tropischen Südamerika verbreiteten Arten werden außer **C. humboldtii** Schott aus Südvenezuela, in Belgien eingeführt 1858, einer niedrigen, einen vielblättrigen Busch bildenden Art mit kleinen, weißgefleckten Blättern, wohl keine anderen reinen Arten in den Sammlungen gezogen, sondern nur eine beträchtliche Zahl von Hybriden, und zwar die **C.-Bicolor-Hybriden** und die weniger verbreiteten **C.-Schomburgkii-Hybriden** (pfeilblättrige Sorten). Sie gehören zu den schönsten aller buntblättrigen Pflanzen. Ihre großen, mehr oder weniger pfeilförmigen Blätter sind fast stets mehrfarbig, gefleckt oder marmoriert oder anderweitig gezeichnet. Bei manchen sind die Blätter außerdem so dünn, daß die darunter gelegte Hand durchschimmert. Im Laufe der letzten hundert Jahre wurden tausende von Sorten gezüchtet, an deren Entstehung vor allem *C. bicolor* (Ait.) Vent. aus dem Amazonasgebiet und *C. schomburgkii* beteiligt waren. An die 100 Sorten dürften heute noch vorhanden sein, darunter merkwürdigerweise solche, die schon mehr als 50 Jahre alt sind. Seit einer Reihe von Jahren werden wieder häufiger Caladien angeboten, von denen manche Sorten sich monatelang im Zimmer halten lassen. Die Knollen werden heute aus tropischen Ländern importiert, in den Gärtnereien eingepflanzt und innerhalb von 3 bis 4 Monaten als fertige Pflanzen verkauft.
Für den Besitzer eines kleinen Warmhauses ist es am zweckmäßigsten, sich zunächst die Knollen zu kaufen, am besten bei einem der wenigen Importeure, da er sich dort ein ganzes Sortiment bestellen kann, während er in den Gärtnereien meist nur wenige Sorten bekommt. Und gerade in der Vielfalt liegt bei dieser schönen Pflanze der besondere Reiz.

Vermehrt wird durch Teilung der Knollen zwischen Januar und März. Mit einem scharfen Messer werden sie so zerschnitten, daß jedes Teilstück ein oder mehrere Augen besitzt. Die Schnittstellen pudert man mit Holzkohlenpulver ein, die Teilstücke pflanzt man in ein Torf-Sand-Gemisch und hält sie bei 22 bis 25°. Nach der Durchwurzelung werden sie wie ältere Pflanzen weiterbehandelt. Will man selbst einmal neue Sorten gewinnen, ziehe man sich Samen, die aber nur nach künstlicher Bestäubung angesetzt werden. Dabei beachte man, daß die weiblichen Blüten – unten am Kolben sitzend – eine Woche eher empfängnisfähig sind als die an dem gleichen Kolben, aber weiter oben sitzenden männlichen Blüten ihren Pollen entlassen. Man muß also den Blütenstand eines anderen Kolbens benutzen und beobachten, wann die weiblichen Blüten zur Bestäubung bereit sind. Nach etwa 7 bis 8 Wochen sind die Samen reif und müssen dann nach Entfernen des Fruchtfleisches sofort ausgesät werden, und zwar auf grobe Lauberde mit Torfmull oder auf ein Gemisch aus Perlit und fein gehacktem Sphagnum. Bis zum Herbst des gleichen Jahres erzielt man kräftige, überwinterungsfähige Knollen. Im zweiten Jahre scheidet man alles aus, was keine Verbesserung vorhandener Sorten darstellt. Die Spannung ist natürlich groß, zu sehen, was sich aus einer solchen Aussaat entwickeln wird. Die Knollen aller Caladien ruhen von September bis März. Sie werden völlig trocken – am besten in ihren alten Ballen oder in trockenem Sand – bei 18 bis 20° überwintert. Wichtig ist, daß die Wärme bei der Überwinterung nicht unter 18° sinkt. Nach Abschluß der Ruhezeit werden der alte Ballen ausgeschüttelt und die Knollen in neue Erde gelegt, am besten in eine Mischung aus grober Lauberde mit Torfmull, etwa zu gleichen Teilen, mit Sandzusatz. Auch in Einheitserde wachsen sie gut. Man pflanzt locker und stellt die Töpfe im hellen Warmhaus bei 20 bis 22° auf. Schon nach wenigen Tagen beginnt die Bildung neuer Wurzeln und neuer Triebe. Jetzt erscheinen auch die Blütenstände. Wenn man keinen Samen ziehen will, werden sie abgeschnitten. Sie sind aber so hübsch, daß man sie in die Vase stecken sollte, wo man sich viele Tage an ihnen freuen wird. Während der Vegetationsdauer sollen Caladien bei etwa 20° und sehr hell stehen. An sonnigen Tagen sollte man von 10 bis 16° lichten Schatten geben. Im übrigen muß die Luft recht feucht sein, die Blätter aber dürfen nicht von Wasser getroffen werden.

Caladium-Hybride

Sorten zu nennen erübrigt sich, da alle in ihrer Art schön sind. Je reichhaltiger das Sortiment, desto vielfältiger sind Farben und Zeichnung der Blätter.

Callopsis Engl.
(Gattungsname *Calla* und griech. *opsis* = Aussehen)

Eine Seltenheit in botanischen Gärten, aber eine fast das ganze Jahr hindurch blühende kleine Pflanze für den erfahrenen Liebhaber. 1 Art an der Küste des westlichen äquatorialen Afrikas, eine weitere an der Küste des östlichen tropischen Afrikas.

Als einzige Art in Kultur ist

C. volkensii Engl. aus Tansania, ein halbepiphytisch wachsendes ausdauerndes Kraut mit kriechenden Rhizomen, gehäuft stehenden, gestielten, herz-eiförmigen, etwa 12 cm langen, dunkelgrünen, glänzenden Blättern. Die schneeweiße, einer *Zantedeschia* ähnliche, etwa 3 × 2 cm große Spatha ist teilweise mit dem Kolben verwachsen.
Vermehrung nur durch Teilung. Kultur im feuchten und schattigen Warmhaus, wo sie unter gleichen Bedingungen wie empfindliche Marantaceen und Selaginellen gehalten werden.

Colocasia Schott, Taro
(griech. *kolokasia*, Name nach Dioscorides gebraucht für die Wurzeln von *Nelumbo nucifera*)

Caladium nahestehende Gattung mit 8 Arten im indomalesischen Gebiet und in Polynesien, darunter

C. esculenta (L.) Schott, wahrscheinlich ursprünglich in Indien heimisch, eine uralte Nutzpflanze, deren Knollen den Taro, ein wichtiges Nahrungsmittel, liefern. Heute wird die Art nicht nur von Indonesien bis Polynesien angebaut, sondern auch im tropischen Afrika. *C. esculenta* mit

Araceae

Colocasia esculenta

ihren Formen wächst besonders gut im flachen Wasser und wird deshalb häufig in Victoria-Häusern ausgepflanzt mit viel Wärme, aber genügend Luftzufuhr. Für die Überwinterung genügen 16 bis 18°.
Alle Arten haben Knollen, bilden selten einen kleinen Stamm und entsenden bisweilen Ausläufer. Die langgestielten, großen Blätter sind schildherzförmig oder pfeilförmig.
Außer der obengenannten formenreichen Art werden in großen Warmhäusern botanischer Sammlungen noch gezogen **C.affinis** Schott aus dem tropischen Himalaja, **C.fallax** Schott aus dem gleichen Gebiet und **C.gigantea** (Bl.) Hook.f. (*C.indica* auct. non (Lour.) Kunth) von Malakka und Java. Alle werden für kleine Gewächshäuser zu groß. Man kann sie zwar während der wärmsten Monate ins Freie pflanzen, doch braucht man selbst dann genügend Platz für die Überwinterung und zum neuen Austrieb im Spätwinter. Alle Arten benötigen eine nährstoffreiche, lehmige Erde und sehr viel Feuchtigkeit.

Cryptocoryne Fisch. ex Wydler
(griech. *kryptos* = verborgen, *koryne* = Keule, Kolben)

In die Verwandtschaft von *Arum* und *Arisaema* gehörend, aber stets als Sumpf- und Wasserpflanze vorkommend. Das Verbreitungsgebiet der 40 bis 50 bisher bekannten Arten erstreckt sich vom westlichen Vorderindien bis zum westlichen China, von Indonesien bis zu den Philippinen und Neuguinea. Sie haben einen verzweigten, ausläufertreibenden Wurzelstock und ungeteilte Blätter. Wachsen sie untergetaucht, bildet die Spatha eine der Tiefe des Wassers entsprechende lange Röhre, die sich erst außerhalb des Wassers öffnet. Am Kolben sitzen nur wenige männliche und weibliche Blüten.
Cryptocorynen sind reine Aquariumpflanzen, die als solche bei uns stets unter Wasser gezogen werden sollten. Sie sind von besonderer Schönheit und der Stolz eines jeden Aquarianers. Es werden hier nur einige der verbreitetsten Arten genannt:

C.beckettii Thwaites ex Trim., Ceylon, **C.ciliata** (Roxb.) Fisch. ex Schott, Indien, Pakistan, Indonesien, Neuguinea, **C.cordata** Griff., (*C.blassii* de Wit), Malaiische Halbinsel, Borneo, **C.grabowskii** Engl. (*C.grandis* Ridl.), Thailand, Malaiische Halbinsel, **C.griffithii** Schott, Malaiische Halbinsel, Sumatra, **C.nevillii** Trim. ex Hook.f., Ceylon. Darüber hinaus ist in den letzten Jahren noch eine ganze Reihe anderer Arten eingeführt worden. In größeren Wasserpflanzengärtnereien werden heute oft mehr Arten angeboten, als man in den meisten botanischen Gärten findet. Derjenige Liebhaber, bei dem Cryptocorynen gut wachsen, wird sich bemühen, eine möglichst vollständige Sammlung dieser Gattung aufzubauen.
Eng mit *Cryptocoryne* verwandt ist **Lagenandra ovata** (L.) Thwaites aus Westindien, eine hübsche, fast meterhohe Pflanze für Paludarien.

Zwei Dinge sind für gesundes Wachstum Voraussetzung, und zwar eine gleichmäßige Wasserwärme von 24 bis 26° und Wasser, das einen pH-Wert von 6 bis 7 nicht übersteigt. Auch die Erdschicht, bestehend aus grobem, sandigem Lehm, darf keinen Kalk enthalten. Sie soll je nach der Größe der Arten zwischen 10 und 15 cm dick sein. Wo die obengenannten Voraussetzungen nicht bestehen, sollte man auf Cryptocorynen ganz verzichten. Weiterhin ist wichtig, die Pflanzen möglichst wenig zu stören, also ungeteilt am gleichen Standort stehenzulassen. Ihr Lichtbedürfnis ist gering. Vermehrt wird durch Teilung oder Abtrennen und vorsichtiges Herausnehmen des einen oder anderen Ausläufers, der dann aber sofort an seinen neuen Dauerplatz gepflanzt werden sollte.

Cyrtosperma Griff.
(griech. *kyrtos* = krumm, *sperma* = Same)

Etwa 18 Arten im tropischen Afrika, Asien und Amerika, vor allem aber in Neuguinea verbreitet. Bezeichnend für die Gattung sind die stacheligen oder warzigen, fast meterlangen Blattstiele. Die Knollen von *C. edulis* Schott sind, wenn gekocht, eßbar und werden in Polynesien angebaut.

C.johnstonii (Bull) N.E.Br. von den Salomoninseln ist die einzige bei uns gezogene Art. Die 30 bis 60 cm langen, olivgrünen, rosa gefleckten Blattstiele sind mit fleischigen, stachelähnlichen Warzen bedeckt, die Blattspreite ist 30 bis 50 cm lang, olivgrün und oben von hervortretenden, roten oder rosa Adern durchzogen. Eingeführt 1875.

Diese prachtvolle, aber empfindliche Pflanze wird durch Abtrennen der kleinen am Grunde erscheinenden Seitentriebe vermehrt. Sie gehört in das feuchte und schattige Warmhaus, in dem die Wärme auch im Winter nicht unter 18° sinken darf. Im Winter wird sparsam gegossen, also eine mäßige Ruhezeit eingelegt, im Frühjahr und Sommer dagegen sehr reichlich. Als Erde nimmt man entweder TKS 2 oder eine brockige, mit Torf vermischte Lauberde mit Zusatz lehmiger Rasenerde.

Dieffenbachia Schott
(Josef Dieffenbach, Gersfeld, Rhön 15. 8. 1790 bis 20. 1. 1863 Wien, Botaniker, ab 1819 Kustos des K.K. Universitätsgartens zu Wien)

Eine formenreiche Gattung mit etwa 30 Arten aus dem tropischen, vor allem subandinen Amerika. 1 Art in Westindien. Alle haben einen geraden Stamm, an dem die dickrippigen, vielfach schön gezeichneten Blätter an dicken, bis über die Hälfte hinaus scheidigen Stiele sitzen. Am häufigsten gezogen werden *D.maculata (D.picta)* und *D.seguine* mit vielen durch Kreuzung oder aus Mutationen entstandenen Sorten. Die Züchtung setzte bereits zwischen 1870 und 1880 ein, vor allem in England, aber auch in Italien, wo Ragioneri durch Kreuzung von *D.wallisii × D.weirii* die schöne Sorte 'Memoria-corsi' erzielte. Nach 1950 entstanden in USA eine Reihe neuer Sorten. Die Pflanzen enthalten Oxalat Kristalle, die Entzündungen der Haut und Schleimhäute verursachen. Deshalb beim Schneiden von Stecklingen etc. stets Handschuhe tragen und nicht mit den Händen an Mund und Augen kommen.

D. × bausei hort. Chiswick (= *D.maculata × D.weirii*) hat große, gelbgrüne, dunkelgrün gefleckte Blätter mit dunkelgrünem Rand und einzelnen weißen Flekken. Um 1870 in England entstanden.

D.imperialis Lind. et André aus Peru, in botanischen Gärten gezogen, ist die kräftigste Art mit 3 bis 4 cm dicken Stämmchen, 30 bis 60 cm langen und 1 cm dicken Blattstielen sowie einer dicklederigen, bis 60 × 30 Zentimeter großen Spreite, deren dunkelgrüne Oberseite unregelmäßig gelblichgrün gefleckt ist. Um 1870 eingeführt.

D.maculata (Lodd.) G. Don (*D.picta* Schott) aus Brasilien hat bis meterhohe, kräftige Stämmchen. Die Blattstiele sind im Gegensatz zu *D.seguine* breitrinnenförmig. Diese sehr vielgestaltige Art, deren Blätter in mannigfaltigster Weise weiß gefleckt, gestrichelt und gezeichnet sind, wird wohl am meisten gezogen. Um 1870 eingeführt.

Die Formen und Sorten sind zum Teil schwer auseinanderzuhalten; zu ihnen gehören u.a. 'Baraquiniana', 'Eburnea', 'Exotica', 'Perfection', 'Pia', 'Picturata', 'Rudolph Roehrs', 'Superba', 'Tropic White' (besonders schön, da von unten her schon in der Jugend zur Verzweigung geneigend).

D.seguine (Jacq.) Schott von Westindien hat grüne, kräftige Stämmchen und zum Unterschied von *D.maculata* nur flachrinnige oder gar nicht rinnenförmige grünliche, weißgefleckte oder -gestrichelte Blattstiele. Um 1760, vielleicht aber schon früher eingeführt. Eine ebenso vielgestaltige Art wie die vorige, am besten durch die Blattstiele von jener zu unterscheiden. Hierher gehören u.a. 'Irrorata', 'Nobilis', 'Liturata'.

Auch andere buntblättrige Arten sind schön, sind aber außerhalb großer botanischen Sammlungen kaum zu finden. Von grünblättrigen Arten werden bisweilen gezogen die brasilianische **D.humilis** Poepp. und die peruanische **D.macrophylla** Poepp., beide noch gut im tiefsten Schatten gedeihend.

Dieffenbachia picta 'Exotica'

Alle Arten, Formen und Sorten sind schöne Warmhauspflanzen, zum Teil auch im Zimmer und Blumenfenster sich haltend. Vermehrt wird durch Kopfstecklinge, die bei 25° im geschlossenen Beet sich in 2 bis 3 Wochen bewurzeln. Außerdem kann man die ganzen Stämmchen in 4 bis 5 cm lange Teilstücke zerschneiden und ins Warmbeet stecken oder legen. Stammstücke mit anhaftendem Blatt bewurzeln sich viel schneller als solche ohne Blätter. Die Stecklingsvermehrung ist an keine Jahreszeit gebunden. Für die weitere Kultur verwende man Einheitserde oder eine brockige, humose Mischung etwa aus Lauberde und Torfstreu. Bei einer durchschnittlichen Wärme von etwa 20°, Schattieren bei Sonne, durch Spritzen hervorgerufene Luftfeuchtigkeit, regelmäßiges Verpflanzen und nach Durchwurzelung flüssigem Düngen wachsen sie ohne jede Schwierigkeit. Im Winter kann die Wärme nachts ohne Schaden auf 14 bis 18° gesenkt werden.

Epipremnum Schott
(griech. *epi* = auf, *premnon* = Baumstumpf, Baumstamm)

Etwa 25 Arten hochkletternder indonesischer Kletterpflanzen mit einfachen oder fiederspaltigen Blättern, einer vergänglichen Spatha und einem steifen, mit zwitterigen Blüten besetzten Kolben. Seit langem unter verschiedenen Namen angeboten wird

E. pinnatum (L.) Engl. (*Pothos aureus* Lind. et André, *Rhaphidophora aurea* (Lind. et André) Birdsey, *Scindapsus aureus* (Lind. et André) Engl.) von den Salomoninseln, eine stark verzweigte, hochkletternde Liane mit bei der verbreiteten Sorte 'Aureum' (*E. aureum* (Lind. et André) Bunt.) goldgelb gestreiften und gefleckten Blättern, deren Spreite ungleichhälftig ist. Die Blätter der Jugendform sind nur 6 bis 10 × 6 bis 8 cm groß, die der Altersform 20 bis 60 × 20 bis 50 cm. Durch dauernde Stecklingsvermehrung kann man beide Formen ziemlich konstant erhalten. 1879 in England eingeführt.

Die nicht so willig wachsende Sorte 'Marble Queen' ('Erich Gedelius') hat cremeweiße Blätter, unregelmäßig grün und graugrün gefleckt und marmoriert.

Vermehrung und Pflege gleichen der von *Philodendron*. Sie sind schöne Hänge- und Kletterpflanzen, die Altersform übersteigt ihrer Größe wegen den Raum eines kleinen Gewächshauses. Mehrere Stecklinge um einen 40 bis 60 cm hohen Moosstab gesetzt ergeben nach zweimaligem Stutzen in Kürze schöne und dichte Pflanzen. Im Sommer muß schattiert werden, im Herbst und Winter vertragen sie volle Sonne. Im Dauerschatten vergrünen die Blätter.

Homalomena Schott
(griech. *homalos* = gleichmäßig, flach, *mene* = Mond)

Diese dem *Philodendron* verwandte Gattung mit etwa 140 Arten hat ihr Hauptverbreitungsgebiet im tropischen Asien, nur wenige wachsen in Südamerika. Alle sind mehr oder weniger kräftige Kräuter mit dickem Rhizom und kurzem oder fehlendem Stamm. Nur 2 Arten sind als Seltenheiten in den Warmhäusern botanischer Gärten vertreten. Sie verdienen aber eine weitere Verbreitung, ebenso harren andere schöne Arten der Wiedereinführung.

H. rubescens (Roxb.) Kunth, eine Asiatin aus Sikkim, Assam und Birma, bildet kräftige Pflanzen mit etwa 10 cm hohen Stämmchen und langgestielten Blättern, deren grünliche, herzförmige, 25 bis 30 × 20 cm große Spreite mit roten Nerven durchzogen ist. 1870 in Deutschland eingeführt.

H. wallisii (Mast.) Regel aus Kolumbien und Venezuela ist noch seltener. Sie bildet niedrige, reichbeblätterte Büsche. Die etwa 5 cm lang gestielten, ledrigen, eirunden, etwa 15 bis 20 cm langen Blätter sind oberseits olivgrün und unregelmäßig mit goldgelben oder dunklen, weißgerandeten Flecken bedeckt. 1876 in England eingeführt.

H. rubescens wird durch Abtrennen der Nebentriebe, *H. wallisii* durch vorsichtige Teilung vermehrt. Die Pflege gleicht derjenigen von *Dieffenbachia*, doch wachsen sie ausgepflanzt weit besser als im Topf, außerdem darf die Temperatur auch im Winter nie unter 20° fallen.

Lasia Lour.
(griech. *lasios* = dichtbehaart, zottig)

Von den drei indomalesischen Arten wird nur

L. spinosa (L.) Thwaites in botanischen Sammlungen gezogen. Sie bildet feste, fast holzige Stämmchen, deren Zweige dem Boden aufliegen und dort wurzeln. Zweige, Blattstiele und Blattspreite sind bestachelt. Die Spreite ist an jungen Trieben pfeilförmig, an älteren fiederig zerteilt. Dazwischen gibt es alle nur möglichen Übergangsformen. Interessant ist der 30 bis 40 cm lange Blütenstand mit spiralig gedrehter, brauner Spatha. Wahrscheinlich nach 1870 eingeführt.

Vermehrung und Pflege ist nur dem speziellen Liebhaber tropischer Sumpfpflanzen zu empfehlen. Ihrer Derbheit wegen ist sie aber auch gut geeignet für Paludarien. Am besten gedeiht sie in lehmiger Erde ausgepflanzt, in Sonne oder Halbschatten, bei etwa 20°, doch schadet ihr ein Rückgang im Winter auf 14 bis 16° genausowenig wie ein Ansteigen im Sommer auf 25 bis 30°. Die Erde soll sumpfig oder noch besser 3 bis 4 cm mit Wasser überflutet sein. Vermehrt wird durch Teilung oder Abtrennen schon bewurzelter Seitenzweige.

Monstera Adans.
(nach Schott vom lat. *monstrum* = Mißgestalt, doch ist dies fraglich)

Zu den etwa 50 in Mittel- und Südamerika meist als große Lianen vorkommenden Arten, die vermittels waagerecht um die

Homalomena wallisii

Philodendron melanochrysum

Philodendron squamiferum

Stütze wachsender Haftwurzeln hoch in die Bäume klettern können, außerdem aber lang herabhängende Nährwurzeln ausbilden, gehört
M. deliciosa Liebm. aus Mexiko, die seit etwa 100 Jahren eine der am häufigsten gezogenen Zimmerpflanzen ist. Die durchlöcherten und tief eingeschnittenen großen Blätter machen diese Art so besonders interessant und dekorativ. 1848 in Deutschland eingeführt.
Auch einige andere Arten wie **M. acuminata** K. Koch, Mittelamerika, **M. obliqua** (Miq.) Walp., Nördliches Südamerika, und **M. friedrichsthalii** Schott, Mittelamerika, werden hier und da gezogen. Alters- und Jugendformen sind bei ihnen sehr verschieden. Alle werden so groß, daß sie für ein Kleingewächshaus zu umfangreich werden, wie ja auch *M. deliciosa*, das Zimmerphilodendron, aus dem gleichen Grund mehr für das Zimmer als für das kleine Gewächshaus zu empfehlen ist. Ältere Pflanzen blühen übrigens auch im Zimmer alljährlich. Der Kolben ist von einer etwa 25 × 15 bis 20 cm großen weißlichen Spatha umgeben. Später ist er dicht mit den bei der Reife violetten, wohlriechenden, sechskantigen Beeren besetzt, deren Fruchtfleisch man essen kann, besser aber für eine Bowle verwendet, da sie beim Essen ein nicht angenehmes Brennen im Munde verursachen – sie enthalten Nadeln aus Calciumoxalat. Im Geschmack erinnern sie entfernt an Ananas.
Über Vermehrung und Pflege wird in dem Buch »Zimmerpflanzen« ausführlich berichtet. Vermehrt wird durch abgetrennte Triebe, die bis zu meterlang sein können und möglichst einige Luftwurzeln, die mit in den neuen Topf gepflanzt werden, besitzen sollten. Auch Samen wird hier und da angeboten. Er keimt aber nur, solange er ganz frisch ist. Im Warmhaus ausgesät, geht er innerhalb von 2 bis 4 Wochen auf. Am besten gedeiht unsere Pflanze bei Temperaturen zwischen 10 und 20°. Sie soll hell stehen, aber nicht für längere Zeit von der Sonne getroffen werden. Dunkler Stand im Winter und mangelnde Ernährung bewirken, daß die zu dieser Zeit gebildeten Blätter weder Einschnitte noch Löcher bilden, sondern ungeteilt bleiben, eine Erscheinung, über die von Liebhabern oft geklagt wird. Die besonders an älteren Pflanzen gebildeten Luftwurzeln – und seien es noch so viele – schneide man nicht ab, sondern leite sie in den Topf oder Kübel. Sie helfen dann, die Pflanzen zu ernähren. Als Erde eignet sich sowohl Einheitserde als auch eine humos-lehmige Mischung. Gegossen wird so, daß der Ballen stets gleichmäßig feucht, also über längere Zeit weder naß noch trocken ist. Auch in Hydrokultur wachsen sie ausgezeichnet. Die Sorte 'Borsigiana' hat kleinere Blätter und ist deshalb für kleine Räume besser geeignet.

Philodendron Schott corr. Schott
(griech. *phileo* = lieben, *dendron* = Baum)

275 Arten strauchiger, baumartiger oder kletternder, meist Luftwurzeln treibender Pflanzen im tropischen Amerika und Westindien. Ihre Blätter sind oft groß und sehr verschieden gestaltet, ungeteilt, gelappt, fiederschnittig etc. Die Spatha ist weiß, gelb oder rot und bleibt haften.

Viele Arten werden in den Warmhäusern botanischer Sammlungen gezogen. Die meisten von ihnen brauchen sehr viel Platz, wenn sie sich voll auswachsen sollen, und sprengen deshalb den Rahmen eines kleinen Gewächshauses. Manche kann man allerdings, wenn sie zu groß werden, abschneiden und stecken, doch erreichen sie dann selten die Schönheit ausgewachsener oder älterer Pflanzen. Deshalb werden hier nur wenige Arten genannt, vor allem kleinblättrige und nicht zu stark wachsende.

P. angustisectum Engl. (*P. elegans* K. Koch), Westkolumbien, ist eine hochklimmende Liane, die aber nicht allzu schnell wächst und deren Kopf man immer wieder abschneiden und stecken kann. Die Blätter sind tief-fiederschnittig mit 3 bis 4 cm breiten Abschnitten.

P. erubescens K. Koch et Aug. aus Kolumbien hat einen grünlich-roten, im Alter grauen Stamm und länglich-pfeilförmige, 16 bis 35 × 13 bis 19 cm große, dunkelgrüne Blätter, deren Rand durchscheinend rosa ist. Die jungen Blätter sind dunkelrotbraun. Um 1850 nach Deutschland eingeführt.

P. ilsemannii hort. Saund., eine Art unsicherer Herkunft und Stellung, hat 40 × 15 cm große, ovale bis lanzettlich-pfeilförmige, unregelmäßig weiß oder grauweiß und grün marmorierte oder gezeichnete Blätter. Einführung um 1907 nach Belgien. Eine der schönsten Arten.

P. melanochrysum Lind. et André (*P. andreanum* Devans.) aus Kolumbien bildet in der Jugend nur kleine Blätter von 8 bis 10 cm Länge, im Alter aber solche von 40 bis 80 cm Länge, die senkrecht herabhängen. Sie sind bronzegrün und wirken wie mit Goldstaub überpudert. 1872 in Belgien eingeführt. Besonders schön und empfehlenswert.

P. rugosum Bogn. et Bunt. aus Ekuador, erstmals 1973 eingeführt, fällt auf durch die fein gerunzelten Blätter, die von einem weiß erscheinenden, durchsichtigen Rand eingefaßt sind. Es ist eine Liane mit nur kurzen Internodien und langgestielten, herzförmigen, bis 35 × 30 cm großen Blättern. Durch die kurzen Internodien dauert es lange, bis die Pflanze für Zimmer und Gewächshaus zu groß geworden ist.

P. scandens K. Koch et Sello aus dem tropischen Amerika hat bei der Jugendform 8 bis 14 × 5 bis 9 cm große, bei der Altersform 18 bis 30 × 12 bis 20 cm große, lederige, grüne, breit herz-eiförmige Blätter. Um 1850 in Deutschland in Kultur. Besonders dankbar für die Berankung von allerlei Gitterwerk.

P. squamiferum Poepp., im östlichen tropischen Südamerika zu Hause, hat 60 × 45 cm große, fünflappige oder fünfteilige Blätter, deren Stiele dicht mit 4 bis 5 mm langen, in der Jugend roten, im Alter grünen, abstehenden, moosartigen Schuppen besetzt sind. Um 1850 eingeführt.

P. verrucosum Mathieu, Costa Rica bis Ekuador, hat bis 50 cm lange, dicht mit warzenähnlichen kleinen Borsten besetzte Blattstiele. Die herzförmige Spreite ist sehr zart, oliv- bis smaragdgrün und bronzebraun schattiert, dabei samtig schimmernd. Um 1850 in Belgien kultiviert.

Als Jungpflanze vielfach angeboten wird u.a. **P. bipinnatifidum** Schott ex Endl. (*P. selloum* K. Koch), Südostbrasilien, im Alter einen dicken, schopfartig beblätterten Stamm bildend.

Diese und ähnliche Arten werden bald zu groß und können dann in kleinen Gewächshäusern nicht weiter gehalten werden. Neben ihnen gibt es noch viele andere Arten, für die das gleiche gilt wie für die oben genannten.

Es kann sowohl durch Kopfstecklinge als auch durch Zerschneiden der langen Stämme gewonnene Stücke mit einem Auge vermehrt werden, am besten in einem geschlossenen Vermehrungsbeet von 25 bis 30°. Sind Kopfstecklinge dafür zu groß, werden sie gleich eingetopft und mit Kunststoffolie eingehüllt, bis sie genügend Wurzeln gebildet haben. Am besten wachsen alle Arten bei einer Wärme von 18 bis 20°, doch können im Winter die Nachttemperaturen für fast alle ruhig auf 16 bis 18° zurückgehen, ohne daß es den Pflanzen schadet. Sie gedeihen gut in jeder brockigen, humosen Erde, der bei älteren Pflanzen etwas Rasenerde, aber auch zur Lockerung und Durchlüftung eine beträchtliche Menge Styromull beigemengt werden sollte. Ebensogut wachsen sie in Einheitserde oder in Hydrokultur. Man kann sowohl die Wände oder das Dach mit ihnen beranken als auch bei nur geringem Platz 3 bis 4 Jungpflanzen um einen 50 bis 100 cm hohen Ast setzen oder die kleinblättrigen Arten als Hängepflanzen verwenden. Manche Arten wie *P. scandens* z. B. fühlen sich selbst im tiefen Schatten noch wohl.

Pistia L., Wassersalat
(griech. *pistos* = Wasser)

P. stratiotes L., die einzige Art, ist in stehenden und langsam fließenden Gewässern der Tropen weit verbreitet. Sie bildet lebhaft grüne Rosetten, deren ungestielte Blätter fein behaart sind und zwischen denen sich die unscheinbaren blühenden

Pistia stratiotes

Sprosse verbergen. Der Blütenstand ist reduziert auf eine grünliche, kaum zentimeterlange Spatha und einen winzigen Kolben, der oben einen Kranz männlicher Blüten mit je 2 Staubblättern, darunter eine einzige weibliche Blüte trägt. Stets findet Selbstbestäubung statt, so daß man in jedem Jahr keimfähigen Samen ernten kann, der in einem Röhrchen mit Wasser aufbewahrt wird. In England 1843 eingeführt, in Deutschland um 1850.

Für Aquarien, große und kleine Wasserbecken ist der Wassersalat gleich schön. Voraussetzung ist eine Wasserwärme von 20 bis 25°, lichter Halbschatten und nach Möglichkeit ein Wasserstand, der es den Wurzeln noch ermöglicht, die Erde zu erreichen. Denn dann wachsen sie noch kräftiger als Exemplare, bei denen die Wurzeln frei schwimmen. Im Aquarium sind die Wurzeln wichtig zum Ablaichen und als Unterschlupf für die Fischbrut. Für die Überwinterung werden Anfang September einige mittelgroße Pflanzen – am besten in Sumpfmoos – eingetopft, in Untersetzer mit Wasser dicht unter Glas aufgestellt. Vor allem in sehr sonnenlosen Wintern gehen die Pflanzen trotzdem leicht ein, so daß es sich durchaus empfiehlt, etwa von November bis Februar zusätzlich zu beleuchten (etwa 7500 lx). Zur Vorsicht sollte man aber jährlich Samen sammeln, der im Februar bei 30° im Wasserbecken ausgesät in 14 Tagen keimt und bereits nach zwei Monaten vollentwickelte Pflanzen ergibt.

Pothos L.
(*Potha* = ceylanischer Volksname für eine Art der Gattung)

Diese etwa 75 Arten umfassende Gattung ist bis auf eine madagassische Art in Indomalesien zu Hause. Alle sind kletternde Halbsträucher oder Sträucher mit zweiteiligen, sich dicht an die Stämme anschmiegenden Blättern. In botanischen Sammlungen werden hier und da

P.loureirii Hook. et Arn. aus Südchina und **P.scandens** L. aus Vorderindien und Malaysia gezogen. Man kann sie aber nur dort halten, wo eine Wand oder ein Stamm für sie zur Verfügung steht, an der oder dem sie emporklettern und an die sie ihre Blätter anpressen können. Selbst an einer Glaswand haften sie noch. Sie gehören in das feuchte Warmhaus und gedeihen dort in jeder humosen Erde. Vermehrt werden sie durch leicht wurzelnde Stecklinge. Ihres eigenartigen Wuchses wegen sind sie sehr interessant. Für kleine Gewächshäuser eignet sich am besten *Pothos loureirii*, bei dem die Internodien der Stengel nur 7 bis 10 mm lang sind, und die Blattspreite nicht länger als 3 bis 4 cm wird. Wie vom Graphiker angeordnet liegen Stengel und Blätter dicht der Wand angepreßt.

Rhaphidophora Hassk.
(griech. *rhaphis* = Nadel, *phoros* = tragend)

Mit *Monstera* verwandte Gattung, deren 100 Arten ihre Heimat im indomalesischen Gebiet haben. Es sind große Lianen, von denen in botanischen Sammlungen gelegentlich die eine oder andere Art gezogen wird, vor allem

R.decursiva (Roxb.) Schott aus Indien, Nordborneo und dem nördlichen Indochina. Sie hat große, lederige, dunkelgrüne Blätter, deren Spreite beiderseits der Mittelrippe in 7 bis 21 lineale Abschnitte geteilt ist. Um 1860 in England eingeführt. Ebenso findet man hin und wieder die Jugendform von **R.celatocaulis** (N.E.Br.) F. Knoll aus Borneo, meist unter dem Namen *Pothos celatocaulis* laufend, deren ungeteilte Blätter sich der Unterlage anschmiegen und an den Rändern dachziegelig übereinandergreifen. 1880 in England eingeführt. Die erstgenannte Art wird wie *Monstera deliciosa*, die zweite wie *Pothos* behandelt.
Vermehrung und Pflege gleichen völlig der von *Philodendron*.

Sauromatum Schott,
Eidechsenwurz
(abgeleitet von griech. *sauros* = Eidechse)

Vom tropischen Afrika bis zum Himalaja, Burma und Sumatra sind 6 Arten dieser mit *Arum* und *Arisaema* verwandten Gattung beheimatet. Es sind Knollenpflanzen mit einzelnen, langgestielten, fußförmigzerschnitten Blättern. Verbreitet ist

S. venosum (Ait.) Kunth (*S.guttatum* (Wall.) Schott), die Eidechsenwurz, Ost- und Westafrika, Himalaja von Kaschmir bis Nordburma, Indien, deren Blütenstand im Spätwinter vor den Blättern aus der Knolle treibt, selbst wenn diese ganz trocken ohne Erde im Zimmer liegt. Als »Wunderknollen« werden sie häufig in Samengeschäften und Warenhäusern verkauft. Der obere, 20 bis 30 cm lange Teil der Spatha, der etwas herabhängt, ist außen purpurn gefärbt, innen gelblichgrün mit purpurnen Flecken. 1774 in England eingeführt.
Vermehrung und Pflege wie bei *Amorphophallus*, das heißt im Sommer am besten im Freien in nährstoffreiche, humos-lehmige Erde ausgepflanzt. Im Herbst werden die Knollen herausgenommen und bei etwa 10° trocken überwintert.

Schismatoglottis Zoll. et Moritzi
(griech. *schisma, schismatos* = Spaltung, *glotta* = Zunge)

Schöne, meist ausläufertreibende Kräuter, davon manche mit kurzem Stamm und meist dünnen, oft marmorierten oder gefleckten Blättern und am Grunde scheidigem Blattstiel. 100 Arten im Malaiischen Archipel, von denen nur wenige, aber auch diese nur selten in Kultur sind. Von diesen sind besonders empfehlenswert **S.concinna** Schott mit den Sorten 'Immaculata' und 'Purpurea', Borneo, Java, Sumatra, **S.neoguineensis** (Lind.) N.E.Br. aus Neuguinea, **S.picta** Schott, Java, Borneo, Celebes, Sumatra und **S.pulchra** N.E.Br. aus Borneo.
Sie alle gehören in das feuchte Warmhaus, wo sie ausgepflanzt besser als im Topf gedeihen. Ihre Pflege gleicht im übrigen völlig der von *Dieffenbachia*, nur sind sie etwas empfindlicher als diese, vor allem sollte die Erde lockerer sein. Auch im Winter sollte bei ihnen die Wärme nicht unter 20° sinken. Vermehrt wird je nach Art durch Teilung oder durch Stecklingen.

Scindapsus Schott
(griech. Name einer efeuartigen Pflanze)

Nahe verwandt mit *Monstera*, jedoch sind die Blätter stets frei von Löchern. Von den etwa 40 in Südchina, Südostasien und Indomalesien verbreiteten Arten wird lediglich die folgende in unseren Sammlungen gezogen. Die unter dem Namen *Scindapsus aureus* bekannte Pflanze gehört heute zu der Gattung *Epipremnum*.

S.pictus Hassk., auf den Sundainseln zu Hause, hat einen hochklimmenden, im Alter warzigen Stamm, gestielte, ovale, lederige, 10 bis 15 × 5 bis 8 cm große Blätter, deren schwarzgrüne Oberseite mit bläulichen und weißlich-blauen Punkten gezeichnet ist. Seit 1844 in Berlin kultiviert. Die Sorte 'Argyraeus', deren Blätter mit silberweißen Punkten übersät sind, stellt wahrscheinlich nur eine durch dauernde Stecklingsvermehrung konstant erhaltene

Sauromatum venosum

Jugendform dar. Es ist eine recht zierliche Pflanze, die als schöne Ampelpflanze verwendet wird oder als Kletterpflanze an Wänden und Stämmen in die Höhe klimmt. Als Warmhauspflanze ist sie unter den gleichen Bedingungen wie *Aglaonema* zu halten. Vermehrt wird durch Stecklinge im Warmbeet. Man steckt am besten gleich 3 bis 5 Stecklinge in den Topf.

Spathicarpa Hook.
(griech. *spathe* = Blütenscheide, *karpos* = Frucht)

7 Arten niedriger Knollen- oder Rhizompflanzen, von Südbrasilien bis Argentinien verbreitet, die von allen anderen Araceen dadurch abweichen, daß der Blütenstand mit der Spatha verwachsen ist. Längs ihrer Mittellinie entspringen die Blüten. Die einzige bei uns gezogene Art ist

S. sagittifolia Schott, Südbrasilien, Paraguay, Argentinien, eine kleine Staude mit langgestielten, pfeil-herzförmigen, etwa 20 cm langen Blättern. Der leicht gebogenen, länglich-ovalen, grünlichen Spatha ist der mit 4 bis 5 Reihen Blütchen besetzte Kolben angewachsen. 1860 eingeführt. Eine seltsame Pflanze, die im Warmhaus fast das ganze Jahr hindurch blüht. Vermehrt wird durch Teilung. Die Pflege gleicht der von *Callopsis*. Im Sommer hält man sie feucht und schattig, im Winter etwas trockener und heller.

Spathiphyllum Schott
(griech. *spathe* = Blütenscheide, *phyllon* = Blatt)

Von der nahe verwandten Gattung *Monstera* verschieden durch die nicht abfallende Spatha und die stets ungeteilten Blätter. Etwa 36 Arten sind auf das tropische Amerika beschränkt, nur 3 Arten wachsen auf den Philippinen. Die Blätter haben einen Stiel mit Blattpolster, sie sind länglich oder lanzettlich, mit starker Mittelrippe. Die Spatha läuft meist am Kolbenstiel herab, sie ist blattartig, dünn, länglich oder lanzettlich, meist grün, seltener weiß, aber auch dann beim Verblühen vergrünend.

Hinsichtlich der Namen herrscht unter den heute angebotenen und in botanischen Sammlungen gezogenen Arten eine ziemliche Konfusion, verständlich, weil die meisten Arten in ihren äußeren Merkmalen sich unter verschiedenen äußeren Bedingungen sehr verändern. Für das kleine Gewächshaus ist

S. floribundum (Lind. et André) N.E.Br. aus dem Magdalenental Kolumbiens am besten geeignet. Sie wird nicht höher als 30 cm. Ihre dunkelgrünen Blätter haben einen samtigen Schein, entlang der Mittelrippe sind sie etwas heller. Ihre Spreite ist zwei- bis dreimal so lang als breit. Die 6 bis 8 × 2 bis 5 cm große Spatha sitzt an einem 20 bis 30 cm langen Schaft, ist schneeweiß und steht weit von dem kurzen, grünlichen Kolben ab. In Belgien 1864 eingeführt.

Nicht nur als kleine, über lange Zeit blühende Topfpflanze ist *S. floribundum* zu empfehlen, sondern auch zum Schnitt, da ihre »Blüten« sehr haltbar sind.

Vermehrt wird durch Teilung, selten durch Aussaat. Pflege in durchlässiger Mischung aus Lauberde und Torfbrocken mit Styromull oder in Einheitserde, bei 18 bis 20° im feuchten und hellen Warmhaus, aber vor Sonne geschützt.

Die meisten anderen Arten wie *S. blandum* Schott, Westindien, Surinam; *S. cannifolium* (Dryand.) Schott, Venezuela, Kolumbien, Guayana; *S. cochlearispathum*, (Liebm.) Engl., Südmexiko, Guatemala; *S. phryniifolium* Schott, Costa Rica, Panama; *S. patinii* (Hogg) N.E.Br., Kolumbien, wachsen und blühen durchaus reich im tiefsten Schatten großer Warmhäuser, wo sie im Winter noch mit 16 bis 18° Wärme vorliebnehmen.

Syngonium Schott
(griech. *syn* = gemeinsam, *gone* = Fortpflanzungsorgane, Samen; in bezug auf die vereinigten Samen)

Von Westindien und Mexiko bis Brasilien verbreitete Gattung mit 20 Arten, die alle Milchsaft führen, klettern oder kriechen und an den Knoten Wurzeln schlagen und

Spathicarpa sagittifolia (Blütenstand)

Blätter haben. Alle fallen durch die im Alter eigenartig fußförmig geteilten Blätter auf. Die Kolben sind einhäusig.

S. auritum (L.) Schott, in Jamaika und Honduras heimisch, ist wie die übrigen eine hochkletternde Liane, deren glänzendgrüne Blätter dicker als bei allen übrigen Arten sind. Vom Jugendstadium bis zur Altersform findet man an allen Exemplaren die verschiedensten Zwischenformen. Im Alter sind sie 3- bis 5fach geteilt mit zwei ohrenähnlichen, kleinen Segmenten am Grunde. Eingeführt 1739 in England.

S. podophyllum Schott wächst in Mexiko, Guatemala, Honduras, San Salvador und Costa Rica. Auch bei dieser Art sind die Blätter sehr variabel, von der pfeilblättrigen Jugendform bis zu den 5-, 7-, 9-, 11-, meist aber 9fach fußförmig geteilten Altersformen. Eingeführt 1871. Hierher gehören einige Sorten mit bunten Blättern, so 'Albolineatum', 'Green Gold', 'Imperial White'.

Vermehrung und Pflege wie bei *Philodendron*. Ob alle heute gezogenen *Syngonium* zu den genannten Arten gehören, ist sehr zweifelhaft.

Zantedeschia aethiopica

Xanthosoma Schott emend. Engl.
(griech. *xanthos* = gelb, *soma* = Leib)

Diese mit *Alocasia* und *Colocasia* nahe verwandte Gattung umfaßt etwa 45 Arten, die ausnahmslos im tropischen Amerika und in Westindien vorkommen. Sie alle sind milchsaftführende, zum Teil große Pflanzen mit Rhizom oder einem dicken, oberirdischen Stamm und langgestielten, zumeist sehr großen Blättern. Einige Arten werden wegen ihrer Knollen angebaut. Die größte Art ist das stammbildende

X. robustum Schott aus Mexiko, dessen Blätter bis 2 m Länge bei 1,50 m Breite erreichen. Auch für kleine Gewächshäuser noch brauchbar ist *X. nigrum*.

X. nigrum (Vell.) Stellf. (*X. violaceum* Schott), verbreitet von Westindien bis Brasilien, wird heute in vielen Tropenländern als Gemüsepflanze angebaut. Die Blattstiele sind doppelt so lang wie die 50 cm und längere Spreite. Was diese Art so schön macht, sind die intensiv violett bis purpurn überhauchten und blaugrün bereiften Stiele und Blätter. Eingeführt 1864.

X. atrovirens K. Koch et Bouché var. **appendiculatum** Engl. aus Venezuela ist morphologisch besonders interessant. Es bildet auf der Blattunterseite an der Mittelrippe ein tütenartiges Gebilde aus.

Vermehrung und Pflege wie die von *Alocasia*, mit dem Unterschied, daß *X. nigrum* im Winter mit 16 bis 18° Wärme auskommt.

Zamioculcas Schott
(zusammengesetzt aus den Gattungsnamen *Zamia* und *Culcasia*)

Nur 1 Art.

Z. zamiifolia (Lodd.) Engl. (*Z. loddigesii* Schott) aus Ostafrika, wo sie an steinigen Bachufern, aber auch in ausgetrockneten Bachläufen der Gebirgssteinsteppe in 1000 m Höhe zwischen Steinen wächst. Keine auffallende Schönheit, aber erwähnenswert, weil sie neben *Gonatopus* die einzige Gattung der Araceen mit gefiederten Blättern ist. Diese erscheinen direkt aus dem fleischigen, kriechenden Rhizom. Blattstiel und Mittelrippe sind am Grunde keulenförmig verdickt, 40 bis 60 cm lang und ungleichmäßig jederseits mit 6 bis 8 Fiedern besetzt. Diese werden oft noch im jugendlichen Zustand abgestoßen, entwickeln auf feuchtem Boden an der Basis eine kleine Knolle, die sich bewurzelt und neue Sprosse treibt. Die Blütenstände stehen auf kurzen Stielen, sind aber sehr unscheinbar. Eingeführt 1828.
Abgeschnittene Fiederblättchen wurzeln in ein warmes Vermehrungsbeet gesteckt recht bald. Kultur wie die der Marantaceen, am besten im freien Grund des feuchten und schattigen Warmhauses ausgepflanzt.

Zantedeschia Spreng.,
Zimmerkalla
(Francesco Zantedeschi, geb. 1797, italienischer Botaniker und Physiker in Padua. Nach Ascherson-Graebner Giovanni Zantedeschi, 1773–1846, Arzt)

Bekannt sind 8 Arten aus dem südlichen Afrika. Am verbreitetsten ist *Z. aethiopica*, die Zimmerkalla, mit großer, weißer Spatha, daneben *Z. elliottiana* mit gelber Spatha. Sie sind so bekannt, daß sich eine Beschreibung erübrigt.

Araliaceae
Araliengewächse

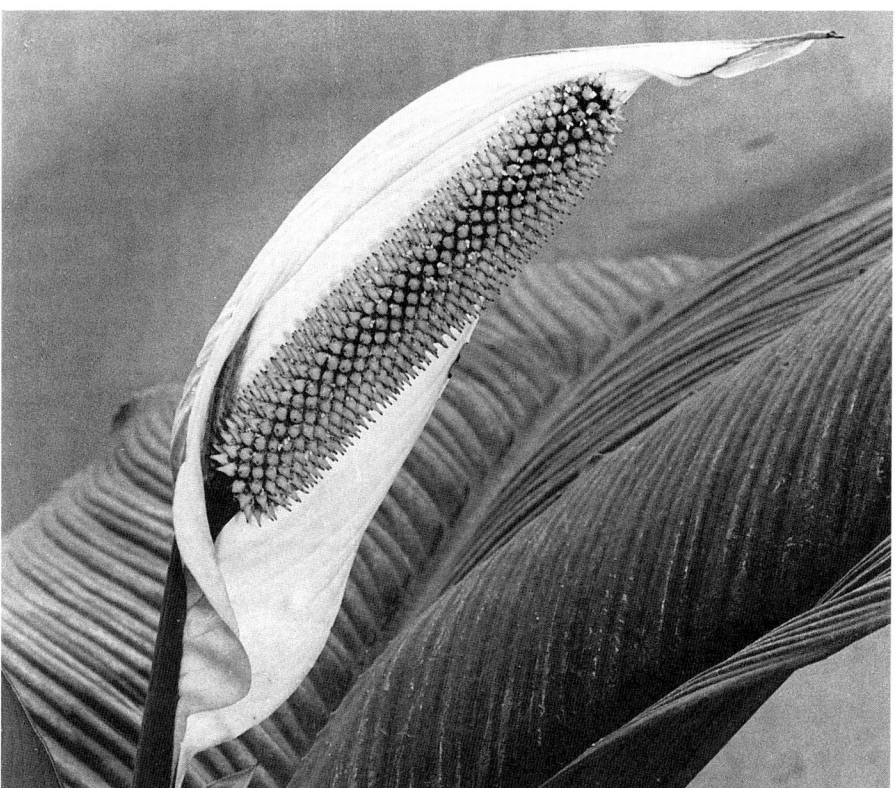

Spathiphyllum species

Diese Familie mit etwa 700 Arten in 55 Gattungen steht den Umbelliferae sehr nahe, doch enthält sie fast nur Bäume und Sträucher, daneben einige Kräuter. Die meisten Arten stammen aus den tropischen Waldgebieten, nur wenige dringen in die temperierte Zone vor. Die fast stets auf der Fünfzahl aufgebauten kleinen Blüten sitzen meist in Dolden oder Köpfchen, die zu Trauben oder Rispen vereint sind. Die Blätter sind oft sehr stattlich. Sternhaare, seltener Schuppenhaare sind weit verbreitet. Den Blüten folgen Beeren oder Steinfrüchte.

An Nutzpflanzen ist die Familie sehr arm. Eine gewisse Bedeutung genießen Ginseng (*Panax ginseng* C.A. Mey.), ein chinesisches Universalmittel, das auch bei uns angepriesen wird, und *Tetrapanax papyrifer* (Hook.) K. Koch, der Lieferant des »Reispapiers«, das aus dem herausgeschälten Mark geschnitten wird. In Gärten und Haus gleich häufig gezogen wird der Efeu

Z. aethiopica (L.) Spreng. wächst in ihrer Heimat in Sümpfen und sumpfigen Wiesen, die während des Sommers mehr oder weniger austrocknen. Bereits vor 1644 im Jardin du Roi, Paris.

Über ihre Pflege wird in den »Zimmerpflanzen« das folgende gesagt: »Wenn sie auch bei uns reichlich blühen sollen, muß man die Pflege den heimatlichen Verhältnissen anpassen. Also entzieht man ihnen nach der Blüte von Juni bis Ende Juli das Wasser. Man läßt sie während dieser Monate hell und trocken stehen, ohne sie zu gießen. Ende Juli nimmt man sie am besten aus dem Topf heraus, entfernt die alte Erde und pflanzt sie wieder in den alten Topf ein. Als Erde nehme man dazu eine sehr nahrhafte Mischung aus Misterde und mürbem Lehm mit Zusatz von Sand und Hornspänen oder Einheitserde. Wo es möglich ist, stellt man sie bis Ende September ins Freie«.

Bis Weihnachten hält man sie im Kalthaus bei etwa 8 bis 10°. Von Januar an kann man sie etwas wärmer halten, da dann die Blüten erscheinen. Mit Ausnahme der Ruhezeit sind Zimmerkalla das ganze Jahr hindurch reichlich zu gießen, da sie ja in ihrer Heimat als Sumpfpflanzen wachsen.

Z. elliottiana (W. Wats.) Engl. aus dem südostafrikanischen Hochland mit ihren gelben »Blüten« und den weißgefleckten großen Blättern ist eine prächtige Pflanze, die selbst bei guter Pflege meist nur im ersten, seltener noch einmal im zweiten Jahr nach der Einfuhr aus südlichen Ländern blüht. Knollen bekommt man meist im Spätwinter, sie werden nach Erhalt in lehmige Erde eingepflanzt und ins Kalthaus gestellt, wo sie auch bis zur Blütenbildung stehen bleiben. Im Herbst ziehen sie ein und werden dann trocken, kühl, aber frostfrei überwintert. Im März nimmt man sie aus der alten Erde heraus und pflanzt sie in den gleichen Topf in neue Erde. Anschließend stellt man sie recht hell und sonnig im Kalthaus auf. 1886 in England eingeführt.

Gelegentlich werden noch einige andere Arten, die aber an Schönheit den obengenannten nachstehen, angeboten oder in botanischen Sammlungen gezogen. Es sind dies *Z. albomaculata* (Hook.f.) Baill., 1859 in England eingeführt, mit weißgefleckten Blättern und rahmweißer, am Grunde mit einem schwarzen Fleck gezeichneter Spatha und *Z. rehmannii* Engl., 1888 beschrieben und wahrscheinlich um die gleiche Zeit eingeführt, mit nur spärlich weißgefleckten Blättern und einer Spatha, die von rosaviolett bis weiß und weiß mit rosa Rändern variiert.

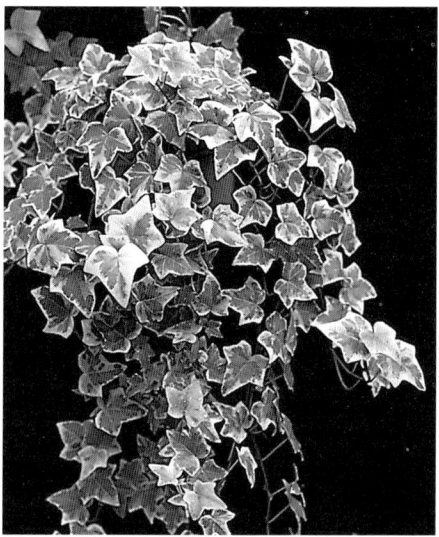

Hedera helix

(*Hedera helix* L.) mit einer Unzahl von Sorten. Außerdem werden – allerdings viel zu selten – Arten der Gattungen *Acanthopanax*, *Kalopanax* und *Aralia* in Gärten und Parks gepflanzt.

Brassaia Endl.

Die mit *Schefflera* verwandte Gattung umfaßt etwa 40 Arten von Bäumen und Sträuchern, die von Indien bis zum Malaiischen

Archipel, den Philippinen, Nordostaustralien und Hawaii verbreitet sind. Die wohl einzige bei uns gezogene Art ist

B. actinophylla Endl. (*Schefflera actinophylla* (Endl.) Harms) aus Nordaustralien und Neuguinea. Ein immergrüner, bis 10 m hoher Baum, dessen langgestielte Blätter zunächst drei-, später fünf- und bei noch älteren Pflanzen 7- bis 16fach geteilt sind. Hübsche Topf- und Kübelpflanze des Kalthauses.
Vermehrung durch halbreife Stecklinge im Juli bis August wie bei *Pseudopanax*. Am besten gedeiht sie bei Temperaturen zwischen 12 und 16°. Sonst gleicht ihre Pflege der von *Fatsia*.

Cussonia Thunb.
(Pierre Cusson, 1727 bis 1783, französischer Jesuit, Arzt, Mathematiker und Botaniker)

Immergrüne kleine Bäume und Sträucher mit langgestielten, handförmig geteilten Blättern. Sie sind in 25 Arten im tropischen und südlichen Afrika, auf Madagaskar und den Comoren verbreitet. Von ihnen wird seit einiger Zeit

C. spicata Thunb., verbreitet von Südafrika bis Zambia, angeboten, ebenfalls sind Samen zu kaufen. Sie ist ein kleiner südafrikanischer Baum mit sehr variablen, handförmig geteilten Blättern, als junge Pflanze gleichschön für Zimmer und Kalthaus. 1789 in England eingeführt.
Ihre Pflege gleicht der von *Fatsia japonica*. Vermehrt wird sie durch Ausaat.

Dizygotheca N. E. Br., Fingeraralie
(griech. *dizyx*, *dizygos* = Zweigespann, *theke* = Staubbeutel)

17 Arten unbewehrter, immergrüner Sträucher und kleiner Bäume aus Neukaledonien, oft noch ungewiß hinsichtlich ihrer Gattungszugehörigkeit. Von ihnen gehört

D. elegantissima (Veitch) Vig. et Guill. (*Aralia elegantissima* Veitch) zu den schönsten aller Zimmer- und Warmhauspflanzen. Sie stammt aus Neukaledonien, hat einen einfachen, im Alter kräftigen Stamm und 7- bis 11zählig gefingerte Blätter. Die Blättchen sind olivgrün mit rötlichem Mittelnerv und rötlicher Blattspitze sowie rötlich gezähntem Rand. Die in der Jugend sehr feinstrahligen Blätter werden im Alter sehr viel breiter und gröber. 1873 in England eingeführt.

Dizygotheca elegantissima

Früher wurden sie ausschließlich in belgischen Gärtnereien durch Seitenpfropfen auf *Meryta denhamii* Seem. veredelt. Heute ist dies nicht mehr nötig, da genug Samen eingeführt wird. Der Samen muß allerdings ganz frisch sein, ist also sofort nach dem Kauf bei etwa 20° auszusäen und nach dem Aufgehen in kleine Töpfe in Einheitserde zu pflanzen. Sie werden bei 18 bis 20° weitergezogen, dabei hell, aber schattig und luftfeucht gehalten. Innerhalb eines Jahres werden sie dann 20 bis 30 cm hoch. Ältere Pflanzen können im Winter bei 16 bis 18° stehen. Sie gehören zu den zierlichsten Pflanzen für das warme Zimmer und das Warmhaus. In nicht zu lufttrockenen Räumen gedeihen sie vorzüglich, vorausgesetzt der Topfballen wird stets gleichmäßig feucht gehalten.

× **Fatshedera** A. Guill., Efeuaralie
(zusammengezogen aus den Gattungsnamen der beiden Eltern *Fatsia* und *Hedera*)

× **F. lizei** (hort. ex Cochet) A. Guill. (*Fatsia japonica* × *Hedera helix*), die Efeuaralie, ist schon 1912 in der französischen Baumschule Lizé frères in Nantes entstanden, wurde aber erst seit etwa 1926 weiter verbreitet. Die Pflanze kann bis 5 m hoch werden, wächst aufrecht und hat meist 3- bis 5lappige, große, immergrüne Blätter. Sie ist eine prachtvolle Dekorationspflanze, die in kleinen Kalthäusern in Kürze zu groß wird. Es gibt auch eine Sorte 'Variegata' mit weißbunten Blättern. Kopf und Stammstecklinge wurzeln ohne Schwierigkeit im warmen Vermehrungsbeet. Die weitere Pflege gleicht völlig der von *Fatsia*, nur in der Jugend sollte man sie etwas wärmer halten. Sie ist auch eine gute Unterlage für Efeuhochstämme. In jeder gewünschten Höhe können verschiedenste Efeusorten, vor allem buntblättrige, darauf veredelt werden. Bis zum Anwachsen hält man sie im warmen oder temperierten Haus, danach gehören auch sie ins Kalthaus.

Fatsia Decne. et Planch., Zimmeraralie
(auf das japanische Fatsi, in Japan als Bezeichnung für die Pflanze gebraucht, zurückgehend)

Von den beiden Arten ist nur die folgende in Kultur.

F. japonica (Thunb. ex Murr.) Decne. et Planch., Japan, Riukiu-Inseln, Südkorea, ist ein 2 bis 5 m hoher, glatter Strauch mit meist unverzweigten, dünnen, malerisch hin und hergebogenen Stämmchen und langgestielten, ledrigen, 7 bis 9lappigen, 15 bis 40 cm breiten, in der Jugend braunfilzigen, später glatten und glänzenden Blättern. Alte Pflanzen blühen und fruchten auch. Die weißen Blütchen stehen in runden, bis 4 cm breiten Dolden, die zu großen, endständigen, einfachen oder zusammengesetzten Trauben vereint sind. Die fleischigen Früchte werden bei der Reife schwarz. 1852 von Siebold in Holland eingeführt. Die Sorte 'Variegata' hat cremeweiß gezeichnete Blätter und wurde 1859 ebenfalls von Siebold in Holland eingeführt.

Zimmeralien sind als dankbare Zimmerpflanzen allgemein bekannt. Sie sind besonders schön als ältere Pflanzen, nachdem sich die schlanken Stämmchen gebildet haben. Auf die Dauer wachsen sie nur in kühlen Räumen gut, im Winter am besten bei 6 bis 8 bis 12°, im Sommer im Freien, aber vor allzuviel Sonne geschützt. Einheitserde ist genauso zuträglich wie eine nährstoffreiche lehmig-humose Mischung. Durchgewurzelte Pflanzen werden regelmäßig während der Wachstumszeit vom Spätwinter bis zum Spätsommer gedüngt. Austrocknen des Ballens schädigt die jungen Blätter und läßt die Pflanze dadurch unansehnlich werden. Vermehrt wird durch Ausaat direkt nach der Samenreife im Warmhaus. Auch Abstecken der Köpfe und Abmoosen ist möglich, doch zerstört man dadurch die Schönheit der alten Pflanze. Die buntblättrige Sorte gedeiht nur bei etwas höherer Wärme, also unter temperierten Verhältnissen (14 bis 16°). Man kann sie auch auf die Stammart veredeln, dann wächst sie später besser.

Meryta J.R. et G. Forst.
(griech. *merytos* = geknäult; die männlichen Blüten bilden Knäuel)

Etwa 25 Arten kahler Bäume mit großen, einfachen, ganzrandigen oder ausgeschweiften Blättern. Sie sind auf den Norfolkinseln, Neuseeland und auf den Pazifischen Inseln heimisch. Die ab und zu gezogene

M.denhamii Seem. (*Aralia reticulata* Willd., *Oreopanax reticulatus* (Willd.) Decne. et Planch.) aus Neukaledonien wird bis 6 m hoch. Die in der Jugend 15 bis 30 cm langen und dann nur 8 bis 12 mm breiten Blätter werden an älteren Pflanzen bis 120 cm lang und bis 22 cm breit. 1853 eingeführt. Jungpflanzen sind sehr hübsche Pflanzen des Lauwarmhauses. Dort fühlen sie sich bei Temperaturen zwischen 12 und 14° noch wohl, besser wachsen sie allerdings bei 14 bis 16°.
Vermehrung und Pflege gleicht im übrigen der von *Dizygotheca elegantissima*.

Fatsia japonica

Oreopanax Decne. et Planch., Bergaralie
(griech. *oros* = Berg, Gattungsname *Panax*)

Etwa 120 Arten immergrüner kleiner Bäume oder Sträucher in den Gebirgen des tropischen Amerika. Die Blätter sind bei den einzelnen Arten sehr verschieden. Sie können einfach, gelappt, gefingert oder handspaltig, dabei kahl oder wollig behaart sein. Leider werden nur wenige Arten bei uns gezogen und selbst diese nur in wenigen botanischen Gärten.

O.nymphaeifolius Decne. et Planch. aus Guatemala mit langgestielten, in Form und Größe variablen, handnervigen, glatten Blättern. 1894 in England eingeführt.

O.dactylifolius (Lindl.) hort. aus Mexiko mit langgestielten, 5 bis 7lappigen, 25 × 40 cm großen und oberseits glänzend dunkelgrünen Blättern, die wie auch die Zweige unterseits dicht braunfilzig sind. Besonders schön bei dieser Art ist der junge Trieb, der dicht mit goldbraunem, später dunkler werdendem Filz bedeckt ist. Beide Arten werden im Alter 4 bis 6 m hoch.

O.dactylifolius ist nicht ganz leicht zu vermehren, da Stecklinge in der Regel nicht wachsen, ebensowenig abgemooste Triebe. Am besten veredelt man diese Art auf Jungpflanzen von *Fatsia japonica* oder noch besser auf solche von *O.nymphaeifolius*. Diese Art läßt sich leicht aus Stecklingen vermehren. Sie werden im Winter oder Frühjahr in ein geschlossenes, warmes Vermehrungsbeet wie *Ficus*-Stecklinge gesteckt und bei 25 bis 30° Boden- und Luftwärme gehalten. Dabei bewurzeln sie sich nach einigen Wochen. Die zuerst genannte Art wächst am besten bei Temperaturen um 14 bis 16°, die zweite bei einer Wärme von 6 bis 12°, aber auch höhere Wärme schadet ihr nicht sonderlich. Zu voller Schönheit entwickeln sie sich nur ausgepflanzt in entsprechend hohen Häusern, aber auch kleine Pflanzen sind schön. Die Erde sei lehmig-humos. Auch andere Arten sind kultur- und einführungswert.

Polyscias J.R. et G. Forst., Fiederaralie
(griech. *polys* = viele, *skias* = Schattendach, Dolde)

Von den etwa 80 Arten kommen die meisten aus dem tropischen Asien, wenige von den Südseeinseln und aus Madagaskar. Alle bilden kleine immergrüne Bäume oder Sträucher mit glatten, meist mehrfach gefiederten Blättern. Einige werden als elegante, leichtwachsende Warmhauspflanzen gezogen.

P.balfouriana (hort. Sander) L.H. Bailey, eine neukaledonische Art, ist wie die folgenden Arten als Gartenpflanze in den Tropen weit verbreitet. Sie wächst bei uns dichtbuschig, hat hellgrüne, dunkler gestreifte Stämmchen und langgestielte Blätter, deren Blättchen zu dritt zusammenstehen und rund sind. Am Rande sind sie ungleich weiß gefleckt und gerandet. 1905 in Belgien eingeführt. Bei der Sorte 'Pennokkii' sind sie gelb gefleckt und marmoriert. Um 1950 in den USA entstanden.

P.filicifolia (C. Moore ex Fourn.) L.H. Bailey von den Südseeinseln hat im Gegensatz zu voriger gefiederte, 30 bis 60 cm lange, grüne Blätter, deren Blättchen ihrerseits fiederspaltig eingeschnitten sind, dadurch im ganzen farnartig wirken. 1876 in England eingeführt.

P.guilfoylei (Bull) L.H. Bailey, ebenfalls von den Südseeinseln, verzweigt sich wenig und hat einfach gefiederte, dunkel-

Polyscias paniculata 'Variegata'

grüne, weißgerandete Blätter von etwa 30 cm Länge. Das endständige Blättchen ist stets größer als die übrigen. 1873 in England eingeführt. Bei 'Laciniata' sind die Blättchen mehrfach eingeschnitten und geschlitzt. 'Victoria' wächst gedrungener und hat noch feiner zerteilte Blättchen, die wie bei der vorigen weißbunt sind. Um 1883 in England eingeführt.

P. fruticosa (L.) Harms, von Vorderindien bis Polynesien verbreitet, ist ähnlich der vorigen. 1800 in England eingeführt. Ihre Sorten, vor allem 'Plumata', haben sehr fein zerteilte weißbunte Blätter.

P. paniculata (DC.) Bak. von Mauritius bildet einen kleinen Strauch mit gefiederten 15 bis 22 cm langen Blättern. Von den 7 Blättchen ist das endständige viel größer als die seitlichen. Allein verbreitet ist die Sorte 'Variegata' mit gelbbunten Blättern.

Alle lassen sich leicht durch halbreife Stecklinge im geschlossenen Vermehrungsbeet bei 25 bis 30° Bodenwärme vermehren. Später werden sie bei 20 bis 22°, hoher Luftfeuchtigkeit und unter Schatten weiterkultiviert. So wachsen sie z.B. gut mit Marantaceen zusammen. Die Erde sei lehmig-humos, neige aber mehr nach der lehmigen als nach der leichten Seite. Auch Einheitserde ist geeignet.

Pseudopanax K. Koch
(griech. *pseudo* = unecht, Gattungsname *Panax*)

Immergrüne, glatte, kleine Bäume oder Sträucher, die mit 6 Arten in Neuseeland verbreitet sind. Die ledrigen Blätter sind während der verschiedenen Altersstufen sehr verschiedenartig, so finden sich einfache oder zusammengesetzte oft an der gleichen Pflanze. Am ehesten findet man in den Sammlungen, hin und wieder aber auch in den Gärtnereien

P. crassifolius (Soland. ex A. Cunn.) K. Koch, in der Heimat einen 6 bis 16 m hohen Baum bildend. Durch Stecklinge oder Veredelung können die verschiedenen Altersstufen über einen gewissen Zeitraum konstant erhalten werden. 1846 in England eingeführt.

P. discolor (Kirk) Harms ist nahe mit der vorigen Art verwandt. Er ist ein reichverzweigter, bis 3 m hoher Strauch mit gelblichgrünen oder bronzefarbenen, scharf gezähnten Blättern.

P. ferox (Kirk) Kirk weicht von den beiden vorigen Arten dadurch ab, daß er stets ungeteilte Blätter hat. Diese sind bei unverzweigten, jungen Pflanzen 30 bis 45 cm lang, dabei aber nur 12 mm breit, sehr dick, lederig, grob gezähnt und – was sehr eigenartig wirkt – immer nach unten geneigt. Bei ausgewachsenen Pflanzen, in der Heimat 3 bis 9 m Höhe, sind sie dagegen nur 7 bis 12 cm lang, aber etwas breiter.

Alle drei Arten gehören, besonders nach dem Sämlingsalter, zu den merkwürdigsten Sträuchern des Kalthauses. In unserem Lande sind sie außerordentlich selten einmal zu sehen, doch werden Jungpflanzen von Hilliers & Sons, Winchester, England angeboten. Vermehrung durch Stecklinge ist möglich, aber sehr langwierig. Im Juli bis August gesteckt, haben sie häufig bis zum Winter erst Kallus gebildet. Man läßt sie in diesem Zustand bis zum Frühling kühl stehen, erst dann gibt man ihnen milde Bodenwärme von 20 bis 22°, wonach nach einiger Zeit die Wurzeln erscheinen. Wasserstaubvermehrung dürfte rascher zum Ziele führen. Im übrigen gleicht die Pflege derjenigen von *Fatsia japonica*.

Schefflera J. R. et G. Forst.
(Jacob Christ. Scheffler, 18. Jahrhundert, Danziger Botaniker. Schrieb 1721 über *Asarum*)

Die meisten der nahezu 200 in fast allen Teilen der Tropen verbreiteten Arten sind immergrüne, kahle Sträucher oder kleine Bäume mit abwechselnden, handförmig geteilten Blättern.

S. digitata J. R. et G. Forst. aus Neuseeland bildet kleine Bäume von 3 bis 8 m Höhe. Die stattlichen, 5- bis 10fach handförmig geteilten Blätter haben bis 20 cm lange Stiele, die Blättchen sind gestielt, dünn und pergamentartig.
Außer dieser Art werden hin und wieder die ähnlichen *S. arboricola* Hayata aus Taiwan und *S. venulosa* (Wight et Arn.) Harms aus Vorderindien gezogen.
Von diesen Arten wurden in den letzten Jahren Samen und Jungpflanzen angeboten. Sie sind stattliche, schnell heranwachsende Pflanzen für das nicht zu kalte Gewächshaus, von gleicher Kultur wie *Fatsia*. Jedoch sollten die Temperaturen nicht für längere Zeit unter 12° fallen, denn dann werfen sie alle Blätter ab. Auf der anderen

Seite sollte die Wärme im Winter nicht über 16 bis 18° liegen, da sie dann vergeilen. Der Samen wird warm ausgesät, die Sämlinge zunächst im Warmhaus, später im Lauwarmhaus weitergezogen.

Trevesia Vis.
(nach der italienischen Familie Treves di Bonfiglio in Padua, 18. Jahrhundert, Förderer der botanischen Forschung)

Etwa 8 oder 9 Arten kleiner Bäume, die durch ihre großen, handförmig gelappten, gefingerten oder gefiederten Blätter auffallen. Ihre Blüten sind für die Familie verhältnismäßig groß. In botanischen Sammlungen werden gelegentlich die beiden folgenden Arten gezogen, von denen auch ab und zu einmal Samen angeboten wird.

T. burckii Boerl. (*T. sanderi* hort.), heimisch auf Sumatra und Borneo, ist im Habitus der folgenden ähnlich, hat aber viel größere, im Umriß rundliche, 60 cm breite Blätter. Ihre Eigenart liegt in einer fast runden zusammenhängenden Fläche, die von etwa 10 starken Rippen durchzogen wird. Diese wachsen fingerförmig aus der geschlossenen Spreite heraus, sind auf eine Länge von 1 bis 2 cm stielartig und durchziehen dann die voneinander getrennten, fiederförmig geteilten Blätter. 1938 eingeführt.

T. palmata (Roxb. ex Lindl.) Vis. vom tropischen Himalaja wird im Gewächshaus 5 bis 6 m hoch. Ihre Blätter sitzen gehäuft am Ende der Triebe. Sie sind 30 bis 45 cm breit und handförmig 5 bis 9lappig bis unter die Mitte geteilt. 1818 in England eingeführt.

Wirklich schön entwickeln sich Trevesien nur, wenn man sie in einem hohen Warmhaus bei einer Wintertemperatur von 14 bis 16° in den freien Grund auspflanzen kann. Im Topf bleiben Pflanzen und Blätter klein. Der Liebhaber merkwürdiger Blattformen wird sich auch dann an ihnen freuen. Die Erde im Topf wie auch im Grundbeet sei lehmig-humos und nährstoffreich. Besonders Topfpflanzen sollten vom Spätwinter bis zum Spätsommer regelmäßig flüssig gedüngt werden. Vermehrt wird am leichtesten durch Aussaat, vorausgesetzt man bekommt frischen Samen. Vermehrung durch Stecklinge ist ebenfalls möglich, gelingt aber nur bei 30 bis 35° Boden- und Luftwärme im geschlossenen Warmbeet oder Schwitzkasten. Auch Abmoosen ist möglich.

Araucariaceae
Araukariengewächse

Hierher gehören nur die Gattung *Araucaria* mit 18 und die Gattung *Agathis* mit 20 Arten. Beide sind in ihrer Verbreitung auf die südliche Halbkugel beschränkt. Sie bilden zum größten Teil riesige Bäume mit spiralig gestellten Blättern, die entweder breit und flach oder nadelförmig bis pfriemlich und von nur einem Nerv durchzogen sind. Ihre Hauptverbreitung haben sie in der sogenannten Araukarienprovinz, also in Ostaustralien, auf den Norfolkinseln und in Neukaledonien. In der Vorzeit war die Familie verbreiteter als heute, wie aus vielen fossilen Funden hervorgeht. Als Zimmer- und Kalthauspflanze ist nur eine Art von Bedeutung, *A. heterophylla*; in botanischen Sammlungen finden sich hie und da noch andere, ebenso in vielen subtropischen Gärten, so die in den mildesten Gegenden Deutschlands noch im Freien aushaltende *A. araucana* (Mol.) K. Koch, Gebirge Südchiles und Nordpatagoniens, sowie *A. angustifolia* (Bertol.) O. Kuntze, Gebirge Südbrasiliens und Nordargentiniens, *A. bidwillii* Hook., der Bunya-Bunya-Baum Australiens und *A. cunninghamii* D. Don, Ostaustralien, dazu die ein oder andere *Agathis*-Art.

Araucaria Juss.
(nach den Araucani-Indianern, auf deren Gebiet in Mittelchile *A. araucana* heimisch ist)

A. heterophylla (Salisb.) Franco (*A. excelsa* R. Br.), die Zimmertanne, stammt von den Norfolkinseln, wo alte Bäume eine Höhe von 60 m erreichen. Ihre Entdecker waren der berühmte Kapitän Cook und der Botaniker Sir Joseph Banks. Bereits 1793 kam sie nach Europa, aber erst in der zweiten Hälfte des 19. Jahrhunderts trat sie dort ihren Siegeszug an, gab es doch kaum einen »Salon« oder eine »Gute Stube«, wo nicht eine Zimmertanne stand. Durch eine veränderte Wohnkultur und die Verbreitung der Zentralheizungen, die stets warme und daher sehr lufttrockene Zimmer entstehen ließen, wurde den Zimmertannen die Lebensgrundlage entzogen. Heute sieht man sie nur selten einmal und zwar nur dort, wo gut lüftbare, dauernd kühle Räume vorhanden sind. Im schattigen Kalthaus wachsen sie ausgezeichnet, werden aber in einigen Jahren zu hoch. Die beste Temperatur im Winter liegt zwischen

Araucaria heterophylla

3 und 10°, bei frostfreiem Wetter sollte dauernd gelüftet werden. Im Sommer gehören sie an das geöffnete Fenster, noch besser aber an einen hellen, aber vor Sonne geschützten Platz im Freien. Verpflanzt wird in eine Mischung aus Laub- und Heideerde, der lehmige Rasenerde und Sand zugefügt wird, aber auch Einheitserde bewährt sich. Der Stamm darf nur bis zum Ansatz der Wurzeln in die Erde kommen, nie tiefer. Ein Verpflanzen ist nur alle 2 bis 3 Jahre nötig, bei älteren Pflanzen noch seltener. Eine Vermehrung kann nur aus Kopfstecklingen erfolgen. Sie wird wohl nur in der Spezialgärtnerei, der auch genügend Mutterpflanzen zur Verfügung stehen, erfolgreich sein. Stecklinge von Seitentrieben bilden nie einen Haupttrieb, sondern wachsen stets als Seitentrieb weiter und werden in allen botanischen Sammlungen zur Demonstration gebraucht.

Aristolochiaceae
Osterluzeigewächse

Aufrechte Kräuter oder meist windende Holzgewächse, von denen 7 Gattungen mit etwa 400 Arten bekannt sind. Sie kommen mit wenigen Ausnahmen, z.B. *Asarum*, in den Tropen und Subtropen mit Ausnahme Australiens vor.

Aristolochia L., Pfeifenblume
(schon Theophrast gebrauchte im 3. Jahrhundert vor Chr. diesen Namen. Er kommt vom griech. *aristos* = der Beste (sehr gut), *lochia* = Geburt, Geburtsreinigung; sicherlich wegen des früheren Gebrauchs bei Wöchnerinnen zur Förderung der Geburt so benannt)

Aufrechte Stauden, meist aber windende, hochkletternde Sträucher mit wechselständigen, ganzrandigen oder gelappten Blättern und pfeifenförmigen, kleinen bis sehr großen, oft schön gezeichneten und gefärbten, aber sehr unangenehm riechenden Blüten. Die Blütenhülle ist dem Fruchtknoten angewachsen, um Griffel und Staubblätter herum erweitert, unter- und oberhalb davon aber eingeschnürt. Der Fruchtknoten ist eine vielsamige, sechs-, selten vierfächerige Kapsel, die meist von unten nach oben aufspringt. Die Gattung umfaßt etwa 400 Arten in den gemäßigten und warmen Zonen der ganzen Welt, mit Ausnahme Australiens.
Eigenartig sind die besonderen Bestäubungsverhältnisse sowohl bei der bei uns heimischen *A.clematitis* L., der Osterluzei, als auch besonders in die Augen fallend bei den großblütigen tropischen Arten wie *A. grandiflora* Sw. aus Mittelamerika, deren braunvioletter Blütensaum über 30 cm Durchmesser hat und in einem 50 bis 80 cm langen Schwanz endigt. Die Fliegen werden durch betäubenden Kotgeruch angelockt. Die Blüte gliedert sich unterhalb des Blütensaums in eine enge Röhre, die durch nach innen gerichtete Haare die Fliegen in den Kessel leitet, sie aber erst nach Bestäubung der Narben und Ausschüttung des Pollens durch Vertrocknung der Haare wieder nach außen entläßt. Zu ihrer Kultur wie zu der anderer riesenblumiger Arten gehören große und helle Gewächshäuser. In ihnen werden häufiger gezogen:

A.brasiliensis Mart. et Zucc. var. **macrophylla** Duchartre, Brasilien, in England 1838 eingeführt. **A.grandiflora** Sw., Antillen, 1841 in England eingeführt, und einige andere Arten mit kleineren, weniger auffallenden Blüten, ab und zu aber auch die aufrechtwachsende, strauchartige **A.tricaudata** Lem. aus Mexiko, 1866 in England eingeführt, die durch ihre ausgesprochene Stammblütigkeit (Cauliflorie) besonders interessant ist. Für das kleine Gewächshaus des Liebhabers eignet sich eigentlich nur die folgende fast das ganze Jahr hindurch blühende Art.

A.littoralis Parodi (*A.elegans* Mast.) stammt aus Brasilien. Sie schlingt und hat im Alter etwas korkiges Holz. Die ganze Pflanze ist kahl. Ihre oben dunkelgrünen, unten blaugrünen Blätter sind herzförmig und etwas zugespitzt. Die Blüten erscheinen in den Blattachseln, sind 8 bis 10 cm breit und 10 bis 12 cm lang, braunpurpurn gefärbt und weiß gefleckt. Sie haben ein samtig-purpurn umrandetes gelbes Auge. Ihre Röhre ist nur wenig geschwollen. 1883 in Frankreich eingeführt.
Diese schöne Art blüht fast das ganze Jahr hindurch, wird nicht sehr hoch und läßt sich leicht aus Samen und Stecklingen vermehren. Jungpflanzen blühen schon im ersten Jahr. Alljährlich im Dezember bis Januar sollte man ältere Pflanzen kräftig bis ins alte Holz hinein zurückschneiden. Sie lassen sich sowohl in großen Töpfen als auch ausgepflanzt ziehen, in beiden Fällen in einer nährstoffreichen lehmig-humosen Erde, im hellen Warmhaus bei einer Temperatur von 18 bis 20°. Bei Sonne brauchen sie leichten Schatten. Am reichsten blühen sie an nicht aufgebundenen, leicht herunterhängenden Trieben. Samen wird sehr reichlich angesetzt.

Aristolochia littoralis

Asclepiadaceae
Seidenpflanzengewächse

Diese Familie steht den *Apocynaceae* nahe, unterscheidet sich aber von ihnen und allen anderen Pflanzen mit Ausnahme der Orchideen dadurch, daß alle Pollenkörner in jedem der zwei Staubbeutelfächer zu einer wachsartigen Pollenmasse (»Pollinien«) vereinigt sind. Dies und der hochspezialisierte Blütenbau weist auf die Bestäubung durch Insekten hin. So spricht denn auch jede Art auf ganz bestimmte Insekten an. Die 130 Gattungen mit etwa 2000 Arten sind vorwiegend in Tropen und Subtropen verbreitet. Sie bestehen in der Hauptsache aus mehr oder weniger windenden Halbsträuchern, selten aus Sträuchern oder Stauden. Alle haben ungegliederte Milchröhren. Die Samen tragen einen Haarschopf. Im Tribus *Ceropegieae* sind viele Stammsukkulenten mit der Tracht von Kakteen zusammengefaßt, die in den großen Trockengebieten Afrikas zu Hause sind. Sie gehören in die Hand des speziellen Sukkulentenliebhabers mit großer Erfahrung. Vor allem in manchen Botanischen Gärten sind sie zusammen mit anderen sukkulenten Gewächsen oft zu großen Sammlungen vereinigt.

Araujia Brot.
(Volksname für diese Pflanzen in Brasilien)

Von den etwa 5 in Brasilien und Argentinien verbreiteten Arten wird

A.sericifera Brot. aus Südbrasilien, ein hoher windender Strauch, in fast allen Botanischen Gärten gezogen. Seine eiförmig-länglichen Blätter sind 5 bis 10 × 2 bis 5 cm groß, blaßgrün und auf ihrer Unterseite mit winzigen gekrümmten Haaren bedeckt. Die wohlriechenden weißen Blüten sind 2,5 bis 3 cm breit, ihre Röhre etwa 1,2 cm lang, die Frucht groß, gefurcht, bis 12 cm lang. 1830 in England, um 1845 in Deutschland eingeführt.
Die Art ist biologisch sehr interessant, da ihre verwickelt gebauten Blüten so eingerichtet sind, daß nachts anfliegende Motten festgehalten und erst bei Sonne am folgenden Tage wieder entlassen werden.
Da reichlich Samen angesetzt wird, ist die Vermehrung durch Aussaat der durch ausgereifte Herbststecklinge im Warmbeet vorzuziehen. Sie gehören das ganze Jahr hindurch in ein Kalthaus, wo sie bei viel

Asclepias curassavica

Ceropegia distincta ssp. haygarthii

Luft und Licht gut wachsen und von Juni bis September blühen. Als Erde eignet sich jede lehmig-humose Erde, ebenso Einheitserde.

Asclepias L., Seidenpflanze
(griechischer Pflanzenname, abgeleitet von Asclepios, dem Gotte der Arzneikunst)

Von den etwa 120 auf Amerika beschränkten Arten werden *A.incarnata* L., *A.speciosa* Torr., *A.syriaca* L. und *A.tuberosa* L., alle aus Nordamerika, als schöne, interessante Stauden in unseren Gärten gezogen. Von den übrigen ist

A.curassavica L. als schönblühende Topfpflanze zu empfehlen. Sie stammt aus Südamerika, ist heute aber in vielen wärmeren Ländern verbreitet. Sie wird 40 bis 60 cm hoch, hat 8 bis 12 cm lange, gegenständige Blätter, eine achsel- oder endständige 5 bis 10blütige Blütendolde und scharlach- bis dunkelrote Blüten. Bereits 1665 in Frankreich eingeführt.
Sie eignet sich besonders zur Belebung im Sommer leerstehender Kalthäuser, wo sie vom Juni bis in den September hinein blüht. Obwohl ausdauernd, sollte man sie jährlich frisch aus Samen heranziehen. Dazu wird im Januar bis Februar im Warmhaus ausgesät, einmal pikiert und dann 3 bis 5 Sämlinge zusammen in einen 14 cm großen Topf in Einheitserde oder eine lehmig-humose Mischung gepflanzt. Die Weiterkultur erfolgt hell, sonnig und luftig, entweder im Frühbeetkasten oder im Kalthaus. Im Sommer können sie auch im Freien stehen. Nach Durchwurzelung wird regelmäßig gedüngt.

Ceropegia L., Leuchterblume
(griech. *keros* = Wachs, *pege* = Quelle)

Eine interessante und vielgestaltige Gattung mit etwa 160 Arten in Südostasien, Indien, Madagaskar, im tropischen Arabien, auf den Kanarischen Inseln, in Teilen Afrikas und je einer Art in Neuguinea und Nordaustralien. Alle sind Kräuter und Sträucher, oft mit knolligem Erdstamm, windend oder aufrecht und niedrig, selten fleischig und wenig beblättert. Die verwikkelt gebauten Blüten sind typische »Kesselfallenblumen« mit langer, am Grunde bauchig aufgetriebener Röhre. Es sind so recht Pflanzen für den Liebhaber, die dazu reizen, möglichst viele Arten zusammenzubringen. Hier können nur einige besonders schöne und auch leicht zu beschaffende genannt werden.

1. *Arten mit windenden oder hängenden Stengeln*

Besonders zu empfehlen sind *C.africana* R.Br., Kap, Natal; *C.barkleyi* Hook.f., Natal; *C.bulbosa* Roxb., Indien; *C.crassifolia* Schlechter, Südafrika bis Natal; *C.distincta* ssp. *haygarthii* (Schlechter) H. Huber, Kap, Natal, Transvaal, und ssp. *lugardae* (N.E.Br.) H. Huber, Angola, nördliches Südwestafrika, tropisches Ostafrika; *C.elegans* Wall. und var. *gardneri* (Thwaites ex Hook.) H. Huber, Ceylon, Kambodscha; *C.linearis* E.Mey., Natal, Mozambique; *C.woodii* Schlechter mit ssp. *debilis* (N.E.Br.) H. Huber, Rhodesien. Von ihnen am bekanntesten ist

C.woodii Schlechter, in Rhodesien und dem Kapland beheimatet, fast das ganze Jahr hindurch blühend, mit windenden, hängenden oder kriechenden, fadenförmigen Stengeln, die an den Knoten kleine

Asclepiadaceae

Ceropegia fusca

Ceropegia sandersonii

Knöllchen bilden. Ihre Blätter sind nierenförmig, 1,4 × 0,5 bis 1,5 cm groß, fleischig, oberseits dunkelgrün mit weiß marmorierten Nerven. Die Blüten sind nur klein, mit trüb fleischfarbener Krone und schwarzbraunen, innen weichhaarigen Abschnitten. Diese Art ist eine ideale Ampelpflanze. 1881 in England eingeführt.

Die meisten der obengenannten Arten haben sehr viel größere und auffallendere Blüten. Sie wachsen im kleinen Gewächshaus oft besser als im Zimmer. Bis auf *C.elegans*, die ins Warmhaus gehört, genügen allen anderen Wintertemperaturen von 10 bis 12°, vorausgesetzt, daß man sie dabei ziemlich trocken und hell hält. Das schöne an all diesen Arten aber ist, daß sie genausogut auch unter wärmeren Bedingungen, im Winter etwa bei 16 bis 18°, gedeihen. Sie verlangen eine durchlässige, humose Erde, der etwas Lehm zuzusetzen ist. Vermehrt wird im allgemeinen durch Stecklinge, von denen man mehrere zusammen in kleine Töpfe steckt. Im hellen Warmhaus bei mäßigem Gießen bewurzeln sie sich bald. *C.woodii* ist auch durch Knöllchen leicht zu vermehren, außerdem dienen diese Knöllchen als Unterlage bei der Veredelung

schwierig wachsender Sukkulenten der Familie wie *Hoodia* und *Tavaresia*.

2. Aufrecht wachsende, kriechende oder schlingende sukkulente Sträucher

Hier sind zu nennen *C.dichotoma* Haw., *C.fusca* Bolle, beide von den Kanarischen Inseln, bis 1 m hohe, blattlose Sträucher bildend, *C.radicans* Schlechter mit niederliegenden Stengeln, *C.sandersonii* Decne. et Hook.f., schlingend, und *C.stapeliiformis* Haw., weit ober- und unterirdisch kriechend, von stapelienartigem Aussehen. Alle drei Arten sind im südlichen Afrika beheimatet. Von dieser Gruppe die Art mit den eigenartigsten Blüten ist

C.sandersonii Decne. et Hook.f., Mozambique, Transvaal, Natal, eine sukkulente Schlingpflanze mit 4 bis 6 mm dicken, grünen, stielrunden, windenden Stengeln. Die Abschnitte der sehr großen Blüten sind zu einem schirmartigen Dach verwachsen, dessen Ränder mit weißen, bei jedem Lufthauch sich bewegenden Haaren bewimpert sind. 1868 in England eingeführt.

Ebensoschön, aber durch das Fehlen des Daches abweichend, ist der Bastard *C.elegans* × *C.sandersonii*.

Alle sukkulenten Arten gehören in das helle und luftige Kalthaus, wo sie sich bei etwa 10° sehr wohl fühlen. Die Erde sei lehmiger als bei den anderen Arten. Für gute Dränage ist sowohl im Topf als auf dem Beet zu sorgen. Während des Winters wird nur sehr wenig gegossen. Zu vermehren ist durch Aussaat und Stecklinge, deren Schnittstellen vor dem Stecken aber abgetrocknet sein müssen. Stengelstücke von *C.radicans* und *C.stapeliiformis* werden flach auf die Erde gelegt, wo sich bald auf der Unterseite der Stengel Wurzeln bilden.

Dischidia R.Br., Urnenpflanze
(griech. *dischides* = zweispaltig)

Etwa 80 Arten meist kletternder Epiphyten, verbreitet von Indomalesien bis Neuguinea und Australien. Interessant – und deshalb in allen botanischen Sammlungen gezogen – ist eine Reihe von Arten, deren Blätter in schlauchartige Gebilde umgewandelt sind. In diesen Hohlraum, in dem zumindest die Luft stets feucht ist, wachsen Adventivwurzeln hinein. Am häufigsten gezogen werden

D. major (Vahl) Merr. (*D. rafflesiana* Wall.) Vorderindien bis Australien, und **D. merillii** Becc., Philippinen. Beide Arten bilden sowohl normale als auch schlauchförmige Blätter aus. Alle Arten – es gibt auch solche mit nur normalen Blättern, die zum Teil sehr hübsch blühen – gehören in das feuchtwarme und schattige Warmhaus, wo sie an berindeten Robinienästen ohne jeden Pflanzstoff gut wachsen. Die Wärme sollte zwischen 18 und 22° liegen. Mehrmals am Tage sind sie zu spritzen, vor allem solange sie sich noch nicht mit ihren Wurzeln an die Unterlage geklammert haben. Ihre Kultur ist nicht ganz leicht und kann nur dem botanisch interessierten Liebhaber empfohlen werden. 1986 wurden sie erstmalig in Holland als Topfpflanzen gezogen und auch bei uns zuweilen in Blumengeschäften angeboten.

Hoya R. Br., Wachsblume
(Thomas Hoy, Haupttätigkeit 1788 bis 1809, Obergärtner des Herzogs von Northumberland in Syon House, Isleworth)

Kletternde oder schlaff herunterhängende, vielfach an den Zweigen wurzelnde Sträucher mit fleischigen oder ledrigen, immergrünen Blättern, deren radförmige, verwickelt gebaute Blüten in achselständigen Trugdolden erscheinen. Von den etwa 200 Arten wachsen die meisten im Malaiischen Archipel, andere in Indien und im wärmeren Australien. Einige schöne Arten werden bereits gezogen, andere, ebenso schöne, harren der Einführung.

H. bella Hook. aus Niederburma ist ein ästiger, nicht windender Strauch, dessen Stengel dicht mit nur 2,5 cm langen Blättern besetzt ist. Sie blüht im Sommer. Ihre Blüten sind sehr zierlich, etwa 1,5 cm breit, wachsartig, weiß mit einer purpurroten Nebenkrone und wie bei fast allen Arten stark duftend. 1847 eingeführt.
Man zieht sie am besten in Holzkörbchen oder in Ampeln im feuchtwarmen Warmhaus. Sie läßt sich leicht aus Stecklingen vermehren, zu denen der ganze Stengel in 5 cm lange Stücke zerschnitten wird. 5 bis 8 der kleinen Stecklinge kommen in eine Mischung aus Sphagnum und Torfbrocken in kleine Töpfe, mit denen sie bis zur Wurzelbildung in das geschlossene Warmbeet gesetzt werden.

H. carnosa (L. f.) R. Br., die altbekannte Wachsblume, in Mittelchina und dem wärmeren Ostaustralien heimisch, ist seit langem eine der beliebtesten, von Mai bis zum Herbst blühenden Zimmerpflanzen. Sie wächst und blüht dort ausgezeichnet, kann aber genausogut im nicht zu warmen Gewächshaus gezogen werden. Sie ist ein Schlingstrauch mit fleischigen Blättern und weißen oder blaß-fleischfarbenen, duftenden, in der Mitte rotgefleckten, wachsartigen Blüten. Diese sitzen auf dünnen Stielchen in großen einfachen Dolden. 1802 in England eingeführt. 'Variegata' hat gelbweiße, oft rotgeränderte Blätter. Von Siebold 1854 in Holland eingeführt. Ähnlich dieser Art ist die im Herbst blühende, in Küstengebieten Australiens vorkommende, 1863 eingeführte *H. australis* R. Br. Beide Arten sollen im Winter bei 12 bis 14° gehalten werden.

H. imperialis Lindl. stammt von Malakka und Amboina, also sehr warmen Gebieten. Sie ist ein starkwüchsiger, im Sommer blühender Schlingstrauch mit ledrigen, aderlosen, 15 bis 20 cm langen Blättern und hängenden, 8- bis 10blütigen, bis 20 cm breiten Dolden. Die Blüten sind purpurrot, außen grünlichgelb und 5 bis 7 cm breit. Gewiß die stattlichste bei uns gezogene Art. 1847 in England eingeführt.

H. lacunosa Bl., von Malakka bis Borneo vorkommend, blüht von März bis in den Juni hinein. Ihre flache, vielblütige Dolde ist aus ziemlich kleinen, grünlichgelben Blüten zusammengesetzt. 1854 in England eingeführt.

H. multiflora (Decne.) Bl., vom Malaiischen Archipel und Malakka bis zu den Philippinen verbreitet, blüht Juli bis August mit strohgelben, 2,5 bis 5 cm lang gestielten Blüten, die in einer vielblütigen Dolde zusammenstehen. Die nur schmalen Kronabschnitte sind nach hinten zurückgebogen. 1838 in England eingeführt.
Von den vielen schönen Arten eignen sich noch manch andere für Topfkultur, doch harren sie noch der Einfuhr aus den Heimatländern oder den USA, wo von Liebhabern schon so manche der hier nicht beschriebenen Arten gezogen wird, so z. B. *H. cinnamomifolia* Hook., Java, in England 1847 eingeführt; *H. linearis* Wall., Himalaja; *H. purpureofusca* Hook., Java, in England 1849 eingeführt.

Alle Arten lassen sich leicht aus Stecklingen vermehren, die bei *H. carnosa* und *H. australis* aus nur einem Blattpaar, bei den anderen Arten nach Möglichkeit aus zwei oder mehr Paaren bestehen sollen. Im Warmbeet bei 20 bis 25° bilden sie, je nach der Art, in kürzerer oder längerer Zeit Wurzeln. *H. australis* und *H. carnosa* sind nicht nur ausgesprochene Zimmerpflanzen, sondern gedeihen erst recht auch im Gewächshaus bei 12 bis 14° im Winter, bei 18 bis 20° im Sommer. *H. bella* will es etwas wärmer haben, und die anderen hier genannten Arten sind reine Warmhauspflanzen, bei denen die Wintertemperatur 18 bis 20° betragen, die Sommerwärme aber um einige Grad höher liegen soll. Alle wachsen gut in Einheitserde, sonst in einer Mischung aus lockerer, lehmiger Rasen-, Laub- und Moorerde mit Sandzusatz, wobei den Warmhausarten Sumpfmoos, Holzkohlenstücke oder Styromull unter die Erde gegeben werden sollten, damit sie recht locker und luftdurchlässig bleibt. Im Sommer muß man bei Sonne schattieren, dabei aber sehr hell und auch luftig halten und häufig spritzen.
Entweder gibt man ihnen ein kräftiges Gestell, in Gewächshäusern aber zieht man sie an Drähten unter dem Glasdach entlang. Topfpflanzen sollte man zur Zeit der Blütenbildung nicht drehen, da dies oftmals zu einem Abfallen der Knospen führt, wahrscheinlich verursacht durch den veränderten Lichteinfall. Nach dem Abblühen darf man die Blütenstandstiele nicht abschneiden, da sich an dem gleichen Boden mehrere Jahre hintereinander Blüten entwickeln können. Mit zusätzlicher Düngung sei man sehr vorsichtig, da sie oftmals starkes Trieb- und Blattwachstum verursacht, das aber auf Kosten der Blühwilligkeit geht. Überhaupt sollte man zu kräftig entwickelte Pflanzen heller, trockener und magerer halten.

Oxypetalum R. Br.
(griech. *oxys* = scharf, *petalon* = Kronblatt)

Ausdauernde Kräuter oder Halbsträucher, die mit etwa 150 Arten von Mexiko bis Brasilien und in Westindien verbreitet sind. In Kultur ist nur

O. caeruleum (D. Don) Decne. aus Südbrasilien und Uruguay, ein bis meterhoher, weißfilziger Halbstrauch mit an den Spitzen leicht windenden Stengeln und bis 10 cm langen, länglich-lanzettlichen, am Grunde herzförmigen Blättern. Die von Juni bis September erscheinenden, 2 bis 2,5 cm breiten, radförmigen Blüten sind zunächst hellblau, später dunkler, die

Asclepiadaceae

Decabelone grandiflora

Kranzschuppen an ihrer Spitze zurückgerollt und dunkelblau. 1832 in England, wenig später auch in Deutschland eingeführt. Vermehrung und Pflege sind der schönen, azurblauen Blüten wegen auch dem Liebhaber zu empfehlen. Kultur im hellen und luftigen Kalthaus, während des Sommers im Freien, am besten in Einheitserde oder TKS 2. In kalten, regenreichen Sommern läßt man sie besser im Kalthaus stehen, wo sie sich ausgepflanzt am schönsten entwickeln. Man lasse sie nicht zu alt werden, da jüngere Pflanzen am reichsten blühen. Vermehrung durch Aussaat der reichlich angesetzten Samen im Januar. Sie blühen dann bereits im Spätsommer. Auch Vermehrung durch Stecklinge im mäßig warmen Beet ist möglich, doch ist Aussaat und die spätere Behandlung als einjährige Pflanze leichter und deshalb vorzuziehen.

Stephanotis Thou.
(griech. *stephanotis*, Name der Myrte, die für Kränze verwendet wurde, von griech. *stephanos* = Ehrenkrone, Siegerkranz)

Von dieser aus etwa 5 Arten bestehenden Gattung kahler, immergrüner Schlingsträucher, auf Madagaskar beheimatet, wird nur

S. floribunda Brongn. in Zimmer und Gewächshaus gezogen. Sie schlingt bis 5 m hoch, hat glänzend dunkelgrüne, etwa 7 bis 9 × 3,5 bis 5 cm große Blätter und wachsartige, weiße, sehr stark duftende, bis 4 cm lange und bis 5 cm breite Blüten. 1839 in England eingeführt.
Sie ist eine vorzügliche Pflanze für temperierte Räume, wo sie regelmäßig im Juni bis September ihre Blüten bringt. Man kann sie das ganze Jahr hindurch durch Stecklinge vermehren. Diese bewurzeln sich bei 25 bis 30° Boden- und Luftwärme innerhalb von 4 bis 5 Wochen. *Stephanotis* setzen leicht Samen an, die, warm ausgesät, auch bald aufgehen. Man sollte sich aber trotzdem nicht zur Aussaat verführen lassen, da Sämlinge sehr viel später und bisweilen auch fauler blühen als aus Stecklingen gezogene Pflanzen. Im Winter sollen *Stephanotis* keine höhere Wärme als 12 bis 14° bekommen, andernfalls werden sie von Woll- und Schildläusen befallen. Im Sommer sollen sie in einem hellen und sehr luftig gehaltenen Hause stehen, dabei sind sie häufig zu spritzen. Einheitserde oder eine Mischung aus lehmiger Rasen- und sandiger Lauberde sind gleich zuträglich. Mit zusätzlicher Düngung sei man wie bei *Hoya* sehr sparsam.

112 Asclepiadaceae

Hoya carnosa

Hoya multiflora

Sukkulente Gattungen und Arten der Familie

Unter den *Asclepiadaceae* gibt es eine ganze Reihe, die als Bewohner sehr trockener Gebiete bei Rückbildung der Blätter ihre Stengel zu Wasserspeichern umgewandelt haben. Es entstanden dadurch Gebilde, die manchen Kakteen sehr ähnlich sind. Einige wurden bereits bei der Gattung *Ceropegia* besprochen. Die meisten gehören zu den Perlen jeder Sammlung sukkulenter Pflanzen und verlangen die gleiche Pflege wie *Stapelia*, nur die schwierig zu haltenden Gattungen *Decabelone*, *Hoodia* und *Trichocaulon* werden abweichend behandelt.

Caralluma R.Br., Fliegenblume
(Herkunft des Namens zweifelhaft)

110 Arten Stämmchen bildender, im Habitus *Stapelia*-ähnlicher Pflanzen mit einem großen Verbreitungsgebiet, das sich von Burma bis ins Mittelmeergebiet und Nord- und Südafrika erstreckt. In den Sammlungen verbreitet und ihrer Wüchsigkeit we-

Oxypetalum caeruleum

gen zu empfehlen sind neben anderen Arten vor allem

C.burchardii N.E.Br., Kanarische Inseln, Südmarokko; **C.europaea** (Guss.) N.E.Br., Südostspanien, Lamedusa, Linosa, Nordafrika; **C.lugardii** N.E.Br., Betschuanaland, westliche Kapprovinz, Südwestafrika; **C.lutea** N.E.Br., Mozambique, Südafrika, Botswana; **C.mamillaris** (L.) N.E.Br., Kap; **C.nebrownii** Berger, tropisches Südwestafrika.
Vermehrung und Pflege wie *Stapelia*, lediglich die interessante *C.mamillaris* veredelt man besser auf Knöllchen von *Ceropegia woodii* oder auf *Stapelia gigantea*.

Decabelone Decne.
(griech. *deka*, = zehn, *belone* = Pfeilspitze)

Von den drei Arten ist die folgende am häufigsten in den Sammlungen zu finden.

D.grandiflora K. Schum. (*Tavaresia grandiflora* (K. Schum.) Berger), Südwestafrika, Botswana, Transvaal. Die bis 14rippigen Sprosse weichen von allen übrigen Stapelien durch die borstenartigen Dornen ab, von denen der mittlere lang, die beiden seitlichen kurz sind. Die Stämmchen werden bis 20 cm hoch und sind etwa 2 cm dick. Auffallend sind die am Grunde der Sprosse erscheinenden, langglockigen, hellgelben, rötlichbraun gefleckten, bis 14 cm langen Blüten.
Vermehrung am besten durch Aussaat. Die Samen keimen bereits nach 24 Stunden und werden möglichst bald auf *Ceropegia dichotoma* oder Knöllchen von *C.woodii* veredelt. Ihre Pflege ist nicht leicht, am besten im hellen Sukkulentenhaus bei Temperaturen nicht unter 20°. Im Sommer werden sie mäßig feucht gehalten und bei Bedarf an warmen, sonnigen Tagen gegossen. Im Winter bekommen sie nur soviel Wasser, daß die Stämmchen nicht schrumpfen. Veredelte Pflanzen halten sich bei aufmerksamer Pflege einige Jahre. Der Kurzlebigkeit wegen sollte man nach Möglichkeit stets für veredelte Nachzucht sorgen.

Duvalia Haw.
(Henry Auguste Duval, 1777 bis 1814. Französischer Arzt und Botaniker, der 1809 eine Schrift über sukkulente Pflanzen schrieb)

Stapelia nahestehende Gattung mit etwa 10 Arten in Süd- und Südwestafrika, 1 Art in Arabien und im tropischen Afrika. Rasenförmig wachsende Pflanzen mit niederliegenden oder nur wenig aufgerichteten, kurzen, dicken, vier- bis sechskantigen Stämmchen, aus denen, so lange sie jung sind, kleine bis mittelgroße Blüten einzeln oder zu mehreren erscheinen. Alle Arten sind kulturwert und werden wie Stapelia behandelt. Sie sind wüchsig und blühen leicht.

Am häufigsten findet man in den Sammlungen **D.compacta** Haw., Kap, und die ähnliche, aber größerblütige **D.reclinata** (Mass.) Haw., östliche Kapprovinz; **D.polita** N.E.Br., Südwestafrika bis Transvaal, mit aufrechten Stämmchen, sowie die formenreiche **D.radiata** (Sims) Haw., westliche Kapprovinz.

Stephanotis floribunda

Echidnopsis Hook.f.,
Schlangenstapelie
(griech. *echidna* = Schlange, *opsis* = Aussehen)

Etwa 25 Arten, von Südafrika über Ostafrika bis nach Sokotra und Südarabien verbreitet, mit runden, gefelderten, niederliegenden oder aufsteigenden Sprossen und kleinen, zu 2 bis 4 in doldigen Büscheln aus den Furchen am Stämmchenende erscheinenden gelben, braunen oder roten Blüten. Am häufigsten in den Sammlungen zu finden ist die sehr wüchsige und leicht blühende

E.cereiformis Hook.f., Jemen, Abessinien und Somaliland, mit niederliegend-aufsteigenden, an der Unterseite wurzelnden, 15 bis 30 cm langen, verzweigten Stämmchen und fast glockigen, außen bräunlich gelben, 1 cm breiten Blüten.

Vermehrung und Pflege wie *Stapelia*, sich am schönsten ausgepflanzt entwickelnd, wo dies nicht möglich, in breite, flache Schalen pflanzen.

Hoodia Sweet
(nach einem englischen Sukkulentenliebhaber Hood, Anfang 19. Jahrhundert)

Etwa 16 Arten, deren Verbreitungsgebiet sich von der südlichen Kapprovinz über Südwestafrika bis nach Angola und Betschuanaland erstreckt, wo sie die trockensten und niederschlagsärmsten, nur von niedrigem Buschwerk bewachsenen Halbwüsten besiedeln. Die bis 80 cm hohen, kräftigen, vielkantigen Sprosse sind dicht mit vielen dornähnlichen, harten, spitzen Zähnen besetzt. Die großen, glockigen oder flachen, gelblichen Blüten erscheinen unterhalb der Sproßspitze. Alle Arten sind ihrer Empfindlichkeit gegen Feuchtigkeit wegen sehr schwierig zu halten und deshalb nur selten in den Sammlungen vertreten, am ehesten noch

H.bainii Dyer, verbreitet von der Karroo bis Südwestafrika. Sie wächst buschig und bildet 15 bis 40 cm hohe und etwa 3,5 cm dicke graugrüne Stämmchen. Unterhalb ihrer Spitze erscheinen die 6 bis 7 cm breiten, fast kreisrunden, tief glockigen, hellgelben oder rötlichen Blüten, in Kultur allerdings ein seltenes Ereignis.

Aussaat möglichst bald nach der Samenreife. Einige Zeit nach dem Aufgehen auf Knöllchen von *Ceropegia woodii* veredeln. Ihrer Herkunft aus äußerst trockenen Gebieten entsprechend ist selbst im Sommer sehr vorsichtig zu gießen, im Winter aber das Gießen ganz einzustellen. Dabei sollten sie im hellen, sonnigen Sukkulentenhaus bei etwa 18° stehen. Im Sommer bleiben sie entweder im Haus oder aber man stellt sie, in Bimskies eingesenkt, in einen recht luftig gehaltenen Kasten unter Glas.

Huernia R.Br. (*Heurnia* Spreng.)
(Justin Heurnius, 1587 bis 1652. Holländischer Missionar, der als erster Pflanzen am Kap der Guten Hoffnung sammelte)

Etwa 50 von Arabien und Abessinien bis Ost- und Südafrika verbreitete Arten. Sie bilden niedrige, meist rasenförmig wachsende, vom Grunde aus verzweigte, 4- bis 6kantige Stämmchen, die oft mit dicken Kanten und großen Zähnen besetzt sind.

Asclepiadaceae 113

Die schönen großen Blüten erscheinen am Grunde der Sprosse und sind verschieden gefärbt und gefleckt. Viele Arten sind in den Sammlungen, von denen die folgenden besonders schön und wüchsig sind:

H.aspera N.E.Br., Tanganjika, Kenia, Sansibar; **H.brevirostris** N.E.Br., eine veränderliche Art von der östlichen Kapprovinz; **H.confusa** Philipps, Transvaal; **H.hystrix** (Hook.f.) N.E.Br., Natal, Zululand, Oranje-Freistaat, sehr wüchsig und reichblühend; **H.keniensis** R.E.Fries, Kenia, wie *H.aspera* besonders blühwillig; **H.macrocarpa** (A. Rich.) Spreng., Abessinien, Ägyptischer Sudan, Südarabien, sehr formenreiche Art; **H.oculata**

Hoodia bainii

Hook.f., Rhodesien; **H.marnieriana** Lavr., Südarabien, neuere, wüchsige und reichblühende Art; **H.primulina** N.E.Br., östliche Kapprovinz, wegen ihrer Wüchsigkeit besonders häufig gezogen; **H.zebrina** N.E.Br., Natal, Transvaal, Botswana, Südwestafrika, mit den größten Blüten der Gattung.

Vermehrung und Pflege wie *Stapelia*, am besten ausgepflanzt oder in flachen Schalen gehalten. Im Winter verlangen alle Arten mehr Trockenheit als *Stapelia*, aber auch im Sommer ist sehr vorsichtig und nur bei warmem, hellem Wetter zu gießen.

Huerniopsis N.E.Br.
(Gattungsname *Huernia* und griech. *opsis* = Aussehen)

Im Habitus an *Huernia* erinnernde, im Blütenbau aber abweichende, nur 4 Arten

enthaltende Gattung, von der **H.atrosanguinea** (N.E.Br.) White et Sloane, nördliche Kalahari und Transvaal, sowie **H.decipiens** N.E.Br., Südwestafrika, Betschuanaland, Kleines Namaqualand, häufiger gezogen werden.
Vermehrung und Pflege wie *Stapelia*, aber wie *Huernia* sehr empfindlich gegen Nässe.

Pectinaria Haw.
(lat. *pecten* = Kamm)

Mit *Caralluma* und *Stapelia* verwandte, interessante Gattung mit 6 Arten im Kapgebiet. Ihre Blüten sind klein und unscheinbar, ihre Abschnitte ähnlich wie bei *Ceropegia* an ihrer Spitze miteinander verbunden, was sie von allen anderen Gattungen unterscheidet. Außerdem entwickeln manche Arten unterirdische Sprosse, an denen sich sogar Blüten bilden, so bei

P.pillansii N.E.Br. aus dem östlichen Kapgebiet und der in den Sammlungen häufigsten Art, **P.saxatilis** N.E.Br., eine sehr kleine, zwischen Felsen und unter Steinen wachsende, in der südöstlichen Kapprovinz vorkommende Pflanze, deren Vermehrung und Pflege der von *Huernia* ähnelt.

Piaranthus R.Br.
(griech. *piaros* = fett, *anthos* = Blüte)

Von den 17 süd- und südwestafrikanischen Arten sind einige ab und zu in den Sammlungen vorhanden. Sie bilden kurze, meist vierkantige Stämmchen, die rasig zusammenstehen, und kleine bis mittelgroße Blüten mit kurzer Röhre und flach ausgebreiteten, meist behaarten Abschnitten.
Alle Arten sind kulturwert, so **P.foetidus** N.E.Br. aus der westlichen Kapprovinz mit nach Aas riechenden Blüten; **P.parvulus** N.E.Br., östliche Kapprovinz, mit sich nacheinander entfaltenden, sehr kleinen Blüten, und **P.pillansii** N.E.Br. aus der östlichen Kapprovinz.
Vermehrung und Pflege wie *Stapelia*.

Stapelia L., Aasblume, Ordensstern
(Johannes Bodaeus van Stapel, gest. um 1636, holländischer Arzt und Botaniker. Herausgeber von Theophrasts »Historia plantarum«, die er ins Lateinische übersetzte)

Umfaßt etwa 75 Arten, von denen die meisten in Süd- und Südwestafrika, nur wenige in Ostafrika beheimatet sind. Die meist langgestielten, großen, sternförmigen Blüten locken durch den für die menschliche Nase sehr unangenehmen Aasgeruch Schmeißfliegen an, die für die Bestäubung sorgen. Die Blüten mancher Arten gleichen großen farbigen Ordenssternen. Die vierkantigen, fleischigen, kahlen oder behaarten Stämmchen werden selten höher als 15 bis 20 cm und treiben am Grunde neue Sprosse, so daß bei vielen Arten mit der Zeit ganze Rasen oder Kolonien entstehen. Den Liebhabern können alle Arten empfohlen werden.
Verbreitet sind **S.asterias** Masson, Kap, **S.gigantea** N.E.Br., Natal bis Südrhodesien, deren Blütenkrone einen Durchmesser von 25 bis 35 cm erreicht, **S.grandiflora**, Masson, östliche Kapprovinz und Transvaal, 1793 in England eingeführt, **S.hirsuta** L., Transvaal, **S.mutabilis** Jacq., Herkunft unbekannt.

Trichocaulon N.E.Br.
(griech. *thrix, trichos* = Haar, *kaulos* = Stengel)

Zu den eigenartigsten, leider in Kultur nur kurzlebigen sukkulenten *Asclepiadaceae* der Sektion *Stapelieae* gehören die etwa 25 Arten dieser Gattung, die vom südlichen Kap bis Südwestafrika verbreitet sind. Sie bewohnen steinige, äußerst heiße, trockene und niederschlagsarme Felswüsten, an deren Klima sie sich durch den kakteenartigen Wuchs weitgehend angepaßt haben. Die fleischigen, weichen, saftigen Sprosse sind stark verdickt, bei manchen Arten fast kugelig. Ihre Blüten sind nur klein und sitzen in mehrblütigen Blütenständen. Alle Arten sind kulturwert, aber sehr schwierig für längere Zeit zu halten. Vor allem die folgenden werden hie und da gezogen:

T.clavatum (Willd.) H. Huber (*T.cactiforme* (Hook.) N.E.Br., *T.meloforme* Marl.), Kap, vor allem im Kleinen Namaqualand. Es bildet bis 10 cm hohe und bis 6 cm dicke Stämmchen mit kurz unter dem Scheitel erscheinenden kleinen Blüten.
Verhältnismäßig wüchsig sollen **T.columnare** Nel vom westlichen Kapgebiet und **T.pedicellatum** Schinz aus der Namibwüste Südwestafrikas sein.
Anzucht am besten durch Aussaat. Die Sämlinge werden frühzeitig auf Knöllchen von *Ceropegia woodii* veredelt. Hat man ältere Pflanzen, die einzugehen drohen, kann man diese ebenfalls auf *Ceropegia woodii* oder auf *Stapelia gigantea* veredeln. Besonders gut stehen sie in einem hellen, luftigen Sukkulentenhaus bei 18 bis 20° Wintertemperatur, am besten in Bimskies eingesenkt. Diesen hält man feucht und kann dadurch direktes Gießen vermeiden. Von Januar bis Juni sollte eine strenge Ruhezeit eingehalten werden, aber auch im Sommer ist nur sehr wenig zu gießen. Man verwende die gleiche Erde wie für *Stapelia*, aber zur Hälfte mit Bimskies, Perlit und groben Steinen vermischt.

Stapelia variegata

Allgemeines über Vermehrung und Kultur der sukkulenten Asclepiadaceae

Vermehrung durch Aussaat ist leicht. Bei etwa 20° gehen die Samen schon nach etwa drei Wochen auf. Im übrigen vermehrt man durch Abstecken der ältesten Triebe, deren Schnittfläche vor dem Stecken in ein Sand-Torfmullgemisch gut abgetrocknet sein müssen. Bis zur Bewurzelung sollte man sie warm und geschlossen, aber nicht allzu feucht halten.

Stapelien gehören, wenn man sie nicht am Zimmerfenster pflegt, in ein Kalthaus, dessen Wintertemperatur zwischen 6 und 12° liegen soll. Während des Sommers können sie dort stehen bleiben, besser aber wachsen sie dann auf einem Frühbeet nahe unter Glas. Das ganze Jahr hindurch, besonders aber im Herbst und Winter, ist sehr vorsichtig und sparsam zu gießen. Im Winter brauchen sie nur soviel Feuchtigkeit, daß die Stämmchen nicht welken. Man kann sie sowohl ausgepflanzt als auch in flachen Schalen ziehen, in beiden Fällen brauchen sie gute Drainage, damit alles überschüssige Wasser schnell abziehen kann. Die Erde besteht am besten je zur Hälfte aus sehr alter Lauberde und Kies oder Bimskies. Oben deckt man 1 bis 2 cm dick mit feinem Kies ab. Im Sommer ist leichter Schatten – etwa von 10 bis 16 Uhr – zu empfehlen. Viele Arten wachsen in der Heimat unter lichtem Dorngestrüpp, also auch nicht in der prallen Sonne. Im übrigen brauchen sie aber, vor allem im Winterhalbjahr, sehr viel Licht. Wahrscheinlich bringt man sie besser durch den Winter bei einer künstlichen Verlängerung des Tages auf 12 bis 14 Stunden. Schoser gibt als Beleuchtungsstärke 5000 lx an.

Die Gattungen *Decabelone*, *Hoodia* und *Trichocaulon* sind sehr empfindlich, aber auch besonders interessant und schön. Sie zu besitzen und durch Jahre hindurch am Leben zu erhalten ist der Traum vieler Sukkulentenfreunde. Sie gehören nur in die Hand sehr erfahrener Kultivateure. In den Grundzügen ist ihre Kultur die gleiche wie die oben geschilderte, doch verlangen sie mehr Wärme, am besten eine Temperatur von 16 bis 18°. Ihre Samen keimen leicht. Am besten werden ihre Sämlinge auf *Stapelia gigantea*, noch besser auf Knöllchen von *Ceropegia woodii* veredelt. Stapelienerde sagt ihnen zu, wenn man ihr zur Hälfte Kies oder Steine beimischt.

Besonderheiten bei der Kultur findet man bei den oben behandelten Gattungen vermerkt. Alle Arten gehören zu den Perlen jeder Sukkulentensammlung.

Balsaminaceae
Balsaminengewächse

Diese Familie enthält nur 4 Gattungen mit 500 bis 600 wahrscheinlich aber mehr Arten, die überwiegend in den Tropen der Alten Welt verbreitet sind. Als Zierpflanzen gezogen werden nur wenige Arten der Gattung *Impatiens*. Es handelt sich bei fast allen Vertretern der Familie um meist sehr weiche ein- oder mehrjährige Kräuter, selten Epiphyten, mit einzeln stehenden oder traubig angeordneten, häufig ansehnlichen Blüten. Diese fallen auf durch das große sack- oder keulenförmige, gespornte, kronblattartige, rückwärtige Kelchblatt. Die mehrsamige, elastisch aufspringende Kapsel schleudert die Samen weit fort, daher auch der deutsche Name Springkraut für die Gattung *Impatiens*.

Impatiens L., Springkraut, Balsamine
(lat. *impatiens* = empfindlich; die Fruchtklappen springen bei Berührung schlagartig auf)

Die 500 bis 600 Arten dieser Gattung haben ein großes Verbreitungsgebiet. Die meisten wachsen im tropischen und subtropischen Asien, im tropischen Afrika, auf den ostafrikanischen Inseln, nur 8 in der gemäßigten Zone Asiens, Europas, Nord- und Mittelamerikas. Einige einjährige Arten werden seit langem in den Gärten gezogen, so *I.balsamina* L., die Balsamine, mit vielen Sorten, und *I.glandulifera* Royle. *I.walleriana*, eine weitere Art mit zahlreichen Sorten, ist eine beliebte Zimmerpflanze. Darüber hinaus gibt es noch andere schöne Arten, die sich besonders für kleine Gewächshäuser eignen. Wieder andere Arten harren noch der Einführung.

Die Bestäubung findet sowohl durch vielerlei sehr kleine Insekten wie auch durch Bienen, Hummeln und Falter statt. Eine Anzahl Arten werden auch durch Kolibris oder Honigvögel bestäubt. Die Bestäubungsvorgänge sind bei allen Arten höchst interessant.

I.auricoma Baill., auf den Komoren und in Mozambique heimisch, ist ein krautiger kahler, 15 bis 60 cm hoher, verzweigter Halbstrauch mit lanzettlichen, zugespitzten Blättern und goldgelben, innen rotgestreiften Blüten mit einem kurzen, zweigeteilten Sporn.

I.hawkeri Bull aus Neuguinea wird bis 50 cm hoch, hat kräftige, verzweigte rote Stengel, 10 bis 12 cm lange dunkelgrüne, runzelige, gesägte Blätter mit roter Mittelrippe. Ihre Blüten stehen einzeln oder zu mehreren in achselständigen Trugdolden, sind 4 bis 6 cm breit, scharlachrot mit weißem Auge und einem bis 7 cm langen gekrümmten roten Sporn. 1876 in England eingeführt, in Deutschland seit 1960, aus der Heimat eingeführt, wieder in Kultur.

I.marianae Rchb. f. ex Hook.f. aus Assam, mit langen kriechenden, wurzelnden Stengeln und grünen, silberweiß gezeichneten Blättern blüht bei uns nur wenig, ist also als reine Blattpflanze vor allem zur Bodenbedeckung im Gewächshaus, auch unter den Pflanzentischen, zu verwenden. In humoser, lockerer Erde, auch Einheitserde, gedeihen sie gut, dabei muß es schattig und feucht, aber nicht zu warm sein. Im Winter genügen Temperaturen von 14 bis 18° völlig, im Sommer darf es wärmer sein. Vermehrung leicht aus Stecklingen im Warmbeet, wo sie in wenigen Tagen wurzeln. Nur die Überwinterung ist schwierig, da die Tageslängen dann zu kurz sind. Zusätzliche Belichtung im November, Dezember und Januar ist daher angebracht. In warmen Sommern gedeihen sie auch an halbschattigen, humosen Stellen im Freien eine Zeitlang recht gut. 1880 in Deutschland eingeführt.

I.-Neuguinea-Hybriden (*I.hawkeri* × *I.linearifolia*). Eine neue Gruppe von Hybriden mit großen, fast das ganze Jahr hindurch erscheinenden, roten, rosa oder weißen Blüten und verschiedenfarbigen, grün, rot oder gelb gezeichneten Blättern. Für Zimmerkultur sind sie besser geeignet als die *I.*-Walleriana-Hybriden.

I.niamniamensis Gilg aus dem tropischen Ostafrika, wo sie in feuchten, schattigen Wäldern und im Buschland in Höhen von 370 bis 2400 m wächst, ist eine der schönsten und eigenartigsten Arten. Sie ist erst um 1955 nach Deutschland gekommen, wurde zunächst nur in botanischen Gärten, heute aber hier und da auch vom Erwerbsgartenbau gezogen. Sie hat sehr eigenartig geformte, große purpurrote Blüten und ist eine typische Warmhauspflanze, die man immer wieder durch Stecklinge vermehren sollte, da junge Pflanzen am schönsten sind.

I.platypetala Lindl. ssp. **aurantiaca** (Teysm. et Koord.) Steenis aus Celebes hat orangegelbe Blüten und ähnelt im Habitus

Balsaminaceae

Impatiens niamniamensis

Impatiens marianae

I. walleriana. Sie muß aber etwas wärmer, etwa bei 15 bis 16°, und sehr hell überwintert werden, ist also insofern empfindlicher als die *I.-Walleriana*-Hybriden. 1844 in England, um 1847 in Deutschland eingeführt.

I. repens Moore aus Ceylon und Indien hat rötlich angelaufene, am Boden kriechende Stengel mit kleinen Blättchen und einzeln in den Blattachseln stehenden, 3 cm großen gelben Blüten. 1848, in Deutschland um 1850 eingeführt. Kultur, Vermehrung und Verwendung ist die gleiche wie bei *I. marianae*.

I. tuberosa Perr. von Westmadagaskar hat eine 30 bis 40 cm breite Knolle, aus der sich ein 40 bis 50 cm hoher, fleischiger, einfacher Sproß erhebt, der rote Blüten trägt. Nur für botanische Sammlungen und erfahrene Liebhaber sukkulenter Pflanzen.

I. walleriana Hook.f. (*I. holstii* Engl. et Warb., *I. sultanii* Hook.f.), das Fleißige Lieschen, ist ein Bewohner feuchter, oft schattiger Plätze von Seehöhe bis 1800 m des tropischen Ostafrikas und Sansibars. Um 1880 herum eingeführt, hat es sich sehr schnell verbreitet und ist bald zu einer der bekanntesten Zimmerpflanzen geworden. Auch die Züchtung nahm sich seiner an, so daß heute ein großes Sortiment auf dem Markte ist. Es gibt heute Sorten mit scharlach-, karmin-, oder zinnoberroten, rosafarbenen, violetten und weißen Blüten, außerdem hohe und niedrigbleibende und solche mit weißbunten Blättern. Sie alle sind ideale Pflanzen für die Fensterbänke nicht zu warmer Zimmer, während des Sommers für Balkon- und Fensterkästen, ja sogar für die Bepflanzung sonnig oder halbschattig und warm gelegener Gartenbeete. Außerdem sind sie besonders geeignet zur Füllung im Sommer leerstehender Kalthäuser, wo sie bei guter Ernährung ununterbrochen blühen.

Ihre Vermehrung erfolgt durch Aussaat oder Stecklinge. Letztere wurzeln in wenigen Tagen, selbst wenn sie, wie dies manche Liebhaber tun, nur in ein Glas oder eine Flasche mit Wasser gesteckt wurden. Besser ist es natürlich, sie gleich in ein Sand-Torfmull-Gemisch in kleine Töpfe zu stecken und sie warm, schattig und vor Verdunstung geschützt aufzustellen. Die Aussaat erfolgt im Warmhaus und ist durchaus zu empfehlen, da die Sorten echt aus Samen fallen. Alle Jungpflanzen werden genau wie die älteren in Einheitserde oder einer nicht zu schweren, humosen Erde weitergezogen. Hohe Sorten sollte man ein- bis zweimal entspitzen, damit sie sich besser verzweigen, niedrige aber lasse man ungestutzt wachsen, da sie sich von selbst reichlich verzweigen.

Impatiens-Neuguinea-Hybride 'Dark Fire'

Basellaceae
Basellagewächse

Eine nur kleine Familie mit 4 Gattungen und etwa 25 Arten, die den Proteusgewächsen sehr nahe steht, sich von diesen aber durch den einfächerigen Fruchtknoten und die traubig-ährigen Blütenstände unterscheidet.

Anredera Juss.
(nach einem Personennahmen)

Anredera cordifolia (Ten.) Steenis (*Boussingaultia cordifolia* Ten.) aus dem subtropischen Südamerika, in Süd- und Südosteuropa eingebürgert, hat kartoffelartige Knollen und windet 3 bis 6 m hoch. Im Sommer und Herbst erscheinen lange, achselständige Trauben, die dicht mit weißlichen, duftenden Blüten besetzt sind. Während des Winters ruht die Pflanze und muß kühl, aber frostfrei und trocken gehalten werden. Erst im Frühjahr beginnt sie wieder aus den Knollen zu treiben. Man kann sie im Mai in jeden sandigen Lehmboden auspflanzen, nachdem man sie in Töpfen angetrieben hat. In warmen Lagen gedeiht sie bis zum Herbst recht gut im Garten oder auf dem Balkon, noch schöner wird sie aber im Kalthaus, wo man in kürzester Frist größere Flächen mit ihr beranken kann. Sie sieht nicht nur hübsch aus und braucht wenig Pflege, sondern vor allem ist sie auch stets völlig ungezieferfrei. 1835 in England eingeführt, in Deutschland etwa seit 1845 in Kultur.

Basella L.
(wahrscheinlich über franz. *baselle* aus einer Drawida-Sprache entlehnt)

Basella alba L. (*B. rubra* L.), eine einjährige Kletterpflanze mit roten oder weißen Früchten aus Indien und Südostasien, seit langem in allen tropischen Ländern eingebürgert und als »Malabarspinat« angebaut. Sie wurde bereits 1688 eingeführt. Man zieht sie jährlich neu aus Samen, der im März im Warmhaus ausgesät wird. Im Schmuck ihrer Beeren eine hübsche Kletterpflanze für im Sommer leere Kalthäuser, in denen man ihre Triebe unter dem Dach an Drähten oder Bindfäden entlangführt. Sie wird in fast allen Botanischen Gärten gezogen.

Begoniaceae
Begoniengewächse

5 Gattungen mit mehr als 1000 Arten, außer in Australien in allen tropischen und subtropischen Gebieten vorkommend, in der Mehrzahl in schattigen, feuchten Wäldern, einige als Knollenpflanzen an trockeneren und kühleren Standorten.

Begonia L., Begonie
(Michel Bégon, 1638 bis 1710, Gouverneur von Französisch-Kanada, gestorben in Santo Domingo. Förderer der Botanik.)

Die Blüten sind stets einhäusig, die männlichen meist mit zwei äußeren und zwei inneren, die weiblichen mit 5, selten mit 2

Basella alba

oder 6 bis 8 Blütenhüllblättern. Diese sind weiß, rot oder gelb. Charakteristisch ist die kapselartige, fast stets dreikantige oder dreiflügelige Frucht mit sehr zahlreichen, winzigen Samen. Die Blütenstände sind trugdoldig und stehen immer in den Blattachseln. Typisch für fast alle Arten sind die ungleichseitigen Blätter. Begonien sind entweder ein- oder mehrjährige Kräuter oder aber Halbsträucher. Mehr als 1000 Arten sind bekannt.

Nutzwert haben sie nicht, dafür aber werden sehr viele als Schmuckpflanzen gezogen, darunter neben den weiter unten behandelten reinen Arten als wichtige Blütenpflanzen die Gruppen der Lorraine-Be-

Begonia-Rex-Hybride 'Exotica'

gonien, der Elatior-Begonien, der Semperflorens-Begonien und schließlich die der Knollen-Begonien. Ihre Anzucht lohnt sich für den Liebhaber nicht. Er kauft sie am besten als halbfertige oder fertige Pflanze oder als Knolle.

Es ist unmöglich, hier alle für den Liebhaber empfehlenswerten Arten aufzuführen. Es können nur einige der schönsten genannt werden. Nach ihrem äußeren Habitus werden sie nachfolgend in Strauchbegonien, Blattbegonien mit Rhizom oder kriechendem Stengel, Hänge- und Knollenbegonien geteilt.

Wer sich intensiver mit dieser schönen Gattung beschäftigen will, der sei auf die ausgezeichnete Bearbeitung von Irmscher in Pareys Blumengärtnerei, Bd. II, hingewiesen. Dort finden sich auch ausführliche weitere Literaturangaben.

1. Halbstrauchige, aufrechte Arten

B. albopicta Bull, Brasilien, mit silberweiß gefleckten Blättern. Um 1885 in England eingeführt.

B. cathayana Hemsl., China, etwa 50 cm hoch, mit samtartig schimmernden, rothaarigen, oberseits dunkelolivgrünen Blättern, deren Nerven rot sind und in einer blaßgrünen Zone liegen. Ihre Unterseite ist blutrot. 1908 in England eingeführt. Eine der schönsten, aber leider auch schwierig zu haltenden Arten für das Warmhaus, dessen Wärme nachts nicht unter 20° sinken darf.

B. coccinea Hook., kommt aus Brasilien, mit rötlichen Blättern und großen, mitsamt den Stielen roten Blüten in stattlichen Blütenständen. 1841 in England eingeführt.

B.-Corallina-Hybriden mit Sorten wie 'Bismarckiana', 'Madame Charat' und 'Lucerna'. Sie werden bis 2 m hoch und haben große, hängende Blütenstände mit großen, rosa bis rot gefärbten, lange an der Pflanze haftenden weiblichen Blüten. Schon junge Stecklingspflanzen blühen reich.

B. × credneri Haage et Schmidt *(B. metallica × B. scharffiana)*, entstanden 1890, **B. metallica** W. G. Sm., 1869 in England eingeführt, **B. scharffiana** Regel, 1886 in Deutschland eingeführt, die letzten beiden aus Brasilien, haben behaarte oder weißborstige Blätter, lange, mehr oder weniger aufrechte Blütenstände mit ziemlich großen Blüten. Sie gedeihen am besten bei Temperaturen von 12 bis 15°.

B. foliosa H. B. K. var. **miniata** (Planch.) L. B. Sm. et Schub. (*B. fuchsioides* Hook.), Venezuela, mit kleinen Blättern und ansehnlichen, hängenden, an Fuchsien erinnernden scharlachroten Blüten, ein dankbarer Winterblüher für das temperierte Gewächshaus. 1847 in England eingeführt.

B. hispida Schott var. **cucullifera** Irmsch., Brasilien, zeichnet sich durch eine ähnliche Eigenschaft aus. Bei ihr sind die Blätter oberseits mit bis 3 cm langen tütenförmigen Adventivblättchen besetzt. Etwa seit 1949 in deutschen Gärten verbreitet.

B. incarnata Link et Otto, Mexiko, eine reichblühende Art mit hängenden, mittelgroßen, rosafarbenen Blüten, zu vielen Kreuzungen benutzt. 1828 in Deutschland eingeführt, vermutlich aber in England schon einige Jahre früher.

B. lubbersii E. Moore, Brasilien, hat schildförmige, oberseits glänzende, fast schwarzgrüne Blätter mit perlmuttfarbenen Flecken. Eine eigenartige und etwas empfindliche Art. 1881 in Belgien eingeführt.

B. luxurians Scheidw., Brasilien, hat fingerförmig zehn- bis zwanzigfach geteilte, im Umriß kreisförmige Blätter und weicht dadurch von den meisten Begonien ab. Eine besonders eigenartige und stattliche, über meterhohe Art mit großen Blütenständen weißer, duftender Blüten. 1848 in Belgien eingeführt.

B. maculata Raddi, Brasilien, mit häufig weißgefleckten Blättern. 1819 in Rußland eingeführt.

B. peltata Otto et A. Dietr. (*B. incana* Otto et A. Dietr.), Mexiko, ist eine eigenartige Pflanze mit schildförmigen, fast kreisrunden Blättern, die dicht mit einem grauen Filz überzogen sind. 1840 in England eingeführt.

B. × phyllomaniaca Mart. (Nach Villerts ein Bastard zwischen *B. incarnata* und *B. manicata*) und **B. × pseudophyllomaniaca** (wahrscheinlich *B. heracleifolia × B. incarnata*) sind zwei als Zimmerpflanzen schon seit langem verbreitete Begonien, deren besondere Eigenart darin liegt, daß Stengel und Blätter mehr oder weniger mit Adventivblättern oder -knospen besetzt sind. Reichblütig, Blüten mittelgroß, rosa. Erstere seit 1848, letztere seit 1933 in Deutschland in Kultur.

B. platanifolia Schott, Brasilien, mit großen, bis fast zur Mitte ungleich gelappten Blättern. 1834 in England eingeführt, wahrscheinlich einige Jahre vorher in Österreich.

B. sanguinea Raddi, Brasilien, mit roten Blattstielen, sehr fleischigen, oberseits glänzend dunkelgrünen, unterseits blutroten Blattspreiten. 1823 in Deutschland eingeführt.

B. schmidtiana Regel, Brasilien, bildet reichverzweigte, dichte Büsche, die das ganze Jahr hindurch blühen. 1878 in Deutschland eingeführt. Auch sie benötigen geringere Wärme, im Durchschnitt 15°.

B. serratipetala Irmsch., Neuguinea, hat fiederspaltige, blutrot gefleckte, dunkelgrüne, glänzende, doppelt-gezähnte Blätter. 1913 in Deutschland eingeführt. Sie gehört zu den schönsten und auffallendsten Arten. Überraschenderweise hält sie sich ausgezeichnet im warmen Zimmer, natürlich ebenso gut im warmen Gewächshaus.

B. undulata Schott, Brasilien, mit am Rande gewellten und ausgeschweiften grünen Blättern und weißen Blüten. 1827 wahrscheinlich in Österreich eingeführt.

B. venosa Skan ex Hook. f., Brasilien, hat eiförmige, ebenfalls mit dichtem weißem Filz überzogene Blätter. Sie weicht dadurch von allen anderen Arten ab, daß die großen, bald trockenhäutig werdenden, netzig geaderten Nebenblätter nicht abfallen, sondern den Stengel umhüllen. 1899 in England eingeführt. Beide Arten sollten heller als andere Begonien stehen, dabei auch etwas kühler, etwa bei 15 bis 16°.

B. vitifolia Schott, Brasilien, recht hoch werdend, mit großen, behaarten, grünen Blättern und kleinen weißen Blüten. 1883 in England eingeführt, vermutlich schon früher in Österreich.

B. × weltoniensis hort. ex André *(B. dregei × B. sutherlandii)*, eine alte, 30 bis 60 cm hohe, rot oder weiß blühende Zimmerpflanze, die man auch heute noch ab und zu sieht. Sie gedeiht am besten bei 15 bis 16°. 1864 in England gezüchtet.

Auch andere strauchartige Begonien sind schön, so **B. stipulacea** Willd. (*B. angularis* Raddi) aus Brasilien, eingeführt 1845 in England, Brasilien, mit vierkantigen Stengeln, **B. dichotoma** Jacq. aus Venezuela, 1845 in England eingeführt, und **B. fruti-**

Begonia hispida var. cucculifera

Begonia luxurians

cosa (Klotzsch) A.DC., Brasilien, sehr verzweigt und rosablütig.

2. Krautige, stamm- oder fast stammlose oder kriechende Arten

B. crispula Brade, Brasilien, hat dem Boden aufliegende, kreisrunde bis breit-nierenförmige Blätter mit stark durchfurchter, wie gekräuselt aussehender Oberfläche. Um 1955 in Deutschland eingeführt.

B. × erythrophylla Neum. soll aus einer Kreuzung von *B. manicata* und *B. hydrocotylifolia* hervorgegangen sein. Sie läuft auch unter dem Synonym *B. × feastii* hort. ex L.H. Bailey und ist als Zimmerpflanze weit verbreitet. Sie hat große, fast kreisförmige, oben dunkelgrüne, unten rote Blätter und im Dezember und Januar erscheinende, aufrechte Blütenstände mit mittelgroßen rosafarbenen Blüten. Entstanden 1844 im Bot. Garten Berlin, kam vor 1880 nach USA und von dort später als *B. × feastii* wieder nach Europa zurück

B. goegoensis N.E.Br., Sumatra, mit schildförmigen, fast runden, 12 bis 20 × 9 bis 18 cm großen, dunkelgrünen, bronze schimmernden, unebenen und blasig aufgewölbten, unterseits roten Blättern.

B. heracleifolia Cham. et Schlechtend., Mexiko, Guatemala, Honduras, mit sieben- bis neunspaltigen, handförmigen, dunkel- bis moosgrünen, heller gezeichneten Blättern. 1833 in Deutschland eingeführt. Dekorative Art mit einigen Abweichungen, von denen var. **nigricans** Hook., 1844 in Deutschland eingeführt, und var. **longipila** Lem., 1861 in den Handel gebracht, mit lebhafter braun- bis schwarzgrüner Zeichnung und bei letzterer unterseits roten Blättern, besonders schön sind.

B. imperialis Lem., Mexiko, hat kriechende, krautige Sprosse, ungelappte, fast ganzrandige, samtig schimmernde, im Alter bräunliche Blätter mit grünen, gezackten Bändern. 1859 in Belgien eingeführt. 'Smaragdina' hat einfarbig smaragdgrüne, 'Otto Förster' und 'Gruß an Erfurt' haben farbige, der Art ähnliche Blätter.
Durch Kreuzungen von *B. imperialis* mit *B. lindleyana* durch P. Epple entstand eine Reihe wüchsiger Hybriden mit farbigen Blättern, darunter 'Hildegard Epple', 'Marbachtaler' und 'Smaragdherz'.

B. manicata Brongn. ex Cels, Mexiko und Guatemala, ist eine alte Zimmerpflanze mit großen grünen, teilweise mit roten gewimperten Schuppen bedeckten Blättern. Diese umhüllen den obersten Teil des Blattstieles ebenfalls und wirken wie eine rote Manschette. Die von Dezember bis Januar an erscheinenden Blütenstiele tragen eine Fülle kleiner, rosafarbener Blüten, die wie ein feiner Schleier über der Pflanze stehen. 1837 in Belgien eingeführt. Es gibt neben der Art eine Sorte mit gekräuselten Blatträndern ('Crispa'), 1903 in England enstanden, ebenso eine mit gelbbunten Blättern ('Aureo-Maculata'), 1884 in Belgien eingeführt. Die Blütezeit erstreckt sich über 6 bis 10 Wochen.

B. masoniana Irmsch. (*B.* 'Iron Cross'), wahrscheinlich aus China, hat oben durch kleine kegelige Erhebungen hervorgerufene, runzelige, apfelgrüne Blätter, die entlang der 4 bis 5 Hauptnerven breite dunkelbraune Streifen tragen, die zusammen einem Kreuz ähneln, was der Art nach ihrer Einführung (1952 in England, wenig später in Deutschland) den populären Namen 'Iron Cross' eintrug. Heute häufig angebotene Art für das Warmhaus.

120   Begoniaceae

Begonia 'Lucerna'

B. mexicana Karst., Mexiko, wie die vorige mit dünnen Stengeln weit kriechend, hat tief gelappte und gezähnte, oberseits dunkelgrüne, mit haartragenden Kegelchen bedeckte Blätter. 1894 in Deutschland eingeführt. Eine schöne, aber nicht ganz leicht zu haltende Art, die wie die vorige am besten ausgepflanzt zu kultivieren ist, weil sie dann große Teppiche zu bilden vermag.

B. nelumbifolia Cham. et Schlechtend., Mexiko bis Kolumbien, mit schildförmigen, sehr großen und langgestielten Blättern, braucht wie die vorige viel Raum zur Entwicklung. 1830 in Deutschland eingeführt. Mit dieser Art, vor allem aber mit *B. heracleifolia*, wurde vielfach gekreuzt, wodurch eine Reihe sehr schöner Bastarde entstand, so z.B. die oben erwähnte *B. × ricinifolia*, *B. × reichenheimii* hort., *B. × fuscomaculata* Lange, *B. × heracleicotyle* Veitch, *B. × herimperia* Vill. und andere.

B. paulensis A. DC., Brasilien, hat schildförmige, breit-elliptische, etwa 16 bis 22 × 13 bis 15 cm große, auf langen senkrechten Stielen stehende Blätter mit netzförmig verknüpften Nerven auf ihrer Unterseite. Seit etwa 1950 in Deutschland in den Sammlungen. Eigenartige, nicht ganz leicht zu haltende Art für das feuchte Warmhaus.

B. rajah Ridl., Malaiische Halbinsel, ist der vorigen nahe verwandt und ähnlich, doch weicht sie durch die nicht schildförmigen und kleineren Blätter von jener ab. 1894 zuerst in England ausgestellt. Beide Arten sind eigenartige und schöne Pflanzen für das feuchte Warmhaus.

B. × ricinifolia A. Dietr. ist ein Bastard zwischen *B. heracleifolia* und *B. peponifolia*. Sie wird recht groß und hat 30 bis 40 cm lange Blattstiele, die große, schirmartig konvexe, rundliche, bis 30 cm lange 5- bis 7lappige Blätter tragen. Die Blütenstände werden bis 70 cm hoch. Zu guter Entwicklung braucht sie sehr viel Platz. In England vor 1847 entstanden, nach in Hamburg gezogenen Pflanzen 1847 beschrieben.

B. subacida Irmsch. (*B. acida* Mart. ex A. DC. non Vell.), Brasilien, ist über und über behaart. Besonders auffallend sind die dunkelroten Blattunterseiten. Ihre Blütenstände werden bis 30 cm lang.

Andere schöne Arten dieser Gruppe sind **B. metachroa** Fotsch, unbekannter Herkunft, mit rötlich-braunen bis bläulich-grünen, metallisch schimmernden, unten roten Blättern. **B. strigillosa** A. Dietr. (*B. daedalea* Lem.), Guatemala, Costa Rica, mit olivgrünen, netzartig braun gezeichneten Blättern, **B. olbia** Kerch., Brasilien, 1878 nach Hamburg eingeführt, und viele andere.

Besonders genannt zu werden verdienen die verbreiteten und allgemein bekannten **Begonia-Rex-Hybriden**, die sogenannten Blattbegonien, die zu den haltbarsten Zimmerpflanzen überhaupt gehören, im Gewächshaus aber bei 12 bis 16° besonders gut wachsen. Im Sommer kann man sie sogar an schattige, geschützte Stellen in humose Erde in den Garten pflanzen. Es gibt ein großes Sortiment. Die einzelnen Sorten unterscheiden sich in Blattgröße, Blattform, Blattzeichnung, Färbung, Schwach- oder Starkwüchsigkeit. Sie gehören zu den schönsten aller buntblättrigen Blattpflanzen, und es lohnt sich schon, vorausgesetzt man hat genügend Platz, eine größere Zahl von Sorten zusammenzutragen.

3. Hängebegonien

B. foliosa H.B.K., Kolumbien und Venezuela, ist eine strauchartige Begonie mit starken, oft fast fiedrig verästelten Trieben, die sich im Alter überneigen und herunterhängen. Die Blätter sitzen sehr dicht an den Trieben, sie sind nur klein, etwa 1,5 × 0,7 cm, und glänzend dunkelgrün. Die Blüten sind klein und weiß. 1868 in England eingeführt, nach Boom bereits 1825 in

Begonia masoniana

Deutschland. Will man sie nicht als Ampelpflanze ziehen, muß man ihr einen erhöhten Stand geben, damit die Zweige ungehindert überhängen können. Sicher eine der eigenartigsten, aber auch schönsten Arten.

B. limmingheiana C. Morr. (*B. limminghii* K. Koch, *B. glaucophylla* Gower), Brasilien, hat schlaffe, hängende Stengel, grüne Blätter und kurze, vielblütige, hängende Blütenstände mit hellroten bis korallenroten Blüten, die im Spätwinter erscheinen. 1866 in Belgien eingeführt. Eine schöne Ampelpflanze.

4. Arten mit Knollen

Hier nicht behandelt wird die große Gruppe der Knollenbegonien, die als Beet- oder Balkonpflanzen im Sommer im Freien ausgepflanzt werden, also im Sinne dieses Buches nicht eigentlich zu den Gewächshauspflanzen zählen. Ihre Vorkultur mitsamt der Anzucht der Knollen überläßt man dem Erwerbsgartenbau. Das bedeutet allerdings nicht, daß man sich nicht Knollen kaufen, eintopfen und zur Füllung eines im Sommer leerstehenden Gewächshauses verwenden kann. Sie blühen dort vom Sommer bis in den Herbst hinein und ziehen dann ein. Die Knollen können nach trockener und frostfreier Überwinterung bei etwa 10° in jedem Jahr erneut für diesen Zweck oder zum Pflanzen auf Beete verwendet werden.

B. dregei Otto et A. Dietr., Kapland, 1836 in Europa bereits in mehreren Varietäten kultiviert, am Grunde knollig verdickt, und **B. socotrana** Hook.f., 1880 zum ersten Mal in Kew blühend, Insel Sokotra, mit am Grunde knöllchenartigen Schuppen und einjährigen Sprossen, sollen hier nur als die Eltern unserer Blütenbegonien, der Lorraine-Hybriden, erwähnt werden. Die Sorte 'Gloire de Lorraine' entstand 1891 und ist die Vorläuferin der ganzen Gruppe, die heute als Winterblüher eine so große Bedeutung gewonnen hat. Deshalb mag es interessant sein, die beiden Eltern zu besitzen und zu zeigen. Sie gedeihen am besten im Lauwarmhaus.

B. grandis Dryand. var. **evansiana** (Andr.) Irmsch. (*B. evansiana* Andr.), China, trägt nicht nur am Grunde eine Knolle, sondern bildet auch in den Blattachseln Knöllchen aus, die zur Vermehrung der Pflanze beitragen. Die Pflanzen können recht groß werden. Sie haben 8 bis 20 × 5,5 bis 18 cm große, breit-eiförmige,

Begonia-Mexicross-Hybride

grüne, unterseits rötliche Blätter und nur im oberen Teil der Stengel erscheinende mehrblütige Blütenstände. Die einzelne Blüte ist 2,5 bis 3,5 cm breit. Die bei uns gezogene Form soll var. *evansiana* sein.

In Ostasien seit altersher in Kultur, in Japan bereits 1641. 1804 wahrscheinlich von in China kultivierten Pflanzen nach England eingeführt. Dies ist die einzige Begonie, die auch bei uns viele Jahre lang winterhart ist. Ja, es gibt Staudenkulturen, wo sie allmählich zum Unkraut werden und allenthalben verwildert sind. In sehr kalten und schneelosen Wintern allerdings erfrieren sie dann wieder. Im Kalthaus und im Alpinenhaus wachsen sie vorzüglich und halten sich jahrzehntelang. Durch die Brutknöllchen sind sie leicht zu vermehren.

Alle hier angeführten Begonien mit Ausnahme der Corallina-Hybriden, der Rex-Hybriden, der Lorraine- und Elatior-Hybriden und einer Anzahl von Bastarden können durch Aussaat vermehrt werden. Da der Samen staubfein ist, muß sehr dünn auf eine sandige Lauberde oder auf Einheitserde P ausgesät werden, wobei er natürlich nicht mit Erde bedeckt werden darf. Bei etwa 20 bis 22° keimt er in 8 bis 14 Tagen. Nach dem Aufgehen ist bald zu pikieren. Bequemer ist die Vermehrung durch Triebstecklinge, die bei etwa 25° Boden- und Luftwärme bald wurzeln. Schließlich können viele Arten durch Blätter vermehrt werden, die am Grunde des Blattstiels junge Pflänzchen bilden. Alle Begonien der Rex-Hybriden, der eigentlichen Blattbegonien also, dazu eine Reihe verwandter Arten, bilden nach dem Durchschneiden der Adern an den Kreuzungsstellen kleine Pflanzen, falls man das ganze Blatt flach auf feuchten Sand oder ein Sand-Torf-Gemisch legt. Die bewurzelten Pflänzchen werden abgetrennt und einzeln eingepflanzt. Durchschneidet man die Adern nicht, bilden sich meist nur am Blattstiel neue Pflanzen. Die rasig wachsenden Arten lassen sich außerdem teilen.

Als Humusbewohner schattiger, feuchter Wälder verlangen die meisten Begonien Schatten, Luftfeuchtigkeit, eine gleichmäßige, bei den meisten Arten um 18° liegende Temperatur, keine stagnierende Luft, mehr flache als tiefe Gefäße und humose, gleichmäßig feucht gehaltene Erde. Einheitserde ist geeignet, ebenso alte Lauberde unter Zusatz von Torfmull, besser Torfstreu, alter Komposterde und

Sand, bei manchen Arten auch etwas lehmiger Rasenerde. Auf einem Pflanzentisch ausgepflanzt, wachsen die meisten Arten am besten, doch müssen sie dort jährlich im Spätwinter in neue Erde umgepflanzt werden. Viele Strauchbegonien werden in den dunklen Wintermonaten unansehnlich, andere werden einfach zu groß und umfangreich für kleine Gewächshäuser. Diese werfe man fort, nachdem man genügend Jungpflanzen von ihnen gezogen hat, die im Spätwinter oder Vorfrühling an ihre Stelle treten können. Anders die kriechenden Arten, wie z.B. *B.mexicana*. Diese soll man nicht zu oft stören und einige Jahre an Ort und Stelle stehen lassen.

Durch mehrmaliges Entspitzen der Jungpflanzen sorge man beizeiten für genügende Verzweigung. Nur bei den sehr hoch werdenden Strauchbegonien, wie den Sorten 'Mad. Charrat' oder 'Bismarckiana', verzichte man darauf und lasse sie ungestört wachsen. Je höher ihre Stengel werden, desto stattlicher sehen sie aus und desto reicher blühen sie. Ältere Pflanzen wird man statt des Umpflanzens regelmäßig mit einer Volldüngerlösung gießen. *Begonia*-Rex-Hybriden halte man im Winter trockener und kühler. Sie machen dann eine gewisse Ruhezeit durch, nach der man – etwa im Februar – einen Teil des Ballens ausschüttelt, sie in frische Erde pflanzt und wieder neu in Kultur nimmt. Alle Begonien dürfen nicht gespritzt oder überbraust werden. Feuchte, aber keinesfalls stagnierende Luft im Gewächshaus ist alles, was sie verlangen. Werden die Blätter häufig naß, besteht die Gefahr, daß etwa vorhandene Blattälchen sich rapide vermehren und über die Blätter ausbreiten.

Von Schädlingen werden Begonien neben den oben erwähnten Blatt-, auch von Wurzelälchen und von Thrips (Blasenfuß) befallen, die man mit den üblichen Mitteln bekämpft. Auch Mehltau tritt ab und zu auf, aber immer nur dann, wenn das Haus zu geschlossen, zu warm und zu feucht gehalten wird.

Begonien eignen sich wegen der Vielzahl schöner Arten ganz besonders zum Aufbau einer größeren Sammlung. Selbst in einem kleinen Lauwarmhaus von 14 bis 16° läßt sich eine große Anzahl unterbringen. Nur einige gehören ganzjährig ins Warmhaus. Die einen sind ihrer bunten Blätter oder ihres Habitus wegen kulturwert, die anderen wegen ihrer schönen Blüten, wieder andere, weil alles an ihnen auffallend und schön ist. Mit wenigen Ausnahmen sind alle Arten von leichter Kultur, vorausgesetzt man beachtet das oben darüber Gesagte.

Berberidaceae
Sauerdorngewächse

Sträucher und Kräuter, die in 14 Gattungen mit etwa 650 Arten vereinigt sind und vorwiegend in temperierten Gebieten der nördlichen Halbkugel vorkommen. Eine Ausnahme machen einige Arten von *Berberis* und *Mahonia*. Viele von ihnen sind seit alters beliebte Gartenpflanzen, nur wenige eignen sich für das Kalthaus des Liebhabers, vor allem

Nandina domestica Thunb. ex Murr., ein in Kultur etwa meterhoch werdender immergrüner Strauch mit bräunlichen Zweigen, die am Ende einen lockeren Schopf bis 40 cm langer, dreifach gefiederter Blätter tragen, von bambusartigem Habitus. Ihre Heimat liegt in Japan, Mittelchina und Indien. In Japan und China wird sie mit einer ganzen Reihe verschiedener Sorten von altersher in den Gärten gezogen. 1804 wurde sie in England, bereits vor 1840 auch in Deutschland eingeführt.

Sie gedeiht in lehmig-humoser Erde bei Wintertemperaturen von 1 bis 10°. Vermehrt wird durch Stecken der Seitenzweige im August. Diese werden in ein Sand-Torfmullgemisch gesteckt und unter Glas bei mäßiger Bodenwärme (etwa 15 bis 20°) gehalten. Bis zur Wurzelbildung dauert es meist einige Monate.

Mahonia aquifolium (Pursh) Nutt. gehört zu den bekanntesten und wüchsigsten immergrünen Gartenpflanzen. Darüber hinaus gibt es aber unter den heute bekannten über 75 Arten eine Reihe keinen Frost vertragender Arten, die im Kalthaus besser ausgepflanzt als im Topf gezogen wachsen. Wer genügend Platz in seinem Kalthaus hat, sollte es mit ihnen versuchen. Jungpflanzen werden von einigen englischen Baumschulen, so von Hilliers und Sons, Winchester, angeboten. Es seien besonders empfohlen:

Mahonia fortunei (Lindl.) Fedde, Hupeh und Szetschuan) und **M.japonica** (Thunb.) DC., aus Japan, China und Taiwan, eine alte japanische Gartenpflanze, beide in warmen Lagen und milden Wintern einige Jahre im Freien aushaltend, **M.fremontii** (Torr.) Fedde, westliche USA; vor allem aber die schöne

Mahonia lomariifolia Takeda, um 1930 aus Nordwestyünnan in England eingeführt, mit 30 bis 40 cm langen Blättern, im Alter richtige kleine Bäumchen bildend. Alle sind frostfrei zu halten bei Temperaturen bis zu 10°. Als Erde verlangen sie eine sandig-lehmig-humose Mischung.

Mahonia lomariifolia

Bignoniaceae
Bignoniagewächse

Von dieser großen Familie mit 120 Gattungen und etwa 650 Arten, von denen in tropischen Gärten viele als Zierpflanzen gezogen werden, kommen fast keine für das Gewächshaus des Liebhabers, aber auch der meisten botanischen Gärten in Frage, weil fast alle zu groß werden. Die meisten von ihnen sind üppig wachsende Lianen mit meist ansehnlichen Blüten, einige Bäume, Sträucher und Kräuter. Die Blüten sind glocken- bis trichterförmig und in einfachen rispigen oder trugdoldigen Blütenständen zusammengefaßt. Die Blattranken sind vielfältig gestaltet, so gibt es unter ihnen Faden-, Krallen- und Haftscheibenranken. Am stärksten ist die Familie in Südamerika verbreitet. In unseren Gärten und Parks finden sich als Bäume die Gattung *Catalpa*, als Rankpflanze *Campsis radicans* (L.) Seem., als Stauden *Incarvillea* Juss.-Arten, als Einjahrsblume behandelt die Rankpflanze *Eccremocarpus scaber* Ruiz et Pav. Aus den Tropen werden ihrer Schönheit wegen häufig Samen anderer Arten mitgebracht, die aber bei uns verkümmern.

Ab und zu werden Jungpflanzen von

Jacaranda mimosifolia D. Don (*J. ovalifolia* R. Br.) angeboten. Es ist dies ein argentinischer Baum mit violetten Blüten und feingefiederten, farnähnlichen Blättern 1818 in England eingeführt. Er kann, solange er klein ist, im Zimmer oder Warmhaus gehalten werden, vorausgesetzt, daß dort im Winter die Wärme nicht unter 14° sinkt. Die sonstige Pflege gleicht derjenigen von *Grevillea robusta*. Vermehrung durch aus den Tropen eingeführten Samen, aber auch durch halbreife Holzstecklinge im warmen Vermehrungsbeet.
Als Beispiel eines Krallenrankers kann

Macfadyena unguis-cati (L.) A. Gentry (*Bignonia unguis-cati* L.), ein in Mexiko, Guatemala und Argentinien verbreiteter, nur schwach wachsender, rankender Strauch gezogen werden. Er blüht zwar bei uns nie, aber die an ihrer Spitze gebogenen Krallen sind so scharf, daß sie sich sogar in den Hautfalten der Hand beim Darüberziehen festhaken. Er eignet sich also ausgezeichnet zur Demonstration. 1838 in England eingeführt.

Radermachera Zoll. et Moritzi
(J. C. M. Radermacher, Vertreter Englands auf Java, Pflanzenliebhaber)

Etwa 40 Arten meist immergrüner Bäume und Sträucher mit großen glockenförmigen Blüten in endständigen Rispen. Verbreitet von Indien bis China, auf den Philippinen, Celebes und Java.

R. sinica (Hance) Hemsl. (*Stereospermum sinicum* Hance) aus Südwestchina und Taiwan ist ein raschwachsender kleiner Baum oder Strauch mit doppeltgefiederten, farnartigen Blättern und schwefelgelben oder rosafarbenen Blüten. In Dänemark 1983, in Deutschland 1985 eingeführt.
Eine schöne Blattpflanze, die am besten bei Temperaturen zwischen 16 und 18° gedeiht, dabei hell aber nicht sonnig stehen will. Vermehrung aus Samen und Stecklingen im warmen Vermehrungsbeet.

Radermachera sinica

Nandina domestica

Bixaceae
Bixagewächse

Nur 1 Gattung enthaltende, den *Cistaceae* nahestehende Familie.

Bixa L.
(latinisierter südamerikanischer Volksname, nach Genaust aus dem karibischen *biga* = rot)

Diese im tropischen Amerika und Westindien beheimatete Gattung umfaßt 3 bis 4 Arten kleiner Bäume oder aufrechter Sträucher mit langgestielten, ungeteilten, handnervigen, unterseits rotgefleckten Blättern und ansehnlichen Blüten in endständigen Rispen.
Eine lange bekannte, heute über die Tropen verbreitete und oft verwilderte Art ist

Bixa orellana

B. orellana L., der Orleansbaum, eine alte Kulturpflanze. Die fleischigen roten Samenschalen liefern einen roten Farbstoff, der zum Orangefärben von Wolle, Seide und Nahrungsmitteln gebraucht wurde. Schon die alten Peruaner nutzten ihn. Der kleine immergrüne Baum wird bis 8 m hoch und trägt bis 16 cm lange, eiförmige, am Grunde herzförmige, kahle Blätter und bis 5 cm breite, pfirsichfarbene bis weiße Blüten, deren Kronblätter nicht sehr haltbar sind, sondern bald abfallen. Bereits 1690 eingeführt.
Jungpflanzen sind des schönen Aufbaues und der Blätter wegen recht hübsch. Ihre Kultur findet im Warmhaus in Einheitserde oder einer humos-lehmigen Mischung statt. Auch für das warme Zimmer sind sie versuchswert. Vermehrung durch aus den Tropen eingeführten Samen oder durch Stecklinge im Warmbeet. Ältere Pflanzen kommen bei uns kaum zur Blüte. Dagegen blühen aus Stecklingen eines blühreifen Baumes gezogene Pflanzen schon in ihrer Jugend.

Bombacaceae
Wollbaumgewächse

Den Malvaceae nahestehende Familie mit 20 Gattungen, die in vielen Tropenländern verbreitet sind, sich aber im tropischen Amerika besonders reich entfaltet haben. Alle sind Bäume mit oft dicken Stämmen und ungeteilten oder gefingerten Blättern.

Von allgemeinem Interesse ist der Baobab oder Affenbrotbaum, **Adansonia digitata** L., mit ungeheuer dicken, aber kurzen Stämmen, charakteristisch für so manche afrikanische Landschaft. Eine der köstlichsten tropischen Früchte, deren Geschmack besser als ihr wenig angenehmer Geruch ist, liefert der Durianbaum, **Durio zibethinus** Murr. vom Malaiischen Archipel, vor allem in den asiatischen Tropen häufig angepflanzt. Schließlich sind verschiedene Wollbäume des tropischen Amerika aus den Gattungen **Bombax** L. und **Ceiba** Mill. der in den Fruchtkapseln sitzenden langen Haare wegen zu nennen. Diese lassen sich allerdings nicht verspinnen.

Pseudobombax Dug.
(griech. *pseudo* = falsch, *Bombax* = Gattungsname)

Das Verbreitungsgebiet der 20 Arten erstreckt sich von Mexiko bis in das tropische Südamerika. Für kleine und große Gewächshäuser zu empfehlen ist

P. ellipticum (H.B.K.) Dug. (*Bombax ellipticum* H.B.K., *Pachira fastuosa* (Moç. et Sessé ex DC.) Decne.; *P. insignis* hort. non (L.f.) Savigny), »Shavin'-brush Tree«, ein von Mexiko bis Guatemala verbreiteter, bis 10 m hoher Baum mit glatter grünlicher oder grauer Rinde und großen, handförmiggeteilten, bis 30 cm langen Blättern.

Jungpflanzen sind recht kulturwert. Sie gehören in ein Warmhaus, dessen Temperatur nachts auf 14 bis 16° zurückgehen sollte. Im übrigen gleicht die Kultur der von *Ficus elastica*. Vermehrung am besten durch Aussaat, in begrenztem Maße auch durch Stecklinge bei etwa 25° unter Glas.

Boraginaceae
Borretschgewächse

Von dieser für den Garten so wichtigen Familie kommen außer dem als Beet- und Balkonpflanze gezogenen Heliotrop nur einige strauchige Arten der Gattung *Echium* für Gewächshauskultur in Betracht. Die Familie umfaßt 100 Gattungen mit etwa 2000 Arten. Die meisten von ihnen sind ein- oder mehrjährige Kräuter, nur wenige Sträucher, fast alle haben wechselständige Blätter, die wie die ganze Pflanze in der Regel mit steifen Haaren besetzt sind.

Echium L., Natternkopf
(griech. *echion* = Natternkraut, wegen der ihm zugeschriebenen Wirkung gegen Schlangenbiß)

Mit 40 Arten auf den Kanaren und Azoren, in Nord- und Südafrika, Europa und Westasien verbreitet. Hier interessieren nur die strauchförmig verzweigten Arten und diejenigen mit kurzem, nur wenige Zentimeter hohem Stamm und einer meterbreiten Blattrosette, aus der sich der bis 2 m hohe Blütenstand erhebt. Sie gehören zu den Charakterpflanzen der Kanarischen Inseln. Leider sind sie für das Kleingewächshaus zu umfangreich, für botanische Sammlungen dagegen gibt es wohl kaum etwas Stattlicheres als blühende kanarische *Echium*-Arten. Am häufigsten werden wohl die folgenden, vor allem die ersten beiden Arten gezogen:

E. pininana Webb et Berth., nur in Lorbeerwäldern im Nordosten von Las Palmas vorkommend, blaublühend, mit 4 m hohen Blütenständen.

E. wildpretii H.H.W. Pears. ex Hook.f. (*E. bourgaeanum* Webb ex Coincy) aus der Cañadas-Region von Teneriffa, ein weichhaariger, reichverzweigter Strauch mit bis 4 m hohem, mit roten Blüten besetztem, pyramidalem Blütenstand.

E. simplex DC. vom Anagagebirge Teneriffas weicht von den beiden obengenannten Arten durch die fast dem Boden aufliegende, große Rosette ab, aus der sich im zweiten Jahr ein bis 2 m hoher mit weißen Blüten besetzter Blütenstand erhebt. Nach Blüten- und Fruchtbildung stirbt die Pflanze ab. Für die Blütenbildung ist niedrige Wintertemperatur Voraussetzung.

Die Kultur dieser und einiger anderer verwandter *Echium*-Arten ist nicht ganz leicht und erfordert im Winter viel Platz. Achim Herklotz, der einige Jahre hervorragende *Echium*-Pflanzen in Herrenhausen zog, schrieb über ihre Vermehrung und Kultur (hier verkürzt wiedergegeben): Anfang März wird im Warmhaus ausgesät, nach dem Aufgehen einmal pikiert, nach genügender Erstarkung der Sämlinge eingetopft und nach Durchwurzelung in den Endtopf von 30 cm gepflanzt. Bei der Anzucht bis zum Pflanzen in den Endtopf sollte die Temperatur bei 20° liegen, im Sommer stehen sie im Freien, aber gegen Nässe geschützt. Im Oktober wird in ein Kalthaus eingeräumt, wo *E. pininana* bei 6 bis 8°, *E. wildpretii* bei 5° zu halten ist. Im Frühjahr des zweiten Jahres entwickeln sich die Blütenstände. Die im Mai beginnende Blütezeit erstreckt sich über 6 bis 8 Wochen. Nach der Samenbildung wirft man die alten Pflanzen fort. Um Bastardierungen zu verhindern, müssen die Arten weit voneinander getrennt stehen. Zur Bestäubung reicht es aus, mit der Hand an den Blütenständen auf- und abzufahren. Als Substrat nahm Herklotz eine wirtschaftseigene Erde, der 4 kg Osmocote und Radigen je m³ zugesetzt wird. Doch dürfte auch Fruhstorfer Erde geeignet sein. Nach Durchwurzelung des Endtopfes muß regelmäßig flüssig gedüngt werden. Zu beachten ist vorsichtiges Gießen. Nie darf dabei Wasser in die Rosette kommen, da dies zu Fäulnis führt. Ausführlicheres über die Kultur siehe »Gartenpraxis« 6/81, S. 264.

Echium wildpretii

Bromeliaceae
Ananasgewächse

Diese Familie gehört zu einer der gärtnerisch wichtigsten. Sie enthält 46 Gattungen mit ungefähr 2000 Arten. Bis auf eine einzige Art, *Pitcairnia feliciana* (A. Chev.) Harms et Mildbr., die im tropischen Westafrika wächst, sind alle anderen auf das tropische und subtropische Amerika beschränkt. Dort erstreckt sich ihr Verbreitungsgebiet von Virginia und Texas im Norden bis Mittelargentinien und Chile im Süden. Sie wachsen dort entweder als Fels- oder Bodenpflanzen, so vor allem in der alpinen Region der Anden und in den großen Trockengebieten der südamerikanischen Campos, oder als Epiphyten, vorwiegend des tropischen Regenwaldes, in den Baumkronen.

Bei den fast stets radiären und zwitterigen Blüten ist die Hülle meist in Kelch und Krone mit je 3 Blättern geteilt. Sie haben 6 Staubblätter und einen dreifächerigen ober- oder unterständigen Fruchtknoten mit meist einem Griffel mit 3 Narben. Die Frucht ist eine Kapsel oder Beere. Bei den hochepiphytischen Arten dienen vielfach Schuppenhaare zur Aufnahme des Wassers. Entweder ist die ganze Pflanze mit ihnen bedeckt, wie bei vielen *Tillandsia*-Arten, oder aber die rosettig angeordneten Blätter schließen am Grunde so zusammen, daß Hohlräume (»Zisternen«) gebildet werden, in denen das Wasser sich sam-

Ananas comosus

Cryptanthus zonatus 'Fuscus'

melt und ebenfalls zusammen mit den in ihm gelösten Nährstoffen von Schuppenhaaren aufgesaugt wird.

Wichtigste Nutzpflanze der Familie ist die in vielen Tropenländern feldmäßig angebaute Ananas, die neben den Früchten auch Blattfasern für feines Gewebe, den Ananashanf, liefert.

Bei uns gehören viele Bromelien zu den haltbarsten und ansehnlichsten Zimmerpflanzen, bei der Bepflanzung von Epiphytenstämmen stellen sie den Hauptanteil, in botanischen Gärten hält man große Sortimente, aber auch zu Liebhabersammlungen eignen sie sich wie wenige andere Pflanzen. So gibt es denn heute schon eine nicht kleine Zahl von Bromelienliebhabern, die beachtliche Sammlungen vor allem aus der Gattung *Tillandsia* ihr eigen nennen. Nachfolgend eine kurze Übersicht über die Gattungen und ihre schönsten Arten, ebenso über ihre Vermehrung und Pflege.

Aus praktischen Gründen teilen wir hier die Familie in erd- und felsbewohnende und in epiphytisch lebende Arten ein. Die meisten von ihnen gehören in das Lauwarm- und Warmhaus. Eine Anzahl der xe- rophytisch lebenden Arten aus großen Trockengebieten oder beträchtlichen Höhenlagen aber sind mit sukkulenten Pflanzen zusammen im Kalthaus zu halten.

1. Erd- und felsbewohnende Gattungen und Arten

Abromeitiella Mez
(J. Abromeit, 1857 bis 1945, deutscher Botaniker)

Nur 2 Arten kleiner, xerophytischer, mattenbildender, bereifter Pflanzen in den Hochanden des südlichen Boliviens und des nordwestlichen Argentiniens, von denen in fast allen botanischen Gärten zusammen mit anderen sukkulenten Pflanzen

A. brevifolia (Griseb.) Castell. (*A. chlorantha* (Spegazz.) Mez) und **A. lorentziana** (Mez) Castell. gezogen werden. Beide bilden im Laufe der Jahre, besonders wenn man sie auspflanzt, größere, starre, stechende, aus vielen kleinen Einzelrosetten zusammengesetzte Kugelpolster. Vermehrt wird durch vorsichtiges Teilen der alten Pflanzen oder, falls man diese nicht stören will, durch Abtrennen einzelner Rosetten. Die Pflege gleicht der von *Dyckia*.

Ananas Mill.
(brasilianischer Name der Pflanze)

5 Arten in der Erde wachsender Rosettenstauden aus Brasilien, Guayana und Paraguay. In vielen Tropenländern angebaut wird

A. comosus (L.) Merr. (*A. sativus* (Lindl.) Schult. f.) in vielen Sorten. Die Stammform ist nicht bekannt, ein Zeichen dafür, wie lange die Pflanze schon vom Menschen angebaut wird. Ihren Fruchtstand, die »Ananas«, der von einem Blattschopf, den man auch zur Vermehrung benutzen kann, gekrönt ist, kennt wohl heute jedermann. Obwohl man auch im Warmhaus oder im geheizten Frühbeetkasten fruchtende Ananas ziehen kann, werden wohl die meisten Liebhaber auf sie verzichten, weil sie für kleine Gewächshäuser einfach zu umfangreich sind und auch keinen allzugroßen schönheitlichen Wert besitzen, es sei denn, man zieht eine der Sorten mit bunten Blättern wie 'Variegatus', deren weiß gestreifte Blätter rot überlaufen, oder 'Porteanus', deren olivgrüne Blätter von einem breiten gelben Mittelstreif durchzogen sind. Seit ihrer 1690 erfolgten Einführung wurden sie bis zum ersten Weltkrieg in vielen fürstlichen Gärten gezogen und auch regelmäßig zum Fruchten gebracht.

A. nanus (L. B. Sm.) L. B. Sm., verbreitet in offenen Wäldern Mittel- und Nordbrasiliens, hat nur bis 20 cm breite Rosetten und ist deshalb dem Liebhaber dieser Gattung, der nur wenig Platz hat, zu empfehlen. Sie gedeiht selbst im warmen Zimmer noch gut. Außerdem sei hingewiesen auf eine Zwergform der brasilianischen **A. bracteatus** (Lindl.) Schult. mit bunten Blättern, die ab und zu angeboten wird.

Vermehrt wird durch Abnehmen der Ausläufer (»Kindel«). Will man Fruchtstände erzielen, brauchen Ananas Bodenwärme, also ein geheiztes Beet, viel Sonne und Licht, Einheitserde oder eine Mischung aus Laub- und Komposterde mit Lehmzusatz, eine Wintertemperatur von 15 bis 18°, im Sommer eine solche von 20 bis 25°, die bei Sonne auf 25 bis 30° steigen sollte, luftigen Stand, Luftfeuchtigkeit, reichliches Gießen und während der Wachstumszeit wöchentliche Düngergaben. Die buntblättrigen Sorten können zusammen mit anderen Bromelien hell, aber gegen Sonne geschützt, im Topf oder ausgepflanzt, nie aber epiphytisch gehalten werden, doch nehmen auch sie sehr viel Platz in Anspruch.

Cryptanthus Otto et A. Dietr.
(griech. *kryptos* = verborgen, versteckt, *anthos* = Blüte)

Fast rasig wachsende, niedrige Bodenbewohner mit meist mehr oder weniger flach dem Boden anliegenden, oft prachtvoll gezeichneten Blättern und unscheinbaren Blüten. Neben den 22 in den Trockenwäldern Brasiliens verbreiteten Arten gibt es eine Anzahl durch Kreuzungen entstandener Sorten. Bei den meisten sind die Blätter mehr oder weniger quer- oder längsgebändert. In den hellen Zonen tragen sie vielfach Schuppenhaare, in den dunkleren sind sie kahl. Viele *Cryptanthus* gehören zu den am schönsten gefärbten und gezeichneten Bromelien überhaupt.

C. acaulis (Lindl.) Beer hat schmale, unterseits dicht weißbeschuppte, oberseits blaßgrüne Blätter und bis 4 cm lange, weiße, duftende Blüten. 1827 in England eingeführt.

C. bahianus L. B. Sm. hat bis 40 cm lange, nicht über 2 cm breite, graugrüne Blätter.

C. beuckeri E. Morr. hat auf grünem Grunde weiß marmorierte, rosarot getönte Blätter. 1880 in Belgien eingeführt.

C. bivittatus (Hook.) Regel hat sehr kleine, nicht über 15 cm breite Rosetten und hellolivgrüne, mit zwei helleren, weißlich bis rosa gefärbten Längsstreifen versehene, oben rot getönte Blätter. 1858 in Belgien eingeführt.

C. bromelioides Otto et Dietr. wird 30 bis 40 cm hoch und hat viele bronzegrüne bis kupferrote, unterseits schuppige Blätter. 1836 in Deutschland eingeführt. Bei der schönen Sorte 'Tricolor' sind die Blätter rahmweiß längsgestreift und rot überlaufen. Entstanden um 1950 in USA.

C. fosterianus L. B. Sm. wurde erst 1948 eingeführt und hat bis 30 cm lange und bis 4 cm breite, dicke, fleischige Blätter, die auf ihrer Oberseite braun gewellte Querstreifen tragen und auf ihrer Unterseite grauschuppig sind. Sicher eine der schönsten Arten.

C. lacerdae Ant. ist wohl die Art mit den kleinsten Rosetten. Ihre Blätter sind dunkelgrün mit zwei silberfarbenen Längsstreifen auf der Oberseite und weißen Schuppen auf der Unterseite. 1880 in Belgien eingeführt.

C. sinuosus L. B. Sm. (*C. undulatus* Otto et A. Dietr. p. p.) ähnelt *C. acaulis*, ist aber im ganzen noch kleiner und hat wie diese grüne Blätter.

C. zonatus (Vis.) Beer ähnelt etwas *C. fosterianus*. Sie hat 20 cm lange und 4 cm breite, stark wellige, feinbedornte dunkelgrüne Blätter mit querliegenden silbergrauen bis goldgrünen Bändern. 1842 in Frankreich eingeführt. Bei 'Fuscus' sind die braunroten Blätter silbern gebändert, bei 'Viridis' sind sie grün und unterseits ohne Schuppen. Bei *C. zonatus* und bei 'Fuscus' sind die Blattunterseiten weißlichgrau beschuppt.

Von den teilweise sehr schönen Sorten seien empfohlen 'Lubbersianus', 'Makoyanus', 'Mirabilis', 'Osyanus', 'It', 'Pink Starfire', 'Feuerzauber', 'Grünsilber'.

Sie können ausgiebig durch die in reicher Zahl in den Achseln der unteren Blätter der Rosette gebildeten neuen Sprosse, die sich später von selbst loslösen, vermehrt werden. Sie kommen in ihrer ostbrasilianischen Heimat in trockenen Zwergwäldern vor, wo sie oft große Flächen des Bodens bedecken. Von Natur aus wachsen sie also als Erdpflanzen, doch gedeihen sie in Kultur auch epiphytisch, obwohl das eigentlich ihrer heimatlichen Lebensweise widerspricht. Sie verlangen eine sehr lockere, durchlässige Humuserde, eine durchschnittliche Temperatur von 20°, die bei *C. beuckeri*, *C. fosterianus* und *C. zonatus* aber besser 2 bis 3° höher liegt, gleichmäßige Boden- und Luftfeuchtigkeit und während der warmen Jahreszeit hin und wieder, aber selten, ein Überspritzen mit einer schwachen Crescallösung (1 g auf 1 l Wasser). Im übrigen sei der Standort hell, aber gegen direkte Sonne geschützt.

Dyckia Schult. f.
(Josef Maria Franz Anton Fürst zu Reifferscheidt-Dyck, 1773–1861, bedeutender Sukkulentenforscher)

In Südamerika, vor allem in Brasilien, aber auch in Argentinien, Bolivien, Paraguay und Uruguay, leben 50 bis 60 Arten als Xerophyten der Campos und der Felsenheiden. Sie sind niedrige, selten höhere,

Bromeliaceae

Dyckia species

stengellose Kräuter mit einer dichten Rosette starrer Blätter mit stechender Spitze und starker Bestachelung am Rande. Der Schaft ist lang und trägt mehr oder weniger kleine, orangefarbene, gelbe, mennig- oder scharlachrote Blüten.
Dem speziellen Sammler können viele Arten empfohlen werden, vor allem kleinbleibende Arten wie die brasilianischen
D. brevifolia Bak.,
D. cinerea Mez,
D. fosteriana L. B. Sm.,
D. hebdingii L. B. Sm.,
D. marnier-lapostollei L. B. Sm.,
D. remotiflora Otto et A. Dietr.
letztere außer in Brasilien auch in Argentinien und Uruguay vorkommend.

Samen verschiedener Arten wird bisweilen angeboten. Bei 12 bis 15 bis 18° ausgesät, keimt er meist bald, doch dauert es viele Jahre, bis die Pflänzchen groß und blühfähig geworden sind. Das ist aber eigentlich für den Liebhaber mit nur kleinem Gewächshaus ein Vorteil. Ältere Pflanzen lassen sich bei manchen Arten vorsichtig teilen, doch ist damit ein gewisses Risiko verbunden. Alle Dyckien wollen das ganze Jahr hindurch in voller Sonne stehen, dabei recht luftig, im Winter bei 5 bis 10°, im Sommer auch im Freien, falls man sie nicht ganzjährig ausgepflanzt mit anderen Sukkulenten zusammen im Hause läßt. Die Erde besteht in der Jugend aus alter Lauberde mit Zusatz von Lehm, bei älteren Pflanzen aus alter lehmiger Rasenerde mit Zusatz von alter Lauberde und Sand. Besonders hübsch wirken sie in Verbindung mit größeren und kleineren Steinen. Auch in ihrer Heimat wachsen sie ja oft noch in den engsten Felsritzen. Für Terrarien sind sie sehr zu empfehlen. Im Sommer werden sie ganz normal wie andere Pflanzen gegossen, im Winter aber muß man sie sehr trocken halten, denn nur dann behalten sie ihren natürlichen Habitus, das heißt, sie bleiben gedrungen und grau- bis weißgrün gefärbt.

Fascicularia Mez
(lat. *fasciculus* = Bündel)

5 Arten stengelloser Bodenpflanzen oder Epiphyten von ähnlichem Habitus wie *Dyckia*. Die linealischen, stechenden und am Rande stark bewehrten Blätter sitzen in dichten Rosetten. Die Blütenstände sind sehr schön, erscheinen aber erst im hohen Alter, das bedeutet in Kultur fast nie! Sie leben in den Küstengebieten von Chile, wo sie auf Strandfelsen große Rosettenpolster bilden, aber auch epiphytisch wachsen. Mit *Greigia* zusammen erreicht die Gattung die Südgrenze der Familie. In Kultur sind sie selten, lediglich **F. bicolor** (Ruiz et Pav.) Mez, auf Felsen in Südchile wachsend, und **F. pitcairniifolia** (Verlot) Mez trifft man bisweilen in botanischen Sammlungen.
Fascicularien sind wie die Arten der Gattung *Dyckia* zu empfehlen und unter den gleichen Verhältnissen zu halten. Unterschiede in der Pflege liegen darin, daß man sie im Winter nicht ganz so trocken und etwas wärmer, bei etwa 12° hält. Richtige Partner sind andere sukkulente Pflanzen, mit denen zusammen sie gut gedeihen. Vermehrt wird durch Aussaat und durch Abtrennen von Seitenrosetten.

Greigia Regel
(Samuel Alexeivich Greig, 1827 bis 1887, Generalmajor und Präsident der ehemaligen russischen Gartenbaugesellschaft in Petersburg, heute Leningrad)

Die Gattung ist nahe mit *Cryptanthus* verwandt. Das Verbreitungsgebiet der 26 Arten erstreckt sich von den Anden Chiles, wo sie bis 3500 m aufsteigen, bis nach Costa Rica. Alle sind sehr stattliche Bodenpflanzen mit stark bestachelten Blättern und einem erst im höheren Alter gebildeten Blütenstand. In botanischen Gärten wird häufig

G. sphacelata (Ruiz et Pav.) Regel aus Chile gezogen. Sie bildet in ihrer Heimat in Walddickichten und an Waldrändern große Bestände. Man kann sie nur da empfehlen, wo viel Platz zur Verfügung steht.
Vermehrung und Pflege gleichen der von *Dyckia*.

Hechtia Schult. f.
(J. G. H. Hecht, gest. 1837 in Potsdam, preußischer Regierungsrat, Pflanzensammler und Besitzer eines wertvollen Herbariums)

41 Arten xerophytische, in der Tracht *Agave* und *Dasylirion* ähnliche, äußerst stark bewehrte Bodenpflanzen, die in Mexiko, den südlichen USA und Mittelamerika ihre Heimat haben. Sie bewohnen dort trockene, steinige Steppen und Felsen. In den meisten botanischen Sammlungen ist die eine oder andere Art vorhanden. Sie sind sehr unempfindlich gegen Trockenheit der Luft und der Erde, aber ihrer starken Bestachelung wegen nicht angenehm zu transportieren, im übrigen nur dort hinzustellen, wo sich keine Menschen an ihnen verletzen können. Deshalb wird man im kleinen Gewächshaus auf sie verzichten müssen. Eine der schönsten Arten ist **H. argentea** Bak. aus Mexiko mit silberglänzenden Blättern. Andere hin und wieder in größeren Sammlungen anzutreffende Arten sind **H. glomerata** Zucc., **H. marnier-lapostollei** L. B. Sm., eine besonders schöne kleinbleibende Art, **H. stenopetala** Klotzsch, alle in Mexiko heimisch.
Vermehrung und Pflege bereiten keinerlei Schwierigkeiten und gleichen der von *Dykkia*.

Pitcairnia L'Hérit.
(William Pitcairn, 1711 bis 1791, Londoner Arzt, der einen Botanischen Garten in Islington besaß)

Mit etwa 180 Arten von Boden- und Felsenpflanzen, nur selten Epiphyten, ist *Pitcairnia* die zweitgrößte Gattung der Familie. Die einzige außerhalb Amerikas überhaupt vorkommende Bromelie ist **P. feliciana** (A. Chev.) Harms et Mildbr. aus dem westlichen Afrika. Die meisten Arten sind stengellose Pflanzen mit gebüschelten, oft schmal-linealischen Blättern. Der Blütenschaft ist im allgemeinen lang, mit meist grünen Blättern oder mit häutigen Hochblättern besetzt. Die Blüten sitzen in Ähren, Trauben oder Rispen aus allseitswendigen Trauben, selten in Köpfchen. Sie sind meist auffallend rot, gelb oder weiß, selten grünlich.
Außerhalb botanischer Sammlungen werden Pitcairnien kaum noch gehalten und das ist eigentlich schade, denn ihre Blüten sind auffallend gefärbt und sehr schön, leider aber meist nur kurzlebig. Doch sind alle Arten leicht zu halten und auch im nichtblühenden Zustande schöne und graziöse Pflanzen.
Ohne Beschreibung seien hier einige der schönsten und in den Sammlungen häufigsten Arten aufgeführt: **P. andreana** Lind., Kolumbien; **P. angustifolia** Ait., Puerto Rico; **P. aphelandriflora** Lem., Brasilien; **P. corallina** Lind. et André, Kolumbien, Peru; **P. flammea** Lindl., Brasilien; **P. maidifolia** (C. Morr.) Decne. ex Planch., Costa Rica, Honduras, Venezuela, Kolumbien, Guayana, Surinam; **P. tabuliformis** Lind., Südmexiko; **P. xanthocalyx** Mart., Santo Domingo.

P. heterophylla (Lindl.) Beer, Südmexiko über Panama, Venezuela bis nach Nordperu, ist von ganz anderem Habitus. Sie

Bromeliaceae 129

Pitcairnia heterophylla

besitzt Blätter von zweierlei Gestalt: Die einen sind schmal, dornig und braun und stehen auf knollenartigen Schuppen, die anderen sind grasartig, bei 40 bis 50 cm Länge nur 12 mm breit. Der kugelige Blütenstand ist sitzend, die Blüten sind leuchtend rot, selten weiß, und sehr groß.
Nur dann alljährlich, meist im Februar und März, blühend, wenn vom Abfallen der Blätter an durch Trockenhalten eine völlige Ruhezeit eingehalten wird, während der sie hell und sonnig stehen müssen.

Vermehrt werden kann sowohl durch Teilung als auch durch Aussaat. Letzteres meist dann, wenn man Samen neuer Arten bekommt. Ausgesät wird im Warmhaus, später wird man sie im temperierten Haus bei etwa 16° weiterkultivieren. Dabei ist das Haus luftig, hell und sonnig zu halten, also wird man nur von 10 bis 16 Uhr schattieren. Als Erde bewährte sich Einheitserde oder eine Mischung aus lockerer, grober Lauberde und Torf mit Zusatz von lehmiger Rasenerde und Sand.

Puya Mol.
(Name der Pflanzen in Chile)

Die meisten der etwa 120 Arten sind mehr oder weniger große Schopfbäume, die vor allem in den Anden Kolumbiens, Ekuadors, Perus, Boliviens und Nordchiles verbreitet sind und dort noch in Höhen bis 4300 m vorkommen, wie die stattliche *P. raimondii* Harms, eine Charakterpflanze des peruanischen Hochlandes, die einen bis 4 m hohen Stamm und einen bis 5 m hohen Blütenschaft entwickelt. Obwohl sie in der Heimat strenge Kälte ertragen, bleiben sie bei uns nur im Gewächshaus, dessen Temperatur nicht unter 0° sinkt, am Leben, am besten bei einer Wärme von 4 bis 6°, höchstens 10°. Einige Arten werden als junge Pflanzen in botanischen Sammlungen gehalten, vor allem wohl *P. chilensis* Mol. von Mittelchile. Sie werden aus Samen herangezogen, ins Kalthaus gestellt, am besten in recht lehmige Erde ausgepflanzt. Gute Dränage im Topf, Kübel oder Beet ist unbedingt erforderlich. Im Sommer kann man Kübel- oder Topfpflanzen auch in den Garten oder auf die Terrasse stellen.

Zu den erd- und felsenbewohnenden Bromelien gehören noch andere Gattungen und Arten als die hier genannten. Sie sind durchweg nur botanischen Gärten zu empfehlen, für das Gewächshaus des Liebhabers werden sie zu groß. Als Beispiele wären zu nennen Arten der Gattungen *Bromelia* L. und *Hohenbergia* Schult.f. ex Schult. et Schult.f.

2. Vorwiegend epiphytisch lebende Gattungen und Arten

Aechmea Ruiz et Pav.
(griech. *aichme* = Lanzenspitze, so genannt wegen der meist stechenden, spitzen Deckblätter)

Im tropischen und subtropischen Amerika sind etwa 150 meist epiphytische Arten verbreitet, deren Blätter im allgemeinen in dichter Rosette stehen und am Rand fast stets bestachelt sind. Der Blütenschaft ist ansehnlich, ragt meist aus der Rosette heraus und ist häufig mit rot gefärbten Hochblättern besetzt. Der Blütenstand ist verschieden, die Blüten haben blau, violett, rot, weiß, grün oder gelb gefärbte Blütenblätter, die bei einigen Arten während des Blühens ihre Farbe ändern. Die Früchte sind oft auffallend weiß, goldgelb, rot, purpurfarben oder schwärzlich gefärbt.

a) Empfehlenswerte buntblättrige Arten

A. chantinii (Carr.) Bak., Brasilien?, Nordperu, ist eine der schönsten Arten. Ihre grünen Blätter sind in regelmäßigen Abständen mit weißen Querbändern gezeichnet. 1877 in Frankreich eingeführt.

A. fasciata (Lindl.) Bak., Brasilien, ist eine der am häufigsten gezogenen Bromelien überhaupt, hat besonders unterseits weißgebänderte und marmorierte Blätter und einen dicht pyramidalen Blütenstand mit blauen, im Verblühen roten Blüten. 1826 in England eingeführt, 1837 in Belgien. Bei der Sorte 'Variegata' sind die Blätter mit breiten rahmgelben Längsstreifen durchzogen. Durch Auslese entstand eine Reihe verbesserter Typen mit intensiverer Blattzeichnung und größeren Blütenständen, so in neuerer Zeit 'Silverking' und Schenkels 'Super Auslese'.

A. fosteriana L.B.Sm. aus Brasilien bildet eine 50 bis 60 cm lange Röhre aus grünen, beiderseits graubeschuppten, unterseits dunkelgefleckten Blättern und einen ziemlich unscheinbaren Blütenstand. 1941 in den USA eingeführt, um 1950 in Deutschland.

A. lindenii (Gaudich.) Bak., Brasilien, hat bis meterlange grüne Blätter und ist nicht kulturwert. Schön dagegen ist die 1893 in Belgien entstandene Sorte 'Makoyana' mit rahmweißen Längsstreifen auf den Blättern.

A. orlandiana L.B.Sm. aus Brasilien wurde erst 1941 entdeckt und um 1950 in Deutschland eingeführt. Es ist eine sehr hübsche Art, deren 30 × 5 cm große, gelblichgrüne Blätter unregelmäßig braun gebändert sind und an den Rändern schwarze Stacheln tragen.

b) Arten mit grünen oder einfarbigen Blättern, ihrer schönen Blüten und Früchte wegen zu empfehlen

A. calyculata (E. Morr.) Bak. mit grünen Blättern und walzenförmigen Blütenähren mit gelben Blüten. Sie stammt aus Brasilien. 1862 in Belgien eingeführt.

A. coelestis (K. Koch) E. Morr. hat einen aufrechten Blütenstand, der himmelblaue Blüten trägt. Ihre Heimat ist Brasilien. Um 1856 in Deutschland eingeführt.

A. filicaulis (Griseb.) Mez aus Venezuela hat oberseits grüne oder rötliche, unterseits rötliche, graubeschuppte Blätter. Als einzige *Aechmea* hat sie schlaff herabhängende, 50 bis 100 cm lange Blütenstände.

A. fulgens Brongn. aus Brasilien, grünblättrig, hat purpurviolette Blüten mit korallenroten Fruchtknoten, die zu 50 bis 100 zu einer verzweigten Rispe vereinigt sind; var. **discolor** (C. Morr.) Brongn. hat

Aechmea fasciata

oberseits olivgrüne, unterseits violettrote Blätter und ist dadurch auffallender als die Art. Um 1840 in Frankreich eingeführt.

A. lueddemanniana (Brongn. ex K. Koch) Brongn. ex Mez aus Guatemala und Honduras fällt weniger durch die Blüten als durch die großen Fruchtstände auf, die dicht mit weißen und blauen Beeren besetzt sind. Um 1866 in Deutschland eingeführt.

A. nudicaulis (L.) Griseb., Mexiko, Mittelamerika, Westindien, Venezuela, Brasilien, hat dunkelgrüne, etwas dunkler unregelmäßig gefleckte Blätter, einen aufrechten, zylindrischen Blütenstand, dessen Schaft dicht mit leuchtendroten Hochblättern besetzt ist. Die Blüten selbst sind hellgelb. 1825 in England eingeführt.

A. miniata (Beer) hort. ex Bak. eine brasilianische Art mit grünen Blättern und einem vielblütigen, völlig roten Blütenstand mit waagerecht abstehenden Zweigen, roten Fruchtknoten und blauen Kronblättern. Um 1854 in Belgien eingeführt. Bei var. **discolor** (Beer) Beer sind die Blattunterseiten violettrot.

A. racinae L.B.Sm., Brasilien, wurde wie *A. orlandiana* erst 1941 entdeckt und um 1950 herum eingeführt. Sie hat hellgrüne, glänzende Blätter und einen hängenden, wenigblütigen Blütenstand, dafür aber um so auffallendere Blüten, deren Fruchtknoten orangerot und deren Blütenblätter gelb mit Schwarz sind.

A. tillandsioides (Mart. ex Schult.f.) Bak., in Guatemala, Nicaragua, Guayana und Teilen Brasiliens heimisch, hat niedrige, nur 15 cm hohe Rosetten mit dicklederigen, 40 cm langen und 2,4 cm breiten, langlinealischen Blättern und einem einfachen, nistenden Blütenstand. 1881 in England eingeführt. Eine besonders interessante Art.

A.weilbachii Didr. aus Brasilien bildet dichte Rosetten aus nur wenig bewehrten, nach oben hin ganz unbewehrten grünen Blättern. Der Blütenstand mitsamt den Scheidenblättern ist korallenrot und trägt eine nur schmale Rispe. 1847 in Deutschland eingeführt; var. **leodiensis** André, um 1887 in Belgien eingeführt, hat rötlichbraune Blätter und ist hübscher als die Art.

c) Arten mit grünen Blättern

Von ihnen gibt es eine große Zahl. Die meisten sind sehr groß und eignen sich deshalb nur für Schauhäuser botanischer Gärten, dem Besitzer eines kleinen Gewächshauses können sie nicht empfohlen werden. In botanischen Sammlungen häufiger anzutreffen sind u.a. *A.bracteata* (Sw.) Griseb., Mexiko bis Mittelamerika; *A.bromeliifolia* (Rudge) Bak., Brasilien, Guatemala, Honduras bis Paraguay und Argentinien; *A.distichantha* Lem., Brasilien, Bolivien, Paraguay, Uruguay, Argentinien; *A.mariae-reginae* H. Wendl., Costa Rica; *A.pineliana* (Brongn. ex Planch.) Bak., Brasilien bis Peru; *A.recurvata* (Klotzsch) L.B.Sm., Brasilien, Paraguay, Uruguay bis Nordostargentinien. Auch einige von ihnen blühen sehr hübsch.

Aechmea chantinii

Die meisten Arten sind sehr widerstandsfähig und kommen im Winter mit Temperaturen von 16 bis 18° aus. Im Sommer wollen sie bei 18 bis 22° stehen. Im übrigen brauchen sie viel Licht, sind aber bei Sonne leicht zu beschatten. Je weichblättriger die Art ist, desto mehr Schatten und Wärme braucht sie, je hartblättriger, desto weniger.

Billbergia Thunb.
(Gustav Johannes Billberg, 1772 bis 1844, schwedischer Botaniker)

Von Südmexiko bis nach Brasilien, Bolivien und Nordargentinien erstreckt sich das Verbreitungsgebiet dieser etwa 60 Arten umfassenden Gattung. Die meisten sind Epiphyten, nur wenige Erdbewohner. Sie werden wegen ihrer meist farbenprächtigen Blütenstände gezogen, nur wenige haben farbige oder gezeichnete Blätter. Diese sind in meist dichter Rosette büschelig oder schlauchförmig angeordnet, unterseits sind sie schuppig oder durch Schuppen quergebändert. Der Schaft ist nickend oder hängend, selten aufrecht, von schönen und auffallenden roten oder rosafarbenen Hochblättern eingehüllt. Der Blütenstand ist eine Ähre oder Traube oder eine aus letzteren zusammengesetzte Rispe. In den meist auffallenden Blüten trifft man in mannigfaltigsten Zusammensetzungen die Farben grün, gelbgrün, orange, rot, weiß, blau und violett. Die Blüten sind sehr vergänglich, eine Eigenschaft, die durch ihre ganz besondere Schönheit ausgeglichen wird.

Billbergia venezuelana

Zu den Arten, deren nur wenige Blätter zu einer röhrenförmigen Rosette vereinigt sind, gehören vor allem die folgenden:

B.amoena (Lodd.) Lindl. aus Ostbrasilien hat unterseits (bei dieser Gruppe fast stets die Schauseite!) braunfleckig marmorierte Blätter und ziemlich unscheinbare grünliche Blüten. 1817 in England eingeführt.

B.decora Poepp. et Endl. aus Brasilien, Peru, Bolivien hat beiderseits quergestreifte Blätter und einen hängenden, mit auffallenden rosafarbenen Hochblättern besetzten Schaft, dabei aber nur grüne Blüten. 1864 in Belgien eingeführt.

B.euphemiae E. Morr. stammt aus Südbrasilien, hat grüne Blätter und einen dicht weiß gepuderten Schaft, rahmweiße Hochblätter und 5 cm lange Blüten.

B.distachia (Vell.) Mez aus dem östlichen Südbrasilien zeichnet sich durch dünn röhrenförmige, papierdünne Blätter und große Blüten aus. Ihre grünlichgelben Kelch- und Kronblätter sind mit indigoblauen Spitzen besetzt.

B.porteana Brongn. ex Beer aus Brasilien ist grünblättrig und sehr stark bewehrt. Sie hat einen nickenden, weißbepuderten, mit rosafarbenen bis scharlach-karminroten Hochblättern besetzten Schaft und 7 bis 8 cm lange, grünliche Blüten. 1849 in England eingeführt.

B.pyramidalis (Sims) Lindl. aus Brasilien bildet meterlange, röhrenförmige,

132 Bromeliaceae

Aechmea species

Billbergia nutans

meist grüne Rosetten und einen ansehnlichen Blütenstand. 1822 in England, 1846 in Belgien eingeführt.

B. venezuelana Mez, in Venezuela heimisch, noch selten, ist wohl eine der auffallendsten Arten überhaupt. Ähnlich ist die nahe verwandte *B. rosea* Beer von Trinidad.

B. vittata Brongn., brasilianisch, sehr kräftig wachsend, hat nur unterseits gebänderte Blätter und tiefblaue Blüten. Um 1847 in Frankreich eingeführt.

B. zebrina (Herb.) Lindl. aus Brasilien ist der vorigen ähnlich, doch tragen ihre Blätter beiderseits weiße Querbinden und ihre Blüten sind grünlich-gelb. 1826 in England eingeführt.

Ganz anderer Art als die oben aufgeführten Billbergien ist die viele Ausläufer treibende, brasilianische

B. nutans H. Wendl., der sogenannte Zimmerhafer, früher häufiger als heute als unverwüstliche, schöne Zimmerpflanze bekannt und verbreitet. Sie hat 12 bis 15 lose gebüschelte, etwa 30 cm lange, schmal-rinnenförmige Blätter, einen nickenden, mit rosaroten Hochblättern besetzten Schaft und hängende, 5 cm lange Blüten, in denen die Farben rosa, grün und blau vereinigt sind. 1868 in Deutschland eingeführt. Diese Art ist in vielen Züchtungen als der eine Elternteil vertreten.

B. chlorosticta hort. Saund. (*B. saundersii* hort. Bull ex Dombr.) aus Brasilien fällt insofern ganz aus dem Rahmen, als ihre Blätter unterseits rotbraun bis weinrot, oberseits glänzend grün, beiderseits aber mit vielen weißen, durchscheinenden, mehr oder weniger großen Flecken besetzt sind. Je heller die Pflanze steht, desto auffallender entwickelt sich die weiße Fleckung. Um 1869 in England eingeführt.
Hierher gehören zwei schöne buntblättrige Sorten: 'Fascinator' (*B. saundersii* × *B. windii*) und 'Fantasia' (*B. pyramidalis* × *B. saundersii*). Beide Sorten vereinen Schönheit und Farbigkeit der Blätter mit durch auffallende Hochblätter geschmückten Blütenständen.
In botanischen Sammlungen findet man weitere Arten, aber auch eine ganze Reihe von Bastarden, deren Eltern zum Teil nicht mehr bekannt sind.

Die meisten Arten entwickeln viele Ausläufer, die abgetrennt und weitergezogen werden. Alle Hybriden sind nur auf diese

Guzmania lingulata

Weise zu vermehren, während die Arten sich leicht aus Samen, der im Warmhaus ausgesät wird, vermehren lassen. Alle Arten wollen sehr hell, aber vor direkter Sonne geschützt stehen, dabei nicht feucht, sondern eher etwas luftig und nicht zu warm. *B. saundersii* ausgenommen, die im Winter bei etwa 18° stehen soll, fühlen die meisten der anderen Arten sich bei einer Wintertemperatur von 14 bis 16° durchaus wohl. Vom Frühling bis zum Herbst sollte sie etwa 5° höher liegen. Nur dabei erreichen Billbergien ihre volle Schönheit. Zusammen mit Schatten und Wärme liebenden Arten gezogen bleiben sie meist ziemlich unscheinbar. Deshalb eignen sie sich auch gut für helle Zimmer, Blumenfenster und Wintergärten. Einige der wenigen Arten, die auch bei tieferem Schatten noch gut gedeihen, ist *B. nutans*. Man pflanzt sie am besten in Schalen oder mehr flache als tiefe Töpfe. Von *B. nutans* setzt man möglichst viele Triebe zusammen in ein Gefäß, da sie nur dann voll und stattlich wirken und während der Blütezeit sich mit vielen Blütenschäften schmücken. Als Erde bewährte sich Lauberde mit Zusatz von Holzkohle oder Styromull und etwas alter, lehmiger Rasenerde mit getrocknetem Kuhdung. Auch in Einheitserde dürften sie gedeihen.

Canistrum E. Morr.
(griech. *kanistron* = ein aus Rohr geflochtener Brot-, Frucht- oder Blumenkorb)

Etwa 7 Arten *Nidularium*-ähnlicher Bodenpflanzen oder Epiphyten, mit einer Ausnahme aus dem östlichen, mittleren und südlichen Brasilien, von denen **C. aurantiacum** E. Morr., 1873 in Belgien eingeführt, **C. fosterianum** L. B. Sm. und **C. lindenii** var. **roseum** (E. Morr.) L. B. Sm., um 1880 in Belgien eingeführt, mit grünen, dunkler gefleckten Blättern, rosafarbenen Hochblättern und grünen oder weiß-grünen Blüten wohl die empfehlenswertesten sind.

Vermehrung und Pflege wie bei *Nidularium*.

Guzmania Ruiz et Pav.
(Anastasio Guzman, spanischer Apotheker und Pflanzensammler, 18. Jahrhundert)

Eine etwa 110 Arten umfassende Gattung, deren Verbreitungsgebiet sehr groß ist. Es erstreckt sich über Mittelamerika, Teile Südamerikas bis Peru und über die Antillen. Die meisten Arten sind Bewohner des feuchten Regenwaldes, wo sie sowohl als Bodenpflanzen als auch epiphytisch wachsen. Sie bilden meist dichte, vielblättrige Rosetten mit einseitswendigen, zylindrischen oder zapfenartigen bis fast kugelförmigen Ähren. Bisweilen sind diese einfach, sehr verkürzt und von einem Kranz gefärbter Hochblätter umgeben.

Ein Teil der Arten gehört zu den schönsten aller Bromelien und wird sowohl in botanischen Sammlungen als auch im Erwerbsgartenbau in größeren Mengen gezogen. Hier werden nur einige der schönsten Arten und Sorten aufgeführt.

G. lingulata (L.) Mez, deren Verbreitungsgebiet sich von den Antillen und Mittelamerika bis Brasilien und Bolivien erstreckt, bildet große, dichte Rosetten und einen aufrechten, kopfförmigen, wenigblütigen Blütenstand, der von breitlanzettlichen, scharlachroten Hochblättern dicht umgeben ist. Die Blüten sind weiß. 1776 in England eingeführt. Bei der Sorte 'Splendens' sind die rötlich-grünen Blätter stärker als bei der Art von rötlichbraunen Linien durchzogen.

G. lingulata var. **minor** (Mez) L. B. Sm. (*G. minor* Mez) ist ebenfalls weit verbreitet. Sie findet sich in Brasilien, Kolumbien, Panama, Costa Rica, Nicaragua. Sie hat nur kleine, aber vielblättrige Rosetten, deren 1,2 cm breiten, oft rötlich getönten Blätter nicht länger als 20 cm werden. Der kopfförmige Blütenstand wird von leuchtendroten Hochblättern umgeben und überragt meist nicht die Blattspitzen. Eine reizende, viel gezogene Art, vor allem auch für denjenigen mit wenig Platz. Da sie sehr variabel ist und in großen Mengen gezogen wird, entstanden durch Auslese viele mit Namen belegte neue Typen wie 'Orange', 'Volkaerts Rote', 'Citrina', 'Decosse'.

G. monostachya (L.) Rusby ex Mez (*G. tricolor* Ruiz et Pav.) ist verbreitet von Südflorida bis Brasilien und Bolivien, auch auf den Antillen kommt sie vor. Die dichtrosettige Pflanze wird bis 40 cm hoch und vom Blütenschaft überragt. Die Blütenähre ist dicht mit breit-ovalen, dichtanliegenden Deckblättern besetzt, von denen die unteren grünlich-braun bis schwärzlich, die oberen leuchtendrot und die Blüten selbst weiß sind. Leider hält der Blütenstand nicht allzu lange. 1819 in England eingeführt.

G. musaica (Lind. et André) Mez wächst meist epiphytisch in Regenwäldern Panamas und Kolumbiens. Sie hat bis 50 cm hohe und 15- bis 20blättrige Rosetten, deren Blätter oberseits glatt und mit feinen braunen, welligen Querlinien gezeichnet sind. Unterseits sind sie schuppig punktiert. Der Blütenstand ist kopfförmig und enthält bis 25 große, gelblichweiße, von rotorangefarbenen Hochblättern umgebene Blüten. 1877 in Belgien eingeführt.

Neoregelia carolinae 'Tricolor'

G. sanguinea (André) André, verbreitet in Costa Rica, Trinidad und Ekuador, ist besonders auffallend durch die zur Blütezeit leuchtendroten oder rotgelb und grün gefleckten inneren Rosettenblätter. Zur Blütezeit wird sie an Schönheit kaum von einer anderen Art übertroffen. Um 1880 in Frankreich eingeführt.

G. zahnii (Hook. f.) Mez aus Costa Rica hat lockere Rosetten aus gelblich- oder rötlich-grünen Blättern, die in ihrer ganzen Länge von auffallenden rötlichen Adern durchzogen werden. Der Blütenschaft wird bis 40 cm hoch, die Rispe ist bis 15 cm lang, die Stengelblätter hellrot, Hochblätter und Blüten goldgelb. 1870 in England eingeführt.

Guzmania-Hybriden. Vor allem durch Kreuzungen von *G. lingulata* mit *G. minor* sowie der dadurch entstandenen Sorten untereinander werden viele im großen angebaute Sorten angeboten. Sie alle sind dem Liebhaber zu empfehlen, da sie nicht nur schön sind, sondern auch wenig Platz einnehmen.

Die Vermehrung der Arten und Sorten erfolgt durch Abtrennen der Kindel oder aber durch Aussaat. Sämlinge wachsen ohne Schwierigkeit heran, doch ist es nicht leicht, von gewissen Arten Samen zu bekommen. Alle Guzmanien gehören in das feuchte Warmhaus, wo sie am besten unter den gleichen Bedingungen gedeihen, wie man sie Marantaceen gibt, also bei Temperaturen, die auch im Winter nicht unter 18 bis 20° fallen, hoher Luftfeuchtigkeit und guter Schattierung.

Neoregelia L.B.Sm.
(griech. *neos* = neu, Gattungsname *Regelia* nach Eduard August von Regel, 1815 bis 1892, Botaniker, Direktor des Botanischen Gartens im ehemaligen Petersburg)

Mit *Nidularium* nahe verwandte Gattung mit etwa 40 Arten, von denen die meisten Regenwälder Ostbrasiliens bewohnen, nur wenige in Ostkolumbien, Ekuador und Ostperu vorkommen. Sie bilden dichte, geschlossene Rosetten, in denen die Blütentraube nistet. Während der Blütezeit färben sich die Herzblätter ganz intensiv, eine Färbung, die sich oft viele Monate hält und dadurch viele Arten so begehrenswert macht. Die folgenden als besonders schön und empfehlenswert hervorgehobenen Arten stammen alle aus Brasilien.

N.ampullacea (E. Morr.) L.B.Sm. ist eine recht kleine Art mit kranzförmiger, nur 10 bis 12 cm hoher Rosette aus grünen, unterseits rötlichbraun gefleckten Blättern.

N.binotii (Ant.) L.B.Sm. hat bis 30 cm lange, dick-lederartige, stark bestachelte, an ihren Spitzen rotgefleckte Blätter, die oberseits grün, unterseits hell gebändert sind. 1817 in England eingeführt.

N.carolinae (Beer) L.B.Sm. bildet eine flache Rosette mit bis 30 cm langen, glänzendgrünen Blättern. Eingesenkt in die roten, bläulich schimmernden Herzblätter ist der kopfförmige Blütenstand mit den violetten Blüten. 1857 in Schweden eingeführt.
Die Sorte 'Tricolor' hat rot getönte Blätter, die von gelblichweißen Längsstreifen durchzogen sind. Entstanden um 1938 in Belgien.

N.chlorosticta (Bak.) L.B.Sm. bildet eine Rosette aus 10 bis 20 dichtgestellten, trübbräunlich-purpurn gefleckten, unten weißbeschuppten Blättern. Die kurzen inneren Blätter sind weinrot und grüngefleckt. Die Hochblätter fallen auf durch die weiße Randung am Grunde und die blutrote Spitze. Um 1877 in Belgien eingeführt.

N.concentrica (Vell.) L.B.Sm. ist eine der stattlichsten Arten der Gattung. Sie wächst dichtrosettig und hat bis 30 cm lange und bis 10 cm breite, oben unregelmäßig grüngefleckte, dunkelgrüne, von rötlichbraunen Linien konzentrisch durchzogene Blätter mit graubeschuppter Unterseite. Die Herzblätter sind in der Regel blauviolett, bei manchen Sorten aber auch purpurrosa oder cremeweiß bis grünlichweiß. 1877 in Belgien eingeführt.

N.princeps (Bak.) L.B.Sm. bildet dichte Rosetten aus oben glatten grünen, unterseits hell beschuppten, bisweilen bläulich bereiften Blättern. Die Herzblätter sind glänzend karminrot. Die Blütenröhre ist weiß, die Abschnitte sind violett oder blau. 1858 in England eingeführt.

N.sarmentosa (Regel) L.B.Sm. ist sehr ähnlich *N.chlorosticta*, die auch bisweilen als varietas zu dieser Art gezogen wird, hat aber grüne Blätter.

N.spectabilis (T. Moore) L.B.Sm. hat tiefgrüne, unterseits durch Anhäufung von Schuppen quergebänderte Blätter mit purpurroten Spitzen. 1872 in England eingeführt.

N.tristis (Beer) L.B.Sm. hat eine nur kleine Rosette, 15 bis 20 cm lange purpurbraune, besonders nach ihrer Basis zu gefleckte Blätter. Ihre Hochblätter sind braun-purpurn, die Kronblätter oben violett, unten weiß. Um 1877 in Belgien eingeführt.

Vermehrung und Pflege gleichen der von *Nidularium*, doch sind die meisten Arten widerstandsfähiger und härter. Vor allem verlangen sie wesentlich stärkere Belichtung, da sie sich nur dann wirklich schön färben. Außerdem muß man darauf achten, daß die Trichter stets mit Wasser gefüllt sind. Die Blütenstände werden unter Wasser angelegt. Von vielen Arten gibt es heute Auslesen, die die jeweilige Art an Schönheit übertreffen.

Nidularium Lem.
(lat. *nidulus* = Nestchen)

Die Gattung ist ausschließlich in den Regenwaldgebieten Ostbrasiliens zu Hause und umfaßt etwa 25 Arten. Die meisten sind Epiphyten mit oft stark verkürzten, in der Blattrosette sitzenden, nestähnlichen Blütenständen. Die Herzblätter sind oft lebhaft gefärbt. Neben den reinen Arten findet man bereits in ihrer Heimat einige Bastarde. In Belgien entstanden die beiden schönen Sorten 'François Spa' und 'Mad. Morobe'.
Die nachfolgenden Arten sind wohl die am stärksten verbreiteten und die auffallendsten, vor allem aber *N.fulgens* und *N.innocentii*.

N.billbergioides (Schult.f.) L.B.Sm. (*N.citrinum* (Burch.) Mez) hat gelbe Hochblätter und einen bis zur Höhe der Blattspitzen aus der Rosette hervorgehobenen kopfförmigen Blütenstand. Sie verdient ihrer gelben Hochblätter wegen einen Platz in der Sammlung, obwohl sie lange nicht so auffallend wie die folgenden beiden Arten ist. 1879 in England eingeführt.

N.fulgens Lem. bildet eine dichte Rosette lichtgrüner, dunkler gefleckter Blätter. Die 6 bis 10 aus verkleinerten Laubblättern gebildeten Herzblätter sind weiß- bis scharlachrot und machen die eigentliche Schönheit der Pflanze aus. Sie umschließen 30 bis 40 Einzelblüten. 1841 in Belgien eingeführt.

N.innocentii Lem. ähnelt der vorigen Art. Ihre Blätter sind oberseits grün, unterseits purpurrot, die Herzblätter glänzend feuer- bis orangerot. 1854 in Frankreich eingeführt. Die Art ist sehr vielgestaltig. L.B. Smith stellt eine Reihe von früheren Autoren aufgestellte Arten hierher, so var. *lineatum* (Mez) L.B.Sm. (*N.lineatum* Mez) mit papierartig dünnen, grünen, von weißen Längsstreifen durchzogenen Blättern und auch var. *striatum* Wittm. (*N.striatum* hort. ex Mez), die größer als die Art ist und grüne Blätter mit gelben Längsstreifen hat.

N.scheremetiewii Regel bildet eine 50 bis 60 cm breite Rosette, aus deren Mitte sich der kurze Blütenstand erhebt. Seine Tragblätter sind grün, zur Spitze hin ziegelrot. 1856 in Deutschland eingeführt?

Die Arten sind leicht aus Samen zu vermehren, Sorten nur durch Abtrennen der Kindel. Im übrigen brauchen sie Nachttemperaturen von 18 bis 20°, reichlichen Schatten und hohe Luftfeuchtigkeit, dabei einen so lockeren Pflanzstoff, wie er für alle Epiphyten angebracht ist.

Portea Brongn.
(Marius Porte, französischer Reisender, der zwischen 1834 und 1865 viele Pflanzen von Brasilien, Indien, den Malaien und Philippinen einführte)

Eine kleine, *Aechmea* nahestehende, nur 7 Arten umfassende Gattung ostbrasilianischer Epiphyten, von denen hin und wieder die schöne

P. kermesina Brongn. ex K. Koch gezogen wird. Sie bildet mehr hohe als breite Rosetten aus etwa zwölf 50 cm langen und 5 cm breiten, grünen, braunrötlich angelaufenen Blättern mit bestachelten Rändern. Die schmale, dichte, keulenförmige Rispe wird von den Blättern überragt. Die großen Hochblätter sind rot und auffallend. Die Kronblätter violettblau. Um 1855 in Deutschland eingeführt.
Nur für große Gewächshäuser eignen sich die ebenfalls sehr schönen **P. leptantha** Harms und **P. petropolitana** (Wawra) Mez.
Vermehrung und Pflege wie die von *Neoregelia* und *Nidularium*.

Quesnelia Gaudich.
(M. Quesnel, 19. Jahrhundert, französischer Konsul in Cayenne, der die Gattung in Europa einführte)

13 in der Tracht sehr voneinander abweichende Arten aus Ostbrasilien. Für kleine Gewächshäuser kommen nur kleinere Arten wie **Q. humilis** Mez in Frage, für größere **Q. liboniana** (De Jonghe) Mez, um 1850 in Belgien eingeführt, **Q. marmorata** (Lem.) R. W. Read und **Q. quesneliana** (Brongn.) L. B. Sm.

Vermehrung und Pflege wie bei *Aechmea*.

Tillandsia L.
(Elias Til-Landz, 1640 bis 1693, schwedischer Botaniker und Mediziner, Professor in Abo)

Mit mehr als 400 Arten ist diese Gattung nicht nur die umfangreichste der Familie, sondern auch diejenige mit dem größten Verbreitungsgebiet, erstreckt sich dieses doch von den südlichen Staaten Nordamerikas über Mittelamerika und den amerikanischen Kontinent bis nach Argentinien und Chile. Sie wachsen sowohl in den Subtropen wie in den Tropen, meist als Epiphyten, aber auch als wurzellose Bodenpflanzen, so in gewaltigen Mengen in Steppen und Wüsten Perus oder Chiles. Sie sind in der Größe sehr verschieden voneinander, ebenso in ihrem Habitus. Manche sind stengellos, andere besitzen Stengel. Ihre Blätter stehen in Rosetten oder büschelig oder am Stengel allseitswendig oder zweizeilig angeordnet. Die Blätter, manchmal auch die ganze Pflanze sind dicht mit weißen oder grauen Schuppen besetzt, in manchen Fällen aber auch völlig kahl. Meist sind gefärbte Hochblätter vorhanden. Die Blüten sitzen in Ähren oder Rispen und sind blau, violett, gelb, weiß oder rötlich, selten grünlich bis grünlichgelb, hin und wieder duftend. Viele hochepiphytische Arten sind wurzellos oder bilden nur wenige drahtige Haftwurzeln aus. In diesen Fällen erfolgt die Aufnahme von Wasser und Nährstoffen durch die Schuppen, die wie Löschpapier wirken, jedwede Feuchtigkeit sofort aufsaugen und an die darunterliegenden Zellschichten weitergeben. Bekanntestes Beispiel für die wurzellosen Arten ist die im wärmeren Amerika ungeheuer verbreitete *Tillandsia usneoides*, im Aussehen unserer Bartflechte ähnlich.
Die *Tillandsia*-Liebhaberei hat in den vergangenen Jahrzehnten erstaunlich zugenommen. Bereits heute gibt es neben botanischen Gärten einzelne Liebhaber, die hundert bis hundertfünfzig und mehr Arten besitzen. Der Versand lebender Pflanzen aus den Heimatländern ist nicht schwierig, da die meisten Arten klein sind und in einem luftigen Karton oder in einem Korb mit Luftpost verschickt werden können. Entscheidend ist also nicht mehr der Transport als solcher, sondern vielmehr, daß man Mittelsleute oder Freunde und Bekannte in den verschiedensten amerikanischen Ländern besitzt, außerdem das Washingtoner Artenschutzübereinkommen zu beachten hat.
Es ist unmöglich, aus der Fülle der Arten einige herauszugreifen und hier zu beschreiben, denn zu viele von ihnen sind von besonderer Schönheit, alle Arten aber für den Liebhaber und Sammler gleich begehrenswert. Deshalb sei hier nur eine Aufzählung solcher Arten gegeben, die wegen ihrer Schönheit den Grundstock jeder *Tillandsia*-Sammlung bilden sollten.

1. Epiphytisch wachsende Arten mit Wurzeln und mehr oder weniger grünen Blättern ohne Schuppen, häufig mit auffallenden Blüten

T. anceps Lodd., Mittelamerika, Trinidad, nördliches Südamerika, und **T. brachycaulos** Schlechtend., südliches Mexiko, Mittelamerika, beide mit vielblättrigen Rosetten, deren Blätter bei letzterer während der Blütezeit fast ausnahmslos hellrot gefärbt sind, **T. multicaulis** Steud., von Mittelmexiko über Costa Rica bis Panama, mit ziemlich großer Rosette und als einzige *Tillandsia* mit mehreren achselständigen Blütenständen.

T. cyanea Lind. (*T. lindenii* E. Morr., *T. morreniana* Regel), Ekuador, eine der bei uns am häufigsten gezogenen Arten, vor allem ihrer schönen Blüten wegen. Sie hat eine Rosette sehr schmaler, dunkelgrüner, mit purpurroten Linien gezeichneter Blätter und einen aufrechten, kurz gestielten Blütenstand. Dieser ist dicht mit rosa- bis violettfarbenen Deckblättern besetzt, zwischen denen die großen, violettblauen Blüten nacheinander erscheinen.

T. fasciculata Sw., von Mexiko bis Kolumbien und Peru, eine sehr veränderliche, kräftige Art mit noch über die 30 bis 40 cm langen Blätter herausragendem Blütenschaft.

T. flabellata Bak., Mexiko, Guatemala, El Salvador, hat einen sitzenden, fächerförmig verzweigten, roten Blütenstand und blaue Blüten.

T. lindenii Regel (*T. lindeniana* Regel), Nordperu, Südekuador, ist im Habitus recht ähnlich *T. cyanea*, aber ihr Blütenstand ragt weit über die Blätter hinaus.

T. punctulata Schlechtend. et Cham., Mexiko bis Panama, vereinigt 30 bis 40

Tillandsia cyanea

Nidularium fulgens

Blätter zu einer dichten Rosette, in der ein 15 cm hoher Schaft mit einer dichten, einfachen oder verzweigten Ähre mit roten Deckblättern und blauen Blüten erscheint.

T.stricta Soland., eine epiphytisch auf Bäumen wachsende Art, verbreitet in Venezuela, Brasilien, Trinidad, Paraguay, Guayana und Argentinien, ist mit ihren leuchtend roten Blütenständen eine der schönsten Arten aller Tillandsien. 1810 eingeführt.

T.tricolor Cham. et Schlechtend., Mexiko, Guatemala, Nicaragua, Costa Rica, hat eine starre Rosette aus dünnen, spitzen, dunkelgrünen, an der Basis rötlichen Blättern, in ihrer Mitte ein dünner, hoher Schaft mit einfacher Ähre.

2. Epiphytisch wachsende, vielfach fast oder völlig wurzellose, mehr oder weniger dicht mit grauen oder weißen Schuppen bekleidete Arten

T.argentea Griseb., Mexiko, Guatemala, Kuba, Jamaika; **T.araujei** Mez, Brasilien; **T.balbisiana** Schult.f., von den südöstlichen USA über Mittelamerika bis nach Venezuela; **T.bryoides** Griseb., Peru, Argentinien, Bolivien; **T.bulbosa** Hook., vom südl. Mexiko und Westindien bis nach Kolumbien, Peru und Brasilien, und **T.caput-medusae** E. Morr., Mexiko, Guatemala, El Salvador, Honduras, Costa Rica,

Tillandsia lindenii

beide mit knollenartigen Verdickungen an ihrer Basis; **T.complanata** Benth., von den Antillen und Costa Rica bis nach Peru und Bolivien; **T.decomposita** Bak. (*T.duratii* Vis. var. *saxatilis* (Hassl.) L.B.Sm.), Argentinien, mit duftenden Blüten; **T.aeranthos** (Loisel.) L.B.Sm. (*T.dianthoides* Rossi), Brasilien, Uruguay, Argentinien, Paraguay; **T.didisticha** (E. Morr.) Bak., von Brasilien bis Paraguay, Bolivien, Argentinien; **T.duratii** Vis., Argentinien, Uruguay, Bolivien, mit duftenden Blüten; **T.ionantha** Planch., Mexiko, Guatemala, Nicaragua, Honduras; **T.filifolia** Cham. et Schlechtend., südliches Mexiko, Guatemala, Honduras, Costa Rica, mit grasartigen Blättern; **T.funckiana** Bak. aus Kolumbien; **T.gardneri** Lindl., Venezuela, Trinidad, Kolumbien, Brasilien, eine der schönsten, silberweiß beschuppten, roset-

Tillandsia funckiana

tig wachsenden Arten; **T.juncea** (Ruiz et Pav.) Poir., von Florida bis Bolivien und Peru; **T.lorentziana** Griseb., Brasilien, Bolivien, Paraguay, Argentinien; **T.plumosa** Bak., Mexiko; **T.polystachya** (L.) L., Mexiko bis Brasilien und Bolivien; **T.pruinosa** Sw., südl. USA bis Brasilien und Ekuador; **T.recurvata** (L.) L., südliche USA bis Argentinien und Chile, mit fadenförmigen Blättern; **T.streptophylla** Scheidw., Mexiko, Guatemala, Honduras, Jamaika, mit knollenartig verdickter Basis und in ihrem oberen Teil spiralig gedrehten Blättern; **T.tectorum** E. Morr., Südekuador bis Mittelperu, mit rundlichen, spitzen, starren Blättern; **T.tenuifolia** L., Venezuela, Kolumbien bis Nordargentinien, Antillen; **T.schiedeana** Steud. (*T.vestita* Cham. et Schlechtend.), von Me-

Tillandsia stricta

xiko bis nach Venezuela und Kolumbien. Besonders genannt zu werden verdient die bekannte Art

T. usneoides (L.) L., das Louisiana-Moos, eine Charakterpflanze vieler Teile des tropischen Amerikas, ganze Landschaften prägend, verbreitet von Florida im Norden bis Nordchile und Mittelargentinien im Süden, aber in den eigentlichen Regenwaldgebieten fehlend. Ihr Stengel kann sehr lang werden, er ist fadenförmig und locker beblättert, oft mehrere Meter herabhängend und in riesigen Mengen die Bäume bedeckend. Die Pflanzen sind völlig wurzellos und an Stengeln und Blättern dicht mit silbergrauen Schuppen bekleidet, die Feuchtigkeit und Nährstoffe aus der Luft aufnehmen.

In ihren Ansprüchen ähnlich den Tillandsien sind Arten der selten gewordenen Gattung **Catopsis** Griseb. mit etwa 20 Arten, deren Verbreitungsgebiet sich von den südlichen USA über Mittelamerika bis nach Brasilien und Peru erstreckt.

Viele Arten lassen sich durch Teilung oder Ablösen der Kindel vermehren, andere nur durch Aussaat. Die langen dünnen Samen tragen einen Schopf seidiger Haare, sie sind also der Verbreitung durch den Wind angepaßt. Man kann sie nicht wie die Samen anderer Gattungen auf Erde aussäen, sondern man sät sie am besten gleich auf Rindenstücke, wo man sie aber mit einigen Nylonfäden festhalten muß, damit sie beim Spritzen oder Eintauchen in Wasser nicht abfallen. Besonders bewährt, vor allem für die Aussaat hochepiphytischer Arten, hat sich die von Dr. Oeser entwickelte Aussaatmethode. Man schneidet sich einige nicht allzudicke Thujazweige ab und umwickelt sie mitsamt ihrem Grün, das man ihnen beläßt, mit Nylonfäden. Auf diese etwa fingerdicke »Wurst« sät man die Samen, die u. U. ebenfalls mit ein paar Nylonfäden an der Unterlage festgehalten werden müssen. Täglich sind diese Zweigstücke ein-, bei Sonne auch zweimal in Wasser zu tauchen, im übrigen mit den übrigen Bromelien zu spritzen oder einzunebeln. Bald schon werden die Samen grün und schwellen an, die Sämlinge entwickeln sich, aber sehr langsam. Sie fühlen sich anscheinend bei dieser Methode ganz besonders wohl. Sitzen sie allzu dicht, muß man sie später, aber auch stets kolonienweise, auf andere Stämme oder Zweigstücke umpikieren, auch dabei sind sie wieder mit Nylonfäden vor dem Abspülen zu sichern. Das Wachstum der Sämlinge, besonders der hochepiphytischen Arten, ist sehr langsam. Bis sie wirklich ausgewachsen sind, vergehen oft viele Jahre. Schneller wachsen so robuste Arten wie *T.cyanea*, *T.lindenii* etc. Wie alle Arten der erstgenannten Gruppe sät man sie am besten auf Fließpapier in Petrischalen aus und pikiert sie nach genügender Erstarkung in eine Mischung aus Farnwurzeln, Sphagnum, Heide- oder Nadelerde oder Torfbröckchen.

Die Arten der Gruppe 1 können auch im Topf gezogen werden, diejenigen der Gruppe 2 dagegen nur an Stammstücken mit rauher Rinde, die dicht unter Glas aufgehängt werden, oder auf Epiphytenbäume und Epiphytenzweige direkt. Je nach Stärke und Art der Wurzelbildung wird der untere Teil der Pflanzen mit etwas Sphagnum und Osmundawurzeln umhüllt und mit Streifen alter Nylonstrümpfe oder Nylonfäden an der Unterlage befestigt. Je nach ihrer Heimat wollen die einzelnen Arten wärmer oder kühler gehalten werden, doch sagt den meisten eine Nachttemperatur zwischen 16 und 18° zu. Über Tag kann dann die Wärme um einige Grad ansteigen. Je stärker die Pflanzen beschuppt sind, desto heller wollen sie hängen, vor direkter Sonne, vor allem während der heißen Zeit des Tages, sind sie durch lichten Schatten zu schützen. Sie sollen luftig hängen, dabei aber bei genügender Luftfeuchtigkeit, die sich aber nicht während des ganzen Tages gleichbleiben soll, sondern vielmehr wie am heimatlichen Standort mit den Tageszeiten wechseln muß. Zum Spritzen benutze man ausschließlich kalkarmes oder kalkfreies Wasser, das man sich gegebenenfalls durch Entkalken (primitiv durch Hineinhängen von Beuteln mit Torfmull, bequemer durch Oxalsäure) erst herstellen muß. Das so häufig empfohlene Regenwasser ist in den großen Städten, besonders solchen mit chemischer Industrie, nicht zu verwenden, da es zu viele den Pflanzen schädliche Beimengungen enthält. Ebensowenig ist das Wasser der meisten Flüsse und Bäche mehr zu gebrauchen.

Bei der Pflege der einzelnen Arten muß man vor allem wissen, wo ihre Heimat liegt und unter welchen Verhältnissen sie dort wachsen. Das muß man dann der Pflege im Gewächshaus, wenn auch entsprechend abgewandelt, zugrunde legen.

Neben Kakteen, »Mesems«, anderen Sukkulenten und Orchideen gibt es wenig andere Pflanzengruppen, die sich so zum Sammeln eignen wie Arten der Gattung *Tillandsia*. Schon auf kleinem Raum kann man eine große Zahl von Arten unterbringen, von denen eine schöner und interessanter ist als die andere.

Vriesea Lindl. corr. Beer
(Willem Hendrik de Vriese, 1806 bis 1862, holländischer Botaniker)

Von der nahestehenden Gattung *Tillandsia* nur dadurch zu unterscheiden, daß die Blütenblätter auf ihrer Innenseite ein Schüppchen tragen. Die meisten der etwa 200 Arten sind recht ansehnliche, dichtrosettige, meist epiphytisch oder an Felsen wachsende Pflanzen mit meist oberseits kahlen, bisweilen gefleckten oder gebänderten Blättern. Sie haben einen deutlichen Schaft mit einer zweizeiligen, seltener allseitswendigen, ährenähnlichen Traube oder Rispe aus solchen Trauben. Die Tragblätter der Blüten sind ansehnlich und oft rot oder gelb gefärbt. Die Blüten selbst sind sehr vergänglich, gelb, rotgelb oder grünlich, seltener weiß oder grünlichrot, nie aber wie bei *Tillandsia* blau oder violett. Ihr Hauptverbreitungsgebiet liegt in den feuchtwarmen Teilen Brasiliens, nach Norden und Süden nimmt dann die Artenzahl ab. Ein weiteres, aber kleineres Verbreitungsgebiet befindet sich in Mittelamerika. Ebenso finden sich einige Arten im übrigen Südamerika.

Manche *Vriesea* sind vielgezogene Handelspflanzen, vor allem solche mit bunten Blättern, wie die allbekannte *Vriesea splendens*; andere haben grüne Blätter, aber auffallende Blütenstände. In den letzten 100 Jahren ist, besonders in Belgien und Frankreich, eine ganze Reihe schöner Züchtungen entstanden, vor allem um die Jahrhundertwende. Aber auch in den letzten 40 Jahren entstanden, besonders bei Richter, Crimmitschau, viele schöne neue Kreuzungen.

1. Arten mit gezeichneten Blättern

V.fenestralis Lind. et André aus Brasilien bildet ansehnliche Rosetten, deren bis 40 cm lange Blätter mit dunkelgrünen

Vriesea gigantea

Adern und Querlinien auf hellgrünem Grund gitterartig gezeichnet sind. 1872 in Belgien eingeführt.

V.gigantea Gaudich. (*V.tesselata* (Lind. et André) E. Morr.), Brasilien, ist ebenfalls eine stattliche Art, deren glänzend dunkelgrüne Blätter oberseits mit hellen gelblichen Flecken schachbrettartig gemustert sind. Um 1872 in Belgien eingeführt.

V.guttata Lind. et André, Brasilien, ist eine kleine Art mit olivgrünen, dunkelrot gefleckten und gepunkteten Blättern. Der einfache, hängende Blütenstand fällt durch die roten Deckblätter und die gelben Blüten auf. 1875 in Belgien eingeführt.

V.hieroglyphica (Carr.) E. Morr., Brasilien, ist eine der schönsten buntblättrigen Bromelien überhaupt. Die bis 60 cm langen und bis 12 cm breiten Blätter bilden eine bis meterhohe Rosette. Sie sind grün, oben mit dunkelgrünen, unten fast schwarzen Querbändern mit hieroglyphenhafter Zeichnung versehen. Jungpflanzen haben die gleiche Zeichnung und sind bereits so schön wie ausgewachsene Exemplare. Um 1878 in England eingeführt.

V.racinae L.B. Sm., Brasilien, hat nur kleine, etwa 10 cm hohe Rosetten, deren oberseits grüne Blätter unterseits braunviolett gefleckt sind. Sie wurde erst nach 1945 in Deutschland eingeführt.

V.saundersii (Carr.) E. Morr. ex Mez, Brasilien, hat oberseits blau- oder graugrüne und weißgesprenkelte, unten purpurbraun gefleckte Blätter. Um 1870 in England eingeführt.

V.splendens (Brongn.) Lem. stammt im Gegensatz zu den oben aufgeführten brasilianischen Arten aus Surinam und Venezuela. Ihre dunkelgrünen Blätter sind dicht mit schwarzbraunen Querbändern gezeichnet. Der Blütenschaft trägt eine lange, schwertförmige, flache Ähre mit glänzendscharlachroten, sehr dichtstehenden Deckblättern und gelben Blüten. Um 1840 in Frankreich eingeführt. Diese Art ist eine der schönsten Bromelien, weshalb sie auch im Erwerbsgartenbau in verschiedenen Auslesen in großen Mengen gezogen wird. Sie zeichnet sich neben ihrer Schönheit durch lange Haltbarkeit aus.
Hierher gehören sollen die ähnliche, in allen Teilen aber größere Sorte 'Major' und die noch kräftigere Richtersche Sorte 'Flammendes Schwert' sowie die Sorten 'Splendide' und 'Meyer's Favorite'.

Alle *Vriesea* mit farbigen und gezeichneten Blättern verlangen Temperaturen, die nicht unter 20° fallen, am besten aber auch nachts bei 20 bis 22° liegen, dazu hohe Luftfeuchtigkeit und Schatten.

2. Grünblättrige Arten mit schönen, auffallenden Blütenständen

Eine Beschreibung der vielen schönen Arten dieser Gruppe würde den Umfang dieser Bearbeitung übersteigen, deshalb sollen hier nur einige der schönsten mit Namen aufgeführt werden:

V.barilletii E. Morr., **V.carinata** Wawra, **V.chrysostachys** E. Morr., Kolumbien, Trinidad, Peru; **V.ensiformis** (Vell.) Beer, **V.erythrodactylon** (E. Morr.) E. Morr., **V.incurvata** Gaudich., **V.platynema** Gaudich., die reizende kleine **V.psittacina** (Hook.) Lindl. aus Brasilien und Paraguay, **V.scalaris** E. Morr., **V.viridiflora** (Regel) Wittm. aus Costa Rica.

Auch einige alte und neue *Vriesea*-Hybriden sind hier zu nennen und besonders zu empfehlen: *Vriesea* 'Angelina', 'Chantrieri', 'Christiane', 'Favorite', 'Flamme', 'Gigant', 'Gnom', 'Illustris', 'Komet', 'Lucyll', 'Poelmanni', 'Psittacina-Hybriden', 'Rex', die prächtige, schon alte 'Sceptre d'or', 'Vigeri'.
Schließlich sind noch die beiden Riesen der Gattung zu erwähnen,

V.imperialis E. Morr. ex Bak. mit 150 cm langen Blättern und die fast ebenso große **V.reginae** (Vell.) Beer, beide in Brasilien an steilen Felsenwänden wachsend, mit einem 2 bis 4 m hohem Blütenstand. Beide Arten kann man nur in botanischen Gärten mit entsprechend großen Warmhäusern halten. Dort dauert es zwischen 20 und 30 Jahren vom Sämling oder Kindel bis zur Ausbildung des Blütenstandes.

Vermehrung durch Aussaat, der Sorten durch Kindel. Obwohl alle Arten Epiphyten sind, wachsen sie gut im Topf in einem Gemisch aus Torfbrocken, grober Laub- oder Nadelerde und Holzkohle oder Styromull. Aber auch Einheitserde eignet sich, doch sollen die Gefäße immer recht klein gehalten werden. Im übrigen brauchen alle Arten neben einer gleichmäßigen Wärme von 18 bis 20 bis 22° reichlich Schatten und hohe Luftfeuchtigkeit. Stets ist Wasser in die Trichter zu gießen. Von der Aussaat bis zur Blüte vergehen bei den meisten Arten, gute Kultur vorausgesetzt, 3 bis 4 Jahre.

Allgemeines über Vermehrung und Kultur der Bromelien

Um eine größere Sammlung von Bromelien richtig pflegen zu können, muß man von Heimat und Lebensweise jeder einzelnen Art wissen. Diese können außerordentlich verschieden sein, wie man aus der kurzen Übersicht über die Familie, ihre Gattungen und Arten entnehmen kann. Ob die Pflanzen in der Wüste wachsen, als Epiphyten im tropischen Regenwald oder als solche in subtropischen Xerophytenlandschaften vorkommen, als Bewohner steiler Felsen zu finden sind, überall haben sie sich den besonderen Bedingungen ihrer Umgebung in vollkommener Weise angepaßt. Von den Besonderheiten ist bei jeder einzelnen Gattung die Rede. Hier soll nur das zusammengefaßt werden, was den einzelnen Gruppen gemeinsam ist.
Die Gruppe der epiphytisch wachsenden Arten ist am größten. Viele von ihnen sind so gebaut, daß sie im unteren Teil der Blattrosetten Wasser speichern, das sie mit Hilfe auf der Innenseite der unteren Blatthälften befindlicher Blattschuppen aufnehmen können. Bei ihnen sollte, genügend Wärme vorausgesetzt, stets etwas Wasser im Trichter stehen. Sie kann man auch durch Übersprühen mit dünnen Nährlösungen – etwa 1 g Crescal oder Hakaphos auf 1 l Wasser – düngen. Sie können wie in der Erwerbsgärtnerei in Töpfen gezogen, ebensogut aber auch auf Epiphytenbäumen angebracht oder auf ein Beet mit sehr lockerer Erde ausgepflanzt werden. Hochepiphytische Arten wie beispielsweise die grauschuppigen, oft völlig wurzellosen Tillandsia-Arten sind natürlich anders zu behandeln. Sie gehören auf Holzstücke, Aststücke oder Epiphytenbäume mit möglichst rauher Rinde, also z.B. auf Robinia-Äste, Rebstöcke oder Korkrinde. Sie werden weder gegossen noch getaucht, sondern nur ein- oder mehrmals am Tage – je nach Jahreszeit, Wärme und Witterung – eingenebelt oder gespritzt.
Die als Bodenpflanzen in feuchtwarmen Gebieten vorkommenden Arten wie *Cryptanthus* brauchen ein humoses, lockeres Erdgemisch, z.B. Torfbrocken, grobe Laub- oder Nadelerde mit mehr oder weniger großem Zusatz von Sphagnum, Osmunda- oder Polypodiumwurzeln, Holzkohle oder Styromull. Bei allen Bromelien soll die Reaktion der Erde zwischen 4 und 5 pH liegen. Auch das Wasser muß dem entsprechen. Kalkarmes Leitungswasser, auf dem Lande weitab der Industrie auch Regenwasser, sind zum Gießen und Spritzen am besten geeignet. Regenwasser der

Bromeliaceae

Vriesea viridiflora

Industriestädte und Industrielandschaften ist ungeeignet, da es zu viele den Pflanzen schädliche Beimengungen enthält. Ist das Wasser zu hart, also härter als 18° d.H., muß enthärtet werden. 8 bis 12° d.H. ist allen Arten, auch den empfindlichsten, am zuträglichsten.

Den erdbewohnenden Arten der Wüsten und Steppen, von denen die meisten auch mit weniger hohen Temperaturen auskommen, haben keine Einrichtungen zum Wasserspeichern, es sei denn bei manchen in den Wassergewebe führenden Blättern (*Dyckia* z.B.). Viele von ihnen, wie *Abromeitella, Dyckia, Hechtia, Puya*, verlangen auch eine schwerere Erde, der also lehmige Rasenerde zuzusetzen ist. Sie sind besonders während des Winters sparsam zu gießen und nicht zu spritzen. Ihr Lichtbedürfnis ist sehr hoch.

Die aus Gebieten mit tropischen Regenwäldern stammenden Bromelien, vor allem die aus der Hylaea, verlangen viel Schatten, Temperaturen nicht unter 20° und hohe Luftfeuchtigkeit, so z.B. *Caraguata*- und *Guzmania*-Arten, *Vriesea hieroglyphica, V. fenestralis* u.a. Die meisten der anderen epiphytischen Bromelien mit verhältnismäßig weichen Blättern wie *Nidularium*-Arten, grünblättrige *Vriesea, Aechmea fulgens, A. miniata* und ähnliche fühlen sich am wohlsten bei Temperaturen zwischen 16 bis 18°, hell, aber bei Sonne beschattet. Viele hartblättrige Bromelien wie manche *Aechmea*- und *Billbergia*-Arten aber brauchen noch weniger Schatten. Wüstenbewohner schließlich wie *Puya, Hechtia, Abromeitiella* u.a. sollen während des Winters bei 10 bis 12° Wärme stehen, dabei während des ganzen Jahres hell und sonnig. Bei allen Gattungen und Arten aber kann vom Frühling bis zum Herbst die Tagestemperatur um einige Grade steigen, also je nach Gruppe tagsüber bei 20 bis 25° liegen.

Erwachsene Pflanzen mancher *Aechmea*-Arten (z.B. *A. fasciata*) und *Vriesea*-Arten (z.B. *V. splendens*) kann man durch mit Acetylengas angereichertes Wasser, das in die vorher von Wasser befreiten Blatttrichter gegossen wird, früher zum Blühen veranlassen, eine für den Erwerbsgärtner wichtige Maßnahme. Ebenso ist die Behandlung mit Bromblüte oder Ethrel möglich. Etwa 3 Wochen nach der Behandlung zeigen sich am Grunde des Trichters die grünen Spitzen des Blütenstandes, in weiteren 3 Monaten im Sommer, 4 Monaten im Winter sind die Blütenstände voll entwickelt.

Fast alle Arten entwickeln zur Blütezeit, manchmal auch schon früher, am Grunde der alten Rosette, die ja nach der Samenbildung abstirbt, junge Triebe, die sogenannten »Kindel«, die nach Erreichen einer gewissen Größe – etwa die Hälfte der Höhe der Mutterpflanze sollte sie betragen – mit scharfem Messer oder einer Schere abgetrennt und danach eingepflanzt werden. Diese Art der Vermehrung ist zwar nicht sehr ausgiebig, aber bei den meisten Sorten und all den Arten, von denen man keinen Samen bekommt, die einzig mögliche. Will man selbst Samen ziehen, muß man im allgemeinen eine künstliche Bestäubung vornehmen, die bei vielen Arten nur dann erfolgreich ist, wenn man zwei verschiedene Individuen dazu benutzt. Manche Arten blühen nachts, andere tags, viele von ihnen nur sehr kurze Zeit, manchmal nur wenige Stunden. Dies muß man wissen und beachten, will man Erfolg haben. Der Samen verliert meist schon nach wenigen Monaten seine Keimkraft. Je eher nach der Reife man aussät, desto größer wird der Erfolg sein. Bei der Gruppe der beerenfrüchtigen Bromelien bereitet eine normale Aussaat in lockere, humose Erde wie bei anderen Warmhauspflanzen keine Schwierigkeit, bei der zweiten Gruppe, deren Frucht eine Kapsel ist, sind die Samen mit einer der Verbreitung durch den Wind dienenden Haarkrone ausgestattet wie z.B. bei *Tillandsia* und *Vriesea*. Hier ist die Anzucht aus Samen schwieriger. Samen hochepiphytischer Arten werden so ausgesät, wie es bei *Tillandsia* beschrieben wurde, die anderen am besten auf Fließpapier in Petrischalen oder auf einer kleingehackten Mischung aus Osmundawurzeln und Sphagnum. Auch andere, aber ähnliche Methoden sind möglich, in allen Fällen müssen Aussaatgefäße und Unterlagen steril sein, damit nicht Algen und Pilze die langsamer wachsenden Sämlinge überwachsen. Nach dem Aussäen werden Gefäße und Unterlagen mit einer Chinosollösung 1:1000 oder mit einer Orthocid-Lösung übergossen. Nach Bedarf ist mehr oder weniger häufig zu pikieren. Aussaaten und Sämlinge sollen stets bei 20 bis 22° luftfeucht und hell stehen. Im Winter sollte man für Zusatzbeleuchtung sorgen. Schoser gibt für Sämlingsanzucht eine Beleuchtungsstärke von 2000 lx und eine Lichtperiode von 14 Stunden je Tag an, zur Kulturzeitverkürzung durch Intensivbeleuchtung bei Temperaturen von 20 bis 25°, vor allem in den Monaten von November bis Januar, sogar eine Beleuchtungsstärke von 3500 bis 8000 lx bei einer Lichtperiode von 14 Stunden je Tag.

Spezielle Literatur
Bromeliaceae von H. Harms in Engler, Die natürlichen Pflanzenfamilien, Bd. 15a. 1930.
Bromeliaceae von C. Mez in Engler, Das Pflanzenreich, 1935 (Neudruck 1956). Eine Monographie der gesamten Familie mit allen bis 1935 beschriebenen Arten (in lateinischer Sprache).
Neuere Arbeiten stammen besonders von dem Amerikaner Lyman B. Smith, so Flora Neotropica, Monogr. No. 14, Part 2, 3 Bände: Pitcairnioideae, 1974, Tillandsioideae, 1977, Bromelioideae, 1979.
Werner Rauh und Herbert Lehmann, Bromelien. Tillandsien und andere kulturwürdige Bromelien. 2. Auflage. 1981.
Walter Richter, Anzucht und Kultur der Bromeliaceae. Stuttgart 1950.
Walter Richter, Zimmerpflanzen von heute und morgen: Bromeliaceen. Neudamm 1962.
Zimmer, Bromelien. Berlin und Hamburg 1986.
In den USA entstand als Zusammenfassung aller Bromelienliebhaber eine Bromelien-Gesellschaft, »The Bromeliad Society«, die seit 1952 eine ausgezeichnete Zeitschrift herausgibt, in der auch viele Originalarbeiten von Lyman B. Smith erschienen sind.
Auch in Deutschland gibt es eine Deutsche Bromelien-Gesellschaft e.V., deren Geschäftsstelle sich in 5300 Bonn 1, Celsiusstraße 104 befindet.

Buddlejaceae
Buddleiagewächse

Von den 5 bis 10 Gattungen mit etwa 150 Arten sind in unseren Gärten verschiedene *Buddleja*-Arten und -Sorten verbreitet. Für Gewächshaus und Zimmer ist nur die folgende Gattung wertvoll.

Nicodemia Ten., Stubeneiche
(Gaetano Nicodemo, gestorben 1803, italienischer Botaniker, der von 1799–1803 Kurator des Botanischen Gartens Lyon war)

Die 6 auf Madagaskar und den Maskarenen Inseln verbreiteten Arten sind so nahe mit *Buddleja* verwandt, daß viele Botaniker sie in diese Gattung einbeziehen. Die vor allem in den nordischen Ländern als haltbare Zimmerpflanze gezogene

N. diversifolia Ten. (*Buddleja indica* Lam.) von den Bergen Madagaskars ist ein in Kultur schwachwachsender, immergrüner, reichverzweigter Strauch mit mehr in die Breite als in die Höhe wachsenden Zweigen, die mit dünnen, weichen, etwa 8 × 5 cm großen Blättern besetzt sind. In den oberen zwei Dritteln sind sie eichenartig gebuchtet. 1906 in Frankreich eingeführt.
Zu jeder Jahreszeit lassen sie sich leicht durch ausgereifte Kopfstecklinge bei 20 bis 25° Bodenwärme vermehren. Nach dem Einpflanzen in lehmig-humose Erde, Einheitserde oder TKS und einmaligem Stutzen entwickeln sie sich rasch zu größeren Pflanzen mit leicht hängenden Trieben. Sie vertragen Wintertemperaturen von 10°, gedeihen aber ebenso gut im warmen Zimmer oder Gewächshaus. Außerdem sind sie sehr schattenverträglich.

Byblidaceae siehe Insektivoren

Cactaceae, Kakteen

Von Dr. Erich Götz,
Botanisches Institut Hohenheim

Die Familie der Kakteen umfaßt etwa 150 Gattungen mit 2700 Arten und ist fast in der ganzen Neuen Welt verbreitet von Kanada bis Feuerland. Die Schwerpunkte der Verbreitung sind aber eindeutig einerseits Mexiko, andererseits das Andengebiet von Peru, Bolivien und Nordargentinien. Nur die epiphytischen Kakteen und die kletternden Schlangenkakteen kommen vor allem in Ostbrasilien vor. Die wenigen Kakteenarten, die in der Alten Welt vorkommen, sind wahrscheinlich alle erst nach der Entdeckung Amerikas eingeschleppt worden.
Die Kakteen sind eine gut umrissene Gruppe. Fast immer sind es Stammsukkulenten, d.h. die Triebe sind verdickt und dienen zur Wasserspeicherung, nicht die Blätter wie bei Blattsukkulenten, z.B. den Dickblattgewächsen (*Crassulaceae*). Bei den Kakteen sind dagegen die Blätter fast immer umgewandelt in Stacheln. Im streng botanischen Sinne müßte man sie eigentlich als Dornen bezeichnen. Die Stacheln sitzen immer in kleinen, behaarten Büscheln zusammen, den sogenannten Areolen. Diese entsprechen umgewandelten Kurztrieben. Die Blüten entstehen fast immer ohne Stiel an den Areolen und haben eine unbestimmte, größere Zahl von schraubig gestellten Blütenhüllblättern. Von diesen sind die äußeren meist grün und kelchblattartig, die inneren gefärbt und kronblattartig. Fast immer ist das Ovar mit den Samenanlagen unterständig und darüber eine Röhre entwickelt, an der innen die zahlreichen Staubblätter entspringen. Außerdem enthalten die Blüten nicht die üblichen Blütenfarbstoffe, Anthocyane und Flavone, sondern die stickstoffhaltigen Betalaine. Die Familie wäre sehr isoliert, wenn nicht die Gattung *Pereskia*, die von den aufgeführten typischen Kakteenmerkmalen nur die Areolen, die schraubigen Blüten und die Betalaine besitzt, die Verwandtschaft zu anderen Familien, z.B. den Kermesbeerengewächsen (*Phytolaccaceae*) aufzeigen würde.

Über Kakteen gibt es eine ganze Reihe gut illustrierter **Bücher** für den Liebhaber:
Andersohn, G.: Kakteen und andere Sukkulenten. Niedernhausen/Ts. 1982.
Cullmann, Götz, Gröner: Kakteen. Stuttgart 1984.
Haustein, E.: Der Kosmos-Kakteenführer. Stuttgart 1983.

Hecht, H.: BLV Handbuch der Kakteen. München, Wien, Zürich 1982.
Herbel, D.: Alles über Kakteen und andere Sukkulenten. München 1978.
Rauh, W.: Kakteen an ihren Standorten. Berlin und Hamburg 1979.

Mehr als **Nachschlagewerke** dienen:
Haage, W.: Kakteen von A bis Z. Leipzig, Radebeul 1981.
Backeberg, C.: Das Kakteenlexikon. Stuttgart 1977.
Backeberg, C.: Die Cactaceae. 6 Bände, Jena 1958–1962, das inzwischen allerdings in manchem veraltet ist.

Den Kakteen und allgemein den Sukkulenten widmen sich im deutschsprachigen Raum folgende **Gesellschaften**:
Deutsche Kakteengesellschaft e.V., Klosterkamp 30, 2860 Osterholz-Scharmbeck.
Gesellschaft Österreichischer Kakteenfreunde, Nikolaus-Heid-Straße 35, A 2000 Stockerau.
Schweizerische Kakteen-Gesellschaft, Im Kleeacker 6, CH 4108 Witterswil.
Sie geben zusammen die Zeitschrift »Kakteen und andere Sukkulenten« heraus.

Bei den Kakteen ist es notwendig, einige allgemeine Bemerkungen über die Einteilung der Familie (Systematik) und die Namen der Kakteen (Nomenklatur) vorauszuschicken. Die Kakteen sind eine systematisch sehr schwierige Gruppe. Das hat viele Gründe. Einmal ist es der ungeheure Artenreichtum, dann die Variabilität der Pflanzen in Kultur, das leichte Hybridisieren, aber auch die verständliche Freude bei Liebhabern und Sammlern, jede geringfügig in der Stachelzahl oder Blütenfarbe etwas abweichende Spielart als neue Art zu benennen. Dazu kommt, daß man bis Anfang dieses Jahrhunderts versucht hatte, bei den ja höchstens wenige Tage im Jahr blühenden Kakteen wenigstens die Gattungen nicht nach den Blüten, sondern allein mit vegetativen Merkmalen, vor allem nach der Wuchsform, zu kennzeichnen. So konnten etwa zwei Dutzend Gattungen nach vegetativen Merkmalen unterschieden werden, später dagegen hauptsächlich nach Blüten- und Samenmerkmalen weit über 200 Gattungen. Das alles hat zur Folge, daß für ein und dieselbe Kakteenart oft mehrere Namen (Synonyme) im Gebrauch sind. Wenigstens die häufiger verwendeten sind hier aufgeführt. Wenn man etwa eine bestimmte Art im Handel sucht, sollte man immer auch unter diesen Synonymen nachsehen. Beim Erkennen und

Übersicht über die Gattungen der Kakteen nach ihrer Wuchsform

Pflanzen mit flachen Blättern **A Pereskienartige Kakteen**
(*Peireskiopsis, Pereskia, Rhodocactus*)

Pflanzen höchstens mit im Querschnitt runden Blättern, die aber gewöhnlich bald abfallen (blattartige Bildungen, die Areolen tragen, sind Flachtriebe und keine Blätter)

Pflanzen im Austrieb mit Blättern, mit Glochiden und Samen mit dickem, hellem steinhartem Samenmantel **B Opuntienartige Kakteen**
(*Opuntia, Pterocactus*)

Pflanzen ohne Blätter, Glochiden fehlend, Samen schwarz oder braun
  Kakteen mit kurzen zylindrischen oder flachen Gliedern
    C Gliederkakteen
(*Epiphyllanthus, Hatiora, Lepismium* zum Teil, *Rhipsalidopsis, Rhipsalis* zum Teil, *Schlumbergera*)

Kakteen mit langgestreckten Gliedern oder ungegliedert
  Triebe zweischneidig abgeflacht, blattartig
    D Blattkakteen
(*Acanthorhipsalis, Cryptocereus, Disocactus, Epiphyllum, Nopalxochia, Rhipsalis* zum Teil)

Triebe mehrrippig, rund oder mit Warzen
  Körper mit blattartigen, sehr großen Warzen
    E Blattwarzenkakteen
(*Ariocarpus, Encephalocarpus, Leuchtenbergia, Obregonia, Strombocactus*)

Körper gerippt oder mit einfachen Warzen
  Kakteen mit gefurchten oder ungefurchten Warzen, zugleich Blüten aus den Axillen entspringend **F Warzenkakteen**
(*Ancistrocactus* zum Teil, *Coryphantha, Escobaria, Mammillaria, Neobesseya, Neolloydia, Pelecyphora*)

Kakteen mit Rippen oder ungefurchten Warzen, Blüten nie in den Axillen
  Körper kugelig bis oval, kaum über 3mal so hoch wie breit, höchstens im Alter etwas gestreckt **G Kugelkakteen**
(*Acanthocalycium, Ancistrocactus* zum Teil, *Astrophytum, Aztekium, Blossfeldia, Copiapoa* zum Teil, *Denmoza, Discocactus, Echinocactus, Echinocereus* zum Teil, *Echinofossulocactus, Echinopsis, Epithelantha, Eriosyce, Ferocactus, Frailea, Gymnocalycium, Lobivia* zum Teil, *Lophophora, Matucana* zum Teil, *Melocactus, Mila* zum Teil, *Neoporteria, Neowerdermannia, Notocactus* zum Teil, *Oroya, Parodia, Pediocactus, Rebutia, Sulcorebutia, Thelocactus, Turbinicarpus, Uebelmannia, Weingartia*)

Körper säulig von Jugend an
  Triebe kletternd oder hängend, mit Luftwurzeln
    H Schlangenkakteen
(*Aporocactus* zum Teil, *Deamia, Hylocereus, Selenicereus*)

Triebe aufrecht oder höchstens liegend, ohne Luftwurzeln
I Säulenkakteen
(Aporocactus zum Teil, Arthrocereus, Borzicactus, Browiningia, Calymnanthium, Carnegiea, Cephalocereus, Cereus, Cleistocactus, Copiapoa zum Teil, Corryocactus, Echinocereus zum Teil, Eriocereus, Erythrorhipsalis, Espostoa, Eulychnia, Haageocereus, Heliocereus, Hildewintera, Lobivia zum Teil, Machaerocereus, Matucana zum Teil, Mila zum Teil, Monvillea, Notocactus zum Teil, Oreocereus, Pachycereus, Pilosocereus, Setiechinopsis, Stenocereus, Thrixanthocereus, Trichocereus, Wilcoxia)

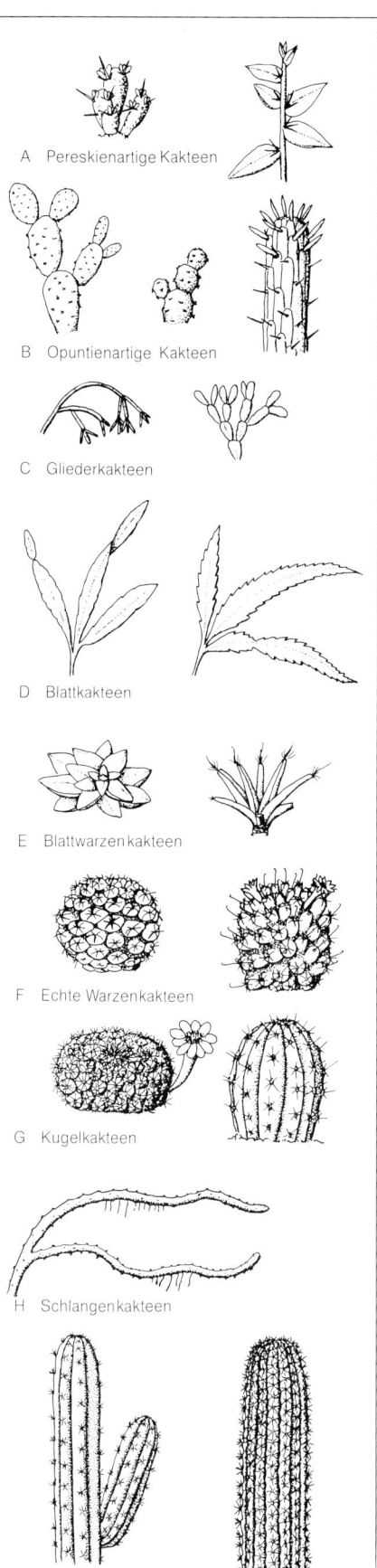

A Pereskienartige Kakteen
B Opuntienartige Kakteen
C Gliederkakteen
D Blattkakteen
E Blattwarzenkakteen
F Echte Warzenkakteen
G Kugelkakteen
H Schlangenkakteen
J Säulenkakteen

Auseinanderhalten von Kakteenarten lasse man sich anfangs nicht entmutigen. Ein gewisser Teil von Pflanzen ist selbst von Fachleuten nicht genau einzuordnen.

Kakteen als Zier- und Nutzpflanzen

Schon kurz nach der Entdeckung Amerikas wurden einzelne Kakteenarten in Europa bekannt, vor allem Opuntien. *Opuntia ficus-indica*, der Feigenkaktus, wurde wegen seiner eßbaren Früchte auch bald im Mittelmeergebiet angebaut, eine andere Opuntienart wurde als Nahrungspflanze für die Cochenille-Blattläuse kultiviert, die vor der chemischen Herstellung von Farbstoffen einen wertvollen roten Farbstoff lieferten. Opuntien oder Säulenkakteen konnten auch als sehr wirkungsvolle natürliche Dornhecken dienen. In entsprechendem Klima, wie im Mittelmeergebiet oder in Südafrika, verwilderten sie bald, in Australien wurden Opuntien sogar zur gefürchteten Plage.

Der Begründer der neuzeitlichen Systematik, der schwedische Naturforscher Linné, kannte 1753 erst 25 Kakteenarten, doch schon im vorigen Jahrhundert wurden Sukkulenten und unter ihnen vor allem die Kakteen zu sehr beliebten Sammlerpflanzen. 1828 kannte der berühmte Genfer Botaniker De Candolle 164 Kakteenarten, die praktisch alle auch in Kultur waren. Im vorigen Jahrhundert entstanden dann große Kakteensammlungen, z.B. des deutschen Arztes Pfeiffer, des französischen Fabrikanten Monville, des Fürsten Salm-Dyck oder von F.A. Haage, dem Gründer der bekannten Pflanzenhandlung in Erfurt. Alle diese Sammler trugen auch Wesentliches zur Kenntnis der Kakteen bei. Während bis dahin neue Kakteenarten eher zufällig nach Europa gelangten, bereisten nun einzelne Sammler systematisch die Kakteengebiete, wie der französische Militärarzt Weber Mexiko oder der Arzt Engelmann den Süden der USA. 1898 schrieb der deutsche Botanikprofessor Karl Schumann in Berlin das erste große umfassende Werk über die Kakteen, in dem er 21 Gattungen mit 670 Arten beschreibt und aufschlüsselt. Fast alle diese Arten waren zu dieser Zeit auch in Kultur. 1919 bis 1923 gaben Britton und Rose in Amerika nach großen Reisen vor allem von Rose in alle reichhaltigeren Kakteengebiete das die moderne Kakteensystematik begründende, vierbändige Werk »The Cactaceae« heraus. Sie unterschieden darin 125 Gattungen mit 1247 Arten. In Europa konnten sich die enger gefaßten Gattungen lange nicht durchsetzen. In neuerer Zeit hat vor allem Backeberg diese Gattungen bis zu einer Zahl von 233 aufgespalten, während Buxbaum versuchte, im wesentlichen die Gattungen von Britton und Rose genauer zu charakterisieren und phylogenetisch anzuordnen, was bei der großen Zahl von Neuentdeckungen seitdem immer dringender geworden war. Dennoch muß man sagen, daß fast alle artenreicheren Kakteengattungen dringend neu überarbeitet werden müßten.

Das alles schmälert natürlich in keiner Weise die Freude, die man beim Sammeln und Kultivieren von Kakteen hat. Die Möglichkeiten, die heute für den einzelnen bestehen, sind nahezu unbeschränkt, denn im Handel oder im Tausch mit anderen Kakteenfreunden in den entsprechenden Vereinen sind weit über die Hälfte der bekannten Kakteenarten zumindest als Samen ohne Schwierigkeiten zu bekommen, eine weitere riesige Zahl ist mit einiger Ausdauer ebenfalls zu erhalten. Das übersteigt natürlich bei weitem die Möglichkeiten eines privaten Liebhabers, selbst botanische Gärten besitzen nicht annähernd vollständige Kakteensammlungen. Der Pflanzenliebhaber wird sich deshalb meist nach einiger Zeit auf eine bestimmte in der Kultur einheitliche Gruppe, auf bestimmte Gattungen oder die Arten eines bestimmten Herkunftsgebiets spezialisieren.

Pflege und Vermehrung

Hier seien nur kurz einige Punkte erwähnt, in denen sich die Pflege der Kakteen von der anderer Gewächshauspflanzen stärker unterscheidet. Kakteen können keineswegs alle in demselben Haus kultiviert werden, sondern verteilen sich zumindest auf drei Gewächshaustypen. Der größte Teil der Liebhaberarten kann in einem Kalthaus kultiviert werden, das im Winter nur sehr wenig geheizt werden muß, bei dem aber wenigstens keine Fröste auftreten sollten. Von manchen Kakteen allerdings werden selbst schwache Nachtfröste ausgehalten. Für den größten Teil der Arten sind aber Temperaturen von 6 bis 10° am günstigsten. Diese kalt überwinterten Kakteen werden im Winter gewöhnlich völlig trocken gehalten, schrumpfen dann teilweise etwas ein, was aber zu ihrem normalen Lebensrhythmus gehört. Zu dieser Gruppe kalt überwinterter Kakteen zählen vor allem die Hochlandkakteen aus Mexiko und den Anden. Eine zweite große Gruppe von Kakteen, die ebenfalls aus Trockengebieten kommen, aber aus tieferen Regionen, etwa Niederkalifornien, Sonora oder Peru, brauchen eine wärmere Überwinterung, wenigstens über 10°. Dies verlangen auch Arten aus den Tiefländern Ostbrasiliens, Uruguays, Paraguays und Argentiniens. Die meisten dieser Kakteen sollten im Winter nicht vollständig trocken gehalten werden. In einem ganz anderen Gewächshaustyp sind schließlich die epiphytischen Kakteen zu halten, die meist aus Ostbrasilien oder dem Süden Mexikos kommen. Sie werden in einem Warmhaus kultiviert, in dem durch häufiges Nebeln und Sprühen dauernd eine hohe Luftfeuchtigkeit aufrechterhalten wird.

Kakteen mit ihren vielen kleinen Arten reizen natürlich zum Sammeln, und dann spielt sehr schnell die Frage eine Rolle, wie man auf kleinem Raum möglichst viele Arten unterbringen kann. Am besten erreicht man dies wohl mit viereckigen kleinen Kunststofftöpfen, die sich dicht aneinanderstellen lassen. Es hat sich seit längerer Zeit gezeigt, daß Kakteen in solchen nichtporösen Kunststofftöpfen besser gedeihen als in porösen Tontöpfen, da bei undurchlässigen Töpfen weniger gegossen werden

muß und die Erde dementsprechend weniger schnell durch kalkhaltiges Wasser alkalisch wird. Am besten verwendet man allerdings sowieso nur reines Regenwasser oder leicht angesäuertes Wasser, da die allermeisten Kakteen in leicht saurem Substrat am besten gedeihen. Die in Einzeltöpfe gepflanzten Kakteen können gut in größeren Schalen in Torfmull oder Sand eingefüttert werden, was das Gießen erleichtert. Außerdem kann die Oberfläche mit gröberem Material, etwa Kies oder Bimskies überstreut werden, so daß die einzelnen Töpfe gar nicht mehr zu sehen sind. Manche Kakteen, etwa größere Säulenkakteen oder große Polster bildende Kugelkakteen, entwickeln sich allerdings nur frei ausgepflanzt wirklich gut. Das Substrat für Kakteen sollte allgemein schwach sauer reagieren und außerdem möglichst durchlässig sein. Dies wird durch verschiedene Zusätze erreicht, vor allem Quarzsand, Basaltsplitt oder Lavagrus. Diese können allerdings kaum Wasser festhalten, da sie nicht porös sind. In dieser Hinsicht leistungsfähiger sind Ziegelsplitt, Bimskies oder Perlite.

Besonders leicht faulende oder sonstwie empfindliche Kakteen werden gepfropft, d.h. Triebstücke von ihnen werden auf eine unempfindliche Unterlage veredelt. Als solche werden vor allem harte *Trichocereus*-Arten wie *T. pachanoi*, *T. pasacana* oder *T. spachianus* verwendet. Wärmere Überwinterung braucht *Eriocereus jusbertii*, der ebenfalls eine gute Unterlage darstellt. Für Warmhauskakteen kann auch *Hylocereus* als sehr wüchsige Unterlage dienen.

Für die Vermehrung der Kakteen gibt es zwei Möglichkeiten. Arten, die sprossen, sich verzweigen oder wenigstens längere Säulen bilden, werden ohne Schwierigkeiten durch Stecklinge vermehrt, die sich in Sand oder Sand-Torfmull-Gemisch ohne besondere Vorkehrungen bewurzeln lassen. Gegenüber normalen Stecklingen bei anderen Pflanzen sind Kakteenstecklinge jedoch nicht sofort zu stecken, sondern die Schnittfläche muß unbedingt an der Luft völlig austrocknen, was gewöhnlich eine Woche bis einen Monat dauert. Dann hat sich auch ein neues Abschlußgewebe gebildet und die Gefahr des Faulens besteht nicht mehr. Ein Vertrocknen der Stecklinge in dieser Zeit ist nicht zu befürchten.

Grundsätzlich für alle Kakteen kommt die Aussaat in Betracht. Dabei unterscheiden sich Kakteen nicht grundlegend von anderen Pflanzen, auch bei ihnen brauchen die Samen reichlich Feuchtigkeit zum Keimen, was durch ein Abdecken der Aussaaten mit Glas oder Plastikfolie erreicht wird. Kak-

Heliaporus smithii

teenkeimlinge sind allerdings besonders empfindlich gegen Pilzinfektionen. Deshalb sollte man zur Aussaat nur neue oder desinfizierte Gefäße und gedämpfte Erde verwenden, eventuell zur Vorbeugung auch ein Trockenbeizmittel benützen oder mit schwacher Chinosol-Lösung gießen. Auch ist es vorteilhaft, jede Art gesondert in ein kleines Töpfchen zu säen. So können doch auftretende Infektionen nicht wie in Saatschalen die ganze Aussaat vernichten, wenn man befallene Töpfchen sofort entfernt. Eine Bodenheizung auf 25 bis 30° am Tag fördert die Keimung bei Kakteen sehr. Günstigste Aussaatmonate sind März bis Mai, dann werden die Sämlinge im ersten Jahr genügend groß, um den Winter gut zu überstehen. Wenn die Sämlinge etwa 1 cm groß geworden sind oder sich gegenseitig berühren, werden sie – meist nach einem Jahr – pikiert, zunächst noch mehrere in einen Topf, bis sie schließlich groß genug geworden sind, einzeln in normale Töpfe gesetzt zu werden. Die winzigen Miniaturtöpfchen, in denen oft kleine Kakteen in den Handel kommen, trocknen – nicht eingefüttert – schnell aus und machen beim Gießen zuviel Schwierigkeiten.

Die Art der Vermehrung spielt auch eine entscheidende Rolle für die Sorten- oder Artenreinheit. Während man bei Stecklingsvermehrung mit Sicherheit völlig erbgleiche Pflanzen bekommt, ergibt die Aussaat meist ein buntes Gemisch von nicht völlig gleichen Pflanzen. Bei bestimmten Gattungen, die leicht bastardisieren, etwa Rebutien oder Mammillarien, ist bei nicht kontrollierter Bestäubung immer mit nicht beabsichtigten Hybriden zu rechnen. Bei der Züchtung von Kakteen sind beide Vermehrungsarten notwendig. Zur Erzielung neuer Hybriden oder Sorten ist die Vermehrung durch Samen Voraussetzung, dagegen können die erhaltenen Hybriden oder Sorten echt nur durch Stecklingsvermehrung erhalten werden.

Acanthocalycium Backeb.
(griech. *akantha* = Dorn, *kalyx* = Kelch)

Die Gattung kommt mit 12 Arten in Nordargentinien vor und ist nahe verwandt mit *Lobivia*. Jedoch sind die obersten Schuppen der Blüten zu Dornen umgewandelt, und am Grund der Blüte findet sich ein Haarring aus umgewandelten Staubblättern. Auch die Pflege ist wie bei Lobivien, außer daß sie bei etwa 6 bis 8° überwintert werden sollten.

A. violaceum (Werderm.) Backeb. bildet eine dicke, bis 20 cm hohe, gerippte Säule. Mit ihren hell fliederfarbenen, bis zu 6 cm breiten Blüten ist die Art eine Zierde jeder Sammlung. 1930 eingeführt.
Ebenfalls sehr schön sind das gelbblütige *A. aurantiacum* Rausch und *A. klimpelianum* (Weidl. et Werderm.) Backeb. mit weißen Blüten.

Acanthorhipsalis (K. Schum.) Britt. et Rose
(griech. *akantha* = Dorn, *rhips* = Binse)

hat gegenüber der ähnlichen Gattung *Rhipsalis* noch bestachelte, 3flüglige oder blattartige Triebe und außen beschuppte Blüten. Von den 6 Arten aus Peru, Bolivien (und vielleicht noch Nordostargentinien) wird nur

A. monacantha (Griseb.) Britt. et Rose var. **samaipatana** (Card.) Backeb. aus Bolivien wegen ihrer reichlich entwickelten lila Beeren gelegentlich als Ampelpflanze im Warmhaus kultiviert. 1879 beschrieben.

Ancistrocactus Britt. et Rose
(*Hamatocactus* Britt. et Rose, *Glandulicactus* Backeb.)
(griech. *ancistron* = Widerhaken)

Diese kugeligen Kakteen, 4 Arten aus Mexiko und Texas, fallen durch ihre langen, hakenartigen Mittelstacheln auf. Die außen kahlen, nur schwach beschuppten Blüten sitzen in einer furchenartig verlängerten Areole. Ein Teil der Arten besitzt eine Drüse an den Areolen und wurde deshalb zeitweise als eigene Gattung *Glandulicactus* (lat. *glandula* = Drüse) abgetrennt.

A. crassihamatus (Web.) L. Benson (*Hamatocactus crassihamatus* (Web.) Buxb., *Glandulicactus crassihamatus* (Web.) Backeb.) hat sehr kräftige, bis 6 cm lange, rote Mittelstacheln. Die 2 bis 3 cm langen Blüten mit schmalen purpurnen, am Rande hell gefärbten Blütenhüllblättern sehen aus der Nähe sehr auffallend aus. 1849 beschrieben.

A. scheerii (Salm-Dyck) Britt. et Rose ist besonders schön, aber auch heikel in der Pflege, denn sie braucht viel Licht und Wärme und verträgt kein überschüssiges Wasser. 15 bis 17 weiße bis strohfarbene Randstacheln umgeben 3 bis 4 gelbe, am Grund braune Mittelstacheln. Die bis 3 cm langen Blüten sind gelbgrün. 1849 beschrieben.

A. uncinatus (Gal.) L. Benson (*Hamatocactus uncinatus* (Gal.) Buxb., *Glandulicactus uncinatus* (Gal.) Backeb.) ist dagegen in Liebhabersammlungen weit verbreitet und mit den bis 9 cm langen, dünnen, hakigen Mittelstacheln ebenfalls sehr auffallend.

Die Areolen haben eine flache gelbe Drüse mit einem Haarring. Die 2 bis 2,5 cm langen Blüten sind merkwürdig bräunlichpurpurn gefärbt. 1848 beschrieben.

Aporocactus Lem., Peitschen- oder Schlangenkaktus
(griech. *aporos* = verworren)

Peitschenkakteen sind auch für den Anfänger sehr dankbare, reich- und großblütige Ampelpflanzen. Wie alle epiphytischen Kakteen brauchen sie verhältnismäßig nahrhafte Erde und während des Wachsens und Blühens reichlich Wasser. Auch im Winter dürfen sie nicht völlig austrocknen. Sie wollen zwar reichlich Sonne, jedoch keine pralle Mittagssonne. Neuerdings wird *Aporocactus* auch in die Phyllokakteen-Hybriden eingekreuzt.

Astrophytum asterias

Cactaceae 145

Von den 5 Arten aus Mexiko ist **A.flagelliformis** (L.) Lem. sehr verbreitet in Kultur. Die dünnen, 1,5 bis 2 cm dicken Triebe haben 10 bis 14 Rippen mit rotbraunen Stacheln und hängen in reichlicher Zahl bis 1,5 m herab. Die zweiseitigen rosa Blüten ähneln sehr den Blüten des Weihnachtskaktus (*Schlumbergera truncata*). 1690 eingeführt.

Ariocarpus Scheidw. (*Neogomesia* Castañeda, *Roseocactus* Berger)
(griech. *aria* = Mehlbeere, *karpos* = Frucht)

Ohne Blüten würde man diese Pflanzen nicht als Kakteen erkennen. Denn die in flachen Rosetten angeordneten, abgeflachten Warzen sehen wie fleischige Blätter aus. Auf der Unterseite haben die Blattwarzen meist einen scharfen Kiel, oben können sie eine behaarte Furche aufweisen. Die Blüten sind rosa, selten weiß, nur bei *A.trigonus* gelblich. Die 6 Arten kommen in Nordmexiko und Texas auf zeitweise überschwemmten Lehmböden vor, also auf für Kakteen völlig ungewohnten Standorten. In ihrer Heimat sind sie inzwischen sehr selten geworden. An ihren natürlichen Standorten sind sie allerdings kaum zu entdecken, da sie im Geröll oder auf dem aufgesprungenen Lehmboden ganz verschwinden. Zudem ziehen sie sich in der Ruhezeit fast ganz in den Boden zurück.

A.agavoides (Castañeda) Anderson (*Neogomesia agavoides* Castañeda) sieht tatsächlich mit ihren zungenartigen, graugrünen, bis 4 cm langen Blattwarzen wie eine winzige Agave aus. Etwas unter der Spitze der Blattwarzen sitzen jedoch Areolen mit gelegentlich sogar noch 1 bis 3 Stacheln. 1941 beschrieben.

A.fissuratus (Engelm.) K. Schum. (*Roseocactus fissuratus* (Engelm.) Berger) hat kurze, dreieckige, oben tiefrunzelige Warzen mit einer wollig behaarten Mittelfurche. Etwa 1865 eingeführt.

A.kotschoubeyanus (Lem.) K. Schum. (*Roseocactus kotschoubeyanus* (Lem.) Berger) ist ähnlich, doch die tiefdunkelgrünen Blattwarzen sind oben nicht runzelig, sondern flach. Die kleinen Rosetten werden höchstens 7 cm breit. 1842 eingeführt.

A.retusus Scheidw. (*A.furfuraceus* Thomson) besitzt ebenfalls dreieckige Warzen. Sie sind aber ungefurcht und blau- bis olivgrün, und die Rosetten können bis 25 cm breit werden. Die Blüten sind weiß bis blaßrosa. 1838 eingeführt.

A.trigonus Web. (K. Schum.) ist der vorigen Art ähnlich, seine grünen Warzen sind jedoch langgestreckt. Die Rosetten können sogar bis 30 cm breit werden, und die Blüten sind gelblich, eine Ausnahme in der Gattung. Etwa 1890 eingeführt.

Wegen ihres sehr merkwürdigen Aussehens sind die *Ariocarpus*-Arten bei Liebhabern sehr begehrt. 1840 kaufte Fürst Kotschoubey von den ersten drei nach Europa eingeführten Exemplaren eines für 1000 Franken, den höchsten Preis, der wohl jemals für einen Kaktus bezahlt wurde. Gelegentlich gibt es Samen dieser merkwürdigen Pflanzen. Die Sämlinge wachsen zwar äußerst langsam und blühen erst nach vielen Jahren. Dennoch lohnt sich die Anzucht für einen wirklich erfahrenen Liebhaber, da die Pflanzen in ihrer Heimat vielleicht bald aussterben. Wie alle Kakteen mit Rübenwurzeln sind die Ariocarpen sehr empfindlich gegen zuviel Feuchtigkeit. Während der Ruhezeit müssen sie auf jeden Fall ganz trocken und recht kühl stehen. In der Vegetationszeit wollen sie es dagegen sonnig und warm haben, sollten aber auch dann nur sehr vorsichtig und immer nur von unten gegossen werden. Die Erde muß rein mineralisch und sehr durchlässig sein und man sollte sich nicht verleiten lassen, die langsam wachsenden Pflänzchen etwa durch Düngergaben anzutreiben.

Arthrocereus Berger
(griech. *arthron* = Glied, Gattung *Cereus*)

Eine Gattung mit 5 Arten von Säulenkakteen aus dem Staat Minas Gerais in Südbrasilien. Die trichterförmigen Blüten stehen am Ende der Triebe, haben eine dünne lange, beschuppte und haarige Röhre und blühen in der Nacht auf.

A.microsphaericus (K. Schum.) Berger besitzt als einzige Art in der Gattung niederliegende Triebe, die auffällig aus lauter Gliedern zusammengesetzt sind, die bis 6,5 cm lang und 3 cm dick werden. Die etwa 5 cm breiten weißen Blüten erscheinen unter Umständen mehrmals im Jahr. 1902 eingeführt.

Astrophytum Lem.
(griech. *astron* = Stern, *phyton* = Pflanze)

Diese Gattung ist meist leicht daran zu erkennen, daß die kugeligen oder kurzsäuligen Pflanzen nur sehr wenige breite Rippen, 5 bis 10, ausnahmsweise sogar nur 3 oder 4 aufweisen. Mit Ausnahme einiger Varietäten besitzen sie auch immer kleine helle Wollflöckchen auf der Oberhaut wie sonst nur noch *Uebelmannia*. Die schönen, 3 bis 9 cm langen gelben Blüten stehen nahe dem Scheitel. Die Gattung hat zwar nur 6 Arten in Mexiko und Texas, fehlt aber in fast keiner Sammlung.

A.asterias (Zucc.) Lem., Seeigelkaktus. Der Körper dieser Kaktee besteht aus einer flachgedrückten Kugel mit 6 bis 10 Furchen. Auf den ganz flachen Rippen sitzen große weiße, wollige, aber stachellose Areolen, und der ganze Körper ist getupft mit weißen Wollflöckchen. Es gibt aber auch Varietäten mit dunkelgrünem, ganz kahlem Körper. Die gelben Blüten haben in der Mitte ein rötliches Auge. 1843 und wieder 1923 eingeführt.

A.capricorne (A. Dietr.) Britt. et Rose hat dagegen scharfkantige Rippen und Areolen, die ein Bündel wild gekrümmter, kantiger Stacheln tragen, die bis 10 cm lang werden können. Die 6 bis 7 cm langen gelben Blüten mit karminrotem Auge sind ganz besonders schön. Etwa 1850 eingeführt.

A.myriostigma Lem., Bischofsmütze. Diese wohl bekannteste *Astrophytum*-Art hat gewöhnlich nur 5 breite, aber scharfkantige Rippen und ist völlig stachellos. Der ganze Körper ist dicht mit weißen Wollflöckchen bedeckt. Die Blüten sind gelb oder gelb mit rotem Auge. 1837 eingeführt.

A.ornatum (DC.) Web. wächst im Gegensatz zu den anderen Arten mehr säulenförmig und hat gewöhnlich 8 scharfe Rippen und Areolen mit 5 bis 11 geraden Stacheln. Die Wollflöckchen sind meist in mehr oder weniger waagrechten Bändern angeordnet. Die hellgelben Blüten besitzen kein dunkleres Auge wie bei den anderen Arten. 1828 eingeführt.

Astrophyten sind nicht allzu anspruchsvoll. Schöne, blühende Pflanzen bekommt man jedoch nur, wenn sie in der Vegetationszeit warm, im Winter dagegen verhältnismäßig kühl und trocken stehen können. Die weißen und dichtbestachelten Formen wollen möglichst hell stehen, die mehr grünen Formen vertragen auch Halbschatten. Als Erde ist eine lehmhaltige, aber sehr durchlässige Erde zu empfehlen. Die Pflanzen brauchen nur sehr wenig Wasser. Da Astrophyten praktisch nie seitlich sprossen, müssen sie durch Samen vermehrt werden. Das ist jedoch auch jedem Anfänger zu empfehlen, da die großen Samen leicht und schnell keimen und auch die kleinen Pflanzen gleich das typische Aussehen von Astrophyten bekommen und oft schon nach 3 bis 4 Jahren blühen.

Aztekium Böd.
(von der eigenartigen Zeichnung, die an Skulpturen der Azteken erinnert)

Kommt nur mit einer einzigen Art *A. ritteri* (Böd.) Böd. in Nuevo León in Mexiko an Schieferfelswänden vor. Die nur etwa 5 cm große Pflanze besteht aus einer flachen, stachellosen grauen Kugel mit 9 bis 11 Rippen. Diese sind von vielen unregelmäßigen Querfurchen durchzogen. Im Boden steckt die Pflanze mit einer dicken Rübenwurzel. Die selten kultivierte Art ist wirklich eine Besonderheit unter den Kakteen, aber nur sehr schwierig in rein mineralischer Erde zu halten. 1938 eingeführt.

Blossfeldia Werderm.
(nach ihrem Entdecker H. Blossfeld jun.)

enthält mit ihren nur 4 Arten aus Nordargentinien und Bolivien die kleinsten Kakteen. Die winzigen Kugeln werden nur 4 bis 15 mm breit, können allerdings mit der Zeit kleine Polster bilden. Die Pflänzchen haben keine Rippen und keine Stacheln mehr, aber noch deutliche, helle Areolen.

B. liliputana Werderm. wächst gepfropft einigermaßen, verliert aber dabei leicht ihr natürliches Aussehen. Die weißen, bis 1 cm breiten Blütchen sind breiter als die ganze übrige Miniaturkaktee. 1937 beschrieben.

Borzicactus Riccob. (*Akersia* Buin., *Bolivicereus* Card., *Clistanthocereus* Backeb., *Loxanthocereus* Backeb., *Seticereus* Backeb.)
(Antonino Borzi, 1832–1921, ital. Botaniker)

Wird als Gattung recht unterschiedlich weit gefaßt. Kimnach faßt unter diesem Namen alle südamerikanischen, tagblühenden Kakteen mit ansehnlichen, roten, zygomorphen Blüten zusammen. Hier wurden wenigstens *Matucana, Oreocereus* und auch *Hildewintera* als eigene Gattungen beibehalten. Von dieser auch für den Liebhaber wichtigen Gattung von meist kleineren Säulenkakteen wurden aus Ekuador, Peru und Bolivien etwa 70 Arten beschrieben, die bei einer genaueren Bearbeitung aber wahrscheinlich auf eine sehr viel kleinere Artenzahl zusammenschrumpfen dürften. Von den zahlreichen schönen Arten, die in Kultur sind, seien als Beispiele folgende aufgeführt:

B. icosagonus (H.B.K.) Britt. et Rose (*Seticereus icosagonus* (H.B.K.) Backeb.) fällt durch seine dichten goldgelben Stacheln an den 18- bis 20rippigen Trieben auf. An blühenden Areolen gehen die Stacheln in längere haarfeine Borsten über. Die schönen leuchtendroten bis orangenfarbenen Blüten werden 7 bis 8 cm lang. 1823 beschrieben.

B. roezlii Backeb. (*Seticereus roezlii* (Haage jr.) Backeb.) hat ebenfalls in der Blühzone mehr borstenförmige Stacheln, die graugrünen Triebe haben aber nur 7 bis 14 über den Areolen auffällig gekerbte Rippen. 1937 beschrieben.

B. roseiflorus (Buin.) Kimnach (*Akersia roseiflora* Buin.) bildet 16- bis 17niedrigrippige, dicht goldgelb bestachelte Triebe. In der Blütenzone entwickeln sich besonders lange, bis 3,5 cm lange Stacheln. Die lilarosa, außen borstigen Blüten sind etwa 5 cm lang. Die Art kommt wahrscheinlich aus Nordperu. 1961 beschrieben.

B. samaipatanus Card. hat ebenfalls quergefurchte Rippen, jedoch sind die weitgeöffneten herrlichen Blüten auffallend stark gekrümmt. Die blutroten Blütenhüllblätter sind von einem feinen, helleren Rand gesäumt. 1951 beschrieben.

Browningia Britt. et Rose
(*Azureocereus* Akers et Johnson)
(H.W. Browning, amerikanischer Botaniker)

Eine Kakteengattung, die 11 Arten von baumförmigen Säulenkakteen in Peru und Nordchile umfaßt. Von diesen wird

B. hertlingiana (Backeb.) Buxb. (*Azureocereus hertlingianus* (Backeb.) Backeb.) öfters als Jungpflanze kultiviert, da die Triebe ab 10 cm intensiv hellblau bereift sind. Dazu muß die Pflanze aber warm, hell und ziemlich trocken kultiviert werden. Ein Besprtzen mit Wasser verträgt der hellblaue, abwischbare Reif nicht. 1937 beschrieben.

Calymnanthium Ritter
(griech. *kalymna* = Verhüllung, *anthos* = Blüte)

mit nur 2 Arten von 3- bis 5rippigen Säulenkakteen aus Peru hat sehr eigenartige Blütenknospen, die zunächst ganz wie junge Sprosse aussehen. Schließlich brechen aber an der Spitze durch eine Pore die Blütenhüllblätter durch.

C. substerile Ritter hat bis 11 cm lange, weiße, außen rötlichbraune, nächtliche Blüten. 1962 beschrieben.

Carnegiea Britt. et Rose
(Andrew Carnegie, 1835–1919, amerik. Industrieller)

ist mit ihrer einzigen Art

C. gigantea (Engelm.) Britt. et Rose, dem »Saguaro«, eine der bekanntesten Kakteen, da sie in ihrer Heimat in Arizona und Südostkalifornien sowie Nordmexiko mit ihren bis 14 m hohen und 65 cm dicken, wenig verzweigten Kandelabern das Landschaftsbild bestimmen kann. Die etwa 12 cm langen, fleischigen, weißen Blüten mit einer großen Masse von Pollen sollen in der Nacht von Fledermäusen besucht werden. 1848 beschrieben.
Die Pflanze kommt gut aus dem leicht erhältlichen Samen und kann recht lange gehalten werden, da sie sehr langsam wächst.

Cephalocereus Pfeiff.
(griech. *kephale* = Kopf, Gattung *Cereus*)

Enthält nur eine einzige Art.

C. senilis (Haw.) Pfeiff., das »Greisenhaupt«. In der Heimat in Mexiko (Hidalgo, Guanajuato) bildet diese Kaktee bis 15 m hohe, unverzweigte, schneeweiße Säulen. Durch die langen, haarigen, weißen Randstacheln sind die Rippen kaum zu erkennen. Bei etwa 6 m hohen Pflanzen entwickelt sich am Triebende ein Cephalium. Blüten sind also in Kultur nicht zu erwarten. Dennoch wird die sehr auffallende Säulenkaktee neben ähnlich aussehenden

Blossfeldia liliputana

weißen Säulenkakteen aus Südamerika, *Espostoa* und *Oreocereus*, viel kultiviert. Das Greisenhaupt braucht aber viel Licht und Wärme und auch im Winter Temperaturen nicht unter 12 bis 15°. Beim Gießen sei man recht vorsichtig. 1823 eingeführt.

Cereus Mill.
(lat. *cereus* = Wachskerze)

Umfaßt etwa 50 Arten von Säulenkakteen aus fast ganz Südamerika von Venezuela bis Argentinien. Früher waren alle Säulenkakteen in der Gattung *Cereus* zusammengefaßt. Danach nennt man noch heute alle Säulenkakteen »Cereen«. Heute ist die Gattung *Cereus* auf Arten beschränkt, die meist nur 4 bis 8 Rippen aufweisen und fast immer weiße, ansehnliche, außen kaum beschuppte und kahle Blüten besitzen. Die Blüten blühen in der Nacht auf, und bald fällt die Blütenhülle ab, der Griffel bleibt jedoch meist stehen. Die fleischigen Früchte einiger Arten werden gegessen.

C. chalybaeus Otto aus Nordargentinien und Uruguay bildet sehr schön blaubereifte Säulen mit schwarzen Stacheln und blüht schon ab 50 cm Höhe. 1846 eingeführt.

C. jamacaru DC. et Pfeiff. aus Brasilien hat dagegen saftiggrüne, bis 10 m hohe Triebe und gelbliche Stacheln. Die weißen Blüten sind 20 bis 30 cm lang. An der französischen Riviera entwickeln sich Pflanzen dieser Art zu großen Bäumen. Für andere, sehr kräftige Kakteen eignet er sich auch als Pfropfunterlage. 1828 eingeführt.

C. peruvianus (L.) Mill. wurde als eine der ersten Kakteen seit 1576 kultiviert. Seine Herkunft ist unbekannt, wild scheint er nicht mehr vorzukommen. Er hat 5 bis 8 stumpfe, im zweiten Jahr blaugrün bereifte Rippen und wird bis über 3 m hoch.

Eine monströse, bizarr aussehende, unregelmäßig höckerige, meist zwergige Form, bei der die Rippen kaum noch zu erkennen sind, wird als »Felsenkaktus« häufig kultiviert. Sie läßt sich durch Stecklinge vermehren.

Einige *Cereus*-Arten gehören seit jeher zu den am häufigsten kultivierten Kakteen. Sie wachsen nämlich aus Samen, im Gegensatz zu den meisten anderen Kakteen, sehr rasch zu ansehnlichen Pflanzen heran. Dementsprechend verlangen sie verhältnismäßig humose, nährstoffreiche Erde, viel Wasser und auch Dünger von Zeit zu Zeit. Im Winter genügen Temperaturen von 6 bis 10° und geringe Feuchtigkeit.

Cleistocactus Lem.
(*Cephalocleistocactus* Ritter)
(griech. *cleistos* = geschlossen)

enthält etwa 70 beschriebene Arten aus Peru, Bolivien, Argentinien, Paraguay und Uruguay aus 500 bis 3000 m Meereshöhe. Es sind meist kleinere Säulenkakteen mit

Borzicactus samaipatanus

Cactaceae 149

Cereus species

dünnen Trieben, die viele runde Rippen und feine, dichte Stacheln besitzen. Charakteristisch sind aber die langen, röhrenförmigen, außen dicht beschuppten, borstigen oder haarigen Blüten, die auch am Saum kaum erweitert sind, oft sogar fast geschlossen erscheinen. Trotzdem sind die leuchtend roten, gelben und grünen, oft zweifarbigen Blüten sehr auffallend. Sie werden durch Kolibris bestäubt, manche öffnen sich wohl auch überhaupt nicht mehr und bestäuben sich selbst.

C. baumannii (Lem.) Lem. ist weitverbreitet von Uruguay bis Ostbolivien und hat Sförmig gebogene, 6 bis 7 cm lange, leuchtendrote Blüten. 1844 eingeführt.

C. brookei Card. (*C. wendlandiorum* Bakkeb.) aus Bolivien (Santa Cruz) hat dagegen 5 cm lange, rote Blüten, die über dem Ovar auffällig abgeknickt sind. 1952 beschrieben.

C. smaragdiflorus (Web.) Britt. et Rose besitzt gerade Blüten mit roter Röhre und gelbem und grünem Saum. Er kommt aus Paraguay, Argentinien und Bolivien und blüht schon ab 25 cm Höhe den ganzen Sommer hindurch. 1894 beschrieben.

C. strausii (Heese) Backeb. ist ganz dicht in schneeweiße Borsten eingehüllt. Die var. **fricii** (Dörf.) Backeb. hat zudem noch schneeweiße, 3 bis 5 cm lange Haare. Die 8 bis 9 cm langen Blüten sind dunkelkarmin und gerade, erscheinen aber erst bei etwa 1 m hohen Pflanzen. Die Art hat eine ungewöhnliche sommerliche Ruhezeit von etwa Juli bis August und wächst am stärksten im Herbst bis Dezember, daneben auch noch im Frühjahr von April bis Mai. 1904 eingeführt.

Cleistokakteen sind sehr schöne und dankbare Säulenkakteen, die auch regelmäßig schon als kleinere Pflanzen zum Blühen kommen. Sie brauchen nahrhafte Erde und wollen hell und warm stehen und lieben reichliche Luftfeuchtigkeit im Frühjahr und Sommer, die man ihnen durch Nebeln am Abend bieten kann. Die Hochlandarten können im Winter völlig trocken und sehr kühl überwintert werden.

Copiapoa Britt. et Rose
(nordchilenische Stadt Copiapó)

kommt nur im küstennahen Gebiet Nordchiles vor mit 17 bis 46 Arten je nach Autor. Die meisten Arten fallen vor allem durch ihre ungewöhnliche Körperfarbe auf, die entweder kalkig weiß oder mehr oder weniger braun ist. Die gelben, nicht sehr auffallenden Blüten haben eine sehr kurze Röhre aber dennoch eine deutliche Nektarkammer, die Früchte öffnen sich oben mit einem kleinen Deckel.

Cleistocactus vulpis-cauda

Als Beispiele dieser in Kultur nicht ganz einfachen Kakteen seien folgende aufgeführt:

C.cinerea (Phil.) Britt. et Rose gehört zur Gruppe der großen, kreidigen Arten. Sie wird bis 20 cm breit, ist im Scheitel weißgrau behaart und hat gerade Rippen und wenige, anfangs schwarze Stacheln je Areole. 1860 beschrieben.

C.hypogaea Ritter ist dagegen braungrün mit rauher, feinwarziger Oberhaut und wird höchstens 6,5 cm breit. Die Rippen sind in Warzen unterteilt, die wenigen braunen Stacheln fallen später ab. Mit ihrer dicken Rübenwurzel verlangt die Art besonders durchlässige, kiesige Erde. 1959 beschrieben.

Bei **C.krainziana** Ritter ist der graugrüne Körper ganz von weißen Borstenstacheln eingehüllt, der Scheitel grauwollig. 1963 beschrieben.

C.tenuissima Ritter hat einen schwarzen, nur bis 5 cm breiten, warzigen Körper und ebenfalls eine Rübenwurzel. 1963 beschrieben.

Copiapoa-Arten behalten ihren heimatlichen Vegetationsrhythmus bei. Ihr Hauptwachstum liegt bei uns ganz ungewohnt für Kakteen im Spätsommer und Herbst. Im Sommer dagegen wollen sie trockener und eher halbschattig stehen, da in ihrer Heimat dann der Himmel oft bewölkt ist.

Corryocactus Britt. et Rose
(*Erdisia* Britt. et Rose)
(T.A. Correy, peruanischer Ingenieur, 20. Jahrhundert)

44 Arten dieser Säulenkakteen sind von Peru, Bolivien und Chile beschrieben. Sie haben kurzröhrige, außen stachelig-wollige, rote oder gelbe Blüten mit sehr dikkem Griffel.

C.tenuiculus (Rauh et Backeb.) Hutchison (*Erdisia tenuiculus* Rauh et Backeb.) aus Peru hat wie viele *Corryocactus*-Arten eine dicke, holzige Rübenwurzel. Solche Pflanzen wachsen meist gepfropft viel problemloser, außerdem blühen sie reichlicher. Die Triebe besitzen 8 bis 10 gekerbte Rippen und tragen kräftige weiße, bis 3 cm lange Stacheln. Die orange bis blutroten, innen etwas helleren Blüten sehen recht hübsch aus. 1957 beschrieben.

Coryphantha (Engelm.) Lem.
(*Lepidocoryphantha* Backeb.)
(griech. *coryphe* = Scheitel, *anthos* = Blüte)

Neben Mammillarien sind *Coryphantha*-Arten die am häufigsten kultivierten echten Warzenkakteen. Im Unterschied zu *Mammillaria* haben jedoch die blühfähigen Warzen bei Coryphantha oben eine tiefe Furche, d.h. die Areole ist stark verlängert. Dadurch gelangen die außen kahlen Blüten wie bei *Mammillaria* in die geschützten Vertiefungen am Grund der Warzen (Axillen). Von einigen sehr ähnlichen Gattungen, wie *Neolloydia*, *Neobesseya* und *Escobaria* unterscheidet sich *Coryphantha* nur durch die grünlichen Früchte und die hellbraunen, glatten Samen.
Alle 78 Arten kommen aus Mexiko und dem Süden der USA, nur *C.vivipara* kommt bis Kanada vor.

C.andreae (J.A. Purp. et Böd.) Böd. hat glänzend tiefgrüne, sehr große, bis 2,5 cm breite Warzen und 5 bis 7 kräftige, bis 2,5 cm lange Mittelstacheln. Die schönen hellgelben Blüten sind 5 bis 6 cm breit. Diese Art aus dem Staat Vera Cruz in Mexiko will etwas mehr Feuchtigkeit und auch etwas humoseren Boden als bei Coryphanthen üblich. 1925 eingeführt.

C.clavata (Scheidw.) Backeb. gehört zu einer Gruppe von Coryphanthen, die eine Drüse in der Furche besitzen. Die keulenförmige Kaktee hat je Areole 6 bis 12 gerade, weiße Randstacheln und einen gelblichen bis bräunlichen, 2 bis 3 cm langen Mittelstachel. Die 2 bis 3 cm langen gelben Blüten sind nicht so auffallend wie die anderer Coryphanthen. 1838 eingeführt.

C.elephantidens (Lem.) Lem. hat riesige, bis 4 cm lange und 6 cm breite, dunkelgrüne Warzen. Im Kontrast dazu stehen die weißwolligen Axillen und die hellbraunen, gekrümmten 5 bis 8 Randstacheln. Die bis 10 cm breiten, zartrosa bis karminfarbenen Blüten mit rotem Schlund sind eine weitere Zierde dieser prächtigen Art. Die Pflege ist wie bei *C.andreae*. 1936 eingeführt.

C.macromeris Engelm. var. **runyonii** (Britt. et Rose) L. Bens. (*Lepidocoryphantha runyonii* (Britt. et Rose) Backeb.) ist eine der wenigen reichlich sprossenden Coryphanthen. Auch sonst weicht sie mit ihrer Rübenwurzel, den nur bis zur Hälfte der Warze herabreichenden Furchen, die außen behaarte Blüte und die am Rand fein gefransten Blütenhüllblätter von anderen *Coryphantha*-Arten ab. Die schöne Pflanze stammt aus Osttexas. 1921 eingeführt.

C.minima Baird (*Escobaria nelliae* (Croiz.) Backeb.) sproßt ebenfalls stark. Die sehr kleinen länglichen Körper haben nur 2 mm lange Warzen und sind vollständig bedeckt von den jeweils 13 bis 18 hellen, sternförmig strahlenden Randstacheln. Die rosavioletten, nur bis 1,5 cm großen Blütchen sind dennoch relativ groß für die kleinen Pflänzchen. Meist wird diese Art, die ebenfalls aus Texas kommt, gepfropft kultiviert. 1931 beschrieben.

C.palmeri Britt. et Rose hat einen graugrünen Körper, hakige, gelbliche Mittelstacheln mit dunkler Spitze und gelbe 3 bis 4 cm lange Blüten. 1906 eingeführt.

C.radians (DC.) Britt. et Rose fällt durch die weißen oder gelblichen, bis 3 cm langen, anliegenden Randstacheln und den weißfilzigen Scheitel auf, die sich beide sehr schön vom kräftig grünen Körper abheben. Auch die bis über 7 cm breiten, zitronengelben Blüten sind sehr auffallend. 1828 beschrieben.

C.vivipara (Nutt.) Engelm. (*Escobaria vivipara* (Nutt.) Buxb.) kommt in einem riesigen Gebiet von Nordtexas bis Manitoba in Kanada in vielen Varietäten vor und erträgt, trocken gehalten, sogar leichten Frost. Die dunkelgrünen Körper sprossen sehr stark. Am typischsten für die Art ist, daß die tiefrosaroten, bis 5 cm breiten Blüten am Rand haarig gewimperte Blütenhüllblätter besitzen. 1813 beschrieben.

Coryphanthen brauchen fast alle viel Licht und Wärme und wollen nur mäßig gegossen werden. Im Winter dagegen können sie verhältnismäßig kühl stehen. Dann hält man sie völlig trocken. Da die meisten Arten nicht sprossen, bleibt zur Vermehrung nur die Aussaat, die jedoch erst nach 5 bis 8 Jahren blühende Pflanzen liefert.

Cryptocereus Alex.
(griech. *kryptos* = verborgen, Gatt. *Cereus*)

Nur 3 Arten aus Mexiko, Costa Rica und Ekuador. Es sind epiphytische Pflanzen mit blattartigen Flachtrieben und großen, außen beschuppten und stacheligen oder borstigen Blüten.

C.anthonyanus Alex. aus Chiapas in Südmexiko ist die einzige kultivierte Art und verlangt eine ähnliche Kultur wie *Epiphyllum* im Warmhaus. Die 7 bis 15 cm breiten Flachtriebe sind fiederig eingeschnitten und sehen dadurch fast farnartig aus. Die nächtlichen, außen roten, innen cremeweißen Blüten sind etwa 15 cm lang und wirken mit ihren schmalen, zurückgebogenen Blütenhüllblättern sehr elegant. 1950 beschrieben.

Deamia Britt. et Rose
(Charles Clemen Deam, 1865–1953, Drogist und Botaniker in Indiana)

Mit 2 kletternden Arten in Mexiko und Kolumbien vertreten.

D. testudo (Karw.) Britt. et Rose hat 3 bis 5 bis 8 sehr breit dünngeflügelte Triebe, die in Kultur etwa 8 cm breit werden, in der Heimat aber bis 20 cm. Die einzelnen Teilstücke haben auf den ersten Blick eine gewisse Ähnlichkeit mit einem Schildkrötenpanzer, wenn sie eng angepreßt an einem Stamm aufliegen. Die großen, bis 28 cm langen und 20 cm breiten weißen bis cremeweißen Blüten gleichen denen von *Selenicereus*, mit welcher Gattung *Deamia* auch öfters vereinigt wird. Auch die Kultur ist ähnlich wie bei *Selenicereus*. 1837 beschrieben.

Denmoza Britt. et Rose
(Anagramm von Mendoza, Stadt in Argentinien)

Nur 2 Arten in Argentinien. Typisch sind die röhrenförmigen, fast geschlossenen, mit den weit herausragenden Staubblättern aber deutlich zygomorphen Blüten. Diese stehen an besonders haarigen Areolen.

D. rhodacantha (Salm-Dyck) Britt. et Rose ist eine Kugelkaktee mit etwa 15 scharfen Rippen und dichten, gelblichen oder braunroten, später grauen, bis 3 cm langen Stacheln. Die leuchtendroten Blüten sind etwa 7 cm lang. 1834 beschrieben.

Discocactus Pfeiff.
(griech. *diskos* = Scheibe)

Neben *Melocactus* die einzige Kugelkakteengattung, die ein deutlich abgesetztes Cephalium ausbildet, d. h. einen klar abgesetzten, dichtborstigen, mützenförmigen Aufsatz auf dem Kakteenkörper, an dem allein die Blüten entspringen. Diese blühen in der Nacht und sind recht groß.

Von den 11 Arten aus Brasilien, Paraguay und Bolivien sind einige gelegentlich bei erfahrenen Liebhabern in Kultur. Alle Discokakteen wollen verhältnismäßig warm bei 15° und wärmer stehen und brauchen sandige, saure Erde.

D. horstii Buin. et Bred. aus Minas Gerais in Südbrasilien ist auch ohne ihre weißen Blüten recht hübsch. Die nur bis 6 cm breite Kugelkaktee mit dunkelgrünen, hohen Rippen hat helle, wie mit Mehl überpuderte, kammartig an jeder Areole angeordnete, kurze Stacheln. 1973 eingeführt.

Disocactus Lindl.
(griech. *dis* = doppelt, *isos* = gleich)

sieht mit ihren Flachtrieben nichtblühend wie eine gewöhnliche Phyllokaktee (*Epiphyllum*-Hybride) aus. Die Blüten sind jedoch schmal röhrenförmig und haben nur wenige Blütenhüllblätter. Von den 3 Arten aus Guatemala und Honduras wird

D. eichlamii (Weingt.) Britt. et Rose gelegentlich kultiviert, ähnlich wie *Epiphyllum*. Die Blüten sind karminrot und etwa 6 bis 7 cm lang. Staubblätter und Griffel ragen weit heraus. 1910 eingeführt.

Echinocactus Link et Otto
(*Homalocephala* Britt. et Rose)
(griech. *echinos* = Igel)

war früher der Gattungsname für die meisten Kugelkakteen außer *Mammillaria*. Seit dem grundlegenden Werk von Britton und Rose wurde der Name aber auf nur 9 Arten beschränkt von teilweise riesigen kugeligen oder tonnenförmigen, bis 1,5 m hohen und 1 m breiten, sehr stacheligen Kakteen aus Mexiko und dem Süden der USA. Die scheitelnahen Blüten sind verhältnismäßig klein, nur 2 bis 6 cm lang, besitzen aber außen stechende, wollige Schuppen und einen auffällig dicken Griffel. Im Gegensatz zu den ebenfalls oft sehr großen Ferokakteen haben Echinokakteen fast immer nur gerade, nichtgekrümmte Stacheln.

E. grusonii Hildm., der »Schwiegermutterstuhl«, ist eine der am meisten bestaunten Kakteen in botanischen Gärten, wo oft jahrzehntealte, tatsächlich hockergroße Pflanzen zu bewundern sind. Die 20 bis 30 scharfen, regelmäßigen Rippen sind mit bis 5 cm langen, kräftigen gelben oder rötlichen Stacheln besetzt. 1890 eingeführt.

E. horizontalonius Lem. wird »nur« etwa 40 cm breit und 25 cm hoch. Seine roten bis gelben Stacheln sind fein geringelt und oft krallenartig gebogen. Die rosa Blüten werden in der Regel 3 cm lang. 1837 eingeführt.

E. ingens Zucc. var. **grandis** (Rose) Krainz kann noch mächtiger werden als *E. grusonii*, nämlich 1,5 m hoch und 1,25 m breit mit über 50 Rippen. Er hat aber weniger und schwächere, braune, geringelte Stacheln. Die gelben Blüten sind bei der var. *grandis* 4 bis 5 cm lang.

E. texensis Hopff. (*Homalocephala texensis* (Hopff.) Britt. et Rose) ist eine in Kultur nur bis 20 cm breite Art mit 13 bis 27 Rippen. Auch bei ihr sind die rötlichen Stacheln geringelt, von denen der abgeflachte Mittelstachel bis 6,5 cm lang werden kann. Die eigenartig schönen Blüten machen die Pflanze trotz der nicht ganz leichten Kultur begehrenswert. Die Blüten sind dreifarbig, außen rosa, nach innen zu orange und schließlich mit einem scharlachroten Auge. Das Merkwürdigste aber sind die langen Fransen an den Blütenhüllblättern, die so eigenartig sind, daß die Art auch jetzt noch oft als eigene Gattung *Homalocephala* betrachtet wird. Gefranste Blütenhüllblätter, allerdings lange nicht so ausgeprägt, kommen jedoch auch bei anderen *Echinocactus*-Arten vor. 1835 eingeführt.

Wenn genügend Platz vorhanden ist, entwickeln sich die Echinokakteen im Lauf vieler Jahre zu sehr dekorativen Pflanzen. Sie brauchen allerdings viel Licht und Wärme, eine durchlässige Erde, und auch im Winter muß darauf geachtet werden, daß sie nicht kalt stehen.

Echinocereus Engelm.
(griech. *echinos* = Igel, Gattung *Cereus*)

Diese Gattung umfaßt eine Gruppe gut charakterisierter kleiner Säulenkakteen aus Mexiko und dem Süden der USA. Fast alle sind strauchig verzweigt, aber kaum über 40 cm hoch und besitzen sehr weichfleischige Triebe. Am typischsten für die Gattung *Echinocereus* sind aber die außen stark bestachelten Blüten und Früchte, vor allem aber die fast immer auffallend grünen Narben. Bei den meisten Arten besitzen die großen Blüten ein zart nach außen verfließendes helleres oder dunkleres, andersfarbiges Auge, was sie mit zu den schönsten Kakteenblüten macht.

152 Cactaceae

Nach der neuen Bearbeitung von N. Taylor enthält die Gattung 44 Arten mit 56 Varietäten.

Stacheln fehlend oder sehr kurz
Stacheln haarartig, den Körper verhüllend
Stacheln ± kammartig stehend
Stacheln nicht kammartig stehend
    Blüten grünlich bis bräunlich
    Blüten mohrrübenfarbig
    Blüten lila
        Triebe 3 bis 7 cm dick
        Triebe bis 3 cm dick

Die hier als Beispiele aufgeführten *Echinocereus*-Arten lassen sich praktisch in folgender Weise gruppieren:

E.knippelianus, subinermis
E.delaetii
E.pectinatus, reichenbachii

E.chloranthus, viridiflorus
E.salm-dyckianus

E.enneacanthus
E.pentalophus, blanckii

E.chloranthus (Engelm.) Rümpl. (*E.viridiflorus* Engelm. var. *chloranthus* (Engelm.) Backeb.) hat 4 bis 7 cm dicke, unverzweigte Triebe mit 13 bis 18 Rippen und ist dicht bestachelt. Bezeichnend sind die gelblichen bis bräunlichen, nur 2,5 bis 3 cm langen Blüten. Diese Art ist von Nordmexiko bis New Mexico, Colorado und Texas verbreitet. 1856 beschrieben.
Die var. **davisii** (A.D. Houghton) Marsh. (*E.davisii* A.D. Houghton) aus Texas ist eine verkleinerte Ausgabe mit nur bis 2,5 cm hohen, 6- bis 9rippigen Trieben, die allerdings auch sprossen können. Die Blüten sind schmutzig grüngelb und erscheinen schon bei sehr kleinen Pflanzen. 1931 beschrieben. *E.chloranthus* wird am besten gepfropft.

E.delaetii Gürke aus Mexiko (Coahuila) ist ganz von unregelmäßig gebogenen, weißen Haarstacheln eingehüllt. Die hell purpurrosa Blüten erscheinen nur selten. Etwa 1909 eingeführt.

E.enneacanthus Engelm. mit 8- bis 10rippigen, sprossenden Trieben hat 7 bis 9 (bis 12) am Grund zwiebelig verdickte Randstacheln und 1 (bis 3) Mittelstacheln. Die hellpurpurnen Blüten sind bis 7,5 cm breit. Die Art kommt in Nordmexiko und in den USA in New Mexico und Südtexas vor. 1848 beschrieben.

E.knippelianus Liebn. aus Nordmexiko (Coahuila) fällt mit ihrem fast schwarzgrünen, kugeligen bis ovalen Körper mit nur etwa 5 rundlichen Rippen ziemlich aus dem

Copiapoa cinerea
Coryphantha elephantidens

E.blanckii (Poselg.) Palmer var. **blanckii** aus Mexiko (Tamaulipas) hat 2,5 bis 3 cm dicke Triebe mit 5 bis 6 (bis 7) stark gehökkerten Rippen. Die Mittelstacheln sind 3 cm und mehr lang, die Randstacheln bis 2 cm. Die violettroten Blüten erreichen eine Länge von 9 cm und eine Breite von 7 cm. 1853 eingeführt.

E.blanckii (Poselg.) Palmer var. **berlandieri** (Poselg.) Backeb. hat schwächere Triebe und Stacheln als der Typ der Art. Seine Triebe sind nur 1 bis 2,5 cm dick, die Randstacheln nur etwa bis 1 cm lang, die Mittelstacheln bis 2 cm. Die 6 bis 8 cm langen Blüten sind schön karminrosa. Diese Varietät kommt im nordöstlichen Mexiko und in Texas vor. 1856 beschrieben.

Cactaceae 153

Disocactus horstii
Echinocactus grusonii
Echinocereus blanckii

Rahmen der Echinocereen. Die wenigen gelblichen, borstigen Stacheln fallen bald ab. Dagegen entsprechen die etwa 4 cm langen rosa Blüten ganz den üblichen Echinocereenblüten. Auch diese Art wird meist gepfropft. Etwa 1894 eingeführt.

E. pectinatus (Scheidw.) Engelm. aus Nordmexiko und USA (Arizona, Texas) gehört zu einer Gruppe dichtbestachelter Echinocereen, bei denen die Areolen verlängert sind und die Randstacheln nach beiden Seiten ± kammartig abstehen. Dazu kommen noch 2 bis 6 kurze Mittelstacheln. Die 4 bis 7 cm dicken Triebe haben 20 bis 23 Rippen, die purpurnen, 6 bis 8 cm breiten Blüten besitzen eine auffällig grünliche Mitte. Auch diese Art ist leichter gepfropft als auf eigener Wurzel zu halten. 1838 beschrieben.
Der var. **rigidissimus** (Engelm.) Engelm. (*E. rigidissimus* (Engelm.) Rose) fehlen die Mittelstacheln. 1856 beschrieben.

E. pentalophus (DC.) Lem. hat nur etwa 2 cm dicke, sprossende Triebe mit nur etwa 5 Rippen und 3 bis 6 Stacheln je Areole. Die sehr schönen, 7 bis 12 cm breiten, rosa oder lila Blüten sind im Schlund weiß gefärbt. Diese Art kommt in Nordmexiko bis Texas vor. 1828 beschrieben.

E. reichenbachii (Terschek) Haage var. **albispinus** (Lahmann) L. Benson (*E. baileyi* Rose), ebenfalls aus Nordmexiko und Texas, hat fast kammartig stehende 12 bis 16 Randstacheln und keine oder 1 bis 3 Mittelstacheln. Die purpurrosa Blüten sind in der Mitte karminrosa. 1935 beschrieben. Die var. **fitchii** (Britt. et Rose) L. Benson (*E. fitchii* Britt. et Rose) aus Texas hat etwa 20 Randstacheln und 4 bis 7 andersfarbige Mittelstacheln. Die purpurrosa Blüten besitzen eine dunkler karminrote Mitte. 1913 eingeführt.

E. salm-dyckianus Scheer aus Nordmexiko ist durch seine leuchtend mohrrübenfarbigen Blüten ausgezeichnet, die 8 bis 10 Tage halten. Die 2 bis 3 cm dicken, sprossenden, gelblich bestachelten Triebe fallen unter den Echinocereen nicht weiter auf. 1850 eingeführt.

E. subinermis Salm-Dyck, ebenfalls aus Nordmexiko, verliert wie *E. knippelianus* bald die Stacheln oder sie werden nur noch etwa einen Millimeter lang. Die 7 bis 9 cm breiten Blüten sind gelb. 1845 eingeführt.

E. viridiflorus Engelm. ist die am weitesten nach Norden bis Wyoming und Süddakota verbreitete Art. Die kleinen 2 bis 5 cm dicken, kugeligen, 13- bis 15rippigen Triebe sind hübsch mit hellen oder braunzonigen Stacheln besetzt. Die etwa 3 cm breiten Blüten sind tatsächlich grün, aber dennoch recht hübsch. 1848 beschrieben.

Die Echinocereen gehören zu den schönsten und beliebtesten Kakteen. Gemäß ihrer Herkunft aus Mexiko und den Trockengebieten im Südosten der USA wollen sie es im Sommer sonnig und heiß haben und dann auch reichlich gegossen werden; im Winter dagegen müssen sie völlig trocken stehen, und die hier erwähnten, mehr nördlichen Arten können recht kühl überwintert werden, manche ertragen sogar schwachen Frost. Die Erde sollte lehmigsandig und verhältnismäßig nährstoffreich sein. Doch muß sie dennoch recht durchlässig sein, da Echinocereen bei Nässe sehr leicht faulen. Auch durch Schädlinge, vor allem Spinnmilben, sind die weichfleischigen Echinocereen sehr gefährdet. Die sprossenden Arten entwickeln sich am schönsten ausgepflanzt im Mittelbeet des Gewächshauses.
Die Aussaat gelingt sehr gut, die sprossenden Arten kann man einfacher durch Stecklinge vermehren. Vor allem die Arten mit Kammstacheln gedeihen leichter gepfropft, z.B. auf kalkunempfindlichen Trichocereen-Unterlagen.

Echinofossulocactus Lawr.
(*Stenocactus* K. Schum.)
(lat. *echinus* = Igel, *fossula* = kleine Furche)

Eine Gattung mit wahrscheinlich nur wenigen, aber äußerst variablen kleinen Kugelkakteen-Arten in Mittel- und Nordmexiko. Außer *E. coptonogonus* sind alle Echinofossulokakteen leicht an ihren zahlreichen (30 bis 120) dünnen, lamellenartigen und dazu oft noch gewellten Rippen zu erkennen. Die Stacheln sind sehr variabel, doch ist häufig der obere Mittelstachel auffällig abgeflacht oder gar papierartig. Die hübschen Blüten sind sehr ähnlich den Blüten der verwandten Gattung *Ferocactus*, besitzen jedoch keinen Haarring im Innern.

E. coptonogonus (Lem.) Lawr. hat als einzige *Echinofossulocactus*-Art nur 10 bis 15 dicke, nicht gewellte Rippen. Die hornfarbenen Stacheln sind geringelt wie bei *Ferocactus*-Arten. Die weißlichen Blüten besitzen ein purpurnes bis karminrotes Auge. Etwa 1835 eingeführt.

E. crispatus (DC.) Lawr. hat 26 bis 35 Rippen und gehört zu einer Gruppe voneinander kaum unterschiedener Arten, z.B. *E. lamellosus* (A. Dietr.) Britt. et Rose und *E. hastatus* (Hopff.) Britt. et Rose, mit kräftigen Stacheln und violetten Blüten mit breiten, dunkleren Mittelstreifen. 1828 beschrieben.

E. multicostatus (Hildm.) Britt. et Rose hat 80 bis 120 dünn kartonartige, gewellte Rippen und ist dadurch eine der auffallendsten Kakteen. Die hübschen weißen Blüten haben ein purpurviolettes Auge und gelbe Staubbeutel. 1890 beschrieben.

Echinofossulokakteen sind nicht schwierig zu kultivieren. Sie wollen hell, aber vor praller Mittagssonne geschützt stehen, da sie in ihrer Heimat oft in trockenem Grasland etwas schattig stehen. Als Erde verlangen sie eine eher etwas humose Erde und im Sommer reichlich Feuchtigkeit. Im Winter dagegen wollen sie es kühl und trocken haben. Aus Samen kommen die Echinofossulokakteen gut, wobei sich die zahlreichen dünnen Rippen erst allmählich bei den mammillariaartigen Keimpflänzchen bilden.

Echinopsis Zucc. (*Pseudolobivia* (Backeb.) Backeb.), Seeigelkaktus, Igelkaktus
(griech. *echinos* = Igel, *opsis* = Aussehen)

Kugelige, meist sattgrüne, scharfrippige Kakteen mit Stacheln, die fast nie als Rand- und Mittelstacheln zu unterscheiden sind. Der Scheitel ist nie wollig. Die meist etwas seitlich stehenden Blüten sind recht groß, langröhrig-trompetenförmig und außen stark beschuppt und behaart. Bei den Staubblättern ist immer ein Kreis von Schlundstaubblättern deutlich von den übrigen abgesetzt, genauso wie bei den nahe verwandten Gattungen *Lobivia* und *Trichocereus*, von denen die Gattung nur schwer abzugrenzen ist. Die meisten Lobivien haben jedoch eine kürzere, verhältnismäßig dickere Röhre und sehr oft Rippen, die in schräggestellte Höcker aufgelöst sind. Trichocereen wachsen von Anfang an säulig, was Echinopsis-Arten höchstens im Alter tun.
Von den heute noch unterschiedenen etwa 70 Arten dürften sehr viele bei genauerer Bearbeitung wegfallen. Die Gattung ist vom Tiefland in Südbrasilien, Uruguay und Paraguay bis ins Hochland von Argentinien und Bolivien verbreitet; im Tiefland kommen die nachtblühenden, im Hochland die tagblühenden Arten (*Pseudolobivia*) vor.

Übersicht über die hier aufgeführten Arten:

nachtblühend
  Blüten weiß: *E. calochlora, eyriesii, tubiflora*
  Blüten rosa bis rot: *E. multiplex*
tagblühend
  Blüten weiß: *E. ancistrophora, obrepanda*
  Blüten gelb: *E. arachnacantha, aurea*
  Blüten karminrot: *E. mammillosa* var. *kermesina*

E. ancistrophora Spegazz. (*Pseudolobivia ancistrophora* (Spegazz.) Backeb.) aus Argentinien (Tucuman, Salta) hat einen einzigen hakigen Mittelstachel je Areole und 12 bis 16 cm lange, schöne, weiße Blüten, die am Tag geöffnet sind. 1905 beschrieben. Die var. **hamatacantha** (Backeb.) Rausch (*E. hamatacantha* Backeb.; *Pseudolobivia hamatacantha* (Backeb.) Backeb.) hat 1 bis 4 hakige Mittelstacheln und etwa 20 cm lange Blüten. 1935 beschrieben. Die var. **kratochviliana** (Backeb.) Rausch (*E. kratochviliana* Backeb.; *Pseudolobivia kratochviliana* (Backeb.) Backeb.) unterscheidet sich vor allem durch die nur bis 5 cm langen Blüten. 1934 beschrieben.

E. arachnacantha (Buin. et Ritter) H. Friedr. (*Lobivia arachnacantha* Buin. et Ritter) hat nur bis 4 cm breite, dunkelgrüne Körper, auf denen die weißlichen, anliegenden Stacheln spinnenartig aufsitzen. Mit ihren tagblühenden, nur etwa 5 cm langen goldgelben bis orangen Blüten könnte die Art, die aus Bolivien (Samaipata) kommt, auch unter die Lobivien eingereiht werden. 1956 beschrieben.

E. aurea Britt. et Rose (*Pseudolobivia aurea* (Br. et Rose) Backeb.; *Lobivia aurea* (Britt. et Rose) Backeb.) aus Argentinien (Cordoba) hat ebenfalls gelbe, tagblühende Blüten, die allerdings etwa 9 cm lang sind. Die hellbraunen bis dunklen Stacheln stehen gerade ab. 1916 eingeführt.

E. calochlora K. Schum. ist durch ihren hell grasgrünen Körper und 11 bis 18 Randstacheln je Areole ausgezeichnet. Die weißen, etwa 16 cm langen, nächtlichen Blüten hat sie mit mehreren anderen Arten gemeinsam. Sie stammt aus Brasilien (Matto Grosso). Etwa 1900 eingeführt.

E. eyriesii (Turpin) Zucc. ist sehr ähnlich der vorigen, hat aber einen dunkelgrünen Körper und nur bis 0,5 cm lange Stacheln. Die von Südbrasilien, Uruguay bis Argentinien (Entre Rios, Buenos Aires) weit verbreitete Art hat sehr große 17 bis 25 cm lange, weiße, nächtliche Blüten, die sich allerdings schon am Spätnachmittag öffnen. Sie besitzt viele untereinander ähnliche Formen und ist außerdem eine der wichtigsten Stammarten der sehr verbreiteten, schon im vorigen Jahrhundert gezüchteten *Echinopsis*-Hybriden, die sehr häufig auch rosa Blüten haben. 1830 eingeführt.

E. mammillosa Gürke var. **kermesina** (Krainz) Friedr. (*E. kermesina* (Krainz) Krainz; *Pseudolobivia kermesina* Krainz), vielleicht aus Argentinien stammend, hat 15 bis 18 cm lange, karminrote, tagblühende Blüten und ist daher auch für Kreuzungen sehr wertvoll. 1938 eingeführt.

E. multiplex (Pfeiff.) Zucc. aus Südbrasilien hat unter den nachtblühenden Arten ausnahmsweise nicht weiße, sondern fleischfarbene, rosaspitzige Blüten, die 15 bis 20 cm lang sind und stark duften. 1827 eingeführt.

E. obrepanda (Salm-Dyck) K. Schum. (*Pseudolobivia obrepanda* (Salm-Dyck) Backeb.) aus Bolivien (Cochabamba) hat gegenüber *E. ancistrophora* nur leicht gebogene, nicht hakige Stacheln. Die 18 bis 20 cm langen, weißen Blüten blühen ebenfalls am Tage. 1844 eingeführt.

E. tubiflora (Pfeiff.) Zucc. aus Argentinien (Tucuman, Catamarca, Salta) ist eine schon sehr lange kultivierte Art mit etwa 20 cm langen, weißen Blüten, die in der Nacht geöffnet sind. Der dunkelgrüne Körper trägt gegenüber *E. eyriesii* längere 0,5 bis 1,5 cm lange Stacheln. Auch *E. tubiflora* ist maßgeblich an vielen seit langem kultivierten *Echinopsis*-Hybriden beteiligt. Etwa 1835 eingeführt.

Die nachtblühenden *Echinopsis*-Arten sind seit alters her mit die am häufigsten kultivierten Kakteen, da sie sehr anspruchslos sind und auch bei schlechter Pflege noch blühen. Sie brauchen eine durchlässige, aber eher etwas humushaltige Erde. Auch im Winter sollte die Erde nicht ganz austrocknen. In der Vegetationszeit sind sie lediglich gegen pralle Mittagssonne und zu trockene Luft empfindlich. Im Sommer verlangen sie reichlich Wasser und ab und zu auch eine Düngung. Die Vermehrung geschieht bei den sprossenden Arten durch die »Kindel«. Dabei gibt es allerdings Pflanzen, die bevorzugt nur Kindel bilden, aber kaum blühen. Bei den nichtsprossenden Arten ergibt die Aussaat nach etwa vier Jahren blühende Pflanzen.

Die tagblühenden *Echinopsis*-Arten (*Pseudolobivia*) werden ähnlich wie Lobivien kultiviert.

Encephalocarpus Berger
(griech. *en* = in, *kephale* = Kopf, *karpos* = Frucht)

Mit ihrer einzigen Art **E. strobiliformis** (Werderm.) Berger aus Mexiko (Tamaulipas) eine recht merkwürdige Erscheinung unter den Kakteen. Die blattartigen, unten gekielten Warzen liegen nämlich eng aneinander, ähnlich einem geschlossenen Kiefernzapfen. Die ganze Pflanze ist nur 4 bis 6 cm breit, und die Stacheln sind sehr klein und fallen bald ab. Die 3 bis 4 cm breiten Blüten sind violett. Die Erde für diese Art muß mineralisch und sehr durchlässig sein. Im Sommer will die Pflanze recht heiß, im Winter völlig trocken stehen. 1927 eingeführt.

Epiphyllanthus Berger
(griech. *epi* = auf, *phyllon* = Blatt, *anthos* = Blüte)

Gehört zu den epiphytischen Gliederkakteen. Ihre im Querschnitt runden oder abgeflachten, opuntienartigen kleinen Glieder tragen auf der ganzen Fläche Areolen. Die zygomorphen Blüten sind sehr ähnlich wie beim Weihnachtskaktus (*Schlumbergera truncata*), besitzen aber nur eine kurze Röhre. Von den 3 Arten aus Brasilien (Rio de Janeiro, Sao Paulo, Minas Gerais) ist am bekanntesten

E. obovatus (Engelm.) Britt. et Rose mit sehr feinen, weißlich bestachelten, opuntienartigen Gliedern und purpurnen, etwa 4,5 cm langen Blüten. Die Kultur ist ähnlich wie bei *Schlumbergera*. 1897 beschrieben.

Epiphyllum Haw. (*Marniera* Backeb.), Blattkaktus
(griech. *epi* = auf, *phyllon* = Blatt)

Auch diese Gattung besteht aus epiphytischen, zum Teil sehr großen Kakteen, die flachgedrückte, blattartige und stachellose Triebe besitzen. Die meist sehr großen, nächtlichen Blüten haben eine lange und dünne Röhre. Diese Blütenform ist in manchen *Epiphyllum*-Hybriden noch erkennbar. Von den 17 Arten, die von Mexiko über Zentralamerika bis nach Argentinien verbreitet sind, werden nur zwei häufiger im feuchten Warmhaus kultiviert.

E. chrysocardium Alex. (*Marniera chrysocardium* (Alex.) Backeb.) aus Mexiko (Chiapas) ist auch ohne Blüten sehr auffallend. Die bis 30 cm breiten Triebe sind nämlich bis zur Mittelrippe in 4 cm breite Lappen zerteilt. Die riesigen, über 30 cm langen Blüten sind außen schmutzig rosa, innen weiß. 1956 beschrieben.

E. oxypetalum (DC.) Haw. ist weit verbreitet von Mexiko über Guatemala, Venezuela bis Brasilien und hat nur bis 12 cm breite, tief gekerbte Triebe. Die 25 bis 30 cm langen, außen rötlichen, innen weißen Blüten verbreiten einen unangenehmen Geruch. 1828 beschrieben.

Epiphyllum-Hybriden, sog. Phyllokakteen.
Viel häufiger als diese beiden Arten sind allerdings Hybriden, in denen neben *E. crenatum* auch *Nopalxochia phyllanthoides*, *Heliocereus speciosus* und zum Teil auch *Selenicereus*-Arten eingekreuzt wurden. Im Laufe der Zeit entstanden mehrere tausend Sorten, und sie gehören heute zu den am meisten gepflegten Kakteen. *Epiphyllum*-Hybriden verlangen eine andere Pflege als die meisten Kakteen. Sie wollen einen humosen, sauren Boden, z.B. Einheitserde mit Sand. Am besten gedeihen sie nicht in der vollen Sonne, sondern im Halbschatten. Die Wurzeln sollten stets leicht feucht bleiben. Auch häufiges Nebeln tut ihnen gut. Im Winter können die meisten verhältnismäßig kühl stehen, im Sommer kann man sie auch im Freien an einen halbschattigen Platz stellen. Sortenecht können sie leicht durch gut abgetrocknete Stecklinge im Frühjahr oder im August vermehrt werden. Aussaat kommt fast nur für die Züchtung neuer Sorten in Frage, da die Pflanzen erst nach 4 bis 8 Jahren zum erstenmal blühen.

Epithelantha (Web.) Britt. et Rose
(griech. *epi* = auf, *thele* = Brustwarze, *anthos* = Blüte)

Enthält nur eine einzige, allerdings sehr variable Art:

E. micromeris (Engelm.) Web. in Südtexas und Mexiko (Coahuila und Nuevo León). Sie sieht ähnlich aus wie manche

Echinopsis mamillosa var. kermesina

dicht weiß bestachelte Mammillarien. Die scheitelständigen Blüten entspringen jedoch bei dieser Gattung aus den Spitzen der Warzen, nicht aus den Furchen dazwischen. Auffallender als die kleinen, 1 cm breiten rosa oder weißen Blütchen sind die langgestreckten, leuchtendroten Beeren. 1856 beschrieben.

Eriocereus (Berger) Riccob.
(griech. *erion* = Wolle, Gattung *Cereus*)

Umfaßt etwa 11 dünntriebige, meist kletternde Säulenkakteen aus Südamerika mit langröhrigen, nächtlichen Blüten und großen roten Beerenfrüchten. Gegenüber der ähnlichen Gattung *Harrisia* ist bei *Eriocereus* ein eigener Schlundstaubblattkranz abgesetzt.

E. bonplandii (Parment.) Riccob. (*Harrisia bonplandii* (Parment.) Britt. et Rose) aus Brasilien, Paraguay und Argentinien blüht schon ab etwa 1 m Höhe. Aus den weißen, bis 25 cm langen Blüten entwickeln sich nach Selbstbefruchtung leuchtend rote, bis 6 cm große Früchte, die monatelang an der Pflanze bleiben können. 1837 beschrieben.

E. jusbertii (Rebut) Riccob. ist auch ohne Blüten mit seinen kurzen, konischen, fast schwarzen Stacheln eine hübsche 5 (bis 6) rippige Säulenkaktee. Sie entwickelt schon ab 20 cm Höhe ihre 15 cm langen weißen Blüten. Sehr häufig wird diese Art auch als robuste Pfropfunterlage verwendet. Sie will lediglich in den Wintermonaten nicht unter 10° stehen. Ein natürlicher Fundort der Pflanze ist nicht bekannt. 1897 eingeführt.

Eriosyce Phil.
(griech. *erion* = Wolle, *sykon* = Feige)

Die 7 Arten sind große, meist sehr derb und bunt bestachelte Kugelkakteen aus Chile und Argentinien mit außen stacheligen und haarigen Blüten und sehr typischen Hohlfrüchten. Da die Samen nur schwer keimen, sieht man diese Kakteen nicht oft.

E. ceratistes (Otto) Britt. et Rose wird bis 50 cm breit und trägt auf den 20 bis 35 Rippen derbe, krallig gebogene Stacheln. Die gelben bis karminroten, bis 4 cm langen Blüten erscheinen erst bei älteren Pflanzen. 1837 beschrieben.

Erythrorhipsalis Berger
(griech. *erythros* = rot, *rhips* = Binse)

Die einzige Art **E. pilocarpa** (Loefgr.) Berger aus Brasilien (São Paulo, Rio de Janeiro) ist wie *Rhipsalis* eine dankbare Ampelpflanze für das Warmhaus. Die schmutzig graugrünen, 3 bis 6 mm dicken Triebe sind mit gräulichen, anliegenden Borsten besetzt. Die meist endständigen, weißen bis blaßgelben, bis 2,5 cm breiten Blüten erscheinen um Weihnachten und sind im Gegensatz zu *Rhipsalis*-Blüten außen borstig-wollig. Etwa 1900 eingeführt.

Escobaria Britt. et Rose
(Romulo und Numa Escobar, Mexiko)

Diese Gattung hat wie *Coryphantha* gefurchte Warzen, aber grubige, dunkle Samen, und die Früchte tragen viele kleine, holzig werdende Warzen. Die 12 Arten kommen in Mexiko und im Süden der USA vor.

E. bella Britt. et Rose bildet bis 8 cm hohe, zylindrische Körper. Die Areolen tragen bis 15 weißliche Randstacheln und 3 bis 5 braune Mittelstacheln. Die weißen oder rosafarbenen, elegant trompetenförmigen Blüten sind fast 2 cm breit. 1914 eingeführt.

E. tuberculosa (Engelm.) Britt. et Rose wird bis 18 cm hoch und hat mehr Stacheln – 20 bis 30 Randstacheln und 5 bis 9 weiße Mittelstacheln mit schwarzer Spitze. 1849 beschrieben.

Eriocereus pomanensis

Cactaceae 157

Epiphyllum-Hybride

Espostoa Britt. et Rose
(*Pseudoespostoa* Backeb.)
(Nicolas E. Esposto, peruan. Botaniker)

Auffällig weißwollige Säulenkakteen aus Ekuador und Nordperu mit weißen, nachtblühenden Blüten, die seitlich an einem rinnenförmigen Cephalium entstehen. Von den 13 Arten werden vor allem

E. lanata (H.B.K.) Britt. et Rose und die kaum unterschiedene **E. melanostele** (Vaup.) Borg kultiviert. Die vielen Varietäten und Formen unterscheiden sich vor allem darin, wie dicht die 1 bis 2 cm langen Haare an den Areolen stehen. Am begehrtesten sind schneeweiße, völlig eingehüllte Säulen. 1870 eingeführt.

Die Kultur dieser auffallenden Kakteen ist nicht allzu schwierig, wenn einige Bedingungen erfüllt werden. Da sie verhältnismäßig rasch wachsen, brauchen sie eine nahrhafte Erde und stets – außer im Winter – leichte Feuchtigkeit. In ihrer Heimat erhalten sie regelmäßig Tau. Damit der weiße Haarüberzug aber nicht verklebt, sprühe man sie in Kultur nicht – außer mit völlig kalkfreiem Wasser – und schütze sie auch vor Staub und Schmutz. Im Winter wollen sie nicht unter 10°.

Eulychnia Phil. (*Philippicereus* Backeb.)
(griech. *eu* = gut, *lychnos* = Fackel)

Umfaßt etwa 27 Arten von Säulenkakteen aus Südperu und Nordchile mit fast röhrenlosen Blüten. Wegen ihrer weißen Areolenwolle oder der sehr langen, auffälligen Stacheln schon an Jungpflanzen werden einige Arten als anspruchslose, schöne Säulenkakteen gehalten, z.B.

E. saint-pieana Ritter aus Nordchile (Atacama). Sie entwickelt bis 10 cm lange Mittelstacheln und trägt an den Areolen auffallend schneeweiße, lange Wollhaare und einen blaßgrauen Filz. 1964 beschrieben.

Ferocactus Britt. et Rose
(*Hamatocactus* Britt. et Rose zum Teil)
(lat. *ferox* = stark bewehrt, wild)

Zu dieser Gattung gehören wie zu der verwandten Gattung *Echinocactus* besonders große, tonnenförmige Kugelkakteen. Fast bei allen Ferocacteen sind die Stacheln sehr auffallend ausgebildet, denn die Mittelstacheln sind häufig zum Teil abgeflacht, gedreht oder hakig oder die Stacheln sind fein geringelt. Die scheitelnahen, 2 bis 7 cm langen Blüten tragen außen breite, kahle Schuppen und haben einen dicken Griffel. Von den etwa 40 Arten aus dem Süden der USA, Mexiko und Guatemala sind eine ganze Reihe in Kultur, wovon einige bekanntere als Beispiele aufgeführt seien.

F. acanthodes (Lem.) Britt. et Rose aus Niederkalifornien hat meist sehr bunte Stacheln, 9 bis 13 feinere Randstacheln und 1 bis 4 Mittelstacheln, die gebogen und abgeflacht sind. Die gelben bis orangefarbenen, 4 bis 6 cm langen Blüten erscheinen schon bei jungen Pflanzen. In der Heimat werden die Pflanzen bis 3 m hoch. 1839 beschrieben.

E. hamatacanthus (Mühlpf.) Britt. et Rose (*Hamatocactus hamatacanthus* (Mühlpf.) Britt. et Rose) aus dem Süden der USA und Mexiko hat 8 bis 12 nadelige Randstacheln. Von den 4 Mittelstacheln ist der unterste hakig und bis 12 cm lang. An den jungen Areolen stehen 2 bis 4 mm lange Nektardrüsen. Die bis 7 cm langen gelben Blüten sind verhältnismäßig auffallend. 1846 beschrieben.

F. latispinus (Haw.) Britt. et Rose aus Mexiko ist vor allem durch den bis 8 mm breiten, abgeflachten, bis 3,5 cm langen, blaßrötlichen bis hellrosa gefärbten hakigen Mittelstachel ausgezeichnet. Die übrigen Stacheln sind mehr oder weniger geringelt. Dadurch ist diese Art eine der am auffallendsten bestachelten Kakteen. Alte Pflanzen wachsen breitkugelig und erreichen einen Durchmesser bis zu 40 cm. Die weißlichen bis purpurnen Blüten sind 3,5 cm lang. 1824 beschrieben.

F. setispinus (Engelm.) L. Benson (*Hamatocactus setispinus* (Engelm.) Britt. et Rose) aus Texas und Nordmexiko ist eine kleine Art und besitzt ausnahmsweise sehr dünne, nadelartige Stacheln, von denen der hakige Mittelstachel bis 4 cm lang werden kann. Die hübschen, bis 7 cm langen gelben Blüten mit rotem Auge entwickeln sich schon an jungen Pflanzen. 1845 beschrieben.

F. stainesii (Hook.) Britt. et Rose aus Mexiko (San Luis Potosí) gehört dagegen zu den Riesenformen und wird in der Heimat 3 m hoch und 60 cm breit. Er hat 4 bis 6 kräftige Randstacheln und 4 geringelte, abgeflachte Mittelstacheln. Alle Stacheln sind rötlich bis kräftig karminrot gefärbt. Die orangeroten, 4 cm langen Blüten erscheinen schon bei 20 cm hohen Pflanzen. Etwa 1850 eingeführt.

F. wislizenii (Engelm.) Britt. et Rose ist eine weitere tonnenförmige, bis 2 m hohe Art, die 15 bis 25 Rippen besitzt. Die Areolen tragen 15 bis 20 borstenförmige Randstacheln und etwa 4 kräftige, geringelte Mittelstacheln, von denen einer am Ende hakig gebogen ist und bis 5 cm lang wird. Die Blüten sind gelb bis orange und 5 bis 6 cm lang. Etwa 1848 eingeführt.

Ferokakteen brauchen reichlich Lehm in ihrer Erde. Da man sie auch in der Vegetationszeit in voller Sonne nur wenig gießen darf, wachsen sie recht langsam. Im Winter wollen sie trocken und nicht unter 8° stehen. *F. acanthodes* und *latispinus* müssen sogar warm überwintert werden, nur *F. setispinus* verträgt auch größere Kälte. Die Vermehrung geschieht durch Aussaat. Die Jungpflanzen sehen sehr lustig aus, da sie unverhältnismäßig große Stacheln tragen.

Frailea Britt. et Rose
(Manuel Fraile, geb. 1850, span. Gärtner viele Jahre Leiter der Kakteensammlung des U.S. Departments of Agriculture, Washington)

Umfaßt etwa 35 zum Teil kaum unterscheidbare Arten von warzig-rippigen Zwergkakteen, die selten über 3 cm breit werden. Die Blüten sind immer gelb. Häufig öffnen sich die Blüten gar nicht, etwa wenn die Sonne nicht scheint. Durch Selbstbestäubung entstehen in diesen klei-

Gymnocalycium moserianum

stogamen Blüten dennoch reichlich keimfähige Samen. Diese unterscheiden sich etwas von denen der Gattung *Parodia*, die aber kaum klar abzugrenzen ist. Das Verbreitungsgebiet der Gattung *Frailea* reicht von Südbrasilien über Uruguay, Paraguay, Argentinien bis Bolivien und Kolumbien.

F. asteroides Werderm. (*F. castanea* Bakkeb.) aus Uruguay und Südbrasilien (Rio Grande do Sul) gleicht mit ihrem rotbraunen, etwa 3 cm breiten, flachgedrückten Körper einem kleinen Seeigel. Zwischen den etwa 10 bis 15 flachen Furchen trägt die winzige Kaktee kaum sichtbare Stacheln. Die blaßgelben Blüten sind etwa 4 cm breit und damit größer als der ganze übrige Körper. 1937 beschrieben.

F. cataphracta (Dams) Britt. et Rose aus Paraguay hat ebenfalls keinen grünen Körper, sondern die warzige, etwa 4 cm breite Pflanze ist meist schmutzig dunkelrot. Unter jeder Areole befindet sich ein brauner oder violetter Fleck. Die 5 goldgelben Randstacheln liegen mehr oder weniger an. Für den kleinen Körper erscheinen die hellgelben, etwa 4 cm breiten Blüten sehr groß. Etwa 1903 eingeführt.

Neben diesen beiden Arten sind noch viele andere *Frailea*-Arten bei Liebhabern in Kultur. Sie sind recht beliebt, da die kleinen Zwergkakteen wenig Platz einnehmen und nicht anspruchsvoll sind. Sie brauchen lediglich einen leicht sauren Boden, gleichmäßige Feuchtigkeit und Wärme. Da sie in ihrer Heimat meist zwischen Gras wachsen, wollen sie außer zur Blütezeit keine volle Sonne. Die Vermehrung aus frischen Samen gelingt sehr leicht.

Gymnocalycium Pfeiff.
(griech. *gymnos* = nackt, *kalyx* = Kelch)

Hat ein ähnliches Verbreitungsgebiet wie *Frailea*, nämlich von Südbrasilien, Uruguay, Paraguay und Argentinien bis nach Bolivien. Die Gattung ist aber durch ihre Blüten und ihre typische Körperform leicht zu erkennen. Die großen weißen oder roten, selten auch gelben Blüten besitzen nämlich außen sehr breite und stumpfe, hautrandige Schuppen, die aber völlig unbehaart sind. Nur *Weingartia* hat ähnliche Blüten. Diese sind jedoch kräftig gelb oder violett gefärbt und besitzen nur eine sehr kurze Röhre. Der Körper fast aller Gymnocalycien ist flachkugelig bis fast scheibenförmig. Die runden Rippen weisen zwischen den Areolen eine typische Querfurche auf. So leicht fast immer die Gattung *Gymnocalycium* zu erkennen ist, so schwierig sind die vielen Dutzend Arten zu unterscheiden. Bisher wurden sie nur nach ihrer Samenform in verschiedene Gruppen eingeteilt. Hier sei eine rein praktische Übersicht über die wenigen hier aufgeführten Arten gegeben:

Rippen scharf, quergebändert	*G.mihanovichii*
Rippen rund	
Blüten gelb	*G.andreae*
Blüten hell- bis dunkelrot	*G.baldianum, oenanthemum*
Blüten weiß bis rosa	
Stacheln zahlreich, lang und ± abstehend	*G.bruchii, gibbosum, horridispinum, multiflorum, saglionis*
Stacheln wenige, kurz und ± anliegend	*G.denudatum, platense, quehlianum*

G.andreae (Böd.) Backeb. aus Argentinien (Córdoba) blüht unter den Gymnocalycien ausnahmsweise gelb. Die kleinen dunkelblaugrünen, oft bronze überhauchten Körper sprossen reichlich. 1927 eingeführt.

G.baldianum (Spegazz.) Spegazz., ebenfalls aus Argentinien (Catamarca), hat hell- bis dunkelrote Blüten und einen dunkelgrauen bis blaugrünen Körper, dessen Areolen nur 5 bis 7 anliegende Randstacheln tragen. Etwa 1900 eingeführt.

G.bruchii (Spegazz.) Hoss. (*G.lafaldense* Vaup.) aus Argentinien (Córdoba) sproßt reichlich mit ihren dunkelgrünen Körpern. Sie hat 10 bis 12 anliegende Randstacheln und 0 bis 3 abstehende Mittelstacheln. Die zartrosa Blüten entstehen aus violetten Knospen. 1923 beschrieben.

G.denudatum (Link et Otto) Pfeiff. aus dem Grenzgebiet zwischen Argentinien, Brasilien und Uruguay hat einen glänzend dunkelgrünen Körper mit nur 5 bis 8 Rippen. Eigenartig spinnenförmig liegen die 5 (bis 8) dünnen Randstacheln dem Körper eng an. Die 5 bis 7 cm langen Blüten sind weiß und haben außen grüne Mittelstreifen. 1825 eingeführt.

G.gibbosum (Haw.) Pfeiff. aus Südargentinien trägt auf dem dunkelblaugrünen Körper zahlreiche nadelartige, durchwegs abstehende Stacheln und weiße, seltener rötliche Blüten. Die Früchte sind jung fast schwarz. Etwa 1810 eingeführt.

G.horridispinum G. Frank hat ebenfalls zahlreiche abstehende, aber kräftige Stacheln und weiße bis rosa Blüten. Die Art kommt aus Argentinien (Córdoba). 1961 eingeführt.

G.mihanovichii (Frič et Gürke) Britt. et Rose var. **friedrichii** Werderm. aus Paraguay fällt mit ihren meist 8 scharfen, quergebänderten Rippen ganz aus dem Rahmen der gewöhnlichen Gymnocalycien heraus. 1903 eingeführt.
Eine leuchtend rote, chlorophyllfreie Mutation, die natürlich nur gepfropft auf einer grünen Unterlage lebensfähig ist, entdeckte 1941 der Japaner Watanabe. Diese Form 'Rubra' wird in großen Mengen verkauft. 1970 erschien auch eine gelbe Form 'Aurea' auf dem Markt.

G.multiflorum (Hook.) Britt. et Rose mit ± kammartig gestellten 7 bis 10 langen, gelblichen Randstacheln bekommt reichlich weiße bis rosa, außen bläulichgrüne Blüten. Ihre Heimat ist Argentinien (Córdoba, San Luis). 1845 eingeführt.

G.oenanthemum Backeb. aus Argentinien (Mendoza) mit grau- bis blaugrünem Körper und meist nur 5 bis 6 rosagrauen Stacheln hat weinrote bis lachsfarbene Blüten und auffällige blaue Früchte. 1934 beschrieben.

G.platense (Spegazz.) Britt. et Rose aus Argentinien (Buenos Aires) hat 10 bis 14 Rippen und 5 bis 7 mehr oder weniger anliegende Randstacheln. Die weißen Blüten haben ein rötliches Auge. 1896 beschrieben.

G.quehlianum (Haage jr.) Berger sieht sehr ähnlich aus mit ebenfalls anliegenden nur 5 Randstacheln. Der Körper besitzt eine dicke Rübenwurzel und ist meist rötlichbraun überlaufen. Die Art kommt aus Argentinien (Córdoba). 1899 eingeführt.

G.saglionis (Cels) Britt. et Rose aus Nordargentinien ist mit ihrem bis 30 cm breit werdenden, blaugrünen Körper eine der größten Gymnocalycien. Die zahlreichen Stacheln sind gebogen und bis 4 cm lang. Die weißen oder schwach rosa gefärbten Blüten sind dagegen verhältnismäßig klein mit nur 3,5 cm Länge und erscheinen erst bei größeren Pflanzen. Etwa 1845 eingeführt.

In ihrer Heimat kommen Gymnocalycien vor allem in Grasland vor. Dementsprechend wollen sie keine Prallsonne, viele sind sogar mit Halbschatten zufrieden. Die Erde sollte sauer, lehm- und humushaltig, aber dennoch durchlässig sein. Die Arten aus Uruguay, Paraguay und Südbrasilien müssen verhältnismäßig warm überwintert werden. *G.mihanovichii* wächst am besten gepfropft. Ingesamt gesehen sind die Gymnocalycien äußerst dankbare, unempfindliche und reich blühende Kakteen, die jedem Liebhaber empfohlen werden können. Gymnocalycien kann man entweder bei sprossenden Arten durch Seitensprosse vermehren oder allgemein durch Samen. Diese ergeben oft schon nach 2 bis 3 Jahren blühende Pflanzen.

Haageocereus Backeb.
(W. Haage, Erfurt)

Eine Gattung mit meist kleineren, häufig dicht und sehr bunt bestachelten Säulenkakteen aus Peru und Nordchile. Die nächtlichen Blüten, die Trichocereen sehr ähnlich sind, haben eine dünne, beschuppte, aber nur spärlich behaarte Röhre. Die Früchte sind große, kugelige Beeren. Von den 30 bis 40 beschriebenen Arten sind die meisten nur sehr schwer voneinander zu unterscheiden.

H.chosicensis (Werderm. et Backeb.) Backeb. aus Mittelperu hat weiße, gelbe oder fuchsrote Stacheln, vor allem aber dichtstehende weiße Borsten an den 18- bis 26rippigen Trieben. Die lilaroten Blüten sind 6 bis 7,5 cm lang. 1931 beschrieben.

H.decumbens (Vaup.) Backeb. aus Südperu hat niederliegende, stark bestachelte Triebe, an denen die Mittelstacheln bis 5 cm lang werden können. Die Blüten sind außen schokoladenbraun, innen weiß und erscheinen schon an ganz jungen Pflanzen. 1931 beschrieben.

H.versicolor (Werderm. et Backeb.) Backeb. aus Nordperu ist besonders bunt bestachelt, denn die dichtstehenden Stacheln sind in Zonen gelblich, rötlich oder braun gefärbt. Die bis 10 cm langen Blüten sind außen grünlich, innen weiß. 1931 beschrieben.

Haageocereen sind auch ohne Blüten durch ihre bunten Stacheln sehr hübsche, kleinere Säulenkakteen, die auch im Gewächshaus durchaus zum Blühen kommen. Sie brauchen viel Sonne, während des Wachstums reichlich Feuchtigkeit, im Sommer eine vorübergehende Trockenruhe und warme Überwinterung.

160 Cactaceae

Ferocactus hamatacanthus

Ferocactus stainesii

Hatiora Britt. et Rose
(nach Thomas Hariot, Botaniker des 16. Jahrh., durch Buchstabenumstellung entstandener Name)

Die 4 epiphytischen Arten aus Brasilien (Rio de Janeiro, São Paulo und Minas Gerais) sind aus keulenartigen kleinen Gliedern zusammengesetzt. Die kahlen kleinen Blütchen haben keine Röhre und nur 2 Reihen von Staubblättern.

H. salicornioides (Haw.) Britt. et Rose ist durch ihren reichverzweigten, zierlich korallenartigen Wuchs eine hübsche Ampelpflanze für halbschattigen Stand im Warmhaus. An den Enden der Triebe erscheinen regelmäßig gelbe, bis 1,3 cm lange Blütchen. 1818 eingeführt.

Heliocereus (Berger) Britt. et Rose
(griech. *helios* = Sonne, Gattung *Cereus*)

Umfaßt 6 Arten von Säulenkakteen aus Mexiko und Guatemala mit dünnen, oft anlehnenden, nur 3- bis 4- (bis 7)rippigen Trieben, die Luftwurzeln ausbilden. Die 8 bis 17 cm langen, weißen oder leuchtendroten Blüten sind am Tag geöffnet.

H. speciosus (Cav.) Britt. et Rose aus der Umgebung der Stadt Mexiko hat herrliche 12 bis 15 cm lange, leuchtend violettkarminrote Blüten. 1815 eingeführt.

Die var. **amecamensis** (Heese) Weingt. (*H. amecamensis* (Heese) Britt. et Rose) hat dagegen weiße Blüten. 1896 beschrieben.

Die Art ist sehr schön, wegen der dünnen Triebe, die immer wieder angebunden werden müssen, jedoch nicht mehr so oft in Kultur. Wegen ihrer schönen Blüten ist sie jedoch in vielen *Epiphyllum*-Hybriden eingekreuzt, mit denen sie auch die gleiche Pflege gemein hat.

Hildewintera Ritter (*Winteria* Ritter, *Winterocereus* Backeb.)
(Hilde Winter, Schwester des bekannten Kakteenforschers F. Ritter, Inhaberin einer Kakteengärtnerei)

Die einzige Art der Gattung, **H. aureispina** (Ritter) Ritter, wurde erst 1958 in Bolivien (Prov. Florida) entdeckt. Es ist eine Säulenkaktee mit dünnen, nur 2,5 cm dicken, dicht bestachelten Trieben, die schließlich herabhängen. Deshalb ist die Pflanze am besten als Ampelpflanze wie *Aporocactus* zu kultivieren. Die etwa 5 cm breiten, willig erscheinenden Blüten sehen sehr hübsch aus. Die äußeren zungenförmigen Blütenhüllblätter sind orangegelb mit dunkleren Mittelstreifen. Aus den kurzen inneren, weißen bis hellrosa Blütenhüllblättern ragen weit die Staubblätter und Griffel heraus.

Hylocereus (Berger) Britt. et Rose
(griech. *hylos* = Wald, Gattung *Cereus*)

Große, mit Luftwurzeln kletternde Kakteen mit 3 (bis 5) rippigen oder -flügeligen Trieben. Die großen nächtlichen Blüten sind weiß, selten rot und haben eine lange, dünne, dicht beschuppte, aber unbehaarte Röhre. Die 24 Arten kommen von Mexiko über Zentralamerika bis Venezuela, Kolumbien und Peru vor.

H. undatus (Haw.) Britt. et Rose, dessen Heimat unbekannt ist, wird in südlichen Ländern häufig im Freien als große Kletterpflanze gehalten. Bei uns wird sie wie *Selenicereus* im Gewächshaus an einem Spalier gezogen. Die 5 bis 12 cm breiten, 3flügeligen Triebe sind praktisch ohne Stacheln. Ähnlich prächtig wie bei *Selenicereus*, der »Königin der Nacht«, sind die bis 20 cm langen Blüten. 1690 eingeführt.
Diese und andere *Hylocereus*-Arten dienen immer mehr auch als Pfropfunterlagen, sollten aber besser nur für wärmeliebende, sehr starkwüchsige Arten verwendet werden.

Lepismium Pfeiff.
(griech. *lepis* = Schuppe)

Alle Arten, außer den beiden unten angeführten, haben drehrunde, dünne Triebe wie *Rhipsalis*. Zu dieser Gattung könnten sie gut dazugesellt werden, doch sind bei *Lepismium* die Blüten etwas in die Triebe eingesenkt. Die Kultur ist wie bei *Rhipsalis*, nämlich als Ampelpflanzen im Warmhaus. Die 17 Arten stammen aus Venezuela, Ostbrasilien, Paraguay, Argentinien.

L. cruciforme (Vellozo) Miquel (*Rhipsalis cruciformis* (Vellozo) Castell.) hat 3- (bis 5)flügelige, bis 30 cm lange, borstige Glieder. Auffallend ist die Pflanze aber wegen der etwa 1,5 cm dicken violetten Beeren. 1836 eingeführt.

L. paradoxum Salm-Dyck (*Rhipsalis paradoxa* (Salm-Dyck) Salm-Dyck) aus Brasilien (São Paulo) ist leicht zu erkennen, da bei ihr die kurzen, nur bis 5 cm langen Glieder jeweils mit den Kanten versetzt aneinander anschließen. 1836 eingeführt.

Leuchtenbergia Hook.
(Eugène de Beauharnais Herzog von Leuchtenberg, 1781–1824)

Mit ihrer einzigen Art **L. principis** Hook. aus Mittel- und Nordmexiko in ihrer Gestalt eine der ungewöhnlichsten Kakteen. Auf einem ganz kurzen, verholzenden Stamm stehen schlanke, bis 12 cm lange, 3kantige, blattartige Warzen, so daß die Pflanzen einer Agave ähnlich sieht. Die Warzen tragen jedoch am Ende ein Büschel

Gymnocalycium denutatum-Hybride

von 8 bis 11 sehr langen, papierdünnen, verdrehten, hellen Stacheln. Die gelben, seidig glänzenden Blüten sind bis 6 cm breit. Die Pflanze scheint von anderen Kakteen sehr verschieden, dennoch sind schon Kreuzungen mit *Ferocactus* und *Thelocactus* gelungen. 1847 eingeführt.
Die Art braucht viel Sonne und ist gegen Nässe empfindlich. Deshalb hält man sie in durchlässigem, rein mineralischem Boden und läßt sie im Winter trocken stehen.

Lobivia Britt. et Rose
(*Chamaecereus* Britt. et Rose)
(nach *Bolivia* durch Buchstabenumstellung)

Mit *Trichocereus* und *Echinopsis* nahe verwandt und nicht ganz klar von diesen Gattungen abzugrenzen, mit denen *Lobivia* den auffällig abgesetzten Ring aus Schlundstaubblättern und die außen beschuppten und wollig behaarten Blüten

Gymnocalycium mihanovichii var. friedrichii 'Rubra'

Gymnocalycium multiflorum

gemeinsam hat. Mit wenigen Ausnahmen haben Lobivien einen mehr oder weniger kugeligen Körper und tagblühende, bunte, verhältnismäßig kurzröhrige Blüten. Es dürfte etwa 35 geographisch getrennte, aber manchmal sehr vielgestaltige Arten geben. Die Gattung kommt in Bolivien, Nordargentinien und Südperu vor.

Sehr schöne Farbbilder aller Arten und Verbreitungskarten enthalten die 3 Bändchen von W. Rausch: Lobivia (Wien 1975/76).

Übersicht der hier aufgeführten Lobivia-Arten:

Körper mit zylindrischen dünnen Gliedern	*L.silvestrii*
Körper ± kugelig oder dicksäulig	
Stacheln kammförmig stehend	*L.densispina, famatimensis, tiegeliana*
Stacheln dolchartig abgeflacht	*L.pugionacantha* var. *rossii*
Stacheln anders	
Blüten mit dunklem Schlund	*L.chrysantha, jajoiana, rubescens*
Blüten mit hellerem Schlund *und* Pflanzen mit Rübenwurzel	
	L.pampana
Blüten ohne andersfarbigen Schlund *oder* ohne Rübenwurzel	
innere Blütenhüllblätter viel kürzer und aufrecht	
	L.maximiliana
innere Blütenhüllblätter nicht auffällig verschieden	
Rippen gerade *und* Rübenwurzel	*L.kuehnrichii*
Rippen mit schrägen Höckern *oder* keine Rübenwurzel	
Wurzel ± rübig; Blüten rubinrot bis fliederfarben	
	L.winteriana, wrightiana
Wurzel nicht rübenförmig; Blütenfarbe karminrot	
	L.backebergii, cinnabarina
oder Blütenfarbe variabel	*L.hertrichiana, pentlandii*

L.backebergii (Werderm.) Backeb. aus Bolivien hat ziemlich variable Stacheln, Mittelstacheln fehlen aber immer. Die Blüten sind verhältnismäßig klein, erscheinen aber zu mehreren. Sie sind hell karminrot mit hellerem Schlund. 1932 beschrieben.

L.chrysantha (Werderm.) Backeb. aus Argentinien (Salta) hat einen matt graugrünen Körper, der mit kräftigen dunklen Stacheln besetzt ist, aber ebenfalls keine Mittelstacheln hat. Die gelben bis orange Blüten besitzen einen grünlichen, am Grunde purpurroten Schlund. Mit ihrer Rübenwurzel ist die Art ziemlich empfindlich gegen Nässe. 1930 eingeführt.

L.cinnabarina (Hook.) Britt. et Rose hat ihre schrägstehenden Höcker mit vielen anderen Lobivien gemeinsam. Die bis 8 cm breiten Blüten sind karminrot. Etwa 1846 eingeführt.

L.densispina (Werderm.) Backeb. (*L.haematantha* (Spegazz.) Britt. et Rose ssp. *densispina* (Werderm.) Rausch ex G.D. Rowl.)
Diese Art aus Argentinien (Jujuy) wurde im Sinne Backebergs viele Jahre für *L.famatimensis* gehalten, die erst 1955 von Ritter wiedergefunden wurde. Beide Arten haben ± kammartig stehende Stacheln und eine Rübenwurzel. Bei *L.densispina* sind die Blüten in ihrer Farbe sehr variabel, von hellgelb bis rot und fast violett mit dunklem Schlund. Im Gegensatz zu *L.famatimensis* sproßt sie reichlich. 1934 beschrieben.

L.famatimensis (Spegazz.) Britt. et Rose ebenfalls aus Argentinien (La Rioja, San Juan) ist noch verhältnismäßig selten in Kultur; ihre Blüten sind immer nur hell- bis dunkelgelb. 1927 beschrieben.

L.hertrichiana Backeb. (*L.binghamiana* Backeb.) ist in der Blütenfarbe wie manche andere Lobivienart offenbar überhaupt nicht festgelegt. Solche in einer anderen Farbe blühenden Pflanzen wurden früher oft als eigene Arten beschrieben. Rausch konnte aber überzeugend nachweisen, daß Lobivienarten häufig an ein und demselben Fundort in der Blütenfarbe (und auch in der Bestachelung) stark variieren. Ein sicheres Zuordnen von Lobivien zu einzelnen Arten ist deshalb oft fast unmöglich, braucht aber den Liebhaber überhaupt nicht abzuschrecken. Im Gegenteil kann er bei so variablen Arten bei Aussaaten jeweils die schönsten Pflanzen auswählen. 1933 beschrieben.

L.jajoiana Backeb. (*L.chrysantha* (Werderm.) Backeb. ssp. *jajoiana* (Backeb.) Rausch ex G.D. Rowl.) aus Argentinien (Jujuy) ähnelt *L.chrysantha*, von der sie auch nur als Unterart aufgefaßt wird. Sie hat aber im Gegensatz zu ihr einen langen, hakigen Mittelstachel. Vor allem aber sind der Schlund der Blüten und die Staubfäden fast schwarz und lackartig glänzend. So entsteht mit den bunten Blütenhüllblättern zusammen eine der schönsten Kakteenblüten. Auch hier variiert die Blütenfarbe von gelb über orange zu weinrot und dunkeltomatenrot. 1934 beschrieben.

L.kuehnrichii Frič (*L.drijveriana* Backeb.; *L.haematantha* (Spegazz.) Britt. et Rose ssp. *kuehnrichii* (Frič) Rausch ex G.D. Rowl.) aus Argentinien (Salta) hat eine Rübenwurzel und gerade Rippen. Die Blüten sind blaßgelb bis rötlich. 1931 beschrieben.

L.maximiliana (Heyder) Backeb. (*L.pentlandii* (Hook.) Britt. et Rose var. *maximiliana* (Heyder) Backeb.) sproßt reich und hat keine Rübenwurzel. Sie kommt in Peru und Bolivien in Höhen bis 4500 m vor und ist deshalb nicht anspruchsvoll in der Pflege. Die Blüten sind rot und werden nach innen mehr gelblich. Typisch ist, daß die inneren Blütenhüllblätter viel kürzer als die äußeren sind und meist auch gerade aufgerichtet bleiben. 1846 beschrieben.

L.pampana Britt. et Rose (*L.mistiensis* (Werderm. et Backeb.) Backeb.) ebenfalls aus Peru hat in der Farbe ähnliche, rote, innen gelbe Blüten, die sich nur bei voller Sonne öffnen. Diese Art hat jedoch eine Rübenwurzel und sproßt kaum. Ein Mittelstachel ist lang und am Ende hakig. 1914 eingeführt.

L.pentlandii (Hook.) Britt. et Rose (*L.boliviensis* Britt. et Rose; *L.higginsiana* Backeb.; *L.raphidacantha* Backeb.) aus Peru und Nordbolivien ist eine der variabelsten Lobivia-Arten mit einer ganzen Skala der Blütenfarben von hellgelb über orange bis karmin und rosaviolett. Oft ist der Schlund hell gefärbt. Auch die Bestachelung ist kaum festgelegt. Ein Mittelstachel kann fehlen, aber auch bis 9 cm lang sein. 1844 eingeführt.

L.pugionacantha (Rose et Böd.) Backeb. var. **rossii** (Böd.) Rausch (*L.rossii* (Böd.) Böd. ex Backeb.) aus Bolivien hat eine Rübenwurzel und sieht mit den kräftigen, etwas abgeflachten, dolchartigen Mittelstacheln sehr wild aus. Die Blüten sind zitronengelb bis orangegelb und 4 bis 7 cm lang. 1933 beschrieben.

Cactaceae

Lepismium pittieri

L.tiegeliana Wessn. aus Bolivien und Nordargentinien hat dem Körper anliegende, mehr oder weniger kammförmig stehende, helle Randstacheln. Die Blüten haben sehr schmale, zungenförmige äußere Blütenhüllblätter und sind meist violettrosa mit blasserem Schlund. Es gibt jedoch auch Pflanzen mit gelben oder roten Blüten. 1939 beschrieben.

L.winteriana Ritter aus Peru hat eine schwach rübenartige Wurzel und ebenfalls dem Körper anliegende Randstacheln. Die großen, 7 bis 9 cm breiten, rubinroten, innen helleren Blüten sehen prächtig aus. 1970 beschrieben.

L.wrightiana Backeb., ebenfalls aus Peru, ist nahe verwandt, hat aber nur 4 bis 4,5 cm lange, fliederfarbene Blüten. Bei älteren Pflanzen entwickelt sich ein auffälliger, unregelmäßig verbogener, bis 7 cm langer Mittelstachel. 1937 beschrieben.

Lobivien sind Hochlandpflanzen. Dementsprechend brauchen sie viel Licht, ertragen aber verhältnismäßig tiefe Temperaturen. Trockene und gerade frostfreie Überwinterung und im Sommer ein starker Temperaturwechsel zwischen Tag und Nacht lassen sie am besten blühen. Als Erdmischung genügt die übliche, leicht sauer reagierende Kakteenerde. In der Vegetationszeit muß man sie ausreichend gießen, nur bei den empfindlicheren Arten mit Rübenwurzel muß man vorsichtiger sein. Sprossende Arten lassen sich leicht durch Stecklinge, die übrigen durch Aussaat vermehren.

L.rubescens Backeb. (*L.haageana* Rausch) gehört ebenfalls zu den eng miteinander verwandten dunkelschlundigen Lobivien und kommt wie *L.jajoiana* in der gleichen Provinz Jujuy in Argentinien vor. Sie hat ebenfalls eine Rübenwurzel und lange, aber nur zuweilen hakige Mittelstacheln. Die goldgelben bis rötlichgelben oder roten Blüten besitzen einen schwarzroten Schlund und sind mit 6 bis 7,5 cm Länge in dieser Gruppe besonders groß. 1932 beschrieben.

L.silvestrii (Spegazz.) G.D. Rowl. (*Chamaecereus silvestrii* (Spegazz.) Britt. et Rose) fällt mit den fingerförmigen, weichen, stark sprossenden Trieben in ihrer Wuchsform etwas aus dem Rahmen der Gattung *Lobivia*. Deshalb wurde die Art sehr lange als eigene Gattung *Chamaecereus* geführt. Die Pflanze besitzt nur borstige, etwa 2 mm lange Randstacheln. Die 4 bis 5,5 cm langen zinnoberroten Blüten sind aber typische Lobivienblüten, und die Art läßt sich auch ohne weiteres mit anderen *Lobivia*-Arten kreuzen, woraus hübsche Hybriden mit anderen Blütenfarben entstanden. 1904 eingeführt.

Die Art kommt aus höheren Lagen in Argentinien (Tucuman) und ist in Kultur überaus verbreitet, da sie sich mühelos durch abgebrochene Sprosse vermehren läßt und in der Pflege besonders anspruchslos ist. Bei kühler Überwinterung und Schutz vor praller Sonne blüht die Pflanze regelmäßig.

Lophophora Coult.,
»peyotl, peyote«
(griech. *lophos* = Helmbusch, *phorein* = tragen)

Flachgedrückte, nur stumpf gerippte Kugelkakteen, bei denen die Stacheln bald abfallen. Die Pflanzen sind aber dennoch gut geschützt, denn an ihren natürlichen Fundorten sind sie sehr schwer von ihrer Umgebung zu unterscheiden. Dennoch werden sie eifrig gesucht, denn sie enthalten Mescalin, ein starkes Rauschmittel, das Trancezustände hervorruft und in der Religion bestimmter Indianerstämme eine große Rolle spielt. Die 3 Arten kommen in Nordmexiko und im Süden der USA (New Mexico, Südtexas) vor.

L.williamsii (Lem. ex Salm-Dyck) Coult. hat einen blaugrünen, bis 7,5 cm breiten

Cactaceae

Heliocereus speciosus

Leuchtenbergia principis

Hylocereus undatus

Hildewintera aureispina

Cactaceae 165

Lobivia pentlandii

Lophophora williamsii

Machaerocereus cruca

Körper. Die Areolen tragen gelblichweiße Haarbüschel. Die unbeschuppten und kahlen rosa Blüten sind nur etwa 1,2 cm breit. In Kultur ist die Pflanze ziemlich empfindlich. Sie will mineralische Erde, und mit ihrer Rübenwurzel darf sie nur vorsichtig gegossen werden, im Winter muß sie ganz trocken stehen. 1845 eingeführt.

Machaerocereus Britt. et Rose
(griech. *macheira* = Dolch, lat. *cereus* = Wachskerze)

Nur 2 Arten von Säulenkakteen aus Niederkalifornien in Mexiko. Dementsprechend brauchen sie einen sonnigen und heißen Platz.

M. eruca (T. S. Brandeg.) Britt. et Rose hat einen sehr eigenartigen Wuchs. Die 4 bis 8 cm dicken Triebe liegen dem Boden auf und bilden auf ihrer ganzen Länge Wurzeln aus. Nur an ihren Spitzen krümmen sie sich aufwärts. Dadurch sehen sie wie riesige dornige Raupen aus. Die Triebe sind mit sehr kräftigen, dolchartigen weißen Mittelstacheln besetzt. Die weißen, 10 bis 14 cm langen Blüten blühen nachts. Wer viel Platz hat, dem ist diese attraktive Kaktee frei ausgepflanzt durchaus zu empfehlen. Etwa 1890 eingeführt.

Mammillaria Haw. (*Cochemiea* (Brandeg.) Walton, *Dolichothele* (K. Schum.) Britt. et Rose, *Krainzia* Backeb., *Mamillopsis* (E. Morr.) Web. ex Britt. et Rose, *Solisia* Britt. et Rose)
(lat. *mammilla* = Brustwarze)

Dies ist wohl die beliebteste Kakteengattung überhaupt und zugleich neben der Gattung *Opuntia* auch die artenreichste. Viele hundert Arten wurden beschrieben, aber allmählich stellt sich heraus, daß es doch »nur« etwa 170 Arten sind. Die Gattung ist insgesamt gut abgegrenzt. Mammillarien sind Warzenkakteen, bei denen von Rippen nichts mehr zu erkennen ist. Vielmehr stehen die Warzen in sich überkreuzenden Schraubenlinien. Dies kommt allerdings z. B. auch bei den gar nicht verwandten südamerikanischen Rebutien und Parodien vor. In Blüte sind die Mammillarien dann aber sicher daran zu erkennen, daß die Blüten wie bei *Coryphantha* in den Furchen zwischen den Warzen (in den Axillen) entspringen. Gegenüber *Coryphantha* sind die Warzen aber ohne Furche an der Oberseite.

Die Mammillarien sind fast alle kleine Kugelkakteen mit unglaublich verschiedener Bestachelung. Viele sind auch hübsch wegen ihrer weißen Wolle in den Axillen. Die Blüten sind zwar bei dem größten Teil der Arten verhältnismäßig klein und außen kahl und unbeschuppt, erscheinen aber meist in einem ganzen Kranz um den Scheitel. Bei manchen Arten sind auch die länglichen, lebhaft gefärbten Beeren sehr auffallend. Die Gattung hat ihren eindeutigen Schwerpunkt in Mexiko, etwa 10 Arten kommen in den USA vor, wenige gehen südlich über Mexiko hinaus, ausnahmsweise bis Venezuela.

Die Gattung wird von Hunt heute in 6 Untergattungen gegliedert, die weitaus artenreichste Untergattung *Mammillaria* wiederum in 14 Sektionen. Hier sind die aufgeführten Arten aber rein praktisch nach einfachen Merkmalen der nichtblühenden Pflanzen in 6 Gruppen (A bis F) eingeteilt.

Körper langgestreckt zylindrisch	Gruppe A
Milchsaft in den Warzen	Gruppe B
Federstacheln vorhanden	Gruppe C
Hakenstacheln vorhanden	Gruppe D
Mittelstacheln fehlend	Gruppe E
Mittelstachel(n) vorhanden	Gruppe F

Manche sehr variablen Arten fallen dabei in zwei Gruppen. Der Buchstabe der Gruppe ist vor dem Namen in Klammern angegeben.

(F) **M. baumii** Böd. (*Dolichothele baumii* (Böd.) Werderm. et Buxb.) ist eine langwarzige, grüne, sprossende Art mit 30 bis 35 haarartigen Randstacheln und 5 bis 6 blaßgelben Mittelstacheln. Die 3 cm breiten Blüten sind gelb und duften stark. 1924 eingeführt.

(D) **M. bocasana** Poselg. erscheint ganz in die haarartigen weißen Randstacheln eingehüllt, die zu 25 bis 30 zusammenstehen. Der gelblich-bräunliche Mittelstachel ist hakig. Auffallender als die gelblichweißen kleinen Blütchen sind die langen roten Beerenfrüchte. 1853 eingeführt.

(D) **M. bombycina** Quehl sieht ähnlich aus, ist aber mehr länglich und hat reichwollige Axillen und 30 bis 40 Randstacheln mit 2 bis 4 Mittelstacheln. Die kleinen Blüten sind hellkarmin bis rosa. Etwa 1910 eingeführt.

(E) **M. camptotricha** Dams (*Dolichothele camptotricha* (Dams) Tiegel), Vogelnestkaktus, ist sehr auffallend durch die borstigen gelben, miteinander verflochtenen 4 bis 8 Randstacheln je Areole. Die kleinen Blüten sind weiß mit grünlichen Mittelstreifen. 1905 eingeführt.

(B) **M. centricirrha** Lem. unterscheidet sich von *M. magnimamma* nur durch ihre auffälligeren, satt karminroten Blüten. 1939 beschrieben.

(F) **M. crucigera** Mart. bildet mit der Zeit Gruppen aus Kugeln, die sich jeweils zweiteilen. Jede Areole trägt etwa 25 Randstacheln und 4 (bis 6) gelbliche Mittelstacheln. Die Stacheln sind aber so kurz, daß die Stachelbündel alle einzeln wie kleine Sterne nebeneinander aufgereiht sind. Die purpurroten Blütchen sind winzig. 1832 beschrieben.

(F) **M. dixanthocentron** Backeb. (*M. celsiana* Lem.) ist durch einen senkrecht abstehenden, bis 2,5 cm langen, gelblichweißen Mittelstachel je Areole sehr auffallend. Die restlichen 1 bis 5 Mittelstacheln sind unscheinbarer. Die weißlichen 19 bis 30 Randstacheln sind ganz kurz und sehr fein. Die kleinen Blüten sind hellrot. 1839 beschrieben.

(F) **M. elegans** DC. ist fast ganz bedeckt mit den jeweils 16 bis 30 anliegenden weißen Randstacheln und 1 (bis 2) braunspitzigen Mittelstacheln. Die karminrote Blüte ist etwa 1,5 cm lang. 1828 eingeführt.

(A) **M. elongata** DC. gehört zu den wenigen Mammillarien, die reich sprossende, dünne, fingerartige Triebe ausbilden. Jeweils etwa 20 weißlichbraune Randstacheln umgeben einen Mittelstachel, der aber gelegentlich auch fehlen kann. Die kleinen weißlichen Blütchen fallen nicht besonders auf. 1828 eingeführt. Die Art will es am liebsten sehr sonnig und trocken haben.

(B) **M. geminispina** Haw. bildet ebenfalls bald Gruppen, aber aus seeigelartigen Kugeln mit 2 bis 4 (bis 6) sehr langen, starr abstehenden hellen Mittelstacheln und 16 bis 20 weißen, feinen, anliegenden Randstacheln. Die kleinen Blüten sind gelblich mit roter Mitte und dunklen Mittelstreifen. 1823 eingeführt.

(F, A) **M.gracilis** Pfeiff. sproßt ebenfalls stark mit sehr kleinen, keuligen Gliedern, die sich leicht ablösen und bewurzeln. 12 bis 14 weißliche Randstacheln umgeben 1 bis 5 hell- bis dunkelbraune Mittelstacheln. Die kleinen gelblichen Blüten sind unscheinbar. Etwa 1837 eingeführt.

(D) **M.guelzowiana** Werderm. (*Krainzia guelzowiana* (Werderm.) Backeb.) ist eine der schönsten, aber auch empfindlichsten *Mammillaria*-Arten. Der Körper ist in die feinen, haarartigen, jeweils etwa 80 Randstacheln gehüllt, aus denen ein dunkler, hakiger Mittelstachel herausragt. Die bis 6 cm breiten, leuchtend karminrosa Blüten gehören mit zu den größten und schönsten in der ganzen artenreichen Gattung. 1928 eingeführt.
Die Art ist sehr empfindlich gegen Nässe und will sonnig und warm stehen.

(F) **M.haageana** Pfeiff. hat wollige Axillen und Areolen und von den 18 bis 20 (bis 25) weißen Randstacheln heben sich die 2 rotbraunen bis schwarzen Mittelstacheln sehr deutlich ab. Die kleinen purpurrosa Blüten erscheinen in einem typischen Kranz um den Scheitel. Etwa 1835 eingeführt.

(B) **M.hahniana** Werderm. ist eine der auffallendsten Mammillarien, da sie ganz in ein langes weißes Haarkleid eingehüllt ist. Dieses wird aber nicht von umgebildeten Stacheln gebildet, sondern aus bis 4 cm langen Borsten, die aus den Axillen entspringen. Unter diesen sind die 20 bis 30 weißen Randstacheln und die 1 (bis 5) Mittelstacheln ganz verborgen. Im Laufe der Zeit entwickeln sich durch Sprossung Gruppen von Pflanzen. Die bis 2 cm breiten Blüten sind karmin- bis purpurrot. 1828 eingeführt.

(D) **M.longiflora** (Britt. et Rose) Berger (*Krainzia longiflora* (Britt. et Rose) Bakkeb.) hat 25 bis 30 weiße, schwache Randstacheln und 4 Mittelstacheln, von denen einer hellgelb bis rotbraun gefärbt und am Ende hakig gebogen ist. Die rosa Blüten sind 4,5 cm lang und 4 cm breit und damit für eine Mammillarie ungewöhnlich groß. Etwa 1925 eingeführt.

(F, E) **M.longimamma** DC. (*Dolichothele longimamma* (DC.) Britt. et Rose) ist durch ihre ungewöhnlich (2,5 bis 7 cm) langen, grasgrünen Warzen ausgezeichnet. Die Areolen tragen etwa 10 dünne Stacheln. Auch diese Art hat sehr große Blüten, die etwa 6 cm lang und breit werden und hellgelb gefärbt sind. Vor 1828 eingeführt.

(B) **M.magnimamma** Haw. hat 4kantige, milchende Warzen, die nur 3 bis 8 sehr unterschiedlich lange Stacheln tragen, von denen meist keiner deutlich als Mittelstachel zu erkennen ist. Im Scheitel bilden die weißwolligen Areolen und Axillen einen schönen Kontrast zu dem dunkelgrünen Körper. Die Blüten sind cremefarben mit rötlichen Mittelstreifen. 1823 eingeführt.

(D) **M.mercadensis** Pat. ist schön bestachelt mit ihren 25 bis 30 haarartigen weißen Randstacheln und den 4 bis 7 dunklen Mittelstacheln, von denen der längste hakig ist. Die gelblichweißen bis blaßrosa Blüten sind 3 cm breit. 1910 beschrieben.

(A) **M.microhelia** Werderm. bildet kleine dünne Säulen, und der Artname *microhelia*, der »kleine Sonne« bedeutet, bezeichnet recht gut die kleinen, leuchtenden Strahlenkränze der etwa 50 Randstacheln, zu denen noch bis 4 rote oder dunkelbraune Mittelstacheln hinzukommen können. Die kleinen, willig erscheinenden Blüten sind weißlich bis rosa. 1930 beschrieben.
Bei der var. **microheliopsis** (Werderm.) Backeb. (*M.microheliopsis* Werderm.) gehören zu 30 bis 40 Randstacheln je 6 bis 8 Mittelstacheln, und die Blüten sind hellpurpurn. 1931 beschrieben.

(D) **M.moelleriana** Böd. hat 35 bis 40 weiße Randstacheln und 8 bis 10 hakige, hornfarbene Mittelstacheln. Die gelblichen Blütchen erscheinen sehr zeitig im Frühjahr. 1924 eingeführt.

(B) **M.parkinsonii** Ehrenb. bildet ausgepflanzt oder in einer flachen Schale mit der Zeit sehr große, jeweils 2gabelig verzweigte, sehr auffallend bestachelte polsterartige Gruppen. Vor allem die gerade abstehenden, bis 3,5 cm langen, dunkelspitzigen Mittelstacheln fallen sehr auf. Die restlichen 1 bis 4 Mittelstacheln sind unscheinbarer. Der Körper ist durch die 30 bis 35 weißen Randstacheln je Areole fast verdeckt. Die cremefarbenen bis schmutzigrosa Blüten sind nicht sehr auffallend. Etwa 1840 eingeführt.

(B) **M.pectinifera** Web. (*Solisia pectinata* (Stein) Britt. et Rose) gehört neben *Pelecyphora asseliformis* und *Turbinicarpus pseudopectinatus* zu den wenigen Kakteen, deren Stacheln sehr auffällig kammartig nach zwei Seiten an langen strichförmigen Areolen stehen. Die 40 bis 50 Randstacheln sind bei dieser Art reinweiß, Mittelstacheln fehlen. Die Wurzel ist rübenförmig. Die rosa bis fast weißen Blüten werden bis zu 2,5 cm breit. Etwa 1883 eingeführt.

(C) **M.pennispinosa** Krainz hat mit feinen Haaren besetzte, federartige Stacheln, 16 bis 20 feine grauweiße Randstacheln und meist einen rotbraunen, hakigen Mittelstachel. Die Wurzel ist rübenartig verdickt, die blaßgelben bis rosa Blütchen etwa 1,2 cm breit. 1947 eingeführt.

(C) **M.plumosa** Web. ist ebenfalls durch flauschige bis zu 40 Federstacheln ausgezeichnet, die den Körper verdecken. Mittelstacheln fehlen aber bei ihr, und sie sproßt stark. Die bis 1,5 cm breiten Blüten sind gelblich bis grünlichweiß. Etwa 1898 eingeführt.

(A) **M.poselgeri** Hildm. (*Cochemiea poselgeri* (Hildm.) Britt. et Rose) gehört zu der artenarmen Untergattung *Cochemiea* aus Niederkalifornien, die zweiseitige, zygomorphe Blüten ausbildet. Der Körper ist langgestreckt zylindrisch. 7 bis 9 braune Randstacheln umgeben den hakigen Mittelstachel. Die 3 cm langen Blüten sind glänzend scharlachrot. Staubblätter und Griffel ragen weit aus der Blüte heraus. 1885 beschrieben.

(F, C) **M.prolifera** (Mill.) Haw. bildet sehr schnell durch Sprossen ganze Polster aus kleinen Kugeln. Sie hat 25 bis 40 haarförmige weiße Randstacheln mit jeweils 5 bis 9 (bis 12) blaßgelben bis braunen Mittelstacheln. Die kleinen cremeweißen Blütchen mit dunkleren Mittelstreifen sind nicht sehr auffallend, die Hauptzierde der Pflanze bilden die roten, länglichen Beeren. 1768 eingeführt.
Die var. **haitiensis** (K. Schum.) Krainz aus Cuba und Hispaniola hat schneeweiße Mittelstacheln, bei der var. **texana** Borg (var. *multiceps* (Salm-Dyck) Berger) sind sie rötlich bis bräunlich.

(F) **M.rhodantha** Link et Otto hat 16 bis 20 Randstacheln und meist 4 (bis 7) Mittelstacheln, die von weißlich, gelblich bis dunkelbraun variieren. Meist werden aber Pflanzen mit hell braunrötlichen oder dunkelbraunen Stacheln kultiviert. Die etwa 1,5 cm breiten Blüten sind tief purpurrosa. 1829 eingeführt.

(E) **M.saboae** Glass f. **haudeana** (Lau et Wagner) Hunt (*M.haudeana* Lau et Wag-

Cactaceae

Mammillaria bocasana

Mammillaria longimamma

Mammillaria guelzowiana

Mammillaria pectinifera

Mammillaria theresae

Mammillaria zeilmanniana

ner) hat sehr kleine kugelige Körper, die mit weißen Sternen aus jeweils 17 bis 25 anliegenden Randstacheln besetzt sind. Die etwa 6,5 cm breiten dunkelrosa Blüten wirken bei dieser Art riesig. 1978 beschrieben.

(E) **M.schiedeana** Ehrenb. hat sehr viele (bis 75), unter der Lupe fein behaarte Randstacheln, die schön goldgelb oder silberweiß gefärbt sind. Die Blüten sind gelblichweiß und 2 cm lang. 1837 eingeführt.

(B) **M.sempervivi** DC. hat milchende, 4kantige Warzen mit 3 bis 7 kurzen weißen Randstacheln und 2 (bis 4) rötlichen bis gelben Mittelstacheln. Die weißlichen Blütchen haben rötliche Mittelstreifen. 1828 beschrieben.

(D) **M.senilis** Lodd. (*Mamillopsis senilis* (Lodd.) Web.) ist die einzige Art der Untergattung *Mamillopsis*. Bei dieser sind die Blüten außen noch beschuppt im Gegensatz zu allen anderen Mammillarien. Die Pflanze ist ganz in ihre gelblichen bis schneeweißen jeweils 30 bis 40 Randstacheln und 5 bis 6 Mittelstacheln eingehüllt, von denen einer hakig ist. Die schönen 7 cm langen und 6 cm breiten Blüten variieren von orangerot bis violett. Da die Pflanze aus Höhen von 2500 bis 3000 m kommt, erträgt sie sogar schwachen Frost, ja scheint eine kalte Überwinterung zum Blühen sogar zu brauchen. 1850 beschrieben.

(F, D) **M.spinosissima** Lem. ist eine robuste, ungemein variable, dicht bestachelte Art. 20 bis 30 Randstacheln werden umgeben von 7 bis 15 weißen bis hellbraunen oder roten Mittelstacheln, von denen einer hakig sein kann. Die bis 1,5 cm breiten Blüten sind hellkarmin bis purpurn. 1837 eingeführt.

(D) **M.surculosa** Böd. (*Dolichothele surculosa* (Böd.) Buxb.) bildet bald kleine Gruppen von grünen Kugeln, die eine Rübenwurzel besitzen. Die Areolen tragen 15 gelblichweiße Randstacheln und meist einen dunkleren, hakigen Mittelstachel. Die hübschen, 2 cm breiten, sternförmigen Blüten sind schwefelgelb. Die Art kommt von der Ostküste Mexikos aus Tamaulipas und sollte deshalb im Winter nicht unter 8° haben. Ausserdem braucht sie Schutz vor praller Sonne. 1928 eingeführt.

(C) **M.theresae** Cutak. Die sehr kleinen Körper haben weiße, gefiederte Stacheln, 20 bis 30 Randstacheln und etwa 9 Mittelstacheln. Die etwa 3,5 cm breiten, violett-purpurnen Blüten erscheinen im Vergleich zum Körper riesig. 1967 beschrieben.

(B) **M.uncinata** Zucc. ist die einzige Art, die milchende Warzen und zugleich einen Hakenstachel besitzt. Neben dem kräftigen Mittelstachel trägt sie noch 4 bis 7 schwächere Randstacheln je Areole. Die bis 1,8 cm breiten Blüten sind rötlichweiß mit bräunlichen Mittelstreifen. 1837 beschrieben.

(D) **M.wildii** A. Dietr. (*M.glochidiata* Mart.) ist eine anspruchslose, stark sprossende Art und hat 8 bis 20 weiße Randstacheln und 3 bis 4 dunklere Mittelstacheln, von denen einer hakig ist. Die kleinen Blüten sind weißlich bis rosa. 1835 eingeführt.

(B) **M.woodsii** Craig ist *M.hahniana* sehr ähnlich, hat aber nur bis 2,5 cm lange Borsten in den Axillen und weniger lange haarartige Randstacheln, die den Körper nicht so völlig einhüllen. 1938 eingeführt.

(A) **M.yaquensis** Craig hat sprossende, dünn fingerförmige, rötlichgrüne Triebe mit etwa 18 cremefarbenen Randstacheln und einem rotbraunen bis schwarzen, hakigen Mittelstachel. Die bis 2 cm breiten rosa Blüten erscheinen nur unregelmäßig. Sie haben nur wenige breite Blütenhüllblätter, wirken aber durch die große sternförmige lila Narbe und die gelben Staubbeutel sehr auffällig. Die Art muß verhältnismäßig warm überwintert werden. 1945 beschrieben.

(D) **M.zeilmanniana** Böd. ist eine der beliebtesten und am leichtesten blühenden Mammillarien. Zum Muttertag wird sie reichlich angeboten. 15 bis 18 weiße Randstacheln umgeben 4 rötlichbraune Mittelstacheln, von denen einer an der Spitze hakig eingekrümmt ist. Die 2 cm breiten Blüten sind karminviolett bis purpurrosa, selten weiß. Gegenüber der ähnlichen *M.wildii* mit einigen Borsten in den Axillen hat sie nackte Axillen. 1931 eingeführt.

Mammillarien bieten sich mit ihrer unglaublich vielfältigen, meist aber ganz regelmäßigen Bestachelung und wegen ihrer geringen Größe für eine Sammlung geradezu an. Ein großer Teil der Arten ist auch nicht allzu schwierig in der Pflege. Allgemein wollen sie eine mineralische, sandige und durchlässige Erde und eine kühle Überwinterung bei 5 bis 10°. Nur wenige haben besondere Ansprüche. Die reich sprossenden oder gar die 2gabelig verzweigten, besonders *M.parkinsonii*, brauchen zu einer guten Entwicklung flache Schalen. Am schönsten gedeihen sie aber ausgepflanzt. Die lebhaft grünen, weniger stark bestachelten, z.B. die Arten der Untergattung *Dolichothele*, sind empfindlicher gegen zu starke Strahlung, wollen keine Prallsonne und gedeihen sogar im Halbschatten noch ganz gut. Während der Vegetationszeit brauchen sie reichlich Wasser. Dagegen sind die dicht weiß bestachelten oder behaarten Arten und alle Arten mit Rübenwurzeln sehr empfindlich gegen Nässe und sollten stets nur sehr vorsichtig gegossen werden. Wenige Arten, nämlich diejenigen aus Niederkalifornien und von den Küstengebieten Mexikos, müssen verhältnismäßig warm überwintert werden. Die sprossenden Arten kann man leicht aus abgetrennten Trieben vermehren, die man zwei Wochen gut abtrocknen läßt. Die Schnittflächen bestreut man mit Holzkohlepulver. Die übrigen Mammillarien sät man aus, was schon nach wenigen Jahren blühende Pflanzen ergibt. Auch schon die Jungpflanzen, die man zunächst zu mehreren in Töpfen oder Schalen hält, sehen sehr hübsch aus.

Matucana Britt. et Rose
(*Submatucana* Backeb.)
(Matucana, Ort bei Lima in Peru)

Gehört mit der Säulenkakteengattung *Borzicactus* zu einer Gruppe von südamerikanischen Kakteen, die rote, zygomorphe Blüten besitzen. *Matucana* enthält aber meist kugelig gedrückte, selten etwas säulige Kakteen. Die Früchte spalten seitlich auf. Alle etwa 16 Arten kommen in Peru vor.

M.aurantiaca (Vaup.) Buxb. (*Submatucana aurantiaca* (Vaup.) Backeb.) hat einen etwa 16rippigen Körper, der mit 10 bis 25 (bis 30) kräftigen, bis 4,5 cm langen gelben bis rötlichbraunen Stacheln je Areole besetzt ist. Die schlanken orangefarbenen Blüten sind bis 9 cm lang.

M.haynei (Otto) Britt. et Rose hat etwa 25 bis 30 Rippen und Stacheln, die deutlich in feinere Randstacheln und kräftigere, dunklere Mittelstacheln geschieden sind. Die karmin- bis scharlachroten, bis 8 cm langen Blüten sind außen ganz kahl. Diese Art ist sehr unempfindlich gegen Kälte, da sie aus 2500 bis 3000 m Höhe stammt. 1849 beschrieben.

M.madisoniorum (Hutchison) G.D. Rowl. (*Submatucana madisoniorum* (Hutchison) Backeb.) mit nur 7 bis 12 Rippen ist auffällig blaugrün. Die bis 5 sehr dunklen, langen Stacheln fallen sehr leicht ab. Bei dieser Art sind die zinnoberroten, 6 bis 10 cm langen Blüten außen lang behaart. 1963 beschrieben.

Melocactus Link et Otto
(lat. *melo* = Melone)

Diese Kakteen sind zunächst ganz gewöhnliche, stark gerippte Kugelkakteen. Erst wenn sie nach etwa 7 bis 10 Jahren zu blühen anfangen, entwickelt sich ein mützenartiges, ganz dicht wollig-borstiges Cephalium, das mit der Zeit hutförmig in die Höhe wachsen kann. An ihm entspringen wie bei *Discocactus* die Blüten, die bei *Melocactus* allerdings nur sehr klein und ähnlich wie Mammillarienblüten sind. Es soll etwa 60 zum Teil allerdings kaum voneinander unterscheidbare Arten geben, die in Mexiko, Westindien und dem nördlicheren tropischen Südamerika vorkommen. Als Beispiele seien herausgegriffen:

M. azureus Buin. et Bred. aus Brasilien (Bahia) mit blaubereiftem Körper, weißhaarigem Cephalium mit feinen roten Borsten und etwa 1,7 cm langen rosa Blüten. 1971 beschrieben.

M. matanzanus León aus Cuba mit auffallend orangerotem Cephalium. 1934 beschrieben.

M. peruvianus Vaup. aus Peru mit grasgrünem Körper und größeren, etwa 2,5 cm langen Blüten und einem Cephalium, aus dem bis 5 cm lange Borsten herausragen. 1913 beschrieben.

Melokakteen werden öfters als größere Pflanzen mit Cephalium importiert. Diese wachsen aber kaum an. Deshalb muß man diese langsam wachsenden, interessanten Kakteen aus Samen heranziehen. Sie sind jedoch nur erfahrenen Pflanzenliebhabern zu empfehlen. Gemäß ihrer Herkunft, oft aus den tropischen Küstengebieten, verlangen sie eine sehr warme Überwinterung um 15°. Im Sommer übersprüht man sie öfters und gibt reichlich Wasser.

Mila Britt. et Rose
(durch Buchstabenumstellung nach Lima, der Hauptstadt Perus)

Von den 13 Arten aus Peru ist nur **M. caespitosa** Britt. et Rose gelegentlich in Kultur. Die 2 bis 3 cm dicken, etwa 10rippigen Säulchen bilden Gruppen und sind dicht starrend mit bis 3 cm langen Stacheln besetzt. Die gelben Blüten sind etwa 3 cm breit. 1914 beschrieben.

Monvillea Britt. et Rose
(M. Monville, ein bekannter Kakteensammler in Frankreich, um 1800)

enthält meist ziemlich dünntriebige, oft kletternde Säulenkakteen mit langröhrigen, außen schwach beschuppten und kahlen, nächtlichen Blüten.

M. haageana Backeb. aus Paraguay hat 5- bis 6rippige, nur ganz kurz bestachelte blaugraue Triebe und bis 20 cm lange weiße, außen bläulichgraue Blüten. 1948 beschrieben.

M. spegazzinii (Web.) Britt. et Rose, ebenfalls aus Paraguay, besitzt sehr auffällige dunkelblaugrüne, hell marmorierte, 3 bis 4 (bis 5)rippige, dünne Triebe mit schwärzlichen, bis 1,5 cm langen Stacheln. Die etwa 13 cm langen Blüten sind weiß, außen aber rötlich. 1899 beschrieben.

Monvillea-Arten wachsen sehr rasch und blühen gut ab etwa 1 m Höhe. Im Sommer brauchen sie reichlich Feuchtigkeit und gedeihen auch noch gut im Halbschatten.

Myrtillocactus Console
(*Vaccinium myrtillus*, Heidelbeere)

Von den 4 Arten aus Mexiko und Guatemala ist **M. geometrizans** (Mart.) Console häufig in Kultur. In seiner Heimat wird er baumförmig. Im Haus wird er meistens nur als Jungpflanze gehalten. Die 5 bis 6rippigen Säulen sind auffällig bläulich bereift, und als Kontrast dazu tragen die Areolen fast schwarze Stacheln. Die verhältnismäßig kleinen, weißen Blüten entspringen in Büscheln zu 5 bis 9 aus einer Areole. Blüten und die heidelbeerartigen Beeren entwickeln sich jedoch nur an großen Pflanzen. Auch muß die Art warm überwintert werden. Etwa 1835 eingeführt.

Neobesseya Britt. et Rose
(griech. *neos* = neu, Charles Bessey, 1845–1915, amerikanischer Botaniker)

Hat wie *Coryphantha*, *Escobaria* und *Neolloydia* gefurchte Warzen. Die grubigen Samen, die in Beerenfrüchten sitzen, tragen

Myrtillocactus geometrizans

einen großen Arillus, ein besonderes Anhängsel. Von den 4 Arten, die von Nordmexiko bis Manitoba in Kanada vorkommen, ist am weitesten verbreitet:

N. missouriensis (Sweet) Britt. et Rose. Ihre grauen 9 bis 20 Stacheln sind fein behaart. Die grünlichgelben, bis 5 cm breiten, trichterförmigen Blüten sehen sehr elegant aus mit ihren sehr schmalen, langen Blütenhüllblättern. Die äußersten sind am Rande fein gewimpert. Die Art ist sehr empfindlich gegen Nässe und braucht deshalb sehr durchlässige, lockere Erde. Im Winter hält man die stark schrumpfende Pflanze völlig trocken. Gemäß ihrer Herkunft erträgt sie dann sogar leichte Nachtfröste. 1826 beschrieben.

Neolloydia Br. et R. (*Echinomastus* Britt. et Rose)
(Francis Ernest Lloyd, 1868–1947, amerikan. Pflanzenphysiologe.)

Hat im Unterschied zu der ähnlichen Gattung *Neobesseya*, mit der sie die gefurchten Warzen gemeinsam hat, schwarze, warzige Samen in trockenen, papierenen Früchten. Von dieser Gattung gibt es etwa 18 Arten in Mexiko, dem Süden der USA (Texas, New Mexico) und auf Cuba. Alle Arten sind schön, aber empfindlich.

N. conoidea (DC.) Britt. et Rose var. **grandiflora** (Otto) Kladiwa et Fittkau (*N. grandiflora* (Otto) Berger) aus Nordmexiko hat 16 bis 25 weiße Randstacheln, zu denen 1 bis 2 schwarze Mittelstacheln kommen können. Die weit ausgebreiteten,

Melocactus azureus

großen dunkelpurpurrosa Blüten sind sehr schön. 1837 beschrieben.

N. macdowellii (Rebut) H.E. Moore (*Echinomastus macdowellii* (Rebut) Britt. et Rose), ebenfalls aus Nordmexiko, hat 15 bis 17 weiße, feine Randstacheln, die den Körper verhüllen. Die 3 bis 4 strohgelben Mittelstacheln stehen weit ab und werden bis 6 cm lang. Die etwa 4 cm großen Blüten sind rosa. Etwa 1894 eingeführt.

In der Kultur sind diese schönen Pflanzen schwierig. Sie wollen äußerst durchlässige Erde, im Sommer sonnig und warm, im Winter wollen sie völlig trocken stehen.

Neoporteria Britt. et Rose (*Islaya* Backeb., *Horridocactus* Backeb., *Neochilenia* Backeb., *Pyrrhocactus* Berger, *Reicheocactus* Backeb.)

(griech. *neos* = neu, Charles E. Porter, 20. Jahrhundert, chilenischer Entomologe)

Als Gattung schwierig abzugrenzen. Es sind Kugelkakteen mit scheitelnahen, außen beschuppten, haarig-filzigen Blüten, wie sie bei etlichen anderen Gattungen auch vorkommen. Am typischsten sind noch die hohlen Früchte, die sich am Grund mit einer Pore öffnen. Fast alle 90 oft allerdings kaum unterscheidbaren Arten kommen in dem verhältnismäßig kleinen Gebiet von Nord- und Mittelchile vor. Donald und Rowley unterscheiden zwei Untergattungen:

(N) *Neoporteria* Blüten klein, glockig, rosalila mit purpurnen Narben; Frucht anfangs fleischig

(P) *Pyrrhocactus* Blüten meist groß und voll ausgebreitet, gelb bis lila mit rosa Narben; Frucht trocken

(P) **N. esmeraldana** (Ritter) Donald et G.D. Rowl. (*Neochilenia esmeraldana* (Ritter) Backeb.) hat einen auffallend schwärzlichen oder roten, flachwarzigen Körper mit nur winzigen schwärzlichen Stacheln. Die weißen, leicht gelblichen oder rötlichen Blüten werden bis 4,5 cm breit. 1963 beschrieben.

(P) **N. napina** (Phil.) Backeb. (*Neochilenia napina* (Phil.) Backeb.) hat ebenfalls keinen grünen, sondern einen dunkelgrauen bis schwärzlichgrünen, höckerigen Körper mit ebenfalls sehr kurzen, schwärzlichen Stacheln. Die cremegelben Blüten sind etwa 2,5 cm lang. Die Pflanze besitzt eine lange Rübenwurzel. 1872 beschrieben.

(N) **N. nidus** (Söhr.) Britt. et Rose hat 12 bis 15 bis 3 cm lange, graue bis graubraune Stacheln, die den Körper einhüllen. Die hellroten Blüten sind 3 bis 5 cm lang. 1900 beschrieben.

Die var. **gerocephala** (Y. Ito) Ritter (*N. gerocephala* Y. Ito; *N. senilis* Backeb.) hat noch wilder verflochtene, weiße Stacheln, eine deutliche Wurzelrübe und bis 6 cm lange Blüten. 1886 beschrieben.

(P) **N. occulta** (Phil.) Britt. et Rose (*Neochilenia occulta* (Phil.) Backeb.) ist ein winziges, schwach bestacheltes, nur bis 2,5 cm breites gelbbräunliches bis schwärzliches Pflänzchen mit 8 bis 10 gehöckerten Rippen und einer Rübenwurzel. Die blaß goldgelben Blüten sind etwa 2,5 cm lang. 1860 beschrieben.

(P) **N. paucicostata** (Ritter) Donald et G.D. Rowl. (*Neochilenia paucicostata* (Ritter) Backeb.) ist blaugrau und hat 8 bis 12 Rippen, die mit bis 4 cm langen, anfangs grauschwarzen Stacheln besetzt sind. Die Blüten sind rötlichweiß und bis 5 cm breit. 1959 beschrieben.

(P) **N. reichei** (K. Schum.) Backeb. (*Neochilenia reichei* (K. Schum.) Backeb.) hat einen graugrünen bis bräunlichgrünen warzigen Körper mit nicht sehr starker Bestachelung. Die gelben Blüten sind bis 4 cm lang. 1903 beschrieben.

(N) **N. subgibbosa** (Haw.) Britt. et Rose ist grasgrün bis dunkelgraugrün und hat 14

Neoporteria napina

Neoporteria nidus var. gerocephala

bis 21 Rippen. Die Areolen tragen bis 30 gerade, bis 3 cm lange Stacheln. Die karminrosa Blüten sind schlank und bis 4 cm lang. 1831 eingeführt.

(P) **N.umadeave** (Frič) Donald et G.D. Rowl. (*Pyrrhocactus umadeave* (Frič) Backeb.) trägt auf seinen mattgrünen 18 (bis 27) höckerigen Rippen 30 bis 35 nach oben gebogene 3 bis 4 cm lange Stacheln. Die blaßgelben Blüten werden bis 3,5 cm groß. Diese Art kommt ausnahmsweise aus dem angrenzenden Jujuy in Nordargentinien. 1929 beschrieben.

(N) **N.villosa** (Monv.) Berger mit einem violett bis schwärzlich werdenden Körper hat mehrere bis 3 cm lange Mittelstacheln und 12 bis 20 Randstacheln. Die bis 2,5 cm langen Blüten sind blaßrosa bis weiß. 1839 beschrieben.

Die Neoporterien sind nicht besonders schwierig in der Pflege. Nur die Rübenwurzler verlangen besonders durchlässige Erde und vorsichtiges Gießen. Die Arten der Untergattung *Neoporteria* haben einen ungewöhnlichen Wachstumsrhythmus. Im Sommer legen sie eine Ruhezeit ein und wachsen am kräftigsten dann im Herbst. Das ganze Jahr über wollen sie hell stehen, im Winter aber nicht zu warm.

Neowerdermannia Frič
(Erich Werdermann, 1892–1959, deutscher Botaniker und Kakteenspezialist)

Ähnelt mit ihren kahlen, beschuppten Blüten sehr *Gymnocalycium* oder *Weingartia*. Die Stacheln sitzen aber in den Vertiefungen zwischen den Höckern, nicht an deren Spitze. Von den 3 Arten in den Anden (Peru bis Chile, Argentinien) ist in Kultur:

N.vorwerkii Frič. Die bis 2,5 cm großen weißen oder leicht lila Blüten entwickeln sich aus fast schwarzen Knospen. Wegen ihrer Rübenwurzel ist die Art empfindlich gegen Nässe und muß im Winter ganz trocken und kühl gehalten werden. 1930 beschrieben.

Nopalxochia Britt. et Rose
(Aztekisch *nopal* = Opuntie, *xochitl* = Blume)

Umfaßt nur 4 epiphytische Arten aus Mexiko mit blattartigen, flachen Trieben und am Tag geöffneten Blüten ohne auffallend lange Röhre.

Neowerdermannia vorwerkii

N. × ackermannii (Haw.) F.M. Knuth ist eine Hybride aus *Heliocereus speciosus* × *N.phyllanthoides*. Sie hat buchtig gekerbte Flachsprosse und leuchtendrote, bis 12 cm lange Blüten.

N.phyllanthoides (DC.) Britt. et Rose hat eher schwach gesägte Flachtriebe. Die bis 10 cm langen Blüten sind rosenrot. Pflege und Vermehrung sind wie bei *Epiphyllum*-Hybriden. 1651 eingeführt.

Notocactus arechavaletai

Notocactus (K. Schum.) Berger emend. Buxb. (*Brasilicactus* Backeb., *Eriocactus* Backeb., *Malacocarpus* Salm-Dyck, *Wigginsia* D.M. Porter) (griech. *noton* = Rücken)

Die Gattung *Notocactus* enthält gerippte Kugelkakteen mit außen beschuppten und dicht wolligen Blüten, die zudem noch Borsten oder Stacheln tragen. Gegen *Parodia* und *Frailea* ist die Gattung nur schwer abzugrenzen. Das einfachste Erkennungsmerkmal von *Notocactus* sind die auffallend rot gefärbten Narben. Nur bei den wenigen Arten der Untergattungen *Eriocactus* und *Brasilicactus* sind sie normal gelblich. Diese sind aber meist leicht an ihrem auffällig schräg abgeflachten Scheitel zu erkennen. *Eriocactus*-Arten sind zudem ausnahmsweise säulig. Die bisher etwa 80 unterschiedenen Arten aus Argentinien, Uruguay, Paraguay und Südbrasilien dürften bei kritischer Bearbeitung wahrscheinlich auf die Hälfte zusammenschrumpfen.

Übersicht über die Untergattungen:

Scheitel schief. Narbenlappen gelb
   Körper ± säulig, mit deutlichen Rippen (1) *Eriocactus*
   Körper ± rundlich, mit undeutlichen Rippen (2) *Brasilicactus*

Scheitel gerade. Narbenlappen rot
   Areolen jung mit 1 bis 2 cm langem Filz (5) *Wigginsia (Malacocarpus)*
   Areolen jung weniger stark filzig
      auf der ganzen Länge der Röhre Staubblätter eingefügt (3) *Notocactus*
      nur unten in der Röhre Staubblätter eingefügt (4) *Neonotocactus*

(3) **N. apricus** (Arech.) Berger aus Uruguay hat 18 bis 20 borstige Randstacheln und 4 rötliche Mittelstacheln. Bei den 6 bis 8 cm langen gelben Blüten sind die unteren Staubfäden auffällig rot. Der Scheitel ist praktisch ohne Wolle. Etwa 1900 eingeführt.

(5) **N. arechavaletai** (Spegazz.) Herter, ebenfalls aus Uruguay, fällt durch den dicht und lang weißwolligen Scheitel auch ohne Blüten sehr auf. Er hat bis 9 Randstacheln und 1 (bis 4) anfangs schwarze Mittelstacheln. Die goldgelben Blüten sind 3 bis 4 cm lang.

(4) **N. concinnus** (Monv.) Berger hat 16 bis 20 Rippen und 10 bis 12 borstige Randstacheln und 4 Mittelstacheln, die über Kreuz stehen. Der Scheitel ist wollig und die hellgelben Blüten werden bis 7 cm lang. Seine Heimat sind Südbrasilien und Uruguay. 1838 eingeführt.

(4) **N. floricomus** (Arech.) Berger aus Uruguay wird im Alter säulig und bis 30 cm hoch. Er besitzt etwa 20 Randstacheln und 4 bis 5 Mittelstacheln je Areole. Der wollige Scheitel ist zugleich stachelig. Die gelben Blüten sind bis 6 cm lang.

(2) **N. graessneri** (K. Schum.) Berger (*Brasilicactus graessneri* (K. Schum.) Backeb.) bildet eine sehr dicht bestachelte, warzige Kugel, die bis etwa 10 cm breit und oben schräg abgeflacht ist. Etwa 50 helle oder goldgelbe Randstacheln umgeben jeweils 5 bis 6 kräftige Mittelstacheln. Die kleinen, nur bis 2 cm langen, hellgrüngelben Blüten erscheinen meist zu mehreren. Die Art kommt aus Südbrasilien (Rio Grande do Sul). 1903 eingeführt.

(2) **N. haselbergii** (Haage jr.) Berger (*Brasilicactus haselbergii* (Haage jr.) Backeb.) ist ähnlich, hat aber weniger Stacheln und gelbrote bis blutrote Blüten. Etwa 1884 eingeführt.

(1) **N. leninghausii** (Haage jr.) Berger (*Eriocactus leninghausii* (Haage jr.) Backeb.) ebenfalls aus Rio Grande do Sul wird eine bis 1 m hohe Säule mit etwa 10 Rippen und charakteristischem schrägem Scheitel. Die Pflanze ist ziemlich dicht gelb bestachelt mit jeweils etwa 15 Randstacheln und 3 bis 4 borstigen, bis 4 cm langen Mittelstacheln. Die gelben Blüten sind bis 4 cm lang. Etwa 1894 eingeführt.

(1) **N. magnificus** (Ritter) Krainz (*Eriocactus magnificus* Ritter) aus demselben Gebiet hat 11 bis 15 schmale, scharfe Rippen, bei denen später die Areolen durch ihren Filz durchgehende Bänder bilden. Die bläulichgrüne Kaktee ist zuerst kugelig und streckt sich im Alter etwas. Die schwefelgelben Blüten sind bis 5,5 cm breit. 1966 beschrieben.

(4) **N. mammulosus** (Lem.) Backeb. hat 18 bis 20 Rippen und einen wolligen Scheitel, 10 bis 13 (bis 15) Randstacheln und 2 bis 3 (bis 4) Mittelstacheln. Die Blüten sind kanariengelb und etwa 4 cm lang. Er kommt aus Uruguay und Argentinien. 1839 eingeführt.

(3) **N. ottonis** (Lehm.) Berger ist sehr variabel und fast durch das ganze Gebiet der Gattung verbreitet. Er hat nur 6 bis 13 Rippen, einen etwas wolligen Scheitel, 8 bis 15 Randstacheln und 3 bis 4 Mittelstacheln. Die dunkelgelben Blüten sind 4 bis 6 cm lang. 1826 eingeführt.

(4) **N. rutilans** Dän. et Krainz aus Uruguay ist eine der wenigen Notokakteen mit roten Blüten. Diese werden bis 6 cm breit und sind besonders schön, da sie von den rosakarminroten Spitzen nach innen zu heller werden und schließlich im Schlund ein gelbweißes Auge bilden. Die Art hat einen etwas eingesenkten, wolligen Scheitel und 14 bis 16 Randstacheln und 12 leuchtend braunrote Mittelstacheln. 1936 eingeführt.

(1) **N. schumannianus** (Nicolai) Berger (*Eriocactus schumannianus* (Nicolai) Berger) aus Paraguay kann eine bis 1 m hohe Säule mit bis über 30 Rippen bilden. Der Scheitel ist schräg abgeflacht. Jede Areole trägt nur 4 bis 7 (bis 10) gelbliche bis bräunliche Stacheln. Die Blüten sind zitronen- bis goldgelb und etwa 3,5 cm lang. Etwa 1893 eingeführt.

(3) **N. scopa** (Spreng.) Berger ist hübsch bestachelt. Aus den weißen Büscheln von bis 40 feinen Randstacheln ragen 3 bis 4 rote bis schwarze Mittelstacheln. Außerdem sind die Areolen wollig, so daß der Scheitel ganz weiß erscheint. Die hellgelben Blüten sind etwa 4 cm lang, und bei dieser Art ist außer den Narbenlappen auch der Griffel lebhaft rot gefärbt. Die Art stammt aus Uruguay und Brasilien (Espiritu Santo). 1816 eingeführt.

(4) **N. submammulosus** (Lem.) Backeb. aus Uruguay und Argentinien hat einen 6 bis 9 cm breiten Körper, 13 bis 16 in Höcker zerlegte Rippen, einen wolligen Scheitel, etwa 5 bis 10 Randstacheln und 1 bis 3 kräftige, etwas abgeflachte, gelblichweiße Mittelstacheln. Die hellgelben Blüten sind etwa 4 cm lang. 1839 eingeführt.

Cactaceae 175

(5) **N.tephracanthus** (Link et Otto) Krainz (*Wigginsia tephracantha* (Link et Otto) D.M. Porter) hat einen so stark wolligen Scheitel, daß das Ganze fast wie ein Cephalium bei einem *Melocactus* aussieht. Die Areolen tragen 5 bis 7 Randstacheln und zumindest später noch einen hornfarbenen Mittelstachel. Die kanariengelben Blüten sind bis 5 cm lang. Seine Heimat ist Südbrasilien, Uruguay und Nordargentinien. Etwa 1825 eingeführt.

(3) **N.uebelmannianus** Buin. aus Brasilien (Rio Grande do Sul) hat runde Rippen, einen wolligen, stachellosen Scheitel und etwa 6 weiße 1 bis 3 cm lange Randstacheln je Areole. Auch die glänzend wein- oder blutroten, bis 4,5 cm langen Blüten sind in der Gattung ungewöhnlich. 1968 beschrieben.

Notokakteen stellen an die Pflege keine allzu hohen Ansprüche. Da die meisten Arten aus dem Grasland der Tiefländer stammen, wollen sie im Sommer zwar am liebsten hell und warm stehen, ertragen aber auch Halbschatten oder einen Stand im Freien. Sie stammen nicht aus extremen Trockengebieten und wollen deshalb während der Vegetationszeit reichlich Wasser bekommen und auch im Winter nicht zu kalt und trocken stehen. Die Anzucht aus Samen ist sehr lohnend, da die Sämlinge schon vom 2. Jahr an zu blühen anfangen.

Nyctocereus (Berger) Britt. et Rose
(griech. *nyctos* = nackt, Gattung *Cereus*)

Eine Gattung von dünntriebigen, 5- bis 13rippigen Säulenkakteen mit dornig-welligen weißen oder rosa Blüten, die in der Nacht blühen. Von den 6 Arten aus Mexiko, Guatemala und Nicaragua wird nur eine Art manchmal kultiviert:

N.serpentinus (Lag. et Rodr.) Britt. et Rose. Sie hat bis 6 m lange, 2 bis 5 cm dicke und 10- bis 13rippige Triebe mit etwa 12 dünnen Stacheln je Areole. Die sehr großen 15 bis 20 cm langen Blüten sind außen rosa und rötlichgrün, innen weiß. 1817 eingeführt.
Die Art gedeiht nur gut im Warmhaus, erträgt aber Halbschatten.

Obregonia Frič
(Alvaro Obregón, 1880–1928, mexikanischer Staatspräsident)

Die einzige Art **O.denegrei** Frič aus Mexiko (Tamaulipas) hat wie *Ariocarpus* flache, blattartige Warzen, die am Grunde bis 2,5 cm breit sind und bis 1,5 cm lang. Die 2 bis 4 cm breiten, weißen oder hellroten Blüten entspringen am Ende junger Warzen, die anfangs noch 2 bis 4 borstige Stacheln tragen. Die interessante Pflanze braucht Halbschatten und rein mineralische Erde und ist sehr empfindlich. 1925 beschrieben.

Opuntia Mill., Feigenkaktus
(griech. Name einer Pflanze, die rund um die klassische Stadt Opus in Griechenland wuchs)

Diese Gattung ist mit etwa 470 Arten die weitaus umfangreichste und auch am weitesten verbreitete Kakteengattung. Typisch für diese Gattung sind die Glochiden, sehr feine, spröde, mit Widerhäkchen besetzte Stachelchen. Zunächst werden noch grüne, pfriemliche Blätter ausgebildet, die aber bald abfallen. Aus den sehr kurzröhrigen Blüten bilden sich meist fleischige Früchte, die große, von einem steinharten weißen Samenmantel umgebene Samen enthalten. Nach der Wuchsform werden eine Anzahl von getrennten Gattungen oder besser Untergattungen unterschieden, von denen hier Vertreter aus 4 von ihnen aufgeführt sind. Neben der weitaus artenreichsten, allbekannten Untergattung *Opuntia (Platyopuntia)* mit abgeplatteten runden bis länglichen Gliedern gibt es auch Opuntien mit im Querschnitt runden Trieben.

Triebe abgeflacht
Triebe rund im Querschnitt
   Triebe kugelig bis kurz zylindrisch
   Triebe zylindrisch
      Blätter kurz schuppenartig. Scheidenstacheln vorhanden
         (3) *Cylindropuntia*
      Blätter lang pfriemlich. Scheidenstacheln fehlend
         (4) *Austrocylindropuntia*

(1) *Opuntia (Platyopuntia)*

(2) *Tephrocactus*

(2) **O.articulata** Pfeiff. ex Otto (*Tephrocactus articulatus* (Pfeiff. ex Otto) Backeb.) Bekannt ist die f. **papyracantha** (*Opuntia papyracantha* Phil.), da sie 1 bis 3 sehr stark abgeflachte papier- oder holzspanartige, bis 0,7 cm breite und 10 cm lange schneeweiße Stacheln hat. Ihre graugrünen Glieder sind etwa 5 cm dick und kurz. Nur volle Sonne und starker täglicher Temperaturwechsel erbringen die typische Bestachelung. Blüten erscheinen trotzdem kaum. 1838 eingeführt.

(1) **O.azurea** Rose aus Mexiko (Zacatecas, ?Durango) hat besonders schöne, tiefgelbe Blüten mit rötlichem Auge. Auch die blaugrünen, bereiften Glieder, die in der oberen Hälfte 1 bis 3 schwarze Stacheln an den Areolen tragen, sehen recht hübsch aus. 1909 beschrieben.

(1) **O.basilaris** Engelm. et Bigel. hat ebenfalls graugrüne, meist kurzsamtige Glieder, die aber außer den rötlichbraunen Glochiden kaum Stacheln tragen. Die Blüten sind purpurrötlich und 5 bis 8 cm breit. Die Art kommt aus dem Süden der USA und Nordmexiko. Etwa 1855 eingeführt.

(1) **O.bergeriana** Web. ist nur in Kultur bekannt und blüht besonders reich. Die blaßgrünen Glieder tragen an den Areolen 2 bis 5 etwas abgeflachte, gelbliche bis graue Stacheln. Die Blüten sind ziegelrot bis rosenholzfarben und bis 6 cm breit. Die Art ist auch als Unterlage für derbere, starkwüchsige Kakteen geeignet. 1904 eingeführt.

(3) **O.bigelowii** Engelm. (*Cylindropuntia bigelowii* (Engelm.) Knuth) bildet bis 1 m hohe Bäumchen, die aus 5 bis 15 cm langen, zylindrischen Gliedern zusammengesetzt sind. Diese sind mit Warzen besetzt, die 6 bis 10 Randstacheln und 6 bis 10 ähnliche Mittelstacheln tragen. Alle Stacheln stecken in bleichgelben, häutigen Scheiden. Besonders im Gegenlicht erscheint die extrem bestachelte Pflanze sehr wirkungsvoll. Die purpurnen Blüten sind 4 cm lang. Wild kommt die Art im Südwesten der USA und in Niederkalifornien vor. 1856 beschrieben.

(4) **O.clavarioides** Pfeiff. (*Austrocylindropuntia clavarioides* (Pfeiff.) Backeb.) ist kleinstrauchig und hat fingerartige oder keulige, am Ende gerade abgestutzte,

176 Cactaceae

Opuntia azurea

bräunliche Glieder. Die Areolen tragen bis etwa 10 anliegende, feine weiße Stachelchen. Die selten erscheinenden Blüten sind 5 bis 6 cm breit und gelbbräunlich. Die Art kommt vermutlich aus dem Grenzgebiet zwischen Argentinien und Chile und wird auf Platyopuntien gepfropft, da ihr knolliger Wurzelstock sehr empfindlich ist. 1833 eingeführt.

(1) **O.ficus-indica** (L.) Mill. ist zwar wegen ihrer eßbaren Früchte eine der bekanntesten Kakteen, die auch im Mittelmeergebiet häufig kultiviert wird oder verwildert ist. Sie wird aber mit 3 bis 5 m Höhe auch für ein Gewächshaus bald zu groß. Die Glieder sind 10 bis 20 cm breit und 20 bis 50 cm lang und tragen fast keine Stacheln außer den Glochiden. Die gelben Blüten werden bis 10 cm breit. Im 16. Jahrhundert eingeführt.

(1) **O.microdasys** (Lehm.) Pfeiff. aus Nordmexiko hat sehr kurz samtig behaarte Glieder und dichtstehende Areolen ohne längere Stacheln. 1827 beschrieben. Beliebt sind vor allem die var. **albispina** Fobe mit schneeweißen und die var. **rufida** K. Schum. mit rotbraunen Glochiden. Die blaßgelben, bis 5 cm breiten Blüten sind nicht sehr auffallend.

(1) **O.rufida** Engelm. ist ähnlich der var. *rufida* der vorigen Art, die Glieder sind aber kreisrund und die allerdings selten erscheinenden Blüten sind rötlichgelb. 1856 beschrieben.

Opuntia microdasys

(1) **O.scheeri** Web. aus Mexiko (Querétaro) hat blaugrüne Glieder, deren Areolen neben 8 bis 12 gelben Stacheln noch lange verflochtene Borstenhaare tragen. Die schwefelgelben bis rötlichen Blüten sind bis 10 cm breit. Etwa 1898 eingeführt.

(4) **O.subulata** (Mühlpf.) Engelm. (*Austrocylindropuntia subulata* (Mühlpf.) Bakkeb.) wird bis 4 m hoch und hat aufrechte, 6 bis 10 cm dicke, zylindrische Triebe, die rautenförmig gefeldert sind. Im Austrieb erscheinen bis 12 cm lange, grüne, pfriemliche Blätter, die bald abfallen und durch 1 bis 2 blaßgelbe, bis 8 cm lange Stacheln ersetzt werden. Die roten Blüten sind etwa 7 cm lang. Diese sehr ursprüngliche Opuntienart stammt wahrscheinlich aus Nordargentinien und Bolivien. 1845 eingeführt.

Opuntien sind in Kultur meist nicht anspruchsvoll. Sie brauchen lediglich viel Sonne und eine lehmige Erde. Ausgepflanzt werden sie leicht zu groß. Trotz ihrer schönen Blüten und ihres dekorativen Wuchses sind sie bei Pflanzenfreunden nicht allzu beliebt, da die feinen Glochiden der Opuntien die unangenehmsten Stacheln aller Kakteen sind. Bei der geringsten Berührung dringen sie in die Haut ein und lassen sich kaum mehr entfernen. Man fasse Opuntien deshalb nie mit bloßen Händen an und stelle sie so auf, daß die Gefahr, sie zu berühren, möglichst gering ist.

Oreocereus (Berger) Riccob.
(*Morawetzia* Backeb.)
(griech. *oros* = Berg, Gattung *Cereus*)

Diese Gattung umfaßt kleinere Säulenkakteen, die fast immer auffallend stark behaart bis völlig von Haaren eingehüllt sind. Die rosa bis purpurnen Blüten sind langröhrig, etwas zygomorph und außen schuppig und haarig. Die Frucht ist eine große Hohlfrucht. Etwa 7 Arten kommen in den Anden in Peru, Bolivien, Nordchile und Nordargentinien vor.

O.celsianus (Lem.) Riccob. hat bis 2 m lange und 8 bis 12 cm dicke Triebe mit 10 bis 25 Rippen. Die ganze Pflanze ist in lange weiße Wollhaare eingehüllt, aus denen nur 7 bis 9 Randstacheln und 1 bis 4 besonders lange, gelbliche bis mittelbraune Mittelstacheln hervorragen. Die 7 bis 9 cm langen Blüten variieren von schmutzigrosa bis karminviolett. 1845 eingeführt.
Zu der sehr variablen Art kann auch *O. hendriksenianus* Backeb. als var. **hendrik-**

senianus (Backeb.) Krainz gestellt werden. 1935 beschrieben.

O. doelzianus (Backeb.) Borg (*Morawetzia doelziana* Backeb.) unterscheidet sich von den anderen *Oreocereus*-Arten durch ihre endständigen Blüten, die in einem Pseudocephalium sitzen. Diese Kaktee bildet vom Grund stark verzweigte, bis 1 m lange, 4 bis 8 cm dicke und 9 bis 11 rippige Triebe aus, die jeweils 10 bis 16 Randstacheln und 4 bis 4 cm lange Mittelstacheln tragen. Die blaukarminroten Blüten sind bis 10 cm lang. 1935 beschrieben.

Oreocereus doelzianus

Gemäß ihrer Herkunft aus dem Hochland brauchen Oreocereen viel Sonne, frische Luft und starke Tag und Nacht Temperaturgegensätze. Nur ausgepflanzt können sie sich zu schönen Einzelpflanzen entwikkeln.

Oroya Britt. et Rose
(Oroya, Ort in Zentralperu)

Die 3 Arten kommen alle aus dem Hochland von Peru. Es sind gedrückt kugelige, sehr dicht bestachelte Kakteen mit scheitelnahen, nur 1,5 bis 2,5 cm langen Blüten, die außen dicht beschuppt aber höchstens schwach wollig sind und nach innen geneigte innere Blütenhüllblätter besitzen. Die Frucht ist eine Hohlfrucht, die sich am Grunde öffnet.

O. peruviana (K. Schum.) Britt. et Rose trägt an ihren Areolen etwa 15 bis 20 kammartige Randstacheln. Dazu können noch bis zu 6 bis 3 cm lange Mittelstacheln kommen. Die Blüten sind hellkarmin- bis zinnoberrot, innen gelblich oder weißlich. Die Kultur ist ähnlich wie bei *Oreocereus*, aber in nahrhafter, leicht saurer, humoser Erde. 1903 beschrieben.

Pachycereus (Berger) Britt. et Rose
(griech. *pachys* = dick, Gattung *Cereus*)

Umfaßt 7 baum- oder strauchförmige Arten, die eine wichtige Rolle in der Trockenvegetation Mexikos spielen. Die 4 bis 10 cm langen Blüten sind außen beschuppt und borstig-haarig bis wollig und blühen in der Nacht. Aus ihnen entwickeln sich trockene, sehr stachelige Früchte.

P. pringlei (S. Wats.) Britt. et Rose wird in der Heimat, an der Westküste Mexikos und in Niederkalifornien bis 12 m hoch und hat über 1 m Stammumfang. Die Areolen der 10- bis 16rippigen Triebe tragen etwa 20 Stacheln. 1885 beschrieben.

P. weberi (Coult.) Backeb. (*Lemaireocereus weberi* (Coult.) Britt. et Rose) wird ebenfalls über 10 m hoch. Seine Triebe sind dunkelgraugrün und weiß bereift und tragen an den Areolen 6 bis 12 Randstacheln und einen dunklen, abgeflachten, bis 10 cm langen Mittelstachel. 1896 beschrieben.

Diese Pflanzen sind bei uns nur als Jungpflanzen bei viel Platz zu halten, zudem müssen sie warm überwintert werden.

Parodia Spegazz.
(Lorenzo Raimundo Parodi, 1895–1966, argentinischer Botaniker)

Eine Gattung von gerippten oder warzigen Kugelkakteen mit scheitelnahen, außen beschuppten und wolligen oder haarigen Blüten. Von der nahe verwandten Gattung *Notocactus* unterscheidet sie sich vor allem durch die nicht auffallend roten Narben, die meist sehr kleinen Samen, die ein Anhängsel (Strophiolus) besitzen. Außerdem haben viele Parodien Hakenstacheln, die bei Notokakteen nicht vorkommen. Es werden zwar über 100 Arten aus dem Hochland von Nordargentinien und Bolivien beschrieben, in Zukunft dürften aber höchstens wenige Dutzend übrigbleiben.

P. aureispina Backeb. hat etwa 40 sehr feine Randstacheln und etwa 6 goldgelbe

Parodia chrysacanthion

Mittelstacheln, von denen der unterste hakig ist. Die Blüten sind goldgelb und etwa 3 cm breit. 1934 beschrieben.

P. ayopayana Card. aus Bolivien (Cochabamba) hat 11 Rippen und einen weißwolligen Scheitel. Zu 10 bis 11 Randstacheln gehören jeweils 4 gerade abstehende, bis 3,5 cm lange Mittelstacheln. Die goldgelben Blüten werden bis 3,5 cm lang. 1950 eingeführt.

P. chrysacanthion (K. Schum.) Backeb. aus Nordargentinien (Jujuy, Salta) hat einen warzigen, im Scheitel gelbwolligen Körper, der ganz von Stachelbüscheln eingehüllt ist, die aus jeweils 30 bis 40 haarfeinen, goldgelben Stacheln bestehen. Die gelben Blüten sind bis 2 cm breit. Etwa 1933 eingeführt.

P. maasii (Hesse) Berger aus Südbolivien und Nordargentinien ist eine sehr variable Art mit schrägen Rippen. An den Areolen stehen 7 bis 15 Randstacheln und meist 4 dunkle, gebogene oder hakige lange Mittelstacheln. Die bis 4 cm langen Blüten sind lachsfarben bis purpurrot. 1904 eingeführt.

P. mairanana Card. hat einen olivgraugrünen Körper mit schrägen Rippen, 9 bis 14 Randstacheln und 1 bis 3 gebogene oder hakige, hellgraue Mittelstacheln. Die bis 3,5 cm langen Blüten sind goldgelb bis orangegelb. 1957 beschrieben.

P. nivosa Frič ex Backeb. aus Nordargentinien (Salta) hat einen warzigen, im Scheitel dicht weißwolligen Körper. Die weißen Stachelbüschel aus 15 bis 20 Randstacheln und 4 Mittelstacheln verdecken den Körper fast ganz. Die hell blutroten Blüten sind bis 5 cm breit. 1930 beschrieben.

P. sanguiniflora Frič ex Backeb., ebenfalls aus Nordargentinien (Salta), ist ähnlich, doch ist der unterste der roten bis bräunlichen Mittelstacheln an der Spitze hakig. Die gelblichroten bis blut- oder karminroten Blüten sind bis 4 cm breit. 1934 beschrieben.

Parodien müssen als Hochlandkakteen hell stehen, wollen aber weder drückende Hitze noch längere Trockenheit. Überwintert werden sollten sie bei etwa 5 bis 10°. Aus den winzigen Samen entstehen zunächst sehr langsam wachsende winzige Keimpflanzen. Parodien blühen jedoch schon willig als junge Pflänzchen, so daß die Aussaat dennoch lohnend ist. *P. nivosa* und *sanguiniflora* werden oft auch gepfropft auf schwachwüchsigen Unterlagen kultiviert.

Pediocactus Britt. et Rose
(*Toumeya* zum Teil)
(griech. *pede* = Fußfessel)

In dieser Gattung werden jetzt nach L. Benson eine ganze Reihe von meist sehr kleinräumig verbreiteten Kugelkakteen in den Gebirgen der USA zusammengefaßt. Von den 13 Arten sind die meisten sehr selten und stehen unter strengem Schutz. In Kultur sind sie auch gepfropft nur schwer zu halten. Das extreme Gebirgsklima mit seinen scharfen Temperaturgegensätzen zwischen Tag und Nacht ist kaum nachzuahmen. Es sei deshalb nur eine Art aufgeführt:

P. papyracanthus (Engelm.) L. Bens. (*Toumeya papyracantha* (Engelm.) Britt. et Rose). Dies ist eine der wenigen Kakteenarten, bei der die 3 bis 4 Mittelstacheln papierartig abgeflacht sind. Die weißen Blüten sind bis 2,25 cm lang. 1849 beschrieben.

Peireskiopsis Britt. et Rose
(*Peireskia* und griech. *opsis* = Aussehen)

Die Gattung sieht tatsächlich *Pereskia* sehr ähnlich, da sie ebenfalls flache Blätter besitzt. Glochiden und große Samen mit einem weißen Samenmantel zeigen aber, daß sie nahe mit *Opuntia* verwandt ist. Von den 12 strauch- bis baumförmigen Arten aus Mexiko und Guatemala wird eine Art öfters als wüchsige Unterlage besonders zur Sämlingspfropfung verwendet.

P. velutina Rose aus Mexiko (Querétaro) hat etwa 1 cm dicke, bis 1,2 m hohe Triebe mit samtigen, bis 2,5 cm breiten und 6 cm langen Blättern. Die kleinen gelben, röhrenlosen Blüten werden nur 1 bis 2 cm groß. 1907 beschrieben.

Pelecyphora Ehrenb.
(griech. *pelekys* = Beil, *phoros* = tragend)

Nur eine einzige Art in Mexiko (San Luis Potosí, Nuevo León).

P. asseliformis Ehrenb. ist eine sehr bekannte Kaktee, da sie an ihren beilförmigen Warzen sehr auffallende weiße, regelmäßig kammartig nach zwei Seiten gestellte Stacheln trägt, die tatsächlich etwas an eine Assel erinnern. Die nackten, violettroten Blüten entspringen aus den Achseln der Warzen und sind bis 4 cm breit. 1843 eingeführt.

Die sehr interessante, aber langsam wachsende Pflanze braucht wegen ihrer Rübenwurzel sehr durchlässige Erde und nur spärlich Wasser. Sie sollte warm und hell, aber nicht in praller Sonne stehen. Vermehrt wird die Pflanze durch Samen, was aber viel Geduld erfordert.

Pereskia Mill. (*Peireskia* K. Schum.)
(Nicholas Claude Fabre de Peiresc, 1580–1637 französischer Gelehrter)

Ohne Zweifel die ursprünglichste Kakteengattung, denn ihre 10 Arten sind nur schwach sukkulente Bäume oder Klettersträucher mit flachen, nervigen Blättern und gestielten, flachen, röhrenlosen Blüten mit oberständigem Fruchtknoten. Pereskien besitzen aber schon die typischen Stachelbüschel der Areolen wie alle Kakteen. Die Gattung ist weit verbreitet von Florida über Westindien durch das tropische Südamerika bis Nordargentinien.

P. aculeata Mill., fast durch das ganze Gebiet der Gattung verbreitet, hat bis 10 m lange kletternde Triebe mit bis 9 cm langen Laubblättern. Die Areolen tragen meist 2 kräftige, gebogene Stacheln zum Klettern. Die bis 4,5 cm breiten Blüten sind weiß, blaßgelb oder blaßrosa. 1595 eingeführt.
Die var. **godseffiana** (Sand.) F. M. Knuth hat auf der Unterseite purpurrote Blätter und ist in Kultur in Australien entstanden.

P. bahiensis Gürke aus Nordostbrasilien ist ähnlich, hat aber später Areolen mit bis zu 40 bis 9 cm langen Stacheln und bis 4 cm lange rosa Blüten. 1908 beschrieben.

Die kräftig wachsenden Pflanzen brauchen nahrhaften Boden, regelmäßig Wasser, aber keine stauende Nässe. *P. aculeata* kann gut als Pfropfunterlage für Weihnachts- oder Osterkakteen verwendet werden. Auch dies zeigt ihre enge Verwandtschaft zu den übrigen Kakteen, trotz ihres gar nicht kakteenhaften Aussehens. Vermehren kann man Pereskien leicht durch Stecklinge.

Pilosocereus Byl. et Rowl.
(lat. *pilosus* = behaart, Gattung *Cereus*)

54 Arten von baum- oder strauchförmigen Säulenkakteen, die von Florida, Westindien und Mexiko bis Brasilien verbreitet sind. Typisch für diese Gattung ist, daß die Blüten an besonderen, meist lang behaarten Areolen entspringen. Sie sind außen beschuppt, aber nur schwach wollig oder kahl und blühen in der Nacht.

P. palmeri (Rose) Byl. et Rowl. (*Cephalocereus palmeri* Rose) wird in der Heimat in Mexiko (Tamaulipas) baumförmig und bis 6 m hoch. Die 7 bis 9rippigen Triebe sind dunkelgrün und oben schön bläulich bereift. Neben den bis 3 cm langen Stacheln tragen die Areolen bald 2 bis 4 cm lange Wollbüschel. Wenn genügend Platz ist, kann die Pflanze als Jungpflanze in einem auch im Winter gut geheizten Haus leicht gehalten werden. 1907 eingeführt.

Pterocactus K. Schum.
(griech. *pteron* = Flügel)

Gleicht mit ihren runden Gliedern mit Glochiden und früh abfallenden kleinen Blättern bestimmten Opuntien. Typisch sind aber die knolligen Wurzeln und vor allem die geflügelten Samen. Gelegentlich wird eine der 7 Arten aus Argentinien kultiviert.

P. tuberosus (Pfeiff.) Britt. et Rose hat bräunlichrötliche, bis 40 cm lange Triebe und gelbe, 3 cm lange Blüten und eine bis 12 cm lange und 8 cm dicke Rübenwurzel. 1837 beschrieben.

Rebutia K. Schum. (*Aylostera* Spegazz., *Mediolobivia* Backeb.)
(P. Rebut, gest. 1898, französischer Kakteengärtner)

Kleine Kakteen, die gerippte Säulen bis flachgedrückte, warzige Kugeln bilden. Die trompetenförmigen, weit geöffneten Blüten entspringen tief seitlich am Körper und sind gegenüber Lobivien meist nur schwach behaart oder spärlich borstig oder sogar völlig kahl. Die etwa 50 bis 60 Arten kommen alle aus dem Hochland Nordargentiniens (Tucuman) und Boliviens aus Höhen von 1500 bis 4000 m und sind fast alle sehr ähnlich und schwer zu unterscheiden. Die Gattung wird am besten nach Donald in 6 Sektionen beziehungsweise Subsektionen eingeteilt:

(C) *Cylindrorebutia*
± säulig und gerippt; Griffel frei von der Röhre
(D) *Digitorebutia*
± säulig und gerade oder schräg gerippt; Griffel 30% oder weniger mit der Röhre verwachsen
(A) *Aylostera*
säulig bis kugelig und warzig; Griffel mit der Röhre verwachsen
(S) *Setirebutia*
kugelig und gerippt; Griffel frei; Blüten wollig
(R) *Rebutia*
kugelig und warzig; Griffel frei; Blüten kahl
(M) *Mediolobivia*
kugelig und warzig; Griffel 1 bis 2 mm mit der Röhre verwachsen; Blüten ± kahl

(S) **R. aureiflora** Backeb. (*Mediolobivia aureiflora* (Backeb.) Backeb.) hat einen stark sprossenden, kugelig-gedrückten, warzigen Körper, der ± schwarzviolett überlaufen ist. Die Areolen tragen 10 bis 16 Randstacheln und 1 bis 4 Mittelstacheln. Die etwa 4 cm breiten Blüten variieren von zitronengelb bis blutrot und lila mit hellem Schlund. 1912 beschrieben.

(A) **R. deminuta** (Web.) Britt. et Rose (*Aylostera deminuta* (Web.) Backeb.) ist ebenfalls stark sprossend und hat 11 bis 13 Warzenreihen und Areolen mit bis 12 Randstacheln. Die dunkelorangeroten Blüten sind 3 cm breit. 1904 beschrieben.

(C) **R. einsteinii** Frič hat einen etwa 1,5 bis 3 cm dicken, gestreckten Körper, der oft stark rot oder dunkelbraun überlaufen ist. Die Areolen tragen bis 12 Randstacheln. Die tief goldgelben Blüten mit blaßgelbem Schlund sind 2,5 cm breit. Mit ihrer Rübenwurzel ist die Pflanze empfindlich gegen stehende Nässe. 1949 beschrieben.

(A) **R. fiebrigii** (Gürke) Britt. et Rose (*Aylostera fiebrigii* (Gürke) Backeb.) ist sehr dicht bestachelt mit jeweils 25 bis 40 Randstacheln und 2 bis 5 Mittelstacheln. Die leuchtend gelbroten Blüten sind bis 3,5 cm lang. 1904 eingeführt.

(M) **R. krainziana** Kesselr. hat einen sprossenden, gedrückt-kugeligen, warzigen Körper mit weißen, ziemlich großen Areolen, die aber nur sehr kurze 1 bis 2 mm lange Stachelchen tragen. Die leuchtendroten Blüten mit gelbem Schlund sind 4 cm breit. 1939 eingeführt.

(A) **R. kupperiana** Böd. (*Aylostera kupperiana* (Böd.) Backeb.) sproßt und hat einen kugeligen, warzigen Körper. Die Areolen tragen 13 bis 15 Randstacheln und 1 bis 3 (bis 4) dunkelbraune Mittelstacheln. Die Blüten sind zinnoberrot bis leuchtend orangerot mit blaßgrünem Schlund und bis 5 cm lang. 1931 eingeführt.

(M) **R. marsoneri** Werderm. mit gedrückt-kugeligem, warzigem Körper und etwa 30 bis 35 Randstacheln hat hell- bis sattgelbe, bis 3,5 cm breite Blüten, die in der Knospe karmesinrot sind. 1937 beschrieben.

(R) **R. minuscula** K. Schum. hat einen flachgedrückten, warzigen, meist reich sprossenden Körper und 20 bis 30 Stacheln je Areole. 1894 eingeführt. Neben der ssp. **minuscula** mit leuchtendroten Blüten wird auch die ssp. **violaciflora** (Backeb.) Donald (*R. violaciflora* Backeb.) mit hellvioletten Blüten sehr häufig kultiviert. 1935 beschrieben.

(A) **R. muscula** Ritter et Thiele (*Aylostera muscula* (Ritter et Thiele) Backeb.) hat an den Areolen etwa 50 weiße, 2 bis 4 mm lange Stacheln, die den warzigen Körper ganz einhüllen. Die orangefarbenen Blüten sind 3,5 cm lang und 3 cm breit. 1963 beschrieben.

(D) **R. pygmaea** (R.E. Fries) Britt. et Rose (*Mediolobivia pygmaea* (R.E. Fries) Backeb.) hat einen kleinen grauen bis hellbläulichgrünen Körper mit 8 bis 12 nur 2 bis 3 mm langen Stacheln und eine Rübenwurzel. Die Blüten sind rosa bis lachsfarben. 1905 beschrieben.

(A) **R. pseudodeminuta** Backeb. (*Aylostera pseudodeminuta* (Backeb.) Backeb.) hat einen warzigen, glänzendgrünen Körper, der verhältnismäßig kräftig bestachelt ist. Zu über 10 Randstacheln kommen 2 bis 3 bis 1,5 cm lange Mittelstacheln. Die karminroten Blüten, die aus fast schwarzen Knospen entstehen, sind 3 bis 4 cm breit. 1933 beschrieben.

(R) **R. senilis** Backeb. ist reich sprossend und hat einen flachkugeligen, warzigen Körper, der fast völlig verdeckt wird von bis 3 cm langen, dünnen, borstenartigen, miteinander verflochtenen Stacheln, die zu etwa 25 an den Areolen stehen. Die bis 4 cm breiten, dünnröhrigen Blüten variieren bei den verschiedenen Varietäten von zitronengelb und orange bis karminrot und lila. 1932 beschrieben.

Cactaceae

Rebutia fiebrigii

(A) **R. spinosissima** Backeb. (*Aylostera spinosissima* (Backeb.) Backeb.) hat kugelige, stark sprossende Körper mit dichten, borstigen Stacheln. Die zinnoberroten Blüten sind bis 3 cm breit. 1935 beschrieben.

(M) **R. wessneriana** Bewerunge f. **calliantha** (Bewerunge) Buin. et Donald (*R. calliantha* Bewerunge) hat einen gedrückt-kugeligen, warzigen Körper, 15 bis 21 weiße Stacheln je Areole und zinnoberrote bis karminrote, bis 4,5 cm breite Blüten mit hellorangem Schlund. 1948 beschrieben.

Rebutien sind wohl neben Mammillarien die beliebtesten Liebhaberkakteen. Dies verdanken sie ihrer leichten Pflege, und weil sie sicher und reichlich ihre schönen Blüten hervorbringen. Sie sind zwar überaus anspruchslos und wachsen fast unter allen Bedingungen, am besten gedeihen sie jedoch als ausgesprochene Hochlandkakteen bei hellem, luftigem Stand, mit Schutz vor praller Mittagssonne, reichlichem Gießen in der Vegetationszeit und kräftigen Temperaturunterschieden zwischen Tag und Nacht. In der langen Ruhezeit im Winter hält man sie trocken und kühl. Sie ertragen sogar leichte Fröste. Vermehren kann man die Pflanzen leicht durch Seitensprosse, die sich bei den meisten Arten reichlich bilden. Aber auch die Aussaat liefert schon nach 1 bis 2 Jahren kleine, aber dennoch schon blühende Pflänzchen. Da sich Rebutien aber sehr leicht kreuzen, geht aus Samen oft ein buntes Gemisch von Hybriden hervor.

Rhipsalidopsis Britt. et Rose (*Epiphyllopsis* Berger, *Rhipsaphyllopsis* Werderm.)
(griech. *rhips* = Binse, *opsis* = Aussehen)

Die 2 Arten dieser Gattung aus Südostbrasilien sind Gliederkakteen. Die kurzen Glieder sind flach und blattartig, seltener 3 bis 5kantig. Die radiären Blüten stehen am Ende der Glieder und haben nur eine sehr kurze Röhre gegenüber der ähnlichen langröhrigen Gattung *Schlumbergera*.

R. gaertneri (Regel) Moran (*Epiphyllopsis gaertneri* (Regel) Berger; *Schlumbergera gaertneri* (Regel) Britt. et Rose), Osterkaktus, besitzt Glieder mit jederseits 3 bis 5 Höckern und Areolen mit 1 bis 2 Borsten. Die scharlachroten Blüten sind 4 bis 5 cm lang und haben lang zugespitzte Blütenhüllblätter. Etwa 1880 eingeführt.

R. × graeseri (Werderm.) Moran (× *Rhipsaphyllopsis graeseri* Werderm.) ist eine Hybride aus *R.gaertneri* und *R.rosea* und ist der ersten Art sehr ähnlich, hat aber etwas kleinere Blüten und weniger lang zugespitzte Blütenhüllblätter. 1939 beschrieben.

R.rosea (Lagerh.) Britt. et Rose hat 2, 3 oder 5kantige, bis etwa 1 cm breite, borstig behaarte Glieder. Die rosa Blüten sind etwa 3 bis 4 cm breit. Etwa 1912 eingeführt.

Vermehrung und Pflege ähnlich wie bei *Schlumbergera*. Nach einer längeren Kühlperiode von 10° blühen sie um die Osterzeit.

Rhipsalis Gaertn., Ruten-, Binsen-, Korallenkaktus

(griech. *rhips* = Binse, Flechtwerk)

Kommt mit etwa 65 Arten in Mittel- und Südamerika vor. Wahrscheinlich nur durch die Verbreitung mit Vögeln oder Segelschiffen sind Vorkommen im tropischen Afrika und Ceylon zu deuten. Die *Rhipsalis*-Arten sehen in der Wuchsform sehr verschieden aus. Die meisten Arten bestehen entweder aus dünnen, binsenartigen, langgestreckten oder kurzen Gliedern oder aus blattartigen Flachtrieben wie die bekannten Phyllokakteen. Die Blüten sind fast immer unter 1 cm lang, unscheinbar weiß, gelblich oder grünlich und röhrenlos. Aus ihnen entwickeln sich weiße, rote oder schwarze, kugelige Beeren.

R.capilliformis Web. aus Ostbrasilien hat sehr dünne, nur bis 3 mm dicke, quirlig verzweigte, meist hängende Triebe und weiße Beeren. 1892 beschrieben.

R.cassutha Gaertn. ist äußerst ähnlich, aber etwas gröber, besitzt jedoch nur 5 mm lange grünliche bis gelblichweiße Blütchen. 1758 eingeführt.

R.clavata Web. ist ebenfalls ähnlich, aber ihre Triebe sind gegen das Ende etwas keulig und tragen dort die für eine *Rhipsalis* großen, 1,5 cm langen weißen Blüten. 1892 beschrieben.

R.houlletiana Lem. aus Brasilien kann man ohne Blüten leicht mit einer Phyllokaktee verwechseln. Sie hat aber völlig an-

Rhipsalidopsis rosea

dere, kleine, nur bis 2 cm lange, weiße bis gelbliche Blüten, die allerdings meist reihenweise an den Trieben entstehen. Etwa 1870 eingeführt.

R.mesembryanthemoides Haw. aus Brasilien (Rio de Janeiro) hat 10 bis 20 cm lange, dünne Triebe. Diese sind dicht mit

Rhipsalis mesembryanthemoides

vielen bis 1,5 cm langen und 4 mm dicken, blattartigen Gliedern besetzt, so daß die Pflanze auf den ersten Blick wie eine Blattsukkulente aussieht. Die blattartigen Gebilde tragen aber bei genauerem Hinsehen kleine Areolen und sind damit Sproßglieder. Die weißlichen Blütchen sind bis 1,5 cm breit. 1819 beschrieben.

Rhipsalis-Arten werden ihrer Herkunft gemäß am besten im Warmhaus als anspruchslose Ampelpflanzen in Orchideenkörbchen gehalten. In diesen werden sie in torfmoosreicher, durchlässiger Erde, vor Prallsonne geschützt, ähnlich wie viele Orchideen kultiviert. Nach einer kurzen Ruhezeit, etwa im September oder Oktober, blühen sie bei uns meist mitten im Winter.

Rhodocactus (Berger) F.M. Knuth

(griech. *rhodon* = Rose)

Gleicht *Pereskia*, hat aber schon ein mittel- bis unterständiges Ovar. Die 16 Arten sind weit verbreitet von Westindien und Mexiko bis Nordargentinien. Die Kultur ist wie bei *Pereskia*. Gelegentlich gehalten wird:

R. bleo (H.B.K.) F.M. Knuth (*Pereskia bleo* (H.B.K.) DC.) Der bis 7 m hohe Strauch aus Kolumbien hat bis 20 cm lange und bis 5 cm breite Blätter. Das einzige Kakteenartige an ihm sind die Areolen aus meist 5 bis 6 schwarzen Stacheln. Auch die zu 2 bis 4 stehenden, kurzgestielten, rosenroten, flachen, bis 7 cm breiten Blüten sehen kaum wie Kakteenblüten aus. 1827 eingeführt.

Schlumbergera Lem., Weihnachtskaktus *(Zygocactus K. Schum.)*
(Frederick Schlumberger 19. Jahrhundert, belgischer Gärtner, Kenner der Kakteen, Begonien und Bromelien)

Die 3 Arten dieser Gattung sind mit ihren gekerbten oder gesägten, blattartigen Gliedern *Rhipsalidopsis* sehr ähnlich, haben aber langröhrige Blüten, bei denen die Staubblätter am Grunde zu einer Röhre verwachsen sind. Die Heimat dieser Gattung ist Brasilien (Rio de Janeiro, São Paulo).

S. bridgesii (Lem.) Loefgr. hat gekerbte Glieder und nahezu radiäre, kirschrote, bis 7,5 cm lange Blüten. Wahrscheinlich handelt es sich um eine Hybride. 1861 beschrieben.

S. truncata (Haw.) Moran (*Zygocactus truncatus* (Haw.) K. Schum.) Bei dieser sehr verbreiteten Kaktee sind die blattartigen Glieder am Rande gezähnt. Die sehr schönen, rosa bis tief violettroten, seltener weißen Blüten sind bis 8 cm lang und zygomorph. Staubblätter und Griffel ragen weit heraus. Durch Hybridisierung entstand auch eine ganze Reihe von schönen *Schlumbergera*-Hybriden.

Als Epiphyten des feuchten Regenwaldes muß man die Gliederkakteen ganz anders als andere Kakteen behandeln. Sie wollen sauren, nährstoffreichen Humusboden, der immer gleichmäßig etwas feucht zu halten ist, und feuchtwarme Luft. Lediglich ab August hält man die Weihnachtskakteen trockener und kühler, bis die Blütenknospen erscheinen. Wenn man nun wieder stärker gießt und die Pflanze wärmer hält, kann man die Pflanze ziemlich genau zu Weihnachten zum Blühen bringen. Zur Vermehrung können als Stecklinge gut einzelne Glieder dienen. Man kann Triebstücke auch z.B. auf *Hylocereus*-Triebe pfropfen, wodurch recht hübsche Kronenbäumchen zustandekommen.

Selenicereus (Berger) Britt. et Rose
(griech. *selene* = Mond, Gattung *Cereus*)

Zu dieser Gattung kletternder, dünntriebiger Kakteen mit Luftwurzeln und sehr großen, langröhrigen Blüten, die sich in der Nacht öffnen, gehören 25 Arten. Sie sind von Texas über Mittelamerika bis Kolumbien verbreitet. Die Blüten gehören mit 20 bis 30 cm Durchmesser zu den größten Blüten überhaupt. Leider öffnen sie sich erst spät am Abend und sind am nächsten Morgen schon wieder welk.

S. grandiflorus (L.) Britt. et Rose, Königin der Nacht, aus Mexiko und Westindien hat 5 bis 7 (bis 8)rippige Triebe und 7 bis 11 gelbliche Stacheln je Areole. Die bis 30 cm langen und 20 cm breiten weißen Blüten duften stark nach Vanille. 1700 eingeführt.

S. pteranthus (Link et Otto) Britt. et Rose, Prinzessin der Nacht, ist ähnlich, aber die Stacheln sind kurz konisch, und die äußeren Blütenhüllblätter sind rötlichgelb, die inneren weiß oder cremefarben. 1834 beschrieben.

Als kletternde Pflanzen brauchen sie ein Stabgerüst, um das sie herumwinden können, am besten ein Spalier an einer Gewächshauswand. Außerdem wollen sie humose, nährstoffreiche Erde, viel Wärme, aber keine Prallsonne.

Setiechinopsis (Backeb.) De Haas
(lat. *seta* = Borste, griech. *echinos* = Seeigel, *opsis* = Aussehen)

Die Gattung hat nur eine einzige Art in Argentinien (Santiago del Estero).

S. mirabilis (Spegazz.) Backeb. ist eine kleine, nur bis 15 cm hohe, dunkel bläulichgrüne Säulenkaktee mit 11 bis 12 Rippen, 9 bis 14 Randstacheln und einem bräunlichen Mittelstachel. Die Blüten stehen am Scheitel und haben sehr schmale, weiße Blütenhüllblätter. Sie blühen in der Nacht, duften und sind bis 12 cm lang und 4 cm breit. Griffel und Röhre sind im unteren Teil miteinander verwachsen. Regelmäßig entwickeln sich durch Selbstbestäubung Früchte. 1905 beschrieben.

Stenocereus (Berger) Riccob.
(*Lemaireocereus* Britt. et Rose, *Hertrichocereus* Backeb., *Marginatocereus* (Backeb.) Backeb., *Marshallocereus* Backeb.)
(griech. *stenos* = schmal, Gattung *Cereus*)

Zu dieser Gattung gehören 23 Arten von baum- oder strauchförmigen Kakteen von Mexiko, Westindien bis Venezuela. Die 3 bis 10 cm langen Blüten blühen meist nachts, die jungen Früchte sind sehr stachelig.

S. beneckei (Ehrenb.) Backeb. (*Lemaireocereus beneckei* (Ehrenb.) Britt. et Rose; *Hertrichocereus beneckei* (Ehrenb.) Backeb.) bildet 2 bis 3 m hohe, 7 bis 9rippige Säulen, die dicht mit mehligem Wachsstaub überzogen sind. An den Areolen stehen etwa 5 anfangs rote, später schwarze Stacheln. Die Art kommt aus Mexiko (Guerero). Am besten wächst die Pflanze gepfropft. Sie muß warm überwintert werden. 1844 beschrieben.

S. marginatus (DC.) Buxb. (*Pachycereus marginatus* (DC.) Berger; *Marginatocereus marginatus* (DC.) Backeb.)
In der Heimat in Mexiko bildet diese Art bis 7 m hohe, am Grund 30 cm dicke, 5- bis 6 (bis 7)rippige Säulen. Die Stacheln fallen bald ab und die Areolen verschmelzen fast miteinander zu einem perlenartigen Band an den Kanten der Rippen. 1828 beschrieben.

S. stellatus (Pfeiff.) Riccob. (*Lemaireocereus stellatus* (Pfeiff.) Britt. et Rose) hat bis 4 m hohe und 9 cm dicke, 7 bis 12 (bis 15)rippige Triebe. Die Areolen tragen 8 bis 12 Randstacheln und 1 bis 6 Mittelstacheln, die bald grau werden. Die Art kommt ebenfalls aus Mexiko (Puebla, Oaxaca). 1836 beschrieben.

Strombocactus Britt. et Rose
(griech. *strombos* = Kreisel)

Nur 1 Art in Mexiko (Hidalgo):

S. disciformis (DC.) Britt. et Rose. Die flachkugelige Pflanze besteht aus flachen, rhombischen, graugrünen Warzen, deren Stacheln bald abfallen. Die weißen bis gelblichen, bis 4 cm breiten Blüten sind außen beschuppt, aber unbehaart. 1929 eingeführt.
Die interessante Art ist ziemlich empfindlich in Kultur. Mineralische Erde, sehr

sonniger Stand, vorsichtige Bewässerung und völlig trockene Überwinterung sind unbedingt notwendig. Gepfropft ist sie etwas leichter zu halten.

Sulcorebutia Backeb.
(lat. *sulcus* = Furche, Gattung *Rebutia*)

Von dieser Gattung von zwergigen, oft reichlich sprossenden Hochlandkakteen wurden die meisten erst in jüngster Zeit in Bolivien entdeckt. Bisher wurden etwa 40 allerdings oft kaum zu unterscheidende Arten beschrieben. Sulcorebutien ähneln mit ihren seitlichen, beschuppten, aber kahlen Blüten und dem warzigen Körper *Rebutien*, aber auch den Gattungen *Weingartia* und *Gymnocalycium* sehr stark, so daß die klare Abgrenzung schwierig ist. Typisch sind vor allem die langgestreckten Areolen, an denen die Stacheln ± kammartig stehen, und die dicken Rübenwurzeln.

S.arenacea (Card.) Ritter hat 14 bis 16 weißlichgelbliche, sandig wirkende, 5 mm lange Stacheln und goldgelbe, 3 cm lange Blüten. 1951 beschrieben.

S.candiae (Card.) Buin. et Donald ist ähnlich, hat aber gelbliche, glatte, 3 bis 7 mm lange Stacheln. 1961 beschrieben.

S.canigueralii (Card.) Buin. et Donald wird nur 2 cm breit und 1 cm hoch und trägt auch nur bis 2 mm lange Stacheln auf dem gräulichen Körper. Die bis 4 cm langen Blüten sind besonders auffallend gefärbt, orangerot mit großem gelbem Auge. 1964 beschrieben.

S.kruegerii (Card.) Ritter hat gegenüber *S.candiae* nur bis 3 mm lange Stacheln. 1957 beschrieben.

S.lepida Ritter wird auch nur 1 bis 3 cm breit und hat 14 bis 20 3 bis 7 mm lange gelbe bis schwarze Randstacheln. Die Blüten sind 2 bis 3 cm lang und zinnoberrot oder karmin. 1962 beschrieben.

S.mizquensis Rausch hat bis 20 Randstacheln, die bis 4 mm lang sind und an der Spitze weiß, in der Mitte rosa und am Fuß schwarz gefärbt sind. Die 3 cm langen Blüten sind hell- bis dunkelmagenta und haben einen weißen Schlund. 1970 beschrieben.

S.rauschii G. Frank wird auch nur 1,5 cm hoch und 3 cm breit und ist schwarzgrün bis violett gefärbt. Die Stacheln sind höchstens 1,5 cm lang. Die 3 cm langen Blüten sind magentarosa mit weißem Schlund. 1969 beschrieben.

S.steinbachii (Werderm.) Backeb. hat 6 bis 8 gelbliche bis schwarze Randstacheln und 1 bis 3 Mittelstacheln. Die Stacheln werden bis 2,5 cm lang. Die Blüten variieren von hellrot bis karminviolett und sind etwa 3,5 m lang. 1931 beschrieben.

S.verticillacantha Ritter. Diese etwas unklare Art hat 12 bis 14 2 bis 4 mm lange Randstacheln und violettpurpurne bis zinnoberrote Blüten mit orangem Schlund. 1962 beschrieben.

Die Sulcorebutien sind bei Kakteenfreunden rasch sehr beliebt geworden. Ähnlich wie Rebutien blühen sie sehr reich und verhältnismäßig groß im Vergleich zu ihren kleinen Körpern. Die Bestachelung ist aber abwechslungsreicher. Als Hochlandarten brauchen sie möglichst viel Licht, frische Luft und starke Temperaturunterschiede zwischen Tag und Nacht. Im Winter sollten sie hell, kühl und trocken stehen. Wegen ihrer Rübenwurzel brauchen sie durchlässige Erde und ertragen keine Nässe. Pfropfen ist jedoch nicht notwendig. Vermehrung ist meist durch Seitensprosse leicht möglich, auch die Aussaat kommt in Betracht. Die Kapseln enthalten allerdings nur sehr wenige Samen, und leicht entstehen Hybriden.

Thelocactus (K. Schum.) Britt. et Rose
(griech. *thele* = Brustwarze)

Gerippte oder warzige Kugelkakteen, bei denen die blühfähigen Areolen oben in eine Furche verlängert sind, an deren innerem Ende die Blüten entspringen. Diese sind außen beschuppt, aber kahl, die Samen schwarz und grobwarzig. Mit diesen Merkmalen vermittelt die Gattung etwa zwischen *Echinocactus* und *Coryphantha*. Es gibt etwa 28 teils sehr variable Arten in Mexiko und Texas.

T.bicolor (Gal.) Britt. et Rose hat 8 bis 13 gerade oder schräge Rippen, 9 bis 18 kräftige, zum Teil sehr bunte Randstacheln und meist 4 Mittelstacheln, die bis 5 cm lang werden können und von denen der oberste etwas abgeflacht ist. Die bis 6 cm breiten Blüten sind dunkelpurrosa mit hellerem Auge. 1848 beschrieben.
Besonders schön von dieser sehr variablen Art ist die var. **tricolor** (K. Schum.) F.M. Knuth mit besonders starker, dichter Bestachelung. 1898 beschrieben.

T.conothelos (Regel et Klein) F.M. Knuth hat einen warzigen Körper, 14 bis 16 weiße Randstacheln und 1 (bis 2 bis 4) Mittelstacheln. Die 3,5 cm breiten Blüten sind purpurviolett, selten hellgelb. 1860 beschrieben.

T.heterochromus (Web.) Van Oosten hat 8 bis 9 in Warzen zerteilte Rippen und 7 bis 10 sehr derbe Randstacheln, von denen der obere ± breitgedrückt ist. Der bis 4 cm lange Mittelstachel ist zuweilen gefurcht. Alle Stacheln sind verschiedenfarbig gebändert. Die bis 6 cm langen Blüten sind hellviolett, innen oft dunkler. 1896 beschrieben.

T.hexaedrophorus (Lem.) Britt. et Rose hat ebenfalls in Warzen aufgelöste 12 bis 13 Rippen, 6 bis 9 Randstacheln und 0 bis 2 Mittelstacheln. Bei dieser Art sind alle Stacheln fein geringelt. Die weißen oder rötlichen Blüten sind 6 cm lang. 1839 beschrieben.

T.knuthianus (Böd.) Bravo (*Gymnocactus knuthianus* (Böd.) Backeb.) ist warzig und hat eine Rübenwurzel. Die 9 bis 20 Randstacheln sind sehr fein. Zu ihnen kann ein Mittelstachel treten. Die bis 3 cm langen Blüten sind lilarosa. 1930 beschrieben.

Thelokakteen sind meist sehr auffällig bestachelt, haben weitgeöffnete Blüten und sind deshalb sehr beliebt. In Kultur gedeihen sie recht gut, wenn man in der Vegetationszeit einen sonnigen und warmen Platz bieten kann und in durchlässiger Erde kultiviert. Als Vermehrungsart bringt die Aussaat guten Erfolg.

Thrixanthocereus Backeb.
(griech. *thrix* = Haar, *anthos* = Blüte, Gattung *Cereus*)

Diese strauchigen Säulenkakteen sind durch ein seitliches Cephalium ausgezeichnet, an dem sich nachtblühende, außen beschuppte und haarige Blüten entwickeln. Es sind 4 Arten aus Nordperu und Ekuador bekannt.

T.blossfeldiorum (Werderm.) Backeb. (*Espostoa blossfeldiorum* (Werderm.) Buxb.) bildet bis 4 m hohe, 18- bis 25rippige Säulen. Die Areolen haben 20 bis 25 glashelle Randstacheln und bis etwa 7 dunkle Mittelstacheln. Das Cephalium besteht aus

Zygocactus truncatus 'Le Vesuv'

Selenicereus grandiflorus

Thelocactus bicolor

dichter, gelblichweißer Wolle und vielen bis 5 cm langen Borsten. Die Blüten sind cremeweiß und bis 6 cm lang. 1937 beschrieben. Die Pflanze bildet auch in Kultur bei etwa 1 m Höhe ihr interessantes Cephalium. Sie muß verhältnismäßig warm überwintert werden.

Trichocereus (Berger) Riccob.
(*Helianthocereus* Backeb.)
(griech. *thrix* = Haar, Gattung *Cereus*)

Diese etwa 75 Arten umfassende Gattung kommt in den Anden von Ekuador bis Chile und Argentinien vor. Mit den sehr nahe verwandten Gattungen *Echinopsis* und *Lobivia* hat sie die außen beschuppten und stark behaarten Blüten mit deutlich abgesetztem Kranz von Schlundstaubblättern gemeinsam. Deshalb wird die Gattung auch mit *Echinopsis* vereinigt. Im Gegensatz zu *Echinopsis* und *Lobivia* enthält *Trichocereus* aber typische Säulenkakteen. Die langröhrigen Blüten öffnen sich bei den meisten Arten in der Nacht.

Sulcorebutia canigueralii

Uebelmannia pectinifera

T. candicans (Gill.) Britt. et Rose bildet bis 1 m hohe, 9 bis 11 rippige Säulen und hat sehr lange weiße Blüten. 10 bis 14 Randstacheln umgeben die (1 bis) 4 bis 10 cm langen Mittelstacheln. Die Art kommt aus Argentinien (Mendoza, Córdoba). 1834 eingeführt.

T. huascha (Web.) Britt. et Rose (*Helianthocereus huascha* (Web.) Backeb.) aus Argentinien (Catamarca) wird bis 90 cm hoch und hat tagblühende gelbe oder rote, 7 bis 10 cm lange Blüten. 9 bis 11 Randstacheln stehen um 1 bis 6 bis 6 cm lange Mittelstacheln. 1893 beschrieben.

T. macrogonus (Salm-Dyck) Riccob. aus Argentinien und Bolivien bringt 6 bis 9 rippige, bis 3 m hohe blaugrüne Säulen hervor. 6 bis 9 Randstacheln gehören zu jeweils 1 bis 3 bis 5 cm langen Mittelstacheln. Die nächtlichen, weißen Blüten sind etwa 18 cm lang. 1849 beschrieben.

T. pachanoi Britt. et Rose aus Ekuador wird in seiner Heimat baumförmig und bis 6 m hoch. Die bläulichgrünen Triebe haben 6 bis 8 Rippen. Die Areolen tragen 3 bis 7 bis 2 cm lange, untereinander ähnliche Stacheln oder sind stachellos. Die Blüten sind weiß und bis 23 cm lang. 1920 beschrieben.

T. pasacana (Web.) Britt. et Rose (*Helianthocereus pasacana* (Web.) Backeb.) kommt aus Argentinien (Catamarca) und Südbolivien. In der Heimat wird diese Art riesig, bis 10 m hoch und am Grund 30 bis 50 cm dick mit 15 bis 35 mattgrünen Rippen. Die weißen Blüten blühen am Tag und sind 12 cm lang. Die eßbare Frucht heißt »pasacana«. 1878 eingeführt.

T. spachianus (Lem.) Riccob. aus Westargentinien wird bis 2 m hoch und hat glänzendgrüne 10- bis 15 rippige Triebe. Die Areolen tragen etwa 10 Randstacheln und 1 bis 8 Mittelstacheln. Die weißen nachtblühenden Blüten werden 20 cm lang. 1840 eingeführt.

T. schickendantzii (Web.) Britt. et Rose aus Nordwestargentinien ist ähnlich, bleibt aber meist unverzweigt und wird nur bis 30 cm hoch mit seinen dunkelgrünen Trieben. 1896 beschrieben.

Trichocereus-Hybride

Die Gattung *Trichocereus* ist eine der dankbarsten Säulenkakteengattungen. Etliche Arten sind hübsch bestachelt und entwickeln auch als kleinere Pflanzen schon ihre großen Blüten. Als Hochlandkakteen sind sie recht unempfindlich, und viele vertragen trocken stehend im Winter sogar schwachen Frost. Einige Arten wie *T. pachanoi*, *T. spachianus* und *T. pasacana* werden auch gern als robuste Pfropfunterlagen verwendet. Sprossende Arten kann man leicht durch Stecklinge vermehren, die anderen durch Aussaat. Auch Kopfstecklinge von zu groß gewordenen Pflanzen kommen in Betracht.

Turbinicarpus (Backeb.) Buxb. et Backeb. (*Normanbokea* Kladiwa ex Buxb.)
(lat. *turbineus* = kreiselförmig, griech. *karpos* = Frucht)

Die in ihrer Abgrenzung umstrittene Gattung umfaßt 6 sehr verschieden aussehende Arten aus Mexiko. Alle sind kleine Warzenkakteen mit nackten Blüten. Die Stacheln sind meist außergewöhnlich, entweder papierartig, haarig, federig oder kammartig.

T. lophophoroides (Werderm.) Buxb. et Backeb. wird nur bis 4,5 cm breit und hat je Warze nur 2 bis 6 bis 1 cm lange Stacheln. Aus dem starkwolligen Scheitel entspringen die 3,5 cm breiten rosa bis weißlichen Blüten. 1934 eingeführt.

T. pseudopectinatus (Backeb.) Glass et Foster (*Pelecyphora pseudopectinata* Backeb.; *Normanbokea pseudopectinata* (Backeb.) Kladiwa et Buxb.)
Diese Art sieht mit ihren beilförmigen Warzen und den 44 bis 56 kammartig angeordneten, weißen, nur etwa 1,5 mm langen Stacheln *Mammillaria pectinifera* tatsächlich sehr ähnlich. Von dieser Art unterscheidet sie sich aber durch die normale Blütenstellung am Ende der Warzen und die kürzeren Stacheln. Die etwa 3 cm breiten Blüten sind weiß bis violett. 1939 beschrieben.

T. schmiedeckianus (Böd.) Buxb. et Backeb. var. **schwarzii** (Shurly) Glass et Foster (*T. schwarzii* (Shurly) Backeb.; *Toumeya polaskii* Backeb.) ist eine kleine Kaktee, die mit ihren ganz flachen, gepunkteten Warzen *Lophophora* sehr ähnlich sieht. Die Areolen tragen meist einen einzigen, etwa 2 cm langen, nach oben gekrümmten Stachel, der später abfällt. Die etwa 2,5 cm breiten Blüten sind weiß bis lavendelfarbig. 1948 beschrieben.

T. valdezianus (Möller) Glass et Foster (*Pelecyphora valdeziana* Möller; *Normanbokea valdeziana* Kladiwa et Buxb.) wird nur etwa 2,5 cm breit und hat etwa 30 haarartige weiße, nur 1 bis 2 mm lange, aber fein gefiederte Stacheln. Die etwa 2 cm breiten Blüten sind hellviolett oder weiß. 1930 beschrieben.

Diese kleinen interessanten, aber langsam wachsenden Arten brauchen mit ihrer Rübenwurzel sehr durchlässige, rein mineralische Erde, hellen und warmen, aber nicht prallsonnigen Stand. Die Überwinterung muß hell und kühl erfolgen. Die Vermehrung geschieht durch Samen.

Uebelmannia Buin.
(Uebelmann, Kakteenimporteur)

Diese Gattung wurde erst 1966 entdeckt. Alle 6 Arten kommen in Minas Gerais in Brasilien vor. Die auffallendste Art ist:

U. pectinifera Buin. Sie ist unverwechselbar mit ihrem schwärzlichbraunen, scharf gerippten Körper, der mit winzigen wachsigen Schüppchen bedeckt ist. Die Areolen verschmelzen zu kammartigen Stachelbändern. Die grünlichgelben Blüten sind nur etwa 1,5 cm lang. 1967 beschrieben.

Die Pflanze braucht saure Lauberde, häufiges Nebeln und darf auch im Winter nicht unter 15° haben. Sie wächst sehr langsam.

Weingartia Werderm.
(Wilhelm Weingart, 1856–1936, deutscher Kakteenkenner und -sammler)

Mit ihren scheitelnahen Blüten, die kahle große Schuppen tragen, *Gymnocalycium*, aber auch *Sulcorebutia* recht ähnlich, von denen sie schwierig abzugrenzen ist. Die 23 Arten kommen in den Anden Boliviens und Argentiniens vor.

W. lanata Ritter hat längliche, stark weißwollige Areolen mit 12 bis 16 kräftigen gelblichen Randstacheln und 10 bis 15 Mittelstacheln. Die gelben Blüten sind bis 3,3 cm lang. 1961 beschrieben.

W. neocumingii Backeb. ist sehr ähnlich, hat aber weniger weiße Wolle und nur 2 bis 10 dunklere Mittelstacheln. 1950 beschrieben.

Weingartien sind meist robuste Pflanzen, die in nahrhaftem Humusboden recht willig ihre gelben Blüten entwickeln.

Wilcoxia Britt. et Rose
(Timothy E. Wilcox, 19/20. Jahrhundert, U.S.A., amerikanischer General, Pflanzenkenner)

Diese Gattung aus Texas und Mexiko enthält 5 strauchige Säulenkakteen mit sehr dünnen, nur bleistiftstarken, 3 bis 20rippigen Trieben und dicken Rübenwurzeln. Die Blüten sind außen beschuppt und dornig-wollig.

W. albiflora Backeb. hat hellgrüne, fast stielrunde, sehr dünne 0,6 cm dicke Triebe mit anliegenden 1 mm langen Stacheln. Die meist am Ende der Triebe stehenden Blüten sind weiß oder zartrosa mit einem grünlich-bräunlichen Auge. 1952 beschrieben.

W. poselgeri (Lem.) Britt. et Rose hat dickere 0,6 bis 1,5 cm breite Triebe mit längeren Stacheln. Die hellpurpurnen Blüten haben eine dunklere Mitte. 1853 beschrieben.

W. schmollii (Weingt.) Backeb. hat Triebe, bei denen die 8 bis 10 Rippen ± in Höcker aufgelöst sind, und bis 35 feine, haarartige Stacheln je Areole haben. Die Blüten sind hellpurpurn. 1931 beschrieben.

W. viperina (Web.) Britt. et Rose (*Cullmannia viperina* (Web.) Distef.) hat graugrüne, bis 2 cm dicke, samtige Triebe. Die an den Trieben verteilten roten Blüten haben eine bis 8 cm lange Röhre. 1904 beschrieben.

Wilcoxien haben sehr weit geöffnete, schöne Blüten. Wegen ihrer Rübenwurzel, mit der sie schwierig zu kultivieren sind, pfropft man am besten der Länge nach halbierte, etwa 4 cm lange Stücke, die man waagrecht auf die Unterlage setzt.

Campanulaceae
Glockenblumengewächse

Milchsaftführende Kräuter, Halbsträucher, selten Sträucher mit meist spiralig gestellten, ungeteilten Blättern, strahligen oder (bei den Lobelieae) symmetrischen, meist ansehnlichen Blüten, die sich in etwa 70 Gattungen mit etwa 2000 Arten gliedern. Vorzugsweise leben sie in gemäßigten und subtropischen Gebieten aller Erdteile.

Azorina Feer
(Ableitung des Namens nicht bekannt)

Campanula L. sehr nahestehende und oft mit ihr vereinigte Gattung mit nur 1 Art.

A. vidalii (H.C. Wats.) Feer (*Campanula vidalii* H.C. Wats.) hat ihre Heimat auf der Azoreninsel Flores. Sie bildet einen verzweigten, 30 bis 50 cm hohen Halbstrauch und weicht dadurch von allen anderen Arten ab. Ihre lederartigen, dicken, glänzenden Blätter stehen am Ende der Zweige. Die hängenden Blüten sind glockig, in der Mitte etwas zusammengezogen, wachsartig, 2,5 bis 5 cm lang, weiß mit einem gelben Ring am Grunde. Zu 7 bis 9 sind sie in lockeren Endtrauben angeordnet. 1851 in England eingeführt.
Am besten wird sie durch Aussaat vermehrt. Blühende Pflanzen bilden regelmäßig genügend keimfähigen Samen aus. Im Winter gehören sie in ein helles und luftiges Kalthaus, im Sommer sonnig ins Freie. An die Erde stellen sie die gleichen Ansprüche wie *Campanula isophylla*, bedürfen also einer lehmig-humosen Mischung oder Einheitserde. Sie sind schön und eigenartig, dabei kleinbleibend und deshalb dem Liebhaber seltener und ausgefallener Pflanzen zu empfehlen.

Campanula, Glockenblume
(lat. *campanula* = Glöckchen)

Ausschließlich einjährige oder ausdauernde Kräuter, deren 300 Arten in der nördlichen Hemisphäre überwiegend in den Gebirgen vorkommen. Unter ihnen sind viele schöne Gartenpflanzen, aber nur wenige, die im kühlen Gewächshaus gezogen werden müssen.

C. fragilis Cyr. kommt an Kalkfelsen Süditaliens, aber auch an anderen Stellen der Mittelmeerküste vor. Sie ist eine von Juni bis Juli blühende Staude mit bis 30 cm langen, niederliegenden oder hängenden Stengeln, glatten Blättern und blauen Blüten mit weißlicher Mitte. 1826 in England eingeführt.

C. isophylla Moretti aus den Ligurischen Alpen blüht etwa vier Wochen später als die vorige Art, hat 10 bis 20 cm hohe Stengel, längere, hängende Blütentriebe, rundliche, bis 3,5 cm lange Blätter und bis 3 cm breite, blaue, bei der Sorte 'Alba' weiße Blüten. Stengel, Stiele und Blattspreite sind fast glatt bis dicht-weißhaarig. 1868 in England eingeführt, wenig später auch in Deutschland in Kultur. Die echte Sorte 'Mayi' mit bunten Blättern ist nicht mehr in Kultur. Sie scheint um 1899 in England entstanden zu sein.

C. fragilis wird im Januar durch Aussaat vermehrt, einmal pikiert und dann zu 3 bis 5 in den 11 bis 12 cm großen Endtopf gesetzt. Im übrigen gleicht ihre Pflege ganz der von *C. isophylla*. Diese wird aus Kopfstecklingen im Februar bis März vermehrt. Man steckt sie in Sand und bringt sie bei 8 bis 12° zur Bewurzelung. Bei höherer Wärme faulen sie. Nach der Bewurzelung werden 3 bis 5 Pflanzen zusammen in einen 7 bis 8 cm großen Topf gepflanzt und nach Durchwurzelung in einen solchen von 12 bis 13 cm. Die Erde sei lehmig-humos und kalkhaltig. Auch in Einheitserde gedeihen sie gut. Ein 2- bis 3maliges Entspitzen fördert die Verzweigung. Während des ganzen Jahres sollten diese Hänge-Glockenblumen hell, kühl und luftig stehen. Man kann die Triebe hängen lassen, aber auch an einem kleinen Gestell aufbinden. Nirgends sieht man sie schöner als in ländlichen Gegenden. In manchen Gebieten stehen sie im August bis September in fast jedem Haus hinter den Fenstern in voller Blüte.

C. pyramidalis L., eine Rosettenpflanze aus Norditalien und dem Nordwestbalkan, auf Felsen, steinigen Triften und an Mauern wild vorkommend. Sie haben dicke, rübenförmige Wurzeln und einen bis 1,50 m langen, aufrechten Stengel, an dem die glatten, glänzenden Blätter nach oben hin immer kleiner werden. Die Blüten stehen zu dritt in den Achseln der oberen Stengelblätter und bilden eine lange, pyramidale Rispe. Sie sind bis 3 cm breit, glockig, hellblau-violett oder weiß. Eine sehr alte Topfpflanze, schon 1596 in Belgien gezogen. Bei den Liebhabern werden die Blütenstengel meist reifenförmig gebogen. Sie sind dann weniger hoch und sehen reizend aus. Entweder wird im März bis April ausgesät oder aber die am Grunde erscheinenden Nebentriebe abgelöst, eingepflanzt und weitergepflegt. Sie verlangen recht lehmige, nährstoffreiche Erde, stehen im Sommer am besten im Freien, im Winter am Fenster eines kühlen Zimmers oder im Kalthaus, wo sie sich von Juni bis August über und über mit Blüten bedecken. Aufrecht wachsend sind sie prächtig für Gartenterrassen, Dachgarten und Balkone, mit gebogenen Stengeln für Zimmer- und Blumenfenster. Sie blühen aber nur dann, wenn sie im Winter längere Zeit zwischen 0° und 5° standen.

Canarina L., Kanarenglocke
(nach den Kanarischen Inseln, der Heimat von *C. canariensis*)

Nur 3 Arten auf den Kanarischen Inseln und im tropischen Ostafrika.

C. canariensis (L.) Mansf. (*C. campanulata* L.) ist eine ausdauernde, *Campanula*-ähnliche, fast kahle Staude mit dickfleischigen Wurzeln und sehr großen Blüten. Hängt man die Pflanze auf oder stellt sie auf einen erhöhten Platz, dann hängen die fleischigen, 1 bis 2 m langen Stengel weit herunter. Die etwa 5 cm langen Blüten erscheinen einzeln am Ende der Zweige oder in den Gabelungen. Sie sind gelb, goldgelb oder bräunlich, von dunkleren, braunen oder ziegelroten Nerven und Adern durchzogen. Die Blüten erscheinen vom Vorwinter bis in den Vorfrühling hinein. 1696 eingeführt.

Canarina canariensis

Nach dem Abblühen im Laufe des März beginnen die Pflanzen gelb zu werden und einzuziehen. Übrig bleibt nur der fleischige Wurzelstock, der im Spätsommer von neuem austreibt. Bis dahin läßt man die Töpfe völlig trocken im Kalthaus stehen. Vom Austrieb bis zum Ende der Blütezeit bedürfen sie einer Wärme von 12 bis 15°. Bei geringeren Temperaturen gedeihen sie zwar auch noch gut, doch bilden sich dann keine oder nur wenige Blüten. Es braucht nur alle 5 bis 6 Jahre einmal verpflanzt zu werden, da auch dies die Blütenbildung hemmt. Nach Durchwurzelung ist während der ganzen Wachstumszeit wöchentlich flüssig zu düngen. Im übrigen brauchen sie sehr viel Licht. Bei Vermehrung durch Aussaat dauert es in der Regel 3 Jahre bis zu den ersten Blüten, bei vorsichtiger Teilung kurz vor dem Austrieb nur 1 bis 2 Jahre.

Centropogon
(griech. *kentron* = Sporn, *pogon* = Bart)

230 Arten von bisweilen auch kletternden Halbsträuchern und Sträuchern, die in den Anden von Mexiko bis Bolivien und in Westindien ihre Heimat haben, sind durch die oft auffallenden violetten, purpur- und orangefarbenen oder roten Blüten ausgezeichnet. In den Sammlungen sieht man als Seltenheit

C. × (?) lucyanus Houllet, angeblich ein Bastard zwischen einer *Centropogon*-Art und *Siphocampylus betulifolius*. Die unten verholzenden, bis meterhohen Stengel sind reich beblättert und tragen an ihrem Ende an kurzen Seitenzweigen 8 bis 12 auffallende, karmin- bis scharlachrote Blüten mit gekrümmter Krone. 1856 entstanden.

Dieser prächtige, ein Vierteljahr hindurch immer wieder neue Blüten hervorbringende Winterblüher verdient gerade bei Liebhabern mit kleinem Warmhaus besondere Empfehlung. Vermehrt wird durch Stecklinge, die im Warmbeet bald wurzeln. Am besten steckt man gleich drei Stecklinge in ein Töpfchen, die man dann auch beim Verpflanzen zusammenläßt. Den Sommer über stehen sie am besten in einem hellen, nicht zu geschlossenen Lauwarmhaus oder auf einem Frühbeetkasten unter Glas. Um mehrtriebige Pflanzen zu bekommen, wird zweimal entspitzt, außerdem zwei- bis dreimal in lockere Laub- und lehmige Rasenerde oder in Einheitserde verpflanzt. Im Winter stehen sie am besten im hellen Warmhaus dicht unter

Campanula isophylla

Glas. Ihres etwas hängenden Wuchses wegen auch eine schöne Ampelpflanze. Verwandt mit voriger ist die 210 Arten umfassende Gattung

Siphocampylus Pohl
(griech. *siphon* = Röhre, *kampylos* = krumm)

Sie ist im tropischen Amerika und in Westindien zu Hause. Die einzige Art, die man auch heute noch, aber sehr selten, in botanischen Sammlungen sieht, ist

S. manettiiflorus Hook. aus Kuba, ein kleiner, aufrechter, wenig verzweigter Halbstrauch von 15 bis 30 cm Höhe, der vom Frühling bis zum Herbst sehr reich blüht. Seine Blüten haben eine rote Röhre und gelbe Abschnitte. 1848 in England eingeführt.
Diese Art wächst sowohl bei Temperaturen von 16 bis 20° wie auch bei solchen von 12 bis 16°, ist also in dieser Beziehung nicht anspruchsvoll, vorausgesetzt, sie steht hell, luftig, aber vor Sonne geschützt. Im übrigen gedeiht sie in der gleichen Erde wie die vorige Art. Vermehrung durch Stecklinge, am besten von Januar bis März, aber auch zu anderen Jahreszeiten. Um bald zu buschigen Pflanzen zu kommen, stecke man gleich 3 bis 5 Stecklinge in einen Topf. Einmaliges Entspitzen ist anzuraten.

Isotoma (R. Br.) Lindl.
(griech. *isos* = gleich, *tome* = Schnitt, Abschnitt)

Von den 12 Arten dieser oft zu *Laurentia* gezogenen Gattung kommen 10 aus Australien, 1 aus Mittel- und Südamerika, 1 aus Westindien. Es sind ein- oder mehrjährige Kräuter von verschiedenem Habitus, von denen in botanischen Gärten fast immer

I. longiflora (L.) K.B. Presl (*Hippobroma longiflora* (L.) G. Don), auf den Antillen, in Mittel- und Südamerika heimisch, in anderen tropischen Ländern verwildert, anzutreffen ist. Sie ist ein bis 40 cm hohes Kraut, das den ganzen Sommer hindurch stets einige seiner langröhrigen, großen weißen Blüten zeigt. In Deutschland bereits vor 1840 in Kultur.
Ihrer großen Giftigkeit wegen sollte man auf sie verzichten; wo sie aber gezogen wird, darauf achten, daß ihr Milchsaft in keine Wunde kommt.
Man sät im Februar, März aus, setzt drei Sämlinge in einen Topf, verpflanzt in nicht zu große Töpfe in lehmig-humose Erde

oder in Einheitserde und wirft die alten Pflanzen im Herbst, nachdem man die Samen abgenommen hat, fort.

Lobelia L., Lobelie
(Mathias de l'Obel, latinisiert Lobelius, 1538 bis 1616, Botaniker und Arzt, Verfasser eines Kräuterbuches)

Von dieser etwa 200 bis 300 Arten umfassenden kosmopolitischen Gattung werden einige wie *Lobelia erinus* L. als einjährige, *L. cardinalis* L. als mehrjährige frostfrei zu überwinternde Beetpflanze und *L. siphilitica* L. als winterharte Staude gezogen.
Eine reich und lange blühende Kalthauspflanze ist

L. laxiflora H.B.K., eine von Mexiko bis Kolumbien in 1000 bis 2000 m Höhe verbreitete, am Grunde verholzende Staude. Sie wird gut meterhoch. Die achselständigen Blüten sind sehr langgestielt und hängen mehr oder weniger herab. Ihre Krone ist scharlachrot und gelb. 1825 in England eingeführt, um 1840 in Deutschland häufig gezogen.
Sie wird durch krautige Stecklinge bei etwa 20° Bodenwärme vermehrt, mehrmals gestutzt und in lehmig-humoser Erde, im Winter im Kalthaus, gehalten. Ältere Pflanzen kann man im Spätwinter zurückschneiden. Im Sommer setzt man sie ins Freie, ja, man kann sie auch dort auspflanzen, natürlich in volle Sonne und bei reichlichem Gießen. Sie blüht mit kurzen Unterbrechungen das ganze Jahr hindurch.

Musschia Dumort.
(Jean-Henry Mussche, gab 1810 ein Verzeichnis der Pflanzen des Botanischen Gartens Gent heraus)

Von den 2 Arten

M. aurea (L.f.) Dumort. und **M. wollastinii** Lowe, beide auf Madeira zu Hause, ist die letztgenannte dem Liebhaber merkwürdiger Pflanzen zu empfehlen. Sie ist zur Blütezeit ein bei uns etwa meterhoher, krautiger Halbstrauch mit meist unverzweigtem Stengel, der am Ende gehäuft 30 bis 60 cm lange Blätter trägt. Der aufrechte, rispige, 60 bis 100 cm lange Blütenstand hat waagerecht abstehende Zweige, wodurch er wie ein stilisierter Miniatur-Weihnachtsbaum wirkt. Seine Blüten sind braunrot bis grünlich, 3,5 bis 5 cm lang, mit langen, zurückgebogenen Kronabschnitten. 1857 in England eingeführt.

Musschia wollastonii

Nach der Blüte, die vom Sommer bis zum Herbst andauert, geht die alte Pflanze meist ein. Es lohnt auch nicht, sie aufzuheben, da Sämlingspflanzen – Aussaat im Januar, Februar – viel wüchsiger sind. Von der Aussaat bis zur Blüte dauert es 2 bis 3 Jahre, gute Kultur in nährstoffreicher, lehmiger Erde im sonnigen und hellen Kalthaus vorausgesetzt, sonst länger.

Pratia Gaudich.
(M.C.L. Prat-Bernon, der bereits 1817, wenige Tage nach der Abreise der Freycinetschen Expedition, deren Teilnehmer er war, starb)

35 Arten in der südlichen Hemisphäre, besonders in Australien. Die meisten Arten sind niederliegende, kriechende, ausdauernde Kräuter mit *Lobelia*-ähnlichen Blüten, von diesen aber leicht durch die Frucht, eine fleischige Beere, zu unterscheiden.
Am ehesten verbreitet, in englischen Gärtnereien auch angeboten, sind die folgenden, fast winterharten Arten, von denen **P. angulata** (G. Forst.) Hook.f. aus Neuseeland, 1879 in England eingeführt, sich gut im Alpinenhaus hält.
Weitere gute Arten für das Kalthaus sind **P. nummularia** (Lam.) A. Br. et Aschers. (*P. begoniifolia* (Wall.) Lindl.) in Asien weit verbreitet, und **P. repens** Gaudich. von den Falklandinseln. Alle sind rasenbildende, kriechende Pflanzen mit kleinen Blättchen, weißen oder grünlich-purpurfarbenen Blüten und großen roten Beeren.
Alle müssen frostfrei und nicht zu feucht im Kalthaus oder im kalten Kasten überwintert werden. Dort, wo man sie an geschützter Stelle im Freien, also im Steinbeet oder im Steingarten etwa, auspflanzt, muß der Boden eine gute Dränage haben, über die eine dünne Schicht durchlässiger humos-lehmiger Erde ausgebreitet wird. Im Kalthaus oder im kalten Terrarium bilden sie schöne Bodendecken, auch als Ampelpflanzen lassen sie sich ziehen. Doch darf der Standort nicht zu dunkel sein. Wo sie sich wohlfühlen, verbreiten sie sich rasch über größere Flächen. Also Vorsicht, daß sie keine zarteren Pflanzen überwuchern. Ihre größten Feinde, besonders im Freiland, sind Schnecken, die sie oft in einer Nacht kahlfressen. Vermehrung durch Aussaat oder Abtrennen und Einpflanzen der dem Boden angepreßten, bewurzelten Stengel.

Pratia angulata

Capparaceae
Kaperngewächse

Den Kreuzblütlern nahestehende Familie, die 46 Gattungen mit etwa 800 Arten umfaßt. Die meisten von ihnen sind kleine Bäume oder Sträucher, selten Lianen, nur wenige Kräuter, darunter die häufig in den Gärten als einjährige Sommerblume gezogene Spinnenpflanze, *Cleome spinosa* Jacq. Eine Nutzpflanze ist *Capparis spinosa*, die mit den eingesalzenen Blütenknospen die echten Kapern liefert.

Capparis L., Kapernstrauch
(*kapparis*, griechischer Name des Kapernstrauches)

Die Gattung ist mit etwa 350 Arten in vielen subtropischen und tropischen Ländern verbreitet.

C. spinosa L., Echter Kapernstrauch. Er ist in allen Mittelmeerländern und in Portugal verbreitet. Er wächst dort als etwa meterhoher dorniger Felsenstrauch mit herabhängenden Zweigen in Mauern und zwischen Felsen. Seine kleinen stumpfen Blätter sind rundlich oder eiförmig und blaugrün bereift. In den Blattachseln sitzen die großen, weißen bis hellvioletten Blüten, die durch die langen, violetten Staubblätter auffallen und nur in den Vormittagsstunden geöffnet sind. Wahrscheinlich weiter verbreitet als die Art ist die dornenlose var. **inermis** Turra.
So mancher Mittelmeerreisende hat Kapernsträucher hoch in den Mauern wachsen sehen und sich an den auffallenden Blüten gefreut. Als echte Mauer- und Felsenpflanze will sie auch im Gewächshaus (10 bis 15°) einen ähnlichen Standort; im Topf gezogen wird sie sich nur kümmerlich entwickeln. Vermehrung am besten durch Aussaat direkt in eine Mauerritze. Auch Stecklinge bewurzeln sich im Warmbeet, doch sind sie später schwieriger an entsprechender Stelle anzusiedeln. Wo die Pflanze sich wohlfühlt, wächst sie rasch zu einem Sträuchlein heran, das bei sonnigem Stand, am besten in einem Sukkulentenhaus, uns dann mit seinen schönen und eigenartigen Blüten erfreut. Alle aufgewandte Mühe hat sich dann gelohnt!
Für das Warmhaus eignen sich einige andere Arten, die leichter wachsen und blühen und im Topf gezogen werden können, doch ist es zweifelhaft, ob sie heute noch in botanischen Sammlungen vorhanden sind.

Caprifoliaceae
Geißblattgewächse

Von den 12 Gattungen mit etwa 450 Arten, die zum größten Teil von der nördlichen Halbkugel stammen, sind die meisten Sträucher mit gegenständigen Blättern, von denen u.a. *Lonicera* L., *Weigela* Thunb., *Diervilla* Mill., *Symphoricarpus* Duham., *Kolkwitzia* Graebn., *Viburnum* L., *Sambucus* L. als Sträucher in unseren Gärten und Parks gepflanzt werden. Nur wenige der nicht winterharten Arten eignen sich für das Kalthaus oder die frostfreie Überwinterung und im Sommer für einen Platz im Freien.

Abelia R. Br.
(Clarke Abel, 1780 bis 1826, englischer Arzt und Schriftsteller)

Aufrechte kahle oder behaarte Sträucher mit gegenständigen oder zu dritt quirlständigen, zum Teil immergrünen Blättern und weißen oder rosaroten Blüten, die meist zu mehreren an achsel- oder fast endständigen Blütenstielen stehen. Es sind etwa 30 Arten in Ostasien, eine im Himalaja und zwei in Mexiko bekannt.

A. floribunda (Martens et Gal.) Decne. aus den Hochgebirgen Mexikos ist ein immergrüner, etwa meterhoher Strauch mit überhängenden Zweigen, 2 bis 4 cm langen, glänzendgrünen Blättern. Die hängenden Blüten sitzen an oder nahe dem Ende vorjähriger kurzer Zweige und sind rosenrot. 1841 in England eingeführt, 1847 in Deutschland. Sie ist die schönste aller Arten und blüht alljährlich im Frühling. Andere Arten sind auch schön, blühen aber im Kalthaus zu wenig, selbst wenn man sie dort auspflanzen kann. Pflanzt man sie in Drahtkörbe und überwintert sie im Kalthaus, dann kann man sie im Frühling im Freien auspflanzen, Anfang Oktober mit dem Korb wieder aus der Erde herausnehmen und frostfrei überwintern. Bei dieser Methode entwickeln sie sich üppig und blühen auch reich.
A. floribunda kann man sowohl als Topf- als auch als Ampelpflanze ziehen. Man pflanzt sie in eine Mischung aus lehmiger Gartenerde und Lauberde oder Torfmull, hält sie im Winter sehr hell, kühl und luftig. Während des Sommers wird sie ins Freie gestellt, reichlich gegossen und wöchentlich gedüngt. Nach dem Abblühen im Spätwinter oder Frühjahr kann ein mäßiger Rückschnitt erfolgen. Sommerstecklinge oder ausgereifte Stecklinge bewurzeln sich ohne Schwierigkeit bei mäßiger Bodenwärme unter Glas.

Viburnum, Schneeball
(*Viburnum* ist der alte römische Name einer *Viburnum*-Art)

Immer- oder sommergrüne Sträucher mit unangenehm riechenden Wurzeln, gegen-

Viburnum tinus

ständigen, oft stattlichen Blättern und in Scheinrispen stehenden, meist weißen Blüten. Bei manchen Arten fallen besonders die vergrößerten sterilen Randblüten auf. Von den 200 auf der nördlichen Halbkugel und den Anden vorkommenden Arten sind viele als Ziersträucher in unseren Gärten zu finden.

V. odoratissimum Ker-Gawl., vom wärmeren China bis Japan verbreitet, ist ein immergrüner, im Alter bis 6 m hoher Strauch oder kleiner Baum mit 10 bis 20 cm langen und 4 bis 10 cm breiten, lederigen Blättern, die bei der Sorte 'Variegatum' weiß gefleckt und marmoriert sind. 1818 in England eingeführt. Es ist eine prächtige, heute leider sehr selten gewordene Kübelpflanze für Terrassen, Verandas und Dachgärten.

V. tinus L., der »Laurustinus« der Gärtner, ist eine typische Mittelmeerpflanze. Es ist ein dichtverzweigter, immergrüner, 2 bis 5 m hoher Strauch mit lorbeerartigen Blättern und endständigen, 5 bis 8 cm breiten Trugdolden. Die Blüten sind weiß, beim Aufblühen zart rosa und leicht duftend. Nach Chittenden 1560, wahrscheinlich aber schon früher eingeführt. Auch diese Art ist selten geworden, verdient aber wieder eine weitere Verbreitung, gibt es doch keine haltbarere und stattlichere Kübelpflanze für Terrasse und Dachgarten.

Stecklinge wachsen zu jeder Jahreszeit, am besten jedoch im Juli bis August und im Januar bis Februar. Bei mäßiger Bodenwärme von 20 bis 22° und einem Stand dicht unter Glas wurzeln sie bald. Als Erde eignet sich eine nährstoffreiche, lehmige Kompost- oder Rasenerde mit einem Zusatz alter Lauberde und Sand, aber auch TKS, dem etwas Lehm beigegeben wird und Einheitserde. Die Überwinterung kann in jedem hellen Raum erfolgen, dessen Wärme zwischen 1 und 10°, keinesfalls höher liegt und der gelüftet werden kann. Von Mai bis Oktober sollten sie im Freien stehen, am besten an einer recht geschützten und sonnigen Stelle, vor einer warmen Mauer etc. Bis Ende Juli ist einmal wöchentlich mit einer Volldüngerlösung (2 bis 3 g auf 1 l Wasser) zu düngen. Im übrigen brauchen sie während der ganzen Vegetationszeit reichlich Wasser. Mehrmaliges Stutzen ist für gute Verzweigung Voraussetzung, vor allem bei *V. tinus*. Von dieser Art lassen sich wie beim Lorbeer Kugel-, Pyramiden- und Zylinderformen ziehen, dies jedoch unter Verzicht auf reiche Blüte, ebenso Hochstämme.

Casuarinaceae
Keulenbaumgewächse

Merkwürdige Bäume und Sträucher mit Zweigen von schachtelhalmartigem Aussehen und eingeschlechtigen und einhäusigen Blüten. Männliche Blüten in kätzchenartigen Ähren am Ende der rutenförmigen Zweige, weibliche Blüten in kurzen Köpfchen am Ende kleiner Seitenzweige. Windblütler.

Casuarina Adans., Kasuarine, Känguruhbaum
(nach dem molukkanischen Vogel Kasuar)

Die Familie enthält nur 2 Gattungen, darunter *Casuarina* mit 40 bis 50 Arten meist an den Küsten und in den Trockengebieten Australiens und Neukaledoniens, wenige in den Gebirgen des Malaiischen Archipels vorkommend.

C. equisetifolia J.R. et G. Forst., heimisch in Nord- und Nordostaustralien, Neukaledonien, dem tropischen Südostasien, den Maskarenen, heute in vielen tropischen Ländern angebaut und eingebürgert. Rasch wachsender Baum, 15 bis 30 m hoch, von schmalem Wuchs mit im Alter geringeltem Stamm. Hauptäste ausgebreitet oder aufrecht, die kleineren Zweige hängend, schachtelhalmartig gegliedert. Blätter zu 7 zähnigen, quirlig angeordneten Schuppen zurückgebildet. 1776 in England eingeführt.

Verbreitet an tropischen Küsten, heute aber in vielen tropischen und subtropischen Ländern vor allem in der Nähe der Meeresküsten angepflanzt, da sowohl *C. equisetifolia* als auch andere Arten unempfindlich gegen brackigen und alkalischen Boden sowie gegen salzhaltige Winde sind, außerdem zur Befestigung sandiger Böden beitragen. Das sehr harte und dauerhafte Holz ist rot (»Beefwood«).

In botanischen Sammlungen werden auch noch andere Arten gezogen, vor allem **C. cunninghamiana** Miq., Nord- und Ostaustralien, **C. stricta** Dryand., Südaustralien und Tasmanien, **C. torulosa** Dryand., Ostaustralien. Die meisten Arten sind schwer voneinander zu unterscheiden. Interessante und hübsche, an *Tamarix* erinnernde Sträucher für botanische Sammlungen, aber auch für Liebhaber, die eine kühle Überwinterungsmöglichkeit besitzen. Die beste Temperatur im Winter liegt bei +5 bis 10°, im Sommer stellt man sie in voller Sonne im Freien auf. Vermehrung am einfachsten durch Samen, aber auch durch Stecklinge – unter Glas, bei etwa 20° Bodentemperatur – möglich. Jungpflanzen, besonders Sämlinge, wachsen sehr schnell heran. Als Erde bewährte sich Einheitserde oder eine lehmig-humose Mischung. Rückschnitt zu groß gewordener Pflanzen ist möglich, doch verlieren sie dabei ihre natürliche Schönheit. Deshalb ist die Anzucht junger Pflanzen dem Rückschnitt vorzuziehen.

Cistus ladanifer

Chloranthaceae
Chloranthusgewächse

Diese nur kleine Familie enthält 5 Gattungen mit 65 Arten tropischer und subtropischer Bäume und Sträucher. In den Sammlungen befindet sich bisweilen die folgende Gattung mit einer Art.

Chloranthus Sw.
(griech. *chloros* = blaßgrün, *anthos* = Blüte)

15 Arten mehrjähriger Kräuter und Sträucher in Ostasien und Indomalesien mit unscheinbaren, zwitterigen, grünlichen Blüten ohne deutliche Blütenhülle.

C. spicatus (Thunb.) Mak. (*C. inconspicuus* Sw.) ist ein kleiner, reichverzweigter, immergrüner, im wärmeren China vorkommender, in Japan eingebürgerter Strauch mit etwas hängenden Zweigen. Er wird hie und da in botanischen Sammlungen gezogen, hat aber keinen Zierwert. Sein Vorzug liegt darin, daß er noch im tiefen Schatten, wo wenig andere Pflanzen gedeihen, gut wächst. Seine Blätter sind dunkelgrün, eiförmig oder rundlich-eiförmig.
Vermehrung durch Stecklinge im geschlossenen Warmbeet. Kultur in lehmig-humoser Erde oder in Einheitserde im Warmhaus.

Capparis spinosa

Abelia floribunda

Cistus incanus

Cistaceae
Zistrosengewächse

Eine nur kleine Familie mit 200 Arten in 8 Gattungen, von denen die meisten im Mittelmeergebiet als Bewohner trockener, sonniger Landschaften anzutreffen sind. Alle sind mehr oder weniger behaarte, kleine Sträucher oder Kräuter mit meist gegenständigen, ungeteilten Blättern und ansehnlichen einzelnen oder in cymosen Blütenständen angeordneten Blüten. *Helianthemum*, das Sonnenröschen, wird in einigen Arten und einer Reihe schöner Sorten auf Steinbeeten und im Steingarten im Freien angepflanzt. Für das Kalthaus kommt nur die Gattung *Cistus* in Frage.

Cistus L., Zistrose
(nach dem griechischen Namen der Pflanze)

Neben den 20 Arten gibt es eine größere Zahl von Bastarden. Sie alle bilden niedrige, 1 bis 2 m hohe, reichverzweigte, immergrüne Sträucher mit sehr großen, schnell vergänglichen roten oder weißen Blüten. Sie stellen einen wesentlichen Bestandteil der *Macchien*- und *Cistus*-Heiden des Mittelmeergebietes dar. Wer einmal im Frühling in ihrer Heimat war und Tausende und Abertausende von Zistrosen dort in Blüte sah, wird diesen Eindruck nicht wieder vergessen.
Alle Arten sind empfehlenswert, jedoch einander sehr ähnlich, am härtesten ist der weißblühende

C.laurifolius L., Südwesteuropa, Mittelitalien, der an der wärmsten Stelle des Gartens eine Reihe von Jahren aushält, sich meist auch dort aussät, so daß auch nach seiner völligen Vernichtung durch harte Fröste im Laufe des Sommers Sämlinge in der Umgebung der erfrorenen Pflanzen aufgehen. 1731 in England eingeführt. Weiter besonders empfehlenswert sind
C.ladanifer L., Südwesteuropa, Nordafrika, **C.monspeliensis** L., Südeuropa, Mittelmeergebiet, mit weißen Blüten, **C.albidus** L., Südwesteuropa, Nordwestafrika, **C.crispus** L., westliches Mittelmeergebiet, Mittel- und Südportugal, **C.incanus** L. mit ssp. **creticus** (L.) Heyw. (*C.creticus* L., *C.villosus* auct. vix L.), Südeuropa, Mittelmeergebiet, mit rosafarbenen und roten Blüten.
Alle diese Arten wurden bereits um die Mitte des 17. Jahrhunderts eingeführt.

Campelia zanonia

Bei Vermehrung durch Aussaat wachsen die Sämlinge sehr schnell heran und werden meist schon im zweiten Jahre die ersten Blüten bringen. Auch Stecklingsvermehrung ist möglich. Die Jungpflanzen werden mehrmals gestutzt, damit man zu recht verzweigten Pflanzen kommt. Die Erde soll lehmig-humos sein. Auch Einheitserde ist zu empfehlen. Es ist häufig zu verpflanzen, außerdem im Frühling und Sommer wöchentlich zu düngen. Während des Sommers wollen sie an der wärmsten und sonnigsten Stelle im Freien stehen, im Winter hell im Kalthaus bei 5 bis 10°. Noch besser als im Topf wachsen und blühen alle *Cistus* in einem Kalthaus ausgepflanzt, bei dem man im Sommer die Fenster abnehmen kann. Ältere Pflanzen können zurückgeschnitten werden.

Cneorum tricoccon

Clethraceae
Scheinellergewächse

Den *Ericaceae* nahestehende kleine Familie mit nur einer Gattung, von diesen abweichend u.a. durch Einzelpollen, meist 5 Fruchtblätter und freie Kronblätter.

Clethra L., Scheineller
(griech. *klethra* = Erle; einzelne Arten haben erlenähnliche Blätter)

Nord- und Südamerika, Süd- und Ostasien sind die Heimat der bis heute bekannten 120 Arten, von denen einige wie *C.alnifolia* L. und *C.barbinervis* Sieb. et Zucc. ihrer späten Blüte wegen als schöne Sträucher für den Garten empfohlen werden können.

C.arborea Ait. stammt von Madeira. Sie bildet in der Heimat einen kleinen, immergrünen Baum mit in der Jugend rostfarbig behaarten Zweigen, 8 bis 12 cm langen, beiderseits verschmälerten, unten rostfarbenen Blättern mit roten Stielen. Die schalenförmigen, etwa 6 mm langen, weißen Blüten sitzen in endständigen, bis 15 cm langen Rispen und erscheinen von Juli bis Oktober. 1784 in England eingeführt.
Dieser Kalthaus-Strauch ist schon als Jungpflanze schön, blüht er aber erst einmal, bietet er einen bezaubernden Anblick. Am besten vermehrt man aus Samen, der nach dem Abblühen überreich angesetzt wird. Spätsommerstecklinge unter Glas wachsen ebenfalls, doch dauert es sehr lange bis zur Wurzelbildung. Im Winter gehören die Pflanzen ins luftige Kalthaus; im Sommer stelle man sie an eine halbschattige Stelle ins Freie. Als Erde nehme man Heideerde, in der sie gut gedeihen, doch darf der Ballen nie trocken werden, da sie danach meist ganz eingehen. Aber auch zu naß halten ist von Übel. Bei richtiger Pflege blühen sie in jedem Jahr.

Cephalotaceae siehe Insektivoren

Cneoraceae
Zeilandgewächse

Eine mit den *Rutaceae* verwandte kleine Familie mit 2 Gattungen und 3 Arten, von denen die nachfolgende Gattung in fast allen botanischen Sammlungen vertreten ist.

Cneorum L., Zeiland
(griech. *kneoron* = Name eines an Oliven erinnernden Strauches)

Von den 2 Arten ist eine auf Kuba, die andere,

C. tricoccon L., im westlichen Mittelmeergebiet, wo sie an steinigen, meist kalkhaltigen Abhängen wächst, beheimatet. Sie ist ein 30 bis 100 cm hoher, immergrüner, fast glatter, gabelig verzweigter Strauch mit ganzrandigen, lederigen, 10 bis 30 × 3 bis 7 mm großen, an der Basis verschmälerten Blättern, 5 mm breiten, am Ende der Triebe erscheinenden gelben Blüten, denen in der Regel drei rote, von einem Mittelsäulchen sich loslösende, zweifächerige Teilfrüchtchen folgen. 1793 eingeführt.

Das Sträuchlein ist keine besondere Schönheit, aber auffallend durch seinen eigenartigen Habitus und die am Ende der Triebe sitzenden roten Früchte. Durch diese wie auch durch Stecklinge im halbwarmen Vermehrungsbeet sind sie leicht zu vermehren. Die weitere Kultur erfolgt im Winter im Kalthaus, im Sommer im Freien, stets in voller Sonne. Als Erde eignet sich jede durchlässige, lehmig-humose Mischung oder Einheitserde.

Geogenanthus poeppigii

Commelinaceae
Commelinengewächse

Diese sich an die Bromelien anschließende Familie ist fast ausschließlich tropischer und subtropischer Herkunft. Sie umfaßt etwa 40 Gattungen mit 500 Arten, meist ausdauernde, mehr oder weniger sukkulente, in der Mehrzahl kahle Kräuter mit aufrechten oder niederliegenden Stengeln. Die kurzlebigen Blüten stehen fast stets in Wickeln. Außer in Europa und Nordasien, wo sie nicht ursprünglich heimisch sind, kommen sie in allen anderen Erdteilen vor, meist an feuchten, seltener an trockenen Stellen. Für unsere Gewächshäuser und als Zimmerpflanzen stellen sie viele schöne und wüchsige Arten.

Callisia Loefl.
(griech. *kallos* = Schönheit)

Von den 12 mittel- und südamerikanischen Arten werden 5 in unseren Gewächshäusern gezogen.

C. elegans Alex. ex E. H. Moore (*Setcreasia striata* hort.) aus Nordmexiko ist eine kriechende, dicht kurzrasige Pflanze mit 3 bis 8 × 2 bis 2,5 cm großen, oberseits mit feinen weißen Längsstreifen gezeichneten Blättern. 1943 in USA, um 1950 in Deutschland eingeführt.

C. fragrans (Linds.) Woods. (*Spironema fragrans* Lindl.) aus Mexiko wird bis 1 m hoch und bildet meterlange, ausläuferartige Seitensprosse. Ihre Blätter stehen dicht gedrängt und sind 30 × 6 cm groß, der endständige Blütenstand hängt über und trägt in gedrängten Gruppen eine Vielzahl duftender, kleiner, weißer Blüten. Um 1840 in England eingeführt.

Schöne und eigenartige, aber viel Platz wegnehmende Warmhauspflanze von gleicher Kultur wie *Rhoeo*, die durch Stecklinge leicht zu vermehren ist. Ähnlich im Aufbau ist *C. warscewicziana*.

C. navicularis (Ortgies) Hunt (*Tradescantia navicularis* Ortgies) aus Mexiko ist eine ausläufertreibende, fast sukkulente, kriechende, im Alter größere Rasen bildende Staude, deren Blättchen schiffchenförmig gestaltet sind. Sie sind fleischig, unterseits stark gekielt, violett punktiert und 1 bis 2 × 1 cm groß. Um 1875 in Deutschland eingeführt.

Diese Art wird wie andere sukkulente Pflanzen bei 10 bis 12°, hell und sonnig, im Winter bei nur mäßiger Wasserzufuhr gehalten und durch Stecklinge oder Teilung vermehrt.

C. warscewicziana (Kunth et Bouché) Hunt (*Spironema warscewicziana* Kunth et Bouché) Brückn., *Tripogandra warscewicziana* (Kunth et Bouché) Woods.) aus Guatemala. Bei ihr sind Deckblätter, Blütenstiele und Kelche blaßviolett, die Blütenblätter dunkelrot. Besonders interessant ist diese Art durch die im Blütenstand sich bildenden jungen Blattrosetten, die, abgenommen, zur Vermehrung verwendet werden können. In der Pflege gleicht sie *Callisia fragrans*.

C. repens L. ist eine im gesamten tropischen Amerika verbreitete, niederliegende und rasenbildende Pflanze mit bis auf die Ränder kahlen Blättern und winzigen, versteckt in den Blattachseln stehenden Blüten.

Vermehrung und Pflege von *C. elegans* und *C. repens* ist die gleiche wie bei den kriechenden *Tradescantia*-Arten.

Campelia L. C. Rich.
(griech. *kampe* = Biegung, Krümmung)

Nur 1 Art, in Westindien und von Mexiko bis Brasilien verbreitet.

C. zanonia (L.) H. B. K. (*Dichorisandra albolineata* hort.) ist ein bis meterlanges, aufrechtes oder niederliegendes Kraut mit fleischigen Stengeln und breitelliptischen bis verkehrt-lanzettlichen, 24 × 3 cm großen, wechselständigen, am Ende der Triebe gehäuften Blättern. Die weißen Blütchen erscheinen in Paaren in den Blattachseln. Gezogen wird fast ausschließlich die buntblättrige Sorte 'Mexican Flag' mit weißgestreiften, rotgeränderten Blättern. Eine schöne Warmhauspflanze von leichter Kultur, die durch Stecklinge vermehrt wird und wie *Rhoeo* zu pflegen ist.

Cochliostema Lem.,
Schneckenfaden
(griech. *kochlos* = schraubenförmiges Schneckenhaus, *stema* = Penis, Staubblatt, Hinweis auf die spiralig gedrehten Staubbeutel)

Wahrscheinlich nur 2 epiphytisch wachsende mittelamerikanische Arten, deren Blüten sich durch drei untereinander ver-

wachsene, fruchtbare Staubblätter auszeichnen. Ihre Staubbeutel sind spiralig gewunden und von kapuzenartigen Anhängern umschlossen.
Bei uns seit langem bekannt und gezogen wird

C. odoratissimum Lem. (*C. jacobianum* K. Koch et Lind.), verbreitet von Costa Rica bis Kolumbien und Ekuador, ein riesiger, meterhoher Epiphyt mit rosettenartig angeordneten, bis 1,50 m langen und 30 cm breiten Blättern, im ganzen an eine Bromelie erinnernd. Die in Wickeln stehenden Blüten sind zu großen, achselständigen Rispen vereinigt, die am Grund der Rosette erscheinen und stets kürzer als diese sind. Auffallend sind die großen weißlichen Deckblätter, die sich schön von den himmelblauen, am Rande langbewimperten Blütenhüllblättern abheben. 1867 in Belgien eingeführt.
Cochliostema ist eine der schönsten und interessantesten, leider aber immer noch seltenen Warmhauspflanzen.
Vermehrung durch Aussaat auf locker-humoses Substrat im Warmhaus bei 20 bis 22°. Samen wird nur nach künstlicher Bestäubung angesetzt. Bis zur Blühfähigkeit vergehen 2 bis 3 Jahre, dann aber erscheinen regelmäßig, vor allem im Spätwinter, aber auch zu anderen Jahreszeiten, die großen Blütenstände. Die Pflege gleicht derjenigen von Bromelien, etwa der von *Vriesea splendens* oder *V. hieroglyphica*. Die Wärme sollte auch im Winter nicht unter 20° liegen. Sie gehen zwar auch bei 16 bis 18° nicht ein, blühen dann aber nur wenig. Im übrigen brauchen sie einen hellen, aber vor Sonne geschützten Stand, Luftfeuchtigkeit, humose, brockige Lauberde mit Zusatz von Torfbrocken und gute Ernährung.

Tradescantia crassula 'Variegata'

Commelina L.
(Jan Commelin, 1629–1692, und Caspar Commelin, 1668–1731, Neffe des vorigen. Beide Professoren der Botanik in Amsterdam)

Diese Gattung ist mit etwa 230 Arten über alle Tropenländer verbreitet und enthält meist Stauden mit aufrechten oder niederliegenden Stengeln. Ihre Blüten sind von einem Hochblatt umgeben und zweiseitigsymmetrisch. Fast stets sind nur 2 blaue Blütenblätter vorhanden, das dritte ist verkümmert.

C. benghalensis L. ist eine in den Tropen der Alten Welt verbreitete kriechende, grünblättrige Pflanze mit aufsteigenden Haupt- und Nebenästen. Sie fällt besonders durch die allerdings sehr hinfälligen himmelblauen Blüten auf. Um 1850 in Deutschland eingeführt. Ihre Verwendung, Pflege und Vermehrung gleicht derjenigen von *Tradescantia* mit der Abweichung, daß sie eine reine Warmhauspflanze ist.
In botanischen Sammlungen werden eine Anzahl aufrechter Arten mit knolligen oder fleischig verdickten Wurzeln gezogen, die im Winter eine ausgesprochene Ruhezeit im Kalthaus durchmachen, während des Sommers aber ins Freie gestellt oder dort sogar ausgepflanzt werden können. Hierzu gehört z.B. *C. tuberosa* L. aus Mittel- und Südamerika, eine sehr variable Art. Viele dieser Arten sind auch dem Liebhaber zu empfehlen, da sie wenig Platz beanspruchen, dabei aber schön blühen. Vermehrung durch Aussaat und Teilung.

Cyanotis D. Don
(griech. *kyanos* = blau, *ous, otos* = Ohr)

Von den 50 im tropischen Asien und Afrika verbreiteten Arten werden bei uns nur die beiden folgenden vor allem in Sammlungen sukkulenter Pflanzen gezogen. Alle sind niederliegende Kräuter.

C. kewensis (Hassk.) C.B. Clarke stammt aus Malabar und ist dicht weißlich-rotbraun behaart. Die unterseits roten Blättchen sitzen oft so dicht, daß sie sich dachziegelartig berühren. Die Blüten sind klein,

Commelinaceae

Callisia warscewicziana

zu wenigen endständig oder in den Achseln der oberen Blätter. 1874 in England eingeführt.

C.somaliensis C.B. Clarke, in Ostafrika heimisch, ist dicht mit langen weißen Haaren besetzt. Die Sprosse verholzen am Grunde, verzweigen sich und bilden im Alter dichte Rasen. Ihre Blüten sind leuchtend blau und sitzen dichtgedrängt in den Blattachseln.

Vermehrt wird am besten durch Stecklinge, aber auch Teilung und Aussaat sind möglich. Besonders gut wachsen sie zusammen mit anderen sukkulenten Pflanzen in einem hellen Haus bei 10 bis 12°. Auch bei höheren Temperaturen gehen sie nicht ein, verlieren aber leicht, besonders wenn es dabei schattig ist, ihren typischen Habitus, vor allem *C.somaliensis*. Wirklich schöne Pflanzen erzielt man nur im Sukkulentenhaus bei trockener Luft und viel Licht. *C.kewensis* wächst besser bei etwas höherer Wärme, also im Lauwarmhaus oder im nicht zu geschlossenen, luftigen Warmhaus. Schoser nennt als Beleuchtungsstärke die hohe Zahl von 5000 lx.

Dichorisandra Mikan
(griech. *dis* = zweimal, *chori* = abgetrennt, *aner, andros* = Mann)

Die meisten der etwa 35 im tropischen Amerika heimischen Arten sind kräftige, aufrechte Stauden mit meist endständigen Blütenständen. Ihre Blüten sind blauviolett.
Von grünblättrigen Arten wird nur

D.thyrsiflora Mikan aus Brasilien ihres stattlichen, über meterhohen Wuchses und der im Sommer und Herbst erscheinenden, 10 bis 20 cm langen Blütenstände wegen gezogen. Ihre Blüten sind dunkelblau. 1822 in England eingeführt.
Sie wird durch Stecklinge oder vorsichtige Teilung vermehrt. Im Winter macht sie eine ausgesprochene Ruhezeit durch, bei der alles Laub abstirbt. Sie ist dann bei 15 bis 18° völlig trocken zu halten. Alle 3 bis 4 Jahre wird bei beginnendem Austrieb verpflanzt, und zwar in Einheitserde oder eine Mischung aus Lauberde und lehmiger Rasenerde mit Sandzusatz. Bis zur Blütenbildung gehören sie ins luftige, gut schattierte Warmhaus, während der Blütezeit sollte man sie ins Kalthaus stellen.
Von Arten mit bunten Blättern wurde früher eine ganze Reihe gezogen, heute findet man fast ausschließlich

D.reginae (Lind. et Rodig.) H.E. Moore aus Peru, deren dunkelsamtgrüne Blätter mit zwei silbernen Längsstreifen gezeichnet sind. 1890 in Belgien eingeführt. Sie ist eine Warmhauspflanze, die sich leicht aus Stecklingen vermehren läßt und die gleiche Kultur wie *Maranta* verlangt.

Cochliostema odoratissimum

Geogenanthus Ule
(griech. *geo* = Erde, *anthos* = Blüte)

Von den nur 4 Arten aus dem tropischen Südamerika wird

G.poeppigii (Miq.) Faden (*G.undatus* (K. Koch et Lind.) Mildbr. et Strauss) als hübsche Pflanze des Warmhauses gezogen. Sie stammt aus dem Oberen Amazonasgebiet und bildet bis 25 cm hohe, aufstrebende, unverzweigte Stengel, die an ihrem Ende einige große, ausgebreitete Blätter tragen. Diese sind etwa 7 bis 12 × 5 bis 8 cm groß, eigentümlich gewellt, oberseits blaugrün gestreift, unterseits rot. Die Blütenstände sitzen unter den Blättern versteckt. 1866 in Belgien eingeführt.
Vermehrt werden sie durch vorsichtige Teilung und Stecklinge. Im übrigen gedeihen sie unter den gleichen Bedingungen wie *Maranta*.

Palisota Rchb. ex Endl.
(Ambroise Marie François Joseph Palisot de Beauvois, 1752–1820, französischer Forschungsreisender und Botaniker)

Im tropischen Westafrika sind etwa 25 Arten verbreitet. Sie alle sind großblättrige Stauden, bei denen die meist in großen, zylindrisch zusammengedrängten Blüten-

Commelinaceae

Rhoeo spathacea

Weldenia candida

ständen erscheinenden Blüten unauffällig sind, dafür aber die leuchtendroten Beeren desto stärker ins Auge fallen. In botanischen Gärten sind unter verschiedenen Namen einander sehr ähnliche, wenn nicht gar gleiche Arten in Kultur.

P. pynaertii De Wild. **'Elizabethae'** (*P. elizabethae* Gentil) hat oberseits gelblichgrün gezeichnete Blätter. Sie entwickelt sich, besonders ausgepflanzt, zu einer stattlichen Pflanze, die bei uns aber keine Früchte bringt. Um 1905 in Belgien eingeführt. Unter den grünblättrigen, reichlich fruchtenden Arten sind **P. albertii** Gentil, **P. barteri** Hook. f. und **P. bracteosa** C. B. Clarke zu nennen.
Durch Aussaat oder Teilung kommt man schnell zu stattlichen Pflanzen. Ausgepflanzt wachsen sie besser als im Topf. Sie nehmen mit wenig Licht vorlieb. Noch an sehr schattigen Plätzen, so im Warmhaus unter den Stellagen ausgepflanzt, wachsen sie noch gut und fruchten reichlich. Als Erde nehme man Einheitserde oder jede andere lehmig-humose Mischung. *P. pynaertii* 'Elizabethae' verlangt mehr Licht, auch hält man sie besser im Topf, da dort Blattzeichnung intensiver.

Rhoeo Hance ex Walp.
(griech. Rhoio, eine Tochter des Staphylos und der Chrysothemis)

R. spathacea (Sw.) Stearn (*Tradescantia spathacea* Sw., *R. discolor* (L'Hérit.) Hance ex Walp.) ist wahrscheinlich die einzige Art der Gattung. Sie wächst wild in Westindien, Mexiko und Guatemala und ist eine krautige Pflanze von bromelienartigem Habitus mit lockerrosettig gestellten, oberseits olivgrünen, unterseits dunkelvioletten Blättern. Die kleinen weißen Blüten sitzen zu vielen zwischen muschelförmigen, in den Blattachseln stehenden Hochblättern. 1783 in England eingeführt. Bei der Sorte 'Vittata' sind die Blätter von gelblichen Längsstreifen mehr oder weniger deutlich durchzogen. 1855 in Belgien eingeführt.

Rhoeo gehört sicher zu den schönsten Blattpflanzen des Warmhauses. Sie wird durch Aussaat, schneller aber durch Kopf- oder Seitenstecklinge vermehrt. Nach Abschneiden des Hauptkopfes entwickeln sich Seitentriebe in beträchtlicher Zahl. Die weitere Kultur erfolgt in Einheitserde oder in einer Mischung aus Lauberde oder Torfmull, hell, aber vor Sonne geschützt.

Siderasis Raf.
(Nach Rafinesque ist »rostiger Pelz« im Hinblick auf die dichte, rötliche Behaarung gemeint. Vermutlich von griech. *sideros* = Eisen, *sisura* = Ziegenfell)

Die einzige Art, **S. fuscata** (Lodd.) H. E. Moore (*Pyrrheimia loddigesii* Hassk. *Tradescantia fuscata* Lodd.) aus Brasilien verdankt ihre Schönheit den rötlich-braunen Haaren, mit denen die ganze nur niedrige Pflanze dicht bedeckt ist. Die Blätter sind etwa 20 × 8 cm groß, gestielt, unterseits rot, oberseits mit einem grünlichweißen Mittelband gezeichnet. Die verhältnismäßig großen Blüten wechseln von himmelblau bis rot. 1817 in England eingeführt. Vermehrt wird ausschließlich durch Teilung. Die weitere Pflege entspricht derjenigen der *Marantaceae*. Wie diese gedeihen sie am besten im feuchten und schattigen Warmhaus. Auch im Topf lassen sie sich gut halten.

Tradescantia L.
(John Tradescant, 1608–1662, Gärtner des englischen Königs Karl I. Besuchte 1654 Virginien)

Aufrechte oder niederliegende, dann an den Stengeln wurzelnde, ausdauernde Kräuter, von denen mehr als 60 Arten aus dem tropischen und subtropischen Amerika bekannt sind. Von den winterharten Arten sind *T. ohiensis* Raf., *T. subaspera* Ker-Gawl. und *T. virginiana* L. im Herbst einziehende Stauden, aus deren Kreuzungen die schönen Andersoniana-Hybriden, unsere Garten-Tradescantien hervorgegangen sind.

1. Hängende oder kriechende Arten

T. fluminensis Vell. emend. Brückn. (*T. myrtifolia* hort., *T. albiflora* Kunth emendav. Brückn.) um 1840 in Deutschland eingeführt, mit einigen Sorten, deren

Blätter weiß- oder gelbgezeichnet sind, gehören wohl zu den verbreitetsten aller Hängepflanzen. Sie wachsen in jeder Wohnung, im kalten oder warmen Zimmer, sonnig oder schattig, ohne viel Pflege zu beanspruchen. Das gleiche ist im Gewächshaus der Fall, wo man sie zur Begrünung des Bodens an schattigen Stellen oder als prächtige Ampelpflanzen verwenden kann. Zur Vermehrung steckt man gleich 10 bis 20 Stecklinge in einen 12 cm großen Topf mit Einheitserde oder einer lehmig-humosen Mischung aus Laub-, Kompost-, Lehmerde, Torfmull und Sand. Auch in Hydrokultur wachsen sie ausgezeichnet.

T.sillamontana Matuda aus Nordostmexiko ist eine kleine, polsterbildende, 10 bis 15 cm hohe Art mit zweizeilig gestellten, 5 bis 6 cm langen, grünen, mit weißen Haaren besetzten Blättern und rosa Blüten. Um 1950 in den USA, wenig später von dort nach Deutschland eingeführt. Eine durch die langen weißen Haare eigenartige, schöne Pflanze für das Sukkulentenhaus.

T.zebrina Bosse (*Zebrina pendula* Schnizl.) aus Mexiko ist eine der schönsten Tradescantien. Sie eignet sich gleichgut als kriechende Bodendecke wie als Ampel- und Hängepflanze. Die mehr oder weniger kahlen, unterseits roten Blätter sind auf ihrer Oberseite von zwei breiten silbernen Längsstreifen durchzogen. Die Blütchen sind oberseits purpurrosa, unterseits weißlich. 1849 in England eingeführt. Die Sorte 'Quadricolor' hat metallisch grüne, grün, rot und weiß gestreifte Blätter.
Vermehrung und Pflege gleicht völlig der von *Tradescantia fluminensis*, mit dem einzigen Unterschied, daß Temperaturen unter 12° nicht vertragen werden. Hohe Wärme vertragen sie dagegen gut.

2. Aufrechtwachsende Arten

T.cerinthoides Kunth (*T.blossfeldiana* Mildbr.) aus Argentinien ist bei uns eine beliebte Zimmerpflanze geworden. Sie wird etwa 20 cm hoch, wächst zunächst aufrecht, später niederliegend und hat bis 10 × 5 cm große, unterseits zottig-weißhaarige rote Blätter. Ältere Pflanzen blühen regelmäßig. Ihre Blüten sind klein, ihre Abschnitte im oberen Teile rosa, im unteren Teile weiß. 1937 in Deutschland eingeführt. Auch eine buntblättrige Sorte 'Variegata' ist vorhanden.

T.crassula Link et Otto aus Argentinien und Uruguay wird bis 40 cm hoch und ist ihrer hellgrünen, saftigen, 20 × 5 cm großen, am Rande gewimperten Blätter und der bis 1 cm breiten, weißen Blüten wegen zu empfehlen. 1825 in England eingeführt. Seit kurzem ist auch eine schöne Sorte mit weißgezeichneten Blättern, 'Variegata', zu haben, doch steht es noch nicht fest, ob sie hierher gehört.
Vermehrung und Pflege gleichen derjenigen der hängenden Arten.

T.pallida (Rose) Hunt **'Purple Heart'** (*Setcreasia purpurea* Boom) als Warmhauspflanze gezogen. Sie wird bis 40 cm hoch und hat etwa 18 × 3 cm große, am Rande gewimperte, oberseits bläulich bereifte Blätter. Im übrigen ist die ganze Pflanze prächtig purpurviolett.
Sowohl als Topf- und Schalen- wie auch als Ampelpflanze der schönen Färbung wegen ganz unübertroffen. Diese bildet sich dort am schönsten aus, wo die Pflanze recht viel Licht, aber nicht allzuviel direkte Sonne erhält. Sie geht zwar auch im Winter bei Temperaturen zwischen 12 und 16° nicht ein, schöner aber entwickelt sie sich im hellen Warmhaus bei 18 bis 20°. Als Erde eignet sich Einheitserde, aber auch jede andere humose Mischung. Jüngere Pflanzen sind am schönsten, deshalb muß man beizeiten immer wieder abstecken. Stecklinge bewurzeln sich im offenen Warmbeet in 10 bis 14 Tagen.

Weldenia Schult. f.
(Ludwig von Welden, 1780–1853, österreichischer Feldzeugmeister)

W.candida Schult. f. ist die einzige Art der Gattung. Sie kommt ausschließlich in ein oder zwei erloschenen Vulkanen Mexikos und Guatemalas vor. Sie ist eine Staude mit büscheligen Wurzelknollen, gestauchter Achse und 5 bis 35 cm langen und 1 bis 3 cm breiten Blättern. Schön sind ihre großen weißen Blüten mit 3 cm langer Kelchröhre und einer den Kelch weit überragenden Kronröhre, die in drei 1 bis 2 cm lange und 1 cm breite, waagerecht abstehende Abschnitten endet. Vor 1894 in England eingeführt. Sehr seltene, aber empfehlenswerte Kalthauspflanze, die für die Pflege im frostfreien Alpinenhaus empfohlen werden kann, sicherer aber im Kalthaus zu halten ist.

Vermehrt wird durch Aussaat, Stecklinge und Teilung. Für Wurzelstecklinge wird eine fleischige Wurzel im September in 2 bis 3 cm lange Stücke geschnitten und diese in einen Topf mit sandiger Erde gelegt. Im Herbst, wenn die oberirdischen Teile abgestorben sind, stellt man die Pflanzen trocken unter die Stellage eines Kalthauses oder in einen anderen kühlen, aber frostfreien Raum. Anfang März holt man sie hervor, stellt sie bei 6 bis 10° in ein helles, sonniges und luftiges Kalthaus. Verpflanzt wird aber erst bei Beginn des neuen Triebes, der manchesmal einige Wochen auf sich warten läßt. Als Erde nehme man lehmige Rasenerde (Maulwurfshügelerde von einer lehmig-humosen Wiese!) mit Zusatz von etwas Moor- oder Lauberde oder Torfmull. Während des Sommers kann man sie sogar auf ein Steinbeet oder in ein Alpinenhaus auspflanzen, der Überwinterungsraum jedoch muß trocken und frostfrei sein, also muß man die Pflanzen mit Erdballen im Oktober aus der Erde herausnehmen und ins Haus stellen.

Tradescantia zebrina 'Quadricolor'

Compositae
(Asteraceae)
Korbblütler

Wie die Orchideen bei den Einkeimblättrigen, so sind die Kompositen bei den Zweikeimblättrigen Pflanzen die größte Familie. In etwa 900 Gattungen und mehr als 13000 Arten sind sie über die ganze Erde verbreitet. Lediglich in den Tropen im Bereich der Regenwälder sind sie sparsam vertreten. Allen gemeinsam sind die in Köpfchen stehenden, oberständigen Blüten, mit 5 Kron- und 5 Staubblättern. Die Staubfäden sind untereinander frei, die Staubbeutel dagegen zu einer Röhre verbunden, eine Eigenschaft, die sie von allen anderen Familien unterscheidet. Am häufigsten sind Kräuter und Stauden, weniger häufig Sträucher, noch seltener Bäume.

Viele Korbblütler sind Zierpflanzen unserer Gärten, einige liefern Nahrungsmittel als Gemüse-, Salat- und Ölpflanzen oder werden als Gewürz-, Arznei- oder Kautschukpflanzen verwendet. Beispiele sind Topinambur, Endivien, Zichorien und Kopfsalat sowie Schwarzwurzeln als Gemüse, Sonnenblumen für Speiseöl, *Parthenium*- und *Taraxacum*-Arten als Kautschukpflanzen, Kamille und Benediktenkraut als vorzügliche Heilpflanzen, eine *Chrysanthemum*-Art als Lieferant des Insektenpulvers (*Pyrethrum*).

Pachystegia insignis

1. Selten gezogene, aber empfehlenswerte Kalthaussträucher

So verschieden die Vertreter dieser Gattungen auch im Habitus sein mögen, so sind sie sich doch darin gleich, daß sie im Winter im Kalthaus, im Sommer im Freien stehen wollen. Auch ihre sonstigen Ansprüche sind sehr gleichartig. Deshalb kann am Schluß zusammenfassend über ihre Pflege gesprochen werden.

Viele der hier genannten Gattungen werden nur noch in botanischen Gärten oder aber in subtropischen Ländern in den Gärten gezogen, obwohl sie sich noch vor 100 Jahren einer weiten Verbreitung erfreuten. Mit Ausnahme einiger englischer Baumschulen z.B. von Hilliers & Sons in Winchester, sind Pflanzen zur Zeit kaum zu erwerben.

Dies wird sich bei stärkerer Nachfrage gewiß ändern. Samen der einen oder anderen Art führt die Firma Albert Schenkel, Hamburg-Blankenese.

Athanasia L.
(griech. *a* = nicht, *thanatos* = Tod, Unsterblichkeit)

Etwa 50 Arten im tropischen und in Südafrika, nur eine in Madagaskar. Sie sind Sträucher und Halbsträucher, von denen die nur selten gezogene

A.crithmifolia L. aus Südafrika besonders zu empfehlen ist. Sie wächst als Strauch und wird 60 bis 100 cm hoch. Ihre besondere Schönheit liegt in den zahlreichen, fast fadenförmig zerschlitzten dunkelgrünen Blättern. Im Sommer erscheinen am Ende der Stengel in Doldenrispen zusammenstehende gelbe Köpfchen. 1723 eingeführt. Alle anderen Arten entbehren der besonderen Schönheit dieser Art, außerdem wachsen sie nicht so willig.

Baccharis L.
(Herkunft des Namens ungewiß, vielleicht vom lat. *baccar*, *bacchar*, *baccharis*, Pflanze mit wohlriechender Wurzel, aus der ein Öl gewonnen wurde)

Mit mehr als 400 Arten ist diese Gattung vor allem in den Tropen und Subtropen des amerikanischen Kontinents von Patagonien bis Massachussetts weitverbreitet. Alle sind Sträucher und Halbsträucher, am häufigsten und artenreichsten in den Cam-

Baccharis genistelloides

pos, wo viele Arten sich zu regelrechten Xerophyten entwickelt haben. Eine besonders interessante Art ist die weit verbreitete und vielgestaltige

B.genistelloides Pers., deren Vorkommen sich von den südbrasilianischen Campos bis Nordpatagonien erstreckt. In den Anden steigt sie stellenweise bis zu einer Höhe von 5000 m empor. An den geflügelten, blattlosen Stengeln erscheinen im Winter die unauffälligen gelblichen, stark nach Honig duftenden Blütenköpfchen. Die Vermehrung aus Stecklingen ist nicht

Calocephalus brownii

Euryops acraeus

schwierig. Die Weiterkultur erfolgt im Winter im Kalthaus, im Sommer an sonniger Stelle im Freien, in jeder lehmig-humosen Mischung.

Barnadesia Mutis ex L.f.
(Miguel Barnadez, 18. Jahrhundert, spanischer Botaniker. Schrieb »Principios de botanica«, 1767)

Alle 20 Arten sind südamerikanische, laubabwerfende, bedornte Sträucher mit ziemlich großen, in endständigen Doldentrauben stehenden, rosafarbenen oder roten Köpfchen. Von besonderer Eigenart ist

B. rosea Lindl., in den Campos von Mittel- und Ostbrasilien zu Hause, ein kaum 50 cm hoher Strauch mit interessanten und schönen, meist von Mai bis Juni erscheinenden rosafarbenen Blütenköpfchen. 1840 in England, um 1847 in Deutschland eingeführt.
Dieses Sträuchlein wächst wie seine Verwandten schwieriger als die anderen hier genannten Gattungen. Es verlangt auch im Sommer kühle Nächte und warme Tage. Am besten läßt man es ganzjährig im Kalthaus, im Winter und nachts bei 6 bis 10°, außerdem stets hell und luftig. In Gebirgsgegenden oder in der Nähe der Küste wird das Wachstum wahrscheinlich besser als im übrigen Flachland sein.

Brachyglottis J.R. et G. Forst.
(griech. *brachys* = kurz, *glotta* = Zunge)

B. repanda J.R. et G. Forst., die einzige Art, in Neuseeland heimisch, ist ein kleiner, 2 bis 6 m hoher, immergrüner Strauch oder Baum mit kräftigen, weißfilzigen Ästen und großen dünnhäutigen, breitlänglichen bis eiförmig-rundlichen, unterseits weißfilzigen, 8 bis 25 cm langen Blättern, die bei der Sorte 'Purpurea' bronzefarben sind. 1890 in England eingeführt.
Eine auch im Topf etwas eigenartige Erscheinung, am besten aber ausgepflanzt wachsend, im Gefäß daher regelmäßig zu düngen. Vermehrung durch halbreife Stecklinge bei mäßiger Bodenwärme.

Calocephalus R.Br.
(griech. *kalos* = schön, *kephale* = Kopf)

Von den etwa 15 im gemäßigten Australien vorkommenden Arten ist nur

C. brownii (Cass.) F.v. Muell. (*Leucophyta brownii* Cass.) zu empfehlen. Er ist ein 30 bis 60 cm hoch werdendes, völlig silbergraues Sträuchlein mit wirr durcheinanderwachsenden Zweigen und winzigen Blättchen. Zwischen 1860 und 1890 in Deutschland eingeführt.
Im Sommer kann man das Sträuchlein sogar draußen auspflanzen und kleine Hecken aus ihm bilden, da es sich ausgezeichnet schneiden läßt. Bei Platzmangel überwintere man nur bewurzelte Herbststecklinge, von denen man im Februar wieder Stecklinge schneiden kann, die sich bei 20 bis 25° Bodenwärme im offenen Vermehrungsbeet bald bewurzeln.

Cassinia R.Br. 1817, non 1813
(Alexandre Henri Gabriel Comte de Cassini, 1781–1832, französischer Jurist und Botaniker)

Immergrüne Sträucher, oft von heidekrautähnlichem Habitus, die in 28 Arten in Australien, Neuseeland und Südafrika verbreitet sind. Am häufigsten in botanischen Sammlungen, in England auch zu erwerben, ist

C. fulvida Hook.f., die in Neuseeland bis zu 1500 m Höhe vorkommt. Sie ist ein kleiner Strauch mit klebrigen, braunroten Zweigen und nur 4 bis 8 mm langen, sitzenden, oberseits kahlen, unterseits dicht braunrot-filzigen Blättern. Die Köpfchen sind klein, aber zahlreich und erscheinen im Sommer von Juni bis Juli. Seit 1880 in Kultur.
Sie gedeiht am besten bei Wintertemperaturen, die unter 5° liegen. Auch im Alpinenhaus gedeiht sie und hält eine ganze Reihe von Wintern dort aus.

Chrysocoma L.
(griech. *chrysos* = Gold, *kome* = Haar)

Von den 10 in Südafrika heimischen Arten wird

C. coma-aurea L. vom Kapland schon seit etwa 250 Jahren bei uns gezogen. Sie und die anderen Arten sind ästige kleine Sträucher mit linealischen, schmalen Blättern und am Ende der Zweige zu beblätterten Doldentrauben vereinigten Köpfchen. Durch ihre frischgrüne Belaubung und die den ganzen Sommer über erscheinenden gelben Köpfchen ist sie recht hübsch, aber nicht besonders auffallend.

Eriocephalus L.
(griech. *erion* = Wolle, *kephale* = Kopf)

Mit 30 Arten gehört diese Gattung zu den Charakterpflanzen Südafrikas (»Kapoksträucher«). Alle Arten sind stark verzweigte, immergrüne, duftende, seidig oder zottig behaarte, kleine Sträucher, von denen man

E. africanus L., ein seidig behaartes, im Winter blühendes Sträuchlein ab und zu in botanischen Sammlungen sehen kann. Die Strahlenblüten seiner Köpfchen sind weiß, die Scheibenblüten purpurfarben. Seit 1731 in Kultur.

Euryops Cass.
(griech. *eurys* = breit, *opsis* = Gesicht)

70 Arten von Südafrika bis Sokotra, Arabien. Alle sind immergrüne Sträucher oder Halbsträucher mit zusammengedrängten, ganzen oder gefiederten, fleischigen oder ledrigen Blättern und einzelstehenden gelben Köpfchen. Ab und zu trifft man die südafrikanischen *E. acraeus* M.D. Henders. (*E. evansii* hort. non Schlechter), schön für Kalthaus und Alpinenhaus, *E. athanasiae* Less., *E. pectinatus* (L.) Cass. und *E. virgineus* (L.f.) DC.

Montanoa Llave et Lex.
(Luis Montano, Mitte des 19. Jahrhunderts, mexikanischer Politiker)

Etwa 50 von Mexiko bis Kolumbien verbreitete Arten von Halbsträuchern, Sträuchern und kleinen Bäumen mit gegenständigen, behaarten, ganzrandigen, gezähnten oder fiederspaltigen Blättern. Von ihnen ist die folgende Art zu empfehlen:

M. bipinnatifida (Kunth) K. Koch (*Uhdea bipinnatifida* Kunth) aus Mexiko ist ein 3 bis 4 m hoher Halbstrauch mit 50 bis 90 × 30 cm großen, fiederspaltigen oder doppeltfiederspaltigen, mehr oder weniger behaarten, unterseits weißfilzigen Blättern, von denen nur die obersten ungeteilt sind. Die Blütenköpfchen, bis zu 20 und mehr in endständigen Büscheln, erscheinen im Winter. Um 1853 eingeführt.

Diese stattliche Blattpflanze kann nur dem empfohlen werden, der sie im Mai in recht nährstoffreiche Erde zusammen mit anderen tropischen Blattpflanzen im Freien an warmer, sonniger Stelle auspflanzen kann. Die alten Pflanzen im Herbst wieder einzupflanzen und im Kalthaus zu überwintern, lohnt sich nicht. Statt dessen vermehrt man sie im Spätsommer durch Stecklinge, die zur Überwinterung nicht viel Platz wegnehmen. Im Mai ins Freie gepflanzt, reichlich gegossen und gedüngt, erreichen sie im Laufe des Sommers ihre volle Schönheit und Größe. Weiter ist die Vermehrung durch Samen und durch Wurzelschnittlinge möglich. Zusammen mit *Ricinus*, *Datura*, *Solanum*-Arten etc. lassen sich mit ihnen reizvolle tropische Szenerien schaffen.

Mutisia L.f.
(José Celestino Mutis, 1732–1809, spanischer Arzt und Botaniker)

Interessante Klettersträucher mit Blattranken und zum Teil gefiederten Blättern. Manche Arten sind vogelblütig. Die Köpfchen sind groß und haben einen langen, glockenförmigen Hüllkelch. Von den 60 Arten wachsen diejenigen mit gefiederten Blättern in wärmeren Gebieten, die mit einfachen Blättern in den kühlen andinen Zonen Südamerikas.

Von Arten mit einfachen Blättern werden bisweilen gezogen **M. decurrens** Cav., Mittelchile und angrenzendes Argentinien, 1859 in England eingeführt, **M. ilicifolia** Cav., Mittelchile, 1832 in England eingeführt, **M. sinuata** Cav., Chile, u.a. Von Arten mit gefiederten Blättern sind am häufigsten **M. clematis** L.f., Peru, Kolumbien, Ekuador, 1859 in England eingeführt, und **M. speciosa** Ait., Brasilien, 1824 in England eingeführt, in den Sammlungen vertreten. Die Arten der ersten Gruppe gehören ins Kalthaus, die der zweiten ins Lauwarmhaus.

Leider ist die Pflege der Mutisien nicht ganz einfach. Die andinen Arten verlangen eine ähnliche Behandlung, wie sie bei *Lapageria* geschildert ist. Alle wachsen nur gut, wenn man sie auspflanzen kann. Werden sie zu groß, ist es besser, sie ganz zu entfernen und durch Jungpflanzen zu ersetzen, da sie Rückschnitt nur schlecht vertragen. Gute Drainage ist erforderlich, außerdem viel Licht und Luft. Vermehrung durch Aussaat ist leicht, durch halbreife Stecklinge im Frühling bei mäßiger Bodenwärme möglich, aber nicht immer erfolgreich. Manche Arten treiben Ausläufer, die man abtrennen kann, andere lassen sich durch Ableger vermehren. Es fehlt für die richtige Kultur vor allem an ausreichender Erfahrung. Es scheint, daß die einzelnen Arten bei uns, vielleicht auch in der Heimat, nicht sehr langlebig sind. Die Arten mit gefiederten Blättern wachsen etwas besser als die mit einfachen Blättern.

Olearia nummulariifolia

Olearia Moench

(Adam Ölschläger (latinisiert Olearius), 1603–1671, deutscher Schriftsteller, Bibliothekar, Mathematiker, bereiste Persien und Rußland. Schrieb u.a. »Offt begehrte Beschreibung der Newen Orientalischen Reise«, 1646)

Meist immergrüne Sträucher oder Halbsträucher, selten kleine Bäume mit wechselständigen, selten gegenständigen, unterseits meist filzigen Blättern und kleinen, aber meist zahlreichen verschiedengeschlechtlichen Köpfchen mit weißen bis purpurfarbenen Strahlenblüten. Sie sind in etwa 125 Arten in Australien, Neuguinea und Neuseeland beheimatet. In subtropischen Gärten, ja schon in Teilen Englands werden sie häufig angepflanzt. Sie blühen dort sehr reich, viel reicher als sie es bei uns als Topfpflanzen des Kalthauses tun. Viele sind aber trotzdem ihres Wuchses und ihrer Blätter wegen kulturwert. Besonders empfohlen seien die folgenden Arten, von denen eine ganze Reihe in England angeboten wird.

O. paniculata (J.R. et G. Forst.) Druce (*O. forsteri* (Hook.f.) Hook.f.) aus Neuseeland ist ein reichverzweigter Strauch oder in der Heimat ein kleiner, bis 7 m hoher Baum mit gewellten, kantigen, flaumigen Zweigen und 3,5 bis 7,5 cm langen, kurzgestielten, ledrigen, oben kahlen, unten dicht filzigen, am Rande gewellten Blättern. Seit 1866 in Kultur. Diese Art ist eine vorzügliche und haltbare Dekorationspflanze.

O. nummulariifolia (Hook.f.) Hook.f. aus Gebirgen Neuseelands, wo sie zwischen 600 und 1500 m vorkommt, ist ein bei uns nur meterhoher Strauch mit dicken, holzigen, narbigen Zweigen und sehr dichtsitzenden, 5 bis 12 mm langen, fast runden, dicken, ledrigen, glänzenden Blättern. 1889 eingeführt. Sie ist wohl die eigenartigste der bei uns gezogenen Arten, auch jahrelang im Alpinenhaus aushaltend, im Kalthaus am besten bei 4 bis 6° stehend.

Von anderen Arten, die aber in Gefäß und Gewächshaus nicht die Schönheit und Eigenart der obengenannten Arten erreichen, sind zu nennen **O. erubescens** (DC.) Dipp., Neusüdwales, Tasmanien, **O. gunniana** Hook.f., Tasmanien, **O. macrodonta** Bak., Neuseeland, **O. odorata** Petrie, Neuseeland, **O. ramulosa** (Labill.) Benth., Australien, Tasmanien, **O. solandri** Hook.f., Neuseeland.

Pachystegia Cheesem.

(griech. *pachys* = dick, *stegein* = bedecken)

P. insignis (Hook.f.) Cheesem. (*Olearia insignis* Hook.f.), die einzige Art, stammt aus Neuseeland, wo sie zwischen Felsgestein oder Geröll vorkommt. Sie bildet kleine, ausgebreitete Sträucher von 30 bis 60 cm, in der Heimat bis zu 2 m Höhe. Die kräftigen Zweige sind dicht weißfilzig und tragen an den Enden gehäuft 10 bis 15 × 2,5 bis 10 cm große, längliche, fast ganzrandige, sehr dicke, ledrige Blätter, deren Oberseite kahl und glänzend grün, die Unterseite aber dicht weißfilzig ist. Die langgestielten Köpfchen erscheinen an den Zweigenden, sind bis 7 cm breit, mit weißen Strahlen- und gelben Scheibenblüten.

Senecio grandifolius

Kleiner als die Art bleibt die Sorte 'Minor'. Eine *Olearia* nahestehende, prachtvolle, leicht wachsende Art. 1850 in England eingeführt.

Senecio L., Kreuzkraut

(lat. *senex* = Greis)

Mit 2000 bis 3000 Arten die größte und vielgestaltigste Gattung der *Compositae*, bestehend aus ein- oder mehrjährigen Kräutern, Sträuchern, Stamm- und Blattsukkulenten sowie Schopfbäumen. Sie sind über die ganze Erde verbreitet. Die krautigen, nicht winterharten und die sukkulenten Arten werden in dem zweiten Abschnitt über die *Compositae* behandelt. Hier haben wir es nur mit Sträuchern zu tun, die die gleiche Behandlung erfahren wie die anderen hier genannten.

S. grandifolius Less. ist eine strauchig-baumartige Pflanze aus Mexiko, die auch bei uns 2 bis 4 m hoch werden kann. Ihr Stamm ist meist einfach, die Blätter groß, oft bis 30 cm lang und bis 18 cm breit. Die Köpfchen am Ende der Haupt- und Seitenzweige sind zu einer großen, zusammengesetzten Doldentraube gehäuft. Sie blühen gelb vom Januar bis zum März. Um 1850 in Belgien eingeführt.
Selbst 1- bis 2jährige, 50 cm hohe Jungpflanzen blühen bereits, so daß man sich auch dort an ihnen freuen kann, wo wenig Platz zur Verfügung steht. Ähnlich ist der als prächtige Blattpflanze im Kalthaus zu überwinternde, im Sommer im Freien auszupflanzende *S. petasitis* (Sims) DC. aus Mexiko.

S. greyi Hook. f. aus Neuseeland, ein bei uns nur 30 bis 100 cm hoher, ausgebreiteter Strauch, dessen Zweige, Blattstiele und Blattunterseiten dicht weißfilzig sind, ist im Alpinenhaus eine Reihe von Jahren völlig winterhart, aber ab und zu geht er doch ein. Deshalb sollte man alljährlich einige bewurzelte Stecklinge überwintern, damit die Art nicht eines Tages doch ausgeht. Die gelben Blüten erscheinen im Sommer, wo man ihn auch im Freien, an der sonnigsten und wärmsten Stelle einer Terrasse am Hause, vor einer Südmauer etwa, auspflanzen kann. Denn dort entwickelt er sich viel schöner als im Topf. Im Herbst ist er aber wieder herauszunehmen, zu topfen und im hellen Kalthaus zu überwintern.

Es gibt noch eine ganze Reihe anderer strauchiger Arten, von denen einige in englischen Baumschulen angeboten werden. Sie sind durchaus kulturwert. Zu empfehlen wären u.a. **S. compactus** T. Kirk, **S. hectoris** J. Buchan., **S. kirkii** Hook. f. ex Kirk und **S. laxifolius** J. Buchan. Alle sind in Neuseeland heimisch.

Sonchus L., Gänsedistel, Saudistel
(lat. *sonchus* = Name der Gänsedistel)

Von dieser etwa 50 Arten umfassenden Gattung kennt ein jeder *S. oleraceus* L., eines der verbreitetsten Unkräuter unserer Gärten. Daneben aber gibt es einige Halbsträucher und Sträucher, die zwar keine besondere Schönheit darstellen, aber wegen ihres so andersartigen Wuchses interessant sind. Sie sind heimisch auf den Kanarischen Inseln und auf Madeira. Am häufig-

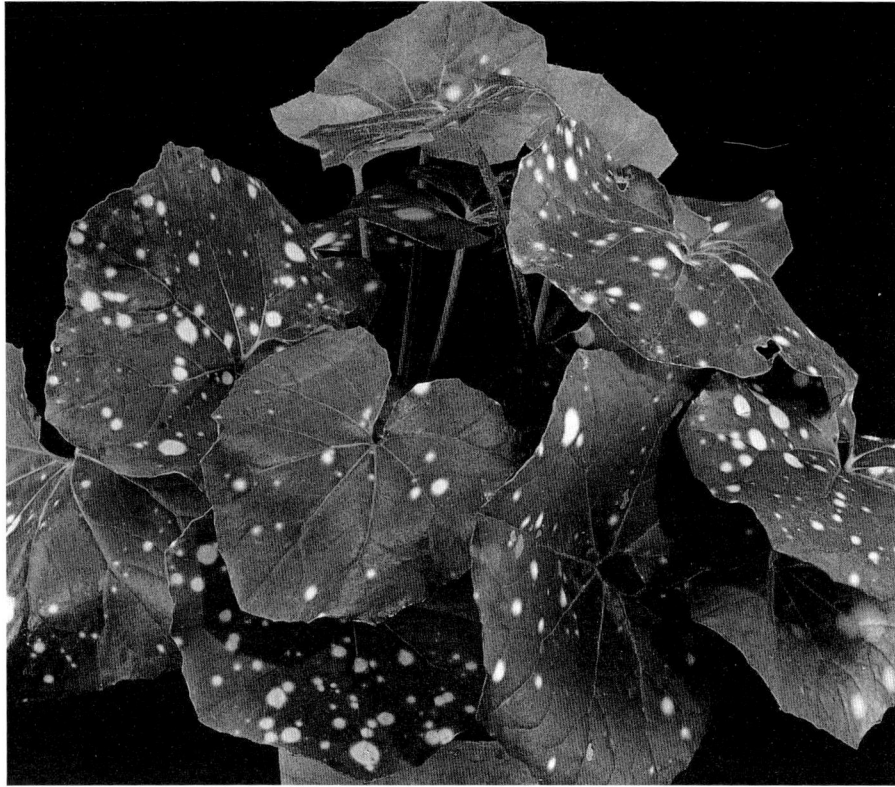

Ligularia tussilaginea

sten findet man in botanischen Sammlungen:

S. arboreus DC., 1 bis 2 m hoch werdend, mit einem holzigen, wenig verzweigten Stengel, glatten, fiederspaltigen Blättern und vielköpfigen, im April bis Mai erscheinenden Scheindolden. 1824 eingeführt.

S. leptocephalus Cass., ein bis 1 m hoch werdender Geröll- und Felsenstrauch mit im Alter überhängenden Zweigen, hellgrünen, fadenförmig gefiederten Blättern und im Winter erscheinenden, langgestielten Blütenköpfchen mit gelben Blüten.
Weiter zu empfehlen sind u.a. *S. congestus* Willd., *S. gummifer* Link und *S. pinnatus* Ait.

Anzucht leicht aus Samen und Stecklingen. Kultur während des Winters im hellen, luftigen Kalthaus, im Sommer im Freien, wo sie sich ausgepflanzt besonders schön entwickeln. Im Topf wachsen sie nur befriedigend, wenn sie während des Sommers regelmäßig, also etwa alle zwei Wochen, gedüngt werden. Sie gedeihen gut in lehmig-humoser Erde oder in Einheitserde. Im Winter ist nur mäßig zu gießen. Wer einmal die Kanarischen Inseln besucht und dort auch botanisiert, wird sich leicht Samen oder Stecklinge mitbringen können.

Tarchonanthus L., Pelzsame
(aus *tarchon (tharchun)*, einem arabischen Namen für Estragon und griech. *anthos* = Blüte gebildet)

Von den 2 in Mexiko und 4 in Südafrika als kleine Bäume wachsenden Arten wird nur **T. camphoratus** L. seit Jahrhunderten in Orangerieen und als Zimmerpflanze gezogen. Heute allerdings ist er selten geworden. Die Art ist von Südafrika bis Abessinien verbreitet, wächst als Strauch oder kleiner Baum, dessen 7 bis 12 × 2,5 bis 3,5 cm großen, graugrünen, unterseits filzigen Blätter einen aromatischen, kampferartigen Geruch haben. Obwohl nicht gerade von besonderer Schönheit, sei sie dem Liebhaber stark duftender Pflanzen empfohlen. Bereits 1690 in England, wenig später in Deutschland eingeführt.
Fast alle Arten dieser Gruppe lassen sich, wenn kein Samen zur Verfügung steht, durch halbreife Stecklinge – am besten im Januar, Februar oder im August – vermehren. Bei etwa 20° Bodenwärme im geschlossenen Beet, unter Glasglocken oder mit Folie abgedeckt, bewurzeln sie sich meist in 6 bis 8 Wochen. Bei einigen Arten allerdings kann es wesentlich länger bis zur Wurzelbildung dauern. Als Erde eignet sich Einheitserde, besser aber ist eine Mischung aus alter Laub- und lehmiger Ra-

Eupatorium atrorubens

senerde, da man diese Erde fester andrücken kann als Einheitserde, die Pflanzen also fester im Topf stehen. Während des Winterhalbjahres nehmen sie mit Temperaturen zwischen 4 und 8° vorlieb. Dabei bleiben sie kürzer und gedrungener als bei höherer Wärme, vor allem dann, wenn man den Raum, in dem sie stehen, sehr reichlich lüften kann. Außerdem sollte er, vor allem für die empfindlicheren Arten, sehr hell sein. Im Sommer stellt man sie an einen recht warmen und sonnigen Platz ins Freie. Gut durchwurzelte Exemplare werden von April bis August einmal wöchentlich flüssig gedüngt. Alle feinzweigigen Arten sind von Zeit zu Zeit zurückzuschneiden und zu entspitzen.

2. Strauchige Arten für das Lauwarmhaus

Eupatorium L., Wasserdost
(Mithridates VI. Eupator, König von Pontus, 132–63 v. Chr.)

Eine große Gattung mit etwa 1200 meist in Amerika heimischen Arten ausdauernder, selten einjähriger Kräuter, Halbsträucher und Sträucher, die bisweilen sogar baumartig werden können. Ihre Blüten sind purpurfarben rot, blau oder weiß. Für den Liebhaber zu empfehlen ist eigentlich nur

E. atrorubens (Lem.) Nichols. (*Hebeclinium atrorubens* Lem.), ein aus Südmexiko stammender, im Spätwinter lilablau blühender, angenehm duftender, aufrechter, ästiger, bis meterhoher Strauch, der in allen seinen Teilen mit einem dichten Filz dunkel- bis schwarzroter Haare bekleidet ist, was ihn auch ohne Blüten zu einer auffallenden Pflanze macht. 1859 in Belgien eingeführt.

Ähnlich, aber weniger schön, ist **E. sordidum** Less. (*E. ianthinum* (Hook.) Hemsl.), dessen Pflege die gleiche wie bei *E. atrorubens* ist. Ebenso zu empfehlen wäre noch **E. megalophyllum** (Lem.) Klatt aus Mexiko, ein Warmhausstrauch, der leider aus den Kulturen verschwunden ist.

Krautige Stecklinge im warmen Vermehrungsbeet wurzeln bald. Die weitere Kultur erfolgt bei 12 bis 15° in nährstoffreicher Rasen- und alter Lauberde mit Torfmull oder in Einheitserde. Innerhalb eines Jahres wachsen Winterstecklinge zu stattlichen Pflanzen heran, die viel schöner als mehrjährige Exemplare sind. Voraussetzung dafür ist aber nach Durchwurzelung wöchentliche flüssige Düngung. Durch dreimaliges Entspitzen bekommt man buschige Pflanzen. Außerdem empfiehlt es sich, 3 Jungpflanzen in einen Topf zu setzen.

Gynura Cass.
(griech. *gyne* = Weib, *oura* = Schwanz)

Etwa 27 Arten von Kräutern, seltener Sträuchern, kommen in den wärmeren Gebieten Asiens und Afrikas vor. Sie haben gegenständige Blätter, ihre Köpfchen sitzen einzeln oder ebensträußig an den Zweigenden. Ihre Blüten sind gelb, orange, blau oder purpurfarben, der Hüllkelch ist zylindrisch oder fast glockig.

G. aurantiaca (Bl.) DC. aus den Gebirgswäldern Javas ist ein 50 bis 100 cm hoher, behaarter, zunächst aufrechter, später klimmender Halbstrauch, der dicht mit violetten oder purpurfarbenen Haaren bedeckt ist, vor allem an den jungen Teilen. 1880 in Belgien eingeführt. Noch schöner als die Art ist die fast ausschließlich gezogene Sorte 'Purple Passion' ('Sarmentosa', *G. sarmentosa* hort. non (Bl.) DC.), deren Herkunft und botanische Stellung ungewiß ist.

G. scandens O. Hoffm. wurde erst vor wenigen Jahren eingeführt, und zwar aus den Gebirgswäldern Tropisch-Ostafrikas. Sie ist ein hoch kletternder Halbstrauch mit violett behaarten, grob gezähnten Blättern und 15- bis 20blütigen, orangefarbenen unangenehm riechenden Köpfchen. Um 1960 eingeführt.

Zu jeder Jahreszeit wurzeln Stecklinge im Warmbeet in kurzer Zeit. *G. aurantiaca* ist am schönsten als Jungpflanze, die hell im Lauwarmhaus gehalten werden muß. Im Warmhaus vergeilt sie und verliert ihre schöne Färbung. Viel schöner als diese seit langem bekannte Art ist *G. scandens* 'Purple Passion', die sich am besten im hellen Warmhaus entwickelt, entweder als Hängepflanze gezogen oder als Kletterpflanze, die man am besten an groben Zweigen emporwachsen läßt. Einheitserde und lehmighumose Praxiserde behagt ihnen gleich gut. Hat man im Winter nicht viel Platz zur Verfügung, macht man im Herbst Stecklinge, die gut durch den Winter kommen und sich vom Frühjahr an in Kürze zu stattlichen Pflanzen entwickeln. *G. aurantiaca* ist mehrfach zu stutzen, bei *G. scandens* genügt ein- oder zweimaliges Entspitzen.

Mikania Willd.
(Joseph Gottfried Mikan, 1743–1814, Professor der Botanik in Prag)

Etwa 250 Arten im tropischen Amerika, 2 Arten in Süd- und tropisch-Afrika. Die meisten von ihnen sind kletternde, ausdauernde Kräuter oder Sträucher, nur wenige aufrechte Stauden. Die Köpfchen sind klein, fast immer vierblütig und stehen in reichblütigen Blütenständen, die Blüten sind weiß oder blaßgelb. Als schöne Ampelpflanze zu verwenden ist

M. ternata (Vell.) Robins. (*M. apiifolia* DC.). Ihre Verbreitung in Brasilien erstreckt sich von der Provinz Rio de Janeiro bis zur Provinz Santa Catarina. Sie ist eine variable kleine Kletterpflanze mit purpurrot behaarten Trieben und handförmig geteilten Blättern mit auffallend grüner Ober- und purpurfarbener Unterseite. In Belgien um 1885 in Kultur, in Deutschland um 1885 als schöne Ampelpflanze angeboten.

Vermehrung leicht durch Kopf- und Triebstecklinge im warmen Vermehrungsbeet. Diese meist als Ampelpflanze gezogene Art gehört in das mäßig warme oder warme Gewächshaus oder Zimmer. Als Substrat eignet sich Einheitserde oder eine jede lehmig-humose Mischung. Je heller die Pflanze gehalten wird, desto intensiver ist die Färbung, ebenso trägt reichliches Düngen dazu bei. Einzig gegen Trockenwerden des Ballens ist sie empfindlich, also ist stets gleichmäßig zu gießen.

Onoseris Willd.
(griech. *onos* = Esel, *seris* = Endivie)

Etwa 25 Arten von Kräutern und zum Teil auch baumartigen Sträuchern mit unterseits weißfilzigen, oft großen Blättern, in den südamerikanischen Anden und Mittelamerika heimisch. Die schönste Art ist

O. onoseroides (H.B.K.) Robins. (*Isotypus onoseroides* H.B.K., *O. isotypus* Benth. et Hook.f.) aus den warmfeuchten Gebieten Mittelamerikas, Kolumbiens und Nordvenezuelas, wo sie in Höhen von 400 bis 1800 m vorkommt. Sie bildet aufrechte, kaum verzweigte Sträucher, 2 bis 4 m hoch, mit gelbfilzigem Stamm. Die breit-spieß- bis herzförmigen, buchtig gelappten, 20 bis 40 cm langen Blätter sind unterseits schneeweiß behaart. Sie sitzen an 15 bis 25 cm langen Stielen. Die Köpfchen erscheinen in endständigen bis 80 cm langen Rispen. Um 1908 eingeführt.

Leider sind diese prachtvollen Pflanzen für das Lauwarm- und Warmhaus sehr selten geworden. Man müßte versuchen, sie wieder zu verbreiten. Die Vermehrung aus Samen ist leicht. Stecklinge bilden nur schwer, meist erst nach langer Zeit, Wurzeln. Sämlinge blühen bereits ein bis zwei Jahre nach der Aussaat zum erstenmal. Wer wenig Platz hat, lasse seine Pflanzen nicht älter als 1 bis 2 Jahre werden und vermehre sie alljährlich von neuem. Kultur in lehmig-humoser Erde oder Einheitserde im hellen Warmhaus bei Temperaturen zwischen 15 und 20°.

Felicia amelloides

Othonna arbuscula

3. Halbsträucher und Kräuter für das Kalthaus

Felicia Cass.
(nach Legetationsrat Felix, der 1846 in Regensburg starb)

Afrikanische Halbsträucher, seltener Sträucher oder Kräuter in etwa 80 verschiedenen Arten, von denen einige ihrer blauen, fast das ganze Jahr hindurch erscheinenden Blüten wegen zu empfehlen sind.

F. amelloides (L.) Voss (*Agathaea caelestis* Cass.) ist ein südafrikanischer, buschiger Halbstrauch, der 20 bis 60 cm hoch wird, himmelblaue Strahlen- und gelbe Scheibenblüten hat. Die Blütenköpfchen stehen einzeln und sind etwa 3,5 cm breit. 1753 in England eingeführt. Ähnlich ist die im ganzen kleinere und aufrecht wachsende, nur 20 bis 30 cm hoch werdende, im Sommer blühende **F. tenella** (L.) Nees mit nur 1,5 cm breiten Köpfchen. 1759 in England eingeführt.

F. amelloides ist eine vielseitig zu verwendende Zimmer-, Balkon- und Kalthauspflanze. Die Blüten sind auch abgeschnitten sehr haltbar. Von nur wenigen Pflanzen kann man einen ganzen Winter lang Blüten schneiden. Auch in Hydrokultur im Kalthaus gedeiht diese Art vorzüglich. Vermehrt wird durch krautige Stecklinge, die während des ganzen Jahres wurzeln. Mittel- und Seitentriebe sind mehrmals zu entspitzen, denn je buschiger die Pflanze wird, desto reicher wird sie blühen. Die beste Wintertemperatur liegt bei 10 bis 12°. Als Erde eignet sich jede lehmig-humose Mischung und Einheitserde.

Ligularia Cass.
(lat. *ligula* = kleine Zunge)

Senecio nahestehende Gattung mit etwa 150 in Eurasien, vor allem China vorkommenden Arten, von denen eine Reihe als Stauden in unsere Gärten gepflanzt werden.

L. tussilaginea (Burm. f.) Mak. (*Farfugium grande* Lindl.) aus Japan, 1855 in Holland eingeführt, aber ist eine alte Zimmerpflanze, die man heute nur noch selten sieht. Sie hat langgestielte, aus den Rhizomen entspringende, 15 bis 25 cm breite, runde bis nierenförmige, am Grunde tiefherzförmige Blätter, die bei der Sorte 'Aureo-Maculata', 1845 in England eingeführt, mit kleinen und größeren gelben Flecken besetzt, bei 'Argentea', 1859 in Holland eingeführt, weiß gefleckt sind. Japanische Botaniker halten die Gattung *Farfugium* aufrecht und nennen unsere Pflanze *F. japonicum* (L.) Kitam.

Sie wurde früher ihrer großen Blätter wegen auf dem Lande als Zimmerpflanze gehalten. Am besten wächst sie in schattigen und kühlen Räumen, deren Wärme in der Regel nicht über 10° liegt. Auch in Kalt- oder Lauwarmhäusern entwickeln sie sich gut, vor allem, wenn sie als Einfassung am Wege entlang ausgepflanzt werden. Einheitserde oder eine recht lehmige und nährstoffreiche Mischung behagt ihnen, ebenso bei gutem Wuchs regelmäßige Dunggüsse. Vermehrt wird durch Teilung, auch durch Wurzelschnittlinge. Während des Sommers können sie schattig im Freien stehen.

Senecio L., Kreuzkraut
(lat. *senex* = Greis)

Von dieser Gattung wurde bereits im vorigen Abschnitt gesprochen. Hier sind nur zu erwähnen die Garten-Cinerarien, entstanden aus Kreuzungen von *Senecio cruentus* (Masson ex L'Hérit.) DC. mit einer ganzen Reihe anderer Arten. Man wird sie kaum selbst ziehen, sondern sich Knospenpflanzen beim Gärtner kaufen, die nach dem Abblühen weggeworfen werden. Im übrigen ist ihre Anzucht im kalten Kasten – Aussaat August, September – und die spätere Überwinterung im Kalthaus oder im frostfreien Kasten nicht schwierig. Doch ist es schade für den vielen Platz, den sie gerade im Winterhalbjahr einnehmen und den man für anderes so nötig braucht. Im übrigen ist bei der Kultur zu beachten, daß Knospenansatz nur bei Temperaturen unter 10° stattfindet, die Blütenentwicklung bei 8 bis 12°, die Überwinterung bei 3 bis 6°.

Als Hängepflanze für Balkonkästen ist der Sommerefeu

S. mikanioides Otto ex Walp. aus Südafrika zu empfehlen, der im Herbst durch Stecklinge vermehrt wird und dessen Kultur der von *Pelargonium peltatum* gleicht.

In der Regel als Sommerblume behandelt wird **S. bicolor** (Willd.) Tod. (*Cineraria maritima* L., *S. maritimus* (L.) Rchb. non L. f., *S. cineraria* DC.) aus dem Mittelmeergebiet, ein Halbstrauch, der sich bei der Überwinterung im Kalthaus – am besten pflanzt man ihn in Draht- oder Plastikörbe – zu umfangreichen, 40 bis 80 cm großen Büschen entwickelt. Im Sommer pflanzt man ihn im Freien aus. Mit ihrer schneeweißen, filzigen Behaarung sind sie aber auch für ganzjährige Kultur im Kalthaus geeignet. Vermehrung durch Aussaat und Stecklinge, Weiterkultur in Einheits- oder lehmiger Rasen- oder Komposterde. 1605 in Holland eingeführt, schöne Sorten sind 'Rauhreif', 35 cm hoch, 'Silberdunst', 20 cm, und die nur 15 cm hohe 'Silberzwerg'.

Weitere hübsche Arten sind die *S. bicolor* ähnliche **S. leucostachys** Bak. aus Argentinien und die niedrige **S. heritieri** DC. aus Teneriffa.

4. Merkwürdige Arten für die Sukkulentensammlung

Asteriscus Mill.
(griech. *asteriskos* = Sternchen)

Von den etwa 15 Arten einjähriger oder ausdauernder Kräuter, Halbsträucher oder Sträucher – unter ihnen *A. pygmaeus* Coss. et Kral., die echte Rose von Jericho, ein niedriges, einjähriges Pflänzchen aus der Sahara – sind die beiden folgenden Arten besonders zu empfehlen.

A. maritimus (L.) Less., heimisch im westlichen Mittelmeergebiet, Portugal, Griechenland und auf den Kanaren, ist eine niedrige, dicht seidig behaarte Staude mit gelben, fast sitzenden Köpfchen. Um 1900 eingeführt?

A. sericeus (L. f.) DC. von den Kanarischen Inseln ist ein bis 50 cm hoher, verzweigter, weißfilziger Strauch mit end- und seitenständigen, großen Köpfchen gelber Blüten. 1779 in England eingeführt.

Beide Arten lassen sich durch Aussaat und Stecklinge vermehren. Man sollte stets Jungpflanzen zur Hand haben, da ältere Pflanzen während des Winters sehr empfindlich sind und besonders in trüben und feuchten Wintern leicht eingehen. Man darf dann nur sehr wenig gießen, auch sollte man jede Benetzung der Pflanzen mit Wasser vermeiden. Etwa 10° genügen ihnen. Die Erde sei sandig-lehmig und gut drainiert, damit alles überflüssige Wasser gleich weglaufen kann.

Senecio haworthii

Otanthus Hoffmgg. et Link
(griech. *ous, otos* = Ohr, *anthos* = Blüte)

O. maritimus (L.) Hoffmgg. et Link (*Diotis maritima* (L.) Desf. ex Cass.), die einzige Art, ist eine niederliegende oder aufsteigende Staude mit kriechendem Rhizom, die als Strandpflanze in den Küstengebieten des Mittelmeeres und des Atlantischen Ozeans von England bis zu den Kanarischen Inseln verbreitet ist. Ihre Schönheit liegt in dem schneeweißen Filz, mit dem die ganze Pflanze, einschließlich der 12 mm langen und bis 5 mm breiten Blätter überzogen ist.

Vermehrung durch Stecklinge und Aussaat ist nicht schwierig, leider aber werden die heranwachsenden Pflanzen, je älter sie werden, immer empfindlicher gegen Feuchtigkeit, sowohl im Boden als auch in der Luft. Am besten hält man sie ganzjährig im Sukkulentenhaus, wo sie ausgepflanzt besser als im Topf gedeihen. Im übrigen vergleiche man das bei *Asteriscus* Gesagte.

Othonna L.
(von Dioskoridis gebrauchter Pflanzenname, vielleicht vom griech. *othone* = Leinen)

Von den 140 bis 150 meist südafrikanischen Arten interessieren hier nur die eine ausgesprochene Sukkulenz aufweisenden. Außer den hier genannten werden von Zeit zu Zeit auch einmal andere angeboten, z.B. die eigenartige *O. arbuscula* (Thunb.) Schultz Bip. vom Kap.

O. capensis L.H. Bailey (*O. crassifolia* Harv. non L.) hat einen dünnen, kriechenden Stengel, an dem wechselständig oder gebüschelt die bis 2,5 cm langen, am Grunde wolligen, sukkulenten Blätter sitzen. Die gelben Köpfchen erscheinen zu jeder Jahreszeit. Um 1870 in Italien eingeführt.

O. carnosa Less. hat 10 bis 12 cm lange Stengel, die dicht mit 5 bis 7 cm langen, stielrunden, fleischigen grünen Blättern besetzt sind. 1867 eingeführt.

Vermehrung und Pflege gleichen etwa derjenigen hochsukkulenter *Crassula*-Arten, also Stand bei 5 bis 10°, hell, sonnig, in steiniger Sukkulentenerde, unter Einhaltung einer ausgesprochenen Ruhezeit im

Compositae

Senecio kleinia

Winter. *O. capensis* ist die unempfindlichste der sukkulenten Arten und vor allem als schöne Ampelpflanze zu empfehlen.

Senecio L., Kreuzkraut
(lat. *senex* = Greis)

Auch in dieser Abteilung erscheint die vielgestaltige Gattung wieder. Der sukkulenten Arten sind so viele, daß sie hier nur mit Namen ohne weitere Beschreibung aufgeführt werden können. Sie gehören zu den schönsten aller Sukkulenten und umfassen auch einige höher werdende sukkulente Sträucher. Ihre Kultur gleicht derjenigen von *Crassula*. Zu beachten ist sehr sparsames Gießen während der Ruhezeit im Sommer, aber auch während des Winters, gute Dränage sowohl in Topf oder Schale als besonders auch bei ausgepflanzten Stücken. Die Vermehrung durch Aussaat oder Stecklinge ist nicht schwierig. Doch setzen die meisten bei uns kaum Samen an, so daß man für Aussaat auf Samen aus der Heimat, meist Südafrika, angewiesen ist.

a) Im Durchschnitt 30 bis 60 cm hohe, seltener bis 1,50 und 2 bis 3 m hohe Arten

S. amaniensis (Engl.) Jacobs., Tansania;
S. anteuphorbium (L.) Schultz Bip. (bis 1,50 m), Kap, Südmarokko;
S. articulatus (L.f.) Schultz Bip., Kap;
S. galpinii (Hook.f.) Jacobs., Transvaal;
S. kleinia (L.) Less., Kanarische Inseln (2 bis 3 m!);
S. longiflorus (DC.) Schultz Bip., Kap, Südwestafrika.

b) Niedrige oder niederliegende Arten

S. acaulis (L.f.) Schultz Bip., Kap;
S. ficoides (L.) Schultz Bip., Kap (niederliegend);
S. fulgens (Hook.f.) Nichols., Natal;
S. haworthii (Sweet) Schultz Bip., Kap, (im Winter sehr trocken halten!);
S. herreanus Dint. (mit gefensterten Blättern (niederliegend), Südwestafrika;
S. serpens G.D. Rowl. (*S. repens* (L.) Muschl. non DC.), Kap;
S. scaposus DC., Kap (im Winter sehr trocken halten!);
S. sempervivus (Forssk.), Schultz Bip., Tansania, Abessinien;
S. stapeliiformis Philipps, Östliches Südafrika.

Senecio sempervivus

Convolvulus cneorum

Evolvulus arbuscula

Convolvulaceae
Windengewächse

Von dieser großen Familie, die aus 55 Gattungen und etwa 1650 Arten besteht, eignen sich einige Arten der Gattungen *Argyreya* Lour., *Calonyction* Choisy und *Ipomoea* L. für große Gewächshäuser, andere für die sommerliche Pflanzung im Freien, für das kleine Gewächshaus jedoch kommen nur wenige Arten der Gattung *Convolvulus* und *Evolvulus* in Frage.

Convolvulus L., Winde
(lat. *convolvere* = umrollen, umwickeln)

Aufrechte, niedergestreckte oder windende Kräuter – als lästiges Ackerunkraut bekannt ist die Ackerwinde, *C. arvensis* L. – oder mehr oder weniger aufrechte Halbsträucher und Sträuchlein, in 250 Arten in vielen temperierten und subtropischen Gebieten verbreitet. Als schönblühender kleiner Halbstrauch ist zu empfehlen

C. cneorum L., die Silberwinde, zwischen Kalkfelsen nahe der Küste in Teilen des westlichen und mittleren Mittelmeergebietes heimisch. Sie wird bis meterhoch, hat dicht silberweiß behaarte, lanzettliche Blätter und endständige Blütenschäfte mit 1 bis 6 weißen, rosa überhauchten, bis 5 cm breiten und 3 cm langen Blüten, die vom Frühjahr bis zum Herbst erscheinen. Bereits 1640 eingeführt.
Vermehrung leicht durch halbkrautige Stecklinge, die bei 18 bis 20° Bodenwärme nach einigen Wochen wurzeln. Samen werden fast nie angesetzt. Die Silberwinde ist sehr zu empfehlen als kleiner, wenig Platz einnehmender, mit oder ohne Blüten schöner Strauch für das helle und luftige Kalthaus, im Sommer für sonnigen Standort im Freien. In durchlässiger, etwas humoser Lehmerde wächst er ausgezeichnet. In der Jugend ist einige Male zu entspitzen.

C. sabatius Viv. (*C. mauritanicus* Boiss.), zwischen trockenen Kalkfelsen an den Küsten von Nordwestitalien, Sizilien und Nordwestafrika, blüht unermüdlich vom Frühjahr bis zum Herbst, vorausgesetzt, er wird im Topf gezogen. Er ist ein Halbstrauch, dessen zahlreiche aus dem Wurzelstock entspringende dünne Zweige auf der Erde liegen oder, falls man die Pflanze in Ampeln zieht, herunterhängen. Schön sind ihre großen rosa bis violetten Blüten. Um 1860 eingeführt.

Er wird im Kalthaus überwintert und während des Sommers hell im Freien aufgehängt, mit dem Topf eingesenkt oder ausgepflanzt. Im letzteren Falle beginnen sie allerdings erst im Laufe des Sommers zu blühen. Sie gedeihen in jeder lehmig-humosen Mischung oder in Einheitserde. Vermehrung durch Aussaat im Warmhaus oder durch Stecklinge von angetriebenen Pflanzen im Februar, März.

Evolvulus L.
(lat. *evolvere* = entwirren, auseinanderwickeln)

Etwa 100 Arten niederliegender oder aufrechter ein- oder mehrjähriger Kräuter, selten Sträucher, von denen fast alle im subtropischen oder tropischen Amerika beheimatet sind. Nur 2 Arten kommen in den altweltlichen Tropen vor. Von der nahestehenden Gattung *Convolvulus* unterscheidet sich *Evolvulus* vor allem dadurch, daß ihre Triebe nicht winden.
Nur wenige Arten sind kulturwert, darunter eine 1985 erstmals in Deutschland als Ampelpflanze gezeigte, die möglicherweise zu *E. arbuscula* Poir. gehört.

E. arbuscula Poir. soll auf Haiti beheimatet sein. Sie ist ein am Grunde etwas verholzendes, vieltriebiges, ausdauerndes Kraut mit niederliegenden Stengeln, beiderseits silbrig behaarten, 3,5 × 1 cm großen Blättern und flachtrichterförmigen 2,5 cm großen Blüten. Diese sind ultramarinblau mit einer kleinen, sternförmigen, weißen Mitte. Sie sitzen in reicher Zahl am oberen Ende der Triebe und sind nur einen Tag geöffnet.
Eine andere, wohl sehr ähnliche, schon um 1850 eingeführte, aber außerhalb weniger botanischer Sammlungen nicht mehr gezogene Art ist **E. purpureocaeruleus** Poir. aus Jamaika.

Durch die niederliegenden Triebe eignen sich beide Arten gut für die Verwendung als Ampelpflanze. Sie gehören in ein luftiges, 18 bis 20° warmes Gewächshaus oder in ein warmes Zimmer. Vermehrung leicht aus Stecklingen unter Glas. Diese dürfen aber nur von den nicht blühenden Trieben geschnitten werden. Nach guter Bewurzelung pflanzt man drei Stück zusammen in eine 12 bis 15 cm große Ampel. Bereits nach etwa einem halben Jahr beginnen sie zu blühen. Im Sommer ist bei Sonne während der Mittagsstunden leicht zu schattieren. Als Erde eignen sich TKS 2 und Einheitserde.

Cornaceae
Hartriegelgewächse

Eine in vielen Teilen der Welt vorkommende Familie mit etwa 100 Arten in 12 Gattungen. Sie umfaßt Bäume, Sträucher oder Zwergsträucher mit kleinen, in Trugdolden, Rispen oder Köpfchen stehenden Blüten, die bisweilen von blütenblattartigen Hochblättern umgeben sind. In den Gärten weit verbreitet sind die verschiedenen *Cornus*-Arten.

Aucuba Thunb., Goldorange
(*aokiba* = japanischer Name der Pflanze)

3 Arten immergrüner Sträucher mit gegenständigen, gestielten Blättern, zweihäusigen kleinen Blüten und einer einsamigen, beerenähnlichen Steinfrucht. Ihre Heimat liegt im Himalaja und Ostasien.

A. japonica Thunb. aus Japan blüht im März bis April mit unansehnlichen rötlichen Blüten. Ihre Schönheit liegt denn auch in den großen immergrünen Blättern, die bei den einzelnen Sorten in verschiedenartigster Weise gelb gefleckt oder gezeichnet sind. Die grünblättrige Art 1856 durch Siebold in Holland eingeführt, eine buntblättrige Form aber bereits 1783.
Ihre Schönheit entspricht den im Warmhaus gezogenen gelbblättrigen »Croton«-Sorten, nur daß sie nicht warm, sondern recht kühl stehen wollen. In milden Gegenden sind sie sogar völlig winterhart, nur in extrem kalten Wintern frieren sie bis auf den Boden zurück. Im Topf oder Kübel gezogen, sind sie prächtige, haltbare Dekorationspflanzen von einfachster Kultur. Im Sommer sollen sie auf der Terrasse oder in der Nähe des Hauses halbschattig im Freien stehen, im Winter an einem frostfreien, kühlen und luftigen Platz des Hauses. Die Erde sei lehmig-humos und nährstoffreich. Durchwurzelte Pflanzen sollte man vom Spätwinter bis August regelmäßig mit einem Mischdünger gießen. Triebstecklinge aus halbreifem Holz wurzeln am besten. Man sollte sie im Februar oder August abstecken. Am schnellsten geht die Wurzelbildung bei 20 bis 22° vor sich, aber auch bei 12 bis 15° gelingt sie, nur dauert es dann entsprechend länger. Schöne Sorten sind 'Cotonifolia', 'Limbata', 'Picturata' und 'Variegata', alle mit mehr oder weniger gelb gefleckten oder gepunkteten Blättern. Um einen Ansatz der schönen roten Beeren zu erzielen, braucht man bei den bisherigen

Sorten weibliche und männliche Pflanzen. Bei der grünblättigen Sorte 'Rozannie' ist dies nicht mehr nötig, denn sie ist zwitterig.

Griselinia G. Forst.
(Francesco Griselin, 1717–1783, venetianischer Botaniker)

Von den 6 Arten dieser Gattung sind 2 Arten in Neuseeland, 4 in Chile und Südostbrasilien heimisch. Sie wachsen dort als immergrüne Bäume oder Sträucher, bisweilen auch als Kletterpflanzen.

G. littoralis (Raoul) Raoul entwickelt sich in seiner neuseeländischen Heimat zu 15 bis 17 m hohen Bäumen, bei uns werden sie selbst in höherem Alter kaum höher als 2 m. Sie sind dicht mit gelblich-grünen, lederigen Blättern besetzt. Die Zweige hängen elegant über. 1872 eingeführt.
Andere schöne Arten sind **G. lucida** G. Forst., ebenfalls aus Neuseeland, und die seltene, kletternde chilenische **G. scandens** (Ruiz et Pav.) Taub.

Aucuba japonica

Convolvulus sabatius

Haltbare und hübsche Dekorationspflanzen von gleicher Kultur wie *Aucuba*, aber sehr viel langsamer wachsend und nicht winterhart. Vermehrung durch Stecklinge, halbwarm unter Glas, ist das ganze Jahr hindurch möglich.

Corynocarpaceae
Karakabaumgewächse

Nur 1 Gattung mit 4 oder 5 Arten immergrüner Bäume mit wechselständigen, einfachen Blättern.

Corynocarpus J.R. et G. Forst., Karakabaum
(griech. *koryne* = Keule, *karpos* = Frucht)

C. laevigatus J.R. et G. Forst. aus Neuseeland ist ein in der Heimat bis 16 m hoher Baum mit derben, glänzend grünen, etwa 20 × 9 cm großen Blättern und unscheinbaren Blüten. Die längliche Steinfrucht ist orangefarben, ihr Samen sehr giftig. Blüten und Samen erscheinen jedoch bei uns nicht. 1823 in England eingeführt. Dieser immergrüne Kalthausstrauch mit seiner schönen dunkelgrünen Belaubung ist eine prächtige Dekorationspflanze, die im Winter mit Temperaturen zwischen 3 und 15° vorlieb nimmt. Diese große Temperaturspanne macht den Strauch für uns besonders wertvoll. Auch als Zimmerpflanze dürfte er sich eignen, falls die Räume nicht allzu warm und hell sind. Zu gutem Wachstum braucht der Strauch eine nährstoffreiche, lehmige Erde und während des Sommers regelmäßige Dunggüsse. Vom Frühjahr bis zum Herbst wird er an einen schattigen oder halbschattigen Platz im Freien gestellt. Vermehrung durch halbreife Stecklinge, am besten im Januar, Februar oder im August, September, bei mäßiger Bodenwärme. Mehrmaliges Stutzen sollte nicht versäumt werden, um eine gute Verzweigung zu erreichen.

Crassulaceae
Dickblattgewächse

Die mit geringen Ausnahmen mehr oder weniger sukkulenten einjährigen oder ausdauernden Kräuter, Halbsträucher oder Sträucher sind in 35 Gattungen mit etwa 1500 Arten zusammengefaßt. Sie kommen fast auf der ganzen Welt vor. Ihre Hauptverbreitungsgebiete liegen in Südafrika, Mexiko und dem Mittelmeergebiet. Viele *Crassulaceae* sind ausgesprochene Felsenbewohner und können lange Zeit ohne Niederschläge auskommen, etwas, das sie den dicken, zu Wasserspeichern ausgebildeten Blättern, in seltenen Fällen Stämmen, verdanken. In unserer Heimat sind vor allem *Sempervivum*- und *Sedum*-Arten verbreitet. Diese sind zusammen mit vielen ausländischen Arten beliebte Gartenpflanzen für Trockenmauern, Steinbeete und Alpengärten. Die Mehrzahl aller *Crassulaceae* ist nicht winterhart und muß deshalb im Kalthaus, Zimmer oder Wintergarten gehalten werden. Sie gedeihen dort sehr gut, weil die dort herrschenden trockenen Luftverhältnisse viel mit dem Klima ihrer Heimat gemein haben. Bekannteste Topfpflanze der Familie ist das »Flammende-Käthchen«, *Kalanchoe blossfeldiana*. Ein besonderer Reiz liegt darin, mit den Jahren eine größere Sammlung dieser zum Teil schönen, zum Teil hochinteressanten Pflanzen zusammenzubringen. In der Pflege ähneln die einzelnen Gattungen einander. Die Zahl schöner Arten ist so groß, daß hier nur einige der empfehlenswertesten genannt, aber nicht beschrieben werden können. Ausführliche Darstellungen findet man in Jacobsen »Handbuch der sukkulenten Pflanzen«, 3 Bände, Jena 1955, ein Werk, von dem es auch eine Ausgabe in englischer Sprache gibt, deren Inhalt noch reicher ist; außerdem vom gleichen Verfasser »Das Sukkulentenlexikon«, Stuttgart 1981. Wer schöne Bilder liebt, sei hingewiesen auf Rauh »Die großartige Welt der Sukkulenten«, Berlin 1966, 730 Abbildungen.

Adromischus Lem.
(griech. *adros* = stämmig, *mischos* = Blütenstiel)

Kleine sukkulente Rosettenpflanzen oder Zwergsträucher, deren Stämmchen vielfach mit Luftwurzeln besetzt sind, die der Wasseraufnahme dienen. Ihre Blüten sind stets fünfzählig, die Blätter wechsel-, seltener gegenständig, dabei sehr verschiedenartig gestaltet und häufig auch gefleckt. Die Heimat der 48 Arten liegt in Süd- und Südwestafrika, vor allem im Kapland. Reizende und interessante kleine Pflanzen, von denen alle Arten dem Liebhaber empfohlen werden können, vor allem auch dann, wenn man nur wenig Platz hat.

Arten mit gefleckten Blättern sind **A. cooperi** (Bak.) Berger, **A. festivus** C.A. Smith, **A. maculatus** (Salm-Dyck) Lem., **A. marianae** (Marl.) Berger und **A. trigynus** (Burch.) V. Poelln.

Grünblättrig sind **A. clavifolius** (Haw.) Lem., **A. hemisphaericus** (L.) Lem., **A. cristatus** (Haw.) Lem., **A. mammillaris** (L.f.) Lem., **A. poellnitzianus** Werderm., **A. rotundifolius** (Haw.) V. Poelln. und **A. rhombifolius** (Haw.) Lem. var. **sphenophyllus** (C.A. Sm.) Jacobs.
Andere Arten sind seltener in Kultur. Wo man sie aber bekommen kann, sollte man natürlich zugreifen.
Vermehrt wird am besten durch abgetrennte Blätter, die leicht wurzeln. Durch Abnehmen von Stecklingen, die ebenfalls leicht wurzeln, zerstört man meist die Schönheit der Pflanze. Sie brauchen viel Luft, Licht und Sonne, dabei ist sehr sparsam zu gießen, vor allem im Winter, in dem die Temperaturen nicht unter 14° sinken sollten. Topfkultur ist dem Auspflanzen vorzuziehen.

Adromischus poellnitzianus

Aeonium Webb et Berth.
(griech. *aionios* = ausdauernd, ewig)

Diese *Sempervivum* nahe verwandte Gattung umfaßt etwa 40 Arten, von denen die meisten als rosettentragende, ausdauernde oder nur einmal blühende Stauden und Halbsträucher auf den Kanarischen Inseln, einige auf Madeira, den Kapverdischen Inseln, im südlichen Mittelmeergebiet, in Marokko und von Abessinien bis Arabien vorkommen. Viele von ihnen bekommen große, stattliche Blütenstände, einige verlieren während der Ruhezeit alle Blätter,

Aeonium tabuliforme

wie das bis meterhohe, spärlich verzweigte *A. arboreum*. Eines der eigenartigsten ist

A. tabuliforme (Haw.) Webb et Berth., an steilen Lavawänden Teneriffas wachsend, das eine aus 100 bis 200 Blättern gebildete, 15 bis 30 cm breite, tischförmige Rosette hervorbringt und nach der Samenbildung eingeht. Diese Art ist nur durch Aussaat zu vermehren.
Manche Arten sind sehr groß und nur dem Besitzer eines größeren Gewächshauses zu empfehlen.
Von kleineren Arten, die etwa 10 bis 20 cm hoch werden und deren Rosetten einen Durchmesser von 5 cm kaum überschreiten, sind die folgenden besonders empfehlenswert: **A. goochiae** Webb et Berth., **A. lindleyi** Webb et Berth., **A. sedifolium** (Webb.) Pit. et Proust, **A. simsii** (Sweet) Stearn (*A. caespitosum* (Otto) Webb et Berth.), **A. spathulatum** (Hornem.) Praeg. und **A. tortuosum** (Ait.) Berger.
Von den höheren, ästigen Arten seien her-

ausgegriffen **A. arboreum** (L.) Webb et Berth., **A. balsamiferum** Webb et Berth., **A. holochrysum** Webb et Berth., das bis 2 Meter hohe **A. manriqueorum** (Christ) Bolle und **A. undulatum** Webb et Berth. Von den nur einmal blühenden Arten sind neben **A. tabuliforme** (Haw.) Webb et Berth. zu nennen **A. canariense** (L.) Webb et Berth., **A. cuneatum** Webb et Berth., **A. nobile** Praeg. und **A. glutinosum** (Ait.) Webb et Berth.
Alle Arten gedeihen sehr leicht. Man kann sie sogar während des Sommers ins Freie stellen, dort einsenken und im Herbst wieder herausnehmen und ins Kalthaus stellen, wo sie bei etwa 10° zu überwintern sind. Die kleinbleibenden Arten pflanzt man am besten auf der Tablette des Kalthauses aus, ebenfalls die nur einmal blühenden. Alle Arten sollten etwas schattiger stehen als andere Sukkulenten, also in den Mittagsstunden etwas Schatten haben.
Vermehrt wird durch Aussaat, vielfach auch durch Abstecken kleiner Seitentriebe, die sich nach Abschneiden und Abstecken der Hauptrosette meist in großer Zahl bilden. Da die meisten Arten sehr leicht bastardieren, sollte man sie nach Möglichkeit vegetativ vermehren oder Samen vom heimatlichen Standort, nicht aber aus botanischen Gärten verwenden.

Cotyledon L.
(griech. *kotyle* = Napf, Nabel; der Name nimmt Bezug auf die genabelten Schildblätter bei *Umbilicus*, dem Nabelkraut, das schon vor Dioskoridis diesen Namen trug)

Eine Gattung mit 44 Arten in Südafrika und 1 Art in Eritrea und Südarabien. Die Arten teilen sich in zwei Gruppen, von denen die der einen mehr strauchig wachsen und gegenständige, immergrüne Blätter haben, die Arten der anderen Gruppe einen verdickten oder fleischigen Stamm mit wechselständigen, jährlich abfallenden Blättern bilden.
Zu den letzteren, vor allem von Liebhabern begehrten, hochsukkulenten Arten gehören u. a. **C. cacalioides** L. f., **C. paniculata** L. f., der Butterbaum der Buren, und **C. reticulata** Thunb.
Die Gruppe mit immergrünen Blättern enthält so beliebte Arten wie **C. orbiculata** L., schon 1689 in Holland kultiviert, fleischige, verzweigte, bis 90 cm hohe Sträucher mit weißgrau bereiften, rotgerandeten Blättern, und die im ganzen kleinere **C. undulata** Haw., 1817 in England eingeführt, deren Blätter wellig gerandet

Aeonium arboreum

und wie Blüten und Blütenstand dick weiß bereift sind. Man hüte sich davor, die Pflanzen zu berühren, weil dadurch der weiße Reif, der zur besonderen Schönheit der beiden Arten beiträgt, abgestreift wird. *C. orbiculata* wird am besten durch Triebstecklinge, *C. undulata* durch Stecken der fleischigen Blätter vermehrt. Wer nur wenige sukkulente Pflanzen zieht, sollte ihrer besonderen Schönheit wegen auf diese beiden Arten nicht verzichten.
Vermehrung und Pflege weichen von der anderer Crassulaceen nicht ab. Die laubabwerfenden Arten mit dicken, fleischigen Stämmen müssen nach dem Abfall der Blätter absolut trocken gehalten werden.

Crassula L., Dickblatt
(lat. *crassula*, Verkleinerungsform von *crassus* = dick, fleischig)

Von den mehr als 300 Arten wachsen die meisten als sukkulente, nur einmal blühende oder aber als mehrjährige, jährlich blühende Kräuter, Halbsträucher und Sträucher in Südafrika, einige aber sind als Wasser- und Sumpfpflanzen über die ganze Erde verbreitet. Alle haben gegenständige und meist fünfzählige, ziemlich kleine, aber oft in Mengen zusammenstehende Blüten.
Fast alle Arten sind schön und für die Sammlung geeignet. Nach ihrem besonderen Habitus gegliedert wird nachfolgend eine Reihe der häufigsten genannt.
Zu den höchsten, zum Teil reichverzweigte kleine Bäumchen bildenden Arten gehören die schönen **C. arborescens** (Mill.) Willd., schon 1719 in Holland kultiviert, im Alter 2 bis 3 m, und **C. ovata** (Mill.) Druce (incl. *C. argentea* Thunb., *C. obliqua* Soland. ex Ait., *C. portulacea* Lam.), 1759 bereits in England gezogen, im Alter bis 3 m hoch.
Niedrigere strauchige oder halbstrauchige Arten von anderem Aussehen sind **C. cultrata** L., 1732 in Deutschland in Kultur, die als Topf- und Zimmerpflanze häufig gezogene **C. perfoliata** L. var. **falcata** (DC.) Tölken, 1732 in Frankreich kultiviert, mit senkrecht gestellten, sichelförmigen, sehr fleischigen, weißgrau bereiften Blättern und großen Ebensträußen leuchtendroter Blüten, **C. lactea** Soland. ex Ait., 1774 in England eingeführt, **C. multicava** Lem., um 1861 in Belgien eingeführt.
Bärlappähnlich mit einzeln in den Blattachseln sitzenden Blüten ist die südwestafrikanische **C. muscosa** L. (*C. lycopodioides* Lam.), um 1760 in England eingeführt.
Niedrige, bis 30 cm hohe krautige Arten sind **C. cordata** Thunb., 1774 in England eingeführt, **C. multicava** Lem., um 1861 in Belgien eingeführt, und die auch als Ampelpflanze zu empfehlende **C. spathulata** Thunb., 1774 in England eingeführt.
Zierlich, mehr oder weniger rasen- oder polsterbildend und niedrig sind die Arten **C. exilis** Harv. ssp. **cooperi** (Regel) Tölken, **C. corallina** Thunb., **C. hemisphaerica** Thunb. aus Südwestafrika, **C. × justi-corderoyi** Jacobs. et v. Poelln. (? *C. cooperi* × *C. falcata*), 1903 in Deutschland entstanden, **C. orbicularis** L., **C. perforata** Thunb., schon 1703 in Holland kultiviert, **C. rupestris** Thunb., **C. schmidtii** Regel, um 1879 in Deutschland eingeführt, **C. socialis** Schönl., um 1921 in England eingeführt, **C. tecta** Thunb., 1902 in England eingeführt.
Kleine, hochsukkulente Stauden, besonders reizvoll, aber auch schwierig zu kultivieren, sind **C. alstonii** Marl., **C. barbata**

Cotyledon undulata

Crassulaceae 213

Kalanchoe daigremontiana

Crassula perfoliata var. falcata

Echeveria purpusorum

Thunb., 1823 in England eingeführt, **C. deceptor** Schönl. et Bab. f., 1897 in England eingeführt, und **C. mesembrianthemopsis** Dint., alle eine ausgesprochene Sommerruhe durchmachend, und die nach der Samenreife absterbenden, zierlichen **C. columnaris** Thunb. **C. pyramidalis** Thunb. und **C. barklyi** N. E. Br. (*C. teres* Marl.).

Für die Pflege der sukkulenten Arten gilt das für die ganze Familie Gesagte. Vermehrung aus Samen ist nicht schwierig, ebensowenig diejenige aus Trieb- oder Blattstecklingen, die aber nicht bei allen Arten erfolgreich ist.

Echeveria DC.

(Athanasio Echeverriay Godoy, 18. Jahrh., mexikanischer Pflanzenzeichner, der von 1787–1797 die Expedition von Sessé und Mociño nach Mexiko begleitete)

Fast allen Arten gemeinsam sind die spiralig zu Rosetten angeordneten, fleischigen Blätter. Entweder sind es stammlose Stauden oder kurzstämmige, verzweigte Halbsträucher oder Sträucher. Die Blütenstände stehen stets seitlich und tragen größere oder kleinere Hochblätter. Die Blüten sind meist auffallend gefärbt. In den letzten Jahrzehnten wurde eine größere Zahl von Hybriden gezogen, die vielfach mit Sortennamen belegt sind. Sie werden als blühende Topfpflanzen verkauft und sind ausgezeichnete Zimmerpflanzen. Als Teppichbeetpflanzen spielten manche Arten eine große Rolle, in südlicheren Ländern werden sie heute noch dazu verwandt. Die Gattung ist amerikanisch, vor allem von Mexiko bis zum nordwestlichen Südamerika verbreitet. Ihre Blätter sind selten ganz grün, meist weiß bemehlt oder bereift, also mit einem Wachsüberzug versehen, den man nicht berühren darf, da er dann abgeht und die Schönheit der Pflanze leidet. Von den etwa 150 Arten sind viele in den Sammlungen vertreten. Nur einige der auffallendsten werden hier herausgegriffen. Fast alle stammen aus Mexiko. Die Einführungsdaten stehen zwischen Klammern hinter den Arten.

Vielästige, 20 bis 70 cm hohe Halbsträucher und Sträucher sind **E. coccinea** (Cav.) DC., **E. elegans** Rose (1901 USA), **E. gibbiflora** DC. (um 1828 USA) mit einigen Sorten, vor allem 'Carunculata' mit merkwürdigen Auswüchsen auf den Blättern, **E. gigantea** Rose et C.A. Purp. (1907 USA), **E. leucotricha** J.A. Purp., **E. multicaulis** Rose (1903 USA), **E. pilosa** J.A. Purp., **E. pulvinata** Rose (1899 USA).

Besonders schöne fast oder ganz stammlose Arten sind **E. agavoides** Lem. (1860 Belgien) und **E. purpusorum** Berger (1909 Deutschland) mit grünen Blättern, **E. amonea** De Smet, **E. carnicolor** (Bak.) E. Morr. (um 1870 England), **E. cuspidata** Rose, **E. derenbergii** J.A. Purp. (um 1921 Deutschland), **E. fulgens** Lem. (um 1844 Belgien), **E. harmsii** Macbr. (1901 USA), **E. peacockii** Crouch. (*E. desmetiana* De Smet), **E. pringlei** (S. Wats.) Rose, **E. pulchella** Berger (1874 Belgien), **E. secunda** Booth (1837 England), **E. setosa** Rose et Purp. (1907 Deutschland).

Nicht nur diese und andere hier nicht genannte Arten sind zu empfehlen, sondern auch eine Anzahl schönblühender Hybriden, meist von Gräser, Nürnberg; Königer, Aalen; Götz, Heidenheim; Arends, Ronsdorf, und Schmid, Donzdorf, gezüchtet und in den Handel gebracht. Die meisten entstammen Kreuzungen von *E. derenbergii* mit *E. setosa* (*E.* × *derosa* v. Roed.)

Die Arten können durch Aussaat, Rosetten- und Blattstecklinge vermehrt werden, die Sorten nur vegetativ. Bei Entfernen einer Hauptrosette bilden sich an der Schnittstelle viele kleine Rosetten, die man als Stecklinge abnehmen kann.

Graptopetalum Rose
(griech. *graptos* = bemalt, *petalon* = Kronblatt)

Diese Gattung mit etwa 10 Arten, die vom Südwesten der USA bis Mexiko verbreitet sind, ist mit *Echeveria*, der sie im Habitus sehr ähnlich ist, und *Pachyphytum* verwandt. Die schönste Art ist sicherlich die erst 1972 in Mexiko entdeckte

C. bellum (Moran et Meyran) Hunt (*Tacitus bellus* Moran et Meyran). Es bildet Rosetten von etwa 10 cm Durchmesser. Die Blätter sind dunkel- bis graugrün, zum Rande hin violett überlaufen. Der nur 2 bis 3 cm hohe Blütenstand trägt bis zu 10 rosafarbene Blüten. Die erste Spitze des Blütenstandes erscheint im Januar bis Februar, doch beginnt die Blüte erst im Mai bis Juni. In ihrer Heimat wachsen sie auf der Ostseite senkrechter Felswände in etwa 1600 m Höhe.

Auch einige andere, ebenfalls schöne, mexikanische Arten wie **G. amethystinum** (Rose) E. Walth., **G. filiferum** (S. Wats.) Whitehead und **G. paraguayense** (N.E.Br.) E. Walth. findet man bisweilen in den Sammlungen.

Die Vermehrung durch Blattstecklinge ist nicht schwierig, doch darf man dazu nur jüngere Blätter nehmen, die bis zu vier Jungpflanzen bringen. Diese brauchen bis zur Blüte 1½ bis 2 Jahre. Überwintert wird hell bei 5 bis 10°, bei mehr als 14° werden keine Blüten angelegt. Von Anfang Oktober bis Mitte Februar, März werden die Pflanzen völlig trocken gehalten, erst dann stellt man sie etwas wärmer und beginnt mit mäßigem Gießen. Dabei achte man darauf, daß nie Wasser auf den Blättern stehe, da hierdurch häßliche Flecken entstehen. Auch den Sommer über wird stets nur mäßig gegossen. Als Erde nehme man die für *Crassulaceae* empfohlene, der man etwas Kalk beimischen sollte. *G. bellum* ist eine reizende kleine Topfpflanze für Zimmer und Kleingewächshaus.

Graptopetalum bellum

Kalanchoë Adans.
(einschließlich *Bryophyllum* Salisb. und *Kitchingia* Bak.)
(der Name soll chinesischen Ursprungs sein)

Aufrechte oder kriechende Stauden, Halbsträucher oder Sträucher, von denen die Mehrzahl der etwa 200 Arten in Afrika und Madagaskar vorkommt, wenige im tropischen Asien zu Hause sind. Viele der früher unter *Bryophyllum* (griech. *bryo* = ich sprosse, *phyllon* = Blatt) zusammengefaßten Arten bilden in den Kerben der Blattränder Brutknospen, die noch, solange sie mit dem Blatt verbunden sind, Blätter und Wurzeln bilden und erst dann herabfallen. Am bekanntesten von diesen ist wohl die schon von Goethe beobachtete und gezogene *K. pinnata* (*Bryophyllum pinnatum*, *B. calycinum*). Als weitverbreitete blühende Topfpflanze wird

K. blossfeldiana v. Poelln., das »Flammende Käthchen«, kultiviert. Ihre Heimat ist Nordmadagaskar, wo sie als Humuspflanze auf den Hochebenen des Tsaratanana-Gebirges wächst. Sie wird bis 30 cm hoch, hat dunkelgrüne, rotgerandete Blätter und rote Blüten in kopfartigen Blütenständen. Die Art ist nicht mehr in Kultur, sondern nur eine Vielzahl von Sorten, zum Teil aus Kreuzungen entstanden. Blühte zum erstenmal in botanischen Garten Paris, von 1928 an in Deutschland als Topfpflanze angeboten.

Als typische Kurztagpflanze kann diese Art, die normalerweise im Frühling blüht, durch zeitweilige Verdunklung das ganze Jahr hindurch zur Blüte gebracht werden. Andere Arten reagieren ähnlich. Trotz ihrer Schönheit werden nur verhältnismäßig wenige Arten in den Sammlungen gehalten, zum Teil wohl deshalb, weil sie ziemlich viel Platz beanspruchen. Die vielfach recht großen Blüten stehen in vielblütigen Trugdolden zusammen und sind weiß, gelb, rosa, karminrot oder purpurfarben. Sich eine größere Sammlung dieser Pflanzen anzulegen, ist gewiß lohnend.

Arten, die selten einmal oder nie zur Blüte kommen, kann man durch Kurztagbehandlung, also zeitweiliges Verdunkeln dazu zwingen. Gerade für Liebhaber, die gerne experimentieren, läge darin eine interessante Aufgabe. Hier werden nur wenige Arten genannt:

K. beharensis Drake aus Südmadagaskar, eingeführt 1903, bis 4 m hoch werdend, in den meisten Formen mit silbern oder braun behaarten Blättern, auch als Jung-

Crassulaceae

Kalanchoe beharensis

pflanze schön und leicht zu halten, sowie die nur kleine, ebenfalls madagassische **K.tomentosa** Bak., mit dreiteiligen Sternhaaren dicht filzig bedeckt.
Andere schöne, aber meist hoch werdende Arten sind **K.flammea** Stapf, Somalia, **K.grandiflora** Wight et Arn., Ostafrika, Vorderindien, **K.laciniata** (L.) DC., West-, Ost- und Südafrika, Jemen, Vorderindien, **K.marmorata** Bak., Somalia, Abessinien, Sudan, Kenia, Kongo, mit braun gefleckten Blättern, **K.somaliensis** Hook.f. non Bak., Ostafrika, und die besonders empfehlenswerte **K.thyrsiflora** Harv., Kap, Transvaal, gelb blühend, mit vielen Brutknospen im Blütenstand.
Die Arten der Sektion *Bryophyllum* zeichnen sich durch die glockig oder blasig aufgetriebene Kelchröhre und sehr große, meist hängende Blüten aus.
Von den Arten mit Brutknospen in den Blattkerben sind besonders zu empfehlen **K.daigremontiana** R. Hamet et Perr. de la Bâthie, Südwestmadagaskar, um 1930 in Frankreich eingeführt, **K.crenata** (Andr.) Haw., Tansania, Kap, 1900 eingeführt, **K.pinnata** (Lam.) Pers. (*Bryophyllum calycinum* Salisb.), in vielen tropischen und subtropischen Gebieten verbreitet, 1798 in England eingeführt, 1814 von Kew nach Hannover gebracht, von Goethe erstmals 1818 erwähnt, die über meterhohe **K.prolifera** (Bowie) R. Hamet, Mittelmadagaskar, **K.tubiflora** (Harv.) R. Hamet, Südmadagaskar, mit bis 13 cm langen und dabei nur 6 mm breiten Blättern, die an der Spitze die Brutknospen tragen.
Von kriechenden Arten, die sich gut als Ampelpflanzen ziehen lassen, ist hinzuweisen auf die epiphytische **K.uniflora** (Stapf) R. Hamet, Madagaskar, mit großen, bis 2 cm langen, roten Blüten. Ihr ähnlich, aber mehr buschig wachsend ist die kleine **K.manginii** R. Hamet et Perr. de la Bâthie, Südmadagaskar, mit hängenden, großen, leuchtendroten Blüten, um 1912 in Frankreich eingeführt. Auch eine kletternde Art ist kulturwert, **K.schizophylla** (Bak.) Baill. (*Kitchingia schizophylla* Bak.), Mittelmadagaskar.
Wer sich näher mit dieser Gattung beschäftigen will, dem sei die ausgezeichnet bebilderte Arbeit von *Raymond-Hamet et Marnier-Lapostolle*, Le Genre Kalanchoe au Jardin Botanique »Les Cedres«, herausgegeben 1964 in der Serie Archives du Muséum d'Histoire Naturelle in Paris, empfohlen.
Vermehrt wird durch Aussaat, Blatt- und Triebstecklinge. Im Gegensatz zu anderen Sukkulenten werden *Kalanchoe* gleichmäßig feucht gehalten, in Einheitserde oder eine lockere, lehmig-humose Mischung gepflanzt, im übrigen sehr luftig, sonnig und hell gehalten.

Monanthes Haw.
(griech. *monos* = einzeln, *anthos* = Blüte)

Winzige Zwergsträucher oder Polsterpflanzen mit einfachen oder verzweigten Stämmchen, kleinen, sehr dicken Blättern und meist auf langen Stielen stehenden, nicht sehr auffälligen, grünlichen, gelblichen oder rötlichen Blüten, bei denen die Honigschuppen durch ihre Größe auffallen. Diese kleine Gattung mit etwa 15 Arten wächst mit Ausnahme einer marokkanischen Art auf den Kanarischen Inseln.
Alle sind reizende Zwergpflanzen für den Liebhaber. Verbreitet sind **M.anagensis** Praeg., **M.laxiflora** (DC.) Bolle, um 1828 in Frankreich eingeführt, **M.muralis** (Webb) Christ, 1859 in Deutschland kultiviert, **M.polyphylla** Haw., 1777 in England eingeführt. Aber auch die übrigen Arten sind kulturwert.
Vermehrt wird durch Aussaat, Stecklinge und Teilung.

Pachyphytum Link, Klotzsch et Otto
(griech. *pachys* = dick, *phyton* = Gewächs)

Mit *Echeveria* nahe verwandte, kleine Gattung mit etwa 12 mexikanischen Arten. Die Stämmchen stehen aufrecht, sind ziemlich dick, die Blätter bilden lockere Rosetten, sind dick, flach bis stielrund. Sie gehören zu den schönsten aller sukkulenten Pflanzen, vor allem das über und über weiß bereifte, ganz kurz und niedrig bleibende **P.oviferum** J.A. Purp., 1907 in Deutschland eingeführt. Andere schöne Arten sind **P.bracteosum** Link, Klotzsch et Otto, um 1838 in Deutschland eingeführt, **P.compactum** Rose, 1910 in Deutschland eingeführt, **P.hookeri** (Salm-Dyck) Berger (*P.uniflorum* Rose), um 1900 eingeführt.
Sie werden wie *Echeveria* behandelt und vermehrt. Man hüte sich vor jeder Berührung, vor allem bei *P.oviferum*, damit man den schönen Überzug, der das besondere Charakteristikum dieser Art darstellt, nicht abwischt oder beschädigt.

Crassulaceae 217

Pachyphytum oviferum

Rochea DC.
(Daniel de la Roche, 1743–1813, Schweizer Arzt, von 1782 an in Paris. François de la Roche, 1782–1814, Sohn des vorigen, Arzt und Botaniker in Paris)

Von den 4 südafrikanischen Arten ist besonders **R.coccinea** (L.) DC. (*Crassula coccinea* L.) zu empfehlen, eine Pflanze, die ihrer auffallenden, scharlachroten Blüten wegen schon seit dem 18. Jahrhundert gezogen wird. Sie blüht im Juni und wächst meist unverzweigt. Die Stengel sind dicht mit kreuzgegenständigen, etwa 2 cm langen Blättern besetzt. Die Blüten stehen zu vielen in gedrängten Trugdolden und sind 3,5 bis 5 cm lang. Um 1700 in Holland eingeführt.
Hübsche Liebhaberpflanzen sind **R.odoratissima** (Andr.) DC., **R.jasminea** (Sims) DC. und **R.versicolor** (Burch.) DC. Alle wurden Anfang des 19. Jahrhunderts eingeführt. Sie sind u.a. wertvoll durch ihre duftenden Blüten. An die Pflege stellen sie keine besonderen Ansprüche.

Vermehrung und Pflege vornehmlich von *R.coccinea*. Vermehrt wird aus Stecklingen von März bis Mai. Sie werden in Sand gesteckt und wurzeln bei mäßiger Bodenwärme rasch. Im ersten Jahre werden sie zunächst in 8 cm, dann in 10 cm große Töpfe gepflanzt und in diesen bei nur 4 bis 8° Wärme dicht unter Glas bei nur geringem Gießen und reichlichem Lüften überwintert. Im März werden sie in den Endtopf von 11 bis 12 cm Größe verpflanzt. Als Erde eignet sich Einheitserde oder eine Mischung aus lehmiger Komposterde, Misterde und Sand. Damit die Pflanzen kurz bleiben – in der Natur werden sie 30 bis 60 cm hoch – wird zweimal gestutzt und zwar das erstemal 4 cm über der Erde nach dem Eintopfen der Stecklinge, das zweitemal, wenn die jetzt erscheinenden Triebe 6 bis 8 cm lang sind. Im Winter läßt man sie im Kalthaus, vom April bis zum Herbst stehen sie am besten in einem Frühbeetkasten, wo sie bei starker Sonne leicht zu schattieren sind. Auf vorsichtiges und sparsames Gießen ist besonders zu achten. Die Kultur ist schwierig und wird meist die Möglichkeiten des Liebhabers überschreiten. Im allgemeinen wird er sich seine blühende Pflanze kaufen, sollte aber doch versuchen, sie im kommenden Jahre wieder zur Blüte zu bringen. Nach dem Abblühen sollte er die Triebe leicht zurückschneiden. Rochea sind sehr empfindlich gegen fast alle Pflanzenschutzmittel, deshalb Vorsicht, aber auch beim Spritzen benachbarter Pflanzen.

Sedum L., Fetthenne, Mauerpfeffer

(lat. *sedare* = abhalten, nach Festus bei den Römern wie *Sempervivum* auf die Dächer gepflanzt, um Gewitter abzuhalten).
Mit rund 600 Arten die größte Gattung der Familie. Die meisten von ihnen wachsen auf der nördlichen Halbkugel, besonders viele Arten im Himalaja, in Ostasien und Mexiko. Die meisten sind ausdauernde Kräuter oder Halbsträucher, einige sind einjährig wie das im Garten als Zierpflanze gezogene *S.caeruleum* L. Viele winterharte Arten werden in unseren Gärten vor allem auf Steinbeeten gezogen. Die nicht winterharten Arten sind nicht minder schön und eignen sich zur Zusammenstellung einer ganzen Sammlung. Noch schöner als in Topf oder Schale wirken sie zwischen grö-

Sedum morganianum

Kalanchoe manginii

ßeren und kleineren geschickt zusammengestellten Steinen im Kalthaus ausgepflanzt. Die Zahl der dafür in Frage kommenden Arten ist so groß, daß nur wenige der schönsten und verbreitetsten genannt werden können. Wer mehr über sie wissen will, muß sich anhand der Spezialliteratur über die Arten unterrichten.

Kleine Halbsträucher

mit teilweise verholzenden Stämmchen: **S.adolphi** Hamet, um 1912 eingeführt; **S.allantoides** Rose, um 1910; **S.amecamecanum** Praeg. (× *Sedadia amecamecanum* (Praeg.) Moran), um 1917; **S.dendroideum** Moç. et Sessé; **S.griseum** Praeg., vor 1917; **S.moranense** H.B.K., vor 1878; **S.multiceps** Coss. et Dur., Algerien, vor 1876; **S.nussbaumerianum** Bitter, um 1920 in Deutschland; **S.palmeri** S. Wats., um 1882; **S.pachyphyllum** Rose, 1907 in USA; **S.praealtum** A.DC., 1847 Schweiz; **S.retusum** Hemsl., um 1880; **S.treleasii** Rose, 1907 USA.

Als mehr oder weniger aufrecht wachsende niedrige Stauden

sind zu empfehlen: **S.alamosanum** S. Wats., um 1890; **S.compressum** Rose, um 1909 USA; das zwergige, eigenartige **S.cupressoides** Hemsl., um 1878; **S.greggii** Hemsl. (*S.diversifolium* Rose), 1905 USA; **S.hultenii** Froed., 1932; **S.liebmannianum** Hemsl., 1911; **S.mexicanum** Britt., vor 1899, vermutlich schon 1878.

Rasenartig wachsend

S.compactum Rose, 1911; **S.diffusum** S. Wats; **S.humifusum** Rose, um 1911; **S.lineare** Thunb., Japan, Riukiu-Inseln, Ende 18. Jahrhundert; **S.oaxacanum** Rose, um 1911; **S.sarmentosum** Bunge, Japan, Korea, Mandschurei, Nordchina, nach 1835; **S.stahlii** Solms, vor 1900.
Eine ausgezeichnete und dabei sehr eigenartige Ampelpflanze ist **S.morganianum** E. Walth., 1935 in USA, nach 1945 in Deutschland eingeführt, mit dichtbeblätterten, 50 cm und länger werdenden hängenden oder kriechenden Sprossen und hellgrauen, stielrunden Blättern. Schön als Ampel-, aber auch als blühende Topfpflanze ist das 1906 in USA eingeführte, nach 1950 in Deutschland angebotene **S.bellum** Rose mit im Januar bis Februar erscheinenden, in endständigen Trugdolden stehenden, weißen Blüten.
Fast alle hier aufgeführten Arten stammen, wenn nicht anders vermerkt, aus Mexiko.

Vermehrung und Pflege wie am Schluß der Familie angegeben. Alle sind leicht zu vermehrende und leicht wachsende, harte Pflanzen, die hell und luftig bei Wintertemperaturen von 8 bis 10° stehen sollen.

Sinocrassula Berger
(lat. *sina* = China, Gattungsname *Crassula*)

Den Gattungen *Sedum* und *Crassula* sehr nahestehende kleine Gattung, deren einander sehr ähnliche Arten vom Himalaja bis Westchina vorkommen. In den Sammlungen findet man ab und zu **S.yunnanensis** (Franch.) Berger aus Yünnan, 1915 in Frankreich eingeführt. Sie hat braunrote, flaumig behaarte Blätter. Häufiger als die Art ist eine verbänderte Form.
Ebenso wie diese Gattung findet man in Spezialsammlungen hie und da Vertreter der ebenfalls sehr artenarmen folgenden Gattungen: **Dudleya**, **Greenovia**, **Lenophyllum**, **Altamiranoa** und **Umbilicus**. Die beiden Arten der zuletzt genannten Gattung, **U.rupestris** (*U.pendulinus*) und **U.horizontalis**, im Mittelmeergebiet und in manchen der umliegenden Länder zu Hause, wachsen in den feuchten Wintermonaten und sterben im Sommer bis auf die Knolle ab. Sie sind weniger schön als interessant.
Soweit echter Samen vorhanden ist, können alle Crassulaceen durch Aussaat vermehrt werden. Als Aussaaterde nimmt man eine Mischung aus ½ Quarzsand und ½ alter Lauberde mit Torfmull. Nach dem Aufgehen ist sehr vorsichtig zu gießen, da sonst leicht große Ausfälle unter den Sämlingen zu verzeichnen sind. Wie schon bei den einzelnen Gattungen gesagt, können viele Arten durch Trieb- oder Blattstecklinge vermehrt werden. Beide läßt man nach dem Schneiden oder Brechen erst einige Tage abtrocknen, ehe man sie recht flach in eine Mischung aus Torfmull und Sand steckt.
Wie alle sukkulenten Pflanzen brauchen auch die Crassulaceen viel Licht und Sonne. Weißbereifte und hellgrüne Arten allerdings sollte man an sehr klaren, sonnigen Tagen von 11 bis 15 Uhr ganz leichten Schatten geben. Außerdem sind die Gattungen *Aeonium*, *Greenovia* und *Monanthes* etwas sonnenempfindlich und sollten deshalb an der schattigsten Stelle des Sukkulentenhauses, im Schatten eines Steines oder eines größeren Busches gezogen werden. Die beste Wintertemperatur liegt bei den meisten Arten bei 6 bis 8°, doch werden sowohl einige Grade niedrigere als auch einige Grade höhere Temperaturen vertragen.
Lediglich die hochsukkulenten Arten verlangen mehr Wärme und zwar etwa 12°. Wo man also beide Gruppen zusammen in einem Haus ziehen muß, kann man die Temperatur ohne Schaden für alle Arten

Greenovia aurea

bei 12° halten. *Crassulaceae* können sowohl im Topf oder in der Schale gehalten als auch auf der Stellage eines Kalthauses ausgepflanzt werden. Ersteres hat den Vorteil, daß man die Pflanzen von April bis zum Oktober auf einen Frühbeetkasten unter Glas stellen kann, was den meisten sehr gut bekommt. Letzteres ist aus schönheitlichen Gründen und aus solchen der Arbeitsersparnis vorzuziehen. Zusammen mit schönen und natürlich gruppierten Steinen lassen sich selbst in einem kleinen Gewächshaus reizende Bilder schaffen. Ob sie nun im Hause oder im Frühbeetkasten stehen, immer muß das ganze Jahr hindurch reichlich gelüftet werden, denn für alle *Crassulaceae* ist hohe Luftfeuchtigkeit und stagnierende Luft sehr schädlich. Deshalb wachsen ja manche Arten so gut in der trockenen Luft eines Zimmers! Als Erde empfiehlt sich eine Mischung aus etwa $\frac{1}{2}$ alter, lehmiger Rasenerde, so wie wir sie häufig auf der Wiese in Maulwurfshügeln finden, $\frac{1}{4}$ alter Lauberde und $\frac{1}{4}$ Quarzsand. Dieser Mischung kann man mit Vorteil Holzkohle, Styromull, Perlite, Bimskies oder einen ähnlichen Stoff zur Lockerhaltung beifügen. Abweichungen von dieser Mischung werden bei den einzelnen Gattungen genannt.

Grundsätzlich wird überhaupt nicht gedüngt, da dies den natürlichen Wuchs verändern würde. Neben reichlichem Licht und steter Lüftung wohl das Wichtigste ist richtiges Gießen. Je kühler der Raum, desto weniger ist zu gießen, je wärmer er aber ist, z.B. bei starkem Frost, wenn viel geheizt werden muß, desto mehr Wasser wird gebraucht. Immer aber ist es besser, zu trocken als zu naß zu halten. Außerdem halte man die jeweiligen Wassergaben knapp. Auf Spritzen oder Brausen verzichte man ganz, für Einnebeln bei Wärme sind sie dagegen stets dankbar.

Cucurbitaceae
Kürbisgewächse

Die Familie der Kürbisgewächse mit etwa 110 Gattungen und 640 Arten ist vor allem durch so wichtige Nutzpflanzen wie Kürbis, Melone und Gurke bekannt. Die meisten Arten sind einjährige, niederliegende oder kletternde Kräuter, selten Stauden, Halbsträucher oder kleine Bäume. Für das kleine Gewächshaus werden fast alle Arten zu groß, deshalb werden sie hier nicht behandelt. In botanischen Gärten wird eine Reihe von Gattungen und Arten gezogen, so die interessante

Neoalsomitra sarcophylla (Wall.) Hutchins. (*Alsomitra sarcophylla* (Wall.) M.J. Roem.), heimisch in Burma, Thailand und Timor, ein immergrüner Kletterstrauch, dessen Zweige im Herbst abgeschnitten in etwa 3 bis 4 Wochen ihre Blütenstände bringen, **Benincasa hispida** (Thunb.) Cogn., der Wachskürbis, Indien bis China, Japan, Malayischer Archipel, Polynesien, Australien, mit riesigen weißbemehlten Früchten, **Citrullus colocynthis** (L.), Schrad., die Koloquinte, eine offizinelle Pflanze, **Luffa**-Arten, deren Früchte in ihrem zähen Fasernetz den Luffaschwamm liefern, **Momordica charantia** L., die Balsambirne, in Tropen und Subtropen weit verbreitet, mit rötlich-gelben Früchten, dreiklappig aufplatzend und dann in dem schwammigen Fruchtfleisch die leuchtendroten Samen sichtbar werden lassend, **Lagenaria siceraria** (Mol.) Standl. (*L.vulgaris* Ser.), der Flaschenkürbis, in den altweltlichen Tropen verbreitet, dessen harte Fruchthüllen seit alten Zeiten als Gefäße, Kalebassen, gebraucht werden, **Sechium edule** (Jacq.) Sw., tropisches Amerika, eßbar, interessant durch den einzigen, schon in der Frucht keimenden Samen.

Alle brauchen in Kultur viel Licht, Wärme und Nahrung, so wie sie es z.B. in den Victoria-Häusern botanischer Gärten finden. Ihre Pflege gleicht völlig der der Gewächshausgurken. Als einzige, verhältnismäßig schwachwüchsige Art kommt für kleine Gewächshäuser eigentlich nur *Momordica charantia* in Frage, deren Blätter während des Sommers den unter ihnen stehenden Pflanzen leichten Sonnenschutz gewähren. Im Herbst werden die Pflanzen dann entfernt, nachdem man genügend Samen gesammelt hat.

Momordica charantia

Cunoniaceae
Cunoniagewächse

Von dieser nicht allzu großen, den *Pittosporaceae* nahestehenden Familie mit 26 Gattungen und etwa 250 Arten wird bisher nur eine einzige Art als schöne Topfpflanze, die sich in der Jugend auch im Zimmer hält, gezogen.

Cunonia L., Löffelbaum
(John Christian Cuno, 1708–1780, holländischer Gärtner, gab einen Katalog des Botanischen Gartens Amsterdam heraus)

16 Arten von Bäumen und Sträuchern in Neukaledonien, 1 Art in Südafrika.

C. capensis L., als Strauch oder stattlicher Baum an feuchten Plätzen und an Bachufern des Kaplandes und Natals wachsend, hat zwei- bis dreipaarige, lederartige glatte Blätter und in den Blattachseln erscheinende, aufrechte Blütentrauben mit weißen Blüten. Die Pflanze fällt besonders auf durch die großen Nebenblätter, welche die jungen Triebe schützen. Blüten erscheinen bereits an nur wenige Jahre alten Topfpflanzen. In der südafrikanischen Heimat wird das Holz seiner Dauerhaftigkeit wegen geschätzt. 1816 in Holland eingeführt.

Anzucht durch aus der Heimat eingeführten Samen, der warm oder mäßig warm ausgesät bald keimt und schon im Laufe von nur zwei Jahren zu hübschen Topfpflanzen heranwächst. Im Sommer kann man die Pflanze in den Garten oder auf den Balkon stellen, die Überwinterung erfolgt bei 8 bis 12° im hellen und luftigen Kalthaus. Zu groß gewordene Pflanzen kann man kräftig zurückschneiden. Sie gedeihen gleichgut in Einheitserde wie in einer Mischung aus Lauberde und Torfmull mit Lehmzusatz.

Cupressaceae
Zypressengewächse

Von dieser Familie wird man im allgemeinen nur Vertreter so bekannter Gattungen wie *Chamaecyparis* Spach, *Juniperus* L., *Thuja* L., *Thujopsis* Sieb. et Zucc. ex Endl. im Garten haben, selten aber einmal aus den Subtropen stammende, nicht winterharte Arten im Gewächshaus pflegen. Eine Ausnahme macht wohl die echte Zypresse, **Cupressus sempervirens** L., deren Samen sich so mancher Reisende aus ihrem natürlichen Verbreitungsgebiet, den an das Mittelmeer angrenzenden Ländern, mitbringt. Ist der Samen frisch, keimt er, in recht humose Erde gelegt, nach kurzer Zeit. Man pflanze sie dann in lehmig-humose Erde, stelle sie von Mai bis Oktober ins Freie und überwintere sie frostfrei im Kalthaus. Im Topf gehalten, kann man sich immerhin einige Jahre an den schlanken, säulenförmigen Miniaturzypressen freuen.

Benincasa hispida

Carludovica palmata

Cuscutaceae
Seidengewächse

Cuscuta L., Seide, Teufelszwirn
(über das mittellateinische *cuscuta* aus dem arabischen *kusuta*, das seinerseits auf das griechische *kadytas*, eine Schmarotzerpflanze, zurückgeht, entlehnt)

Mit 170 Arten ist die einzige Gattung der Familie über alle Weltteile verbreitet. Alle sind Parasiten, einige als Schädlinge von Kulturpflanzen wie Klee und Flachs bekannt. Ihre Blätter sind zu kleinen Schuppen zurückgebildet, die bleichen, fadenartigen Sprosse verzweigen sich, ranken und schlingen sich um die Wirtspflanze, in die sie ihre Saugorgane (Haustorien) entsenden. Diese dienen sowohl der Befestigung als auch der Nahrungsaufnahme aus der Wirtspflanze. In jeder botanischen Sammlung werden diese Parasiten zu Demonstrationszwecken gezogen, unter ihnen vor allem eine tropische Art aus Peru, **C. odorata** Ruiz et Pav., die winters im temperierten Gewächshaus, im Sommer auch im Kalthaus, ja sogar im Freien gehalten wird. In der Art ihres Wirtes ist sie nicht wählerisch, weshalb man darauf achten muß, daß sie bei ihrer Wüchsigkeit keine Pflanzen befällt, auf denen sie unerwünscht ist. Am besten zieht man sie auf *Pelargonium zonale*, um deren Triebe man einige der Sprosse schlingt. Schon in Kürze bilden sich junge Triebe, deren Haustorien in die Wirtspflanze eindringen. Für den botanisch interessierten Pflanzenfreund ist ihre Kultur lohnend.

Encephalartos villosus

Cycadaceae
Palmfarngewächse

Von dieser im Mesozoikum, besonders in Jura und Unterkreide, verbreiteten Pflanzengruppe sind nur 10 Gattungen mit etwa 90 Arten auf uns gekommen. Neuerdings wird von vielen Botanikern die alte Familie *Cycadaceae* in 3 Familien (*Cycadaceae* mit 1, *Stangeriaceae* mit 1, *Zamiaceae* mit 8 Gattungen) aufgeteilt. Der Unterschied liegt hauptsächlich in der Art der Blattaderung. Sie verteilen sich auf Tropen und Subtropen der ganzen Welt. Alle sind Holzpflanzen mit meist unverzweigtem Stamm und an seinem Ende gehäuften, meist großen, harten, im allgemeinen einfach gefiederten Palmblättern ähnlichen Wedeln. Die Familie stellt eine wichtige Zwischenstufe zwischen den nur fossil bekannten, ihrerseits wohl aus den Farnen hervorgegangenen Vorfahren und den heute lebenden Blütenpflanzen, vor allem den Nadelhölzern, dar. Wie bei den Farnen wird auch bei den *Cycadaceae*, ähnlich bei *Ginkgo*, die Eizelle durch freibewegliche Spermatazoiden befruchtet. Wer näheres über diese hochinteressanten Vorgänge wissen will, unterrichte sich darüber in der botanischen Literatur, so in Engler, Das Pflanzenreich IV/1 (Heft 19), 1932; Encke (Hrsg.), Pareys Blumengärtnerei, Bd. I, 1958; Weberling, Schwantes, Pflanzensystematik, 1975; Knaurs Pflanzenreich in Farben, 1964. Er wird es nicht bereuen!
Für unsere Darstellung ist es wichtig zu wissen, daß alle *Cycadaceae* nicht nur interessante, sondern erst recht sehr schöne Pflanzen sind. Die meisten sind zwar zu groß für das Gewächshaus des Liebhabers, aber Jungpflanzen und kleinbleibende Arten sind ihm durchaus zu empfehlen.
Die eine oder andere wird man sich aus südlichen Ländern z.B. vom Mittelmeer mitbringen oder von dort schicken lassen können, andere lassen sich aus Samen heranziehen, der von der Firma Albert Schenkel, Hamburg-Blankenese z.B. seit Jahren in ihrem Katalog angeboten wird und, wie wir feststellen konnten, auch zu einem nicht kleinen Prozentsatz keimt. In botanischen Gärten sind von den sehr groß werdenden Arten in zum Teil wunderbaren Exemplaren folgende Gattungen vertreten: *Ceratozamia* Brongn., *Cycas* L., *Dioon* Lindl. corr. Miq., *Encephalartos* Lehm., *Macrozamia* Miq., *Microcycas* (Miq.) A.DC. Neben Jungpflanzen dieser Gattungen können folgende kleinbleibende Gattungen und Arten empfohlen werden:

Bowenia spectabilis Hook.f., Queensland, der seltene **Encephalartos horridus** (Jacq.) Lehm., Kap, **Stangeria eriopus** (Kunze) Nash (*S. paradoxa* T. Moore), Südafrika, mit farnähnlichen Blättern, **Zamia pumila** L. (*Z. furfuracea* L.f.), Florida, Westindien, Mexiko, **Z. loddigesii** Miq., Mexiko, **Z. obliqua** A. Br., Kolumbien, u.a.

Noch eine Eigentümlichkeit der Cycadeen muß erwähnt werden, die sogenannten »Korallenwurzeln«. Es sind dies korallenähnliche Büschel von Wurzeln, die sich oft in Mengen dicht unter der Erdoberfläche oder über diese herausragend finden und völlig anders aussehen als normale Wurzeln. In einer eng umgrenzten Zone in schleimerfüllten Hohlräumen zwischen den Zellen lebt dort eine Blaualge, über deren Bedeutung für den Wirt bisher noch nichts bekannt ist. Sicher ist nur, daß er keinesfalls durch sie geschädigt wird.

Vermehrung und Kultur ähneln sich bei allen Arten. Vermehrt wird durch Aussaat in den Tropen oder Subtropen gesammelter Samen sofort nach der Reife bei einer Temperatur von 30 bis 35°. Sie keimen unregelmäßig und oft über lange Zeiträume verteilt. Also die nicht gekeimten Samen erst nach Ablauf von mindestens 6 Monaten fortwerfen. Andere Vermehrungsarten sind für den Liebhaber, der ja keine alten und großen Exemplare besitzt, nicht von Interesse. Ab und zu werden jedoch auch heute noch Stämme ohne Wurzeln aus den Heimatländern eingeführt. Sie sind in kleine Gefäße mit sandiger Lauberde, die man bis zur Wurzelbildung trocken hält, zu setzen und bei etwa 25° Boden- und Luftwärme zu halten.

Mit Ausnahme der Arten aus den warmen Tropen genügen für die meisten Wintertemperaturen von 14 bis 16°, die aber über Tag um einige Grad ansteigen müssen. Je kühler das Haus ist, desto trockener muß man die Pflanzen halten. Verpflanzt wird im allgemeinen im Frühling und Sommer. Die Erde sei humos-lehmig und sehr durchlässig, die Pflanzgefäße wähle man nicht zu groß. Vom Spätwinter bis in den Sommer hinein sollte man gesunde, gut durchwurzelte Pflanzen regelmäßig wöchentlich ein- oder zweimal düngen. Organischer Dünger scheint ihnen zuträglicher als Düngesalze zu sein. Ältere Pflanzen lassen oft mehrere Jahre auf einen Neutrieb warten.

Cuscuta odorata

Zamia pumila

Cyclanthaceae
Scheibenblumengewächse

Palmenähnliche Gewächse mit oft fächerförmigen, gefalteten Blättern und stets eingeschlechtigen Blüten. Vor den schuppenförmigen Blättern der weiblichen Blüten steht ein lang herabhängendes, fadenförmiges, unfruchtbares Staubblatt. Die Blüten sitzen auf unverzweigten Kolben in Quirlen oder dichten Spiralen. Diese kleine, aber sehr interessante Familie enthält ausdauernde, rhizombildende Kräuter oder Stauden, zum Teil mit kurzem holzigem Stamm, oder Lianen.

Im tropischen Westindien, in Mittel- und Südamerika sind 11 Gattungen mit 180 Arten verbreitet.

In großen Warmhäusern botanischer Sammlungen werden die Gattungen *Carludovica* Ruiz et Pav., *Cyclanthus* Poit. ex Sprenger und *Ludovia* Brongn. gezogen. Besonders ausgepflanzt gehören sie zu den stattlichsten Blattpflanzen, für das kleine Gewächshaus des Liebhabers sind sie zu groß. Hingewiesen sei auf

Carludovica palmata Ruiz et Pav., die Panamapalme, eine in Teilen des tropischen Mittel- und Südamerikas verbreitete, stammlose, palmenähnliche Pflanze, deren junge unentfaltete Blätter den Rohstoff für die dauerhaften Panamahüte liefern.

Riesige lederige, oft bis zur Mitte aufreißende, sonst aber ungeteilte Blätter haben **Cyclanthus bipartitus** Poit. aus Guayana und **C. cristatus** Klotzsch aus Kolumbien.

Ludovia lancifolia Brongn. (*L. crenifolia* Drude) entwickelt sich im Alter zu einer hochkletternden Liane mit ungeteilten Blättern. In der Jugend ist sie für einige Jahre auch im kleinen Gewächshaus zu halten. Sie stammt aus dem Amazonasgebiet und braucht viel Wärme und Feuchtigkeit.

Alle Arten verlangen Temperaturen von 18 bis 22°, die auch nachts nie unter 16° fallen sollten. Die Erde soll nährstoffreich und lehmig-humos sein, dabei recht durchlässig. Es empfiehlt sich also, Styromull zuzusetzen. Im übrigen brauchen sie Schatten, eine hohe Luftfeuchtigkeit und reichlich Nahrung. Vermehrt wird am besten durch Abtrennung und Eintopfen von Seitentrieben. Samen wird selten einmal angeboten. Er keimt auch nur, solange er ganz frisch ist.

Cyperaceae
Sauergräser, Riedgräser

Viele der auf 90 Gattungen verteilten 4000 Arten sind Bewohner feuchter Böden und Sümpfe, wo sie oft in riesigen Beständen vorkommen. Alle sind Kräuter mit meist scharf-dreikantigen, selten knotig gegliederten Stengeln und schmalen Blättern. Sie sind über die ganze Erde verbreitet, vor allem aber über die gemäßigten Zonen. Als Zierpflanzen werden nur wenige gezogen. Für das kalte Paludarium aber wird man schöne heimische Arten gut verwenden können.

Carex L., Segge
(lat. *carex*, Name des Riedgrases)

Mit etwa 2000 Arten ist *Carex* nicht nur die größte Gattung der Familie, sondern auch kosmopolitisch. Vor allem in den temperierten Gebieten finden wir ihre Vertreter als Hauptbestandteil der »sauren Wiesen«, in Sümpfen und an Flußufern, aber auch im Gebirge bis an die äußersten Grenzen des Pflanzenwuchses vordringend.
Als hübsche Zierpflanze für Gewächshaus und Zimmer ist

C. brunnea Thunb. 'Variegata' zu empfehlen, im Gartenbau unter dem Namen *C. elegantissima* bekannter. Die Art selbst wächst in Südasien, auf den Maskarenen und in Australien. Sie wird 20 bis 30 cm hoch. Ihre Blätter sind nur 3 bis 4 mm breit und bei der wohl ausschließlich gezogenen Sorte 'Variegata' weißgestreift. Sie wird seit etwa 1890 kultiviert.
Dieser *Carex* ist eine elegante und hübsche Kalthauspflanze für Gewächshäuser mit Temperaturen von 8 bis 16°. Dort wächst er in jeder humos-lehmigen Mischung genausogut wie in Einheitserde, sonnig oder schattig, aber nicht naß. Normales, gleichmäßiges Feuchthalten des Ballens wie bei den meisten anderen Topfpflanzen ist ihr am zuträglichsten. Vermehrt werden kann durch Teilung, da Aussaat nur grünblättrige Pflanzen ergibt.

Cyperus L., Zypergras
(*kypeiros*, griech. Pflanzenname)

Von den mehr als 600 Arten wachsen die meisten in tropischen und subtropischen Ländern, nur wenige leben in der gemäßigten Zone. Von diesen wird eine Art,

Scirpus cernuus

C. esculentus L. der öl- und zuckerhaltigen Knollen (»Erdmandeln«) wegen in vielen tropischen Ländern angebaut.
Eine der wichtigsten Nutzpflanzen des Altertums war *C. papyrus*, die Papyrusstaude, von der das Mark der Stengel in Ägypten schon vor 2400 v. Chr. zur Papierbereitung genutzt wurde. Einige andere Arten sind in Gewächshäusern und Zimmern als gute Topfpflanzen weit verbreitet.

C. alternifolius L. soll in Madagaskar, auf den Maskarenen und Mauritius wild vorkommen, ist aber heute in den Tropen und Subtropen weit verbreitet und verwildert. Er ist eine Staude, die 40 bis 150 cm hoch wird, feinrinnig gestreifte, fast runde bis dreiseitige Halme hat, die an ihrem Ende einen dichten Schopf bis 25 cm langer und 5 bis 10 mm breiter Blätter tragen. 1781 in England eingeführt, um 1850 in Deutschland bereits weit verbreitet. 'Variegatus' ist eine weißbunte Sorte, die aber, vor allem bei guter Ernährung, sehr bald wieder grün wird.
ssp. **flabelliformis** (Rottb.) Kükenth. ist weit verbreitet in vielen Teilen Afrikas, vor allem Mittelafrikas, wo die Pflanze die Ufer von Seen und Flüssen säumt.
Beide gehören zu den dankbarsten und graziösesten Pflanzen für Zimmer und Gewächshaus. Sie gedeihen bei Temperaturen von 10 bis 25°, etwas, das ihnen wenige andere Pflanzen nachmachen. Dabei sollten sie aber in einem stets mit Wasser gefüllten Untersetzer oder einem Übertopf stehen oder in ein Aquarium gepflanzt werden. Die Erde sei lehmig-humos und nährstoffreich. Für regelmäßige Düngung sind sie sehr empfänglich und belohnen sie durch noch lebhafteres Wachstum. Im warmen Gewächshaus ausgepflanzt und gut ernährt, entwickeln sie sich in wenigen Monaten zu 1½ m hohen, vielstengeligen Büschen. Die Vermehrung ist leicht. Entweder steckt man die Blattschöpfe mit 5 cm des Stieles in nassen Sand oder aber man legt sie in ein Gefäß mit Wasser, wo sie an der Oberfläche schwimmen. Dort kann man dann sehr schön die Wurzel- und Triebbildung beobachten. Später topft man sie in kleine Töpfe ein.

C. albostriatus Schrad. (*C. diffusus* hort. non Vahl nec Roxb., *C. laxus* hort.) aus Südafrika bleibt niedriger als die vorigen und hat breitere Blätter mit rauhem Rand, die auf niedrigeren Stielen stehen. Diese Art will nicht feucht stehen, sondern wie normale Topfpflanzen behandelt werden. Auch sie verträgt Temperaturen von etwa 10 bis 20°, doch werden ihre Blätter bei sehr kühlem Stand gelb und die Stiele bleiben noch niedriger.

C. fertilis Boeck. aus Westafrika weicht im Habitus von den anderen Arten ab. Sie bildet 20 bis 25 cm breite Rosetten aus 2 cm

Cyperus haspan

breiten Blättern. An der Endspitze der herabhängenden Blütenstiele entspringen Rosetten und aus diesen wieder neue Blütenstiele. Dieser Vorgang kann sich viele Male wiederholen, so daß aus aufgehängten Töpfen die schönsten Ampelpflanzen entstehen. Allerdings muß man dazu im Frühjahr 20 bis 25 kleine Pflanzen direkt in den Endtopf oder in kleine Holz- oder Plastikkörbe pflanzen, da sie späteres Verpflanzen nicht gut vertragen. Sie sind keine Sumpfpflanzen und müssen bei Sonne schattiert werden.

C. haspan L. in allen tropischen Ländern weit verbreitet, im Habitus wie eine kleine Papyrusstaude wirkend, aber nur 30 bis 50 cm hoch werdend, hat steifere Stiele und einen kurzen Schopf steifer, fadenförmiger Blätter. Sie wird wie *C. papyrus* behandelt, läßt sich aber etwas schwieriger überwintern. Nach Schoser beträgt die Beleuchtungsstärke für sie 5000 bis 10000 lx und die Lichtperiode 12 bis 14 Stunden je Tag. Zusätzliche Belichtung von November bis Januar dürfte sich also empfehlen, ist aber nicht unbedingt erforderlich. Der größte Vorteil dieser Art liegt darin, daß sie bei beschränkten Raumverhältnissen den gleichen Eindruck wie die echte Papyrusstaude hervorbringt.

C. papyrus L., die Papyrusstaude, ist ursprünglich im tropischen Zentralafrika beheimatet, wurde aber schon vor einigen tausend Jahren nach Ägypten und in die Mittelmeerländer eingeführt. Die dreikantigen Stengel werden bis 3 m hoch und enden in einen Schopf locker herabhängender, fadenförmiger Blätter und in eine große, über hundertstrahlige Blütendolde. 1803 in England eingeführt, in Deutschland bereits vor 1800 in botanischen Gärten gezogen.

Letztere kann nur durch Aussaat (warm und feucht, bei 20°) und durch Teilung vermehrt werden, *C. haspan* auch durch Schopfstecklinge wie *C. alternifolius*. Überwintert wird hell, mäßig feucht, bei 12 bis 16°. Im Sommer sollten sie im Wasser oder Sumpf stehen, bei voller Sonne und einer Wärme zwischen 20 und 30°.

Scirpus L., Simse
(lateinischer Name einer binsenartigen Pflanze bei den Römern)

Diese kosmopolitische Gattung mit etwa 300 Arten stellt für das Gewächshaus nur eine weiter bekannte Art, nämlich

S. cernuus Vahl (*Isolepis gracilis* (Poir.) Nees, *S. gracilis* Poir.), das »Frauenhaar«. Es wächst in vielen wärmeren Teilen der Erde und bildet dichte, frischgrüne, bis 20 cm hohe Büsche aus fadenförmigen, zunächst aufrechten, später überhängenden Stengeln mit borstigen Blättern, an deren Spitzen die Blütenscheiden sitzen. Schon um 1870 in Deutschland als Zimmerpflanze gezogen. Vermutlich aber gehört diese von Gärtnern und Liebhabern als »Isolepis gracilis« gezogene Pflanze einer anderen Art an.
Alljährlich im Frühling oder Sommer werden die Ballen mit einem scharfen Messer in mehrere Teile geschnitten und diese Teilstücke dann in Töpfe mit nährstoffreicher humoser oder Einheitserde gepflanzt. Die Töpfe müssen von Anfang an in stets mit Wasser gefüllten Untersetzern stehen. Will man sie aber aufhängen und dadurch keinen Untersatz geben, muß man sie durch sehr reichliches Gießen stets feucht halten. Man hüte sich aber davor, sie als Wasserpflanzen zu behandeln, also dürfen sie nie mit dem ganzen Ballen im Wasser stehen. Dann gehen sie langsam ein. Dagegen eignen sie sich gut für Hydrokultur.

Eine seltene, aber interessante Art ist **S. prolifer** Rottb., in Südafrika, Neuseeland und Australien vorkommend, mit stielrunden, blattlosen Halmen, deren Spitzen, sowie sie den Boden berühren, junge Pflanzen entwickeln. Sie eignen sich für feuchte, im Winter nur 10° warme Terrarien.

Daphniphyllaceae
Daphniphyllumgewächse

Diese den *Euphorbiaceae* nahestehende kleine Familie mit nur 1 Gattung lorbeerartiger, immergrüner Bäume und Sträucher umfaßt etwa 10 vielgestaltige Arten, deren Verbreitungsgebiet in Ost- und Südostasien liegt.

Daphniphyllum Bl.
(griech. *daphne* = griechischer Name des Lorbeer, *phyllon* = Blatt)

D. macropodum Miq., eine Waldpflanze aus Mittel- und Südjapan und Korea, ist die einzige bei uns gezogene Art. In ihrer Heimat bildet sie bis 15 m hohe Bäume, bei uns bleibt sie gedrungen und strauchig. Die jungen Zweige sind rötlich, häufig auch die langen Blattstiele. Die Blätter sind ganzrandig, 15 bis 20 × 4 bis 7 cm groß, länglich, zugespitzt, oben dunkelgrün, unten blauweiß. Die unscheinbaren Blüten sind zweihäusig, ohne Kronblätter und sitzen in achselständigen Trauben. 1879 in England eingeführt.

Die prächtige, an einen Rhododendron erinnernde, leider nur selten anzutreffende Blattpflanze verträgt wohl einige Grade Frost, ist aber bei uns nicht zuverlässig winterhart und muß deshalb bei nur geringer Wärme im Kalthaus überwintert werden. Im Sommer stellt man sie an einen halbschattigen Platz im Freien, wo sie auf jeder Terrasse eine besondere Zierde ist. Sie verlangt eine lehmig-humose Erde, reichliche Bewässerung und regelmäßige Düngung, denn nur bei guter Ernährung erreicht sie ihre volle Schönheit. Vermehrung am besten durch ausgereifte Stecklinge im Juli bei mäßiger Bodenwärme. Ebenso ist Aussaat möglich, doch wird man kaum einmal Samen erhalten.

Didiereaceae
Didiereagewächse

Diese kleine Familie mit nur 4 Gattungen und 11 Arten ist mit den *Cactaceae* verwandt. Ihre Vertreter gehören nach Rauh zu den »urtümlichsten« Pflanzen der Erde. Sie besiedeln die trockensten Gebiete West- und Südwestmadagaskars. Es sind in ihrer Gestalt recht eigenartige Bäume und Sträucher, die in der Sproß- und Wurzelrinde erhebliche Mengen Wasser speichern können.
Um 1950 wurden die ersten in Deutschland eingeführt, auch heute noch sind sie der Stolz jedes Sukkulentengärtners, aber nur in botanischen Gärten häufiger vertreten, sonst immer noch selten. **Alluaudia** Drake umfaßt 6 Arten, von denen als häufigste **A. ascendens** Drake, **A. comosa** Drake, **A. dumosa** Drake, **A. humbertii** Choux und **A. procera** Drake genannt seien. Letztere soll in der Heimat quadratkilometergroße Wälder bilden und 10 bis 15 m hoch werden.
Da alle Arten nur im Alter blühen, ist man auf die Vermehrung durch Stecklinge angewiesen, die bei allen genannten Arten bis auf *A. ascendens* mühelos gelingt.
Seltener als *Alluaudia*-Arten sind die Gattungen **Alluaudiopsis** Humb. et Choux und **Decaryia** Choux in den Sammlungen vertreten. **Didierea madagascariensis** Baill. und **D. trollii** Capuron et Rauh ähneln manchen Kakteenarten. Sie fallen durch ihre langen Dornen auf. Ab und zu werden Importpflanzen angeboten. Eine Vermehrung ist nur durch Aussaat möglich, Samen ist jedoch nicht zu bekommen. Sie sind für längere Zeit schwieriger als die drei anderen Gattungen zu halten. Sie sollten im Winter bei Temperaturen zwischen 14 und 16° stehen. Ein Absinken der Temperaturen auf 10 bis 12° führt meist bald zum Tode. Die Erde sei durchlässig und sandig-humos. Schoser empfiehlt für den Winter eine Zusatzbeleuchtung, und zwar bei einer Beleuchtungsstärke von 5000 bis 10000 lx eine Lichtperiode von 12 bis 14 Stunden je Tag.
Alle 4 Gattungen sind nur dem botanisch interessierten Liebhaber zu empfehlen, für ihn allerdings stellen sie eine besondere Kostbarkeit dar.

Spezielle Literatur: Die großartige Welt der Sukkulenten. Von Werner Rauh. Hamburg, Berlin 1967. S. 118–121. In diesem Werk werden 9 der 11 bekannten Arten abgebildet.

Dilleniaceae
Dilleniagewächse

Diese den *Sterculiaceae* nahestehende Familie enthält 11 Gattungen mit etwa 400 Arten tropischer und subtropischer Bäume, Sträucher und Lianen.

Dillenia L.
(Johann Jakob Dillenius, 1684–1747, deutscher Botaniker und Arzt, von 1734 an Professor der Botanik in Oxford. Veröffentlichte neben anderem 1741 sein berühmtes Werk »Historia Muscorum«)

60 Arten meist immergrüner Bäume und Sträucher auf den Maskarenen, in Südostasien, Indomalesien, Nordqueensland und auf den Fidschi-Inseln. Charakteristisch für die meisten Arten sind die großen, parallel-fiedernervigen, lederigen Blätter und die oft großen, aber hinfälligen, gelben oder weißen Blüten.

D. indica L., der Rosenapfelbaum, ist verbreitet von Indien bis Borneo und Java. Er wächst dort in Flußniederungen, wo er kleine, bis 17 m hohe Bäume bildet. Die lederartigen Blätter sind 30 bis 50 cm lang, gerieft, grob gesägt, mit 25 bis 50 hervorstehenden Nerven, die Blüten, die aber nur in den Tropen erscheinen, sind weiß und bis 20 cm breit. Die fleischige, grüne, säuerlich schmeckende Scheinbeere ist frisch eßbar und wird zur Herstellung von Gelees und von Curry verwendet. 1800 eingeführt.
Dillenien gehören zu den schönsten und stattlichsten Blattpflanzen des Warmhauses, besonders als junge Pflanze. Sie lassen sich leicht durch Stecklinge im geschlossenen Warmbeet bei 25 bis 30° Bodenwärme vermehren. Damit sich ihre großen Blätter vollkommen entwickeln, brauchen sie viel Wasser, reichliche Ernährung und als Erde eine Mischung aus lehmiger Rasenerde und alter Lauberde oder Einheitserde, dazu im Sommer Schatten.

Hibbertia Andr.
(George Hibbert, 1757–1837. Besitzer eines botanischen Gartens in Chapham bei London. Beschäftigte James Niven, der für ihn Pflanzen in Südafrika sammelte)

Etwa 100 Arten meist schlingender oder im Habitus heidekrautähnlicher, niedriger Sträucher mit immergrünen Blättern und gelben Blüten. Sie sind verbreitet auf Madagaskar, in Neuguinea, Australien, Neukaledonien und auf den Fidschi-Inseln.

H. scandens (Willd.) Dryand. ex Hoogl. (*H. volubilis* (Vent.) Andr.) wächst in Australien in den Staaten Queensland und Neusüdwales. Sie ist ein kleiner Schlingstrauch mit in der Jugend silberhaarigen Zweigen, ganzrandigen Blättern und mit einzeln endständig auf kurzen Seitentrieben sitzenden, bis 5 cm breiten, gelben Blüten. 1790 eingeführt.
Auch andere australische Arten, so *H. tetrandra* (Lindl.) Gilg, sind schön und wurden vor hundert Jahren noch häufig in den Sammlungen gezogen. Man sollte sich um ihre Wiedereinführung bemühen.
Dieser schwachschlingende, nur 1 bis 2 m hoch werdende Strauch eignet sich seines schwachen Wachstums und der großen gelben Blüten wegen, die mehrere Monate hindurch erscheinen, besonders für Kleingewächshäuser. Im Winter sollte er bei Temperaturen zwischen 5 und 10° sowie recht hell und luftig stehen. In Einheitserde wie auch in einer Mischung aus lehmiger Rasenerde, alter Lauberde und Torfmull gedeiht er gut. Vermehrung durch Aussaat oder durch halbreife Stecklinge im Warmbeet.

Didierea trollii

Dioscoreaceae
Yamsgewächse

Den *Amaryllidaceae* verwandte kleine Familie mit 5 Gattungen und etwa 750 Arten, bei denen die Blütenhülle nicht wie bei jenen blumenblattartig und groß, sondern trag- und deckblattartig und klein ist.
Alle sind kletternde oder schlingende Kräuter oder Sträucher mit in der Regel knollenartigem Rhizom, wechsel- oder gegenständigen Blättern mit handförmiger 3 bis 13nerviger Nervatur und in Ähren, Trauben oder Rispen angeordneten unscheinbaren Blüten.

Dioscorea L., Yamswurzel
(Pedanios Dioscorides aus Cilizien, berühmter griechischer Arzt und Naturwissenschaftler, 1. Jahrhundert n. Chr. Verfasser der Pharmokologie »De materia medica libri V«.)

Die etwa 600 Arten wachsen vorwiegend in tropischen und subtropischen Gebieten, nur wenige strahlen in die nördliche temperierte Zone aus. Von den grünblättrigen Arten sind einige wie **D. alata** L., **D. batatas** Decne., **D. cayanensis** Lam. u.a. wichtige, stärkereiche Nutzpflanzen mit bis zu 20 kg schweren Knollen. Interessant für Warmhäuser ist die großblättrige, schlingende **D. bulbifera** L. (*D. sativa* hort. non L.) mit bis 1 kg schweren, rundlichen, graubraunen, eßbaren Knollen (»Luftkartoffeln«) in den Blattachseln, in den Tropen der ganzen Welt gezogen. 1692 eingeführt. Ähnlich ist **D. sansibarensis** Pax (*D. macroura* Harms) aus dem tropischen Westafrika, deren dunkelbraune Luftknollen ebenfalls sehr groß sind.

Nur der schönen bunten Blätter wegen werden einige Arten, deren Artzugehörigkeit umstritten ist, gezogen. Sie sind nicht allzu starkwüchsig, deshalb auch gut im kleinen Gewächshaus zu halten. Es sind dies **D. vittata** hort. aus Brasilien und **D. discolor** Kunth, beide mit dunkelsamtgrünen, rot oder weiß gezeichneten Blättern. Im Winter machen sie eine Ruhezeit durch und sind entsprechend wenig zu gießen. Sie alle sind ungezieferfrei und gewähren überall dort im Warmhaus erwünschten Schatten, wo man sie an Drähten oder Fäden unter dem Glasdach entlang zieht. Die grünblättrigen werden durch Knollen, die man im Winter warm und trocken aufhebt, die buntblättrigen Dioscoreen durch Stecklinge oder Abtrennen der Brutknollen vom Wurzelstock vermehrt.

Elaeagnus pungens 'Maculata'

Testudinaria Salisb., Elefantenfuß
(lat. *testudo*, gen. *testudinis* = Panzer der Schildkröte)

Von der sehr nahestehenden Gattung *Dioscorea* L. vor allem durch die harten, holzigen, dem Boden kalbkugelig aufsitzenden Knollen, deren würfelförmig zerklüftete Oberfläche an einen Schildkrötenpanzer erinnert, unterschieden. Von manchen Autoren wird die Gattung mit *Dioscorea* vereinigt. Die Pflanzen sind so eigenartig, daß sie sich auch für das kleine Gewächshaus eignen. In Kultur befinden sich vor allem die folgenden aus den Trockengebieten Südafrikas stammenden Arten.

T. elephantipes (L'Hérit.) Lindl. (*Dioscorea elephantipes* (L'Hérit.) Engl.), Elefantenfuß, ist im südwestlichen Südafrika, in Natal und Transvaal heimisch und bildet dort Knollen mit einem Durchmesser bis zu einem Meter. Ihre harte Rinde ist in 6- bis 7kantige Höcker geteilt. Die Pflanze entwickelt 2 bis 6 m lange, verzweigte, an ihrem Grunde etwas verholzte, schlingende Zweige, die mit dünnen breit nieren- bis herzförmigen Blättern bekleidet sind. Die winkelständigen Blütentrauben enthalten kleine grünliche Blüten, denen breitgeflügelte Samen folgen. 1774 in England eingeführt.

Ähnlich sind **T. multiflora** Marl. (*Dioscorea marlothii* R. Knuth) mit nur bis 30 cm breiten Knollen und **T. sylvatica** hort. Berol. ex Knuth (*Dioscorea montana* Dur. et Schinz non Spreng.) in Natal und Transvaal heimisch.

Man hält sie das ganze Jahr hindurch im hellen Sukkulentenhaus bei 10 bis 14°. Während ihrer Ruhezeit im Sommer halte man sie trocken, aber nur soweit, daß die Wurzeln nicht absterben. Bereits im Spätsommer beginnen sie wieder neue Triebe zu bilden. Diese schlingen je nach der Knollengröße 2 bis 4 m hoch. Kurz vor dem Austrieb wird in humos-sandige Lehmerde verpflanzt, dabei kann die alte Erde aus dem Ballen ausgeschüttelt werden. Vermehrt wird durch Aussaat im Warmhaus. Den Sämlingen gebe man im ersten Jahr keine Ruhezeit, sondern lasse sie durchwachsen. Auch Vermehrung durch Stecklinge bei mäßiger Bodenwärme ist möglich, aber schwierig und nicht immer erfolgreich.

Droseraceae siehe Insektivoren

Elaeagnaceae
Ölweidengewächse

Diese kleine Familie steht den *Thymelaeaceae* nahe. Von den 3 Gattungen mit etwa 50 Arten, alle auf der nördlichen Halbkugel vorkommend, sind der Sanddorn, *Hippophae rhamnoides*, mit seinen orangefarbenen Beeren und einige winterharte Arten der Gattung *Elaeagnus* allgemein bekannt.

Elaeagnus L., Ölweide
(wahrscheinlich vom griech. *helodes* = sumpfig, *hagnos* = rein, im Sinne von weiß)

Von den 45 in Europa, Asien und Nordamerika vorkommenden Arten halten zwar die nachfolgend genannten einige Jahre im Freien aus, werden aber immer wieder durch strengere Fröste beschädigt.

E. macrophylla Thunb., in Dickichten nahe dem Meeresufer in Japan, Südkorea und auf den Riukiu-Inseln vorkommend, ist ein reichverzweigter, bis 3 m hoher Strauch mit dornenlosen silbrigen Zweigen und 6 bis 10 cm langen, oben dunkelgrünen, unten dicht mit silberschilfrigen Schuppen besetzten Blättern. Ihre nicht sehr auffallenden, aber angenehm duftenden Blüten erscheinen von September bis in den November hinein. 1843 durch Siebold in Holland eingeführt.

E. pungens Thunb. aus Nordchina und Japan ähnelt der vorigen Art, doch sind bei ihr die Zweige braun und dornig, die Blätter am Rande wellig oder gekräuselt, oben dunkelgrün, unten stumpf-silbrig mit einigen großen braunen Schuppen. 1830 durch Siebold in Holland eingeführt. Von dieser sehr variablen Art gibt es einige schöne buntblättrige Sorten, so die besonders empfehlenswerten 'Aurea', 'Maculata' und 'Tricolor'.

Diese prächtigen Kübelpflanzen sind nur dort zu empfehlen, wo ein genügend großer, frostfrei zu haltender Überwinterungsraum zur Verfügung steht, der genügend hell und gut zu lüften ist. Im übrigen verlangen sie große Gefäße, am besten Kübel, lehmige Erde, reichliches Gießen und regelmäßige Düngung. Nur natürlich gewachsene Pflanzen zeigen ihre volle Schönheit, deshalb muß man ihnen mit der Schere vom Leibe bleiben. Vermehrung durch krautige oder ausgereifte Stecklinge. Veredlung der Sorten ist nicht empfehlenswert, da bei ihnen immer wieder die Unterlagen durchtreiben.

Epacris-Hybride

Elaeocarpaceae
Ölfruchtgewächse

Von den nahestehenden *Tiliaceae* u.a. zu unterscheiden durch die fehlenden Schleimbeutel und durch die klappigen statt gedrehten Kronblätter. Die Familie umfaßt 12 Gattungen mit etwa 350 Arten tropischer und subtropischer Bäume und Sträucher mit ungeteilten, wechsel- oder gegenständigen Blättern und meist in Trauben oder Rispen stehenden Blüten.

Crinodendron Mol.
(griech. *krinon* = eine Lilie, *dendron* = Baum)

Nur 3 Arten immergrüner Bäume, von denen 2 in Chile, 1 in Argentinien beheimatet sind. Die auffallenden Blüten sind urnen- oder tassenförmig und sitzen einzeln oder zu Paaren in den Blattachseln.

C. hookerianum Gay bildet in seiner chilenischen Heimat meist vielstämmige, bis 8 m hohe Bäume, im Kalthaus wächst er wie die folgende Art strauchig. Die Blätter sind lederig, lanzettlich, etwa 7 bis 10 × 1,2 cm groß und grobgezähnt. Die langgestielten, urnenförmigen, etwa 2 cm langen karminroten Blüten erscheinen einzeln in den Blattachseln und hängen entlang der Zweige wie kleine Laternen herunter. Ihre Kronblätter sind nach innen gebogen. 1848 eingeführt.

C. patagua Mol. bildet in Chile über 15 m hohe Bäume mit elliptischen bis schmal verkehrt-eiförmigen, 3 bis 7 × 1,2 bis 3 cm großen, gesägten Blättern. Die wachsartigen, tassenförmigen weißen Blüten haben gerade, nicht nach innen gebogene Kronblätter. Die Blüten erscheinen im Herbst und Winter, leider meist nur in geringer Zahl. 1901 eingeführt.

Beide Arten sind auch ohne Blüten dekorative immergrüne Kalthaussträucher, die aber nur dort gut gedeihen, wo Wasser und Erde kalkarm sind. Als Erde benötigen sie kalkarme alte Lauberde mit Torfmull und einem Zusatz lehmiger Rasenerde. Im Winter gebührt ihnen ein heller, luftiger Platz bei 5 bis 10°, im Sommer gehören sie an eine halbschattige Stelle im Freien. Vermehrung durch Aussaat oder durch halbreife Auguststecklinge im geschlossenen Warmbeet, wo sie sich in 4 bis 5 Wochen bewurzeln.

Epacridaceae
Bergheidegewächse

Mit den *Ericaceae* nahe verwandte Gewächse, in 30 Gattungen mit etwa 400 Arten vorwiegend in Australien, Tasmanien und Neuseeland verbreitet. Nur wenige kommen in anderen Ländern der südlichen Hemisphäre vor. Man findet unter ihnen Halbsträucher, selten kleine Bäume mit ganzrandigen, starren, sitzenden, meist kleinen Blättern und in der Regel in Trauben angeordneten Blüten. In botanischen Sammlungen werden nur wenige Gattungen und Arten gezogen. Am schönsten, aus dem Erwerbsgartenbau fast völlig verschwunden, ist die Gattung *Epacris*, die vor 30 Jahren noch in der Dresdener Gegend in großem Maße angezogen und in das übrige Deutschland verschickt wurde.

Dracophyllum Labill., Drachenblatt
(griech. *drakon* = Drache, *phyllon* = Blatt)

Etwa 30 Arten kleiner, immergrüner Sträucher, Halbsträucher, selten kleiner Bäume, in Australien, Neukaledonien und Neuseeland. Ihre Blätter sind stengelumfassend und sich dachig deckend. Die Blüten erscheinen in endständigen Ähren, Trauben oder Rispen.

D. secundum (Poir.) R. Br. kommt im australischen Neusüdwales von den Blue Mountains bis nach Illawana vor. Es ist ein 20 bis 60, in der Heimat bis 300 cm hoher Strauch mit aufrechten oder niederliegenden Zweigen von recht eigenartiger Tracht. Die dünnen Stämmchen sind wie die Zweige von Blattnarben geringelt. Die lineallanzettlichen, rosettenartig aus breitem Grunde spitz zulaufenden Blätter sind glänzend hellgrün, gebogen, bis 14 cm lang und etwa 6 mm breit. Die weißen Blüten sitzen in endständigen, bis 15 cm langen, einseitswendigen Rispen. 1823 in England eingeführt.
Vermehrung durch Samen leicht, aber Jungpflanzen empfindlich gegen zuviel Feuchtigkeit, wie überhaupt stets vorsichtig gegossen werden muß. Im übrigen gleicht die Kultur der von *Epacris*, doch hält man die Pflanzen besser ganzjährig unter Glas im luftigen Kalthaus. Wo sie mit in Torf eingesenkten Insektivoren wie *Drosera, Drosophyllum, Utricularia* etc. in Gemeinschaft gezogen werden, säen sie

Dracophyllum secundum

sich zwischen den Töpfen aus und entwickeln sich dort oft besser als im Topf gezogene Pflanzen.

Epacris Cav., Australheide, Bergheide
(griech. *epi* = auf, *akros* = Bergspitze)

40 Arten heidekrautähnlicher Sträucher mit kleinen steifen, stechenden, dichtsitzenden Blättern, in deren Achseln die meist lebhaft gefärbten kurzgestielten Blüten in großer Menge erscheinen. Ihr Verbreitungsgebiet erstreckt sich von Südaustralien bis Tasmanien, Victoria und Neusüdwales. 2 Arten wachsen darüber hinaus in Neuseeland. Reine Arten werden selten einmal gezogen, statt ihrer sieht man eine Reihe großblütiger Hybriden mit roten, rosafarbenen oder weißen Blüten. Sie verlangen eine sehr aufmerksame Behandlung, kalkarmes Wasser und saure Erde mit einem pH-Wert von 4 bis 4,5. Wo diese Voraussetzungen vorliegen, sollte der geschickte und erfahrene Liebhaber, der ein Kalthaus besitzt, es durchaus einmal mit ihnen versuchen. Sie sind nicht nur schön und eigenartig, sondern ihre Blütezeit erstreckt sich von Dezember bis in den April hinein, abgeschnitten halten sie sich in der Vase 8 bis 14 Tage.

Die Kultur gleicht derjenigen von *Erica*, mit denen sie auch gut zusammen gezogen werden können. Allerdings sollte man sie im Gegensatz zu jenen in den heißen Sommermonaten leicht schattieren. Vermehrt wird durch Stecklinge, die im August, September oder von Januar bis März geschnitten werden sollten. Im übrigen gleicht ihre Behandlung der von Erikastecklingen. Im ersten Jahr wird zweimal gestutzt, außerdem die später erscheinenden Blütentriebe scharf zurückgeschnitten. Im zweiten Jahre dagegen darf weder gestutzt noch geschnitten werden, da die dann erscheinenden Triebe ja blühen sollen. Ältere Pflanzen sind durch ihre vielen Blütentriebe besonders schön. Sie werden alljährlich nach dem Abblühen um etwa ein Drittel bis zur Hälfte ihrer Länge zurückgeschnitten. Im Winter hält man sie im Kalthaus oder in einem heizbaren Doppelkasten. Auch in Regensommern sollte man sie unter Glas halten. Sie sind nämlich gegen ein Zuviel von Wasser genauso empfindlich wie gegen zuwenig. Im richtigen Gießen liegt der Schlüssel zum Erfolg. Außerdem wähle man die Töpfe nie zu groß. Solche von 10, 12, 14 cm im 1., 2. und 3. Jahr dürften die richtige Größe haben. Als Erde nimmt man wie bei *Erica* eine Mischung aus Heide-, Moor-, Nadel- oder saurer Lauberde, der grober Flußsand beigemischt wird.

Ericaceae
Heidekrautgewächse

Eine große, gärtnerisch sehr wichtige Familie mit 50 Gattungen und rund 1350 Arten, die entweder in den kalten und gemäßigten Gebieten aller Erdteile oder aber in tropischen Gebirgen vorkommen. Fast alle Arten leben in Symbiose mit Wurzelpilzen und bevorzugen bis auf wenige Ausnahmen saures Substrat, eine Eigenschaft, die bei ihrer Kultur peinlich zu beachten ist. Alle Arten sind Holzgewächse, vorwiegend Zwergsträucher und Sträucher, nur wenige sind baumartig. Die meisten haben immergrüne, lederige, vielfach durch Einrollen der Blattränder nadelartige Blätter. Bis auf wenige Ausnahmen bestehen die Blüten aus dem bleibenden Kelch, 5 miteinander verwachsenen Kronblättern, 5 oder 10 Staubblättern und einem Griffel. Sie erscheinen einzeln oder in Trauben. Die Bestäubung erfolgt durch Insekten oder Vögel. Viele Arten leben gesellig und bestimmen wie z.B. viele Heidekräuter (*Calluna vulgaris* (L.) Hull und *Erica*-Arten) oder Alpenrosen den Charakter ganzer Landschaften. Viele Gattungen und Arten zählen zu den für Gärten und Parks so wichtigen »Moorbeetpflanzen«, andere, wie die »Azalee«, gehören zu den verbreitetsten Topfpflanzen.

Agapetes D. Don ex G. Don
(griech. *agapetos* = geliebt, liebenswert)

Von den mehr als 80 von Nepal bis Nordaustralien vorkommenden Arten leben die meisten in feuchten Gebirgswäldern zwischen 1000 und 2000 Metern Höhe, zum Teil als regelrechte Epiphyten mit am Grunde stark verdickten, holzig-knollenförmigen Stämmen. Ihre Blüten sind meist recht ansehnlich und erscheinen in der Regel in achselständigen Trauben oder Doldentrauben, selten einzeln, sind rosafarben, rot, weiß oder weiß und rosa gescheckt, oft mit grünem Saum.

A. buxifolia Nutt. aus Bhutan, im Frühling blühend, ist ein bei uns sehr selten gezogener, bis meterhoher, langsamwüchsiger Strauch mit ausgebreiteten Zweigen und 2,5 bis 3 × 1,2 cm großen Blättern. Die leuchtendroten, wachsartigen und etwa 2,5 cm langen Blüten sitzen einzeln oder zu zweit in den Blattachseln. Ihnen folgen etwa erbsengroße weiße Beeren. 1856 eingeführt.

Vermehrt wird im allgemeinen durch halbreife Stecklinge, die in Schalen oder Kästen in eine Mischung aus zwei Drittel Torfmull und einem Drittel Sand, die dünn mit reinem Sand abgedeckt wird, gesteckt, danach gut angegossen und mit Glasscheiben abgedeckt werden. Mäßige Bodenwärme von 20 bis 22° trägt zur raschen Bewurzelung bei. Auch Aussaat ist möglich, doch dauert es dabei länger, bis man zu blühfähigen Pflanzen kommt. Jungpflanzen sind mehrfach zu entspitzen, da *Agapetes* von Natur aus recht sparrig wachsen. Vom Frühling bis zum Herbst werden sie am besten in einen Frühbeetkasten mit hochgelegten Fenstern ausgepflanzt. Im zweiten, besser im dritten Jahre lasse man sie erstmalig blühen. Das letzte Stutzen darf in diesem Falle nicht später als April erfolgen. Je längere und kräftigere Triebe jetzt gebildet werden, desto mehr Blüten kann man erwarten. Als ausgesprochen kalkfliehenden Pflanzen gibt man ihnen eine saure Erde (pH 3,5 bis 4,5), die aus einem Gemisch aus grober Torfstreu, faseriger Heide- oder Nadelerde bestehen soll. Man nehme verhältnismäßig kleine Töpfe, da die Wurzelbildung nicht allzu stark ist. Überwintert wird möglichst hell und luftig im Kalthaus bei 6 bis 10°, im Sommer stellt man sie halbschattig ins Freie.

A. serpens (Wight) Sleum. (*Pentapterygium serpens* (Wight) Klotzsch) vom Himalaja ist ein Epiphyt mit knollig-verdicktem Wurzelstock und hängenden, mit etwa 12 mm langen, lanzettlichen Blättern fast zweizeilig besetzten Zweigen. An ihrer

Agapetes serpens

Ericaceae

Agapetes buxifolia

Unterseite hängen dicht nebeneinander aufgereiht die fünfkantigen, etwa 2 cm langen, leuchtendroten, mit dunklerer, V-förmiger Zeichnung versehenen Blüten. 1884 in England eingeführt.

A. rugosa (Hook.) Sleum. (*Pentapterygium rugosum* Hook.) aus dem Khasia-Gebirge ist armblütiger, die Kreuzung zwischen diesen beiden Arten ('Lugdvan Cross') hat ziemlich blasse Blüten, so daß man auf beide wohl verzichten kann.

Stecklinge, im Frühling oder Spätsommer gemacht, wurzeln bei mäßiger Bodenwärme (20 bis 22°) im geschlossenen Vermehrungsbeet ohne jede Schwierigkeit. Zunächst wird man sie im Topf weiterkultivieren, später aber wachsen sie am besten in Holzkörben, wie man sie auch für Orchideen verwendet. In ihnen werden sie unter dem First des Hauses aufgehängt, weil so die hängenden Zweige mit den an ihrer Unterseite aufgereihten Blüten am schönsten zur Geltung kommen. Man kann sie auch an erhöhter Stelle im Kalthaus, etwa auf einen Stubben, auspflanzen. Als Erde nimmt man eine recht grobfasrige Heideerde, der man grobe Lauberde, Sphagnum, Sand und Holzkohle oder Styromull zusetzt. Durchlässigkeit ist Vorbedingung zu gutem Gedeihen. Im Winter hält man sie bei 8 bis 10° im hellen und luftigen Kalthaus, wo sie von Januar bis Mai blüht, im Sommer stellt oder hängt man sie halbschattig ins Freie. Blühende *Agapetes buxifolia* und *A. serpens* gehören zu den schönsten aller subtropischen Sträucher.

Arbutus L., Erdbeerbaum
(lateinischer Name des Erdbeerbaumes)

Von den etwa 20 im Mittelmeergebiet, außerdem in Süd- und Mittelamerika vorkommenden Arten gehören einige zu den wenigen Bäumen der Familie, so die als Charakterbaum für die Macchien des Mittelmeergebietes typischen Erdbeerbäume, **A. andrachne** L. und **A. unedo** L. Nur diese beiden Arten sind für Kalthauskultur zu empfehlen, aber auch für sie braucht man nicht zu niedrige Gewächshäuser, da Jungpflanzen nur spärlich blühen. Das ist schade; denn mit ihren großen weißen, wachsartigen Blüten, die in der Heimat die Bäume überschütten, und den später erscheinenden großen roten Beeren sehen sie sehr schön aus, wie so mancher Naturfreund weiß, der im Frühling mit offenen Augen durch die Macchien gestreift ist oder einzelne Bäume in südlichen Parks und Gärten gesehen hat.

Ausgesät wird im Lauwarmhaus in sandige Heideerde, doch blühen Sämlingspflanzen sehr viel später als solche Stecklingspflanzen, die von besonders reichblühenden Eltern stammen. Sie werden möglichst kühl, etwa bei 3 bis 8°, aber hell und luftig überwintert, im Sommer an eine sonnige und geschützte Stelle im Freien gestellt. Als Erde nehme man eine Mischung aus Torf und humoser, kalkfreier Rasenerde mit Sandzusatz. Das wichtigste bei der ganzen Kultur ist vorsichtiges Gießen, der Ballen darf weder austrocknen noch zu naß sein. Je älter die Pflanze, desto empfindlicher ist sie gegen unsorgfältiges Gießen, das meist in kurzer Zeit zum Tode führt.

Cavendishia Lindl.
(William Spencer Cavendish, Herzog von Devonshire, 1790–1858. Besitzer eines großartigen Gartens in Chatsworth)

Von den etwa 100 in höheren Gebirgen des tropischen Amerika vorkommenden Arten kleiner, immergrüner Sträucher ist wohl **C. acuminata** (Hook.) Benth. ex Hemsl., 1868 aus den Anden Ekuadors und Kolumbiens in England eingeführt, eine der schönsten und am ehesten einmal in botanischen Gärten anzutreffen. Sie bildet kleine Sträucher mit überhängenden Zweigen, harten, ledrigen Blättern und leuchtendroten, röhrenförmigen, 1,5 cm langen

Arbutus unedo

Blüten. Diese stehen in kurzen Trauben und werden in der Knospe von großen roten Tragblättern bedeckt.
Vermehrung und Pflege wie bei *Agapetes serpens*. Vor allem muß auch bei ihnen die Erde sehr locker und durchlässig sein.

In die Verwandtschaft von *Cavendishia* gehören **Corallobotrys acuminatus** (D. Don ex G. Don) Hook.f. aus Khasia und Bhutan, die Gattungen **Macleania** Hook. mit etwa 45 Arten von Mittel- bis zum westlichen tropischen Südamerika und **Thibaudia** Ruiz et Pav. mit 60 Arten im tropischen Amerika. Sie ähneln im Habitus *Cavendishia floribunda* H.B.K. und sind wie *Agapetes* zu behandeln. Leider sind sie fast völlig aus den Sammlungen verschwunden, wären es aber wert, wieder eingeführt und verbreitet zu werden. Gerade für den Liebhaber mit kleinem Kalthaus sind sie zu empfehlen, da sie interessant im Wuchs sind, regelmäßig blühen und zusammen mit anderen Ericaceen wie *Agapetes*, *Gaultheria*, *Pernettya* unter gleichen Bedingungen gezogen werden können.

Erica L., Glockenheide
(lat. *erice*, griech. *ereike* = Bezeichnung der Baumheide bei den antiken Schriftstellern)

Mit mehr als 500 Arten die zweitgrößte Gattung der Familie. Die meisten kommen in Südafrika vor, nur wenige in afrikanischen Hochgebirgen und im Mittelmeergebiet, 16 Arten in Europa. Fast alle sind kleine Sträucher, einige, wie *E. arborea*, bilden kleine Bäume. Alle haben nadelartige Blätter und meist auffallend gefärbte Blüten. In unseren Gärten viel verwendet wird die schon im Spätwinter mit vielen schönen Sorten blühende Schneeheide, *Erica herbacea* L.
Als Topfpflanze millionenfach gezogen und verbreitet ist die im Herbst blühende *E. gracilis*, die vor allem auch zum Schmuck der Gräber gebraucht wird. Nutzpflanze der Gattung ist *Erica arborea*, die »Baumheide«, bei der aus dem Holz des Wurzelstocks, das sehr kieselsäurehaltig ist und deshalb nur schwer brennt, die echten Bruyere-Pfeifen hergestellt werden.
Unter den südafrikanischen Eriken gibt es viele prachtvoll blühende Arten. Noch in der Zeit vor hundert und hundertfünfzig Jahren gab es in Hofgärtnereien, botanischen Gärten und bei Privatleuten große Sammlungen, die 200 bis 300 Arten umfaßten. Die letzte dieser Sammlungen war die des Botanischen Gartens Berlin-Dahlem, die aber auch dem letzten Krieg zum Opfer fiel. Inzwischen werden auch in ihrer südafrikanischen Heimat durch die fortschreitende Kultivierung des Landes und die Ausbreitung menschlicher Siedlungen manche Arten immer seltener, ja sterben ganz aus. Gewiß auch ein Grund, sich der Eriken wieder mehr anzunehmen. Gerade dem Liebhaber – natürlich müssen zunächst die natürlichen Voraussetzungen gegeben sein, wie kalkarmes Wasser und saure Erde – kann der Aufbau einer *Erica*-Sammlung gar nicht warm genug empfohlen werden. Zu jeder Zeit des Jahres wird schon in einer kleinen Sammlung von 10 bis 20 Arten irgendeine davon blühen. Allerdings, die Pflege ist nicht ganz einfach, erfordert große Sorgfalt, Gleichmäßigkeit

Erica versicolor

und auch Erfahrung. Die Fülle der Arten ist groß, deshalb soll hier nur eine Anzahl besonders schöner und dankbarer genannt werden. Sie stammen, sofern nicht anders gesagt, aus Südafrika.

E. albens L., Blüten weiß bis rosa, IV bis VII, **E. arborea** L., aus den Macchien des Mittelmeergebietes, von den Kanarischen Inseln, weiß, II bis IV, 1658 eingeführt, **E. bauera** Andr. (*E. bowieana* Lodd.), 1822 eingeführt, weiß, in rosa übergehend, VII bis IX, **E. doliiformis** Salisb. (*E. blanda* Andr.), **E. mammosa** Thunb. non L., hellrot, VI bis XII, **E. bucciniiformis** Salisb., gelb, IX bis X, **E. caffra** L., weiß bis gelblich-weiß, III bis V, **E. canaliculata** Andr., 1802 eingeführt, blaßrosa oder weiß, II bis V, **E. cerinthoides** L., 1774 eingeführt, purpurrot, VII bis VIII, **E. conspicua** Soland., rötlichgelb oder gelb, V bis VIII, **E. curviflora** L., gelb mit scharlachrot, III bis VI, **E. cyathiformis** Salisb., weiß, III bis IV, **E. gracilis** Salisb., 1774 eingeführt, rot und rosa, IX bis XI, **E. hiemalis** Nichols., milchweiß, II bis III, **E.-Hybriden** rosa, lachsrot, rosa-weiß, IV bis V, **E. mammosa** L. (*E. abietina* Bergius non L.), blaßrot, scharlach- oder purpurrot, VII bis X, **E. persoluta** L., 1774 eingeführt, weiß oder rosa, III bis V, **E. speciosa** Andr., 1800 eingeführt, rot, an der Spitze grün, X bis I, **E. ventricosa** Thunb., 1787 eingeführt, weißlich, V bis IX, **C. versicolor** J.C. Wendl., vor 1840 eingeführt, rot mit gelber Spitze, zu verschiedenen Zeiten blühend, **E. viridiflora** Andr., grasgrün mit schwarzen Staubblät-

Erica-Hybride 'Roi Edouard'

tern, VI bis VIII, **E. viridipurpurea** L. (*E. regerminans* Andr.), 1774 eingeführt, hellrosa, III bis IV.
Fast alle diese Arten werden an der einen oder anderen Stelle in Deutschland noch gezogen. Bezugsquellen kann man natürlich dafür nicht angeben, das Suchen wird einem nicht erspart. Auch aus Samen lassen sich viele Arten heranziehen, oft wohl die einzige Methode, an sie heranzukommen.

Über die Vermehrung und Pflege von *E. gracilis* ist viel geschrieben worden. Sie ist schwierig, erfolgt nur im großen und ist daher für den Besitzer einer kleinen Sammlung nicht nachzuahmen. Wer sich dafür interessiert, dem sei H. Vogel, Azaleen, Eriken, Kamelien, Berlin 1982, und

Bosse u.a., Hauptkulturen im Zierpflanzenbau, Stuttgart 1981, empfohlen.

Für den Besitzer eines Kleingewächshauses liegen die Dinge ganz anders. Vor allem wird er die Kultur von *E.gracilis* dem Erwerbsgärtner überlassen. Voraussetzung für jede Kultur von *Erica* sind kalkarmes, weiches Wasser und eine saure, humose Erde, also Mischungen, die aus Heide-, Moor- oder alter Nadelerde und Torfmull zusammengesetzt sind und denen kalkfreier Sand, am besten Flußsand, beizumengen ist. Der pH-Wert der Erde soll zwischen 4 und 4,5 liegen. Nach guter Einwurzelung ist eine ausreichende Düngung sehr wichtig. Ein für die flüssige Düngung der Eriken, ja aller Ericaceen, besonders geeigneter Mischdünger ist Alberts-Crescal-Poly-C. Die Düngetermine richten sich ganz nach der Blütezeit der betreffenden Arten. Etwa 2½ bis 3 Monate vor dem Erblühen sollte das letztemal gedüngt werden, natürlich nicht in den eigentlichen Wintermonaten, in denen das Wachstum herabgesetzt ist.

Im übrigen muß die Erfahrung ergeben, wie häufig und zu welcher Zeit jede einzelne Art zu düngen ist. Mehrjährige Pflanzen sind bei den meisten Arten am schönsten, vor allem deshalb, weil sie am reichsten blühen. Doch auch da gibt es Grenzen. Manche von Natur aus klein und niedrig wachsenden Arten wird man häufiger durch Jungpflanzen ersetzen müssen, während die hochwachsenden Arten wie *E.arborea*, *E.caffra*, *E.canaliculata* und *E. persoluta* von Jahr zu Jahr größer und schöner werden. Alle Jungpflanzen werden vom Stecklings- oder Sämlingsstadium an häufig gestutzt, damit sie sich reich verzweigen. Manche Arten kann man nach dem Abblühen etwas zurückschneiden, so z.B. *Erica gracilis*, von der 3-, 4- oder gar 5jährige Pflanzen ganz besonders schön sind.

Wichtig ist sorgfältiges Gießen. Der Ballen soll nie austrocknen, aber auch nie auf längere Zeit zu naß sein. Beides führt in einiger Zeit zum völligen Verlust. An sonnigen Tagen während des Sommers ist der Wasserverbrauch sehr groß. Man wird deshalb an heißen Tagen morgens und abends gießen müssen. Im übrigen stehen sie sommers im Freien, winters im Kalthaus bei 6 bis 8°, immer sehr hell, sonnig und luftig.

Neue Arten wird man häufig nur durch Aussaat heranziehen können, denn Samen mancher Arten kann man bisweilen erwerben, so z.B. bei Schenkel, Hamburg, oder aber in südafrikanischen oder englischen Samenhandlungen. Ausgesät wird im Lauwarmhaus, am besten auf Heideerde. Sämlinge wachsen im ersten Jahre sehr langsam. Man muß sie dann öfters pikieren, um jeder Moosbildung vorzubeugen. Später wachsen sie dann so schnell weiter wie durch Stecklinge gewonnene Jungpflanzen. Gesteckt wird im Januar, Anfang Februar oder im August, und zwar werden die Stecklinge geschnitten oder gerissen. Im letzteren Falle schneidet man das Rindenstückchen glatt. Sodann steckt man sie in etwa 10 cm hohe Schalen in eine Mischung aus einem Drittel Sand und zwei Dritteln Torfmull oder Heideerde, die mit einer flachen Sandschicht abgedeckt ist. Nach dem Stecken wird überbraust, damit die Stecklinge fest stehen und an allen Seiten von Sand umgeben sind. Von jetzt bis zur Wurzelbildung wird sowenig wie möglich gespritzt oder gegossen. Deswegen decke man die Schale mit Glas oder Plastikfolie ab und schattiere bei Sonne. Beet- und Hauswärme liegen am besten bei 14 bis 18°, keinesfalls höher. In der Regel werden sich die Stecklinge in 4 bis 8 Wochen bewurzelt haben. Bald danach werden sie das erstemal entspitzt und in Handkästen pikiert. Januarvermehrung wird Ende September, Augustvermehrung im April bis Mai eingetopft. Die bei Großkulturen von *Erica gracilis* auftretenden Krankheiten werden im allgemeinen die kleine Sammlung eines Liebhabers verschonen, anscheinend sind die meisten der anderen Arten und *Erica*-Hybriden vorläufig noch immun dagegen.

Gaultheria L., Scheinbeere
(Jean-Francois Gaulthier, 1708–1756, französischer Arzt und Botaniker in Quebec)

Eine weitverbreitete Gattung niedriger, immergrüner Sträucher, deren Verbreitungsgebiet sich über Nord- und Südamerika, Ost- und Südasien, Australien, Tasmanien und Neuseeland erstreckt, wo sie vor allem in den Gebirgen wachsen. Bis heute sind etwa 200 Arten bekannt. Sie zeichnen sich vor allem durch den oberständigen Fruchtknoten und eine Frucht aus, die eine vom fleischig gewordenen Kelch umhüllte fachspaltige Kapsel darstellt. Bei uns wirklich winterhart sind nur die beiden nordamerikanischen *Gaultheria procumbens* L. und *G.shallon* Pursh, beide vorzügliche Bodendecker im Moorbeet, vor und unter Rhododendron bildend. Es gibt aber noch viele andere hübsche, niedrige Arten, die sich ausgezeichnet für das Kalthaus eignen, wo sie mit anderen Ericaceen zusammen gezogen werden können. Auch sie gedeihen nur in saurer Moor- und Heide- oder Nadelerde oder aber in reinem Torfmull und bei Gießen mit kalkarmem oder kalkfreiem Wasser. Vermehrt wird durch Aussaat, Abtrennen der Ausläufer und gut ausgereifte Stecklinge im August bis September. Samen und auch Pflanzen mancher Arten werden von englischen Baumschulen angeboten, so **G.antipoda** G. Forst., Neuseeland, Tasmanien, **G.forrestii** Diels, Westchina, **G.hookeri** C.B. Clarke, Osthimalaya, **G.itoana** Hayata, Taiwan, **G.miqueliana** Takeda, Japan, Sachalin, Kurilen, Aleuten (einige milde Winter im Freien aushaltend, besser aber im Alpinenhaus gedeihend), **G.nummularioides** D. Don, Himalaja, Westchina, **G.veitchiana** Craib, Hupeh, **G.wardii** Marq. et Airy-Shaw, Südosttibet.

Eine harte, doch gegen Fröste empfindliche Gattungshybride ist die hübsche × **Gaulnettia wisleyensis** W.J. Marchant (*Gaultheria shallon* × *Pernettya mucronata*).

Pernettya Gaudich, Torfmyrte
(Antoine Joseph Pernetty, 1716–1801, begleitete als junger Mann Bougainville auf seiner Fahrt nach Südamerika und den Falklandinseln)

Immergrüne, niedrige, mit *Gaultheria* verwandte Sträucher mit einer vielsamigen Beerenfrucht, deren etwa 25 Arten von Mexiko bis zum antarktischen Südamerika vorkommen.

Nur 1 Art, *P.tasmanica* Hook.f., ist aus Tasmanien und Neuseeland bekannt. Die Blüten stehen meist einzeln und hängen an dünnen Stielen, selten sind sie traubig angeordnet.

In den Gärten findet sich bisweilen als schöne Moorbeetpflanze die von Chile bis zum Feuerland verbreitete

P.mucronata (L.f.) Gaudich. ex Spreng., die aber in sehr kalten Wintern bei uns erfriert. Das Schöne an ihr sind die gut erbsengroßen, je nach Sorte weißen, karminroten, violetten oder rosafarbenen Früchte. Holländische Baumschulen bieten vielfach im Herbst dicht mit Beeren besetzte Pflanzen an, die man dann auch bei deutschen Baumschulen bekommen kann. Diese Beeren haften den ganzen Winter an der Pflanze.

Zwei schöne Zwergsträucher für das Kalthaus sind die kriechenden, kaum über 15 cm hoch werdenden **P.prostrata** (Cav.) Sleum., in Gebirgen Venezuelas bis

Ericaceae

Cavendishia acuminata

Aus unseren Parks und Gärten sind die winterharten Rhododendron, ihre Arten und Sorten nicht fortzudenken, ebenso wenig die als Topfpflanzen verkauften »Azaleen« unter unseren Zimmerpflanzen. Daneben gibt es viele sehr schöne, bei uns nicht winterharte Arten, die noch in Gärten und Parks der wärmeren Teile Englands in kaum vorstellbarer Üppigkeit gedeihen. Bei uns müßten sie unter Glas überwintert werden, das geht aber meist nicht, weil die meisten von ihnen ihrer Größe und ihres Umfanges wegen die Ausmaße eines kleinen Gewächshauses überschreiten.

Von den in sehr großen Mengen als Topfpflanze gezogenen *Rhododendron simsii* und ihren Nachfahren, den »Azaleen« der Gärtner, gilt das gleiche, schon bei *Erica* Gesagte: Die handelsgärtnerischen Methoden der Anzucht und Kultur im großen Maßstab sind für den Liebhaber, der nur wenige Pflanzen zieht oder zu erhalten trachtet, nicht nachzuahmen. Wer sich dafür und für das riesige Sortiment der »Indischen Azaleen« interessiert, sei auf das bei *Erica* genannte Buch von Vogel verwiesen. Hier kann nur kurz gesagt werden, wie der Besitzer einiger Azaleen diese behandeln muß, damit sie weiterwachsen und alljährlich von neuem blühen.

Vorauszuschicken ist, daß man mit Erfolg Azaleen nur dort am Leben erhalten kann, wo kalkarmes Wasser zur Verfügung steht, da sie, wie die meisten Ericaceen, sehr empfindlich gegen zuviel Kalk in der Erde oder im Wasser sind. Will man in Gegenden mit kalkhaltigem Wasser dennoch Azaleen halten, darf man nur mit entkalktem Wasser gießen. Nach dem Abblühen bricht man vorsichtig die verblühten Blumen mitsamt den Stielen aus und stellt die Pflanzen hell und luftig in seinem Kalthaus bei 6 bis 10° auf. Von Mitte Mai bis in den September hinein – die Länge richtet sich nach dem Auftreten der ersten Nachtfröste – stellt man sie ins Freie an einen halbschattigen Platz, an dem die Pflanzen von 10 bis 16 Uhr vor den Sonnenstrahlen geschützt sind. Dort werden sie an trockenen Tagen 2- bis 3mal täglich gespritzt und jederzeit sehr vorsichtig und sorgfältig gegossen, denn sie dürfen weder zu trocken noch zu naß gehalten werden. Der Erdballen soll stets eine gleichmäßige Feuchtigkeit aufweisen. Alle zwei bis drei Jahre wird in eine Mischung aus Heide- oder Nadelerde und Torfmull in mehr flache als tiefe Gefäße – in der Jugend Töpfe, im Alter Holzkübel – verpflanzt. Die Erde muß einen pH-Wert von 3,5 bis 4,5 haben. Nach dem Abblühen bis Ende Juli wird insgesamt 5- bis 6mal

Chiles heimisch, und die oben genannte *P. tasmanica* Hook. f.

Vermehrung und Pflege gleichen der von *Gaultheria*. Wenn die Sträucher nicht fruchten, dann liegt das daran, daß bei vielen Exemplaren die Blüten mehr oder weniger eingeschlechtig sind.

Rhododendron L., Alpenrose
(griech. *rhodos* = Rose, *dendron* = Baum)

Mit 800 Arten ist *Rhododendron* die größte Gattung der Ericaceen. Ihre größte Entwicklung hat sie im Himalaja und in den Gebirgen Chinas, Kamtschatkas, Japans, Malesiens sowie im temperierten Nordamerika. Daneben gibt es wenige Arten in der Arktis, Europa und Australien. Von Zwergsträuchern über Sträucher, auch epiphytisch wachsende, bis zu kleinen Bäumen finden sich alle Zwischenstufen. Sie sind meist immergrün, aber auch laubabwerfende Arten sind vorhanden. Ihre Blüten sind meist auffallend, mit trichter-, glocken- oder radförmiger Krone. Sie kommen vor allem in feuchten Gebirgswäldern, an Gebirgshängen und in der Tundra vor, dabei von der Niederung bis zu Höhen von 5000 m. Wie fast alle Ericaceen sind die meisten Arten kalkfeindlich und verlangen einen pH-Wert des Bodens von 3,5 bis 5.

Rhododendron simsii 'Steyer'

mit Alberts-Crescal-Poly-C gedüngt. Erst kurz vor der Blüte darf man seine Pflanzen aus dem Gewächshaus ins warme Zimmer holen, besser aber bleiben sie auch dann im Kalthaus, wo sie sich viel länger als in der warmen Wohnung halten. Neben den Blüten oder Knospen erscheinende Laubtriebe werden vorsichtig mit einem scharfen Messer entfernt. Erst die nach dem Abblühen erscheinenden Triebe sollen ja weiterwachsen. In gutem Wachstum befindliche Pflanzen werden selten einmal von Krankheiten oder Schädlingen befallen, die in Großkulturen eine Gefahr darstellen und deshalb laufend vorbeugend behandelt werden. Je älter die Pflanzen im Laufe der Jahre werden, desto schöner sind sie. Selbst vermehren wird man Azaleen kaum, da man für wenig Geld mit Knospen voll besetzte Klein- und Kleinstpflanzen kaufen kann.

Vaccinium L., Heidelbeere, Preiselbeere
(alter lateinischer Name unbekannter Herkunft, von Virgil und Plinius gebraucht)

Diese Gattung, von der Heidel- und Preiselbeeren allgemein bekannt sind, umfaßt vielleicht 150, nach anderen Quellen 300 bis 400 Arten, die in der nördlichen Hemisphäre und auf tropischen Gebirgen vorkommen. Von ihnen eignen sich einige hübsche Arten für die Kultur im Kalthaus.
Besonders schön und zu empfehlen sind u. a.
V.arctostaphylos L. vom Kaukasus, **V.glaucoalbum** Hook.f. ex C.B. Clarke vom Sikkim-Himalaja, **V.moupinense** Franch. aus dem westlichen Himalaja, das besonders schöne **V.nummularia** Hook.f. et Thoms. ex C.B. Clarke aus Sikkim und Bhutan, **V.ovatum** Pursh aus dem westlichen Nordamerika, **V.rollisonii** Hook. aus Java.
Die meisten sind wie *Gaultheria* und *Pernettya* zu behandeln. Nur *V.nummularia* und *V.rollisonii* verlangen etwas mehr Wärme (12 bis 14°). Sie wachsen mehr oder weniger epiphytisch und gleichen in der Pflege *Agapetes serpens*. Auch im Sommer sollten diese beiden Arten bei genügend hoher Luftfeuchtigkeit halbschattig unter Glas stehen.
Am besten entwickeln sich die meisten der übrigen Arten in einem Kalthaus in Torf oder Heideerde ausgepflanzt. Alle Arten werden wie *Gaultheria* durch Aussaat, Stecklinge oder Abtrennen bewurzelter Ausläufer vermehrt.

Euphorbiaceae
Wolfsmilchgewächse

Als viertgrößte Familie der Blütenpflanzen umfassen die Wolfsmilchgewächse in 300 Gattungen etwa 5000 Arten. Die Hauptverbreitungsgebiete liegen im tropischen Amerika und in Südafrika, aber auch in den tropischen und subtropischen Ländern anderer Erdteile kommen Vertreter dieser Familie vor. Nur wenige Gattungen und Arten finden sich in den temperierten Zonen der nördlichen und südlichen Halbkugel. Diese aber sind oft über große Gebiete verbreitet. In ihrer äußeren Gestalt sind sie sehr verschieden, sie sind entweder ein- oder mehrjährige Kräuter, Halbsträucher und Sträucher oder Bäume oder aber kakteenartige, blattlose Sukkulenten, windende Kletterpflanzen etc. Einige Arten haben Phyllokladien, andere unterirdische Knollen. Auch Brennhaare sind vertreten. Die meisten Arten führen, wie der Familienname andeutet, Milchsaft. Die Blüten sind meist klein und zu achselständigen, ährigen, traubigen oder knäuelartigen Blütenständen zusammengesetzt, bisweilen sind diese, wie bei *Euphorbia*, zu einem zwitterartigen Gebilde, dem Cyathium reduziert.
Auf einige sehr wichtige Nutzpflanzen ist hinzuweisen, so auf
Hevea brasiliensis Aubl., die fast immer noch die Hälfte des in der Welt verbrauchten Kautschuks liefert, die andere Hälfte wird synthetisch hergestellt; *Ricinus*, dessen ölhaltige Samen zu einem wichtigen Abführmittel verarbeitet werden, weit wichtiger aber für die Herstellung des vielseitig in der Technik verwandten Rizinus- oder Castoröles ist. Weiterer Öllieferant ist der »Tungölbaum« (*Aleurites* J.R. et G. Forst.). Von *Croton eluteria* Benn. stammt die Kaskarilla-Rinde, von *Croton tiglium* L. das als Abführmittel gebrauchte Croton-Öl. Wichtiges Nahrungsmittel für Millionen von Menschen tropischer Länder liefert *Manihot esculenta* Crantz, der Cassave- oder Maniokstrauch, dessen knollenartige Wurzeln den Maniok oder Tapioka, ein Stärkemehl, liefern.
Zierpflanzen gibt es trotz ihrer Größe nicht viele in der Familie. Als Einjahrspflanze gezogen finden wir *Ricinus* L., den Wunderbaum, und *Euphorbia marginata* Pursh, »Schnee am Berg«, von Stauden einige Wolfsmilcharten wie *Euphorbia rigida* M.B. (*E.biglandulosa* Desf.), *E.capitulata*

Acalypha hispida

Rchb., *E. myrsinites* L. und *E. polychroma* Kerner sowie die eigenartige *E. lathyris* L. mit ihren streng vierzeilig gestellten Blättern. Von tropischen Arten haben als Schnitt- und Topfpflanzen wohl die größte Verbreitung Weihnachtsstern, Christusdorn, *Codiaeum* und *Acalypha*.

Acalypha L.
(griechischer Name für eine Nesselart)

Mit 450 Arten in den Subtropen und Tropen aller Erdteile verbreitete Kräuter, Sträucher oder Bäume, deren kleine Blüten meist in zusammengesetzten Ähren oder in Büscheln stehen. Als Topfpflanzen für Warmhäuser wertvoll sind nur die folgenden Arten.

A. hispida Burm. f. (*A. sanderi* N.E.Br.), der Katzenschwanz, blüht von Januar bis in den Herbst hinein. Ihre Heimat ist wahrscheinlich der Malaiische Archipel, doch wird sie heute in allen tropischen Gärten gezogen. Die kätzchenartigen, in den Blattachseln erscheinenden, überhängenden, zylindrischen Blütenstände sind leuchtend rot und bis 50 cm lang, also wesentlich länger als die großen, gesägten Blätter. 1896 in Belgien eingeführt.

A. integrifolia Willd. var. **colorata** (Poir.) Pax et K. Hoffm., ein kleiner, bis meterhoher Strauch, wird nur seiner oberseits grünen, unterseits purpurroten Blätter wegen gezogen. Um 1900 eingeführt.

A. hispaniolae Urb. (*A. pendula* hort.) von Haiti und der Dominikanischen Republik ist ähnlich *A. hispida*, aber niedrigbleibend und mit nur 8 bis 12 cm langen Blütenständen. Um 1985 eingeführt. Sie ist vor allem als Ampelpflanze oder Bodendecke zu verwenden und verlangt etwas niedrigere Temperaturen als *A. hispida*.

A. wilkesiana Muell. Arg. von den Südseeinseln wird wie *A. hispida* in vielen Tropenländern als Zierstrauch angepflanzt. Er wird dort 2 bis 3 m hoch, bei uns bleibt er beträchtlich kleiner. Seine breit-eiförmigen, zugespitzten Blätter sind bronzegrün, rot und karminrosa marmoriert und gescheckt. Die Blütenstände sind unansehnlich. Die Art ist sehr variabel, wurde aber auch zu Kreuzungen benutzt. 1866 in England eingeführt.

Schöne Sorten der *A.*-Wilkesiana-Hybriden sind 'Marginata', Blätter olivgrün, rosa gerandet; 'Miltoniana', Blätter mehr oder weniger hängend, länglich und unregelmäßig ausgerandet, mit weißem Rändchen; 'Musaica', wohl die schönste der Sorten, mit bronzegrün, rot und orangefarben gezeichneten Blättern; 'Obovata' mit rundlichen, oliv- bis bronzegrünen Blättern, deren Rand zunächst orangegelb, später karmin-rosafarben ist.

Acalypha hispida ist eine der auffallendsten Blütenpflanzen. Sie gehört in das feuchte und helle Warmhaus, wo Stecklinge aus Januarvermehrung innerhalb eines halben Jahres zu über meterhohen, dicht mit den roten Blütenschwänzen bedeckten Pflanzen heranwachsen. Sie gedeihen gut in Einheitserde, aber auch in lehmig-humoser Praxismischung. Wichtig ist regelmäßiges Düngen, am besten zweimal wöchentlich mit Crescal. Die Stecklinge sollten ungestutzt heranwachsen. Will man große Schaupflanzen, pflanze man drei Stecklinge in einen Topf, auch mehrjährige Pflanzen können nach einer gewissen Winterruhe und entsprechendem Rückschnitt wieder zur Blüte gebracht werden. Sie entwickeln sich dann zu mehrtriebigen Pflanzen, die wie Stecklingspflanzen mehrfach umgepflanzt werden sollten. Stecklinge dieser wie anderer Arten und Sorten bewurzeln sich in einem warmen Vermehrungsbeet in 10 bis 14 Tagen. Die buntblättrigen Arten und Sorten können sowohl im Topf als auch ausgepflanzt gezogen werden. Nach mehrfachem Entspitzen entwickeln sie sich zu großen und dichten Büschen. Jungpflanzen sind am schönsten, doch können auch ältere Pflanzen nach entsprechendem Rückschnitt im Januar bis Februar durchaus wieder schauwürdig werden. Zu guter Färbung verlangen sie viel Licht, aber keine direkte Sonne, und Luftfeuchtigkeit. Die gefürchtete »Rote Spinne« tritt nur bei zu trockenem Stand auf. Bei genügender Luftfeuchtigkeit stellt sie keine Gefahr dar.

Breynia J. R. et G. Forst.
(Benannt zu Ehren von Jakob Breyn, 1637–1697, Danziger Kaufmann, und seinem Sohn Johann Philipp Breyn, 1680–1764, Arzt in Danzig. Verfasser von Büchern über seltene und wenig bekannte Pflanzen)

Von den etwa 30 im wärmeren China, in Südostasien, Australien und Neukaledonien verbreiteten Arten einhäusiger Bäume und Sträucher wird bei uns nur

B. disticha J. R. et G. Forst. (*Phyllanthus nivosus* W. G. Sm., *B. nivosa* (W. G. Sm.) Small), der »Schneebusch«, gezogen. Er kommt wahrscheinlich von den Südseeinseln, wird aber heute in vielen tropischen Gärten angepflanzt. Er bildet einen lockeren Strauch, der dicht mit 3 bis 5 cm langen, breit-eiförmigen, weiß gezeichneten Blättern besetzt ist. An den Spitzen junger Zweige sind die Blätter häufig rein weiß. 1873 in England eingeführt. Fast noch schöner als die Art ist die Sorte 'Roseopicta' mit lebhaft rosa, rot und weiß gezeichneten Blättern.

Eine reizende Pflanze für das feuchtwarme, schattige, aber nicht dunkle Warmhaus, wo sie bei 20 bis 22° rasch wächst. Stecklinge bewurzeln sich nicht ganz leicht. Man nimmt am besten halbreife Trieb- und Kopfstecklinge, die man zu dritt in Stecklingstöpfe in ein Sand/Torfmull-Gemisch steckt und in ein geschlossenes, etwa 30° warmes Vermehrungsbeet stellt. Unter Wasserstaubvermehrung erfolgt die Bewurzelung sicherer und schneller. Auch ein Vermehren durch Wurzelschnittlinge ist möglich. Als Erde bewährte sich Einheitserde oder Lauberde mit Zusatz lehmiger Rasenerde und Sand. Ältere Pflanzen können im Januar bis Februar zurückgeschnitten werden.

Codiaeum A. Juss.,
Wunderstrauch
(latinisiert aus dem auf den Molukkeninseln Ternate-Tidore gebrauchten Pflanzennamen *Kodiho*)

15 Arten immergrüner Bäume und Sträucher, verbreitet in Malaysia, Polynesien und Nordaustralien, mit einhäusigen Blüten und großen, ledrigen, meist ganzrandigen Blättern. Die Blüten erscheinen in verlängerten Trauben in den oberen Blattachseln.

C. variegatum (L.) A. Juss. var. **pictum** (Lodd.) Muell. Arg., der »Croton« der Gärten, ist ein immergrüner, 1,50 bis 2,50 m hoher Strauch mit großen Blättern, die bei den zahlreichen Sorten verschieden geformt, gefärbt und gezeichnet sind. Ursprünglich wurden sie seit alten Zeiten auf den Südseeinseln gezogen, heute fehlen sie in keinem tropischen Garten.

Aussaat nimmt man nur dort vor, wo man Neuheiten züchten will. Samen wird nach künstlicher Bestäubung leicht angesetzt, in 4 bis 5 Wochen ist er reif und wird sofort im Warmhaus ausgesät. Dort geht er bald auf, und Sämlinge lassen im allgemeinen schon nach einjähriger Kultur erkennen, ob etwas Neues entstanden ist, dessen wei-

Euphorbiaceae

Euphorbia avasmontana

Breynia disticha 'Roseopicta'

Dalechampia spathulata

tere Kultur lohnt. Im allgemeinen wird durch Stecklinge vermehrt, am besten von Januar bis März. Sie werden einzeln in Töpfchen gesteckt und in ein geschlossenes Vermehrungsbeet mit 30° Bodenwärme und 20 bis 25° Luftwärme gestellt, wo sie nach etwa 3 Wochen bewurzelt sind. In einer Mischung aus Laub- und Heideerde mit Zusatz lehmiger Rasenerde und Sand oder in Einheitserde werden sie im Warmhaus bei 20 bis 25° hell, aber vor direkter Sonne geschützt, bei häufigem Spritzen oder Einnebeln weitergezogen. Besonders schön wird die Blattfärbung dann, wenn ab August nicht mehr schattiert wird. Das kann man aber in einem kleinen Gewächshaus mit seiner Vielfalt verschiedener Pflanzen nicht machen. Wer ein Frühbeet hat, etwa eines mit Bodenheizung sogar, der setze seine Jungpflanzen dorthin, schattiere nur sehr wenig, von August an überhaupt nicht mehr, spritze an warmen Tagen häufig, und er wird intensiv gefärbte Pflanzen erhalten. Sommer und Winter sollte die Temperatur nie unter 18 bis 20° fallen.

Alle Sorten sind schön, viele aber werden heute gar nicht mehr unter Namen verkauft, deshalb sollte man sich in der Gärtnerei oder im Blumengeschäft diejenigen aussuchen, die einem am besten gefallen.

Dalechampia L.
(Jacques Dalechamps, 1513–1588, französischer Botaniker, Arzt und Philologe. Schrieb u.a. »Historia generalis plantarum«, 1586–1587)

Von den etwa 110 Arten dieser vielgestaltigen Gattung, die Sträucher oder Halbsträucher, zum Teil windend, zum Teil mit Brennhaaren besetzt, umfaßt, wird nur

D. spathulata (Scheidw.) Muell. Arg. var. **spathulata** (*D. roezliana* Muell. Arg. var. *rosea* Muell. Arg.) in den Sammlungen gehalten. Sie wächst als kleiner, 50 bis 100 cm hoher, aufrechter Strauch in Wäldern Mexikos. Die etwa 15 bis 20 cm langen Blätter sind aus keilförmigem Grunde verkehrt-eiförmig oder verkehrt-lanzettlich. Die Schönheit der Pflanze liegt in dem von zwei 5 bis 6 cm großen rosenroten, lange haltenden Hochblättern umgebenen Blütenstand. Bei der Sorte 'Alba' sind diese weiß. Blüten erscheinen fast das ganze Jahr hindurch. 1866 in Belgien eingeführt.

Es werden stets reichlich Samen angesetzt, so daß man leicht durch Aussaat vermehren kann. Schon 6 Monate alte Sämlinge bringen die ersten Blüten. Aber auch Stecklinge wurzeln bei 25 bis 30° leicht. Um bald volle Pflanzen zu bekommen, setzt man Jungpflanzen gleich zu dritt in einen Topf. Einheitserde oder eine Mischung aus Lauberde und lehmiger Rasenerde sagt ihnen zu. Leichter Schatten ist vonnöten. Im übrigen gleicht die Pflege der von *Codiaeum*.

Excoecaria L.
(lat. *excoecare* = blindmachen)

In den Tropen der Alten Welt kommen 40 Arten vor, die als Bäume oder Sträucher im Urwald oder im Mangrovegürtel wachsen. Sie führen einen sehr giftigen Milchsaft – also Vorsicht beim Stecklinge schneiden! –, haben meist ledrige, fiedernervige Blätter und kleine Blüten. Die bei uns gezogene

Euphorbia fulgens

Euphorbia milii

E. cochinchinensis Lour. (*E. bicolor* Hassk.)
stammt aus Südvietnam und bildet kleine, verzweigte Sträucher. Ihr schönheitlicher Wert liegt in den oberseits grünen, unterseits aber leuchtendroten Blättern. Schön wirken die Pflanzen nur da, wo man sie aufhängen kann, man also die roten Blattunterseiten sieht. Nach 1880 eingeführt. Man lasse die Pflanzen nicht zu alt werden, da sie dann zuviel Platz wegnehmen. Am besten vermehrt man sie alljährlich neu durch Stecklinge, die im warmen und geschlossenen Vermehrungsbeet bald wurzeln. Dann pflanze man sie zu dritt in Töpfe oder Schalen, hänge sie an einem hellen Platz des Warmhauses auf und entspitze ein- oder zweimal.

Euphorbia L., Wolfsmilch
(griechischer oder römischer Pflanzenname unsicherer Herkunft; nach anderen Quellen ist der Name auf Dioscorides zurückzuführen. Plinius sagt dazu, der Name sei dem Euphorbus, einem Leibarzt eines Königs von Mauritanien, zu Ehren gegeben)

Mit etwa 2000 Arten die größte Gattung der Familie, äußerst vielgestaltig, umfaßt sie doch Kräuter, Sträucher und Bäume von sehr verschiedenem Habitus, darunter etwa 400 mehr oder weniger kakteenähnliche, sukkulente Arten, von denen die meisten in Afrika, oft nur auf kleine Gebiete beschränkt, leben. Dagegen sind einige andere Arten als Unkräuter über weite Teile der Welt verbreitet. Alle Arten führen Milchsaft und sind deshalb mit Vorsicht zu behandeln. Neben *E. pulcherrima* Willd. ex Klotzsch, dem »Weihnachtsstern«, dessen Kultur man besser dem Gärtner überläßt und sich von ihm im Winter blühende Pflanzen kauft, ist als Zimmerpflanze weit verbreitet der »Christusdorn«, *E. milii* Desmoul. sowie als Schnittblume die im Winter blühende *E. fulgens* Karw. ex Klotzsch. Vom Weihnachtsstern, von dem manche Sorten ihre roten Brakteen über viele Monate lang behalten, und vom Christusdorn ist im Zimmerpflanzenbuch des gleichen Verfassers ausführlich die Rede.

Ein Traum für viele Liebhaber ist es, möglichst viele der sukkulenten Euphorbien zu besitzen. Da von den rund 400 solcher Arten in den Sammlungen etwa 100 gezogen werden, kann man schon ein Leben lang sammeln, bis man auch nur einen Teil von ihnen zusammen hat. Sie sind außerordentlich interessant und des Sammelns wert. Es können hier nur einige der schönsten genannt werden, der echte Sammler muß sich schon mit der Spezialliteratur beschäftigen. Hier werden die verschiedenen Arten nach rein äußerlichen, also nicht systematischen Merkmalen gegliedert, damit der Liebhaber wenigstens einen schwachen Eindruck von der Vielfalt dessen bekommt, was ihn erwartet.

1. *Strauchartig, meist reich verzweigt, später unten verholzend, nur oben sukkulent. Äste schlank, rutenförmig, selten wie bei E. xyllophylloides stark zusammengedrückt*

E. aphylla Brouss. ex Willd. von den Kanarischen Inseln hat bis bleistiftstarke, gabelig oder quirlig verzweigte Äste und bald abfallende kleine Blätter. Schon 1808 in Deutschland kultiviert.

E. mauritanica L. aus Süd- und Südwestafrika ist ähnlich der vorigen, reichverzweigt, mit bleistiftdicken, kahlen grünen Zweigen und nur an den wachsenden Zweigen sitzenden, 5 bis 10 mm langen Blättern. 1732 eingeführt.

E. oncoclada Drake aus Madagaskar wird 1 bis 2 m hoch, ist reich verzweigt und hat gegliederte, bis 1 cm dicke, unregelmäßig eingeschnürte Seitenzweige. Wohl nach 1900 eingeführt.

E. pteroneura Berger aus dem südlichen Mexiko wird selten höher als 50 cm und hat 5 bis 7 mm dicke, fünf- bis sechskantige Stämmchen. Vor 1906 eingeführt. Leicht wachsend und auch blühend.

E. tirucalli L. ist eine im tropischen Ost- und Südafrika verbreitete, im tropischen Asien verwilderte Art, die bis 10 m hoch werden kann, also für das kleine Gewächshaus nur als Jungpflanze brauchbar ist. 1731 eingeführt.

E. xyllophylloides Brongn. ex Lem. stammt aus Madagaskar, sie wächst strauchig oder baumartig mit einem aufrechten Hauptstamm und einer Krone zweizeilig verästelter Zweige, die gegliedert und seitlich flach gedrückt sind.

2. Deutlich sukkulente, im Aufbau sehr verschiedene Arten, bei denen stets ein Dornenpaar rechts und links vom Blatt steht

Eine große Gruppe, von der hier nur einige der schönsten Arten genannt werden können:

a) Bäume oder hohe Sträucher bildend, teilweise Säulenkakteen täuschend ähnlich sehend

E. abyssinica J. F. Gmel. aus Abessinien und Eritrea, **E. ammak** Schweinf. aus dem südlichen Arabien (um 1890), **E. canariensis** L. von den Kanarischen Inseln (1697), **E. coerulescens** Haw. aus dem östlichen Kapland (1823), **E. grandicornis** Goeb. aus Natal und dem tropischen Ostafrika (vor 1876), **E. grandidens** Haw. aus dem Kapland (1820 nach England), **E. lactea** Haw. in Indien und auf den Molukken, **E. neriifolia** L., ein laubabwerfender Baum mit großen Blattschöpfen aus Indien und Südvietnam (1700), **E. ramipressa** Croiz. aus Madagaskar (1907 in Deutschland in Kultur), **E. triangularis** Desf. vom Kapland und Natal (1829 in England kultiviert), **E. undulatifolia** Janse unbekannter Herkunft mit großen, fleischigen Blättern (zuerst abgebildet 1904).

b) Kleinere, strauchartig wachsende, sukkulente Arten, die sich noch als ältere Pflanzen in kleineren Gewächshäusern halten lassen

E. beaumeriana Hook. f. et Coss. aus dem Küstengebiet Südwestmarokkos (wahrscheinlich schon 1570 eingeführt), **E. echinus** Hook. f. et Coss. aus Südmarokko (1897), **E. franckiana** Berger, wahrscheinlich aus Südafrika (nach 1900), **E. officinarum** L. aus Marokko (Ende des 17. Jahrhunderts), **E. polyacantha** Boiss. aus Eritrea und Abessinien, **E. pseudocactus** Berger aus Natal (1907 von Berger nach Kulturpflanzen beschrieben), **E. resinifera** Berger aus dem südwestlichen Marokko (1907), **E. squarrosa** Haw. im südöstlichen Kapland (1823).

3. Meist kleine, polsterförmig wachsende, hochsukkulente Arten mit deutlichen Dornen

E. cereiformis L., wahrscheinlich aus dem Kapland, 60 bis 90 cm hoch, an der Basis verzweigt, **E. ferox** Marl. aus dem Kapland, ganz niedrig, **E. fimbriata** Scop. aus dem östlichen Kapland, bis 70 cm hoch (vor 1788), **E. heptagona** L. aus dem Kapland, bis meterhoch (vor 1720), **E. inconstantia** Dyer aus dem Kapland, bis 150 cm hoch (um 1701 in Holland), **E. mammillaris** L. aus dem westlichen Kapland (vor 1780), **E. pentagona** Haw. vom Kapland, bis 150 cm hoch, quirlig verzweigt (1823), **E. polygona** Haw. vom südlichen Kapland (vor 1790), 50 bis 150 cm hoch, an der Basis stark sprossend, **E. schoenlandii** Pax vom westlichen Kapland, bei uns ganz niedrig bleibend (um 1955), **E. stellispina** Haw. vom Kapland, sehr niedrig, mit bis 1 cm langen Dornen (1822), **E. submammillaris** (Berger) Berger aus Südafrika, von unten her unregelmäßig verzweigt, mit 2 cm langen Dornen (1902 in Deutschland kultiviert).

4. Arten vom sogenannten »Medusenhaupttypus«

d. h. aus einem niedrigen Hauptstamm entspringen strahlig abstehende, mit grünen Warzen bedeckte Seitenäste:

E. bergeri N. E. Br., wahrscheinlich aus Südafrika, **E. caput-medusae** L. aus dem Kapland (um 1700), **E. gorgonis** Berger, ebendaher, **E. pugniformis** Boiss. aus dem südlichen Kapland (1697 in Holland).

5. Kugelig wachsende, Kugelkakteen ähnlich sehende Arten

E. globosa (Haw.) Sims (um 1820), **E. meloformis** Ait., deren Körper 8 bis 10 Rippen hat (1774 in England), **E. obesa** Hook. f. mit fast kugeligem Körper und meist 8 flachen Rippen (1897), **E. ornithopus** Jacq. mit mehr zylindrischen Gliedern (1809), **E. suzannae** Marl.)1925), alle aus dem Kapland.

6. Sukkulente Arten, im Habitus von den anderen Gruppen abweichend

E. bubalina Boiss. an Waldrändern der Küstengebiete des südöstlichen Kaplandes (1860), **E. bupleurifolia** Jacq. im Kapland und in Natal, 10 bis 20 cm hoch, im Alter einem geschlossenen Kiefernzapfen nicht unähnlich (1791), **E. lophogona** Lam. aus Madagaskar, mit 30 bis 60 cm hohen Stämmchen, für Lauwarm- und Warmhaus, **E. tubiglans** Marl. ex R. A. Dyer aus dem Kapland.

Schon die kurzen Aufzählungen zeugen von der Menge verschiedenartiger, reizvoller Arten. Es wurde den Arten die Heimat beigefügt, und zwar deshalb, weil sie einen Hinweis auf die Pflege gibt; so verlangen solche aus tropischen Gebieten im Winter mehr Wärme als die anderen. Bei ihnen sollte die Wärme im allgemeinen bei 12 bis 14° liegen, keinesfalls aber unter 12° sinken, da die Pflanzen sonst leiden, schwarzfleckig werden, wenn nicht gar ganz eingehen. Alle anderen Arten nehmen mit 8 bis 10 bis 12° während der kalten Jahreszeit vorlieb. Je geringer die Temperatur, desto trockener und heller muß man die Pflanzen stellen. Die hoch werdenden Arten eignen sich eigentlich nur für botanische Sammlungen mit hohen Gewächshäusern, wo sie in den freien Grund ausgepflanzt werden können. Selbst da erreichen sie bereits nach nicht allzu vielen Jahren das Glasdach. Hält man sie im Zimmer oder Kleingewächshaus, muß man sie immer wieder dann abstecken, wenn sie anfangen, zu groß zu werden. Dies lohnt sich durchaus, weil auch Kleinpflanzen schön sind. Die Erde sei sandig-lehmig-humos, ähnlich wie man sie auch für Kakteen und andere Sukkulenten verwendet. Während des Sommers kann man unempfindlichere Arten ins Freie stellen, die empfindlichen hochsukkulenten Arten bleiben das ganze Jahr im Haus,

Euphorbiaceae 241

Euphorbia ferox

Euphorbia obesa

oder man setzt sie im Sommer in ein Frühbeet unter Glas.
Die Anzucht aus Samen ist am vorteilhaftesten. Er wird bei 18 bis 20° ausgesät und geht meist sehr bald auf. Jungpflanzen wachsen in der Regel sehr schnell zu schönen Pflanzen heran. Will man selbst Samen ziehen, so braucht man bei allen zweihäusigen Arten Pflanzen beiderlei Geschlechts. Kurz vor der Reife hülle man die Kapseln mit Gaze ein, damit die Samen nicht fortgeschleudert werden.
Die Vermehrung aus Stecklingen ist nicht bei allen Arten möglich. Man wird sie jedoch stets bei den säulenartigen und bei anderen hoch werdenden strauchartigen Arten anwenden, um sie beizeiten zu verjüngen und für den Rahmen des kleinen Gewächshauses passend zu halten. Die beste Zeit hierfür ist der Sommer. Nach dem Abschneiden wird der Steckling sofort mit der Schnittfläche in Holzkohlenpulver getaucht, damit der Milchsaft im Steckling bleibt und dieser nicht ausblutet. Erst nach Tagen oder Wochen, wenn die Schnittfläche völlig abgetrocknet ist, werden die Stecklinge in Töpfe mit einer Mischung aus Sand und Holzkohle oder in Sand und Styromull oder in Perlit gesteckt und nach genügender Wurzelbildung in normale, aber noch sehr durchlässige Erde in größere Töpfe verpflanzt.
Bei vielen Arten ist der Milchsaft mehr oder weniger giftig, deshalb muß man im Umgang mit ihnen stets Vorsicht walten lassen, vor allem darauf achten, daß der Saft nie in offene Wunden, in Auge, Nase oder Mund kommt. Sie – wörtlich genommen – nur mit Handschuhen anzufassen, sei geraten!

Jatropha podagrica

Euphorbiaceae

Homalanthus A. Juss. corr. Rchb.
(griech. *homalos* = gleichartig, *anthos* = Blüte)

Etwa 35 Arten von Bäumen und Sträuchern im indomalesischen Gebiet mit gestielten, meist dreieckig-eiförmigen Blättern und ein- oder zweihäusigen Blüten in endständigen Trauben.
In jedem botanischen Garten gezogen wird

H. populifolius Grah. aus Nord- und Ostaustralien, ein bis 2 m hohes, einstämmiges kleines Bäumchen, dessen rotgestielte Blätter in der Jugend kupferfarben, im Alter orangerot sind. 1825 eingeführt.
Vor allem als jüngere Pflanze mit den pappelartigen, sich hübsch färbenden Blättern zu empfehlen. Doch sorge man immer für Nachzucht, da ältere im Topf gezogene Pflanzen weniger schön als junge sind. Vermehrung ausschließlich durch Aussaat; Samen werden schon von zwei- bis dreijährigen Exemplaren angesetzt. Weiterkultur im Winter im hellen, luftigen Kalthaus bei 8 bis 12°, während des Sommers sonnig im Freien. Die Töpfe wähle man nicht zu groß. Als Erde empfiehlt sich Einheitserde oder eine humose Rasenerde. Man lasse die Sämlinge ungestutzt weiterwachsen, da nur ungestutzte Pflanzen wirklich schön sind. Später verzweigen sie sich in der Spitze von selbst.

Homalanthus populifolius

Jatropha L.
(griech. *iatros* = Arzt, *trophe* = Speise, in diesem Falle Medizin)

Unter den etwa 175 Arten, die vor allem im tropischen Amerika und Afrika beheimatet sind, befinden sich einige medizinisch wertvolle. Alle führen Milchsaft, sind von sehr unterschiedlichem Aussehen und kommen sowohl baumartig wie als Sträucher oder großblättrige Kräuter vor. In Nutzpflanzenabteilungen botanischer Gärten werden häufig einige Arten, z. B. *J. curcas* L., die Purgiernuß, von Mexiko, den Bermuda-Inseln bis Chile und Paraguay verbreitet, und *J. multifida* L., Mexiko, Westindien bis Venezuela und Brasilien, gezogen. Für den Liebhaber ist nur die kleinbleibende, hübsch blühende

J. podagrica Hook. zu empfehlen. Sie ist in Mittelamerika heimisch und kommt als »Rhabarber von Guatemala« in den Handel. Sie ist ein 30 bis 60 cm hoher, sukkulenter Strauch mit einem knollig verdickten, an der Spitze häufig etwas verzweigten Stamm, schildförmigen, 3- bis 5lappigen, 10 bis 20 cm großen Blättern und während der Ruhezeit im Winter erscheinenden mennigroten Blüten in kräftigen, langgestielten Trugdolden. 1847 in England eingeführt.
Da blühende Pflanzen regelmäßig einige Samen ansetzen, ist die Vermehrung durch Aussaat nicht schwierig. Stecklinge wird man nur in den seltensten Fällen und auch dann nur unter Schädigung der Mutterpflanze schneiden können. Die Kultur erfolgt im warmen Zimmer oder im hellen Warmhaus in humos-lehmiger Erde. Vom Herbst bis in den Spätwinter machen die Pflanzen, nachdem sie ihre Blätter abgeworfen haben, eine Ruhezeit durch, während der nur ganz wenig gegossen werden darf. Im Spätwinter erscheinen dann die Blütenstände und, nachdem sie abgeblüht haben, die langgestielten Blätter. Alles in allem eine schöne und eigenartige Pflanze, die nur wenig Platz in Anspruch nimmt.

Pedilanthus Neck. ex Poit.
(griech. *pedilon* = Schuh, *anthos* = Blüte)

Nahe mit Euphorbia verwandte, 14 meist aus dem tropischen Mittelamerika stammende Arten umfassende Gattung mit sehr giftigem Milchsaft. Bei uns gezogen wird nur

P. tithymaloides (L.) Poit. die von Südmexiko bis Mittelamerika und Südkolumbien verbreitet ist. Sie bildet einen bis 2 m hohen Busch mit fleischigen, zickzackartig wachsenden Stengeln. Die Cyathien stehen in dichten, endständigen Trugdolden und fallen auf durch die sie umgebenden, leuchtendroten, bis 12 mm langen Hochblätter. 1699 in England eingeführt. In Kultur verbreitet ist meist nur die Sorte 'Variegatus' mit weißgeränderten Blättern, die oft karminrot überlaufen sind. 1874 in England kultiviert.
Zu jeder Jahreszeit wachsen ins Warmbeet gesteckte Stecklinge. Am besten setzt man gleich drei zusammen in einen Topf, da man dadurch von Anfang an buschigere Pflanzen erhält. Beim Schneiden Vorsicht wegen des giftigen Milchsaftes! Die weitere Kultur erfolgt im hellen Warmhaus in lehmig-humoser Erde oder in Einheitserde. Auch ältere Pflanzen – nur diese bringen Blüten – können schön sein. In den USA, aber auch bei uns, wurden sie früher häufig als Kleinpflanzen zur Bepflanzung von Körben und Schalen verwendet.

Manihot Mill.
(abgeleitet vom brasilianischen Namen, maniok)

Von den 160 im tropischen Amerika vorkommenden Arten sind einige wichtige Nutzpflanzen, vor allem

M. esculenta Crantz (*M. utilissima* Pohl), der Cassavestrauch, Maniok- oder Tapiokastrauch, dessen stärkehaltigen Knollen vielen Millionen Menschen zur Nahrung dienen, und zwar schon seit uralten Zeiten. Man zieht ihn deshalb auch in Nutzpflanzenabteilungen botanischer Sammlungen, wo er aber mit seinen 3 m Höhe viel Platz braucht. Er wächst dort bei 14 bis 16° und wird in jedem Winter kräftig zurückgeschnitten. 1739 in England kultiviert. Schwächerwüchsig als die Art, wahrscheinlich wohl überhaupt anderen Ursprungs, ist die unter dem Namen *M. esculenta* '**Variegata**' gezogene Pflanze. Sie wird nur 20 bis 50 cm hoch, hat gelbe Stengel und gelb gezeichnete, 3- bis 7fach geteilte Blätter. 1928 in England entstanden?

Sie ist gewiß eine der zierlichsten und schönsten, aber sehr selten gewordenen buntblättrigen Pflanzen des Warmhauses, leider nicht von ganz einfacher Kultur. Während des Winters macht sie eine Ruhezeit durch und verliert ihre Blätter. Sie ist dann nur wenig zu gießen und recht trocken zu halten. Nach dem neuen Austrieb im Spätwinter und Frühling liegt die beste Zeit für die Vermehrung durch Stecklinge, die im geschlossenen, 25 bis 30° warmen Vermehrungsbeet sich bewurzeln. Doch erfolgt die Wurzelbildung ziemlich ungleichmäßig. Später werden sie im hellen Warmhaus eintriebig weitergezogen und in nur kleinen Töpfchen in Einheitserde oder einer lehmig-humosen Mischung gehalten.

Manihot esculenta 'Variegata'

Phyllanthus L.
(griech. *phyllon* = Blatt, *anthos* = Blüte; Blüten bei einigen Arten an blattförmigen Zweigen)

Eine äußerst vielgestaltige Gattung, die mit etwa 600 Arten in fast allen tropischen und subtropischen Gebieten mit Ausnahme Europas vertreten ist. Sie kommen sowohl als Kräuter wie auch als Bäume und Sträucher vor. Am interessantesten sind diejenigen Arten, bei denen die Blätter fehlen, die Zweige selbst aber blattartig verbreitert sind (Phyllokladien) und Blütchen in den Randkerben entwickeln.

P. angustifolius (Sw.) Sw. aus Jamaika bildet einen hohen Strauch, dessen Blütenzweige blattartig verbreitert sind, also ein Phyllokladium darstellen. Sie stehen zweizeilig, sind lederig, 8 bis 10 cm lang und 6 bis 7 mm breit, an beiden Enden verschmälert. Die rötlichen, sehr kleinen Blüten stehen in den 7 bis 12 Randkerben. 1789 in England in Kultur.

P. arbuscula (Sw.) J. F. Gmel. (*P. speciosus* Jacq.) stammt ebenfalls aus Jamaika und bildet einen immergrünen, bis 2 m hohen Strauch, dessen Phyllokladien 1 bis 2 cm breit und so an den Zweigen angeordnet sind, daß sie wie große Fiederblätter wirken. Die weißlichen Blüten erscheinen am Ende jedes Phyllokladiums in dicht zusammenstehenden, kaum ins Auge fallenden Kerben. Diese Art ist noch schöner und interessanter als die vorige. 1783 in England eingeführt.

Diese beiden, aber auch andere Arten sind nicht nur botanisch hochinteressante, sondern darüber hinaus auch sehr dekorative Pflanzen, vor allem *P. arbuscula*. Sie blühen schon als junge Pflanzen, so daß man sich auch bei beschränktem Raum an ihnen freuen kann.

Vermehrung und Pflege gleichen der von *Codiaeum*, lediglich sollen *Phyllanthus* das ganze Jahr im Warmhaus stehen und bei Sonne stets schattiert werden.

Synadenium Boiss., Milchbusch
(griech. *syn* = mit, zusammen, *aden* = Drüse)

13 Arten milchsaftführender, sukkulenter Sträucher oder kleiner Bäume aus Ostafrika, von der nahestehenden Gattung *Euphorbia* unterschieden durch die nicht freien, sondern zu einem Becher vereinigten Honigdrüsen.

S. grantii Hook. f. ist in Uganda, Tansania und Mosambique zu Hause. Dort bildet es 2 bis 3 m hohe Büsche mit sukkulenten Ästen und kurzgestielten, 7 bis 18 × 2,5 bis 6 cm großen Blättern. Schöner und schwachwüchsiger als die Art ist die rotblättrige Sorte 'Rubrum'. In England 1867 eingeführt.

Vermehrt wird durch Stecklinge, deren Schnittfläche vor dem Stecken gut abgetrocknet sein muß, bei einer über 20° liegenden Wärme. Die Pflanze will das ganze Jahr hindurch hell und sonnig stehen, im Winter bei einer Temperatur von 10 bis 15°. Dann macht sie eine Ruhepause durch, während der sie einen Teil der Blätter verliert. Jetzt braucht sie nur ganz wenig Wasser, aber auch im Sommer wird nur mäßig gegossen. Sandige Einheitserde P oder eine humos-lehmig-sandige Mischung sagt ihr zu. Ausgepflanzt wächst sie außerordentlich schnell und wird dann für kleine Gewächshäuser bald zu groß, im Topf aber, mager und nach der trockenen Seite hin gehalten, bleibt sie länger klein.

Gentianaceae
Enziangewächse

Alpenwanderer wie Steingartenbesitzer, aber auch viele andere Menschen sehen im Enzian die Verkörperung einer Alpenpflanze. Zur Familie der Enziangewächse gehört aber nicht nur die Gattung *Gentiana* mit mehr als 400 Arten, sondern noch etwa 80 andere Gattungen mit etwa 900 Arten, die über die ganze Erde, meist als einjährige Kräuter und Stauden, wenige aber auch als Sträucher verbreitet sind. Ihnen gemeinsam sind die ganzrandigen, gegenständigen Blätter und die vereintblättrigen, unterständigen, strahligen und zweigeschlechtigen Blüten mit 5 Staubblättern und einem einfächerigen Fruchtknoten. In den Gärten finden wir verschiedene Vertreter von *Gentiana*, für Kalthäuser eignen sich einige *Eustoma*, *Exacum*-, *Chironia*- und *Orphium*-Arten.

Chironia L.
(nach dem in der Heilkunde erfahrensten Kentauren Chiron, einer Gestalt aus der griechischen Mythologie)

Die meisten der etwa 30 Arten kommen in Südafrika, nur wenige in Madagaskar vor. Es sind kleine Sträucher, Halbsträucher und Stauden mit schönen, meist roten, seltener gelben Blüten. Alle gehören zu den Seltenheiten in botanischen Gärten, wohl deshalb, weil ihre Kultur recht schwierig ist. Am ehesten findet man noch die zwei folgenden südafrikanischen Arten

C. linoides L., ein 30 bis 90 cm hoher, oben reich verzweigter Strauch mit ausgebreiteten Zweigen und 1 bis 3 endständig in den oberen Blattachseln erscheinenden gestielten, rosenroten, bis 1 cm breiten Blüten. 1787 in England eingeführt.

Ähnlich ist **C. peduncularis** Lindl. mit niedergebogenen, ausgebreiteten Zweigen und größeren Blättern und langgestielten, größeren dunkelrosenroten Blüten. Um 1800 eingeführt.

Vermehrung und Pflege ähneln der von *Orphium*, doch sind sie noch empfindlicher gegen Feuchtigkeit, also noch vorsichtiger zu gießen, vor allem im Winter. Die Töpfe sollten verhältnismäßig klein gehalten werden. Vermehrung durch Aussaat und Stecklinge bei mäßiger Bodenwärme unter Glas.

Eustoma Salisb., Prärieenzian
(griech. *eu* = schön, *stoma* = Mund)

3 Arten bläulichgrüner Kräuter sind in den Prärien der südlichen USA verbreitet. Die nachfolgend beschriebene Art wird seit einigen Jahren als Schnittblume und Topfpflanze angebaut.

E. grandiflorum (Raf.) Shinner (*Lisianthus russelianus* Hook., *E. russelianum* (Hook.) G. Don ex Sweet) ist in den Prärien von Colorado und Nebraska, südlich bis Texas und Nordmexiko heimisch. Es sind ein- oder zweijährige, im Sommer blühende, 30 bis 90 cm hohe Kräuter mit bläulichgrünen, eirunden bis länglichen, 6 bis 8 cm langen Blättern und ansehnlichen, etwa 5 cm langen und breiten, bei der Art violettblauen, bei manchen Sorten weißen oder rosafarbenen Blüten. Eingeführt in England 1804, in Deutschland um 1830/40 als Topfpflanze angeboten, bis Ende der siebziger Jahre dieses Jahrhunderts ausschließlich in wenigen botanischen Sammlungen, seit etwa 1980 vom Erwerbsgartenbau gezogen.

Vermehrung nur durch Aussaat, am besten im Juni bis Juli. Die sehr feinen Samen werden dünn mit Erde bedeckt und bei 20 bis 22° zur Keimung gebracht. Etwa vier Wochen nach der Keimung wird pikiert und danach die Temperatur auf 15 bis 18° ermäßigt. Wenn die Sämlinge anfangen, sich zu strecken, wird eingetopft, am besten in Einheitserde P. Anfang März kommen sie in den Endtopf, dessen Weite 10 bis 12° nicht überschreiten sollte. Die Überwinterung erfolgt hell und luftig bei etwa 8 bis 10°. Wichtig für eine gute Weiterentwicklung ist, daß sich vor dem Winter eine kräftige Rosette ausgebildet hat. 10 bis 12 Monate nach der Aussaat beginnt die Blüte, die sich über mehrere Wochen

Eustoma grandiflorum

Exacum affine

erstreckt. Sorgfältiges Gießen, besonders im Winter mehr nach der trockenen Seite hin, ist zu beachten. Nässe und große Trockenheit sind gleich schädlich. Die Kultur ist schwierig und setzt große Erfahrung voraus. Deshalb sollte der weniger Erfahrene sich im Sommer eine blühende Pflanze kaufen und nach dem Abblühen fortwerfen.

Exacum L., Blaues Lieschen
(eine Variante des gallischen Namens *exacon* für *Centaurium*, ein von Linné auf diese Gattung übertragener Pflanzenname)

Von den 40 Arten ein- oder mehrjähriger Kräuter, die aus dem subtropischen und tropischen Asien, dem Malaiischen Archipel, aus Madagaskar und dem tropischen Afrika stammen, wird heute nur noch

E. affine Balf. f., das »Blaue Lieschen«, aus Sokotra gezogen. Es blüht vom Sommer bis zum Herbst und ist ein etwas fleischiges, 15 bis 20 cm hohes, vom Grunde her verzweigtes, reichblütiges, bei uns meist einjährig gezogenes Kraut mit kleinen Blättern und einer Fülle 1,2 cm breiter, duftender hellvioletter Blüten, von denen sich die fünf gelben Staubbeutel abheben. 1882 eingeführt. Schöner als die Art und deshalb am häufigsten gezogen ist die Sorte 'Atrocoeruleum' mit dunkelvioletten Blüten, außerdem 'Album' mit weißen Blüten.

Von Februar bis März wird in eine Schale mit sandig-humoser Erde ausgesät, Aussaaten und Jungpflanzen bei 18 bis 20° gehalten, zweimal pikiert, danach aber gleich 4 bis 6 Pflänzchen zusammen in den 10 bis 12 cm großen Endtopf gepflanzt. Dazu nimmt man entweder Einheitserde oder eine Mischung von Laub- und Rasenerde mit Sandzusatz. Die weitere Kultur findet im luftigen und hellen Kalthaus oder im Frühbeetkasten unter Glas statt. 6 Monate nach der Aussaat stehen die Pflanzen für einige Monate in voller Blüte, bei Februar-Aussaat also von Juli bis in den Spätherbst hinein. Abgeblühte Pflanzen werden weggeworfen bis auf diejenigen, von denen man Samen sammeln will. Dazu wählt man nur solche mit den kräftigsten Farben. Der Liebhaber kann sie auch am Fenster eines warmen Zimmers den Winter über halten. Von Februar, März an werden sie dann ein zweites Mal besonders reich blühen. Auch kleine Ästchen im Wasserglas oder Vermehrungsbeet wurzeln und können weiter gezogen werden.

Orphium E. Mey.
(nach Orpheus, einer bekannten Figur der griechischen Sage)

Nur 1 Art,

O. frutescens (L.) E. Mey., die in Südafrika am Kap wächst. Sie ist ein aufrechter, 15 bis 20 cm hoher, etwas fleischiger, wenig verzweigter Strauch mit linealischen, 2,5 bis 3,5 cm langen und 4 bis 5 mm breiten Blättern und großen roten Blüten am Ende der Triebe, die vom Sommer bis in den Spätherbst hinein blühen. Bereits vor 1780 in Deutschland in Kultur. Dem erfahrenen Liebhaber zu empfehlende Kalthauspflanze von ähnlicher Kultur wie die von *Exacum*. Schon im Herbst des ersten Jahres erscheinen die ersten Blüten, allerdings nur vereinzelt. Sie sind aber so schön, daß man sich bereits jetzt an jeder einzelnen freut. Im zweiten und dem folgenden Jahre blühen sie dann viel reicher, vorausgesetzt, es gelingt, sie am Leben zu halten! Sie sind stets sehr vorsichtig zu gießen, besonders im Winter, da sie ein Zuviel an Wasser genauso schlecht vertragen wie ein Zuwenig. Samen muß man sich aus der Heimat beschaffen, später kann man ihn von den eigenen Pflanzen sammeln, doch wird er meist nur nach künstlicher Bestäubung angesetzt. Im Kalthaus müssen sie luftig, sonnig und hell stehen bei einer Temperatur von 10°. Sie länger am Leben zu halten, gelingt nur selten.

Geraniaceae
Storchschnabelgewächse

In die Verwandtschaft von *Oxalidaceae*, *Tropaeolaceae* und *Linaceae* gehören auch die *Geraniaceae*. Die meisten von ihnen sind Kräuter, wenige Halbsträucher und nur einige baumartig. Ihre stets gestielten, wechsel- oder gegenständigen Blätter sind meist handnervig, selten fiedernervig, ebenso die Nebenblätter. Typisch für die meisten Arten ist die sehr eigenartig gestaltete Frucht. Sie besteht aus 5 miteinander hoch hinauf verwachsenen Fruchtblättern, die am Grunde nur einen Samen tragen. Sie laufen in einen langen Schnabel aus, an dessen Spitze die 5 Narben stehen. Durch eigenartige Schleudervorrichtungen werden die Samen mehr oder weniger weit fortgeschleudert. Die Grannen, mit deren Hilfe dies geschieht, sind in hohem Maße hygroskopisch, das heißt, sie winden sich bei trockener Luft zu einer Spirale oder Schraube, bei Feuchtigkeit strecken sie sich wieder. Viele Arten haben auffallende Blüten, derentwegen man in den Gärten einige *Geranium* und *Erodium*-Arten als Stauden für die Rabatte oder als niedrige Pflanzen für Steinbeete und Steingärten verwendet. Als Balkon- und Beetpflanzen sind verschiedene *Pelargonien* nicht mehr wegzudenken. Schließlich findet man als Einjahrspflanze in den meisten botanischen

Pelargonium-Grandiflorum-Hybride 'Autumn Haze'

Sammlungen ihrer bis 10 cm langen, hygroskopischen Früchte wegen *Erodium gruinum* (L.) L'Hérit. ex Ait. Zur Gewinnung von Rosenöl werden verschiedene *Pelargonium*-Arten, u.a. *P. graveolens* L'Hérit. ex Ait. in subtropischen Ländern angebaut, so z.B. in Südfrankreich und Algerien, aber auch in Madagaskar und anderen Ländern. Die Familie enthält 11 Gattungen mit etwa 780 Arten.

Pelargonium L'Hérit. ex Ait.,
Pelargonie
(griech. *pelargos* = Storch)

Im Gegensatz zu den anderen Gattungen der Familie sind die Blüten zweiseitig-symmetrisch, das obere Kelchblatt gespornt und fest mit dem Blütenstiel verwachsen. Fast alle der etwa 280 Arten sind in Süd- und Südwestafrika heimisch, eine Art in Australien, 3 Arten in Australien und Neuseeland. Eine ganze Reihe von ihnen hat sich dem Leben in Trockengebieten angepaßt. Sie sind strauchig, haben meist kurze, fleischige Stämme und werfen während der Ruhezeit ihre Blätter ab. Die »Geranien« unserer Gärten, die *Pelargonium-Grandiflorum*-Hybriden, die *P.-Peltatum*-Hybriden und die *P.-Zonale*-Hybriden gehören zu unseren schönsten und bekanntesten Beet- und Balkonkästenpflanzen. Daneben aber gibt es eine Reihe anderer Arten, die nicht nur als Zimmerpflanzen, sondern auch für das Kalthaus empfohlen werden können, ja, die sich zum Aufbau einer ganzen Sammlung eignen, so wie sie von vielen Liebhabern in der ersten Hälfte des vorigen Jahrhunderts zusammengebracht wurde. Einige der empfehlenswertesten und schönsten werden hier genannt.

1. Sukkulente, meist klein und gedrungen wachsende Arten

P. carnosum (L.) L'Hérit. ex Ait., Südwestafrika, mit kurzem, wenig verästeltem Stamm 1724 eingeführt; **P. crassicaule** L'Hérit. ex Ait., Südwestafrika, mit dickem, kurz verzweigtem Stamm, in seinem oberen Teil dicht mit den eingetrockneten, stacheligen Nebenblättern besetzt. 1786 eingeführt; **P. crithmifolium** Sm., Kap, Südwestafrika, meist dicht am Boden liegend. Um 1800 eingeführt; **P. echinatum** Curt., Südafrika 1789 eingeführt; **P. ferulaceum** (Burm. f.) Willd., Kap, mit dreiteilig-fiederschnittigen, dicht seidig behaarten Blättern; **P. tetragonum** (L. f.) L'Hérit. ex Ait., Südafrika, gabelig-verzweigter Strauch mit drei- bis vierkantigen grünen Ästen. 1774 eingeführt. Daneben gibt es noch viele andere Arten, deren Kultur genauso lohnend ist wie die der hier aufgezählten.

Am besten vermehrt man die sukkulenten Arten durch Aussaat, wenn man keine Importpflanzen bekommen kann. Beim Schneiden von Stecklingen, die an sich, wenn sehr trocken gehalten, leicht wurzeln, zerstört man meist die Schönheit der Mutterpflanze. Man kann auch leicht darauf verzichten, da Sämlinge im allgemeinen verhältnismäßig schnell wachsen. Alle sukkulenten Pelargonien gehören in ein helles, 10 bis 12° warmes, luftiges Haus, wo sie sowohl im Topf als auch ausgepflanzt gut gedeihen, vorausgesetzt sie stehen in einer sandig-lehmigen Erde. Arten, die meist während des Sommers ihr Laub verlieren und dann eine Ruhezeit durchmachen, müssen während dieser Zeit sehr trocken gehalten werden, aber auch im Winter ist vor allem an feuchten und dunklen Tagen sehr wenig zu gießen. Sie gedeihen auch ohne künstliche Beleuchtung gut, bleiben wahrscheinlich aber noch gedrungener, wenn sie im Winter zusätzlich künstlich belichtet werden. Schoser gibt eine Beleuchtungsstärke von 5000 bis 10000 lx und eine Lichtperiode von 16 Stunden je Tag an.

Den sukkulenten Pelargonien ähnlich, aber viel empfindlicher sind die »Buschmannskerzen«, **Sarcocaulon** (DC.) Sweet (griech. *sarx, sarkos* = Fleisch, *kaulos* = Stengel), die in den extremsten Trockenzonen Südwestafrikas vorkommen. Ihre Vegetationsperiode fängt im Frühherbst an und dauert nur sehr kurz. Nach ihrem Abschluß sind die Pflanzen sehr trocken zu halten. Längere Zeit im Gewächshaus leben sie wohl nur dann, wenn sie während der dunklen Jahreszeit zusätzliche Beleuchtung bekommen.

2. Nicht sukkulente, strauchige und halbstrauchige Arten

Viele dieser Arten sind nicht nur ihres Wuchses und ihrer schönen, meist nur kleinen Blüten wegen zu empfehlen, sondern vor allem wegen ihrer duftenden Blätter, die nach Zitronen, Rosen, Minze und vielen anderen Essenzen riechen. Verbreitet sind heute noch als Zimmerpflanzen:

P. crispum (L.) L'Hérit. ex Ait., Kap, 1774 eingeführt, **P. exstipulatum** (Cav.) L'Hérit. ex Ait., Südafrika, 1779, **P. graveolens** L'Hérit. ex Ait., Kap, 1774, Rosengeranium, **P. quercifolium** (L. f.) L'Hérit. ex Ait., Kap, 1794, **P. tomentosum** Jacq., Kap, 1790, vor allem aber **P. radens** H. E. Moore (*P. radula* (Cav.) L'Hérit. ex Ait.), Kap, 1774, das »Rosengeranium« unserer Vorfahren. Alle diese und noch viele andere hier nicht genannte Arten sind als Zimmerpflanzen und für das Kalthaus des Liebhabers warm zu empfehlen.

Die Vermehrung durch Aussaat und durch Stecklinge ist einfach. Am besten schneidet man die Stecklinge im Frühjahr, dann hat man bis zum Herbst voll entwickelte, schöne Pflanzen, an denen man sich den ganzen Winter über freuen kann. Sie bleiben entweder das ganze Jahr hindurch im Haus, oder aber man setzt sie Ende Mai in das Freie, an eine recht sonnige Stelle natürlich. Dort können sie im Topf bleiben, noch schöner entwickeln sie sich aber ausgepflanzt. In diesem Falle schneide man sie im Herbst zurück, nehme sie heraus und topfe sie wieder ein. Hat man nur wenig Platz, so kann man aber auch wie von den »Geranien« der Balkonkästen im August Stecklinge machen und diese dann zur Überwinterung benutzen, während man die alten Pflanzen ganz fortwirft. Spielt der Platz aber keine Rolle, so kann man die meisten Arten jahrelang weiterziehen, lediglich muß man sie alle paar Jahre einmal kräftig zurückschneiden. Von *P. radens* können ältere Pflanzen, am Spalier gezogen, eine ganze Wand des Wintergartens oder die Rückwand eines einseitigen Gewächshauses – Südlage vorausgesetzt – bedecken. Übrigens lassen sich hierfür auch einige besonders stark wachsende und hoch werdende Sorten von *P. peltatum* und *P. zonale* verwenden. Diese blühen dann fast das ganze Jahr hindurch. Leider gibt es heute nur noch wenige hochwerdende Sorten, die sich dafür eignen.

Von den Arten aber seien dafür empfohlen **P. inquinans** (L.) L'Hérit. ex Ait., Südafrika, Natal, 1714 eingeführt, bis 2 m hoch werdend, mit scharlachroten Blüten, **P. angulosum** (Mill.) L'Hérit. ex Ait., Kap, 1724 eingeführt, bis meterhoch, mit purpurkarminroten, geäderten Blüten, das bis 1,50 m hoch werdende **P. cucullatum** (L.) L'Hérit. ex Ait., Kap, 1690 eingeführt, mit purpurroten Blüten. Die zuerst genannte Art ist an der Entstehung der *P.*-Zonale-Hybriden, die beiden anderen sind an der der *P.*-Grandiflorum-Hybriden beteiligt. Als Erde für alle strauchigen Arten eignet sich die gleiche wie für unsere Balkongeranien, also eine lehmig-humose Praxismischung oder aber Einheitserde und TKS 2.

Geraniaceae 247

Columnea nicaraguensis

Pelargonium carnosum

Pelargonium crispum

Gesneriaceae
Gesneriengewächse

Mit etwa 120 Gattungen und rund 2000 Arten ist diese Familie hauptsächlich in den Tropen und Subtropen Amerikas, wo ihre nördliche Grenze in Mexiko liegt, und Asiens verbreitet. Dort leben sie in Urwäldern, vielfach als Epiphyten. In Afrika gibt es nur wenige Arten, nach Europa ausstrahlend drei Gattungen (*Ramonda* L.C. Rich., *Haberlea* Friv. und *Jancaea* Boiss.) mit nur 6 Arten. Die meisten sind ausdauernde Kräuter, andere Sträucher, nur wenige baumartig. Ihre Blätter sind gegen- oder wechselständig, die Blüten vielfach ansehnlich, zweiseitig-symmetrisch, mit rad- bis langröhrenförmiger Krone, fünflappig bis mehr oder weniger zweilippig. Die Bestäubung wird vielfach von Vögeln vorgenommen, sonst von Insekten. Für viele Arten charakteristisch sind die mit schuppenartigen Niederblättern besetzten Ausläufer, andere besitzen Knollen.

Nutzpflanzen sind in der Familie nicht vertreten, dagegen zahlreiche Zierpflanzen, die, mit Ausnahme der drei europäischen Gattungen, nicht winterhart und deshalb im Gewächshaus oder Zimmer zu halten sind.

1. Kräuter mit knolligem Rhizom oder mit schuppenartigen Niederblättern besetzten Ausläufern

Achimenes Pers., Schiefteller
(Herkunft des Namens ungewiß)

Im Winter einziehende, niedrige Kräuter mit achselständigen, einzelnen oder gebüschelten violetten, roten oder weißen Blüten mit glocken- bis röhrenförmiger Krone, deren Saum absteht, gleichmäßig oder schief ist. Das Verbreitungsgebiet der 50 Arten erstreckt sich von Mexiko bis Brasilien.

Die reinen Arten werden außerhalb botanischer Sammlungen kaum noch gezogen, dafür aber eine Reihe schöner Sorten. Diese sind hervorgegangen aus Kreuzungen von *A. candida* Lindl., Mexiko-Panama, 1848 eingeführt, mit weißen Blüten, *A. erecta* (Lam.) H.P. Fuchs (*A. coccinea* (Scop.) Pers.), Jamaika, Mexiko, Mittelamerika, Kolumbien, 1778 in England eingeführt, mit kleinen scharlachroten Blüten, *A. glabrata* (Zucc.) Fritsch, Mexiko, 1844

Achimenes-Hybride

eingeführt, mit weißen, blau überlaufenen Blüten, *A. grandiflora* (Schiede) DC., Mexiko bis Costa Rica, 1842 in Belgien eingeführt, mit rotvioletten Blüten, *A. longiflora* (Sessé et Moç.) DC., Mexiko bis Panama, 1841 in England eingeführt, mit blauvioletten Blüten, *A. patens* Benth., Mexiko, 1845 eingeführt, mit violetten Blüten, u.a. Das Sortiment ist in den letzten Jahren durch eine Reihe schöner Züchtungen (*A.*-Hybriden) sehr bereichert worden. Es gibt jetzt hohe, auch als Ampelpflanzen brauchbare Sorten, sowie mittelhohe und niedrig bleibende, die sich reich verzweigen, starke Stengel bilden und sich selbst tragen, also nicht mehr gestäbelt zu werden brauchen. Alle sind rechte Liebhaberpflanzen, vor allem weil sie im Sommer bei guter Pflege zwei bis drei Monate lang blühen.

Nachdem im Frühherbst das alte Laub vergilbt und ganz abstirbt, bleiben in den Töpfen nur die kleinen gelben, mit schuppigen Niederblättern besetzten Rhizome zurück. Diese hebt man am besten im alten Erdballen auf, indem man die Töpfe völlig trocken hält und bei 16 bis 18° unter der Stellage eines warmen Hauses überwintert. Im Februar bis März wird die alte Erde ausgeschüttelt, die Schuppenrhizome gesammelt und zu 8 bis 12 in 10 bis 12 cm große Töpfe so in frische Erde gelegt, daß sie 1 bis 2 cm damit bedeckt sind. Einheitserde eignet sich für sie, ebenso aber eine Mischung aus alter Lauberde mit Torfmull und etwas Sand. Bei einer Wärme von 18 bis 20° beginnen sie bald auszutreiben. Merkwürdigerweise treiben frische Rhizome mancher Sorten bei 20 bis 25° nicht aus, wohl aber bei 15° oder 30°. Hoch werdende Arten müssen gestäbelt werden, bei niedrigen Sorten ist dies nicht nötig. Ende Mai, Anfang Juni erscheinen die ersten Blüten. Direkte Sonne vertragen sie wie die meisten anderen Gesneriaceen nicht. Sie sind also zu schattieren, dabei aber recht hell zu halten.

Vermehrung durch Aussaat ist nur bei Neuzüchtungen üblich, sonst ist die durch Schuppenrhizome für den Liebhaber völlig ausreichend. Auch Stecklingsvermehrung ist möglich. Nach ihrer Bewurzelung werden je 6 Stecklinge in einen 11 cm großen Topf gepflanzt. Durch diese Art der Vermehrung erhält man später blühende Pflanzen, die sehr ebenmäßig gewachsen sind und von denen jeder Trieb Blüten bringt.

Gloxinia L'Hérit.
(Benjamin Peter Gloxin, gestorben 1784, Arzt und botanischer Schriftsteller in Kolmar. Posthum erschien 1785 »Observationes botanicae«)

Im Gegensatz zu den Gartengloxinien (*Sinningia*) ausläuferbildende Kräuter mit schuppigen Rhizomen und an der Basis unterseits ausgesackter Kronröhre. 6 südamerikanische Arten.

G. perennis (L.) Fritsch. Sie ist verbreitet von Kolumbien bis Brasilien und Peru und bildet bis 70 cm hohe, fleischige Stengel, 10 × 7 cm große, oberseits glänzendgrüne Blätter und große, bis 3 cm breite, in achselständigen Ähren sitzende Blüten. Die Krone ist glockig, purpurblau und duftet ganz ausgeprägt nach Pfefferminz. 1739 eingeführt.
Eine leider selten gewordene Pflanze, die hier und da noch in botanischen Sammlungen gezogen wird, im Kreise der Liebhaber aber durchaus wieder eine weitere Verbreitung verdient.
Vermehrung und Pflege gleichen völlig der von *Achimenes*, nur sollte die Erde sehr grobfaserig oder grobbrockig sein und die Wärme nicht unter 20° fallen, besonders im Herbst, wenn die Blüten gebildet werden. Außer durch Rhizome ist die Vermehrung durch krautige Stecklinge nicht schwierig, natürlich nur im geschlossenen Warmbeet.

G. sylvatica (H.B.K.) Wiehler (*Seemannia sylvatica* (H.B.K.) Hanst., *S. latifolia* Fritsch) kommt aus Bolivien und Peru. Sie wird bis 60 cm hoch und hat gegenständige oder in Quirlen zu 3 bis 5 sitzende, etwa 10 bis 12 × 3 cm große eiförmig-elliptische, graugrüne, behaarte, unterseits stark geaderte Blätter. Ihre Blüten erscheinen zu 1 bis 2 in den Blattachseln. Sie sind langgestielt, die etwas bauchige Röhre 2 bis 3 cm lang, samtig, orange bis rot, selten gelb. Von Juli bis Oktober erscheinen sie in großer Fülle. Um 1965 aus den USA kommend bei uns eingeführt.

Vermehrung leicht durch Stecklinge oder Schuppenrhizome. Kultur im Warmhaus unter leichtem Schatten in TKS 2 in nicht zu kleinen Gefäßen, am besten geräumigen Topfschalen, da aus den flach unter der Erdoberfläche sitzenden Schuppenrhizomen sich dauernd neue Triebe entwickeln. Diese sind bei älteren Pflanzen zu stäbeln. Auch im warmen Zimmer wächst diese schöne, 3 bis 4 Monate lang blühende Pflanze recht gut. Um gleich eine volle Pflanze zu haben, setzt man 3 bis 5 der bewurzelten Stecklinge in den Topf. Winter- oder Frühlingsstecklinge blühen bereits im Sommer desselben Jahres.

Koellikeria Regel
(Rudolf Albert von Koelliker, 1817–1905, Schweizer Anatom und Zoologe, Professor in Würzburg)

Eine *Achimenes* nahestehende Gattung mit nur 3 süd- und mittelamerikanischen Arten, die sich von *Achimenes* durch die in endständigen Trauben erscheinenden Blüten unterscheiden.

K.erinoides (DC.) Mansf. (*K.argyrostigma* (Hook.) Regel) ist verbreitet von Argentinien bis Costa Rica, wo sie an feuchten Fels- oder Erdwänden, an schattigen steilen Abhängen in Höhen von 1300 bis 1700 m wächst. Im Gegensatz zu *Achimenes* hat sie einen nur kurzen Stengel, der fast rosettenartig ist. Die Blätter erreichen eine Größe von 10 × 6 cm, sind aber meistens kleiner, rauh behaart, grün und silberweiß gepunktet. Die Blüten sind klein und unscheinbar. Ein dem Liebhaber zu empfehlendes, hübsches Pflänzchen, das wie *Achimenes* behandelt wird und wie diese im Herbst einzieht. 1845 eingeführt.

Kohleria Regel
(Michael Kohler, 19. Jahrhundert, Lehrer der Naturwissenschaften in Zürich)

Von Mexiko bis Bolivien kommen mehr als 50 verschiedene Arten kleiner Sträucher und ausläufertreibender Kräuter vor. Ihre weichfilzigen Blätter sind gegenständig, ihre Blüten achselständig und einzeln, gebüschelt oder fast doldig oder aber eine endständige Traube bildend. Sie sind meist groß, auffallend gefärbt und oft schön gezeichnet.

Reine Arten werden kaum noch gezogen, sondern nur verschiedene aus Kreuzungen hervorgegangene Sortengruppen, wie *Kohleria*-Amabilis-Hybriden, *K.*-Bogotensis-Hybriden, *K.*-Eriantha-Hybriden. In Deutschland sind sie selten geworden, in den USA dagegen werden sie häufig gezogen, auch neue Züchtungen erscheinen dort. Vor 1914 waren sie auch bei uns verbreitet. Man kannte sie damals unter den Namen »Isoloma« und »Tydaea«. Von den damaligen Züchtungen existieren wohl keine mehr.

Kohleria-Hybriden sind deshalb so zu empfehlen, weil sie ununterbrochen von Juni bis in den September hinein blühen. Dabei bereitet ihre Pflege keinerlei Schwierigkeiten.

Sie werden ähnlich behandelt wie *Achimenes*. Lediglich darf man sie im Winter nicht ganz so trocken halten. Nach Möglichkeit sollen sie auch dann das Laub behalten. Die Vermehrung erfolgt durch Aussaat im Januar. Diese Sämlinge blühen noch im Sommer des gleichen Jahres. Früher als Sämlinge blühen aus Schuppenrhizomen erzogene Pflanzen, noch früher als diese aus Herbststecklingen gezogene. Man sieht daraus, wie viele Monate des Jahres man eine blühende Pflanze haben kann. Der Liebhaber sollte sich deshalb der drei verschiedenen Vermehrungsarten bedienen.

Sinningia Nees (einschließlich *Rechsteineria* Regel)
(Wilhelm Sinning, 1794–1874, Universitätsgärtner in Bonn)

Von den mehr als 75 Arten knollentragender Stauden und kleiner Sträucher, deren Vorkommen sich von Mexiko bis Argentinien und Brasilien erstreckt, ist *S.speciosa* als Vorfahr unserer Gartengloxinien die wichtigste. Ebenso ist die nahe verwandte *S.reginae* an deren Entstehung beteiligt. Auch andere hier und da in botanischen

Sinningia speciosa

Sammlungen gezogene Arten, wie *S. barbata* (Nees et Mart.) Nichols. und *S. eumorpha* H.E. Moore, beide aus Brasilien, sind schön. Interessant ist die winzige *S. pusilla*.

S. cardinalis (Lehm.) H.E. Moore (*Gesneria cardinalis* Lehm., *Rechsteineria cardinalis* (Lehm.) O. Kuntze) ist in Brasilien zu Hause. Knollenpflanzen blühen im Winter und Frühling, Sämlingspflanzen von Juli bis August. Aus der großen braunen Knolle entwickelt sich eine samtig behaarte Pflanze mit 20 bis 30 cm hohen Stengeln und in den oberen Blattachseln erscheinenden, samtigen, leuchtendroten, bis 7 cm langen Blüten. Um 1850 in Deutschland eingeführt.
Auch andere der meist noch unter *Rechsteineria* geführten Arten sind kulturwert, vor allem für den Liebhaber, so ihrer schneeweiß behaarten Blätter wegen

S. canescens (Mart.) Wiehler (*Rechsteineria leucotricha* Hoehne, *S. leucotricha* (Hoehne) H.E. Moore), die an steilen Felsen eines Wasserfalles im brasilianischen Staat Parana vorkam, heute aber dort ausgerottet sein soll. Die ganze niedrige Pflanze ist silberweiß behaart. Ihre im Frühling und Sommer erscheinenden achsel- oder endständigen Blütenschäfte tragen 3 bis 5 salmrote oder rosafarbene, nicht allzu haltbare Blüten von etwa 3 cm Länge. Um 1955 eingeführt.

S. pusilla (Mart.) Baill. aus Brasilien blüht vom frühen Frühling bis in den Sommer hinein, manchmal auch zu anderen Jahreszeiten. Sie ist ein winziges, nur 2,5 cm hohes Pflänzchen mit rundlichen, bis 1,2 cm langen Blättern und einzeln auf dünnen Stielen stehenden 1,2 cm langen blauvioletten Blüten mit weißem Schlund. Wahrscheinlich nach 1900 eingeführt.
Dieses reizende kleine Pflänzchen pflanzt man am besten zu 20 bis 30 in kleine Schalen und hält es im feuchten und schattigen Warmhaus. Im Herbst ziehen die Pflänzchen ein. Die Schalen werden nicht ganz trocken gehalten, sondern vielmehr ganz mäßig weitergegossen. Nach kräftigem Angießen treiben sie dann wieder aus. Vermehrung durch Aussaat ist nicht schwierig, zumals stets reichlich Samen angesetzt wird.

S. regina Sprague ist der nächsten Art sehr ähnlich. Ihre besondere Schönheit liegt in den braunroten, samtig behaarten Blättern mit den auffallenden weißen Nerven. Die langgestielten, nickenden Blüten sind violett und haben einen mattgelblichen, purpurn gefleckten Mittelstreif. 1903 eingeführt.

S. speciosa (Lodd.) Hiern, in Südbrasilien an feuchten, felsigen Hängen vorkommend, ist der Vorfahr unserer Gartengloxinien, denen sie auch heute noch im Habitus gleicht. Wie bei der vorigen Art hängen auch bei ihr die fast glockigen, 4 cm langen und 2,5 bis 6 cm breiten, violettblauen Blüten. 1815 in England eingeführt.
Diese Art ist sehr schön und sollte gerade auch von Liebhabern gezogen werden, die bei Kreuzungen mit andersfarbigen Gartengloxinien hübsche Nachfahren mit immer noch hängenden, aber außer violetten auch roten und weißen Blüten erzielen.

»Gloxinien« werden von Gärtnern aus Samen gezogen. Es gibt heute eine Anzahl verschiedener Rassen und Sorten. Am verbreitetsten sind diejenigen mit roten Blüten, daneben solche mit violetten, weißen und zweifarbigen. Die Anzucht aus Samen im kleinen Gewächshaus lohnt sich im allgemeinen nicht. Die wenigen Pflanzen, die man dort ziehen will, kaufe man als Knollen oder fertige Pflanzen in der Gärtnerei oder im Geschäft. Letztere aber werfe man nach dem Abblühen nicht fort, sondern behalte sie. Langsam gießt man sie immer weniger, bis die Blätter gelb geworden sind und abfallen. Dann hebt man die Knolle in ihrem Topf auf, ohne zu gießen, und stellt sie an einen trockenen Platz bei 14 bis 16°. Im Januar bis Februar wird die Knolle aus dem Topf genommen, Erde und Wurzeln entfernt, danach wieder in den alten Topf in Einheitserde oder TKS 2 eingepflanzt, und zwar so, daß die Knolle 2 bis 3 cm mit Erde bedeckt ist. Nach dem Einpflanzen wird nur wenig gegossen, erst mit steigendem Wachstum müssen auch die Wassergaben zunehmen, doch hüte man sich stets davor, die Erde zu naß zu halten. Der Stand im Hause sei hell, die Luft feucht, bei warmem Wetter muß gelüftet werden, bei Sonne schattiert. Die Wärme betrage 18 bis 20°. Bei sachgemäßer Behandlung kann eine Gloxinienknolle Jahrzehnte alt werden. *S. regina* und *S. speciosa* werden wie Gartengloxinien behandelt. *S. cardinalis*, *S. canescens* und verwandte Arten sind im allgemeinen durch Aussaat im Januar bis Februar zu vermehren. Die Sämlinge werden hell, aber vor Sonne geschützt bei 20 bis 22° weiter gezogen und bei genügender Erstarkung wie Gartengloxinien kultiviert. Dem gerne experimentierenden Liebhaber, der seinen Bestand nur durch wenige Pflanzen vermehren will, sei geraten, durch

Smithiantha-Zebrina-Hybride

Blattstecklinge zu vermehren. Dazu werden gesunde Blätter mit einem Auge zusammen abgetrennt und im warmen Vermehrungsbeet in Sand gesteckt. Ebenso kann man nicht zu junge Blätter abschneiden, die Mittelrippe überall dort durchschneiden, wo ein Seitennerv von ihr abgeht, und dann das ganze Blatt flach auf Sand ins Vermehrungsbeet legen. Nach 6 bis 8 Wochen haben sich an den Schnittstellen kleine Knöllchen mit Wurzeln und Augen entwickelt. Die Knollen auch dieser Arten können alt und sehr umfangreich werden. Nach dem Vergilben des Laubes sind sie trocken bei Temperaturen nicht unter 14° zu überwintern und dann wieder in Töpfe mit neuer Erde zu legen, wenn der neue Trieb sich zeigt, also bei *S. cardinalis* meist um die Jahreswende. Der Austrieb und die Knospen dürfen nicht mit Erde bedeckt werden. Die weitere Pflege gleicht völlig der der Gartengloxinien.

Smithiantha O. Kuntze
(Matilda Smith, 1854–1926, Pflanzenzeichnerin in Kew Gardens, griech. *anthos* = Blüte)

Bei den 8 in Mexiko und dem angrenzenden Guatemala in den Gebirgen vorkommenden Arten sind Blätter und Blüten gleich ansehnlich. Die Blüten erscheinen in endständiger, blattloser Traube.

252 Gesneriaceae

Gloxinia sylvatica

ist bei *Smithiantha* länger als bei *Achimenes* und den meisten der anderen oben geschilderten Gattungen. Im allgemeinen erscheinen die Blüten erst von Ende Juli, Anfang August an.

2. Sonstige strauch- oder krautförmige Arten ohne Knollen oder Schuppenrhizome

Aeschynanthus Jack
(griech. *aischynesthai* = sich schämen, *anthos* = Blüte)

Die mehr als 100 im indomalesischen Raum, in Indien und in Südchina heimischen Arten sind kletternde oder wurzelnde, immergrüne Sträucher oder Halbsträucher, häufig als Epiphyten wachsend. Ihre Blätter sind fleischig oder ledrig und gegenständig, die Blüten end- oder achselständig und meist in Büscheln oder Trugdolden, selten einzeln stehend. Sie sind

Kohleria eriantha

Reine Arten werden selten gezogen, dagegen eine Reihe schöner Hybriden, hervorgegangen aus Kreuzungen von *S. cinnabarina* (Lind.) O. Kuntze, 1855 in Belgien eingeführt, *S. multiflora* (Martens et Gal.) Fritsch, 1842 in Belgien eingeführt und *S. zebrina* (Paxt.) O. Kuntze, 1840 in Belgien eingeführt. Alle sind prächtige Blatt- und Blütenpflanzen, die über viele Wochen hinweg blühen. Sie können als leichtwachsende und reichblühende Warmhauspflanzen, die sich auch eine Zeitlang im Zimmer halten, gar nicht genug empfohlen werden. Der Gärtner zieht sie nicht gerne, da sie sich nicht gut transportieren lassen.
Die Pflege gleicht völlig der von *Achimenes*. Vermehrt wird überall dort, wo man einen größeren Satz ziehen will, durch Aussaat im Januar bis Februar. Der Liebhaber wird sich meist begnügen, die Schuppenrhizome überwinterter Pflanzen zu legen. Von ihnen kommen aber nur 3 bis 5 in einen 9 bis 10 cm großen Topf. Nach Austrieb und Durchwurzelung wird dann in den Endtopf von 13 cm verpflanzt. Wie bei den meisten Gesneriaceen ist auch eine Vermehrung durch Blattstecklinge mög-

lich. Am besten wurzeln hier aber solche ohne Stiel. Diese Vermehrungsmethode wird man aber nur dort anwenden, wo man einen besonders schönen Sämling weitervermehren will. Der Zeitraum bis zur Blüte

Kohleria bogotensis

Streptocarpus-Hybride

scharlachrot, aber auch gelb und grün. Eine ganze Reihe von Arten ist in Kultur. Sie eignen sich aber nicht für Zimmerpflege, sondern nur für ein warmes Gewächshaus.

A. parasiticus (Roxb.) Wall. (*A. grandiflorus* (D. Don) Spreng.) wächst im Khasia-Gebirge in Höhen von 1000 bis 2000 m. Die ganze Pflanze ist glatt, die Stengel verzweigt, die Blätter etwa 10 × 1 cm groß. Die endständigen Blüten sitzen in Büscheln. Ihr Kelch ist fünfteilig und kürzer als die 4 bis 5 cm lange, flaumige rote Kronröhre. Der Kronsaum ist orangefarben. 1838 in England eingeführt.
Sie ist die am leichtesten zu haltende Art, vor allem weil sie mit weniger Wärme vorliebnimmt als die übrigen Arten. 14 bis 18° genügen ihr vollkommen, also eine Wärme, die bei den meisten zur Blütenbildung nicht ausreicht.

A. radicans Jack (*A. pulcher* (Bl.) G. Don) ist ein Sommerblüher aus Java mit hängenden Zweigen und kleinen, etwa 6 × 1 bis 2 cm großen, ledrigen Blättern. Die Blüten erscheinen in endständigen Büscheln. Der Blütenstandsstiel ist zweiblütig. Der Kelch grünlichgelb, an der Spitze oft gerötet. Die 4 bis 6 cm lange Krone ist außen glatt, scharlachrot, im Schlunde gelb gezeichnet. 1845 in England eingeführt.

A. speciosus Hook., in Gebirgen Javas, Borneos und der Malaien vorkommend, bildet bis 60 cm lange Stengel und 7 bis 10 × 2,5 bis 3,5 cm große Blätter, die unterhalb der achsel- und endständigen Blütenbüschel zu 4 bis 5 gebüschelt sind. Die Blütenbüschel sind aus 6 bis 12 Blüten zusammengesetzt. Ihre Krone ist 7 bis 10 cm lang, flaumig, orangerot, an der Mündung scharlachrot und auf jedem Abschnitt mit einem schwarzen Fleck. 1846 in England eingeführt.

Außer den obengenannten Arten finden sich in botanischen Sammlungen ab und zu noch **A. boscheanus** de Vriese, Sumatra, 1844 eingeführt, **A. marmoratus** T. Moore, Burma, Thailand, Malakka, 1882 eingeführt, **A. tricolor** Hook., Borneo, 1857 eingeführt, und der häufig gezogene **A. × splendidus** T. Moore (*A. parasiticus* × *A. speciosus*).

Außerdem gibt es eine Reihe schöner Hybriden, von denen die zunächst aufrecht, später leicht überhängende im August blühende Sorte 'Schlatters Koralle' besonders zu empfehlen ist.

Aeschynanthus speciosus

Vermehrung und Pflege gleichen derjenigen von *Columnea*. *A. parasiticus* ist insofern die dankbarste Art, weil er noch mit Temperaturen von 14 bis 18° vorliebnimmt und dabei auch reich blüht. Die anderen Arten dagegen verlangen eine Wärme über 22°, wenn sie Blüten ausbilden sollen. Bei geringerer Wärme wachsen sie zwar auch, blühen aber nur wenig oder gar nicht.

Alloplectus Mart.
(griech. *allos* = anders, *plectos* = geflochten)

Eine vielgestaltige, etwa 50 bis 70 Arten umfassende Gattung, die sowohl aufrechte und niederliegende Sträucher und Halbsträucher, zum Teil epiphytisch lebend, als auch Kletterpflanzen umfaßt. Ihre Heimat liegt im tropischen Amerika. Der fünfteilige Kelch hat große, gefärbte, meist rote Abschnitte. Die Blüten sind gelb oder rot. Die Frucht ist eine beerenartige, zuweilen zweiklappig aufspringende Kapsel. In Kultur sind nur wenige Arten.

A. capitatus Hook. aus den Anden Venezuelas und Kolumbiens hat kräftige, bis 80 cm hohe, vierkantige Stengel, gegenständige, eirunde, 15 bis 20 × 6 bis 10 cm große, gezähnte, rauhe, grüne, unterseits behaarte Blätter mit roten Stielen. Auffallend ist der große, blutrote Kelch mit kappenförmigen, zurückgeschlagenen Abschnitten. Die seidenhaarige Krone ist gelb. Die kopfförmigen Blütenstände sind achselständig. 1847 in Belgien eingeführt.

A. schlimii Planch. et Lind. wächst in den Anden Kolumbiens und Venezuelas in Höhen von 1300 bis 1600 m. Er bildet einen aufrechten, verzweigten, 30 bis 40 cm hohen Busch mit 6 bis 8 × 10 bis 15 cm großen Blättern. Diese sind kurz behaart, rötlichgrün, unterseits amarantrot. Die Blüten erscheinen zu 1 bis 4 in den Blattachseln, haben behaarte Stiele, einen auffallenden roten Kelch und aufrechte, dichtbehaarte gelbe Kronen mit rotem Schlund. 1851 eingeführt, erneut 1946 in den USA.

A. vittatus Lind. et André kommt in Ostperu vor. Sie wird bis 60 cm hoch und ähnelt im Habitus *A. capitatus*, doch sind die Blätter mit breiten, silbrig-grünen Bändern entlang des Mittelnervs und am Grunde der Seitennerven gezeichnet. Sie sind oberseits rauhhaarig, unterseits weichhaarig und rot. Die Blüten stehen am Ende des Stengels gebüschelt in den Blattachseln. Sie haben blattartige rote Deckblätter. Ihr Kelch ist karminrot, die Krone gelblich, die Früchte bei der Reife schwärzlich. 1865 eingeführt.

Samen wird reichlich angesetzt. Bei Aussaat im Januar hat man bis zum Juli vollentwickelte und blühende Pflanzen. Stecklinge wurzeln bei 25 bis 30° in kurzer Zeit. Weiterkultur im schattigen, feuchten Warmhaus, in Einheitserde oder einer brockig humosen Mischung. Man läßt die Pflanzen ungestutzt wachsen und wirft sie nach der Samenbildung fort, da ältere Pflanzen unansehnlich werden.

Chirita Buch.-Ham. ex D. Don
(wahrscheinlich auf einen altindischen Pflanzennamen zurückgehend)

Etwa 90 Arten behaarter, selten kahler Kräuter mit sehr fleischigem, dickem Stengel und gegen- bis wechselständigen Blättern. Die Blüten sind fast zweilippig. Das Verbreitungsgebiet erstreckt sich über Ceylon, Indien und den Malaiischen Archipel mit einem Schwerpunkt in den Gebirgen Nordindiens. In botanischen Sammlungen sind sie fast stets vertreten, doch seien sie auch dem Liebhaber merkwürdiger Pflanzen empfohlen, besonders ihrer auffallenden hellgrünen Belaubung, des eigenartigen Wuchses und der zwar nicht auffallenden, aber doch hübschen Blüten wegen. Viele Arten werden einjährig gezogen:
Chirita barbata Sprague, Indien, Malayischer Archipel, **C.hamosa** (Wall.) R.Br., Indien, Burma, **C.horsfieldii** R.Br., Java, **C.lavandulacea** Stapf, Malayischer Archipel, **C.pumila** D. Don, Himalaja, alle mit hell- oder dunkelblauen Blüten, und die seit einigen Jahren häufiger gezogene **C.micromusa** B.L. Burtt aus Thailand mit gelben Blüten. Auch andere Arten tauchen hin und wieder auf, häufig sind sie aber nicht echt und entpuppen sich als eine der obengenannten.
Alle werden im Januar im Warmhaus ausgesät und wie Gartengloxinien oder *Streptocarpus* behandelt. Wie diese wachsen sie sowohl in Einheitserde als auch in einer Mischung aus alter, grober Lauberde und Torfmull oder -streu. Von Juni, Juli bis zum Oktober blühen sie. Während dieser Zeit sind sie etwas kühler, etwa bei 16 bis 18°, und luftiger zu halten. Nach dem Abblühen vergesse man nicht, genügend Samen zu sammeln, ehe man sie fortwirft.

Columnea L.
(Fabio Colonna, latinisiert Columna, 1567–1640, italienischer Botaniker)

In feuchten Wäldern des tropischen Amerikas kommen etwa 200 Arten vor. Sie wachsen dort meist als epiphytische Sträucher, Halbsträucher oder immergrüne Kräuter, kletternd, hängend oder kriechend. Ihre Blätter sind gegenständig, häufig ist das eine Blatt des Paares größer als

Columnea teuscheri

das andere. Die Blüten stehen einzeln oder zu mehreren in den Blattachseln, sie sind rot oder gelb und oft sehr ansehnlich. Häufig hat die Kronröhre einen auffallend ungleichen Saum. Die Frucht ist eine im Kelch eingeschlossene, meist weiße Beere. Für den Liebhaber sind fast alle Arten kulturwert und würdig, gesammelt zu werden. Von hier nicht näher beschriebenen Arten sind neben vielen anderen folgende sehr zu empfehlen:
C.crassifolia Brongn., Mexiko, Guatemala, 1843 eingeführt, ebenso mehrfach nach 1950, **C.glabra** Oerst., Costa Rica, **C.lepidocaula** Hanst., Costa Rica, nach 1865, **C.illepida** H.E. Moore, Panama, **C.linearis** Oerst., Costa Rica, **C.linearis** Oerst., Costa Rica, **C.nicaraguensis** Oerst., Nicaragua, Panama, **C.percrassa** C.V. Morton, Panama, **C.sanguinea** (Pers.) Hanst., Westindien, **C.schiedeana** Schlechtend., Ostmexiko, 1840, **C.tulae** Urb. 'Flava', Haiti, Puerto Rico, 1928 in den USA, **C.verecunda** C.V. Morton, Costa Rica, 1938 in den USA eingeführt.

C.allenii C.V. Morton aus Gebirgswäldern Panamas blüht im Spätsommer und Herbst. Sie hat hängende Stengel, dunkelgrüne, kahle, glänzende, etwa 1,8 × 1,2 cm große Blätter. Die Blüten erscheinen einzeln an rot behaarten Stielen in den Blattachseln. Ihre Krone ist behaart, zweilippig, rot, im Schlunde gelb, 6,8 bis 7,5 cm lang, mit 2,5 cm langer Röhre. 1947 in den USA eingeführt.

C.arguta C.V. Morton stammt aus der gleichen Heimat. Sie hat hängende, bis 150 cm lange, in der Jugend dicht rot behaarte Stengel und wie die vorige sehr dicht stehende, lang zugespitzte, nur am Rande mit kurzen roten Haaren gesäumte Blätter. Die Blüten erscheinen im Oktober. Ihre Krone ist leicht behaart, orangerot, im Schlunde gelb, zweilippig und etwa 6 cm lang. 1947 in USA eingeführt.

C. × banksii Lynch (*C.oerstediana* × *C.schiedeana*) ist eine weitverbreitete Hybride mit lang herabhängenden Stengeln, kleinen, glänzenden, oben dunkelgrünen, unten rötlichen Blättern und großen, rötlich-orangefarbenen Blüten mit schwachen gelben Streifen im Rachen. Ihre Blütezeit liegt im Frühjahr. 1918 in England entstanden.

C.gloriosa Sprague (*C.gloriosa* var. *superba* hort.) aus Costa Rica blüht im Winter und Frühling. Sie ähnelt *C.hirta*, doch hängen ihre Stengel schlaff herunter, die Blätter sind kleiner, grün oder bei der Sorte 'Purpurea' bronzerot und dicht behaart. Die Krone ist scharlachrot, die Kronröhre unten und am Grunde der Kronunterlippe mit gelbem Fleck. 1905 in den USA eingeführt.

Ähnlich ist **C.oerstediana** Klotzsch ex Oerst., aber mit fast kahlen, glänzenden Blättern und 7 cm langen, braunroten Blüten. 1912 eingeführt.

Sinningia canescens

C. hirta Klotzsch et Hanst., ebenfalls aus Costa Rica, blüht vom Spätwinter bis zum Frühjahr. Ihre Stengel kriechen und wurzeln an den Knoten oder hängen, sind dabei aber nicht schlaff. Die ganze Pflanze ist kurz-steifhaarig, die Blätter sind elliptisch-länglich, etwa 3 bis 4 × 1 cm groß. Ihre Blüten stehen einzeln in den Blattachseln, sind sehr groß und denen von *C. gloriosa* ähnlich, zinnoberrot, ohne oder nur mit kleinem gelben Fleck. Ihre Länge beträgt 8 bis 10 cm. 1900 eingeführt.

Alloplectus capitatus

Aeschynanthus tricolor

C. microphylla Klotzsch et Hanst. aus Costa Rica blüht vom Frühling bis in den Sommer. Die Stengel hängen und sind dicht mit fast runden, am Grunde herzförmigen, nur 6 bis 12 mm langen und breiten Blättern besetzt, die mit rötlichen, am Grunde weißen Haaren bedeckt sind. Die Blüten sind orange-scharlachfarben, stehen einzeln in den Blattachseln und ähneln denen von *C. gloriosa*. 1881, erneut 1925 eingeführt.

C. teuscheri (C. V. Morton) H. E. Moore (*Trichantha teuscheri* C. V. Morton), eine Art aus Ekuador, ist eine immer noch seltene Pflanze, die aber so eigenartige Blüten hat, daß keiner, der sie einmal gesehen hat, sie mehr missen möchte. Die dünnen, verzweigten Stengel hängen lang herunter, von den gegenständigen Blättern ist eines jeweils so klein, daß man es kaum bemerkt. Die Blüten stehen einzeln oder in Büscheln in den Blattachseln. Sie sind langgestielt, wie die ganze Pflanze behaart, röhrenförmig und dunkelviolett. Am eigenartigsten sind die gefiederten, rot behaarten Kelchblätter.

Neben den reinen Arten gibt es eine Reihe sehr schöner Hybriden, darunter auch gelbblütige. Vor allem in den USA wird eifrig gezüchtet, wie ja überhaupt die Gesnerien-Liebhaberei dort einen weit größeren Kreis von Liebhabern umfaßt als bei uns. Sie sind zusammengeschlossen in »The American Gloxinia Society, Inc.«, die auch das Internationale Gesnerien-Register führt, in dem sämtliche in den Handel kommende und in Kultur befindliche neue Arten und Sorten registriert werden. Registrator ist Paul Arnold, 26 Hotchkiss Street, Binghampton, N. Y., USA, mit dem man auch wegen der Mitgliedschaft in dieser Gesellschaft, die eine wertvolle Zeitschrift herausgibt, in Verbindung treten kann. In dem die Gattung *Columnea* umfassenden »Gesneriad Register 1966« werden mehr als 100 Sorten aufgeführt und beschrieben.

Zur Vermehrung werden die Stengel in etwa 5 cm lange Stücke geschnitten und diese dann zu 6 bis 8 um den Rand eines

7 cm großen Topfes in eine Mischung aus Torfmull und Sand gesteckt. Ins Vermehrungsbeet gestellt, wurzeln sie bei einer Wärme von 20 bis 25° in 2 bis 3 Wochen. Sie werden dann in größere Töpfe in eine Mischung aus grober Laub- oder Heideerde mit Zusatz von Sphagnum, Holzkohlenstückchen oder Styromull gepflanzt. Wichtig ist, daß die Mischung sehr grob und luftdurchlässig ist (Epiphyten!). Auch in Einheitserde oder in TKS wachsen sie. Darauf werden sie aufgehängt, da die Stengel vieler, ja der meisten Arten herunterhängen. Während des größten Teiles des Jahres sollen sie bei 18 bis 22° im feuchten und schattigen Warmhaus hängen. Nur im Dezember und Januar muß es kühler sein, 12 bis 15° genügen dann vollständig, denn etwas kühlere Temperaturen und weniger Gießen bewirken erst den reichen Blütenansatz. Bei gleichmäßig hoher Wärme das ganze Jahr hindurch wird man vergeblich auf reiches Blühen warten.

Conandron Sieb. et Zucc.
(griech. *konos* = Kegel, *aner*, *andros* = Mann)

Im Habitus ähnelt *Conandron* einer *Ramonda*, doch sind ihre Blätter nicht immergrün. Abweichend von den meisten Gesneriaceen haben die Blüten 5 Staubblätter, deren Staubbeutel mit ihren Anhängseln zu einer den Griffel umschließenden Röhre verwachsen sind. Die einzige Art,

C. ramondioides Sieb. et Zucc. wächst in Gebirgen Japans und Taiwans an steilen Felsen und Felswänden. Sie hat ein fleischiges, braun behaartes Rhizom, an dem die großen, dem Boden eng angepreßten Blätter sitzen. Der Blütenschaft wird 10 bis 15 cm hoch und trägt viele gestielte Blüten, deren Krone weißlich-lila ist und am Grunde 5 orangerote Flecken hat. 1879 eingeführt.

Diese seltene, aber sehr empfehlenswerte kleine Art wird im Kalthaus bei 5 bis 10° überwintert. Nach dem Absterben der Blätter im Spätherbst wird nur soviel gegossen, daß die Erde nicht ganz austrocknet, sondern eine geringe, aber stets gleichmäßige Feuchtigkeit aufweist. Im Februar bis März erscheinen die neuen Blätter und im Mai bis Juni die Blüten. Man kann sie nun im Kalthaus weiterpflegen, noch besser aber in einen kalten Kasten unter Glas setzen, in dem gleichmäßige Luftfeuchtigkeit und Schatten herrschen. Da sie nur flach wurzeln, setze man sie in Schalen, am besten in alte Lauberde mit Zusatz von

Columnea gloriosa

mildem Lehm (Maulwurfshügelerde entsprechender Wiesen!) und Sand, bei guter Drainage. Für das Alpinenhaus sind sie versuchswert, wenn sie dort absonnig gepflanzt werden können. Bei strengem Einhalten ihrer Ruhezeit werden sie dort zumindest eine Reihe von Jahren am Leben bleiben, vor allem dann, wenn man sie im Winter mit einer Schicht Styromull bedeckt. Doch hüte man sich vor Schnecken, die sich gerne an ihnen gütlich tun. Die Wurzeln sind übrigens nicht langlebig. In jedem Winter sterben wohl die meisten von ihnen ab. Vermehrt wird durch Teilung der dicken Rhizome und durch Aussaat. Samen aber wird nur nach künstlicher Bestäubung angesetzt.

Episcia Mart.
(griech. *episkios* = beschattet)

Etwa 35 Arten flaumiger, zottiger, seltener kahler, ausläufertreibender Kräuter mit kurzem dickem Mittelstengel sind von Brasilien bis zu den Antillen und Mexiko verbreitet. Ihre Blätter sind gegenständig, gleich- oder ungleichpaarig, die Blüten achselständig, einzeln oder gebündelt, weißlich, bläulich oder scharlachfarben.

E. cupreata (Hook.) Hanst. wächst in Kolumbien an feuchten Ufern. Ihre kriechenden Stengel sind verzweigt und wurzeln an den Knoten. Der Hauptstamm wächst wie bei den anderen hier beschriebenen Arten einige Zentimeter aufrecht in die Höhe und trägt die größten Blätter und Blüten. Die elliptischen, ovalen oder rundlich-ovalen Blätter sind 13 × 8 bis 9 cm groß, oberseits sehr runzlig, zottig-rauhhaarig, bräunlich bis kupferfarben, in der Mitte mit einem bis zentimeterbreiten, weißlichrosafarbenen Bande. Die Blüten sind etwa 1,5 bis 2 cm breit und fast ebenso lang, dabei feurig scharlachrot. 1845 in England eingeführt.
Außer der Art gibt es eine Fülle schöner, in der Blattfärbung voneinander abweichender Sorten, so 'Metallica', 'Tropical Topaz', 'Variegata'.

E. dianthiflora H.E. Moore et R.G. Wils. (*Alsobia dianthiflora* (H.E. Moore et R.G. Wils.) Wiehler) stammt aus Mexiko und Costa Rica. Sie ist ein niedriges, ausläufertreibendes Kraut mit eirunden, gekerbten, etwa 3,5 × 3 cm großen, grünen Blättern. Ihre Blüten stehen an 7 bis 8 cm langen Stielen in den Blattachseln. Ihre Krone ist weiß, die 2,5 bis 3 cm lange Röhre innen undeutlich gefleckt, ihr Saum gefranst und gewimpert. 1950 in USA eingeführt.

E. lilacina Hanst., von Panama bis Nicaragua vorkommend, gleicht im Habitus der vorigen Art, hat aber grüne oder rote Ausläufer, elliptische bis eiförmige, 2,5 bis 10 × 2,5 bis 6 cm große, gleichmäßig runzlige, behaarte Blätter, die bräunlich- oder rötlichgrün gefärbt sind und bisweilen einen smaragdgrünen Mittelstreifen haben. Die Blüten erscheinen zu 1 bis 4 an 2 bis 3 cm langen Stielen. Ihre Röhre ist weiß, schmal, etwa 2,5 bis 3,5 cm lang und am Grunde gespornt. Der gezähnelte Saum ist unterseits weiß, oberseits blaßviolett oder lavendelblau mit einem blaßgelben Streifen am Grund. 1867 in England eingeführt.

E. reptans Mart. (*E. fulgida* (Lind.) Hook.f.) findet sich in Brasilien, Kolumbien und Surinam. Sie ähnelt *E. cupreata*, ist aber im ganzen etwas kleiner, hat kürzere Blattstiele und dunkelolivgrüne oder braune Blätter mit silbergrünem Mittelnerv und Seitennerven, die ebenfalls, aber nur auf die Hälfte oder zwei Drittel ihrer Länge silbriggrün sind. Die Oberfläche ist kraus und uneben. Die Blüten sind bis 3,5 cm lang und bis 2,5 cm breit, innen rosa, außen rot. 1872 in England eingeführt.

Vermehrt wird durch abgetrennte Ausläufer und durch Stecklinge. Im warmen Beet wurzeln sie das ganze Jahr hindurch bei 20 bis 25° Boden- und Luftwärme. Die hier genannten Arten und Sorten sind reizende Blatt- und Blütenpflanzen für das schattige Warmhaus. Sie können sowohl als Bodendecke ausgepflanzt gezogen werden als auch in Topf, Schale oder Ampel. Sie brauchen Schatten, hohe Luftfeuchtigkeit und eine ähnliche Erde wie *Columnea*, außerdem eine Wärme, die auch im Winter nicht unter 18° sinkt, während der warmen Jahreszeit aber darüber liegen sollte.

Gesneria L.
(Konrad Gessner, 1516–1565, Universalgelehrter, Arzt, Zoologe, Botaniker und Schriftsteller in Zürich)

Von den 50 bis 60 Arten, deren Verbreitungsgebiet vor allem in Westindien liegt – nur wenige Arten wachsen in Mittelamerika und Kolumbien – werden nur einige Arten in botanischen Gärten gezogen. Es sind dies kleine Kräuter oder Halbsträucher mit an den Zweigspitzen sitzenden oder an kurzen Stengeln zusammengedrängten, wechselständigen Blättern und glocken- oder röhrenförmigen Blüten.

G. cubensis (Decne.) Baill., auf Kuba und Haiti heimisch, ist ein sommerblühender, immergrüner Strauch von 30 bis 50 cm Höhe mit kleinen Blättern und bis 2,5 cm langen, scharlachroten, am Grunde gelben Blüten. Um 1847 eingeführt.

G. libanensis Lind. ex C. Morr. von Ostkuba ist nur 10 cm hoch mit am Ende kurzer Zweige mehr oder weniger rosettig angeordneten Blättern und den ganzen Sommer über erscheinenden, 3 bis 4 cm langen, leuchtendroten Blüten. 1847 eingeführt.

G. ventricosa Sw. von den Kleinen Antillen ist etwas höher und weniger verzweigt als die vorige Art. Sie hat 3,5 cm lange, scharlachrote, in langgestielten Trugdolden stehende Blüten, aus denen die roten Staubblätter weit herausragen.

Da meist Samen angesetzt wird, empfiehlt sich die Vermehrung durch Aussaat am meisten, zumal Sämlinge meist schon im ersten Jahr blühen. Stecklingsvermehrung ist nicht sehr ausgiebig, doch wurzeln diese im warmen Vermehrungsbeet ohne Schwierigkeit. Man setzt mehrere Pflanzen zusammen in eine Topfschale, da nur diese im richtigen Verhältnis zu den niedrigen Pflänzchen steht. Im übrigen verlangen sie einen schattigen luftfeuchten Standort im Warmhaus bei 18 bis 20° und eine durchlässig-humose Erde wie andere Gesneriaceen auch. Da sie nur klein sind, also nur wenig Raum beanspruchen, dabei über lange Zeit hinweg reich blühen, können sie gerade dem Liebhaber warm empfohlen werden.

Nautilocalyx Lind. ex Hanst.
(griech. *nautilos* = Schiffsschnecke, *kalyx* = Kelch)

Eine kleine Gattung von nur 14 Arten, deren Verbreitungsgebiet sich von Brasilien und dem amazonischen Peru bis Kolumbien erstreckt. Meist aufrechte Kräuter mit dicken Stengeln, großen, gegenständigen Blättern und gebüschelten Blüten. Die nachfolgenden Arten sind prächtige Blattpflanzen für das feuchte Warmhaus.

N. bullatus (Lem.) Sprague aus dem Amazonasgebiet Perus wird bis 60 cm hoch. Ihre besondere Eigenart liegt in den elliptischen, 12 bis 20 × 6 bis 8 cm großen, stark runzeligen, unregelmäßig warzigen, behaarten, bronzefarben schimmernden olivgrünen Blättern, deren Unterseite rot ist. Ihre Blüten sind unauffällig blaßgelb. 1867 in Belgien eingeführt.

N. forgetii (Sprague) Sprague aus Peru hat hellgrüne, entlang der Nerven dunkler grün oder rötlich gezeichnete, am Rande gewellte Blätter. 1910 eingeführt.

N. lynchii (Hook.f.) Sprague aus Ekuador oder Peru verzweigt sich häufig am Grunde und hat mehr oder weniger rote oder bräunliche, fleischige Stengel. Ihre Blätter sind etwa 15 × 6 cm groß, elliptisch-lanzettlich, etwas fleischig, bei hellem Stand purpurrot, im Schatten glänzend dunkelgrün und nur unterseits rot. Vor 1885 eingeführt.

Vermehrt wird durch krautige Stecklinge, die im warmen, geschlossenen Vermehrungsbeet in 10 bis 14 Tagen wurzeln. Da ältere Pflanzen nicht mehr so schön sind, ziehe man jährlich junge Pflanzen heran. Die weitere Pflege erfolgt bei Schutz gegen Sonne im hellen und feuchten Warmhaus bei 18 bis 20° in Einheitserde oder brockighumoser Gesnerienerde.

Nematanthus Schrad.
(griech. *nema* = Faden, *anthos* = Blüte)

In Regenwäldern Brasiliens kommen mehr als 30 Arten vor, die dort vielfach wie andere Epiphyten an den Stämmen wachsen und klettern. Sie haben weiche, leicht überhängende Stengel. Ihre etwas fleischigen Blätter sind etwas ungleich und nur leicht behaart. Die großen roten Blüten hängen einzeln an langen dünnen, achselständigen Blütenstielen herab, eine Eigenschaft, die diese Gattung besonders auszeichnet.

N. longipes DC. blüht im Winter. Er wird etwa 40 cm hoch. Seine Blätter sind dick und fleischig, länglich und 10 × 3,5 cm groß. Die leuchtendroten, behaarten, fast röhrenförmigen, etwa 5 cm langen Blüten hängen an etwa 7 cm langen Blütenstielen. Die kurzen Kronabschnitte sind nach hinten zurückgebogen. 1841 eingeführt. Vermehrung und Pflege gleichen der von *Columnea*.

Saintpaulia H. Wendl., Usambaraveilchen
(nach Walter von Saint-Paul-Illaire, 1860–1910, zeitweilig Bezirkshauptmann von Usambara, Entdecker der Gattung, und seinem Vater Ulrich von Saint-Paul-Illaire, Fischbach/Schlesien, der die ersten Pflanzen an Wendland, Hannover, weitergab)

In Ostafrika wurden bisher etwa 21 verschiedene Arten entdeckt. Alle sind fast stengellose, niedrige, ausdauernde Kräuter mit langgestielten, häufig fleischigen und rosettenartig gestellten Blättern und violettblauen Blüten in lockeren, wenigblütigen, langgestielten Trugdolden. Charakteristisch für diese Gattung ist wie für *Streptocarpus* und *Chirita* das Vorhandensein von nur 2 fruchtbaren Staubblättern. Die großen, rundlichen Staubbeutelfächer fließen am Grunde zusammen. Der Liebhaber wird sich an allen Arten freuen, allgemeine Bedeutung hat jedoch nur die 1895 entdeckte und eingeführte

S. ionantha H. Wendl., das »Usambaraveilchen«, mit seinen unzähligen Sorten (*S.*-Ionantha-Hybriden) gefunden. Es ist so allgemein bekannt, daß sich eine nähere Beschreibung erübrigt. Noch populärer als in Deutschland ist es in den englisch sprechenden Ländern, vor allem in den USA, wo eine Gesellschaft »The African Violet Society of Amerika, Inc.« 1955 schon über 15000 Mitglieder in sich vereinigte. Seit 1936 sind in den USA über 4000 mit Namen versehene Sorten gezüchtet worden, von denen immer noch viele hundert gezogen werden. Sie unterscheiden sich in der Farbe und der Form der Blüten, ob einfach oder gefüllt, glatt- oder krausblättrig etc. In Deutschland gibt es nur wenige Sorten, darunter weiße, rosafarbene, blaue und zweifarbige, gefüllt- und einfachblühende. Am meisten verbreitet sind aber immer noch die tiefblauen mit den auffallenden gelben Staubbeuteln. Wer sich näher mit dieser Gattung beschäftigen will, dem sei die folgende Literatur empfohlen: Free, Montague, All about African Violets, New York. Wilson, Helen van Pelt, The Complete Book of African Violets, New York. Steib, Topfpflanzenkulturen, 5. Aufl., 1981. Virginie F. and George A. Elbert, The Miracle Houseplants. African Violets... New York 1984. »The African Violet Magazine«, herausgegeben von The African Violet Society of America, Inc. (gegründet 1946).

Es sei hier das vom gleichen Verfasser in »Zimmerpflanzen« Gesagte wiedergegeben: ... Saintpaulien wachsen in ihrer Heimat an schattigen Stellen des Urwaldes. Auch im Gewächshaus wollen sie deshalb schattig, also nie heiß und lufttrocken stehen. Wird bei großer Wärme und bei Sonnenschein mit kaltem Wasser gegossen oder gespritzt, bekommen alle Blätter gelbe Punkte und Flecken. Dies passiert besonders häufig im Spätwinter und Frühling, wo an sonnigen Tagen, vor allem wenn nicht rechtzeitig schattiert wird, das Haus sehr heiß werden kann. Also Vorsicht an solchen Tagen! Als Erde nehme man am besten TKS 1 für Jungpflanzen und TKS 2 für ältere Pflanzen. Bei guter Pflege werden sie wochenlang blühen, ab und zu aber eine Pause im Blühen einlegen. Dann vergehen einige Wochen, bis wieder neue Blüten erscheinen. Die beste Temperatur liegt zwischen 20 und 22°. Luftfeuchtigkeit, Schatten und durchlässige, humose Erde führen neben guter Ernährung durch regelmäßige Düngergaben immer zum Erfolg.
Die Vermehrung ist nicht schwierig. Sie erfolgt in der Regel durch Blätter, die mit dem Stiel von der Pflanze abgetrennt und flach in ein Sand-Torfmullgemisch in ein geschlossenes Vermehrungsbeet gesteckt werden. Innerhalb von 4 bis 6 Wochen entwickeln sich am Grunde der Blattstiele mehrere Pflänzchen, die einzeln in kleine Töpfe gesetzt schnell heranwachsen. Auch Aussaat ist möglich, doch wird man diese in der Regel nur dort anwenden, wo man Kreuzungen gemacht hat und neue Sorten züchten will. Samen wird nur bei künstlicher Bestäubung angesetzt.

Streptocarpus Lindl., Drehfrucht
(griech. *streptos* = gedreht, *karpos* = Frucht)

Mit etwa 132 Arten gehört die Gattung zu einer der größten der Familie. Die meisten stammen aus Südafrika, eine nicht allzu hohe Zahl aus dem tropischen Afrika, Madagaskar, Thailand und Burma. Es sind äußerlich recht verschiedene, aber fast stets zottige oder wollige Kräuter. Die Kronröhre ist verlängert, zylindrisch oder oben erweitert, gerade, herabgebogen oder einwärts gekrümmt. Der Kronsaum ist schiefzweilippig, die Oberlippe zweispaltig, die Unterlippe größer und dreispaltig. Die Blüten sind ansehnlich, purpurfarben, blau, violett oder weißlich. Die Kapseln sind spiralig gedreht, zwei- bis vierklappig. Es sind drei verschiedene Gruppen zu unterscheiden, die nicht nur äußerlich verschieden sind, sondern auch in ihren Ansprüchen voneinander abweichen.

1. Arten mit aufrechten, beblätterten Stengeln

S. caulescens Vatke aus dem tropischen Afrika, 1885 eingeführt, 40 bis 60 cm hoch, mit hellblauen Blüten, **S. holstii** Engl., **S. kirkii** Hook.f., 1884 eingeführt, und **S. saxorum** Engl., 1950 eingeführt, alle aus dem tropischen Ostafrika, mit dunkelvioletten Blüten bei *S. holstii* und blaßblauen bei *S. saxorum*. Letztere Art eignet sich gut als Ampelpflanze, da in der Heimat ihre Stengel flach ausgebreitet auf der Erde liegen.
Alle diese in Deutschland nur selten anzutreffenden Arten wachsen nur gut unter feuchtwarmen Bedingungen, also unter den gleichen Verhältnissen wie der einblättrige *S. wendlandii*. Sie sind ausdauernde, manchmal am Grunde etwas verholzende Kräuter, die man am besten durch Stecklinge im geschlossenen Warmbeet vermehrt.

2. Fast stammlose Arten mit rosettenartig gestellten Blättern

Hierzu gehören neben einigen Arten wie **S. cyaneus** S. Moore, 1907 eingeführt, aus Transvaal und Swaziland, **S. parviflorus**, 1882 eingeführt, aus Südafrika und **S. rexii** (Bowie ex Hook.) Lindl., 1818 in

Episcia cupreata

Chrysothemis pulchella

England eingeführt, aus der Kapprovinz mit hellvioletten Blüten vor allem die **Streptocarpus-Hybriden**, die ihre Entstehung Kreuzungen von *S.rexii* mit vielen der einblättrigen Arten wie *S.gardenii, S.dunnii, S.saundersii, S.wendlandii* u.a. verdanken. Es gibt heute viele Namensorten und schöne Mischungen, deren Blüten eigentlich alle Farben aufweisen, also weiß, blau, violett, rot, rosa- und fleischfarben sind. Nur gelb fehlt in der Farbskala.

Streptocarpus-Hybriden sind nicht nur ausgezeichnete Zimmerpflanzen von langer Blütezeit, sondern erst recht für das temperierte Gewächshaus zu empfehlen, wo sie vom Frühling bis in den Herbst hinein blühen. Auch abgeschnitten und in die Vase gesteckt sind sie sehr haltbar.

Vermehrt wird aus Samen. Ende Januar wird für Juli- bis Septemberblüte ausgesät, Ende Juni für April- bis Juniblüte. Falls man dies nicht will, kann man auch Pflanzen der ersten Aussaat überwintern. Man stellt sie dazu unter den Pflanztisch im Gewächshaus – 12 bis 14° genügen völlig für die Überwinterung – und hält sie dort ziemlich trocken, bis sie im Februar von neuem in Kultur genommen werden. Dazu wird die alte Erde teilweise ausgeschüttelt, danach wieder in den gleichen Topf, in dem sie standen, in neue Erde eingepflanzt. Diese Pflanzen blühen dann von April an. Sie sind natürlich viel stattlicher und reichblühender als Sämlinge im ersten Jahr.

Die Aussaat erfolgt bei etwa 20° in sandige alte Laub- oder Heideerde. Nach zweimaligem Pikieren werden sie in den 10 bis 12 cm großen Endtopf gesetzt, am besten in Einheitserde oder TKS 2. Jetzt sollen sie bei 14 bis 16° stehen, brauchen also wesentlich weniger Wärme als die Gartengloxinien. Sie fühlen sich im temperierten Haus, bei feuchter, aber nicht geschlossener Luft und leichtem Schatten am wohlsten. Will man besonders schöne Sämlinge vermehren, so kann dies durch Teilung geschehen, ebenso durch Abstecken der Blätter. Man legt diese flach auf feuchtes Sand/Torfmullgemisch und schneidet die Mittelrippe an mehreren Stellen durch. An den Schnittstellen erscheinen dann viele Jungpflanzen, die voneinander getrennt in kleine Töpfe gepflanzt werden. Dies ist eine Methode, die vor allem dem Liebhaber zu empfehlen ist.

3. Einblättrige Arten

S.wendlandii Sprenger ex Damman aus Natal ist die empfehlenswerteste dieser Gruppe. Sie bildet nur ein einziges Blatt aus, das bei guter Pflege bis 90 cm lang und bis 60 cm breit werden kann. Es ist dicht behaart, oberseits dunkelolivgrün, unterseits purpurrot. Die Blütenschäfte sind gegabelt und 60 bis 70 cm hoch. Ein Schaft trägt etwa 30 violettblaue Blüten mit 3 cm langer Kronröhre und 4 cm breitem Saum. 1887 in Italien eingeführt.

Neben dieser Art werden in botanischen Sammlungen noch viele andere gezogen, von denen **S.dunnii** Mast. ex Hook.f., 1884 in England eingeführt, und **S.grandis** N.E. Br. ex C.B. Clarke, 1904 eingeführt, ebensogroße Blätter wie *S.wendlandii* haben. Mittelgroße Blätter haben **S.haygarthii** N.E. Br., 1936 eingeführt, und **S.saundersii** Hook., 1860 eingeführt, kleine hat **S.galpinii** Hook.f., 1890 eingeführt (etwa 20 × 12 cm) und **S.polyanthus** Hook., 1854 eingeführt (12 bis 18 × 6 bis 7 cm). Alle diese Arten lassen sich untereinander wie auch mit *S.rexii* und den Hybriden leicht kreuzen. Sie stammen aus Natal und Transvaal.

Die einblättrigen Arten werden im Januar bis Februar ausgesät, einmal pikiert, mehrmals verpflanzt, und zwar in mehr breite als tiefe Gefäße. Als Erde nehme man eine brockige, humose Mischung aus Lauberde mit Torfstreu und Sand. Später kann man auch eine kleine Menge lehmiger Rasenerde zusetzen. In Einheitserde und TKS 2 wachsen sie ebenfalls gut. Voraussetzungen, um zu gut entwickelten Pflanzen zu kommen, sind gleichmäßige Temperaturen zwischen 20 und 22°, sorgfältiges Schattieren bei Sonne, hohe Luftfeuchtigkeit, gute Ernährung und vor allem so vorsichtige Behandlung, daß das einzige Blatt nicht beschädigt wird, denn selbst die geringste Beschädigung wächst sich nicht mehr aus. Ebenso dürfen niemals Wachstumsstörungen durch irgendwelche ungünstigen Faktoren auftreten. Beim Größerwerden der Blätter muß man die Töpfe so stellen, daß das Blatt nirgendwo mit der Erde in Berührung kommt. Man sieht, so ganz einfach ist das gar nicht, einwandfreie und unbeschädigte Pflanzen zu ziehen! Wem es aber gelingt, der wird seine Freude an den prächtigen und interessanten Pflanzen haben.

Außer den hier genannten Gattungen und Arten werden in botanischen Gärten, aber auch von amerikanischen Liebhabern hier und da noch andere gezogen, darunter die Gattungen **Corallodiscus** Batal. und **Petrocosmea** Oliv., **Opithandra** B.L. Burtt, **Rhynchoglossum** Bl. (*Klugia* Schlechtend.), **Asteranthera** Klotzsch et Hanst. ex Hanst., **Mitraria** Cav., **Chrysothemis** Decne., **Codonanthe** (Mart.) Hanst. und **Rhabdothamnus** A. Cunn. An allen wird derjenige Liebhaber, dem Gesneriaceen zu einem Steckenpferd geworden sind, seine besondere Freude haben und so lange suchen, bis er auch sie seiner Sammlung einverleiben kann. Die Gattungen *Asteranthera*, *Mitraria* und *Rhabdothamnus* enthalten kleine Sträucher und gehören ins Kalthaus. Sie gedeihen im Gebirge besser als in der Ebene. Ebenfalls ins Kalthaus gehören die Gattungen *Corallodiscus*, *Opithandra* und *Petrocosmea*. Sie werden dort ähnlich wie *Conandron* behandelt. Wie dieses sind sie kleine Kräuter. *Drymonia*, *Chrysothemis*, *Codonanthe* und *Rhynchoglossum* (*Klugia*) sind Warmhauspflanzen, von denen die letzte am besten jährlich neu aus Samen oder Stecklingen heranzuziehen ist.

Gute neuere Bücher über Gesneriaceae sind »African Violets, Gloxinias and their relatives« von Harold E. Moore Jr., New York 1957, und »The miracle houseplants: The Gesneriad Family« von Virginia F. und George A. Elbert, New York 1984. Eine sehr ins einzelne gehende Bearbeitung der Familie findet sich in Pareys Blumengärtnerei, 2. Band, Berlin und Hamburg 1960.

Streptocarpus-Hybride

Gramineae (*Poaceae*)
Gräser

Einjährige oder ausdauernde Pflanzen mit einjährig blühenden Halmen, nur bei den Bambusen sind die Halme mehrjährig. Diese riesige Familie ist mit etwa 620 Gattungen und rund 10000 Arten über die ganze Erde verbreitet. Sie bildet in Savannen, Steppen, Wiesen und Dünen große Bestände. Als Nutzpflanze sind die Getreidearten und die Wiesengräser von größter Bedeutung für die Menschen. Als Zierpflanzen werden nur ganz wenige gezogen; von ihnen haben die größte Bedeutung für Gärten und Parks die Zierrasen bildenden Grasarten.

Für das Gewächshaus des Liebhabers sind nur ganz wenige zu empfehlen, in botanischen Sammlungen werden zur Demonstration Reis und Zuckerrohr gezogen, ebenso verschiedenste Bambusarten, von denen die meisten sich aber nur in großen und umfangreichen Gewächshäusern auswachsen können. Für das kleine Gewächshaus sind von ihnen nur zu empfehlen die feinhalmige, 30 bis 100 cm hohe **Arundinaria variegata** (Sieb. ex Miq.) Mak. (*Sasa variegata* (Sieb. ex Miq.) Camus, *A. fortunei* (Van Houtt. ex Munro) A. et C. Rivoire) mit weißgestreiften Blättern und die seltenere **A. viridistriata** (Sieb. ex André) A. et C. Riv., etwas höher als vorige werdend, aber 130 cm selten übersteigend, mit grünen, goldgelb gestreiften Blättern. Erstere wurde 1865 durch Siebold in Holland, letztere 1870 eingeführt. Beide gehören in das Kalthaus, können im Sommer ins Freie gestellt werden, verlangen lehmige Erde und nicht zu kleine Gefäße, dazu reichliche Bewässerung und während der Wachstumszeit regelmäßige Dunggüsse.

Oplismenus P. Beauv.
(griech. *oplismenos* = gerüstet, bewaffnet, wegen der begrannten unteren Spelze)

Von den etwa 15 Arten aus wärmeren Ländern wird vor allem

O. imbecillis (R.Br.) Reiss. et Seem., verbreitet in Ostaustralien, Neuseeland und Polynesien, gezogen. Er wächst als Staude mit 30 bis 40 cm langen, dünnen, niedergestreckten oder aufstrebenden Halmen, deren Blätter bei der allein gezogenen Sorte 'Variegatus' dreifarbig weiß-, rosa- und grüngestreift oder -gescheckt sind. Die

Oplismenus hirtellus 'Variegatus'

Blütenstände fallen wie bei vielen Gräsern nicht auf. Um 1866 eingeführt.
Ein reizendes Gras für das Warmhaus, wo es als Einfassung, Topf- oder Ampelpflanze verwendet wird. Da junge Pflanzen am schönsten gefärbt sind, werden immer wieder die Spitzen abgesteckt, am besten 10 bis 15 Stecklinge in einen 10 bis 12 cm großen Topf mit Einheitserde oder einer lehmig-humos-sandigen Mischung. Bei 20 bis 25° im geschlossenen Beet wurzeln die Stecklinge in wenigen Tagen.

Pogonatherum P. Beauv., Bambusgras
(griech. *pogon* = Bart, *ather* = Granne, Borste. Hinweis auf die begrannten Ährchen)

2 bis 3 Arten in Büscheln wachsender Gräser, verbreitet im tropischen Asien und in Nordostaustralien, von denen nur die folgende Art in Kultur ist.

P. paniceum (Lam.) Hack., in China, dem Malaiischen Archipel und in Nordostaustralien verbreitet. Die dünnen, holzigen, 15 bis 60 cm hohen Halme stehen dichtgedrängt zusammen, sind aufrecht oder hängen im Alter leicht über. In ihrem oberen Teil sind sie reich verzweigt. Die frischgrünen Blätter sind bis 7 cm lang und bis 4 mm breit, an ihrem Ende leicht zugespitzt. In Deutschland etwa seit 1980 als Topfpflanze angeboten.
Dieses erst kürzlich eingeführte, im Habitus bambusartige Gras besticht durch seinen eleganten Wuchs und durch die das ganze Jahr hindurch frischgrüne Belaubung. Geschnitten sind die Halme sehr haltbar und eignen sich wie *Asparagus* und *Adiantum* gut für die feine Binderei. Vermehrung leicht durch Aussaat, Teilung und vor allem durch Abstecken etwa 10 cm langer Triebspitzen, die sich in einem warmen Raum in einem Glas mit Wasser in 3 bis 4 Wochen bewurzeln. Kultur im Warmhaus oder im warmen Zimmer, hell, aber vor Mittagssonne geschützt. Als Erde eignet sich TKS, Einheitserde oder eine lehmig-humose Mischung. Besonders im Winter durch die frischgrüne Belaubung sehr reizvoll.

Setaria P. Beauv.
(lat. *seta* = Borste, die Blüten sind von Borsten umgeben)

Etwa 140 Arten ein- oder mehrjähriger tropischer und subtropischer Gräser, von denen S. italica (L.) P. Beauv., die Borsten-, Kolben- oder Vogelhirse, eine Nutzpflanze ist, die in Ost- und Mittelasien, in nur noch ganz geringem Maße auch in Italien, angebaut wird. Vor Aufgabe der Breinahrung war sie ein wichtiges Getreide, dessen Name noch im Hirsebrei der Märchen weiterlebt.
Für größere warme Gewächshäuser ist die folgende Art zu empfehlen:

S. palmifolia (J.G. Koenig) Stapf (*Panicum plicatum* Willd. non Lam.), das Palmengras, ist im tropischen Asien verbreitet. Es wird dort bis 3 m hoch, dagegen bei Topfkultur meist nur 50 bis 100 cm. Es ist ausdauernd, immergrün, seine Halme knotig gegliedert, oft verästelt, und mit großen 20 bis 40 cm langen und bis 10 cm breiten, faltenrippigen, lebhaft grünen Blättern besetzt. In England bereits um 1870 in Kultur.
Ähnlich, aber in allen Teilen kleiner ist die seltenere **S. plicatilis** (Hochst.) Hack., eine Bewohnerin der ostafrikanischen Hochländer.
Im Topf gezogen kann dieses schöne und haltbare Gras, das vor allem durch seine wie plissiert aussehenden Blätter auffällt, auch in kleinen Warmhäusern gezogen werden. Es ist wichtig als Wirtspflanze für den schönen tropischen Schmarotzer *Aeginetia indica* (siehe dort). Vermehrung leicht durch Aussaat, Abtrennen der Nebentriebe oder durch Teilung. Kultur im Warmhaus bei Temperaturen von 15 bis 25° in Einheitserde oder einer jeden humos-lehmigen Mischung. Bei Topfkulturen ist häufiges Düngen empfehlenswert, aber nur dann, wenn *Setaria* nicht als Wirtspflanze für *Aeginetia* verwendet werden soll.

Stenotaphrum Trin.
(griech. *stenos* = schmal, *taphros* = Graben, wegen der eingesenkten Ährchen)

Etwa 7 bis 8 Arten, meist Küstengräser, in Tropen und Subtropen weit verbreitet, von denen **S. secundatum** (Walt.) O. Kuntze, das St. Augustine-Gras, seit Jahrzehnten als Zimmerpflanze gezogen wird. Es ist nicht nur in vielen Teilen der Tropen wild zu finden, sondern wird dort auch als Futtergras und zur Anlage haltbarer Rasenflächen angebaut. In Zimmer und Gewächshaus wird die buntblättrige wie die grüne an den Knoten wurzelnde Sorte 'Variegatum' gezogen. Sie wurde bereits 1874 in England kultiviert.
Durch Zerschneiden der langen Triebe und Einpflanzen der Teilstücke zu 10 bis 15 je Topf sind sie leicht zu vermehren. *Stenotaphrum* ist eine der härtesten Pflanzen für Zimmer und Gewächshaus, wächst es doch bei jeder Wärme zwischen 5 und 25°, bei Sonne und Schatten. Außerdem wird es nie von Schädlingen oder Krankheiten befallen, ist auch in der Art der Erde nicht wählerisch, doch sollte diese recht lehmig sein. Es ist gleichschön als Ampelpflanze wie als Bodendecke, besonders aber für Terrarien zu empfehlen. Bei zu guter Ernährung vergrünt die buntblättrige Sorte sehr leicht wieder. Bei wenig Platz überwintert man nur einige Stecklinge in kleinen Töpfen.

Guttiferae (Clusiaceae)
Guttibaumgewächse

Eine den *Theaceae* nahestehende Familie mit 40 Gattungen und etwa 1000 Arten meist tropischer Bäume und Sträucher, selten ein- oder mehrjähriger Kräuter. Ihre Blätter sind einfach, gegen- oder quirlständig, häufig immergrün, die oft sehr ansehnlichen Blüten erscheinen einzeln oder in Trugdolden. In den Gärten weit verbreitet ist die Gattung *Hypericum* L. Als Topfpflanzen werden seit einigen Jahren zwei Arten folgender Gattung gezogen.

Clusia L.
(Charles de l'Ecluse, latinisiert Carolus Clusius, 1526–1609, bedeutender flämischer Botaniker und Arzt. Verfasser botanischer Schriften, so von »Rariorum plantarum Historia«, 1601)

145 Arten meist klimmender, holziger Epiphyten aus dem wärmeren Amerika, Madagaskar und Neukaledonien. Diese epiphytisch wachsenden Bäume oder Sträucher halten sich an ihrem Wirt nach Art der Würgerfeige fest, indem die Wurzeln die Stämme waagerecht umklammern.

Clusia rosea

C. grandiflora Splitg. aus Guayana ist ein auf hohen Bäumen epiphytisch wachsender, 3 bis 6 m hoher Strauch mit dicken Zweigen und immergrünen, lederigen, 15 bis 30 × 7,5 bis 15 cm großen verkehrt- bis elliptisch-verkehrt-eiförmigen Blättern. Diese sind auf der Oberseite dunkelgrün, unterseits heller und schwärzlich geadert. Sie stehen gehäuft am Ende der Triebe.

C. rosea Jacq. ist ein Strauch, der wie die vorige Art epiphytisch wächst oder zwischen und auf Felsen vorkommt. Seine Heimat liegt in Florida, Westindien und Mexiko, südlich erstreckt sie sich bis in das nördliche Südamerika. Die Art ist ähnlich der vorigen, von dieser aber leicht durch die Blätter, die unterseits ohne sichtbare Aderung sind, zu unterscheiden. Sie soll zum erstenmal bereits 1692 eingeführt worden sein.

Seit einigen Jahren werden diese *Clusia*-Arten von manchen Gärtnereien als schöne Topfpflanzen angeboten. Sie sind sehr ähnlich dem Gummibaum, im Wuchs aber gedrungener und mit etwas kleineren Blättern.
Vermehrung und Pflege gleichen der von *Ficus elastica*. Sie sind haltbare Blattpflanzen für Zimmer und warme Gewächshäuser.

Haemodoraceae
Haemodoragewächse

Den *Amaryllidaceae* nahestehende, früher zum Teil mit diesen vereinigte Familie mit 14 Gattungen und 75 vornehmlich in der südlichen Hemisphäre vorkommenden Arten. Alle sind kräftige, ausdauernde Kräuter mit Knollen oder kurzen Rhizomen, oft schmalen Blättern und zumindest im unteren Teile beblätterten, blütentragenden Sprossen.

Anigozanthos Labill.,
Kängeruhblume
(griech. *anogein* = öffnen, *anthos* = Blüte)

Etwa 10 Arten in Südwestaustralien, die sich durch große, wollig-filzige Blüten auszeichnen.

A. flavidus DC. (*A. coccineus* Paxt.). Wie die beiden folgenden Arten 70 bis 90 cm hoch. Mit verzweigtem, fast kahlem Blütenstand und etwa 3 cm langen, gelblichgrünen Blüten. 1806 in England eingeführt.

A. manglesii D. Don. Blütenschaft dicht mit roter Wolle bedeckt, einfach oder gegabelt, mit 7 cm langen, am Grunde roten, sonst grünen Blüten. 1833 in England eingeführt.

A. pulcherrimus Hook. Die gelben, 3 bis 4 cm langen Blüten sitzen in einer reichverzweigten, dicht mit rötlichen Borsten besetzten Rispe. 1844 in England eingeführt.

Alle Arten sind besonders schön und durch ihre wolligen Blüten so interessant, daß gerade der Liebhaber sich ihrer annehmen sollte. Samen wird in Australien angeboten. Er keimt leicht und spätestens im dritten Jahr kann man mit den ersten Blüten rechnen. Auch bei uns wird Samen angesetzt, meist aber nur nach künstlicher Bestäubung. Teilung älterer Pflanzen ist möglich. Als Erde nehme man TKS oder sandige Laub- oder Moorerde mit einem Zusatz lehmiger Rasenerde. Im Winter stellt man die Pflanzen bei 10 bis 12° in ein helles und luftiges Kalthaus, im Sommer an eine sonnige, warme Stelle ins Freie, wo sie besonders bei warmem Wetter sehr reichlich zu gießen sind. Die Blüten erscheinen dann von Mai, Juni bis zum August.

Hamamelidaceae
Zaubernußgewächse

Diese gärtnerisch wichtige Familie mit 80 Arten in 22 Gattungen besteht aus Bäumen und Sträuchern, deren Verbreitungszentrum in Ostasien mit dem Schwerpunkt in Mittel- und Südchina liegt. Aber auch in vielen anderen Teilen der Welt, soweit sie subtropisch oder warm-temperiert sind, kommen einzelne Arten vor. Im Europa des Tertiärs waren einige Arten heimisch, die durch die Eiszeit verdrängt wurden.
In unseren Gärten werden als wichtige Bäume und Sträucher eine ganze Reihe von Gattungen und Arten gezogen, so *Liquidambar styraciflua* L., der Amberbaum, mehrere *Hamamelis* L.-Arten, häufig bereits im Winter blühend, *Corylopsis* Sieb. et Zucc.-Arten, *Parrotia persica* (DC.) C. A. Mey und *Fothergilla* L. Für Kalthäuser sind folgende 2 Gattungen zu empfehlen:

Distylium Sieb. et Zucc. ex Rchb.
(griech. *dis* = zwei, *stylos* = Griffel)

6 bis 8, nach Willis 15 Arten immergrüner Bäume und Sträucher, verbreitet von Assam bis Japan, in Südostasien, im Malaiischen Archipel und auf Java. Die ledrigen, kurzgestielten Blätter sind einfach oder nur wenig gezähnt, wechselständig, eiförmig bis lanzettlich, die in achselständigen Trauben sitzenden Blüten männlich oder zwitterig und ohne Kronblätter.

D. racemosum Sieb. et Zucc. ist heimisch in Bergwäldern Südwestjapans und der Riukiu-Inseln. Dort bildet es hohe Bäume, bei uns bleibt es strauchartig. Die 3 bis 7 cm langen, lanzettlichen bis elliptischen Blätter sind glänzend grün, die sternhaarigen Blüten sitzen in 2 bis 4 cm langen, achselständigen Trauben und fallen durch ihre roten Staubfäden und Staubbeutel auf. 1864 nach Rußland eingeführt.
In milden Gegenden übersteht dieser schöne immergrüne Strauch einige Jahre im Freien, doch wenn die Temperaturen für längere Zeit unter −10° sinken, erfriert er. Deshalb sollte man ihn im Kalthaus halten, wo er mit Temperaturen wenig über 0° vorliebnimmt. Er ist eine schöne und haltbare Topf- oder Kübelpflanze, die durch Schnitt in jeder gewünschten Höhe gehalten werden kann. Eine jede humos-lehmige Erde ist ihm recht, so etwa eine Mischung aus ½ TKS 2 und ½ lehmiger Rasenerde. Vermehrung durch Auguststecklinge bei geringer Bodenwärme unter Glas oder Folie, ebenso durch Aussaat direkt nach der Samenreife.

Loropetalum R. Br.,
Riemenblume
(griech. *loron* = Riemen, *petalon* = Kronblatt)

Nur 1 Art, **L. chinense** (R. Br.) Oliv., in wärmeren Gegenden Japans und Chinas, wo sie als Unterholz oder an felsigen Stellen wächst, und im nordöstlichen Indien, so in Assam und Khasia. Überall dort wächst sie als ein bis 3 m hoher, reichverzweigter, immergrüner Strauch, dessen Jungtriebe, Blattstiele und Blattränder dicht mit Sternhaaren besetzt sind. Die Blüten erscheinen vom Dezember bis zum April zu 6 bis 8 an kurzen Zweigen in endständigen Büscheln. Die 4 linealischen Kronblätter sind fast 2 cm lang und weiß. Im Kalthaus wird der Strauch nicht allzu hoch, aber schon 30 cm hohe Pflanzen bedecken sich im Winter über und über mit Blüten. Dies macht ihn zu einem der hübschesten Winterblüher, zumal nach der Hauptblüte immer noch einzelne Nachzügler folgen. 1880 in England eingeführt. Die Kultur bereitet keine Schwierigkeiten, sofern die Temperatur bei 8 bis 12° liegt, reichlich gelüftet wird und die Erde lehmig-humos ist. Man sollte den Strauch nie schneiden, da er sich ganz von selbst reich verzweigt. Vermehrt wird durch Aussaat – doch wird man kaum einmal Samen bekommen –, durch Ableger und durch Auguststecklinge, die bei mäßiger Bodenwärme bald wurzeln. Veredlung auf Sämlinge von *Hamamelis virginiana* ist möglich.

Loropetalum chinense

Hypoxidaceae
Hypoxisgewächse

Den *Amaryllidaceae* nahestehende, oft auch mit ihnen vereinigte Familie, von diesen aber unter anderem abweichend durch das Fehlen der Blütenhüllblätter und einer Nebenkrone. 7 Gattungen mit 120 Arten kommen außer in Europa und Nordasien in wärmeren Gebieten aller Weltteile vor. In botanischen Gärten finden sich neben *Curculigo* auch Vertreter der Gattung *Hypoxis* L., außerdem in Alpinenhäusern die reizende kleine *Rhodohypoxis baurii* (Bak.) Nel von den südafrikanischen Gebirgen.

Curculigo Gaertn.
(lat. *curculio* = Rüsselkäfer)

Ausdauernde, stattliche Kräuter mit palmähnlichen, faltig genervten, meist sehr langen lanzettlichen Blättern. Von den heute bekannten 10 Arten wachsen einige im tropischen Amerika, andere in Süd- und im tropischen Afrika, wieder andere in den Gebieten von Nordostaustralien bis zum Malaiischen Archipel. In Warmhäusern findet man hin und wieder **C. capitulata** (Lour.) O. Kuntze (*C. recurvata* Dryand.) aus dem tropischen Asien. Sie hat langgestielte, bis 150 cm lange und 10 bis 15 cm breite, elegant überhängende Blätter. Für das kleine Gewächshaus ist sie zu groß, wo aber genug Platz vorhanden ist, gehört sie zu den stattlichsten Blattpflanzen des Warmhauses.
Vermehrt wird durch Teilung. Im übrigen gilt für ihre Pflege das bei den *Cyclanthaceae* Gesagte.

Cephalotus follicularis

Insektivoren

Von Dr. Hans-Werner Opitz†, Frankfurt

Als Insektivoren (Insektenfresser) oder Carnivoren (lat. *caro* = Fleisch, *vorare* = verschlingen) wird eine Gruppe von Pflanzen bezeichnet, welche mittels eigens hierfür ausgebildeter Fangorgane befähigt ist, tierische Lebewesen zu fangen und darüber hinaus mit Hilfe selbst erzeugter Fermente die Körper der Opfer zu verdauen und die Spaltprodukte dem eigenen Stoffwechsel zuzuführen. Die Bezeichnung Insektivoren hat sich weitgehend eingebürgert, obwohl z.B. manche Kannenpflanzen durchaus in der Lage sind, gelegentlich größere Tiere, etwa kleine Frösche, zu erbeuten. In den Fallen der Venusfliegenfalle findet man nicht selten winzige Gehäuseschnecken oder auch einen kleinen Wurm, jedoch überwiegen die Insekten als Beutetiere bei weitem.

Die Fähigkeit zur Tötung und Verdauung der gefangenen Tiere ist das Charakteristikum der Insektivoren und erlaubt eine gute Abgrenzung von zahlreichen anderen Pflanzenarten, die zwar auch Tiere fangen können, aber diese meist nicht töten oder verzehren. Dort werden die Insekten, so bei manchen Orchideen, der Osterluzei oder dem Aronstab, nur vorübergehend festgehalten, damit sie bestimmte Aufgaben im Dienst der Fortpflanzung der Fangpflanze erfüllen, und gewinnen anschließend ihre Freiheit ohne Schaden zurück.

Es bedeutete geradezu eine Sensation, als 1769 der naturkundlich gebildete englische Kaufmann John Ellis dem großen Botaniker Carl von Linné über die Entdeckung der Venusfliegenfalle und ihre verblüffenden Fähigkeiten berichtete. Leider vermochte Linné die Bedeutung des Fundes nicht zu erkennen, ebenso wie frühere Botaniker die Insektivorie beim Fettkraut (Vitus Auslasser 1479) und beim Sonnentau (Valerius Cordus gest. 1540) nicht beachtet hatten. So lehnte Linné den Gedanken der Insektivorie als Verstoß gegen die »gottgewollte Ordnung der Natur« entschieden ab. Erst im Jahre 1875 konnte Charles Darwin mit seiner umfassenden Abhandlung »Insectivorous plants« einwandfreie wissenschaftliche Argumente zusammentragen, die schließlich, wenn auch erst nach längeren Kämpfen, auch die hartnäckigsten Gegner überzeugten.

Alle Insektivoren, mit Ausnahme einiger im Rahmen dieses Buches bedeutungsloser niederer Pilze, gehören zu den Blütenpflanzen (Phanerogamen). Sieben Pflanzenfamilien haben etwa 550 Arten von Insektivoren hervorgebracht, wobei mit weiteren Neuentdeckungen z.b. bei den Lentibulariaceen durchaus zu rechnen ist. Eine der schönsten und größten Sonnentauarten *(Drosera regia)* wurde erst 1923 in einem gar nicht so abgelegenen Gebiet Südafrikas aufgefunden. Versucht man, sich mit Hilfe entsprechender Arealkarten eine Übersicht über die Verbreitung der Insektivoren auf der Erde zu verschaffen, so begegnet man einer großen Vielfalt. Manche Gattungen, wie z.B. *Drosera*, zeigen mit einigen Arten zwischen 60° nördlicher und 45° südlicher Breite ein weltweites Verbreitungsgebiet, während das nahe verwandte Taublatt *(Drosophyllum)* nur in einem kleinen Areal der iberischen Halbinsel und Nordafrikas zu finden ist. Die interessante Venusfliegenfalle *(Dionaea)* wird man außerhalb der nordamerikanischen Staaten North und South Carolina vergeblich suchen, und die elegante Schlauchpflanze *Sarracenia* ist auf bestimmte Gebiete Nordamerikas beschränkt.

Zunächst sollen die 16 Gattungen kurz vorgestellt werden. Im speziellen Teil erfahren sie dann eine entsprechende ausführlichere Behandlung.

In alphabetischer Reihenfolge beginnen wir mit der Regenbogenpflanze *Byblis*. Die Gattung umfaßt nur zwei Arten in Australien. Sie wird zu den *Rosales* bzw. zur Unterordnung der *Saxifragineae* gerechnet, steht also den Steinbrechgewächsen nahe.

Zur gleichen Unterordnung gehört auch die nur aus einer Art bestehende Gattung *Cephalotus*, die in einem kleinen Gebiet Westaustraliens zu finden ist.

Aus der Familie der Sonnentaugewächse *(Droseraceae)* folgen nun die wiederum monotypischen Gattungen *Aldrovanda* (Wasserfalle) und *Dionaea* (Venusfliegenfalle). Erstere ist weltweit verbreitet, letztere auf North und South Carolina beschränkt. Alle Droraceen gehören zur Ordnung der *Sarraceniales* und sind u.a. den Mohngewächsen verwandt.

Die kosmopolitisch verbreitete Gattung *Drosera* umfaßt etwa 90 Arten, während das Taublatt als einziger Vertreter der Gattung *Drosophyllum* in Portugal, Südspanien und im westlichen Nordafrika heimisch ist.

Die artenreiche Familie der Lentibulariaceen mit den beiden großen Gattungen *Pinguicula* (50 Arten auf der nördlichen Hemisphäre) und *Utricularia* (280 Arten, kosmopolitisch verbreitet) gehört zur Unterordnung der *Solanineae* innerhalb der Ordnung *Tubiflorae*. Sie ist also botanisch verwandt mit unseren heimischen Nachtschattengewächsen und den Sommerwurzarten *(Orobanche)*. Die Familie umfaßt noch die kleinen Gattungen *Polypompholyx*, *Biovularia* und *Genlisea*. Diese Pflanzen sind sehr selten, auch schwer zu kultivieren und dürften sich nur in den Sammlungen einiger hochspezialisierter Liebhaber finden, so daß sie im Rahmen dieser Abhandlung nicht berücksichtigt werden sollen.

Die Familie der *Nepenthaceae* (Kannenpflanzen) mit der Gattung *Nepenthes* (70 Arten) kommt auf Madagaskar und Ceylon, in Indien und auf dem Malaiischen Archipel sowie in Australien vor und wird zur Ordnung der *Sarraceniales* gerechnet.

Von der Gattung *Roridula*, der südafrikanischen Taupflanze, sind nur zwei Arten bekannt. Sie wird zwar meistens bei den Insektivoren mit aufgeführt, jedoch scheint es ziemlich sicher zu sein, daß bei ihr die Fähigkeit, die gefangenen Tiere mit selbstproduzierten Enzymen zu verdauen, nicht vorhanden ist. Sie gehört zur Ordnung der *Saxifragineae*.

Die Familie der *Sarraceniaceae* aus der Ordnung der *Sarraceniales* umfaßt die Gattungen *Darlingtonia* (eine Art in Kalifornien), *Heliamphora* (fünf Arten in Südamerika) und *Sarracenia* (neun Arten in USA bis Labrador).

Bei den Insektivoren handelt es sich mit wenigen Ausnahmen um ausdauernde (perennierende) Gewächse. Nur einige Arten von *Drosera* und *Utricularia* sind in Anpassung an besondere Lebensbedingungen einjährig.

Alle Insektivoren sind zur Photosynthese befähigt, wobei mit Hilfe des Blattgrüns (Chlorophyll) aus Kohlendioxid und Wasser Kohlenhydrate aufgebaut werden.

Eine nicht geringe Anzahl der Insektivoren lebt im Wasser, die meisten jedoch sind Landpflanzen. Bei den Landbewohnern herrscht eine rosettenförmige Anordnung der oberirdischen Teile vor, die aquatischen Arten besitzen flutende Sprosse, die teils mit Haftorganen am Boden des Gewässers verankert sind, teilweise auch frei umherschwimmen.

Bei den unterirdischen Organen der terrestrischen Arten sind von Wurzeln verschiedenster Bauweise über Rhizome und Knollen die mannigfaltigsten Formen verwirklicht.

Die Blüten sind bisweilen unscheinbar, nicht selten aber auch von großer Schönheit und Farbenpracht. Im Aufbau herrschen das radiäre und das dorsoventrale

Prinzip vor. Zur Bestäubung bedarf es im allgemeinen der Mitwirkung spezieller Insekten. Auch Selbstbestäubung bei geschlossener Blüte (Kleistogamie) kommt vor.

Das unter dem Wort Insektivorie zusammengefaßte Geschehen gliedert sich bei genauer Betrachtung in verschiedene Phasen. Am Beginn steht die Anlockung geeigneter Beutetiere. Dafür stehen generell die gleichen Mittel zur Verfügung, welche von den Blütenpflanzen auch zur Sicherheit ihrer Fortpflanzung benutzt werden. Auffallende Formgestaltung, intensive Farb- und Lichteffekte und die Absonderung geschmacklich oder geruchlich interessanter Sekrete sind die wesentlichen Faktoren.

Erheblich vielseitiger und teilweise von stupender Raffinesse sind die Einrichtungen, welche die einzelnen Gattungen der Insektivoren für den Fang ihrer Beutetiere hervorgebracht haben. Nach einem herkömmlichen Schema unterscheidet man zunächst zwischen aktiven und passiven Fangeinrichtungen.

Zu den aktiven Fangorganen zählt man die Klappfallen von *Dionaea* und *Aldrovanda* und die höchst komplizierten Saugfallen von *Utricularia*. Passiv arbeiten die auch als »Fallgruben« bezeichneten Gleitfallen von *Nepenthes*, *Sarracenia*, *Darlingtonia*, *Heliamphora* und *Cephalotus*.

Besonders verbreitet sind die Klebfallen, welche bei den Gattungen *Byblis*, *Drosera*, *Drosophyllum*, *Pinguicula* und *Roridula* vorkommen. Die Opfer werden mittels eines stark klebenden Sekrets gefangen, welches aus meist gestielten Drüsen hervorgebracht wird, die in ihrer Gestalt an Schneckenfühler erinnern. Auf den Fang folgt bei *Drosera* und *Pinguicula* eine Art Faltbewegung des Blattes, welches sich wie ein »Blattmagen« um das Opfer herumbiegt. Einzelheiten über die Funktion dieser Fangorgane werden bei der Besprechung der Arten im speziellen Teil mitgeteilt.

Zu erwähnen ist noch der Vollständigkeit halber die Reusenfalle der Gattung *Genlisea*, die im speziellen Teil wegen ihrer großen Seltenheit nicht berücksichtigt wird. Hier werden kleinste Tiere in die Öffnungen der schraubig gedrehten Schlauchblätter gelockt, mit denen die Pflanze gleichzeitig am Untergrund befestigt ist. Reusenartig angeordnete Borsten leiten die Opfer in den sog. Kessel, wo sie Tod und Auflösung erwarten.

Der nächste Akt, die Tötung der Beutetiere, ist ein verhältnismäßig wenig differenzierter Vorgang. Die vergeblichen Versuche der Opfer, dem Klebstoff der Klebfallen zu entrinnen, welcher gleichzeitig die Öffnungen der Atmungskanäle (Tracheen) zunehmend verschließt, bewirken ebenso wie die fruchtlosen Kletterversuche an den glatten Innenwänden der Gleitfallen eine rasche Erschöpfung. Der Tod tritt meistens durch Ersticken oder Ertrinken ein. Auch bei den aktiven Fallen dürfte der Kräfteverlust bei den Befreiungsversuchen bald zum Ende führen. Damit ist nunmehr der Fangpflanze die Möglichkeit gegeben, die Körper der Beutetiere den in bestimmten Drüsen produzierten Verdauungsenzymen auszusetzen, deren Sekretion durch chemisch-mechanische Reizung besonderer nervöser Organe in Gang gebracht wird. In erster Linie handelt es sich um eiweißspaltende organische Verbindungen (Proteasen), seltener werden auch fett- oder stärkeverdauende Enzyme (Lipasen und Amylasen) angetroffen. Es dürfte sicher sein, daß an diesem Zersetzungsvorgang vielfach auch Bakterien mitwirken.

Die Ausübung der Insektivorie ist also mit Hilfe komplizierter Spezialorgane möglich, man muß sich fragen, was dieses gute halbe Tausend Pflanzenarten »bewogen« haben mag, derart ungewöhnliche Wege zur Sicherung ihres Bestandes einzuschlagen. Dabei gibt schon zu denken, daß viele Insektivoren auch ohne tierische Zusatznahrung gedeihen, oft sogar sehr gut, wenn auch für manche Gattungen ein besseres Fortkommen der Pflanzen bei reichlichem Angebot an Beutetieren nachgewiesen ist. Generell zeigt sich, daß die Insektivoren durch die Nährstoffe tierischer Herkunft an ihren natürlichen Standorten kein biologisches Übergewicht oder gar eine beherrschende Verbreitung gewinnen. Immerhin mögen die nährstoffarmen, sauren Böden, auf denen viele Insektivoren leben, im Zusammentreffen mit z.T. extremen klimatischen Bedingungen doch eine zusätzliche Nahrungsquelle erstrebenswert machen, um sich neben der Begleitflora einigermaßen durchsetzen zu können. Besonders zu beachten ist auch die vielfach etwas mangelhafte Bewurzelung mancher Arten, wobei es sich meistens um Wurzelformen mit reduzierten Leitungsbahnen und damit verbundener ungenügender Resorption von Nährstoffen aus dem Boden handelt.

Es ist nicht verwunderlich, daß alle diese Pflanzen mit ihren ungewöhnlichen Gestalten und Fähigkeiten zunehmend das Interesse der Pflanzenliebhaber finden. Die steigende Nachfrage nach Literatur und Bezugsquellen zeigt dies deutlich. Schon an dieser Stelle sei ausdrücklich darauf hingewiesen, daß es sich bei den Insektivoren um Kostbarkeiten unserer Flora handelt, die durchweg unter Naturschutz stehen und mit denen nicht leichtfertig umgegangen werden darf. Viele Arten sind bereits in ihrem Bestand bedroht, so daß Entnahmen aus der Natur nicht zu verantworten sind.

Es ist sicher nicht übertrieben, wenn man davon ausgeht, daß es »pflegeleichte« Insektivoren nicht gibt! Auch und gerade die vielleicht in einem nahegelegenen Feuchtgebiet noch gedeihenden heimischen Arten sind verloren, wenn sie in die »Obhut« eines Gartens gelangen. Nur die strenge Beachtung aller Vorschriften und Ratschläge, die im weiteren Verlauf dieser Besprechung erörtert werden, läßt eine erfolgreiche Kultur erwarten. Wer dieses große Maß an Zuwendung nicht aufzubringen vermag, sollte auf den Versuch, derartige Pflanzen zu halten, lieber verzichten.

Wer sich mit der Kultur der Insektivoren ernsthaft befassen will, muß sich bemühen, Aufschluß über die Lebensbedingungen an ihren natürlichen Standorten zu erlangen. Diese möglichst weitgehend nachzuahmen, muß das Ziel des Gärtners sein, wenn die Pflanzen gedeihen sollen.

An erster Stelle steht das Pflanzsubstrat. Es sollte stets locker und gut durchlüftet sein, nährstoffarm und von leicht saurer Reaktion. Allgemein bewährt hat sich das lebende *Sphagnum* (Torfmoos), welches in bestimmten Fällen mit Torf, Sand oder Lehm versetzt werden kann. Man muß allerdings bedenken, daß diese Moose in vielen Feuchtgebieten stark zurückgegangen sind und längst nicht mehr in beliebiger Menge zur Verfügung stehen.

Erst in zweiter Linie sollte man Weißtorf nehmen, der nicht wie das *Sphagnum* die wertvolle Eigenschaft besitzt, selbsttätig für den richtigen Feuchtigkeitsgehalt und Säuregrad zu sorgen. Ist man gezwungen, Weißtorf als Pflanzsubstrat zu benutzen (der aus den Resten zahlreicher Generationen abgestorbener Sphagnumpolster besteht), so sollte man diesen Torf stets von der gleichen Quelle beziehen und sich von dessen Säuregrad (pH 3 bis 4) gelegentlich überzeugen.

Welche Pflanzgefäße kommen in Frage? Wir haben die Wahl, Schalen oder Töpfe aus Ton oder Kunststoff zu benutzen. Die altbekannten Tongefäße lagern im Laufe der Zeit Salze in ihren Poren ab, was auch durch die oft empfohlene Einbettung in Sphagnum nur verzögert werden kann. Häufigeres Umtopfen ist daher erforderlich, wenn man Schäden an den Pflanzen vermeiden will. Dieser Nachteil entfällt bei der Verwendung von Kunststoffgefäßen, jedoch ist bei diesem Material dem ausreichenden Wasserabzug besondere Beachtung zu schenken, um Veralgung und Fäulnis zu verhüten.

Sehr wichtig für die Kultur der Insektivoren ist die Beschaffenheit des Gießwassers. Bei der allgemeinen Umweltverschmutzung ist es heute unmöglich, das Wasser für unsere Pflanzen aus den natürlichen Gewässern zu entnehmen. Ideal wäre natürlich reines Regenwasser, aber es muß schon eine Weile regnen, bis man anfangen kann, sauberes Wasser in der Regentonne zu sammeln. Nur in den seltensten Fällen ist das normale Leitungswasser geeignet. Es muß vorher einer Überprüfung des pH-Wertes und der Karbonathärte mit den einschlägigen Reagenzien unterzogen werden. Meistens muß das Leitungswasser vorbehandelt werden. Für Einzelpflanzen und kleinere Sammlungen genügt es, abgekochtes Wasser zu benutzen. Oder man hängt in ein größeres Vorratsgefäß einen Beutel mit Torf, wobei je Kubikmeter Wasser und Härtegrad (dH) 500 g Torf zu rechnen sind. Man rührt wiederholt um, und kann das Wasser nach 24 Stunden zum Gießen benutzen. Größere Wassermengen lassen sich mit Oxalsäurepräparaten enthärten, auch sog. Doppel-Ionenaustauscher sind in Gebrauch. Für größere Anlagen sind aufwendige Einrichtungen erforderlich, die nach dem physikalisch-chemischen Prinzip der Umkehr-Osmose arbeiten. Derartige Apparate eignen sich für botanische Gärten und Großgärtnereien.

Die Mehrzahl der Insektivoren-Arten liebt das volle Sonnenlicht, nur in Einzelfällen ist in gewissen Stadien der Entwicklung eine Schattierung angebracht. Auch mit Kunstlicht lassen sich die Pflanzen kultivieren, wofür spezielle Leuchtstofflampen im Handel sind. Es ist wichtig, daß möglichst die ganze Pflanze und nicht nur ihre obersten Teile dem Licht ausgesetzt werden. Dies erfordert viel Erfahrung bei der Wahl und Anbringung der Lampen.

Von großer Bedeutung sind auch die Ansprüche an Wärme und Luftfeuchtigkeit. Hier muß man, entsprechend der Verbreitung der Arten in unterschiedlichen Klimazonen, erhebliche Unterschiede einkalkulieren. Eine ausreichende Feuchtigkeit der Luft (durchschnittlich 70%, tagsüber weniger, nachts etwas mehr) sowie eine gute Luftzirkulation sind Grundbedingungen, ohne die es kein Gedeihen der Pflanzen geben kann. Mit steigender Temperatur, die in der Vegetationsperiode unter Glas Werte um 30° und darüber erreichen kann, müssen durch künstliche Belüftung sowie Versprühen oder Verdampfen von

Cephalotus follicularis

Wasser die Pflanzen gegen drohende Hitzeschäden geschützt werden. Bei Großanlagen ist das Aufstellen von Kühlaggregaten kaum zu vermeiden. Für die unbedingt nötige Nachtabsenkung der Temperatur bedient man sich am besten einer automatischen Schaltuhr. Um bei größeren Sammlungen dem unterschiedlichen Wärmebedürfnis der einzelnen Arten gerecht werden zu können, sollte man sie in Gruppen mit starkem oder geringerem Wärmebedürfnis zusammenfassen. Zu der Gruppe mit weniger großem Wärmebedürfnis (Kalthaus mit intensiver Belüftung) kann man neben den heimischen *Drosera* und *Pinguicula* noch *Drosophyllum*, *Sarracenia*, *Darlingtonia*, *Dionaea* und *Roridula* rechnen. In der wärmeren Jahreszeit, welche der Vegetationsperiode dieser Arten entspricht, sollte man lediglich versuchen, eine Nachtabsenkung um 5° zu erreichen. In der Ruhezeit im Winter hält man die Pflanzen tagsüber mindestens bei 4° und nachts bei 4 bis 6°.

Ein deutlich höheres Wärmebedürfnis haben *Byblis*, die meisten *Drosera*, viele *Pinguicula*, *Utricularia* und *Cephalotus* sowie auch *Heliamphora* und *Nepenthes madagascariensis*. Sie verlangen ein Warmhaus, das gegenüber dem Kalthaus auch etwas zurückhaltender belüftet wird. In der Vegetationsperiode wird der Raum tagsüber bei 20° (Optimalwert) im Durchschnitt gehalten und nachts auf 15° abgesenkt. In der Ruhezeit ist eine mittlere Tagestemperatur von 15° und eine Nachtabsenkung auf 12° anzustreben.

Im Tropenhaus werden Niederungsarten von *Nepenthes* extrem gespannt gehalten (Luftfeuchtigkeit 100%), und zwar tagsüber bis 30° bei einer Nachtabsenkung nicht unter 18°. Die Kultur der Bergarten erfordert spezielle Einrichtungen, da sie an ihren natürlichen Standorten trotz relativ niedriger Temperaturen eine hohe Luftfeuchtigkeit gewöhnt sind. Auf eine technisch aufwendige Kühlung des Raums kann kaum verzichtet werden.

Außer der artgerechten Gestaltung des zu schaffenden künstlichen Lebensraums unter Berücksichtigung von Pflanzsubstrat, Wasserbeschaffenheit, Licht, Wärme, Luftfeuchtigkeit und Belüftung ist es wichtig, dem jährlichen Lebensrhythmus der Pflanzen sorgfältigste Beachtung zu schenken. Die meisten Pflanzen machen im Laufe des Jahres eine Ruheperiode durch, in welcher die Stoffwechselvorgänge mit verminderter Intensität ablaufen und damit die Abwehrkraft gegen schädliche äußere Einflüsse herabgesetzt ist. Diesem Bedürfnis, das die Pflanze uns durch reduziertes Wachstum, Ausbildung zunehmend kleinerer Blätter oder schließlich Ausbildung von Winterrosetten oder Winterknospen anzeigt, muß unbedingt Rechnung getragen werden. Dazu ist es erforderlich, die Temperatur möglichst abzusenken und die Flüssigkeitszufuhr herabzusetzen. Gerade in dieser Übergangsperiode treten die meisten Verluste auf, weil die Widerstandskraft gegen Fäulniserreger stark vermindert ist. Sobald sich im Frühjahr Wachstum zeigt, geht man langsam dazu über, durch Steigerung von Temperatur und Wasserzufuhr den Bedürfnissen der Pflanze entgegenzukommen.

Die Schädlingsbekämpfung ist bei den Insektivoren kein großes Problem. Artspezifische tierische Schädlinge kommen bei uns nicht vor, so daß allenfalls auf Blatt-, Schild-, Woll- und Wurzelläuse zu achten ist, die mit den gängigen Insektiziden bekämpft werden können. Eher noch haben wir es mit Pilzerkrankungen, z.B. Mehltau, zu tun, gegen die es im Ernstfall chemische Hilfsmittel gibt.

Byblidaceae
Byblisgewächse

Byblis Salisb.
(Byblis, Tochter des Kreters Miletos)

Der wissenschaftliche Name nimmt Bezug auf die Sekrettropfen an den Drüsenköpfchen, welche im Sonnenlicht in den Spektralfarben glitzern. Deshalb wird von der »Regenbogenpflanze« gesprochen. *Byblis* war in der griechischen Mythologie die Tochter des Miletos von Kreta, der als Gründer der kleinasiatischen Stadt Milet gilt. Die verbotene Liebe zu ihrem Bruder Kaunos gab ihr Veranlassung, zahlreiche Tränen vergießen zu müssen, welche den Tropfen an unserer Pflanze geähnelt haben mögen.

Die Gattung *Byblis* besteht aus zwei Arten, die in Australien beheimatet sind. Entdeckt wurde sie von dem berühmten Pflanzensammler J. Drummond, ausführlich beschrieben hat sie der englische Botaniker und Pflanzenmaler R.A. Salisbury (1761 bis 1829). Die Pflanzen ähneln in ihrem Aufbau etwas dem Taublatt *(Drosophyllum)*. Die länglichen, schmalen Blätter stehen mehr aufrecht, spitzwinkelig zur Sproßachse und tragen, ebenso wie die Blütenstiele und Kelchblätter, nach außen gerichtete gestielte und ungestielte Drüsen, die entsprechend der Blattstellung fast nur an der Unterseite in 30 bis 40 »Drüsenrinnen« angeordnet sind und im Gegensatz zu *Drosera* keine Eigenbewegungen zeigen. Den gestielten Drüsen obliegt die Ausscheidung des stark klebrigen Fangsekrets (Klebfalle), die ungestielten Drüsen bilden die Verdauungsenzyme. Die Blattenden sind bei *Byblis liniflora* in der Jugend nach außen hin eingerollt, eine Besonderheit, die sich sonst nur noch bei *Drosophyllum* findet. Später sind sie an den Enden kolbig verdickt. Die achselständigen Blüten sind fünfzählig und stehen einzeln auf langen Stielen. Die zierliche

B. liniflora Salisb. wächst in küstennahen Feuchtgebieten am Rand von Gewässern, die sich vom Fluß De Grey im Westen bis zum Kap York in Queensland erstrecken. Es handelt sich meist um sandige, ziemlich nährstoffreiche Böden. Die Pflanzen erreichen nur eine Höhe von 15 cm; sie haben fadenförmige Blätter mit dreikantigem Querschnitt. Die Blüten weisen einen Durchmesser von gut einem Zentimeter auf und ähneln in der Farbe unserem blauen Flachs, wozu die intensiv gelben Staubblätter einen effektvollen Kontrast bilden. Es werden Samen ohne künstliche Bestäubung gebildet.

Da eine Überwinterung der überaus zarten Pflanzen bei uns kaum gelingt, hat es sich bewährt, einjährig zu kultivieren. Man benutzt als Substrat ein leicht saures Torf-Sand-Heideerde-Gemisch und gibt zur Dränage unten etwas Sphagnum in die Töpfe. Diese werden zwischen 15 und 30° bei einer Luftfeuchte von 60% ohne Schattierung gehalten, wobei auf ausreichende Luftzirkulation geachtet werden muß. Das Übersprühen sollte man unbedingt vermeiden. Für die Samengewinnung muß man wissen, daß die reifen Kapseln spontan aufzuplatzen pflegen, wobei die Samen verstreut werden. Um dies zu verhüten, muß man die Kapseln, sobald sie durch Braunfärbung die Reife der Samen verraten, mit einer Folie umhüllen. Die Aussaat erfolgt am besten im Januar auf feuchten Torf ohne Abdeckung (Lichtkeimer). Bei 20° tritt die Keimung nach 2 bis 6 Wochen ein. Die Aussaat ist so vorzunehmen, daß ein späteres Pikieren sich erübrigt (6 Samen in einen 12er-Topf), da es hierbei oft zur Beschädigung der zarten Wurzel und damit zum Verlust der Pflanze kommt.

B. gigantea Lindl. ist ein perennierender Halbstrauch von maximal 25 cm Höhe. Sie hat ihr Verbreitungsgebiet sowohl in den Sommer- als auch in Winterregengebieten Nord- und Südwestaustraliens, beispielsweise im Raum südlich Perth. Die Pflanzen leben dort auf feuchten Sandböden mit geringem Gehalt von Lehm und Humus. Zeitweise können sie etwas trockener stehen, ertragen aber in den Wintermonaten auch eine völlige Überflutung. Im Gegensatz zu *B. liniflora* sind bei dieser Art die jungen Blattspitzen einwärts gerollt; einzelne Blätter können bis 30 cm lang werden. Die dunkelvioletten Blüten erreichen 3 cm, selten auch mehr.

Am Naturstandort erfolgt die Bestäubung durch bestimmte Insekten, während bei uns eine künstliche Bestäubung unter Beachtung einer speziellen Technik erforderlich ist. Die Staubbeutel müssen nämlich mit einer Nadel seitlich aufgerissen werden, um anschließend die austretenden Pollen auf die Narbe zu übertragen. Für die Aussaat gilt das gleiche wie bei *B. liniflora*. Auch hier ist das Pikieren riskant, ein 12er-Topf sollte daher nur mit 4 bis 5 Samen beschickt werden. Ältere Pflanzen können unter peinlicher Schonung der empfindlichen Wurzel vorsichtig umgepflanzt werden. Weißtorf mit Zusatz von Sand ist ein geeignetes Substrat. Im Herbst leitet man durch Wasserentzug die Ruheperiode ein, um wiederum im Frühjahr durch Angießen den Neuaustrieb auszulösen.

Byblis gigantea

Cephalotaceae
Cephalotusgewächse

Cephalotus Labill.
(griech. *kephalotos* = mit einem Kopf versehen, so genannt wegen der kopfförmigen Anschwellung hinter den Staubbeuteln)

Die höchst eigenartige Familie gehört in die Verwandtschaft der Dickblatt- und Steinbrechgewächse. Sie wird nur von einer Gattung und einer Art vertreten. Die erste Beschreibung erfolgte 1824 durch den französischen Botaniker Jacques Julien Houtton de la Billardière (1755 bis 1834).

C. follicularis Labill., die Westaustralische Kannenpflanze, bewohnt nur ein sehr kleines Areal im südlichen Westaustralien, das sich vom Deep River bis zur Esperance Bay erstreckt. Dort wächst sie auf nassem, humosem Sand zusammen mit kleinen Restoniaceen, Epacridaceen, *Schizaea* etc. Das Pflänzchen hat zweierlei Blätter. Die einen sind flach und gegenständig, die anderen sind zu Krügen oder Kannen ausgebildet. In der Heimat entwickelt sich jährlich eine Rosette Laubblätter und eine Rosette Schlauchblätter aus einem kräftigen Rhizom. Die Kannen sind am natürlichen Standort 3 bis 4 cm lang, in Kultur erreichen sie meist nur 2 bis 3 cm. Sie liegen dem Boden auf und zeigen eine grüne Farbe mit weißen Flecken. Der Stiel der Krüge, welcher im Gegensatz zu *Nepenthes* an der Mündung der Kanne ansetzt, ist länger als der Stiel der Laubblätter. Die Krugmündung ist von einem rot gerippten Rand (Peristom) umgeben und trägt einen unbeweglichen Deckel mit leuchtend rotem Rand zur Anlockung der Beutetiere. An der Außenseite der Krüge sind vier gewimperte Flügelleisten ausgebildet, welche den Beutetieren (häufig Ameisen) als »Leitplanke« dienen. Die Innenseite der Krüge läßt drei Zonen erkennen. In der Mündungszone verhindert ein glatter Belag, der aus schuppenförmigen Drüsen abgesondert wird, im Verein mit den abwärts gerichteten Trichomen an der Ringinnenseite als Gleitzone das Entweichen der Beutetiere. Sie stürzen in den Krug (Fallgrube), an dessen Grund sich flächenhaft drüsiges Gewebe befindet, in welchem das Verdauungsenzym (Protease) gebildet wird. Schließlich findet hier auch die Resorption der gelösten Nährstoffe statt.

Die langgestielte Blütenrispe besteht aus zwittrigen Einzelblüten, die sechs grünlichbraune Kelchblätter, zwölf Staubblätter und 6 Fruchtblätter haben. In unseren Breiten liegt die Blütezeit im Frühling (entspricht der Trockenzeit in Australien), im Spätsommer folgt das Wachstum der Laubblätter und im Spätherbst beginnt die Bildung der Krugblätter. Eine Samenbildung erfolgt bei uns spontan gar nicht und auch bei künstlicher Bestäubung nur dann, wenn zufällig zwei Pflanzen gleichzeitig blühen. Die Samenreife tritt im März ein.

Die Kultur erfordert viel Erfahrung. Es ist von größter Wichtigkeit, den Pflanzen eine ausreichende Luftfeuchtigkeit zu sichern. Dies läßt sich z.B. erreichen, indem man über die Pflanzschale ein ausreichend großes Kunststoff- oder Glasaquarium stülpt, dessen unteren Rand man auf eine Anzahl von Holzklötzchen stellt. Durch Veränderung des Abstands zwischen den Klötzen kann man die Luftzirkulation und damit die Luftfeuchtigkeit beeinflussen. Das Pflanzgefäß wird in einer größeren Schale in Sphagnum eingefüttert, auch die ganze Fläche unter dem Aquarium sollte dicht mit lebendem Sumpfmoos belegt werden, welches ständig feucht gehalten werden muß. Als Pflanzsubstrat sind lebendes Sphagnum, Torf oder ein Gemisch von sandiger Heideerde mit Torf geeignet. Die Aufstellung der kleinen Anlage erfolgt im lichten Schatten, die direkte Einwirkung des Sonnenlichts muß verhütet werden. Die günstigste mittlere Tagestemperatur liegt bei 18 bis 20°, Werte unter 10° und über 30° sind zu vermeiden. Die Bewässerung erfolgt grundsätzlich von unten.

Die Vermehrung durch Samen ist wenig erfolgversprechend. Gute Erfolge kann man dagegen mit der Teilung der Rhizome älterer Pflanzen oder mit Blattstecklingen erzielen. Man benutzt ausgewachsene Laubblätter, die im Mai dicht am Rhizom abgetrennt, in reines Sphagnum gesteckt und unter gleichen Bedingungen wie die erwachsenen Pflanzen oder aber etwas gespannter gehalten werden. Schon nach 6 bis 8 Wochen entwickeln sich am Blattgrund die jungen Pflänzchen. *Cephalotus* ist eine der schönsten insektenfangenden Pflanzen, aber sehr selten und schwierig zu kultivieren.

Droseraceae
Sonnentaugewächse

Die Zahl der zur Zeit bekannten Droseraceen wird unterschiedlich zwischen 93 und 105 angegeben. Teilweise spielen dabei wohl ungeklärte Taxonomieprobleme eine Rolle. Auch mit der Entdeckung neuer Arten darf durchaus gerechnet werden.

Aldrovanda L., Wasserfalle
(Ulisses Aldrovandi, italienischer Biologe, 1522–1605)

A. vesiculosa L. ist die einzige Art der Gattung. Die Wasserfalle wurde erstmalig 1747 von dem italienischen Botaniker Monti beschrieben. Sie ist verbreitet in Gewässern Frankreichs, Italiens, Polens, Jugoslawiens, Rumäniens, Ungarns und Österreichs, ferner in der UdSSR, dort besonders im Kaukasus und im Amurgebiet. In Deutschland ist sie infolge Biotopverschlechterung extrem selten geworden, Restvorkommen bei Berlin und im Bodenseegebiet dürften erloschen sein. Dagegen findet sich *Aldrovanda* weiterhin in Australien (Queensland), Japan und Vorderindien sowie in Zentralafrika.

Die Pflanze liebt ruhige Plätze im Schutz von Binsen und Schilfrohr in seichten und gut durchwärmten stehenden Gewässern mit moorigem Untergrund, wo sie in Begleitung von *Salvinia*, *Stratiotes* und *Potamogeton* lebt. *Aldrovanda* ist eine frei im Wasser schwimmende Pflanze ohne jegliche Wurzelorgane. Die 15 bis 20 cm langen Sprosse, die gelegentlich auch verzweigt sein können, tragen in regelmäßigen Abständen Quirle von 6 bis 9 grünen Blättern, die an der Spitze von 4 bis 6 schlanken Borsten überragt werden, welche den Stipulae bei *Drosera* entsprechen. Die Stiele sind eigentlich verlängerte Blattgründe; sie enthalten luftgefüllte Hohlräume, die der Pflanze einen ausreichenden Auftrieb verleihen, damit sie sich dicht unter der Wasseroberfläche schwimmend halten kann. Der vordere Teil des Blattes ist zu einem Fangorgan (Klappfalle) ausgebildet. Die rundliche, im Zentrum schüsselförmig vertiefte Blattspreite ist in der Mitte in Längsrichtung gefaltet, die freien Blätter sind flach und mit einzelligen zahnartigen Gebilden besetzt. An der Faltstelle besteht eine gelenkartige Beweglichkeit der beiden Spreitenhälften gegeneinander, wobei sich die Randzähne verschränken, sobald die flachen Blattränder Kontakt haben; der im Zentrum der Blattspreite gebildete Hohlraum mit der evtl. darin befindlichen Beute wird schlagartig verschlossen. Der ganze Vorgang dauert 0,02 Senkunden und wird durch Berührung von Reizhaaren induziert, die auf der Innenfläche der Blatthälften stehen. Wie bei allen Insektivoren werden nun von der Pflanze Enzyme zur Verdauung der Beute gebildet und ausgeschieden. Anschließend wird die Falle wieder geöffnet, was durch Ausbildung einer Gasblase in dem Hohlraum unterstützt wird. Die Anlockung der Beute, meist Wasserflöhe, erfolgt durch schleimige Absonderungen von den Drüsenfeldern der Blattflächen.

In der Vegetationszeit bildet das eine Ende des Sprosses ständig neue Blattrosetten, während am anderen Ende die älteren Rosetten absterben. In den Blattwinkeln erscheinen auf kleinen Stielchen grünlichweiße Blüten mit 5 Kelchblättern, die oft geschlossen bleiben (Kleistogamie). Bei Blättern mit Blütenanlage wird die Ausbildung des Fangapparats meist unterdrückt. Starke Erwärmung des Wassers im Sommer bei niedrigem Wasserstand wirkt anregend auf die Blühwilligkeit. Die Freisetzung des Keimlings aus dem Samen erfolgt durch Fäulnis der Samenkapsel. Im Winter machen die Pflanzen in der Regel eine Ruhezeit durch. Lediglich in Indien wurden Exemplare ohne Vegetationspause beobachtet. Sonst bildet sich im Herbst unter extremer Verkürzung der Stielglieder eine Terminalknospe aus kleinen, mit Schuppen bedeckten Blättchen, die in den Schlamm sinkt, während der Rest der Pflanze der Zersetzung anheimfällt. Erst im Frühjahr steigt die Knospe wieder hoch und beginnt zu wachsen und eine neue Pflanze zu bilden.

Trotz der weiten Verbreitung von *Aldrovanda* ist ihre Kultur keineswegs einfach. Man bedient sich nicht zu kleiner Aquarien oder Schalen, um nicht durch zu häufigen Wasserwechsel die Pflanzen zu gefährden. Man benutzt kalkfreies Wasser und stellt die Gefäße in die volle Sonne. Die Wassertiefe sollte 15 bis 20 cm betragen, als Untergrund dient eine 10 cm starke Schicht einer Mischung aus ⅔ Torf und ⅓ kalkfreiem, grobem Sand. Es ist günstig, wenn der Boden sich im Laufe der Zeit mit den Zersetzungsprodukten der Begleitflora anreichert. Da die Pflanzen in Ermanglung von Wurzeln auf Beutetiere angewiesen sind, sollte man regelmäßig Wasserflöhe anbieten. Als besonders nachteilig hat sich eine stärkere Veralgung erwiesen, der nicht etwa mit chemischen Mitteln sondern durch geeignete Gestaltung des Biotops entgegenzuwirken ist. Hier sind noch manche Fragen offen, so daß der Liebhaber noch wichtige Pionierarbeit leisten kann. Sobald die Bildung der Winterknospen einsetzt, müssen die Pflanzen kühler gehalten werden. Es hat sich als zweckmäßig erwiesen, diese sog. Hibernakel in kleinen Gefäßen zu sammeln und frostfrei aufzubewahren.

Die Vermehrung bietet keine wesentlichen Schwierigkeiten. Von einer kräftigen Pflanze wird die Triebspitze mit drei Blattquirlen abgetrennt. Sie wird, ebenso wie die Mutterpflanze, weiterwachsen und eine neue Pflanze bilden.

Dionaea L., Venusfliegenfalle
(griech. Dionaia = Aphrodite, Göttin des Liebreizes)

D. muscipula L., die Venusfliegenfalle, ist eine der erregendsten Erscheinungen der Pflanzenwelt und die einzige Art der Gattung. Ihre Entdeckung durch den naturwissenschaftlich interessierten britischen Kaufmann John Ellis im Jahre 1769 erregte großes Aufsehen. Der Name will besagen, daß ebenso wie die Göttin, Tochter der Dione und des Zeus, durch ihren Liebreiz alles in ihren Bann schlägt, auch die Pflanze ihre Opfer unwiderstehlich an sich zieht.

Der Lebensraum dieser Pflanze sind Sphagnummoore und anmoorige Heiden in küstennahen Gebieten von Nord- und Süd-Carolina im atlantischen Nordamerika. Hier wächst sie gemeinsam mit Gräsern, Binsen und Orchideen in Savannen mit vereinzelten Kiefern, deren Böden bei insgesamt saurer Reaktion einen oft wechselnden Gehalt an Feuchtigkeit aufweisen. Es wurde beobachtet (Schnell), daß sogar Überflutungen ertragen werden, während die Pflanze andererseits auch in der Lage ist, die herbstlichen Savannenbrände zu überleben. Diese helfen darüber hinaus noch mit, die Biotopverhältnisse günstig zu beeinflussen. Leider ist dessen ungeachtet ein Rückgang der Art nicht zu übersehen.

Wie bei vielen Insektivoren bilden auch bei dieser Art die Blätter eine grundständige Rosette, die mit kurzen, kräftigen Wurzeln im Boden verankert ist. Die Größe der Blätter ist ebenso wie ihre Farbe sehr variabel. Es scheint eine etwas gedrungenere Form zu geben, bei der die Blattinnenseite einen schönen kupferroten Farbton aufweist. Der Blattstiel ist geflügelt, die ovale Spreite in der Längsrichtung gefaltet, so daß die beiden symmetrischen Hälften gegeneinander bewegt werden können. Sie bilden, ähnlich wie bei *Aldrovanda*, eine Klappfalle. An den Rändern der Spreitenhälften finden sich dichtstehende Zähne, die sich bei Annäherung der Blatthälften wie die Finger gefalteter Hände verschränken, so daß sich eine Art Käfig bildet. Der Vorgang wird ausgelöst durch Biegung der Reizhaare, von denen sich auf der Innenseite jeder Spreitenhälfte drei befinden. Sobald bei einem solchen Haar in der gelenkartig konstruierten, basisnahen Randfurche ein Biegungseffekt auftritt, schließt sich ruckartig die Falle. Nunmehr folgen die bekannten Vorgänge mit Sekretion von Fermenten aus zahlreichen Drüsen der Blattinnenseite und anschließender Auflösung des Tierkörpers bis auf die Hartsubstanzen (Chitin). Am Ende öffnet sich die Falle wieder, was allerdings wochenlang dauern kann, da *Dionaea* bevorzugt größere Beutetiere fängt. Nach 2 bis 3 Fängen beginnen die Blätter abzusterben.

Die Venusfliegenfalle hat fünfzählige weiße Blüten, die von Mai bis Juli erscheinen und sich in einer Traube auf schlankem, hohem Schaft über der Rosette erheben. Die Narben entfalten sich erst 36 Stunden nach der Öffnung der 15 Antheren (Proteandrie), so daß im Gegensatz zu vielen anderen Droseraceen Autogamie verhindert wird. Die schwarzen, glänzenden Samenkörner werden in Kultur nur nach künstlicher Bestäubung gebildet. Mit Ende der Vegetationsperiode entstehen nur noch kleine Blätter, bis wir schließlich eine über der Erdoberfläche kaum noch sichtbare Winterknospe vor uns haben, deren Wurzeln weitgehend absterben.

Die Kultur von *Dionaea* gelingt meist sehr gut in einem kalten Kasten in einem Gemisch von Torf und Sphagnum. Zur Erzielung einer gleichmäßigen Boden- und Luftfeuchtigkeit werden Boden und Wände mit feuchtem Sphagnum abgedeckt. Der Boden sollte wasserdicht zementiert sein, damit sich unter dem Moos stets eine flache Schicht Wasser hält. Das Ganze wird mit Ausnahme von Regentagen mit einem Frühbeetfenster abgedeckt und bei stärkerer Sonnenhitze leicht schattiert. Die Luftfeuchtigkeit sollte immer über 50% liegen. Die Überwinterung erfolgt frostfrei aber kühl bei gelegentlichen kleinen Wassergaben, um eine völlige Austrocknung zu vermeiden. Allerdings ist in einem kühlen, hellen und feuchten Ge-

Dionaea muscipula

wächshaus ebenfalls eine ganzjährige Kultur möglich, allerdings meistens auf Kosten der Blühwilligkeit. Besonders große Pflanzen erzielt man im Warmhaus dicht unter Glas. Auch mit geringerem Aufwand kann der Liebhaber die Kultur wagen, wenn er sich des bei *Cephalotus* beschriebenen umgestürzten Aquariums bedient. Nur sollten bei *Dionaea* zwischen den untergesetzten Klötzchen etwas größere Abstände zur besseren Belüftung verbleiben, weil *Dionaea* nicht so gespannt gehalten werden muß wie *Cephalotus*. Gegossen wird stets von unten, Sprühen ist zu vermeiden. Im zeitigen Frühjahr werden die Winterknospen herausgenommen und in frisches Substrat umgepflanzt. Bei langsam gesteigerten Wassergaben wird sich bald Wachstum zeigen.

Für die Vermehrung können verschiedene Wege benutzt werden. Die Samen sind im Herbst reif und können dann sofort in Schalen mit feinem Torfmull ausgesät werden. Nach 6 Wochen oder spätestens im Vorfrühling tritt die Keimung ein. Weiterhin ist die Vermehrung durch vorsichtige Teilung der Winterknospen beim Umpflanzen im zeitigen Frühjahr möglich, ferner auch durch Blattstecklinge, die mit dem Stiel in feingehacktes Sphagnum gesteckt und bei 20° unter einer Glasglocke gehalten werden.

Insgesamt ist die Kultur von *Dionaea* für den Liebhaber interessanter Pflanzen ein reizvolles Unternehmen, sofern die geschilderten Richtlinien mit der notwendigen Sorgfalt beachtet werden.

Drosera L., Sonnentau
(griech. *droseros* = betaut; die Tröpfchen an den Drüsenhaaren ähneln in der Sonne Tautropfen)

Wir kennen etwa 100 Arten der Gattung *Drosera*, von denen über die Hälfte in Australien und Neuseeland wachsen, während in Deutschland nur drei Arten vorkommen. Ihre Vielgestaltigkeit macht es lohnend, sich besonders eingehend mit ihnen zu befassen.

So bieten bereits die Wurzeln bemerkenswerte Besonderheiten. Der Keimling bildet zunächst als Haftorgan ein Hypokotyl aus, das nur einen Leitstrang und an der Spitze ein Büschel Trichome aufweist. Es wird nach 2 bis 3 Monaten durch eine kleine Anzahl von Adventivwurzeln ersetzt, die in der Regel unverzweigt und mit einem dichten Pelz von Wurzelhaaren besetzt sind (Dochtfunktion). Sie enthalten zahlreiche Leitstränge für den Flüssigkeitstransport und haben darüber hinaus eine wichtige Rolle als Speicher zu erfüllen. Der Sproß bleibt im vegetativen Abschnitt meist unverzweigt, lediglich in der Blütenregion sind Verzweigungen häufiger. Eine bemerkenswerte Einrichtung stellt die Zwiebel bei der Untergattung *Ergaleium* dar, die aus stark miteinander verwachsenen Blättern besteht, von denen nur noch die Spitzen frei sind. Im Herbst bildet sich im Innern der alten Zwiebel eine neue. Dieser Vorgang wiederholt sich jährlich, so daß schließlich bis zu 20 alter Schalen die jeweils jüngste Zwiebel umgeben. Über dieser stehen am unterirdischen Sproßabschnitt eine Anzahl von Rhizoiden. In diesem Bereich findet man zu gegebener Zeit die Knospe für den Erneuerungssproß, der am Ende die nächstjährige Zwiebel trägt, die bei manchen Arten dann etwas tiefer im Erdboden zu liegen kommt. Bei horizontalem Wachstum der Erneuerungssprosse können runde Kolonien mit Durchmessern bis zu zwei Meter und bis zu 200 Einzelpflanzen entstehen. Alle diese Einrichtungen sind für das Überleben der Pflanzen in der Trockenperiode und bei den herbstlichen Flächenbränden von großer Bedeutung.

Bei den meisten *Drosera* sind die Blätter in Form einer grundständigen Rosette angeordnet. Das einzelne Blatt zeigt eine sehr verschiedenartige Differenzierung von Stil und Spreite, die bei manchen Arten ohne nennenswerte Verbreiterung des Spreitenanteils ineinander übergehen. Jedoch kommen auch Gabelungen *(D. binata)* und verbreiterte Stiele *(D. pulchella* Lehm.) bei manchen Arten vor, wodurch eine gewisse Vergrößerung der Assimilationsfläche erreicht wird. Die meisten Arten weisen allerdings eine gegenüber dem Stiel verbreiterte Spreite auf.

Der Blattgrund kann gut entwickelt sein und ist dann dem Schutz des nächsten neu entstehenden Blattes dienstbar gemacht. Er zeigt eine Neigung zur Ausgliederung von Stipulargebilden (Nebenblätter). Diese erfüllen mit ihren schmalen, wimperartigen Fortsätzen (Fimbrien) bei den Sonnentauarten der Trockengebiete (z.B. *D. paleacea* DC., *D. dichrosepala* Turcz.) eine wichtige Schutzfunktion gegen die klimatischen Belastungen, insbesondere die Gefahr der Austrocknung in den Trockenzeiten. Bei den xerophytischen *Drosera* wird die Knospe ganz von den Wimpern der Stipulae umfaßt. Die Blattstiele, insbesondere der Blattgrund, sind auch ein wichtiges Speicherorgan. Bei *D. paleacea* und einigen verwandten Arten bilden sich daraus in der Ruhezeit Brutkörper, die sich leicht abstreifen lassen und zur Vermehrung benutzt werden können. Die basalen Stielabschnitte können ferner eine Art Stützmanschette bilden, die gleichzeitig den oberirdischen Teilen der Pflanze als Feuchtigkeitsreservoir dient. Manche *Drosera* haben ihre Stiele zu Haftorganen differen-

ziert, so daß sie zu echten Blattklimmern geworden sind (*D.macrantha* Endl.).
Die Blattspreite ist bei jungen Blättern sehr empfindlich und daher je nach Art schneckenförmig eingerollt oder gefaltet. Die Blattform ist oft spatelförmig, nicht selten rundlich, schild- oder schüsselförmig, wobei der Stielansatz zentral (*D.subhirtella* Planch.) oder exzentrisch (*D.auriculata* Backh., *D.pygmaea* DC.) ausgebildet sein kann.
Von großer Bedeutung sind die Anhangsgebilde der Blätter. Wir finden zahlreiche gestielte und ungestielte Drüsen. Erstere haben einen ziemlich großen Kopf mit rotem Inhalt und dienen der Produktion der Verdauungsfermente. Die größeren Tentakel sind aus genetischer Sicht ausgegliederte Blattabschnitte, die an der Spitze ein Drüsenköpfchen haben und einen wesentlich komplizierteren Bau als die einfachen gestielten Drüsen aufweisen. Durch ihre Tätigkeit werden die Blätter des Sonnentaus zu Klebfallen. Angelockt durch den honigartigen Duft der Sekrete und ihre rote Farbe stellen sich Insekten ein, welche durch die Klebrigkeit der Drüsenausscheidungen festgehalten werden. Bei den Befreiungsversuchen der Opfer zeigt es sich, daß sowohl die Tentakel als auch die ganze Blattfläche eine spezifische Reizbarkeit auf Druck und chemische Stoffe aufweisen, die sich zentrifugal vom Reizort im Blattparenchym ausbreitet. Die kleineren Flächententakel führen eine Bewegung in Richtung auf das Fangobjekt aus, die größeren Randtentakel krümmen sich zur Blattmitte, und die ganze Blattfläche krempelt sich gewissermaßen wie ein »Blattmagen« um die Beute herum. Sofern diese stickstoffhaltige Substanzen enthält, setzt nun die Sekretion der Verdauungsenzyme ein, welche bei indifferenten Objekten, z.B. Holz, ausbleibt. Inzwischen sind die Tiere meist durch Verklebung der Atemwege und Erschöpfung verendet. Nach Abschluß der Verdauung nimmt das Blatt wieder seine ursprüngliche Form an, allerdings ist die Zahl der möglichen Fangaktionen begrenzt und zwar u.a. abhängig von der Größe der Beutetiere.
Weitere Blattanhangsgebilde sind einfache Haare, die bei verschiedenen Arten als Schutzhaare die empfindlichen Teile der Knospen und jungen Blätter bedecken.
Droseraceen zeigen teilweise eine ausgeprägte Befähigung zur Regeneration. Diese kann sowohl von den auf der Oberfläche der Blätter und Blattstiele befindlichen Adventivknospen als auch von den Adventivwurzeln ausgehen, von denen bereits ein 2 cm langes Stück unter geeigneten Bedingungen in der Lage ist, eine neue Pflanze zu bilden. Die Regeneration tritt immer dann auf, wenn die normale Funktion in Frage gestellt ist, z.B. bei älteren Blättern mit beginnender Degeneration der Leitungsbahnen.
Der Blütenstand ist in der Regel ein Wickel, der ährenförmig konfiguriert sein kann. Gabelungen kommen ebenso vor (*D.binata*) wie Einblütigkeit (*D.pygmaea*). Die radiär gebauten Blüten sind meist fünfzählig, nur beim Fruchtknoten wird öfter Dreizähligkeit beobachtet. Sel-

Drosera pulchella

Drosera binata

ten sind vierzählige (*D.pygmaea*) und vielzählige Blüten (*D.heterophylla* Lindl. achtzählig), von denen meist nur eine bei Sonne geöffnet ist, wodurch die Blütezeit der Pflanze insgesamt verlängert wird. Die Sonnentaublüte ist meist nur einige Stunden geöffnet, eine Wiederholung erfolgt nicht. Die Blütenblätter sind oft purpurfarbig, seltener violett, rot, weiß oder gelb (*D.subhirtella* Planch., *D.sulphurea* Behr). Die Pollenkörner bleiben stets zu vier Stück vereint (Tetraden). Nach dem Abblühen bilden die gewelkten Blütenblätter über dem Fruchtknoten bzw. der Samenkapsel eine Art Mütze. Interessant ist das Verhalten von *D.erythrorhiza* Lindl., die nach Dixon erst zur Blüte kommt, wenn ein Brand über sie hinweggegangen ist.
Die Bestäubung der Sonnentaublüten erfolgt durch Insekten, jedoch finden wir vielfach Autogamie, z.B. bei den europäischen Arten mit ihren unauffälligen Blüten. Auch Kleistogamie kommt vor; in diesem Fall sind die Blütenblätter meist auffallend klein ausgebildet. Die Frucht ist stets eine Kapsel. Die Samen sind bei vielen Arten sehr leicht und in diesem Fall auch schwimmfähig.
Die Vielzahl der Arten bei *Drosera* verlangt nach einer sinnvollen Einteilung, wobei sowohl die Wuchsform der Pflanze als auch die Gestalt des Griffels herangezogen wird. Wir unterscheiden die epigäisch-photophile Wuchsform von dem hypogäisch-geophilen Habitus. Nach der Griffelform

kann man einteilen in Arten mit 2- bis 3teiligem Griffel (Subgenus *Rorella*) und solche, bei denen dieses Organ pinselförmig gestaltet ist (Subgenus *Ergaleium*). Aus diesen Merkmalen hat J.E. Planchon 1848 eine Einteilung in 13 Sektionen erarbeitet, die auch heute noch im wesentlichen als maßgeblich angesehen werden kann. Es würde allerdings in diesem Rahmen zu weit führen, auf die botanischen Merkmale der einzelnen Sektionen näher einzugehen. Dagegen müssen die Wuchsformen der *Drosera* noch etwas eingehender erörtert werden. Die epigäisch-photophilen Arten mit oberirdischem Erneuerungsprozeß enthalten einige einjährige Arten aus tropischen Monsungebieten, z.b. *D. indica* L., und zahlreiche perennierende *Drosera*, für welche eine mit Schutzorganen versehene Endknospe charakteristisch ist. In feuchten Gegenden ist besonders häufig der Rotundifolia-Typ mit jahreszeitlich wechselnder Länge der Internodien vertreten, der nur in Sphagnumpolstern existieren kann. Dagegen besitzen die Sonnentaue, die in den sandigen Böden Australiens mit langen Trockenperioden und starker Lichtexposition leben (*D. paleacea* DC.), gleichmäßig kurze Internodien. Ihre abgestorbenen Blätter gehen nicht durch Fäulnis zugrunde, sondern bleiben als »Trockenstrauß« lange im Verband erhalten. An der Spitze der Pflanze findet man hier stark gehemmte Blätter, die über Rhizoide ernährt werden und leicht abfallen (Brutkörper), um dann am Boden zu wurzeln und damit der Vermehrung der Art zu dienen.

Die hypogäisch-geophilen Arten mit unterirdischem Erneuerungsprozeß sind mit ihren Einrichtungen auf ein streng periodisches Klima eingestellt. Bei Subgenus *Ergaleium* überdauern die Pflanzen mit einer tiefliegenden Zwiebel, die jährlich erneuert wird, während wir bei Subgenus *Ptycnostigma* eine flachliegende, längliche Wurzelknolle vorfinden, die aus einer Adventivwurzel entstanden ist. Bei Arten des Subgenus *Ergaleium*, die auf schlechten Böden wachsen müssen, sind die untersten oberirdischen Blätter in Schutzorgane für die Knospe umgewandelt (*D. menziesii* R.Br.). Arten in regenreicheren Gegenden auf besseren Sandböden, die im Halbschatten wachsen können, haben Klettertypen entwickelt (*D. macrantha* Endl.) oder zeigen Verzweigungen der Achse (*D. gigantea* Lindl.).

Die geographische Verbreitung von *Drosera* ist sehr lehrreich. Obwohl sie in allen Teilen der Erde vorkommen, können die Sonnentaue nicht als echte Kosmopoliten angesehen werden, da es Areale gibt, wo sie völlig fehlen. Dazu gehören die Trockengebiete mit Ausnahme von Australien, aber auch die Regenwälder des tropischen Zentralafrikas und Polynesiens, ferner die Randgebiete des Mittelmeers und Abessiniens. Den drei europäischen Arten (Sektion *Rossolis*), welche die nördliche gemäßigte Zone bewohnen, stehen die vielen Arten Australiens mit Neuseeland, Südafrikas und Amerikas gegenüber. Aus Südamerika kennt man 10 Arten der Sektion *Rossolis*, die von Brasilien bis zur Mündung des La Plata vorkommen. Über die Antillen mit 2 Arten erstreckt sich das Areal nach Nordamerika, wo 7 Arten zu finden sind, die z.T. den südamerikanischen sehr ähneln (*D. brevifolia* Pursh in Florida und Brasilien). Eine Unterscheidung ist dann kaum noch möglich. Zu den amerikanischen Arten gehören auch die drei in Europa ebenfalls vorkommenden *D. rotundifolia* L., *D. anglica* Huds. und *D. intermedia* Hayne. Ihr Verbreitungsmuster läßt darauf schließen, daß die jetzigen Vorkommen durch die boreale Eiszeit zustandegekommen sind, während ihr eigentlicher Ursprung wohl ziemlich sicher in Amerika zu suchen ist.

Afrika weist drei Sektionen *Drosera* im Waldsteppengebiet auf, in Südwestkapland (Winterregengebiet) und auf Madagaskar: *Arachnopus* (1 Art), *Rossolis* (7 Arten) und *Ptycnostigma* (2 endemische Arten in Südwestkapland). Den südafrikanischen Arten der Sektion *Rossolis* stehen die südamerikanischen der gleichen Sektion außerordentlich nahe, es liegt hier eine auffällige Parallelentwicklung vor. Die australoasiatische Gruppe bewohnt Gebiete in Australien, Neuseeland, Neukaledonien und in Monsungebieten Indiens. Zehn Sektionen sind hier anzutreffen, von denen sieben endemisch sind (z.B. *Ergaleium*). Nicht endemisch sind drei Arten der Sektion *Rossolis*, drei Arten der Sektion *Arachnopus* und eine Art der Sektion *Thelocalyx*. Es ist hier nicht möglich, alle Arten eingehend abzuhandeln. Soweit im speziellen Abschnitt Vertreter der australoasiatischen Gruppe besprochen werden, wird auf ihre interessanten Eigentümlichkeiten genauer eingegangen.

Die antarktische Gruppe finden wir in Waldgebieten Chiles, in Neuseeland, in der Südostecke Australiens und in Gebirgen Tasmaniens. Hier kommen in Sphagnummooren die drei Arten der Sektion *Psychophila* vor.

Zusammenfassend ergibt sich, daß *Drosera* aufgrund der geschilderten Lebensräume als ein australisches Pflanzenelement zu verstehen ist, das erdgeschichtlich gesehen erst sehr spät auf die nördliche Halbkugel vorgedrungen ist. Durch die Ausbreitung nach Nordamerika geriet sie in die Auswirkungszonen der Glazialverschiebungen und gewann auf diese Weise einen beträchtlichen Zuwachs an Verbreitung. Die Aufsplitterung der Gattung *Drosera* in zahlreiche Sektionen spricht ebenso wie die Monotypie der Gattungen *Aldrovanda*, *Dionaea* und *Drosophyllum* dafür, daß die Droseraceen als ein geologisch gesehen altes, in seiner Vitalität schon etwas erschöpftes Florenelement des Alttertiärs anzusehen sind. Leider sind wegen der zarten Gewebebeschaffenheit bei den Droseraceen außerordentlich schlechte Vorbedingungen für die Ausbildung von Fossilien gegeben, welche sicherlich zur Klärung mancher Fragen sehr wesentlich beitragen könnten.

Aus der großen Anzahl von Sonnentauarten kann dem Liebhaber eine recht stattliche Auswahl zur Kultur empfohlen werden.

Drosera aliciae Hamet gehört zu den photophilen Arten aus südafrikanischen Feuchtgebieten. Sie bildet dichte Rosetten mit spatelförmigen Blättern, die schön rot gefärbte Drüsenköpfchen tragen. Bei sonnigem Stand färben sich auch die Blattspreiten rot. Die Blüten, von denen bis zu 15 auf einem bis 20 cm hohen Schaft stehen, sind weiß bis rosa. Sehr ähnlich ist *D. spathulata* Labill., ihre Blätter sind jedoch graziler und stärker spatelförmig. *D. aliciae* ist eine besonders dankbare Art, die auch für Anfänger geeignet ist.

D. anglica Huds. gehört zu den Arten, die auch bei uns vorkommen, ist jedoch viel seltener als der rundblättrige Sonnentau. Das Verbreitungsgebiet erstreckt sich von Nordamerika, Nord- und Mitteleuropa über Sibirien bis zur Halbinsel Kamtschatka, ferner nach Mitteljapan und den Sandwichinseln im Stillen Ozean. Da die Pflanze einen leichten Kalkgehalt im Boden ertragen kann, findet man sie auch in Zwischenmooren. Sie verlangt im Gegensatz zu *D. rotundifolia* einen gleichmäßig feuchten Standort und scheint sich auch bei völliger Überflutung wohlzufühlen. Die Blätter bilden eine dichte, grundständige Rosette, die flach dem Boden aufliegt. Die Blattspreite ist viel schmaler als bei *D. rotundifolia* und kann bis 4 cm lang werden. Die Länge der schlanken Blattstiele kann bis 7 cm betragen. Die Internodien sind viel kürzer als bei *D. rotundifolia*, so daß die Pflanzen den Verhältnissen in den Sphagnummooren nicht so ideal angepaßt

Insektivoren 275

Drosera aliciae

sind. Die kleinen weißen Blüten bilden eine Scheintraube mit bis zu 12 Einzelblüten und stehen auf 10 bis 30 cm hohem Schaft. Die Kultur, welche keineswegs einfach ist, erfolgt in Anlehnung an die beiden anderen heimischen Arten am besten im Freien, wobei im Vergleich zu *D. rotundifolia* das Substrat feuchter zu halten ist. Auf Schutz vor Vögeln durch Maschendraht ist großer Wert zu legen.

D. auriculata Backh. findet sich in Strauchheiden und lichten Gebüschen Süd- und Ostaustraliens, Tasmaniens und Neuseelands, wo sie als Spreizklimmer bis zu 60 cm und mehr emporklettert, ähnlich wie die verwandte *D. macrantha* Endl. Die Pflanzen leben hier auf humosen Sandböden. Sie gehören zu den hypogäischen Arten und haben für die Ruhezeit in der Trockenperiode, in der sie völlig einziehen, eine tiefliegende Zwiebel ausgebildet. Der Austrieb beginnt ab November. Die Stengelblätter sind schildförmig mit ohrenartiger Ausbuchtung, etwa 1 cm langem Stiel und 5 bis 15 mm breiter Spreite, während die kleinen Blätter der Basalrosette spatelförmig sind und zur Blütezeit bereits vergehen. Die Inflorenszenz besteht aus 5 bis 10 weißen bis rosa Einzelblüten, die einen Durchmesser von 15 mm erreichen. Die Blütezeit liegt in den Monaten Januar bis Februar; Samen werden auch ohne künstliche Bestäubung gebildet. Die bereits erwähnte **D. macrantha** Endl. hat nahezu runde Blätter mit zentralem Stielansatz und klettert bis 120 cm hoch. Die bis 30 Blüten zählende Inflorenszenz hat weiße oder rötliche, fünfzählige Einzelblüten.
Für die Kultur ist die Beachtung der Ruhezeit im Sommer unerläßlich. Geringe Wassergaben sollen das völlige Eintrocknen verhindern. Nach dem Austrieb erhalten

Drosera capensis

die Pflanzen Reisig zum Klettern, ähnlich wie es beim Anbau der Gemüseerbsen üblich ist. Die Vermehrung erfolgt durch Aussaat im August oder September.

D. binata Labill. ist in Sümpfen und Mooren von Ostaustralien, Tasmanien und Neuseeland heimisch, wo sie sich gern zwischen Moospolstern ansiedelt. Die Pflanze kann bis 45 cm hoch werden. Die Blätter haben dünne, rundliche Stiele und sind am Ende einfach gegabelt. Ihre schmale Spreite ist mit braunroten Drüsenhaaren besetzt. Eine Variante mit triploidem Chromosomensatz ist als **D. dichotoma** bekannt und hat doppelt gegabelte Blätter. Pflanzen mit noch stärker aufgegliederten Blattenden führen die Bezeichnung **D. multifida**. Die Blüten (15 bis 20) sind weiß, fünfzählig, und stehen auf einem hohen Schaft.
Im Winter zieht die Art völlig ein und muß dann ziemlich trocken bei 5° bis 10° überwintert werden, am besten in einem hellen Kalthaus. Die Pflanzen wachsen gut in einem Gemisch aus gehacktem, lebendem Sphagnum und Torf. Die Vermehrung erfolgt durch Wurzelschnittlinge oder Aussaat.

D. capensis L. findet man an Bachufern und anderen Feuchtstellen von Südwestkapland. Die linealisch-spatelförmigen Blätter sind 4 bis 6 cm lang und 3 bis 4 mm breit. Sie haben 4 bis 10 cm lange Stiele und sind dicht mit roten Drüsenhaaren bedeckt. Im Gegensatz zu vielen anderen Droseraarten wird keine basale Rosette gebildet, sondern die Blätter stehen an einem kurzen, gedrungenen Stämmchen und bleiben hier auch nach dem Absterben einige Zeit erhalten. Der 10 bis 20 cm hohe Blütenschaft trägt 5 bis 20 purpurrote, fünfzählige Blüten.

Für die Kultur ist zu beachten, daß diese Art ein ziemlich hohes Wärmebedürfnis hat und im Winter nicht unter 12° gehalten werden sollte. Die Vermehrung erfolgt durch Aussaat in reinem Torfmull im zeitigen Frühjahr oder durch Wurzelschnittlinge.

D. capillaris Poir. gehört zu den mehrjährigen photophilen Sonnentauarten. Sie wächst an sandigen Ufern von Gewässern und in feuchten Fichtenheiden, ferner auch in küstennahen Sümpfen der USA von Virginia bis Osttexas sowie auch in Britisch-Guayana und auf Kuba. Die grundständige Blattrosette mit einem Durchmesser bis zu 7 cm besteht aus leicht ovalen Blättern mit einer Länge von 3 bis 4 cm. Der Blütenstand mit 4 bis 10 rosa oder weiß gefärbten Blüten steht auf 5 bis 15 cm langem Schaft. Es werden sehr reichlich Samen ohne künstliche Bestäubung gebildet.

Die Kultur ist nicht schwierig, wobei man beachten sollte, daß diese Art sich reichlich selbst aussät und dabei nicht selten weniger wüchsige Arten einer Sammlung überwuchert.

D. cistiflora L. gehört ebenso zur Flora des südwestlichen Kaplandes wie die nahe verwandte **D. pauciflora** Banks ex DC. Letztere bevorzugt etwas feuchtere Standorte, während *D. cistiflora* an buschigen Hängen zu finden ist. Beide Arten bilden das Subgenus *Ptycnostigma* und sind gekennzeichnet durch langgestreckte, flachliegende Wurzelknollen für die Ruhezeit. Aus diesen entwickelt sich in der Vegetationsperiode ein bis 40 cm hohes, drüsenhaariges Stämmchen (in Kultur meist nur 20 cm hoch). Die Blätter sind lanzettlich, basal als kleine Rosette angeordnet, weiter oben wechselständig, 2 bis 6 cm lang. Der endständige Blütenstand ist oft einblütig, seltener 2- bis 6blütig. Die Petalen sind weiß mit rötlichen Längsstreifen, bis 3 cm lang, die fünfzählige Blüte ziert ein dunkler Augenfleck. Dagegen bildet *D. pauciflora* aus ihren ähnlich geformten Blättern eine flache Rosette, hat keinen deutlichen oberirdischen Stamm und auf einem drüsenhaarigen Schaft fast stets nur eine große

Drosera filiformis

Drosera villosa

blauviolette oder weiße Blüte mit dunklem Zentrum. In der kurzen Vegetationsperiode fallen im Bereich der küstennahen Standorte zwischen 100 und 150 mm Niederschläge. Die Blütezeit liegt an den Naturstandorten im September–Oktober, bei uns blühen die Pflanzen im März bis April. Man hält diese Arten am besten in einem Sand-Torf-Lehm-Gemisch (1:2:1). Da Samen bei uns kaum gebildet wird, erfolgt die Vermehrung beider Arten durch Blattstecklinge.

D. filiformis Raf. gehört der nordamerikanischen Flora an. Im Bereich küstennaher Fichtenheiden an der Ostküste der USA von Cap Cod bis Süd-Mississippi ist diese stattliche Pflanze an oft verhältnismäßig trockenen Standorten zu finden, wo sie meist in Gemeinschaft mit Gräsern wächst. Die schlanken linealisch-fadenförmigen Blätter werden bis 40 cm lang bei einer Breite von nur wenig mehr als 1 mm. An ihrer Basis finden sich scheidenartig gestaltete, wollhaarige Nebenblätter. Man kann zwei Varietäten unterscheiden: Die **D. filiformis** var. **filiformis** mit rötlichen Blättern, die nur 25 cm lang werden, und die **D. filiformis** var. **tracyi** mit mehr grünen, bis 50 cm langen Blättern. Es werden 1 bis 4 Blütenstände auf 15 bis 45 cm hohem Schaft mit 5 bis 20 Einzelblüten hervorgebracht, die meist die Blattenden nicht überragen. Die rosa bis purpurfarbenen Blüten, von denen stets nur eine geöffnet ist, haben einen Durchmesser von 2 bis 3 cm. Im Winter ziehen die Pflanzen ein. Dabei wird eine Winterknospe gebildet, welche der unserer heimischen Arten ähnelt.

Zur Kultur benutzt man ein Sand-Torf-Gemisch. In der Ruhezeit werden die Pflanzen mäßig feucht bei 12° gehalten.

D. intermedia Hayne ist eine Art, die auch bei uns heimisch ist. Sie ist weiterhin in den an Atlantik und Ostsee grenzenden Ländern Europas, zerstreut auch in den Alpen und Mittelmeerländern (Areale mit überwiegend europäischer Flora), sowie auch im atlantischen Nordamerika, Kanada und Neufundland zu finden. Schließlich ist ein tropischer Standort auf Kuba bekannt. Die Art wächst in Hoch- und Zwischenmooren, wo sie sich sehr gern auf Torfschlammflächen ohne Konkurrenzflora ansiedelt. Von den drei heimischen Arten hat sie das größte Feuchtigkeitsbedürfnis und steht in der Vegetationszeit gern ganz im Wasser. Die ovalen, oft schön rot gefärbten Blätter bilden grundständige Rosetten, stehen aber mehr aufrecht als bei *D. rotundifo-* *lia*. Die Form der Blattspreite stellt einen Übergang von dem rundlichen Blatt von *D. rotundifolia* und dem länglichen von *D. anglica* dar. Auf 3 bis 15 cm langem Schaft erscheinen 4 bis 10 kleine weiße Blüten, die in einer Scheintraube angeordnet sind.

Die Kultur erfolgt in einem Sphagnum-Torf-Gemisch (3:1). Um dem hohen Feuchtigkeitsbedürfnis zu entsprechen, werden die Schalen in der Hauptvegetationszeit fast bis zum Rand in mit kalkfreiem Wasser gefüllte Unterteller gestellt.

D. pygmaea DC. wächst an küstennahen sandig-torfigen Feuchtstellen von Südostaustralien, Tasmanien und Neuseeland. Sie bildet winzige Rosetten, deren kurzgestielte Blätter eine runde, schildförmige Spreite besitzen (Durchmesser 4 bis 6 mm). Auf 3 cm langem Schaft erscheint eine vierzählige weiße Einzelblüte.

Gegen Ende der Vegetationszeit entstehen im Zentrum der Rosette hirsekorngroße Brutschuppen, die wohl extrem retardierte Blätter darstellen. Sie lassen sich leicht abstreifen und können dann in Schalen mit feinem Torf ausgesetzt werden. Hält man

Drosophyllum lusitanicum (Blatt)

Drosophyllum lusitanicum

sie feucht bei 15°, werden sie bald Jungpflanzen ausbilden. Allgemein ist bei der Kultur zu beachten, daß in den Töpfen kein Moos geduldet werden darf, da dieses die kleinen Pflanzen schnell überwachsen würde. Als Kultursubstrat eignet sich feiner Torf.

D.regia Stephens ist eine große Art von besonderer Schönheit. Sie wurde erst 1923 in Südafrika entdeckt, wo sie in höheren Lagen der Gebirgszüge, die östlich von Kapstadt liegen, in der Nähe von Wasserläufen wächst. Botanisch gehört *D.regia* zur Sektion *Psychophila*, von der bisher nur drei Arten bekannt waren, die zur antarktischen Verbreitungsgruppe zählen. Die glänzend grünroten Blätter mit kräftiger Mittelrippe und linealischer Form sind zwischen 25 und 45 cm lang und 6 bis 20 mm breit; am Ende laufen sie spitz zu. Sie sitzen rosettenförmig an einer kurzen Sproßachse und stehen mehr oder weniger aufrecht. Besonders auffallend sind die zahlreichen großen, tiefroten Tentakel. Es werden in der Vegetationszeit 6 bis 12 neue Blätter gebildet, während in der Ruheperiode die Blattneubildung sistiert. Der vielblütige Blütenstand steht auf hohem Stiel, der die Blattspitzen meist etwas überragt. Die fünfzähligen Blütenblätter sind rosa gefärbt und zeigen eine zarte rote Längsstreifung. Blütezeit ist in den Monaten Januar bis Februar.
Die Kultur ist ähnlich wie bei *D.capensis*. Zur Vermehrung sind in erster Linie Wurzelschnittlinge geeignet.

D.rotundifolia L. ist die häufigste heimische Art, deren Verbreitungsgebiet von Nordamerika über Island und Grönland nach Nord- und Mitteleuropa sowie weiter bis Sibirien reicht. Sie ist eine ausdauernde photophile Art, die auf den Sphagnumpolstern der Hochmoore anzutreffen ist. Auch an Torfabstichwänden und sogar an nassen Felsen kann sie sich ansiedeln, sofern ein streng kalkfreies Milieu vorliegt. Vorübergehend kann auch ein etwas trockenerer Standort ertragen werden. Über einer 5 bis 7 cm großen Rosette aus gestielten rundlich-ovalen Blättern erhebt sich auf 5 bis 30 cm hohem Schaft eine 1- bis 25blütige Infloreszenz mit unscheinbaren weißen Blüten, die in einer Scheintraube angeordnet sind. Wie bei den anderen heimischen Arten sind die Blüten fünfzählig. Gegen Ende der Vegetationsperiode bildet sich aus stark retardierten Blättern an der Sproßspitze eine Winterknospe, die durch Nebenblätter schützend eingehüllt wird. Gleichzeitig ist das gesamte Sproßwachstum verlangsamt, so daß wir am Stamm nach den langen Internodien der Sommermonate nunmehr ganz kurze Internodien beobachten können. Erst im Frühjahr setzt wieder stärkeres Wachstum ein, bis die Sproßspitze die Oberfläche des Sphagnum wieder erreicht hat, um nun hier eine neue Blattrosette zu bilden.
Die Kultur ist durchaus nicht einfach. Am besten gelingt sie noch in Freianlagen in einem Gemisch von gehacktem Sphagnum und Torf (3:1). Die Pflanzen müssen mit Maschendraht oder Netzen gegen Vögel und andere Tiere geschützt werden. Man kann diesen Sonnentau auch in Trögen oder Terrarien halten, die gut belüftet sein müssen. Durch Auslegen von reichlich lebendem Sphagnum läßt sich eine ausreichende Luftfeuchtigkeit erzeugen. Bei der Überwinterung im Freien ist eine Abdeckung mit Fichtenreisig ratsam. Zur Vermehrung bedient man sich der Aussaat, die im Februar stattfindet. Auch mit Blattstecklingen lassen sich gute Erfolge erzielen.
Sehr wüchsig und leichter zu halten ist **D. × obovata**, ein Naturbastard von *D.rotundifolia* und *D.anglica*.

D.spathulata Labill. ist in Ostasien und in Australien weit verbreitet. Die Pflanze ist anzutreffen in Sümpfen Ostaustraliens, Tasmaniens und Neuseelands, weiterhin in China, im südlichen Japan sowie auf Taiwan, Borneo, den Philippinen und den Riukiu-Inseln. Die oval-spatelförmigen Blätter sind etwa 2 cm lang, am Rand gewimpert und bilden eine grundständige Rosette. Auf bis 20 cm langem Stiel erscheint eine Blütenähre mit bis zu 15 weißen oder rotfarbigen Einzelblüten.
Die Vermehrung erfolgt durch Aussaat, Blattstecklinge oder aus den Adventivknospen von Blattschnittlingen.
Neben den hier bisher besprochenen Sonnentau-Arten gibt es noch eine ganze Anzahl weiterer, die in Sammlungen von Liebhabern gehegt werden. Dazu gehören zunächst die beiden afrikanischen Arten **D.burkeana** Planch. und **D.cuneifolia** L.f., beides ausdauernde epigäische Arten der Sektion *Rossolis*. Die erstgenannte Art stammt aus feucht-moosigen Arealen in Steppen Südafrikas, hat Rosetten aus runden kurzgestielten Blättern und weiße Blüten, während *D.cuneifolia* in Südwestkapland an feuchten Hängen oder sandigen oder morastigen Stellen der Winter-Überschwemmungsgebiete vorkommt. Sie hat Rosetten aus spatelförmigen Blättern und eine vielblütige Infloreszenz mit purpurfarbigen Einzelblüten.

Von Interesse ist auch die seltene **D.linearis** Goldie aus dem Grenzgebiet der USA und Kanadas mit länglichen, aufrechten Blättern und wenigen kleinen weißen Blüten, die oft zusammen mit *Sarracenia purpurea* wächst und auch in sehr nassen Mergelgruben auf alkalischen Böden gedeiht. Weiter wäre von den australischen Arten **D.erythrorrhiza** Lindl. als Vertreter der mit tiefliegender Knolle überdauernden Sonnentaue (Sektion *Ergaleium*) zu nennen. Diese Art wächst in Südwestaustralien auf lehmig-sandigen Feuchtstellen, bildet eine ganz flach dem Boden aufliegende Blattrosette aus runden bis verkehrt-eiförmigen Blättern und hat eine vielblütige Trugdolde mit weißen Blüten, von denen jeweils nur eine geöffnet ist. Die Blütenbildung muß durch einen Steppenbrand ausgelöst werden. Wenn es nicht brennt, fällt die Blüte aus!
Schließlich sind die drei höchst ungewöhnlichen Arten der Sektion *Arachnopus* zu erwähnen, von denen die einjährige **D.indica** L. (Ostindien und Australien) bis 50 cm hoch wird. Sie hat lange, linealische Blätter und große weiße Blüten, die an Seitenästen des Stammes erscheinen. Nicht minder auffällig sind die beiden anderen Arten der Sektion, die leider auch ziemlich kurzlebigen **D.adelae** F.v.Muell. (Berge in Regengebieten Nordqueenslands), der einzige Sonnentau mit spitzen Blütenblättern (Farbe braunrot, intensiver Duft), und **D.schizandra** Diels (ebenfalls aus Nordqueensland, Mount Bartle Frere). Beide erregen auch durch ihre Blattform Aufsehen (breite linealisch-lanzettliche Blätter mit Mittelrippe bei *D.adelae* und breite, spatelförmige, ebenfalls gerippte Blätter bei *D.schizandra*).

Die drei heimischen Arten werden am besten in Freianlagen, Trögen etc. in reinem Sphagnum kultiviert. Es wurde bereits erwähnt, daß diese vor der Aktivität von Vögeln und anderen Tieren geschützt werden müssen. Die übrigen Arten, die man je nach Herkunft im Kalt- oder Warmhaus hält, gedeihen nur, wenn man den arteigenen Vegetationsrhythmus beachtet. Die Bewässerung erfolgt grundsätzlich von unten über einen Unterteller. Das Sprühen vertragen die Pflanzen nicht und sollte vermieden werden. Als Substrat für die erwachsenen Pflanzen eignen sich lebendes gehacktes Sphagnum, Weißtorf oder ein Gemisch von beidem. In der Regel werden die Sonnentauarten zweijährig kultiviert, da ältere Exemplare oft unansehnlich werden. Nur *D.binata*, *D.capensis* und *D.capillaris* können über längere Zeit gehalten werden, wobei *D.capensis* beim jährlichen Umpflanzen jeweils etwas tiefer gesetzt werden sollte. Die Vermehrung erfolgt in den meisten Fällen durch Aussaat, da fast alle Arten auch ohne künstliche Bestäubung Samen ansetzen. Bei frühblühenden Arten kann er sofort ausgesät werden. Spät reifende Samen werden evtl. im Kühlschrank stratifiziert und im zeitigen Frühjahr gesät. Als Substrat für die Aussaat wählt man gesiebten Torf, der in 1 cm dikker Schicht auf Schalen mit feuchtem gehacktem Sphagnum ausgebreitet wird. Die Samen sind Lichtkeimer und werden daher nur leicht angedrückt. Die Schale wird mit einer Glasscheibe abgedeckt, die öfter gewendet wird, da keine Schwitzwassertropfen auf die Sämlinge fallen sollten. Die Bewässerung erfolgt über den mit kalkfreiem Wasser gefüllten Unterteller, oder man benutzt eine Pipette. Eine weitere gute Methode zur Vermehrung der Sonnentaue sind Blattstecklinge. Dazu werden die ersten voll entwickelten Blätter der Vegetationsperiode benutzt, die flach mit der Unterseite auf fein gehacktes Sphagnum gelegt werden. Fester Kontakt mit der Unterlage ist sehr wichtig, man kann dies oft mit einer kleinen Haarnadel oder einem Netzgewebe erreichen. Die Schalen werden schattig und warm gestellt, für hohe Luftfeuchtigkeit ist zu sorgen. *D.binata*, *D.capensis* und *D.spathulata* können sehr gut durch 2 cm lange Wurzelschnittlinge vermehrt werden, die beim Umtopfen im Frühjahr gewonnen werden. Bei *D.pygmaea* und *D.dichrosepala* bieten die Brutschuppen die Möglichkeit, schneller als durch Aussaat Jungpflanzen zu erhalten.

Drosophyllum Link, Taublatt
(griech. *drosos* = Tau, *phyllon* = Blatt)

Die letzte zu besprechende Gattung aus der Familie der Droseraceae ist die wiederum monotypische Gattung *Drosophyllum* mit der Art

D.lusitanicum Link. Die Pflanze ist heimisch in Portugal, im südwestlichen Spanien und Nordmarokko. Dort wächst sie auf sandig-kiesigen Böden in Kiefernwäldern zwischen *Cistus*, *Ulex* und Lavendel. Für die Sicherung des Wasserbedarfs auf den allgemein ziemlich trockenen Standorten dürften die feuchten Seewinde eine wichtige Rolle spielen. Die bis 50 cm hohen, häufig verzweigten Halbsträucher, die im Gegensatz zu *Drosera* mit einer langen Primärwurzel ausgestattet sind, tragen bis 25 cm lange, linealisch-lanzettliche, grüne Blätter, die in der Jugend nach außen eingerollt sind. An ihrer Unterseite finden sich zahlreiche, in Reihen (meist 6) angeordnete und unbewegliche Tentakeln mit rötlichen Köpfchen an der Spitze, sowie dazwischen auch Reihen von sitzenden Drüsen, während die Mittelrinne an der Oberseite des Blattes drüsenfrei bleibt. Die Blätter wirken, ähnlich wie bei *Drosera*, als Klebfallen, allerdings ohne die für *Drosera* typischen Reizbewegungen der Tentakel und der Blattspreite zu zeigen.

Die ansehnlichen schwefelgelben Blüten sind fünfzählig und stehen in Doldentrauben auf kräftigem Schaft (4 bis 15), der sich aus der Sproßspitze entwickelt. Es wird reichlich Samen ohne künstliche Bestäubung gebildet. Die Pflanzen strömen besonders bei warmem Wetter einen intensiven Honigduft aus.

In den Sommermonaten können die Pflanzen auch bei uns im Freien bleiben, sofern sie vor Regen geschützt werden. Auch ein Frühbeetkasten oder ein gut gelüftetes Kalthaus sind geeignet. Nur bei sehr starker Sonneneinwirkung ist leicht zu schattieren. Die Überwinterung erfolgt bei 6 bis 8° an einem hellen, luftigen Standort. Als Pflanzsubstrat hat sich ein Torf-Sand-Gemisch (4:1) bewährt, das dem heimatlichen Standort entsprechend nicht zu feucht gehalten werden sollte. Es ist zweckmäßig, die Pflanzen zweijährig zu kultivieren, da ältere Exemplare oft ein unschönes Aussehen bekommen. Die Vermehrung erfolgt praktisch ausschließlich durch Aussaat im Februar. Dabei hat man zu berücksichtigen, daß die Sämlinge sehr schnell lange Wurzeln ausbilden und gegen Verletzungen derselben äußerst empfindlich sind. Daher ist es sinnvoll, das Pikieren von vornherein zu vermeiden. Die Aussaat am besten in einen 10er-Topf, dessen Boden man vorher unter Belassung eines schmalen seitlichen Randes entfernt hat. Man benutzt ein Torf-Sand-Gemisch (4:1) und bringt pro Topf drei Samenkörner ein, die auf der Oberfläche leicht angedrückt werden (Lichtkeimer!). Dann werden die Töpfe bis fast zum Rand in größere Gefäße, Schalen etc. eingefüttert, die mit Torf gefüllt sind, dem etwas Hornspäne beigegeben werden können. Nach Abdecken mit einer Glasscheibe hält man die Gefäße bei Temperaturen von 18 bis 22°. Nach 14 bis 17 Tagen erfolgt die Keimung. Nun kann die Abdeckung entfernt werden. Wenn aus den Sämlingen Jungpflanzen mit drei bis vier Blättern geworden sind, beginnt man vorsichtig mit der Abhärtung, um sie dann schließlich an den endgültigen Standort zu bringen.

Lentibulariaceae
Wasserschlauchgewächse

Diese Pflanzenfamilie ist den Scrophulariaceen und Gesneriaceen nahe verwandt. Sie ist mit 5 Gattungen und etwa 300 Arten über alle Erdteile verbreitet. Alle diese meist ausdauernden, seltener einjährigen Pflanzen haben Einrichtungen für den Fang von Insekten entwickelt. Sie leben vorwiegend im Wasser, in Sümpfen oder an anderen feuchten Standorten, einige als Epiphyten. Viele sind wurzellos, andere haben neben den Wurzeln Knollen und Fangblasen entwickelt. Aus unserer Heimat kennen wir *Pinguicula alpina* und *P.vulgaris*, daneben eine Reihe als Schwimmpflanzen lebender *Utricularia*-Arten. Diese beiden interessanten Gattungen werden nachfolgend ausführlicher besprochen, während die höchst seltenen Arten der Gattungen *Biovularia* Kaminski (3 Arten auf Kuba und im östlichen Südamerika), *Polypompholyx* Lehm. (2. Arten in Australien und Südamerika) und *Genlisea* St.-Hil. (29 Arten in den Tropengebieten von Westafrika und Südamerika) nur in wenigen Sammlungen hochspezialisierter Liebhaber zu finden sein dürften und auch in Zukunft keine größere Bedeutung erlangen werden.

Pinguicula L., Fettkraut
(Verkleinerungsform des lat. *pinguis* = fett)

Diese erstmals 1479 von Vitus Auslasser beschriebene Gattung, deren wissenschaftlicher Name sich auf die Beschaffenheit der Blätter bezieht (Conrad Gesner in seinem von ihm nicht mehr veröffentlichten Pflanzenbuch), ist mit etwa 55 Arten über die nördliche Halbkugel verbreitet, jedoch sind einige bis nach Südamerika vorgedrungen. Das Zentrum der Verbreitung dürfte in Mittelamerika zu suchen sein. Die Pflanzen wachsen auf sumpfigen und moorigen, kurzgrasigen Wiesen, auf Mooren, an von Wasser überrieselten Abhängen und Felsen und anderen ähnlichen Stellen. Zwei Arten leben epiphytisch. Die Pflanzen bilden schwach bewurzelte Rosetten aus fleischigen, etwas brüchigen Blättern mit kurzem oder fehlendem Stiel, die mit wenigen Ausnahmen dem Boden dicht anliegen und an der Oberfläche mit einem glänzenden, klebrigen Schleim überzogen sind. Die Form ist oft länglich-elliptisch, jedoch kommen auch schmal-lanzettliche

Blätter vor. Die bei manchen Arten hell- bis gelbgrüne Farbe läßt auf einen niedrigen Chlorophyllgehalt schließen. Die Blattoberseite ist mit zahlreichen gestielten und ungestielten Drüsen ausgestattet. Jedes Blatt stellt eine Klebfalle dar, wobei die gestielten Drüsen als Fangorgane dienen und die ungestielten Drüsen die Verdauungsenzyme produzieren. Wie bei *Drosera* ist die Blattspreite im ganzen reizfähig und rollt sich vom Rande her über die Beute zusammen, bis diese nach 1 bis 3 Tagen verdaut ist. Nach 2 bis 3 Fängen stirbt das Blatt ab. In den Blattachseln der oberen Laubblätter bilden sich im Herbst bei einer Reihe von Arten Brutzwiebeln, aus denen im Frühjahr Jungpflanzen entstehen können. Die Blüten erscheinen an 5 bis 15 cm langen Stielen, die oft mit Drüsen besetzt sind. Sie ähneln Rachenblüten, tragen einen Sporn und sind 1 bis 5 cm groß. Ihre Farbe kann rot, blauviolett, gelb oder weiß sein. Sie zeigen interessante Eigentümlichkeiten zur Sicherung der Bestäubung, die durch Insekten erfolgt. Diese werden angelockt durch einen auffällig gefärbten Augenfleck am Eingang in das Blüteninnere und durch den Duft des am Boden des Sporns wachsenden Rasens von Futterhaaren. Ein Sperrhaarwulst verhindert das schnelle Entweichen. Die Staubbeutel werden von der Unterseite der Narbe bedeckt, um möglichst eine Selbstbestäubung zu verhüten. Die kleinen Samen werden durch Wasser und Wind verbreitet.

Im Spätherbst entsteht bei den nordischen Arten im Zentrum der Blattrosette eine Winterknospe aus hellgrünen, fleischigen Schuppen, welche sich mit den später absterbenden Wurzeln etwas unter die Erdoberfläche einzieht. Mit dem Austrieb der neuen Wurzeln im Frühjahr schiebt sich die Knospe wieder an die Oberfläche, um alsbald Ausgangspunkt für eine neue Blattrosette zu werden.

Die subtropischen Arten der Fettkräuter bilden für die Ruhezeit statt der Winterknospe eine oberirdische Winterrosette aus zahlreichen stark retadierten Blättern.

Bis jetzt stehen nur verhältnismäßig wenige Arten in gärtnerischer Kultur, jedoch hat das Angebot in letzter Zeit etwas zugenommen.

P. alpina L. ist ein winterharter Vertreter der Fettkräuter, der auf Mooren und Rieselfluren der Bayerischen Hochebene, der Alpen und des Jura heimisch ist. Sie findet sich weiterhin in den Pyrenäen, in Schottland, in Skandinavien bis zum Nordkap und auf Island. Bei ausreichendem Niederschlag können die Pflanzen in größeren Höhen der Gebirgsstandorte auch in engen Spalten mit wenig Humus ihr Auskommen finden. Aus elliptischen Blättern mit etwas aufgebogenem Rand werden Rosetten gebildet, die einen Durchmesser bis zu 11 cm erlangen können. Bei sonnigem Standort zeigen die Blätter eine gelbgrüne Farbe. Die weißlichgelben Einzelblüten mit orangegelbem bis grünlichem, 7 mm langem Sporn stehen auf 5 bis 10 cm langem Stiel und blühen von Mai bis Juni. Sie werden meistens von Fliegen bestäubt und setzen im Freien reichlich Samen an. Für die Ruhezeit wird eine unter der Erdoberfläche liegende Winterknospe gebildet, ferner entstehen auch Brutzwiebeln. Die Pflanzen werden noch besser als im Freien im kalten Kasten oder im Kalthaus in flachen Schalen in einem Gemisch von Torf, Sphagnum und kalkfreiem Lehm (2:2:1) gehalten und bei 0 bis 4° überwintert.

P. coerulea Walt. kommt in Feuchtgebieten der südlichen Staaten der USA auf sandigen, im Sommer etwas trockeneren Böden vor und erreicht dort einen Rosettendurchmesser von bis zu 20 cm. Die Blätter laufen spitz aus und haben einen eingerollten Rand. Die ziemlich große Blüte ist intensiv violett gefärbt mit dunkler Äderung und grüngelblichem Bart.

P. grandiflora Lam. ist in den Gebieten Südwesteuropas bis zum Schweizer Jura sowie auch in Südwestirland als schönste und stattlichste europäische Art anzutreffen. Als Standort liebt sie Bachränder und Sickerwasserflächen. Wie bei den anderen

Pinguicula gypsicola

Arten finden wir eine Blattrosette aus ovalen, gelbgrünen Einzelblättern. An einem 10 bis 20 cm langen Schaft erscheinen im Mai–Juni die 2 bis 3,5 cm großen blauen Einzelblüten mit zwei weißen Schlundflekken. Die Überwinterung erfolgt mit im Boden liegender Winterknospe. Es werden reichlich Brutzwiebeln gebildet, auch der Samenansatz ist gut, so daß die Vermehrung keine Schwierigkeiten macht. Im Pflanzsubstrat hat sich ein etwas höherer Lehmanteil (kalkfrei!) bewährt.

P.gypsicola T.S. Brandeg. hat sich in Mexiko in Gemeinschaft mit Kakteen und Hechtien auf Gipsfelsen angesiedelt. Der Habitus weicht von dem der anderen Arten ab, denn die Rosette setzt sich aus schmalen, linealischen, am Grunde verbreiterten Blättern zusammen, die in Richtung zum Zentrum zunehmend aufrecht angeordnet und dicht mit Drüsenhaaren besetzt sind. Die Blattspitzen sind etwas eingerollt. Brutzwiebeln entstehen nicht, jedoch werden häufig Doppelrosetten gebildet, die man vorsichtig teilen kann. Die großen Blüten haben eine purpurrote Krone mit kurzer weißer Röhre und einem bis zu 2,5 cm langen Sporn, der am Ende zweizipflig ausläuft. Als Pflanzsubstrat dient das bekannte Torf-Sphagnum-Lehm-Gemisch, wobei diese Art einen kalkhaltigen Lehm liebt, z.B. Löß. Die Überwinterung muß frostfrei bei 12 bis 15° erfolgen.

P.ionantha R.K. Godfrey findet sich in einem kleinen Areal am Golf von Mexiko und gehört zu denjenigen Arten, deren Bestand am stärksten gefährdet ist. Sie liebt sehr nasse Stellen mit sandig-torfigem Untergrund, die bisweilen sogar überflutet werden. Über einer bis 15 cm großen Rosette stehen weiße Einzelblüten mit Übergang in zartes Violett und tiefviolettem Ring an der Spornmündung.

P.lutea Walt. ist ein Element der nordamerikanischen Flora, wo sie im Süden des Verbreitungsgebietes auf feucht-sandigen Böden Rosettendurchmesser bis 15 cm erreicht. Die Blätter enden in einer Spitze und sind am Rand eingerollt. Die recht stattlichen Blüten sind gelb gefärbt. Die Pflanzen sind am Naturstandort daran gewöhnt, im Schatten von Gräsern eine gewisse Trockenheit des Bodens zu überstehen.

P.moranensis H.B.K. Vielfach noch unter dem Namen *P.caudata* Schlechtend. bekannt, lebt diese nicht winterharte Art in Feuchtgebieten Mexikos gern an halb-

Utricularia reniformis

schattigen Standorten. Die Rosette aus dickblättrigen, rundlich-ovalen Einzelblättern kann Durchmesser bis zu 20 cm erreichen. Auf 10 bis 15 cm hohem Blütenschaft steht eine bis 5 cm große karminrote Einzelblüte mit hellem, rotgestricheltem Grund und einem Sporn, der 3 bis 4mal so lang wie die Kronröhre ist. In Kultur erhält man Samen nur nach künstlicher Bestäubung, wobei die Pollenentnahme z.B. mit einem Bindfadenstück geeigneter Stärke erfolgen kann. Für die Ruhezeit wird eine aus 70 bis 80 Blättern bestehende Winterrosette gebildet. Man kann auch ohne Pause durchkultivieren, um die Pflanzen in der Orchideenzucht für die Bekämpfung der Trauermücken einsetzen zu können.

P.vulgaris L. mit ihrem borealen Verbreitungsgebiet war früher auch in Feuchtgebieten unserer Heimat nicht selten. Inzwischen steht sie im Zeichen der Verschlechterung der Umweltbedingungen wie alle *Pinguicula* unter vollständigem Naturschutz. Sie wächst vom Tiefland, wo sie auch in kurzgrasigen Feuchtwiesen zu finden ist, bis 2000 m Höhe als Bewohnerin der Hoch- und Flachmoore, kann aber auch an felsigen Bach- und Seeufern auf dünnen Sand-Humus-Decken gedeihen. Der Habitus ähnelt weitgehend *P.alpina*, jedoch sind die Blüten blauviolett mit hellem Schlundfleck. Die Bestäubung erfolgt überwiegend durch Bienen. Im Freien findet der Samenansatz ohne künstliche Bestäubung statt, im Gegensatz zur Kultur im Kalthaus. Für die Ruhezeit wird eine im Boden liegende Winterknospe gebildet, ferner entstehen auch Brutzwiebeln in den oberen Blattachseln.

Über die bisher besprochenen Arten hinaus sind in den letzten Jahren eine Anzahl sehr reizvoller Fettkräuter in den Handel gekommen, die sich z.T. erst noch in Kultur bewähren müssen. Dazu gehört z.B. die winzige **P.pumila** Michx. aus Florida und vom Golf von Mexiko, **P.planifolia** Chapm. (violett), **P.primuliflora** C.E. Wood et Godfrey (tiefrosa bis violett), **P.ehlersae** Speta et Fuchs (rosa mit weißem Zentrum und grünlichem Sporn), **P.esseriana** B. Kirchner (innen rosa, außen violett, unteres Drittel weißlich) und als eine der schönsten **P.kondoi** Caspar (dunkelrote Äderung auf hellem Grund, gelbe Mitte).

Alle *Pinguicula* lassen sich leicht durch Aussaat vermehren, die auf reinen Torf oder ein Torf-Sand-Gemisch erfolgt, wobei letzteres etwas mit Sphagnum unterlegt werden kann. Man deckt die Schalen unter Belassen eines Luftraums von 2 cm mit Glas oder Folie ab, deren Schwitzwassertropfen regelmäßig entfernt werden müssen. Die Schalen werden in wassergefüllte Untersätze gestellt. Die Sämlinge haben, obwohl zu den Dikotyledonen gehörend, bei den Fettkräutern nur ein Keimblatt. Sofern die Arten Brutzwiebeln bilden, sind diese ebenfalls zur Vermehrung geeignet. Man findet sie im Frühjahr zwischen den

Blattresten und sät sie wie Samen aus. Der Vermehrung dienen auch Blattstecklinge. Ausgereifte Blätter, die am Stamm vorsichtig stumpf gelöst werden müssen, werden in reines gehacktes Sphagnum so gesteckt, daß die Unterseite dem Boden gut aufliegt. Sie sollten anfangs nicht zu feucht gehalten werden, um der Gefahr der Fäulnis zu begegnen. Nach einigen Wochen werden sich am Grunde aus Adventivknospen Jungpflanzen gebildet haben (Temperatur 15 bis 20°). Soweit bei der Kultur Besonderheiten einzelner Arten beachtet werden müssen, wurde dies im allgemeinen bei der Besprechung der Arten erwähnt. Bei *P.gypsicola* unterschichten manche Liebhaber eine dünne Substratschicht aus einem Torf-Sphagnum-Lehm-Gemisch mit Stein- oder Ziegelsplitt oder auch Blähton zur Verbesserung der Dränage. Die Winterknospen kann man nach dem Abtrocknen des Substrats herausnehmen, mit Schwefelblüte leicht einstäuben und mit etwas lebendem Sphagnum in gut verschlossenem Plastikbeutel im Kühlschrank überwintern (Schnell).

Utricularia L., Wasserschlauch
(lat. *utriculus* = kleiner Schlauch; Hinweis auf die helmartigen, dem Tierfang dienenden Schläuche)

Diese artenreichste Gattung der Insektivoren ist mit etwa 280 meist mehrjährigen Wasser- und Sumpfpflanzen sowie einigen Epiphyten weltweit verbreitet und durch den Besitz von komplizierten kleinen Saugfallen charakterisiert. Man unterscheidet wasserbewohnende (aquatische) und landbewohnende (terrestrische) Arten, wobei erstere die gemäßigten Klimazonen besiedeln, während die Landbewohner in Sümpfen und nassen, lockeren Humusplätzen der wärmeren Gebiete zu finden sind. Einige haben sich die Trichter bestimmter Bromelienarten als Lebensraum gewählt. Je eine südamerikanische und eine afrikanische Art haben sich an fließende Gewässer angepaßt.

Alle *Utricularia* sind wurzellos, auch die landbewohnenden Arten haben höchstens einige Rhizoide zur Verankerung des Blütenstandes. Die terrestrischen Arten haben Blattsprosse mit spatelförmigen Laubblättern, aus deren Achseln die Blütenstände hervorgehen, und fadenförmig verzweigte Fangblätter als Träger der kleinen Fangblasen. Mit Hilfe zahlreicher Verästelungen verbreiten sie sich in wassergefüllten Spalten von sehr nassem Blatt- und Wurzelwerk. Einige dieser Arten sind einjährig, eine (*U.menziesii* R.Br.) ist sogar in der Lage, Trockenperioden mittels kleiner Knöllchen zu überleben.

Die aquatischen Wasserschläuche bestehen aus frei im Wasser flutenden Stengeln, die mehrere Meter lang werden können. Daran sitzen die haarfeinen Blätter und die Fangblasen. Einige bilden Erdsprosse, mit denen sie sich am Boden festhalten können. Im Herbst entstehen bei den nordischen Arten durch verzögertes Wachstum stark gestauchte Triebenden, die sich als Winterknospen (Turionen, Hibernakel) von der absterbenden Pflanze lösen und auf den Boden des Gewässers sinken, um im Frühjahr wieder nach oben zu steigen und dort eine neue Pflanze zu bilden. Die Blüten bestehen aus Oberlippe, Unterlippe und Sporn. Sie ähneln denen von *Pinguicula*; bei den Wasserbewohnern steigen sie an einem kräftigen Stiel über die Wasseroberfläche empor. Bei den terrestrischen Wasserschläuchen finden sich teilweise größere Blütenstände mit sehr anmutigen ein- oder mehrfarbigen, meist gespornten Blüten mit den Farben Weiß, Gelb und Purpur. Die Bestäubung erfolgt durch Schwebfliegen. Kleistogamie scheint nicht selten zu sein.

Besonderes Interesse beanspruchen die hirsekorngroßen Fangblasen, welche bei den terrestrischen Arten insofern etwas abweichend gestaltet sind, als bei diesen der Eingang durch einen schnabelartigen Fortsatz gewissermaßen überdacht ist. Sonst herrscht bei allen das gleiche verblüffende Fangprinzip, indem eine nur nach innen zu öffnende »Falltür« gegen einen in der Blase erzeugten Unterdruck mit Hilfe einer polsterartigen Schwelle in Spannung gehalten wird, die sich plötzlich löst, sobald ein durch Locksekrete angezogenes Tier gegen eine der Reizborsten an der Öffnung stößt. Die Tür schlägt jetzt nach innen, und mit dem Druckausgleich wird die Beute ins Innere der Blase gestrudelt. Die Tür schließt sich gleich wieder, und nach 15 bis 30 Sekunden ist die Falle wieder fangbereit. Als Beutetiere findet man meistens Wasserflöhe (*Daphnia*) oder Hüpferlinge (*Cyclops*), jedoch können auch größere Tiere bewältigt werden, wobei die Verdauung möglicherweise in Etappen erfolgt.

Eine Auswahl besonders für die Kultur geeigneter und erprobter Arten soll nun, getrennt nach aquatischer oder terrestrischer Lebensweise, besprochen werden.

Aquatische Arten

U.gibba L. ssp. **exoleta** (R.Br.) P. Tayl. ist ein kleiner aquatischer Wasserschlauch für warme Aquarien, der von Fischliebhabern gern als Ablaichpflanze gewählt wird. Er kommt in den USA sowohl an der Ostküste als auch in küstennahen Sümpfen am Pazifik vor. Die zarten, 2 bis 10 cm langen Blütenstiele tragen über Wasser 2 bis 4 kleine weiße oder gelbe Blüten.

U.nelumbifolia Gardn. ist durch ihre epiphytische Lebensweise in den mit Wasser gefüllten Zisternen einer Bromelie bemerkenswert. Sie kommt in den Orgelbergen in Brasilien vor. Die schildförmigen Blätter sind lang gestielt, es wird eine traubige, wenigblütige Infloreszenz mit großen violetten Blüten hervorgebracht. Die Fangblasen stehen an stark verzweigten Trieben, die sich im Wasser des Bromelientrichters verbreiten. Es werden Ausläufer gebildet, die eine Ausbreitung auf benachbarte Bromelien ermöglichen.

U.vulgaris L. findet man in stehenden, kalkarmen Gewässern Europas, Nordamerikas und Nordasiens, sofern ihre Oberfläche nicht zu stark beschattet ist. An einem bis 2 m langen, wurzellosen, frei schwimmenden Stengel sitzen vielteilige, fiedrige Blätter mit borstig gewimperten Spitzen, von denen jedes bis 100 Fangblasen aufnehmen kann. Etwa 4 bis 15 goldgelbe Rachenblüten mit orange gestreiftem Gaumen und kugelförmigem Sporn erheben sich an einem kräftigen Stiel über die Wasseroberfläche.

Sehr ähnlich ist der Habitus der anderen europäischen Wasserschlaucharten. **U. bremii** Heer wächst in Süddeutschland und in der Schweiz (Blüte hellgelb mit blutroten Gaumenstreifen) und zeichnet sich durch Ausbildung von bleichen Erdsprossen aus. Bei **U.intermedia** Hayne, die eine weitere Verbreitung über Europa, Sibirien und Nordamerika erlangt hat, sind die Blüten schwefelgelb mit purpurnen Streifen an Gaumen und Oberlippe. **U. minor** L. hat die gleiche Verbreitung wie *U.vulgaris*, ist aber seltener. Die Sprosse erreichen nur 50 cm Länge, die gelben Blüten sind braun gestreift. **U.neglecta** Lehmann, die über Erdsprosse verfügt, bewohnt Gewässer der atlantischen Gebiete Europas und ist auch in Nordafrika zu finden (Blüte zitronengelb).

Von den außereuropäischen Arten mit aquatischer Lebensweise wären noch **U.ochroleuca** R. Hartm. (nordwestliche Gebiete der USA, Südostkanada, Südalaska), die kleine **U.olivacea** Wright et Griseb. (New Jersey, Nordcarolina, Florida) und die rotblühende **U.purpurea** Walt. (östliches Nordamerika) zu nennen.

Terrestrische Arten

U.alpina L. ist eine der schönsten Arten mit terrestrischer Lebensweise. Sie hat ihre Heimat in Gebirgen der Antillen und Südamerikas. Die bis 15 cm langen, eiförmig-lanzettlichen Blätter sind von lederartiger Konsistenz. Lange Erdsprosse haben knotenartige Wasserspeicher. Die Infloreszenz aus großen weißen Blüten mit gelbem Gaumenfleck ist sehr ansprechend.

U.coerulea L. lebt in Ostindien, wo sie auf Sphagnumpolstern anzutreffen ist. Die grasartigen Blätter werden 5 cm lang. Die Fangblasen sitzen an zylindrischen Fortsätzen, die von der Unterseite der Blätter ausgehen. Auf 5 bis 10 cm hohem Schaft stehen 3 bis 6 purpurviolette Blüten.

U.longifolia Gardn. ist ein in Brasilien beheimateter Epiphyt mit riemenförmigen oder linealisch-lanzettlichen, bis 30 cm langen Blättern und bis zu 10 violettpurpurfarbenen Blüten mit orangegelbem Schlund an einem Schaft.

U.reniformis St.-Hil. aus Brasilien ist besonders stattlich. Sie kriecht mit langen Sprossen im Sumpfmoos und hat nierenförmige, blaßgrüne, 5 bis 10 cm breite Blätter auf 10 bis 15 cm langen Stielen. Die Blüten stehen in vielblütigen Trauben an bis zu 50 cm langem Schaft. Ihre Krone ist blaßviolett und hat zwei dunkle Linien am Rachen.

Weitere bemerkenswerte terrestrische Arten sind **U.amethystina** St.-Hil et Gir., die selten in feuchten, zeitweise überfluteten Kiefernwäldern Floridas anzutreffen ist, **U.sandersonii** Oliver mit zahlreichen weißen, bläulich überhauchten Blüten, und **U.simulans** Pilg., die man im südlichen Florida ganzjährig blühend vorfinden kann.

Die europäischen Arten werden am besten in Freianlagen kultiviert. Kalkfreies Wasser und gute Lichtverhältnisse sind wichtige Voraussetzungen. Für die Aufnahme der Winterknospen ist ein schlammiger Grund mit zerfallenden Blättern von erheblicher Bedeutung. Auch ein ausreichendes Angebot an Beutetieren, zum Beispiel Wasserflöhen, darf nicht vergessen werden, da die Pflanzen sonst nur wenig Fangblasen ausbilden. Alle Arten werden durch Teilung vermehrt, nur die einjährigen durch Aussaat. Die terrestrisch wachsenden Arten hält man wie *Nepenthes* in Körbchen im gleichen Substrat wie diese unter Zusatz von etwas mehr Sphagnum. Sie können mit *Nepenthes* auch zusammen kultiviert werden, also luftfeucht, warm, hell, aber vor Sonne geschützt, in stets gleichmäßig feuchtem Material. Manche, wie z.b. *U. nelumbifolia*, wachsen auch gut in einem Gemisch von ⅔ Torf und ⅓ Sphagnum in Schalen, die in der Vegetationszeit fast ständig in wassergefüllten Untersätzen stehen müssen. Das Sprühen der Pflanzen ist zu vermeiden, da es oft zum Befall mit Mehltau führt. Man hält die Pflanzen bei einer mittleren Temperatur von 20° an einem etwas schattigen Platz. *U.coerulea* und andere Arten ähnlicher Herkunft pflanzt man am besten in Soden aus hellbraunem, faserigem Torf, die man in einen Untersatz mit Wasser legt. Sie durchziehen nach und nach den ganzen Torf mit ihren Ausläufern und bilden darin ihre Fangblasen aus.

Viele schöne und interessante Arten harren der Einführung. Als tierfangende Pflanzen werden sie der Stolz ihres Besitzers sein; an den zum Teil prächtigen, in ihrer Schönheit Orchideen nicht nachstehenden Blüten wird er sich immer wieder freuen. Besonders für kleine Gewächshäuser sind sie zu empfehlen.

Utricularia reniformis

Nepenthaceae
Kannenstrauchgewächse

Nepenthes L., Kannenstrauch
(griech. *ne* = nicht, *penthos* = Trauer, Leid verscheuchend; Anspielung auf eine Begebenheit in der Odyssee)

Der Name stammt von dem Danziger Botaniker J.F. Breyn, der Ende des 17. Jh. zum ersten Mal einen Kannenstrauch aus Ceylon (*N.distillatoria*) auf diese Weise mit der griechischen Mythologie in Verbindung gebracht hat. Denn der große Homer war es, der in seiner Odyssee durch Helena dem Telemachos, Sohn des Odysseus, eine edle Weinkanne mit einem »Mittel gegen Kummer und Groll« reichen läßt. Der Inhalt der reizvollen *Nepenthes*-Kannen galt schon frühzeitig als aufmunterndes Getränk, womit die Analogie mit dem Vorgang in der Odyssee gegeben ist.

Mit 79 Arten sind diese Pflanzen von Ceylon und dem indischen Festland über Südchina, den Malaiischen Archipel und Neuguinea bis Nordaustralien und Neukaledonien verbreitet. Je eine Art findet sich auf

Nepenthes alata

Madagaskar und den Seychellen. Das Maximum der Verbreitung liegt auf Sumatra und Borneo (30 Arten). Das Verteilungsmuster der Kannensträucher wurde zu der Kontinentalverschiebungstheorie Alfred Wegeners in Beziehung gesetzt (B. H. Danser), wonach die *Nepenthes* auf der Madagaskar und Indien umfassenden Scholle des Südkontinents entstanden sein sollen, nachdem die Trennung von Afrika bereits vollzogen war – eine bestechende Hypothese!

Etwa ein Drittel der Arten von *Nepenthes* lebt im Flachland, wo offenes Gelände, feuchte Sandfluren und Waldränder bevorzugt werden. Manche finden auch unter schwierigen Verhältnissen ihr Fortkommen, z.B. im Schwemmland des Mekong-Deltas oder an feuchten Felswänden. Zwei Drittel der *Nepenthes* leben im Gebirge in den Mooswäldern zwischen 1000 und 3000 m Höhe. Diese Gebiete sind den größten Teil des Tages über in Wolken gehüllt und zeichnen sich durch sehr niedrige Nachttemperaturen aus (5 bis 0°). Eine ganze Anzahl der Hochlandarten sind nur in bestimmten Höhenstufen verbreitet, die streng eingehalten werden. Hier findet man sie entweder am Boden in den Moospolstern wachsend oder aber mit Hilfe der Blätter in Bäumen und Sträuchern kletternd. Die Kannensträucher sind durchweg kalkfeindlich und wachsen gern in humosem Kies oder lockerem Humus. Alle sind staudenartige oder halbsträuchige Gewächse mit Rhizomen und eigenartig gestalteten Blättern. Diese gliedern sich in das aus meistens kurzem, oft geflügeltem Stiel und dem häufig spreitenartig verbreitertem Blattgrund bestehende Unterblatt und die an einer mehr oder weniger langen Ranke hängende Kanne, die entwicklungsgeschichtlich aus der Blattspreite hervorgegangen ist.

Die Kannen sind höchst wirkungsvolle Fallgruben für den Insektenfang, die nur in der Jugend durch einen Deckel verschlossen sind. Ihre Größe schwankt zwischen 4 und 40 cm Länge. Sie sind vorwiegend grün gefärbt, oft braunrot oder rot, seltener weiß gefleckt und besitzen eine wulstartige, vielfach mit Querrippen versehene Verdickung an der meistens lebhaft gefärbten Öffnung (Peristom) sowie Flügelleisten an der Vorderseite zur Wandverstärkung. Innen ist die Wand in eine wachsglatte Gleitzone und eine drüsige Verdauungs-

und Resorptionszone gegliedert. Der Hohlraum enthält eine wäßrige Flüssigkeit und oft zahlreiche Reste verdauter Beutetiere. Diese werden sowohl durch die farbige Gestaltung des Kanneneingangs als auch durch das Sekret der Nektardrüsen angelockt, die an der Unterseite des Deckels und am Peristom sitzen. In der Jugend bilden die Pflanzen Rosetten, später wachsen sie strauchig oder lianenartig und besitzen oft zwei Arten von Kannen, nämlich die gedrungenen Bodenkannen der Kurzsprosse und die länglichen Hängekannen an den kletternden Langsprossen.

Die unscheinbaren vierzähligen Blüten stehen in endständigen Trauben oder Rispen und zeichnen sich oft durch einen wenig angenehmen Geruch (Mäuse) aus. *Nepenthes* sind zweihäusig, wobei fast immer die weiblichen Pflanzen weniger wüchsig sind. Es werden meistens reichlich Samen gebildet, die klein sind und für Wind- und Wasserverbreitung Luftpolster besitzen.

Eine ganze Anzahl von *Nepenthes* ist bereits in Kultur anzutreffen, wobei vielfach die Hybriden bevorzugt werden, die wesentlich wüchsiger und robuster sind. Schon im 19. Jh. entstanden besonders in England und Japan sowie bei uns im Botanischen Garten Göttingen (Bonstedt) zahlreiche reizvolle und verlockende Kreuzungen. Aber bei entsprechender Erfahrung wird der Liebhaber auch mit vielen natürlichen Arten Erfolg haben, wobei die Tieflandbewohner wesentlich einfacher zu kultivieren sind als die Hochlandarten. *Nepenthes* sind Lichtkeimer.

N. alata Blanco lebt auf den Philippinen. Die Kannen sind unten grün, nach oben zu braunrot. Sie sind 10 bis 20 cm lang und 2 bis 3 cm breit.

N. ampullaria Jack ist auf Sumatra, Borneo und Neuguinea sowie auf der Malaiischen Halbinsel anzutreffen. Ihre Rhizome verbreiten sich horizontal im lockeren Humus und bringen aus den Blattachseln Kurztriebe mit Rosetten von kannentragenden Blättern hervor, deren spreitenförmiger Blattgrund stark reduziert ist, so daß die tönnchenförmigen, 6 bis 11 cm langen grünen Kannen in dichten Gruppen am Boden erscheinen und hier oft ausgedehnte Bestände bilden. Der Deckel ist bei dieser Art ganz zurückgeklappt.

N. distillatoria L. aus Ceylon hat röhrenförmige, unten ausgebauchte grüne bis braunrote Kannen, die 8 bis 12 cm lang und 2 bis 4 cm breit sind. Sie trug als erste den Namen »Nepenthes« (Breyn).

N. gracilis Korth. wächst an sumpfigen Waldrändern von Malakka und auf den Inseln Borneo und Sumatra. Es werden 4 bis 5 cm lange und 1 cm breite hellgrüne Bodenkannen mit purpurroten Flecken und bis 15 cm lange und 3,5 cm breite Luftkannen hervorgebracht. Bemerkenswert ist ein dreikantiger Stengel; die Blattgründe sind lanzettlich.

N. × hookeriana Lindl. ist eine auf Borneo entstandene Naturhybride aus *N. ampullaria* und *N. rafflesiana* mit 5 bis 12 cm langen und 3 bis 8 cm breiten, fast kugeligen Kannen mit verengtem Hals und schräger Mundöffnung, die auf hellgrünem Grund ein purpurnes Fleckenmuster zeigen.

N. khasiana Hook f. aus dem Khasia-Gebirge in Bengalen hat sitzende Blätter und zylindrische grüne oder rötlich-grün gemusterte Kannen, die zwischen 10 und 20 cm lang und 3 bis 4 cm breit sind.

N. lowii Hook. f. ist eine Hochlandart, die in den Mooswäldern von Borneo auf offenen Gipfeln in der Höhenregion von 1800 bis 2600 m lebt. Von allen *Nepenthes*-Arten hat diese die eleganteste und reizvollste Kannenform mit eng eingeschnürtem Hals und bauchiger Erweiterung der übrigen Kanne, die eine schalenförmige weite Öffnung besitzt. Eine glänzende Oberfläche leuchtet in grünen und braunen Farbtönen, der herzförmige Deckel ist leicht nach hinten gebogen. Leider gehört dieses Kunstwerk zu den schwierigen Arten.

N. madagascariensis Poir. bewohnt mit ihren gelb- bis rotbraunen trichterförmigen Kannen die Moore Madagaskars. Sie besitzt ein Peristom mit breiten, schräg gestreiften Rippen und einen runden bis nierenförmigen Deckel. Diese Art sollte besonders feucht und nicht zu warm gehalten werden (im Winter 15°).

N. maxima Reinw. ist in Neuguinea, Celebes und Borneo beheimatet. Ihre elliptischen, am Rand braun gewimperten Blattgründe und die großen schwarzbraun marmorierten Kannen mit breitem, glänzend braunrotem Peristom verleihen der Pflanze ein reizvolles Aussehen. Als Eigenart trägt der Deckel innen einen Dorn und an der Basis einen kammartigen Auswuchs.

N. mirabilis (Lour.) Druce ist weit verbreitet und wächst von Südchina, Indochina und der Malaiischen Halbinsel bis Neuginea und Nordaustralien. Sie hat lanzettliche Blattgründe mit gewimperten und gezähnten Rändern und zylindrische, hell-

Nepenthes bicalcarata

grün bis rötlich gefärbte Kannen mit waagerechter runder Mundöffnung und geripptem Peristom sowie gewimperten Flügelleisten.

N. rafflesiana Jack ist eine recht wüchsige Art, die auf Neuguinea, Sumatra und Borneo sowie in Malaysia vorkommt, wo sie vom Flachland bis in Höhen von 1200 m anzutreffen ist. Sie besitzt langgestielte, ovale bis lanzettliche Blattgründe. Der Dimorphismus der Kannen tritt erst bei älteren Exemplaren in Erscheinung. Dann finden sich hellgrüne, braun gemusterte urnenförmige Bodenkannen (10 bis 25 cm lang) und füllhornförmige grüne, manchmal purpurn gefleckte Luftkannen (10 bis 30 cm lang) mit kräftigem geripptem Peristom.

N. rajah Hook. f. ist der stattlichste Vertreter der Kannensträucher und wächst in sonnigen Feuchtgebieten der Mooswälder des Mt. Kinabalu auf Borneo zwischen 1650 und 2650 m Höhe auf Serpentin. Die Pflanze hat einen aufrechten Wuchs, derbe, lederartige Blätter, die lanzettlich gestaltet sind, und rot- bis grünbraune Kannen (Länge 20 bis 35 cm, Durchmesser 12 cm) mit tiefrotem, gewelltem Peristom. Erd- und Luftkannen sind etwa gleich dimensioniert. Als Hochlandart ist sie in Kultur ebenso heikel wie *N. lowii*.

N. sanguinea Lindl. Gehört der Flora von Malakka an. Sie hat lange lanzettliche Blattgründe und tiefrot oder grünrot gefärbte Kannen.

N. veitchii Hook. f. aus Borneo hat derbe, langgestielte und graufilzig behaarte Blattgründe und zylindrische, unten bauchige Kannen (12 bis 30 cm lang, 5 bis 8 cm breit), die gelbgrün gefärbt sind mit braunrotem Fleckenmuster. Die weite, stark abgeschrägte Mündung der Kanne zeigt einen rotbraunen Farbton.

N. ventricosa Blanco ist eine Hochlandart von den Philippinen. Die sitzenden Blätter haben glänzende linealische Blattgründe und stark taillierte grüne, oft rötlich überhauchte Kannen. Das deutlich gerippte Peristom ist leuchtend rotbraun gefärbt.

N. villosa Hook. kommt wahrscheinlich nur in den Mooswäldern des Kinabalu auf Borneo vor, wo sie in Höhen zwischen 2400 und 3200 m anzutreffen ist. Leider ist neuerdings auch dieses Paradies durch die industrielle Expansion stark gefährdet. Die elliptischen, lederartigen Blattgründe sind langgestielt. Es werden 3 bis 15 cm große Erdkannen und 10 bis 18 cm lange Luftkannen hervorgebracht. Sie sind stark behaart, von grüner Farbe mit rotem Fleckenmuster und haben ein sehr kräftiges, tiefgeripptes Peristom. Die seltene Pflanze ist bisher kaum in Kultur, da die Erfüllung ihrer Umweltansprüche nur mit sehr großem Aufwand möglich wäre.

Wie bereits erwähnt, gibt es zahlreiche *Nepenthes*-Hybriden, die sich in der Kultur als wesentlich dankbarer als die Naturformen erwiesen haben. Die einzelnen Sorten sind naturgemäß etwas der Mode unterworfen, so daß hier auf spezielle Empfehlungen verzichtet und auf die einschlägigen Kataloge der Spezialgärtnereien verwiesen wird.

Als Pflanzsubstrat für die ausgewachsenen Kannensträucher ist ein Gemisch aus *Dicksonia*-Wurzel, Sphagnum, Rindenhumus oder Kiefernborke zu empfehlen, wie es auch teilweise in der Orchideenkultur verwendet wird. Gepflanzt wird meistens in Orchideenkörbchen, jedoch ist auch die Topfkultur möglich (14er-Topf oder größer). Sehr bewährt haben sich Topfschalen, da die *Nepenthes* Flachwurzler sind. Man hält die Pflanzen hell, muß sie aber vor direkter Sonneneinwirkung schützen. Bei heißem Wetter ist zu sprühen, die Luftfeuchtigkeit sollte stets mindestens 70% betragen. Die Tieflandarten fordern hohe Temperaturen, während die Bergbewohner Kühle mit Temperaturen um 15° verlangen. In der Vegetationsperiode ist die vorsichtige Düngung mit einem Spezialdünger für Moorbeetpflanzen oder aufgelöstem getrocknetem Kuhdung angebracht. Im Januar bis Februar erfolgt jedes Jahr das Umpflanzen, das mit einem Rückschnitt verbunden wird. Alle oberen Augen der alten Triebe werden mit dem Messer entfernt; die noch einwandfreien Kannen beläßt man zunächst, bis sie unansehnlich werden. Es erfolgt nun ein Austrieb aus den unteren ruhenden Augen.

Der Vermehrung durch Aussaat bedient man sich nur, wenn man neue, aus Kreuzungen hervorgegangene Sorten züchten will, oder wenn man Samen seltener oder neuerer Arten aus deren Heimat bekommt. Der frisch gesammelte Samen darf nicht austrocknen; er wird daher gleich bei der Ernte in Kunststoffbeutel verpackt, in diesen sofort verschickt und bei der Ankunft umgehend ausgesät. Bei solcher Behandlung keimt selbst 3 bis 4 Monate alter Samen oft noch, allerdings erst nach 2 bis 3 Monaten. Ausgesät wird am besten auf kleingehacktes Sphagnum in Schalen, die wegen der gleichmäßigen Feuchtigkeit am besten unter Glasglocken gestellt werden, ebenso wie die zum ersten Mal pikierten Sämlinge.

Die beste Zeit für die Stecklingsvermehrung, die allgemein üblich ist, liegt in den Monaten Januar bis Februar, d.h. beim Umpflanzen, wobei sich leicht Material hierfür gewinnen läßt. Man steckt im allgemeinen so in einen umgedrehten Stecklingstopf mit ausgeschlagenem Boden, daß der in den Topf hineinragende Stengelteil so mit Sphagnum umhüllt ist, daß er fest steht und nur die Schnittfläche selbst mit dem Ansatz des Stengels frei in den Hohlraum des Topfes ragt. Darauf werden sie in ein geschlossenes Vermehrungsbeet, das unten mit Torfmoos ausgelegt ist, gestellt oder halb gelegt und schattig bei 30 bis 32° gehalten. Am besten deckt man sie nach oben mit Folie ab und muß dann kaum spritzen. Nach einigen Wochen, je nach Art oder Sorte und Zustand des Stecklings, erscheinen die ersten Wurzeln, die frei in den Hohlraum des Topfes hineinragen. Nach der in 4 bis 8 Wochen erfolgten Wurzelbildung werden die Stecklinge in Holz- oder Plastikkörbchen gepflanzt und unter dem Glasdach aufgehängt. Zur Stecklingsvermehrung kann man sowohl die Sproßenden als auch kräftige Seitentriebe benutzen. Wichtig ist die Verwendung von kalkfreiem Wasser (unter 15 bis 16° dH). Im Winter geschnittene und bewurzelte Stecklinge bringen bei richtiger Pflege bereits im Juli bis August des gleichen Jahres die ersten Kannen. Ähnlich gute Erfolge kann man mit einer besonderen Sprühnebelanlage erzielen. Manche Autoren stecken in eine 5 cm starke Torfschicht. Die Abschnitte sollen mindestens über 2 Augen verfügen, gegenüber dem unteren Auge, das in den Torf eintaucht, wird der Steckling schräg angeschnitten, die Blattspreite kleingeschnitten oder mit einem Gummiband eingerollt. Die Schalen hält man feucht bei 25 bis 30° und fast 100% Luftfeuchtigkeit im Vermehrungskasten.

Besitzer eines kleinen Gewächshauses werden an *Nepenthes* ihre ganz besondere Freude haben, sofern sich darin eine gleichmäßige Wärme von 20 bis 22° halten läßt. Mit Kannensträuchern zusammen könnte man alle Marantaceen, viele schattenliebende Blattpflanzen anderer Familien wie *Bertolonia, Sonerila, Costus igneus,* kleine Araceen, aber auch *Selaginella*, kleine Farne aus den feuchttropischen Gebieten, tropische Orchideen mit bunt gezeichneten Blättern wie *Macodes* oder *Anoectochilus* und *Ludisia* halten, ebenso die interessanten Dischidien.

Roridulaceae
Taupflanzengewächse

Roridula Burm. f. ex L., Taupflanze
(lat. *roridus* = betaut)

Von dieser Gattung, die nur im südwestlichen Kapland vorkommt, sind nur zwei Arten bekannt, und zwar *R.gorgonias* aus Feuchtgebieten in den Bergen südlich vom Zondereinde-Fluß und *R.dentata*, die zwischen Tulbagh und den Zedernbergen ihren Lebensraum hat. Beide sind höchst seltene Pflanzen, die unter strengem Naturschutz stehen. Von den Buren wurden sie »Vliegebos« genannt, da sie in der Lage sind, mit ihrem klebrigen Sekret zahlreiche Insekten zu fangen. Inzwischen hat sich allerdings herausgestellt, daß über den Fang hinaus eine Verdauung der Beute in Ermangelung geeigneter Enzyme nicht erfolgt, so daß es sich im strengen Sinne nicht um Insektivoren handelt.

Beide sind kleine Sträucher, die je nach Art zwischen 30 und 150 cm hoch werden und verhältnismäßig schwach bewurzelt sind. Wurzelhaare findet man nur an jüngeren Wurzeln, ältere sind mit einer Mykorrhiza ausgestattet. Sie tragen an den Zweigenden linealische gelbgrüne Blätter. Diese sind am Rand und an der Unterseite mit zahlreichen unbeweglichen Tentakeln besetzt, in deren Sekret bisher keinerlei Verdauungsenzyme nachgewiesen werden konnten.

Gleichwohl wird durch die erhebliche Klebkraft eine große Anzahl von Tieren erbeutet, die teilweise einer auf der Pflanze lebenden Krabbenspinne als Nahrung dienen. Unter den Pflanzen sammeln sich die unverdaulichen Reste und können hier vielleicht sogar als Dünger wirksam werden. Es werden fünfzählige Blüten hervorgebracht, die in endständigen Trauben erscheinen. Die Bestäubung erfolgt durch Blindwanzen, denen der Saft der Pflanzen als Nahrung dient. Die Blüten erscheinen im März, im Juni sind die Samen reif.

R.dentata L. wächst in dem bereits bezeichneten Areal auf sandig-anmoorigen Heideböden und steht gern etwas trockener als *R.gorgonias*. Sie ist stärker verzweigt als diese und kann bis 150 cm hoch werden. Die linealischen Blätter sind tief fiederspaltig. Die äußerst seltene Pflanze ist in der Kultur sehr heikel und nur vereinzelt bei speziellen Liebhabern zu finden.

R.gorgonias Planch. kommt aus einem ähnlichen Gebiet in Südwestafrika wie *R.dentata*. Sie ist kleiner als diese (30 bis 100 cm hoch) und weniger verzweigt. Die linealisch-lanzettlichen Blätter sind ganzrandig, die Blüten sind rosa gefärbt. Zur Gewinnung von Samen muß eine künstliche Bestäubung vorgenommen werden.

Die Vermehrung erfolgt durch Aussaat, die man am besten in Topfschalen in ein Gemisch von ¾ Torf und ¼ Sand vornimmt. Um eine Gefährdung der Sämlinge durch das Pikieren zu vermeiden, wird gleich in die endgültigen Gefäße gesät, wobei ein Abstand von 6 cm eingehalten werden sollte. Die Aussaat kann bereits im Februar erfolgen, wobei die Samen mit dem Substrat ganz leicht abgedeckt werden. Manche Autoren empfehlen die Stratifikation, entweder im Kühlschrank oder indem bei der Aussaat im Winter die gut befeuchteten Schalen für drei Tage ins Freie kommen (Frostkeimer). Sie werden dabei mit einer Glasscheibe abgedeckt, deren Schwitzwassertropfen regelmäßig zu entfernen sind. Die Schalen kommen dann bei 22 bis 25° in mit kalkfreiem Wasser gefüllte Untersätze, so daß sie ständig feucht bleiben. Die Keimung erfolgt nach 5 bis 6 Wochen. Die Sämlinge werden noch einige Wochen etwas gespannt gehalten, dann kann mit der Abhärtung begonnen werden, um sie schließlich an ihrem endgültigen Platz aufzustellen. Drei bis vier Jahre später kann man mit den ersten Blüten rechnen.

Die Kultur ausgewachsener *Roridula*-Pflanzen kann in dem gleichen Weißtorf-Sand-Gemisch erfolgen, das zur Aussaat benutzt wurde, evtl. mit Zusatz von etwas kalkfreiem Lehm. Sie werden im Warmhaus ohne Schattierung in voller Sonne gehalten. An heißen Sommertagen werden mehrmals täglich die Wege im Gewächshaus mit Wasser übergossen, um ständig eine angemessene Luftfeuchtigkeit zu gewährleisten, wobei auch eine gute Belüftung nicht vergessen werden darf. Sehr wichtig ist es, die Oberfläche des Substrats ständig aufzulockern und hier keinerlei Moos oder Algen zu dulden. Die Umgebung des Wurzelhalses sollte ziemlich trocken gehalten werden; gegossen wird nur über den Topfuntersatz. Dabei darf auf keinen Fall stauende Nässe entstehen, man muß das überschüssige Wasser, das nicht mehr aufgenommen wird, regelmäßig entfernen. Es hat sich bewährt, die abgestorbenen Blätter mit den Insektenresten zerkleinert oder verascht als Dünger anzubieten. Im Hochsommer können die Pflanzen zeitweise im Freien stehen, wobei allerdings dann die volle Sonne besser vermieden wird. Wenn sich ab Ende Oktober kein Wachstum mehr zeigt und sich dadurch die Ruheperiode ankündigt, wird bis Anfang Februar nur noch 2- bis 3mal monatlich etwas Wasser in den Untersatz gegeben; bei guter Belüftung und Temperaturen zwischen 6 und 8° werden die Pflanzen diese schwierige Zeit meistens gut überstehen. Die hier mitgeteilten Erfahrungen und Ratschläge wurden ausschließlich an *R.gorgonias* gewonnen, da *R.dentata* kaum in Kultur anzutreffen ist.

Darlingtonia californica

Sarracenia purpurea

Sarraceniaceae
Schlauchpflanzengewächse

Diese nicht sehr umfangreiche Familie umfaßt eine Anzahl von ausdauernden Kräutern, die über ein Rhizom und eine grundständige Blattrosette verfügen, bei der die meisten Blätter zu Schlauchblättern (Ascidien) umgestaltet sind, die nach Art einer Fallgrube mit Einrichtungen für den Fang von Insekten und anderer kleinerer Tiere ausgestattet sind. Hierzu gehören die nordamerikanischen Gattungen *Darlingtonia* und *Sarracenia* und die in Südamerika vorkommende Gattung *Heliamphora*.

Darlingtonia L.
(William Darlington, 1782–1863, amerikanischer Botaniker)

D. californica Torr. ist die einzige Art dieser Gattung, welche in Sümpfen und sumpfigen Wiesen der Gebirge von Nordkalifornien bis Südoregon in Höhen zwischen 300 und 2000 m vorkommt, wo sie 1854 von J.D. Brackenridge am Oberlauf des Sacramento-Flusses entdeckt wurde. Sie wächst besonders gern in Sphagnumpolstern auf armen Torfböden oder Mergel in der Nähe kühler, schnellfließender Gewässer und wird hier begleitet von *Caltha*, *Iris* und *Veratrum*.

Aus dem kriechenden Rhizom erheben sich die rosettenartig angeordneten, 30 bis 50 cm hohen, smaragdgrün gefärbten Schlauchblätter, die eine deutliche Torsion erkennen lassen und mit einer Flügelleiste verstärkt sind. Ihre Öffnung ist von einer Kuppel überwölbt, die nur einen kleinen, nach außen gerichteten Eingang freiläßt. Das Ende der Kuppel trägt einen fischschwanzförmigen, starren Deckel. Die Wand weist zahlreiche helle, nahezu durchsichtige Flecke auf, die als »Fenster« bezeichnet werden. Im oberen Abschnitt der Schläuche findet man Drüsen, deren süßes Sekret als Lockmittel dient. Ähnlich wie bei den Sarracenien ist die Innenwand der Schläuche oben sehr glatt und trägt etwas tiefer abwärts gerichtete Reusenhaare, die den Beutetieren den Rückweg versperren. Weiter unten finden sich Drüsenfelder für die Produktion des Verdauungssekrets und die Resorption der Spaltprodukte. Die einzeln auf langen Schäften stehenden Blüten haben fünf grünlichgelbe Kelchblätter, fünf braunrote Blütenblätter, 12 bis 15 Staubblätter und einen fünffächerigen Fruchtknoten, in welchem besonders bei künstlicher Bestäubung reichlich keimfähige Samen ausgebildet werden.

Die Kultur ähnelt der von *Sarracenia*, ist aber doch deutlich schwieriger. Man benutzt Tontöpfe mit einer Mischung von Sphagnum, Sand und Lavalit. Das Gießwasser kann kühl sein, es darf aber nicht auf die Pflanzen gegossen werden. Im Sommer gibt man den Pflanzen einen luftigen, kühlen Platz und schattiert bei stärkerer Sonne; dieses gilt besonders für ältere Exemplare, die jüngeren hält man in den ersten zwei Jahren bei 14 bis 16°. Freilandkultur ist zwar in günstigen Lagen möglich, aber doch grundsätzlich nicht empfehlenswert, sondern unter dem Aspekt eines Versuchs zu betrachten. Zur Vermehrung dient u.a. die Teilung der Rhizome, die bei Verwendung größerer Pflanzschalen bis zu 1 m lang werden können. In der Regel vermehrt man durch Aussaat im Oktober in flache Schalen mit einer Mischung von 2 Teilen gehacktem Sphagnum und 1 Teil Sand, wobei die Samen nur leicht angedrückt werden (Lichtkeimer). Unter Abdeckung mit einer Glasscheibe erfolgt bei 15 bis 20° die Keimung nach drei Wochen. Die Sämlinge werden bei 12 bis 15° überwintert.

Heliamphora Benth., Sumpfkrug
(griech. *helos* = Sumpf, *amphora* = Krug)

Diese reizvollen, sehr seltenen Pflanzen, von denen 6 Arten bekannt sind, leben im nördlichen Südamerika, wo sie in Britisch-Guayana am Roraima-Berg und in Venezuela in den Duidabergen anzutreffen sind. Ihre meistens nur 10 bis 25 cm langen Schlauchblätter (nur bei *H. tyleri* sollen sie bis 100 cm lang werden) tragen als Rudiment eines Deckels ein »Anhängsel«. Die obere Öffnung ist schräg, zur Dränage des Schlauches ist in halber Höhe zwischen zwei der Verstärkung dienenden Flügelleisten eine zweite Öffnung angelegt. Die grünlichen Schläuche lassen z.T. eine zarte rote oder weiße Aderung erkennen. Die Gestaltung des Schlauchinneren gleicht der von *Sarracenia*. Die Blüten stehen in hängenden Trauben an einem kräftigen Schaft. Sie besitzen 3 bis 5 weiße bis blaßrosa gefärbte Hochblätter, während die Blütenblätter zurückgebildet sind. Samen nur nach künstlicher Bestäubung.
H. heterodoxa Steyerm., Mount Ptari-Tepui, Venezuela; **H. macdonaldae** Gleas., Berg Duida, Pacaraima-Gebirge, Südvenezuela; **H. minor** Gleas., Größe 15 cm, lebt in Feuchtgebieten am Mount Auyan-Tepui in Venezuela, ferner im Roraima-Gebirge bis in Höhen von 1800 m; **H. nutans** Benth., Größe 25 cm, Vorkommen wie *H. minor*; **H. tatei** Gleas. lebt ebenfalls am Duida-Berg; **H. tyleri** Gleas., Größe angeblich bis 100 cm, auf Savannenhügeln des Duida-Berges.

Die Ansprüche gleichen denen von *Cephalotus*, mit denen sie zusammen am besten gedeihen. Heller Stand bei kühl-feuchtem Klima (Tag 15 bis 18°, Nacht 12 bis 15°) und Schattierung bei stärkerer Sonneneinstrahlung haben sich als günstig erwiesen. Als Substrat eignet sich lebendes Sphagnum, dem bei älteren Pflanzen etwas Torf und Holzkohlestückchen beigemischt werden können. Eine streng ausgeprägte Vegetationszeit ist bei diesen Pflanzen nicht zu beachten. Zur Vermehrung können ältere Exemplare im Frühsommer vorsichtig geteilt werden. Die Aussaat auf die Oberfläche von gehacktem Sphagnum ist nicht immer erfolgreich. Die mit Glas abgedeckten Schalen müssen halbschattig bei 12 bis 18° stehen. Mit der Keimung ist erst nach 6 bis 9 Wochen zu rechnen. Die Sämlinge wachsen ungewöhnlich langsam.

Sarracenia L., Schlauchpflanze
(Michel Sarrasin, 1659–1734, Arzt und Botaniker in Quebec)

Diese Gattung ist mit 9 Arten im atlantischen Nordamerika verbreitet, wo die Pflanzen in feuchten oder sumpfigen Savannen und in Sphagnummooren wachsen. Lediglich *S. purpurea* ist nach Norden bis in das Grenzgebiet von USA und Kanada vorgedrungen. Nur die vom Aussterben bedrohte *S. rubra* ssp. *jonesii* ist auch im Bergland anzutreffen. Einige Arten gehören zu den größten bisher bekannten insektenfangenden Pflanzen. Leider hat die Verschlechterung der Umweltbedingungen zu einem erheblichen Rückgang der Arten geführt. Aber auch die Reduzierung der früher so häufigen Savannenbrände hat sich negativ ausgewirkt, weil durch das Abbrennen die unerwünschte Begleitflora eingedämmt wird, während die Rhizome der Schlauchpflanzen überleben.

Die Pflanzen sind durch schlauchförmige, meist stehende und nur selten liegende Blätter charakterisiert, die sich aus dem kräftigen Rhizom in Gestalt grundständiger Rosetten entwickeln. Sie sind durch eine leistenartige Verstärkung stabilisiert und haben an der Öffnung einen unbeweglichen Deckel. Im oberen Schlauchabschnitt und auf der Flügelleiste befinden sich zahlreiche Drüsen, die ein honigarti-

Heliamphora nutans

ges Sekret zur Anlockung der Beute produzieren. Dem gleichen Zweck dient bei einigen Arten eine auffallende Färbung der Schlauchöffnung. Die Schläuche sind passive Fallen im Sinne von Fallgruben. Ihre Innenfläche weist eine höchst sinnvolle Gliederung auf, nämlich eine Drüsenzone mit Widerborsten zur Anregung der Weiterbewegung in Richtung auf das Schlauchinnere. Es folgt eine Gleitzone, welche die Tiere in die Tiefe stürzen läßt. Da die abwärts gerichteten Haare der Reusenhaarzone ein Umkehren unmöglich machen, ist der Tod in der enzymhaltigen Flüssigkeit der Verdauungszone mit ihren zahlreichen Drüsen für die Sekretion von Enzymen und Resorption der Spaltprodukte unausweichlich. Die großen Blüten mit 5 grünen Kelchblättern und 5 bald abfallenden roten oder gelben Kronblättern stehen einzeln auf einem kräftigen hohen Schaft. Ihre Eigenart liegt in dem Griffel, der in einer fünfzipfligen ausgebreiteten Platte endigt, wobei jeder Zipfel an der Unterseite eine Narbe trägt. Die Blüten werden durch Insekten bestäubt.

S. alata (A. Wood) A. Wood (*S. sledgei* Macf.) wächst in sandigen Savannen und auch auf dichteren Lehmböden in hügeligem Gelände zwischen Südalabama und Südmississippi. Von der sehr ähnlichen *S. flava* unterscheidet sie sich durch die stark flügelförmig hervortretende Längsrippe und den kleineren, nach oben konvexen Deckel. In der Nähe der Schlauchöffnung wird oft eine Rotfärbung beobachtet. Die Blütenblätter sind weißlich bis cremefarben. Sie beansprucht höhere Temperaturen als *S. flava*. Freilandkultur ist daher bei uns in Mitteleuropa nicht möglich.

S. flava L. lebt in Feuchtgebieten von Virginia, Carolina und Georgia bis Südmississippi. Sie bildet stattliche, im oberen Abschnitt meist gelblich gefärbte Schläuche, die bis 70 cm Länge erreichen können. Der flache Deckel ist herzförmig gestaltet. Die modrig riechenden Blüten zeichnen sich durch lebhaft gelbe Blütenblätter aus. Man unterscheidet je nach Größe und dem Auftreten roter Farbtöne bzw. einer rötlichen Aderung vier Varietäten. Im Spätsommer treten oft schwertförmige Blätter ohne Hohlraum auf, mit denen die Pflanze überwintert.

S. leucophylla Raf. (syn. *S. drummondii* Croom) ist eine der prächtigsten Arten. Sie wächst auf feuchten, sandigen oder sumpfigen Böden von Südgeorgia und Nordflorida bis zum Alabama-Fluß. Bemerkenswert ist eine zweiphasige Schlauchbildung, wobei zuerst zusammen mit den Blüten eine schwertförmige, kürzere Schlauchgeneration entsteht, der dann später die prächtigen großen Ascidien folgen. Die 30 bis 90 cm langen Schläuche mit kappenförmigem Deckel zeigen oben eine intensive weiße Fleckung, wozu die purpuroten Blüten einen wirkungsvollen Kontrast bilden. Es ist auch eine oben rot gemusterte Varietät bekannt. Gemessen an *S. flava* ist ein deutlich größeres Wärmebedürfnis zu beachten.

S. minor Walt. gehört zu den Bewohnern der etwas höher gelegenen Gebiete der feuchten sandigen Savannen des südlichen Nordcarolina, Südgeorgia und Nordflorida, wo sie auch in lichten Kiefernbeständen auf etwas trockeneren Böden anzutreffen ist. Von allen Schlauchpflanzen dringt diese am weitesten nach Süden vor. Ihre 12 bis 75 cm langen, nach oben sich gleichmäßig erweiternden Schläuche zeichnen sich durch den löffelartig über die Schlauchöffnung gezogenen Deckel aus; sie sind ähnlich wie bei *Darlingtonia* mit zahlreichen »Fenstern« ausgestattet. Die Blüten sind gelb oder gelblichweiß gefärbt. Die Pflanzen blühen bereits, wenn die Entwicklung der Schlauchblätter noch im Gange ist.

S. oreophila (Kearney) Wherry ist eine vom Aussterben bedrohte Art und lebt in eng umgrenzten Gebieten von Nordostalabama und Georgia. Sie bevorzugt etwas höhere Lagen in feuchten Bachtälern auf sandig-lehmigen Böden. Eine auffällige Eigentümlichkeit ist das frühzeitige Absterben der Ascidien Ende Juli. Gleichzeitig setzt die Ausbildung schwertförmiger Winterblätter ein. Die gelbgrünen, etwas blassen Blüten strömen einen süßlich-modrigen Geruch aus.

Die Pflanzen gedeihen gut in einem Sand-Torf-Gemisch mit Zusatz von etwas Lehm. Bei der Kultur ist die aus dem Rahmen fallende Ruhezeit zu beachten.

S. psittacina Michx. lebt an warmen Feuchtstellen sandiger Kiefernwälder, aber auch in sehr nassen Gebieten, die im Frühjahr oft überflutet werden. Man findet dann in den Schläuchen gefangene Wassertiere. Das Verbreitungsgebiet reicht von Südalabama und Südgeorgia bis in den Süden von Mississippi und landeinwärts bis Louisiana. Die Pflanze zeigt einen von den anderen Arten etwas abweichenden Habitus. Die 5 bis 15 cm langen, liegenden Schläuche stehen in dichten Rosetten. Das obere Ende der Ascidien ist hakenförmig umgebogen und überdeckt mit der an einen Papageienschnabel (griech. *psittakos* = Papagei) erinnernden Spitze eine ziemlich kleine, zum Zentrum der Rosette gerichtete Öffnung. Der Schlauch ist durch eine kräftige Flügelleiste stabilisiert; er ist grün bis purpurrot gefärbt und zeigt ein weißes Ader- und Fleckenmuster. Die Flecken entsprechen den bereits von anderen Arten bekannten »Fenstern«, welche u. a. vielleicht verhüten, daß Dunkelheit im Schlauchinneren die Beutetiere abschreckt. Mit den purpur- bis karminfarbenen Blüten bieten die Pflanzen einen ansprechenden Anblick. Die liegende Anordnung der Schläuche macht sie für den Fang nach dem Fallgrubenprinzip weitgehend untüchtig. Die besonders stark ausgebildeten Reusenhaare lassen vermuten, daß hier eine Art Reusenfalle entwickelt wurde, deren Funktion von der Schwerkraft unabhängig ist. Die Beutetiere werden von dem durch die Fenster fallenden Licht zum tieferen Eindringen in die Schläuche verleitet und finden dann den Rückweg durch die steifen Spitzen der Haare versperrt.

Bei der Kultur im Sphagnum-Torf-Gemisch hält man die Pflanze besser nicht so feucht, wie es am Naturstandort der Fall ist.

S. purpurea L. ist von sämtlichen Schlauchpflanzen die härteste Art und verfügt über das größte Verbreitungsgebiet, das sich von Labrador, Neufundland und Manitoba bis Florida, Alabama und Louisiana erstreckt. Sogar in Mitteleuropa (Genfer See) sowie in England und Irland wurde sie erfolgreich eingebürgert. Sie bildet teilweise große Bestände in Sümpfen, Schwingmooren und an Teichrändern, wo die Schläuche oft nur mit ihrer Mündung aus dem Sphagnum herausragen. Die aufsteigenden, in Rosetten angeordneten Schläuche werden 6 bis 35 cm lang und sind in der Mitte 2 bis 10 cm dick. Der Deckel ist rundlich bis herzförmig und an der Innenseite steifhaarig. Sie sind grün bis dunkelbraun gefärbt, während die Blüten purpurrot sind. Es ist auch eine Varietät ganz ohne roten Farbstoff bekannt.

Diese robuste Art ist sehr gut in Kultur zu halten und kann in etwas geschützten Lagen sogar im Freien angesiedelt werden, wenn man etwas Winterschutz mit Fichtenreisig bietet.

S. rubra Walt. ist im südlichen Mississippi und Alabama sowie im östlichen Nordcarolina anzutreffen, wo sie offenbar in verschiedenen Varietäten auftritt, die teilweise auch in höhere Lagen vordringen (ssp. *jonesii*, vom Aussterben bedroht). Sie kann sowohl in feuchten als auch mehr trockenen Savannen leben. Die aufrechten schlanken Schläuche sind 15 bis 30 cm lang, oben verbreitert und grün bis rotbraun gefärbt, am Deckel geadert. Gemeinsam mit *S. leucophylla* ist ihr die zweiphasige Entwicklung der Schläuche. Die karminroten Blüten zeichnen sich durch einen angenehmen Veilchenduft aus. Als Besonderheit gegenüber allen anderen *Sarracenia*-Arten sitzen häufig mehrere Blüten an einem Schaft.

Neben diesen Arten ist, ähnlich wie bei den *Nepenthes*, eine große Zahl sehr ansprechender S.-Hybriden bekannt.

Zur Vermehrung lassen sich ältere Pflanzen teilen, wozu man sich jedoch wegen der Zerstörung der oft sehr reizvollen Gruppen nicht gern entschließt. So wird man sich in der Regel der Vermehrung durch Aussaat bedienen. Zur Gewinnung von Samen ist die künstliche Bestäubung der Blüten nötig; das gelingt nur, wenn man sich über ihren anatomischen Bau und insbesondere die Anordnung der Narben im klaren ist. Die reifen Kapseln müssen im Herbst rechtzeitig geerntet werden, ehe sie sich spontan öffnen, wobei Samenverluste unvermeidlich sind. Die Samen werden entweder sofort oder nach kühler Lagerung im Frühjahr auf Torfmull oder gehacktes Sphagnum bzw. ein Gemisch von Sphagnum und kalkfreiem Sand (1 : 1) gesät, leicht angedrückt (Lichtkeimer) und unter Abdeckung mit einer Glasscheibe bei 15 bis 20° gehalten, wobei die Schalen in mit Wasser gefüllte Untersätze gestellt werden. Bis zum Heranwachsen blühfähiger Pflanzen vergehen 3 bis 4 Jahre.

Die Kultur ausgewachsener Sarracenien setzt die Verwendung kalkfreien Wassers voraus (unter 10 bis 15° dH). Am besten gedeihen sie in einem kalten Kasten mit wasserdichtem Betonboden, in welchem während der Vegetationszeit ständig 5 bis 10 cm Wasser stehen sollten. Der Kasten

Sarracenia flava

Sarracenia leucophylla

wird mit einem Frühbeetfenster abgedeckt. 8 bis 10 cm vor den Wänden spannt man ein Drahtgeflecht; der Zwischenraum zwischen Wand und Draht wird mit frischem Moos und grobem Torf ausgestopft. Auf den Boden kommt eine 25 bis 30 cm hohe Torfschicht, in welche umgedrehte Töpfe als Standplätze für die Pflanzgefäße eingesenkt werden. Letztere sollten nicht direkt mit dem Wasserspiegel in Kontakt kommen. Wenn man nach gründlicher Anfeuchtung feststellt, daß das Sphagnum wächst, kann man sicher sein, daß man ein geeignetes Medium für das Gedeihen der Sarracenien (aber auch für *Darlingtonia*, *Drosera* und *Dionaea*) geschaffen hat. Gelüftet wird nur bei feuchter Außenluft, also bei Regen, bzw. nachts oder in den frühen Morgenstunden; die Fenster können dann sogar abgenommen werden. Bei trockener Außenluft bleiben sie geschlossen. Dann muß auch das Moos (nicht die Pflanzen!) regelmäßig gespritzt werden, natürlich mit kalkfreiem Wasser. Im Februar werden die Pflanzen umgepflanzt. Als Substrat dient Torfmull mit Zusatz von etwa $1/3$ Sphagnum und einer kleinen Beigabe von getrocknetem Kuhdung. Schattiert wird nur bei starker Sonnenhitze. In der Ruhezeit muß der Kasten durch eine dicke Laubdecke, Matten etc. frostfrei gehalten werden. Bei Tauwetter wird abgedeckt und gelüftet. Jungpflanzen stellt man besser in ein Gewächshaus bei 12 bis 16°. Sie werden auch im Winter ohne Einschaltung einer Ruhezeit im Wachstum gehalten, um früher zu blühfähigen Exemplaren zu gelangen. Ausgewachsene Sarracenien hält man bei Gewächshauskultur im Winter bei sparsamer Wasserzufuhr und reichlicher Belüftung bei 4 bis 6°. Im Gegensatz zu vielen Insektivoren ist bei den Sarracenien eine Düngung möglich und vorteilhaft. Die erwachsenen Pflanzen erhalten nach der Blüte dreimal in monatlichem Abstand einen flüssigen Volldünger.

Literatur

Bailey, L. H.: Manual of Cultivated Plants. 2. Auflage. New York 1949.
Bailey, L. H.: The Standard Cyclopedia of Horticulture. 3 Bde. New York bis London 1927.
Bouché, Jul.: Die Insectenfressenden Pflanzen, Bonn 1884.
Darwin, Charles: Insectivorous Plants. 1875. Übersetzt von J. V. Carus. Stuttgart 1876.
Encke, F. (Hrsg.): Pareys Blumengärtnerei. 2. Aufl. Berlin und Hamburg 1958–1961.
Encke, F.: Die schönsten Kalt- und Warmhauspflanzen. 1. Aufl. Stuttgart 1968.
Engler, A.: Das Pflanzenreich. Leipzig (zuletzt Berlin). 1900–1953.
Engler, A.: Die natürlichen Pflanzenfamilien. 2. Aufl. Leipzig 1924.
Fenner, C. A.: Beiträge zur Kenntnis der Anatomie, Entwicklungsgeschichte und Biologie der Laubblätter und Drüsen einiger Insektivoren. Flora, Band 93, 1904.
Feßler, A.: Fleischfressende Pflanzen für Haus und Garten. Stuttgart 1982.
Hegi, G.: Illustrierte Flora von Mitteleuropa. 2. Aufl. München 1936.
Hesdörffer, M. (Hrsg.): Allendorffs Kulturpraxis der Kalt- und Warmhauspflanzen. Berlin 1916.
v. Kirchner, O., Loew, E., Schröter, C.: Lebensgeschichte der Blütenpflanzen Mitteleuropas. Stuttgart 1908.
Kurata, S.: Nepenthes of Mount Kinabalu. Sabah National Parks Publikations Nr. 2, Tokio 1976.
Lloyd, F. E.: The Carnivorous Plants. New York 1942 und 1979.
Oberdorfer, E.: Pflanzensoziologische Exkursionsflora. 5. Aufl. 1983.
Rothmaler, W.: Exkursionsflora von Deutschland, 4. Aufl. Berlin 1966.
Schmeil-Fitschen: Flora von Deutschland und seinen angrenzenden Gebieten. 87. Aufl. von W. Rauh und K. Senghas, Heidelberg 1982.
Schnell, D. E.: Carnivorous Plants of the United States and Canada. Winston-Salem, North Carolina 1976.
Schubert-Wagner: Pflanzennamen und botanische Fachwörter, 5. Aufl., 1971.
Schulz, B.: Insektenfressende Pflanzen, Neue Brehm-Bücherei. Wittenberg 1965 (und Kosmos-Verlag Stuttgart).
Slack, A.: Carnivorous Plants. Cambridge, Massachusetts 1979. Deutsche Ausgabe »Karnivoren«, Ulmer, Stuttgart 1985.
Stehli, A.: Pflanzen auf Insektenfang. Kosmos, Stuttgart 1934.
Stephens, E. L.: A New Sundew, Drosera Regia (Stephens) from the Cape Province in Transactions of the Royal Society of South Africa, Band 14, 136, 11.
Weber, A.: Rätselhafte Kannenpflanzen, Gartenpraxis 12, 540ff., 1981.
Zander: Handwörterbuch der Pflanzennamen, 13. Aufl. von F. Encke, G. Buchheim und S. Seybold. Stuttgart 1984.
Literaturangaben finden sich in den beiden zitierten Werken von A. Engler sowie bei Schmucker-Linnemann in W. Ruhland, Handbuch der Pflanzenphysiologie.

Iridaceae
Schwertliliengewächse

Kräuter, selten niedrige Halbsträucher in etwa 60 Gattungen mit rund 800 Arten in den Tropen und Subtropen, nach Norden in die temperierten Gebiete ausstrahlend. Je ein großes Entwicklungsgebiet liegt im Kapland und im tropisch-subtropischen Amerika. Die Blätter sind wie bei *Iris* zweizeilig, reitend und schwertförmig, die Blüten oder Blütenstände terminal. Alle Arten haben eine oberständige Zwitterblüte mit kronblattartiger Blütenhülle. Der innere Staubblattkreis ist völlig unterdrückt, die drei gebliebenen äußeren Staubblätter haben nach außen gewandte Staubbeutel. Der Griffel hat drei große, oft mehr oder weniger blattartige, narbentragende Zweige.

Die den Amaryllisgewächsen sehr nahestehende Familie enthält viele schöne Gartenpflanzen wie *Crocus*, Gladiolen, *Iris*, Monbretien, *Sisyrinchium* und Tigridien. Viele andere nicht winterharte Arten wurden im vorigen Jahrhundert im Kalthaus oder im Kapkasten gezogen. Viele, ja die meisten von ihnen sind aber heute verschwunden. Es gehören hierzu z. B. die Gattungen *Babiana* Ker-Gawl., *Belamcanda* Adans. corr. Medik., *Cypella* Herb., *Diplarrhena* Labill., *Dierama* K. Koch, *Galaxia* Thunb., *Geissorrhiza* Ker-Gawl., *Hesperantha* Ker-Gawl., *Homeria* Vent., *Ixia* L., *Moraea* Mill. corr. L., *Romulea* Maratti, *Schizostylis* Backh. et Harv. ex Hook. f., *Sparaxis* Ker-Gawl., *Watsonia* Mill., um nur eine Reihe der wichtigsten zu nennen. Sie alle sind frostfrei zu überwintern. Die meisten wachsen im Kalthaus oder in einem Frühbeetkasten – am besten sollte er heizbar sein – entweder in Töpfen oder Schalen oder aber ausgepflanzt. Das Beet oder der Kasten muß gut drainiert werden, etwa durch Einbringen einer 50 cm hohen Schicht grober Schlacken, die mit 10 cm Sand abzudecken ist, ehe die Erdschicht in einer Höhe von 20 bis 30 cm aufgebracht wird. Die Erde besteht am besten zu $2/3$ aus sandigem, mürbem, etwas humosem Lehm und zu $1/3$ aus Torfmull oder ganz alter Laub- oder Heideerde. Die Knollen der meisten Arten werden wie die der Freesien oder Ixien im September bis Oktober so gelegt, daß ihre Spitzen nur ganz flach mit Erde bedeckt sind. Erst beim Eintritt der Fröste werden Fenster aufgelegt. Bei mildem Wetter ist hoch zu lüften. Die Heizung wird nur dann angestellt, wenn die Außentemperatur unter 0° fällt, doch darf die Temperatur im Kasten oder

Haus nie über 6 bis 8° steigen, vor allem nicht in den dunklen Monaten November, Dezember und Januar. Von Mitte Februar an kann man die ersten Blüten erwarten. Um sich an ihnen besser freuen zu können, stellt man die im Topf gezogenen Arten während der Blütezeit hell in ein kühles Zimmer oder Kalthaus. Waren sie aber ausgepflanzt, schneidet man die Blütenstiele ab. Sie halten sich meist sehr lange in der Vase. Nach dem Abblühen, wenn die Blätter durch langsames Vergilben anzeigen, daß die Vegetationsperiode vorüber ist, wird immer weniger gegossen, bis die Pflanzen ganz eingezogen sind. Dann werden bei den meisten Gattungen die Zwiebeln oder Knollen herausgenommen, trocken aufgehoben und im September erneut eingepflanzt.

Eine Reihe der obengenannten Gattungen wird in Holland noch angeboten, z.B. von der Firma G.C. van Tubergen, Haarlem. In ähnlicher Weise wie oben geschildert kann auch eine Reihe von *Iris* der Gruppen *Onocyclus* und *Regelia* gezogen werden. Auch sie machen im Sommer ihre Ruhezeit durch, während der sie aber im Boden bleiben und durch aufgedeckte Frühbeetfenster jegliche Feuchtigkeit abgehalten, der Boden aber von der Sonne richtig durchbacken wird. Erst im Herbst wird ihnen durch Abheben der Fenster oder durch Gießen wieder Feuchtigkeit zugeführt. In Kürze beginnt dann das neue Wachstum. Als Erde gebe man einen etwas kalkhaltigen, sandigen Lehm, dem man etwas Hornspäne zusetzt. Ähnlich behandelt man viele Arten der Gruppen *Reticulata* und *Juno*.

Neomarica Sprague, Scheinschwertel
(griech. *neos* = neu, *Marica* = Gattungsname, Anagramm aus America)

15 Arten mehrjähriger, krautiger Pflanzen aus dem tropischen Amerika mit schwertförmigen Blättern und großen, irisähnlichen, sehr vergänglichen Blüten. In botanischen Gärten werden hin und wieder die folgenden Arten gezogen:

N.coerulea (Ker-Gawl.) Sprague, wie die folgenden Arten in Brasilien heimisch, hat 80 bis 120 cm lange und 2 bis 4 cm breite Blätter. Die Blütenschäfte sind wie bei den übrigen Arten blattartig verbreitet. An ihnen sitzen verschiedene mehrblütige Blütenscheiden, aus denen die Blüten über einen längeren Zeitraum verteilt erscheinen. Sie sind 7 bis 10 cm im Durchmesser, himmelblau, am Grunde gelblich und braunrot gefleckt. 1818 in England eingeführt.

N.gracilis (Herb. ex Hook.) Sprague hat nur bis 60 cm lange und schmalere Blätter. Die Blütenschäfte sind nur 1- bis 2blütig, die Blüten bis 5 cm im Durchmesser, weiß, am Grunde gelb und rot gefleckt, an den Spitzen violett. 1830 in England eingeführt.

N.northiana (Schneev.) Sprague ist ähnlich *N.caerulea*, aber im ganzen nur halb so groß. Am Schaft entwickelt sich nach dem Abblühen an seinem Ende eine Pflanze. Bei den sehr wohlriechenden Blüten sind die 3 äußeren Segmente weiß, die inneren violett, beide am Grunde gefleckt. Um 1784 in England eingeführt.

Der schönen, leider sehr vergänglichen Blüten und der einfachen Kultur wegen sehr zu empfehlende Pflanzen, die bei Temperaturen zwischen 12 und 20° gut gedeihen und im Sommer nach und nach ihre schönen Blüten entfalten. Sie verlangen TKS oder eine sandige Mischung aus alter Lauberde und humoser Rasenerde. Während des Winters stehen sie am besten bei 12 bis 15°, dann machen sie bei mäßigem Gießen eine gewisse Ruhezeit durch. Im Sommer sollten sie im Warmhaus bei leichtem Schatten gehalten werden. Während des Wachstums verlangen sie viel Wasser und gelegentliche Dunggüsse. Vermehrung leicht durch Aussaat bald nach der Samenreife und durch Teilung der Rhizome. Die einzelnen Rhizomstücke werden in Sand gesteckt und bilden bei 20 bis 25° Bodenwärme bald Wurzeln und Triebe.

Coleus pumilus

Labiatae (Lamiaceae)
Lippenblütler

Eine leicht durch die zweilippige Krone, den vierteiligen Fruchtknoten, meist gegenständige Blätter und vierkantige Stengel zu erkennende Familie. Hinzu kommt noch der von den Drüsenhaaren ausgehende Duft. Etwa 180 Gattungen mit 3500 Arten, meist Kräuter und Sträucher, sehr selten Bäume, sind über den größten Teil der Erde verbreitet.

Interessant sind die verschiedenen Anpassungen der Blüten an die die Bestäubung vornehmenden Insekten, vor allem Bienen, Hummeln und Schmetterlinge, aber auch Kolibris, und die der Verbreitung der Früchte dienenden Einrichtungen. Neben einer ganzen Reihe schöner Gartenpflanzen finden sich auch einige Arten für Gewächshauskultur.

Aeollanthus Mart. ex Spreng.
(Name ungewisser Herkunft)

50 Arten im tropischen und subtropischen Afrika, von denen nur die nachfolgend beschriebene Art von Interesse für Sukkulentensammlungen ist.

A.repens Oliv. hat seine Heimat in Kamerun, dem Sudan und Ostafrika. Es ist ein am Grunde verholztes Pflänzchen mit kriechenden, wurzelnden, aufsteigenden Sprossen mit fleischigen länglichen bis eilänglichen, 13 bis 20 × 4 mm großen,

294 Labiatae

Coleus-Blumei-Hybride

unterseits behaarten Blättern und kleinen, sitzenden, zartlila Blüten. in Deutschland seit etwa 1970, in Kultur.

Dieses im Habitus einem *Sedum* ähnliche Pflänzchen ist einer der wenigen sukkulenten Lippenblütler und deshalb als solcher interessant. Kultur hell, entweder im Topf oder ausgepflanzt im temperierten Sukkulentenhaus, im Winter bei Temperaturen nicht unter 15°, in lehmig-humoser Erde. Vermehrung durch Aussaat oder Stecklinge im warmen Vermehrungsbeet.

Coleus Lour.
(griech. *koleos* = Scheibe)

Etwa 150 Arten tropischer Kräuter und Halbsträucher, von denen einige ihrer schönen Belaubung, andere der auffallenden Blüten wegen gezogen werden.

1. Mit bunten Blättern

C. Blumei-Hybriden. Hierunter fallen all die schönen buntblättrigen Sorten, deren Blättern rote, gelbe, rosafarbene, grüne und samtbraune Töne gemeinsam sind. Früher wurden viele, immer wieder durch Stecklinge vermehrte Namensorten geführt, heute wird man sich bis auf wenige ganz distinkte Sorten auf Aussaaten bestimmter Farbgruppen beschränken. Dabei kann man durchaus diejenigen Sämlinge, die einem besonders gut gefallen, durch Stecklinge erhalten.

C. pumilus Blanco (*C. rehneltianus* Berger) ist eine 15 bis 20 cm hohe Art mit dünnen niederliegenden oder hängenden Stengeln und 2 bis 3 cm großen, fast rhombischen dunkelbraunen, grün gerandeten Blättern. Die im Winter erscheinenden blauen Blüten sind ein weiterer Schmuck. Ihre Heimat liegt auf Mittel- und Nordluzon und Nordborneo, doch trifft man sie heute in vielen Teilen der Tropen verwildert an. 1914 in Deutschland eingeführt.

Stecklinge bewurzeln sich im warmen, geschlossenen Vermehrungsbeet in 8 bis 10 Tagen. Selbst mit dem unteren Ende in ein Glas mit Wasser gesteckt, zeigen sich in wenigen Tagen die weißen Wurzeln. Ausgesät wird im Februar bis März in sandige Erde, im Warmhaus. Nach einmaligem Pikieren werden die Sämlinge einzeln in Töpfe mit Einheitserde oder einer humosen Praxismischung gepflanzt, ein- bis zweimal entspitzt und von Juni an entweder sonnig ins Freie gepflanzt oder im luftigen, hellen Gewächshaus weitergepflegt.

Leonotis leonurus

Plectranthus fruticosus

Auch für das Zimmerfenster und Balkonkästen sind sie zu empfehlen.

2. Mit schönen Blüten

C. fredericii G. Tayl. stammt aus Angola, bildet reich verzweigte, etwas brüchige, meterhohe Büsche mit hellgrünen Blättern und 10 bis 12 cm langen Rispen mit tiefblauen, im Dezember erscheinenden Blüten. 1931 in England eingeführt.

Dieser schöne blaublühende Winterblüher wird erst im Mai oder Juni im Warmhaus ausgesät, da er außerordentlich rasch wächst. Jungpflanzen werden eingetopft und in das luftige und helle Lauwarmhaus gestellt, wo sie sich ungestutzt reich verzweigen und von Anfang Dezember an 4 bis 5 Wochen lang blühen. Hat man die Art einmal in seinem Gewächshaus abblühen lassen, dann sät sie sich von selbst aus, so daß man nur die Sämlinge später einzutopfen braucht. Lehmig-humose Erde oder Einheitserde ist ihnen gleich zuträglich.

C. thyrsoideus Hook. f. aus Zentralafrika blüht von Mitte Dezember bis in den Februar hinein, ebenfalls mit leuchtend blauen Blüten, aber an aufrechten, endständigen Rispen. 1897 in England eingeführt.

Die Art ist ausdauernd und von Mai bis Juni an durch Stecklinge zu vermehren. Deshalb muß man nach dem Abblühen an das Aufheben der Mutterpflanzen denken. Nach kräftigem Rückschnitt können diese ruhig zwei Monate unter den Stellagen stehen, wobei aber ihr Ballen nicht austrocknen darf. Da man durch Entspitzen oder Stutzen nur kleine Blütenrispen, nicht aber eine Verzweigung erzielt, setze man von Anfang an 3 bis 5 Pflanzen in einen 14 bis 16 cm großen Topf.

Leonotis (Pers.) R. Br., Löwenohr
(griech. *leon* = Löwe, *ous*, *otis* = Ohr)

Etwa 40 in Tropen und Subtropen verbreitete Arten, von denen eine pantropisch verbreitet ist. Einjährige, ausdauernde oder strauchige Pflanzen mit gegenständigen gestielten, meist gezähnten Blättern und scharlachroten, gelben oder weißen, in dichten, vielblütigen, achselständigen Scheinquirlen stehenden Blüten, deren Oberlippe fast gerade, hohl und stark behaart ist. In Kultur nur 1 Art:

L. leonurus (L.) R. Br., ein 1 bis 2 m hoher, am Grunde verholzender Halbstrauch, dessen Blüten in zahlreichen übereinanderstehenden Scheinquirlen sitzen. Sie sind orangerot, ihre Oberlippe ist samtig behaart und an beiden Rändern dicht gewimpert. Die Blüten erscheinen von September bis zum November. 1712 in England eingeführt, schon um 1780 als eine in ganz Europa häufig gezogene Gewächshauspflanze genannt.

Diese schöne alte, viele Jahrzehnte in Vergessenheit geratene Topfpflanze, deren Stiele auch geschnitten recht haltbar sind, wird in den letzten Jahren wieder häufiger angeboten. Vermehrung durch Aussaat ist möglich, doch wird man die besten der dabei gewonnenen Typen durch Stecklinge weitervermehren. Diese bewurzeln sich leicht im Januar bis Februar bei geringer Bodenwärme. Um eine gute Verzweigung zu erreichen, wird der Mitteltrieb frühzeitig ziemlich tief gestutzt. Von Mitte Mai an findet die weitere Kultur an einer sonnigen Stelle im Freien statt. Sie stehen dort in großen Töpfen mit lehmiger Erde oder in Einheitserde und werden wöchentlich gedüngt, denn nur bei reichlicher Ernährung entwickeln sie sich gut. Auch Auspflanzen ist während des Sommers möglich. Anfang August werden die Pflanzen dann wieder eingetopft, doch ist dies weniger zu empfehlen, da sie bei dieser Methode meist sehr viel Blätter verlieren. Die Überwinterung findet von Oktober an im Kalthaus statt. Nach der Stecklingsvermehrung wirft man die Mutterpflanzen fort, denn ihre Weiterkultur lohnt sich nicht.

Plectranthus L'Hérit., Harfenstrauch
(griech. *plectron* = Sporn, *anthos* = Blüte)

Kräuter, Halbsträucher und Sträucher in etwa 250 Arten, von denen aber nur wenige als Zierpflanzen zu empfehlen sind.

P. fruticosus L'Hérit., der »Mottenkönig«, aus Südafrika, ist eine alte Zimmerpflanze mit stark aromatischen Blättern und in Rispen angeordneten, im Herbst und Winter erscheinenden blaßblauen Blüten. Dieser stattliche Halbstrauch, den man noch heute in Zimmern, Treppenhäusern und Büros findet, wird gut meterhoch. 1774 in England eingeführt, 1817 bereits in Deutschland als Zimmerpflanze gezogen.

P. oertendahlii Th. Fries jr. kommt aus dem südlichen Afrika und ist gleichschön als Blatt- wie als Blütenpflanze. Die Zweige kriechen auf dem Boden oder hängen bei

Prostanthera ovalifolia

Ampelpflanzen über den Topfrand. Die rundlichen Blätter sind auffallend weiß gezeichnet, die in 5 bis 15 cm langen Trauben zusammengefaßten Blüten sind weißlich und erscheinen von Februar bis Mai.

Beide Arten sind sowohl aus Samen als auch aus Stecklingen heranzuziehen. Das letztere ist das bequemste. *P. fruticosus* ist eine Kalthauspflanze, *P. oertendahlii* fühlt

Scutellaria costaricana

sich wohler im Lauwarmhaus, wo sie nicht nur als Ampelpflanze, sondern auch zur Bodendeckung zwischen anderen Pflanzen ausgepflanzt werden kann. Beide entwickeln sich nur bei guter Ernährung zu voller Schönheit.

Pogostemon Desf.
(griech. *pogon* = Bart, *stemon* = Staubfaden)

Von den etwa 40 im wärmeren China und Indomalesien beheimateten Arten wird

P. cablin (Blanco) Benth. (*P. patchouli* Pellet.) von den Philippinen als Lieferant des stark riechenden Patschuliöles angebaut. 1848 eingeführt. Schönheitlichen Wert hat die Pflanze nicht, ist also nur dem Liebhaber duftender Pflanzen zu empfehlen. Pflege und Vermehrung wie bei *Plectranthus*, aber im warmen Gewächshaus.

Prostanthera Labill.
(griech. *prostasia* = Führung, *antheros* = Staubbeutel)

50 Arten wohlriechender australischer Sträucher, während der Blütezeit übersät mit weißen, roten oder violetten in achsel- oder endständigen Scheinähren oder Trauben angeordneten Blüten. Besonders zu empfehlen sind:
P. nivea A. Cunn. mit weißen, **P. ovalifolia** R. Br. mit purpurroten, **R. rotundifolia** R. Br. mit purpurfarbenen oder violetten, **P. sieberi** Benth. mit lavendelblauen und **P. violacea** R. Br. mit violetten Blüten mit purpurrotem Schlund. Alle diese Arten werden ungeschnitten 1 bis 1,50 m hoch und blühen vom Februar bis zum Frühjahr ungemein reich. Ganz zu Unrecht sieht man sie in Deutschland schon seit vielen Jahrzehnten nicht mehr, während sie in englischen Baumschulen immer noch angeboten werden.
Halbreife, gerissene und nachgeschnittene, kurze Stecklinge wurzeln – im August gesteckt – bei mäßiger Bodenwärme unter Glas recht gut. Aber auch im Frühling nach dem Abblühen kann man, wenn auch mit weniger Erfolg, abstecken. Nach genügender Bewurzelung werden sie einzeln in kleine Töpfe mit Einheitserde oder in eine Mischung aus alter Laub- und Rasenerde gepflanzt und 2- bis 3mal entspitzt. Ältere Pflanzen sollten nach dem Abblühen gestutzt oder kräftig zurückgeschnitten werden. Am besten stehen sie das ganze Jahr im luftigen, hellen Kalthaus, besonders aber in Regenjahren, da sie empfindlich gegen zuviel Feuchtigkeit sind. Ihre Empfindlichkeit ist jedoch viel geringer als in manchen Büchern angegeben. Alle, vor allem *P. ovalifolia*, sind reizende Blütenpflanzen, die dem Liebhaber gar nicht genug empfohlen werden können.

Rosmarinus L., Rosmarin
(römischer Pflanzenname)

Die folgende sehr vielgestaltige Art ist als Charakterpflanze der Macchien des Mittelmeergebietes bekannt.

R. officinalis L., der »Rosmarin«, ist ein immergrüner, 60 bis 200 cm hoher, verzweigter Strauch mit schmalen ganzrandigen, am Rande eingerollten, würzigen Blättern und zu achselständigen, kurzen Trauben zusammengefaßten blaßblauen Blüten.
Rosmarin ist wohl die älteste der in Deutschland im Hause gezogenen Pflanzen. Schon 794 wurde er im »Capitulare de villis« der Landgüter Karls des Großen aufgeführt. Leider ist er nicht ganz winterhart, obwohl er eine Reihe milder Winter im Freien ausgepflanzt übersteht. Deshalb überwintert man ihn besser in einem Kalthaus oder einem anderen hellen, gut lüftbaren Raum. Als Erde bewährte sich ein Gemisch aus lehmig-humoser Gartenerde, aber auch Einheitserde. Vermehrt wird durch Aussaat im Spätwinter, besser durch halbreife Stecklinge, die im Juli bis August im ungeheizten Vermehrungsbeet unter Glas wurzeln.

Salvia L., Salbei
(römischer Name für *S. officinalis*, abgeleitet vom lat. *salvus* = heil, gesund)

Mehr als 700 Arten ein- oder mehrjähriger Kräuter, Halbsträucher und Sträucher. Nicht wenige von ihnen werden als Zierpflanzen gezogen, so als winterharte Stauden *S. nemorosa* L., *S. officinalis* L., *S. pratensis* L. u. a., als einjährige oder einjährig gezogene Sommerblumen *S. aethiopis* L., *S. argentea* L., *S. farinacea* Benth., *S. viridis* L. (*S. horminum* L.), als mehrjährige im Kalthaus zu überwinternde, zur Beetbepflanzung benutzte Arten *S. involucrata* Cav., *S. patens*, Cav., vor allem aber die während des ganzen Sommers feuerrot blühende *S. splendens* Sello ex Roem. et Schult. Sie alle gehören nicht in den Rahmen dieses Buches. Hier zu nennen sind nur die beiden Kalthaussträucher

S. canariensis L. von den Kanaren, bereits 1697 genannt, und **S. heerii** Regel aus Peru, um 1855 in Deutschland eingeführt. Besonders die zweite Art ist zu empfehlen, da sie über einen großen Teil des Jahres hinweg ihre roten Blüten bringt. Entspitzt man im Sommer, blühen diese Pflanzen, vorausgesetzt die Temperaturen fallen nicht unter 10°, den ganzen Winter hindurch. Hält man einige dieser Pflanzen aber unter 8°, kommen die Blüten erst im Laufe des Monats Februars. Ungestutzte Pflanzen aber blühen die ganzen Sommermonate hindurch. Kultur in recht lehmiger Erde, Vermehrung durch Aussaat oder Stecklinge.

Scutellaria L., Helmkraut
(lat. *scutella* = kleine Schüssel)

Etwa 300 bis auf Südafrika in der ganzen Welt verbreitete Arten von Kräutern und Sträuchern, darunter sogar einige Lianen. Ihre Blüten haben einen zweilippigen Kelch und eine zweilippige Krone mit helmförmiger Oberlippe.

S. costaricana H. Wendl. (*S. mociniana* hort. non Benth.), eine staudig-halbstrauchige Art aus Costa Rica, blüht im Frühling und Sommer in dichten, endständigen Ähren. Die röhrenförmige, oben erweiterte, gekrümmte, 3,5 bis 4 cm lange Krone ist leuchtend orangescharlachfarben, ihr Schlund gelb. Diese nur 30 bis 40 cm hohe Art gehört zu den schönsten Blütenpflanzen für das Lauwarmhaus. 1863 in Deutschland eingeführt.
Halbschattig und luftig, bei 14 bis 16°, steht sie am besten. Die Erde sei lehmighumos, auch Einheitserde ist geeignet. Bei zu trockener Luft werden die Pflanzen sehr leicht von Spinnmilben befallen. Durch rechtzeitiges Spritzen sollte man dem vorbeugen. Vermehrt wird durch krautige Stecklinge, die bei 20 bis 25° Bodenwärme relativ schnell wurzeln. Die Jungpflanzen werden zu 3 bis 5 zusammen in 12 bis 13 cm große Töpfe oder noch besser Topfschalen gepflanzt. Bis zur Blütenbildung sollen sie ungestutzt weiterwachsen. Nur dann entwickeln sie wirklich kräftige Blütenstände.

Teucrium L., Gamander
(griech. Pflanzenname)

Von dieser etwa 300 Arten umfassenden Gattung werden einige Arten im Garten gezogen. Nicht winterhart ist

T. marum L., das Katzenkraut, ein kleines, vielverzweigtes grauweißes Sträuchlein mit winzigen Blättern aus dem südwestlichen Mittelmeergebiet. Es strömt einen durchdringenden Geruch aus, der alle Katzen der Umgebung anlockt. Wo sie es erreichen können, wird man nicht viel Freude an ihm haben, da sie sich wohlig darin herumwälzen, wodurch es natürlich alle Schönheit verliert. Wahrscheinlich schon vor dem 16. Jahrhundert in Kultur. Eine andere empfehlenswerte Art, 1 bis 2 m hoch werdend, ist

T. fruticans L., verbreitet im westlichen Mittelmeergebiet, in Portugal und auf den adriatischen Inseln, ein Strauch mit immergrünen Blättern, die wie die Zweige auf der Unterseite dicht weißfilzig sind. Die bis 2,5 cm langen Blüten sind blaßblau. Diese Art war schon im 17. Jahrhundert in Kultur, heute aber sieht man sie nur selten einmal, obwohl sie ein hübscher und dekorativer Kalthausstrauch ist. Er braucht recht lehmige, aber durchlässige Erde, gedeiht jedoch auch in Einheitserde. Im Sommer wird er recht sonnig und vor Wind geschützt im Freien aufgestellt. Wie *T. marum* ist auch er leicht aus krautigen Stecklingen zu vermehren.

Westringia Sm., Australischer Rosmarin
(Johan Peter Westring, 1753–1833, schwedischer Botaniker und Arzt des Königs von Schweden)

Im außertropischen Australien sind 22 Arten dieser dem Rosmarin ähnlichen und nahestehenden Sträucher weit verbreitet. Die kleinen ganzrandigen Blätter stehen in Quirlen zu dritt oder viert, die kleinen Blüten sind achselständig und sitzen in wenigblütigen Quirlen. Bisweilen in Kultur:

W. fruticosa (Willd.) Druce (*W. rosmariniformis* Sm.), der Australische Rosmarin, ein buschiger, bis 1,50 m hoher Strauch mit lanzettlichen, bis 2,5 cm langen, unterseits silberweißen, oberseits graugrünen, glänzenden, am Rande zurückgerollten Blättern und im Sommer in reicher Zahl erscheinenden achselständigen, in Quirlen sitzenden weißen bis bläulichen, purpurn gefleckten Blüten. 1791 in England eingeführt.
Auch andere Arten sind kulturwert, aber in deutschen Sammlungen kaum anzutreffen. Vermehrung und Pflege gleichen der von *Prostanthera*, doch ist die Gattung in Kultur wesentlich anspruchsloser.

Lauraceae
Lorbeergewächse

Von dieser großen Familie mit 32 Gattungen und 2000 bis 2500 Arten interessieren uns vor allem die nachfolgend beschriebenen Gattungen.

Cassytha L.
(griech. *kassyein* = verstricken)

Die 20 Arten leben als einzige der Lorbeerfamilie parasitisch. An ihren meist grünen, fadenförmigen Stengeln sitzen warzenförmige Haustorien und statt der Blätter Schuppen. Eine Art ist pantropisch, eine andere südafrikanisch, die übrigen leben in Australien. Am häufigsten in botanischen Sammlungen findet sich

C. pubescens R. Br. aus Australien. Sie gedeiht auf einer Reihe von Pflanzen, so auf *Pavonia*, *Coleonema album* und *Hibiscus rosa-sinensis*. Man legt die jungen grünen Triebe auf die Stengel und Zweige einer neuen Wirtspflanze und trennt sie erst ab, nachdem die neue Verbindung zwischen Parasit und neuer Wirtspflanze hergestellt ist. Für die Überwinterung bei 8 bis 10° ist ein heller Standort erforderlich. Der biologisch interessierte Liebhaber wird an diesem echten Schmarotzer, der ohne Schwierigkeit wächst, seine besondere Freude haben.

Laurus L., Lorbeer
(römischer Name des Lorbeerbaumes)

Von den beiden Arten hat für uns nur der »Echte Lorbeer«, **Laurus nobilis** L., Wert. Er gehört zu den Charakterpflanzen des Mittelmeergebietes, wo er als baumartiger Strauch, der immerhin 10 bis 12 m hoch werden kann, allenthalben vorkommt. Er bedarf wohl keiner Beschreibung, doch seien dem Liebhaber statt der Pyramiden, Säulen oder Kronenbäumchen ungeschnitten wachsende Pflanzen empfohlen. Diese wachsen sich zu malerischen kleinen Sträuchern aus, an denen man sich auf der Terrasse oder im Garten freut.
Der Schnitt beschränke sich darauf, hin und wieder allzu lang gewordene Triebe einzukürzen. Das liefert uns dann immer noch genug Lorbeerblätter für die Küche, vorausgesetzt, die Pflanze wurde nicht mit chemischen Mitteln gegen Schädlinge behandelt. Lediglich wenn unser Lorbeerstrauch gar zu groß geworden ist, so daß er nicht mehr in seinen Überwinterungsraum hineinpaßt, schneide man ihn im März kräftig zurück. Er nimmt dies nicht übel, sondern treibt überall wieder aus. Während des Winters braucht er gar nicht übermäßig hell zu stehen, nur kühl muß es sein, am besten zwischen 1 und 6°. Alle paar Jahre pflanzt man größere Sträucher unter Verwendung einer nährstoffreichen humosen Lehmerde um. Nach guter Durchwurzelung wird er von April bis August einmal wöchentlich mit einer Volldüngerlösung (2 bis 3 g auf 1 l Wasser) gegossen. Stecklinge

Laurus nobilis

wurzeln bei einer Temperatur von 16 bis 20° in einigen Wochen, am besten im Spätwinter und Frühling. Woll- und Schildläuse sind die Hauptfeinde des Lorbeers. Hier heißt es vor allem vorbeugen, also im Winter möglichst gleichmäßig kühl, dabei aber luftig halten und ihn wie im Sommer häufig mit dem Schlauch abspritzen.

Persea Mill.
(griech. *persea* = Name für einen ägyptischen Baum, *Cordia myxa*)

Etwa 150 Arten tropischer immergrüner Bäume und Sträucher mit fiedernervigen, lederartigen Blättern und in Trugdolden oder Rispen stehenden kleinen Blüten, denen beerenartige Früchte folgen.

P. americana Mill. (*P. gratissima* Gaertn.), Avocadobirne, Aguacate, ist in Mexiko und von Mittelamerika bis Peru sowie in Brasilien beheimatet, heute aber wird sie in vielen tropischen Ländern der nahrhaften eßbaren Früchte wegen angebaut. Sie wird bis 20 m hoch und hat 10 bis 40 cm lange, lederige Blätter. Die großen, je nach Sorte birnenförmigen oder rundlichen Früchte sind etwa 10 cm lang, gelb und braun, häufig purpurn getönt. Sie sind öl- und zuckerreich, ihr Inneres von butterartiger Beschaffenheit. In England 1739 eingeführt. Avocados sind als Jungpflanzen nicht besonders auffallend, doch macht es Freude, nach dem Verspeisen der Früchte aus dem großen Samen eine Pflanze zu ziehen. Er wird in einen Topf mit Einheitserde oder TKS 1 gelegt und keimt bei 20 bis 25° in kurzer Zeit. Zunächst treibt der Sämling einen langen Stengel, an dem sich später Seitentriebe mit 10 bis 30 cm großen Blättern entwickeln. Jungpflanzen gehören ins Warmhaus, ältere nehmen mit weniger Wärme vorlieb und können sogar während des Sommers an einen warmen, mittags vor Sonne geschützten Platz im Freien gestellt werden. Doch räume man sie schon Ende August wieder ein, da sie die oft recht kühlen Septembernächte nicht vertragen. Ältere Pflanzen können im Winter bei 10 bis 15° gehalten werden, besser jedoch stehen sie etwas wärmer. Einheitserde oder eine lehmig-humose Mischung sagen ihnen zu. Vom Frühling bis zum Herbst ist reichlich zu gießen und wöchentlich ein Dungguß zu geben. Für kleinere Räume werden die Pflanzen in wenigen Jahren zu groß und man muß sich von ihnen trennen. In Nutzpflanzenabteilungen botanischer Sammlungen werden sie am besten ausgepflanzt kultiviert.

Leeaceae
Leeagewächse

Den *Vitaceae* nahestehende kleine Familie mit nur 1 Gattung und etwa 70 Arten, von denen die meisten in feuchten Tropenwäldern Südasiens wachsen. Nur wenige Arten sind in feuchten Waldgebieten Australiens und Afrikas anzutreffen. Es sind aufrechte Stauden oder kleine Holzgewächse mit spiralig gestellten, einfachen oder gefiederten Blättern und vielblütigen, cymösen Blütenständen.

Leea D. Royen ex L.
(James Lee, 1715–1795, schottischer Gärtner, Gründer einer Gewächshausgärtnerei in Hammersmith bei London)

L. amabilis hort. Veitch ex Mast., die schönste Art aus Westborneo, hat gefiederte, in der Jugend rote, später bronzefarbene, entlang der Nerven weißgezeichnete Blätter. 1880 in England eingeführt.
Leider ist sie seit Jahrzehnten aus den Sammlungen verschwunden. Es ist zu hoffen, daß sie wieder einmal eingeführt oder dort, wo sie vielleicht doch noch vorhanden ist, vermehrt wird. Sie braucht Temperaturen, die nie unter 20° fallen dürfen, dazu hohe Luftfeuchtigkeit und Schatten sowie durchlässige, humose Erde, also Verhältnisse wie die empfindlicheren Marantagewächse. Im Winter sollte man Zusatzbeleuchtung geben. Vermehrung durch Kopf- und Blattstecklinge mit anhaftendem Stengelstück im warmen, geschlossenen Vermehrungsbeet.
Einige Arten, wie **L. rubra** Bl. aus Java und die in Indien, dem Malaiischen Archipel, auf den Philippinen und in Indochina verbreitete **L. sambucina** (L.) Willd. findet man ab und zu in den Sammlungen. Für kleine Gewächshäuser eignen sie sich nur in der Jugend, später werden sie zu groß. Sie sind sehr viel weniger empfindlich als *L. amabilis*. Stecklinge wurzeln leicht. Samen werden hin und wieder angeboten. Sie keimen ohne Schwierigkeit.

Leguminosae (Fabiaceae)
Hülsenfrüchtler

Der ganzen Familie gemeinsam ist der einfächerige und aus einem Fruchtblatt gebildete Fruchtknoten, dessen Bauchnaht nach hinten gekehrt ist. In den meisten Fällen ist die Frucht eine Hülse, die sich an beiden Nähten öffnet und in zwei Klappen trennt. Die Blüten sind radiär bei der Unterfamilie *Mimosoideae*, zweiseitig symmetrisch bei den Unterfamilien *Caesalpinioideae* und *Faboideae*, den eigentlichen Schmetterlingsblütlern. Die Blätter stehen spiralig, haben Nebenblätter und sind fast stets zusammengesetzt. Die Blättchen sind immer – bei vielen aber auch die Blattstiele – mit Gelenkpolstern, die Bewegungen ermöglichen, versehen. Bei allen Arten haben die Wurzeln Knöllchen, die durch eine Symbiose mit Bakterien der Gattung *Rhizobium* verursacht werden.
Die Leguminosen sind mit mehr als 600 Gattungen und etwa 12000 Arten die drittgrößte aller Pflanzenfamilien. Sie umfassen Bäume, Sträucher, Halbsträucher, ausdauernde und einjährige Kräuter, die aufrecht wachsen oder klettern. Ihre Verbreitung erstreckt sich über die ganze Erde. Viele wichtige Nutzpflanzen wie z.B. die Hülsenfrüchte sind in dieser Familie enthalten, aber auch viele Zierpflanzen unserer Gärten.

1. Unterfamilie Mimosoideae

Blüten stets radiär, meist klein, in dichten Köpfchen, Ähren oder ährenartigen Trauben, meist mit lang herausragenden Staubblättern. Die Kronblätter sind stets klappig.

Acacia Mill., Akazie
(*akakia*, der griech. Name für *Acacia arabica*, abgeleitet von griech. *akis* = spitz)

Mit 750 bis 800 Arten in Tropen und Subtropen, vor allem aber in Australien (50% aller Arten!) und Afrika weitverbreitete Bäume und Sträucher, teilweise mit Dornen, teilweise mit auf Phyllodien reduzierten Blättern, das heißt der Blattstiel hat sich blattartig verbreitet, während die Blättchen verschwunden sind, jedoch nur an Arten in Australien und Ozeanien. Die

Leguminosae 299

Blüten stehen zu vielen in runden Köpfchen oder walzigen Ähren; meist sind sie gelb. Viele Arten liefern Gummi, andere Gerbstoff, einige Nutzholz, manche, an der Riviera in Frankreich und Italien angebaut, Schnittblumen, die »Mimosen«.

1. Arten mit gefiederten Blättern

Von der Fülle der Arten seien hier nur einige mit Namen angeführt, die sich besonders gut im Topf ziehen lassen, so **A. baileyana** F. v. Muell., 1888 in England eingeführt, **A. decurrens** (J.C. Wendl.) Willd., 1792 eingeführt, und **A. dealbata** Link, um 1820 in Deutschland eingeführt, die zusammen mit einigen Sorten an der Riviera zum Schnitt angebaut werden, aber auch im Topf oder Kübel gezogen werden können, dann aber nach dem Abblühen kräftig zurückgeschnitten werden müssen, **A. drummondii** Benth. kurz vor 1850 eingeführt, **A. farnesiana** (L.) Willd., in wärmeren Teilen Amerikas verbreitet, bereits 1611 in Kultur, **A. pulchella** R. Br., 1803 in England eingeführt, eine der zierlichsten Arten für Topfkultur.

Botanisch besonders interessant sind diejenigen Arten mit großen hohlen Doppeldornen, in denen Ameisen wohnen, und mit Fiederblättern, bei denen an der Spitze jedes jungen Blättchens eiweißreiche Zellkörper ausgebildet sind, die von den Ameisen gefressen werden. Hierzu gehören unter anderen **A. cubensis** Schenk, Kuba, **A. sphaerocephala** Cham. et Schlechtend., Mexiko, **A. cornigera** (L.) Willd. (*A. spadicigera* Cham. et Schlechtend.), Mexiko bis Costa Rica, 1690 eingeführt und **A. veracruzensis** Schenk, Mexiko, um 1913 eingeführt. Diese »Ameisenakazien« sollten im Sommer im luftigen Warmhaus stehen, weil sie dort bei entsprechender Düngung besonders kräftige junge Triebe mit entsprechend kräftigen Dornen entwickeln. Sie werden bei etwa 10 bis 14° überwintert, im März stark zurückgeschnitten und in Rasen- und Heideerde, TKS oder Einheitserde verpflanzt. Sie lassen sich gut durch Stecklinge vermehren.

2. Arten mit Phyllodien

Als niedrig bleibende, im März und April reich blühende Topfpflanze ist **A. armata** R. Br. besonders zu empfehlen. Sie kann nach dem Abblühen kräftig zurückgeschnitten werden. Andere besonders empfehlenswerte, aber höhere Arten sind **A. juniperina** Willd., 1803 in England

Acacia armata

Acacia longifolia

eingeführt, **A.riceana** Hensl. aus Tasmanien, **A.aculeatissima** Macbr. und **A.verticillata** (L'Hérit.) Willd., 1780 in England eingeführt, alle mit nadelartigen Phylodien und reich blühend.

A.cultriformis A.Cunn. ex G. Don, um 1830 in England eingeführt und **A.podalyriifolia** F.A. Cunn., 1824 in England eingeführt, mit kurzen, fast dreieckigen Phyllodien, reichblühend, aber empfindlicher als die übrigen Arten, werden zusammen mit verschiedenen Sorten an der Riviera zum Schnitt angepflanzt. Sie sind nur für große Schausammlungen ausgepflanzt oder im Kübel zu empfehlen. Auch sie sind nach dem Abblühen kräftig zurückzuschneiden.

Arten mit langen Phyllodien gibt es sehr viele. Sie sind besonders schöne Dekorationspflanzen, die auch ohne Blüten Eindruck machen. Besonders schön sind **A.alata** R.Br., 1803 in England eingeführt, **A.pycnantha** Benth., um 1850 eingeführt, **A.retinodes** Schlechtend., 1871 in Frankreich eingeführt, **A.saligna** (Labill.) H.L. Wendl., 1818, in Deutschland um 1850, **A.suaveolens** Willd., um 1817 eingeführt, und **A.longifolia** (Andr.) Willd., 1792 in England eingeführt. Ebenfalls hierher gehört die interessante

A.melanoxylon R.Br., die »Schwarzholzakazie«, 1858 eingeführt. An dieser Art kann man in jedem Alter, vor allem auch nach kräftigem Rückschnitt, den Übergang vom gefiederten Blatt zum Phyllodium beobachten, etwas, das man im allgemeinen nur an Sämlingen sehen kann.

Die meisten Akazien wird man aus Samen heranziehen. Diese werden warm ausgesät und keimen in der Regel in 2 bis 6 Wochen. Es kann aber auch vorkommen, daß sie ein bis zwei Jahre bis zur Keimung liegenbleiben. Manche Arten, wie *A.armata*, *A.floribunda*, *A.drummondii* oder *A.alata*, wird man aus Stecklingen heranziehen müssen, da es bei ihnen meist an Samen fehlt. Beste Zeit zum Stecken liegt im März, April und im Juli, August, wenn die Stecklinge halbreif geschnitten werden können. Sie werden in Sand-Torfmull-Gemisch ohne Bodenwärme auf geschlossene Beete gesteckt. Auch Wasserstaubvermehrung ist zu empfehlen. Die Weiterkultur aller Arten erfolgt in einer Mischung aus sandiger Heideoder Moorerde mit alter, lehmiger Rasenerde und Sand, also einer Mischung, die leicht sauer sein muß. Im Sommer stelle man sie sonnig ins Freie, im Winter ins helle und luftige Kalthaus, am besten bei einer Wärme zwischen 2 und 10°. Sie verlangen viel Nahrung, deshalb sollte man vom Spätwinter an wöchentlich mit einer Volldüngerelösung gießen, aber nicht länger als bis Anfang August, weil von da an die Triebe gut ausreifen müssen. Besonders wichtig ist ferner das sorgfältige Gießen. Ein Austrocknen des Ballens bedeutet meist den Tod für die Pflanze. Rückschnitt wird vertragen, ja ist bei manchen Arten sogar notwendig, sollte aber überall dort unterbleiben, wo man bizarr gewachsene Dekorationspflanzen haben will.

Albizia Durazz.
(Filippo del Albizzi, 18. Jahrhundert, florentinischer Edelmann, der 1749 *A.julibrissin* in die Kultur einführte)

Von den 100 bis 150 Arten wird bei uns mit Ausnahme großer Sammlungen nur eine Art, nämlich **A.lophantha** (Willd.) Benth. (*A.distachya* (Vent.) Macbr.) aus Südwestaustralien, wo sie Sträucher oder kleine Bäume von 2 bis 4 m Höhe bildet, gezogen. Ihre Blätter sind doppeltgefiedert, die Blütenähren zylindrisch und 2,5 bis 8 cm lang. Sie erscheinen im Spätwinter und Frühling. 1803 in England eingeführt.
Sie sind schöne, leichtwachsende Zimmer- und Kalthauspflanzen, die wie Akazien im Sommer ins Freie gehören. Auch in ihrer sonstigen Pflege gleichen sie ihnen. Man sollte sie nicht schneiden, weil dadurch ihre besondere Schönheit verlorengeht. Zu groß gewordene Pflanzen werfe man lieber fort. Samen keimt ohne Schwierigkeiten, und Sämlinge wachsen in Kürze zu stattlichen Pflanzen heran. Hat man blühende Pflanzen, so setzen diese auch regelmäßig Samen an.

Mimosa L., Sinnpflanze
(griech. *mimos* = Nachahmen, Darstellen, Schauspielen, die Blätter einiger Arten sind reizbar)

Von den 450 bis 500 Arten, die sich aus Holzpflanzen und Kräutern zusammensetzen und vor allem im tropischen und subtropischen Amerika verbreitet sind, hebt sich eine Art als besonders interessant heraus. Es ist dies

M.pudica aus dem tropischen Amerika, heute auch in den altweltlichen Tropen weit verbreitet, keineswegs zur Freude der Landwirtschaft. Das verholzende Kraut wird 30 bis 50 cm hoch, hat aufrechte oder aufsteigende stachelige Stengel, gefiederte Blätter und kugelige rosafarbene Blütenstände, die bei uns den ganzen Sommer über erscheinen. Das Interessante an diesem Pflänzchen ist die Reizbarkeit der Blätter. Bei der leisesten Berührung legen sich zunächst die Blattpaare zusammen, dann folgt das ganze Blatt und neigt sich nach unten. Die Schlafstellung nachts ist die

Albizia lophantha

gleiche. Nach einiger Zeit entfalten sich die Blätter wieder. Seit 1638 in England kultiviert.

In botanischen Sammlungen werden bisweilen noch einige andere Arten mit sensitiven Blättern gezogen, vor allem **M. sensitiva** L. aus dem tropischen Amerika und **M. spegazzinii** Pirotta aus Argentinien. Ihre Blätter sind zwar etwas weniger empfindlich, dafür halten die Pflanzen, zum Teil etwas rankend, mehrere Jahre aus und sind auch im Winter für Demonstrationen geeignet. Besser als im Topf gedeihen sie ausgepflanzt, das ganze Jahr hindurch im Warmhaus gehalten.

Vom März bis April legt man 4 bis 8 Samen von *M. pudica* in einen 8 cm großen Topf, wo sie, ins Warmhaus gestellt, rasch keimem. 3 bis 4 der kräftigsten Sämlinge läßt man stehen, die übrigen entfernt man. Später wird ohne Beschädigung des Ballens ein- oder zweimal verpflanzt, bis sie in dem 12 bis 13 cm großen Endtopf stehen. Einheitserde oder eine Mischung aus Laub- und lehmiger Komposterde zu gleichen Teilen sagt ihnen zu. Man lasse sie ungestutzt und ungeschnitten wachsen, nur so entwickeln sie sich wirklich schön. Schon nach 2 bis 3 Monaten sind sie ausgewachsen, beginnen zu blühen und auch reichlich Samen anzusetzen. Sie wollen während ihres ganzen Lebens warm, hell und sonnig stehen. Nur dann wachsen sie freudig. Im Herbst wirft man die alten Pflanzen fort.

M. pudica gehört durch die sich bewegenden Blätter zu den interessantesten Pflanzen überhaupt. Sie wird jeden immer wieder von neuem faszinieren, ganz besonders aber die Kinder.

Neptunia Lour.
(Neptun, römischer Gott des Meeres)

Von diesen ausgebreitet, niederliegend oder schwimmend im Sumpf oder Wasser wachsenden Kräutern und Halbsträuchern kommen in den Tropen und Subtropen 11 Arten vor. Bei **N. oleracea** Lour. und **N. plena** (L.) Benth., die in ihrem Habitus einer *Mimosa pudica* ähneln, sind die im Wasser liegenden Stengel schwammig aufgeblasen. Dadurch sind sie genauso interessant wie durch die Reizbarkeit ihrer Blätter.

Vermehrt werden kann durch Aussaat wie durch Stecklinge. Letztere sind nicht ganz leicht zu überwintern, da sie auch im Winter viel Wärme und vor allem viel Licht benötigen, also bei etwa 20° unter einer künstlichen Lichtquelle stehen sollten, die den Tag auf 12 Stunden verlängert. Bequemer ist es deshalb, sie jährlich neu aus Samen zu ziehen. Dieser wird in der Regel leicht angesetzt. Im Februar bis März wird er in Töpfe mit Erde gelegt, die so in 22 bis 25° warmes Wasser gestellt werden, daß ihre Oberfläche etwa 2 cm unter dem Wasserspiegel liegt. Auch später bleiben sie im Wasser stehen, denn nur dort bilden sie das charakteristische Schwammgewebe aus. Die Wasserwärme sollte gleichmäßig bei 22 bis 25° liegen, höhere Temperaturen schaden aber nicht. Als Erde nehme man sandigen Lehm. Dem Liebhaber wird es meist an Platz für diese doch recht üppig wachsenden Pflanzen fehlen, deshalb passen sie besser in das Victoriahaus eines botanischen Gartens, wo sie einigermaßen frei wuchern können.

2. Unterfamilie Caesalpinioideae

Blüten meist zweiseitig-symmetrisch, sehr verschieden groß. Kronblätter in der Knospe sich dachziegelartig deckend. Krone nicht schmetterlingsförmig.

Bauhinia L.
(nach den beiden Baseler Botanikern Johannes und Caspar Bauhin, 1541–1613 und 1560–1624)

Etwa 300 Arten von Bäumen und Sträuchern, darunter viele Lianen, in den Tropen aller Erdteile, vor allem die Arten mit zweilappigen Blättern besonders auffallend. Die weißen oder roten Blüten sind oft sehr groß. Leider kommen die meisten bei uns nicht zur Blüte. Eine Ausnahme macht u.a.

B. acuminata L., in Indien, dem Malaiischen Gebiet und China verbreitet, ein 1 bis 2 m hoher Strauch mit im Sommer erscheinenden weißen, 5 bis 8 cm breiten Blüten, die schon an jungen Pflanzen erscheinen. 1808 in England eingeführt.
B. acuminata ist eine Pflanze für das Lauwarmhaus, wo sie bei Temperaturen um 16° gut wächst. Sie braucht viel Licht, aber Sonnenschutz, lehmig-humose Erde, Rückschnitt im Spätwinter und häufige Düngung vom Frühling bis zum August. Die Blüten halten nur einen Tag. Vermehrung am besten durch Aussaat, aber auch durch Stecklinge im geschlossenen Vermehrungsbeet bei etwa 25° Bodenwärme. Doch dauert es meist lange bis zur Wurzelbildung.
Andere Arten zu ziehen lohnt sich nur der eigenartigen, zweilappigen Blätter wegen, für kleine Gewächshäuser werden sie zu groß, blühen außerdem nur als große Pflanzen im Alter. Trotzdem wird man an Jungpflanzen von *B. racemosa* Lam. oder *B. tomentosa* L. seine Freude haben.

Brownea Jacq. corr. Murr.
(Patrick Brown, 1720–1790, irischer Arzt, Verfasser einer Naturgeschichte Jamaikas)

Im feuchtwarmen tropischen Amerika kommen 8 bis 10 Arten immergrüner Bäume vor, deren Eigenart und Schönheit in der »Laubausschüttung« und der Stammblütigkeit bestehen. In botanischen Gärten finden wir als Seltenheit bisweilen

B. coccinea Jacq., 1843, und **B. grandiceps** Jacq., 1829, wie die vorige in England eingeführt, die beide, aus Venezuela stammend, schon als kleine Pflanze blühen. Doch überschreitet ihre Größe im allgemeinen den Platz des Liebhabers. Sie gehören in das helle, aber vor Sonne geschützte, feuchte Warmhaus, wo sie bei Temperaturen nicht unter 18 bis 20° stehen sollten. Die Erde sei lehmig-humos. Vermehrung aus Samen, durch Abmoosen oder halbreife Stecklinge im geschlossenen Warmbeet bei etwa 30°.

Cassia L., Kassie
(griech. Pflanzenname unbekannter Bedeutung, für eine Leguminose gebraucht)

Von den etwa 500 vor allem in den amerikanischen Tropen und Subtropen vorkommenden Arten sind einige wegen ihr offizinellen Eigenschaften bekannt, so *C. fistula* L., die Röhrenkassie, aus Indien, *C. angustifolia* Vahl, in Vorderindien, Arabien und Ostafrika heimisch, *C. senna* L., von Algerien bis zum Sudan verbreitet, einige aber auch als Zierpflanzen empfehlenswert, am meisten wohl die beiden folgenden.

C. corymbosa Lam. (*C. floribunda* hort.) aus Argentinien, ein 1 bis 3 m hoher, reich gelbblühender Strauch mit meist unpaarig gefiederten länglichen Blättern und langgestielten Doldentrauben am Ende der Triebe. Um 1796 in England eingeführt. Noch schöner als die Art ist var. **plurijuga** Benth.

Mimosa pudica

Bauhinia tomentosa

C. didymobotrya Fresen. aus dem tropischen Afrika unterscheidet sich von der vorigen Art vor allem durch die längeren Blätter mit 4 bis 18 Fiederpaaren und die aufrechten, 15 bis 30 cm langen Blütentrauben. 1839 beschrieben, wohl aber erst im Laufe des 20. Jahrhunderts in Kultur genommen. Beide Arten blühen vom Juli bis in den Spätsommer.

Diese Arten sind schöne Topf- und Kübelpflanzen, die im Kalthaus oder einem hellen Keller bei 5 bis 10° überwintert werden können. Während dieser Zeit machen sie durch Trockenhalten eine gewisse Ruhezeit durch. Von Mai bis zum Herbst werden sie sonnig ins Freie gestellt. Die Erde sei lehmig-humos. Bis August gebe man wöchentlich einen Volldüngerguß, denn nur gut ernährte Pflanzen blühen reichlich. Vermehrt wird durch Aussaat oder halbreife Stecklinge, die aber nicht zu warm und nicht zu feucht gehalten werden dürfen.

Am schönsten wirken kleine Hochstämme mit 1,50 bis 2,00 m hohem Stamm, auf dem eine rundliche Krone sitzt. Dazu läßt man Sämlinge oder Stecklinge eintriebig bis zu der gewünschten Höhe wachsen, worauf sie entspitzt werden. Je häufiger man sie nachfolgend entspitzt, desto dicker wird die Krone und desto reicher blühen sie.

Ceratonia L., Johannisbrotbaum
(griech. *keratonia*, Name des Johannisbrotbaums, zu *keration* = Hörnchen)

C. siliqua L., die einzige Art, ist im Ostmediterranen Gebiet heimisch. Sie wird seit langer Zeit im ganzen Mittelmeergebiet angepflanzt. Sie ist ein immergrüner Strauch mit gefiederten, lederartigen, auffallend dunkelgrünen Blättern, unscheinbaren, am alten Holz erscheinenden Blüten und großen breiten, eßbaren Schoten. Im nördlichen Europa eingeführt um 1570.

In der während des Sommers oft völlig verdorrten Mittelmeerlandschaft fallen uns Mitteleuropäern immer wieder die grünen Büsche dieses Strauches auf, denen Trockenheit und Hitze augenscheinlich nichts anzutun vermögen. Wir bringen uns einige Samen mit, aus denen sich im Laufe der Jahre stattliche Kübelpflanzen entwickeln. Ihre Pflege gleicht völlig der des Oleanders.

In tropischen Ländern wächst noch eine ganze Reihe schön und auffallend blühender Gattungen und Arten dieser Unterfamilie. So fällt jedem Tropenreisenden ein prächtig rotblühender Baum auf, der 'Flamboyant' (*Delonix regia* (Boj. ex Hook.) Raf.), auf Madagaskar heimisch, heute aber in allen tropischen Städten angepflanzt. Ein jeder, der diesen Baum in den Tropen sieht, verfehlt nicht, sich Samen mitzubringen, vergißt dabei aber, daß selbst die Gewächshäuser botanischer Gärten nicht groß genug für die Höhe dieses tropischen Baumes sind.

3. Unterfamilie Faboideae

(**Lotoideae, Papilionatae**), die eigentlichen Schmetterlingsblütler.
Blüten meist zweiseitig-symmetrisch, sehr verschieden groß. Krone meist schmetterlingsförmig mit Fahne, Flügel und dem die Staubblätter und Griffel mehr oder weniger umschließenden Schiffchen.

Amicia H.B.K.
(Giovanni Baptista Amici, 1786–1863, Professor der Astronomie und Mikroskopie in Florenz)

Kahle oder drüsig-weichhaarige Sträucher, von denen 8 Arten in den Anden und eine Art (*A. zygomeris*) in Mexiko vorkommen.

A. zygomeris DC. bildet 1 bis 2 m hohe Sträucher mit zweipaarig-gefiederten Blättern. Die Nebenblätter sind auffallend groß, am Grunde verwachsen und später

Cassia didymobotrya

Arachis hypogaea

abfallend. Die Blättchen sind an der Spitze merkwürdig abgestutzt, fast wie mit der Schere abgeschnitten sehen sie aus. Die goldgelben großen Blüten erscheinen im Herbst, allerdings nur in warmen und trockenen Jahren. In England 1826, in Deutschland um 1845 eingeführt.
Diese Art ist ein nicht nur schöner, sondern auch interessanter Strauch, der durch auffallende Tag- und Nachtstellung seiner Blätter wie durch die großen Nebenblätter sich auszeichnet.
Vermehrt wird durch krautige Stecklinge im August bis September. Während des Winters stehen die Pflanzen bei 3 bis 10°, werden trockener gehalten, aber so, daß Blätter und Stengel erhalten bleiben. Am besten pflanzt man sie in lehmige Erde in Draht- oder Plastikkörbe, mit denen sie im Mai ins Freie, in volle Sonne natürlich, gepflanzt werden. Im September kann man sie dann, ohne den Ballen zu zerstören, wieder herausnehmen und überwintern.

Arachis L., Erdnuß
(alter griech. auf diese Pflanze übertragener Pflanzenname)

15 Arten niedriger, bisweilen niederliegender tropischer Kräuter aus dem tropischen Südamerika, meist Brasilien und Paraguay. Von ihnen wird

A.hypogaea L., die »Erdnuß«, wahrscheinlich ursprünglich in Brasilien heimisch, heute in vielen Teilen der Welt als eine der wichtigsten Ölpflanzen im großen angebaut, so in Indien, China, dem tropischen Afrika, den südlichen USA, selbst in Italien und Spanien. Die Pflanze bildet 25 bis 50 cm hohe, verzweigte einjährige Kräuter mit paarig-gefiederten Blättern und kleinen gelblichweißen, bald verwelkenden Blüten, deren Blütenstiel sich nach der Bestäubung so nach unten verlängert, daß er einige Zentimeter in die Erde eindringt, wo dann die Hülsen reifen. Sie enthalten 2 Samen und springen nicht auf. 1812 eingeführt.
Eine nicht nur als Nutzpflanze beachtenswerte Art, sondern auch deshalb, weil die Samenreife in der Erde stattfindet. Darum wird man sie gerne für die Schule, die eigenen Kinder oder auch nur für sich selbst ziehen wollen. Das ist auch gut möglich. Ende März, Anfang April werden je 3 Samen in kleine Töpfe gelegt und bei etwa 20° zum Keimen gebracht. Später pflanzt man sie mit 20 bis 25 cm Abstand in einem luftigen, sonnigen Gewächshaus oder in einem Frühbeetkasten unter Glas aus. Von Juni an werden sie blühen, und man kann dann das Neigen und Eindringen der Blütenstiele in die Erde sowie die spätere Fruchtreife beobachten. Erdnußpflanzen sind sehr empfindlich gegen zuviel Feuchtigkeit, deshalb müssen sie besonders in regenreichen Jahren unter Glas gehalten und sehr vorsichtig gegossen werden.

Carmichaelia R.Br. ex Lindl.
(Dugald Carmichael, 1772–1827, schottischer Offizier und Botaniker, der viele Pflanzen am Kap, auf Mauritius und in Indien sammelte)

Sträucher oder kleine Bäume mit binsenförmigen oder abgeflachten Zweigen, deren reduzierte, oft nur winzige Blätter meist bald abfallen. Dann wird ihre Funktion von den abgeflachten grünen Zweigen übernommen. Die Blüten sind oft groß und erscheinen in achselständigen Trauben oder Büscheln. Die Hülsen sind klein, lederig und rundlich. 38 Arten wachsen in Neuseeland, eine auf den Lord Howe Inseln.
Alle Arten sind botanisch interessant und ihres eigenartigen Habitus wegen dem Besitzer eines Kalthauses zu empfehlen. Dafür kommen natürlich nur kleinbleibende Arten in Frage wie **C.enysii** Kirk, eingeführt 1892, nur 10 bis 25 cm hoch, **C.flagelliformis** Col. ex Hook.f. mit duftenden, violett gezeichneten purpurfarbenen Blüten, und **C.petriei** Kirk.
Vermehrung durch Aussaat ist nicht schwierig, zumal die meisten Arten auch in

Kultur reich Samen ansetzen. Außerdem wachsen halbreife Stecklinge bei milder Bodenwärme von etwa 20° im geschlossenen Vermehrungsbeet. Im übrigen gehören sie im Winter in das helle und luftige Kalthaus, während des Sommers in die sonnigste und wärmste Lage im Freien. Als Erde eignet sich Einheitserde oder eine jede lehmig-humose Mischung.

Chorizema Labill.
(griech. *choris* = getrennt, *nema* = Faden; Hinweis auf die getrennten Staubfäden)

15 Arten in Westaustralien, 1 Art in Ostaustralien. Schlanke immergrüne Sträucher mit oft schlaffen Zweigen mit einfachen, dick-lederartigen, dunkelgrünen Blättern und auffallenden, erbsenähnlichen, roten, purpur- oder orangefarbenen oder gelben Blüten in end- oder achselständigen Trauben.
Leider sehr selten gewordene kleine Topfpflanzen, die vor 1939 noch in Dresden gezogen und von dort mit Azaleen und Eriken versandt wurden. Samen ist jedoch aus Australien, oft auch von hiesigen Spezialfirmen wie Albert Schenkel, Hamburg-Blankenese, zu beschaffen.

C. cordatum Lindl., 1834 in England eingeführt, **C. ilicifolium** Labill., 1803 in England eingeführt, und **C. varium** Benth., 1837 in England eingeführt, alle von März bis Mai, oft auch noch etwas früher blühend. Sie sind alle gleich empfehlenswert. Früher wurde vor allem *C. varium* mit einigen Sorten, die heute aber verschwunden sind, gezogen.
Von Aussaaten werden nach der ersten Blüte die besten und reichstblühenden Typen ausgelesen und durch Stecklinge weitervermehrt. Gesteckt wird im März oder im Juli bis August unter Glasglocken oder in mit Glas oder Folie abgedeckten Schalen in ein Gemisch aus Sand und Torfmull. Etwa 15 bis 18° Luftwärme genügen, auf Bodenwärme kann man verzichten. Nach der Bewurzelung wird in kleine Töpfe mit sandiger Heideerde eingepflanzt, die Pflanzen dann am besten von Anfang an in einen Frühbeetkasten unter Glas gestellt. Später kommen sie ins Freie und den Winter über sehr hell und luftig in ein etwa 10° warmes Kalthaus. Im übrigen wird mehrmals entspitzt, um recht buschige, vieltriebige Pflanzen zu bekommen. Will man im Frühling Blüten haben, dann darf nach Mitte Juli nicht mehr gestutzt werden. Im übrigen muß man das ganze Jahr hindurch sehr vorsichtig gießen. Bei sehr hartem, kalkhaltigem Wasser wird man keinen Erfolg mit der Kultur haben. Nur dort, wo Azaleen und Eriken gedeihen, wachsen *Chorizema*, die einen pH-Wert der Erde zwischen 4 und 5 verlangen. *Chorizema* sind ganz reizende, über eine lange Zeit blühende kleine Topfpflanzen, die man gerade dem Liebhaber mit einem kleinen Kalthaus ganz besonders empfehlen kann.

Clianthus Soland. ex Lindl., Ruhmesblume
(griech. *kleos* = Ruhm, *anthos* = Blüte)

3 Arten ausdauernder Kräuter oder Halbsträucher mit fast kletternden Stengeln aus Neuseeland und Australien. Sie haben unpaarig gefiederte Blätter und große achselständige, rote bis zwei- oder dreifarbige Blüten. In Kultur sind die beiden folgenden Arten:

C. formosus (G. Don) Ford et Vickery (*C. dampieri* A. Cunn. ex Lindl., *C. speciosus* (G. Don) Aschers. et Graebn.), der »Teufelskopf«, kommt als Wüstenpflanze in Australien vor und bildet dort lange, niederliegende Stengel. Er ist staudig-halbstrauchig und macht durch seine Behaarung einen graugrünen Eindruck. Die Blütenstandsstiele stehen aufrecht und sind kürzer als die Blätter. An ihrer Spitze sitzen 4 bis 6 der großen, bis 7,5 cm langen, leuchtend scharlachroten Blüten, die am Grunde der Fahne schwarz-purpurn gefleckt sind. Die Fleckung variiert, je dunkler sie ist, desto schöner ist die Blüte. Um 1849 in England eingeführt.

C. puniceus (G. Don) Soland. ex Lindl. aus Neuseeland ist ein im Frühling blühender Halbstrauch, der 1 bis 2 m hoch werden kann, aufrechte grüne Stengel und kahle Äste und Blätter hat. Die großen Blüten erscheinen in kurzen, wenigblütigen, achselständigen, etwas hängenden Trauben. Sie sind karmesin-scharlachrot, die Fahne weißgefleckt. 1831 in England eingeführt.

Die schönste, aber auch am schwierigsten zu haltende Art ist *C. formosus*, der »Teufelskopf«, wie der Volksmund ihn sehr treffend nennt. Er wird bei uns meist nur einjährig kultiviert und erreicht dabei eine Höhe von etwa 60 cm. Ältere Pflanzen blühen im Frühjahr, einjährige im August und September. Deshalb ist es natürlich schön, wenn man beides hat. Dies gelingt nicht immer, denn *C. formosus* ist sehr wurzelempfindlich und stirbt bei nicht zusagender Erde oder zu reichlichem Gießen oft ganz unerwartet ab. Deshalb veredelt man ihn auf Sämlinge von *C. puniceus* oder von *Caragana arborescens*. So veredelte Pflanzen wachsen nicht nur sehr viel kräftiger, sondern sind auch sehr viel unempfindlicher gegen Nässe und Feuchtigkeit. Natürlich müssen sie stets in voller Sonne, luftig und nie zu warm stehen. Temperaturen von 10 bis 12° sagen ihnen am meisten zu. Auch im Sommer müssen sie unter Glas gehalten werden, im Gegensatz zu *C. puniceus*, den man auch ins Freie stellen kann. Alljährlich etwa im Februar werden *Caragana* oder *C. puniceus* einzeln in Stecklingstöpfe ausgesät. Drei Wochen später nimmt man die Aussaat von *C. formosus* vor. Sobald die Keimblätter der Unterlage gut entwickelt sind, spaltet man zwischen ihnen die Unterlage und schiebt in diesen Spalt einen keilförmig zugeschnittenen Sämling von *C. formosus*. Darauf wird die Veredelungsstelle mit einem weichen Wollfaden gut verbunden. Die Töpfchen mit den frischen Veredelungen werden unter Glasglocken ins Warmhaus gestellt, wo nach 8 bis 10 Tagen Reis und Unterlage miteinander verwachsen sind. Danach werden sie langsam an Luft gewöhnt und nach und nach kühler gestellt. Die Unterlagen pflanzt man in Einheitserde, die von *Caragana* auch in eine lehmig-humose Mischung. Die weitere Kultur erfolgt das ganze Jahr hindurch im luftigen, sonnigen Kalthaus bei 10 bis 12°, eine Wärme, die im Sommerhalbjahr natürlich entsprechend ansteigt. Ältere Pflanzen kann man sogar unter dem Gewächshausdach entlang ziehen, wo sie außerordentlich reich blühen. Dies gelingt aber nur sehr erfahrenen Gärtnern, die vor allem das richtige, das heißt der Art und jeder einzelnen Pflanze entsprechende Gießen verstehen. Gerade der »Teufelskopf« ist so recht eine Liebhaberpflanze, denn er wächst nur unter großem Aufwand von Mühe und steter Aufmerksamkeit, also etwas, das nur der geduldige Liebhaber aufbringt. Alle Mühe hat sich aber gelohnt, wenn erst die prächtigen Blüten, die zu den schönsten des Pflanzenreiches gehören, erscheinen.

Clitoria L.
(griech. *klitoris* = Kitzler, eine anatomische Bezeichnung)

Von den meist hochwindenden Kräutern oder Sträuchern, von denen wir 35 bis 40 Arten aus Tropen und Subtropen kennen, wird nur *C. ternatea* L., eine in den

Clianthus formosus

Erythrina crista-galli

Lotus berthelotii

Tropen weitverbreitete Schlingpflanze, in botanischen Gärten gezogen. Ihre großen, 3 cm langen, tiefblauen Blüten erscheinen den ganzen Sommer über. Sie fallen durch ihre besonders große Fahne auf. Da diese *Clitoria* über lange Zeit hinweg ununterbrochen blüht und auch nicht schwierig zu pflegen ist, sollte sie auch der Pflanzenliebhaber mit einem kleinem Warmhaus in seine Sammlung aufnehmen. Wenn er im Herbst Platz braucht, wirft er die Pflanze weg, nachdem er vorher genügend Samen gesammelt hat. Im Februar bis März ausgesät, kann man von Juni an mit Blüten rechnen. Sie braucht lehmig-humose oder Einheitserde, einen hellen, sonnigen Platz im Warmhaus und ein Gestell zum Klettern. Das reine Blau ihrer Blüten ist nur selten in solcher Intensität im Pflanzenreich vertreten.

Cytisus L., Geißklee
(griech. *kytisos* = Name eines zu den Leguminosen gehörenden Strauches)

Mit Ginster und Goldregen verwandte Gattung, deren etwa 50 Arten auf den Kanarischen Inseln, im Mittelmeergebiet und in Mitteleuropa zu finden sind. Viele schöne Ziersträucher unserer Gärten gehören hierher.

Von den nicht winterharten Arten wird vor allem der reizende »Kanarische Ginster« als Topf- und Kübelpflanze gezogen. Er ist ein prächtiger Frühlingsblüher. Zu ihm gehört sowohl **C. canariensis** (L.) O. Kuntze, 1656 in England eingeführt, mit var. **ramosissimus** (Poir.) Briq., als auch der Bastard **C.** × **racemosus** Marnock ex Nichols., 1835 in England eingeführt, dessen einer Elternteil zweifellos *C. canariensis* ist. Sie bilden dicht verzweigte, immergrüne, bis 2 m hohe Büsche, die während der Blütezeit über und über mit duftenden gelben Blüten bedeckt sind.

Durch Rückschnitt nach dem Abblühen kann man die Sträucher in derjenigen Größe halten, die dem zur Verfügung stehenden Überwinterungsraum entspricht. Während des Winters sollten sie bei 6 bis 10° im recht hellen und luftigen Kalthaus stehen, im Sommer an der hellsten Stelle des Gartens. Als Erde verlangen sie eine Mischung aus Laub-, Mist- und kalkhaltiger lehmiger Rasenerde. Aber auch in Einheitserde kommen sie gut fort. Außer dem wohl nur alle paar Jahre einmal nötigen kräftigen Rückschnitt sind sie mehrmals zu entspitzen, aber nicht länger als bis Ende Juli, da sie sonst nicht blühen.

Vermehrt wird aus halbreifen, also nicht verholzten Stecklingen im Februar bis März oder im Hochsommer unter Glas bei etwa 15 bis 20°. In etwa 5 Wochen sind sie bewurzelt und können in kleine Töpfe gepflanzt werden.

Desmodium Desv.
(griech. *desmos* = Joch, Band)

Von dieser großen, etwa 450 Arten umfassenden Gattung, die ein- oder mehrjährige Kräuter und Halbsträucher vor allem aus den Tropen und Subtropen Amerikas und Asiens umfaßt, ist nur eine Art für das Gewächshaus von Interesse, und zwar nicht wegen schöner Blüten oder Blätter, sondern wegen einer biologischen Eigentümlichkeit.

D. motorium (Houtt.) Merr. (*D. gyrans* (L. f.) DC.), die Telegraphenpflanze, ist eine zweijährige bis halbstrauchige Art, deren großes Verbreitungsgebiet sich über Ostindien, Ceylon und die Philippinen erstreckt. Sie wird 20 bis 90 cm hoch, ist oben etwas verzweigt und hat gestielte dreizählige Blätter mit einem großen Endblättchen und vier- bis sechsmal kleineren, 1,5 × 2 bis 3 mm großen Seitenblättern. Die kleinen Nebenblätter sind länglich und lang-zugespitzt. Die Blüten sind zu einer endständigen Rispe angeordnet. 1795 eingeführt.

Und nun das Besondere dieser Pflanze: Die beiden kleinen seitlichen Blättchen bewegen sich bei genügender Helligkeit und 20 bis 30° Wärme fortgesetzt, einen Halbkreis beschreibend, ruckartig auf- und abwärts. Die Bedeutung dieser Bewegungen ist nicht bekannt. Es ist wohl für jedermann faszinierend, diesen Bewegungen zuzuschauen!

Die Kultur dieser eigenartigen Pflanze ist nicht ganz einfach, vor allem weil die Wurzeln empfindlich gegen zuviel Nässe sind. Vermehrt wird entweder durch Aussaat im Januar bis Februar im Warmhaus oder durch Stecklinge, die vom Frühling bis zum Herbst im geschlossenen Vermehrungsbeet bei 25 bis 30° bald wurzeln. Es empfiehlt sich, die alten Pflanzen im Spätherbst fortzuwerfen, nachdem man im August bis September genügend Stecklinge zur Bewurzelung gebracht hat. Diese Jungpflanzen lassen sich nicht nur gut überwintern, vor allem bei zusätzlicher Beleuchtung, sondern nehmen auch weniger Platz in Anspruch. Ihr Lichtbedürfnis ist sehr hoch. Schoser gibt als Beleuchtungsstärke 5000 lx an und als Lichtperiode 14 bis 16 Stunden je Tag. Dies sollte man bei der Überwinterung alter und junger Pflanzen beachten. Die günstigste Tagestemperatur, die für eine lebhafte Bewegung Voraussetzung ist, liegt zwischen 22 und 30°, im Durchschnitt bei 26°, die Nachttemperatur bei 20 bis 22°. Einheitserde ist gut geeignet, andernfalls nehme man eine Mischung aus recht sandiger alter Laub-, Kompost- und lehmiger Rasenerde. Samen wird gegen den Herbst zumeist in genügender Menge angesetzt. Seine Keimkraft soll 3 Jahre betragen.

Erythrina L., Korallenstrauch
(griech. *erythros* = rot)

Diese Gattung besteht aus etwa 100 Arten, die in den Tropen, seltener Subtropen, aller Erdteile vorkommen. Es sind Bäume, Sträucher oder Halbsträucher mit dicken, oft dornigen Zweigen, fiederig-dreiteiligen Blättern und prächtigen roten Blüten, die gebüschelt oder in Paaren an dichten Trauben sitzen. Merkwürdigerweise hängt die sehr große Fahne im Gegensatz zu den meisten Schmetterlingsblütlern abwärts, die Flügel fehlen fast ganz und das Schiffchen krümmt sich von oben gegen die Fahne. Alle Arten werden durch Vögel bestäubt, die amerikanischen durch Kolibris, die afrikanischen durch Honigvögel. Bei uns wird fast ausschließlich

E. crista-galli L., der »Korallenstrauch« aus Brasilien gezogen. Er blüht bei uns von Juli bis September. Alte Pflanzen bilden einen kurzen dicken Stamm, der im Frühling viele kräftige, bedornte Stengel treibt,

Sophora tetraptera

die aber im Herbst nach der Fruchtbildung absterben. Eingeführt nach Italien 1633, nach England 1771, wenig später auch nach Deutschland.

Die Vermehrung aus Samen ist leicht, doch dauert es 3 bis 5 Jahre, ehe Sämlingspflanzen die ersten Blüten bringen. Durch Stecklingsvermehrung kommt man etwas eher zu blühbaren Pflanzen. Nach dem Austrieb im April werden die Stecklinge mit einem Stückchen alter Rinde geschnitten und bei 20 bis 25° bewurzelt. Alte und junge Pflanzen machen von Oktober bis Anfang April eine strenge Ruhezeit durch, während der sie keinen Tropfen Wasser bekommen dürfen und die Temperatur 6 bis 8° nicht übersteigen sollte. Erst im April darf wieder gegossen werden. Die Entwicklung der neuen Triebe geht in erstaunlich kurzer Zeit vor sich. Vom 15. Mai an werden sie im Freien in voller Sonne in recht nährstoffreiche Erde ausgepflanzt und vor den ersten Nachtfrösten, also im Laufe des Septembers, wieder herausgenommen, eingekübelt und in einen frostfreien trockenen Raum gestellt. Noch besser ist die Kultur in Draht- oder Plastikkörben, da dabei die Störung beim Herausnehmen weniger groß ist. Viel Wasser und regelmäßige wöchentliche Volldüngergaben, jedoch keinesfalls über den 1. August hinaus, lassen die Pflanzen sich kräftig entwickeln. Auch Jungpflanzen werden den Sommer über ausgepflanzt und wie die alten Stücke behandelt. Für die Terrasse am Haus, den Dachgarten, die Blattpflanzenrabatte gibt es kaum etwas Schöneres als Korallensträucher. Sie können sehr alt werden, sich wirklich von Generation zu Generation vererben.

Lotus L., Hornklee
(griech. *lotos*, Name für verschiedene Pflanzen)

Ausdauernde, selten einjährige Kräuter und Halbsträucher, die in etwa 100 Arten über einen großen Teil der Welt verbreitet sind. Von dem heimischen, vielfach zum lästigen Unkraut gewordenen *L.corniculatus* L., dem »Hornklee«, und dem als Bewohner trockener und feuchter Wiesen bekannten *L.uliginosus* Schkuhr weicht die nachfolgende silberhaarige, kanarische Art ganz wesentlich ab. Man möchte es kaum glauben, daß es sich bei ihr um eine Verwandte handelt.

L.berthelotii Lowe ex Masf. (*L.peliorhynchus* (Webb) Hook.f.) ist eine silberhaarige, am Grunde verholzende Staude mit niederliegenden oder herabgebogenen Zweigen, sitzenden Blättern mit 5 bis 7 fadenförmigen, bis 2 cm langen Blättchen und an den Zweigenden gehäuften achselständigen, etwa 3 cm langen scharlachroten Blüten, die im März und April erscheinen. Sie ist eine prächtige Ampelpflanze für Kalthäuser. 1881 in England eingeführt, bereits um 1890 in Deutschland kultiviert. Schön ist auch die neuere Sorte 'Gold Flash' mit gelben Blüten.

Vermehrt wird am besten durch Stecklinge im Februar bis März oder im August bis September. Bei mäßiger Bodenwärme unter Glas wurzeln sie bald. Auch Aussaat ist möglich, aber, wenn man die Art erst einmal besitzt, ungebräuchlich. Man pflanzt sie in Einheitserde oder eine nährstoffreiche lehmig-humose Mischung. Sie sind richtige Düngerfresser, sollten also das ganze Jahr hindurch, mit Ausnahme der dunklen Monate November, Dezember und Januar, wöchentlich ein- bis zweimal mit einer Volldüngerlösung gegossen werden. Ihr Stand das ganze Jahr hindurch ist das helle, sonnige und luftige Kalthaus, im Winter also bei einer Temperatur von 8 bis 10°. Die Kultur ist sehr einfach und hat nur eine Besonderheit, die Empfindlichkeit gegen ein Trockenwerden des Ballens. Er darf nie austrocknen, da die Pflanzen als Folge sofort alle Blätter abwerfen und dadurch ihre Schönheit verlieren.

Sophora L., Schnurbaum
(arabisch *sofera*, ein Schmuckbaum)

S.japonica L., von August bis September blühend, ist ein schöner Baum unserer Gärten und Parks, doch befinden sich unter den etwa 50 Arten solche aus den Tropen mit zum Teil prächtigen Blüten. Hierzu gehören

S.tetraptera J. Mill. und **S.microphylla** Ait. Ihre Heimat liegt in Neuseeland und auf den Lord-Howe-Inseln. Es sind laubabwerfende Sträucher oder kleine Bäume mit zahlreich gefiederten Blättern und sehr großen goldgelben Blüten, die im Spätwinter und Frühling vor den Blättern erscheinen. Sie sitzen zu 2 bis 8 in hängenden Trauben und sind etwa 4 cm lang. Schon 2 m hohe Pflanzen blühen reich. *S.tetraptora* wurde 1772 in England eingeführt.

Für das kleine Kalthaus werden sie leicht zu groß werden, wo ein Haus im First aber 2 bis 2,5 m hoch ist, da kann man sie schon halten. Im Winter stehen sie am besten bei etwa 5°, doch schadet etwas höhere Wärme nicht, außerdem sehr luftig, hell und sonnig. Im Sommer stellt man sie ins Freie, ebenfalls in volle Sonne. Bis sich die ersten Blütenknospen zeigen, darf nur sehr wenig gegossen werden, denn eine ausgesprochene Ruhezeit im Winter ist wichtig. Als Erde nehme man eine recht lehmige Rasenerde. Vom Frühling bis zum Herbst ist wöchentlich einmal mit einer Volldüngerlösung zu gießen.

Vermehrt wird durch Aussaat im Warmhaus. Nach dem Aufgehen kommen die Sämlinge gleich ins Kalthaus. Über Stecklingsvermehrung gibt es keine Erfahrung.

Außer den hier besprochenen Leguminosen gibt es noch andere Gattungen und Arten, die hier und da in botanischen Sammlungen gezogen werden. Der Liebhaber seltener Kalthauspflanzen wird versuchen sie zu ziehen, vorausgesetzt, er findet einmal Samen angeboten. Es handelt sich u.a. um folgende Gattungen und Arten, die empfohlen werden können: **Anthyllis barba-jovis** L. und **A.hermanniae** L., beide aus dem Mittelmeergebiet, ebenso die hübsche **Coronilla valentina** L. ssp. **glauca** (L.) Batt., auch im Alpinenhaus einige Jahre aushaltend, **Bossiaea** Vent., **Hardenbergia** Benth., **Hovea** R.Br., **Kennedia** Vent., **Oxylobium** Andr., **Swainsonia** Salisb. und **Templetonia** R.Br., alle aus Australien, sowie die kapländische **Sutherlandia** R.Br. ex Ait.

Für das Warmhaus wäre noch die einjährige **Christia vespertilionis** (L.f.) Bakh.f. (*Lourea vespertilionis* (L.f.) Desv.) mit schmetterlingsartig schwebenden Blättern zu empfehlen. Sie wird wie *Mimosa pudica* behandelt.

Lentibulariaceae siehe Insektivoren

Liliaceae
Liliengewächse

Eine große Familie mit 250 Gattungen und etwa 3700 Arten. Ihre Verbreitung erstreckt sich über alle Erdteile von den tropischen bis zu den temperierten Gebieten, selbst in Arktis und Subarktis fehlen sie nicht. Allen gemeinsam ist der oberständige, dreifächerige Fruchtknoten mit einem Griffel und in der Regel 6 Blütenblättern und 6 Staubblättern. Fast überwiegend sind sie ausdauernde Kräuter mit Rhizom, Knolle oder Zwiebel. Sträucher, Halbsträucher und baumförmige Arten sind sehr selten. Die Familie enthält viele Zierpflanzen unserer Gärten, wie *Chionodoxa*, Maiglöckchen, *Eremurus*, Hundszahn (*Erythronium*), *Fritillaria*, *Galtonia*, *Hemerocallis*, *Hosta*, Hyazinthen, *Kniphofia*, Lilien, *Muscari*, *Scilla*, Tulpen, *Veratrum*, um nur einige der wichtigsten zu nennen. Aber auch so wichtige Gemüse- und Würzpflanzen wie Spargel, Zwiebel, Lauch, Knoblauch, Schnittlauch, Schalotte gehören hierher. Offizinell sind *Aloe*, *Convallaria* und *Urginea*-Arten. Technisch wichtig sind die Bastfasern von *Phormium*.

A. Ausgesprochen sukkulente Pflanzen

Aloe L.
(nach Smith/Stearn der arabische Name für diese ausdauernden Sukkulenten)

Etwa 275 Arten im tropischen und in südlichen Afrika, 42 in Madagaskar, 12 bis 15 in Arabien. Alle sind sukkulent, zum Teil baum- oder strauchartig, mit oft schön gezeichneten, meist rosettig gestellten, selten zweizeilig oder zerstreut stehenden, am Rande oft dornig-gezähnten Blättern. Die Blütenstände stehen achsel- oder scheinbar endständig, sie sind einfach oder verzweigt und tragen meist auffallende, häufig nickende, kurzgestielte Blüten. Ihre Heimat sind die Trockengebiete Afrikas, wo Hauptverbreitungsgebiete in Südafrika und Arabien liegen, sowie Madagaskar und die Maskarenen. Einige Arten wie *A.perryi* und *A.africana* liefern die offizinelle *Aloe*, seit dem Altertum als Abführmittel bekannt. Die sehr nektarreichen Blüten werden von Vögeln bestäubt. Die kleineren Arten sind nicht nur ausgesprochene Zimmerpflanzen, sondern wachsen erst recht gut in einem kleinen Kalthaus. Sie können

Liliaceae 309

Aloe glauca

hier nicht im einzelnen behandelt werden, denn das würde bei der Vielzahl empfehlenswerter Arten den Rahmen dieser Schrift sprengen, doch soll eine Reihe besonders schöner hier wenigstens aufgezählt werden. Sie könnten den Grundstock zu einer größeren Sammlung bilden.
Einige Arten gelangten schon früh in europäische Gewächshäuser, so z.B. *A.arborescens* 1698, *A.ferox* 1700, *A.mitriformis* 1727 und *A.variegata* 1700 nach Holland; *A.aristata* 1824, *A.ciliaris* 1821 und *A.plicatilis* 1700 nach England. Die meisten Arten aber, vor allem die aus Madagaskar, wurden erst in diesem Jahrhundert eingeführt.

1. Niedrige, stammlose Arten

A.albiflora, Guill. Madagaskar, **A.aristata** Haw., Oranjefreistaat, Natal, **A.bellatula** Reyn., Madagaskar, **A.brevifolia** Mill., Kap, **A.descoinysii** Reyn., Madagaskar, **A.glauca** Mill., Kap, **A.humilis** (L.) Mill., Kap, **A.longistyla** Bak., Kap, **A.parvula** Berger, Madagaskar, **A.saponaria** (Ait.) Haw., Natal, **A.striata** Haw., Kap, Südwestafrika, **A.variegata** L., Kap, Botswana, **A.virens** Haw., Südafrika.

2. Höhere, stammbildende Arten

A.arborescens Mill., Natal, Kap, Malawi, **A.ciliaris** Haw., Südafrika, **A.distans** Haw., Kap, **A.ferox** Mill., Lesotho, Natal, Oranjefreistaat, Kap, **A.grandidentata** Salm-Dyck, Südafrika, **A.marlothii** Berger, Botswana, Natal, Transvaal, **A.mitriformis** Mill., Kap, **A.plicatilis** (L.) Mill., Kap, **A.succotrina** Lam., Kap, **vera** Burm. f. (*A.barbadensis* Mill., *A.vulgaris* Lam.), Mittelmeergebiet, Südarabien, Ostafrika, Nordwestindien, Südchina.

Neben den Arten gibt es eine Reihe schöner Bastarde. Da die Arten sich sehr leicht untereinander kreuzen, fallen sie sehr oft nicht echt aus Samen, da überall dort, wo verschiedene Arten nebeneinander stehen und blühen, häufig spontane Bastardierungen stattfinden.

Vermehrung durch Aussaat ist leicht. Sicherer ist die Vermehrung durch Teilung und Abtrennen von Seitensprossen. Bei den meisten Arten ist auch Blattvermehrung möglich. Dazu werden stärkere ältere Blätter an der umfangreichsten Stelle durchgeschnitten und halbschattig an einen trockenen, luftigen Platz gelegt. Nach einigen Wochen bildet sich an den Schnittflächen Kallus und aus diesem neue Triebe. Da Kallusbildung nur an der Luft stattfindet, darf erst nach seiner Bildung in Sand gesteckt werden. *Aloe variegata* kann nur durch Aussaat vermehrt werden. Ihre Sämlinge fallen stets echt. Pflege ganzjährig im Topf oder ausgepflanzt im Kalthaus bei 10° oder aber im Sommer im Freien, Jungpflanzen im Frühbeetkasten unter Glas, überall in voller Sonne. Als Erde nehme man eine alte sandig-lehmige Rasenerde mit Zusatz von etwas alter Laub- oder Mistbeeterde. Besonders bei älteren Pflanzen ist das untere Drittel des Topfes mit Dränage zu füllen, denn nichts vertragen Aloe schlechter als ungenügenden Wasserabzug. Dabei ist auch beim Auspflanzen zu achten. Im Winter darf nur sehr wenig gegossen werden und man muß darauf achten, daß kein Wasser in die Rosette gelangt und dort stehenbleibt, da dies leicht zur Fäulnis führt.

Bowiea Harv. ex Hook.f.
(James Bowie, 1789–1869, sammelte für den Botanischen Garten in Kew Pflanzen in Brasilien und Südafrika)

B.volubilis Harv. ex Hook.f. aus Südafrika hat eine große grüne, oberirdisch wachsende Zwiebel, der während der Wachstumszeit, die bei uns zwischen Januar bis Februar und dem Sommer liegt, hochwindende grüne, fleischige Sprosse entsprin-

Bowiea volubilis

310 Liliaceae

Aloe arborescens

gen, deren winzige Blättchen nach kurzer Zeit wieder abfallen. Die Stengel sind verworren verzweigt, die blütenlosen Zweige haben hornförmige Auszweigungen, die blütentragenden sind locker verzweigt und tragen unscheinbare grünliche Blüten. 1866 in England eingeführt.

Höchst eigenartige und dem Liebhaber sukkulenter Pflanzen sehr zu empfehlende Art, die im Kalthaus bei 6 bis 10° zu halten ist und auch während der Ruhezeit hell stehen muß. Beim Wiederaustrieb stecke man einige hohe Reiser hinzu, die den grünen Zweigen zum Halt dienen. Die Zwiebeln vermehren sich mit der Zeit und werden so dick, daß sie das ganze Gefäß ausfüllen, ja oft sogar sprengen. Erst dann pflanze man sie in größere Gefäße um, wobei man zur Vermehrung einige Nebenzwiebeln ablösen kann. Auch Vermehrung durch Aussaat ist möglich. Die Erde sei recht lehmig, aber durchlässig. Während der gesamten Ruhezeit wird nicht gegossen, vielmehr sollen sie so lange trocken stehen, bis anfangs des neuen Jahres die neuen Triebe erscheinen.

Bulbine N.M. Wolf
(griech. *bolbine*, ein Zwiebelgewächs, von *bolbos* = Zwiebel)

Etwa 55 Arten ausdauernder, selten einjähriger Kräuter aus Süd- und Ostafrika, von denen einige Arten sukkulent sind. Die weichen grünen, mehr oder weniger fleischigen Blätter sitzen in Rosetten oder wechselständig längs der Äste, die kleinen Blüten in oft reichblütigen endständigen Trauben sind gelb, selten orange oder weiß. In botanischen Sammlungen findet man neben einigen anderen Arten vor allem die folgende, die dem Liebhaber sukkulenter Pflanzen empfohlen werden kann.

B. alooides Willd. aus Südafrika bildet dichte Rosetten, aus denen durch Ausläufer ganze Nester entstehen. Die lanzettlichen Blätter sind weich und fleischig, 15 bis 20 × 2,5 cm groß. Die gelben Blüten erscheinen an reichblütigen endständigen, 20 bis 30 cm hohen Trauben im Frühjahr. Eingeführt 1732.
Vermehrung leicht durch Aussaat, Steck-

linge oder Teilung. Pflege zusammen mit anderen Sukkulenten wie *Aloe* bei Wintertemperaturen von 10 bis 15°.

Gasteria Duval
(griech. *gaster* = Bauch)

Von der nahe verwandten Gattung *Aloe* durch die unten bauchige, gekrümmte Kronröhre und die stets ungezähnten Blätter leicht zu unterscheiden; im übrigen sind die etwa 75 südafrikanischen Arten sukkulente Pflanzen mit sehr kurzem oder ganz fehlendem Stamm, meist zweireihig gestellten, oft weißgefleckten oder warzigen Blättern mit sehr harter Oberhaut und lockertraubigen oder rispigen Blüten auf langem Schaft.
Alle Arten sind für den Sukkulentenliebhaber schön und lohnend. Da sie überall dort, wo sie nebeneinander stehen, wie *Aloe* leicht bastardieren, ist es schwer, sie echt aus Samen zu ziehen, es sei denn, man hat solchen vom heimatlichen Standort. Aus der Fülle der Arten kann hier nur eine kleine Auswahl genannt werden.

1. Kleinbleibende Arten

G. armstrongii Schönl., eingeführt um 1930, **G. caespitosa** v. Poelln., eingeführt 1929, **G. humilis** v. Poelln., eingeführt 1929, **G. liliputana** v. Poelln., 1929 in Deutschland eingeführt.

2. Großwerdende Arten

G. acinacifolia (Jacq.) Haw., eingeführt Anfang 19. Jh., **G. carinata** (Mill.) Haw., 1790 eingeführt, **G. maculata** (Thunb.) Haw. 1759 in England eingeführt, **G. nitida** (Salm-Dyck) Haw., 1790 eingeführt, **G. picta** Haw., 1827 eingeführt, **G. subcarinata** (Salm-Dyck) Haw., 1815 eingeführt, **G. trigona** Haw., 1790 eingeführt, **G. verrucosa** (Mill.) Duval, 1700 in Holland eingeführt. Die letztgenannte ist eine der hübschesten Arten überhaupt.
Vermehrung und Pflege gleichen völlig derjenigen von *Aloe*.

Haworthia Duval
(Adrian Hardy Haworth, 1768–1833, englischer Botaniker)

Von den verwandten, ebenfalls sukkulenten Gattungen *Aloe* und *Gasteria* durch die kleinen, aufgerichteten, weißlichen, stets zweilippigen Blüten abweichend. Alle der mindestens 80, wahrscheinlich aber mehr

Arten kommen aus Südafrika, wo die meisten im Kapland wachsen. Alle sind niedrige oder halbstrauchige Pflanzen mit rosettig und dicht gestellten, kurzen, dicken, fleischigen Blättern. Die Blüten sind bei den meisten Arten wenig auffallend. Die meisten Arten sind so klein, daß sie gerade dem Liebhaber mit nur wenig Platz empfohlen werden können, da er auf geringer Fläche eine Vielzahl schöner Arten halten kann. Auch bei dieser Gattung seien aus der Fülle nur einige der auffallendsten Arten genannt.

1. Arten mit harten, derbfleischigen Blättern und stammartig verlängerten Rosetten

H.coarctata Haw. (*H.chalwinii* Marl. et Berger), 1822 eingeführt, **H.glauca** Bak., **H.reinwardtii** (Salm-Dyck) Haw., um 1818 in England, **H.rigida** (Lam.) Haw., seit 1780 in Kultur, **H.tortuosa** (Haw.) Haw., 1797 in England, **H.viscosa** (L.) Haw., 1701 in Holland eingeführt.

2. Arten mit harten, derbfleischigen Blättern und stammlosen Rosetten

H.attenuata Haw., 1790 in England eingeführt, **H.fasciata** (Willd.) Haw., **H.glabrata** (Salm-Dyck) Bak., **H.limifolia** Marl., seit 1930 in England kultiviert, **H.margaritifera** (L.) Haw., 1701 in Holland, wohl die verbreitetste Art, **H.radula** (Jacq.) Haw., um 1800 eingeführt.

3. Arten mit zarten, nur oberseits mehr oder weniger durchscheinenden Blättern

H.maughanii v. Poelln., um 1930 in Deutschland, **H.retusa** (L.) Duval, 1697 in Holland, **H.truncata** Schönl., 1822 in England, um 1910 in Deutschland eingeführt, **H.mirabilis** Haw., **H.paradoxa** v. Poelln., um 1930 in Deutschland eingeführt. Besonders interessant sind in dieser Gruppe die Arten mit lichtdurchlässigen Fenstern.

4. Arten mit zarten, beiderseits mehr oder weniger durchscheinenden Blättern

H.angustifolia Haw., um 1825 eingeführt, **H.arachnoidea** (L.) Duval, um 1700, **H.cymbiformis** (Haw.) Duval, 1800, **H.herbacea** (Mill.) Stearn, um 1700, **H.reticulata** Haw., 1790, **H.translucens** (Haw.) Haw., um 1820 eingeführt.

Verwandt, aber seltener sind die Gattungen **Astroloba** Uitew. und **Poellnitzia** Uitew., ebenfalls dem Sukkulentenliebhaber zu empfehlen.

Vermehrung aus Seitensprossen, bei den wenigen Arten, die solche nicht bilden, nur durch Aussaat. Fast alle Arten bastardieren sehr leicht, so daß mit wenigen Ausnahmen auf die Vermehrung durch Aussaat verzichtet werden sollte. Die Kultur gleicht derjenigen kleinerer *Aloe*-Arten, nur sind *Haworthia* im Frühling und Sommer im Gegensatz zu *Aloe* und *Gasteria* halbschattig zu halten. Auch im Winter darf die Erde nie ganz austrocknen. Beim Gießen ist zu beachten, daß die Arten mit durchscheinenden Blättern erst im Spätsommer mit neuem Wachstum beginnen, also bis dahin nicht zu feucht gehalten werden dürfen.

B. Immergrüne Pflanzen mit Ausnahme der sukkulenten Gattungen

Agapanthus L'Hérit.
(griech. *agape* = Liebe, *anthos* = Blume)

Etwa 10 Arten südafrikanischer Stauden mit kurzem Erdstamm, fleischigen Büschelwurzeln, grundständigen breitlinealischen oder riemenförmigen dicken weichlederigen Blättern. Die ansehnlichen blauvioletten Blüten stehen auf hohem Schaft in einer Enddolde. Die meisten der bei uns gezogenen *Agapanthus* gehören zu dem Formenkreis von **A.praecox** Willd. emend. Leighton mit seinen drei Unterarten ssp. **minimus** (Lindl.) Leighton, ssp. **orientalis** (Leighton) Leighton und ssp. **praecox**. Der bis 1,20 m hohe Blütenschaft endet in einer Dolde, in der bis zu 120 Blüten vereinigt sind. Diese sind je nach Auslese oder Sorte hell- bis dunkelviolettblau, selten weiß. Ihre Blütezeit fällt in den Sommer, meist in die Monate Juli und August.

Für eine Terrasse vor dem Hause, aber auch für sonnige Stellen im Garten, ja für Balkon und Dachgarten gibt es kaum etwas Schöneres als einen Agapanthuskübel. Nicht nur während der Blüte, sondern auch sonst ist er mit seinen schönen immergrünen Blättern eine stattliche Pflanze. Voraussetzung für seinen Besitz ist ein recht kühler, dabei aber frostfreier Raum zum Überwintern. Allzu hell braucht er gar nicht zu sein, dann aber darf er nur zwischen 5 und 8° warm sein. Je wärmer der Überwinterungsraum ist, desto heller muß er sein. Man kann sogar in einem Frühbeetkasten überwintern, wenn man ihn während der Frostperioden so mit Laub und anderem Material abdeckt, daß kein Frost eindringen kann. Bei frostfreiem Wetter aber sollte man reichlich lüften. Die Blüten werden schon im Winter angelegt, aber nur bei Temperaturen unter 15°, also je kühler *Agapanthus* überwintert wird und je weniger man deshalb zu gießen braucht, desto besser wird er im kommenden Som-

Agapanthus africanus

312 Liliaceae

Gasteria verrucosa

Haworthia fasciata

mer blühen. Man kann ihn auch in Drahtkörbe setzen und mit diesen während des Sommers im Freien auspflanzen. Im Herbst nimmt man sie mit dem Drahtkorb aus der Erde heraus und überwintert sie wie oben beschrieben. Auch im Winter müssen die Blätter erhalten bleiben. Während des Sommers muß stets reichlich gegossen und wöchentlich einmal flüssig gedüngt werden. Bei Kübelkultur nimmt man als Substrat eine Mischung aus etwa zwei Drittel lehmig-humoser Rasenerde und ein Drittel alter Lauberde oder TKS 2. Diese Erde ist beim Verpflanzen recht fest anzudrücken. Man sollte die Pflanzen lange in ihrem Gefäß lassen, da nur gut durchwurzelte reich blühen. Vermehrt wird durch Teilung oder Abtrennen von Nebentrieben. Die Blüten sind auch geschnitten sehr haltbar. Schon ein einziger Stiel in einer entsprechend hohen Vase schmückt den Raum.

Arthropodium R.Br.
(griech. *arthron* = Glied, *podion* = kleiner Fuß)

In Blatt und Blüte gleich schöne, ausdauernde Kräuter, von denen 8 Arten in Neuseeland, Australien und Neukaledonien, 1 Art in Madagaskar vorkommen. Die linealischen, meist grundständigen Blätter sind oft bläulich bereift, die Blüten stehen an kräftigen Schäften in kurzen Rispen oder Trauben an gegliederten Stielen. Die Wurzeln sind häufig knollig verdickt.

A.candidum Raoul, an schattigen Plätzen und Wäldern Neuseelands vorkommend, ist eine sommergrüne, zierliche kleine Pflanze mit grasartigen Blättern und von Juni bis Juli erscheinenden weißen Blüten für das Alpinenhaus, wo sie im Laufe des Oktober ihre Blätter verliert.

A.cirrhatum (G. Forst.) R.Br. aus Neuseeland blüht vom Mai bis zum Juni. Es bildet vielblättrige Büsche mit etwa 60 cm langen und 4 bis 5 cm breiten, bläulich überhauchten Blättern. Der blattlose Blütenschaft wird bis 70 cm lang und trägt eine vielblütige Rispe, die mit sehr schönen sternförmigen, 2 bis 2,5 cm breiten Blüten besetzt ist. Typisch sind die an jedem Staubblatt sitzenden gedrehten Schwänzchen. 1820 in England eingeführt.

Vermehrt wird in der Regel durch Aussaat. Die Sämlinge wachsen innerhalb von 2 Jahren zu blühfähigen Pflanzen heran.

Ältere Pflanzen sind leicht zu teilen. Jeder einzelne Trieb wächst an. Sie gedeihen in jeder lehmig-humosen Erde, natürlich auch in Einheitserde. Sie können Sommer und Winter im Kalthaus stehen, wo sie bei Temperaturen von 8 bis 12° gut gedeihen. Während des Sommers fühlen sie sich aber auch an sonniger Stelle im Freien durchaus wohl. Für gelegentliche Dunggüsse bis Ende Juli sind sie dankbar.

Asparagus L., Spargel
(griech. *asparagos* = Spargel)

In den gemäßigten und wärmeren Gegenden der Alten Welt kommen etwa 300 verschiedene Arten vor. Alle sind Kräuter oder Halbsträucher mit krautigen bis holzigen, meist sehr stark verzweigten aufrechten oder kletternden Stengeln. Allen gemeinsam ist, daß die eigentlichen Blätter sehr klein, oft nur schuppenförmig und am Grunde gespornt sind, während die Scheinblätter (Phyllokladien) nadel- oder blattförmig gestaltet sind und einzeln oder in Büscheln, seltener quirlförmig stehen können. Den kleinen Blüten folgen später kugelige Beeren.
Als Gemüsepflanze seit dem Altertum bekannt ist der Spargel, der wie einige andere Arten auch als Zierpflanze im Garten gezogen werden kann. Von den nicht winterharten Arten gibt es außer den bekannten *A. densiflorus* und *A. setaceus* noch viele andere, die so hübsch sind, daß auch der Liebhaber sie in seinem Gewächshaus ziehen sollte, so **Asparagus albus** L. aus dem südlichen Mittelmeergebiet, **A. crispus** Lam. aus Südafrika, eine schöne Ampelpflanze, **A. madagascariensis** Bak., ein nur 30 cm hoher madegassischer Strauch, **A. scandens** Thunb. vom Kapland mit der besonders empfehlenswerten var. **deflexus** Bak.

A. asparagoides (L.) Druce (*Medeola asparagoides* L.) aus dem Kapland ist eine windende Staude, die bis 2 m hoch winden kann, hellgrün ist und 2 bis 3 × 0,8 bis 2 cm große Phyllokladien hat. Die kleinen grünlichweißen Blütchen duften nach Orangen. 1702 in England eingeführt.
A. asparagoides wurde vor Jahrzehnten in großem Maße als Schnittgrün angebaut, heute aber ist er fast ganz verschwunden. Diese Art ist so hübsch, daß man sie gerade für das kleine Kalt- und Warmhaus empfehlen kann. Man zieht sie entweder an Schnüren senkrecht in die Höhe oder unter dem Glasdach entlang oder man verwendet sie als Ampelpflanze.

Samen werden immer noch angeboten. Sie werden von Januar bis Februar bei einer Temperatur von 20 bis 25° ausgesät. Sie wachsen bei genügender Wärme rasch heran, schon im Sommer haben sie ihre endgültige Größe erreicht. In Einheitserde wachsen sie genausogut wie in jeder sehr humos-lehmigen Mischung. Wo es im Winter an Platz fehlt, werfe man sie im Herbst fort und ziehe sie alljährlich neu aus Samen heran. Will man sie einmal zu einer Tischdekoration verwenden, schneide man den ganzen Trieb mitsamt der Schnur, an der er gezogen wurde, ab und lege ihn auf die Tafel. Dort wird er allgemeine Bewunderung erregen.

A. setaceus (Kunth) Jessop (*A. plumosus* Bak.) kommt von Südafrika bis Natal vor. Dort wie auch in größeren Gewächshäusern können seine Triebe mehrere Meter lang werden. Sie sind dicht mit sehr feinen, nadelartigen »Blättern« (Phyllokladien) besetzt. Um 1875 in England eingeführt. Von den Sorten sind besonders zu empfehlen 'Plumosus Nanus', die erst spät in die hoch werdende Altersform übergeht, und 'Cupressoides', die einen zypressenartigen Wuchs hat und selbst im Alter kaum über 50 cm hoch wird. Leider fällt sie bei der Aussaat nur zu einem ganz geringen Teil echt.

A. densiflorus (Kunth) Jessop (*A. sprengeri* Regel) aus Natal ist ein ästiger Halbstrauch mit schlaffen Stengeln, die beim Älterwerden elegant herunterhängen. Die »Blätter« sind breiter und länger als bei der vorigen, also im ganzen gröber. Ältere Pflanzen bringen regelmäßig im Sommer ihre kleinen, weißen, duftenden Blüten, denen später die roten Früchte folgen, die zur Schönheit der Pflanze nicht unwesentlich beitragen. Ausgezeichnete Zimmerpflanze. 1888 in Italien eingeführt.
Schön und eigenartig ist die in den USA entstandene aufrecht wachsende Sorte 'Meyeri'. Sie ähnelt im Wuchs einer kleinen Zypresse. Ihre zahlreichen Zweige sind besonders dicht mit »Blättern« besetzt. Ihres geringen Platzbedarfes wegen ist sie sehr zu empfehlen.

Beide Arten sind leicht durch Aussaat zu vermehren. Man kann sie zwar auch teilen, doch entwickeln sich Sämlinge zu schöneren Pflanzen. Man kann sie sowohl im Kalthaus als auch im Warmhaus halten. *A. setaceus* allerdings wächst bei Temperaturen über 12° besser, er braucht etwas mehr Wärme, auch etwas höhere Luftfeuchtigkeit, dazu eine leichtere Erde, also muß man der Mischung, falls man keine Einheitserde verwendet, in der beide Arten gut wachsen, mehr Lauberde und Torfmull beimischen, während man sie bei *A. densiflorus* sehr lehmig hält. Am besten verpflanzt man nur einmal, und zwar im Frühjahr, aber dann in Töpfe oder Kübel, die so groß sind, daß sie für ein ganzes Jahr genügen. Nach der Durchwurzelung wird wöchentlich einmal mit einer Volldüngerlösung gegossen. Während des Sommers nimmt man 2 g auf den Liter, während des

Aspidistra elatior

Aspidistra elatior

Chlorophytum comosum 'Variegatum'

Winters mit Ausnahme der eigentlichen Ruhezeit nur 0,5 bis 1 g je Liter. Im Winter kann man sie bei nur wenigem Gießen und nur 8 bis 10° Wärme einige Wochen ruhen lassen, doch nötig ist dies nicht. *A. densiflorus* wächst während des Sommers auch im Freien, am besten in halbschattiger Lage, so kann man ihn auch in Balkonkästen in entsprechender Lage als Hängepflanze auspflanzen. Zusammen mit Fuchsien oder Begonien wirkt er dort sehr hübsch. Im allgemeinen werden alle *Asparagus* nicht von Schädlingen befallen. Sollte dies dennoch einmal passieren, dann schneide man radikal alle Triebe über dem Boden ab und vernichte sie, in Kürze werden die Pflanzen wieder austreiben.

Aspidistra Ker-Gawl., Schusterpalme
(nach Smith/Stearn vom griech. *aspidion* = kleines rundes Schild)

Von den etwa 8 im östlichen Himalaja, in China, Japan und auf Taiwan vorkommenden Arten wird bei uns nur

A. elatior Bl. gezogen. Sie stammt aus den wärmeren Teilen Chinas, ist aber schon seit alter Zeit in Japan eingebürgert. In England wurde sie 1824 eingeführt, in Deutschland taucht sie aber erst um 1850 auf. Mit ihren immergrünen gestielten, bis 70 cm langen und in der Mitte bis 10 cm breiten, lederigen Blättern ist sie eine stattliche Blattpflanze, die bis vor einigen Jahrzehnten als Zimmerpflanze so verbreitet war wie heute der Gummibaum. Jetzt ist sie selten geworden. Dies hängt wahrscheinlich nicht zuletzt mit den veränderten Wohnverhältnissen zusammen. Sie gehörte nämlich zu den Pflanzen, die in kühlen und sehr dunklen Räumen noch gut gedeihen, daher ihre Namen »Schusterpalme«, »Metzgerpalme«. Solche Räume werden aber heutzutage glücklicherweise immer seltener. Im kleinen Gewächshaus aber wird der Platz für sie zu schade sein, es sei denn, man freut sich dort nicht nur an den Blättern, sondern auch an den im Spätwinter oder Frühling erscheinenden, eigenartigen achtlappigen Blüten, die an einem unterirdischen Blütenschaft sitzen und der Erde aufliegen. Sie sind schmutzig-violett und recht eigenartig geformt, vor allem die in den Kessel hineingebogene achtfurchige Narbe.
Es gibt auch eine Sorte 'Variegata', deren Blätter von weißen oder gelblichweißen, verschieden breiten Längsstreifen durchzogen sind. Diese Sorte braucht etwas mehr Wärme und hungrige Kultur, da bei zu guter Ernährung die Blätter bald vergrünen. Bereits 1830 wurde sie in Holland eingeführt.
Über Vermehrung und Pflege wird ausführlich in Encke, »Zimmerpflanzen« berichtet, hier nur soviel, daß durch Teilung vermehrt wird, daß der beste Stand bei 6 bis 10° liegt, sie aber durchaus mehr Wärme verträgt, daß sie sowohl in Einheitserde als auch in einer Mischung aus grober Laub-, Mistbeet- und Rasenerde mit Zusatz von Sand und Hornspänen gedeiht, aber möglichst mehrere Jahre lang ungestört im gleichen Gefäß bleiben sollte, gleichmäßiger Feuchtigkeit bedarf, im Schatten stehen sollte, auch im Sommer, falls man sie dann in den Garten stellen will, also alles in allem, daß sie wirklich zu den »Unverwüstlichen« gehört!

Astelia Banks et Soland. ex R. Br.
(griech. *a* = ohne, *stele* = Säule)

Etwa 25 meist epiphytisch auf Bäumen oder Felsen wachsende Arten, deren Verbreitung sich über die Maskarenen, Neuguinea, Australien, Tasmanien, Neuseeland und die Pazifischen Inseln bis Hawaii erstreckt. Auf einem kurzen dicken Rhizom sitzt ein Schopf linealisch-lanzettlicher schmaler Blätter. Die Blüten sind eingeschlechtig und erscheinen am Ende eines langen Schaftes in Dolden oder Rispen. Eine seltene, aber prächtige Kübelpflanze ist

A. banksii A. Cunn. aus Neuseeland, wo sie nahe der Küste, meist auf Felsen wächst. Die 1–2,50 m langen und nur 3–4,5 cm breiten, linealischen, unterseits seidig-silbrigen, elegant überhängenden

Liliaceae 315

Lapageria rosea

Blätter sitzen in einem dichten Büschel. Um 1850 wohl zum ersten Mal in Deutschland gezogen.

Nur wo ein großer und heller Überwinterungsraum vorhanden ist, können diese schönen Kübelpflanzen gehalten werden. Im Winter genügen ihnen 5 bis 10°, im Sommer stellt man sie an einen recht sonnigen Platz ins Freie. Das ganze Jahr hindurch verlangen sie gleichmäßige Feuchtigkeit, doch darf der Erdballen nie austrocknen. Als Erde eignet sich jede sandighumos-lehmige Mischung, also etwa zur Hälfte lehmige Rasenerde, zur anderen Hälfte TKS 2, das ganze vermischt mit etwa einem Sechstel Sand. Von April bis Anfang August wird alle 10 bis 14 Tage flüssig gedüngt. Beim Umpflanzen, das für ältere Pflanzen nur alle paar Jahre einmal stattfinden sollte, kann man zur Vermehrung einige Triebe abnehmen.

Chlorophytum Ker-Gawl.
(griech. *chloros* = grün, *phyton* = Pflanze)

Etwa 250 Arten sind in den Tropen der Neuen und der Alten Welt verbreitet. Alle sind niedrige Kräuter, oft mit Ausläufern, deren Wurzeln in Büscheln stehen und fleischig oder knollig verdickt sind. Die meist länglichen Blätter sind grundständig. Die Blüten sitzen in dichten oder lockeren Trauben an einem hohen oder niedrigen, einfachen oder verzweigten Schaft.
Als Zimmerpflanze weit verbreitet ist die weißbunte Sorte von

C.comosum (Thunb.) Jacques aus Südafrika, 1828 in Deutschland eingeführt. Selten, aber ebenfalls hübsch ist **C.bichetii** (S. Karrer) Backer aus dem tropischen Westafrika, ein kleines Pflänzchen mit weiß und grün gestreiften schmalen Blättern, das sowohl ausgepflanzt als auch im Topf gezogen werden kann, genausogut wie die vorige Art wächst, aber im Warmhaus gehalten werden sollte. Zuerst 1902 in Frankreich auf einer Ausstellung gezeigt.

In botanischen Sammlungen wird noch eine Reihe anderer Arten gehalten, vor allem das schöne und empfehlenswerte **C.amaniense** Engl. aus Ostusambara (Ostafrika), dessen bronzefarbene Blätter in der Jugend wie mit Goldstaub überpudert wirken. Eingeführt um 1905. Andere wie die vorige ebenfalls im Warmhaus zu haltende Arten sind **C.hoffmannii** Engl., Tansania, **C.inornatum** Ker-Gawl., Tropisch Westafrika, **C.macrophyllum** (A. Rich.) Aschers. ex Graebn., Äthiopien.

Vermehrt wird je nach Art durch Aussaat, Teilung oder Abnehmen der sich im Blütenstand bildenden jungen Pflänzchen. *C.comosum* in der wohl allein verbreiteten weißbunten Sorte, eine unserer widerstandsfähigsten und hübschesten Zimmerpflanzen, wächst sowohl im Kalt- als im Warmhaus, am besten in recht lehmiger Erde in nicht zu kleinen Gefäßen, hell und sonnig. Die anderen hier genannten Arten sind Warmhauspflanzen, die ausgepflanzt oder in Gefäßen in jeder durchlässigen und humosen Erde, der etwas alte lehmige Rasenerde beigefügt ist, oder in Einheitserde ausgezeichnet wachsen, vorausgesetzt, sie stehen hell, aber vor Sonne geschützt, bei nicht zu geringer Luftfeuchtigkeit und einer Wärme, die nicht unter 18° liegen sollte.

Dianella Lam. ex Juss.
(lat. Verkleinerungsform von Diana)

Immergrüne, grasartige, mehr oder weniger stattliche Büsche bildende Pflanzen mit zweizeilig dem Rhizom aufsitzenden Blättern und in aufrechten Rispen sitzenden Blüten. Auffallender als die Blüten sind bei vielen Arten die großen runden oder etwas länglichen, oft lebhaft gefärbten Beeren. Das Verbreitungsgebiet der etwa 30 Arten liegt im indomalesischen Gebiet, in Neuseeland und Australien.
Außerhalb botanischer Sammlungen werden sie nur selten gezogen und doch können sie den Liebhabern schöner Kalthauspflanzen warm empfohlen werden. Alle haben zierliche weiße, hell- oder dunkelblaue Blüten, denen tiefblaue, bis 2 cm lange Beeren folgen. Besonders empfehlenswert sind

D.caerulea Sims, verbreitet in Neukaledonien, auf Neuguinea, den Fidschi-Inseln und Teilen Australiens, um 1783 in England eingeführt, interessant durch die bambusartigen Stengel mit den zweizeilig an ihrem Ende stehenden Blättern, **D.intermedia** Endl. aus Neuseeland, besonders reich Frucht tragend, **D.laevis** R.Br. aus subtropischen Teilen Australiens, 1822 eingeführt, **D.revoluta** R.Br. aus dem gemäßigten Australien und Neukaledonien, mit grasartigen, nur 6 bis 8 cm breiten Blättern, 1823 eingeführt, und schließlich noch **D.tasmanica** Hook.f. aus Tasmanien, mit tiefblauen, bis 2 cm langen Beeren, 1866 eingeführt.
Vermehrt wird durch Aussaat oder Teilung. Pflege im Winter im hellen und luftigen Kalthaus bei 8 bis 10°, im Sommer

halbschattig im Freien in sandiger, lehmiger Rasenerde, der etwas Torfmull beigemengt wird.

Drimiopsis Lindl. et Paxt.
(*Drimia*, Name einer verwandten Gattung, *opsis* = Aussehen)

Zwiebelgewächse mit fleischigen, meist gestielten, häufig gefleckten Blättern und kleinen weißlichen Blüten in endständigen Ähren oder Trauben. 22 Arten kommen im südlichen und tropischen Afrika vor. Als schöne Blattpflanze findet man bei uns ab und zu

D.kirkii Bak. von Sansibar. Sie hat weißliche runde Zwiebeln, immergrüne sitzende, bis 40 cm lange und 10 cm breite, lanzettliche, hellgrüne, dunkelgrün gefleckte, unterseits einfarbig graugrüne Blätter. 1871 eingeführt.

D.maculata Lindl. et Paxt., in Südafrika heimisch, ist der vorigen Art ähnlich, aber im ganzen kleiner und hat langgestielte, herzförmig-ovale Blätter. Sie macht im Gegensatz zu voriger im Winter eine Ruhezeit durch, während der sie alle Blätter verliert. 1851 in England eingeführt.

D.kirkii ist am schönsten. Sie ist eine ausgesprochene Warmhauspflanze, die unter gleichen Verhältnissen zu halten ist wie Maranten. Vermehrt wird sie durch 5 bis 6 cm lange Blattstücke im geschlossenen, warmen Vermehrungsbeet, außerdem wie die anderen Arten durch Teilung. Durchgebrochene Blätter, auf feuchten Sand gelegt und geschlossen gehalten, entwickeln an den Bruchstellen junge Pflänzchen, die abgenommen und eingetopft werden können.

Lapageria Ruiz et Pav.
(Joséphine Tascher de La Pagerie, 1763–1814, von 1804–1809 als Gemahlin Napoleons I. Kaiserin der Franzosen. Lebte als Mädchen auf dem Landsitz La Pagerie auf Martinique)

L.rosea Ruiz et Pav. ist die einzige Art der im südlichen Chile heimischen Gattung. Sie ist ein windender Kletterstrauch mit immergrünen ledrigen, abwechselnden, lanzettlichen, fast herzförmigen, zugespitzten drei- bis fünfnervigen, netzadrigen Blättern und prächtigen hängenden, bis 7 cm langen wachsartigen, rosen- oder karminroten, innen weißgefleckten, bei 'Alba' reinweißen Blüten. Die Hauptblütezeit liegt im Sommer, aber auch zu anderen Zeiten erscheinen stets einzelne Blüten. In England 1847 eingeführt, 1854 in Deutschland angeboten.

Diese schöne Pflanze nicht nur zu besitzen, sondern auch regelmäßig zum Blühen zu bekommen, ist der Traum all derjenigen Gärtner und Liebhaber, die sie einmal in voller Schönheit gesehen haben. In ihrer chilenischen Heimat ist sie die Nationalblume.
Leider ist ihre Kultur bei uns sehr schwierig und durchaus nicht immer von Erfolg gekrönt. Hauptsache ist eine möglichst gleichmäßige Temperatur von 6 bis 10°, Luftfeuchtigkeit, Schatten im Sommer, viel Licht im Winter und reichliche Lüftung das ganze Jahr hindurch. Vor allem im Sommer ist für feuchte und kühle Luft zu sorgen, etwas, das sie im Gebirge und an der Küste, besonders nachts, besser bekommen als im Flachland oder gar in der Großstadt. Ein Gemisch aus Heideerde und mürbem altem Wiesenlehm mit Zusatz von Sand, Holzkohle oder Styromull und Hornspänen bewährte sich. Einheitserde oder TKS 2 sind verwendbar. Das Gefäß, in dem sie stehen oder ausgepflanzt sind, muß gut drainiert werden. Im Sommer ist reichlich, im Winter nur mäßig zu gießen, tödlich aber ist jedes Trockenwerden des Wurzelballens. Was sie ebenfalls nicht vertragen, ist stärkerer Rückschnitt. Meist kränkeln die Pflanzen noch viele Jahre danach, wenn sie sich überhaupt wieder davon erholen. Vermehrt wird durch Aussaat direkt nach der Samenreife. Bezieht man Samen aus der Heimat, so muß dieser mit Luftpost geschickt werden, da er sonst seine Keimkraft bei der Ankunft schon verloren hat. Ausgesät wird im Warmhaus, wo die Keimung in 3 bis 4 Wochen stattfindet. Die Sämlinge werden am besten zu dritt in kleine Töpfe gesetzt und hell, kühl und luftig weiterbehandelt. Zunächst wachsen sie recht schnell, dann aber findet für 1 bis 2 Jahre ein Stillstand statt, nach dessen Ende ganz unerwartet starke Triebe aus der Erde hervorkommen. Jetzt ist es Zeit, sie an Ort und Stelle zu pflanzen und nicht mehr zu stören. Vorsicht vor Schnecken, die den jungen Trieben, sobald sie aus der Erde kommen, sehr gefährlich sind; beim Austrieb also entsprechend durch wiederholtes Auslegen von Schneckentod vorbeugen. Durch Kreuzung des rotblühenden Typs mit der Sorte 'Alba' entsteht stets eine Reihe sehr schöner Zwischentöne, von denen man die schönsten behalten sollte.

Ledebouria Roth
(Carl Friedrich von Ledebour, 1785–1851, Botaniker, von 1811–1836 Direktor des Botanischen Gartens Dorpat)

Mit *Scilla* verwandte Gattung, deren etwa 16 Arten meist in Südafrika vorkommen, nur 1 Art in Indien. Eine für Zimmer und Kalthaus gleich schöne kleine Pflanze ist

L. socialis (Bak.) Jessop (*Scilla socialis* Bak., *S. violacea* Hutchins.) aus Südafrika, deren Schönheit allerdings nicht in den kleinen unscheinbaren Blütchen liegt, sondern vielmehr in den immergrünen, oberseits hellgrün gefleckten, unterseits roten Blättern.
Da die oberirdischen Zwiebeln stark sprossen, hat man immer genug junge Sprosse zur Vermehrung an der Hand. Diese werden gleich zu mehreren in einen Topf oder besser eine Schale gesetzt, wo sie bald zu schönen Pflanzen heranwachsen. Heller und sonniger Stand, in humos-lehmige Erde gepflanzt, ist alles, was sie verlangen. Sie gedeihen gut bei Temperaturen zwischen 10 und 20°. Es sind reizende kleine Pflanzen, die gar nicht warm genug empfohlen werden können.

Liriope Lour.
(Gestalt der griechischen Mythologie; die Nymphe Liriope war die Mutter des Narcissus)

Die 6 in Vietnam und Ostasien heimischen Arten sind niedrige, ausdauernde Kräuter mit kurzem Rhizom und langen schmalen, linealischen Blättern. Die Blüten sind klein, weiß oder violett und sitzen in Büscheln in einer endständigen einfachen Traube oder selten in einer zusammengezogenen Rispe. Am häufigsten gezogen wird

L. muscari (Decne.) L. H. Bailey aus Japan, Taiwan und China mit 15 bis 30 cm langen, breit-grasförmigen, dreinervigen stumpfen Blättern und kleinen, tiefvioletten Blüten. 1820 in England eingeführt. Es ist eine formenreiche Art mit vielen Sorten. Eine andere hier und da gezogene Art ist **L. spicata** Lour., verbreitet in Japan, auf den Riukiu-Inseln und im wärmeren China.
Sie sind hübsche Kalthauspflanzen, die auch für die Bepflanzung von Terrarien gut geeignet sind. Ihre Pflege gleicht derjenigen von *Ophiopogon*. Vermehrt wird durch Teilung.

Ophiopogon Ker-Gawl., Schlangenbart
(griech. *ophis, ophios* = Natter, *pogon* = Bart)

Von den etwa 20 vom Himalaja bis Ostasien und den Philippinen beheimateten Arten, die *Liriope* nahestehen und auch im Habitus gleichen, sind die folgenden zu empfehlen.

O. jaburan (Kunth.) Lodd. aus Japan und den Riukiu-Inseln hat 40 bis 80 cm lange und nur 6 bis 12 mm breite, grasähnliche, aufrechte immergrüne Blätter und einen etwa ebensolangen Schaft, der in einer 7 bis 15 cm langen Traube weißer bis violetter, 6 bis 10 mm langer Blüten endet, die zu 6 bis 9 in den Achseln der Hochblätter sitzen. Sie erscheinen im Hochsommer. 1830 durch Siebold in Belgien eingeführt.
Eine sortenreiche Art, von der es viele Abweichungen hinsichtlich der Blütenfarbe gibt, außerdem Sorten mit goldgelb- oder weißgestreiften oder weißgefleckten Blättern.

O. japonicus (L. f.) Ker-Gawl., in Japan, China und Korea verbreitet, bildet grasartige, 15 bis 20 cm hohe Büsche mit grundständigen schmalen, lang-linealischen, auffallend dunkelgrünen Blättern. Mit der Zeit bildet diese Art, ausgepflanzt, dunkelgrüne Rasen. Den hellvioletten bis weißlichen Blüten folgen erbsengroße Früchte, die sich später blau färben. Im Gewächshaus blühen sie allerdings nur selten, in subtropischen Gärten dagegen häufig. 1783 in England eingeführt.

O. planiscapus Nakai aus Japan ist eine lange unterirdische Ausläufer bildende Art, sonst ähnlich *O. japonicus*, aber mit etwas breiteren Blättern, regelmäßig blühend, später mit stumpf-blauen Früchten. Eine Form mit braunen Blättern ist die in den USA als 'Arabicus' bezeichnete Sorte. Bei Aussaaten erscheinen meist grün- und braunblättrige Typen, die gemischt gepflanzt besonders hübsch wirken. Um 1960 in Deutschland eingeführt.

Diese Arten gehören eigentlich in das Kalthaus, wo vor allem die beiden letzteren noch mit Temperaturen um 0° vorliebnehmen – in warmen Wintern halten sie sogar unter guter Decke im Freien aus – gleichzeitig aber auch noch in warmen Zimmern oder temperierten Gewächshäusern fortkommen. *O. japonicus* bildet noch an extrem schattigen Stellen dichte Rasen. Für Terrarien ist er seiner großen Widerstands-

Ledebouria socialis

fähigkeit wegen ganz besonders zu empfehlen, vor allem auch für sehr schattige, in denen Kröten und ähnliche Tiere gehalten werden.
Ähnlich *O.japonicus*, aber mit breiteren Blättern und noch niedriger ist

Reineckea carnea (Andr.) Kunth, in China und Japan beheimatet, mit zwei buntblättrigen Sorten. Sie ist eine vorzügliche Bodendecke, die sogar unter den Tischen eines Lauwarm- oder Kalthauses noch wächst. Besonders ist sie für Terrarien zu empfehlen. Sie verlangt die gleiche Pflege wie *Ophiopogon*. Um 1792 in England eingeführt.
Vermehrt wird durch Teilung, die sehr ausgiebig ist. Als Erde nimmt man Einheitserde oder eine Mischung aus sandiger Laub- und alter, mürber, lehmiger Rasenerde, der man noch etwas Torfmull beimengen kann. Im Sommer können alle Arten ins Freie gestellt werden. Die buntblättrigen Sorten verlangen etwas höhere Wärme als die grünblättrigen. Bei ihnen sollte die Temperatur nicht unter 10° sinken.

Ornithogalum L., Milchstern
(griech. *ornis, ornithos* = Vogel, *gala* = Milch)

Besonders in trockenen Gebieten der Alten Welt sind etwa 150 Arten von »Milchsternen« verbreitet, von denen einige sogar der heimischen Flora angehören, andere auch im Garten gezogen werden können. Wenige wie das bekannte »Chincherinchee« (*O.thyrsoides* Jacq.) aus dem Kapland sind als Schnittblumen bekannt. Alle Arten sind Zwiebelpflanzen, so auch

O.caudatum Ait. aus Südafrika, das vielfach als »Meerzwiebel«, besonders auf dem Lande, im Zimmer gezogen wird. Es ist eine stattliche Pflanze mit 9 bis 10 cm dicken oberirdischen Zwiebeln, 30 bis 60 cm langen, leicht überhängenden fleischigen Blättern und einem bis 90 cm hohen Schaft, der eine dichte, 30- bis 60blütige Traube trägt. Die Blüten sind weiß, ihre Abschnitte grüngebändert und gekielt. 1774 eingeführt.
Diese Art gehört ins Kalthaus oder ins kalte Zimmer, wo sie ohne Schwierigkeiten gedeiht und im Laufe der Jahre durch Nebenzwiebelbildung zu einer stattlichen Pflanze heranwächst. Man pflanzt sie in lehmige Erde und gießt von Herbst bis Mitte Winter etwas sparsamer. Vermehrt wird durch Abnehmen der Nebenzwiebeln.

Phormium J.R. et G. Forst., Neuseeländer Flachs
(griech. *phormion* = Flechtwerk, Matte)

Stattliche Pflanzen mit kurzen verdickten Rhizomen und grundständigen, sehr langen, zweizeilig gestellten, schwertförmigen, ledrigen Blättern. Die großen Blüten erscheinen auf langen, oben verzweigten Schäften büschelig in großen Rispen. Sie sind verschiedenfarbig, meist bräunlichgelb oder gelb. Ihre Bestäubung wird von Vögeln vorgenommen. Es sind nur 2 Arten aus Neuseeland bekannt, von denen die seltenere **P.colensoi** Hook.f., um 1867 in England eingeführt, im ganzen kleiner als das am häufigsten gezogene **P.tenax** J.R. et G. Forst., der »Neuseeländische Flachs«, ist. Dieser wird in wärmeren Ländern seiner ungemein zähen und harten Bastfasern wegen angebaut. Zwei kräftige Männer mögen noch so fest an den beiden Enden eines Blattes ziehen, sie vermögen es nicht in zwei Teile zu zerreißen! Die Blätter werden bis 3 m lang bei einer Breite von 5 bis 12 cm. Sie haben einen roten Blattkiel und ebensolche Blattränder. Bei alten Pflanzen erscheinen in warmen Sommern die mächtigen, bis 3 m hohen Blütenschäfte mit den auffallend großen, stumpfroten bis gelben Blüten. Von Sir Joseph Banks 1771 in England eingeführt, in Deutschland bereits vor 1840 angeboten.

Es gibt eine ganze Reihe von Sorten mit gezeichneten oder farbigen Blättern, so 'Atropurpureum', dunkelviolett- bis rotblättrig, 'Atropurpureum Variegatum', auf dunkelrotem Grunde weiß-rosa gestreift, 'Variegatum', rot eingefaßt, sonst weißlich oder blaßgelb gestreift, 'Veitchianum' mit breiten cremeweißen Längsstreifen.
Phormium sind stattliche Kübelpflanzen, die im Sommer ihren Platz auf der Terrasse am Hause, auf dem Dachgarten oder im Garten selbst finden, am besten in voller Sonne, doch auch im Halbschatten gedeihen sie noch. Ihre Überwinterung erfolgt bei 4 bis 10°, am besten im Kalthaus oder einem anderen frostfreien Platz, aber stets hell. Im Sommer wird reichlich gewässert und wöchentlich einmal mit einer Volldüngerlösung gegossen, im Winter gibt man nur mäßige Wassergaben. Die Erde sei lehmig mit einem Zusatz alter Laub- oder Mistbeeterde und Sand. Die Vermehrung durch Aussaat ist nicht schwierig, doch dauert es einige Jahre, bis Sämlinge voll ausgewachsen sind. Schneller zu großen Pflanzen kommt man durch vorsichtige Teilung oder das Abtrennen einzelner Triebe.

Rohdea Roth
(Michael Rohde, 1782–1812, Arzt und Botaniker in Bremen)

Aspidistra nahestehende Gattung mit nur 2 Arten, von denen

R.japonica (Thunb. ex Murr.) Roth in den wärmeren Teilen Japans und Südwestchinas heimisch ist. Die dunkelgrünen, etwas fleischigen Blätter sind grundständig und zu 9 bis 12 in einer Rosette vereinigt. Sie sind 15 bis 45 cm lang und 5 bis 7 cm breit. Die im Mai und Juni erscheinenden rötlichen Blüten sitzen an einem oben verdickten Schaft in einer 1,5 cm dicken Ähre. Ihnen folgen rote Beeren. 1783 in England eingeführt.
Die Japaner lieben diese Pflanze sehr, als Folge davon gibt es dort eine Unzahl von Sorten, von denen aber nur wenige mit bunten oder größeren Blättern bei uns eingeführt wurden.
Sie sind selten gewordene, aber schöne Zimmerpflanzen, die sich besonders schön im Kalthause ausgepflanzt entwickeln. Dort nehmen sie noch mit Temperaturen um 0° vorlieb. Im übrigen gilt für ihre Pflege das gleiche wie für *Aspidistra*. Neben Teilung und Abtrennen von Nebentrieben lassen sie sich auch gut durch Aussaat vermehren.

Liliaceae 319

Phormium tenax

Vermehrt wird am besten durch Teilung oder Abtrennen von Sprossen mit einem Stück Wurzel. Samen braucht oft mehr als ein Jahr, bis er keimt.

R.aculeatus hält an halbschattigen, etwas trockenen Stellen des Gartens in durchlässigem, steinigem Boden jahrelang aus.

Tulbaghia L. corr. Giseke
(Rijk Tulbagh, 1699–1771, holländischer Gouverneur am Kap der guten Hoffnung)

Mit *Agapanthus* verwandte, ausdauernde immergrüne Kräuter mit schmalen Blättern, blattlosem Schaft und einer endständigen, von zwei Hochblättern umgebenen, wenig- bis vielblütigen Dolde, von denen etwa 25 Arten im tropischen und in Südafrika vorkommen. Alle zeichnen sich durch mehr oder weniger intensiven Lauchgeruch aus, der ihre Verwendung als Schnittblumen trotz ihrer großen Haltbarkeit ausschließt.

Eucomis bicolor

Ruscus L., Mäusedorn
(alter römischer Name der Pflanze)

Diese eigenartigen, kleinen immergrünen Halbsträucher kommen in 3 Arten im wärmeren Europa, England und dem ganzen Mittelmeergebiet sowie auf den Azoren und Madeira vor. Die starren Phyllokladien wirken blattartig und tragen fast durchweg auf ihrer Oberseite die kleinen Blüten. Alle 3 Arten, nämlich **R.aculeatus** L., **R.hypoglossum** L. und **R.hypophyllum** L., sind kulturwert, vor allem weil sie botanisch so interessant sind. Es sieht schon recht sonderbar aus, wenn auf den »Blättern«, die ja in Wirklichkeit Kurztriebe darstellen, die Blüten stehen.

Verwandt mit *Ruscus* sind **Danaë racemosa** (L.) Moench, der »Alexandrinische Lorbeer« aus Wäldern des nördlichen Syriens, Transkaukasiens und des Irans, ein bis meterhoher, immergrüner, verzweigter Busch mit 4 bis 7 × 1 bis 1,5 cm großen Kladodien, und **Semele androgyna** (L.) Kunth von den Kanarischen Inseln, ein dort bis 20 m emporwindender immergrüner Strauch, der sich aber nur für größere Kalt- oder Lauwarmhäuser eignet.

Sie gedeihen noch bei Temperaturen um 0°, aber besser hält man sie doch im normalen Kalthaus bei 8 bis 10°, wo sie noch im tiefen Schatten wachsen. Sie brauchen eine lehmige Erde, der etwas Humus in Form von Lauberde oder Torfmull zugesetzt ist. Im Sommer können sie im Freien stehen.

320 Liliaceae

Rohdea japonica

Ruscus aculeatus

Als reichblühende Topfpflanze ist besonders

T. violacea Harv. aus Südafrika zu empfehlen. Andere Arten sind wahrscheinlich einführenswert. Ihre Hauptblütezeit liegt im Frühjahr, häufig aber blüht sie im Spätsommer oder Herbst noch ein zweites Mal, besonders in sonnenlosen Regensommern. Die Blätter sind 20 bis 30 cm lang und nur 7 bis 12 mm breit. Die Blüten stehen in 8- bis 20blütigen Dolden am Ende bis 60 cm hoher, drahtiger Schäfte. Sie sind purpurviolett. 1838 in England eingeführt.
Vermehrt wird durch Aussaat, besser durch Teilung. Je mehr Triebe sich in einem Topfe befinden, desto reicher ist die Blüte. Die Art gehört im Winter ins helle und luftige Kalthaus, wo sie wenig Platz wegnimmt, im Sommer sonnig oder halbschattig ins Freie. Eine sandig-lehmige Rasenerde ist ihr zuträglich. Da sie keine besonderen Ansprüche stellt und regelmäßig ihre lange haltbaren Blüten bringt, ist sie gerade für den Liebhaber, aber auch für botanische Sammlungen empfehlenswert. Nur wer empfindlich gegen Lauchgeruch ist, der zumal in geschlossenen Räumen unangenehm sein kann, verzichte auf sie.

3. Einziehende Zwiebelpflanzen

Eucomis L'Hérit., Schopflilie
(griech. *eukomos, eukomes* = schönhaarig)

Von den 14 meist in Südafrika vorkommenden Arten werden einige bei uns gezogen. Es sind Zwiebelpflanzen mit oft großen Zwiebeln, grundständigen länglichen Blättern und grünlichen Blüten in dichter, verlängerter Traube. Eigenartig sind die vergrößerten Deckblätter, die den Blütenstand als Schopf abschließen.

E. autumnalis (Mill.) Chitt. (*E. undulata* Ait.), Südafrika, Sambia, Malawie, unterscheidet sich von den beiden anderen Arten durch etwas schmalere, mehr riemenförmige Blätter mit welltem Rande. Der Endschopf besteht aus 15 bis 30 gekrausten Blättern. 1760 in England eingeführt.

E. bicolor Bak. aus Natal hat eine große runde Zwiebel, die 5 bis 6 rinnenförmige Blätter mit gekraustem Rand trägt. Der Endschopf besteht aus länglichen, meist rotgeranderten Blättern. 1878 in England eingeführt.

E. comosa (Houtt.) Wehrh. (*E. punctata* (Thunb.) L'Hérit.) ist ebenfalls aus Südafrika und *E. bicolor* ähnlich. Sie hat wie diese Art etwa 60 × 7 bis 10 cm große, aber nicht gekrauste oder gewellte Blätter. 1752 in Holland eingeführt.

Durch die Eigenart des Blütenstandes auffallende Pflanzen, deren Zwiebeln im Winter trocken im Kalthaus aufbewahrt werden. Im Februar werden sie in frische lehmige Erde gesetzt und bis Mitte Mai hell und luftig bei 8 bis 10° gehalten. Dann nimmt man sie aus den Töpfen heraus und pflanzt sie, am schönsten in Verbindung mit anderen Blattpflanzen, an sonniger Stelle im Garten aus. So werden die Pflanzen viel kräftiger als bei Topfkultur. Vermehrt wird durch Ablösen der Nebenzwiebeln oder durch Aussaat; bei letzterer vergehen aber 2 bis 3 Jahre bis zur Ausbildung der blühfähigen Pflanze.

Gloriosa L., Ruhmesblume
(lat. *gloriosus* = ruhmvoll)

Die einzige, sehr formenreiche Art hat ihr Verbreitungsgebiet im tropischen Asien und Afrika, wo sie in Wäldern wachsen und sich mit den fadenförmigen, zu Ranken ausgezogenen Blattspitzen im Gesträuch festhalten. Es ist ein ausdauerndes, einen Teil des Jahres einziehendes Kraut mit dicken Knollen, hohen kletternden, oben oft verzweigten Stengeln und sehr ansehnlichen Blüten, die auf langen, einblütigen Stielen in den Achseln der oberen Blätter stehen. Die gewellten oder krausen, schmalen, lebhaft gefärbten Blütenblätter sind nach oben zurückgeschlagen, Staubblätter und Griffel stehen waagrecht.

G. superba L. (*G. simplex* L., *G. virescens* Sims, *G. rothschildiana* O'Brien) wächst in Wäldern und an Waldrändern tropischer Gebiete Asiens und Afrikas. Ihre Blüten sind 5 bis 7,5 cm lang, am Rande der Abschnitte stark gekraust, beim Erblühen grün, dann gelb und am Schluß tief scharlachrot. 1687 in Holland eingeführt. Eine sehr variable Art, nach D.V. Field sollten die früher als Arten bezeichneten Formen besser unter Sortennamen geführt werden.
Gloriosen gehören zu den schönsten Blütenpflanzen des Warmhauses. Sie sind nicht schwierig zu pflegen, blühen über einen langen Zeitraum hinweg, halten sich als Schnittblumen in der Vase und nehmen im Winter keinen Platz weg, da sie dann eingezogen im Topf ihre Ruhezeit durchmachen.
Knollen werden heute vielfach zusammen mit anderen nicht winterharten Blumenzwiebeln angeboten, ebenso Samen. Kräftige Pflanzen bilden meist zwei Nebenknollen aus, die zur Vergrößerung des Bestandes ausreichen. Samen wird im Warmhaus ausgesät. Die Jungpflanzen sind besonders nach dem Aufgehen empfindlich gegen zuviel Feuchtigkeit, darum ist gerade in diesem Stadium sehr vorsichtig zu gießen. Bis zur Blühfähigkeit vergehen 2 bis 3 Jahre. Die vielfach winkelförmig geformten Knollen werden vollkommen trocken im Warmhaus – am besten bei etwa 18° – überwintert, am besten im gleichen Gefäß, in dem sie standen. Erst im Februar oder März schüttelt man die alte Erde aus und pflanzt sie neu in 15 bis 20 cm große Töpfe.

Das Legen in den Endtopf ist späterem Verpflanzen vorzuziehen. Als Erde nehme man Einheitserde oder Lauberde mit Zusatz von lehmiger Rasenerde, Torfmull, Sand und verrottetem Kuhmist oder Hornspänen. Sobald die jungen Triebe erscheinen, gebe man ihnen Stäbe, an die sie aufgebunden werden, besser aber 1,50 m hohe Erbsenreiser, an deren Zweigen sie sich mit ihren Blattranken festklammern. Während des Wachstums werden sie reichlich gewässert und halbschattig im feuchten, aber luftigen Warmhaus gehalten. Man kann sie auch von Anfang Juni bis September ins Freie stellen oder aber an halbschattiger Stelle, etwa in Verbindung mit Rhododendron oder Farnen, in humosen Boden auspflanzen. Dies scheint aber nur dort erfolgreich zu sein, wo die Nächte feucht und taureich sind, also in gewissen Höhenlagen wie z.b. in München, wo Schacht sie im Nymphenburger Botanischen Garten viele Jahre während des Sommers im Freien gezogen hat.

Ipheion Raf.
(griechischer Name unbekannter Bedeutung)

Etwa 10 Arten kleiner Zwiebelgewächse aus Uruguay, Argentinien und Chile, die beim Zerreiben der Blätter nach Zwiebeln riechen. Einzige bei uns gezogene Art ist

I. uniflorum (Grah.) Raf. (*Triteleia uniflora* Lindl., *Brodiaea uniflora* (Lindl.) Engl.) aus Brasilien, Uruguay und Argentinien, die unter Glas im Januar und Februar blüht. Es hat kleine Zwiebelchen, flache graugrüne, 15 bis 30 cm lange und 3 bis 8 mm breite Blätter sowie einblütige Blütenschäfte. Die Blüten sind weiß, aber zartviolett überhaucht, bei der Sorte 'Froyle Mill' tief violett, 2 bis 4 cm lang, mit einer trichterförmigen Röhre, die so lang wie die Abschnitte ist. 1832 in England eingeführt, um 1848 in Belgien.
Vermehrung und Pflege wie bei *Lachenalia* angegeben. Sie sind wie diese besonders schön in durchbrochenen Tonkugeln oder solchen aus Draht oder Plastik, die nach dem Austrieb der Zwiebeln wie grüne Igel aussehen. Im Gegensatz zu *Lachenalia* läßt sich die Blüte durch höhere Wärme nicht verfrühen. Im übrigen ist diese Art jahrelang im Garten winterhart. Dort blüht sie allerdings erst von April an. In sehr kalten Wintern und bei ungenügender Decke erfrieren sie meist. Zwiebeln werden in Holland und auch in manchen deutschen Katalogen angeboten.

Lachenalia Jacq.f.
(Werner de la Chenal, 1736–1800, Professor der Botanik in Basel)

Von den 60 südafrikanischen Arten werden nur wenige bei uns gezogen. Es sind Zwiebelpflanzen mit 1 bis 5 dicklichen, länglichen bis fast stielrunden Blättern und aufrechten bis hängenden, in einfachen Ähren oder Trauben angeordneten Blüten.
Ein lohnendes Ziel für den Liebhaber wäre es, eine große Sammlung dieser Gattung zusammenzubringen, da alle Arten schöne, zumindest aber eigenartige Blüten haben. In Südafrika dürfte Samen vieler Arten zu haben sein. Am verbreitetsten bei uns ist

L. aloides (L.f) Aschers. et Graebn. (*L. tricolor* Jacq.f.) mit einigen Sorten. Die Blütezeit liegt zwischen Januar und März. Jede Zwiebel trägt zwei 15 bis 20 × 1,5 bis 4 cm große, rotbraun gefleckte Blätter und einen 15 bis 20 cm hohen Schaft mit 5 bis 12 cm langer Blütentraube. Die hängenden Blüten sind 2,5 cm lang und 5 bis 8 mm breit, gelb, scharlachrot und grün. 1774 in England eingeführt.
Unter den Sorten – den *L.*-Aloides-Hybriden – finden wir in dem Bereich von Gelb bis Orange und Grün eine ganze Reihe verschiedener Kombinationen, auch in der Blütengröße weichen sie voneinander ab.
Die Vermehrung geschieht aus den in reichlicher Zahl gebildeten Brutzwiebeln. Innerhalb eines Jahres verdoppelt sich die Zahl der Zwiebeln, und von diesem Zuwachs ist etwa ein Drittel blühfähig, die übrigen im folgenden Jahre. Bei der Anzucht aus Samen muß man 2 bis 3 Jahre auf die ersten Blüten warten. Auch die noch nicht blühfähigen Zwiebeln machen wie die alten jährlich von Mai bis September eine Ruhezeit durch, während der sie keinen Tropfen Wasser bekommen dürfen, ja die Gefäße, in denen sie stehen, dazu noch der prallen Sonne ausgesetzt werden sollten. Ende August, Anfang September werden sie zu mehreren in Schalen oder Töpfe in alte Lauberde mit Zusatz brockiger, lehmiger Rasenerde oder aber in Einheitserde gelegt, und zwar so, daß die Zwiebelchen 2 bis 3 cm hoch mit Erde bedeckt sind. Nach dem Einpflanzen bleiben sie bei mäßigem Gießen im Freien, im Oktober kommen sie in ein Kalthaus, wo sie luftig, hell und kühl bis zur Blütenbildung stehen oder hängen sollten. Erst wenn man die Blütenstiele am Grunde der Blätter bereits sehen kann, schadet eine Erhöhung der Wärme von 8 bis 10° auf 12 bis 15° nichts, ist aber nur dort nötig, wo man die Blüte verfrühen will. Nach dem Abblühen

Gloriosa superba

werden die Pflanzen in gleicher Weise weitergepflegt, bis sie durch Welken und Gelbwerden der Blätter die beginnende Ruhezeit anzeigen. Lachenalien sind auch ausgezeichnete Schnittblumen, die 1 bis 2 Wochen in der Vase halten.

Legt man die Zwiebeln in durchbrochene Tonkugeln oder Draht- oder Plastikkörbe, dann entwickeln sich unter den gleichen Bedingungen vollbelaubte runde Kugeln, aus denen später nach allen Richtungen die Blütenstiele ragen.

Urginea Steinh., Meerzwiebel
(Beni Urgin, ein Araberstamm in Algerien)

Zwiebelpflanzen mit grundständigen, mehr oder weniger großen schmallinealischen oder riemenförmigen Blättern, die aber zur Blütezeit bereits abgestorben sind. Von den etwa 100 von Südafrika bis zum Mittelmeergebiet und in Indien verbreiteten Arten trifft man hin und wieder einmal die interessante

U. maritima (L.) Bak., die »Echte Meerzwiebel«. Sie ist sehr giftig und enthält das herzanregende Glykosid Scillaren. Außerdem wurde sie vor Entwicklung der modernen Rattenvernichtungsmittel fast ausschließlich zur Rattenbekämpfung verwendet. Sie entstammt dem Mittelmeergebiet, wo sie wie an den Küsten Portugals und der Kanarischen Inseln oft in Mengen vorkommt. Da sie keinen besonderen schönheitlichen Wert besitzt, wird sie heute außerhalb botanischer Sammlungen kaum noch gezogen. Im Kalthaus ist sie ohne

Lachenalia aloides 'Nelsonii'

Veltheimia bracteata

Schwierigkeit zu halten. Auch während der Ruhezeit, die sich durch Gelbwerden der Blätter ankündigt, soll die Zwiebel hell stehen. Erst wenn in der Mitte der neue Trieb sich zeigt, ist langsam wieder zu gießen. Sie wurde 1829 in England eingeführt, wenig später kam sie wohl auch nach Deutschland.

Veltheimia Gled.
(August Ferdinand von Veltheim, 1741–1801, Förderer der Botanik)

Nach der Blüte einziehende Zwiebelpflanzen, von denen 5 südafrikanische Arten bekannt sind. Ihrer ansehnlichen Blüten wegen trifft man

V. bracteata Bak. (*V. capensis* hort., *V. viridifolia* Jacq.) häufiger an. Sie blüht von Mitte Dezember, Januar bis Ende Februar, Anfang März und ruht von Mai bis August, Anfang September. Sie hat 20 bis 30 × 10 bis 13 cm große, glatte wellige Blätter. Der Blütenschaft ist braunrot punktiert und trägt eine Traube mit zahlreichen ansehnlichen, hängenden Blüten. Diese sind in ihrem oberen Teil gelblichgrün, im unteren hellrot. 1768 in England eingeführt. Die Vermehrung aus Samen ist sehr langwierig, dauert es doch 3 bis 4 Jahre von der Aussaat bis zur Blüte. Besser ist also die Abnahme der Brutzwiebeln. Diese werden dann sehr ausgiebig gebildet, wenn man den Zwiebelboden aushöhlt. Während der Ruhezeit stirbt das Laub ab. Sie sind dann von Mai bis in den August hinein völlig trocken zu halten. Erst wenn man die ersten grünen Spitzchen entdeckt, wird die alte Erde ausgeschüttelt und in Einheitserde oder in lehmige Rasenerde, der man etwas alte Laub- oder Mistbeeterde beimischen sollte, in den gleichen, etwa 14 bis 16 cm großen Topf einzeln, besser zu dritt wieder eingepflanzt, und zwar so, daß das obere Drittel der Zwiebel aus der Erde ragt. Nun stellt man sie bis zur Blüte in ein helles und luftiges Kalthaus, wo sie bei etwa 10° am besten gedeihen.

Linaceae
Leingewächse

Reinwardtia Dumort., Strauchlein
(Caspar Georg Carl Reinwardt, 1773–1854, Botaniker, Chemiker und Naturhistoriker, Direktor des Botanischen Gartens Leyden, Gründer des berühmten Botanischen Gartens Bogor (Buitenzorg) auf Java)

Je nach Auffassung 1 oder 2 Arten in den Gebirgen Nordindiens.

R. indica Dumort. (*R. tetragyna* Planch., *R. trigona* (Roxb.) Planch.). Um 60 cm hoher Halbstrauch mit glatten dünnen, fiedernervigen, länglich-verkehrt-eiförmigen, gestielten Blättern und einzeln oder zu wenigen in achsel- oder endständigen, trugdoldenartigen Büscheln erscheinenden, bis 5 cm breiten goldgelben Blüten, deren Kronblätter am Grunde zu einer kurzen Röhre verwachsen sind. Nach Boom bereits 1785 in England in Kultur.

Hübsche, von Oktober an den ganzen Winter hindurch blühende Topfpflanze für Kalthäuser mit einer Wintertemperatur von 10 bis 12°, keinesfalls kälter oder wärmer. Vermehrt wird im März durch Aussaat, besser durch kräftige Stecklinge am besten von Bodentrieben, die sich bei 12 bis 15° bald bewurzeln. Sie blühen bereits im darauffolgenden Winter. Nur einjährige Kultur lohnt, da zwei- und mehrjährige Pflanzen an Wuchs- und Blühwilligkeit abnehmen. Auch im Sommer bleiben die Jungpflanzen unter Glas, entweder im hellen und luftigen Kalthaus oder in einem Frühbeet unter leichtem Schatten. Mehrmaliges Stutzen ist für reichliche Verzweigung Voraussetzung. Einheitserde hat sich am besten bewährt. Während des ganzen Jahres ist stets vorsichtig zu gießen, da sie gegen zuviel Feuchtigkeit sehr empfindlich sind. Bei Sonne sollten sie im Sommer mehrmals täglich mit einer feinen Spritze eingenebelt werden.

Reinwardtia indica

Loganiaceae
Loganiengewächse

Neuerdings werden *Spigelia* und zwei andere Gattungen wieder von den *Loganiaceae* abgezweigt und zu der Familie Spigeliaceae vereinigt. Doch sind die Unterschiede zwischen beiden Familien so gering, daß wir hier bei der alten Zuordnung zu den *Loganiaceae* bleiben.

Spigelia L.
(Adriaan van den Spieghel, 1578–1625, holländischer Arzt und Botaniker, Professor der Anatomie in Padua)

Etwa 50 Arten ein- oder mehrjähriger Kräuter, deren Verbreitung sich von den wärmeren USA bis nach Südamerika erstreckt. Eine sehr schöne Art, leider selten geworden, wenn nicht sogar ganz aus den Kulturen verschwunden, ist

S. splendens H. Wendl. ex Hook., Costa Rica und Guatemala, eine 30 bis 50 cm hohe Staude mit fleischigen Wurzeln. Sie hat Triebe, die in ihrer unteren Hälfte blattlos sind. In der oberen Hälfte erscheinen zunächst zwei gegenständige Blätter, darüber ein Quirl von 4 kreuzgegenständigen, 10 bis 12 cm langen Blättern. Die Blüten sitzen in endständigen, etwas überhängenden Trauben und sind 2,5 bis 3 cm lang, kirschrot mit weißen Spitzen. 1860 in Deutschland eingeführt.

Vermehrung durch Teilung oder Aussaat; Samen aber werden bei uns nur nach künstlicher Bestäubung angesetzt. Mit dem Welken der Triebe im Laufe des Septembers beginnt die Ruhezeit, während der die Töpfe mit den Pflanzen in einem Kalthaus bei etwa 10° gehalten werden. Im Februar bis März beginnt das neue Wachstum. Jetzt werden die Pflanzen geteilt und die Teilstücke in nicht zu große Töpfe in Einheitserde oder eine humos-lehmige Mischung gesetzt und im Warmhaus angetrieben. Von Mai an aber ist ein Stand in einem luftigen Kalthaus zuträglicher. Von Juli an erscheinen als Abschluß jedes Triebes meist zu zweit die endständigen, einseitswendigen, etwas überhängenden Blütentrauben. Die Pflanze ist so schön, daß man sich um die Wiedereinfuhr aus Costa Rica bemühen sollte.

Lowiaceae
Lowiagewächse

Kleine, 1 Gattung enthaltende, den Marantaceae nahestehende Familie

Orchidantha N. E. Br.
(griech. *orchis* = Orchidee, *anthos* = Blüte)

Merkwürdige, nur 8 Arten umfassende Gattung, deren systematische Stellung seit langem umstritten ist. Auch heute noch bestehen Zweifel darüber, ob sie überhaupt zur Reihe *Scitamineae* gehört. Alle Arten sind niedrige, ausdauernde Kräuter mit zweizeiligen, parallelnervigen Blättern und orchideenähnlichen Blüten. Ihre Heimat liegt in Südchina, Hainan, Malakka und Borneo. In europäischen Sammlungen befindet sich als Seltenheit

O. maxillarioides (Ridl.) K. Schum. von der Insel Pulan Tawar an der Ostseite der Halbinsel Malakka. Sie wird 20 bis 30 cm hoch, hat langgestielte lederige, 20 × 7 bis 8 cm große Blätter und dunkelviolettpurpurfarbene, in Form und Farbe an *Maxillaria* erinnernde Blüten, die an dünnen Stielen unter dem Laube stehen. Sie erscheinen während des Sommers in großer Zahl. 1894 in England eingeführt.
Vermehrt werden kann nur durch sehr vorsichtige Teilung, bei der man die Teilstücke möglichst groß hält. Kultur im Warmhaus, das auch im Winter nicht kühler als 20° gehalten wird, schattig und luftfeucht, in recht humoser, durchlässiger Erde, also unter den gleichen Bedingungen wie die kleineren und empfindlicheren unter den Marantagewächsen.

Cuphea micropetala

Lythraceae
Weiderichgewächse

Die mit *Myrtaceae* und *Punicaceae* verwandte Familie enthält 25 Gattungen mit etwa 550 Arten, deren Hauptverbreitungsgebiet in den Tropen und Subtropen, besonders Amerikas, liegt. Es sind meist Kräuter, selten Halbsträucher, Sträucher oder Bäume. In unseren Gärten werden nur wenige gezogen, so als Staude *Lythrum salicaria* L., der Blutweiderich, und *L. virgatum* L., der Rutenweiderich. In subtropischen Gärten, aber auch als Straßenbaum angepflanzt findet man *Lagerstroemia indica* L., die im Schmucke ihrer rosafarbenen, roten oder weißen Blüten ganz prächtig aussieht und den Oleandern an Schönheit kaum nachsteht. Sowohl einjährige als auch einige mehrjährige Zierpflanzen enthält die Gattung *Cuphea*.

Cuphea P. Br., Köcherblümchen
(griech. *kyphos* = Höcker)

Mit etwa 250 Arten ist diese Gattung im wärmeren Amerika und in Hawaii verbreitet. Sie enthält sowohl Kräuter als auch Halbsträucher und Sträucher. Die Blütenröhre ist oft kronblattartig gefärbt, gekrümmt, höckerig oder gespornt. Als Einjahrsblumen werden *C. lanceolata* Ait. und *C. procumbens* Cav. mit einigen Sorten in den Gärten gezogen, ebenso die mehrjährige *C. llavea* Llave et Lex.

C. hyssopifolia H. B. K. aus Mexiko und Guatemala ist ein reichverzweigtes immergrünes, dichtbeblättertes Sträuchlein mit linealischen oder lanzettlichen, bis 2 cm langen Blättern und kleinen in den Blattachseln sitzenden, gestielten roten, rosa oder weißen Blüten mit 6 einander gleichen Kronblättern. Im Süden seit langem häufiger in den Gärten, in Deutschland etwa seit 1985 als Topfpflanze angeboten.
Das ganze Jahr hindurch ist sie hell, kühl und luftig zu halten, während des Sommers kann sie im Freien stehen. Die Blüten sind zwar klein, erscheinen aber vom Sommer bis in den Herbst in ununterbrochener Folge. Vermehrung leicht aus Stecklingen, die nach ihrer Bewurzelung zu dritt in Töpfe mit Einheitserde P gesetzt und mehrmals gestutzt werden.

C. ignea A. DC., das Zigarettenblümchen aus Mexiko, ist ein reichverzweigter, niedriger, 30 cm Höhe nicht übersteigender, ausgebreiteter Halbstrauch, der von Mai bis zum Herbst in ununterbrochener Folge seine schönen und eigenartigen Blüten bringt. Ihre Röhre ist leuchtend rot und an der Mundöffnung mit einem schwarzen Ring mit weißer Zone gezeichnet. 1845 in Belgien eingeführt.
Sie werden im Kalthaus überwintert. Dazu nimmt man am besten Herbststecklinge, die zu 6 bis 8 in kleine Töpfe gesteckt wurden. Zigarettenblümchen sind für die Bepflanzung von Balkonkästen genauso schön wie zur Pflanzung im Garten, etwa auf gemischten Sommerblumenbeeten.

C. micropetala H. B. K., ebenfalls aus Mexiko, ist ein Spätherbst- und Winterblüher. Sie wächst als Halbstrauch von 30 bis 60 cm Höhe und trägt ihre Blüten in endständigen beblätterten Trauben. Sie sind 2,5 cm lang. Ihre Röhre ist am unteren Ende scharlachrot, an der Spitze schwefelgelb und zusammengeschnürt. Eingeführt 1824.
Im Sommer stellt man sie an eine sehr sonnige Stelle ins Freie, im Winter gehören sie in das nicht zu kühle Kalthaus, wo sie am besten bei einer Temperatur von 10 bis 12° gedeihen. Sie wachsen gut in Einheitserde oder einer Mischung aus ⅔ lehmiger Rasenerde und ⅓ Lauberde. Sie sind keine sehr auffallenden Pflanzen, blühen aber über einen sehr langen Zeitraum.

Auffallend dagegen ist die schöne **C. lanceolata** Ait. f., ein immergrünes Sträuchlein aus Mexiko, das den Sommer hindurch überreich blüht. Die Blüten haben eine purpurn gestreifte Kelchröhre und tiefviolett Kronblätter. Die Staubblätter sind dicht mit purpurrosa Haaren bedeckt.

Lagerstroemia L.
(Magnus von Lagerström, 1691–1759, Freund Linnés, Direktor der Ostindischen Kompanie in Göteborg)

53 Arten großer und auch kleinerer Bäume und Sträucher, verbreitet vom tropischen Asien bis Nordaustralien, von denen die folgende Art als Zierstrauch oder kleiner Baum in allen tropischen und substropischen Ländern angepflanzt wird.

L. indica L. hat ihre ursprüngliche Heimat in China und Korea. Sie ist ein laubabwerfender, 3 bis 7 m hoher, oft mehrstämmiger Baum oder Strauch mit vierkantigen Zweigen, sitzenden oder sehr kurzgestielten, 3 bis 6 × 1 bis 4 cm großen Blättern und in endständigen, 4 bis 20 cm langen, reichblütigen Rispen sitzenden, 3 bis 4 cm breiten, von Juli bis Anfang Oktober erscheinenden Blüten. Diese sind je nach Sorte weiß, rahmgelb, rosenrot oder rot mit vielen Zwischentönen. Bereits 1769 in England eingeführt.

Vermehrung durch Aussaat im Warmhaus oder der besten Typen durch Kopfstecklinge im April bis Mai von angetriebenen Pflanzen. Unter Folie bewurzeln sie sich bei geringer Bodenwärme ziemlich bald. Überwinterung und Pflege unterscheidet sich kaum von derjenigen der Granaten (*Punica granatum*) oder des Oleanders. Wie diese sind sie ausgezeichnete Kübelpflanzen für Terrasse, Dachgarten und Balkon. Sie blühen aber nur dann, wenn man sie Ende März kräftig zurückschneidet, weil Blüten nur am jungen Holz gebildet werden. Auf Stutzen auch der Jungpflanzen kann man verzichten, da sie sich von Jugend an genügend selbst verzweigen.

In Japan entstanden niedrigbleibende, sich als blühende Topfpflanzen eignende Sorten, deren Samen als Mischung verschiedener Farben angeboten werden und die bereits 7 Monate nach der Aussaat blühen. Dem Liebhaber, der sich ja nur wenige Pflanzen halten kann, sei empfohlen, die Typen mit den schönsten und kräftigsten Blütenfarben auszulesen und durch Stecklinge weiterzuvermehren. Ausgesät wird im Laufe des Januars im Warmhaus bei etwa 20°. Nach einmaligem Pikieren wird gleich in den 11 cm großen Endtopf gepflanzt, am besten in Einheitserde oder aber in TKS, dem man aber etwa $\frac{1}{4}$ lehmige Erde beimischen sollte. Bis zum Eintopfen stehen die Sämlinge bei etwa 18° Nachttemperatur, nach dem Eintopfen bei 15 bis 18°, stets hell und luftig.

Wie Granaten und Oleander blühen als Kübelpflanzen gezogene Lagerstroemien nur reich in warmen und sonnigen Sommern, in Regensommern versagen sie meist.

Malpighiaceae
Malpighiengewächse

Mitglieder dieser Familie mit etwa 800 Arten in 60 Gattungen sind ein wesentlicher Bestandteil der Lianen-Vegetation tropischer Wälder, vor allem derjenigen Südamerikas. Nur wenige aufrechtwachsende Holzpflanzen sind in der Familie enthalten. Die meist ungeteilten Blätter haben Nebenblätter und stehen meist gegenständig. Die Blüten sind, zumindest im Fruchtknoten, immer schräg und unregelmäßig. In den Gewächshäusern werden nur wenige Arten der Gattungen *Heteropteris* H.B.K., *Thryallis* Mart. und *Malpighia* L. gezogen.

Malpighia L.
(Marcello Malpighi, 1628–1694, bedeutender italienischer Anatom und Botaniker, Professor in Bologna. Benutzte als erster ein Mikroskop zu seinen Untersuchungen)

Etwa 35 Arten von Bäumen und Sträuchern mit gegenständigen glattrandigen oder stachelig-gezähnten Blättern sind im tropischen Amerika und Westindien verbreitet. Ihre achsel- oder endständigen, meist gehäuft stehenden Blüten sind rot, rosa oder weiß. Einige Arten wie *M.glabra* L. und *M.punicifolia* L. werden unter dem Namen »Barbados-Cherry« ihrer eßbaren Früchte wegen, die zur Herstellung von Kompott oder Fruchtsaft dienen, angebaut. Für botanische Sammlungen ist **M.urens** L. aus Westindien interessant. Auf der Unterseite ihrer Blätter sitzen lange Brennhaare, deren Spitzen bei Berührung abbrechen und in der Haut steckenbleiben. Für den Liebhaber aber ist

M.coccigera L., auf den Westindischen Inseln beheimatet, in den Subtropen häufig als dichte Hecke angepflanzt, sowohl ihres hübschen Wuchses als auch ihrer schönen Blüten wegen zu empfehlen. Sie wächst sich im Laufe der Jahre zu einem 30 bis 60, seltener einmal bis zu 100 cm hohen Strauch aus. Ihre Blätter sind klein, bis 2 cm lang, eiförmig-rundlich und stark gezähnt. Meist im Laufe des Sommers bedeckt sich der ganze immergrüne Busch über und über mit den leider nicht sehr haltbaren, gefransten pfirsichroten Blüten. 1733 eingeführt.

Da Samen selten angesetzt werden, ist man auf die Vermehrung durch halbreife Stecklinge angewiesen. Diese werden im geschlossenen Beet bei 25 bis 30° gehalten, am besten steckt man sie zu dritt in Stecklingstöpfe. Bis zur Bewurzelung dauert es immerhin 4 bis 6 Wochen. Die Weiterkultur erfolgt im hellen, aber schattigen Warmhaus in lockerer Rasen- oder in Einheitserde. In der Jugend sollte man die Jungpflanzen 2- bis 3mal entspitzen, um eine reiche Verzweigung zu erreichen. Auch ohne Blüten sind die dicht verzweigten kleinen Sträucher mit den glänzenden Blättern ein Schmuck auch des kleinen Warmhauses.

Lagerstroemia-Indica-Hybride

Malvaceae
Malvengewächse

Kräuter, Sträucher und Bäume mit wechselständigen, ungeteilten oder gelappten handnervigen Blättern mit Nebenblättern und meist ansehnlichen Blüten. Kelch und Krone sind fünfzählig, häufig ist ein Außenkelch vorhanden. Die Staubblätter sind zu einer Röhre verwachsen. Der einzige Griffel teilt sich meist an seinem Ende in soviel narbentragende Zweige als Fruchtblätter vorhanden sind. Die kugeligen Pollenkörner sind besonders groß und stachelig. Die Familie umfaßt 75 Gattungen mit über 1000 Arten, die über die ganze Erde verbreitet sind, ihre reichste Entwicklung jedoch in den Tropen finden.

Abutilon Mill.
(aus dem arabischen *aubutilun*, ein von Avicenna für diese oder eine verwandte Gattung gebrauchter Name)

Abutilon-Hybride

Etwa 150 Arten wachsen in vielen tropischen und subtropischen Gebieten. Der Kelch ist fünfspaltig, ein Hüllkelch ist nicht vorhanden. Die Griffelenden, an deren Spitzen die Narben sitzen, sind fadenförmig oder keulig. Alle sind Kräuter oder Sträucher mit achselständigen, ansehnlichen Blüten. Bei mehreren Arten finden sich Sorten mit bunten Blättern. Diese Buntblättrigkeit ist eine durch Virusbefall hervorgerufene infektiöse Panaschierung.

A. darwinii Hook. f. aus Brasilien ist ein bis meterhoher, das ganze Jahr hindurch blühender, weichhaarig-filziger Strauch. 1871 in England eingeführt. Er ist nur selten in Kultur, war aber wertvoll als einer der Eltern der *Abutilon*-Hybriden.

A. megapotamicum (Spreng.) St.-Hil. et Naud. (*A. vexillarium* E. Morr.) aus dem brasilianischen Staate Rio Grande blüht vom Frühling bis in den Spätsommer hinein. Die dünnen Äste werden sehr lang und hängen mehr oder weniger über. Die achselständigen Blüten hängen an langen Stielen, haben einen aufgeblasenen, fünfkantigen, purpurroten Kelch und gelbe, am Grunde purpurfarbene Kronblätter; letztere überragt das tiefviolette Staubblatt-

Abutilon megapotamicum

Gossypium herbaceum, Blüte

Gossypium herbaceum, Fruchtkapsel

bündel. Das ganze ist eine wirklich wunderbare Kombination verschiedener Farben. 1863 in Belgien eingeführt. In Kultur befindet sich fast ausschließlich die Sorte 'Aureum' mit gelbpanaschierten Blättern.

A. pictum (Gill. ex Hook. et Arn.) Walp. (*A. striatum* Dicks. ex Lindl.) aus Brasilien ist ein krautiger Strauch, der einmal als Elter der Hybriden wertvoll ist, zum anderen aber Sorten mit panaschierten Blättern hervorgebracht hat, die auch heute noch gezogen werden, vor allem 'Thompsonii' mit goldgelb gescheckten Blättern.

Abutilon-Hybriden sind durch Kreuzungen verschiedener Arten entstanden. Am stärksten an ihrer Entstehung beteiligt waren *A. darwinii* und *A. pictum*. Es entstanden aufrechtwachsende Sorten mit großen Blüten in verschiedenen Farben. Früher gab es eine größere Zahl von Namensorten, die aber bis auf wenige verschwunden sind. Benary, Hann.-Münden, bietet Samen von Hybriden an, bei deren Aussaat im Januar man schon im gleichen Sommer eine im Wuchs ziemlich gleichmäßige Nachkommenschaft mit verschiedenfarbigen Blüten bekommt.
Hierher soll auch die heute noch angebotene Sorte 'F. Savitzer' ('Andenken an Bonn') mit weißgescheckten Blättern gehören. Im Gegensatz zu der durch eine Virusinfektion hervorgerufenen gelben Panaschierung verschiedener *Abutilon* soll es sich hier um eine Chimäre handeln, die nur durch Stecklinge weiterzuvermehren ist.

Die Hybriden werden durch Aussaat im Januar bis Februar bei etwa 20° vermehrt; nur wo es sich um die Erhaltung besonderer Farbensorten oder um die Erhaltung der buntblättrigen Sorten handelt, wird im Spätwinter durch Stecklinge vermehrt, die ins warme Vermehrungsbeet gesteckt bald wurzeln. *A. megapotamicum* ist eine schöne Ampelpflanze, noch schöner aber wirkt sie als Hochstamm gezogen. Hierzu werden starkwüchsige Sämlinge oder Stecklinge starkwüchsiger Hybriden eintriebig bis zu der später gewünschten Höhe herangezogen. Im Januar bis Februar kann dann auf die Äste der Krone veredelt werden. 6 bis 8 Edelreiser je Krone sind ausreichend. Die Veredlung hat im Warmhaus zu erfolgen. Nach etwa 2 Jahren hat man ein reichblühendes Hochstämmchen, das vom Frühling bis zum Herbst ununterbrochen blüht. Im übrigen werden alle *Abutilon* in Einheitserde oder eine lehmige Praxismischung gepflanzt, zunächst warm gehalten, bei Erreichen der endgültigen Größe abgehärtet und bis auf *A. megapotamicum* am besten im Freien an sonniger Stelle ausgepflanzt. Vor allem *A. pictum* 'Thompsonii' entwickelt sich bis zum Herbst bis zu 2 m hohen, reichblühenden Büschen. Man kann sie beim Herausnehmen Ende September stark zurückschneiden, wieder eintopfen und bei etwa 10° überwintern. Sie gehören als Einzelpflanzen auf die Terrasse am Hause, wo sie auch in großen keramischen Gefäßen gut gedeihen, oder in eine Blattpflanzenrabatte. Die Sämlinge können für die Bepflanzung von Balkonkästen, besonders wenn sie etwas hoch stehen, verwendet werden. Da die Blüten etwas im Laube stecken, sollte man von unten in sie hineinsehen können.

Anisodontea K. B. Presl, Scheinmalve
(griech. *anisos* = ungleich)

Von den 19 in Südafrika vorkommenden Arten hat nur

A. capensis (L.) D. M. Bates (*Malvastrum capense* (L.) Garcke) heute wieder eine gewisse Bedeutung als Zimmerpflanze erlangt. Diese Art bildet einen verzweigten, bis meterhohen, leicht klebrigen Strauch mit sehr zahlreichen kleinen dunkelroten Blüten, die von Juni bis September in reicher Folge erscheinen. Seiner Reichblütigkeit wegen erhielt er in Norddeutschland, den Namen »Fleißiges Lieschen«. 1795 in England eingeführt.
Es gedeiht im Winter bei 10 bis 12°, im Sommer im Freien, stets hell und sonnig. Als Erde nehme man Einheitserde oder lehmige Gartenerde. Vermehrt wird durch Aussaat oder Stecklinge.

Gossypium L., Baumwolle
(lat. *gossypion, gossypinum* = Baumwollpflanze bei den Arabern)

Kräuter oder Sträucher mit großen Blüten und einer drei- bis fünffächerigen Kapsel. Jedes Fach enthält 5 bis 7 etwa erbsengroße Samen, die dicht mit Fasern, der »Baumwolle«, bedeckt sind. Es gibt sowohl altweltliche als auch neuweltliche Arten, aus denen schon im Altertum Baumwolle gewonnen wurde. Heute stammt ein großer Teil aller Textilfasern von der Baumwolle. Selbst die synthetischen Fasern haben sie nicht verdrängen können. Im kleinen Gewächshaus lassen sich am besten **G. herbaceum** L. und **G. hirsutum** L. aus Samen heranziehen. Doch muß man sie schon im Februar bei etwa 20° aussäen, da bei späterer Aussaat keine Früchte mehr ausgebildet werden. Man legt 3 bis 5 Korn in kleine Töpfe mit Einheitserde. Schon nach wenigen Tagen gehen die Samen auf. Bis zur Blütenbildung werden die Pflanzen warm, hell und luftig weitergezogen. Erst wenn sich die Blütenknospen zeigen, sollte man sie luftiger und kühler halten. Im Spätsommer erscheinen an der gleichen Pflanze Knospen, Blüten und Früchte in allen Stadien ihrer Entwicklung. Bei der Reife quellen die Haare wie weiße Wattebäusche aus der aufplatzenden Kapsel hervor.

Hibiscus L., Eibisch
(klassisch griechischer und lateinischer Pflanzenname)

250 bis 300 Arten von Bäumen, Sträuchern und Kräutern dieser Gattung sind in wärmeren Ländern weit verbreitet. Die meist einzeln in den Blattachseln erscheinenden Blüten sind vielfach groß und auffallend. Unter den Arten befinden sich auch einige Nutzpflanzen, so *H. cannabinus* L., eine Faserpflanze, verbreitet vom tropischen Afrika bis Vorderindien. Als dankbare Einjahrsblume zu empfehlen ist *H. trionum* L., der Stundeneibisch, mit nankingelber, am Grunde schwarzpurpurfarbener Blütenkrone. Als Staude gezogen wird *H. moscheutos* L., der Sumpfeibisch, und als schöner Blütenstrauch *H. syriacus* L., der Roseneibisch unserer Gärten mit vielen Sorten. Von den tropischen Arten, die im Zimmer, Blumenfenster oder Gewächshaus gezogen werden können, seien hier als die schönsten nur die nachfolgenden beiden Arten genannt.

H. rosa-sinensis L., der »Chinesische Roseneibisch«, wahrscheinlich ursprünglich in China zu Hause, heute aber in allen tropischen Ländern als Gartenpflanze weit verbreitet, blüht bei uns vom Frühling bis zum Herbst. Die Sträucher können selbst bei uns 3 m hoch werden. Ihre Blüten erreichen eine Größe von 10 bis 15 cm und sind bei der Art rosenrot, bei den Sorten rot, weiß, gelb, orange, rosa oder isabellfarben, einfach oder mehr oder weniger gefüllt. In Holland bereits 1687 kultiviert. Die Sorte 'Cooperi', um 1862 in Belgien eingeführt, hat kleine, unregelmäßig geformte, weiß, rosa und karminrot gescheckte Blätter und kleine rosarote Blüten.

H. schizopetalus (Mast.) Hook. f. aus dem tropischen Ostafrika ist im Habitus

Malvaceae

Anisodontea capensis

Goethea cauliflora

Hibiscus rosa-sinensis

Pavonia multiflora

der vorigen ähnlich, nur hängen ihre Zweige leicht über. Die Blüten hängen an langen Stielen herab, ihr Kelch ist röhrenförmig, die Kronblätter rot oder orangerot, zurückgebogen und tief zerschlitzt. Staubblätter und Griffel hängen weit aus der Blüte heraus. Gewiß die merkwürdigste Art der Gattung! 1878 in England eingeführt.

Hibiscus eignen sich gleich gut für warme Zimmer und warme bis mäßig warme Gewächshäuser, wo sie im Winter nicht mehr als 12 bis 14° Wärme benötigen. Vermehrt wird am besten im Winter oder Frühling im warmen Vermehrungsbeet. Als Erde für die weitere Kultur eignet sich sowohl Einheitserde als auch eine Mischung aus lehmiger Rasen- oder Gartenerde mit alter Lauberde oder Torfmull. Die zum Verkauf angebotenen Pflanzen werden ausnahmslos mit einem Stauchemittel behandelt, daher ihr niedriger und buschiger Wuchs. Nach einem Jahr etwa ist die Wirkung des Mittels vergangen, und sie wachsen wieder in die Höhe. Will man auch dann niedrige, buschige Pflanzen haben, muß man einige Male entspitzen, ältere Pflanzen im Februar bis März kräftig zurückschneiden. Doch werden so behandelte Pflanzen stets höher und weniger buschig als die vom Gärtner gestauchten, was man aber nicht als einen Nachteil anzusehen braucht. Braucht man aber hohe Pflanzen, so lasse man sie ungestutzt und nur wenig geschnitten weiterwachsen. Sie verlangen während des Wachstums viel Licht, aber keine Mittagssonne, Wärme und Luft, dabei häufiges Spritzen bei sonnigem Wetter und wöchentliches Düngen mit einem Volldünger während der Wachstumszeit. Nur gut ernährte Pflanzen blühen reichlich. Man kann *H. rosa-sinensis* auch Ende Mai an der wärmsten Stelle einer Gartenterrasse oder vor einer sonnigen Hauswand, die in den Mittagsstunden im Schatten liegt, auspflanzen. In warmen Sommern werden sie dort reich blühen. *H. schizopetalus* braucht während des ganzen Jahres etwas mehr Wärme, kann also nicht ins Freie gepflanzt werden, und wächst etwas sparriger.

Pavonia Cav.
(José Antonio Pavon, 1754–1840, spanischer Amerikareisender und Botaniker, der zusammen mit Ruiz eine »Flora Peruviana et Chilensis« herausgab)

Die Gattung ist mit etwa 200 Arten in vielen tropischen Ländern verbreitet. Heute wird wohl nur noch

P. multiflora Juss. aus Brasilien als eine vom Herbst bis zum Frühjahr reichblühende Topfpflanze gezogen. Sie bildet einen meist eintriebig wachsenden kleinen Strauch mit 15 bis 20 cm langen und bis 6 cm breiten, immergrünen Blättern. Die Blüten sind gestielt und stehen kopfig-gedrängt an den Enden der Zweige. Der besonders auffallende Hüllkelch besteht aus zahlreichen schmal-linealischen Blättchen und ist purpurrot, die Krone dunkler, die Narbe rosa und die Staubbeutel blau. 1874 in Belgien eingeführt.
Für die Vermehrung durch Kopfstecklinge braucht man ein Vermehrungsbeet, in dem Luft- und Bodentemperatur konstant bei 30° liegen. Dort bewurzeln sie sich vor allem im Spätwinter in 4 bis 6 Wochen. Die Weiterkultur erfolgt im hellen, aber gegen Sonne geschützten Warmhaus bei etwa 18 bis 22° in lehmig-humoser Laub- und Rasenerde oder in Einheitserde, vom Steckling an ungestutzt, da eintriebige Pflanzen am schönsten blühen. Will man mehrtriebige Pflanzen haben, so setze man drei Stecklinge zusammen in einen Topf.

Nahestehend ist die seltene **Goethea cauliflora** Nees aus Brasilien, deren seitlich aus dem Stamm hervorkommende Blüten sich von der Gattung *Pavonia* durch den nur 4- bis 6blättrigen Hüllkelch unterscheiden. In der Pflege gleicht sie vollkommen *Pavonia*.

Marantaceae
Marantengewächse

Den Ingwergewächsen nahestehende Familien, deren 25 bis 30 Gattungen mit etwa 400 Arten nur ausdauernde Kräuter mit zweizeiligen, fiedernervigen, ungleichseitigen, in Scheide, Stiel und Spreite gegliederten Blättern enthalten. Zwischen Stiel und Spreite befindet sich eine für alle Arten charakteristische Anschwellung, die als Gelenk dient. Die Blüten sind unsymmetrisch. Von den 6 Staubblättern ist nur bei einem die eine Hälfte pollenbildend, die andere Hälfte ist wie die der übrigen 5 als Staminodium oder kronblattartig ausgebildet. Der Griffel ist stark gekrümmt und zunächst in ein Kapuzenblatt eingeschlossen. Fast alle Arten wachsen in feuchtwarmen tropischen Regenwäldern. Einzige bedeutendere Nutzpflanze der Familie ist *M. arundinacea* L., die »Pfeilwurz«, aus deren Knollen Maranta-Stärke oder das ostindische Arrowroot gewonnen wird.
Der schön gefärbten und gezeichneten Blätter wegen werden viele Arten der Gattungen *Calathea*, *Maranta*, *Stromanthe* und *Ctenanthe* in unseren Warmhäusern gezogen.

Calathea G. F. W. Mey.
(griech. *kalathos* = Korb)

Etwa 150 Arten von Stauden mit am Grunde beblätterten, meist einfachen Stengeln und kurz- oder langgestielten, vielfach schöngefärbten und gezeichneten Blättern, die sich von *Maranta*, *Stromanthe* und *Ctenanthe* durch den dreifächrigen Fruchtknoten unterscheiden, bei dem allerdings ab und zu einmal nur zwei Fächer entwickelt sind. Ihre Heimat liegt im tropischen Amerika. Alle hier genannten Arten sind gleich schön und empfehlenswert.
Am häufigsten gezogen werden:

C. crocata E. Morr. et Jorisenne, 1875 in Belgien eingeführt, als blühende Topfpflanze neuerdings häufiger angeboten, deren maisgelbe, lange haltbaren Blütenstände einen guten Farbkontrast zu den dunkelgrünen, unterseits roten Blättern bilden, **C. makoyana** E. Morr., 1871 in Belgien, **C. ornata** (Lind.) Koern., 1847 in England, mit verschiedenen Sorten, die aber wohl meist nur Jugendformen darstellen und beim Älterwerden in die Art zurückschlagen, **C. zebrina** (Sims) Lindl., 40 bis 60 cm hoch, eine stattliche Art, 1814 in England, mit der hochwachsenden Sorte 'Binoti' 1878 in Belgien eingeführt.
Außerdem finden sich in botanischen Sammlungen, hin und wieder auch im Erwerbsgartenbau **C. argyraea** Koern., Heimat unbekannt, **C. bachemiana** E. Morr., um 1874 in Belgien, die grünblättrigen **C. cylindrica** (Rosc. et K. Koch) K. Schum. und **C. lancifolia** Boom (*C. insignis* Bull non O. G. Peters), um 1905 in England, **C. leopardina** (Bull) Regel, 1875 in England, **C. lietzei** E. Morr., um 1874 in Belgien, **C. lindeniana** Wallis, 1865 in Belgien, **C. mediopicta** (E. Morr.) Regel, 1874 in Belgien, **C. micans** (Klotzsch) Koern., Mittelamerika bis Guayana, Bolivien, **C. picturata** (Lind.) K. Koch et Lind., 1862 in Belgien, **C. roseopicta** (Lind.) Regel, 1865 in Belgien, **C. rotundifolia** (K. Koch) Koern., 1857 in Belgien, **C. rufibarba** Fenzl, um 1879, **C. undulata** Lind. et Andr., Peru, 1871, **C. variegata** Koern., Heimat unbekannt, 1858, die sehr empfindliche, aber besonders schöne **C. veitchiana** Veitch ex Hook. f., tropisches Südamerika, 1862 in England eingeführt, **C. wiotiana** Makoy ex E. Morr., Heimat unbekannt. Wo nichts anderes angegeben, liegt die Heimat aller obengenannten Arten in Brasilien.

Ctenanthe Eichl.
(griech. *kteis, ktenos* = Kamm, *anthos* = Blüte)

10 bis 15 meist in Brasilien heimische Arten, von denen neben den in botanischen Sammlungen gezogenen grünblättrigen **C. compressa** (A. Dietr.) Eichl., um 1854 eingeführt, und **C. setosa** (Rosc.) Eichl., 1824 in England eingeführt, die folgenden verbreitet sind.

C. kummeriana (E. Morr.) Eichl., 40 bis 60 cm hoch, Blätter auf weißlichem Grund dunkelgrün gestreift. Fast nur in botanischen Gärten. Eingeführt 1874 in Belgien.

C. lubbersiana (E. Morr.) Eichl. ex O. G. Peters., 60 bis 80 cm hoch, mit oberseits gelb und dunkelgrün marmorierten Blättern an beblätterten Stengeln. Eine der schönsten und haltbarsten Arten. 1881 in Belgien eingeführt.

C. oppenheimiana (E. Morr.) K. Schum., ähnlich *C. kummeriana*, aber bis meterhoch, mit dunkelgrünen, silberweiß bandierten, unterseits roten Blättern. 1874 in Belgien eingeführt. Wohl die widerstandsfähigste Art.

Marantaceae

Calathea cylindrica

kultiviert, mit smaragdgrünen Blättern, die beiderseits der Mittelrippe einen gezackten helleren Streifen tragen und rote Seitennerven haben. Eine der schönsten und haltbarsten *Maranta*-Sorten.

Stromanthe Sond.
(griech. *stroma* = Bett, Lager, Streu, *anthos* = Blüte)

Eine kleine Gattung mit nur 13 Arten im tropischen Südamerika, von denen die meisten sehr stattlich sind und häufig verzweigte Stengel haben. Der Blütenstand überragt die Pflanzen. Seine Deckblätter sind lebhaft gefärbt und fallen später ab. Die beiden folgenden prächtigen Arten eignen sich nur für große Warmhäuser, wo sie in den freien Grund ausgepflanzt werden sollten.

S. porteana Griseb. hat im Alter bis 30 cm lange und 15 cm breite, weißlichgrüne, von drei frischgrünen bis silberweißen Nerven gezeichnete, unten braunrote Blätter. Der einfache oder verzweigte Blütenstand hat rote Deckblätter und wird 60 bis 100 cm hoch. 1859 eingeführt.

S. sanguinea (Hook.) Sond., wie die vorige aus Brasilien stammend, wächst etwas steif und wird bis 150 cm hoch. Ihre Blätter, 25 bis 40 × 8 bis 12 cm groß, sind glänzend dunkelgrün mit hellem Mittelnerv. Unten sind sie blutrot. Der rispige Blütenstand trägt scharlachrote Deckblätter. Von gleicher Farbe ist der Kelch, der

Maranta L.
(Bartolomeo Maranti, geb. zu Venusia bei Neapel. Italienischer Arzt, Botaniker und Schriftsteller. Schrieb zwischen 1559 und 1571)

23 Arten im feuchtwarmen tropischen Amerika, die hier beschriebenen aus Brasilien. Alle sind aufrechte oder niederliegende Kräuter mit knolligen Wurzeln und endständigem Blütenstand. Der Fruchtknoten ist einfächerig und enthält nur einen Samen.

M. bicolor Ker-Gawl., kurzstengelig, mit kurzgestielten, oben dunkelgrünen, beiderseits der Mittelrippe mit großen bräunlichgrünen Flecken und einem hellgrünen Mittelstreif, unterseits purpurroten Blättern. 1823 in England eingeführt.

M. leuconeura E. Morr., im Habitus wie vorige, mit oben hellgrünen Blättern, die in der Mitte und seitlich große weiße und dunkelgrüne Flecken tragen, unterseits bläulichgrün sind. Schöner als die Art sind einige Sorten, so 'Kerchoviana', um 1879 in Belgien eingeführt, mit größeren smaragdgrünen Blättern, die zwischen Blattrand und Mittelrippe 4 bis 5 Flecken tragen, unterseits sind sie blaugrün und rot gefleckt, und 'Massangeana', 1874 in Belgien eingeführt, mit kleineren braungefleckten, unterseits roten Blättern, sowie 'Erythroneura', um 1894 in Belgien eingeführt, aber erst von etwa 1965 an allgemein

Calathea makoyana

332 Malvaceae

Calathea makoyana

Maranta leuconeura 'Erythroneura'

sich dadurch von den weißen Blütenblättern abhebt. 1845 in Belgien eingeführt.

Fast alle Marantaceen wachsen im Moder des lichten Regenwaldes und des schattigen Waldrandes feuchtwarmer tropischer Gebiete. Dem muß man auch bei ihrer Kultur Rechnung tragen. Sie gehören in das feuchte und schattige Warmhaus bei Tagestemperaturen von 18 bis 22°. Nachts kann die Temperatur auf 16 bis 18° zurückgehen, im Winter genügen Tagestemperaturen von 18 bis 20°. Zwischen 9 und 17 Uhr sind sie alle vor Sonne zu schützen und bei warmem Wetter öfters zu spritzen. Gelüftet wird in der Regel nicht, höchstens bei windstillem Regenwetter einmal. Die Erde muß humos, grob und luftdurchlässig sein, also sich z.B. zusammensetzen aus alter brockiger Lauberde oder Nadelerde und grober Torfstreu, unter Hinzufügung von Holzkohle oder Styromull. Auch in Einheitserde wachsen sie gut, vor allem wenn ihr etwa ein Drittel Styromull beigemischt wird. Wo es geht, pflanze man in eine dieser Mischungen aus, denn ausgepflanzt gedeihen und entwickeln sie sich sehr viel besser als im Topf, in dem viele Arten nur kümmern. Wenn man nicht auspflanzen kann, nehme man am besten flache Töpfe, sogenannte Azaleentöpfe oder Topfschalen, die breiter als hoch sind. Vermehrt wird durch Teilung, manche Arten allerdings lasse man mehrere Jahre ungestört an ihrem Platz stehen, so *Calathea lindeniana* und vor allem *C. veitchiana*. Arten, die am Ende der Stengel Blattschöpfe bilden, kann man durch Abschneiden und Stecken dieser Schöpfe in Töpfe mit der gleichen Erde wie oben vermehren. Wenn sie warm, feucht und geschlossen stehen, bilden sie bald Wurzeln. Zu diesen Arten gehören *Calathea lietzei, Ctenanthe lubbersiana, Phrynium confertum, Stromanthe sanguinea*. Von *Maranta leuconeura* und ihren Sorten kann man die kurzen Triebe abschneiden und direkt in Töpfe mit Erde stecken. Feucht und geschlossen gehalten bewurzeln auch sie sich bald.

Marantaceen gehören zu denjenigen Tropenpflanzen mit den schönstgefärbten und -gezeichneten Blättern. Alle noch vorhandenen Arten zu sammeln, wäre eine schöne und dankbare Aufgabe. Man kann zusammen mit ihnen, also im gleichen Hause, viele Pflanzen des tropischen Regenwaldes, vor allem auch buntblättrige ziehen. *Nepenthes* entwickeln sich unter den gleichen Bedingungen ganz ausgezeichnet, außerdem viele Zingiberaceen, Commelinaceen, Melastomataceen, Acanthaceen und viele Araceen.

Melastomataceae
Melastomagewächse

Typisch sind die meist gegenständigen, selten quirlig gestellten, einfachen Blätter, die bis auf wenige Ausnahmen 3-, 5-, 7- oder 9 bogige, vom Grunde der Spreite ausgehende Nerven haben. Diese sind regelmäßig durch parallele Quernerven verbunden. Die meist in Doldentrauben angeordneten, oft ansehnlichen Blüten sind in den Grundzügen sehr einheitlich ausgebildet. Die Staubfäden sind in der Knospe stets unterhalb der Staubbeutel knieförmig eingeknickt. Staminodien und Konnektiv tragen verschiedenartigste Anhängsel. Die Familie umfaßt etwa 240 Gattungen mit rund 3000 Arten von Sträuchern und Kräutern, meist Bewohnern des tropischen Regenwaldes. Die meisten leben im tropischen Amerika, nur wenige kommen in den Tropen anderer Erdteile vor. Ihre Blüten werden meist durch Insekten, bei einigen Arten aber auch durch Kolibris oder Fledermäuse bestäubt.

Bertolonia marmorata var. marmorata

1. Gattungen und Arten mit besonders großen oder mit bunten Blättern, zum Teil auch mit auffallenden Blüten

Bertolonia Raddi
(Antonio Bertoloni, 1775–1869, italienischer Botaniker, Professor in Bologna)

10 Arten kleiner Kräuter und Halbsträucher, vor allem im Süden Brasiliens beheimatet, mit 3- bis 9nervigen, meist bunten Blättern und weißen, roten oder rosafarbenen, in Wickeldolden stehenden Blüten.

B. maculata Mart. ex DC., Nordostbrasilien, hat langgestielte, etwa 9 × 7,5 cm große samtig grüne, häufig gefleckte Blätter, deren Hauptnerven von einem weißen oder aschgrauen Band umgeben sind. 1847 in Belgien eingeführt.

B. marmorata Naud., Nordbrasilien, hat schmälere, mehr zugespitzte, etwa 15 × 9 cm große, nur am Rande schwach behaarte Blätter, die oberseits längs der Nerven weiß gezeichnet, unterseits purpurrot sind. 1850 eingeführt.

Durch Kreuzungen mit der Gattung *Sonerila* erzielte in der zweiten Hälfte des vorigen Jahrhunderts Louis van Houtte eine Reihe sehr schöner Hybriden, die unter dem Namen × **Bertonerila** hort. *(Bertolonia* × *Sonerila)* zusammengefaßt werden. Die einzige auf uns gekommene Züchtung ist × **B. houtteana** hort. mit oberseits dunkelgrünen, anilinrot geäderten und gepunkteten, unterseits purpurroten Blättern. Sie ist eine der schönsten Blattpflanzen überhaupt, leider von nicht einfacher Kultur. Entstanden 1875.

Alle Bertolonien werden durch Samen, der alljährlich reich ansetzt, vermehrt, dagegen × *Bertonerila* nur durch Stecklinge. Sie verlangen einen feuchten und schattigen Stand im Warmhaus bei einer möglichst konstanten Temperatur von 20 bis 22°, die im Sommer bei Sonne bis auf 25° steigen kann. Sie wachsen am besten in grober Heideerde oder in Nadelerde mit Torfmull, aber auch in Einheitserde. Die aus einer Aussaat im Januar bis Februar hervorgegangenen Pflanzen erreichen im Juni bis Juli des gleichen Jahres ihre volle Schönheit und beginnen zu blühen. Bertolonien sind weniger empfindlich als × *Bertonerila* und *Sonerila,* daher dem Liebhaber besonders zu empfehlen.

× *Bertonerila houtteana* sind nur durch Stecklinge im geschlossenen Beet bei etwa 30° zu vermehren. Man kann sie das ganze Jahr hindurch abstecken. Nur junge Pflanzen sind schön, ältere werden unscheinbar, deshalb muß man das ganze Jahr hindurch für Nachwuchs sorgen, aber auch noch aus einem anderen Grunde, nämlich weil ältere Pflanzen besonders während der dunkelsten Wintermonate leicht eingehen. Deshalb ist dann zusätzliche Beleuchtung zu empfehlen. Schoser gibt eine Beleuchtungsstärke von 3000 bis 4000 lx bei einer täglichen Belichtungsdauer von 14 Stunden an. Gegen Zugluft und Niederschläge sind sie sehr empfindlich. In größeren Häusern sollte man sie in besondere Glasbauten stellen, am besten in solche, die auch im Sommer durch eine thermostatisch gesteuerte Heizröhre bei absinkenden Temperaturen für die richtige, konstante Wärme sorgen. Dadurch werden auch die schädlichen Niederschläge verhindert.

Centradenia G. Don
(griech. *kentron* = Sporn, *aden* = Drüse)

Von Mexiko bis Kolumbien finden sich 7 verschiedene Arten von Kräutern und Halbsträuchern. Alle sind Winterblüher und zeichnen sich dadurch aus, daß bei jedem Blattpaar ein großes einem kleinen

× **Bertonerila houtteana**

Heterotrichum macrodon

Blatt gegenübersteht. Ihre Blüten sind rosa und in Doldentrauben angeordnet.

C. grandifolia (Schlechtend.) Endl., die schönste Art, stammt aus Mexiko und Südguatemala. Sie ist ein krautiger Halbstrauch mit vierflügeligen roten Zweigen mit 7 bis 15 × 3 bis 5 cm großen, glänzenden, oberseits rötlichgrünen, unterseits leuchtendroten, ungleichseitigen Blättern. 1856 in Belgien eingeführt.

In botanischen Sammlungen finden sich meist noch **C. floribunda** Planch. aus Guatemala, eingeführt um 1860, und die interessante mexikanische **C. inaequilateralis** (Schlechtend. et Cham.) G. Don, eingeführt 1840, bei der die Verschiedenartigkeit der Blätter besonders stark ausgeprägt ist.

Vermehrung nur durch Stecklinge – Samen werden nie angesetzt – im Warmbeet bei 25 bis 30°. Nach ihrer Bewurzelung pflanzt man am besten drei bis fünf Pflänzchen zusammen in Schalen. Bis zum Herbst wachsen sie zu blühfähigen Pflanzen heran, die man nach dem Abblühen bis auf die Mutterpflanzen fortwirft. Ihre Kulturansprüche gleichen denen von *Bertolonia*.

Heterotrichum DC.
(griech. *heteros* = verschieden, *trix, trichos* = Haar)

Rauh- oder drüsenhaarige Sträucher mit vielnervigen Blättern, von denen etwa 15 Arten aus dem tropischen Amerika bekannt sind. Als Seltenheit wird in botanischen Sammlungen hier und da einmal

H. macrodon Planch. aus Venezuela gezogen. Sie wird 1 bis 2 m hoch, hat 15 bis 30 × 10 bis 20 cm große, wie die Pflanze dichtbehaarte, samtig grüne Blätter. Die am Ende der Triebe erscheinenden weißen Blüten sind unauffällig. 1848 in England eingeführt.

Vermehrung und Pflege gleichen der von *Miconia*, nur ist *Heterotrichum* viel weniger empfindlich und kommt während des Winters mit einer Temperatur von 18° aus. Mit ihren großen weichen, leuchtend grünen Blättern gehört diese schöne, leider immer noch seltene Pflanze zu den schönsten Gewächsen des Warmhauses.

Miconia Ruiz et Pav.
(Francisco Micón, geb. 1528, spanischer Arzt und Botaniker)

Zu dieser riesigen, etwa 900 Arten umfassenden, fast ausschließlich tropisch-amerikanischen Gattung, die sowohl Bäume als auch Sträucher umfaßt, gehört auch eine der schönsten und stattlichsten aller Warmhauspflanzen,

M. calvescens DC. 'Magnifica' (*M. magnifica* (hort.) Triana) aus Mexiko. Dort wird sie ein großer Baum, bei uns muß man also immer wieder für Nachwuchs sorgen, weil die Pflanzen schnell über den Umfang eines kleinen Gewächshauses hinauswachsen, aber auch weil junge Pflanzen die größten und schönsten Blätter haben. Die kurzgestielten gegenständigen, abstehenden Blätter werden 50 bis 90 cm lang und sind in ihrer Mitte 20 bis 30 cm breit. Sie sind länglich-lanzettlich, oberseits samtig dunkelgrün, unten glänzend violettpurpurrot. Ihre drei großen Längsadern bilden mit den Seitennerven ein feines, regelmäßiges, weißes Gitterwerk. 1858 in Belgien eingeführt.

Von Januar bis zum März ist die beste Zeit zum Abstecken. Dazu eignen sich sowohl Spitzen als auch Seitenstecklinge, die sich in einem geschlossenen Vermehrungsbeet bei etwa 30° und hoher Luftfeuchtigkeit in 3 bis 6 Wochen bewurzeln. Die Blätter der Stecklinge dürfen nicht welken, deshalb sind Stecklinge aus Seitentrieben, die kleine Blätter haben, solchen aus Spitzentrieben vorzuziehen. Bei der weiteren Kultur müssen die unteren Blätter erhalten bleiben, denn vollkommen sind nur bis unten voll beblätterte Pflanzen. Die Erde sei locker, humos und nährstoffreich – sowohl Einheitserde als auch TKS 2 bewährten sich –, nach Durchwurzelung ist regelmäßig zu düngen. Während der ganzen Kulturzeit darf nie eine durch Nährstoffmangel oder durch zu niedrige Temperaturen hervorgerufene Wachstumsstockung auftreten. Der Standort sei schattig, die Luftfeuchtigkeit hoch, die Temperatur auch nachts niemals niedriger als 20 bis 22°. Am schönsten sind ein- bis zweijährige Pflanzen. Bei älteren werden die Blätter kleiner, deshalb entspitze man diese und nehme die dann erscheinenden Seitentriebe als Stecklinge.

Monolena Triana
(griech. *monos* = einzeln, *olene* = Ellbogen, Elle)

Nur 6 Arten kahler fleischiger Kräuter mit ansehnlichen Blättern und rosafarbenen Blüten aus Mittelamerika und dem tropischen Südamerika, verwandt mit *Bertolonia* und *Triolena*. Bisweilen in botanischen Sammlungen ist die hübsche

M. primuliflora Hook.f. aus Kolumbien mit glatten, ledrigen, oberseits metallisch glänzenden, grünen, unterseits roten, 10 × 15 cm langen Blättern und einem 2- bis 3blütigen Blütenschaft. Die 2,5 cm im Durchmesser großen rosafarbenen Blüten haben ein weißes Auge. Um 1869 eingeführt.
Vermehrung und Kultur wie *Bertolonia*.

Sonerila Roxb.
(nach dem malabarischen Namen einer der Arten, *Soneri-ila*)

Von den etwa 175 in Indien, dem Malaiischen Archipel und Südchina vorkommenden Arten kleiner Kräuter oder Zwergsträucher wird nur die folgende mit einer Reihe von Sorten in unseren Sammlungen noch gezogen. Ihre Blüten sind dreizählig, was sie auf den ersten Blick von *Bertolonia* unterscheidet.

S. margaritacea Lindl. stammt aus Java. Sie wird etwa 30 cm hoch und hat rote verästelte Stengel. Ihre Blätter können 8 × 5 cm groß werden, meist aber sind sie kleiner. Oberseits sind sie dunkelgrün, silberweiß gepunktet und gefleckt, unterseits rötlichgrün. Ihre rosafarbenen Blüten stehen zu 8 bis 10 in Trugdolden und erscheinen im Oktober und November. 1854 in England eingeführt.
Von den vor dem ersten Weltkrieg zahlreichen Sorten sind nur noch wenige vorhanden, in Deutschland neben der Art eigentlich nur noch 'Hendersonii' und 'Argentea' mit fast völlig silberweißen Blättern. Entstanden in England um 1874.
Im Vorwinter nach dem Abblühen werden eine Anzahl von Mutterpflanzen zurückbehalten. Ihre Jungtriebe werden im Februar in das geschlossene Vermehrungsbeet gesteckt, wo sie bei 30° sehr schnell wurzeln. Die sonstige Kultur gleicht derjenigen von *Bertolonia*, doch sind sie viel empfindlicher gegen Niederschlag und ein Benetzen der Blätter mit Wasser, also die Pflanzen nie spritzen! Nur junge Pflanzen sind schön, daher sind sie jährlich neu aus Stecklingen zu vermehren. Am schönsten sehen Schalen aus, in denen 5 bis 9 Pflanzen zusammengesetzt wurden. Sonerilen gehören wie Bertolonien zu den schönsten kleinen Blattpflanzen des feuchten Warmhauses. Gerade demjenigen Liebhaber, dem nur wenig Platz zur Verfügung steht, sind sie besonders zu empfehlen. Er ziehe sie aber nur dann, wenn sein Gewächshaus oder seine Vitrine stets Temperaturen über 20° aufweisen. Bei geringeren Wärmegraden und stark wechselnder Temperatur gedeihen sie nicht.

Tococa Aubl.
(Aublet besuchte 1762 Guayana und entlehnte den Namen einer Sprache Guayanas)

Diese etwa 50 Arten umfassende im tropischen Amerika heimische Gattung enthält meist Sträucher mit großen Blättern, die vielfach am Blattgrunde zwei blasenartige Anhängsel tragen. In Kultur ist nur

T. neocinnamomea Buchh. et Potzt. (*T. cinnamomea* (Lind.) hort. non Triana, *Sphaerogyne cinnamomea* Lind.) aus Costa Rica. Sie ist im Habitus und in der Form und Größe der Blätter *Miconia magnifica* sehr ähnlich, Zweige und Blattstiele aber sind dicht zimtbraun wollig behaart. Die leicht flaumig-behaarten, von drei auffallenden Längsnerven durchzogenen Blätter sind in der Regel 25 × 14 cm groß, können aber bei guter Pflege eine Größe von 60 × 25 cm erreichen. 1865 von Linden verbreitet.
Diese prächtige Blattpflanze des Warmhauses wird genauso vermehrt und kultiviert wie *Miconia magnifica*. Bei zu geringer Wärme und zu wenig Luftfeuchtigkeit bleiben die Blätter nur klein und der junge Trieb verkrüppelt. Wie bei *Miconia* muß die Haustemperatur stets zwischen 20 und 22° liegen, bei Sonne ist zu schattieren. Alle Extreme sind zu vermeiden. Für regelmäßige Düngung ist die Art sehr empfänglich.

Triolena Naud.
(griech. *treis, tria* = drei, *olene* = Arm)

Diese mit *Bertolonia* verwandte Gattung umfaßt etwa 20 von Mexiko bis zum tropischen westlichen Amerika verbreitete Arten, so **T. pustulata** Triana (*Bertolonia pubescens* hort.) aus Ekuador. Sie hat ovale, 10 × 5 cm große, leuchtend hellgrüne, zwischen der Mittelrippe und den dieser benachbarten Rippen mit einem schokoladebraunen Band gezeichnete Blätter, die mit langen weißen Haaren besetzt sind.
Außerdem werden bei uns bisweilen noch **T. hirsuta** (Benth.) Triana aus dem westlichen tropischen Amerika und **T. scorpioides** Naud. aus Mexiko gezogen. Alle ähneln im Habitus *Bertolonia* und werden in gleicher Weise wie diese vermehrt und gepflegt.

2. Grünblättrige, nur der schönen Blüten wegen gezogene Gattungen und Arten

Dissotis Benth.
(griech. *dissos* = doppelt, *ous, otis* = Ohr)

Die etwa 140 im tropischen und südlichen Afrika verbreiteten Arten sind Kräuter oder kleine Sträucher mit ganzrandigen, oberseits meist striegelhaarigen Blättern und oft großen purpurfarbenen oder violetten Blüten mit ungleichen Staubblättern. Bei uns gezogen wird nur

D. rotundifolia (Sm.) Triana (*D. plumosa* (D. Don) Hook.f.) aus dem tropischen Afrika, eine sommerblühende, niederliegende, unten verholzende Staude mit dünnen wurzelnden Zweigen. Die Blätter sind

336 Melastomataceae

Miconia calvescens 'Magnifica'

Sonerila margaritacea 'Victoriae'

breitoval, etwa 3 × 2 cm groß oder auch kleiner. Ihre Blüten stehen einzeln, sind bis 5 cm breit und purpurrosa. Wurde 1902 eingeführt.

Diese kleine *Dissotis*-Art ist eine reizende niedere Bodendecke für das Lauwarm- und Warmhaus, aber auch als Hänge- oder Ampelpflanze zu verwenden. Vermehrung durch Aussaat und Stecklinge im warmen Vermehrungsbeet ist nicht schwierig. In humoser, grobbrockiger Erde, hell, aber vor Sonne geschützt, gedeihen sie gut, ausgepflanzt breiten sie sich weit aus.

Heterocentron Hook. et Arn.
(griech. *heteros* = verschieden, *kentron* = Sporn)

In den Gebirgen Mexikos, Guatemalas und Costa Ricas kommen 12 Arten dieser aufrechten, behaarten Halbsträucher oder Stauden vor, deren vierzähligen Blüten ungleiche Staubblätter haben.

H. elegans (Schlechtend.) O. Kuntze (*Heeria elegans* Schlechtend.) hat einen völlig anderen Habitus als die beiden folgenden Arten. Sie stammt aus Mexiko, wo sie im Gebirge bis 1200 m ansteigt. Es ist ein teppichbildendes, an den Knoten wurzelndes, ausdauerndes Kraut mit kurzgestielten, gekerbten, am Grunde leicht herzförmigen, etwas borstigen, 5 bis 12 × 3 bis 10 mm großen Blättern und einzeln an 2 bis 4 cm langen Stielen stehenden purpurfarbenen, 2,5 cm breiten Blüten. 1902 eingeführt.

Eine reizende, kleine, sommerblühende Pflanze, die im Winter mit 8 bis 12° vorliebnimmt, im Sommer sogar im Steingarten ausgepflanzt werden kann. Auch als Ampel- und Hängepflanze ist sie zu gebrauchen, ebenso als Bodendecke für im Winter kühle, aber frostfrei gehaltene Terrarien, die mit leichten Tieren besetzt sind. Die Erde sei locker und humos, kalkarm, besser leicht sauer. So wachsen sie z.B. sehr gut zwischen Insektivoren in grobbrockigem Torf. Vermehrung durch Aussaat, einfacher aber durch krautige Stecklinge, die das ganze Jahr hindurch im warmen Vermehrungsbeet wurzeln. Noch einfacher ist die Vermehrung durch Teilung größerer Matten.

H. macrostachyum Naud. (*H. roseum* A. Br. et Bouché) aus Mexiko blüht vom Herbst bis zum Frühwinter. Es wird 60 bis 100 cm hoch, hat scharf-vierkantige, nichtgeflügelte Zweige, etwas rauhe elliptische, bis 5 cm lange und bis 2 cm breite fiedernervige Blätter und bis 2 cm breite leuchtend rosa, selten weiße Blüten, die in großen, aus Dolden zusammengesetzten endständigen Rispen sitzen. Um 1860 eingeführt.

H. subtriplinervium (Link et Otto) A. Br. et Bouché, ebenfalls aus Mexiko, ist ähnlich voriger, aber weniger schön und stets weiß blühend.

Warmhauspflanzen, von denen ab und zu Samen zu bekommen ist, den man zur Begründung eines Bestandes aussät. Später treibe man eine gewisse Auslese, indem man von den schönsten, reichstblühenden Pflanzen Stecklinge nimmt. Sie werden im Februar gesteckt und bilden im Warmbeet sehr schnell Wurzeln. Später werden sie in eine nährstoffreiche Mischung aus Laub-, Mistbeet- und lehmiger Rasenerde mit Sandzusatz oder in Einheitserde gepflanzt und bei häufigem Stutzen im hellen, luftigen, aber nicht sonnigen Warmhaus kultiviert. Im Laufe des Sommers erscheinen am Grunde kräftige Triebe, die an ihrem Ende im Herbst die großen Blütenrispen tragen. Diese darf man natürlich nicht stutzen. Die stattlichsten Pflanzen bekommt man, wenn man im Frühling drei Jungpflanzen zusammen in 35 cm große Kübel pflanzt. Sie blühen ununterbrochen von

Medinilla magnifica

August bis in den späten September hinein, dürfen dann aber nur bei 14 bis 18° gehalten werden.

Medinilla Gaudich.
(José de Medinilla y Pineda, spanischer Beamter, 1820 Gouverneur der Marianen-Inseln)

Etwa 400 Arten sind von Westafrika und Indonesien bis zu den Fidschi-Inseln verbreitet. Sie sind aufrechte, wurzelkletternde oder epiphytische Sträucher, meist kahl mit ganzrandigen, dicken, 3- bis 9nervigen Blättern und weißen oder rosenroten Blüten. Diese stehen in seiten-, seltener auch in endständigen, viel- oder wenigblütigen Rispen oder Trugdolden, die durch die oft großen, roten oder rosafarbenen Tragblätter besonders auffallen. Die verbreitetste Art ist

M. magnifica Lindl. von der Insel Luzon (Philippinen), die von Februar bis zum August, vereinzelt auch zu anderen Jahreszeiten blüht. Sie ist ein bis 1,50 m hoher, verästelter Strauch mit dicken, vierflügeligen, an den Knoten borstigen Ästen und dicken, lederartigen, dunkelgrünen, bis 30 cm langen sitzenden, gegenständigen, dreirippigen Blättern. Ihre Blüten sind rosenrot, zu 100 bis 150 in bis 30 m langen, hängenden, mit 8 bis 15 cm langen, rosaweißen Tragblättern besetzten End- oder Seitenrispen zusammengefaßt. Um 1849 in England eingeführt.
M. magnifica ist nicht nur die schönste Art dieser Gattung, sondern eine der auffallendsten Blütenpflanzen überhaupt. Für das Zimmer allerdings ist sie ungeeignet, im kleinen Warmhaus dagegen kann sie mit Erfolg gezogen werden. Während des Wachstums bedarf sie einer Wärme von 18 bis 20°, die bei Sonne aber ruhig höher steigen darf. Im übrigen muß sie hell, aber vor Sonne geschützt stehen, dabei reichlich gegossen, regelmäßig flüssig gedüngt und häufig gespritzt werden. Von Ende November bis Ende Januar wird eine Ruhezeit eingelegt, während der sie bei etwa 15 bis 17° gehalten und wenig gegossen wird. Denn jetzt müssen die Triebe ausreifen und die Blütenknospen gebildet werden. Erst wenn diese zu sehen sind, wird die Temperatur erhöht und wieder reichlicher gegossen. Durch die strikte Einhaltung der Ruhezeit wird verhindert, daß die Laubtriebe durchbrechen, da man dann nur wenige oder gar keine Blütenansätze erwarten kann. Ein Rückschnitt älterer Pflanzen verbunden mit einer Verkleinerung des Ballens ist zu empfehlen. Die dabei abfallenden Kopftriebe werden in einem geschlossenen Vermehrungsbeet bei 30 bis 35° bewurzelt. Nach 6 Wochen können sie bereits in größere Töpfe gesetzt werden. Als Erde eignet sich alte Lauberde mit Zusatz lehmiger Rasenerde, aber auch in Einheitserde lassen sie sich mit Erfolg ziehen. Nur gut ernährte Pflanzen zeigen ihre volle Schönheit, deshalb muß während der Wachstumszeit regelmäßig mit Crescal oder einem ähnlichen Volldünger gegossen werden. Man nehme nur Stecklinge von den schönstblühenden Pflanzen mit den größten und intensivst gefärbten Deckblättern. Nur durch eine solche Auslese kommt man mit der Zeit zu einem wirklich guten Bestand. Aussaat ist zwar möglich – die Sämlinge wachsen sogar schnell zu blühfähigen Pflanzen heran –, bringt aber in der Regel zu viele Pflanzen minderer Qualität. Auch das Vermehren durch Abmoosen kann empfohlen werden, vor allem den Liebhabern, die nicht über ein genügend warmes und hohes Vermehrungsbeet verfügen.

In botanischen Gärten werden noch einige andere Arten gezogen, die zwar auch schön sind, aber viel weniger auffallend als *M. magnifica*. So trifft man hin und wieder **M. curtisii** Hook. f. aus Sumatra, **M. javanensis** Bl. aus Java, **M. sieboldiana** Planch. von den Molukken und **M. venosa** (Bl.) Bl. (*M. farinosa* hort.) aus Malaysia. Letztere ist dem Liebhaber vor allem deshalb zu empfehlen, weil sie das ganze Jahr hindurch blüht. Sie ist dicht mit wolligen Sternhaaren besetzt. Aber auch die anderen Arten sind schön und werden den Freund seltener Pflanzen entzücken. Leider sind sie schwer zu bekommen. Von völlig anderem Habitus ist

M. sedifolia Jumelle et Perr. aus Madagaskar (Ostmalgache), wo sie als Epiphyt auf Baumstämmen wächst. Von den Strandwäldern steigt sie bis zu 2000 m in die Berge hinauf. Ihre dünnen braunroten Stengel sind holzig und dicht mit sukkulenten, 8 bis 10 mm großen gegenständigen Blättern besetzt. Blüten erscheinen bei uns nur selten, sie sind etwa 15 mm groß und rosa. 1913 entdeckt, 1972 nach Dänemark eingeführt.
Eine schöne Hänge- und Kletterpflanze, die außerordentlich widerstandsfähig ist und selbst in einem warmen Zimmer über einer Heizung noch freudig wächst. Vermehrung leicht durch Stecklinge, von denen man gleich drei zusammen in einen kleinen Topf setzt. Bei etwa 25° Boden- und Luftwärme bewurzeln sie sich bald. Man kann sie sowohl an einem Moosstab oder an einem Epiphytenbaum hochwachsen lassen als auch im Topf, besser einer Topfschale, in TKS 1 ziehen.

Monochaetum (DC.) Naud.
(griech. *monos* = einzeln, *chaite* = Borste)

Als aufrechte Sträucher oder Halbsträucher sind etwa 50 Arten als Gebirgspflanzen in Mittelamerika und dem westlichen Südamerika verbreitet. Sie haben mittelgroße, rosenrote, violette oder purpurfarbene Blüten in rispigen oder trugdoldigen Blütenständen. Sie wachsen in Kultur nicht ganz einfach, sind also Liebhaberpflanzen, die nur bei genauem Eingehen auf ihre besonderen Ansprüche gedeihen. Alle sind mehr oder weniger buschige Sträuchlein mit im Spätwinter oder Frühling erscheinenden 1,5 bis 3 cm breiten Blüten.
Hier und da findet man **M. alpestre** Naud. aus Mexiko, **M. bonplandii** (Kunth) Naud. in Peru, Kolumbien, Venezuela und weit darüber hinaus verbreitet, **M. hirtum** (Karst.) Triana aus Triana und Venezuela in Sammlungen, aber auch andere Arten sind es wert, wieder gezogen zu werden.
Vermehrung und Pflege ähneln sehr der von *Tibouchina*. Sie verlangen aber im Gegensatz zu diesen eine Wärme von 12 bis 16° und sind im Sommer besser im hellen und luftigen Kalthaus zu halten, mehrere Male zu entspitzen, da sie sich besser verzweigen als *Tibouchina urvilleana*. Der Ballen darf nie austrocknen, da sonst die Blätter abfallen. Vermehrung durch Aussaat ist nicht schwer. Auch Stecklinge wachsen bei mäßiger Bodenwärme im geschlossenen Beet recht gut.

Osbeckia L.
(Pehr Osbeck, 1723–1805, schwedischer Naturwissenschaftler, Schüler Linnés. Bereiste Indien und von 1750–1752 Kuangtung, China)

Das Verbreitungsgebiet der etwa 100 Arten ist sehr groß. Es umfaßt Ostindien, China, Japan, Malaysia, Australien, Westafrika und Madagaskar. Es sind meist aufrechte, borstige Kräuter, Halbsträucher oder Sträucher mit fast ledrigen Blättern und sehr ansehnlichen rosa- oder purpurfarbenen oder violetten Blüten.
Neben **O. stellata** Wall., verbreitet von Indien bis China, blühend von Juli bis August, finden sich manchmal auch andere Arten in den Sammlungen.

Für Vermehrung und Pflege gilt das bei *Heterocentron* Gesagte. Wie *Monochaetum* können auch Arten dieser Gattung gerade den Liebhabern empfohlen werden. Ihre großen Blüten, oft auch die Blätter, sind wirklich sehr schön.

Tibouchina Aubl.
(Volksname auf Guayana)

Mehr als 200 Arten sehr verschiedenartiger Sträucher oder Halbsträucher mit ansehnlichen 3- bis 7nervigen Blättern und auffallenden großen, purpurfarbenen, rosenroten oder violetten Blüten kommen im tropischen Amerika, vor allem in Südbrasilien und in den Anden vor.

T. urvilleana (DC.) Cogn. (*T. semidecandra* hort. non (Schrank et Mart.) Cogn.) aus Südbrasilien ist wohl die auffallendste Art. Sie blüht vom November bis zum März, bisweilen auch zu anderen Jahreszeiten. Sie ist ein 1 bis 6 m hoher, wenig verzweigter weichhaariger Strauch mit ovalen oder länglich-ovalen, bis 12 cm langen, zugespitzten, beiderseits dicht rauhhaarigen, oberseits runzeligen und tiefgrünen, unterseits blasseren Blättern. Ihre Blüten stehen zu 1 bis 3 an den Zweigenden, sind kurzgestielt, bis 12 cm breit und leuchtend tiefviolettblau. 1884 in Belgien eingeführt.
T. urvilleana ist die schönste und heute wohl allein noch gezogene Art. Man hält sie den Winter über bei 8 bis 12° im hellen Kalthaus, wo sie in nicht zu kleinen Töpfen in lockerer, humusreicher, vor allem aber kalkarmer, besser leicht saurer Erde, z.B. in einer Mischung aus alter Lauberde, Torfmull und lockerer, kalkfreier Rasenerde gut gedeiht. Über Sommer stellt man sie unter leichtem Schatten ins Freie. Vermehrung durch Aussaat der sehr feinen Samen, besser aber im Frühjahr durch halbkrautige Stecklinge bei 22 bis 25° Bodenwärme im geschlossenen Vermehrungsbeet.
Trotz Stutzens oder Rückschnitts verzweigen sich die Pflanzen nur sehr wenig. Sie strecken sich immer weiter in die Länge, weshalb man sie an Stützen oder Pfeiler im Gewächshaus setzt oder aber so zwischen andere Kalthauspflanzen, daß die blühende Hälfte über sie hinausragt. Neuerdings ist es durch Behandlung mit Cycocel gelungen, von *T. urvilleana* buschige, mehrtriebige und dabei reichblühende Topfpflanzen zu erzielen, die aber innerhalb eines Jahres wieder ihren natürlichen Wuchs annehmen. Die Einzelblüte ist zwar vergänglich, aber ihr folgen auf Monate hinaus immer wieder neue.

Melianthaceae
Honigbaumgewächse

Nur 2 Gattungen mit 15 Arten von Bäumen, Sträuchern und Halbsträuchern mit schraubig angeordneten, unpaarig gefiederten Blättern. Die Blütenhülle besteht aus Kelch- und Kronblättern. Die Blüten sind unregelmäßig. Alle Arten stammen aus dem tropischen und südlichen Afrika. In tropischen Gärten häufig angepflanzt findet man **Greyia sutherlandii** Hook. et Harv. aus Natal, einen kleinen Baum oder großen Strauch mit prächtigen karminroten Blüten. Leider kommt er bei uns sehr selten einmal zur Blüte. Anders ist es bei folgender Gattung.

Melianthus L., Honigstrauch
(griech. *meli* = Honig, *anthos* = Blüte)

Die Gattung umfaßt 6 Arten, die ausschließlich in Südafrika vorkommen. Es sind kahle, merkwürdig riechende, graugrüne oder weißgraue Sträucher mit wechselständigen, unpaarig gefiederten, oft sehr großen Blättern mit meist geflügelter Spindel. Die braunrötlichen Blüten stehen in achsel- oder endständigen Trauben, sondern viel Honig ab und werden von Honigvögeln bestäubt.

Tibouchina urvilleana

M. major L., der Honigstrauch, ist ein bei uns etwa meterhoch werdender, buschiger Strauch mit über 30 cm langen, gefiederten, blaugrünen Blättern. Die bis 30 cm langen Blütentrauben sind mit 2,5 cm langen Blüten und auffallenden Deckblättern besetzt. Wurde im Jahr 1688 eingeführt. Weniger auffallend sind die auch bisweilen gezogenen **M. comosus** Vahl und **M. minor** L.

Aus den Tropen eingeführter, hier und da angebotener Samen sollte schon im Januar im Warmhaus ausgesät und bei viel Licht und Wärme so weiterkultiviert werden, daß kräftige Jungpflanzen nach Mitte Mai auf die Terrasse am Hause oder an ähnliche Plätze, an denen sie sonnig und warm stehen, dabei sich aber nach allen Seiten frei entwickeln können, ausgepflanzt werden. Die Erde sei kräftig und nährstoffreich. Nach Einwurzelung ist eine wöchentliche flüssige Düngung zu empfehlen. Am besten ist es, sie in Drahtkörbe zu pflanzen, mit denen zusammen man sie auspflanzt. Man kann sie dann Ende September mit dem durch den Korb zusammengehaltenen Ballen herausnehmen und in einem luftigen Kalthaus einschlagen. Ältere Pflanzen vermehrt man durch Teilung, auch Stecklingsvermehrung kurz nach dem Austrieb ist möglich. *Melianthus* werden nicht in jedem Jahr blühen, sondern nur nach sehr warmen Sommern.

Greyia sutherlandii

Dorstenia yambuyaensis

Moraceae
Maulbeerbaumgewächse

Fast nur Bäume und Sträucher, selten Kräuter, die in 53 Gattungen mit etwa 1400 Arten vorwiegend in wärmeren Ländern vorkommen. Die meisten von ihnen führen Milchsaft. Die Blätter sind wechselständig, die eingeschlechtigen Blüten klein, aber meist zu vielen in Köpfchen oder köpfchenähnlichen Blütenständen vereinigt. Häufig bilden diese aber auch scheiben- bis becherförmige oder halbkugelige Gebilde wie bei Dorstenien und Feigen. Wichtige Nutzpflanzen sind Hopfen, Hanf, Maulbeeren, Papiermaulbeerbaum, Jack- oder Brotfruchtbaum und Feigen. In unseren Gärten und Parks finden wir nur wenige, so Maulbeerbaum (*Morus* L.), Papiermaulbeerbaum (*Broussonetia* L'Hérit. ex Vent.) und Osagedorn (*Maclura* Nutt.). Zimmer- und Gewächshauspflanzen liefern die Gattungen *Artocarpus*, *Cecropia*, *Dorstenia* und vor allem *Ficus*.

Artocarpus J.R. et G. Forst., Brotfruchtbaum
(griech. *artos* = Brot, *carpos* = Frucht)

Von den etwa 50 in Südostasien und Indonesien als Bäume verbreiteten Arten werden

A. altilis (Parkins.) Fosb. (*A. communis* J.R. et G. Forst., *A. incisus* (Thunb.) L.f.), 1782 in Frankreich eingeführt, und **A. heterophyllus** Lam. als wichtige Nutzpflanzen in den Tropen angebaut. Die bei *A. altilis* etwa kopfgroßen, 1 bis 2 kg schweren Scheinfrüchte sind sehr stärke- und zuckerreich, ebenso die bis 30 kg schweren Früchte von *A. heterophyllus*. Sie werden in Scheiben geschnitten und frisch oder gebacken, gekocht oder geröstet gegessen oder aber getrocknet und zu Mehl vermahlen. Beide Arten werden auch in botanischen Gärten gezogen. Die prächtige Blattpflanze *A. altilis* wird in den Tropen 10 bis 12 m hoch und trägt am Ende der Zweige 30 bis 90 cm lange, fiederig-gelappte, sehr rauhe Blätter.

Beide Arten gehören in das Warmhaus, wo sie bei einer Durchschnittstemperatur von 20° rasch wachsen. Nur jüngere Pflanzen von *A. altilis* sind schön, ältere werden hochstämmig und unten kahl. Man muß sie dann zurückschneiden, wobei die abfallenden Köpfe als Stecklinge bei 25 bis 30°, am besten unter einer Wasserstaubvermehrung, bewurzelt werden. Es kann oft, besonders im warmen, geschlossenen Vermehrungsbeet oder Schwitzkasten, sehr lange dauern, bis sich die ersten Wurzeln zeigen. Besser als Kopfstecklinge bewurzeln sich die nach dem Rückschnitt erscheinenden Seitentriebe. Man darf sie aber nicht zu groß werden lassen. Wirklich schöne Exemplare entwickeln sich nur in einer nährstoffreichen Erde, etwa einer Mischung aus Laub- und Rasenerde oder in Einheitserde. Nach Durchwurzelung ist regelmäßig flüssig zu düngen.

Cecropia Loefl., Ameisenbaum
(vom griech. *kekrops*, einer mythologischen Gestalt, dem mythischen Gründer Athens)

Etwa 100 Arten schnellwachsender Bäume, oftmals sich armleuchterartig verzweigend, im tropischen Amerika. Eigenartig ist der gefächerte, hohle Stamm, der an der Basis kaum dicker als an der Spitze ist. Die hohlen Stämme werden in der Heimat von kleinen Ameisen bewohnt, die sich an dünnen, über den Seitenknospen liegenden Stellen jeweils eine Öffnung schaffen, durch die sie in das Innere des Stammes eindringen können. Unter den Blattstielen befindet sich ein auffallendes, ölreiches Gewebepolster, das von den die Pflanze bewohnenden Ameisen abgefressen wird. In größeren Sammlungen werden oftmals

C.palmata Willd. von Westindien und dem nördlichen Südamerika, eingeführt 1820, und **C.peltata** L., heimisch in Westindien, Mittelamerika und dem nördlichen Südamerika, 1778 eingeführt, mit sehr großen, unten weißfilzigen, ungeteilten, meist aber handförmig 7- bis 9lappigen Blättern gezogen. Im kleinen Warmhaus sorge man durch häufiges Abstecken, besser und einfacher durch Abmoosen stets für kleine Pflanzen. Sie sind nicht nur interessante, sondern auch prächtige Blattpflanzen von gleicher Kultur wie der Gummibaum.

Dorstenia L.
(Theodor Dorsten, genannt Dorstenius, 1492–1552, deutscher Botaniker, Professor der Medizin in Marburg, Verfasser des Kräuterbuches »Botanicon«, 1540)

Kräuter, seltener Halbsträucher, die in etwa 170 Arten im tropischen Südamerika und in Afrika verbreitet sind. Fast alle Arten sind recht unscheinbare Pflanzen mit

Ficus elastica 'Schrijveriana'

Ficus aspera 'Parcellii'

grünen, auf den ersten Blick nicht auffallenden Blütenständen. Sieht man aber genauer hin, so wird man durch ihre Eigenart gefesselt. Sie stellen eine ausgebreitete, flache, linealische oder kreiselförmige, ungelappte oder gelappte Scheibe dar, die aber auch sternförmig sein oder wenige breitere oder schmalere Auswüchse haben kann. In diesen Blütenboden sind eine Menge männlicher und weiblicher Blüten eingesenkt. Die Samen werden durch einen eigenartigen Mechanismus bei der Reife bis mehrere Meter weit fortgeschleudert. Die flachen bis halbkugeligen Blütenstände der Dorstenien stellen eine interessante Übergangsform zu den geschlossenen der eigentlichen Feigen dar. Man kann sie dem Liebhaber merkwürdiger und seltener Warmhauspflanzen sehr empfehlen. Er wird sich immer wieder von neuem an diesen oft bizarren Gebilden erfreuen.

Besonders empfehlenswerte Arten sind **D.argentata** Hook.f., Südbrasilien, 1868 in England eingeführt, **D.arifolia**, Lam., Brasilien, **D.contrajerva** L., Mexiko, Westindien, Venezuela, Kolumbien, bereits 1782 in Frankreich kultiviert, **D.convexa** De Wild., Zaïre, **D.erecta** Vell., Brasilien, **D.multiradiata**, Engl., tropisches Afrika, **D.psilurus** Welw., tropisches Afrika, **D.urceolata** Schott, Brasilien, mit der Sorte 'Argentea', und **D.yambuyaensis** De Wild., Zaïre, 1910 in England eingeführt.

Als Seltenheiten findet man eine Reihe sukkulenter aus den Trockengebieten Afrikas stammender Arten, die der Stolz eines jeden Besitzers sind. Auch sie wollen im Warmhaus gehalten werden, verlangen aber nach dem Blattfall eine längere Ruhezeit, während der sie völlig trocken zu halten sind. Ebenso zu behandeln sind einige knollenbildende Arten aus dem tropischen Afrika.

Alle sind reine Warmhauspflanzen, die sich bei Temperaturen von 18 bis 20°, Luftfeuchtigkeit und Sonnenschutz wohlfühlen. Vermehrt wird durch Aussaat und Stecklinge im geschlossenen, warmen Vermehrungsbeet. Als Erde nehme man Einheitserde oder eine Mischung von $\frac{3}{4}$ Laub- und $\frac{1}{4}$ lehmiger Rasenerde. Bei den höherwerdenden Arten sorge man in jedem Winter für Nachwuchs, da Jungpflanzen schöner sind und ebenso reich wie alte blühen. Alle nehmen nur wenig Platz in Anspruch, ein Vorteil für den Besitzer eines kleinen Warmhauses.

Ficus L., Feigenbaum
(römischer Name von *F.carica*, der echten Feige)

Mit ihren etwa 800 Arten eine riesige Gattung fast ausschließlich tropischer Bäume, aber auch Epiphyten und Lianen enthaltend. Die meisten Arten tragen ungeteilte, nur wenige wie Feige und ihren Verwandten gelappte Blätter. Allen Arten gemeinsam ist der eigenartig geformte Blüten- und Fruchtstand, der zu einem hohlen, krugförmigen Gebilde geworden ist, das im Inneren viele Blüten trägt und nur eine winzige Öffnung hat. Die Bestäubung erfolgt durch ebenfalls winzige Gallwespen, die ihre Eier in die Blüten legen. Über den verwickelten, im Pflanzenreich einzigartigen Vorgang der Bestäubung – nur bei der Gattung *Yucca* spielt sich ein ähnlicher Vorgang ab – unterrichtet jedes Botanikbuch. Für uns ist wichtig, daß die Gattung *Ficus* neben so wichtigen Nutzpflanzen wie die Feige und verwandte Arten einige der dankbarsten Zimmer- und Gewächshauspflanzen enthält.

1. Aufrechtwachsende, großblättrige Arten

F.cannonii (Bull ex Van Houtte) N.E.Br. kommt aus Tahiti und braucht deshalb stets 18 bis 20° Wärme. Sie ist ein 2 bis 4 m hoher, sparriger Strauch mit kurzgestielten, bis 35 cm langen, nicht ledrigen, oberseits tief bronzefarbenen, unterseits roten Blättern. Um 1875 in England eingeführt.

Ficus rubiginosa 'Variegata'

Er braucht viel Platz, kann aber jährlich scharf zurückgeschnitten werden. Da er auch als Jungpflanze schön ist und sich leicht aus Stecklingen vermehren läßt, sollte man ihn dort, wo nur wenig Platz zur Verfügung steht, jährlich frisch aus Stecklingen vermehren und sich an den Jungpflanzen freuen.

F. cyathistipula Warb. ist im tropischen Ostafrika zu Hause und braucht bei uns eine Wärme von 14 bis 20°. Seine Blätter sind lederig, auffallend dunkelgrün und 10 bis 25 cm × 5 bis 11 cm groß. Er verzweigt sich leicht und wächst von Natur aus buschig. Schon jüngere Pflanzen tragen oft eine Fülle der 3 bis 4 cm dicken, runden Scheinfrüchte. Um 1890 in Deutschland eingeführt.

F. dryepondtiana Gentil aus dem tropischen West- und Mittelafrika hat 20 bis 30 cm × 8 bis 10 cm große, dünne, oben dunkelgrüne, unten blutrote, langgestielte Blätter. Er ist selten, wohl vor allem deshalb, weil er empfindlicher als die übrigen Arten ist. Die Wärme darf nie unter 18 bis 20° fallen.

F. edulis Bur. aus Neukaledonien ist ein kleiner, wenig verästelter Strauch mit beim Austrieb hellroten, etwas dünnen Blättern. Interessant ist er durch die erbsengroßen Feigen, die in dichten Knäueln am unteren Ende des Stammes sitzen. Er gedeiht bei Temperaturen von 15 bis 18° und verträgt einen Rückschnitt, so daß man ihn auch als ältere Pflanze im kleinen Gewächshaus halten und sich an dem reichen Fruchtbehang freuen kann. Die kleinen Feigen erscheinen erst, wenn der Stamm ein gewisses Alter und damit eine gewisse Dicke erreicht hat.

F. elastica Roxb., der Gummibaum, ist verbreitet von Nepal und Assam durch Burma und Malakka bis Sumatra und Java. Er bildet dort 20 bis 25 m hohe, aus der Krone viele Wurzeln treibende Bäume. Sein Aussehen braucht nicht beschrieben zu werden, da er zu den wenigen Pflanzen gehört, die ein jeder mit Namen zu nennen weiß. Er ist eine seit vielen Jahren verbreitete Zimmerpflanze und wurde 1814 in England eingeführt. Fast ausschließlich gezogen werden heute besonders breit- und dickblättrige Sorten wie 'Decora', um 1939 in Belgien entstanden, und ihre Auslesen, 'Robusta' mit mehr rundlichen Blättern, 'Abidjan' mit rötlicher Blattunterseite. Auch buntblättrige Sorten gibt es, so 'Doescheri' und 'Schrijveriana', doch werden sie seltener gezogen.

F. lyrata Warb. (*F. pandurata* hort. Sander non Hance), die Geigenfeige aus dem tropischen Westafrika, hat wohl von allen Arten die größten Blätter. Sie können bis 60 cm lang werden, sind breit- und verkehrt-eiförmig und am Ende tief leierförmig ausgerandet. Sie sind lederig und dick, die Nervatur heller als die Spreite. 1903 in Belgien eingeführt.
Sie gedeiht im Zimmer, noch besser im Gewächshaus bei Temperaturen von 16 bis 20°. Stecklinge wurzeln schwerer als beim gewöhnlichen Gummibaum, deshalb sollte der Liebhaber, der nur eine Jungpflanze ziehen will, die Spitze oder auch einige Spitzen des oder der Haupttriebe abmoosen. Danach verzweigt sich die alte Pflanze.

F. parcellii Veitch ex Cogn. et March. – ihr korrekter Name *F. aspera* G. Forst. 'Parcellii' – von Polynesien zählt zu den schönsten buntblättrigen Warmhauspflanzen überhaupt. Sie ist ein kleiner Strauch mit abstehenden Zweigen, kurzgestielten, großen Blättern, die auf ihrer Oberseite rauh und weiß und grün marmoriert sind. Schon bei jüngeren Pflanzen erscheinen in den Blattachseln die etwa kirschgroßen, rundlichen, grünen, rot und weiß marmorierten Feigen. 1873 in England eingeführt.
Sie braucht viel Wärme, die Temperatur sollte nie unter 18 bis 20° sinken, auch nicht nachts. Vermehrung durch Stecklinge im geschlossenen Vermehrungsbeet bei etwa 30° Boden- und Luftwärme. Sie wurzeln oft sehr schwer, manchmal gar nicht. Es kommt wahrscheinlich sehr auf den Grad ihrer Reife an.

2. Aufrechtwachsende Arten mit kleineren Blättern

F. benjamina L. (*F. nitida* Thunb.) ist verbreitet im Osthimalaja, in Burma, Indonesien, Sumatra, Celebes und Südchina. Er wächst dort zu einem großen, breitkronigen Baum mit hängenden Zweigen heran, eine Eigenschaft, die schon Jungpflanzen zeigen. Die kurzgestielten Blätter sind nur 5 bis 12 cm lang, glänzend und etwas lederig. Außer der Art gibt es eine Reihe schöner buntblättriger Sorten, die aber meist schnell wieder vergrünen. In England schon 1757 in Kultur.
Sie ist gleich schön als Topfpflanze wie als hohe Dekorationspflanze. Ihre Wärmeansprüche liegen zwischen 14 und 18°.

F. deltoidea Jack (*F. diversifolia* Bl.), der Mistel-Feigenbaum, ist im malaiischen Gebiet, wo er meist als epiphytischer Strauch auf den Bäumen wächst, beheimatet. Bei uns wird er selten höher als 50 bis 80 cm. Er verzweigt sich stark und hat in der Form oft verschiedene, meist dreieckige oder rundliche, lederartige kleine Blätter. Seine gelblichen, etwa erbsengroßen Feigen sitzen einzeln oder zu zweit an den Zweigen. Fast stets ist der ganze Busch dicht mit ihnen besetzt. Um 1850 in England eingeführt.
Er braucht eine Wärme von 18 bis 20° und viel Luftfeuchtigkeit. Vermehrt wird durch Stecklinge im Warmbeet. Er gehört zu den sehr langsam wachsenden Arten, ist daher und weil er sich von allen anderen Arten im Habitus so sehr unterscheidet, eine ideale Pflanze für das kleine Warmhaus, wo er so alt wie sein Besitzer werden kann!

F. religiosa L., der Pepulbaum der Inder oder auch Bobaum genannt, wächst in Ostindien und auf Ceylon, bildet dort einen mäßig großen, hochkronigen Baum, der in seiner Tracht einer kanadischen Pappel nicht unähnlich ist. Die dünnen, sehr lang gestielten Blätter haben eine auffallend lange, schwanzförmige Spitze. Wurde bereits 1757 in England gezogen.
Bei 16 bis 20° gedeiht er gut, vorausgesetzt sein Standort ist hell und luftig. Man kann ihn also nicht mit Warmhauspflanzen, die viel Schatten und geschlossenen Stand verlangen, zusammen halten.

F. rubiginosa Desf. (*F. australis* Willd. non hort.) bildet in seiner australischen Heimat weitausladende, nur 2 bis 4 m hohe Sträucher, deren Äste am Grunde wurzeln, wodurch sie befähigt sind, große Räume auszufüllen. Die Blätter sind selten länger als 10 cm, stumpf, lederartig und glänzend. In ihrer Jugend sind sie unterseits wie auch die jungen Triebe braunfilzig. 1789 in England eingeführt.
Verbreiteter als die Art ist die um 1903 in Belgien entstandene Sorte 'Variegata' mit gelblichweiß marmorierten und gefleckten Blättern.

Sie sind typische Kalthauspflanzen, die am besten bei 10 bis 12° Wärme gedeihen. Im Sommer können sie ins Freie gestellt werden. Sie lassen sich durch Stecklinge vermehren, wachsen aber zeit ihres Lebens recht langsam.

3. Niederliegende oder klimmende Arten

F. pumila L. (*F. stipulata* hort. non Thunb., *F. repens* hort. non Rottl.), der Kletter-Ficus, hat ein größeres Verbrei-

344 Moraceae

Ficus pumila 'Sonny'

tungsgebiet. Er umfaßt Japan, die Riukiu-Inseln, Taiwan, das wärmere China und Nordvietnam. Die Zweige halten sich wie der Efeu mit Haftwurzeln an der Unterlage fest und bedecken in kurzer Zeit große Flächen. Die Blättchen sind eirund bis herzförmig, etwa 2 bis 3 cm lang, der Unterlage fest anliegend und so Triebe und Haftwurzeln deckend. Erst bei älteren Pflanzen entwickeln sich fruchtende Zweige, die wesentlich größere und dickere Blätter haben. Die dunkelbraunvioletten Feigen gleichen in Form und Größe einer mittelgroßen Birne. Bereits 1720 in Holland in Kultur. Die Art ist in der Heimat außerordentlich variabel. An Sorten werden bei uns hier und da gezogen 'Minima' mit noch dünneren, nur bis 12 mm langen Blättern, 'Serpyllifolia' mit noch kleineren, am Rande ab und zu buchtigen Blättern und die schwachwachsende und sehr empfindliche 'Variegata' mit weißbunten Blättern.
F. pumila gedeiht bei Temperaturen von nur einigen Graden über 0° bis zu 25°. Sie eignet sich zur Bekleidung von Wänden und Säulen im Gewächshaus und Wintergarten, aber auch als Ampelpflanze und Bodendecke. In der Regel ist sie völlig frei von Ungeziefer und Krankheiten. Nur gegen Ballentrockenheit ist sie sehr empfindlich, also nie den Ballen austrocknen lassen! Vermehrt wird durch Stecklinge, wozu die Triebe in 6 bis 8 cm lange Stücke zerschnitten und zu 10 bis 15 in 10 cm große

Ficus carica

Töpfe in leichte und sandige Erde gesteckt werden. Bei 20 bis 25° Bodenwärme bewurzeln sie sich schnell.

F. montana Burm. f. (*F. quercifolia* Roxb.), heimisch in Burma, Malaysia und Indonesien, kriecht entweder auf dem Boden, oder aber sie wächst aufrecht und bildet kleine Büsche mit langsam sich überneigenden Zweigen. Ihre Blätter sind vielgestaltig und ähneln in der Art ihrer Buchtung Eichenblättern. Die Feigen sind klein und unscheinbar. 1830 in England kultiviert.
Sie ist eine reine Warmhauspflanze, die sich ohne Schwierigkeit aus Stecklingen vermehren läßt.

F. sagittata Vahl (*F. radicans* Desf.), verbreitet vom Osthimalaja bis zu den Philippinen und Mikronesien, hat bis 5 cm lange, länglich-lanzettliche, lang zugespitzte Blätter, wurzelt an den Blattknoten und bedeckt die Unterlage wie *F. pumila*. Ihre Jugend- und Altersformen weichen stark voneinander ab. 1829 in Frankreich in Kultur. Die um 1885 in England entstandene Sorte 'Variegata' hat weißbunte Blätter. Sie wird wie *F. pumila* vermehrt.

F. villosa Bl. (*F. barbata* Wall.) von Malakka ist eine kletternde, an den Blattknoten wurzelnde Art mit zweizeilig gestellten, 7 bis 10 cm langen, kurz-eiförmigen, an den Rändern zottig braunbehaarten, lederigen Blättern. 1832 in England eingeführt. Schön für die Bedeckung größerer Wände und für Epiphytenstämme im Warmhaus.

4. Arten mit sommergrünen Blättern

F. carica L., der eigentliche Feigenbaum, ist ursprünglich in Südeuropa und Nordafrika zu Hause, heute aber in vielen Teilen der Welt angepflanzt. Er wächst als Strauch oder Baum, der in der Heimat bis 6 m und darüber hoch werden kann, bei uns aber sehr viel kleiner bleibt. Auch ohne Früchte ist diese Art stattlich und dekorativ. In Deutschland wahrscheinlich schon im Laufe des 15. Jahrhunderts eingeführt.
In wärmeren Teilen Deutschlands halten Feigen, gut gedeckt, viele Jahre im Freien aus und entwickeln sich zu stattlichen, reichtragenden Büschen. Es sind prächtige Pflanzen für die Terrasse am Hause, auch als Spalier am Hause kann man sie ziehen. Aber genauso wachsen sie an jeder anderen sonnigen und geschützten Stelle des Gartens. Sie brauchen lehmige, nährstoffreiche Erde und im Frühling und Sommer regel-

mäßige Dunggüsse oder einen Belag des ganzen Ballens mit Kuhmist. Im übrigen sind es prächtige Kübelpflanzen, die frostfrei überwintert werden sollten.

Man vermehrt durch Stecklinge, Ableger oder Ausläufer. Vom Spätwinter bis zum Frühjahr schneide man vorjährige Triebe mit einer Länge von 15 bis 20 cm ab, am besten mit Astring, und stecke sie in ein warmes Vermehrungsbeet, wo sie bald wurzeln. Liebevoll gepflegte Januarstecklinge tragen bereits im Herbst des ersten Jahres die ersten Feigen!

Über die Vermehrung, die Wärme und manche anderen Besonderheiten wurde bereits bei den einzelnen Arten das bei ihnen zu Beachtende gesagt.

Im allgemeinen lassen sich alle *Ficus*-Arten durch Stecklinge im geschlossenen Vermehrungsbeet bei 25 bis 30° bewurzeln. Zu empfehlen ist, nach dem Stecken Folie direkt über die Stecklinge zu legen. Sie bedürfen dann keiner weiteren Bewässerung bis zur Wurzelbildung, nachdem man sie vorher gut angegossen hatte. Arten, deren Stecklinge sich nur schwer bewurzeln, kann man auch abmoosen; selbst bei unserem Gummibaum ist dies oft die beste und einfachste Lösung. Als Erde nehme man eine Mischung aus Laub-, lehmiger Rasenerde und brockigem Torf mit Sandzusatz. Aber auch in Einheitserde wachsen sie gut. Durchwurzelte Pflanzen sind regelmäßig zu düngen. Vor Sonne sind alle Arten, jedenfalls von Frühling bis Herbst, von etwa 10 bis 16 Uhr zu schützen. Auch in Hydrokultur fühlen sie alle Arten wohl. Nur ist dabei bald der Zustand erreicht, wo Topf und Pflanze nicht mehr im richtigen Verhältnis zueinander stehen.

Außer den hier beschriebenen weiter verbreiteten Arten gibt es in botanischen Gärten, aber auch hier und da in Gärtnereien eine ganze Reihe schöner Arten, deren Anschaffung und Kultur sich durchaus lohnen. Einige von ihnen sollen hier wenigstens mit Namen genannt werden:
F. benghalensis L., Banyanbaum, Indien, 1690 in England eingeführt, **F. buxifolia** De Wild., Zaïre, **F. cerasiformis** Desf., Indien, **F. eetveldiana** hort., Heimat nicht bekannt, **F. glabella** Bl., Malakka, **F. leprieurii** Miq. (*F. triangularis* Warb.), tropisches Afrika, **F. macrophylla** Desf. ex Pers., Ostaustralien, 1869 eingeführt, (Kalthaus), **F. neckbudu** Warb., (*F. utilis* Sim), tropisches Afrika, **F. porteana** Regel, Mexiko, **F. retusa** L., Malakka bis Borneo, 1793 eingeführt, **F. schlechteri** Warb., Südasien, Neukaledonien, u.a.

Musaceae
Bananengewächse

Mit 6 Gattungen und 130 Arten ist diese Familie in Tropen und Subtropen weit verbreitet. Sie enthält in der Mehrzahl große, ausdauernde Kräuter, daneben Schopfbäume mit Rhizom und häufig aus den Blattscheiden gebildeten Scheinstämmen. Die Blüten werden von Fledermäusen, Vögeln und Schmetterlingen bestäubt.

Bananen sind seit uralten Zeiten für viele Menschen eine wichtige Nahrung, besonders für viele Bewohner der Tropen, seit Anfang dieses Jahrhunderts aber auch für diejenigen der gemäßigten Zonen.

Einige sind beliebte Zierpflanzen, aber nur für große Gewächshäuser, für das Kleingewächshaus des Liebhabers werden die meisten zu hoch und umfangreich. Trotzdem sollen sie hier wenigstens kurz behandelt werden.

Ensete Horan.
(äthiopischer Name der Banane)

Von der nahe verwandten Gattung *Musa*, zu der auch sie früher gerechnet wurde, u.a. verschieden dadurch, daß bei ihr die Scheinstämme einzeln stehen, also keine Schößlinge treiben und am Grunde verdickt sind. Außerdem hat der große Samen einen gebogenen statt eines geraden Embryo. Im übrigen gleichen sie in Aufbau und Habitus völlig der Gattung *Musa*. Man kennt 7 im tropischen Afrika, in Madagaskar, Südchina, Südostasien und Indonesien vorkommende Arten. Von ihnen wird bei uns gezogen

E. ventricosum (Welw.) E. E. Cheesm. (*Musa ensete* J.F. Gmel., *M. ventricosa* Welw., *M. arnoldiana* De Wild.). Sie stammt aus Süd-, Mittel- und Nordostafrika, wo sie in lichten Bergwäldern bis zu einer Gebirgshöhe von 2500 m aufsteigt. Sie kann bis 13 m hoch werden und trägt dann bis 6 m lange und 1 m breite Blätter. Die Blühfähigkeit tritt erst nach 6 bis 8 Jahren ein. 1842 in Österreich kultiviert.

Ihrer Herkunft entsprechend braucht diese Art weniger Wärme, man kann sie deshalb von Mai bis September im Freien halten, entweder in Töpfen oder Kübeln, besser aber in Drahtkörben, mit denen man sie im Frühling auspflanzt und im Herbst mit Ballen wieder herausnimmt. Wer nicht viel Platz zu ihrer Überwinterung hat, lasse sie im Herbst des zweiten Jahres so lange im Freien, bis sie den ersten Frösten zum Opfer fallen, natürlich nur dann, wenn er sie nicht mehr anderweitig unterbringen kann. Die Anzucht aus Samen, der regelmäßig von manchen Firmen, so der Firma Albert Schenkel, Hamburg-Blankenese, angeboten wird, ist nicht schwierig. Er wird im Januar bis Februar einzeln in kleine Töpfe gelegt und ins Warmhaus gestellt, wo er nach 10 bis 30 Tagen aufgeht. Was danach nicht aufgeht, ist nicht mehr keimfähig. Weiterkultur bis Ende Mai im Warmhaus, später bis zum Herbst im Freien, in großen Töpfen in Einheitserde oder einer nährstoffreichen humos-lehmigen Mischung.

Heliconia L.
(Berg Helicon, Sitz der Musen)

Mit nach Willis etwa 80, nach anderer Quelle etwa 150 Arten im tropischen und subtropischen Mittel- und Südamerika die größte Gattung der Familie. Wie bei *Musa* bilden die zusammengerollten Blattscheiden einen mehr oder weniger hohen Scheinstamm. Der Blütenstand ist meist sehr ansehnlich, die Blütenhüllblätter blütenblattartig und lebhaft gefärbt.

Bisher werden nur wenige Arten in unseren Gewächshäusern gezogen. Sie sind so schön, daß man weitere Arten einführen sollte. Allerdings eignen sie sich nur für große Warmhäuser, wo sie ausgepflanzt gezogen werden. Im übrigen gleicht ihre Kultur derjenigen der Maranten. Vermehrt werden sie durch Teilung. Empfehlenswerte Arten sind

H. aurantiaca Ghiesbr., Südmexiko, Mittelamerika, sehr reich vom Dezember bis in den Januar hinein orangefarben blühend und Meterhöhe kaum überschreitend, **H. humilis** (Aubl.) Jacq., Trinidad, etwa meterhoch, von Februar bis Mai blühend, **H. metallica** Planch. et Lind., Panama bis tropisches Südamerika, das ganze Jahr hindurch Blüten bringend, ebenso **H. psittacorum** L.f., Westindien, Guayana, Brasilien, Paraguay, beide mit 4 bis 5 lackroten Deckblättern.

Als besonders schöne Blattpflanze zu empfehlen ist **H. illustris** Ball ex Mast. von den Pazifischen Inseln, mit der Sorte 'Rubricaulis', deren Blätter rosafarbene Blattrippen und Adern sowie einen roten Blattstiel haben. 1894 in England eingeführt. Sie wächst nur schlecht im Topf und ist darin sehr empfindlich. Ausgepflanzt dagegen gedeiht sie ohne Schwierigkeit und ist

Heliconia aurantiaca

sehr haltbar, vorausgesetzt die Temperatur sinkt auch im Winter nicht unter 20°. Die Erde sei brockig und humos, die Luftfeuchtigkeit hoch.

Musa L., Banane, Pisang
(über englisch *musa* aus dem arabischen *mauza*[h] = Banane entlehnt; Linné stellte den Namen zu Antonius Musa, römischer Arzt und Botaniker, Leibarzt des Kaisers Augustus)

Etwa 35 Arten in den altweltlichen Tropen, deren gleichmäßig dicke Scheinstämme unterirdische Ausläufer treiben und dadurch nie einzeln, sondern stets zu mehreren zusammenstehen. Typisch für alle Bananen sind die beim Aufrollen noch völlig ungeteilten Blätter – alle Seitennerven verlaufen quer und sind nicht miteinander verbunden –, die der Wind später vom Blattrand her aufreißt, so daß sie Wind und Niederschlägen weniger Widerstand leisten.

In botanischen Sammlungen mit großen Gewächshäusern werden einige Arten und Hybriden gezogen:
Musa basjoo Sieb. et Zucc. ex Iinuma, die Japanische Faserbanane, heimisch auf den Riukiu-Inseln, deren Bedürfnisse denen von *Ensete ventricosum* entsprechen, vor allem aber **M. × paradisiaca** L. in vielen Sorten, die heute in allen Tropenländern angebauten Bananen, **M. sumatrana** Becc. ex André, Sumatra, **M. sanguinea** Hook. f., Assam, **M. textilis** Née, die »Manilahanf-Banane«, verbreitet von Indien bis zu den Philippinen, etc.

Sie alle werden mehrere Meter hoch und gehören in das Warmhaus, wo man sie am besten auspflanzt. Für kleinere Häuser ist die Zwergbanane **M. acuminata** Colla (*M. cavendishii* Lamb. ex Paxt.), heimisch in Indien, Burma, Thailand, Malakka, dem Malaiischen Archipel, den Philippinen, in Australien und Neuguinea, zu empfehlen. Sie wird nur 1,50 bis 2 m hoch und wächst gleichgut im Kübel wie ausgepflanzt. Sie blüht und fruchtet ohne Schwierigkeit, wenn sie im Winter bei 18 bis 20° gehalten und gut ernährt wird. Ihre Früchte sind süß, saftig und wohlschmeckend. Überall dort, wo nicht viel Platz zur Verfügung steht, ist sie die für Demonstrationszwecke ideale Banane.

Vermehrt wird durch abgetrennte Ausläufer. Weitere Pflege in nährstoffreicher, lehmig-humoser Erde, der am besten verrotteter Kuhdung oder ein Langzeitdünger wie Osmocote beigemischt wird.

Ravenala Adans., Baum der Reisenden
(Volksname auf Madagaskar)

Nur 1 Art.

R. madagascariensis J. F. Gmel., der »Baum der Reisenden«. Er ist in Madagaskar recht häufig und bildet dort einen 10 bis 30 m hohen Stamm, der einen Schopf langgestielter, zweizeilig oder fächerförmig gestellter musa-ähnlicher Blätter trägt. Um 1840 in Deutschland bereits gezogen.

In botanischen Sammlungen, die über ein großes Warmhaus verfügen, dessen Temperatur auch im Winter nicht unter 14 bis 16° fällt, ihres eigenartigen Wuchses wegen gerne gezogene Pflanze. Sie läßt sich leicht durch aus den Tropen eingeführten Samen heranziehen. Die Aussaat hat direkt nach Eintreffen des frischen Samens im Warmhaus zu erfolgen. Weiterkultur genügend erstarkter Pflanzen am besten wie *Musa* in den freien Grund ausgepflanzt. Zu guter Entwicklung sind neben reichlicher Ernährung viel Licht und Luftfeuchtigkeit vonnöten. Schon Jungpflanzen sind recht hübsch und können auch dem Liebhaber empfohlen werden, doch werden sie in wenigen Jahren zu groß für ein kleines Gewächshaus.

Strelitzia Banks, Paradiesvogelblume
(Charlotte Prinzessin von Mecklenburg-Strelitz, 1744 bis 1818, seit 1761 Gemahlin König Georgs III. von Großbritannien)

5 südafrikanische Arten baumartiger oder stammloser Pflanzen mit sehr großen gestielten, musa-ähnlichen aber härteren Blättern. Aus einem kahnförmigen Hochblatt, in dem die Knospen in Wasser liegen, erhebt sich eine Blüte nach der anderen. Ihre Form zeigt am besten unser Bild. Sie werden von Nektarvögeln bestäubt.

Die baumartigen Strelitzien, nämlich **S. alba** (L. f.) Skeels (*S. augusta* Thunb.), **S. caudata** R. A. Dyer und **S. nicolai** Regel et Koern., eignen sich nur für hohe Gewächshäuser, wo sie am besten wie *Musa* ausgepflanzt gezogen werden. Nur hohe, ältere Pflanzen, die bereits einen Stamm gebildet haben, bringen Blüten, und zwar über viele Monate hinweg. Die Wintertemperatur sollte nicht unter 12 bis 14° sinken.

Von den beiden stammlosen Arten ist **S. parvifolia** Dryand. die kleinste. Schöner aber als diese ist

S. reginae Banks aus dem Kapland. Sie blüht je nach der Wärme des Hauses fast zu allen Zeiten des Jahres, besonders aber im Spätwinter und Frühling. Sie wird nur 1 bis 2 m hoch und hat gestielte, lederartige Blätter. Die Blütenscheide ist grün mit röt-

Strelitzia nicolai

Musa acuminata

Myoporaceae
Myoporumgewächse

Wenig umfangreiche, den *Scrophulariaceae* nahestehende Familie von Sträuchern, seltener kleinen Bäumen mit etwa 90 Arten in 4 Gattungen. Nur wenige werden ab und zu in botanischen Sammlungen gezogen.

Myoporum Soland. ex G. Forst.
(griech. *myo* = schließen, verschließen, *poros* = Pore, Öffnung)

Die Heimat der 32 Arten liegt auf Mauritius, in Ostasien, Neuguinea, Australien und Neuseeland. Kleine, oft klebrige, immergrüne Sträucher oder Bäume mit wechsel- oder gegenständigen, durchscheinend punktierten, ganzrandigen oder gezähnten Blättern und kleinen, meist weißen, einzeln oder gebüschelt in den Blattachseln erscheinenden Blüten, deren Krone kurzröhrig ist und 5 häufig gebärtete Abschnitte hat. Die Steinfrucht ist zum Teil saftig und verschieden gefärbt.

M. laetum G. Forst. aus Neuseeland ist ein Strauch oder bis 8 m hoher Baum mit lanzettlichen, bis 10 cm langen, hellgrünen, durchscheinend punktierten, glänzenden Blättern. Die Blüten erscheinen zu 2 bis 6 in den Blattachseln. Sie sind weiß, innen violett gefleckt. 1812 eingeführt.

M. parvifolium R. Br. aus Australien und Neuseeland ist ein lockerer, 50 bis 80 cm hoher, in der Heimat bisweilen niederliegender kahler Strauch mit nur 18 bis 25 mm langen, linealischen, grasgrünen, drüsig-rauhen Blättern und nach Honig duftenden, etwa 1 cm lang gestielten, zu 1 bis 3 aufrecht in den Blattachseln erscheinenden, bis 12 mm breiten, innen weißwolligen Blüten. 1803 in England eingeführt. Wurde um 1880 in Paris als frühlingsblühende kleine Topfpflanze verkauft. Vermehrung durch Aussaat, besser durch halbreife Stecklinge im August bei 15 bis 18° ohne Bodenwärme unter Glas oder Folie. Die weitere Kultur erfolgt bei 5 bis 10°, hell im luftigen Kalthaus, im Sommer im Freien, besser aber luftig unter Glas. Eine Mischung aus alter Lauberde und lehmighumoser Rasenerde mit Sandzusatz sagt ihnen zu. Erfahrungen mit TKS oder Einheitserde liegen nicht vor. Während der ganzen Kulturzeit wichtig ist sehr vorsichtiges Gießen. Nässe wie Trockenheit des Ballens sind gleich schädlich.

licher Umrandung, die Blüten selbst orange und himmelblau. 1773 in England eingeführt.

Hierher gehört auch die langsam wachsende, eigenartige var. **juncea** (Ker-Gawl.) H. E. Moore, bei der die Blattspreite fast verschwunden ist, so daß die Pflanze nur aus den graugrünen runden Stielen besteht. Sie wie auch *S. parvifolia* wäre auch für kleinere Gewächshäuser zu empfehlen. Erstere wurde 1796, letztere 1768 in England eingeführt.

S. reginae läßt sich auch im kleinen Gewächshaus, ja selbst im Blumenfenster oder Wintergarten ziehen. Dort gedeiht sie bei Temperaturen von 8 bis 18°, am besten hält man sie jedoch bei solchen von 8 bis 14°, da bei höherer Wärme leicht die Blätter etwas lang werden. Das Haus sollte nicht zu luftfeucht, aber hell sein. Die Erde sei schwer und nährstoffreich, also etwa eine Mischung aus alter lehmiger Rasenerde, Lauberde und verrottetem Kuhdung mit Zusatz von Sand und Hornspänen und, für die Durchlässigkeit, von Styromull oder Holzkohle. Beim Verpflanzen oder Auspflanzen darf man die fleischigen Wurzeln nicht verletzen. Sind sie aber doch verletzt oder gebrochen, schneide man sie mit einem scharfen Messer ab und pudere die Schnittstellen mit Holzkohlenstaub. Die beste Zeit zum Verpflanzen und also auch zum Teilen liegt im Frühling und Sommer. Außer durch Teilung kann man durch vorsichtiges Abtrennen eines Nebentriebes oder durch Aussaat vermehren. Die Samen sind ein bis zwei Jahre keimfähig, trotzdem empfiehlt sich baldige Aussaat, weil man nie weiß, wie alt gekaufter Samen bereits ist. Bei uns erfolgt Samenansatz nur nach vorheriger künstlicher Bestäubung. Auch abgeschnitten sind die Blütenstiele sehr haltbar und können mehrere Wochen lang in der Vase gehalten werden.

Myrsiniaceae
Myrsinegewächse

Eine Familie mit 35 Gattungen und etwa 1000 Arten, den *Primulaceae* verwandt, aber völlig aus immergrünen kleinen Bäumen und Sträuchern bestehend. Nur zwei Gattungen sind hier zu nennen, von denen allerdings nur *Ardisia* eine weitere Verbreitung erlangt hat.

Ardisia Sw., Ardisie
(griech. *ardis* = Pfeilspitze)

Die etwa 400 Arten immergrüner niedriger Sträucher oder kleiner Bäume tragen wechselständige Blätter und mehr oder weniger achselständige, zwitterige oder zweihäusige Blüten. Die meist fünfteilige Krone ist verwachsenblättrig und vor dem Aufblühen rechtsgedreht. Die beerenartigen, kugeligen, roten, weißen, blauen oder schwarzen Früchte sind einsamig. Die meisten Arten wachsen in schattigen Wäldern und haben ihr Hauptverbreitungsgebiet im tropischen Amerika und Asien sowie auf den Pazifischen Inseln.

A. crenata Sims, in Japan, Korea, auf Taiwan und von China bis Nordindien verbreitet, ist ein kleines Bäumchen von 60 bis 100 cm Höhe mit waagerecht abstehenden Zweigen und immergrünen Blättern, deren Rand knotenförmig verdickt ist. Die Blüten sind weiß bis rosa und erscheinen an den Seitenzweigen in vielblütigen endständigen Blütenständen. Die Früchte sind etwa erbsengroß, scharlachrot und sehr lange an der Pflanze haltbar. Im Schmucke ihrer Beeren ist sie nicht nur schön, sondern in mehrfacher Weise auch interessant. Die einsamigen Früchte enthalten nämlich mehrere Embryonen, die häufig noch an der Pflanze aus den Beeren herauswachsen (echte Viviparie!). In den knotenförmigen Verdickungen an den Blatträndern lebt *Bacillus foliicola*, der im Leben der Pflanze eine besondere Rolle zu spielen scheint. Keimlinge aus bakterienfrei gemachten Samen gehen ein, können aber durch künstliche Zuführung des Bazillus zum Wachsen gebracht werden. 1809 in England eingeführt.

A. malouiana (Lind. et Rodig.) Markgr. (*Labisia malouiana* Lind. et Rodig.) ist im Rajahgebirge auf Borneo zu Hause, hat einen kurzen Stamm, der dicht mit lanzettlichen, 15 bis 25 cm langen und 7 bis 8 cm breiten Blättern besetzt ist. Ihre Oberseite ist samtigdunkelgrün mit unregelmäßigem weißlichgrauem Mittelband, ihre Unterseite rötlich. Um 1885 eingeführt.

A. malouiana ist eine recht seltene, aber prächtige Blattpflanze, die nur dort mit Erfolg zu ziehen ist, wo ein stets 20 bis 22° warmes, geschlossenes kleines Warmhaus zur Verfügung steht. Wenn nicht, stelle man sie in einen geschlossenen Glaskasten,

Ardisia crenata

der entsprechend warm ist und dazu feucht und schattig gehalten werden kann. Als Erde nehme man Einheitserde oder Lauberde, der etwas brockige oder faserige Rasenerde zugesetzt wird. Beim Verpflanzen dürfen die Gefäße nie zu groß genommen werden. Vermehrt wird durch Kopf- oder Augenstecklinge mit einem Blatt bei 30 bis 35° im geschlossenen Beet.

A. crenata ist eine dankbare Topfpflanze, deren zweijähriger Kulturzeit die etwa halbjährige Haltbarkeit der auffallenden roten Beeren gegenübersteht. Der Samen wird im Januar bis Februar bei 20 bis 25° in TKS 1 ausgesät. Den Sämlingen schneidet man, sobald sie groß genug dazu sind, die Köpfe ab und steckt diese bei 22 bis 30° Boden- und Luftwärme in ein Beet, wo sie sich bald bewurzeln. Man tut dies deshalb, weil Stecklingspflanzen viel buschiger wachsen als Sämlingspflanzen, die ein Stämmchen bilden und sich erst von einer gewissen Höhe an verzweigen. Wo dies also unerwünscht ist, muß man die Sämlinge zunächst abstecken.

Zur Verzweigung beider ist übrigens kein Stutzen notwendig. Sie tun dies ganz von selbst. Die weitere Kultur findet bei 18 bis 20° statt, im Winterhalbjahr bei voller Sonne, im Sommer nur leicht schattiert, stets bei häufigem Spritzen. Nach Bedarf ist in TKS 2 oder in Einheitserde zu verpflanzen, doch sollte der Endtopf nicht größer als 13 bis 14 cm sein. Während der Blütezeit sind die Pflanzen heller, trockener und vor allem luftiger zu halten, damit ein guter Fruchtansatz stattfindet. Die Kultur ist nicht allzu schwierig, auf eines aber muß man achten: die Anfälligkeit gegen Schild- und Wolläuse. Also muß man rechtzeitig und regelmäßig dagegen spritzen oder aber gar die Stengel und Blätter bei starkem Befall abwaschen.

Myrsine L.
(griechischer Name für einen Myrtenzweig)

Von den 7 Arten immergrüner Sträucher und Bäume, die vom tropischen Afrika bis Ostasien und auf den Azoren zu finden sind, wird nur

M. africana L. mit var. **microphylla** Drège und var. **retusa** Ait. gezogen. Ihr Verbreitungsgebiet erstreckt sich von den Azoren nach Nord- und Südafrika, von Afghanistan bis zum Himalaja. Sie bilden dichtbuschige kleine Sträucher mit kleinen dunkelgrünen, meist rundlichen Blättern. Die eingeschlechtigen Blüten fallen nicht auf. Ihnen folgen kugelige, erbsengroße blaue Steinfrüchte, die einen Schmuck der Pflanze darstellen. 1687 in Holland eingeführt.

Stecklinge im Spätwinter oder im August bis September gemacht und bei etwa 20° unter Glasglocken oder Folie gesteckt, wurzeln ohne Schwierigkeit. Der hübsche kleine Strauch ist durchaus zu empfehlen. Im Winter nimmt er mit Temperaturen von 3 bis 8° vorlieb, im Sommer stellt man ihn sonnig oder halbschattig ins Freie. Laub-, Mistbeet- und Rasenerde oder Einheitserde sind den Pflanzen gleich zuträglich. Nur wenn beide Geschlechter zusammenstehen, werden die schönen blauen Steinsamen angesetzt. Man muß also versuchen, beide Geschlechter zu bekommen und stets den Steckling einer weiblichen und den einer männlichen Pflanze zusammen in einen Topf pflanzen.

Myrtaceae
Myrtengewächse

Eine große Familie mit 100 Gattungen und etwa 3000 Arten, ausschließlich holzige Pflanzen, also Bäume, Sträucher und Zwergsträucher umfassend. Sie haben gegenständige, selten spiralig angeordnete immergrüne, lederige, ganzrandige Blätter und strahlige Blüten mit 4 bis 5 Blütenblättern und zahlreichen, oft langen und bunten Staubblättern sowie unterständigem Fruchtknoten. Allen Arten gemeinsam sind Öldrüsen, die nicht nur in den Blättern, sondern auch in jungen Trieben, Blüten und Früchten vorhanden sind. Die Frucht ist entweder eine saftige Beere oder eine trockene Kapsel oder Nuß. Die Familie hat zwei Entwicklungszentren. Das eine liegt in Australien, das andere im wärmeren Amerika. Nur wenige Arten kommen in anderen Gebieten vor, wie z.B. die Myrten im Mittelmeergebiet. Bedingt durch den Reichtum an ätherischen Ölen finden sich unter den Myrtengewächsen viele Nutzpflanzen, die auch in botanischen Gärten vertreten sind. Zu ihnen gehören u.a. als Obstpflanzen die Guayaven (*Psidium guineense* Sw. und *P.cattleyanum* Sabine in vielen Sorten), die Surinamkirsche, *Eugenia uniflora* L. und andere Arten, die Jambusen oder Rosenäpfel (*Syzygium jambos* (L.) Alston), die Chilenische Guava (*Ugni molinae* Turcz.) u.a.; Gewürze liefern der Gewürznelkenbaum (*Syzygium aromaticum* (L.) Merr. et L.M. Perry) und *Pimenta dioica* (L.) Merr., die Nelkenpfefferpflanze; aromatische Öle und Gummiharze stammen vor allem von verschiedenen Eucalyptus-Arten, so zum Beispiel von *E.globulus* Labill., das Kajeputöl von *Melaleuca leucadendra* (L.) L. Als Zierpflanzen spielt eine ganze Reihe von Gattungen und Arten eine nicht unwichtige Rolle in unseren Gewächshäusern. Viele schöne vor hundert Jahren noch gezogene Arten sind allerdings bei uns aus den Kulturen verschwunden, während sie in tropischen Gärten vor allem Australiens, aber auch der USA als wichtige Schmuckpflanzen verwendet werden, so Arten der Gattungen *Agonis* (DC.) Lindl., *Beaufortia* R.Br., *Darwinia* Rudge, *Baeckea* L., *Chamelaucium* Desf., das allerdings heute wieder eine Rolle zu spielen scheint, *Kunzea* Rchb. und *Tristania* R.Br. Manche von ihnen sind zwar bei uns nicht ganz leicht zu halten, trotzdem sollte man sie wieder einführen.

Callistemon citrinus

Callistemon R.Br., Zylinder- oder Flaschenputzer
(griech. *kalli* = schön, *stemon* = Faden, Staubblatt)

Die etwa 25 in Australien und Neukaledonien heimischen Arten verdanken Schönheit und Eigenart ihrer Blüten, die zylinderputzerartig dicht rings um die Zweige gestellt sind, während der Sproß oberhalb beblättert weiterwächst, den langen, meist roten, selten gelben Staubblättern. Die Kronblätter sind nur klein.

C.citrinus (Curt.) Stapf (*C.lanceolatus* (Sm.) DC.), ein in der Heimat bis 3 m hoher Strauch, der bei uns aber wesentlich niedriger bleibt, ist die wichtigste Art. Schon junge Pflanzen blühen willig. Die lockere Blütenähre wird bis 10 cm lang. Die 2,5 cm langen Staubfäden sind dunkelscharlachfarben und tragen gelbe Staubbeutel. 1788 in England eingeführt. Bei der Sorte 'Splendens' sind die Staubfäden doppelt so lang. Sie ist die am häufigsten gezogene Art, deren Blüten von Mai bis Juni erscheinen, bisweilen aber auch zu anderen Jahreszeiten.

Andere hier und da gezogene Arten sind **C.rigidus** R.Br., 1815 in England eingeführt, mit schmal-linealischen Blättern, dichten Blütenähren und 2,5 cm langen dunkelroten Staubfäden, **C.salignus** (Sm.) DC., 1888 in England eingeführt, ein hoher Strauch oder kleiner Baum, dessen Blüten durch die gelben Staubfäden auffallen, und schließlich der erst als ältere Pflanze blühende **C.speciosus** (Sims)

DC., 1823 in England eingeführt, mit sehr dichten, 7 bis 12 cm langen und bis 6 cm breiten Blütenähren. Bei ihm sind die 2,5 cm langen Staubfäden rot, die Staubbeutel dagegen gelb.

Vermehrt wird im August bis September oder im Februar bis März durch abgerissene und leicht nachgeschnittene, etwa 5 cm lange Stecklinge. Sie werden in ein Sandbeet gesteckt, die Bodenwärme auf 18 bis 20° gehalten, das ganze mit Glas abgedeckt. Nach 4 bis 5 Wochen haben sie sich bewurzelt. Wie die meisten Myrtaceen vertragen sie keinen Kalk und werden deshalb stets in kalkarmer, humoser Erde gezogen, z.B. einer Mischung aus Mist-, Laub-, oder Nadelerde, Torfmull und Rasenerde mit Sand. Nach dem Eintopfen werden sie am besten bei 12 bis 15° im Gewächshaus, noch besser aber im Frühbeetkasten unter Glas gehalten. Wichtig bei der weiteren Kultur sind häufiges Entspitzen, viel Licht und Wasser sowie gute Ernährung. Die Überwinterung erfolgt im luftigen und hellen Kalthaus bei 5 bis 8°, keinesfalls höher, da sie sonst nur wenig oder gar nicht blühen. Anderthalb Jahre alte Pflanzen bringen die ersten Blütenstände. Alljährlich nach dem Abblühen wird leicht gestutzt, nach Bedarf verpflanzt, bis August über Mittag etwas schattiert, dann aber in voller Sonne gehalten und bis Anfang August wöchentlich flüssig gedüngt. Auch als Hochstämmchen mit 50 bis 60 bis 100 cm hohem Stamm kann man sie ziehen, doch sind Büsche im allgemeinen vorzuziehen. Bei richtiger Kultur, also kühlem, luftigem und hellem Stand, werden sie nie von Schädlingen und Krankheiten befallen.

Eucalyptus L'Hérit.
(griech. *eu* = schön, *kalyptos* = verhüllt, verdeckt)

Mehr als 520 Arten sind bis heute bekannt. Mit wenigen Ausnahmen sind sie in Australien zu Hause, wo sie weiten Teilen des Landes das Gepräge geben. Nur wenige Arten sind in Neuguinea und Malaysia beheimatet. In Australien und Tasmanien bilden sie große Wälder, gehören überhaupt zu den Charakterpflanzen des Landes. Unter ihnen findet man die höchsten Bäume unserer Erde, so sollen bei *E. amygdalina* Labill. an einzelnen Exemplaren Höhen von 140 und 156 m gemessen worden sein. Als sicher gilt eine Höhe von 97 m und ein Stammumfang von 7,50 m in 2 m Höhe bei *E. regnans* F.v.Muell. Ihre Blätter sind in der Jugend völlig anders als

Eugenia myriophylla

im Alter gestaltet. Eine ihrer besonderen Eigenarten liegt darin, daß durch eine Drehung des Blattstieles die Blattflächen stets senkrecht stehen, so daß das Licht in die Kronen, ja bis auf den Waldboden dringen kann. Eine besondere Eigentümlichkeit der Blüten besteht in der Verwachsung der Blütenblätter zu einem Häubchen, das bei ihrer Öffnung als ganzes abgestoßen wird. Die holzige Kapselfrucht enthält staubfeine Samen. Alle Arten enthalten in den Blättern ein technisch und medizinisch genutztes Öl (Hustenbonbons, Zahnpasta). Genauso wertvoll ist das Holz. Viele Arten werden heute in subtropischen Gebieten der ganzen Welt als Nutz- oder Zierpflanzen angebaut, als Schattenbäume und zum Aufforsten großer sowohl trockener als auch sumpfiger Gebiete benutzt.

Für unsere Gewächshäuser werden sie schnell zu groß, erreichen Sämlinge vieler Arten doch schon im zweiten Jahr nach der Aussaat eine Höhe von 4 bis 6 m. Jungpflanzen sind jedoch so schön und interessant, daß man sie sich immer wieder aus Samen heranzieht. Sind sie für das Gewächshaus zu groß geworden, pflanzt man sie im Frühjahr im Garten aus, wo sie bei reichlicher Wässerung und Ernährung im

Eugenia uniflora

Laufe eines Sommers 2 bis 4 m höher werden. Im Herbst läßt man sie dann bis zum Froste stehen, wo sie dann erfrieren. Denn in Deutschland hat sich trotz aller Versuche bis jetzt keine Art als winterhart erwiesen. Selbst *E. gunnii*, die in Tasmanien im Gebirge bis zur Baumgrenze als niedriges Gehölz steigt, überlebt bei uns nur einige milde Winter. Empfohlen sei besonders

E.globulus Labill., um 1820 in England eingeführt, der Blaugummibaum, in seiner südostaustralischen und tasmanischen Heimat 70 bis 80 m hoch werdend, mit blaugrünen, weißlich bereiften Blättern, außerdem **E.gunnii** Hook.f. aus Tasmanien und Südaustralien, der bei uns im allgemeinen nur seine 6 cm breiten, kreisförmigen Jugendblätter entwickelt, einen Rückschnitt im Gegensatz zu vielen anderen Arten nicht übelnimmt und sogar nach einigen Jahren wenn auch spärlich blüht, und **E.citriodora** Hook., nur langsam wachsend, mit stark nach Zitronen duftenden Blättern.

Ihres Duftes, ihrer Heterophyllie und des schnellen Wachstums wegen wird man sich immer wieder einmal *Eucalyptus* halten wollen, selbst wenn man sie in 2 oder 3 Jahren ihrer Größe wegen wieder fortwerfen muß. Samen wird häufig angeboten. Im Januar bis Februar wird er im Warmhaus ausgesät, die Sämlinge nach dem Aufgehen einzeln in Töpfe gesetzt und gleich kühl gestellt. In lehmiger, nährstoffreicher Rasenerde wachsen sie so gut wie in Einheitserde. Man sollte sie weder stutzen noch zurückschneiden, da dadurch ihre eigentliche Schönheit verlorengeht. Als später große Bäume haben sie keinerlei Neigung, buschig zu wachsen und sich zu verzweigen, sondern sie wollen vielmehr, wie es ihrer Natur entspricht, eindeutig in die Höhe wachsen. Überwintert werden sie im hellen und luftigen Kalthaus bei 4 bis 10°, im Sommer stellt man sie ins Freie oder pflanzt sie dort zusammen mit anderen raschwachsenden Tropenpflanzen aus, natürlich an der wärmsten und sonnigsten Stelle des Gartens. *E.gunnii* und *E.citriodora* wachsen langsamer als andere Arten und können deshalb länger im Topf oder Kübel gehalten werden. Wer für botanische Demonstrationen Jugend- und Altersformen fixieren will, der mache Stecklinge, die dann die Tracht der Jugend oder des Alters behalten. Stecklinge werden wie die von *Callistemon* behandelt, wurzeln aber oft erst nach Monaten, unter Wasserstaubvermehrung wahrscheinlich wesentlich schneller.

Eugenia L., Eugenie, Kirschmyrte
(Prinz Eugen von Savoyen, 1663–1736. Österreichischer Staatsmann und Feldmarschall französischer Herkunft)

Je nach Auffassung 1000, bei stärkerer Aufgliederung in einzelne Gattungen etwa 100 verschiedene Arten von Bäumen und Sträuchern in allen Tropenländern. Die Blätter sind meist gegenständig, die Blüten sitzen einzeln oder in Büscheln, sind vier- bis fünfzählig, weiß oder gelblich. Die Frucht ist eine saftige Beere oder eine Steinfrucht. Eine Reihe von Arten, darunter *E.uniflora*, wird in den Tropen der Früchte wegen gezogen.

E.myriophylla Casar. (*Myrciaria myriophylla* (Casar.) OC. Berg) aus Brasilien ist ein langsam wachsender, kleiner, dicht verzweigter Strauch mit schmal-linealischen, 3 bis 4 cm langen und 2 bis 3 mm breiten, kurzgestielten Blättern. Um 1900 in England eingeführt. Sie wird hier und da als seltene aber hübsche Warmhauspflanze gezogen.

E.uniflora L., die Kirschmyrte aus Brasilien, wird als kleiner Strauch hin und wieder in botanischen Sammlungen gezogen. Ihre 1,2 bis 2,4 cm langen Früchte sind rot und schmecken schwach säuerlich. 1759 in England eingeführt. Sie gedeiht am besten im Lauwarmhaus, also im Winter bei 12 bis 14°.

E.myriophylla wird durch Stecklinge, die sich viel Zeit bis zur Wurzelbildung nehmen, im Spätwinter im geschlossenen Vermehrungsbeet bei 25 bis 30° vermehrt,

Eucalyptus globulus

Lophomyrtus bullata

E. uniflora im lauwarmen Beet oder durch Aussaat. Beide Arten gedeihen gut in Einheitserde oder in TKS.

Leptospermum J.R. et G. Forst.
(griech. *leptos* = dünn, *sperma* = Samen)

Eine gärtnerisch wichtige Gattung mit 50 Arten, deren Verbreitungsgebiet vor allem in Australien, darüber hinaus in Neuseeland, Malaysia und Neukaledonien liegt. Alle sind feinzweigige immergrüne Sträucher oder kleine Bäume mit kleinen, wechselständigen, ganzrandigen Blättern und einzeln in den Blattachseln oder zu 1 bis 3 an kurzen Nebenzweigen sitzenden weißen, rosa-farbenen oder roten Blüten und trockenen, mehr- oder vielsamigen Kapseln. Die gärtnerisch wichtigste Art ist

L. scoparium J.R. et G. Forst. aus Australien und Neuseeland. Sie blüht von März, April bis in den Juni hinein, manche Sorten aber auch zu anderen Zeiten. Schon in der Heimat ist diese Art sehr variabel, so gibt es Formen von nur 30 cm Höhe, daneben andere, die 10 m hohe Bäume bilden. Alle aber blühen schon als kleine Pflanzen. Sie sind buschig und dicht belaubt; ihre Blätter sind veränderlich in der Form, meist linealisch bis linealisch-lanzettlich, aber auch breit-oval, in der Regel 4 bis 12 mm lang, hart, mit stechender Spitze, ohne Nerven, aber punktiert und sitzend. Die Blüten sind ebenfalls sitzend, achselständig oder am Ende der Seitenzweige bis 12 mm breit und weiß. 1772 in England eingeführt.

Seit längerer Zeit werden einige schöne Sorten angeboten mit größeren roten, rosafarbenen, rosaroten oder karminroten Blüten, einfach oder gefüllt, daneben solche von abweichendem Habitus und anderer Laubfärbung.

Neben *L. scoparium* sind auch noch einige andere Arten, wie **L. flavescens** Sm., 1788 eingeführt, **L. laevigatum** (Soland. ex Gaertn.) F. v. Muell., nach 1880 eingeführt, **L. rodwayanum** Summerh. et Comb., kulturwert, aber nicht so schön wie die obengenannte Art.

Leptospermum verdient bei Liebhabern, die ein kleines Kalthaus besitzen, weiteste Verbreitung. Vermehrung und Kultur sind nicht allzu schwierig. Die Vermehrung der Sorten erfolgt nur durch Stecklinge. Krautige Stecklinge schneidet man von März bis Mai, ausgereifte am besten im August. Sie werden wie Erikastecklinge behandelt, also in Schalen oder Kästen in Sand, darunter ein Sand-Torfmull-Gemisch, gesteckt, mit einer Glasscheibe überdeckt, bei Sonne schattiert und nach dem Anbrausen sowenig wie möglich gespritzt. Beet- und Hauswärme liegen am besten bei 14 bis 18°. Nach 4 bis 6 Wochen werden sie in der Regel bewurzelt sein, bei einer Tages- und Nachttempratur von 18 bis 20° bereits nach 2 bis 3 Wochen. Zunächst pikiert man sie dann in Handkästen oder Schalen in eine Mischung aus Torfmull und alter Lauberde mit einem Zusatz gut abgelagerter, faseriger Rasenerde (Maulwurfshügelerde von einer lehmigen, neutralen Wiese). Später wird eingetopft, zu allen Zeiten häufig entspitzt, um möglichst buschige Pflanzen zu erzielen. Manche Sorten haben nämlich die Tendenz, sich ungestutzt nur wenig zu verzweigen. Das letzte Entspitzen im zweiten oder dritten Jahr sollte nicht später als Juni erfolgen. Die Wärmeansprüche im Winter sind gering. 3 bis 8° genügen. Im Sommer stehen sie am besten im Freien, gegen Mittagssonne leicht schattiert. Im Winter wird nur mäßig gegossen, wobei aber ein Austrocknen des Ballens peinlich zu vermeiden ist, im Sommer reichlich. Durch Wärmehalten im Februar bis März läßt sich die Blüte um einige Wochen verfrühen, doch sollten auch dabei die Temperaturen nicht über 14° liegen. Die beste Art der Düngung ist die für Eriken gebräuchliche. Nach dem Abblühen werden die Pflanzen auf die Hälfte zurückgeschnitten, um einen guten Durchtrieb von unten zu erreichen. Seit einigen Jahren werden in den Blumengeschäften blühende Zweige, die wohl meist aus Israel stammen, angeboten, ebenso blühende Topfpflanzen.

Lophomyrtus Burret
(griech. *lophos* = Haarschopf, Hahnenkamm, *myrtus* = Myrte)

2 aus Neuseeland stammenden Arten immergrüner Sträucher oder kleiner Bäume mit einfachen drüsigen Blättern und weißen, einzeln in den Blattachseln erscheinenden Blüten.

L. bullata (Soland. ex A. Cunn. non Salisb.) Burret (*Myrtus bullata* Soland. ex A. Cunn. non Salisb.). In der Heimat strauchig oder ein bis 6 m hoher Baum. Blätter kurzgestielt, breit-eiförmig bis rundlich, bis 5 cm lang, blasig aufgetrieben, metallisch glänzend, bräunlich. Blüten fast kugelig, 12 mm breit, weiß, nur an alten Pflanzen erscheinend. Wurde 1854 in England eingeführt.

L. obcordata (Raoul) Hook. f. (*Myrtus obcordata* (Raoul) Hook. f.). In der Heimat bis 5 m hoher, etwas sparrig wachsender Strauch mit in der Jugend flaumigen Zweigen und Blättern. Diese sind verkehrtherzförmig, am Grunde gekerbt, 5 bis 12 mm lang und fast ebenso breit. Die Blüten sind kleiner als bei voriger, aber auch nur an älteren Pflanzen erscheinend.

Vermehrung und Pflege wie bei Myrten, doch sind die Pflanzen weniger empfindlich. Besonders *L. bullata* ist wegen der braunen, aufgetriebenen Blätter ein eigenartig-schöner Kalthausstrauch, der dem Liebhaber besonders empfohlen werden kann.

Luma A. Gray
(Herkunft des Namens unbekannt)

L. apiculata (DC.) Burret (*Myrtus luma* Mol.), die Lumamyrte, ist in Chile zu Hause und bildet dort bis 8 m hohe Sträucher. Bei uns sind sie dunkelgrüne Büsche mit rötlichen Zweigen, rundlich-eiförmigen, stachelspitzigen, 1,2 bis 2,5 cm langen Blättern. Ihre Blüten stehen in achselständigen, dreiblütigen Trauben, sind weiß und wie die Blätter myrtenähnlich. Die schwarzen süßen Früchte sind etwa so groß wie Walderdbeeren. Schon Jungpflanzen blühen und fruchten reich.
Vermehrung und Pflege gleichen der der Myrten.

Melaleuca L., Myrtenheide
(griech. *melas* = schwarz, *leukos* = weiß)

Callistemon nahestehende Gattung mit etwa 100 Arten aromatisch duftender Sträucher, selten Bäume mit im allgemeinen heidekrautartig feiner Belaubung. Die stets sitzenden Blüten erscheinen in Ähren oder Köpfchen. Die zahlreichen Staubblätter sind zu fünf den Kronblättern gegenüberstehenden Bündeln verwachsen. Die Kapseln sitzen den Ästen dicht auf, ja manchmal sind sie sogar in die schwammige Rinde eingesenkt. Die meisten Arten – sie stammen in der Mehrzahl aus Australien und Tasmanien – blühen erst im höheren Alter, werden also mehr ihres schönen, oft eigenartigen Habitus wegen im Kalthaus gezogen. Alle sind dem Liebhaber zu empfehlen, vor allem aber

M. hypericifolia (Salisb.) Sm., in den australischen Distrikten Queensland und Neusüdwales beheimatet, die von Juni bis

Leptospermum scoparium

in den August blüht. Sie bildet locker verzweigte Sträucher mit schlanken, bräunlichen Zweigen, die dicht mit kreuzgegenständig stehenden lanzettlichen bis länglichen, durchscheinend punktierten, etwa 2 bis 3 × 0,6 bis 1,2 cm großen Blättern besetzt sind. Dichte Ähren scharlachfarbener Blüten erscheinen an älteren Ästen, wo sie oft weit von der weiterwachsenden Spitze überragt werden. Die Staubblätter sind zu 15 bis 20 gebündelt. Schon jüngere Pflanzen blühen, doch vergehen bis dahin immerhin 4 bis 5 Jahre.

Von anderen Arten sind zu empfehlen **M. armillaris** (Soland. ex Gaertn.) Sm., **M. decussata** R. Br. ex Ait. f., **M. micromeria** Schau. mit nur winzigen, fast schuppenförmigen und **M. thymifolia** Sm. mit nadelartigen Blättern.

Vermehrt wird durch Aussaat oder halbreife Stecklinge im August oder Spätwinter. Im übrigen gleicht die Pflege der von *Leptospermum*, mit dem Unterschied, daß man nur in der frühesten Jugend zwei- bis dreimal stutzen darf, später jedoch nicht mehr, da nur ungeschnitten und ungestutzt wachsende Pflanzen blühen.

Metrosideros Banks ex Gaertn., Eisenholzbaum
(griech. *metra* = Mark, Kern, *sideros* = Eisen)

Von den 60 Arten kommen die meisten in Australien, Neuseeland und Polynesien vor. Bäume oder Kletttersträucher mit gegenständig, bisweilen auch zweizeilig stehenden, ledrigen Blättern und auffallenden, in end-, seltener seitenständigen Trugdolden oder Rispen stehenden weißen, rosafarbenen oder roten Blüten, deren lange, wie die Griffel fadenförmige Staubblätter meist in einer Reihe stehen.

Die baumartigen, nur für große Kalthäuser zu empfehlenden Arten, wie **M. excelsa** Soland. ex Gaertn. mit unterseits dicht weißbehaarten Blättern, **M. robusta** A. Cunn. und **M. umbellata** Cav., blühen erst in höherem Alter, die strauchigen, kletternden Arten dagegen schon als kleine Topfpflanzen. Sie sind deshalb und wegen ihrer geringen Größe gerade für den Besitzer eines kleinen Kalthauses sehr zu empfehlen. Allerdings sind sie selten und nicht leicht zu beschaffen, am ehesten noch aus England.

M. diffusa (G. Forst.) Sm. aus Neuseeland ist die kleinste Art der Gattung. Sie kriecht über Steine und Felsen oder klettert an Bäumen empor. Sie hat vierkantige Zweige und nur 8 bis 16 mm lange, sitzende Blätter. Die weißen oder rosafarbenen, in achselständigen Trugdolden oder Trauben sitzenden Blüten sind nur klein. Im Topf wird die Pflanze etwa 20 cm hoch, ausgepflanzt sollte man sie an einem Stück Rinde oder über Steine kriechen oder klettern lassen. Ihr Wachstum ist sehr langsam. 1910 in England eingeführt.
Ähnlich ist die seltene **M. perforata** (J. R. et G. Forst.) A. Rich.

M. fulgens Soland. ex Gaertn. (*M. scandens* (J. R. et G. Forst.) Druce non Soland. ex Gaertn.), ebenfalls aus Neuseeland, ist eine wesentlich kräftigere Pflanze. Sie wächst als kleiner Strauch, kann aber auch hoch emporklettern. Ihre Blätter sind 3,5 × 7 cm lang, stumpf und glänzend. Die Blüten, deren Kronblätter unauffällig sind, fallen durch die langen, orangeroten Staubfäden und die goldgelben Staubbeutel auf. Sie sitzen in großen, endständigen Trugdolden.

Vermehrung und Pflege gleichen der von *Callistemon*.

Myrtus L., Myrte
(*myrtos* = griechischer, *myrtus* = römischer Name der Brautmyrte)

Die Gattung in ihrer heutigen Umgrenzung umfaßt nur wenige Arten, darunter als für uns wichtigste die Brautmyrte.

Syzygium paniculatum

M. communis L., eine im ganzen Mittelmeergebiet und in Vorderasien verbreitete Pflanze der Macchien. Sie ist so allgemein bekannt, daß sich jede Beschreibung erübrigt. Schon im Altertum stand sie bei allen Mittelmeervölkern in großem Ansehen und spielte bei kultischen Handlungen und Festen eine wichtige Rolle. Nach Mitteleuropa kam sie verhältnismäßig spät. Als Brautkranz soll sie zum ersten Male 1583 von einer Tochter des Augsburger Fugger, einem der reichsten Männer seiner Zeit, getragen worden sein. Was zu dieser Verwendung führte, ob die klassische Bildung von Vater und Tochter oder bloß die Tatsache, daß es sich damals um einen außerordentlich kostspieligen Kranz gehandelt haben muß, daher eines Fuggers würdig, ist heute nicht mehr festzustellen. Jedenfalls löste im Lauf der folgenden Jahrhunderte der Myrtenkranz immer mehr das davor übliche Rosmarinkränzchen ab. Auch heute noch wird die Myrte dazu verwendet, und es gibt noch so manche Familie in der Kleinstadt oder auf dem Lande, wo sich der »Myrtenstock« von der Mutter auf die Tochter vererbt, wo aus den Spitzen des Kränzleins ein neues Stöckchen gezogen wird. Von den kleinblättrigen Sorten sei als wichtigste genannt 'Hamburger Brautmyrte', von den großblättrigen 'Romana', die Judenmyrte, deren Zweige seit alters her beim Laubhüttenfest verwendet werden.

Vermehrt wird durch Stecklinge, am besten im Januar oder Juli, aber auch zu anderen Zeiten lassen sie sich, wenn auch nicht ganz so gut, bewurzeln, ähnlich wie es bei *Leptospermum* geschildert wurde. Als Erde für die weitere Kultur empfiehlt sich eine leicht saure Mischung aus alter Laub-, Mist- und lehmiger Rasenerde mit Sandzusatz. Auch Einheitserde ist zu empfehlen. Die Überwinterung erfolgt möglichst luftig und hell bei 2 bis 6°. Im Sommer stellt man sie an eine helle Stelle des Gartens, auf die Terrasse am Haus etwa. Jungpflanzen werden jährlich, ältere Pflanzen, vor allem solche in Kübeln, nur alle 4 bis 6 Jahre verpflanzt. Dafür aber muß man sie von April bis in den August hinein jede zweite Woche mit einer dünnen Nährlösung, etwa $\frac{1}{2}$ g auf 1 l Wasser, gießen. Dafür ist Crescal-Poly-C besonders zu empfehlen. Häufig werden Kronenbäumchen gezogen, doch sind frei wachsende Sträucher, die in der Jugend mehrfach gestutzt wurden, vorzuziehen. Alle zwei oder drei Jahre aber stutzt man auch bei ihnen die jungen Triebe, damit die Pflanzen recht buschig bleiben. Bei dieser sparsamen Art des Schnittes kann man regelmäßig mit den schönen Blüten rechnen. Die Pflege von Myrten ist gar nicht einfach. Das Wichtigste ist ein dauernd gleichmäßig kühler, heller und luftiger Stand, vor allem aber richtiges und vorsichtiges Gießen, das heißt nie trocken werden lassen, aber auch nie zu reichlich und zu oft Wasser geben. Außerdem ist beim Umpflanzen darauf zu achten, daß das Stämmchen nie tiefer in die Erde kommt, als es vorher gestanden hatte. Zu hoher Kalkgehalt im Wasser oder in der Erde wirkt auf längere Zeit tödlich. In Gegenden, wo aus dem gleichen Grund Azaleen nicht gedeihen, werden auch Myrten auf die Dauer nicht zu halten sein, es sei denn, man verwendet entkalktes Wasser.

Syzygium Gaertn.
(Nach Smith/Stearn von griech. *suzugos*, nach Genaust von griech. *syzygos* = vereinigt)

Eine große, *Eugenia* nahe verwandte Gattung mit etwa 500 Arten immergrüner Bäume, von denen die meisten in den altweltlichen Tropen vorkommen. Einige werden als Nutzpflanzen angebaut, so der Gewürznelkenbaum, *S. aromaticum* (L.) Merry et L.M. Perry, die Jambolanapflaume, *S. cumini* (L.) Skeels, und der Rosenapfel, *S. jambos* (L.) Alston. Als schöne Topf- und Kübelpflanze zu empfehlen ist

S. paniculatum Banks ex Gaertn. (*Eugenia paniculata* (Banks ex Gaertn.) Britten, *E. australis* J.C. Wendl. ex Link). Es ist ein kleiner australischer Baum, dessen junge Triebe schön rot gefärbt sind. Die myrtenähnlichen, glänzend grünen Blätter sind länglich-lanzettlich und 3 bis 8 cm lang, die im Frühling erscheinenden Blüten weiß und etwa 2 cm breit. Ihnen folgen rosarote, bis 2 cm lange, ovale Früchte, aus denen in wärmeren Ländern ein feiner Gelee hergestellt wird. Um 1812 in England, um 1820 in Deutschland eingeführt.

Die Anzucht aus Stecklingen im lauwarmen Vermehrungsbeet ist leicht, auch Aussaat ist möglich. Im Winter gehören die Pflanzen in ein 10° Wärme nicht übersteigendes luftiges und helles Kalthaus oder einen ähnlichen Überwinterungsraum, im Sommer an einen hellen und sonnigen Platz im Freien. Als Erde bewährte sich eine lehmig-humose Rasenerde mit Zusatz von alter Lauberde oder Torfmull, ebenso Einheitserde. Reichliches Gießen und regelmäßige flüssige Düngung sind für gutes Wachstum wichtig. Von Jugend an wird häufig gestutzt, um recht buschige Pflanzen zu bekommen, auch kann man durch Schnitt Kugel-, Säulen oder Pyramidenform erzielen. Zu groß gewordene Pflanzen lassen sich ohne Schaden kräftig zurückschneiden. Eugenien gehören zu unseren schönsten Dekorationspflanzen, sowohl als kleinere Pflanzen im Topf wie als große Pflanzen im Kübel. Sie können bei guter Pflege hundert und mehr Jahre alt werden.

Ugni Turcz.
(Ableitung von dem chilenischen Namen der Pflanze)

Nahe mit *Myrtus* verwandte und früher in diese Gattung einbezogene Sträucher und kleine Bäume, deren Verbreitungsgebiet sich von den Anden bis Mexiko hinzieht und von denen 15 Arten bekannt sind, darunter auch die bei uns gezogene

U. molinae Turcz. (*Myrtus ugni* Mol.), die in ihrer chilenischen Heimat, aber auch in anderen wärmeren Ländern wegen ihrer wohlschmeckenden, kirschgroßen roten Früchte gezogen wird. Sie ist ein myrtenähnlicher, verästelter, niedriger Strauch mit fast vierkantigen, dunkelbraunen Ästen, kurzgestielten, ledrigen, dunkelgrünen, 4 × 1,6 bis 2 cm großen Blättern

Ugni molinae

und schönen, schalenförmigen, halbkugeligen, weißen Blüten. Sowohl im Schmuck der großen Blüten als auch der roten Früchte bilden die Sträucher hübsche kleine Topfpflanzen für das Kalthaus. 1844 in England eingeführt.

Vermehrt werden kann durch Aussaat und Stecklinge, die wie die der Myrten behandelt werden. Die weitere Pflege gleicht ebenso der der Myrten, doch sind die Pflanzen weniger empfindlich.

Nepenthaceae siehe Insektivoren

Nyctaginaceae
Wunderblumengewächse

In Tropen und Subtropen, vor allem Mittel- und Südamerikas, ist diese Familie mit etwa 300 Arten in 30 Gattungen verbreitet. Allen gemeinsam ist die einfache, strahlige, vereintblättrige und oft kronblattartige Blütenhülle, die nach dem Verblühen mehr oder weniger stehenbleibt, meist aber zum Teil mit der Frucht auswächst und diese im allgemeinen fest umschließt. Für viele Arten ist ferner die von freien oder verwachsenen Hochblättern gebildete Hülle um die Blüten charakteristisch. Die Familie umfaßt hauptsächlich Bäume und Sträucher, in geringem Maße Kräuter. Ihre Blüten öffnen sich erst gegen Abend. Als Gartenpflanzen bekannt sind *Mirabilis jalapa*, die »Wunderblume«, und in geringerem Maße *Abronia*.

Bougainvillea Comm. ex Juss. corr. Spach
(Louis-Antoine Comte de Bougainville, 1729 bis 1811, französischer Seefahrer und Kommandant der Expedition (1766 bis 1769), auf der die Pflanze gefunden wurde, die heute seinen Namen trägt. Berühmter Mathematiker, Wissenschaftler, Richter und Soldat)

Aus dem tropischen und subtropischen Amerika sind 18 Arten bekannt, die entweder als dornige oder unbewehrte Bäumchen und Sträucher oder wie *B. spectabilis* als spreizklimmende Kletterstäucher mit Sproßdornen ausgebildet sind. In einer Gruppe von 3 gefärbten Hochblättern sitzen 3 ziemlich unscheinbare Einzelblüten.

B. glabra Choisy aus Brasilien ist ein 4 bis 5 m hoch werdender Kletterstrauch mit nur schwach-flaumhaarigen Blättern und am Ende der Zweige den ganzen Sommer hindurch erscheinenden Blüten. 1861 eingeführt. Eine bekannte alte Sorte, heute aber überholt, ist 'Sanderiana', entstanden um 1893 in Belgien, die von ihrem Sport 'Alexandre', entstanden 1950 in Holland, an Blühwilligkeit, der intensiv leuchtend purpurvioletten Farbe und den größeren Hochblättern weit übertroffen wird. Liebhabern buntblättriger Pflanzen ist die Sorte 'Variegata', entstanden 1889 in England, mit weißbunten Blättern zu empfehlen, die bei Warmhauskultur ohne Ruhezeit das ganze Jahr hindurch die Blätter behält, aber nicht oder nur ganz wenig blüht.

Pisonia umbellifera

B. spectabilis Willd., ebenfalls aus Brasilien, wächst sehr viel stärker und hat zahlreiche gekrümmte Dornen. Ihre Blätter sind größer, dicker, behaart und nicht glänzend. 1829 in England eingeführt.
Von den zahlreichen Sorten mit orangefarbenen, ziegel-, blut- oder rostroten und weißen Blüten ist in Deutschland die alte scharlachrot blühende Sorte 'Crimson Lake' ('Mrs. Butt') am verbreitetsten. Außer ihr gibt es viele in den Tropen entstandene Züchtungen, auch solche der Firma Ruser in Badenweiler.

So schön wie der Reisende Bougainvilleen aus tropischen und subtropischen Ländern in Erinnerung hat, werden sie bei uns selten. Ihnen fehlt hier die südliche Sonne und Wärme. Man sollte sie das ganze Jahr hindurch im Gewächshaus halten, obwohl es ihnen durchaus nicht schadet, im Sommer an der wärmsten und sonnigsten Stelle des Gartens oder der Terrasse zu stehen. Sie verlangen während des Sommers viel Luft, Sonne, Licht, Wärme und Nahrung, im Winter ebenfalls einen luftigen, hellen und sonnigen Platz bei einer Temperatur von 6 bis 8°, bei *B. spectabilis* um 12° herum. Beide machen von Anfang November bis Anfang Februar eine Ruhezeit durch, während der nur sehr wenig gegossen wird. Sie werfen dann einen großen Teil ihrer Blätter ab. Diese Ruhezeit sollte bei *B. glabra* und ihren Sorten rigoroser durchgeführt werden als bei *B. spectabilis*, die auch im Winter gegen zu geringe Feuchtigkeit des Ballens empfindlich ist. Von März an werden sie wärmer – etwa bei 14 bis 16° – gehalten, nach Bedarf verpflanzt und an sonnigen Tagen überspritzt. Nicht lange und sie beginnen Blätter und auch Blüten zu bilden. Auch bei voller Sonne sollte man sie das ganze Jahr hindurch nicht schattieren. Sie wachsen gut in einer Mischung aus mürbem Wiesenlehm und alter Lauberde zu gleichen Teilen und einem Zusatz von Sand. Bei *B.glabra* sollte die Erde lehmiger, bei *B.spectabilis* humoser sein. Auch Kultur in Einheitserde oder TKS, dem man aber ¼ Lehm zugeben sollte, ist möglich. Durchwurzelte Pflanzen werden von Anfang April bis Anfang August einmal wöchentlich mit Crescal (1 g auf 1 l Wasser) gedüngt. Um die Haltbarkeit der Brakteen zu fördern und ein Abfallen zu verhindern, wird Übersprühen mit *Rhizopon* B empfohlen.

Vermehrt wird von Januar bis März – möglich ist es auch zu anderen Zeiten – durch halbreife Stecklinge oder Steckholz mit 3 bis 4 Augen. Beides wird ziemlich tief in kleine Töpfe gesteckt und in ein Vermehrungsbeet von 30 bis 35° Bodenwärme gestellt. Bis zur Bewurzelung wird es in der Regel 4 bis 6 Wochen dauern. *B.glabra* wird im ersten Jahre mehrfach entspitzt, damit sie recht buschig wächst. *B.spectabilis* dagegen sollte man nicht oder nur am Anfang entspitzen, besser ist es, die starken Triebe in Busch- oder Kegelform aufzubinden.

Pisonia L.
(Willem Piso, 1611–1678, holländ. Arzt und Botaniker, bereiste 1637–1644 mit Marcgravius Brasilien)

Eine pantropische Gattung unbewehrter oder dorniger Kletterpflanzen, Sträucher oder Bäume mit etwa 50 Arten, von denen

P.umbellifera (J.R. et G. Forst.) Seem. (*P.brunoniana* Endl., *Heimerliodendron brunonianum* (Endl.) Skottsb.) bei uns gezogen wird. Ihre Heimat liegt in Neuseeland, den Norfolkinseln, Hawaii und den australischen Staaten Queensland und Neusüdwales. Sie bildet dort 6 m hohe oder höhere Sträucher und Bäume mit gegenständigen oder fast quirlartig gestellten 10 bis 40 × 5 bis 15 cm großen, dünnhäutigen Blättern. Die bei uns ausschließlich gezogene Sorte 'Variegata' hat grün, weiß und grau marmorierte Blätter. Sie ist eine sehr schöne buntblättrige und auch wüchsige Warmhauspflanze, die sich sogar in warmen Zimmern beträchtliche Zeit hält. Um 1965 in Kultur genommen.

Stecklinge im Warmbeet bewurzeln sich bei 25° recht schnell. Im Warmhaus wachsen sie sehr rasch weiter. Am besten setzt man drei bewurzelte Stecklinge zusammen in einen Topf und läßt sie ungestutzt weiterwachsen. Auf diese Weise erzielt man in kurzer Zeit sehr schöne Pflanzen. Als Erde nehme man Einheitserde, TKS 2 oder eine lehmig-humose Mischung.

Nymphaeaceae
Seerosengewächse

Alle Arten sind Wasser- oder Sumpfpflanzen, meist mit Schwimmblättern, seltener mit flutenden Stengeln und meist großen, stets einzeln am Stengel stehenden langgestielten Blüten. Die Familie ist über die ganze Welt verbreitet und zerfällt in 8 Gattungen mit etwa 65 Arten. Jedermann sind *Victoria amazonica* (Poepp.) Sowerby und *V.cruziana* Orb. mit ihren riesigen Schwimmblättern mit aufgebogenem Rand, *Euryale ferox* Salisb., deren bis 1,50 m breite Blätter randlos sind, die Seerose, *Nymphaea* L., mit etwa 40 fast über die ganze Erde verbreiteten Arten, und *Nelumbo*, die Lotosblume, mit 2 Arten, bekannt, außerdem den Aquarianern die Gattung *Cabomba* mit 7 Arten. Bis auf *Cabomba* eignen sich alle Gattungen nicht für das kleine Gewächshaus des Liebhabers, denn für sie braucht man schon die großen Wasserpflanzen- und Victoriahäuser botanischer Gärten.

Wer von ihnen, ihrer Pflege und Vermehrung wissen will, der sei auf die ausführlichen Beschreibungen in »Pareys Blumengärtnerei«, Band 1, hingewiesen.

Cabomba Aubl.
(aus einer Sprache der guayanischen Eingeborenen entnommen)

Die 7 bisher bekannten Arten sind vom atlantischen Nordamerika bis Argentinien verbreitet. Es sind zierliche, ausdauernde, verzweigte Unterwasserpflanzen mit meist gegenständigen, fein zerteilten Fiederblättern und einigen schildförmigen, auf dem Wasser liegenden, ungeteilten Schwimmblättern. Ihre nur kleinen Blüten sind weiß bis gelb. Bei den Aquarianern verbreitet sind **C.aquatica**, Aubl., Guayana bis Amazonas, **C.australis** A. Gray, Südbrasilien, Paraguay, Atlantisches Argentinien, Chile, **C.caroliniana** A. Gray, Nordamerika: Michigan bis Missouri, südlich bis Florida und Texas, und **C.furcata** Schult., Brasilien. Außerdem wird **C.pulcherima** (R.M. Harper) Fasset, USA: Südcarolina, Georgia und Florida, ab und zu angeboten.

Schöne, aber nicht ganz leicht zu haltende Unterwasserpflanzen, die während des ganzen Jahres sehr viel Licht brauchen, also im Winter zusätzlich beleuchtet werden sollten. Schoser gibt eine Beleuchtungsstärke von 7500 lx und eine Lichtperiode von 12 bis 14 Stunden je Tag an. Außerdem verlangen *Cabomba* sehr weiches Wasser, möglichst nicht über 6° dH., Schutz gegen Veralgung und jede Störung. Die Wassertemperatur soll im Sommer bei *C.aquatica* etwa 25°, bei den übrigen Arten 18 bis 22°, während des Winters bei *C.aquatica* nicht unter 18°, bei *C.caroliniana* und *C.furcata* 15 bis 18°, bei *C.australis* nicht mehr als 8 bis 10° betragen. Wahrscheinlich sollten bei zusätzlicher Beleuchtung im Winter die Temperaturen aber höher liegen. Als Erde nehme man kalkfreien, mürben Lehm und groben kalkfreien Sand zu gleichen Teilen. Vermehrt wird durch abgeschnittene Triebe, die gleich an die Stelle des Aquariums gesetzt werden, wo sie bleiben sollen.

Nelumbo Adans. (*Nelumbium* Juss.), Lotosblume
(aus dem singhalesischen Namen dieser Pflanze)

Ausdauernde Wasser- und Sumpfpflanzen, deren große schildförmige Blätter wie die großen Blüten auf langen Stielen stehen. Die zahlreichen Stempel sind in einer in der Form an eine Gießkannenbrause erinnernde Blütenachse eingesenkt. Ihnen folgen die einsamigen, erbsengroßen Früchte.

N.lutea (Willd.) Pers., die Amerikanische Lotosblume, ist in Nordamerika von Neuengland bis Ontario, Minnesota, Iowa und südlich bis Florida und Texas, in Westindien und von Mexiko und Mittelamerika bis Kolumbien verbreitet. Sie ist in allen Teilen kleiner als die folgende. Ihre Blüten erscheinen im August, sind 20 bis 24 cm breit, duftend und hellschwefelgelb. 1810 in England eingeführt.

N.nucifera Gaertn., die Indische Lotosblume, ist vom Kaspischen Meer, dem Iran, durch Indien bis Japan und Australien verbreitet. Sie hat 30 bis 60 cm breite, schirmförmige, auf 1 bis 2 m hohen Stielen stehende, von einer blaugrünen Wachsschicht überzogene Blätter und ebenso langgestielte, 18 bis 35 cm breite, rosenrote, nur am Grunde in Gelb übergehende oder reinweiße Blüten. 1787 in England eingeführt.

Normalerweise wird man Lotosblumen nur in großen Gewächshäusern oder heizbaren Teichen im Freien ziehen. Wer jedoch besondere Freude an ihnen hat und einige Mühe nicht scheut, der kann sie auch ohne solche Einrichtungen pflegen und zur Blüte bringen. Er braucht dazu

Nelumbo nucifera

einen großen, flachen Holz- oder Kunststoffkübel von mindestens 60 cm Durchmesser und etwa 40 bis 50 cm Höhe. Dieser wird im April zu ⅔ mit gutem, mürbem Lehm, dem im Herbst davor halbverrotteter Kuhdung zugefügt wurde, gefüllt. Dann pflanzt man die Rhizome so mit dem Kopf schräg nach oben hinein, daß noch etwa 10 cm Erde darüber steht. Darauf wird mit grobem Sand abgedeckt und soviel Wasser eingefüllt, daß es 10 bis 15 cm über dem Sand steht. In einem Warmhaus auf dem Boden stehend oder von Mai an im Freien treiben die Rhizome je nach der Temperatur in 10 bis 14 Tagen aus. Im ersten Jahr nach der Pflanzung werden meist nur Blätter entwickelt, manchmal jedoch erscheinen im August bereits die ersten Blüten. Bis zum August sollte einmal wöchentlich mit Hakaphos oder einem ähnlichen Volldünger gedüngt werden. Wenn Anfang September die Blätter anfangen zu vergilben, wird das Wasser entfernt und der Kübel mit den Rhizomen an einen frostfreien Platz gestellt und dort bei 3 bis 6° überwintert. Dabei soll die Erde gleichmäßig feucht, aber nicht naß sein. Im April oder Mai des folgenden Jahres kann man den Kübel an die sonnigste und wärmste Stelle des Gartens stellen, wieder mit Wasser füllen und später regelmäßig düngen, dann erscheinen in kurzer Zeit die stattlichen Blätter und die prächtigen Blüten. Alle drei Jahre wechsle man die Erde aus und pflanze die Rhizome, die sich übrigens fast alle auf dem Boden des Gefäßes befinden, wieder neu in das gleiche Gefäß. Man kann die Kübel auch im Freien lassen oder die Pflanzen in gemauerten Wasserbecken auf die angegebene Weise ziehen, wenn man sie so gut mit Laub, besser noch mit Styromull oder oder einem ähnlichen Material eindeckt, daß der Frost die Rhizome nicht erreichen kann.

Samen werden nur bei künstlicher Bestäubung angesetzt. Vor der Aussaat im Spätwinter entferne man die harte Schale, dann beginnt die Keimung in wenigen Tagen. Man legt die Körner einzeln in kleine Töpfe, die man in 25 bis 30° warmes Wasser stellt, und zwar so, daß sie 5 cm unter der Wasseroberfläche stehen. In den ersten Monaten ihres Lebens brauchen die Jungpflanzen etwa 25° Wasser- und 20° Luftwärme, volle Sonne und soviel Platz, daß die Schwimmblätter sich nicht gegenseitig überdecken. Im April bis Mai kann man sie an ihren Platz pflanzen. Im übrigen bilden alte Pflanzen so viele Rhizome, daß man beim Verpflanzen einen Teil von ihnen übrig behält zum Verschenken oder Vergrößern seines eigenen Bestandes. Neben den beiden Arten gibt es eine ganze Reihe schöner Sorten, die man aber aus Gärtnereien wärmerer Länder beziehen muß.

Ochnaceae
Ochnagewächse

Holzpflanzen, selten Kräuter in 40 Gattungen mit etwa 600 Arten, die in Subtropen und Tropen in Urwäldern, aber auch in Steppengebieten vorkommen.

Ochna L.
(griech. *ochne* = Wilder Birnbaum)

Bekannt sind etwa 90 Arten von Bäumen und Sträuchern im tropischen und in Südafrika sowie im tropischen Asien. Charakteristisch für die Gattung ist die verlängerte, nach der Blütenbildung anschwellende Blütenachse, auf der mehrere Steinfrüchte sitzen. In Kultur ist

Ochna serrulata

O. serrulata (Hochst.) Walp. (*O. atropurpurea* hort. non DC., *O. multiflora* hort. non F.N. Williams), ein kleiner Strauch aus dem tropischen Afrika mit gelben Blüten und, ihnen folgend, mit bleibendem rotem Kelch, auf dem glänzendschwarze Früchte sitzen. 1816 in England eingeführt.

Dieser kleine, halb-laubabwerfende, hübsche Strauch fällt besonders zur Zeit der Fruchtreife auf. Er gehört im Winter ins Kalthaus, wo er sich bei 10° recht wohl fühlt. Den Sommer über kann er ins Freie gestellt werden. Vermehrung durch Aussaat ist anzuraten, da Sämlinge schneller wachsen als Stecklinge. Im übrigen gedeiht er in jeder nährstoffreichen, durchlässigen humos-lehmigen Mischung, wie auch in Einheitserde oder TKS 2. Die ersten Blüten und Früchte erscheinen meist im dritten Jahr nach der Aussaat. Man muß also etwas Geduld aufbringen.

Oleaceae
Ölbaumgewächse

Von den 29 Gattungen mit etwa 600 Arten aus tropischen und subtropischen Gebieten sind die meisten Bäume und Sträucher, nur wenige Kräuter. In unseren Gärten finden wir unter anderem Vertreter der Gattungen *Chionanthus* L., *Fontanesia* Labill., *Forsythia* Vahl, *Forestiera* Poir., *Fraxinus* L., *Ligustrum* L., *Osmanthus* Lour., *Phillyrea* L. und *Syringa* L. Nur wenige sind für das Gewächshaus zu empfehlen, vor allem *Jasminum* und *Olea*. Alle Oleaceen haben gegenständige Blätter und verzweigte, oft rispenförmige Trauben bildende Blütenstände. Kelch und Krone sind stets vierzählig und bei den meisten vereintblättrig.

Jasminum L., Jasmin
(latinisierter arabischer Pflanzenname)

In den Tropen und Subtropen Afrikas, Asiens, Australiens in etwa 300 Arten verbreitete Gattung von aufrechten oder mehr oder weniger kletternden Sträuchern, deren Blüten verhältnismäßig groß sind und sich in Röhre und tellerförmige Krone gliedern. Ihre Zweige sind meist kantig, manchmal auch grün, die Blätter gegen- oder wechselständig, meist unpaarig gefiedert, immergrün oder vergänglich. Außerdem bei uns winterharten *J. nudiflorum* Lindl. bedürfen alle anderen Arten eines Glashauses. Zur Gewinnung der Jasmin-Pomade, aus der später das wertvolle Jasminöl extrahiert wird, wird hauptsächlich *J. officinale* in der Sorte 'Grandiflorum' angebaut, z.B. in Südfrankreich nahe Cannes in großen Feldern gezogen. Von den vielen Arten mit schönen Blüten werden nachfolgend nur einige besonders auffallende genannt.

1. Arten mit weißen Blüten

J. sambac (L.) Ait. ist ein aus Ostindien und Ceylon stammender, vom Frühling bis in den Herbst hinein blühender, 3 m hoch wachsender Kletterstrauch mit weißen, stark duftenden Blüten, die zu dritt oder mehr in lockeren Trugdolden erscheinen.

Jasminum sambac

In Kultur ist nur die gefüllte Sorte 'Plena'. Seit 1660 in Kultur.

Diese Art gehört ins Warmhaus, wo sie unter dem Glas entlang gezogen, in lehmig-humose Erde gepflanzt, drei Viertel des Jahres blüht. Auch kleine Topfpflanzen blühen schon und erfüllen das ganze Haus mit ihrem Duft. Vermehrung durch Stecklinge im geschlossenen Warmbeet ist nicht schwierig.

Das immergrüne **J.azoricum** L., 1724 eingeführt, von Madeira, und das laubabwerfende **J.officinale** L., bereits seit 1548 in Kultur, vom Iran bis China verbreitet, in Südeuropa angebaut und verwildert, beide duftend, gehören ins Kalthaus. Nur in den wärmsten Gegenden unserer Heimat hält *J.officinale* unter guter Decke einige Jahre im Freien aus.

2. Arten mit rosa Blüten

J.polyanthum Franch. aus Westchina, 1906 in England eingeführt, klettert bis zu 7 m hoch, hat zierliche gefiederte Blätter und einen vielblütigen rispigen Blütenstand. Die Krone ist außen rosa, innen weiß und sehr wohlriechend. Es gehört wie die bei uns nur in ganz milden Wintern einmal im Freien aushaltenden **J.beesianum** Forrest et Diels aus Westchina, 1910 eingeführt, und **J. × stephanense** Lemoine (*J.beesianum* × *J.officinale* f. *affine*), entstanden um 1918, in das Kalthaus, wo es bereits im Januar zu blühen beginnt.

3. Arten mit gelben Blüten

J.mesnyi Hance (*J.primulinum* Hemsl.) ist eine in Westchina heimische, im März und April blühende immergrüne Art mit glatten, vierkantigen Zweigen, einzeln stehenden, 3,5 bis 5 cm breiten, leuchtendgelben Blüten mit dunklerem Auge. Sie wird 1 bis 2 m hoch und wächst am besten im luftigen und nicht zu dunklen Kalthaus. Von anderen gelbblühenden Arten sind zu empfehlen: **J.floridum** Bunge aus China und Japan, 1900 in England eingeführt, von Juli bis September blühend, **J.fruticans** L., Mittelmeergebiet, bereits 1570 in Kultur, von Juli bis September blühend, **J.humile** L. 'Revolutum' von Juni bis August blühend. Außerdem sei noch einmal auf **J.nudiflorum** Lindl., 1844 eingeführt, hingewiesen, das an eine Hauswand gepflanzt bereits von Dezember an blüht.

Alle Jasminarten verlangen zu gutem Gedeihen eine durchlässige, lehmige Erde. Ausgepflanzt wachsen sie besser als im Topf oder Kübel. Ist Auspflanzen nicht möglich, dann sollte man wenigstens sehr große Gefäße nehmen. Mit Temperaturen von 2 bis 8° sind sie völlig zufrieden, von Mai bis September können sie im Freien stehen, aber stets in voller Sonne. Vermehrung ist möglich durch Abtrennen der Ausläufer, durch Anhäufeln, Steckholz und halbausgereifte Stecklinge.

Olea L., Ölbaum
(griech. *elaia*, lat. *olea* = Ölbaum)

Die Gattung *Olea* mit etwa 20 altweltlichen Arten enthält eine unserer ältesten Kulturpflanzen, den Ölbaum.

O.europaea L., Ölbaum, Olivenbaum. Die nicht bekannte Wildform stammt wahrscheinlich aus dem östlichen Mittelmeergebiet oder aus Vorderasien. Heute werden Ölbäume nicht nur am Mittelmeer, sondern in vielen anderen Teilen der Erde angebaut. Ölbäume können sehr alt werden, sicher 800 bis 1000 Jahre, wenn nicht noch älter. Jeder, der einmal in den Mittelmeerländern gewesen ist, wird sich der großen Olivenhaine erinnern. Die länglichen Blätter sind lederig, die Blüten erscheinen im Mai bis Juni. Sie sind weiß und duften. Die Früchte (Oliven) reifen erst im Winter. Früher fand man junge Ölbäume nur in den Gewächshäusern botanischer Sammlungen bei uns, neuerdings werden sie als haltbare Zimmerpflanzen angepriesen. Das ist erklärlich, da das Klima geheizter Räume dem trockenen Klima ihrer Heimat ähnelt. In Holland wurden bestimmte Typen ausgelesen, deren Habitus sie besonders ansprechend macht.

Wo sie nicht im kühlen Zimmer stehen, werden sie wie andere Kalthauspflanzen frostfrei, hell und luftig überwintert, im Sommer aber ins Freie gestellt, wo sie am besten einen geschützten Platz an der Sonnenseite des Hauses erhalten. Vermehrt wird entweder durch Aussaat oder – vor allem wo es um die Erhaltung gewisser Typen geht – durch halbreife Stecklinge bei mäßiger Bodenwärme. Als Erde für ältere Pflanzen eignet sich jede humos-lehmige Mischung oder Einheitserde.

Olea europaea

Onagraceae
Nachtkerzengewächse

21 Gattungen mit etwa 640 Arten sind in temperierten und subtropischen, selten in rein tropischen Gebieten verbreitet. Die meisten sind einjährige oder ausdauernde Kräuter, nur wenige Sträucher oder kleine Bäume mit gegenständigen oder schraubig angeordneten Blättern, sehr kleinen bis großen Blüten, deren Griffel stets ungeteilt ist.

In unseren Gärten sind Vertreter der folgenden Gattungen als beliebte Einjahrsblumen, Stauden oder Halbsträucher vertreten: *Clarkia* Pursh, *Epilobium* L., *Gaura* L., *Godetia* Spach, *Lopezia* Cav., *Oenothera* L. In Aquarien werden häufig *Ludwigia*-Arten gezogen, in botanischen Sammlungen auch Sumpfpflanzen der gleichen Gattung wegen ihrer interessanten aerotropischen Wurzeln.

Fuchsia L., Fuchsie
(nach Leonhard Fuchs, 1501–1566, Botaniker und Mediziner, Verfasser eines der ersten Kräuterbücher)

Im Gegensatz zu allen anderen Gattungen der Familie sind die Früchte der Fuchsien viel- oder wenigsamige Beeren. Fast alle leben als Halbsträucher oder Sträucher, selten als kleine Bäume in etwa 100 Arten in Mittel- und Südamerika, vor allem in Gebirgswäldern um den Äquator oft in großen Höhen bis 3000 m, nur wenige Arten kommen auf Tahiti und Neuseeland vor. Selbst in botanischen Sammlungen werden bei uns nur wenige reine Arten gezogen, dagegen sind eine Vielzahl von Sorten – *Fuchsia*-Hybriden – verbreitet, an deren Entstehung eine ganze Reihe von Arten beteiligt war. Die Züchtung setzte schon bald nach der Einführung der ersten Arten Anfang des 19. Jahrhunderts ein.

Eine Sammlung schöner Fuchsien begeistert noch heute viele Liebhaber. In England und Nordamerika, aber auch bei uns haben sie sich zu Fuchsien-Gesellschaften zusammengetan.

Viele der reinen Arten sind für den Liebhaber von besonderem Reiz. Es lohnt sich, von ihnen eine größere Sammlung zusammenzubringen. Einige der schönsten und eigenartigsten Arten sollen kurz vorgestellt werden.

F. arborescens Sims (*F. syringiflora* Carr.), Baumfuchsie, Fliederfuchsie. Sie stammt aus Mexiko, Guatemala und Costa Rica, wo sie bis 8 m hoch werden kann. Ihre Blüten stehen in vielblütigen, dreibeligen Rispen am Ende der Zweige. Sie sind nur klein, blaßrosenrot mit lilafarbener Krone und duftend. 1824 in England eingeführt.

Gut ernährte, möglichst im Kalthaus ausgepflanzte Exemplare blühen fast das ganze Jahr hindurch und bilden viele erbsengroße Früchte.

F. boliviana Carr., heimisch in Ekuador, Peru, Bolivien und Argentinien, bildet einen dichten Busch mit großen behaarten Blättern und endständigen, in dichten und verzweigten Trauben sitzenden Blüten, deren Röhre bis 6 cm lang und wie Kelch- und Kronblätter dunkelrot ist. 1873 eingeführt.

Ähnlich, aber sparriger wachsend, mit noch längerer Kelchröhre und weniger Wärme beanspruchend ist **F. corymbiflora** Ruiz et Pav. aus Ekuador und Peru, 1840 eingeführt. Sie eignet sich gut für die Bekleidung einer Wand im Wintergarten oder Gewächshaus.

Beide Arten blühen am alten Holz, weswegen sie nur wenig geschnitten werden dürfen.

F. fulgens Moç. et Sessé ex DC. aus Mexiko ist wie die vorigen beiden Arten ein schöner Vertreter der traubenblütigen Fuchsien. Sie hat rote Zweige und Blütenstiele, große Blätter, mennigrote Blüten und glänzendgrüne, nach Äpfeln duftende Früchte. 1830 eingeführt.

F. magellanica Lam., die Scharlachfuchsie, stammt aus Südchile und Argentinien und ist schon in ihrer Heimat sehr veränderlich. Sie kann bis 5 m hoch werden, hat dünne, purpurrötliche Äste und Zweige und 1,5 bis 5 cm lange, eirundlich-lanzettliche Blätter. Die Blüten stehen einzeln oder bis zu viert an rötlichen, hängenden, bis zu 5 cm langen Stielen. Die Blütenröhre ist scharlachrot, die Kronblätter sind violettblau. 1788 in England eingeführt.

Eine der zierlichsten und härtesten Fuchsien, von Juni bis zum Herbst überreich blühend, die unter guter Decke auch bei uns im Freien viele Jahre aushält, allerdings im Frühling bis fast auf den Boden zurückgeschnitten werden muß.

Winzige Blüten, bei *F. minimiflora* unter 4 mm lang, bei den beiden anderen Arten etwas größer, bringen **F. microphylla** H.B.K. sowie **F. minimiflora** Hemsl., beide aus Mexiko, und **F. minutiflora** Hemsl. von Trinidad. Sie können nur dem Liebhaber kurioser Pflanzen empfohlen werden.

Eine weitere Verbreitung aber verdient **F. procumbens** R. Cunn. ex A. Cunn. von den Küsten Neuseelands, eine kaum 5 cm hohe, kriechende Fuchsie, eine schöne und eigenartige Ampelpflanze, deren Blüten im Gegensatz zu allen anderen Arten aufrecht stehen und keine Kronblätter besitzen. Sie bestehen nur aus einer orangegelben Kronröhre und den nach außen fest an sie angepreßten Kelchabschnitten sowie den weit herausragenden roten Staubblättern mit bläulichen Staubbeuteln. Ihnen folgen große, auffallende rote Früchte, die einen besonderen Schmuck der Pflanze ausmachen. 1874 in Belgien eingeführt.

Auch andere Arten sind kulturwert und werden bisweilen angeboten.

Außerhalb botanischer Sammlungen verbreitet sind aber nur *Fuchsia*-Hybriden. Diese lassen sich in zwei Gruppen, aufrechtwachsende und Hängefuchsien, teilen. Neben ihnen ist noch die Gruppe der ebenfalls sehr schönen traubenblütigen Fuchsien (*Fuchsia*-Triphylla-Hybriden) mit einer Reihe schöner Sorten zu empfehlen. Bis jetzt wurden weit über 2000 Sorten gezüchtet, von denen aber die meisten verlorengegangen sind. In Deutschland beträgt das Sortiment etwa 50 Sorten, in anderen Ländern, vor allem in England und den USA, werden auch heute noch weit mehr Sorten angeboten und gezogen. Sie hier zu nennen, würde zu weit führen, ist wohl auch nicht nötig, da alle für den Liebhaber mehr oder weniger wertvoll sind, und er das Bestreben hat, eine möglichst große Anzahl von ihnen zusammenzubringen.

Fuchsien sind beliebte und wegen ihrer langen Blütezeit besonders empfehlenswerte Pflanzen für halbschattig gelegene Balkon- und Fensterkästen, für Schalen und Vasen auf der Terrasse und im Garten, für Beete und nicht zuletzt für die Füllung in der warmen Jahreszeit leerstehender Gewächshäuser. Im Halbschatten wachsen und blühen sie am besten, doch gibt es eine ganze Reihe von Sorten, die auch in voller Sonne noch gut gedeihen, vor allem im Gebirge und überall dort, wo die Luftfeuchtigkeit auch tagsüber nicht allzusehr sinkt. Einfachblühende Sorten sind am wenigsten empfindlich gegen volle Sonne, doch sollte man ihnen bei sonnigem Wetter viel Feuchtigkeit nicht nur von unten, son-

Fuchsia procumbens

Fuchsia-Hybride 'Red Spider'

Fuchsia-Hybride 'Beacon'

Fuchsia fulgens 'Gesneriana'

dern auch von oben zuführen. Viele der großblumigen Sorten wachsen auch im Sommer nicht gut im Freien. Sie gehören in das Gewächshaus oder unter den Schutz eines Balkondaches, vor allem viele kalifornische Züchtungen.

Aus Samen wird man nur dort vermehren, wo man neue Sorten erzielen will. Für manchen Liebhaber kann gerade darin ein besonderer Reiz liegen. Am besten wird gleich nach der Ernte, also Ende Juli bis Anfang August ausgesät, natürlich unter Glas. Die daraus hervorgehenden Sämlinge blühen schon im folgenden Sommer, man kann also ziemlich bald seine Neugierde befriedigen! Ausgesät wird in Lauberde mit Torfmull und Sand oder in Einheitserde, nach dem Aufgehen ein- bis zweimal pikiert, danach eingetopft. Ihre weitere Behandlung gleicht der von Stecklingspflanzen. Wie diese werden sie auch im Winter ohne Einhaltung einer Ruhezeit durchkultiviert.

Im übrigen erfolgt die Vermehrung durch krautige Stecklinge, die im Februar bis März von angetriebenen Pflanzen genommen werden. Die daraus erzogenen Pflanzen blühen von Ende Mai, Anfang Juni an. Will man aber statt der alten Pflanzen, falls man keine Überwinterungsmöglichkeit für sie hat, bewurzelte Stecklinge überwintern, dann steckt man dafür im August. Bei einer Bodenwärme von 18 bis 22° dauert es mit der Wurzelbildung 2 bis 3 Wochen. Sie werden dann in Einheitserde, TKS oder eine Mischung aus alter Lauberde, Torfmull, etwas Lehm und Sand eingetopft. Die meisten Sorten sollte man mehrmals entspitzen, da sie dadurch buschiger werden. Nicht Entspitzen darf man aber Hängefuchsien, denn ihre Triebe sollen ja möglichst lang werden. Von ihnen sollte man aber 3 Jungpflanzen zusammen in den Topf setzen. Auguststecklinge werden hell und bei 10 bis 12° überwintert. Ende September, Anfang Oktober wird alles, was ausgepflanzt war, aus der Erde herausgenommen und im Keller oder unter der Stellage eines Kalthauses eingeschlagen. Im Februar nimmt man sie aus dem Einschlag oder aus dem Topf, in dem sie überwinterten, heraus, schüttelt die alte Erde aus dem Ballen und schneidet die Zweige um etwa $1/3$ ihrer Länge zurück. Danach wird in kleine Töpfe und frische Erde wieder eingepflanzt, bei 12 bis 15° langsam angetrieben, nach Bedarf verpflanzt und gestutzt.

Wer Platz für ihre Überwinterung hat, der kann auch Halb- oder Hochstämme oder Pyramiden ziehen. Dafür eignen sich vor allem starkwachsende Sorten wie 'Charming', 'Dollarprinzessin', 'Deutsche Perle'. Diese werden möglichst frühzeitig vermehrt, am besten im Spätsommer eintriebig bis zu der gewünschten Stammhöhe wachsen lassen und dann entspitzt. Alle Nebentriebe werden vom Stamm entfernt, die Blätter aber zunächst daran belassen. Eine gut verzweigte Krone ist nur durch häufiges Entspitzen zu erreichen. Schwachwüchsige Sorten können auf Stämme starkwüchsiger Unterlagen im Frühjahr durch Einspitzen oder Kopulation veredelt werden. Während dieser Zeit sind sie natürlich warm und geschlossen zu halten.

Orchidaceae
Orchideengewächse
Von Walter Vöth, Wien

Nach dem heutigen Stand der systematischen Forschung umfaßt die Familie der Orchideengewächse etwa 750 Gattungen und 20000 bis 25000 Arten. Davon werden im wesentlichen jene Arten im Gewächshaus des Orchideenfreundes kultiviert, welche durch Blütengröße und Farbe auffallen oder dem Sammler einer bestimmten Gruppe besonders wertvoll sind. Im folgenden werden die von Orchideenfreunden am häufigsten gepflegten Arten vorgestellt. Ihre Beschaffung ist heute kein Problem mehr, jedenfalls muß (und darf!) man sie nicht der Natur entnehmen. Sie werden in den Orchideengärtnereien durch Aussaat, Gewebe-Kultur und Teilung herangezogen. Hinzu kommen die vielen Züchtungen, die durch Bastardierung verschiedener Arten und Gattungen entstandenen Hybriden. Diese besitzen nicht nur die schönen oder sogar verbesserten Blüten der Eltern, sondern häufig auch deren Ansprüche. Die meisten Hybriden sind gegenüber den reinen Arten lohnender und in der Pflege weniger kompliziert. Die den Beschreibungen der Gattungen und Arten folgenden Pflegehinweise – sie gelten für Arten und Hybriden – sind die Grundlage für eine erfolgreiche Pflege im Gewächshaus. Diese muß allerdings auch den Klimabedingungen und dem Wettercharakter des Gebietes angepaßt werden, in dem sich der Wohnsitz des Orchideenfreundes befindet. Viele Orchideen und ihre Hybriden sind nicht unbedingt auf ein Gewächshaus angewiesen, sondern gedeihen und blühen auch in einem dafür ausgebauten Blumenfenster oder auf der Fensterbank des Wohnraumes. Die für die Kultur im Gewächshaus gegebenen Pflegehinweise sind auch die Grundlage für ihre Pflege im Wohnraum.

Die Blüten der Orchideen haben eine Vielzahl voneinander abweichender Formen, welche durch morphologische Veränderungen der gleichen Blütenorgane zustande gekommen sind. Die einzelnen Teile der Blüte tragen Namen, deren Erläuterung zum Verstehen einer Blütenbeschreibung unumgänglich ist.

Die Orchideenblüte kann je nach Art wenige Millimeter bis mehrere Zentimeter groß sein. Sie setzt sich aus drei äußeren Blumenblättern, den Sepalen, und drei inneren Blumenblättern zusammen. Von diesen gleichen die beiden seitlichen, die Petalen, meistens den Sepalen, wogegen das mittlere, Lippe oder Labellum genannt, durch Größe oder Kleinheit und Färbung von den übrigen abweicht. In der Knospe steht die Lippe innen und aufrecht. Sie wird während des Aufblühens durch Resupination, das heißt durch Drehung des Blütenstieles oder Fruchtknotens um 180° nach unten und auswärts gewendet. Bestimmte Teile der Lippe nehmen – jedoch nicht bei allen Orchideenblüten – durch Gestaltveränderung gut abgrenzbare Formen an, welche durch Einschnürungen unbeweglich oder beweglich miteinander verbunden sein können. Als Epichil wird der vordere, spitzennahe Teil der Lippe bezeichnet, als Mesochil der mittlere und als Hypochil der hintere, basisnahe Teil. Die Lippe kann auf der Oberseite je nach Art verschieden gestaltete Auswüchse aufweisen, welche allgemein als Kallus bezeichnet werden, jedoch im speziellen Fall als Lamellen, Schwielen oder Kämme. Nicht bei allen Arten bildet die Basis der Lippe einen Sporn aus. Er ist eine hohle, kegelförmig-sackartige Ausstülpung und fungiert als Nektarbehälter.

Im Laufe ihrer evolutionären Entwicklung reduzierten, verwuchsen und verbildeten sich bei der Orchideenblüte die ursprünglich vorhandenen sechs Staubblätter. Bei etwa 98% der Orchideenarten sind fünf Staubblätter und bei den Frauenschuh-Arten (*Paphiopedilum* usw.) vier Staubblätter zurückgebildet. Das eine bzw. die beiden Staubblätter und die drei Fruchtblätter sind mit dem Säulchen, dem Gynostemium, verwachsen. Das Säulchen ist ein zylindrisch ausgewachsener Blütenboden. Im Bereich seines Gipfels befindet sich die Narbe und darüber, der Spitze zu, der Staubbeutel, die Anthere. In diesem sind zwei bis acht Pollinien, zu Klümpchen zusammengekitteter Pollen, vorhanden. Bei manchen Gattungen verlängert sich seitlich die Basis des Säulchens zu einem fußähnlichen Gebilde, dem Säulenfuß, welches mit seitlich ansitzenden Sepalen ein vorspringendes Kinn ausbildet.

Die am häufigsten gepflegten Orchideenarten wachsen in der Natur an Ästen und Stämmen von Bäumen und Sträuchern epiphytisch, seltener an Felsen und auf Steinen lithophytisch oder im Erdreich terrestrisch. Diesen Wuchsorten angepaßt entwickeln sie aufrecht wachsende, hängende oder überhängende Sprosse, welche in Anpassung an Trockenperioden oberirdisch wasser- und nahrungsspeichernde Pseudobulben, unterirdisch Knollen oder knollenartige Rhizome bilden. Orchideen, welche in jeder Vegetationsperiode fortlaufendes Spitzenwachstum zeigen, wachsen monopodial, und jene, welche alljährlich Seitensprosse mit beschränktem Spitzenwachstum hervorbringen, haben sympodiale Sproßverzweigung.

Die Wurzeln terrestrisch wachsender Orchideen sprossen am Stammgrund, wachsen im Erdreich nach allen Seiten und sind zur Nahrungs- und Wasseraufnahme mehr oder weniger dicht behaart. Diesen gegenüber bilden die epi- und lithophytisch wachsenden Orchideenarten zahlreichere und längere Wurzeln aus, welche teils frei im Luftraum hängen, teils sich an Ästen und Stämmen oder an Felsen verankern. Außer dieser Aufgabe der Verankerung obliegt den Wurzeln aus dem sie benässenden Tau oder aus dem über sie herabfließenden Regenwasser die spärlich hierin gelösten mineralischen Salze aufzunehmen. Zur besseren Erfüllung dieser Halte- und Versorgungsfunktion sind die Wurzeln, ausgenommen die chlorophyllreichen Wurzelspitzen, vom Velamen, einer Schicht toter Zellen, umhüllt.

Die Laubblätter der meisten Orchideenarten sind zweizeilig, gegenständig, bei vielen terrestrisch wachsenden Arten auch spiralig angeordnet. Sie setzen sich aus der den Sproß oder die Pseudobulbe mehr oder weniger umfassenden Blattscheide und der durch eine Abbruchstelle getrennte, im Alter abfallende Blattspreite zusammen. Der Beschaffenheit nach und entsprechend den Standortverhältnissen können die Laubblätter dünn, fleischig oder ledrig, deren Spreite flach ausgebreitet, gefaltet oder stielrund sein.

Die Orchideen brauchen optimale Lebensbedingungen, Licht und Wärme, Wasser und Nährstoffe. Voraussetzung dafür ist ein Gewächshaus, ohne das in unseren Breiten die Pflege außereuropäischer Orchideen nicht möglich ist. Für viele Arten kann ein ausgebautes Blumenfenster einem Gewächshaus gleichwertig sein.

Die Beleuchtungsstärke des in den Wintermonaten ins Gewächshaus einfallenden Sonnenlichtes ist für die meisten um diese Jahreszeit sich in Ruhe befindenden Orchideen ausreichend. Nur einige Arten kommen ohne entsprechende Zusatzbeleuchtung nicht zum Blühen. In den Frühjahrs- und Sommermonaten ist die Lichtverträglichkeit der verschiedensten Orchideenarten für das durch das Glas einfallende Sonnenlicht sehr unterschiedlich. Diese unterschiedliche Verträglichkeit macht eine täglich regulierbare Schattierung oder eine solche durch wochenlang haltbaren Anstrich erforderlich.

Das in das Gewächshaus einfallende Sonnenlicht erwärmt die Luft, und Wärme ist für den Stoffwechselprozeß im Inneren der Pflanze notwendig. Für die Aktivität des Stoffwechselprozesses ist nicht eine gleichbleibende Wärme die beste Voraussetzung, sondern vielmehr eine zwischen Tag und Nacht schwankende Temperatur. Die nur bedingt übereinstimmenden Wärmebedürfnisse der verschiedensten Orchideenarten machen es erforderlich, daß wir durch Regelung der Gewächshauswärme mittels Lüftung und Schattierung ein kaltes, temperiertes oder warmes Gewächshaus mit jeweils unterschiedlichen Temperaturverhältnissen schaffen. Im Sommer läßt sich die Temperatur im Gewächshaus durch Frischluftzufuhr regeln. Im Winter wird die notwendige Temperatur durch entsprechend dosierte Heizwärme aufrechterhalten.

Orchideen brauchen zum Aufbau neuer Sprosse und Pseudobulben mäßige Wassergaben. Während der Vegetationsperiode richtet sich die meist einmal wöchentlich verabreichte Menge Gießwasser nach dem von der Pflanze aufgenommenen und durch die Wärme verdunsteten Wasser. Diese Gießwassermenge darf keinesfalls so ergiebig sein, daß stagnierende Nässe im Wurzelballen eine Schädigung der Wurzeln verursacht. In den Wintermonaten sind die Wassergaben, dem Vegetationszustand der Pflanze und der gebotenen Heizwärme angepaßt, zu verringern. Im Ruhezustand soll der Wurzelballen von einem zum anderen Gießtag übertrocknen, nicht austrocknen. Das zu verwendende glashauswarme Gießwasser soll von mittlerer Härte (12 bis 16° dH) sein und einen pH-Wert zwischen 5 und 6 haben. Zu hartes Wasser wird auf Dauer ebensowenig vertragen wie zu weiches.

Die meisten Orchideenarten benötigen in Anpassung an ihre luftfeuchtigkeitsreichen Standorte im Gewächshaus eine relative Luftfeuchte von 50 bis 80%. Eine solche kann im Wohnraum nicht verwirklicht werden. Im Gewächshaus wird diese durch Aufspritzen, mit der Hand oder automatisch, der Wege und Wände sowie der Tischoberfläche unterhalb der aufgestellten Pflanzen erreicht. An sonnig-heißen Tagen hebt ein leichtes, sprühartiges Überspritzen der spritzwasserverträglichen Orchideen die Luftfeuchtigkeit. Am späten Nachmittag müssen die Pflanzen wieder abgetrocknet sein. Über Nacht an jungen Sprossen und zarten Blättern stehengebliebenes Restwasser begünstigt an diesen Fäulnis. Tagsüber ist bedingt durch die ansteigende Erwärmung der Luft die Luftfeuchtigkeit immer geringer als nachts. Sehen wir von den wenigen in schwererer

Erde wachsenden Arten ab, beziehen die Wurzeln der epi-, lithophytisch und terrestrisch wachsenden Orchideen ihre Nahrung aus humosem Material. Dieses befindet sich vielfach in den Rissen der Borke, in Astgabelungen, in Flechten- und Moospolstern an Bäumen und Felsen, jedoch auch im humusreichen Waldboden. Diesem natürlichen Substrat entsprechend ist beim Ein- und Umpflanzen ein Pflanzmaterial zu verwenden, welches wir durch Mischen verschiedener Pflanzstoffe herstellen. Die gebräuchlichsten sind: Mexifern oder Xaxim-Faser = zerkleinerte Stammwurzeln tropischer Baumfarne; Osmunda-Wurzeln = kurzgehackte und gelockerte Wurzeln des selten erhältlichen Königsfarns *Osmunda regalis*; Silvabark oder Vitabark = gereinigte, entharzte, erhitzte und in verschiedene Größe zerkleinerte Borke von *Pseudotsuga menziesii* oder *Abies concolor*; Sphagnum = übertrocknetes, feuchtigkeitshaltendes Sumpfmoos, *Sphagnum squarrosum*; Floratorf = mit Kalk und Mineraldünger angereicherter norddeutscher Weißtorf. Als organischer Dünger zum Untermischen wird verwendet: im Herbst trockengewordene und zerkleinerte Farnwedel bzw. Buchenlaub (verwendet in der Menge von etwa $1/10$ des Pflanzmaterials); getrocknete und zerkleinerte Kuhfladen sowie Hornspäne oder Hornmehl (für etwa 2 l Pflanzmaterial soviel wie zwei Finger fassen). Zur Lockerung, zu besserer Durchlüftung und rascherem Abfließen des überschüssigen Gießwassers werden dem Pflanzmaterial Styropor, Styromull oder kleinere Orchid-Chips (Styropor-Schnitzel) beigemischt (etwa $1/8$ bis $1/5$ der Gesamtmenge des Pflanzmaterials).

In jedem Gewächshaus sind infolge besonderer Sonneneinstrahlung, Lüftungs- und Luftfeuchtigkeits- und Temperaturverhältnisse auch besondere Lebensbedingungen vorhanden. Diese sind dem Orchideenbesitzer vertraut, und entsprechend seiner Erfahrungen wird er das Mischungsverhältnis der einzelnen Substrate optimal darauf abstimmen.

Wenn im nachfolgenden Kapitel beim Pflegehinweis nicht anders angegeben, besteht das Pflanzmaterial für Epiphyten und Hybriden mit und ohne Pseudobulben, jedoch mit stärkeren Wurzeln, aus 2 Teilen Mexifern (oder Osmunda-Wurzeln, Xaxim-Faser), 1 Teil Sphagnum (Orchid-Chips oder $1/2$ Teil Floratorf), $1/2$ Teil Styromull sowie Farnwedeln (Buchenlaub) und Kuhfladengeriebsel (Hornspäne).

Für Epiphyten und Jungpflanzen mit dünneren Wurzeln 2 Teile weichwurzelige Osmunda-Wurzeln (kurzes Mexifern), 1 Teil Sphagnum (Styromull) sowie Farnwedel (Buchenlaub) und Kuhfladengeriebsel (Hornmehl).

Für auf Korkbrettchen aufzubindende Epiphyten 1 Teil weich-wurzelige Osmunda-Wurzeln, 1 Teil Sphagnum, sowie – weniger als angegeben – Farnwedel (Buchenlaub) und Kuhfladengeriebsel (Hornspäne).

Für Epiphyten und Hybriden ohne Pseudobulben, jedoch mit monopodialem Wuchs, 2 Teile Mexifern (Xaxim-Faser), 1 Teil Sphagnum (Orchid-Chips, Silvabark, Vitabark), $1/2$ Teil Floratorf, $1/2$ Teil Styromull sowie Farnwedel (Buchenlaub) und Hornspäne.

Als Pflanzgefäße eignen sich zum Aufstellen und Aufhängen verschieden große Lattenkörbchen aus nicht feuchtigkeitsempfindlichen Harthölzern oder aus Kunststoff. Ebenso der Größe der Pflanze entsprechende Ton- und Kunststofftöpfe oder Schalen, welche reichlich mit Dränagematerial (z.B. Tontopfscherben, Holzkohle) für guten Wasserabzug versehen sind. Für aufzubindende Orchideen nimmt man, ihrer Größe angepaßt, Kork- oder Eichenrindebrettchen, Äste von Eiche oder Robinie oder Wurzeln vom Weinstock. Geschnittene Streifen von alten Perlonstrümpfen sind ein geeignetes Material zum Aufbinden der Orchideen.

Monopodial wachsende Orchideen werden beim Ein- und Umpflanzen in die Mitte des Pflanzgefäßes eingesetzt. Ihre Verjüngung wird durch Wegschneiden des unteren, abgestorbenen Stammteils eingeleitet. Die Verjüngung sympodial wachsender Orchideen erfolgt in der Weise, daß das Sympodium an jener Stelle in zwei Teile durchschnitten wird, an dem die sproßspitzetragende Hälfte mit drei zusammenhängenden Pseudobulben verbleibt. Nach Reinigung des Wurzelballens wird diese verjüngte Hälfte so in das Pflanzgefäß eingesetzt, daß die Sproßspitze in dessen Mitte zu stehen kommt. Diese Pflanzweise ermöglicht dem Sympodium durch mehrere Jahre dem Rand des Pflanzgefäßes entgegenzuwachsen. Auch die verbleibende rückwärtige Hälfte eignet sich bei Vorhandensein eines kleinen Sproßaustriebes oder einer ruhenden Sproßanlage, als Rückbulbe eingesetzt und als Ableger groß gepflegt zu werden.

Eingepflanzt werden verjüngte Orchideen, ausgenommen monopodial wachsende Arten, mit ihrem Sproß oder Rhizom, und zwar nicht tiefer als sie vorher eingesetzt waren. Der neue Sproßaustrieb an der Sproßbasis bleibt oberhalb des Pflanzmaterials, welches nur so fest angedrückt wird, daß es ein rasches Durchfließen des überschüssigen Gießwassers ermöglicht und andererseits die Pflanze in aufrechter Stellung hält. Wenn notwendig sind Sprosse und Pseudobulben an dazugesteckten Stäbchen anzubinden. Nach leichtem Befeuchten des Pflanzmaterials zur Festigung der Wurzeln werden die frisch eingepflanzten Orchideen in den ersten Wochen bei höherer Luftfeuchtigkeit und Wärme sowie leichtem Überspritzen an sonnig-heißen Tagen gepflegt. Mit dem Austrieb neuer Wurzeln am heranwachsenden Sproß wird bei anfangs sehr geringen und bei sukzessiv ergiebigeren Wassergaben allmählich zur gewohnten Pflege übergegangen.

Auch eine optimale Anreicherung des Pflanzmaterials mit organischem Dünger gewährleistet für die Dauer mehrerer Jahre keine ausreichende Ernährung der Orchidee. Sproß und Blütenstand sind aber bei entsprechender anorganischer Düngung in Wuchs und Blühwilligkeit beeinflußbar. Solche Düngungen sind nur in der Vegetationsperiode und bei schwacher Dosierung vorzunehmen. Mehrere Stunden vor jeder Düngung wird der Wurzelballen der zu düngenden Orchidee zum Vermeiden von Wurzelschäden durchdringend angegossen. Im Handel sind speziell für Orchideen erprobte anorganische Mischdünger erhältlich, welche eine optimale Zusammensetzung von Stickstoff, Phosphor, Kalium und Spurenelementen haben. Nach Beginn der Vegetation, nach Sproßaustrieb und Wurzelbildung, wird in Abständen von zwei Wochen gedüngt. Ab Frühjahr stickstoffbetont in Konzentration von 0,25 bis 0,5 g auf 1 l Wasser; ab Frühsommer mit gleichem Dünger 0,5 bis 1,0 g auf 1 l; ab Hochsommer und im Herbst mit einem Mischdünger, in dem die genannten Nährsalze in gleicher Konzentration vorhanden sind, 0,5 bis 1,0 g auf 1 l. Stärkere Salzkonzentrationen führen zu Schäden bis zum Verlust der Pflanzen.

Acineta Lindl.
(griech. *akinetos* = unbeweglich; ein Hinweis auf die unbewegliche Lippe)

Beisammenstehende, eiförmige, etwas gefurchte Pseudobulben tragen gipfelständig ein bis drei etwas gefaltete Laubblätter. An der Basis der Pseudobulbe sprießt der traubige Blütenstand, welcher je nach Art sich hängend oder aufrechtstehend entwickelt. Von den fleischigen Blüten sind die seitlichen Sepalen an ihrer Basis etwas verwachsen, die ähnlichen Petalen sind klei-

366   Orchidaceae

Acineta chrysantha

ner. Das Hypochil der dreilappigen Lippe ist sackartig, ihre Seitenlappen sind aufrechtstehend und ihr gekielter Mittellappen ist konkav. Das keulenförmige oder geflügelte, leicht gekrümmte Säulchen ist je nach Art flaumig behaart. Etwa 12 Arten wachsen epiphytisch in Mittel- und im nördlichen Südamerika.
Als Standort werden feuchte bis nasse Wälder in gebirgigen Gegenden in Höhen zwischen 500 und 2000 m angegeben.

A.chrysantha (Morr.) Lindl. et Paxt. (*A.densa* Lindl. et Paxt.). Ihre eiförmigen, gefurchten Pseudobulben werden bis 10 cm hoch, die verkehrt-lanzettlichen, zugespitzten Laubblätter 30 bis 45 cm lang. Der ebensolang werdende, hängende Blütenstand trägt dichtstehende gelbe, durch sich nicht vollständig öffnende Blumenblätter fast kugelige Blüten. Ihre Petalen und ihre Lippe sind spärlich bis reichlich rot bis rotbraun gepunktet. Blütezeit Juli bis September. Heimat Costa Rica und Panama.

Im Hinblick auf den hängenden Blütenstand werden *Acineta* in Hängekörbchen eingesetzt. Während der Einwurzelung und Weiterpflege benötigen sie luftfeuchten, beschatteten Standort im warmen Gewächshaus. Die Temperatur soll tagsüber auf 24 bis 26° ansteigen, nachts sind 18 bis 20° ausreichend. Die gut eingewurzelte Pflanze verträgt, ohne stagnierende Nässe im Wurzelbereich, in der Vegetationsperiode viel Gießwasser und monatliche Düngung. Diese Wassergaben werden nach Abschluß der Vegetation reduziert. In der winterlichen Ruheperiode wird auch im luftfeuchten, temperierten Gewächshaus jedwede Ballentrockenheit vermieden. Die Heizwärme soll 20 bis 21° nicht übersteigen und nachts nicht unter 17 bis 18° fallen.

Ada Lindl.
(nach dem griech. Frauennamen Ada, einer Schwester des Mausolos von Pergamon)

Die schlanken, je nach Art zurückgebildeten Pseudobulben sind von langen Scheidenblättern der längeren, zweizeilig stehenden Laubblätter umhüllt. Der Blütenstand sproßt im Stadium des heranwachsenden neuen Austriebes aus der Achsel eines seiner Laubblätter. Er ist vielblumig und überhängend. Von der sich nicht ganz öffnenden Blüte sind die Spitzen der sehr ähnlichen Sepalen und Petalen mehr oder weniger weit weggespreizt. Auch die länglich-lanzettliche Lippe ist lang zugespitzt. Auf dieser sind von der Basis ausgehend nach vorn zu zwei parallel verlaufende Lamellen vorhanden, deren vordere Enden mit zwei Zähnchen versehen sind. Das nikkende Säulchen ist an seiner Basis flügelartig angeschwollen. Bekannt sind etwa 8 epiphytisch wachsende Arten mit Verbreitung in Mittel- und im nördlichen Südamerika.
Die Standorte von *A.aurantiaca* befinden sich in kühlen Nebelwäldern der höheren Gebirgsregion. Sie wachsen bevorzugt in humosen Ansammlungen oder in Moospolstern.

A.aurantiaca Lindl. Ihre schlanken, elliptischen, bis 5 cm hohen Pseudobulben sind seitlich zusammengedrückt. Sie tragen gipfelständig ein oder zwei und grundstän-

Ada aurantiaca

dig weitere bis 30 cm lange Laubblätter. Der dichtblumige, bis 35 cm lange Blütenstand ist überhängend. Die 3 bis 4 cm langen, nur durch die Spitzenhälfte der Blumenblätter geöffneten Blüten sind orange- bis zinnoberrot. Blütezeit Januar bis April. Heimat nördliches Südamerika.

Dem heimatlichen Standort angepaßt wird *Ada* im kühlen Gewächshaus mit *Rossioglossum* zusammen gepflegt. Sie benötigt infolge der fehlenden Möglichkeit, ausreichend Wasser zu speichern, ganzjährig einen gleichbleibend feuchten Wurzelballen. Bedingt durch die sommerliche Wärme sind in dieser Periode reichlichere Wassergaben als während der kühleren Jahreszeit erforderlich. Während der Sproßentfaltung fördern Düngergaben die Größenentwicklung des neuen Sprosses. *Ada* steht während des Sommerhalbjahres im frischluftreichen, luftfeuchten und kühlen Gewächshaus schattig, in den Wintermonaten hell und luftfeucht. Die gebotene Heizwärme soll tagsüber 18° nicht übersteigen und nachts nicht unter 13° sinken.

Aërides Lour.
(griech. *aer* = Luft, eine Anspielung auf die epiphytische Lebensweise dieser Orchidee)

Monopodial wachsende Orchideen mit aufrechten oder überhängenden Stämmen, riemenförmigen oder stielrunden Laubblättern und mit wenig- bis vielblumigem Blütenstand. Die seitlichen Sepalen der Blüte sind mit dem Säulenfuß verwachsen, ebenso die dreilappige Lippe mit ihrem nach vorn gekrümmten Sporn. Die Seitenlappen können kaum erkennbar bis sehr vergrößert sein. Der ausgebreitete, waagrecht vorgestreckte oder kahnförmige Mittellappen ist entweder größer oder kleiner als die Seitenlappen. Das kurze Säulchen bildet an seiner Basis einen kürzeren oder längeren Säulenfuß. Etwa 20 Arten sind epiphytisch wachsend in Indien über die Philippinen bis Japan verbreitet.

A. fieldingii Jennings hat einen kräftigen, kurz bleibenden Stamm und bis 30 cm lange riemenförmige, rinnige, gekielte und gebogene Laubblätter. Der bis 40 cm lange Blütenstand ist dicht- und vielblumig. Das mittlere Sepalum und die Petalen sind weißlich und hellpurpur überlaufen. Die seitlichen Sepalen und die ausgebreitete, dreieckige, lang zugespitzte Lippe weißlich und hellpurpur gefleckt. Blütezeit Mai bis Juni. Heimat Sikkim, Assam.

A. multiflorum Roxb. gleicht im Habitus *A. fieldingii*. Die Blüte unterscheidet sich von dieser durch rosalila Färbung und die viel kürzere Lippe. Blütezeit Juni bis September. Heimat nördliches Indien, Thailand, Indochina.

A. odoratum Lour. Sein überhängender Stamm erreicht eine Länge von über 1 m, die bis 30 cm langen Laubblätter sind riemenförmig und abwärts gekrümmt. Die Blüte des bis 30 cm langen, dichtblumigen Blütenstandes ist weißlich, den Spitzen der Blumenblätter zu rosalila. An der Lippe ist der aufwärts gekrümmte Vorderlappen rosalila gestreift, die aufwärtsgerichteten Seitenlappen sind rosalila punktiert. Der vorgekrümmte Sporn ist grünlich. Blütezeit Juni bis August. Heimat tropisches Asien.

Die Pflege gleicht jener von *Angraecum* in einem beschatteten, luftfeuchten, temperiert-warmen Gewächshaus. *Aërides* sind wegen ihrer je nach Art meterlangen herabhängenden Wurzeln in aufzuhängende Körbchen einzupflanzen. Im gleichmäßig feucht zu haltenden Wurzelballen sind an warmen bis heißen Tagen die herabhängenden Wurzeln zu benässen. An solchen Sommertagen fördert ein leichtes Überspritzen der Pflanze ihre Entwicklung. Im Winterhalbjahr sind mäßige Wassergaben angebracht sowie eine Heizwärme von 20 bis 22° tagsüber und 17 bis 18° nachts.

Angraecum Bory
(nach dem malaiischen Namen *angurek* für epiphytisch wachsende Pflanzen)

Monopodial wachsende, mitunter sich verzweigende, dicht bis locker beblätterte Orchideen von sehr unterschiedlicher Größe. Vom ein- bis vielblumigen Blütenstand sind die weißen, seltener grünlichen bis gelblichen Blüten zwischen 5 mm und 15 cm groß. Die Sepalen und Petalen sind fast gleich aussehend. Die ungeteilte Lippe umfaßt das kurze Säulchen und trägt fast immer eine sich nach vorn zu verjüngende Schwiele. Der sackartige bis lang fadenförmige Sporn ist meistens länger als die Lippe. Das kurze Säulchen ist vorn tief gespalten. Die Anthere enthält zwei wachsartige Pollinien. Etwa 200 botanisch interessante, epi- und lithophytisch oder terrestrisch wachsende Arten sind im tropischen und subtropischen Afrika sowie auf Madagaskar und den benachbarten Inseln verbreitet.
Die Wuchsorte liegen entsprechend der Art in schattenlosen Savannen, auf Gras- und

Angraecum distichum

Gebüschfluren, in laubabwerfenden Trocken- oder immergrünen Bergwäldern sowie im moos- und flechtenreichen Nebelwald. Die am häufigsten gepflegten Arten:

A. distichum Lindl. Seine überhängenden, bis 15 cm langen Stämmchen wachsen gebüschelt, seine dicht stehenden fleischigen Laubblätter sind weniger als 1 cm lang. Aus mehreren Blattachseln zugleich erblühen 5 bis 10 mm große, weiße Blüten, deren nicht ausgeprägt dreilappige Lippe aufwärts gerichtet ist. Blütezeit Oktober bis April. Heimat tropisches Afrika.

A. eburneum Bory (*A. superbum* Thou.). Über 1 m hoch wird der kräftige, aufrechtstehende Stamm mit zahlreichen riemenförmigen, steifen, lederartigen, bis 50 cm langen Laubblättern. Länger als diese wird der vielblumige, schräg aufrechtstehende Blütenstand mit 4 bis 6 cm breiten Blüten. Die zungenförmigen Sepalen und Petalen sind gelblichgrün bis grün. Die breit-ei- bis herzförmige, lang zugespitzte Lippe ist elfenbeinweiß. Der 6 bis 7 cm lange Sporn verschmälert sich der Spitze zu. Mehrere Varietäten sind von dieser epi-, lithophytisch oder terrestrisch wachsenden Art bekannt. Blütezeit Oktober bis März. Heimat Madagaskar, Maskarenen, Komoren sowie das benachbarte afrikanische Festland.

A. infundibulare Lindl. Bis über 1 m hoch wird der nur gestützt aufrechtwachsende und am Wuchsort überhängende schlanke Stamm, dessen untere Hälfte mit Blattscheiden der wegen ihres Alters abgefallenen Spreiten bedeckt ist. Bis 20 cm lang werden die länglichen Laubblätter, aus deren Achseln der einblumige Blütenstand mit seiner 5 bis 6 cm breiten Blüte sich entwickelt. Zugespitzt sind die schmalen grünlichgelben Sepalen und Petalen, und weiß die kurz zugespitzte, innen grüngefleckte Lippe. Der weiße Sporn wird 10 bis 15 cm lang. Blütezeit Dezember bis Juli. Heimat tropisches Westafrika.

A. sesquipedale Thou. Sein kräftiger Stamm erreicht eine Höhe von fast 70 cm, seine bis 30 cm langen, riemenförmigen, bläulichgrünen Laubblätter sind mit einer Wachsschicht überhaucht. Der meistens waagrecht stehende, bis vielblumige Blütenstand hat stern- und wachsartige, 10 bis 18 cm breite elfenbeinweiße Blüten mit fadenförmigem, 15 bis 35 cm langem Sporn. Blütezeit Dezember bis Mai. Heimat Madagaskar.

Entsprechend der Wuchsform sind *Angraecum* in stehende oder aufzuhängende Körbchen einzusetzen oder auf Korkbrettchen aufzubinden. Es benötigt in der Vegetationsperiode ein warmes, luftfeuchtes, frischluftreiches Gewächshaus mit Temperaturen tagsüber zwischen 25 bis 28°, nachts um 21°. Im Habitus größere Arten sind schütterer, die kleiner bleibenden Arten sind stärker zu beschatten. Der Wurzelballen soll, ohne stagnierende Nässe, gleichbleibend feucht sein. Gut eingewurzelte Pflanzen sind während der Vegetationsperiode zu düngen und an sonnig-heißen Tagen leicht zu überspritzen. Im Winterhalbjahr stehen alle *Angraecum* hell, luftfeucht. Der Wurzelballen soll vor jedem Angießen etwas übertrocknet sein. Die Heizwärme beträgt tagsüber 20 bis 22°, nachts 17 bis 18°.

Wenn erforderlich, wird alle 3 bis 5 Jahre vor Vegetationsbeginn umgepflanzt, wofür wir ein an Kuhfladengeriebsel oder an Hornspänen reiches Pflanzmaterial für Epiphyten verwenden. Für größere *Angraecum*-Arten mischt man diesem Pflanzmaterial Silvabark, Orchid-Chips oder Styromull bei. Alle sparrig abstehenden Wurzeln bleiben beim Umpflanzen weiterhin außerhalb des Pflanzgefäßes. Sie brechen leicht beim Versuch, sie im Pflanzgefäß unterzubringen. Gebrochene Wurzeln beeinträchtigen die Weiterentwicklung der Pflanze und sterben meist früher oder später ab. Neben den oben behandelten gibt es noch zahlreiche andere, ebenfalls empfehlenswerte Arten.

Anguloa Ruiz et Pav.
(Don Francisco de Ángulo, zweite Hälfte des 18. Jahrhunderts, Generaldirektor des Bergwesens in Peru und Amateurbotaniker)

Große, dicht beisammen stehende Pseudobulben tragen mehrere längsgefaltete Laubblätter und an der Basis entsprechend mehrere einblumige Blütenstände. Die sich nicht ganz öffnende große, stark duftende Blüte ist fleischig. Von den sich sehr ähnlichen Sepalen und Petalen bilden die seitlichen Sepalen mit dem Säulenfuß ein Kinn. Von der dreilappigen, eine der Länge nach gestreckte Schwiele tragenden Lippe sind die abgerundeten Seitenlappen größer als der Mittellappen. Das aufrechte Säulchen verfügt über einen kräftigen Säulenfuß, mit dem die Lippe gelenkig verbunden ist. Bekannt sind etwa 10 epiphytisch oder terrestrisch wachsende Arten, die im nördlichen Südamerika verbreitet sind.

A. clowesii Lindl. Die gestreckt birnenförmigen Pseudobulben werden bis 15 cm, die längsgefalteten Laubblätter 30 bis 50 cm hoch, der einblumige Blütenstand bis 30 cm lang. Von der großen, 6 bis 7 cm hohen, von oben gesehen annähernd ovalen Blüte sind die Sepalen und Petalen zitronengelb und die Lippe grünlich bis grünlichgelb. Blütezeit Mai bis August. Heimat Venezuela, Kolumbien.

A. uniflora Ruiz et Pav. gleicht im Habitus einer kleineren *A. clowesii*. Die Sepalen und Petalen der weißen Blüte sind innen rot punktiert, die Lippe ist rückseitig mit bräunlicher Zeichnung versehen. Blütezeit Mai bis August. Heimat Venezuela, Kolumbien, Peru.

Hybriden. Aus der Bastardierung von *Anguloa* und *Lycaste* entstand × **Angulocaste**, eine Hybride mit auffallend großen wachsartigen Blüten von langer Haltbarkeit. Sie ist nicht nur blühwillig im Spätsommer und Herbst, sondern auch unschwer im kühlen Gewächshaus zu pflegen.

Anguloa läßt sich erfolgreich mit *Lycaste* und *Rossioglossum* zusammen im beschatteten, kühlen, frischluftreichen, luftfeuchten Gewächshaus pflegen. Während des Sproßaustriebes wird bis nach der Entwicklung von Wurzeln am neuen Sproß wie während der winterlichen Ruheperiode wenig gegossen. Danach erhält *Anguloa*, auch × *Angulocaste*, reichliche Wassergaben und entsprechende Düngung. Die Blüten entwickeln sich im Anschluß an die fertig ausgebildete Pseudobulbe. In den Wintermonaten steht sie bei mäßig gegebenen Wassergaben hell, luftfeucht und kühl. Eine Heizwärme von tagsüber um 17 bis 18° und nachts um 13 bis 14° ist ausreichend. Bei zwei- bis dreijährigem Umpflanzen wird wegen des großen Nahrungsbedarfes dem üblichen Pflanzmaterial für Orchideen mit Pseudobulben mehr Kuhfladengeriebsel oder Hornspäne als üblich dazugegeben.

Ansellia Lindl.
(John Ansell, gestorben 1847, englischer Gärtner und Afrikaforscher, sammelte als erster diese Orchidee auf Fernando Póo)

Gebüschelt wachsende, aufrechtstehende Pseudobulben sind in ihrer oberen Hälfte beblättert und entwickeln einen endständigen einfachen oder verzweigten Blütenstand. Die Sepalen und Petalen der mittelgroßen Blüte sind fast gleich, jedoch bilden die seitlichen Sepalen mit dem Säulenfuß ein Kinn. Die ungespornte Lippe ist dreilappig, ihr Vorderlappen trägt zwei oder drei Kiele. Das halbkreisförmige Säulchen ist an der Basis geöhrt. Die Anthere birgt zwei zweispaltige Pollinien. Mehrere epiphytisch, seltener terrestrisch wachsende Arten sind im tropischen und südlichen Afrika verbreitet.

A. africana Lindl. Die spindelförmigen, bis 80 cm hohen Pseudobulben tragen mehrere bis 40 cm lange lanzettliche, gefaltete und zugespitzte Laubblätter. Der 40 bis 70 cm lange, locker- und reichblumige Blütenstand ist gipfelständig. Die 4 bis 6 cm breite gelblichgrüne Blüte ist schokoladenbraun gefleckt. Der Mittellappen der ausgebreiteten Lippe ist im Mittelteil breiter als die Seitenlappen. Blütezeit Januar bis Juli. Heimat tropisches Afrika.

A. gigantea Rchb. f. gleicht im Habitus bis auf die kleineren Blüten *A. africana*. Bei der rein gelben oder kastanienbraun gefleckten gelben Blüte ist der Mittellappen der Lippe im Mittelteil schmäler als die Seitenlappen. Blütezeit Januar bis Juli. Heimat tropisches und südliches Afrika.

Ansellia erhalten in den Wintermonaten bis zur Ausbildung von Wurzeln am neu ausgetriebenen Sproß bescheidene Wassergaben. In der danach folgenden Entwicklungsperiode sind diese Wassergaben reichlicher zu geben, wobei entsprechende Düngung nicht verabsäumt wird. Der gün-

Anguloa clowesii

Ascocentrum curvifolium

stigste Standort ist ein leicht beschattetes, luftfeuchtes, frischluftreiches Gewächshaus mit Temperaturen zwischen 22 und 26°. Vom Hochsommer an werden Schatten und Wassergaben reduziert. Bei übertrocknetem Wurzelballen überwintert *Ansellia* im hellen luftfeuchten Gewächshaus bei einer Heizwärme tagsüber zwischen 18 bis 20°, nachts zwischen 14 bis 16°. Umgepflanzt wird nur dann, wenn es notwendig ist; geteilte und umgepflanzte *Ansellia* sind nämlich häufig während mehrerer Jahre blühfaul. Verwendet werden ein Pflanzmaterial für Epiphyten mit reichlicherer Zugabe von Kuhfladengeriebsel oder Hornspänen sowie ein nicht zu kleines Pflanzgefäß. Bei guter und gesunder Entwicklung bilden sich zahlreiche aufwärtswachsende Luftwurzeln aus.

Arachnis Bl.
(griech. *arachne* = Spinne; möglicherweise nach dem spinnenartigen Aussehen der Blüte von der Typusart *Arachnis flos-aëris*)

Monopodial wachsende Orchideen mit längerem und schlankerem oder gedrungenerem und kräftigerem Stamm mit je nach Art sehr unterschiedlich langen, riemenförmigen Laubblättern. Der je nach Art kurz bleibende oder aber sehr lang werdende Blütenstand kann wenig- bis viel-

Arachnis lowii

blumig sein. An der Blüte sind die Sepalen und Petalen abstehend, die dreilappige Lippe gelenkig am Säulenfuß angewachsen. Die Seitenlappen stehen aufrecht, der fleischige Mittellappen trägt oberseits eine längsgerichtete Schwiele und unterseits einen stumpfen, fleischigen Höcker. Das stärkere Säulchen ist kurz. Etwa 7 terrestrisch oder epiphytisch wachsende Arten sind in Südostasien, Indonesien, Neuguinea und auf den Philippinen und Salomoninseln verbreitet.

A. lowii (Benth.) J. J. Sm. (*Arachnanthe lowii* Benth., *Vandopsis lowii* (Benth.) Schlechter, *Dimorphorchis lowii* (Benth.) Rolfe) hat einen gedrungen bleibenden Stamm und bis 70 cm lange Laubblätter. Der hängende, über meterlange Blütenstand trägt 5 bis 7 cm breite Blüten verschiedener Färbung. Die bis vier stammnahen Blüten sind orangegelb und bräunlichrot punktiert, die übrigen hell gelblichgrün und großflächig dunkel schokoladenfarben bis rötlichbraun gefleckt. Die kleine fleischige, konkave weißliche Lippe mit aufgestellter Spitze ist hellviolett überlaufen. Blütezeit April bis September. Heimat Borneo.

Im beschatteten, warmen Gewächshaus mit hoher Luftfeuchtigkeit und geregelter Frischluftzufuhr sowie bei ausreichenden Wassergaben und Düngung läßt sich *Arachnis* unschwer pflegen. Spitzenwerte der Tagestemperatur durch Sonneneinstrahlung von 26 bis 28° sind erwünscht, außerdem leichtes Bespritzen an sonnigheißen Tagen. Während der kühleren Jahreszeit wird *Arachnis* bei mäßig feuchtem Wurzelballen hell, luftfeucht und bei einer Heizwärme von tagsüber um 20 bis 22°, nachts um 17° gepflegt, am günstigsten zusammen mit *Vanda*, deren Pflege die gleiche ist.

Ascocentrum Schlechter
(griech. *ascos* = Sack, *kentron* = Sporn; ein Hinweis auf den sackartigen Sporn)

Monopodial wachsende, kleinbleibende, vanda-ähnliche Orchideen mit vielblumigem Blütenstand und dicht beisammenstehenden Blüten. Von der dreilappigen Lippe mit sackartigem bis länglich gestrecktem Sporn sind die kurzen, aufrechtstehenden Seitenlappen etwas mit dem Säulchen verwachsen, der Mittellappen zungenförmig vorgestreckt. Etwa 6 Arten wachsen epiphytisch in den Ländern zwischen Indien und den Philippinen sowie in Südostasien.
Die Wuchsorte befinden sich vorwiegend auf Bäumen lichter Wälder in niederen Höhenlagen tropischer und subtropischer Gebiete.

A.ampullaceum (Lindl.) Schlechter bildet kaum 30 cm hohe Stämmchen mit zweizeilig stehenden, 10 bis 15 cm langen, riemenförmigen Laubblättern aus, welche unterseits gekielt und oberseits rinnig sind. Aus der Blattachsel sproßt der aufrechtstehende, bis 10 cm lange dicht- und vielblumige Blütenstand mit 1 bis 2 cm breiten Blüten von rosaroter Färbung. Blütezeit März bis Juni. Heimat Burma, Thailand.

A.curvifolium (Lindl.) Schlechter, im Habitus der vorigen Art ähnlich, jedoch mit längeren Laubblättern und höherem Blütenstand. Die 2 bis 3 cm breite Blüte ist zinnoberrot. Blütezeit März bis Juni. Heimat Assam, Burma, Nepal, Thailand, Indochina.

A.miniatum (Lindl.) Schlechter, im Habitus *A.curvifolium* ähnlich, jedoch sind die Blüten kleiner und ihre Farbe variiert von goldgelb bis orangerot. Blütezeit März bis Juni. Heimat Thailand, Malaga, Java.

Hybriden: × **Ascocenda** *(Ascocentrum × Vanda)* ist in Habitus und Blüte kleiner als *Vanda*. Sie ist blühwillig mit lange haltbaren Blüten in den Farben zwischen Rot und Violett sowie in orangegelber Färbung. Sie wird in Blumentopf oder Körbchen eingesetzt und ist wie *Vanda* unschwer zu pflegen.

Ascocentrum ist mit nicht zuviel Pflanzmaterial auf Korkbrettchen aufzubinden und wie kleine *Vanda* zu pflegen. Im Sommerhalbjahr bei gleichbleibend feuchtem Wurzelballen halbschattig und luftfeucht im warmen Gewächshaus. In den Wintermonaten bei etwas übertrocknetem Wurzelballen hell und luftfeucht, bei einer Heizwärme um 20° tagsüber und um 17° nachts.

Auliza Salisb.
(griech. *aulizomai* = im Freien bzw. auswärts wohnen)

Verschiedene von *Epidendrum* abgetrennte Arten vereinten Botaniker zu der selbständigen Gattung *Auliza*. Sie läßt sich von *Epidendrum* durch Pseudobulben mit gipfelständigen Laubblättern und endständigem Blütenstand unterscheiden. Das Charakteristikum im Bereich der Blüte ist die mit dem Säulchen verwachsene Lippe. Etwa 60 epi- und lithophytisch wachsende Arten sind in Mittelamerika, auf den Westindischen Inseln und in den Ländern östlich der südamerikanischen Anden verbreitet.
Die Standorte von *Auliza* entsprechen denen bei *Encyclia* besprochenen. Trotz Wüchsigkeit und jährlichem Blütenansatz zahlreicher Arten werden sie mangels bunter Blüten nur selten gepflegt.

A.ciliaris (L.) Salisb. (*Epidendrum ciliare* L.). Ihre spindelförmigen zweiblättrigen Pseudobulben werden bis 15 cm hoch und sind ebensolang wie die Laubblätter. Der mehrblumige Blütenstand trägt 4 bis 6 cm breite Blüten, von denen die schmalen Sepalen und Petalen gelblich- bis grünlichweiß sind, die dreigeteilte Lippe weiß. Der äußere Rand der Seitenlappen ist stark gefranst und der Mittellappen schmal und lang vorgestreckt. Blütezeit Januar bis März oder Juni bis September. Heimat Westindien, Mittel- und nördliches Südamerika.

A.clavata (Lindl.) Brieg. (*Epidendrum clavatum* Lindl.) gleicht in Habitus und Blüte *A.ciliaris*, jedoch sind die Spitzen der nicht gefransten Seitenlappen und jene des Mittellappens der Lippe stark abgerundet. Blütezeit Juni bis September. Heimat Costa Rica, Kolumbien, Venezuela.

A.oerstedii (Rchb.f.) Brieg. (*Epidendrum oerstedii* Rchb.f.) gleicht trotz gedrungenerer und stärkerer Pseudobulben *A.ciliaris*. Unterscheidet sich aber von dieser durch das Fehlen gefranster Seitenlappen. Blütezeit Juni bis September. Heimat Costa Rica.

A.parkinsoniana (Hook.) Brieg. (*Epidendrum parkinsonianum* Hook., *E.falcatum* Lindl.) entfaltet abwärts wachsende Sprosse sowie kurze, stielrunde Pseudobulben mit einem schmalen, fleischig-lederigen Laubblatt und einem endständigen Blütenstand mit ein oder zwei 5 bis 8 cm breiten Blüten. Die Sepalen und Petalen sind gelblichgrün. Von der dreilappigen weißen Lippe sind die Seitenlappen größer als der schmale lange Mittellappen. Blütezeit April bis August. Heimat Mexiko, Costa Rica.

A.stamfordiana (Batem.) Brieg. (*Epidendrum stamfordianum* Batem.) gleicht im Habitus einer sehr kräftigen *A.ciliaris*. Zu verschiedenen Jahreszeiten wird die mehrblättrige Pseudobulbe und der sympodial sprossende, laubblattlose, aufrechtstehende, vielblumige Blütenstand ausgebildet. Die Sepalen und Petalen der Blüte sind grünlichgelb und rötlichbraun gefleckt. Die Lippe mit weißen Seitenlappen hat einen grünlichgelben, rötlich gestreiften Mittellappen. Blütezeit Februar bis Juni. Heimat Mittel- und nördliches Südamerika.

Auliza sind problemlos im temperierten Gewächshaus zu pflegende Orchideen. Ausgenommen von der auf Korkbrettchen mit Pflanzstoff aufzubindenden *A.parkinsoniana* sind die übrigen Arten in gut drainierte Pflanzgefäße einzusetzen. Während der Sommermonate benötigen sie neben reichlicheren Wassergaben ein beschattetes, sonnendurchwärmtes, frischluftreiches, luftfeuchtes Gewächshaus. Nach der Blüte sind die Wassergaben zu reduzieren, die Beschattung zu verringern. In der kühlen Jahreszeit genügt bei bescheidenen Wassergaben ein heller luftfeuchter Stand im temperierten Gewächshaus bei einer Heizwärme von tagsüber nicht mehr als 18° und nachts um 13 bis 14°.

Barkeria Knowl. et Westc.
(George Barker, gestorben 1845, bedeutender englischer Orchideengärtner)

Vom nahverwandten *Epidendrum* unterscheidet sich *Barkeria* durch wenig- bis mehrblättrige spindelförmige Pseudobulben mit gipfelständigem, traubigem oder verzweigtem Blütenstand. Die Sepalen und Petalen der Blüte sind abstehend oder zurückgeschlagen. Die ungeteilte Lippe ist nicht oder bis zur Hälfte mit dem geflügelten Säulchen verwachsen. Die auf der Lippe vorhandenen Schwielen können je nach Art fehlen. Etwa 10 epi- und lithophytisch wachsende Arten mit Verbreitung in Mittelamerika.

Barkeria ist vorwiegend auf der pazifischen Seite der mittelamerikanischen Anden in Höhen zwischen 1500 und 3000 m verbreitet. Sie wachsen dort auf einzelstehenden Eichen oder auf Bäumen in lockeren Mischwäldern windreicher Berghänge.

B. lindleyana Batem. ex Lindl. (*Epidendrum lindleyanum* (Batem. ex Lindl.) Rchb. f.) entwickelt aus bis 15 cm langen spindelförmigen Pseudobulben einen gipfelständigen, bis 50 cm langen Blütenschaft mit endständiger wenig- bis vielblumiger Blütentraube. Bis 15 cm lang sind die eiförmig- bis länglich-lanzettlichen, derberen Laubblätter. Von der relativ großen rötlichpurpurnen Blüte trägt die über 2 cm lange, eiförmige Lippe zum weißen Mittelfleck eine dunkle rötlichpurpurfarbene Spitze. Blütezeit August bis Dezember. Heimat Mittelamerika.

B. skinneri (Batem. ex Lindl.) Paxt. (*Epidendrum skinneri* Batem. ex Lindl.) gleicht im Habitus *B. lindleyana*, doch sind die kleineren Blüten rosa- bis rotlila und ihre Lippe ist weniger als 2 cm lang. Blütezeit September bis Dezember. Heimat Guatemala.

B. spectabilis Batem. ex Lindl. (*Epidendrum spectabile* (Batem. ex Lindl.) Rchb. f.) ist im Habitus den vorigen Arten gleich. Die hellila Blüte bildet eine elliptisch-zugespitzte Lippe mit kleinen purpurroten Flecken aus. Blütezeit Juni bis Oktober. Heimat Mexiko, Guatemala, El Salvador.

Erfolgreich lassen sich *Barkeria* mit wenig Pflanzmaterial auf Korkbrettchen aufgebunden im temperierten Gewächshaus bei hellem und luftfeuchtem Stand pflegen. Sie benötigen während der Vegetationsperiode wenig Schatten, viel Frischluft, ausreichende Wassergaben und monatliche Düngung. Nach Ausbildung der Pseudobulbe und des Blütenstandes beginnt ab Spätsommer die Ruheperiode. In dieser wird bei teilweisem Laubfall und ohne daß der Wurzelballen austrocknet seltener gegossen. Eine Heizwärme von etwa 15° ist ausreichend. Mit Winterausgang und Sproßaustrieb sind höhere Heizwärme, tagsüber um 20°, nachts um 18°, sowie sukzessiv reichlichere Wassergaben erforderlich.

Bifrenaria Lindl.
(lat. *bi* = doppelt, *frenum* = Zügel, Zaum; nach dem bandartigen Gewebestück (Stipes), an dessen Enden der Klebkörper (Viscidium) und die Pollinien angeheftet sind)

Dichtstehende eiförmige bis kantige Pseudobulben tragen ein oder zwei gestielte, mehrjährige, lederartige Laubblätter und treiben einen wenig- bis vielblumigen Blütenstand. Bei der je nach Art unterschiedlich großen Blüte sind die seitlichen Sepalen mit dem Säulchenfuß verwachsen und bilden ein Kinn. Die kleineren Petalen sind den Sepalen ähnlich. Die dreilappige, gelenkig mit dem Säulchenfuß verbundene Lippe trägt eine längliche, behaarte Schwiele. Das fleischige Säulchen ist am oberen Ende geöhrt. Bekannt sind etwa 30 terrestrisch, litho- und epiphytisch wachsende Arten, welche von Panama bis Brasilien verbreitet sind.

B. harrisoniae (Hook.) Rchb. f. Die bis 10 cm hohen Pseudobulben tragen ein breites, zugespitztes, lederartiges, bis 30 cm langes Laubblatt. Der Blütenstand sproßt an der Basis der überwinterten Pseudobulbe und entfaltet bis drei 5 bis 7 cm breite, fleischige, elfenbeinweiße Blüten. Von diesen sind die Sepalen häufig rötlich überlaufen, die dreilappige, gewellte, oberseits behaarte Lippe ist innen gelblich und dunkelpurpur geadert sowie der Basis zu mit gelblicher Schwiele versehen. Blütezeit März bis Mai. Heimat Brasilien.

Die vorgestellte Art benötigt im temperiert-warmen Gewächshaus im Frühjahr und Sommer einen beschatteten, luftfeuchten und frischluftreichen Stand sowie während der Sproßentwicklung sukzessiv reichlicher werdende Wasser- und monatliche Düngergaben. Die Spitzentemperatur an sommerlich heißen Tagen kann 24 bis 27° erreichen. Nach dem Hochsommer sind die Wassergaben zu reduzieren, nicht aber die hohe Luftfeuchtigkeit und die Frischluftzufuhr. Bei hellem Stand in den Herbst- und Winterwochen soll der Wurzelballen mäßig feucht bis übertrocknet sein. Die Heizwärme beträgt dann tagsüber um 18°, nachts um 15 bis 16°.

Bletia Ruiz et Pav.
(Don Luis Blet, 18. Jahrhundert, spanischer Apotheker, Besitzer eines Botanischen Gartens in Algeciras)

Kettenartig hängen die sich sympodial verzweigenden Rhizomknollen zusammen. Seitlich der gestielten, längsgefalteten Laubblätter sproßt aus der überwinterten Rhizomknolle der wenig- bis vielblumige Blütenstand. Die Sepalen und Petalen sind sich sehr ähnlich, die dreilappige Lippe sitzt am Säulenfuß auf. Die Seitenlappen sind aufrechtstehend, der Mittellappen kann vorgestreckt oder zurückgebogen, gekräuselt oder ausgerandet und von Längsleisten oder Kämmen besetzt sein. Das gekrümmte Säulchen ist geöhrt. Etwa 25 nicht immer gut zu unterscheidende Arten wachsen terrestrisch in den Tropen von Amerika.

B. campanulata Llave et Lex. Im Erdreich sind 2 bis 5 cm große Rhizomknollen verborgen. Die Laubblätter werden 40 bis 80 cm lang, der wenigblumige Blütenstand höher. Von der 4 bis 5 cm breiten, dunkel rosalila Blüte trägt der vorn breite Vorderlappen der dunkleren Lippe spitz zusammenfließende gelbe Lamellen. Blütezeit Mai bis August. Heimat Mittelamerika.

B. purpurea (Lam.) DC. gleicht im Habitus der vorigen Art, hat jedoch breitere Laubblätter und kleinere hell- bis dunkel rosalila Blüten. Der Vorderlappen der Lippe ist herzförmig und trägt mehrere gerade verlaufende gelbe Lamellen. Blütezeit März bis August. Heimat Mittelamerika.

Die Rhizomknollen sind in eine mit Kuhfladengeriebsel oder Hornspänen angereicherte Erdmischung aus gedüngtem Torf (TKS) und Sand oder aus alter Rasenerde mit Torf und Sand einzupflanzen. Die Laub- und Blütensprosse wachsen während der Vegetationsperiode im temperierten, durch Sonneneinstrahlung erwärmten Gewächshaus rasch heran. Während und nach der Laubentwicklung sind reichliche Wasser- und Düngergaben zur Ausbildung der neuen Rhizomknolle erforderlich. Im Winterhalbjahr ist das Gießwasser stark zu

Barkeria skinneri

Bifrenaria harrisoniae

reduzieren. Eine Heizwärme von 15 bis 16° ist ausreichend. Fast alle Laubblätter vergilben dann.

Bletilla Rchb.f.
(der Name verweist auf die Ähnlichkeit mit der Gattung *Bletia*)

Sympodial verzweigen sich die kettenartig zusammenhängenden Rhizomknollen. Nach Sproßaustrieb im Frühjahr, vor vollständiger Ausbildung der gefalteten nervigen Laubblätter, entwickelt sich aus deren Mitte endständig der mehrblumige Blütenstand. An der Blüte sind die seitlichen Sepalen sichelförmig gebogen. Die Seitenlappen der dreiteiligen Lippe umschließen lose das beiderseits schmal geflügelte Säulchen, und ihr vorgestreckter Mittellappen trägt gekräuselte Lamellen. Etwa 7 Arten wachsen auf locker bewaldeten Grasfluren in China und Japan.

B.striata (Thunb.) Rchb.f. (*Bletia striata* (Thunb.) Druce, *B.hyacinthina* (Sm.) R.Br.) hat bis 45 cm lange Laubblätter und einen bis 60 cm hohen Blütenstand. Die 3 bis 5 cm breite Blüte ist rötlichlila, die Spitzen der Lippe sind dunkler und am Mittellappen sitzen mehrere längsverlaufende gekräuselte Lamellen. Blütezeit April bis Juni. Heimat China, Japan.

Ballentrocken überwinterte *Bletilla* bringen im hellen, kühlen Gewächshaus (um 10°), im März bis April ihre Sproßaustriebe und entfalten bei sehr geringen Wassergaben im April bis Juni ihre Blüten. Nach Abhärtung wird *Bletilla* ab Mitte Mai an einem sonnigen Standort im Garten mit ihrem Blumentopf ins Erdreich eingesenkt. Während des Sommers sind reichliche Wassergaben und Düngung zur Ausbildung der neuen, unterirdisch heranwachsenden, im kommenden Frühjahr blühfähigen Rhizomknolle erforderlich. Ist keine Pflege im Garten möglich, wird diese im luftigen, kühlen Gewächshaus vorgenommen. Mit Vergilben der Laubblätter im September-Oktober beginnt die trockene Überwinterung bei etwa 5° Wärme. Wird eine Teilung vorgenommen, werden mehrere zusammenhängende Rhizomknollen in einen nicht zu kleinen, gut drainierten Blumentopf etwa 3 bis 4 cm tief in ein Erdgemisch aus alter Rasenerde, Sand und Torf mit Hornspänen als Zugabe eingesetzt.

Brassavola R.Br.
(Antonio Musa Brassavola, 1500 bis 1555, italienischer Arzt und Botaniker, Professor in Ferrara)

Brassavola unterscheidet sich von *Laelia* und *Rhyncholaelia* durch stielrunde Sprosse und zylindrische Laubblätter. Die Merkmale der Blüte stimmen mit denen der genannten Gattungen überein, ausgenommen das geflügelte Säulchen. Die Sepalen und Petalen sind schmal und lang, die Lippe umfaßt an der Basis das Säulchen. Der an der Spitze verlängerte Fruchtknoten wächst zu einer schnabelartigen Samenkapsel aus. Etwa 15 epi- und lithophytisch wachsende Arten sind in tropischen Gebieten zwischen Mexiko und Brasilien verbreitet.

Nach ökologischen Angaben sind *Brassavola* an mit und ohne Flechten bewachsenen Bäumen und vermoosten Felsen trockener Küstengebiete anzutreffen, ebenso auf Bäumen an Rändern tropischer Regen- und lichter Bergwälder bis in Höhen um 1800 m.

B. cucullata (L.) R. Br. (*Epidendrum cucullatum* L.). Gebüschelt beisammen stehende bis 20 cm lange Pseudobulben tragen ein bis 30 cm langes stielrundes Laubblatt. Aus seiner Achsel sproßt der ein- bis mehrblumige Blütenstand mit bis 15 cm breiten Blüten. Die schmäleren weißlichen Sepalen und Petalen sind grünlich überlaufen. Die weiße Lippe mit lang ausgezogener Spitze und gefranstem Rand ist an ihrer Basishälfte röhrenartig. Blütezeit Juli bis November. Heimat von Mexiko südwärts bis zum nördlichen Südamerika.

B. nodosa (L.) Lindl. (*Epidendrum nodosum* L.) ist im Habitus und in der Größe der Blüte bedeutend kleiner als *B. cucullata*. Die Sepalen und Petalen sind grünlich, die Basis der herzförmigen weißen Lippe ist rötlichbraun punktiert. Blütezeit September bis Dezember. Heimat Mittel- und nördliches Südamerika.

B. tuberculata Hook. (*B. fragrans* Lem., *B. perrinii* Lindl.) gleicht im Habitus *B. nodosa*. Die rundlichen, gestreckten oder gebogenen Blätter sind oberseits rinnig, der Blütenstand ein- oder zweiblumig. Von der 4 bis 7 cm breiten Blüte sind die Sepalen und Petalen gelb- bis grünlich, die Lippe in ihrer Basismitte gelblichgrün gefleckt. Blütezeit April bis August. Heimat Brasilien, Bolivien.

Brassavola nodosa

Brassia longissima

Die häufiger gepflegten *Brassavola*-Arten sind wegen ihres hängenden Wuchses mit nicht zuviel Pflanzmaterial auf Korkbrettchen aufzubinden. Gedeihen im Sommerhalbjahr gut im beschatteten, frischluftreichen, luftfeuchten, temperiert-warmen Gewächshaus, wenn ausreichende Wasser- und mehrere Düngergaben geboten werden. An sonnig-heißen Tagen sind sie leicht zu überspritzen, die Temperatur kann auf 26 bis 28° ansteigen. Ab Spätsommer wird das Ausmaß des Gießwassers etwas reduziert und ist im Winterhalbjahr nicht zu gering zu bemessen. Bei trockenem Wurzelballen schrumpfen Pseudobulben und Laubblätter. Heizwärme von tagsüber um 18°, nachts um 15° ist ausreichend.

Brassia R. Br.
(William Brass, gestorben 1783. Englischer botanischer Illustrator, der von 1782 bis 1783 für Sir Joseph Banks Pflanzen in Guinea und Südafrika sammelte)

Eiförmige, seitlich abgeflachte Pseudobulben tragen mehrjährige Laubblätter und entwickeln am jungen Sproßaustrieb einen aufrechtstehenden oder überhängenden Blütenstand. An der Blüte sind die längeren Sepalen und die kürzeren Petalen schmal und langgestreckt. An der Basis der abstehenden, geigenförmigen Lippe sind zwei Kiele (Leisten) und zahlreiche Warzen oder Schwielen vorhanden. Das kurze Säulchen ist öhrchenlos. Etwa 40 epiphytisch wachsende Arten sind im tropischen Amerika verbreitet.

B. gireoudeana Rchb. f. et Warsc. (*Oncidium gireoudeanum* Rchb. f.). Kurze kriechende Rhizome tragen mehrere 5 bis 10 cm hohe Pseudobulben. Ihre zwei riemenförmigen Laubblätter sind 15 bis 30 cm lang, der achselbürtige, blumenreiche Blütenstand ist um vieles länger. Der Höhe nach sind die zweizeilig angeordneten Blüten 20 bis 25 cm lang. Die schmalen, lang zugespitzten Sepalen und Petalen sind gelblichgrün, an der Basis rötlichbraun gefleckt. Die lang zugespitzte gelblichgrüne Lippe ist vereinzelt rötlichbraun gepunktet. Blütezeit Juni bis September. Heimat Costa Rica.

B. lawrenceana Lindl. (*Oncidium lawrenceanum* (Lindl.) Rchb. f.), ist im Habitus *B. gireoudeana* sehr ähnlich. Die Höhe der Blüte des bogig wegstehenden, mehrblumigen, bis 30 cm langen Blütenstandes variiert zwischen 10 bis 15 cm. Die schmalen, zugespitzten, gekrümmten gelblichgrünen Sepalen und Petalen sind in der Nähe der Basis braun gefleckt. Die hellere gelblichgrüne herzförmige Lippe mit lang ausgezogener Spitze hat an der Basis einen zweiteiligen behaarten Kallus. Blütezeit Juli bis November. Heimat Brasilien, Guayana, Surinam, Venezuela.

B. longissima (Rchb.f.) Nash (*B. lawrenceana* Lindl. var. *longissima* Rchb.f., *B. longissima* (Rchb.f.) Schlechter) entwickelt aus kräftigen Rhizomen 5 bis 10 cm hohe Pseudobulben mit einem 15 bis 30 cm langen Laubblatt. Der achselbürtige, bis 50 cm lange Blütenstand ist lockerblumig. Die Höhe der Blüte variiert zwischen 20 und 35 cm. Die fadenförmigen, bis 20 cm langen Sepalen und die halb so langen sichelförmig gebogenen Petalen sind gelborange und an der Basis braun gefleckt. Die lang zugespitzte cremefarbene Lippe ist an der Basis purpurbraun gefleckt und mit zwei flaumigen Schwielen versehen. Blütezeit April bis Juni. Heimat Costa Rica, Panama, Peru.

B. verrucosa Lindl. (*B. brachiata* Lindl.). Ihre zweiblättrigen Pseudobulben werden 5 bis 10 cm hoch, die lanzettlichen, vorn zugespitzten Laubblätter 15 bis 25 cm und der grundständige, lockerblumige Blütenstand bis 60 cm lang. Von der etwa 20 cm hohen Blüte sind die grünen Sepalen und Petalen an der Basis dunkelbraun gefleckt. Die geigenförmige, vorn zugespitzte weiße Lippe bildet an ihrer basisnahen Hälfte grüne Warzen und zwei gelbe Schwielen aus. Blütezeit April bis Juli. Heimat Mittel- und nördliches Südamerika.

Hybriden. Vor etwa 50 Jahren wurden die ersten *Brassia*-Arten untereinander oder mit anderen Gattungen gekreuzt. Vom nicht gut keimenden Samen wuchsen Hybriden mit schöngefärbten Blüten heran, insbesondere bei × **Miltassia**, dem Produkt der Kreuzung zwischen *Brassia* und *Miltonia*. × *Miltassia* ist eine wüchsige, leichtblühende Hybride mit größeren sternartigen Blüten von heller Grundfarbe mit kontrastreicher Fleckung. *Brassia* vererbte ihre gute Wüchsigkeit und ihre große Toleranzbreite bezüglich des Anspruches auf Wärme. Dazu dominierend die Blütengröße und die ausgebreiteten Blütenblätter.

Brassia und ihre Hybriden benötigen über die Sommermonate einen hellen, luftfeuchten, frischluftreichen und beschatteten Standort im temperierten Gewächshaus sowie den sommerlichen Temperaturen angepaßte Gießwassermengen. Günstig für die Größe von Sproß und Blüten sind die während dieser Periode gegebenen Düngungen. Im Spätsommer erreicht die Pseudobulbe ihre volle Größe, womit die bis zum Frühjahr dauernde Ruheperiode bei hellem Stand und größerer Luftfeuchtigkeit sowie mit geringeren Wassergaben beginnt. In den Wintermonaten soll die Heizwärme tagsüber 18° nicht übersteigen, nachts nicht unter 14° fallen. *Brassia* wächst als vielsprossige Pflanze besser als in Einzelpflanzen aufgeteilt.

Broughtonia R. Br.
(Arthur Broughton, gestorben 1796. Englischer, von 1783 an in Jamaika lebender Arzt, Botaniker und Pflanzenillustrator)

Gebüschelt stehen die kleineren, kugeligen bis zylindrischen, seitlich abgeflachten Pseudobulben beisammen, welche gipfelständig ein oder zwei schmälere derbe Laubblätter sowie terminal den wenig- bis vielblumigen Blütenstand an langem geschmeidigem Schaft tragen. Die Sepalen und Petalen der Blüte sind sich sehr ähnlich, jedoch ist die Basis der Sepalen röhrig mit dem Fruchtknoten verwachsen. Auch die Basis der rundlichen, ausgebreiteten Lippe umschließt röhrenartig das Säulchen. Drei epiphytisch wachsende Arten sind auf Jamaika, Haiti und Kuba verbreitet.

B. dominguensis (Lindl.) Rolfe (*Cattleya dominguensis* Lindl.) bildet bis 4 cm hohe Pseudobulben, lederige, bis 20 cm lange Laubblätter und einen bis 50 cm langen Blütenschaft aus. Die 3 bis 5 cm breite Blüte ist hell bis dunkel rosalila, die Lippe dunkler geädert mit weißlichem Schlund. Blütezeit April bis Juli. Heimat Haiti.

B. sanguinea (Sw.) R. Br. (*Epidendrum sanguineum* Sw.) gleicht im Habitus *B. dominguensis*, jedoch sind die karminroten Blüten etwas kleiner. Die Lippe ist an der Basis orangegelb gefleckt. Blütezeit Mai bis August. Heimat Jamaika, Kuba.

Broughtonia werden mit wenig Pflanzenmaterial auf Korkbrettchen aufgebunden oder in kleinere, gut drainierte, aufzuhängende Pflanzgefäße eingesetzt. Sie benötigen über Sommer einen wenig beschatteten, frischluftreichen, luftfeuchten Standort im temperiert-warmen Gewächshaus. Auch sind während der Vegetationsperiode reichliche Wassergaben und Düngung erforderlich. Zur winterlichen Ruhezeit sind bei hellem luftfeuchtem Stand geringe Wassergaben angebracht. Der Wurzelballen kann leicht übertrocknen. Diese mäßige Ballentrockenheit darf keineswegs zum Schrumpfen der Pseudobulben und Blätter führen. Eine Heizwärme von tagsüber um 18 bis 20°, nachts um 15 bis 17° ist ausreichend.

Bulbophyllum Thou.
(griech. *bolbos* = Knolle, *phyllon* = Blatt; ein Hinweis auf die beblätterte Pseudobulbe)

Epiphyten von unterschiedlichster Wuchsform. Sie bilden verschieden lange kriechende oder hängende Rhizome mit in der Größe sehr abweichenden Pseudobulben sowie ein oder zwei dünnere bis lederige Laubblätter aus. Der seitliche, an der Basis der Pseudobulbe entspringende ein- bis vielblumige Blütenstand ohne oder mit blattartig verbreiteter Sproßachse (Rhachis) entfaltet vielgestaltige Blüten, je nach Art in Größen von wenigen Millimetern bis 10 Zentimeter. Die Sepalen sind untereinander durchwegs verschieden, die seitlichen mit dem Säulenfuß verwachsen und ein Kinn bildend. Die Petalen und die ungeteilte bis dreilappige Lippe sind bedeutend kleiner als die Sepalen. Die Spitze des kurzen Säulchens ist mit grannenartigen Zähnen oder mit Flügeln besetzt. Etwa 1000 botanisch interessante Arten sind sowohl in Südostasien als auch in Afrika, Australien und im tropischen Amerika beheimatet.

Die bevorzugten Standorte sind die Nebelwälder höherliegender Gebiete zwischen 1500 und 2500 m. Zahlreiche andere Arten sind in immergrünen Regen- oder Monsunwäldern verbreitet. Die nachfolgend beschriebenen Arten sind Beispiele für die Verschiedenheit innerhalb der Gattung *Bulbophyllum*.

B. careyanum (Hook.) Spreng. Durch längere Rhizome sind die etwa 5 cm hohen eiförmigen, ein 10 bis 20 cm langes Laubblatt tragenden Pseudobulben auseinandergerückt. Der etwas überhängende, 10 bis 15 cm lange Blütenstand hat seine zahlreichen 6 bis 8 mm großen, schiffchenartigen, kupferbraunen, dunkler gesprenkelten Blüten walzenartig um seine Spindel angeordnet. Blütezeit März bis Juni. Heimat Himalajagebiet von Nepal bis Burma.

B. falcatum Rchb.f. Birnenförmige, etwas kantige, bis 5 cm hohe Pseudobulben tragen zwei 4 bis 8 cm lange Laubblätter. Der fast rechtwinkelig gebogene, langgestielte, 10 bis 20 cm lange Blütenstand mit blattartig verbreiteter Rhachis verjüngt sich der Spitze zu. An dieser stehen locker und zweizeilig angeordnet 7 bis 8 mm hohe gelbliche, rotbraun gefleckte Blüten mit langgestrecktem, aufrechtstehendem, zungenförmigem mittlerem Sepalum. Blütezeit Mai bis September. Heimat tropisches Afrika.

B. macrobulbon J.J. Sm. bildet rundliche, bis 6 cm breite Pseudobulben mit einem bis 50 cm langen Laubblatt aus. Am relativ kurzen, wenigblumigen Blütenstand werden die silbriggrauen, reichlich rotbraun gefleckten Blüten mit aasähnlichem Duft 4 bis 6 cm hoch. Blütezeit Mai bis August. Heimat Neuguinea.

Entsprechend der epiphytischen Lebensweise sind *Bulbophyllum* auf an die Größe des Habitus angepaßte Korkbrettchen aufzubinden oder in schräg aufzuhängende Körbchen einzupflanzen. Sie benötigen während der Vegetationsperiode einen hellen, leicht beschatteten, luftfeuchten, frischluftreichen Stand im temperierten Gewächshaus. In diesen Monaten ist die von der Sonne eingestrahlte Wärme ausreichend. Die Gießwassergaben sind reichlich, vom Überspritzen der Pflanze und Düngung wird nicht abgeraten. In den Wintermonaten soll der Standort hell und luftfeucht sein. Die Wassergaben sind der Jahreszeit entsprechend gering. Die Heizwärme beträgt je nach Heimatgebiet der Art tagsüber zwischen 15 und 20°, nachts zwischen 12 und 16°.

Calanthe R. Br.
(griech. *kalos* = schön, *anthe* = Blüte; ein Hinweis auf die Schönheit der Blüte)

Orchideen mit laubabwerfenden Pseudobulben oder mit mehrjährig beblätterten schlanken Stämmchen. Diese sind bei einigen Arten mit kurzen bewurzelten Rhizomstücken verbunden. Der achsel-, gipfel- oder seitenständige, langgestielte Blütenstand kann wenig- bis vielblumig sein. Die dreilappige, sporntragende Lippe ist mit den Rändern des Säulchens verwachsen. Bei vielen Arten ist der Mittellappen der Lippe gabelig geteilt. Etwa 150 epiphytisch oder terrestrisch wachsende Arten sind vorwiegend in Asien, manche in Afrika und Mittelamerika verbreitet.

Nach Standortbeschreibungen sind die heimischen Wuchsorte halbschattige bis schattige Plätze auf humusbedeckten bis moorigen Böden oder moosbewachsene Felswände in niederen Gebirgsgegenden.

C. triplicata (Willem.) Ames (*C. veratrifolia* (Willd.) R.Br.) wird bei kräftiger Stammbildung und ebensolchem Blütenstand nahezu 1 m hoch. Ihre mehreren langgestielten, lanzettlichen, gefalteten, über Winter erhalten bleibenden Laubblätter erreichen eine Länge bis 60 cm. Der vielblumige Blütenstand bildet 4 bis 5 cm breite weiße Blüten mit vierlappiger Lippe aus. Diese tragen gelbe Schwielen und einen bis 2,5 cm langen fadenförmigen Sporn. Blütezeit April bis August. Heimat von Südindien und Japan südwärts bis Australien.

C. vestita Lindl. entwickelt kegelförmige, etwas kantige, in den Wintermonaten blattlose, bis 15 cm hohe Pseudobulben. Nach Vergilben der 30 bis 50 cm langen Laubblätter sproßt an der Basis der Pseudobulbe der bis 60 cm lange Blütenstand mit mehr oder weniger vielen 3 bis 5 cm breiten Blüten. Diese sind weiß mit gelborangem Fleck an der Basis der gespornten Lippe. **C. vestita** var. **regnieri** (Rchb.f.) Veitch hat hellrosa Blüten mit karminrotem Lippenfleck. **C. vestita** var. **rubromaculata** Paxt. hat etwas kleinere weiße Blüten mit purpurrotem Lippenfleck. Blütezeit Oktober bis Januar. Heimat Burma, Thailand, Malaiische Halbinsel, Borneo, Celebes.

Hybriden. Aus *Calanthe vestita* ist durch Einkreuzungen anderer Arten eine größere Zahl nuancenreicher Hybriden hervorgegangen, deren langstielige Blütenstände als haltbare Schnittblumen genutzt werden.

Die Pseudobulben von *Calanthe vestita* und ihren Varietäten und Hybriden haben in den Wintermonaten bei einer Heizwärme um 15 bis 16° eine ballentrockene Ruheperiode. Mit deren Ende werden alljährlich die Pseudobulben vor Sproßaustrieb im März in neue Erdmischung aus alter Rasenerde mit gedüngtem Torf und Kuhfladengeriebsel (Hornmehl) eingesetzt. Die Pseudobulben kommen nur so tief in die neue Erdmischung, daß die austreibende Sproßanlage an der Basis der Pseudobulbe unbedeckt bleibt. Wenn notwendig, ist die nicht zu fest eingesetzte Pseudobulbe mit einem dazugestecktem Stäbchen zu stützen. *Calanthe* sind im warmen Gewächshaus beschattet, hell und luftfeucht aufzustellen. Erhalten anfangs fast keine Wassergaben. Diese werden nach Sproßaustrieb und bei beginnender Durchwurzelung des Blumentopfes immer reichlicher. In den Sommermonaten benötigen *Calanthe* ein stärker beschattetes, luftfeuchtes, frischluftreiches Gewächshaus mit Tagestemperaturen zwischen 22 bis 26°. Erhalten der Witterung entsprechend, ohne zu übertreiben, reichliche Wassergaben und monatliche Düngung, dürfen aber der Fleckenbildung an den Laubblättern wegen nicht überspritzt werden. Mit Vergilben der Laubblätter im Herbst und mit beginnender Ausbildung des Blütenstandes sind die Wassergaben zu reduzieren, nach der Blüte zur trockenen Überwinterung der Pseudobulben gänzlich einzustellen.

Die immergrünen *Calanthe*-Arten werden wie die laubabwerfenden im gleichwarmen Gewächshaus gepflegt, sind jedoch in den Wintermonaten mit geringen Gießwassermengen zu versorgen und wärmer zu plazieren. Die Laubblätter dieser Arten vertragen gleichfalls kein Spritzwasser und starken Sonneneinfall.

Callista Lour.
(griech. *callistos* = sehr schön; ein Hinweis auf die auffallend schön gefärbten Blüten)

Alle *Callista*-Arten sind unter der alten Gattungsbezeichnung *Dendrobium* bekannter. Ihre Blüten unterscheiden sich von *Dendrobium*-Blüten dadurch, daß ihre Lippe ungeteilt, rundlich und je nach Art behaart ist. Dazu sind ihre sich verholzenden Pseudobulben keulenförmig bis zylindrisch, seltener kurz und walzenförmig, im Bereich ihrer Spitze tragen sie mehrere Jahre haltende Laubblätter. Die meisten Arten haben einen hängenden, nur wenige einen waagrecht abstehenden Blütenstand. Bekannt sind etwa 12 epiphytisch wachsende Arten mit Verbreitung am Himalaja zwischen Indien und Yünnan in Höhen von 800 bis 1200 m.

Callista wachsen an Bäumen der Berghänge, an denen sich jährlich zwei verschiedene Klimaperioden abwechseln. Nach der sommerlichen feuchtwarmen Regenperiode folgen die Wochen des trocken-kühlen Winterhalbjahres.

C. aggregata (Roxb.) Brieg. (*Dendrobium aggregatum* Roxb.) bildet 6 bis 10 cm große Pseudobulben mit einem ledrigen Laubblatt aus. Der vielblumige, traubige, 15 bis 25 cm lange Blütenstand hat 2 bis 3 cm breite hellgelbe Blüten mit orangegelbem Lippenfleck. **C. aggregata** var. **jenkinsii** (Wall. ex Lindl.) Brieg. (*D. jenkinsii* Wall. ex Lindl.; *D. aggregatum* var. *jenkinsii* (Wall. ex Lindl.) King et Pantl.) ist im Habitus etwa 1/3 so groß wie die Stammart, und der Blütenstand besteht nur aus einer dottergelben Blüte mit dunklerem Mittelfleck auf der Lippe. Blütezeit März bis Mai. Heimat Sikkim, Burma, Yünnan.

C. amabilis Lour. (*Dendrobium thyrsiflorum* Rchb.f.) trägt im Gipfelbereich ihrer schlanken, bis 100 cm hohen Sprosse mehrere lederartige Laubblätter. Ihr hängender, dichtblumiger, 10 bis 20 cm langer Blütenstand hat 3 bis 5 cm breite Blüten, deren Sepalen und Petalen weißlich sind, die Lippe gelb bis dunkel orangegelb. Blütezeit März bis Juni. Heimat Burma, Moulmein, Thailand.

C. chrysotoxa (Lindl.) Brieg. (*Dendrobium chrysotoxum* Lindl.) hat spindelförmige, 10 bis 25 cm hohe, mehrblättrige Pseudobulben. Die 3 bis 5 cm breite Blüte des lockerblumigen, 10 bis 20 cm langen Blütenstandes ist hellgelb mit orange- bis dottergelbem Lippenfleck. Blütezeit März bis Juni. Heimat Burma, Laos, Yünnan.

C. densiflora (Wall.) Brieg. (*Dendrobium densiflorum* Wall.) gleicht im Habitus *C. amabilis* und ist mit dieser leicht zu verwechseln. Die Blüte ist gelb bis orangegelb, die behaarte Lippe dunkler. Blütezeit März bis Juni. Heimat Sikkim, Assam, Burma.

C. farmeri (Paxt.) Brieg. (*Dendrobium farmeri* Paxt.) bildet 15 bis 20 cm hohe, teilweise vierkantig verdickte Sprosse mit mehreren gipfelständigen Laubblättern aus. Die 3 bis 5 cm breite Blüte des überhängenden, 10 bis 20 cm langen Blütenstandes ist hellrosa bis dunkelrosalila mit dottergelbem Lippenfleck. Blütezeit März bis Juni. Heimat Sikkim, Nepal, Burma, Laos.

Günstige Bedingungen für diese kühl zu kultivierenden Arten ergeben sich während der sommerlichen Vegetationsperiode durch Beschattung des Gewächshauses, häufige Benässung vorhandener Wege und Wände und bei entsprechender Lüftung.

Broughtonia domiguensis

Bulbophyllum falcatum

Durch diese Vorkehrungen erreichen wir eine relativ niedere Temperatur mit hoher Luftfeuchtigkeit. Zu diesen Bedingungen gehören bei gleichmäßig feuchtem Wurzelballen auch monatliche Düngung sowie leichtes Besprizten der Pflanzen an sonnigheißen Tagen. Vom Hochsommer an werden Beschattung und Wassergaben zur besseren Ausreifung der herangewachsenen Sprosse oder Pseudobulben verringert. Mit der herbstlichen Abkühlung der Außentemperatur pendelt sich die Wärme des Gewächshauses in die der Überwinterungstemperatur ein. Die Heizwärme beträgt dann tagsüber 16 bis 17°, nachts um 13°. *Callista* erhalten in den Wintermonaten nur soviel Gießwasser, daß eine Schrumpfung der Pseudobulben und Sprosse verhindert wird. Die kühlen Nächte zwischen November und Januar sind für die Induktion des Knospenansatzes unumgänglich. Während der Entwicklung der Knospen soll nachts die Raumtemperatur einige Grad höher als in den Wochen zuvor sein, wobei weiterhin nur sparsam gegossen wird. Mit während oder nach der Blüte einsetzender Sproßentwicklung gleichen wir die Pflegebedingungen denen der sommerlichen Vegetationsperiode an.

Catasetum L.C. Rich. ex Kunth
(griech. *kata* = herab, lat. *seta* = Granne; ein Hinweis auf die grannenartigen Fühler innerhalb der Blüte)

Zylindrische bis spindelförmige Pseudobulben tragen während der Vegetationsperiode mehrere Laubblätter und sind in der Ruheperiode von trocken gewordenen Niederblättern umhüllt. Grundständig entwickelt sich der wenig- bis vielblumige, aufrechtstehende oder überhängende Blütenstand mit nur männlichen oder weiblichen oder, seltener, gemischten Blüten. Die männliche Blüte bildet eine helm- oder sackartige Lippe mit glattem, gefranstem, gezähntem oder gekerbtem Rand aus. An ihrem Säulchen ist die Narbe verkümmert und von der Anthere gehen zwei fadenförmige, berührungsempfindliche Fühler bis zum Rand der Lippe oder setzen sich bis in deren Inneres fort. Werden diese Fühler berührt, schleudern sie infolge vorhandener Gewebespannung die Pollinarien weg. Die anders aussehende weibliche Blüte bildet gegenüber der männlichen eine schuhähnliche bis helmartige Lippe aus. Bei ihr ist am kräftig entwickelten Säulchen neben dem verkümmerten Staubblatt die Narbe funktionsfähig ausgebildet. Die weiblichen Blüten sind bei fast allen Arten grünlich und im Aussehen einander sehr ähnlich. Diesen gegenüber sind die männlichen Blüten von verschiedenartiger Färbung und von unterschiedlichstem Aussehen. Etwa 50 epiphytisch wachsende Arten sind im tropischen Mittel- und Südamerika verbreitet.

Von *Catasetum* bevorzugte Wuchsorte sind schwach beschattete Stämme und Äste im Kronenbereich einzelstehender, sonnenüberfluteter Bäume.

C. fimbriatum (Morr.) Lindl. entwickelt 5 bis 15 cm lange spindelförmige Pseudobulben, 20 bis 30 cm lange, etwas gefaltete Laubblätter und einen kürzeren, überhängenden, mehrblumigen Blütenstand. Die 4

Calanthe vestita

bis 6 cm breite männliche Blüte hat gelblichgrüne, rötlichbraun strichartig gefleckte Sepalen und Petalen sowie eine stark gefranste gelblich- bis dunkelgrüne Lippe. Von der weiblichen Blüte sind die Sepalen und Petalen sowie die sackartige Lippe hellgrün. Blütezeit Mai bis September. Heimat tropisches Amerika.

C.integerrimum Hook. hat 10 bis 20 cm lange spindelförmige Pseudobulben, 20 bis 40 cm lange Laubblätter und einen aufrechten, bis 40 cm hohen, wenigblumigen Blütenstand. Bei der männlichen Blüte sind die Sepalen und Petalen gelblichgrün und wenig bräunlichrot gefleckt. Die kegelförmige, breit-konische, bewimperte Lippe ist grün bis grünlichgelb. Von der weiblichen grünen Blüte ist die Lippe pantoffelähnlich. Blütezeit September bis November. Heimat Guatemala.

C.macrocarpum L.C. Rich. ex Kunth gleicht im Habitus *C.integerrimum*. Bei den männlichen Blüten sind die hellgrünen Sepalen und Petalen innen rötlichbraun gefleckt, ihre kapuzenförmige Lippe ist gelblich bis orangegelb. Die gelblichgrünen Sepalen und Petalen der weiblichen Blüte sind rötlichbraun getupft, die helmartige Lippe außen grün und innen gelb. Blütezeit Oktober bis März. Heimat Venezuela südwärts bis Brasilien.

C.maculatum Kunth (*C.oerstedii* Rchb. f.) entspricht in Habitus und Blüte auffällig *C.integerrimum*. Von diesem unterscheidet es sich durch reichlichere kastanienbraune Fleckung an den Innen- und Außenseiten der Blumenblätter und durch eine schmälere, konische Lippe. Die weibliche grüne Blüte bildet eine tiefe sackförmige Lippe mit stärkerer Randbewimperung aus. Blütezeit September bis November. Heimat Kolumbien, Ekuador, Venezuela.

C.pileatum Rchb.f. entfaltet die größten Blüten aller *Catasetum*-Arten. Sein Habitus entspricht einem kräftigen *C.fimbriatum* mit hängendem, 10 bis 25 cm langem Blütenstand. Die etwa 10 cm breite weißlich- bis orangegelbe Blüte ist in der Mitte der schalenförmigen Lippe orangerot. Die weibliche Blüte, der Färbung nach der männlichen sehr ähnlich, hat jedoch eine kegelig-sackförmige Lippe. Blütezeit September bis November. Heimat Venezuela, Trinidad, Brasilien.

C.saccatum Lindl. (*C.cruciatum* Schlechter) gleicht im Habitus *C.integerrimum*, ausgenommen der abstehende, wenigblumige Blütenstand. Die gespreizt stehenden Sepalen und Petalen der nickenden, männlichen Blüte sind olivgrün und rötlichbraun marmoriert. Die Seitenlappen der Lippe sind grün und der zurückgeschlagene Mittellappen ringartig purpurbraun gezeichnet. Die weibliche Blüte ist gelbgrün und rötlichbraun gefleckt. Eine in der Blütenfarbe stark variierende Art. Blütezeit Juni bis November. Heimat Brasilien, Guayana, Peru.

Am erfolgreichsten lassen sich *Catasetum* im wärmsten Teil eines wenig beschatteten Gewächshauses mit Spitzenwerten an sonnig heißen Tagen von 28 bis 30° pflegen. Diese Wärme macht bei gut durchwurzelten Pflanzen ein fast tägliches Gießen und eine wöchentliche Düngung erforderlich. Im Zusammenwirken von ausreichender Ernährung mit stärkerer Sonnenbestrahlung bilden sich unter den männlichen auch die selteneren weiblichen Blüten aus. Vom Spätsommer an sind Wassergaben und Gewächshauswärme zu reduzieren. Für die winterliche Ruheperiode reicht eine Heizwärme von tagsüber um 20° und nachts zwischen 15 bis 17° aus. Sproßaustriebe und Laubblätter sind gegen Tropf- und Spritzwasser sehr empfindlich. Alle 1 bis 3 Jahre wird, je nach der Entwicklungsfreudigkeit der Einzelpflanze, vor Sproßaustrieb und Wurzelausbildung umgepflanzt. Bewährt hat sich als Pflanzmaterial grobes, für Überschußwasser gut durchlässiges Mexifern (Osmunda-Wurzeln) mit Zugabe von Kuhfladengeriebsel (Hornspäne). Beim Umpflanzen lassen sich jüngere Pseudobulben von älteren trennen, wobei die zwei jüngsten Pseudobulben beisammen bleiben. Beim Einsetzen sind diese nicht tiefer einzupflanzen als sie vorher standen. Wegen großer Empfindlichkeit der Wurzeln gegen stagnierende Nässe ist reichliche Dränage erforderlich.

Cattleya Lindl.
(William Cattley, gestorben 1832; einer der ersten Gärtner, dem es gelang, epiphytische Orchideen zu pflegen und unter dessen Betreuung erstmals in Europa eine *Cattleya* zum Blühen kam)

Cattleya entwickeln aus kräftigen Rhizomen sympodial keulen- bis spindelförmige Pseudobulben oder schlanke Sprosse mit einem bis drei derb-fleischigen, mehrjährigen Laubblättern. Aus terminaler Scheide streckt sich kurz- bis langgestielt der ein- bis vielblumige Blütenstand. Die je nach Art groß- bis kleinblumige Blüte trägt unterschiedlich große Sepalen und Petalen. Die ein- oder dreilappige Lippe umfaßt als größtes Blumenblatt mit ihren Seitenlappen das ungeflügelte, mehr oder weniger gekrümmte Säulchen. Die Anthere birgt vier Pollinien. Je nach Artabgrenzung sind 30 bis 45 Arten bekannt, welche in Mittel- und Südamerika, vorwiegend östlich der Anden, verbreitet sind. Jede Art beschränkt ihre Verbreitung auf ein begrenztes Areal.

Cattleya sind Pflanzen sonniger Standorte (Heliophyten). Sie wachsen vorwiegend epiphytisch auf Bäumen in Lichtungen und am Rand ausgedehnter Ur- und Bergwälder, seltener lithophytisch an Felsen mittelhoher Gebirge in Höhen bis 1500 m. Einige Arten wachsen an Bäumen entlang von Wasserläufen oder in trockeneren oder feuchteren Küstengebieten. Die auf- und abwärts wachsenden Wurzeln haften sich an der Rinde der Äste und Stämme oder an Felsen fest.

1. Einblättrige Arten mit spindel- bis keulenförmigen Pseudobulben

C.dowiana Batem. haben 15 bis 35 cm hohe Pseudobulben und einen kurzgestielten Blütenschaft mit wenigen 10 bis 15 cm breiten Blüten. Ihre Sepalen und Petalen sind hell- bis bräunlichgelb, die gekräuselte Lippe ist purpurlila und spärlich goldgelb geadert. Bei **C.dowiana** ssp. **aurea** (Lind.) B.S. Williams et T. Moore ist die Lippe intensiver und breiter goldgelb geadert. Keine leicht zu pflegende Art. Blütezeit Juli bis Oktober. Heimat Costa Rica; für ssp. Kolumbien.

C.labiata Lindl. gleicht im Habitus *C.dowiana*. Von der weißlich- bis rosalila Blüte ist der gelbe Schlund der Lippe in der Färbung des dunkelrosa bis purpurlila Lippenfleckes geadert. Blütezeit September bis Januar. Heimat Brasilien.

C.luteola Lindl. Die länglich-keulenförmigen, 5 bis 10 cm hohen Pseudobulben tragen ein 7 bis 12 cm langes Laubblatt und einen kurzgestielten, bis fünfblumigen Blütenstand. Von der 4 bis 5 cm breiten zitronengelben Blüte ist der Lippenschlund orangefarben. Am vorteilhaftesten wird *C.luteola* mit Pflanzmaterial auf Korkbrettchen aufgebunden und hängend gepflegt. Blütezeit November bis April. Heimat Brasilien.

C.maxima Lindl. gleicht im Habitus einer kräftigen *C.labiata*, jedoch sind von der gleichgroßen Blüte die rosa bis dunkelrosalila Sepalen und Petalen schmäler, gewellt und mehr oder weniger gedreht. Die gleichfarbige, dunkler geaderte Lippe ist langröhrig, ihr Schlund gelb bis orange. Blütezeit Juni bis September. Heimat Kolumbien, Ekuador, Peru.

C. mossiae Hook. gleicht im Habitus *C. dowiana*. Ihre Blüte ist hell- bis dunkelrosalila, der gelbliche Schlund der Lippe purpurlila strichartig gefleckt, ihr gewellter Rand rosalila bis weißlich. Blütezeit April bis Juni. Heimat Venezuela.

C. percivaliana (Rchb. f.) O'Brien ist in Habitus und Blütengröße bedeutend kleiner als *C. labiata*. Die Lippe der 8 bis 12 cm breiten rosalila Blüte mit orangegelbem Schlund hat einen braun und dunkellila gefleckten Vorderlappen. Blütezeit November bis März. Heimat Venezuela.

C. rex O'Brien gleicht im Habitus einer kräftigen *C. labiata*. Von der cremefarbenen bis weißlichen Blüte sind die Ränder der Sepalen stark rückwärts gerollt. Der dunkelrosa Schlund der Lippe und ihr Vorderlappen sind gelb geadert. Blütezeit Juni bis September. Heimat Kolumbien, Peru.

C. trianaei Lind. et Rchb. f., gleicht im Habitus *C. labiata*, auch mit ähnlicher Blütenfärbung, jedoch mit orangegelbem Lippenschlund, welcher wie der purpurlila Vorderlappen gleichfarbig geadert ist. Blütezeit Januar bis März. Heimat Kolumbien.

C. warscewiczii Rchb. f. (*C. gigas* Lind. et André) ist im Habitus einer kräftigen *C. labiata* gleich. Von der dunkelrosa Blüte ist der gelbe Schlund der Lippe in der Färbung des dunkellila Vorderlappens geadert, die Seitenlappen mit größeren gelblichweißlichen Flecken versehen. Blütezeit Juni bis September. Heimat Kolumbien.

2. Zweiblättrige Arten mit spindelförmigen bis schlanken, hohen Sprossen

C. amethystoglossa Lind. et Rchb. f. Die schlanken zylindrischen, 30 bis 60 cm hohen Sprosse tragen 10 bis 20 cm lange Laubblätter und einen bis 15 cm hohen, bis 15blumigen Blütenstand. Von der 6 bis 10 cm breiten Blüte sind die weißlichrosa Sepalen und Petalen dunkelpurpur gefleckt und die Lippe ist mit nierenförmigem, vorn gekraustem Vorderlappen von weißlicher Basis dunkel blauviolett. Blütezeit Februar bis Juni. Heimat Brasilien.

C. aurantiaca (Batem. ex Lindl.) P. N. Don. Die bis 25 cm hohen spindel- bis keulenförmigen Sprosse stehen gebüschelt beisammen und tragen 10 bis 15 cm lange Laubblätter. Die 2 bis 4 cm breite Blüte des kurzstieligen, bis zehnblumigen Blütenstandes variiert in orangerot. Die Lippe ist unterschiedlich reich rot punktiert. Eine Art, welche im luftfeuchten Gewächshaus die Neigung besitzt, durch Selbstbestäubung Samenkapseln auszubilden. Blütezeit März bis Juni. Heimat Mittel- und nördliches Südamerika.

C. bicolor Lindl. Die schlanken 30 bis 50 cm hohen Sprosse haben 10 bis 20 cm lange Laubblätter und einen bis 20 cm hohen, bis achtblumigen Blütenstand. Von der 8 bis 12 cm breiten Blüte sind die grünlichen Sepalen und Petalen kupferbraun überlaufen bis gefleckt, die rosalila Lippe grünlichgelb umrandet. Blütezeit August bis November. Heimat Brasilien.

C. bowringiana Veitch bildet 20 bis 30 cm hohe an der Sproßbasis knollig verdickte Sprosse aus, welche auch dreiblättrig sein können. Der bis 20 cm hohe Blütenschaft trägt bis fünfzehn 3 bis 6 cm breite rosa- bis purpurlila Blüten. Von diesen ist der Vorderlappen der Lippe mit weißlichem Schlund dunkler gefleckt. Blütezeit September bis November. Heimat Honduras, Guatemala.

C. forbesii Lindl. Ihre 15 bis 20 cm hohen, schlanken Sprosse tragen etwa 10 cm lange Laubblätter. Der kurzbleibende Blütenstand entfaltet bis fünf 8 bis 10 cm breite, gelblichgrüne Blüten. An der gewellten gelblichen Lippe ist der Schlund rötlich geadert. Blütezeit Juni bis September. Heimat Brasilien.

C. guttata Lindl. gleicht im Habitus einer nicht zu hoch gewachsenen *C. amethystoglossa*. Sie entfaltet im Winter aus trockener Scheide ihren bis 20 cm hohen, bis 20blumigen Blütenstand mit 8 bis 10 cm breiten Blüten. Die gelblichgrünen Sepalen und Petalen sind rötlichbraun punktiert, an der weißlichen Lippe ist der karminrote Vorderlappen dunkler gefleckt. Blütezeit Januar bis März. Heimat Brasilien.

C. granulosa Lindl. entspricht im Habitus einer nicht zu hoch gewachsenen *C. amethystoglossa*. Der bis 20 cm hohe Blütenstand entfaltet bis acht 10 bis 15 cm breite Blüten. Die bräunlichgrünen Sepalen und Petalen sind bräunlichrot punktiert. Die weißliche Lippe mit purpurfarbenen Nerven hat einen gelblichrosa Schlund. Ihr purpurlila bis karminroter Vorderlappen ist warzig. Blütezeit August bis Oktober. Heimat Guatemala, Brasilien.

C. intermedia Grah. hat zylindrische, 15 bis 30 cm hohe Sprosse, 10 bis 15 cm lange Laubblätter und einen bis achtblumigen, bis 20 cm hohen Blütenstand. Die 8 bis 12 cm breite Blüte ist weißlich bis dunkelrosa, ihre gleichfarbige Lippe mit gelblichem, purpurfarben geadertem Schlund hat einen gekrausten purpurlila Vorderlappen. Blütezeit März bis Juni. Heimat Brasilien.

C. leopoldii Versch. ist in Habitus und Färbung der Blüte *C. guttata* zum Verwechseln ähnlich. Die grünlich bis bronzefarbenen Sepalen und Petalen sind rötlichbraun punktiert und gefleckt. Die weißliche Lippe mit hellpurpurfarbenen Seitenlappen bildet einen breiten purpurfarbenen Vorderlappen aus. Das trennende Merkmal ist zur sommerlichen Blütezeit die Entwicklung des Blütenstandes aus grüner Scheide. Blütezeit Juni bis September. Heimat Brasilien.

C. loddigesii Lindl., die schlanken 15 bis 25 cm hohen Sprosse verjüngen sich der Basis zu und entfalten einen bis fünfblumigen Blütenstand. Die 6 bis 10 cm breite weißliche bis rosalila Blüte mit stark gekräuselter, dunklerer Lippe hat auf dieser zum weißlichen Fleck am Vorderlappen einen gelblich gezeichneten Schlund. Eine veränderliche Art, deren bekannteste Unterart **C. loddigesii** ssp. **harrisoniana** (Batem.) Lindl. (*C. harrisoniana* Batem.) größere, dunkel hellila Blüten ausbildet. Blütezeit Juni bis September, für ssp. *harrisoniana* März bis Juli. Heimat Brasilien.

C. skinneri Batem. entwickelt keulenförmige, 20 bis 30 cm hohe, gefurchte Pseudobulben mit 10 bis 20 cm langen Laubblättern. Der kurzstielige, bis zehnblumige Blütenstand trägt 8 bis 10 cm breite rosa- bis purpurlila Blüten mit weißlichem bis gelblichem Lippenschlund. Blütezeit März bis Juni. Heimat Mexiko, Costa Rica, Honduras, Guatemala.

C. violacea (H. B. K.) Rolfe. Die 15 bis 25 cm hohen keulenförmigen Pseudobulben mit 10 bis 15 cm langen Laubblättern bilden einen kurzen, mehrblumigen Blütenstand aus. Von der rosavioletten, 10 bis

380 Orchidaceae

Catasetum saccatum

Cattleya aurantiaca

15 cm breiten Blüte ist die dunklere Lippe mit gelbem Schlundfleck gezeichnet. Blütezeit Mai bis August. Heimat Brasilien, Venezuela, Bolivien, Kolumbien.

C. walkeriana Gardn. Spindelförmige 8 bis 12 cm hohe Pseudobulben sind durch mehrere Zentimeter lange Rhizome voneinander getrennt. Auf einem besonderen Kurztrieb entfaltet sich der wenigblumige Blütenstand. Von der 8 bis 12 cm breiten, hell- bis dunkelrosalila Blüte ist der Schlund der Lippe gelblich und der dunkellila Vorderlappen dunkler geädert. Blütezeit Februar bis April, auch Juli bis August. Heimat Brasilien.

Hybriden. 1859 blühte in England aus künstlich vorgenommener Bastardierung die erste *Cattleya*-Hybride. Seit damals hören die Bemühungen, großblumige, farbenprächtige Hybriden mit besserer Haltbarkeit der Blüten zu züchten, nicht auf, ebenso, Hybriden mit roten und bläulichen Blüten, also mit Farbtönen, die in der Natur nicht vorkommen, zu erzielen. Zu deren Erreichung waren Einkreuzungen von Arten aus einer oder mehreren Gattungen erforderlich. Solche Bemühungen ergaben Gattungshybriden, von denen manche bis zu fünf verschiedene Gattungen in sich vereinen.

× **Brassocattleya** (*Cattleya* × *Brassavola* (*Rhyncholaelia*)) enthält durchweg wenigblumige Nachkommen mit relativ großer, farbenprächtiger Blüte und offener, gefranster Lippe.

Cattleya violacea

× **Brassolaeliocattleya** (*Cattleya* × *Brassavola* (*Rhyncholaelia*) × *Laelia*). Sie ist eine gegenüber *Cattleya* kleiner- und vielblumigere Gattungshybride mit robusteren Blüten und mit Pflegeansprüchen, welche mehr denen der *Laelia* und weniger denen der *Cattleya* gleichen.

× **Laeliocattleya** *(Cattleya × Laelia)* ist durchweg wüchsiger und blühfreudiger als *Cattleya*. Sie hat häufig den langgestielten Blütenstand der *Laelia* geerbt und ist in ihrer Pflege nicht anspruchsvoll.
× **Potinara** *(Brassavola (Ryncholaelia) × Cattleya × Laelia × Sophronitis)*, × **Sophrocattleya** *(Sophronitis × Cattleya)* und × **Sophrolaeliocattleya** *(Sophronitis × Cattleya × Laelia)* sind orange bis rot blühende Hybriden, welche durch die Einkreuzung kleinblumiger *Sophronitis* kleinblumig und schwächerwüchsig sind.

Der jährliche Vegetationsrhythmus fast aller *Cattleya* und ihrer Hybriden gleicht sich weitgehend. Dieser beginnt nach winterlicher Ruheperiode mit Weiterentwicklung überwinterter Wurzeln und setzt sich mit der Ausbildung von Sproß oder Pseudobulbe, Laubblättern und Blütenscheide fort. Die im Spätsommer und Herbst blühenden Arten halten nach Ausbildung ihres Sprosses oder ihrer Pseudobulbe eine kurze Ruheperiode ein, bevor sich aus der vorhandenen Scheide der Blütenstand entwickelt. Wenige Arten entfalten unmittelbar nach Entwicklung ihres Sprosses den Blütenstand. Diese Arten und Hybriden halten eine bis zum Frühjahr währende Ruheperiode ein. Im Gegensatz zu diesen bringen wenige Arten aus der die winterliche Ruheperiode überdauernden Scheide im Frühjahr ihre Blüten zur Entfaltung. Diese unterschiedliche, je nach Art verschiedene Blütezeit entspricht den ökologischen Gegebenheiten der heimatlichen Standorte, weshalb bei der Betreuung von *Cattleya* und ihren Hybriden zwei voneinander abweichende Pflegemethoden zu beachten sind.

Den zweiblättrigen Arten und Hybriden bieten wir während der Vegetationsperiode einen sonnigen, jedoch beschatteten, wärmeren und frischluftreichen Standort im temperiert-warmen, luftfeuchten Gewächshaus. Die Temperatur kann bei Sonneneinstrahlung tagsüber bis 27° ansteigen und soll nachts nicht unter 19 bis 20° sinken. Der sommerlichen Witterung angepaßt wird täglich leicht überspritzt, ebenso passen sich ihr die wöchentlichen Wassergaben an. Durch Lüftung verringert sich tagsüber die Feuchtigkeit der Luft, welche sich nachts durch entsprechende, abends vorgenommene Befeuchtung von Wegen und Glashauswänden oder des unterhalb der erhöht stehenden *Cattleya* liegenden Blähtons oder der Schlacke erhöhen soll. Monatliche Düngung während der Vegetationsperiode, ausgenommen im Jahr des Verpflanzens, fördert die Entwicklung des

Cattleya percivaliana

Cattleya bicolor

Sprosses sowie die Anzahl und Größe der Blüten. Diese entfalten sich bei fast allen Arten ohne eingeschaltete Ruheperiode nach Ausbildung des neuen Sprosses. Im Spätsommer und Herbst wird durch verringerte Wassergaben, reichlichere Frischluftzufuhr, geringere Wärme und fast keine Beschattung das Ausreifen des Sprosses gefördert. In der Ruheperiode der Wintermonate ist zum hellen Stand, zur optimalen Luftfeuchtigkeit und zu geringeren Wassergaben eine Heizwärme tagsüber von nicht über 18 bis 19° und nachts um 14 bis 15° ausreichend. Der Wurzelballen darf während der Ruheperiode nicht austrocknen, sondern soll nur übertrocknet sein.

Wenn auch ihre Pflege weitgehend jener der zweiblättrigen Cattleya-Arten gleicht, benötigen die einblättrigen Arten und Hybriden zu jeder Jahreszeit größere Luftfeuchtigkeit, höhere Glashauswärme und eine nicht so stark herabgesetzte Nachttemperatur, insbesondere gilt dies für die gelb-, orange- und rotblühenden Arten und Hybriden. C. labiata, und die ihr nahestehenden Arten und Hybriden benötigen vor Ausbildung des Blütenstandes eine kurze Ruheperiode mit kühlerer Nachttemperatur. Nach dem Abblühen beginnt eine längere sich über die Wintermonate erstreckende Ruheperiode. Bei den meisten Arten ist die Ausbildung des Blütenstandes neben kühlen Nachttemperaturen auch an den Kurztag gebunden. Bei frühjahrsblühenden Arten kommt der Blütenstand vor oder mit dem Sproßaustrieb zur Ausbildung. Auch bei dieser Artengruppe soll der Wurzelballen während der Ruheperiode nicht ausgetrocknet oder feucht sein, sondern nur übertrocknet.

Verpflanzt werden Cattleya und ihre Hybriden alle 3 bis 4 Jahre vor dem Sproßaustrieb zwischen März und Juni. Beim Umpflanzen sind wurzel- und blattlose Sprosse oder Pseudobulben, abgestorbene Wurzeln sowie erdig gewordenes Pflanzmaterial zu entfernen. Das verjüngte Teilstück soll aus drei der jüngsten zusammenhängenden Sprosse oder Pseudobulben bestehen und wird so eingepflanzt, daß der neue Sproßaustrieb in der Mitte des Pflanzgefäßes zu stehen kommt und ausschließlich mit der Unterseite des Rhizoms im Pflanzmaterial ruht. Dieses besteht aus einer Mischung aus Osmunda-Wurzeln (Mexifern), Sphagnum (Styromull, Styropor-Schnitzel) und Kuhfladengeriebsel (Hornspäne) sowie zerschnittenen Farnwedeln (Buchenlaub). Das Pflanzmaterial ist nur so fest anzudrücken, daß einerseits die Pflanze ohne Stütze aufrecht steht und andererseits ein rasches Durchfließen des überschüssigen Gießwassers ermöglicht wird. Wenn erforderlich, sind zu hohe Sprosse oder kopfschwere Pseudobulben an dazu gesteckte Stäbchen aufzubinden. Wird eine rückschlaglose Weiterentwicklung des austreibenden Sprosses erwartet, müssen alle Wurzeln ungebrochen in das Pflanzmaterial kommen. Nach sehr mäßigem Angießen sind in den ersten 3 bis 6 Wochen weitere Wassergaben unangebracht. Dafür wird bei höherer Luftfeuchtigkeit und höherer Wärme fast täglich übersprizt. Nach Austrieb neuer Wurzeln und sichtbarer Weiterentwicklung der Pflanzen wird bei sukzessiv ergiebigeren Wassergaben allmählich zu der bewährten Pflege übergegangen. Zu blühen beginnende Cattleya und deren Hybriden, insbesondere zweiblättrige Arten, dürfen zur Vermeidung von Flecken auf den Blüten nicht übersprizt werden.

Caularthron Raf.
(griech. *kaulos* = Stengel, Stiel, *arthron* = Glied; ein Hinweis auf die vielgliedrige Pseudobulbe)

Spindelförmige bis walzenartige, innen hohle Pseudobulben tragen apikal mehrere derbere Laubblätter und einen endständigen, arm- bis reichblumigen, langgestielten Blütenstand. An der Blüte sind die Petalen breiter als die Sepalen und die dreilappige Lippe trägt eine gut ausgebildete Schwiele. Das gekrümmte Säulchen ist geflügelt. Bekannt sind etwa 6 epiphytisch wachsende, im nördlichen Südamerika und in Brasilien verbreitete Arten.

C. bicornutum (Hook.) Raf. (*Diacrium bicornutum* (Hook.) Benth.) entwickelt 10 bis 20 cm hohe Pseudobulben mit 3 bis 4 Laubblättern und einen 10 bis 30 cm langen Blütenschaft. Die weiße, 4 bis 5 cm breite, etwas schalenartige Blüte bildet eine dreigeteilte, rosalila gefleckte Lippe mit gelblichem Schlundfleck aus. Die Schwiele ist hornartig zugespitzt. Blütezeit April bis August. Heimat nördliches Südamerika.

Die besten Erfolge erzielen wir zusammen mit Cattleya im beschatteten, temperiertwarmen, luftfeuchten und frischluftreichen Gewächshaus, jedoch auf etwas stärker beschattetem Standort. In der Vegetationsperiode wird der Wurzelballen reichlich mit Wasser versorgt und mehrmals gedüngt. Während der winterlichen Ruhe sind die Wassergaben, ohne daß es zu Schrumpfung der Pseudobulben kommt, einzuschränken.

Chysis Lindl.
(griech. *chysis* = schmelzend, ein Hinweis auf das Aussehen der Pollinien in der sich nach Selbstbestäubung öffnenden Blüte)

Durch kriechende Rhizome sind die anfangs aufrechtwachsenden, später hängenden Pseudobulben miteinander verbunden. Diese sind von Niederblättern umhüllt und tragen im Gipfelbereich mehrere einige Vegetationsperioden überdauernde Laubblätter. Der Blütensproß kommt seitenständig aus der Achsel eines Niederblattes am neu ausgetriebenen Laubsproß und wächst nach der Blüte zu einer neuen Pseudobulbe heran. Von der fleischigen, wachsartigen Blüte sind die seitlichen Sepalen mit der Basis des Säulchens zu einem Kinn verwachsen. Die dreilappige Lippe trägt mehrere fleischige, kammartige Lamellen. Das etwas gekrümmte Säulchen ist geflügelt und bildet an der Basis einen Säulenfuß aus. Etwa 6 epiphytisch wachsende Arten sind in Mittel- und im nördlichen Südamerika verbreitet.

Chysis wachsen hängend an Bäumen und Felsen in Höhenlagen zwischen 500 und 1500 m. Sie heften sich mit ihren flachen, sich meterweit ausbreitenden Wurzeln sturmfest an die Borke des Stammes oder an einen pflanzenarmen Felsen.

C. aurea Lindl. Bis 50 cm lang werden die überhängenden, keulig-schlanken, im Spitzenbereich beblätterten Pseudobulben. Am mehrblumigen Blütenstand sind die zitronengelben Sepalen und Petalen der 3 bis 5 cm breiten Blüten bräunlich überlaufen, die weiße Lippe ist rötlichbraun. Blütezeit März bis Juni. Heimat Mittel- und nördliches Südamerika.

C. bractescens Lindl. ist im Habitus C. aurea sehr ähnlich, jedoch sind die 15 bis 25 cm langen Pseudobulben annähernd doppelt so stark. Die 4 bis 6 cm breite Blüte des mehrblumigen, 10 bis 15 cm langen Blütenstandes ist elfenbeinweiß. Die Lippe ist auf ihrer Oberseite orangegelb und nach vorn zu orangerot gestrichelt. Blütezeit März bis Juni. Heimat Mexiko, Guatemala.

Chysis ist auf Korkbrettchen mit nicht zu reichlichem Pflanzmaterial für Epiphyten aufzubinden oder in aufzuhängende Körbchen einzupflanzen. In der sommerlichen Vegetationsperiode benötigt sie einen beschatteten, luftfeuchten, frischluftreichen Standort im temperierten bis warmen Gewächshaus sowie reichliche Wassergaben und monatliche Düngung. Vom Spätsommer an sind bei voller Sonneneinstrahlung die Wassergaben einzuschränken. In der winterlichen Ruheperiode sind sie, ohne eine Schrumpfung der Pseudobulben zu verursachen, auf die notwendigste Menge zu reduzieren. Während der Überwinterung ist eine Heizwärme von tagsüber um 17 bis 18° und nachts um 13 bis 14° ausreichend.

Cirrhopetalum Lindl.
(entweder griech. *kirrhos* = orangebraun oder lat. *cirrus* = Ranke oder Franse, griech. *petalon* = Blumenblatt)

Im Habitus unterscheidet sich *Cirrhopetalum* nicht von *Bulbophyllum*. Der Unterschied liegt ausschließlich bei Merkmalen im Bereich der Blüte, diese sind der doldige Blütenstand, die Haare und Anhängsel an den Sepalen und Petalen und die verlängerten, nach außen verdrehten seitlichen Sepalen, deren Außenränder miteinander verklebt bis verwachsen sind. Bekannt sind etwa 150 botanisch interessante epiphytisch wachsende Arten mit Verbreitung von Indien bis Neuguinea sowie auf den Pazifischen Inseln und in Afrika. Als Beispiele vorgestellt werden:

C. medusae Lindl. (*Bulbophyllum medusae* (Lindl.) Rchb. f.). Seine bis 3 cm hohen, oval-eiförmigen Pseudobulben stehen an kurzen Rhizomen mehr oder weniger weit voneinander entfernt. Das einblättrige, bis 15 cm lange, lineal-längliche Laubblatt ist gipfelständig. An der Basis der Pseudobulbe sproßt der bis 15 cm lange aufrechtstehende bis überhängende, vielblumige Blütenstand. Die seitlichen 8 bis 12 cm langen Sepalen und das kürzere Mittelsepalum sind gelblichweiß und rötlich punktiert sowie fadenförmig ausgezogen. Blütezeit Juni bis Oktober. Heimat Thailand, Malaysia, Sumatra, Borneo, Philippinen.

C. ornatissimum Rchb. f. (*Bulbophyllum ornatissimum* (Rchb. f.) J. J. Smith), im Habitus ähnlich *C. medusae*, jedoch ist der Blütenstand wenigblumig. Die schlanke, grünlichgelbe Blüte ist rötlichbraun gestreift bis gezeichnet, die Lippe dunkel bräunlichrot. Die seitlichen Sepalen erreichen eine Länge von 10 cm. Die Spitzen vom mittleren Sepalum und die der Petalen sind in der Farbe der Lippe gebüschelt behaart. Blütezeit Juni bis Oktober. Heimat Assam.

C. rothschildianum O'Brien gleicht im Habitus *C. ornatissimum*, jedoch ist der Blütenstand mehrblumig. Die grünliche Blüte mit breiten, 10 bis 15 cm langen Sepalen ist dunkel kastanien- bis rotbraun gestreift oder stark gefleckt. Die Lippe ist purpurbraun. Die ausgezogenen Spitzen des mittleren Sepalums und die der beiden Petalen sind in der Farbe der Lippe gebüschelt behaart. Blütezeit Juni bis Oktober. Heimat Assam.

Kleinere Arten sind am besten mit nicht zu reichlichem Pflanzmaterial auf Korkbrettchen aufzubinden, wogegen größer werdende Arten mit rascherer vegetativer Vermehrung der Pseudobulben in flache Schalen oder Körbchen einzupflanzen sind. Die Pflege von *Cirrhopetalum* gleicht der von *Bulbophyllum*, weshalb man sie am besten zusammen betreut. *Cirrhopetalum* benötigt im Sommerhalbjahr bei relativ feuchtem Wurzelballen ein luftiges, luftfeuchtes und beschattetes, warm-temperiertes Gewächshaus. Dieses soll im Winterhalbjahr luftfeucht und hell sein. Der Wurzelballen darf während der Winterruhe nicht austrocknen, jedoch etwas übertrocknen. Die Heizwärme für Arten aus kühleren Verbreitungsgebieten soll tagsüber 18° nicht übersteigen und nachts nicht unter 12° sinken. Für Arten aus wärmeren Gebieten (wie z.B. *C. medusae*) sind nachts Temperaturen nicht unter 15°, tagsüber von 20° erforderlich.

Clowesia Lindl.
(benannt zu Ehren des englischen Geistlichen und Orchideenliebhabers J. Clowes, 1777–1846, bei dem diese Orchidee erstmals in Europa zum Blühen kam)

Kräftige spindel- bis keulenförmige Pseudobulben entfalten während ihrer Vegetationsperiode mehrere apikal stehende Laubblätter, welche in der danach folgenden Ruheperiode vergilben. An der Basis der Pseudobulbe entwickelt sich der überhängende, traubige, reichblumige Blütenstand mit Blüten, deren Anthere und Narbe nicht wie bei dem nahverwandten *Catasetum* wechselseitig funktionsunfähig sind. Die je nach Art gefranste oder fransenlose Lippe ist sackartig vertieft oder gespornt. Das kurze Säulchen verfügt über keine Antennen. Etwa 5 epiphytisch wachsende Arten sind von Mexiko bis Venezuela verbreitet.

C. russelliana (Hook.) Doden (*Catasetum russellianum* Hook.). Die 10 bis 15 cm hohen Pseudobulben haben mehrere bis 20 cm lange Laubblätter und einen hängenden, 10 bis 20 cm langen, reichblumigen Blütenstand. Die 4 bis 6 cm breite Blüte mit pantoffelähnlicher, oberseits stark gefranster Lippe ist hellgrün und dunkler geadert. Blütezeit Juli bis Oktober. Heimat Mexiko, Panama, Venezuela.

Wegen des hängenden Blütenstandes wird *Clowesia* in reich drainierte Hängegefäße eingesetzt und mit *Catasetum* zusammen gepflegt. Näheres siehe bei *Catasetum*.

Cochleanthes Raf.
(griech. *kochlias* = Spiralmuschel, *anthos* = Blüte; wahrscheinlich eine Anspielung auf die Ähnlichkeit der Blütenlippe mit dem Aussehen einer Spiralmuschel)

Am kurzen, bulbenlosen Stamm sind zweizeilig und fächerartig die durch eine Trennungsnaht deutlich in Blattscheide und -spreite gegliederten Laubblätter angeordnet. Der achselständige kurze Blütenstand ist einblumig. Die miteinander nicht verwachsenen Sepalen und Petalen der Blüte sind sich sehr ähnlich, jedoch sind die seitlichen Sepalen am Säulenfuß angewachsen. Bei den meisten Arten steht die ungeteilte oder dreilappige, genagelte Lippe frei zum Säulchen. An der Basis der Lippe bilden je nach der Art unterschiedlich viele Kiele eine halbkreisförmige Schwiele aus. Das spornartige Kinn kann kurz und stumpf, jedoch auch lang und spitz sein. Das fleischige, aufwärtsgebogene Säulchen bildet einen kurzen Fuß aus. Etwa 15 epiphytisch wachsende Arten mit Verbreitung in den Tropen von Mittel- und Südamerika.

C. aromatica (Rchb. f.) R. E. Schultes et Garay (*Zygopetalum aromaticum* Rchb. f., *Z. wendlandii* Rchb. f.). Die schmal-lanzettlichen, etwas zugespitzten, bis 30 cm langen Laubblätter sind längsgefaltet. Am nur einblütigen, blattachselbürtigen Blütenstand ist die gelblichgrüne Blüte 5 bis 6 cm breit, ihre lavendel- bis violettblaue Lippe gewellt und etwas zurückgerollt. Ihr Rand ist weißlich und ihre dunkelviolettblaue Mitte ebenso wie die Schwiele dunkler geadert. Blütezeit Juni bis Oktober. Heimat Costa Rica, Panama.

C. discolor (Lindl.) R. E. Schultes et Garay (*Warrea discolor* Lindl., *Chondrorhyncha discolor* (Lindl.) P. H. Allen, *Zygopetalum discolor* (Lindl.) Rchb. f.) ist im Habitus *C. aromatica* sehr ähnlich. Von der hell- bis gelblichgrünen Blüte sind die Petalen an der oberen Hälfte violett überlaufen.

Caularthron bicornutum

Die violette Lippe ist dunkler geadert, dem Rand zu heller bis weißlich. Blütezeit Mai bis August. Heimat Mittelamerika, nördliches Südamerika.

Diese nicht leicht zu pflegenden Orchideen benötigen während der Sommermonate einen stärker beschatteten, luftfeuchten Standort im temperierten bis warmen Gewächshaus mit Temperaturen um 22°. Sie werden in ein gut drainiertes Pflanzgefäß mit Pflanzmaterial aus 2 Teilen weicher Osmunda-Wurzeln und 1 Teil Sphagnum mit Kuhfladengeriebsel (Hornspäne) als Beimisch eingepflanzt. Der Wurzelballen sehr gut eingewurzelter Pflanzen benötigt während der Sproßentwicklung ausgiebigere Wassergaben, welche zu keiner stagnierenden Nässe ausarten dürfen. Durch Ballenfeuchtigkeit krank gewordene Wurzeln machen sich durch Vergilben und Absterben der ältesten Laubblätter erkennbar. Im Winterhalbjahr wird bei reduzierten Wassergaben keine strenge Ruheperiode eingehalten. Der Wurzelballen soll bei höherer Luftfeuchtigkeit mäßig feucht sein. Die Heizwärme beträgt 20 bis 22° tagsüber und 17 bis 18° nachts. Nach Möglichkeit ist Benässung der sehr empfindlichen Laubblätter durch über Nacht stehengebliebenes Wasser zu vermeiden.

Cochlioda Lindl.
(griech. *kochliodes* = spiralig gewunden; ein Hinweis auf das schneckenartige Aussehen der Schwiele an der Lippe bei der Typusart)

Ein- oder zweiblättrig sind die dicht beisammen stehenden, eiförmigen Pseudobulben, deren gipfelständige Laubblätter sehr schmal und lang sind. An der Basis der Pseudobulbe entwickelt sich der aufrechte bis überhängende Blütenstand, welcher mitunter verzweigt sein kann. An der nicht sehr großen Blüte sind die ähnlich aussehenden Sepalen und Petalen abstehend. Die dreilappige Lippe ist mit dem mehr oder weniger gut ausgebildeten Säulchenfuß verwachsen. Die Seitenlappen der Lippe sind rundlich oder länglich, öfters zurückgeschlagen, der nach vorn gestreckte Vorderlappen rundlich oder zweilappig. Das etwas einwärts gebogene Säulchen ist apikal geöhrt. Etwa 5 epiphytisch, seltener terrestrisch wachsende Arten sind in den Anden von Kolumbien, Ekuador, Bolivien und Peru zwischen 1500 und 2000 m verbreitet.

C. rosea (Lindl.) Benth. (*Odontoglossum roseum* Lindl.). An den bis 5 cm hohen Pseudobulben sind die schmalen, lanzettlichen Laubblätter bis zu 20 cm, der mitunter verzweigte, lockerblumige Blütenstand bis 140 cm lang. Die Lippe der dunkelrosa bis rosaroten, etwa 2 cm breiten Blüte ist mit ihrem basalen Drittel mit dem Säulchen verwachsen. Die Seitenlappen der Lippe sind schief-rhomboidförmig, an der Basis des zungenförmigen Vorderlappens sind vier weißliche, verschieden lange Schwielen ausgebildet. Blütezeit Dezember bis April. Heimat Ekuador, Peru.

Entsprechend der heimatlichen Verbreitung wird die Pflege im kühl-temperierten Gewächshaus vorgenommen. In diesem benötigt *Cochlioda* in den Sommermonaten viel frische Luft, hohe Luftfeuchtigkeit sowie beschatteten Standort und ausreichende Wassergaben. Einige Dunggüsse während der Ausbildung der Pseudobulben sind für Anzahl und Größe der Blüten erforderlich. In der kalten Jahreszeit, in welcher *Cochlioda rosea* ihre Blüten entfaltet, erhält sie bei hellem Stand und hoher Luftfeuchtigkeit gegenüber der Vegetationsperiode nur eingeschränkte Wassergaben. Die Heizwärme soll tagsüber 18° nicht übersteigen und nachts nicht unter 13 bis 14° fallen. *Cochlioda* lassen sich mit *Rossioglossum* zusammen erfolgreich pflegen.

Coelogyne Lindl.
(griech. *koilos* = hohl, *gyne* = Frau, weiblich, worunter die Narbe zu verstehen ist; ein Hinweis auf die hohe Narbe)

Wie die Laubblätter, so sind auch die gebüschelt oder einzeln stehenden Pseudobulben vielgestaltig. Der aufrechtstehende bis hängende Blütenstand kann ein- oder vielblumig sein. Die je nach Art unterschiedlich großen Blüten haben gleich- oder verschiedenbreite Sepalen und Petalen. Die Seitenlappen der dreilappigen Lippe stehen parallel zum schlanken Säulchen, der vorgestreckte Mittellappen kann reich an Warzen oder Schwielen sein. Etwa 200 epi- und/oder lithophytisch wachsende Arten

Chysis bractescens

Cirrhopetalum medusae

Coelogyne corymbosa

sind vom Himalaja ausgehend über Südostasien bis zu den südostasiatischen Inseln verbreitet.

Die Standorte der Arten wärmerer Gebiete sind lichte Bergwälder, in denen die bevorzugten Wuchsorte die flußnahen Bäume und Sträucher sind. In diesen Arealen gehen während der Vegetationsperiode täglich ergiebige Gewitterregen nieder, welche in der Trockenzeit fast ausbleiben. Die Standorte der *Coelogyne*-Arten kühlerer Zonen sind gleichfalls lichte Bergwälder bis in Höhen um 3000 m. Sie breiten sich auf Berghängen aus, deren Flora wegen Klimaschwankungen von einer ausgeprägten wärmeren Vegetations- und einer kühleren Ruheperiode beeinflußt wird. An höchstgelegenen Standorten kann in manchen Jahren Schnee auf sie fallen.

C. corymbosa Lindl. Ihre dichtstehenden, 2 bis 4 cm hohen Pseudobulben tragen 10 bis 15 cm lange, lanzettliche Laubblätter. Vom überhängenden, wenigblumigen Blütenstand ist die 3 bis 5 cm breite Blüte weiß, ihre Lippe trägt vier oder sechs gelbe, orangeumrandete Flecke. Blütezeit Juli bis September. Heimat Himalaja von Sikkim.

C. cristata Lindl. hat 4 bis 8 cm hohe, eiformähnliche Pseudobulben mit schmallanzettlichen, bis 20 cm langen Laubblättern. Vom seitenständigen, überhängenden, 10 bis 20 cm langen, wenigblumigen Blütenstand trägt die Lippe der etwa 5 cm breiten weißen Blüte mehrere orangegelbe, stark gefranste Schwielen. Blütezeit November bis März. Heimat östliches Himalajagebiet.

C. dayana Rchb. f. Ihre schlanken, kantigen Pseudobulben werden 15 bis 20 cm hoch und ihre langgestielten, elliptisch-eiförmigen Laubblätter 50 bis 75 cm lang. Endständig entfaltet sich aus der Mitte des heranwachsenden, noch laubblattlosen Sprosses der vielblumige, hängende, 30 bis 70 cm lange Blütenstand. Die 3 bis 4 cm breite Blüte ist bräunlichgelb, die Seitenlappen der mehrere gezähnte Kiele tragenden Lippe sind dunkelbraun gestreift. Blütezeit April bis August. Heimat Malaya, Thailand, Sumatra, Java, Borneo.

C. lawrenceana Rolfe. Die gestreckt-eiförmigen, 3 bis 5 cm hohen Pseudobulben haben gestielte Laubblätter von 10 bis 20 cm Länge. Der etwa gleichlange, überhängende Blütenstand enthält nicht mehr als drei nacheinander aufblühende 4 bis 6 cm breite Blüten. Diese sind hellbraun sowie dunkler gefleckt und gezeichnet. Der Schlund der Lippe ist gelb. Blütezeit März bis Oktober. Heimat Assam.

C. massangeana Rchb. f. ist im Habitus wie *C. dayana*, jedoch nicht so großwüchsig wie diese. Von der bräunlichgelben, 3 bis 5 cm breiten Blüte ist die rötlichbraun gefleckte Lippe innen bräunlichgelb gestreift und mit gelben Kielen versehen. Blütezeit: Frühjahr und/oder Herbst. Heimat Malaya, Sumatra, Java.

C. parishii Hook. f. Ihre schlanken, etwa 10 cm hohen Pseudobulben tragen 10 bis 15 cm lange lanzettliche Laubblätter. Vom gleichlangen, wenigblumigen Blütenstand ist die Lippe der 4 bis 6 cm breiten grünen Blüte schwarz gezeichnet. Blütezeit April bis Juni. Heimat Burma.

C. speciosa (Bl.) Lindl. ist im Habitus leicht mit *C. lawrenceana* zu verwechseln. Von der grünlichen Blüte ist die Lippe rötlichbraun oder lachsfarben gezeichnet und gefleckt, ihr Vorderlappen weißlich. Blütezeit März bis Oktober. Heimat Malaya, Java, Sumatra, Borneo.

Hybriden. Von den wenigen Bastarden wird **C. × burfordiense** (*C. asperata* × *C. pandurata*) aufgrund ihres blumenreichen Blütenstandes mit 5 bis 8 cm großen grünen Blüten mit schwarzen, im Verblühen braunen Warzen auf der Lippe gegenüber allen übrigen Hybriden bevorzugt gehalten.

C. cristata hält nach ihrer Blüte bei mäßigfeuchtem bis übertrocknetem Wurzelballen im kalten Gewächshaus eine mehrwöchentliche Ruheperiode ein. Nach Austrieb des neuen Sprosses im März bis April und dessen Wurzelbildung sind sukzessiv reichlicher werdende Wassergaben erforderlich sowie in den Sommermonaten einige Dunggüsse. Diese Art benötigt ständig einen luftigen, luftfeuchten und beschatteten Standort im kalten Gewächshaus oder einen gleichwertigen im Garten. Bei gleichmäßig feuchtem Wurzelballen fördern die kühlen Nächte des Spätsommers und Herbstes die Blüteninduktion. Vor Entfaltung der Blüten und danach ist Heizwärme von tagsüber um 15° und nachts um 10 bis 12° ausreichend. Mit Öffnen der Knospen und während der Blüte ist etwas höhere Temperatur angebracht. Bei zu warmem Standort unterbleibt die Ausbildung des Blütenstandes.

Die überwiegende Mehrzahl der *Coelogyne*-Arten ist im temperierten Gewächshaus zu pflegen. Sie benötigen mit beginnender Vegetation mäßig feuchten Wurzelballen sowie einen beschatteten, luftfeuchten und frischluftreichen Standort. Die Temperatur im Sommerhalbjahr ist die des Freien und soll tagsüber bis 25° ansteigen. Leichtes Überspritzen der Pflanzen an sonnig-heißen Tagen und monatliche Düngung fördern die Ausbildung der Pseudobulben. Vom Hochsommer an sind die bis dahin reichlich gegebenen Wassergaben einzuschränken. In den Wintermonaten wird bei übertrocknetem Wurzelballen eine Ruheperiode eingehalten, in welcher eine Heizwärme von tagsüber um 17 bis 18° und nachts um 13 bis 14° ausreicht. Das zum Ein- und Umpflanzen benötigte Pflanzmaterial besteht aus einer Mischung von Mexifern (Osmunda-Wurzeln), Styromull (Rinde) und Sphagnum (Torf) mit Beimisch von geschnittenen Farnwedeln (Buchenlaub) und Hornspänen.

C. lawrenceana, *C. speciosa* und *C.* × *burfordiense* werden wegen der längeren Vegetationsperiode im warmen Gewächshaus gepflegt. Sie beanspruchen höhere Luftfeuchtigkeit, stärkere Beschattung und, ohne stagnierende Nässe im Wurzelballen, reichliche Wassergaben und Düngung sowie Temperaturen zwischen 22 und 28°. In den Wintermonaten ist bei mäßiger Ballenfeuchtigkeit eine Heizwärme zwischen 20 bis 22° tagsüber und um 18° nachts notwendig. Vom Überspritzen dieser Arten ist wegen größerer Empfindlichkeit der neuen Sproßaustriebe und der Blüte gegen über Nacht stehengebliebenes Wasser abzusehen.

Comparettia Poepp. et Endl.
(Andrea Comparetti, 1746–1801, italienischer Arzt und Botaniker)

Kleinere, seitlich abgeflachte, einblättrige Pseudobulben sind durch unterschiedlich lange Rhizome miteinander verbunden. An der Basis der Pseudobulben erscheint der überhängende, traubige oder verzweigte, vielblumige Blütenstand. Von der kleinen Blüte sind das mittlere Sepalum und die beiden Petalen abstehend oder aufwärts oder nach vorn zu gerichtet. Die Basis der beiden zusammengewachsenen seitlichen Sepalen verlängert sich zu einem spornähnlichen Kinn. Die auffallend große, nierenförmige Lippe hat an ihrer Basis zwei längere im Kinn verborgene Fortsätze. Das kurze Säulchen ist ungeflügelt. Etwa 10 epi- und lithophytisch wachsende Arten mit Verbreitung in tropischen Gebieten von Mittel- und Südamerika.

C. coccinea Lindl. entwickelt bis 3 cm hohe Pseudobulben, bis 10 cm lange schmale, lanzettliche, lang zugespitzte, lederartige Laubblätter und einen überhängenden, wenigblumigen, bis 30 cm langen Blütenstand. Von der 2 bis 3 cm breiten Blüte sind die orangefarbenen Sepalen und Petalen dunkler umrandet, die Lippe ist scharlachrot. Der gelbliche Sporn wird bis 2 cm lang. Blütezeit Juli bis Dezember. Heimat Brasilien.

C. falcata Poepp. et Endl. (*C. rosea* Lindl.) entspricht im Habitus *C. coccinea*, jedoch sind ihre rosa- bis rotlila Blüten bedeutend kleiner. Blütezeit August bis Dezember. Heimat Mexiko bis Brasilien und Bolivien, Westindische Inseln.

C. macroplectron Rchb. f. et Triana entspricht im Habitus *C. coccinea*, jedoch sind die größeren, hellrosafarbenen Blüten rosalila und purpurrot punktiert. Der weißliche Sporn wird bis 5 cm lang. Blütezeit Juli bis Oktober. Heimat Kolumbien.

Aufgebunden auf kleinere Korkbrettchen mit wenig Pflanzstoff aus weicheren Farnwurzeln mit etwas Sphagnum sind *Comparettia* an luftfeuchter, schattiger Stelle im temperierten bis warmen Gewächshaus zu pflegen, am vorteilhaftesten bei einer über das ganze Jahr gleichbleibenden Temperatur von tagsüber um 22° und nachts um 18°. *Comparettia* ist gegen Restwasser, das nach Benässung des Wurzelballens und der zahlreichen frei herabhängenden Luftwurzeln haften bleibt, sehr empfindlich. Auch bei vorübergehender Trockenheit der Luft- und Ballenwurzeln treten empfindliche Wachstumsstörungen auf. Während der Entwicklung des im Frühjahr neu ausgetriebenen Sprosses fördern einige Dunggüsse seine Größe sowie die der Blüten. Ein Umpflanzen wird im allgemeinen nicht gut vertragen.

Cycnoches Lindl.
(griech. *kyknos* = Schwan, zweiter Bestandteil unklar; ein Hinweis auf die Ähnlichkeit des Säulchens der männlichen Blüte mit dem schlanken, gekrümmten Hals des Schwanes)

Beblätterte spindelförmige bis zylindrische Pseudobulben bringen aus der Achsel eines der oberen Laubblätter den seitenständigen, weggestreckten bis überhängenden, wenig- bis vielblumigen Blütenstand. Die eingeschlechtlichen, dimorphen, nicht resupinierten Blüten können groß- oder kleinblumig sein. Die Sepalen und Petalen sind weggestreckt bis zurückgeschlagen. Die nicht immer genagelte, lanzettliche bis rundliche Lippe von fleischiger bis zarterer Struktur kann gelappt oder ganzrandig, ungefranst oder gefranst und mit Schwielen besetzt sein. Das längere, schlanke bis kürzere, stärkere Säulchen ist mehr oder weniger schwanenhalsartig gekrümmt. Etwa 12 epiphytisch wachsende Arten sind in tropischen Gebieten von Süd- und Mittelamerika verbreitet.

C. egertonianum Batem. Spindelförmig sind die bis 12 cm hohen Pseudobulben, deren lanzettliche, vorn zugespitzte Laubblätter bis 20 cm lang werden. Die männliche Blüte mit gefranster Lippe des überhängenden, bis 50 cm langen, vielblumigen Blütenstandes ist durch die zurückgeschlagenen, etwa 3 cm langen Sepalen und Petalen relativ schmal. Diese sind bei bläulichgrüner Lippe einfarbig grün, oder bei gelblichweißer Lippe hellgrün und rötlichbraun gefleckt. Der wenigblumige Blütenstand mit weiblichen Blüten ist kurz und aufrechtstehend. Diese sind gegenüber der männlichen Blüte größer und fleischiger. Ihre nicht zurückgeschlagenen Sepalen und Petalen sind grün und ihre ganzrandige, etwas konvexe Lippe ist gelb. Blütezeit Juni bis September. Heimat Costa Rica, Guatemala, Nicaragua.

C. loddigesii Lindl. erreicht im Habitus fast die doppelte Größe von *C. egertonianum*, jedoch ist der wenigblumige Blütenstand um vieles kürzer. Bei dieser Art gleichen sich die männlichen und weiblichen Blüten. Von der durch die weggestreckten Blumenblätter 5 bis 10 cm breiten Blüte sind die olivgrünen zugespitzten Sepalen sowie die gleichfarbigen Petalen unterschiedlich kräftig schokoladenbraun geadert und punktiert. Von der lanzettlich schlanken, weißen konvexen Lippe ist die Basis schokoladenbraun gefleckt und die Spitze bräunlichgrün überlaufen. Blütezeit

Juli bis September. Heimat Brasilien, Guyana, Surinam, Venezuela, Kolumbien.

C. ventricosum Batem. Von den zylindrischen, bis 30 cm langen Pseudobulben erreichen die lanzettlichen, zugespitzten Laubblätter beinahe die gleiche Länge. Am mehrblumigen Blütenstand ist die 5 bis 10 cm breite Blüte jeweils eingeschlechtlich. Die weibliche Blüte unterscheidet sich von der männlichen trotz großer Ähnlichkeit durch die kleinere Blütengröße und durch ein kürzeres Säulchen. Die Sepalen und Petalen sind grün und die eiförmige, zugespitzte Lippe ist weiß. Blütezeit Juni bis September. Heimat Mexiko, Panama.

Cycnoches blüht alljährlich, wenn es mit *Catasetum* zusammen gepflegt wird. Nach kühler Überwinterung mit beginnendem Sproßaustrieb wird *Cycnoches* wärmer und ballenfeuchter gehalten. Es gehört in ein luftfeuchtes, wenig beschattetes Gewächshaus, in dem durch Sonneneinstrahlung im Sommerhalbjahr die Temperatur tagsüber Spitzenwerte von 30° erreicht. Entsprechend dieser Wärme ist reichlich zu gießen, ebenso ist ein- oder zweimalige Düngung im Monat unumgänglich. Diese reichlichen Wassergaben dürfen keineswegs zu stagnierender Nässe im Wurzelballen führen. Vom Hochsommer an nach der Blüte sind Wassergaben und Wärme zu reduzieren. Die Überwinterung erfolgt bei luftfeuchtem Stand, übertrocknetem Wurzelballen und bei einer Heizwärme um 20° tagsüber, um 16° nachts. Trotz übertrocknetem Wurzelballen darf dieser nicht austrocknen und zu keiner Schrumpfung der Pseudobulbe führen. Umgepflanzt wird alle 1 bis 3 Jahre vor Sproßaustrieb in Mexifern (Osmunda-Wurzeln) mit Kuhfladengeriebsel (Hornspäne) als Zugabe und so, daß der Neuaustrieb oberhalb des Pflanzmaterials zu stehen kommt. Reichliche Dränage ist die beste Voraussetzung für das Vermeiden stagnierender Nässe im Wurzelballen.

Cymbidium Sw.
(griech. *kymbe* = Schale, Boot; Hinweis auf die Form der Lippe)

Die je nach Art sehr unterschiedlich großen Pseudobulben sind von Blattscheiden riemenförmiger Laubblätter umhüllt. Der wenig- bis vielblumige Blütenstand kann aufrechtstehen oder überhängen. Zu den gleich aussehenden Sepalen und Petalen der wochenlang haltbaren Blüte stehen von der dreilappigen Lippe die Seitenlappen seitlich des schlanken, leicht gekrümmten Säulchens aufrecht. An der Basis der Lippe sind zwei Leisten oder Kiele vorhanden. Etwa 50 terrestrisch, seltener epiphytisch wachsende Arten sind von Indien ostwärts durch Südostasien nach China, Indonesien und südwärts bis zur nordöstlichen Provinz Australiens beheimatet.
Die Standorte von *Cymbidium* weisen große klimatische Verschiedenheiten auf. Die terrestrisch im Himalaja-Gebiet wachsenden Arten sind in Höhenlagen zwischen 500 und 2000 m anzutreffen. Jene an der Küste der Großen Sundainseln vorkommenden Arten breiten sich in baumfreien, gebüschreichen Gebieten aus, und weitere Arten haben epiphytische Wuchsorte auf älteren Bäumen der Savanne Nordostaustraliens.

C. devonianum Lindl. et Paxt. (*C. sikkimense* Hook. f.) entwickeln 2 bis 3 cm hohe Pseudobulben, bis drei gestielte lanzettliche Laubblätter und einen vielblumigen, hängenden Blütenstand. Von der 3 bis 5 cm breiten grünlichen Blüte sind die Sepalen und Petalen bräunlichlila gefleckt und gestreift, die purpurbraune bis dunkellila Lippe mit zwei dunkleren Flecken versehen. Blütezeit März bis Juni. Heimat Sikkim.

C. eburneum Lindl. hat bis 10 cm hohe Pseudobulben, bis 60 cm lange, riemenförmige Laubblätter und einen etwa halb so langen, wenigblumigen Blütenstand. Von der 7 bis 10 cm breiten gelblichweißen Blüte ist der gelbliche Mittellappen der Lippe vereinzelt rötlich getupft. Blütezeit April bis Mai. Heimat Himalaja von Sikkim und Burma.

C. ensifolium (L.) Sw. ist eine Art ohne ausgeprägte Pseudobulben, mit etwa 1 cm breiten und 20 bis 30 cm langen Laubblättern und einem etwa gleichlangen, wenigblumigen Blütenstand. Die 4 bis 6 cm breite weißlich- bis gelblichgrüne Blüte ist purpurbraun gestreift und gefleckt. Blütezeit Mai bis September. Heimat Thailand, China, Japan.

C. floribundum Lindl. (*C. pumilum* Rolfe) bildet kleine eiförmige, etwa 3 cm hohe Pseudobulben aus, etwa 1 cm breite, 20 bis 40 cm lange Laubblätter und einen kurzen, wenigblumigen Blütenstand. Von der 3 bis 4 cm breiten Blüte sind die rötlichbraunen Sepalen und Petalen gelblich umrandet, die weißliche Lippe mit gelbem Schlund bräunlichrot gefleckt. Blütezeit Mai bis September. Heimat China, Japan.

C. giganteum Wall. ex Lindl. Zahlreiche riemenförmige, bis 60 cm lange Laubblätter umhüllen die bis 15 cm hohen Pseudobulben. An dem vielblumigen, aufrechten bis überhängenden Blütenstand sind die Blüten 7 bis 10 cm breit. Die gelblichgrünen Sepalen und Petalen sind bräunlichrot längsgestreift, und die gelbliche, am Rand gewellte Lippe ist purpurrot streifig gefleckt. Blütezeit Oktober bis Februar. Heimat Himalaja von Indien bis Westchina.

C. lowianum Rchb. f. Die 8 bis 10 cm hohen Pseudobulben haben mehrere lineare 50 bis 70 cm lange Laubblätter und einen etwa gleichlangen, hängenden, mehrblumigen Blütenstand. Von der 8 bis 10 cm breiten Blüte sind die Sepalen und Petalen gelblichgrün, der weißliche Mittellappen der gelblichen Lippe scharlachrot bis kastanienbraun und bandartig gefleckt. Blütezeit Februar bis Mai. Heimat Burma.

C. tigrinum Parish ex Hook. f. Eiförmige, 3 bis 4 cm hohe Pseudobulben tragen 2 bis 4 bis 15 cm lange gestielte, lederige Laubblätter und am überhängenden, wenigblumigen Blütenstand 5 bis 8 cm breite Blüten. Die Sepalen und Petalen sind gelblich- bis olivgrün, die weiße Lippe bräunlichrot gefleckt. Blütezeit März bis Mai. Heimat Burma.

C. tracyanum Rolfe gleicht im Habitus *C. giganteum*, jedoch hat es 10 bis 15 cm breite Blüten. An diesen sind die grünlichen Sepalen und Petalen braunrot punktiert bis gestreift, die rahmweiße Lippe ist rotbraun geadert und punktiert. Blütezeit November bis März. Heimat Burma.

Hybriden. Vor Ende des letzten Jahrhunderts erbrachten die ersten Bastardierungen jene Ausgangsformen, deren Kreuzungen untereinander und mit weiteren Arten zu unserem heutigen Bestand an Hybriden mit farbenfrohen Blüten führte. Trotz vieler guter Eigenschaften wie z. B. lange Haltbarkeit der Blüte besteht für die Pflege dieser Hybriden bei den Orchideenfreunden wegen ihrer platzbeanspruchenden Laubmasse kein sehr großes Interesse. Mehr Beachtung erlangen jene Cymbidien, welche als Miniatur-Hybriden angeboten werden und aus Bastardierung kleinbleibender Arten hervorgegangen sind. Diese beanspruchen weniger Platz, aber ein Gewächshaus mit Temperaturen im mittleren Wärmebereich.

Die kalt bis kühl zu pflegenden Arten benötigen während und nach der Ruhepe-

Cycnoches ventricosum

Cymbidium tracyanum

riode im kalt-kühlen Gewächshaus bei leicht übertrocknetem bis mäßig feuchtem Wurzelballen eine Heizwärme von tagsüber um 15° und nachts um 10 bis 12°. Diese erhöht sich nach dem Sproßaustrieb um einige Grade, wobei die wöchentlichen Wassergaben sukzessiv ergiebiger werden und entsprechend der Witterung auch die Frischluftzufuhr. Die sommerliche Betreuung wird im stark gelüfteten, luftfeuchten, kühlen und wenig beschatteten Gewächshaus oder an einem bedingungsgleichen Standort im Garten vorgenommen. An sonnig-heißen Tagen sind die Cymbidien zu überspritzen und bei Vermeidung stagnierender Nässe ausreichend mit Wasser zu versorgen sowie während der Vegetationsperiode wöchentlich zu düngen. Ab Ende August beeinflussen entfernte Beschattung, geringere Wassergaben und nächtliche Abkühlung die Blüteninduktion. Mit Beginn der Schlechtwetterperiode im September gehören die Cymbidien, wenn sie über Sommer im Garten gepflegt wurden, ins kühl-kalte Gewächshaus. Bei hellem Stand, geringeren Wassergaben und reichlicher Frischluft wird der Blütenstand ausgebildet. Sind Knospen vorhanden, wird die Temperatur im Gewächshaus um einige Grade gegenüber der nach der Blüte zu gebenden Heizwärme erhöht.

Cymbidium aus wärmeren Verbreitungsgebieten und die Miniatur-Cymbidien sind das ganze Jahr über auf gleicher Pflegebasis im Gewächshaus oder auf der Fensterbank, jedoch bei Temperaturen tagsüber um 20°, nachts um 16 bis 17° zu pflegen.

Cymbiglossum Halbinger
(griech. *kymbe* = Schale, Boot, *glossa* = Zunge; ein Hinweis auf den auf der Lippe vorhandenen kahnförmigen Kallus)

Mehrere Arten mit übereinstimmenden Merkmalen auf der Lippe wurden aus der Gattung *Odontoglossum* ausgeschieden und in der neu begründeten Gattung *Cymbiglossum* vereint. Ihre Merkmale sind zu eiförmiger, seitlich abgeflachter, ein- oder zweiblättriger Pseudobulbe die genagelte Lippe und auf dieser der schalenförmige Kallus mit wulstartigen, nach vorn zu ausgezogenen Spitzen. Der ein- oder mehrblumige Blütenstand sproßt aus der Achsel eines der beiden die Pseudobulben umhüllenden Laubblätter. Bisher sind etwa 15 epi- und lithophytisch wachsende Arten aus Mittelamerika bekannt.

Die Heimat der *Cymbiglossum*-Arten sind die sich in Höhen zwischen 1700 und 2900 m ausbreitenden kühlen Berg- und Nebelwälder. Während der winterlichen Trockenperiode herrscht tagsüber fast immer sonnig-warmes Wetter, welches gegen Abend von dichtem Nebel und von nächtlichen Niederschlägen abgelöst wird. Die am Morgen noch vorhandene Feuchtigkeit der Nacht wird von der sich rasch erwärmenden trockenen Luft des Tages aufgesaugt. Während der sommerlichen Regenzeit fallen ergiebige Niederschläge, deren nicht versickertes Wasser durch die danach einsetzenden stärkeren Winde mit Aufklarung und kräftiger Erwärmung der Atmosphäre rasch verdunstet.

C. bictoniense (Batem.) Halbinger (*Odontoglossum bictoniense* (Batem.) Lindl.). 5 bis 15 cm hoch sind die seitlich abgeflachten Pseudobulben mit zwei oder drei 20 bis 40 cm langen Laubblättern und mit bis 100 cm langem aufrechtstehendem, traubigem, vielblumigem Blütenstand. Von der 3 bis 5 cm breiten Blüte sind die gelblichgrünen Sepalen und Petalen dunkelbraun gefleckt, die weiße oder rosalila Lippe ist dreieckartig. Blütezeit Dezember bis Mai. Heimat Mexiko, Guatemala, El Salvador.

Mini-Cymbidium 'Magpie'

C. cervantesii (Llave et Lex.) Halbinger (*Odontoglossum cervantesii* Llave et Lex.). Diese Art gleicht zum Verwechseln *C. rossii*, ausgenommen der nach Erstarken der Pseudobulbe sich entfaltende Blütenstand. Die 2 bis 3 cm hohen, abgeflachten, etwas kantigen Pseudobulben tragen ein 10 bis 15 cm langes Laubblatt und einen gleichlangen, wenigblumigen, hängenden Blütenstand. Die 4 bis 6 cm breite weiße oder rosa Blüte ist an der Basis der Sepalen und Petalen reichlich sowie an der herzförmigen Lippe bescheidener rötlichbraun strichartig und kreisförmig gezeichnet. Blütezeit Dezember bis Juni. Heimat Mexiko.

C. cordatum (Lindl.) Halbinger (*Odontoglossum cordatum* Lindl.) entfaltet etwa 6 cm hohe flachgedrückte Pseudobulben mit einem 15 bis 20 cm langen Laubblatt und einem längeren, aufrecht gerichteten, leicht überhängenden, mehrblumigen Blütenstand. An der 5 bis 8 cm breiten, sternartigen braunen Blüte sind die Sepalen und Petalen an der basisnahen Hälfte grünlichgelb gebändert oder gefleckt, die weißliche bis gelbliche Lippe rotbraun gemustert. Blütezeit November bis Mai. Heimat Mittel- und nördliches Südamerika.

C. ehrenbergii (Link, Klotzsch et Otto) Halbinger (*Odontoglossum ehrenbergii* Link, Klotzsch et Otto) hat gedrängt stehende, abgeflachte, einblättrige, etwa 3 cm große Pseudobulben und einen wenigblumigen, hängenden Blütenstand. Dieser entwickelt sich am Neutrieb vor Erstarkung der Pseudobulbe. Eine leicht mit *C. rossii* zu verwechselnde Art. An der etwa 3 cm breiten weißen Blüte sind die Sepalen schokoladenbraun gebändert und ebenso, jedoch nur in der basisnahen Hälfte, die Petalen. Die weiße Lippe ist fleckenlos. Blütezeit Mai bis August. Heimat Mexiko.

C. maculatum (Llave et Lex.) Halbinger (*Odontoglossum maculatum* Llave et Lex.). Seine zweiblättrigen Pseudobulben erreichen eine Höhe bis 8 cm und der mehrblumige, aufrechtstehende, leicht überhängende Blütenstand eine Länge bis 25 cm. An der 4 bis 7 cm breiten Blüte sind die Sepalen bronzebraun, die gelben Petalen und die gleichfarbige Lippe hellbraun gefleckt. Blütezeit Januar bis Mai. Heimat Mexiko, Guatemala.

C. majale (Rchb. f.) Halbinger (*Odontoglossum majale* Rchb. f.). Die einblättrigen, schmal-eiförmigen Pseudobulben werden 4 bis 7 cm hoch und der zwei- bis vierblumige aufrechte Blütenstand höchstens 15 cm lang. Die 3 bis 5 cm breite, rosarotpurpurne Blüte ist auf der Lippe dunkler gefleckt. Blütezeit März bis Juli. Heimat Guatemala.

C. rossii (Lindl.) Halbinger (*Odontoglossum rossii* Lindl.) gleicht im Habitus *C. cervantesii* und *C. ehrenbergii*, jedoch entwickelt sich sein wenigblumiger Blütenstand aus der Achsel eines der Deckblätter der ausgewachsenen Pseudobulbe. Die schmalen Sepalen der 4 bis 7 cm breiten gelblichen bis weißlichen Blüte sind rötlichbraun gefleckt, die nur wenig breiteren Petalen nur im Basisbereich gleichfarbig gemustert. Die Lippe ist fleckenlos. Die Blütezeit ist von Oktober bis März. Heimat Mittelamerika.

C. uro-skinneri (Lindl.) Halbinger (*Odontoglossum uro-skinneri* Lindl.) ist eine lithophytisch wachsende, zweiblättrige Art mit an längeren Rhizomen diskusähnlichen, bis 12 cm hohen Pseudobulben. Der überhängende, vielblumige, bis 100 cm lange Blütenstand bringt 4 bis 6 cm breite gelblichgrüne Blüten zur Entfaltung. Ihre Sepalen und Petalen sind rotbraun marmoriert bis gebändert, die herzförmige weißliche Lippe mehr oder weniger reichlich rosa gefleckt. Blütezeit Herbst und/oder Frühjahr. Heimat Guatemala.

Entsprechend der Pflanzengröße werden *Cymbiglossum* auf Korkbrettchen aufgebunden oder in kleinere, gut drainierte Pflanzgefäße eingesetzt. Sie benötigen in den Sommermonaten ein luftfeuchtes, gelüftetes, beschattetes, kühl-temperiertes Gewächshaus sowie gleichmäßig feuchten Wurzelballen und während der Sproßentfaltung monatliche Düngung. In der Übergangszeit und während der Ruheperiode im Winterhalbjahr wird *Cymbiglossum* bei leicht übertrocknetem bis mäßig feuchtem Wurzelballen bei hellem und luftfeuchtem Stand im mäßig temperierten Gewächshaus gepflegt. Die Heizwärme soll tagsüber 18° nicht übersteigen und nachts nicht unter 12° sinken.

Dendrobium Sw.
(griech. *dendron* = Baum, *bios* = Leben; ein Hinweis auf die epiphytische Lebensweise)

Aus ein oder mehreren Internodien bestehen die aufrechtstehenden oder hängenden Sprosse, welche auch spindelförmig oder verschiedenartig knotig verdickt sein können. Die ein- oder mehrjährigen, wenigen bis zahlreichen Laubblätter sind papier- bis lederartig. Die seiten-, seltener endständigen, wenig- bis vielblumigen Blütenstände sind aufrecht gerichtet, waagrecht abstehend oder hängend. Von der je nach Art verschieden großen Blüte sind die Sepalen und Petalen weitgehend gleichaussehend. Die ungeteilte oder dreilappige Lippe bildet mit dem Säulenfuß eine spornartige Aussackung. Bei vielen Arten sind an diesem Kinn die seitlichen Sepalen teilweise angewachsen. Die Anthere des kurzen, mit unterschiedlich vielen Zähnchen versehenen Säulchens enthält vier flache, paarweise zusammenstehende Pollinien. Der Gattung gehören über 800 vorwiegend epiphytisch wachsende Arten an, deren Verbreitung ein Gebiet umfaßt, das nördlich vom Himalaja, westlich von Indien und östlich von Südjapan begrenzt wird und sich südwärts über das nordöstliche Australien und die Pazifischen Inseln bis Neuseeland erstreckt.
Bedingt durch die sehr unterschiedlichen Klimate des ausgedehnten Verbreitungsgebietes zeigen die Arten ein entsprechend abweichendes Verhalten. Die Arten aus gebirgigen Gebieten mit feuchtwarmen Regen- und kühlen Trockenperioden werfen fast immer vor der Ruheperiode ihre Laubblätter ab. Jene *Dendrobium*-Arten, welche in feucht-warmen Gebieten mit annähernd gleichmäßig über das ganze Jahr verteilten Regenfällen beheimatet sind, tragen durch mehrere Vegetationsperioden derbere bis lederartige Laubblätter. Weitere Arten bilden sukkulentenartige Laubblätter aus, mit deren Wasserspeicherungsvermögen sie länger anhaltende Trockenperioden zu überleben befähigt sind.

1. Häufig gepflegte Arten mit hängenden Sprossen und kurzlebigen Laubblättern

D. anosmum Lindl. (*D. macrophyllum* Lindl., *D. superbum* Rchb. f.). Von den anfangs aufrechtwachsenden, später hängenden 50 bis 100 cm langen Sprossen fallen zur Blütezeit die Laubblätter ab. Aus mehreren Blattachseln zugleich kommen die hellpurpurfarbenen bis rosalila 8 bis 12 cm breiten Blüten, deren Lippe zwei dunklere Schlundflecke zieren. Blütezeit Februar bis Mai. Heimat Philippinen, Borneo, Indochina.

D. aphyllum (Roxb.) C. E. C. Fisch. (*D. amoenum* Lindl., *D. pierardii* Roxb.). Bis 100 cm lang sind die hängenden Sprosse mit zur Blütezeit abfallenden Laubblättern. Einzeln oder bis zu drei Blüten von 4 bis 6 cm Breite stehen aus mehreren Blattachseln zugleich kommend am blattlosen Sproß. Von der zartrosa Blüte ist die Lippe mattgelb. Blütezeit Januar bis April. Heimat Nordindien, Burma, Malaya, Thailand.

D.chrysanthum Wall. entwickelt anfangs aufrechtwachsende, später überhängende, bis 100 cm lange zylindrische Sprosse mit über die Blühperiode hinaus erhalten bleibenden Laubblättern. 3 bis 6 cm breit sind die goldgelben Blüten, deren Lippe im Schlund zwei bräunlichrote bis dunkelpurpurfarbene Flecken aufweist. Blütezeit März bis September. Heimat Nordindien, Burma, Indochina.

D.devonianum Lindl. Die bis 100 cm langen, hängenden Sprosse haben vor der Blüte vergilbende Laubblätter. Die 4 bis 6 cm breite gelblichweiße Blüte mit purpurlila Spitzen hat im Schlund der gefransten Lippe zwei orangegelbe Seitenflecke. Blütezeit April bis Juni. Heimat Nordindien, Moulmein.

D.heterocarpum Wall. (*D.aureum* Lindl.) bringt an aufrechten, später überhängenden, bis 50 cm langen blattlosen Sprossen aus mehreren Blattachseln zugleich paarig zusammenstehende, 5 bis 7 cm breite hellgelbe bis gelblichweiße Blüten. Die dunkle Lippe ist orangebraun gefleckt und geadert. Blütezeit Januar bis Juni. Heimat Sri Lanka, ostwärts bis Philippinen.

D.loddigesii Rolfe entwickelt anfangs aufrechtwachsende, später hängende, bis 20 cm lange, dünne Sprosse mit kleinen ovalen, zwei bis drei Jahre haltbaren Laubblättern. Diese Sprosse sind befähigt, im Spitzenbereich wurzelbildende Seitensprosse auszubilden. Der kurze Blütenstand ist fast immer einblumig. Von der 4 bis 5 cm breiten hellrosa bis rötlichlila Blüte mit gefranster Lippe ist die orangegelbe Mitte des Vorderlappens weißlich umrandet. Blütezeit Februar bis Mai. Heimat Laos, Yünnan, Südchina.

D.parishii Rchb.f. Dicksprossige, überhängende Sprosse erreichen eine Länge bis 20 cm. Die steiferen Laubblätter vergilben mit Blühbeginn der wenigen sich im Spitzenbereich des Sprosses entfaltenden Blüten. Die 4 bis 5 cm breite, dunkel rosalila Blüte mit hellerer Lippe ist beiderseits des Lippenschlundes dunkel purpurlila gefleckt. Blütezeit April bis Juni. Heimat Indochina.

D.primulinum Lindl. haben anfangs aufrechtwachsende, später überhängende, bis 40 cm lange Sprosse mit zur Blütezeit abfallenden Laubblättern. Die 4 bis 6 cm breite weißliche, gelblichrosa überlaufene Blüte ist im Schlund der primelgelben Lippe purpurfarben geadert. Blütezeit März bis Mai. Heimat Nordindien, Indochina, Malaiische Halbinsel.

D.wardianum Warner. Bis 100 cm lang werden die knotig angeschwollenen, anfangs aufrechten, später hängenden Sprosse mit während der Blütezeit vergilbenden Laubblättern. Die weißliche Blüte mit purpurlila Blattspitzen und gleichfarbiger Lippe ist 6 bis 10 cm breit, ihr orangegelber Schlund ist mit zwei dunklen purpurbraunen Flecken versehen. Blütezeit März bis Juni. Heimat Burma, Assam, Thailand.

2. Häufig gepflegte Arten mit aufrechten oder überhängenden Sprossen und mehrjährigen Laubblättern

D.antenuatum Lindl. Aufrechte, durch mehrere Jahre beblätterte, bis 80 cm hohe zylindrische Sprosse bringen im Bereich ihrer Spitzen bis 50 cm lange, locker- und wenigblumige Blütenstände. Die weißlichgrüne Blüte hat aufrechtstehende, etwas gedrehte Petalen, welche gegenüber den etwa 2 cm langen Sepalen bis 5 cm lang sind. Der Mittellappen der vorgestreckten dreilappigen Lippe ist zugespitzt und rotviolett sowie stricharting gezeichnet. Blütezeit Juni bis Oktober. Heimat dieser Art ist Neuguinea.

D.bigibbum Lindl. Bis 100 cm hoch werden die schlanken, zylindrischen, in der oberen Hälfte beblätterten Sprosse. Gipfelständig sind ihre schräg abstehenden, bis 80 cm langen, unterschiedlich reichblumigen Blütenstände. Die etwa 5 cm breite Blüte ist hell- bis dunkelpurpurlila, die Lippe dunkler und mit fünf Kielen besetzt. Diese Art wird häufig mit *D.phalaenopsis* verwechselt. Blütezeit Oktober bis Februar. Heimat Neuguinea, Nordostaustralien.

D.dearei Rchb.f. Aufrechte, bis 80 cm hohe Sprosse mit derb-lederigen, mehrjährigen Laubblättern bringen mehrere kurze Blütenstände. An der etwa 5 cm breiten schneeweißen Blüte ist der Schlund der dreilappigen Lippe grünlich, die Seitenlappen klein und stumpf. Blütezeit März bis Juni. Heimat Philippinen.

D.fimbriatum Hook. Seine aufrechten, etwas spindelförmigen, bis 80 cm hohen Sprosse haben mehrjährige Laubblätter und einen hängenden, bis 10 cm langen, mehrblumigen Blütenstand. Von der 3 bis 4 cm breiten goldgelben Blüte ist der Lippenrand gefranst. Bei **D.fimbriatum** var. **oculatum** Hook. ist die Mitte der Lippe zusätzlich schwärzlichbraun gefleckt. Blütezeit Februar bis Mai. Heimat Nordindien, Burma, Laos.

D.formosum Roxb. Aufrechte, schwarz behaarte, bis 60 cm lange, in der oberen Hälfte beblätterte Sprosse haben einen kurzen, wenigblumigen Blütenstand. Seine 8 bis 10 cm breiten weißen Blüten tragen in der undeutlich dreilappigen Lippe einen orangegelben Schlundfleck. Blütezeit Februar bis Mai. Heimat Thailand, Burma, Malaiische Halbinsel.

D.infundibulum Lindl. ist im Habitus *D.formosum* gleich, hat jedoch nur halb so große weiße Blüten, deren ausgeprägt dreilappige Lippe orange gefleckt und geadert ist. Blütezeit Mai bis August. Heimat Burma, Thailand.

D.longicornu Lindl. Seine schlanken, braun behaarten, bis 50 cm langen Sprosse tragen dünnlederige Laubblätter. Der kurze Blütenstand ist wenigblumig, die weiße Blüte 3 bis 4 cm breit, die dreilappige Lippe hat einen orangegelben Schlund. Blütezeit August bis Oktober. Heimat Burma.

D.nobile Lindl. Zylindrische, bis 60 cm hohe Sprosse wachsen aufrecht bis überhängend und sind zur Blütezeit belaubt. Aus mehreren Blattachseln zugleich kommen 4 bis 7 cm breite rosalila Blüten. Der purpurlila Schlundfleck der Lippe kann zusätzlich einen dottergelben Rand aufweisen. Eine in der Blütenfarbe stark variierende Art, die Ausgangsform vieler farbenprächtiger Hybriden ist. Blütezeit Dezember bis Juni. Heimat Nordindien, Burma, Laos, Thailand, Südchina.

D.phalaenopsis Fitzg. gleicht im Habitus, jedoch mit kürzeren Sprossen und nicht so großen Blüten, *D.bigibbum*. Die Blüte ist rosarot, an der Basis hellrot, die Lippe dunkelpurpur. Der zugespitzte Mittellappen weist gegenüber der stumpfen, rundlichen Spitze bei *D.bigibbum* keine verdickten Mittelnerven auf, welche bei *D.bigibbum* deutlich hervortreten. Blütezeit September bis Februar. Heimat Nordostaustralien, benachbarte Inseln.

Dendrobium primulinum

D. pulchellum Roxb. (*D. dalhousieanum* Wall.). Die aufrechten, bis 80 cm hohen Sprosse mit mehrjährigen Laubblättern sind im Alter gefurcht und bringen im Spitzenbereich einen hängenden, bis 15 cm langen Blütenstand. Die 8 cm breite weißlich-bräunlichgelbe Blüte birgt im Schlund der Lippe zwei größere bräunlichrote bis purpurfarbene Flecken. Blütezeit April bis August. Heimat Sikkim, Burma, Malaiische Halbinsel.

D. schuetzei Rolfe. Die aufrechtwachsenden, bis 40 cm hohen Sprosse tragen halb aufwärtsgerichtete, lederige Laubblätter und einen kurzen, wenigblumigen Blütenstand. Die weiße Blüte ist 5 bis 8 cm breit. Die dreilappige Lippe ist röhrig, die großen Seitenlappen sind aufrecht gestellt und der Lippengrund ist grünlich. Blütezeit März bis Juni. Heimat Philippinen.

D. stratiotes Rchb.f. ist in Habitus und Blüte ähnlich *D. antennatum*. Die weißlichen, an der Basis sehr breiten Sepalen der langgestreckten Blüte sind etwa 3 cm und die grünlichen, aufrechtstehenden und gedrehten Petalen etwa 6 cm lang. Die weißliche Lippe ist purpurfarben gestreift und geädert. Blütezeit Juni bis Oktober. Heimat Neuguinea.

Dendrobium-Arten, deren Laubblätter während der Ruheperiode vergilben, benötigen in ihrer winterlichen Ruheperiode bei mäßig feuchtem bis übertrocknetem Wurzelballen im kühl-temperierten Gewächshaus eine Heizwärme von tagsüber um 16 bis 17° und nachts um 12 bis 14°. Mit länger werdendem Tag und intensiverer Sonneneinstrahlung erhöhen sich Gewächshauswärme und Luftfeuchtigkeit, welche die Blütenentfaltung und den nachfolgenden Sproßaustrieb beschleunigen. Mit weiter fortschreitender Jahreszeit werden die Wassergaben sukzessiv reichlicher, die Beschattung des Gewächshauses stärker und die durch Sonneneinstrahlung steigende Wärme übersteigt 25°. In der sommerlichen Vegetationsperiode wird bei entsprechend hoher Luftfeuchtigkeit und ausreichender Frischluft die notwendige Düngung nicht vernachlässigt. Vom Hochsommer an sind Beschattung und Wassergaben zu reduzieren, nicht aber Frischluftzufuhr und Luftfeuchtigkeit. Diese Maßnahme bewirkt ein gutes Ausreifen herangewachsener Sprosse und ihre Anpassung an die Winterruhe mit den schon erwähnten Bedingungen. Bei allen laubabwerfenden *Dendrobium*-Arten sind übertrockneter, nicht ausgetrockneter Wurzelballen und mäßige Heizwärme die Voraussetzungen zur sicheren Ausbildung des Blütenansatzes.

Dendrobium nobile und seine Hybriden sind wie die laubabwerfenden Arten zu pflegen. Die Sproßentwicklung muß Ende August beendet sein, wonach die neuen Sprosse bei voller Sonne und tief gefallener Nachttemperatur, bei mäßigen Wassergaben und höherer Luftfeuchtigkeit ausreifen. Sehr vorteilhaft kann ein spätsommerlicher Standortwechsel aus dem Glashaus in den Garten sein, um den Einfluß der kühlen luftfeuchten Nächte zur Ausbildung der Knospen auszunützen. Sie sind jedoch keinem anhaltenden Herbstregen auszusetzen. Die Überwinterung erfolgt hell, luftfeucht und kühl, tagsüber um 15 bis 16°, nachts um 10 bis 12°. Der Wurzelballen soll übertrocknet bis mäßig feucht sein. Nach Ausbildung der Knospen beschleunigt etwas höhere Gewächshauswärme die Entwicklung der Blüten. Fast immer halten *D. nobile* und seine Hybriden nach der Blüte bis zum Sproßaustrieb eine kurze Ruheperiode ein.

Jene *Dendrobium*-Arten, deren Laubblätter mehrere Jahre alt werden, werden weitgehend nach der beschriebenen Methode gepflegt, ausgenommen die relativ trockene Überwinterung im kühl-temperierten Gewächshaus. Diese Arten benötigen in den Wintermonaten ein temperiert-warmes Gewächshaus und gleichbleibend mäßig feuchten Wurzelballen. Die Heizwärme beträgt tagsüber um 20°, nachts um 16 bis 17°.

Die tropischen *Dendrobium*-Arten aus Neuguinea und Nordostaustralien bedürfen durchwegs keiner anderen Pflege als jene der letztgenannten Artengruppe, beanspruchen jedoch ein weniger beschattetes, wärmeres und luftfeuchteres Gewächs-

Orchidaceae

Dendrobium nobile

Dendrobium 'Gatton Monarch'

Dendrobium infundibulum var. jamesianum

haus, welches in den Sommerwochen gelüftet ist und in dem die Temperatur Tagesspitzen von 27 bis 29° erreicht, nachts nicht unter 22° fällt. Entsprechend diesen Bedingungen wird der Wurzelballen reichlich mit Gießwasser versorgt und die Düngung nicht vernachlässigt. Die Heizwärme im Winterhalbjahr beträgt im luftfeuchten Gewächshaus tagsüber um 22 bis 23° und nachts um 20°.

Die Arten mit hängenden Sprossen sind entsprechend ihrer Sproßlänge in aufzuhängende Körbchen einzusetzen oder auf Korkbrettchen aufzubinden. Für Arten mit aufrechtwachsenden Sprossen werden ihrer Größe angepaßte Pflanzgefäße mit reichlicher Drainage verwendet. Das geeignetste Pflanzmaterial besteht aus einer Mischung aus 2 Teilen Mexifern (Osmunda-Wurzeln) und 1 Teil Sphagnum (Styromull) mit Zugabe von trockenem, zerkleinertem Buchenlaub (Farnwedel) und Kuhfladengeriebsel (Hornspäne). Das Pflanzmaterial wird nicht gestopft, sondern nur so fest zusammengedrückt, daß einerseits die Dendrobien festen Halt im Pflanzgefäß erhalten und andererseits jedes überschüssige Gießwasser aus dem Pflanzmaterial rasch entweichen kann. Vielfach wird beim Ein- oder Umpflanzen nicht darauf geachtet, daß sich die Sproßanlage für den neuen Austrieb an der Basis des jüngsten Sprosses befindet. Diese Sproßanlage bleibt frei und oberhalb des Pflanzmaterials. Wenn erforderlich, sind kopfschwere Pflanzen an dazu gesteckte Stäbchen anzubinden. In zu kleinen Pflanzgefäßen haltlos gewordene Dendrobien erhalten einen sicheren Stand, wenn man sie in größere Blumentöpfe stellt.

Das Umpflanzen von Dendrobien wird am Ende der Ruheperiode mit Ausgang des Winters oder im zeitigen Frühjahr vorgenommen, so daß frisch austreibende Wurzeln unbeschädigt in das neue Pflanzmaterial eindringen. Umgepflanzt wird in mehrjährigem Rhythmus, wobei erdig gewordenes Pflanzmaterial, tote Wurzeln und abgestorbene Sprosse zu entfernen sind. Nach dem Umpflanzen erhalten die Dendrobien zu rascher Wurzelbildung und baldigem Sproßaustrieb einen wärmeren, luftfeuchteren Stand im temperiert-warmen Gewächshaus. Sie erhalten anfangs kein Gießwasser, werden jedoch entsprechend der Witterung täglich leicht überspritzt. Mit Ausbildung von Wurzeln und Sproß wird die Gewächshauswärme verringert, entsprechend des Sonnenstandes im späten Frühjahr die Beschattung verstärkt, die Wassergaben sukzessiv reichlicher gegeben und bei Beibehaltung hoher Luftfeuchtigkeit Frischluft zugeführt. Diese Maßnahmen für die umgepflanzten Dendrobien leiten über zu der obengeschilderten Pflege. Überspritzte Pflanzen müssen zur Vermeidung von Sproßfäule abends wieder trocken sein. Ab dem zweiten Jahr nach dem Ein- oder Umpflanzen wird während der Sproßentwicklung zwei- oder dreimal monatlich stickstoffreich gedüngt, jedoch ab August stickstoffarm. Bei zu geringer Luftfeuchtigkeit sind dünnblättrige Arten anfällig für Spinnmilben. Während der Vegetationsperiode ballentrocken gewordene Pflanzen bekommen ziehharmonikaartig gefaltete Laubblätter und verkümmerte Sprosse.

Dinema Lindl.
(griech. *di* = zwei, *nema* = Faden; ein Hinweis auf die beiden fadenartigen Fortsätze am Säulchen)

Jährlich entwickeln sich an einem hängenden oder kriechenden Rhizom mehrere, etwa 2 cm hohe, beblätterte Pseudobulben, die in wenigen Jahren ein sproßreiches Sympodium ausbilden. Endständig zwischen den Laubblättern erblüht in den Wintermonaten der einblumige Blütenstand. Von der 2 bis 3 cm breiten Blüte der einzigen Art,

Dinema polybulbon (Sw.) Lindl. (*Epidendrum polybulbon* Sw., *Encyclia polybulbon* (Sw.) Dressl.), sind die Sepalen und Petalen bräunlich, die Lippe weiß. Am kurzen Säulchen sind seitlich der rötlichen Anthere zwei gleichfarbige, fadenförmige Flügel vorhanden. *Dinema* wächst epiphytisch an Bäumen nebelreicher Wälder oder lithophytisch an feuchten Felsen in Mittelamerika.

Dinema wird mit reichlich viel Pflanzmaterial auf ein langgestrecktes Korkbrettchen aufgebunden, an dem sie sich mit Vorliebe zopfartig herabhängend entwickelt. Sie benötigt im Sommerhalbjahr im halbschattigen, temperierten, luftfeuchten Gewächshaus reichlich viel Wasser und gelegentliche Düngung, im Winterhalbjahr entsprechend der reduzierten Gewächshauswärme einen mäßig feuchten Wurzelballen. Sie ist mit *Epidendrum* und *Encyclia* zusammen keine schwierig zu pflegende Orchidee, entwickelt jedoch bei zu geringen Wassergaben und fehlender Wärme während der Vegetationsperiode nur ein oder zwei Pseudobulben, welche erfahrungsgemäß keine Blüten ausbilden. Alle Pseudobulben eines Sproßsympodiums blühen mit Ende des Winters.

Doritis Lindl.
(griech. *dory* = Lanze)

Kleine, epiphytisch wachsende Orchidee mit kurzem beblättertem Stamm und mit seitenständigem, traubigem oder rispigem Blütenstand. Die Sepalen und Petalen der Blüte sind abstehend, die dreilappige Lippe ist mit dem Fuß des Säulchens verwachsen. Die Seitenlappen der Lippe sind aufrechtstehend, und der vorgestreckte Mittellappen trägt an der Basis zwei spitze Auswüchse. Zwei oder drei Arten sind im indisch-malaiischen Raum beheimatet.
Die häufiger gepflegte und zur Bastardierung verwendete Art ist

Doritis pulcherrima Lindl. (*Phalaenopsis pulcherrima* (Lindl.) J.J. Sm., *P. esmeralda* Rchb.f.). Sie bringt einen 35 bis 70 cm langen, vielblumigen Blütenstand mit 2 bis 4 cm breiten lila bis purpurfarbigen Blüten. Blütezeit Juli bis Oktober.
Hybriden. Bastardierungen zwischen *Doritis* und *Phalaenopsis* ergeben Hybriden, deren Blüten dem Aussehen nach der *Doritis*-Blüte in zwei- bis dreifacher Vergrößerung ähnlich sind, jedoch auch solche, deren Blüten denen der *Phalaenopsis* gleichen: × **Doritaenopsis** (*Doritis* × *Phalaenopsis*).

Doritis und ihre Hybriden werden am vorteilhaftesten mit *Phalaenopsis* zusammen gepflegt; ausführliche Pflegehinweise siehe dort. Der Blütenstand von *Doritis* ergibt eine gut haltbare Schnittblume. Wird der Schaft nicht zu tief abgeschnitten, wächst aus der Achsel eines Hochblattes am verbliebenen Schaft eine weitere Blütenrispe heran.

Dracula Luer
(lat. *dracula* = kleiner Drachen; bezieht sich auf das Aussehen der Blüte)

Zu *Dracula* gehören Arten, welche von der Gattung *Masdevallia* abgetrennt wurden. *Dracula* gleicht im Habitus weitgehend *Masdevallia* und unterscheidet sich von ihr durch dünnere und weichere Laubblätter, durch nacheinander sich öffnende Blüten an einem meist hängenden, mehrblumigen Blütenstand. Die offene Blüte ist fast immer nach unten gerichtet. Die breiten Sepalen laufen in sehr lang ausgezogene schwanzartige Spitzen aus. Die Petalen sind sehr klein, und von der Lippe ist das Hypochil (hinterer Lippenteil) um vieles kleiner als das größere, muschelschalenartige Epichil (vorderer Lippenteil). Eine unbekannte Anzahl von Arten sind in Mittel- und im nördlichen Südamerika beheimatet. *Dracula* wachsen bevorzugt terrestrisch unterhalb von Sträuchern, auch in Moosschichten eingebettet an Stämmen von Bäumen offener Lichtungen. Ihre Standorte sind kühlere Gebirgswälder in Höhen zwischen 1000 und 2000 m.

D. bella (Rchb.f.) Luer (*Masdevallia bella* Rchb.f.) hat gelbliche, rotbraun gefleckte Blüten mit weißer Lippe. Blütezeit Mai bis September. Heimat Kolumbien.

D. chimaera (Rchb.f.) Luer (*Masdevallia chimaera* Rchb.f., *M. backhouseana* Rchb.f.) entfaltet gelbliche, kastanienbraun getupfte Blüten mit weißlichgelblicher Lippe. Blütezeit Mai bis September. Heimat Kolumbien.

D. erythrochaete (Rchb.f.) Luer (*Masdevallia erythrochaete* Rchb.f.). Ihre weiße, gelblich überlaufene Blüte ist purpurrot getupft, die Lippe weißlich bis rosa. Blütezeit Mai bis September. Heimat Guatemala, Costa Rica, Kolumbien.

Dracula werden im Sommerhalbjahr im stärker beschatteten, im Winterhalbjahr im unbeschatteten, kalten Gewächshaus bei hoher Luftfeuchtigkeit und gleichmäßig feuchtem Wurzelballen gepflegt. Die Zufuhr kühlerer Frischluft ist so wichtig wie das Vermeiden 17 bis 18° übersteigender Temperaturen im Hochsommer oder einer solchen Heizwärme im Winter. Fleckenbildung an Laubblättern ist fast immer auf zu starke Sonneneinstrahlung, also auf zu geringe Beschattung und zu trockene Luft zurückzuführen. Alle übrigen Pflegemaßnahmen entsprechen der Pflege von *Masdevallia* (Näheres siehe dort).

Encyclia Hook.
(griech. *enkyklein* = einkreisen, umkreisen; ein Hinweis auf die Umhüllung des Säulchens durch die Seitenlappen der Lippe)

Durch unterschiedlich lange Rhizome stehen ei- und birnenförmige sowie langgestreckte bis spindelartige Pseudobulben mehr oder weniger gedrängt beisammen und tragen bis drei schmale oder oval- bis spatelförmige Laubblätter. Der endständige, traubige oder rispige, aufrechtstehende oder überhängende Blütenstand wird bis 100 cm lang. An der durchwegs mittelgroßen Blüte sind sich die Sepalen und Petalen sehr ähnlich und von der ganzrandigen oder dreilappigen Lippe umhüllen die Seitenlappen das Säulchen. Lippe und Säulchen sind nicht bei allen Arten miteinander verwachsen. Etwa 100 epi- und lithophytische Arten sind von Mexiko bis Brasilien in Höhen zwischen 100 und 2500 m verbreitet.

Die Wuchsorte sind immergrüne und laubabwerfende Bäume lichter Wälder sowie Felswände in mehr feuchteren als trockenen Gegenden verschiedenster Höhenlagen in mittel- und südamerikanischen Gebirgsketten. Während der Vegetationsperiode haben diese Gebiete reichlichen Niederschlag, meistens durch stärkere Gewitterregen. In der danach folgenden regenarmen Periode trocknen diese Gebiete wiederum nicht so aus, daß die Orchideen wesentlichen Substanzverlust erleiden. Nebel und Tau sorgen dann für die notwendige Benässung, ohne ihre Ruheperiode einzuschränken. Eine weitere Anzahl von *Encyclia*-Arten ist in tropischen immergrünen oder laubabwerfenden Wäldern anzutreffen, welche keinen Zyklus deutlich getrennter Vegetations- und Ruheperiode aufweisen.

1. Arten mit nicht resupinierten (nicht herumgewendeten) Blüten

E. cochleata (L.) Dressl. (*Epidendrum cochleatum* L.) hat seitlich zusammengedrückte, 5 bis 10 cm hohe Pseudobulben mit einem etwa doppelt so langen Laubblatt und einem wenig längeren Blütenstand. Von der grünlichgelben, 1 bis 4 cm breiten Blüte ist die konkave Lippe an der Basis grün und purpurbraun, in der Spitzenhälfte purpurbraun und schmal grün geadert bis gefleckt. Blütezeit März bis Oktober. Heimat Tropen Amerikas.

E. fragrans (Sw.) Dressl. (*Epidendrum fragrans* Sw.) ist im Habitus bedeutend kleiner als *E. cochleata*. Von der etwa 2 cm breiten gelblichweißen bis gelblichgrünen Blüte ist die zugespitzte konkave Lippe rötlichbraun gestreift. Blütezeit April bis Juli. Heimat Tropen Amerikas.

E. glumacea (Lindl.) Pabst (*Epidendrum glumaceum* Lindl.) bildet spindelförmige, 5 bis 7 cm hohe, zweiblättrige Pseudobulben und einen zwei- bis dreimal so langen, vielblumigen Blütenstand aus. Von der 3 bis 4 cm breiten weißen Blüte ist die Lippe an ihrer Basis rot bis rosalila liniert. Blütezeit Mai bis August. Heimat Brasilien.

E. radiata (Lindl.) Dressl. (*Epidendrum radiatum* Lindl.) ist im Habitus schlanker als *E. cochleata*. Ihre muschelschalenförmige, gelblich- bis grünlichweiße, 2 bis 3 cm breite Lippe ist rötlichbraun gestreift. Blütezeit Mai bis August. Heimat Tropen Amerikas.

2. Arten mit resupinierten Blüten an aufrechtstehenden Blütenständen

E. adenocaula (Llave et Lex.) Dressl. (*Epidendrum adenocaulum* Llave et Lex., *E. nemorale* Lindl., *Encyclia nemoralis* (Lindl.) Schlechter). Die birnenförmigen Pseudobulben werden 5 bis 10 cm hoch, die Laubblätter bis 35 cm und der lockerblumige Blütenstand bis 90 cm lang. Die schmalen Sepalen und Petalen der 3 bis 6 cm breiten Blüte sind lilarosa, der Vorderlappen der gleichfarbigen Lippe dunkelpurpurfarben gestreift. Blütezeit April bis Juni. Heimat Mexiko.

E. advena (Rchb.f.) Dressl. (*Epidendrum advenum* Rchb.f.) ist im Habitus kleiner als *E. adenocaula*. Von der gleichfalls kleineren Blüte sind die gelblichgrünen, bräunlich überlaufenen Sepalen und Petalen löffelförmig. Die weißliche Lippe ist an der Basis des Vorderlappens rötlich geadert. Blütezeit Januar bis Juni. Heimat Mittelamerika.

E. alata (Batem.) Schlechter (*Epidendrum alatum* Batem.) ist im Habitus *E. advena* fast gleich, jedoch mit kleinerer Blüte von ähnlicher Färbung. Seiten- und Vorderlappen der Lippe sind bräunlichrot geadert. Blütezeit Januar bis Juni. Heimat Mittelamerika.

E. brassavolae (Rchb.f.) Dressl. (*Epidendrum brassavolae* Rchb.f.) haben gestrecktbirnenförmige, 5 bis 10 cm hohe Pseudobulben mit doppelt so langen riemenförmigen Laubblättern. Der 25 bis 40 cm lange Blütenstand trägt mehrere 6 bis 10 cm breite, grünlich- bis bräunlichgelbe Blüten mit zugespitzter, rötlicher, der Basis zu weißer Lippe. Blütezeit Mai bis September. Heimat Mittelamerika.

E. cordigera (H.B.K.) Dressl. (*Epidendrum atropurpureum* Willd., *Encyclia atropurpurea* (Willd.) Schlechter) gleicht im Habitus *E. adenocaula*, jedoch sind die breiten grünlichen Sepalen und Petalen rötlichbraun überlaufen. Von der weißen Lippe ist die Basis scharlachrot gestreift bis gefleckt. Blütezeit März bis Juni. Heimat Mittel- und nördliches Südamerika.

E. prismatocarpa (Rchb.f.) Dressl. (*Epidendrum prismatocarpum* Rchb.f.) gleicht im Habitus *E. brassavolae*. Die Sepalen und Petalen der 4 bis 6 cm breiten Blüte sind grünlich- bis bräunlichgelb und rötlichbraun bis schwärzlichrot gefleckt. Die keilförmig zugespitzte weißliche bis gelbliche Lippe weist einen rosa Mittelfleck auf. Blütezeit Juli bis Oktober. Heimat Panama, Costa Rica.

E. vitellina (Lindl.) Dressl. (*Epidendrum vitellinum* Lindl.) hat 4 bis 7 cm hohe eiförmige Pseudobulben und Laubblätter von doppelter Länge sowie einen bis 60 cm langen Blütenstand mit 2 bis 4 cm breiten rot- bis orangegelben Blüten. Blütezeit August bis Dezember. Heimat Mexiko, Guatemala, in Höhen zwischen 1800 und 2300 m. Die Pflege gleicht jener von *Rossioglossum*.

3. Arten mit hängendem Blütenstand

E. citrina (Llave et Lex.) Dressl. (*Cattleya citrina* (Llave et Lex.) Lindl., *Epidendrum citrinum* (Llave et Lex.) Rchb.f.) haben abwärtshängende, 4 bis 7 cm lange Pseudobulben, 10 bis 20 cm lange Laubblätter und einen ebensolangen hängenden Blütenstand mit einer, selten mit zwei zitronen- bis goldgelben Blüten. Die weißumrandete Lippe ist im Schlund orangegelb geadert. Blütezeit März bis Juni. Heimat Mexiko. Auf Korkbrettchen aufgebunden wird *E. citrina* wie und mit *Rossioglossum* zusammen gepflegt.

E. mariae (Ames) Hoehne (*Epidendrum mariae* Ames) ist im Habitus nicht so groß wie *E. citrina*, jedoch mit schräg aufwärts gerichteten Pseudobulben und mit wenigblumigem Blütenstand. Von der 4 bis 6 cm breiten grünen Blüte ist die Lippe weiß. Blütezeit April bis Juni. Heimat Mexiko. Aufgebunden auf Korkbrettchen wird *E.*

mariae nicht so extrem kühl wie *Rossioglossum* gepflegt. Näheres siehe dort.

Encyclia sind durchweg problemlos im temperierten Gewächshaus zu pflegen. Während des Sommerhalbjahres benötigen sie bei ausreichenden Wassergaben einen beschatteten, sonnendurchwärmten Standort im gelüfteten, luftfeuchten Gewächshaus. Der im Frühjahr austreibende Sproß erstarkt während des Sommers und reift ab September bei geringeren Wassergaben, bei unbeschattetem Sonnenlicht, entsprechender Lüftung und Luftfeuchtigkeit aus. Diese Pflegemaßnahmen gehen in die der Wintermonate mit seltener gegebenen Wassergaben im kühlen Gewächshaus über. Die gebotene Heizwärme beträgt tagsüber nicht mehr als 17 bis 18°, nachts um 14°. Die verringerten Wassergaben dürfen keineswegs zur Schrumpfung der Pseudobulben führen, insbesondere nicht bei Arten ohne lederige Laubblätter.

Epidendrum L.
(griech. *epi* = auf, *dendron* = Baum; ein Hinweis auf die epiphytische Lebensweise dieser Orchideen)

Häufig stehen gebüschelt wenig- bis vielblättrige Sprosse beisammen, deren endständige, seltener seitenständige, aufrechte oder überhängende Blütenstände Trauben, Dolden oder verzweigte Rispen sind. Die Sepalen und Petalen der Blüte sind fast gleich, die nicht immer kallustragende Lippe ist mit dem Säulchen verwachsen. *Epidendrum* unterscheidet sich von *Encyclia* durch seine schlanken Sprosse, also durch fehlende Pseudobulben. Mehrere hundert epi-, lithophytisch und terrestrisch wachsende Arten sind vorwiegend im tropischen Südamerika verbreitet, weniger in Mittelamerika.

Obwohl viele *Epidendrum*-Arten über Monate hindurch blühen, werden diese Orchideen infolge ihrer langen Sprosse und ihrem längeren Blütenstand selten gepflegt. Die häufiger anzutreffenden Arten sind **E. fulgens** Brongn. (*E. mosenii* Rchb.f.) mit gelb- bis rotorangefarbener Blüte; **E. radicans** Pav. ex Lindl. mit karminroter Blüte und gelber Lippenbasis; **E. schomburgkii** Lindl. mit dunkelroter Blüte.

Hybriden. Bastardierungen zwischen *Epidendrum*-Arten wurden bisher selten durchgeführt. Die bekannteste Hybride entstand im vorigen Jahrhundert und ist das willig wachsende **E. × o'brienianum** (*E. evectum* × *E. radicans*) mit hellkarminroter Blüte und orangefarbener Lippenschwiele. Weit zahlreicher wurden *Epidendrum* in andere Gattungen zu einfachen oder mehrfachen Gattungshybriden eingekreuzt. Bisher sind etwa 30 Gattungshybriden bekannt, von ihnen sind die bekanntesten:

× **Epicattleya** (*Epidendrum* × *Cattleya*),
× **Epilaelia** (*Epidendrum* × *Laelia*) und
× **Epiphronitis** (*Epidendrum* × *Sophronitis*). × **E. veitchii**, eine kleinbleibende, für *Epidendrum* relativ großblumige rotblühende Hybride, ist eines der ältesten Produkte gärtnerischer Kreuzung.

Die Pflege entspricht der bei *Encyclia* angegebenen. Der abgeblühte Blütenschaft bringt, sofern er während der winterlichen Ruheperiode nicht vertrocknete, im darauffolgenden Jahr einen weiteren seitlich austreibenden Blütenstand. Bei zu warmer und luftfeuchter Überwinterung sprossen am Blütenschaft seitenständig Laubsprosse statt des Blütenstandes. Einjährige Laubsprosse mit Wurzeln ergeben, abgetrennt und nicht anders als Jungpflanzen eingesetzt und behandelt, weitere Pflanzen mit eigenständiger Entwicklung.

Eria Lindl.
(griech. *erion* = Wolle; möglicherweise ein Hinweis auf die bei einigen Arten vorhandene Behaarung an der Blüte und am Blütenschaft)

Eria sind von unterschiedlichstem Aussehen. Ihre Sprosse sind stämmchen- bis

Encyclia citrina

Encyclia prismatocarpa

pseudobulbenartig und tragen ein bis vier in Größe und Aussehen verschiedenartige Laubblätter. Der Blütensproß kommt seitenständig aus einer Blattachsel, bevorzugt im Bereich des Sproßgipfels. Die Blüten sind durchwegs klein, seltener von mittlerer Größe, und in Form und Aussehen stark voneinander abweichend. Die Sepalen sind untereinander freistehend, jedoch sind die seitlichen am verlängerten Säulenfuß angewachsen. Um diesen bildet sich ein kürzeres bis längeres spornähnliches Kinn. Die Lippe ist unbeweglich, seltener beweglich am Säulenfuß sitzend. Bekannt sind etwa 500 botanisch interessante epiphytisch und terrestrisch wachsende Arten mit Verbreitung im gemäßigten und tropischen Asien, in Südostasien und südwärts bis Australien und Polynesien. Keine der bei uns gepflegten Eria-Arten ist so häufig, daß eine von ihnen mit einem Beispiel vorzustellen wäre.

Eria wird entsprechend ihrer Größe mit Epiphytenmaterial auf Korkbrettchen aufgebunden oder in reich drainierte kleinere Pflanzgefäße eingetopft. Sie wird im Sommerhalbjahr im beschatteten, luftfeuchten, frischluftreichen, temperierten Gewächshaus gepflegt, in dem sie ihrer Wüchsigkeit angepaßte Gießwassermengen erhält. An sonnig-heißen Tagen fördert leichtes Überspritzen ihre Sproßentwicklung. In den Wintermonaten ist mäßig feuchter Wurzelballen und heller Stand im temperierten bis kühlen Gewächshaus das Gegebene. Heizwärme von tagsüber um 17 bis 18°, nachts um 14 bis 15° ist ausreichend. *Eria* lassen sich mit *Bulbophyllum* zusammen erfolgreich pflegen.

Euanthe Schlechter
(griech. *euanthes* = schön blühend; bezieht sich auf die prachtvollen Blüten)

Euanthe gleicht im Habitus und mit ihrem blattachselbürtigen Blütenstand einer kräftigen, langblättrigen *Vanda*. An ihrer farbenprächtigen Blüte sind sich die großen flachen Sepalen und Petalen sehr ähnlich, die zweiteilige, mit Längsleisten versehene Lippe ist relativ klein. Ihr Epichil ist nach unten abstehend und breiter als das Hypochil. Das kräftige Säulchen ist klein.

E. sanderiana (Rchb.f.) Schlechter (*Vanda sanderiana* Rchb.f.). Diese einzige Art der Gattung bringt gelbliche, karminrot geaderte und gefleckte Blüten. Sie variiert

Euanthe sanderiana

Gastrochilus bellinus

sehr stark in ihrer Blütenfärbung und ist auf den Philippinen beheimatet. Ihre bevorzugten Wuchsorte sind im Strandbereich solitär stehende Bäume.
Euanthe ist ein in den Orchideenanbaugebieten Südostasiens bevorzugter Partner bei Bastardierungen mit *Vanda*, deren Gattungshybride × **Vandanthe** ist. *Euanthe* wie auch × *Vandanthe* sind in Mitteleuropa keine leicht zu pflegenden Orchideen. Sie benötigen im Gegensatz zu *Vanda* (vgl. dort) höhere Gewächshaustemperatur, feuchtere Atmosphäre und während des Sommers stärkere Beschattung.

Eulophia Lindl.
(griech. *eulophos* = mit einem schönen Helmbusch versehen)

Pflanzen mit unter- oder oberirdischen Sproßknollen. Aus der Achsel eines Laubblattes des noch nicht oder schon knollig erstarkten Sprosses entfaltet sich der arm- bis reichblumige Blütenstand. Die Sepalen und Petalen der Blüte sind sich sehr ähnlich, von der ganzrandigen oder dreilappigen Lippe ist die Basis sackförmig oder spornähnlich. Die Seitenlappen sind aufrechtstehend und der mit Schwielen versehene Vorderlappen ist meistens vorgestreckt, jedoch auch zurückgebogen. Das kurze Säulchen ist geflügelt. Etwa 200 terrestrisch, seltener epiphytisch wachsende Arten sind im tropischen Afrika sowie in Südafrika verbreitet.

E. guineensis Lindl. und **E. quartiniana** A. Rich. sind nicht häufig anzutreffen. Sie sind Bewohner der Savanne und der Galeriewälder. Sie haben stärker beschattete Wuchsorte, weshalb ihre Knollen während der Ruheperiode trotz vorherrschender Trockenheit und Hitze kaum oder wenig schrumpfen. In der danach folgenden Vegetationsperiode, gekennzeichnet durch ergiebige Regenfälle und hohe Luftfeuchtigkeit, entwickelt sich sehr rasch am Neuaustrieb die Sproßknolle. Bei *E. quartiniana* sproßt der Blütenstand zugleich mit dem Sproßaustrieb aus diesem heraus, bei *E. guineensis* entwickelt er sich nach Entfaltung der Laubblätter. Beide Arten haben die gleiche Blütenfarbe. Ihre aufwärtsgerichteten Sepalen und Petalen sind auf grünlichem Grund bräunlichrosa, ihre rosarote, der Basis zu weißliche Lippe ist dunkler geadert.

Die Überwinterung der fast immer blattlosen *Eulophia* erfolgt bei übertrocknetem Wurzelballen im luftfeuchten, temperierten Gewächshaus mit nächtlicher Heizwärme von nicht unter 15°. Die tagsüber gebotene Heizwärme von 18° erhöht sich bei Sproßaustrieb im Frühjahr und erreicht zur Sommerzeit eine Glashauswärme um 22 bis 25°, welche nachts nicht unter 20° fallen sollte. Zugleich werden sukzessiv reichlichere Wassergaben gegeben. Zur Ausbildung kräftiger Knollen ist monatliche Düngung notwendig. Während der Vegetationsperiode steht *Eulophia* schattig und luftfeucht im gelüfteten Gewächshaus. Vom Betauen der Laubblätter zur Erhöhung der Luftfeuchtigkeit ist wegen deren Empfindlichkeit für Spritzwasser abzusehen. Mit beginnender Vergilbung der Laubblätter setzt die Ruheperiode mit den schon erwähnten Bedingungen ein. Umgepflanzt wird vor Sproßaustrieb, wenn die jüngste Knolle den Rand des Pflanzgefäßes erreicht hat. Beim Umpflanzen wird zum drainierten, schalenartigen Pflanzgefäß ein für epiphytische Orchideen bestimmtes Pflanzmaterial mit reichlicher Zugabe von organischem Dünger verwendet.

Gastrochilus D. Don
(griech. *gaster* = Bauch, *cheilos* = Lippe; Anspielung auf den bauchig angeschwollenen Lippenteil)

Kleinbleibende, monopodial wachsende Orchideen mit zweizeilig angeordneten, vorn tief eingeschnittenen Laubblättern. Der blattachselbürtige Blütenstand ist wenig- bis vielblumig. Von der farbenprächtigen Blüte sind die sich sehr ähnlichen Sepalen und Petalen nicht miteinander verwachsen, wogegen die Basis und die Seiten des sackartigen Hypochils der Lippe mit dem Säulchen verwachsen sind. Der breite rundliche, behaarte oder gefranste Vorderlappen der Lippe ist flach nach vorn gestreckt. Bekannt sind etwa 20 epiphytisch wachsende Arten mit Verbreitung in Indochina und auf den umliegenden Inseln.

G. bellinus (Rchb.f.) O. Kuntze (*Saccolabium bellinum* Rchb.f.). Sein reich beblätterter und bewurzelter Stamm wird selten höher als 30 cm. Die schmalen, sichelförmig gekrümmten Laubblätter sind 10 bis 25 cm lang, und der wenigblumige Blütenstand bleibt relativ kurz. Von der 1 bis 2 cm breiten Blüte sind die grünlichen bis gelblichen Sepalen und Petalen rotbraun bis bräunlichpurpurfarben gefleckt. Die weiße Lippe ist purpurfarben getupft, ihre warzige Vorderlippe hat zusätzlich zu langen weißen Haaren einen goldgelben Mittelfleck. Blütezeit März bis Juni. Heimat Burma, Thailand.

G. calceolaris D. Don (*Saccolabium calceolare* (D. Don) Lindl.) gleicht im Habitus *G. bellinus*, jedoch entfaltet der doldenförmige Blütenstand eine größere Anzahl kleinerer Blüten. Die Sepalen und Petalen sind gelblich oder grünlich und rotbraun marmoriert, gebändert, gefleckt oder gepunktet. Die gelbliche Lippe mit gleichfarbigem, nierenförmigem, jedoch weiß gefranstem Vorderlappen ist rotbraun gefleckt. Blütezeit März bis Mai. Heimat Assam, Burma, Malaya, Java.

Mit nicht zuviel Pflanzmaterial auf Korkbrettchen aufgebunden wird *Gastrochilus* das ganze Jahr über im warmen Gewächshaus, hell bis beschattet, luftfeucht und bei gleichmäßig feuchtem Wurzelballen, gepflegt. Dies schließt nicht aus, daß während der Vegetationsperiode der Wurzelballen bei Vermeiden stagnierender Nässe etwas feuchter gehalten wird als während der winterlichen Ruheperiode. Die besten Pflegeerfolge stellen sich in Gemeinschaft mit *Angraecum* und *Vanda* ein (siehe dort).

Gomesa R. Br.
(Bernardino Antonio Gomez, 1769–1824, portugiesischer Marinearzt, seit 1797 in Brasilien, veröffentlichte 1803 ein Buch über brasilianische Pflanzen)

Kleinbleibende Orchideen mit länglichen, abgeflachten Pseudobulben und zungenförmigen Laubblättern. Aus der Achsel des die Pseudobulbe umhüllenden Laubblattes sproßt der hängende, vielblumige Blütenstand. An der Blüte sind die Sepalen und Petalen frei abstehend oder aber die seitlichen Sepalen etwas miteinander verwachsen. Die dreilappige, spornlose Lippe sitzt dicht am Säulchen, jedoch ist ihr rückwärtiger Teil etwas abstehend und ihr vorderer Teil nach vorn zu zurückgeschlagen. Die aufrechtstehenden, mehr oder weniger deutlich ausgebildeten Seitenlappen umfassen etwas das Säulchen. Etwa 8 epiphytisch wachsende Arten sind in Brasilien beheimatet.

G. crispa (Lindl.) Klotzsch et Rchb.f. (*Rodriguezia crispa* Lindl.). Die länglichen, seitlich abgeflachten, 5 bis 10 cm hohen Pseudobulben tragen zwei zungenförmige 10 bis 20 cm lange Laubblätter und einen ebensolangen hängenden, dichtblumigen Blütenstand. Von der 1 bis 2 cm langen gelblichen bis grünlichen Blüte trägt die längliche, bauchig vorgewölbte Lippe zwei breite Schwielen. Blütezeit April bis September. Heimat Brasilien.

Gomesa läßt sich auf Korkbrettchen aufgebunden ebensogut pflegen wie in aufzuhängenden Pflanzgefäßen. Das dafür geeignete Pflanzmaterial ist das für epiphytische Orchideen. *Gomesa* benötigt bei beschattetem Standort im luftigen, temperierten Gewächshaus im Sommerhalbjahr einen gleichmäßig feuchten Wurzelballen, welcher während der winterlichen Ruheperiode mäßig feucht zu halten ist. In diesen lichtarmen Monaten ist bei hellem, luftfeuchtem Stand eine Heizwärme von tagsüber um 18 bis 20° und nachts um 16 bis 18° ausreichend.

Gongora Ruiz et Pav.
(Don Antonio Caballero y Góngora, 1740–1818. Bischof von Cordoba in Spanien, Vizekönig von Neugranada (heute Kolumbien), Förderer der Botanik)

Horstbildende Orchideen mit dicht beisammenstehenden rundlichen bis eiförmigen, gefurchten zweiblättrigen Pseudobulben und einem herabhängenden, lockerblumigen Blütenstand. Die je nach Art intensiv duftende Blüte hat einen bogenförmig gedrehten Stiel, die Lippe befindet sich oberhalb des Säulchens und ist mit dem Säulchenfuß verwachsen. An ihrem Hypochil sind zwei hörnerartige Auswüchse vorhanden, und ihr Epichil ist löffelförmig oder stark zusammengedrückt. Verbreitet sind die etwa 25 epiphytisch wachsenden Arten in tropischen und subtropischen Gebieten von Mittel- und Südamerika.

Die Standorte von *Gongora* sind die Lichtungen großräumiger Wälder oder das Ufergebiet der Bach- und Flußläufe, in denen sie ihre Wuchsorte auf locker beisammenstehenden Bäumen haben. *Gongora* kommen von triefend nassen Wäldern heißer Niederungen bis zu den sich an Gebirgshängen in 1700 m Höhe ausbreitenden kühlen Nebelwäldern vor.

G. galeata (Lindl.) Rchb.f. bildet 2 bis 3 cm hohe Pseudobulben, 15 bis 30 cm lange Laubblätter und ebensolange mehrblumige Blütenstände aus. Von der 3 bis 4 cm breiten gelblichen bis rötlichbraunen Blüte ist die Lippe orange- bis bräunlichrot. Blütezeit Juni bis August. Heimat Mexiko.

G. quinquenervis Ruiz et Pav. (*G. maculata* Lindl., *G. atropurpurea* Hook.) ist im Habitus etwa doppelt so groß wie *G. galeata*. Der lockerblumige Blütenstand wird bis 70 cm lang. Von der bräunlichroten, gelblich oder weißlich gebänderten bis punktierten Blüte ist die Lippe gelb und flach zusammengedrückt. Blütezeit Mai bis

August. Heimat Mittel- und nördliches Südamerika.

Die kleinblumigen Arten (z.B. *Gongora galeata*) sind im kühl-temperierten Gewächshaus wie *Stanhopea* zu pflegen; siehe deren Pflegehinweis. Die großblumigen Arten (z.B. *G. quinquenervis*) gehören in das luftfeuchte, temperiert-warme Gewächshaus. Während der Vegetationsperiode verlangen sie einen beschatteten Standort und einen gleichmäßig feuchten Wurzelballen. Dieser soll in den Wintermonaten etwas übertrocknet sein. Die Heizwärme im luftfeuchten Gewächshaus beträgt tagsüber um 20°, nachts zwischen 16 bis 18°. Die im Frühjahr kommenden Sproßaustriebe aller *Gongora*-Arten sind gegen über Nacht stehengebliebenes Wasser sehr fäulnisanfällig.

Hormidium Lindl.
(griech. *hormos* = Kette, Schnur)

R.L. Dressler und seine Mitarbeiter trennten eine größere Anzahl von Arten von der Gattung *Epidendrum* ab und überführten sie nach *Encyclia*. F.G. Brieger übernahm die meisten dieser Arten und faßte sie in der von J. Lindley 1841 begründeten Gattung *Hormidium* zusammen. Für diese Neukombination von F.G. Brieger in »Die Orchideen« von R. Schlechter, 3. Auflage, ist die gültige Veröffentlichung ausständig, so daß die von ihm unter diesem Gattungsnamen angeführten vorwiegend in Südamerika verbreiteten Arten prioritätsmäßig noch *Encyclia* angehören. Eine Auswahl dieser Orchideen mit größeren und farbenprächtigen Blüten wird bei *Encyclia* vorgestellt.

Huntleya Lindl.
(J.T. Huntley, frühes 19. Jahrhundert. Englischer Geistlicher und Orchideenliebhaber, besaß eine größere Orchideensammlung)

Fächerartig angeordnet sind am kurzen Stamm zahlreiche gegenständig stehende Laubblätter. Aus diesen sproßt der achselständige einblumige Blütenstand. An der sternartigen, wachsartig glänzenden Blüte sitzen, ausgenommen das mittlere Sepalum, alle übrigen Blumenblätter am Fuß des Säulchens. Der basale Teil der Lippe ist verschmälert, die vordere Hälfte stark verbreitert. Das Säulchen ist im Spitzenbereich nach vorn zu erweitert und geöhrt und krümmt sich der Lippe zu. Mehrere epiphytisch wachsende Arten sind in Mittel- und Südamerika verbreitet.

H. meleagris Lindl. (*Batemannia meleagris* (Lindl.) Rchb.f., *B. burtii* Endres et Rchb.f., *Huntleya burtii* (Endres et Rchb.f.) Rolfe). Die fächerartig angeordneten lanzettlichen, zugespitzten Laubblätter werden bis 30 cm lang, und die sternartige Blüte wird bis 10 cm breit. Diese ist rotbraun und gelblich gefleckt, der Mitte zu weißlich. Die Petalen und die Lippe sind an der Basis purpurviolett gestreift. Die Schwiele der Lippe trägt einen wimperartigen Kamm. Blütezeit Juni bis September. Heimat Guayana, Venezuela.

Wegen des Fehlens einer wasserspeichernden Pseudobulbe und großer Empfindlichkeit der Wurzeln gegen stagnierende Nässe oder anhaltende Ballentrockenheit sind *Huntleya* keine leicht zu pflegenden Orchideen. Sie werden in reichlich drainierte Pflanzgefäße mit Pflanzmaterial, bestehend aus 2 Teilen weicher Farnwurzeln (Osmunda), 1 Teil Sphagnum und als Beimisch organischer Dünger, eingesetzt. Gut eingewurzelt benötigen sie während der sommerlichen Vegetationszeit stärkere Beschattung im luftfeuchten, temperierten bis warmen Gewächshaus sowie einen mäßig feuchten Wurzelballen. Die gebotenen Wassergaben dürfen zu keiner anhaltenden Nässe im Wurzelbereich führen. Ebenso ist jede Unterkühlung der Wurzeln durch Fehlen glashauswarmen Gießwassers zu vermeiden. *Huntleya* halten im Winterhalbjahr bei reduzierten Wassergaben und hoher Luftfeuchtigkeit eine Vegetationsruhe ein, in welcher eine Heizwärme von tagsüber um 20°, nachts um 18° ausreicht. Wegen großer Empfindlichkeit der Laubblätter gegen nächtliche Feuchtigkeit wird nach Möglichkeit jede Benässung derselben vermieden.

Ionopsis H.B.K.
(griech. *ion* = Veilchen, *opsis* = Aussehen, ähnlich; eine Anspielung auf die Ähnlichkeit der Blütenfarbe mit jener des Veilchens)

Ionopsis haben verschieden lange Rhizome, keine ausgeprägt ausgebildeten Pseudobulben und schuppenartige oder einige schmale oder stielrunde Laubblätter. Der kurze traubige oder längere, verzweigte Blütenstand ist locker- und mehrblumig. Von der durch die Größe der Lippe auffallenden Blüte sind sich die kleineren Sepalen und Petalen sehr ähnlich. Die seitlichen Sepalen sind unterhalb der Lippe sackartig und etwas verwachsen. An der Basis der genagelten, herzförmigen Lippe sind zwei Kiele vorhanden. Ungeflügelt ist das kurze Säulchen. Etwa 10 epiphytisch wachsende Arten sind in den Tropen und Subtropen von Nord-, Mittel- und Südamerika verbreitet; von Meereshöhe aufwärts bis 1000 m.

I. utricularioides (Sw.) Lindl. (*I. paniculata* Lindl.). Die bis 2 cm hohen Pseudobulben tragen gipfelständig ein und an der Basis ein oder zwei weitere steife, schmale, bis 10 cm lange Laubblätter. Der lockerblumige, bis 20 cm lange, drahtige Blütenstand enthält etwa 1 cm breite zart rosalila bis lavendelfarbige, dunkler geaderte bis gefleckte Blüten. Blütezeit Januar bis Oktober. Heimat Tropen von Nord-, Mittel- und Südamerika.

Man kann *Ionopsis* sowohl auf Korkbrettchen binden als auch in aufzuhängende Körbchen pflanzen. Als Pflanzmaterial werden weiche, mit etwas Sphagnum untermischte Farnwurzeln (Osmunda) verwendet. Ein Teil der drahtigen Wurzeln dringt ins Pflanzmaterial ein, die übrigen wachsen zopfartig als Luftwurzeln. Diese sind gegenüber denen im Pflanzmaterial fast täglich zu benässen. Der Wurzelballen darf nicht austrocknen, anderseits nicht stagnierend naß sein. *Ionopsis* sind an luftfeuchter, schattiger Stelle im temperiertwarmen Gewächshaus unterzubringen, welches ganzjährig gleichbleibende Temperaturen von 20 bis 22° tagsüber, 18 bis 19° nachts aufweisen soll. In der Vegetationsperiode sind einige schwache Dunggüsse unumgänglich.

Kefersteinia Rchb.f.
(benannt zu Ehren des mit
H.G. Reichenbach befreundeten Herrn Keferstein in Krollwitz, Besitzer einer großen Orchideensammlung)

Kleinere, gebüschelt wachsende Orchideen mit durch kurze Rhizome zusammenhängenden, wenig beblätterten Sprossen. Diese haben gestielte, langgestreckte, zugespitzte Laubblätter und einen wenigblumigen, überhängenden Blütenstand. Die Sepalen und Petalen sind sich sehr ähnlich. Die ungeteilte, am Rand gefranste Lippe ist schüsselartig und trägt an der Basis sattelartigen Kallus. Die Lippe bildet mit dem Säulenfuß des geraden Säulchens ein Kinn. Etwa 20 epiphytisch wachsende Arten sind in Mittel- und Südamerika verbreitet.

Orchidaceae

Gongora species

Sie wachsen an schattigen, vermoosten Stämmen jener Bäume, welche im tropischen Bergwald entlang der Flüsse und Bäche in Höhen zwischen 1500 und 2000 m wachsen.

K. graminea (Lindl.) Rchb.f. (*Zygopetalum gramineum* Lindl.). Ihre gestielten schmalen, lang zugespitzten Laubblätter werden bis 25 cm lang. Der hängende ein-, seltener mehrblumige Blütenstand entfaltet 3 bis 5 cm breite Blüten. Ihre grünlichen Sepalen und Petalen sind wenig, ihre gleichfarbige Lippe stärker und dichter rötlich- bis schwärzlichbraun gefleckt. Der Rand der Lippe ist gekräuselt und gefranst. Der Lippenkallus ist dunkelrotbraun gefleckt. Blütezeit Mai bis August. Heimat nördliches Südamerika.

Ausschlaggebend für erfolgreiche Pflege ist der entsprechend der Jahreszeit weniger bis stärker beschattete Standort im luftfeuchten, kühl-temperierten Gewächshaus. *Kefersteinia* werden in drainierte Pflanzgefäße mit weichem Pflanzmaterial für Epiphyten eingesetzt. Wenn sie gut eingewurzelt sind, benötigen sie infolge fehlender Speicherorgane und großer Empfindlichkeit der Wurzeln gegen Nässe und Trockenheit einen gleichbleibend feuchten Wurzelballen. Die Tageserwärmung um 20 bis 22° und eine Temperatur nachts um 15 bis 16° wird nach Möglichkeit das ganze Jahr hindurch eingehalten. Ab Mai entwickeln sich aus den Achseln der Laubblätter des vorjährigen Sprosses sukzessiv die Blütenstände. Nach der Blüte, also vom Hochsommer an, bildet sich bis etwa November der neue Laubsproß aus. Der Wurzelballen wird in dieser Zeit etwas feuchter gehalten als während der folgenden Vegetationsruhe.

Laelia Lindl.

(Herkunft des Namens ungewiß, vielleicht nach der Vestalin Laelia oder nach C. Laelius, genannt Sapiens, um 185 v.Chr. – um 115, Förderer von Wissenschaft und Literatur)

Laelia und *Cattleya* stehen verwandtschaftlich sehr nahe. Ihre Blütenmerkmale stimmen bis auf 8 Pollinien bei *Laelia* und 4 Pollinien bei *Cattleya* überein. *Laelia* haben außer Arten mit spindelförmig verdickten Pseudobulben auch Arten mit langgestreckten oder stark verkürzten Sprossen. Neben ein- oder zweiblättrigen Arten mit dickfleischigen gibt es auch solche mit riemenförmigen Laubblättern. Der Schaft des gipfelständigen, ein- oder viel-

Huntleya meleagris

blumigen Blütenstandes kann kurz bis sehr lang sein. Die durchweg kräftig gefärbte Blüte ist je nach Art von sehr unterschiedlicher Größe und hat bis auf Ausnahmen eine dreilappige Lippe. Etwa 35 Arten sind epi- und lithophytisch, seltener terrestrisch wachsend in Mittel- und Südamerika verbreitet.

Die habitusmäßige Verschiedenheit der *Laelia* entspricht der Anpassung an ökologische Verhältnisse ihrer Standorte. Zu epiphytisch wachsenden Arten in Lichtungen tropischer Wälder sind weitere Arten auch auf Sandböden der brasilianischen Küste anzutreffen oder lithophytisch wachsend an schattenarmen Felsen der innerbrasilianischen Mittelgebirge. Weitere Arten wachsen in restlichen Baumgebüsch-Beständen abgeholzter oder am Waldrand noch bestehender Gebirgswälder bis in Höhenlagen um 2000 m.

L.anceps Lindl. Ihre kantigen, bis 10 cm hohen spindelförmigen Pseudobulben tragen ein oder zwei lederige Laubblätter. Am bis 70 cm hohen Blütenstand sitzen mehrere 6 bis 10 cm breite weißlich- bis lilarosa Blüten mit dunkelpurpurner Lippe, deren Seitenlappen heller sind und deren gelber Schlund purpurn geädert ist. Blütezeit Dezember bis Februar. Heimat Mexiko.

L.autumnalis Lindl. gleicht im Habitus *L.anceps*, jedoch hat die Lippe der rosalila Blüte zum helleren Schlund mit dunkleren Nerven weißliche Seitenlappen und einen dunkellila Mittellappen mit zwei hohen und einer niederen lilaroten Leiste. Blütezeit Oktober bis Januar. Heimat Mexiko.

L.cinnabarina Batem. Mit einem schmalen langen Laubblatt enden die zylindrischen, bis 40 cm langen Sprosse. Der mehrblumige, länger als das Laubblatt werdende Blütenstand trägt 4 bis 7 cm breite gelbliche bis orangerote Blüten. Der gekrauste Vorderlappen der Lippe ist stark zurückgebogen. Blütezeit Dezember bis Mai. Heimat Brasilien.

L.flava Lindl. (*L.fulva* Lindl., *Cattleya lutea* Beer). An den einblättrigen, an der Basis knolligen, bis 50 cm hohen Pseudobulben wird der vielblumige Blütenstand bis 30 cm hoch. Die etwa 3 cm breite

Laelia purpurata

Laelia harpophylla

orange bis karmingelbe Blüte variiert so reich, daß aufgrund morphologischer und farblicher Verschiedenheit 7 Arten beschrieben wurden. Diese wachsen durchweg lithophytisch im brasilianischen Mittelgebirge. Blütezeit Februar bis Juni. Heimat Brasilien.

L.gouldiana Rchb.f. gleicht im Habitus *L.autumnalis*, unterscheidet sich aber durch dunklere Blüten und drei hohe lilarote Längsleisten an der Lippe und einen gelben Schlund. Blütezeit Dezember bis Februar. Heimat Mexiko.

L.harpophylla Rchb.f. unterscheidet sich von *L.cinnabarina* durch den die Länge des Laubblattes nicht überragenden Blütenstand sowie durch orangefarbene Blüten mit gekräuseltem, weißlich umrandetem Vorderlappen der Lippe. Blütezeit Januar bis April. Heimat Brasilien.

L.milleri Blumensch. gleicht im Habitus *L.flava*, wenn auch die Pseudobulben nur bis 6 cm hoch werden. Der bis 50 cm lange, wenigblumige Blütenstand trägt 3 bis 5 cm breite lachs- bis orangerote Blü-

ten. Die länglichen Seitenlappen der Lippe umhüllen das Säulchen, der Rand des länglichen, vorgestreckten Mittellappens ist gewellt und gekräuselt. Eine *L.flava* nahe verwandte Art. Blütezeit Februar bis Juli. Heimat Brasilien.

L.perrinii (Lindl.) Batem. Einblättrige, bis 15 cm hohe spindel- bis keulenförmige Pseudobulben sind von blasigen Blattscheiden umhüllt. Der mehrblumige Blütenstand enthält 8 bis 12 cm breite hellrosalila Blüten mit weißlicher, dunkelrosalila umrandeter Lippe. Blütezeit August bis Oktober. Heimat Brasilien.

L.pumila (Hook.) Rchb.f. Zu dieser Art gehören mehrere nahverwandte Formen, welche die Botaniker unterschiedlich als Arten oder als Unterarten bewerten. Vor Erstarkung der einblättrigen 5 bis 10 cm hohen Pseudobulben entfaltet sich der wenigblumige Blütenstand mit 6 bis 10 cm breiten hell- bis dunkelrosalila Blüten. Bei *L.pumila* hat die dreilappige Lippe mit hellgelbem Schlund einen dunkelrosalila Vorderlappen. Bei **L.dayana** Rchb.f. (*L.pumila* ssp. *dayana* (Rchb.f.) Burbidge) ist die Lippe dunkler und ihr gelblichweißer Schlund mit dunkellila Nerven durchfurcht. **L. praestans** Rchb. f. (*L. pumila* ssp. *praestans* (Rchb. f.) Veitch) gleicht *L. dayana* und unterscheidet sich durch weißliche bis gelbliche Schwielen auf der Lippe. Blütezeit August bis Oktober. Heimat Brasilien.

L. purpurata Lindl. Einblättrige, bis 50 cm hohe, spindelförmige Pseudobulben tragen einen vielblumigen Blütenstand mit 15 bis 20 cm breiten rosalila Blüten. Die gleichfarbige Lippe hat zum dunkleren Mittelfleck und gelblichen Schlund dunkellila Aderung. Eine in Blütenfarbe und Blütenzeichnung stark variierende Art. Blütezeit März bis Juni. Heimat Brasilien.

Hybriden. Relativ wenig Hybriden entstanden aus Bastardierungen zwischen Arten, dafür sehr zahlreiche durch Einkreuzung von *Laelia* in andere Gattungen. Die am häufigsten verwendeten Partner waren, insbesondere um die Jahrhundertwende, großblumige *Cattleya*-Arten. × **Laeliocattleya**, die Gattungshybride von *Laelia* und *Cattleya*, ist wegen ihrer größeren Widerstandsfähigkeit und ihren bescheidenen Pflegeansprüchen häufig im Pflanzenbestand des Orchideenfreundes vertreten. Nach jahrelangem Desinteresse für *Laelia* als Kreuzungspartner besteht seit zwei Jahrzehnten wiederum Interesse für Arten, welche, wie z. B. *L. cinnabarina*, *L. flava*, *L. harpophylla*, *L. milleri*, ihre orange und rote Blütenfarbe zu vererben befähigt sind. Viele Hybriden sind eine große Bereicherung, da ihre Blüten Farbtöne haben, die in der Natur nicht vorkommen.

Mit Ausnahme der mexikanischen *Laelia*-Arten haben die übrigen Arten nach der Blüte in den Winter- und Frühjahrsmonaten eine kürzere bis längere Ruheperiode. In diesen Wochen genügt bei hellem Stand, höherer Luftfeuchtigkeit und geringeren Wassergaben eine Heizwärme von tagsüber nicht über 18° und nachts nicht unter 14 bis 15°. Im Spätfrühjahr aktiviert der längere Tag den neuen Sproßaustrieb, welcher während der sommerlichen Vegetationsperiode bei schattigem Standort, relativer Luftfeuchtigkeit und bei entsprechender Frischluftzufuhr sowie bei Temperaturen tagsüber um 25°, nachts um 18°, bei reichlichen Wassergaben und nicht übertriebener Düngung heranwächst. Leichtes Überspritzen an sonnigen Tagen fördert die Ausbildung des neuen Sprosses und der Pseudobulbe. Vom Spätsommer an sind bei schattenlosem Gewächshaus die Wassergaben zu verringern. Bei dieser Pflegemaßnahme sind Temperaturschwankungen zwischen Tag und Nacht vorhanden, welche die Induktion der Blütensproßanlage fördern. Nach der Blüte wird bei noch stärker reduzierten Wassergaben die winterliche Ruheperiode eingehalten.

Die mexikanischen *Laelia*-Arten haben nach der winterlichen Blütezeit eine längere Ruheperiode als die in Brasilien beheimateten Arten, wenn auch jene wie diese einen einigermaßen identischen Vegetationsrhythmus haben und annähernd gleich zu pflegen sind. Die mexikanischen Arten sind im Sommerhalbjahr unbedingt sonniger und luftiger zu halten. Sie lassen sich während des Sommers auch im Garten kultivieren, wenn ihnen ein halbschattiger Standort, höhere Luftfeuchtigkeit, geregelte Wassergaben und erforderliche Düngung geboten werden können. Sie sind bei tagelang anhaltendem kühl-regnerischem Wetter kurzfristig ins Gewächshaus zurückzubringen, wollen wir Entwicklungsstockungen und Wurzelschäden vermeiden. Das herbstliche Schönwetter wirkt sich außerordentlich günstig für die Ausbildung des Blütenstandes aus. Die im Sommer im Gewächshaus verbliebenen *Laelia* erhalten vom Hochsommer an volle Sonne, viel frische Luft, geringere Wassergaben und durch offene Lüftungsfenster die Kühle der Nacht.

Vor und nach der Blüte genügt den mexikanischen Arten bei übertrocknetem Wurzelballen eine Heizwärme tagsüber um 16 bis 18°, nachts um 12 bis 14°. Während der Blüte sagt ihnen eine um einige Grad höhere Glashauswärme mehr zu.

Leptotes Lindl.
(griech. *leptotes* = zart, zierlich; bezieht sich auf den graziösen Habitus der Orchidee)

Die einblättrigen Stämmchen der kleinbleibenden Orchideen sind durch kurze Rhizome miteinander verbunden. Bei den kleinen bis mittelgroßen Blüten des gipfelständigen, wenigblumigen Blütenstandes stehen die gleichaussehenden Sepalen und Petalen ab. Von der dreilappigen Lippe umfassen die kleinen Seitenlappen das kurze, fleischige, an der Spitze undeutlich geöhrte Säulchen. Zwei epiphytisch wachsende Arten sind in Brasilien, Paraguay und Argentinien verbreitet.

L. bicolor Lindl. Die von Scheidenblättern umgebenen Stämmchen von etwa 1 cm Höhe tragen ein aufrechtstehendes, fast stielrundes, eingekerbtes, bis 5 cm langes Laubblatt. An dem kurzen ein- bis dreiblumigen Blütenstand sitzen 2 bis 4 cm breite weiße Blüten mit purpurfarbenem Mittelfleck auf der grünlichweißen Lippe. Blütezeit Juni bis September. Heimat Brasilien.

Die geringe Größe macht es erforderlich, *Leptotes* mit wenig Pflanzmaterial aus weichen, mit etwas Sphagnum untermischten Farnwurzeln auf Korkbrettchen aufzubinden. Gepflegt wird der Epiphyt im Sommerhalbjahr im beschatteten, luftfeuchten, gelüfteten, temperierten Gewächshaus bei relativ feuchtem Wurzelballen. In der kühlen Jahreszeit bis zum Sproßaustrieb im Frühjahr hält man sie bei nicht zu feuchtem Wurzelballen hell und luftfeucht. Die bescheidenen Wassergaben dürfen keineswegs so gering sein, daß es zur Schrumpfung der mehrere Jahre lebensfähigen Laubblätter kommt. Heizwärme von 17 bis 18° tagsüber und 13 bis 14° nachts ist ausreichend.

Ludisia A. Rich.
(Herkunft des Namens unbekannt)

Der alteingeführte Name *Haemaria* Lindl. ist gegenüber *Ludisia* jünger, weshalb die Botaniker dem älteren Namen aus Gründen der Priorität den Vorzug geben mußten.

Ludisia als terrestrisch wachsende Orchidee bildet kriechende Rhizome mit schön gefärbten samtartigen Laubblättern aus. Der endständige, traubige Blütenstand ist wenig- bis vielblumig. Von der kleinen Blüte sind das mittlere Sepalum und die seitlichen Petalen helmartig zusammengeneigt, die seitlichen Sepalen weggestreckt und die gedrehte Lippe an der Basis blasig vergrößert. Der mittlere Teil der Lippe ist halbzylindrisch verengt und trägt am oberen Ende querstehende, länglich verbreiterte Seitenlappen und in der blasigen Vergrößerung an der Basis zwei Schwielen. Das keulige Säulchen ist stark gedreht. Die einzige, durch Färbung der Laubblätter geringfügig variierende Art wird an schattigen Standorten in niederen Gebirgswäldern feuchtwarmer, regenreicher Gebiete in Südostasien angetroffen.

L. discolor (Ker-Gawl.) A. Rich. (*Haemaria discolor* (Ker-Gawl.) Lindl.). Ihre kriechenden Rhizome erreichen eine Länge bis zu 20 cm, ihre elliptisch-lanzettlichen, samtartig dunkel- bis schwärzlichgrünen Laubblätter sind silberig, hellgelblich oder rötlich geädert. An dem bis 25 cm langen Blütenstand sind die Blüten weiß, die Anthere gelb. Blütezeit November bis Februar, jedoch auch zu jeder anderen Jahreszeit. Heimat Indien, Indochina, Indonesien.

Eingepflanzt in gut dränierte Schalen mit Pflanzmaterial aus 2 Teilen Osmunda-Wurzeln, 1 Teil Sphagnum und mit Kuhfladengeriebsel (Hornmehl) untermischt wächst *Ludisia* im schattigen, luftfeuchten, temperiert-warmen Gewächshaus, sich verzweigend, polsterartig heran. Die Vegetationsperiode erstreckt sich fast über das ganze Jahr. Nach der Blüte kommen nach kurzer Vegetationsruhe aus dem abgeblühten Sproß ein oder mehrere Sproßaustriebe. Wichtig zum lockeren, wasserdurchlässigen Pflanzmaterial ist das wöchentliche Gießen mit handwarmem, kalkfreiem Wasser sowie die ein- oder zweimalige Düngung im Monat (¼ g Volldünger auf 1 l Wasser). Die Heizwärme beträgt tagsüber um 20°, nachts um 18°; durch beschattete Sonneneinstrahlung höher angestiegene Temperaturen werden schadlos vertragen. Jede Unterkühlung der Wurzeln durch zu kühles Gießwasser oder kalten Standort ist zu vermeiden.

Lycaste Lindl.
(*Lykaste* = eine Tochter des letzten Trojanerkönigs Priamus)

Eiförmig und etwas kantig sind die 3 bis 10 cm hohen Pseudobulben mit gipfelständigen, kurzgestielten, eine oder mehrere Ruheperioden überdauernden Laubblättern. Die langgestielten Einzelblüten erscheinen mit oder vor dem Austrieb des neuen Sprosses. An der 3 bis 15 cm breiten Blüte sind die Sepalen abstehend und die je nach Art andersfarbigen Petalen nach vorn zu gerichtet. Die dreilappige, mehr oder weniger flaumige und mit unterschiedlichen Schwielen ausgestattete Lippe sitzt dem Säulenfuß auf. Die Spitze des Säulchens kann flügellos oder geflügelt sein. Etwa 35 epi- und lithophytisch wachsende Arten sind in Mittel- und Südamerika verbreitet.
Die Standorte liegen in regenreichen Wäldern, in immergrünen Gebirgswäldern höherer Lagen, in feuchten Schluchten und an gebüschreichen Ufern der Flüsse und Bäche; je nach Art zwischen 500 und 2200 m. Als Wuchsorte werden humusreiche und moosbewachsene Astgabeln, Gebüschnischen und Felsspalten angegeben, welche hell bis schattig sind.

L. aromatica (Hook.) Lindl. hat ovale, etwas zusammengedrückte 3 bis 6 cm hohe Pseudobulben und 15 bis 25 cm lange Laubblätter. Die 10 bis 15 cm langgestielte, 3 bis 5 cm breite, nach Zimt duftende Blüte ist außen grünlichgelb, innen goldgelb, die gleichfarbige Lippe ist orange gefleckt und bräunlichrot punktiert. Blütezeit März bis Juni. Heimat Mexiko, Honduras, Guatemala.

L. cruenta (Lindl.) Lindl. ist im Habitus größer als *L. aromatica*. Die 4 bis 7 cm breite, zart nach Zimt duftende Blüte entfaltet grünlichgelbe Sepalen und gelbe Petalen. Die gelbe, bräunlichrot punktierte Lippe trägt einen karminroten Schlundfleck. Blütezeit März bis Juni. Heimat Mexiko, Guatemala, El Salvador.

L. deppei (Lodd.) Lindl. ist im Habitus *L. cruenta* gleich. Die Sepalen der 5 bis 7 cm großen Blüte sind grün und rotbraun gesprenkelt, die Petalen weiß mit rotbraunen Tupfen an der Basis. Die gelbe Lippe ist an der Basis rotbraun gefleckt. Blütezeit Januar bis Mai. Heimat Mexiko, Guatemala.

L. virginalis (Scheidw.) Lind. (*L. skinneri* (Batem. ex Lindl.) Lindl.) hat eiförmige 8 bis 10 cm hohe Pseudobulben und bis vier 30 bis 50 cm lange Laubblätter. Der 10 bis 20 cm lange Blütenstiel trägt 7 bis 12 cm breite weißlich- bis dunkelrosa Blüten mit dunklerer Lippe und rotgeflecktem Vorderlappen. Blütezeit April bis August. Heimat Guatemala.

Hybriden. Bastardierungen zwischen Arten wurden vorgenommen, doch blieben die Zuchtergebnisse bisher ohne größere Beachtung. Es ist aber nicht ausgeschlossen, daß Gattungshybriden auftauchen, die alle Erwartungen übertreffen, wie z.B. × **Angulocaste** (*Anguloa* × *Lycaste*), welche im kühleren Gewächshaus unschwer zum Blühen kommt.

Die Pflege entspricht der von *Rossioglossum* oder *Anguloa* (siehe dort). *Lycaste* benötigt während der Ruheperiode bei mäßigen Wassergaben einen hellen, luftfeuchten und kühlen Standort, tagsüber eine Heizwärme um 17 bis 18°, nachts um 13 bis 14°. Während der Vegetationsperiode sollte die Temperatur um mehrere Grad wärmer sein. *Lycaste* ist nach dem Sproßaustrieb anfangs bescheidener, nach Wurzelentwicklung am neuen Sproß reichlicher mit Wasser und entsprechender Düngung zu versorgen.

Macodes Lindl.
(griech. *mak(r)os* = lang; bezieht sich auf verlängerten Mittellappen der Lippe)

Terrestrisch wachsende Orchidee, deren kurze, aufrechtwachsenden Stämmchen mit schraubig angeordneten Laubblättern durch mehr oder weniger lange Rhizome miteinander verbunden sind. Die kleinen Blüten des traubigen Blütenstandes sind nicht resupiniert, infolge verdrehter Lippe und Säulchen asymmetrisch. Die Blumenblätter sind freistehend, die dreilappige Lippe mit kurzen Seitenlappen und mit schmalem Mittellappen ist sackartig gespornt. An der Basis des Säulchens sind zwei kurze in den Sporn hineinragende Lappen vorhanden.
Macodes ist in feuchtheißen Tropengebieten Südostasiens, Indonesiens und auf den Philippinen beheimatet, wo sie im Schatten regen- und humusreicher Niederungs- und Bergwälder wächst. Sie ist eine wegen ihrer prächtigen Laubblätter vielbewunderte Orchidee.

M. petola (Bl.) Lindl. Ihre eiförmigen, kurz zugespitzten, hell- bis dunkelgrünen, samtartigen Laubblätter sind goldgelb bis bronzefarben geädert. Der mehrblumige, bis 15 cm hohe Blütenstand hat etwa 5 mm breite Blüten, deren Sepalen und Petalen rötlichbraun sind und deren Lippe weiß ist. Blütezeit Mai bis September. Heimat Südostasien, Indonesien, Philippinen.

Schwierig zu pflegende Orchidee, welche in eine dränierte Schale mit Pflanzmaterial aus 2 Teilen frischem Sphagnum, 1 Teil weichen Osmunda-Wurzeln und etwas Kuhfladengeriebsel eingepflanzt wird. *Macodes* benötigt einen beschatteten, luftfeuchten und luftzugfreien Standort im warmen Gewächshaus sowie einen gleichmäßig feuchten Wurzelballen. Stagnierende Nässe ist ebenso zu vermeiden wie das Gießen mit nicht handwarmem Wasser. Bodenwärme fördert nicht nur die Entwicklung, sondern hilft die gefürchtete Stammfäule zu vermeiden. Die Temperatur im Gewächshaus soll ganzjährig nachts nicht unter 18° fallen, die winterliche Heizwärme 22° nicht übersteigen, wogegen höhere Temperaturen an einem beschatteten Standort das Wachstum günstig beeinflussen. *Macodes* läßt sich mit *Ludisia* zusammen, jedoch nicht so leicht wie diese pflegen.

Masdevallia Ruiz et Pav.
(José Masdevall, gestorben 1801, spanischer Arzt und Botaniker)

Kleine, gebüschelt wachsende Orchideen mit kriechenden Rhizomen, aufrechtstehenden Sprossen, sukkulentenartigen Laubblättern und einem traubigen, ein- oder mehrblumigen Blütenstand. Die Sepalen der Blüte sind mehr oder weniger verwachsen, die seitlichen bilden mit dem Säulenfuß ein Kinn. Die Enden der Sepalen sind mehr oder weniger lang fadenförmig ausgezogen. Die Petalen sind unauffällig und die am Säulenfuß sitzende kleine Lippe ist zungen- oder löffelförmig. Das Säulchen ist an seiner Spitze gezähnt. Etwa 250 botanisch interessante Arten wachsen epi- und lithophytisch sowie terrestrisch in den sich in 2000 bis 4000 m Höhe ausbreitenden kühlen nebeligen Gebirgswäldern der Anden von Mittel- und Südamerika. Vorgestellt werden nur einige der öfters gepflegten Arten:

M.coccinea Lind. ex Lindl. (*M.harryana* Rchb.f.). Die gebüschelt wachsenden Laubblätter werden bis 20 cm und der einblumige Blütenstand bis 30 cm lang. Die auffällig violett bis scharlachrot gefärbte Blüte mit breiten Seitensepalen und einem schmalen aufrechten Mittelsepalum erreicht mit gestreckten Sepalenspitzen die Länge von 6 bis 10 cm. Blütezeit Mai bis August. Heimat Venezuela, Kolumbien.

M.infracta Lindl. gleicht im Habitus, aber nur mit halb so langen Laubblättern und mit kürzerem, jedoch mehrblumigem Blütenstand *M.coccinea*. Die glockige gelbliche, rotbraun überlaufene Blüte ist ohne die unvermittelt ansetzenden, fadenartig ausgezogenen Spitzen 1 bis 2 cm lang. Blütezeit Mai bis September. Heimat Brasilien.

M.militaris Rchb.f. (*M.ignea* Rchb.f.) gleicht im Habitus *M.coccinea*, ebenso die leuchtendrote bis gelbliche Blüte, deren Mittelsepalum jedoch nach vorne hängt. Blütezeit Mai bis September. Heimat Venezuela, Kolumbien.

M.tovarensis Rchb.f. gleicht im Habitus *M.infracta*. Die ähnlichen Blüten sind jedoch reinweiß, nur die Säulchen mit violetter Zeichnung. Blütezeit November bis März. Heimat Venezuela.

Masdevallia 'Prince de Galle'

M.veitchiana Rchb.f. unterscheidet sich im Habitus nicht von *M.coccinea*, jedoch ist der Blütenstand kürzer, die zinnoberrote Blüte nicht so groß und ihr Mittellappen breit-elliptisch zugespitzt. Blütezeit Mai bis August. Heimat Peru.

Masdevallia kann nur im kühl-kalten Gewächshaus gehalten werden. Sie wird bei Verwendung von Pflanzmaterial für Epiphyten in kleinere, reichlich drainierte Blumentöpfe eingepflanzt oder auf Korkbrettchen aufgebunden. Sie benötigt das ganze Jahr hindurch einen gleichmäßig feuchten, nicht anhaltend durchnäßten Wurzelballen sowie luftfeuchten und frischluftreichen Standort im kühl-kalten Gewächshaus. Dieses wird in den Sommermonaten stärker beschattet und durch Aufgießen von Wasser auf die Wege gekühlt. In der lichtarmen Periode des Winters darf die Heizwärme 17° nicht übersteigen, nachts wird sie auf 12 bis 13° gedrosselt. Alle *Masdevallia*-Arten sind bei zu hoher Wärme und zu geringer Luftfeuchtigkeit gegen Spinnmilben und Thripse sehr anfällig. Schwärzliche Flecken auf den Laubblättern deuten fast immer auf zuviel Sonne und zu geringe Luftfeuchtigkeit.

Maxillaria Ruiz et Pav.
(lat. *maxilla* – Kiefer; eine Anspielung auf das rachenähnliche Aussehen der Blüte mancher Arten)

Polsterartig oder gebüschelt wachsende Orchideen mit aufrechten oder hängenden

Lycaste macrophylla

Masdevallia peristeria

Sprossen oder mit dicht- bis entfernt stehenden ein- oder mehrblättrigen Pseudobulben. Die Blüten stehen einzeln oder gebüschelt, sie sind klein bis auffällig groß. Die seitlichen Sepalen sind entweder am Säulenfuß angewachsen oder bilden um diesen ein Kinn. Die gelappte oder ungeteilte, schwielentragende Lippe sitzt am Säulenfuß. Das gerade bis gekrümmte Säulchen ist ungeflügelt. Etwa 250 epi- und lithophytisch wachsende, botanisch interessante Arten sind in den Tropen und Subtropen von Süd- und Mittelamerika verbreitet.

Maxillaria sind hauptsächlich in lichten, gebüschreichen, nebeldurchzogenen Wäldern feuchter Berghänge und Täler beheimatet. Vorgestellt werden nur einige der häufiger gepflegten Arten:

M. horichii Sengh. Ihre hängenden, locker verzweigten Sprosse mit einblättrigen, etwa 2 cm großen Bulben haben mehrere dicht beisammenstehende, einblumige Blütenstände mit kleinen orangeroten Blüten. Blütezeit Mai bis August. Heimat Costa Rica.

M. meleagris Lindl. Eiförmige, etwas abgeflachte, 2 bis 3 cm hohe gefurchte Pseudobulben tragen ein riemenförmiges, 15 bis 25 cm langes Laubblatt. Der einblumige Blütenstand trägt eine 3 bis 4 cm breite Blüte mit gelblichen bis grünlichbraunen, rotbraun marmorierten bis getupften Sepalen und Petalen und dunkelrotbrauner Lippe. Blütezeit März bis Juni. Heimat Mexiko, Guatemala.

M. picta Hook. Eiförmige, gefurchte, 2 bis 3 cm hohe Pseudobulben tragen ein gipfelständiges Laubblatt und einen 6 bis 8 cm langen Blütenstand mit 3 bis 4 cm breiter dunkelgelber, streifenartig braun gefleckter Blüte, deren weißliche Lippe bräunlichrot punktiert ist. Blütezeit Januar bis April. Heimat Brasilien.

M. porphyrostele Rchb.f. gleicht in Habitus und Blüte *M. picta*, ausgenommen die streifenartig gefleckten Sepalen und Petalen. Die Seitenlappen der Lippe jedoch weisen ein rotbräunliches, strichartiges Muster auf. Blütezeit März bis Juni. Heimat Brasilien.

M. sanderiana Rchb.f. Dicht gebüschelt stehen 4 bis 5 cm hohe Pseudobulben mit einem 15 bis 25 cm langen, gestielten Laubblatt beisammen. Der grundständige Blütenstand ist 10 bis 15 cm lang, die 8 bis 12 cm breite weißlichgelbe, an der Basis purpurviolette Blüte ist verstreut gefleckt. Blütezeit Juni bis Oktober. Heimat Peru.

M. sophronites (Rchb.f.) Garay ist eine locker verzweigt wachsende Art mit etwa 1 cm hohen zwei- oder dreiblättrigen Pseudobulben an 2 bis 5 cm langen Rhizomen und 1 bis 2 cm breiten leuchtendroten Blüten mit orangefarbener Lippe. Blütezeit Mai bis August. Heimat Venezuela.

M. tenuifolia Lindl. hat niederliegende, aufrechtwachsende oder überhängende Sprosse mit 2 bis 3 cm hohen Pseudobulben und 25 bis 30 cm langen, sehr schmalen Laubblättern. Aus Niederblättern unterhalb der Pseudobulbe erscheinen die 3 bis 4 cm breiten bräunlichroten, grünlichgelb gefleckten Blüten mit weißlicher, purpurfarben punktierter Lippe. Blütezeit Februar bis Juli. Heimat Mittelamerika.

M. variabilis Batem. entwickelt hängende, verzweigte, gebüschelt beisammenstehende Sprosse mit einblättrigen, locker entfernt stehenden, etwa 2 cm hohen Pseudobulben. Die glockenähnliche Blüte des einblumigen Blütenstandes variiert von gelblich über ocker bis dunkelbraunrot. Blütezeit März bis Oktober. Heimat Mittelamerika.

Maxillaria sind ihrer Wuchsform und Größe entsprechend auf Korkbrettchen aufzubinden oder in gut drainierte Schalen oder Körbchen mit Pflanzmaterial für epiphytisch wachsende Orchideen einzusetzen. Sie werden in den Sommermonaten bei gleichmäßig feuchtem Wurzelballen im kühlen bis temperierten, beschatteten, luftfeuchten und gelüfteten Gewächshaus gepflegt. An sonnig-heißen Tagen sind sie leicht zu überspritzen. Im Winterhalbjahr ist bei hellem Stand, mäßig feuchtem bis leicht übertrocknetem Wurzelballen und höherer Luftfeuchtigkeit eine Heizwärme tagsüber von nicht mehr als 18° und nachts von nicht unter 13° ausreichend. *Maxillaria* liebt die Gesellschaft und wächst umgepflanzt und geteilt selten wieder zu einer sproßreichen, blühwilligen Pflanze heran.

Miltonia Lindl.
(Viscount Milton, später Lord Fitzwilliam, 1786–1851, of Wentworth House, Yorkshire, Förderer des englischen Gartenbaues und Sammler von Orchideen)

Zweiblättrige Pseudobulben stehen voneinander getrennt an unterschiedlich langen Rhizomen. An der Basis der Pseudobulbe sprossen achselbürtig ein- oder mehrblumige Blütenstände mit langgestielten Blüten hervor. An der sich flach ausbreitenden Blüte trägt die breite, an der Basis mit dem Säulchen einen rechten Winkel bildende Lippe längslaufende Leisten. An der Spitze des Säulchens sind zwei Öhrchen, Lappen oder Flügel vorhanden. Etwa 20 epiphytisch wachsende Arten sind in Brasilien, Paraguay und Argentinien verbreitet.

Miltonia wachsen an schattigen, luftfeuchten Standorten in lichten, lockeren Bergwäldern in Höhen zwischen 800 und 1500 m.

M. clowesii Lindl. hat längliche, bis 10 cm hohe, zweiblättrige Pseudobulben, 20 bis 30 cm lange Laubblätter und einen bis 40 cm langen, mehrblumigen Blütenstand mit 4 bis 6 cm breiten Blüten. Die grünlichgelben Sepalen und Petalen sind rötlichbraun quergebändert. Die weiße Lippe ist an der Basis lilafarbig. Blütezeit August bis September. Heimat Brasilien.

M. flavescens Lindl. gleicht im Habitus *M. clowesii*. Ihre 6 bis 8 cm breite Blüte mit schmalen Sepalen und Petalen ist strohgelb, die etwas hellere, gleichfalls schmale, am Rand gewellte Lippe ist der Basis zu bräunlichrot punktiert. Blütezeit Juni bis Oktober. Heimat Brasilien.

M. regnellii Rchb.f. Im Habitus ähnlich ist *M. clowesii*, der Blüte nach *M. spectabilis*. Die gelblichweißen Sepalen und Petalen sind mit abgerundeten Spitzen breiter, die schwielenlose Lippe wird vom weißen Rand der Mitte zu intensiv dunkellila. Blütezeit Juni bis September. Heimat Brasilien.

M. spectabilis Lindl. Ihre zweiblättrigen Pseudobulben stehen durch längere Rhizome voneinander getrennt. Die einzeln stehende, langgestielte, 5 bis 8 cm breite, gelblichweiße Blüte hat eine hellrosalila, dunkellila fleckig gestreifte Lippe mit gelber Schwiele. Eine in der Blütenfarbe stark variierende Art, deren dunkelste Form, **M. spectabilis** var. **moreliana** (hort. ex Lindl.) Henfr., eine weinrote Blüte hat sowie eine dunkelrosa Lippe mit dunklerer Aderung. Blütezeit Juni bis September. Heimat Brasilien.

Miltonia sind keine schwierig zu pflegenden Orchideen, sofern jede die zarten Wurzeln schädigende Ballentrockenheit vermieden wird. Ihr Standort im temperierten

Gewächshaus soll im Winterhalbjahr hell, im Sommer stärker beschattet sein. Dazu erforderlich ist größere Luftfeuchtigkeit sowie in den Sommermonaten reichliche Frischluftzufuhr. *Miltonia* gedeiht bei Verwendung weicheren Pflanzmaterials für Epiphyten in drainierten, kleineren Pflanzgefäßen als auch je nach Art auf Korkbrettchen aufgebunden. Gut eingewurzelte Pflanzen benötigen während ihrer Sproßentwicklung reichlichere Wassergaben, welche während der Blühperiode und der winterlichen Vegetationsruhe bis zum Austrieb des neuen Sprosses zu verringern sind. Während der Vegetationsperiode ist zweimalige Düngung im Monat erforderlich, insbesondere bei Hybriden zur Ausbildung kräftiger Pseudobulben mit großen Blüten am entsprechend hohen Blütenstand ist sie wichtig. Im Winterhalbjahr ist tagsüber eine Heizwärme von 17 bis 18°, nachts von 14 bis 15° ausreichend. In den übrigen Monaten bestimmt die durch die Schattierung einfallende Sonne die Temperatur im Gewächshaus, welche von 18 bis 20° auf 25° ansteigen soll.

Miltonioides Brieg. et Lueckel
(*Miltonioides* weist auf die Verwandtschaft zu *Miltonia* hin)

Zwei- oder dreiblättrige, seitlich abgeflachte Pseudobulben ergeben groß werdende Pflanzen mit bis 1 m langem, rispigem, vielblumigem Blütenstand. Die Blüte trägt eine geigenförmige oder rechteckige, abgerundete, durch plötzlichen Farbwechsel zweifarbige Lippe. Ihr Rand ist zurückgeschlagen, ihre Basis steht parallel zum Säulchen. Im spitzennahen Teil ist das Säulchen mit deutlichen oder unscheinbaren Flügeln versehen. Bisher sind 5 epi- und lithophytisch wachsende Arten mit Verbreitung im mittelamerikanischen Raum bekannt.

M. laevis (Lindl.) Brieg. et Lueckel (*Odontoglossum laeve* Lindl.). Die 6 bis 12 cm hohe Pseudobulbe entwickelt einen bis 70 cm langen, verzweigten, vielblumigen Blütenstand. Bei der 3 bis 4 cm hohen gelblichen Blüte sind die Sepalen und Petalen quer rotbraun gefleckt, die Lippe von der Mitte der Basis zu weiß, der Spitze zu hellviolett. Blütezeit Mai bis August. Heimat Mexiko, Guatemala.

Die Pflege entspricht der von *Rossioglossum* (siehe dort) im kühlen Gewächshaus.

Miltoniopsis Godefr.
(Name verweist auf übereinstimmende Merkmale mit *Miltonia*)

Orchidee mit dicht beisammenstehenden einblättrigen Pseudobulben und mit seitlich sprossendem ein- bis mehrblumigem Blütenstand. Die relativ große Blüte besitzt eine große flache Lippe mit zahlreichen Leisten und zwei kleinen Öhrchen oder Hörnchen an ihrer Basis. Das Säulchen ist ungeflügelt. Etwa 5 epi- und lithophytisch wachsende Arten im nördlichen Süd- und in Mittelamerika.

Ihre Standorte liegen vorwiegend am Rand von Bergwäldern in Höhen zwischen 300 und 2000 m, bevorzugt an jenen Berghängen, an denen während der regenarmen Periode des Jahres fast täglich Nebeleinfälle auftreten oder während der übrigen Jahreszeit ergiebige Regengüsse niedergehen.

M. roezlii (Rchb. f.) Godefr. (*Odontoglossum roezlii* Rchb. f., *Miltonia roezlii* (Rchb. f.) Nichols.). Einblättrige, 5 bis 6 cm hohe Pseudobulben bringen einen seitlich stehenden, bis 40 cm langen, mehrblumigen Blütenstand. Die Basis der Petalen der 6 bis 8 cm breiten weißen Blüte ist lila gefleckt, die Basis der Lippe gleich der Schwiele gelb. Blütezeit September bis November. Heimat Panama, Kolumbien.

M. vexillaria (Rchb. f.) Godefr. (*Odontoglossum vexillarium* Rchb. f., *Miltonia vexillaria* (Rchb. f.) Nichols.) gleicht im Habitus *M. roezlii*. Die Farbe der 4 bis 6 cm breiten, flachen blaßrosa Blüte variiert sehr stark. Die Mitte der Lippe ist gelb überlaufen und mit bräunlicher Zeichnung versehen. Blütezeit April bis Juni. Heimat Kolumbien, Ekuador.

Hybriden. Vor der Jahrhundertwende begann die Bastardierung mit *Miltonia (Miltoniopsis)*, deren Hybriden nach weiteren Einkreuzungen zahlreiche farbenprächtige Sorten ergaben. Diese wurden mit Arten anderer Gattungen bastardiert, deren mehrfache Gattungshybriden zu unseren schönsten und farbenkräftigsten Orchideen mit bis 4 bis 6 Wochen haltbaren Blüten gehören. Einige dieser Mehrfachhybriden haben gegenüber dem einen oder anderen im kalten Gewächshaus nicht leicht zu pflegenden Elternteil den Vorteil unschwieriger Pflege im temperierten Gewächshaus. Die häufiger gepflegten Gattungshybriden sind:

× **Colmanara** (*Miltonia (Miltoniopsis)* × *Odontoglossum* × *Oncidium*), kräftig wachsende, blühwillige Hybride mit langem, sich über die Laubblätter erhebenden Blütenstand und mit mittelgroßen gefleckten Blüten von guter Haltbarkeit.

× **Miltassia** (*Brassia* × *Miltonia*), charakteristische Angaben siehe bei *Brassia*.

× **Miltonidium** (*Miltonia (Miltoniopsis)* × *Oncidium*); wenig bekannte, willig wachsende Hybride mit farbenprächtigen Blüten.

× **Miltonioda** (*Miltonia (Miltoniopsis)* × *Cochlioda*), selten gepflegte Gattungshybride, welche jedoch zur Bastardierung verwendet wurde mit dem Ergebnis wertvoller Mehrgattungshybriden (z. B. *Vuylstekeara*).

× **Odontonia** (*Odontoglossum* × *Miltonia*), nähere Angaben bei *Odontoglossum*.

× **Vuylstekeara** (*Odontoglossum* × *Miltonioda*), wird bei *Odontoglossum* behandelt.

Die Betreuung von *Miltoniopsis* und ihren Hybriden gleicht der von *Miltonia* (Anleitung siehe dort).

Mormodes Lindl.
(griech. *mormo* = Phantom (Trugbild), *odes* = ähnlich; ein Hinweis auf das von anderen Orchideenblüten abweichende Aussehen der *Mormodes*-Blüte)

Mehrblättrig sind die spindelförmigen bis zylindrischen Pseudobulben. Ihre schmalelliptischen, gefalteten Laubblätter überdauern selten eine Ruheperiode. Einzeln oder zu mehreren sprossen die Blütenstände aus den Blattachseln an der unteren Hälfte der Pseudobulbe. Der gespreizt stehende oder überhängende Blütenstand ist traubig. Die gleichförmige oder vielgestaltige Blüte ist nicht resupiniert, jedoch ist das Säulchen verdreht und die Lippe gegenläufig verdreht. Die Sepalen sind abstehend bis zurückgeschlagen. Die mehr oder weniger mit ihren Seitenlappen abwärts gekrümmte Lippe kann ganzrandig oder dreilappig sein sowie haarlos bis etwas flaumig. Die Ränder der Seitenlappen sind mehr oder weniger zurückgeschlagen bis eingerollt, der Mittellappen spitz auslaufend. Etwa 20 epiphytisch, seltener terrestrisch wachsende Arten sind in den Tropen von Süd- und Mittelamerika verbreitet.

M. buccinator Lindl. (*M. flavida* Klotzsch). An den bis 15 cm hohen Pseudobulben werden die schmalelliptischen Laubblätter annähernd doppelt so lang wie diese, wobei der mehrblumige Blütenstand kürzer bleibt. Die elliptisch-länglichen, zugespitzten Sepalen und Petalen der von

Maxillaria porphyrostele

hellgelb bis dunkelrotbraun variierenden Blüte sind etwa 3 cm lang, die eiförmig-längliche, zugespitzte weiße Lippe ist mit ihren Seitenlappen abwärts gekrümmt und schief. Blütezeit Juni bis September. Heimat Venezuela.

M. colossus Rchb. f. (*M. wendlandii* Rchb. f.). An den bis 30 cm hohen Pseudobulben werden die schmalelliptischen Laubblätter annähernd gleichlang. Der mitunter die doppelte Länge erreichende Blütenstand ist mehrblumig und seine Blüte kann in Größe und Farbe sehr veränderlich sein. Die Sepalen und Petalen sind gelblichbraun bis olivgrün und dunkler liniert und gepunktet. Die zugespitzte, mit ihren Seitenlappen stark abwärts gekrümmte Lippe ist von reinweiß über gelblichbraun bis olivgrün, reichlich dunkler punktiert und dünn liniert. Blütezeit Juni bis September. Heimat Costa Rica, Panama.

Mormodes sind mit *Catasetum* verwandt und wie diese zu pflegen. Sie beanspruchen während ihrer Sproßentwicklung in den Sommermonaten ein wenig beschattetes, luftfeuchtes, warmes Gewächshaus mit durch Sonneneinstrahlung erreichten Spitzenwerten um 28 bis 30°. Dazu sind bei guter Wasserdurchlässigkeit des Pflanzmaterials und reichlich ausgebildeten Wurzeln der Witterung angepaßtes beinahe tägliches Gießen und wöchentliche Düngung erforderlich. Nach Erstarkung der Pseudobulbe sind ab Spätsommer die Wassergaben und die Gewächshauswärme zu reduzieren. Nach dem Blattfall ist in den Wintermonaten eine Heizwärme um 20° tagsüber, um 15° nachts ausreichend. Der einzuhaltenden Ruheperiode entsprechend soll der Wurzelballen übertrocknet sein, trotzdem darf die mäßige Ballenfeuchtigkeit zu keiner Schrumpfung der Pseudobulben führen. Die Luftfeuchtigkeit des Gewächshauses muß im Winterhalbjahr erhalten bleiben. Sproßaustrieb und Laubblätter sind gegen Tropf- und Spritzwasser empfindlich. Umgepflanzt wird *Mormodes* alle 1 bis 3 Jahre in Mexifern (Osmunda-Wurzeln) mit Kuhfladengeriebsel (Hornspäne) als Beimisch. Beim Umpflanzen ist darauf zu achten, daß die Basis der Pseudobulben mit der Anlage des neuen Sproßaustriebes nicht vom Pflanzmaterial überdeckt wird.

Nanodes Lindl.
(griech. *nanodes* = zwergenhaft; eine Anspielung auf die Kleinheit dieser Orchidee)

Kurzbleibende, sich verzweigende, am Boden aufliegende Sprosse tragen gegenständige, fleischige, schmal- bis breit-ovale Laubblätter und einen endständig stehenden Blütenstand. Im Habitus unterscheidet sich *Nanodes* sehr stark von *Epidendrum*, fast nicht aber im morphologischen Bau der Blüte. Von der unterschiedlich lang gestielten Blüte sehen sich die Sepalen und Petalen sehr ähnlich. Die Lippe ist mit dem Säulchen mehr oder weniger lang verwachsen. Bisher sind etwa 13 Arten bekannt, welche als Epiphyten in gebirgigen Arealen in Mittel- und Südamerika verbreitet sind.

Bevorzugte Wuchsorte der nachfolgend genannten Arten sind moosbewachsene Äste und Stämme der Bäume an Waldrändern und in Lichtungen der Nebelwälder in Höhen zwischen 1500 und 2500 m.

N. medusae Rchb. f. (*Epidendrum medusae* (Rchb. f.) Benth. ex Veitch) hat niederliegende, wenig aufgestellte, bis 20 cm lange Sprosse und 5 bis 10 cm lange Laubblätter sowie einen endständigen Blütenstand. Von der flach ausgebreiteten, etwa 5 cm breiten Blüte sind die grünlichen Sepalen

Mormodes colossus

Nanodes medusae

und Petalen hell weinrot überlaufen, bei der gleichen Grundfarbe wird die herz- bis nierenförmige gefranste Lippe durch dunkles Weinrot überdeckt. Blütezeit Juni bis September. Heimat Ekuador.

N. porpax (Rchb. f.) Schlechter (*Epidendrum porpax* Rchb. f.). Vielblättrig sind bei dieser polsterartig wachsenden Orchidee die etwa 10 cm langen, reich verzweigten, der Spitze zu sich aufrechtstellenden Sprosse. Am endständigen, einblumigen Blütenstand entfaltet sich die etwa 2 cm breite hellgrüne, bräunlichlila überlaufene Blüte. Blütezeit Juni bis September. Heimat Mittel- und nördliches Südamerika sowie Peru.

Die Kultur von *N. medusae* ist schwierig. Sie wird in drainierte Körbchen mit Pflanzmaterial aus weichen Farnwurzeln und Sphagnum eingesetzt und im luftfeuchtigkeitsreichen, etwas gelüfteten, kühl-temperierten Gewächshaus gepflegt. Im Sommerhalbjahr ist stärkere Beschattung erforderlich. Der Wurzelballen erhält bei Vermeidung stagnierender Nässe die notwendige Gießwassermenge und während der Ausbildung der Sprosse einige sehr schwache Dunggüsse. Am Tag soll die Temperatur 20° nicht übersteigen und nachts nicht unter 15° sinken. Die Blütezeit fällt zusammen mit dem Sproßaustrieb in die Sommermonate. Nach Ausbildung der neuen Sprosse, also vor Winterbeginn, wird bis zum Knospenansatz zu Anfang des Sommers eine durch geringere Wassergaben gekennzeichnete Vegetationsruhe eingehalten. Diese Monate sind in jedem Jahr die schwierigste Pflegeperiode. Die Heizwärme soll 18° nicht übersteigen und nachts nicht unter 14° sinken. Hohe Luftfeuchtigkeit ist eine unumgängliche Notwendigkeit.

Die Pflege von *N. porpax* läßt sich zufolge ihrer größeren Widerstandsfähigkeit ohne Schwierigkeit im beschatteten, luftfeuchten, gelüfteten, kühl-temperierten Gewächshaus erfolgreich ausführen. *N. porpax* wird auf Korkbrettchen mit Pflanzmaterial für Epiphyten aufgebunden oder in drainierte Schalen eingepflanzt. Wegen fehlender Wasserspeicherorgane wird der Wurzelballen gleichbleibend feucht gehalten, nur während der Vegetationsperiode etwas feuchter und während der Ruheperiode etwas übertrockneter.

Neomoorea Rolfe
(griech. *neos* = neu, Sir Frederick W. Moore, Kurator des Glasnevin Botanischen Gartens Dublin)

Kräftige Pseudobulben tragen zwei gipfelständige, langgestielte, längsgefurchte und etwas zusammengedrückte Laubblätter. Von der Basis der Pseudobulbe sproßt der aufrechtstehende, wenig- bis vielblumige Blütenstand. Die relativ große Blüte enthält gleich aussehende, freistehende Sepalen und Petalen sowie eine gegliederte, dreilappige Lippe, deren Seitenlappen nierenförmig sind, während der Mittellappen lanzettlich und lang zugespitzt ist und eine kammähnliche Schwiele hat. Das keulenförmige, in der Breite halbrunde Säulchen ist etwas vorgekrümmt. Bekannt ist eine in Mittel- und im nördlichen Südamerika epiphytisch wachsende Art.

N. irrorata (Rolfe) Rolfe. 5 bis 10 cm hoch werden die von dornigen, aufrecht wachsenden Wurzeln umgebenen Pseudobulben. Die ledrigen, lanzettlichen Laubblätter erreichen die Länge von 40 bis 70 cm und der Blütenstand eine Höhe von mehr als der halben Blattlänge. Von der 3 bis 5 cm breiten Blüte sind die rötlichbraunen Sepalen und Petalen der Basis zu weißlich, die gelbliche Lippe rötlichbraun bis rötlich gefleckt und gezeichnet. Blütezeit Mai bis August. Heimat Kolumbien, Panama.

Neomoorea gehört im Sommerhalbjahr ins beschattete, luftfeuchte, gelüftete, warme Gewächshaus, in dem die Tagestemperatur auf 25 bis 26° ansteigt. In dieser Periode

Neomoorea irrorata

sind reichlichere Wassergaben und Düngung erforderlich. In den Monaten der Ruhe wird der Wurzelballen, ohne daß er austrocknet, übertrocknet gehalten. Sie stehen dann am besten in einem luftfeuchten, hellen, temperierten Gewächshaus mit einer Heizwärme tagsüber um 20°, nachts um 15 bis 16°. Die Wurzeln sind gegen stagnierende Ballenfeuchtigkeit und der neue Sproßaustrieb gegen nachts vorhandenes Restwasser empfindlich.

Notylia Lindl.
(griech. *noton* = Rücken, auch Rückseite, *tylon* = Buckel, auch gekrümmt; möglicherweise eine Anspielung auf die bei einigen Arten vorhandene buckelartig gekrümmte Lippe)

Kleine, einblättrige Orchideen mit nicht ausgebildeten oder seitlich abgeflachten Pseudobulben. Der überhängende, wenig- bis vielblumige Blütenstand sproßt aus der Achsel eines der beiden die Pseudobulbe umhüllenden Niederblätter oder aus solchen am bulbenlosen Sproß. Von der kleinen Blüte sind die Sepalen und Petalen nicht oder etwas miteinander verwachsen. Die genagelte Lippe trägt keine Schwiele und das gekrümmte Säulchen ist flügellos. Etwa 40 epiphytisch wachsende, botanisch interessante Arten mit Verbreitung im tropischen Mittel- und Südamerika. Keine von ihnen wird so häufig kultiviert, daß man sie hier vorstellen müßte.

Notylia sind aufgrund ihrer epiphytischen Lebensweise mit etwas weichem Pflanzmaterial auf Korkbrettchen aufzubinden und das ganze Jahr über im hellen, aber beschatteten, luftfeuchten, temperierten Gewächshaus zu pflegen. Der Wurzelballen wird wegen der großen Empfindlichkeit der Wurzeln gegen Trockenheit das ganze Jahr über mäßig feucht gehalten. Während der Vegetationsperiode wird mehrmals mit sehr schwacher Salzkonzentration gedüngt. Die verträglichste sommerliche Gewächshaus- und die winterliche Heizwärme liegt tagsüber um 20°, nachts um 16 bis 18°. Heranwachsende Sprosse sind gegen bis abends nicht verdunstetes Gieß- und Spritzwasser sehr empfindlich.

Octomeria R.Br.
(griech. *octo* = acht, *meros* = Teil; ein Hinweis auf die achtfächerige Anthere mit ebensovielen Pollinien)

Kleinbleibende, gebüschelt wachsende Orchideen mit kriechenden Rhizomen und kurzen, einblättrigen, stämmchenartigen Sprossen. Aus der Achsel des gestielten oder stiellosen flachen und rundlichen Laubblattes sproßt der ein- bis vielblumige Blütenstand, welcher je nach Art gebüschelt sein kann. Von der nur wenige Millimeter großen Blüte sind die Sepalen und Petalen an der Basis nicht oder etwas verwachsen. Die kurze, beweglich gegliederte ein- oder dreilappige Lippe ist mit Schwielen besetzt. Das kurze Säulchen ist flügellos und etwas gekrümmt. Etwa 50 epiphytisch wachsende, botanisch interessante Arten sind in Mittel- und Südamerika verbreitet.

Wegen der kleinen Blüten wird *Octomeria* bevorzugt von Liebhabern gepflegt, die sich für Nebelwald-Orchideen interessieren. Sie wird mit nicht zuviel Pflanzmaterial für Epiphyten auf Korkbrettchen aufgebunden und das ganze Jahr über im kühlen bis kalten, luftigen, beschatteten Gewächshaus bei feuchtem, nicht nassem Wurzelballen zusammen mit und wie *Pleurotallis* und *Masdevallia* gepflegt (Pflegehinweise siehe dort).

Odontoglossum H.B.K.
(griech. *odous, odontos* = Zahn, *glossa* = Zunge; ein Hinweis auf die auf der Lippe vorhandene zahnartige Schwiele)

Zwei- oder dreiblättrig sind die ei- bis birnenförmigen, seitlich abgeflachten Pseudobulben und aufrecht bis vorgeneigt der traubige oder ährige ein- bis vielblumige Blütenstand. Von der je nach der Art unauffälligen bis großen Blüte sind die Sepalen und Petalen abstehend. Mitunter sind die seitlichen Sepalen etwas miteinander verwachsen. Die Basis der ungeteilten oder dreilappigen Lippe steht parallel zum flügellosen Säulchen. Die Seitenlappen sind abstehend oder heruntergeschlagen, der Mittellappen ist vorgestreckt. An der Basis der Lippe sind Schwielen, Leisten oder Kämme vorhanden. Etwa 100 bis 150 epi-, seltener lithophytisch wachsende Arten, in Mittel- und Südamerika verbreitet.

Odontoglossum sind in der Bergregion der tropischen und subtropischen Gebiete, bevorzugt in Nebelwäldern in Höhen zwischen 1500 und 3000 m, beheimatet. Klimatisch sind die Bergregionen der südamerikanischen Anden und die der mittelamerikanischen Kordilleren sehr verschieden. In den Anden wechselt täglich das ganze Jahr hindurch in nahezu gleichmäßigem Rhythmus niedergehender Regen mit nachfolgender Trockenheit. In den Kordilleren dagegen folgt nach monatelanger Regenperiode eine ebensolange Zeit der Trockenheit. *Odontoglossum* wachsen bevorzugt auf mit Moos und Flechten bewachsenen Stämmen.

O. cariniferum Rchb.f. Die zweiblättrigen Pseudobulben sind 4 bis 10 cm hoch, der vielblumige, verzweigte Blütenstand erreicht eine Länge von 50 bis 100 cm. An der 4 bis 5 cm breiten rotbraunen, im Spitzenbereich olivgrünen Blüte ist die nierenförmige Lippe an der Basis rosabräunlich und der Spitze zu weiß. Blütezeit März bis Mai oder Oktober bis Dezember. Heimat Costa Rica.

O. crispum Lindl. ähnelt im Habitus *O. cariniferum*, jedoch wird der Blütenstand nicht einmal halb so lang. Die 4 bis 8 cm große, wellig gekrauste Blüte ist weiß, weißlichgelb bis -rosa, nicht oder rötlichbraun überlaufen. Die zungenförmige Lippe hat einen gelben Mittelfleck. Eine in der Blütenfärbung stark variierende Art, die zu jeder Jahreszeit blüht. Heimat Kolumbien.

In seinem Verbreitungsgebiet bastardiert *O. crispum* mit anderen am gleichen Standort vorkommenden Arten. Die Blüten dieser Naturhybriden sind reich an rötlichen Flecken und ergeben bei Einkreuzungen mit ausgewählten Individuen oder mit Arten anderer Gattungen neuartige Hybriden mit ornamentreichen Blüten.

O. harryanum Rchb.f. Zweiblättrig sind die eiförmigen, 5 bis 8 cm hohen Pseudobulben mit schmal-lanzettlichen, zugespitzten, an der Basis gestielten Laubblättern. Der mehrblumige, bis 50 cm lange Blütenstand enthält 5 bis 8 cm hohe farbenprächtige Blüten. Die dunkelkastanienbraunen Sepalen und Petalen sind bräunlichgelb quer- oder längsgebändert, wobei die Längsstreifung der Petalen zusätzlich einen purpurfarbenen Anflug hat. Die weiße Lippe ist auf der Basishälfte kastanienbraun und von der gelblichen Basis ausgehend geblichbraun bis purpurfarbig geadert. Blütezeit Juli bis September. Heimat Kolumbien, Peru.

O. odoratum Lindl. entfaltet an der flachen, eiförmigen, bis 7 cm hohen zweiblättrigen Pseudobulbe einen lockerblumigen, bis 70 cm langen Blütenstand. An der 4 bis 5 cm breiten hell- bis dunkelgelben, rotbraun getupften Blüte sind alle Blumenblätter schmal-lanzettlich, lang zugespitzt und gewellt. Blütezeit März bis Juli. Heimat Venezuela, Kolumbien.

O. pendulum (Llave et Lex.) Batem. (*O. citrosmum* Lindl.). Seine diskusförmigen, 5 bis 10 cm hohen zweiblättrigen Pseudobulben treiben einen bis 40 cm langen, schräg aufwärtsstehenden oder hängenden, mehrblumigen Blütenstand. Die 3 bis 4 cm breite weiße bis zartrosa Blüte mit dunklerer Lippe ist nicht oder dunkelrosa getupft, die gelbe Schwiele rot punktiert. Blütezeit April bis Juni. Heimat Mexiko, Guatemala.

Hybriden. Die Familie der Orchideengewächse ist reich an Gattungen mit mittelgroßblumigen Arten. Eine größere Anzahl dieser aus dem mittel- und südamerikanischen Raum stammenden Arten bastardierten untereinander. Neben enttäuschenden enstanden dabei auch sehr schön blühende Hybriden. An ihrer Entstehung sind nur wenige *Odontoglossum*- und *Oncidium*-Arten beteiligt. Nachfolgend eine Charakterisierung der häufigsten bei Orchideenfreunden gezogenen Gattungshybriden, an denen *Odontoglossum* und *Oncidium* beteiligt sind.

× **Colmanara** *(Miltonia (Miltoniopsis) × Odontoglossum × Oncidium)*, Näheres bei *Miltoniopsis*.

× **Odontioda** *(Odontoglossum × Cochlioda)*, zeichnet sich gegenüber *O.crispum* durch kleinere Blüten mit ornamentreicher Zeichnung in roten Farbtönen aus.

× **Odontocidium** *(Odontoglossum × Oncidium)* ergibt angesichts der bisher bekannt gewordenen guten Hybriden wuchsfreudige, blühwillige Individuen mit lange haltbaren Blüten auf verzweigten Rispen, welche als Schnittblumen gut verwendbar sind.

× **Odontonia** *(Odontoglossum × Miltonia)* weist auf der Lippe starken *Miltonia*-Einfluß auf und ist durch dieses Merkmal gut von × *Odontioda* zu unterscheiden. Fast alle × *Odontonia* gedeihen gut im kalt-kühlen, luftfeuchten Gewächshaus, sind jedoch im Sommerhalbjahr luftfeuchter und kühler als *Rossioglossum* zu pflegen.

× **Vuylstekeara** *(Odontoglossum × Miltonia × Cochlioda)* gehört zu den schönsten vom Gärtner gezüchteten Hybriden. Die Blüte ist relativ groß und sternartig an gut ausgebildeten Rispen. Die wertvollste und mehrfach international ausgezeichnete Sorte ist × *Vuylstekeara* Cambria 'Plush'.

× **Wilsonara** *(Odontoglossum × Oncidium × Cochlioda)* entwickelt kleinere bis größere Blüten mit leuchtenden Farben an langgestieltem, als Schnittblume gut haltbarem Blütenstand.

Als Bewohner kühler Nebelwälder sind *Odontoglossum* im luftfeuchten, kühl-kalten Gewächshaus zu pflegen, in dem während der Wintermonate die Heizwärme tagsüber 18° nicht übersteigt und nachts auf 13 bis 14° sinkt. In dieser Periode wird bei hellem Stand der Wurzelballen mäßig feucht bis übertrocken gehalten. Im Frühjahr wird entsprechend der steigenden Sonne die Beschattung und die Belüftung reguliert. Die Gewächshauswärme kann sich durch die trotz der Beschattung eingestrahlte Sonne schadlos um einige Grad erhöhen, insbesondere während der Sproßentfaltung. Mit diesem Wärmeanstieg verringert sich die Luftfeuchtigkeit, welche wiederum durch abends ausgeführte Benässung von Weg und Wänden des Gewächshauses nachts ansteigt. Morgens sind *Odontoglossum* zum Erreichen gesättigter Luftfeuchtigkeit entsprechend den Witterungsverhältnissen im Freien leicht bis stark zu überspritzen. Diese Imitation von Tau und Nebel wie am heimatlichen Standort ist besonders in heißen Wochen des Sommers durchzuführen, um trotz stärkerer Beschattung eine zu große Erwärmung des Gewächshauses über 22 bis 23° zu verhindern. Vom Spätsommer an gleicht sich durch die sukzessiv reduzierte Gewächshauswärme, entsprechende Lüftung und verringerte Wassergaben die Pflege an jene des Winterhalbjahres an.

O.crispum, seine Hybriden sowie × *Odontioda* und × *Odontonia* sind keine leicht zu pflegenden Orchideen, sie sollen insbesondere im Sommerhalbjahr um mehrere Grad kühler als angegeben und luftfeuchter im kalten Gewächshaus stehen.

Odontoglossum sind, wenn nötig, vor Sproßaustrieb in reichlich dränierte, der Größe des Individuums angepaßte Pflanzgefäße einzusetzen. Dazu wird eine aus Mexifern (Osmunda-Wurzeln), Sphagnum, Styromull und Zugaben bestehende Mischung verwendet. Der Wurzelballen soll bei gut eingewurzelten Pflanzen während der Vegetationsperiode gleichmäßig feucht sein und keine stagnierende Nässe aufweisen. Im Winterhalbjahr haben die Arten aus dem mittelamerikanischen Raum während der Ruheperiode übertrockneten Wurzelballen. Diesen gegenüber wird der Wurzelballen der Arten aus den Bergen Südamerikas feuchter gehalten. Zur Entwicklung kräftiger Laubsprosse und blumenreicher Blütenstände sind während der Vegetationsperiode Düngergaben unumgänglich. Es ist darauf hinzuweisen, daß zu hohe Gewächshauswärme und zu trockene Luft bei *Odontoglossum* und deren Hybriden die häufigsten Ursachen des Mißerfolges sind.

Oncidium Sw.
(griech. *onkos* = Anschwellung, Wucherung; bezieht sich auf den fleischigen Kallus der Lippe)

Im Habitus sehr verschiedenartig; mit großen bis kleinen oder mit fehlenden Pseudobulben, mit kurzlebigen oder mehrjährigen Laubblättern von ovaler bis lanzettlicher oder schwertförmiger oder stielrunder Form. Der wenig- bis vielblumige Blütenstand sproßt achselständig aus dem die Pseudobulbe umhüllenden Niederblatt oder bei bulbenlosen Arten aus der Achsel eines der Nieder- oder Laubblätter. Der Blütenstand kann kurz bis sehr lang sein, verzweigt, aufrecht wachsen oder überhängen. Von der kleinen bis mittelgroßen Blüte sind die Sepalen und Petalen bis auf Ausnahmen an der Basis nicht zusammengewachsen. Die ungeteilte oder dreilappige Lippe steht rechtwinklig zum gehörten Säulchen. Von der geigenförmigen mit Warzen oder Schwielen besetzten Lippe ist der Mittellappen häufig größer als die Seitenlappen, welche von sehr klein bis groß sein können, abstehen oder zurückgeschlagen sind. Etwa 400 bis 500 epiphytisch wachsende Arten sind in den Tropen und Subtropen von Mittel- und Südamerika verbreitet.

Oncidium sind den klimatischen Bedingungen ihrer Verbreitungsgebiete angepaßt, sie sind von der Küste und den urwaldartigen Ufern der Flüsse aufwärts bis zu höheren Gebirgskämmen über 2000 m Höhe verbreitet. Sie sind in Klimaten zu Hause, in denen sich wasserspeicherndes Gewebe erübrigt oder in denen die Ausbildung von Pseudobulben oder sukkulentenartigen Laubblättern lebensnotwendig ist. Kleinbleibende Arten wachsen an dünnen Zweigspitzen fluß- und bachnaher Sträucher und Bäume, größere Arten an der Borke von Stämmen und in Astgabelungen immergrüner oder laubabwerfender Bäume der Wälder in unterschiedlichen Höhenlagen. Wegen der Verbreitung von *Oncidium* in unterschiedlichen ökologischen Nischen lassen sie sich nicht gemeinsam in einem einheitlich temperierten Gewächshaus pflegen.

1. Einige häufiger gepflegte Arten für das temperierte Gewächshaus

O.crispum Lodd. Zwei- oder dreiblättrig sind die seitlich abgeflachten, 5 bis 10 cm hohen Pseudobulben mit einem viel- bis lockerblumigen Blütenstand von 30 bis 70 cm Länge. Von der 5 bis 8 cm breiten olivgrünen Blüte sind die Sepalen und Petalen gelb umsäumt, die Basis der Lippe ist fleckenartig gelb. Blütezeit Oktober bis Dezember. Heimat Brasilien.

O.forbesii Hook. gleicht im Habitus *O. crispum*. Die Grundfarbe der Blüte ist hellbraun, die Sepalen sind gelb quer gebändert, die Petalen und die gekrauste Lippe dem Rand entlang bandartig gelb marmo-

Orchidaceae

× Vuylstekeara Cambria × Odontioda 'Hambühren'

riert. Blütezeit August bis Oktober. Heimat Brasilien.

O. gardneri Lindl. ist im Habitus kleiner als *O. crispum*. Von der gelben Blüte sind die Sepalen rötlichbraun gebändert, die rötlichbraunen Petalen gelb gefleckt, die gelbe Lippe ist am Rand bandartig rotbraun gefleckt. Blütezeit April bis Juni. Heimat Brasilien.

O. variegatum (Sw.) Sw. Dieser kleinbleibende Epiphyt mit nicht gut ausgebildeten Pseudobulben entfaltet ein oder zwei schmale, etwas zusammengefaltete, 5 bis 10 cm lange Laubblätter. An dem aufrechten bis überhängenden 10 bis 30 cm langen Blütenstand sitzen in der Färbung stark variierende 2 bis 3 cm große Blüten. Die rosaweißlichen Sepalen und Petalen sind der Basis zu dichter bräunlich punktiert, die hell- bis dunkelrosa Lippe der Basis zu rotbraun gefleckt. Blütezeit Juni bis September. Heimat Inseln der Karibik.

Für die in wärmeren Verbreitungsgebieten beheimateten *Oncidium*-Arten ergeben sich im Sommerhalbjahr im temperierten, gelüfteten, entsprechend schattierten Gewächshaus mit höherer Luftfeuchtigkeit die günstigsten Entwicklungsbedingungen, wenn dazu nicht übermäßige Wassergaben, leichtes Überspritzen an sonnig-heißen Tagen und geregelte Düngung geboten werden. Ab Spätsommer werden Wassergaben und Schattierung reduziert. Diese bescheideneren Wassergaben sind während der Entfaltung des Blütensprosses, in der Periode der Winterruhe bis zum neuen Sproßaustrieb beizubehalten. Die Heizwärme in den Wintermonaten beträgt tagsüber nicht mehr als 18° und sinkt nachts nicht unter 13 bis 14°.

O. variegatum sowie viele weitere kleinbleibende, epiphytisch wachsende Arten mit Verbreitung auf den Bahamas und den Inseln im karibischen Meer und deren Hybriden sind gleichfalls im temperierten bis warmen Gewächshaus bei hoher Luftfeuchtigkeit zu pflegen. Der Wurzelballen soll mäßig feucht sein, es darf zu keiner stagnierenden Nässe kommen. Auch die neu heranwachsenden Sprosse sind gegen Nässe sehr empfindlich, weshalb die Sproßbasis pflanzstofffrei sein muß. Auch wird nicht versucht, die freiwachsenden Wurzeln ins Pflanzmaterial einzubetten, wir lassen sie frei als Luftwurzeln wachsen. Diese sind täglich zu betauen, müssen abends aber trocken sein. Im Sommerhalbjahr wird eine Wärme zwischen 22 bis 25° vertragen, nachts um 20°. Im Winterhalbjahr ist eine Heizwärme von tagsüber um 20 bis 22°, nachts um 18° erforderlich. *O. variegatum* und verwandte Arten sind in kleine Tontöpfe mit wenig lockerem Pflanzmaterial aus weichen Osmunda-Wurzeln (Mexifern), Sphagnum (Styromull) und etwas Beimisch einzusetzen oder auf Korkbrettchen aufzubinden.

2. Einige häufiger gepflegte Arten für das kalt-kühle Gewächshaus

O. flexuosum Sims. Durch längere Rhizome sind die 5 bis 10 cm hohen, abgeflachten zweiblättrigen Pseudobulben voneinander getrennt. Der vielblumige, bis 100 cm lange Blütenstand ist im Spitzenbereich verzweigt. Die 1 bis 2 cm breite gelbe Blüte hat bandartige, bräunlichrot gefleckte Sepalen und Petalen sowie eine intensiv gelbgefärbte Lippe mit rotbrauner Punktierung um die Schwiele. Blütezeit Juni bis Oktober. Heimat Brasilien. Diese Art ist wegen ihrer aufwärts kriechenden Rhizome auf mit Pflanzmaterial versehene Korkbrettchen aufzubinden.

O. incurvum Barker ex Lindl. entwickelt zwei- oder dreiblättrige, 5 bis 10 cm hohe Pseudobulben und einen überhängenden, vielblumigen, bis 100 cm langen Blütenstand. Die 2 bis 3 cm breite Blüte hat weiße, lilarosa gefleckte Sepalen und Petalen sowie eine lilarosa Lippe mit reinweißem Vorderlappen. Blütezeit Juli bis Oktober. Heimat Mexiko.

O. leucochilum Batem. gleicht im Habitus und mit den ebensogroßen Blüten *O. incurvum*. Die grünlichgelben Sepalen und Petalen sind rötlichbraun gefleckt, die weiße, rosa überlaufene bis geaderte Lippe hat eine purpurfarbene Schwiele. Blütezeit Februar bis Juli. Heimat Mexiko, Honduras, Guatemala.

O. ornithorhynchum H.B.K. Die eiförmige, 4 bis 8 cm hohe zweiblättrige Pseudobulbe bringt aus beiden Niederblättern verzweigte, 20 bis 35 cm lange Blütenstände, deren rosalila Blüten gelbe Schwielen aufweisen. Blütezeit November bis März. Heimat Mexiko, Guatemala, El Salvador, Costa Rica.

O. varicosum Lindl. ist *O. flexuosum* ähnlich, hat jedoch gebüschelt beisammenstehende Pseudobulben und größere gelbe Blüten mit großer, undeutlich vierlappiger Lippe mit kleinen Seitenlappen. Die kleinen Sepalen und Petalen sind wie bei *O. flexuosum* rötlichbraun gefleckt. **O. varicosum** var. **rogersii** Rchb.f. hat goldgelbe Blüten mit deutlich viermal eingekerbter Lippe von 4 bis 6 cm Breite. Blütezeit August bis Dezember. Heimat Brasilien.

Für die aus kühleren Verbreitungsgebieten stammenden Arten entspricht die Pflege jener, wie sie für *Rossioglossum* angegeben wird.

3. Einige häufiger gepflegte Arten mit sukkulenten Laubblättern

O. bicallosum Lindl. Stark reduzierte Pseudobulben haben ein 15 bis 35 cm langes, fleischiges Laubblatt und einen bis 80 cm langen, mehrblumigen Blütenstand. Die Sepalen und Petalen der 4 bis 6 cm breiten gelben Blüte sind grün- bis bräunlichgelb gefleckt, von der Lippe mit nierenförmigem Vorderlappen ist die Schwiele rötlich punktiert. Blütezeit August bis Oktober. Heimat Mexiko, Guatemala, El Salvador.

O. carthaginense (Jacq.) Sw. gleicht im Habitus *O. bicallosum*, bringt jedoch einen bis 2 m langen, vielblumigen Blütenstand hervor. Die 2 bis 3 cm breite weißliche bis gelbliche, gekrauste Blüte ist rötlich bis rötlichviolett gefleckt. Die Basis der Lippe ist gelb. Blütezeit April bis Juli. Heimat Mittel- und nördliches Südamerika.

O. cavendishianum Batem. ist im Habitus *O. carthaginense* sehr ähnlich, jedoch sind die grünlichgelben Sepalen und Petalen rotbraun gefleckt, und von der gelben Lippe ist der Vorderlappen größer als die großen Seitenlappen. Lippenbasis und Schwiele sind rot punktiert. Blütezeit Februar bis Mai. Heimat Mexiko, Guatemala, Honduras.

Odontoglossum harryanum

O. cebolleta (Jacq.) Sw. Die stark reduzierte Pseudobulbe trägt ein 15 bis 30 cm langes, stielrundes Laubblatt und einen etwa doppelt so langen, wenigblumigen Blütenstand. Von der 2 bis 3 cm breiten goldgelben Blüte sind die Sepalen und Petalen stark rötlichbraun gefleckt. Von der Lippe ist der tief eingeschnittene Vorderlappen mehr als doppelt so groß wie die größeren Seitenlappen. Basis und Schwiele der Lippe sind bräunlichrot getupft. Blütezeit Januar bis Mai. Heimat Tropen von Mittel- und Südamerika.

O. jonesianum Rchb.f., im Habitus wie *O. cebolleta*, jedoch mit überhängendem, wenigblumigem Blütenstand. Von der 4 bis 6 cm breiten Blüte sind die hellgrünen Sepalen und Petalen rötlichbraun gefleckt, die weiße Lippe hat gelborangefarbene Seitenlappen und eine karminrot getupfte Basis und Schwiele. Blütezeit Juli bis Oktober. Heimat Brasilien, Paraguay.

O. lanceanum Lindl. ist im Habitus ähnlich *O. bicallosum*, jedoch mit lilabraun geflecktem Laubblatt. Von der gelblichbraunen, stark rotbraun gefleckten Blüte ist der Vorderlappen der Lippe hellila und die basisnahe Hälfte, einschließlich der kleinen Seitenlappen, dunkellila. Blütezeit Mai bis September. Heimat Venezuela, Guayana, Trinidad, Brasilien.

Typisch für alle mit reduzierten Pseudobulben und sukkulentenartigen Laubblättern ausgestatteten *Oncidium* ist die relativ lange Trockenperiode am heimatlichen Standort. Diese *Oncidium*-Arten sind während der Sommermonate im warmen, luftfeuchten, luftigen, jedoch beschatteten, durch Sonneneinstrahlung auf 25 bis 28° aufgewärmten Gewächshaus zu pflegen. Sie werden an sonnig-heißen Tagen leicht überspritzt und erhalten für den stets gleichmäßig feuchten Wurzelballen der Witterung entsprechend ausreichend viel Gießwasser und der Vegetationsperiode angepaßte Düngung. Nach Ausbildung des sukkulentenartigen Laubblattes, bei im Spätsommer blühenden Arten nach der Blüte, wird bis zum Neuaustrieb im Frühjahr eine strengere Ruheperiode eingehalten. In diesen Monaten soll, ohne daß es zur Schrumpfung der Pseudobulben und Laubblätter kommt, der Wurzelballen übertrocknet sein. Im Winterhalbjahr genügt im temperierten Gewächshaus bei relativer Luftfeuchtigkeit eine Heizwärme von tagsüber um 20°, nachts um 15 bis 16°. Ein zu feucht gehaltener Wurzelballen und Restwasser beim neuen Sproßaustrieb führen zum Ausfaulen von Sproß und Wurzeln.

Umgepflanzt wird, wenn nötig, im Frühjahr vor Austrieb von Wurzeln und Sproß. Eingesetzt wird entsprechend der Größe des Individuums in passende Pflanzgefäße. Kleinere Arten und solche mit hängenden Laubblättern werden auf Korkbrettchen oder einen entsprechend starken Ast aufgebunden. Das dafür benötigte Pflanzmaterial besteht für starkwurzelige Arten aus grobfaserigen Stoffen, für kleinbleibende und dünnwurzelige Arten aus weichen Farnwurzeln, Sphagnum und Beimisch. Eingesetzt wird so, daß der zu erwartende Neuaustrieb an der Basis der Pseudobulbe oberhalb des Pflanzmaterials zu stehen kommt. In den ersten Wochen nach dem Einsetzen wird bis zum Austrieb des neuen Sprosses fast kein Wasser gegeben. Wenn notwendig, wird leicht überspritzt.

Osmoglossum Schlechter
(griech. *osme* = Duft, *glossa* = Zunge; ein Hinweis auf die intensiv duftende Blüte)

Abweichende morphologische Merkmale gaben den Anlaß, einige Arten von *Odontoglossum* abzutrennen und diese zu einer eigenständigen Gattung zu vereinen. Das Trennende sind die sehr schmalen riemenförmigen Laubblätter, der flach zusammengedrückte Blütenschaft, die nicht resupinierte Blüte, die stark knieförmig gebogene Lippe und die länglich-quadratische, aus drei fleischigen Wulsten bestehende Schwiele. Bisher sind 3 epiphytisch wachsende Arten mit Verbreitung in Mittelamerika bekannt.

O. pulchellum (Batem. ex Lindl.) Schlechter (*Odontoglossum pulchellum* Batem. ex Lindl.). Eiförmige, seitlich abgeflachte, 4 bis 8 cm hohe, zweiblättrige Pseudobulben bringen einen bis 30 cm langen, wenig- bis mehrblumigen Blütenstand mit 2 bis 3 cm breiten weißlichen Blüten, deren Rückseite rosa ist. Von der geigenförmigen Lippe ist die goldgelbe Schwiele rot punktiert. Blütezeit Januar bis April. Heimat Mexiko, Guatemala, El Salvador.

Trotz nicht übereinstimmender Blühperiode mit *Rossioglossum* wird *Osmoglossum* mit diesem zusammen im kühl-temperierten Gewächshaus gepflegt. Über Sommer benötigt es bei gleichfeuchtem Wurzelballen einen Stand im beschatteten, luftfeuchten, luftig gehaltenen, kühlen Gewächshaus. An sonnig-heißen Tagen ist leichtes Überspritzen der Pflanzen angebracht und während der Sproßentwicklung einige Dunggüsse. Im Winterhalbjahr steht *Osmoglossum* bei etwas übertrocknetem Wurzelballen hell und luftfeucht. In diesen Wochen ist eine Heizwärme von tagsüber 17 bis 18°, nachts 12 bis 14° ausreichend.

Pabstia Garay
(Guido Frederico João Pabst, 1914–1980, brasilianischer Botaniker und Orchideenspezialist)

Fast immer gehäuft stehen schmal-eiförmige, etwas zusammengedrückte Pseudobulben mit gegenständig stehenden, länglichen Laubblättern beisammen. Am mehrblumigen Blütenstand sind die Petalen der Blüte gegenüber den Sepalen auffällig gefärbt. Die ungeteilte oder dreilappige Lippe ist kurz genagelt, ihre Schwiele setzt sich aus mehreren fleischigen Längswulsten zusammen. Etwa 5 epi- und lithophytisch wachsende Arten sind in den Tropen von Brasilien verbreitet.

P. jugosa (Lindl.) Garay (*Maxillaria jugosa* Lindl., *Colax jugosus* (Lindl.) Lindl., *Zygopetalum jugosum* (Lindl.) Schlechter). Bis 8 cm hoch werden die Pseudobulben, bis 25 cm lang die Laubblätter, kürzer als diese der wenigblumige Blütenstand. Von der 4 bis 5 cm breiten Blüte sind die Sepalen elfenbeinweiß, die grünlichweißen Petalen und die weiße Lippe sind purpur bis schwärzlichpurpur marmoriert, gefleckt bis punktiert. Blütezeit April bis Juni. Heimat Brasilien.

Die Pflege entspricht der von *Zygopetalum* im kühl-temperierten Gewächshaus bei reichlicher Frischluftzufuhr halbschattig und luftfeucht. Dazu ist ein gleichmäßig feuchter Wurzelballen erforderlich, welcher in den Wintermonaten etwas übertrocknet sein soll. In dieser Periode genügt bei hellem Stand und relativer Luftfeuchtigkeit eine Heizwärme, welche tagsüber 17 bis 18° nicht übersteigt, nachts nicht unter 12 bis 13° fällt. Siehe dazu *Zygopetalum*.

Paphiopedilum Pfitz.,
Frauenschuh, Venusschuh
(griech. von Paphos, Stadt auf Zypern mit einem der Aphrodite (Venus) geweihten Tempel, *pedilon* = kleiner Schuh; wegen der pantoffelähnlichen Form der Lippe)

Durch Verkürzung der Sproßinternodien verringert sich bei *Paphiopedilum* die Länge des Sprosses, an dem mehrere Laubblätter mehr oder weniger deutlich zweizeilig angeordnet sind. Ihre Größe und Färbung variiert je nach Art, ebenso die sehr unterschiedliche Länge des endständigen, ein- bis mehrblumigen Blütenstandes. Die Blüte ist nach Form, Größe und Färbung sehr verschiedenartig. Ihr mittleres Sepalum vergrößert sich zur aufrechtstehenden oder nach vorn zu geneigten »Fahne«. Die beiden seitlichen Sepalen sind zu einem abwärts gerichteten »Synsepalum« verwachsen. Die beiden seitlichen Petalen variieren von kürzerer Länge mit waagerechter Haltung bis zu sehr langgestreckten Blumenblättern mit herabhängenden, lang zugespitzt verlaufenden Enden. Die Petalen sind bei vielen Arten mit schwärzlichen Randhaaren und/oder Warzen besetzt. Das bei den übrigen Orchideen als »Lippe« bezeichnete mittlere Petalum wird bei *Paphiopedilum* infolge seines pantoffelähnlichen Aussehens »Schuh« genannt. Das Säulchen trägt seitlich je eine Anthere, welche vom schildförmigen Staminodium mit artspezifischem Aussehen überdeckt wird. Unterhalb des Staminodiums befindet sich die Narbe.

Etwa 60 Arten sind bekannt, mit einem Verbreitungsareal, das sich vom Himalaja südwärts über die Großen und Kleinen Sundainseln bis Neuguinea und ostwärts bis zu den Salomoninseln sowie von Indien ostwärts über Südwestchina bis zu den Philippinen erstreckt.

Paphiopedilum wachsen mit wenigen Ausnahmen terrestrisch und je nach Art von Meereshöhe aufwärts bis zu etwa 2000 m. Diese Orchideen gedeihen in feuchtheißen Regionen, in Regenwäldern und in kühlfeuchten Gebirgsgegenden. Ihre Wuchsorte sind von Sträuchern und Bäumen beschattete Waldlichtungen oder Waldränder, auch sonnenarme Bach- und Flußufer, moosbewachsene Steilhänge sowie Bergkoppen im unteren Grenzbereich des Schnees. Wuchsorte sind auch an sonnenabgewendeten Seiten stauden- und strauchreicher Kalkfelsen kleiner Inseln der Golfe südostasiatischer Staaten (Thailand, Malakka usw.) anzutreffen. Arten wärmerer Gebiete bevorzugen gipfelnahe Standorte im Bereich von Bächen und Wasserfällen mit Sprühregen.

1. Kühl zu pflegende Arten

P. insigne (Wall. ex Lindl.) Pfitz. Seine riemenförmigen dunkelgrünen Laubblätter sind länger als der 10 bis 20 cm lange Blütenschaft. Die gelbgrüne Fahne der 6 bis 12 cm breiten Blüte ist weiß umrandet und braun gefleckt. Die gelbgrünen Petalen sind braun geädert, der gleichfarbige Schuh ist braun schattiert. Eine im vorigen Jahrhundert häufig zur Bastardierung verwendete Art, von welcher mehrere Varietäten bekannt sind. Blütezeit Oktober bis März. Heimat Assam, Nepal.

Dieses kühl zu pflegende *Paphiopedilum* und seine Hybriden benötigen mit Sproßaustrieb ab März bis April ein kühles-kaltes Gewächshaus mit stärkerer Beschattung, höherer Luftfeuchtigkeit und entsprechender Lüftung. Durch tägliches Überspritzen der Pflanzen und ihrer Umgebung läßt sich die sommerliche hohe Temperatur so niedrig als möglich halten, um 15 bis 17°. In dieser Periode üppiger Laubentwicklung sind reichliche Wassergaben angebracht, welche bei guter Dränage der Pflanzgefäße zu keiner stagnierenden Nässe führen. Vom Hochsommer an wird der Schatten verringert und durch Lüftung ein zwischen Tag und Nacht deutliches Temperaturgefälle angestrebt. Es ist dies eine Voraussetzung für die Entwicklung des Blütenstandes, welcher bei zu warm gepflegten Pflanzen ausbleibt. Die winterliche Heizwärme beträgt tagsüber 15 bis 17°, nachts 12 bis 14°. Nach der Blüte wird bis nach dem neuen Sproßaustrieb bei verringerten Wassergaben eine Ruheperiode eingehalten.

Umgepflanzt werden *P. insigne* und seine Hybriden alle 3 bis 4 Jahre in ein Pflanzmaterial, das aus einer Mischung von gleichen Teilen alter Rasenerde, Osmunda-Wurzeln, Sphagnum, Styromull mit Zugabe entsprechend zubereiteter Farnwedel (Buchenlaub) und Hornspäne (Kuhfladengeriebsel) besteht. Der richtige Zeitpunkt liegt vor dem Austrieb neuer Sprosse im Februar bis März. Die Pflanzen sind so tief einzupflanzen als sie zuvor standen. Nach dem Eintopfen werden sie durch einige Wochen häufiger gespritzt statt gegossen.

2. Mäßig warm zu pflegende Arten

P. barbatum (Lindl.) Pfitz. Seine Laubblätter sind hell- und dunkelgrün schachbrettartig gefleckt, sein 15 bis 25 cm hoher Blütenschaft ist einblumig. Die 5 bis 7 cm breite Blüte mit weißer, braunpurpur- und grüngestreifter Fahne hat braunpurpurfarbene, grün gestreifte Petalen mit einigen schwärzlichen Warzen. Der rötlichbraune Schuh ist dunkler geädert. Blütezeit März bis August. Heimat Malaiische Halbinsel, Thailand.

P. callosum (Rchb.f.) Stein. Die schwärzlichgrünen Laubblätter sind marmoriert bis schachbrettartig gefleckt. Sein ein- oder zweiblumiger, bis 50 cm hoher Blütenschaft trägt eine 8 bis 12 cm breite Blüte. Die weiße Fahne ist grün und braunpurfarben gestreift, die rötlichen, grün und braunpurpurfarben gestreiften Petalen sind sichelförmig gebogen und mit schwärzlichpurpurfarbenen Warzen besetzt. Der purpurbraune Schuh ist dunkler geädert. Blütezeit Januar bis August. Heimat Thailand, Indochina.

P. charlesworthii (Rolfe) Pfitz. Die grünen, bis 25 cm langen Laubblätter sind länger als der einblumige Blütenschaft. Von der etwa 6 cm breiten Blüte ist die Fahne hellrosa und dunkler geädert, die grünlichen Petalen hellbräunlich gefleckt und dunkler geädert, der grünliche Schuh hellbraun überlaufen. Blütezeit August bis Oktober. Diese Art ist in Burma und Assam beheimatet.

P. fairrieanum (Lindl.) Stein. Bis 20 cm lang werden die schmalen Laubblätter und etwa gleich lang der Blütenschaft mit 7 bis 9 cm breiter Blüte. Ihre weißlichgrüne Fahne mit gekraustem Rand ist violett geädert, ebenso die sichelförmig gebogenen, gekrausten Petalen. Der grünlichgelbe, hellpurpurfarben überlaufene Schuh ist dunkelpurpurfarben geädert. Blütezeit September bis Januar. Heimat Bhutan, Sikkim.

P. hirsutissimum (Lindl.) Stein. Undeutlich marmoriert sind die graugrünen, 20 bis 25 cm langen Laubblätter. Ebensolang wie sie wird der einblumige Blütenschaft mit 10 bis 15 cm breiter Blüte. Ihre rötlichbraune, violett punktierte Fahne weist grüne Umrandung und violette Punktierung auf. Am Rand gewellt bis geschwungen sind die Petalen mit grüner, dicht violettbraun punktierter Basis und mit hellvioletter Spitzenhälfte. Der bräunliche Schuh weist violettbraune Punktierung auf. Blütezeit März bis Juni. Heimat Assam, Thailand, Burma.

P. spicerianum (Rchb.f.) Pfitz. besitzt grüne, bis 25 cm lange Laubblätter und einen etwa gleichlangen Blütenschaft mit 6 bis 8 cm breiter Blüte. Die reinweiße Fahne mit purpurfarbenem Mittelstreifen ist an der Basis grün. Mit oder ohne einen bräunlichen Mittelstreifen sind die am Rand gewellten grünen, braun punktierten Petalen. Der grüne Schuh weist einen bräunlichvioletten Anflug auf. Blütezeit Oktober bis Februar. Heimat Assam, Indien.

Oncidium lanceanum

P. sukhakulii Schoser et Sengh. 15 bis 20 cm lang sind die oberseits weißlichgrünen, gefleckten Laubblätter und ebensolang der ein- oder zweiblumige Blütenschaft mit 8 bis 12 cm breiter Blüte. Ihre zugespitzte weißliche Fahne ist grün gestreift, ihre hellgrünen, dunkler geaderten Petalen sind rötlichbraun punktiert und ihr bräunlich-grüner Schuh weist purpurfarbene und dunkelgrüne Aderung auf. Blütezeit September bis Mai. Heimat Thailand.

P. venustum (Wall. ex Lindl.) Pfitz. Oberseits sind die 10 bis 15 cm langen dunkelgrünen Laubblätter graugrün gefleckt und unterseits rotbraun marmoriert. Nicht länger wird der ein- oder zweiblumige Blütenschaft mit 6 bis 10 cm breiter Blüte. Die zugespitzte weiße Fahne ist dunkelgrün gestreift, die Petalen aus grünlichweißer Basis purpurbraun und dunkelgrün geadert. Der grünliche, rosarot überlaufene Schuh weist dunkelgrüne Aderung auf. Blütezeit November bis April. Heimat Nepal, Assam.

P. villosum (Lindl.) Stein. An der Basis sind die bandförmigen, 20 bis 30 cm langen, fleischigen grünen Laubblätter rötlich punktiert. Der einblumige, 15 bis 30 cm lange Blütenschaft trägt eine 10 bis 15 cm breite Blüte. Die olivgrüne Fahne ist zur rotbraunen Mitte weiß umrandet. Die untere Längshälfte der an der Basis verschmälerten Petalen ist bräunlichgrün, die obere Längshälfte, getrennt durch einen dunkelbraunen Mittelstreifen, ist gelblichbraun. Der bräunlichgelbe Schuh ist dunkler geadert. Blütezeit Dezember bis April. Heimat Burma, Assam, Thailand.

In die Gruppe der im temperiert-mäßigwarmen Gewächshaus zu pflegenden Frauenschuhe gehört die Mehrzahl aller *Paphiopedilum*-Arten und ihrer Hybriden. Bei entsprechender Einrichtung lassen sie sich auch im Wohnraum erfolgreich pflegen. Der Unterschied zu kühl zu pflegenden Arten liegt in der höheren Gewächshauswärme und in der nicht so krassen nächtlichen Temperaturabsenkung als Voraussetzung zur Entwicklung der Blütensprosse. In kühlen Übergangswochen im Herbst und Frühjahr sowie in den Wintermonaten beträgt die Heizwärme tagsüber 18 bis 20°, nachts 15 bis 16°. Im Sommerhalbjahr steigt die Gewächshauswärme durch die durch die Schattierung gedämpfte Sonneneinstrahlung auf 25 bis 27° und sinkt nachts nicht unter 18°. Dazu ist reichliche Frischluft durch geregelte Lüftung, hohe Luftfeuchtigkeit durch der Witterung angepaßtes Überspritzen der Pflanzen und ihrer Umgebung sowie durch ausreichende Bewässerung des Wurzelballens, ohne daß stagnierende Nässe entsteht, erforderlich. Während der Vegetationsruhe wird der Wurzelballen durch reduzierte Wassergaben trockener gehalten.

Je nach Notwendigkeit werden diese *Paphiopedilum*-Arten und ihre älteren und modernen Hybriden alle 2 bis 4 Jahre, im Frühjahr vor Sproßaustrieb oder bei Frühjahrsblühern mit Sproßaustrieb nach der Blüte bei größter Schonung der Wurzeln umgepflanzt. Als Pflanzmaterial bewährte sich eine Mischung aus 2 Teilen Osmunda-Wurzeln (Mexifern), 1 Teil Sphagnum, 1 Teil Styromull, dazu entsprechend zubereiteter Beimisch aus Farnwedeln (Buchenlaub) und Hornspäne (Kuhfladengeriebsel). Diese Mischung läßt sich mit 1 Teil grobfaserigem Torf strecken.

3. Kalkbedürftige, warm zu pflegende Arten

P. bellatulum (Rchb. f.) Stein. Seine oberseits hell- und dunkelgrün gefleckten, bis 15 cm langen Laubblätter sind unterseits braunpurpurfarben marmoriert. Der 6 bis 10 cm lange, weiß behaarte Blütenschaft trägt eine 6 bis 7 cm breite weiße Blüte, deren Fahne, Petalen und Schuh unterschiedlich reich bräunlichpurpurfarben gefleckt sind. Blütezeit März bis Oktober. Heimat Thailand, Malaiische Halbinsel.

P. concolor (Batem.) Pfitz. Die unterseits rotbraunen, bis 15 cm langen Laubblätter sind oberseits dunkelgrün und graugrün marmoriert. Der 6 bis 10 cm lange, bis dreiblumige Blütenschaft trägt 5 bis 8 cm breite Blüten. Diese sind cremegelb und bräunlichrot punktiert. Blütezeit März bis Juli. Heimat Burma, Thailand, Kambodscha, Südvietnam.

P. delenatii Guill. Die oberseits hell- und dunkelgrün gefleckten, etwa 12 cm langen Laubblätter sind unterseits rotbraun marmoriert. An dem ein- oder zweiblumigen, 15 bis 20 cm langen Blütenschaft sitzen 6 bis 9 cm breite weißlich bis rosafarbige Blüten mit dunkelrosa Schuh. Blütezeit Januar bis April. Heimat Thailand, Südvietnam.

P. niveum (Rchb. f.) Stein. Die oberseits dunkel- und graugrün marmorierten Laubblätter sind unterseits rotviolett. Der 10 bis 15 cm lange ein- oder zweiblumige Blütenschaft trägt 6 bis 10 cm breite weiße Blüten mit verstreuten bräunlichroten Punkten. Blütezeit März bis Juni. Heimat Inseln östlich und westlich der Malaiischen Halbinsel.

Diese im Heimatgebiet bevorzugt auf Kalkstein wachsenden Arten sind nicht nur wärmebedürftig, sondern auch schwieriger als die bisher erwähnten Arten zu pflegen. Dem Pflanzmaterial werden, wie für mäßig warm zu pflegenden Frauenschuh angegeben, aus leichtbrüchigem Kalkstein Gries und Steinchen verschiedenster Größe beigemischt. Dieser Kalkstein ist für gutes Gedeihen der weißgelb blühenden Arten so wichtig wie ein luftfeuchter Standort im warmen, stärker beschatteten Gewächshaus. Seine Temperatur steigt während der Sommerzeit tagsüber auf Spitzenwerte bis 27° und fällt nachts nicht unter 20°. Die Frischluftzufuhr an warm-heißen Tagen wird durch Lüftung ohne Zugluft geregelt. Auf einen Rost gestellter Frauenschuh ermöglicht häufigeres Angießen des Bodenbelags, wodurch die erforderliche Luftfeuchtigkeit konstant gehalten werden kann. Der Wurzelballen bleibt das ganze Jahr über gleichbleibend, aber nicht übermäßig feucht. Von Bespritzen der Pflanzen an nicht heißen Tagen ist abzusehen. Im Winterhalbjahr soll die Heizwärme tagsüber bei 20 bis 22°, nachts um 18° liegen.

4. Warm und schwieriger zu pflegende Arten

P. chamberlainianum (O'Brien) Stein (*P. victoria-reginae* (Rolfe) Hook. f. ssp. *chamberlainianum* (O'Brien) M. W. Wood) gleicht im Habitus *P. victoria-reginae*, jedoch ist seine weißliche Fahne rotbraun gestreift, die weißen gedrehten und bewimperten Petalen purpurbraun gefleckt und der lilarosa Schuh mit dunkleren Punkten gezeichnet. Blüte zu jeder Jahreszeit. Heimat Sumatra.

P. glaucophyllum J. J. Sm. (*P. victoria-reginae* (Rolfe) Hook. f. ssp. *glaucophyllum* (J. J. Sm.) M. W. Wood) gleicht im Habitus *P. victoria-reginae*, jedoch sind die Laubblätter oberseits bräunlichgrün und unterseits rötlichbraun gefleckt. Die bräunliche, weiß umrandete Fahne ist im Spitzenbereich grün und von der Basis ausstrahlend dunkelbraun geadert. Die gewellten, gedrehten, bewimperten, weißlichen Petalen sind purpurbraun gefleckt. Der hellviolette, gelblichgrün umrandete Schuh ist dunkler punktiert. Blüte zu jeder Jahreszeit. Heimat Java.

P. parishii (Rchb. f.) Stein bildet bis 30 cm lange, riemenförmige, schräg aufrechtstehende grüne Laubblätter und einen mehrblumigen, bis 60 cm hohen Blütenschaft aus. Die gelbgrüne Fahne ist dunkler und rötlichbraun geadert. Die herabhängenden, schmäleren, gewellten und etwas gedrehten 8 bis 12 cm langen grünlichgelben Petalen sind dem Rand und der Spitze zu rötlichbraun bis schwärzlichpurpurfarben gefleckt. Der grünlichgelbe Schuh ist dunkler und rötlichbraun geadert. Blütezeit März bis August. Heimat Burma, Thailand, Yunnan.

P. philippinense (Rchb. f.) Stein ist im Habitus ähnlich *P. parishii*. Von der relativ großen Blüte ist die weißliche Fahne braunviolett gestreift; die herabhängenden schmalen, etwas gedrehten, 10 bis 15 cm langen braunvioletten bis -purpurfarbenen Petalen nach der Basis zu gelblich und mit behaarten Warzen besetzt, der seitlich abgeflachte gelbliche Schuh bräunlich geadert. Blütezeit April bis Juli. Heimat Philippinen.

P. rothschildianum (Rchb. f.) Stein ist im Habitus ähnlich *P. parishii*, jedoch mit Blüten, deren 10 bis 15 cm lange, schmale, lang zugespitzte Petalen seitwärts weggestreckt sind. Die gelbliche, am Rand weißliche Fahne ist wie die etwas gedrehten gelblichgrünen Petalen rötlichbraun bis schwärzlichrot gestreift oder unterbrochen liniert. Der zimtfarbige Schuh ist zum Rand hin zinnoberrot und dunkler geadert. Blütezeit Mai bis September. Heimat Burma.

P. tonsum (Rchb. f.) Stein. Die oberseits grünen, schachbrettartig gemusterten Blätter sind unterseits rotbraun gefleckt. Der bis 25 cm lange, einblumige Blütenschaft trägt eine 6 bis 10 cm breite Blüte. Die Fahne ist aus grünlicher Mitte weiß und bräunlichrot gestreift. Die grünen und bräunlichroten Petalen sind rotbraun geadert. Der olivfarbene Schuh ist bräunlich überlaufen. Blütezeit März bis Juli. Heimat Sumatra.

P. victoria-reginae (Rolfe) Hook. f. entwickelt bis 25 cm lange, oberseits dunkel- bis graugrün marmorierte und unterseits rotbraun gefleckte Laubblätter mit bewimperter Basis. Der überhängende, bis 50 cm

Paphiopedilum hirsutissimum

Paphiopedilum rothschildianum

lang werdende, flaumige, bis fünfzehnblumige Blütenstand hat sukzessiv aufblühende 6 bis 9 cm breite Blüten. Die grüne Fahne ist weiß umrandet und braun geadert, die gewellten bis gedrehten weißlichen Petalen purpurgefleckt, der lilarosa Schuh nicht punktiert. Blüte zu jeder Jahreszeit. Heimat Sumatra.

Zu den wenigen hier vorgestellten schwieriger zu pflegenden Arten gehören auch viele aus diesem Formenkomplex hervorgegangene Hybriden. Sie alle benötigen ein warmes, luftfeuchtes, beschattetes, bei Lüftung luftzugfreies Gewächshaus mit Sommertemperaturen tagsüber zwischen 24 bis 27°, nachts zwischen 18 bis 22°. Im Winterhalbjahr einen hellen Standort im warmen, luftfeuchten Gewächshaus mit Heizwärme tagsüber um 20 bis 22°, nachts um 18 bis 20°. Die Gießwassermengen müssen der jeweiligen Jahreszeit entsprechen. Während der Sproßentwicklung sind einige sehr schwache Dunggüsse angebracht. Der neue Sproßaustrieb ist nicht immer in einer Vegetationsperiode zur Ausbildung eines Blütensprosses kräftig genug entwickelt. Häufig sprossen durch Jahre hindurch neue Laubsprosse, bevor ein solcher zum Blühen kommt. Es werden stets nur die Exemplare umgepflanzt, die es nötig haben. Als Pflanzmaterial verwenden wir die bei den mäßig warm zu haltenden Arten angegebene Mischung.

Hybriden. Der Venusschuh ist die von Orchideenfreunden am häufigsten gepflegte Orchidee, deren Bedarf in etwa gleichgroßem Ausmaß von Arten und Hybriden gedeckt wird. Die ersten Hybriden entstanden nach 1869, und seit dieser Zeit hören bis in die jüngste Gegenwart die Bemühungen nicht auf, durch immer neue Elternpaarung bessere und schönere Hybriden zu züchten. Das Zuchtziel gegen Ende des vorigen Jahrhunderts waren langgestielte, gut haltbare Blüten. Diese älteren Hybriden sind nicht schwierig zu pflegen. Der nachfolgenden Zuchtrichtung lag das Bestreben zugrunde, durch Mehrfachbastardierung großblumige Hybriden zu erlangen. Diese entwickeln große rundliche oder ovale Blüten, welche sich bei kleinerem Schuh aus der geschlossenen Form der übergroßen Fahne mit stark vergrößerten Petalen ergibt. Viele dieser Hybriden haben einen nur kurzen Stiel, ein Erbgut eingekreuzter kurzstieliger Arten. Fast immer ist mit dieser überdimensionierten Blüte die Einblumigkeit des Blütenstandes verbunden. Die moderne Zuchtrichtung der letzten Jahrzehnte ver-

Paphiopedilum 'Capablanca'

Paphiopedilum farrieanum

Paphiopedilum delenatii × Paphiopedilum concolor

Paphiopedilum 'Gaston Bultel'

sucht durch überlegtere Bastardierung vielblumige Hybriden mit naturnahen Blütenformen zu erhalten, welche zugleich leichter zu pflegen sind.

Obwohl bei den ihren Ansprüchen nach zusammengehörenden Arten spezielle Hinweise für die Pflege gegeben wurden, werden hier noch einige allgemeingültige Angaben für alle Gruppen hinzugefügt. Infolge der Verbreitung des Venusschuhs in unterschiedlichen Klimaten lassen sich die Arten nur im der Art zusagend temperierten Gewächshaus erfolgreich pflegen. Die Temperatur wird durch Schattierung, Lüftung und Beheizung reguliert. Neben der erforderlichen Wärme benötigt der Venusschuh ausreichende, zu keiner stagnierenden Nässe führende Gießwassermenge und im Pflanzmaterial die erforderlichen Nährstoffe. Diese sind während der Vegetationsperiode durch schwache Nährsalzdüngung zu ergänzen. In Ermangelung von Speicherorganen sind während der winterlichen Vegetationsruhe bescheidene Wassergaben erforderlich. Ballentrockenheit reduziert nicht nur den Wurzelbestand, sondern schwächt die Entfaltung des neuen Sprosses. Im Endeffekt bleibt die erwartete Blüte aus. Die erforderliche Luftfeuchtigkeit wird während der warmen Jahreszeit durch Überspritzen der Pflanzen, insbesondere auch ihrer Umgebung, erreicht. Im Winterhalbjahr ausschließlich durch Benässung ihrer Umgebung. Zu vermeiden ist über Nacht in Blattscheiden verbleibendes Restwasser, welches in kühlen Nächten zur Fäulnis an jungen Sprossen führt. Deshalb ist es angebracht, in den Wintermonaten für der Größe des Gewächshauses angepaßte Luftumwälzung Sorge zu tragen.

Der Venusschuh wird entsprechend seiner Wüchsigkeit alle 2 bis 4 Jahre umgepflanzt, bevorzugt nach der winterlichen Vegetationsruhe oder nach der Blüte vor dem neuen Sproßaustrieb. Vor dem Einpflanzen sind abgestorbene Wurzeln und vererdetes Pflanzmaterial vom Wurzelballen zu entfernen. Größere Pflanzstöcke zerfallen in kleinere einsetzfähige Büschel. Nicht von selbst sich verkleinernde Stöcke sind beisammenzulassen. In Gemeinschaft stehende Sprosse gedeihen besser als einzelstehende. Eingepflanzt wird mit im Pflanzgefäß verteilten Wurzeln und nicht tiefer, als zuvor die Sprosse im vorherigen Pflanzgefäß standen, und dabei nur so fest, daß die Sprosse aufrecht stehen und nicht umfallen können. Bei zu festem Einsetzen stagniert im zu dicht zusammengedrückten Pflanzmaterial das Wasser, und die Durchlüftung ist ungenügend, wodurch Fäulnis die Wurzeln und Sprosse befällt. Umgepflanzter Venusschuh wird in den ersten 3 bis 6 Wochen zu beschleunigter Sproßentwicklung im geschlossenen Gewächshaus ein- oder zweimal täglich leicht überspritzt. Mit Ausbildung neuer Wurzeln wird mit sukzessiv reichlicheren Wassergaben allmählich zu gewohnter Pflege übergegangen. Noch ein Hinweis: Bei Verwendung von Rasenerde im Pflanzmaterial sind die Wassergaben geringer und in größeren Abständen zu verabreichen, als wenn das Pflanzmaterial aus einer erdelosen Mischung besteht.

Pedilonum Bl.
(griech. *pedilon* = Pantoffel; wahrscheinlich wegen der Ähnlichkeit der Lippe mit einem Pantoffel)

Pedilonum bildet je nach Art sehr unterschiedlich reich beblätterte, zylindrische Sprosse bis niedrigbleibende, wenig beblätterte Pseudobulben aus. Der seitenständige, mehr oder weniger gestauchte Blütenstand sproßt aus der Achsel eines der gipfelständigen ledrigen Laubblätter. Der Länge des Blütenstandes entsprechend ist dieser arm- bis reichblumig. Die meisten Merkmale der Blüte gleichen denen der *Dendrobium*-Blüte, ausgenommen die schmale, ungeteilte, geigenförmige Lippe, deren Basis teilweise mit dem Säulenfuß verwachsen ist. Bekannt sind etwa 70 epiphytisch wachsende Arten, welche von Südostasien über Indonesien, die Philippinen, Neuguinea bis Australien verbreitet sind.

P. secundum Bl. (*Dendrobium secundum* (Bl.) Lindl.). Seine aufrechtwachsenden, später überhängenden, bis 50 cm langen Sprosse tragen ausdauernde, länglich-lanzettliche, zugespitzte Laubblätter. Der dichtblumige, waagrecht abstehende Blütenstand sproßt seitenständig aus der Achsel eines spitzennahen Laubblattes. Die Sepalen und Petalen der einseitswendigen, etwa 2 cm hohen Blüte sind hellrosa und purpurfarben. Die spachtelförmige, vorn zugespitzte Lippe ist orange bis gelblich. Blütezeit April bis Juli. Heimat Burma, Thailand, Indochina, Malaiischer Archipel, Sumatra, Philippinen.

Die Pflege entspricht der von *Dendrobium* mit mehrjährigen Laubblättern (siehe dort).

Peristeria Hook., Taubenorchis
(griech. *peristerion* = Taube; Anspielung auf das vogelähnliche Aussehen, das sich durch die Stellung von Lippe und Säulchen im Inneren der Blüte ergibt)

Kräftige Pseudobulben entwickeln mehrere gestielte, länglich-lanzettliche, zugespitzte Laubblätter und bringen aus der Achsel eines der die Pseudobulbe umhüllenden Niederblätter einen aufrechten oder abwärts gekrümmten Blütenstand. Die Sepalen sind kugelförmig zusammengeneigt, die seitlichen etwas zusammengewachsen. Von der dreilappigen, fleischigen Lippe ist das Hypochil mit der Basis des Säulchens verwachsen, wodurch die Seitenlappen flügelartig aufrecht zu stehen kommen. Das Epichil der Lippe ist beweglich an das Hypochil angegliedert. Das kräftige Säulchen ist im Gipfelbereich geöhrt. Etwa 6 Arten wachsen terrestrisch oder epiphytisch. Sie sind in Mittel- und Südamerika verbreitet.

P. elata Hook. bringt 5 bis 10 cm hohe kugel- bis eiförmige Pseudobulben mit bis fünf fast meterlangen Laubblättern und einen ebensolangen aufrechtstehenden Blütenschaft. Die wenig- bis reichblumige Blütentraube hat 3 bis 5 cm breite kugelige, weiße, wachsartige Blüten. Von der Lippe sind die aufrechtstehenden Seitenlappen und der rückwärtige Teil des rundlichen Vorderlappens mit nach vorn abwärts zurückgeschlagener Spitze rötlich punktiert. Die gleiche Punktierung weist das Säulchen auf, dessen Spitze durch die Form seiner Anthere schnabelartiges Aussehen hat. Blütezeit Juni bis September. Heimat Panama.

P. pendula Hook. gleicht im Habitus *P. elata*, ist aber nur halb so groß. Der 10 bis 20 cm lange, hängende, mehrblumige Blütenstand entfaltet 3 bis 5 cm breite kugelförmige Blüten von gelblicher bis hell fleischfarbener Färbung mit reichlicher rötlichbrauner Fleckung. Blütezeit Juni bis September. Heimat Peru, nördliches Südamerika.

Mit nährstoffreichem Pflanzmaterial wird *P. elata* in ein dräniertes Pflanzgefäß und *P. pendula* in ein aufzuhängendes Körbchen eingesetzt. Während der Vegetationsperiode gehören sie bei reichlichen Wassergaben und monatlicher Düngung in ein beschattetes, luftfeuchtes, frischluftreiches, temperiert-warmes Gewächshaus. Nach Entwicklung der Pseudobulben und in den Wintermonaten erhalten sie hellen Standort, reduzierte Wassergaben und bei ausreichender Luftfeuchtigkeit eine Wärme von tagsüber um 18°, nachts um 14 bis 15°.

Pescatoria Rchb.f.
(J.-B. Pescatore, 1793–1865, besaß in Château Celle St. Cloud in Paris eine große Orchideensammlung)

Bulbenlose Orchideen mit zweizeilig angeordneten, breit-lanzettlichen, zur Basis hin gefalteten Laubblättern. Aus der Achsel älterer Scheidenblätter kommen aufrechtstehende bis überhängende einblumige Blütenstände hervor. An der auffälligen Blüte sitzen die seitlichen, an der Basis etwas miteinander verwachsenen Sepalen am schiefen Säulenfuß. Von der genagelten, dreilappigen, fleischigen Lippe sind die Seitenlappen abstehend, der Rand des großen Vorderlappens ist etwas zurückgerollt. Die Basis der Lippe bildet einen furchenreichen Schwielenbogen aus. Das halbkreisförmige Säulchen sitzt auf kräftigem Säulenfuß. Etwa 14 epiphytisch wachsende Arten sind in feuchten Bergwäldern in Mittel- und im nördlichen Südamerika beheimatet.

P. cerina (Lindl.) Rchb.f. (*Huntleya cerina* Lindl.). Ihre kurzen Stämmchen tragen 10 bis 20 cm lange, halb aufrecht stehende, zugespitzte Blätter. Von der 5 bis 8 cm breiten, fleischigen, etwas schalenförmigen Blüte sind die länglichen, abgerundeten Sepalen und Petalen wachsgelb. Die dunklere Lippe mit rötlichbrauner Mitte trägt an der Basis einen halbkreisförmigen, vielrippigen dunkel purpurroten bis rotbraunen Schwielenbogen. Blütezeit Mai bis August. Heimat Costa Rica, Panama.

Je nach Pflanzengröße auf Korkbrettchen aufbinden, besser jedoch in ein gut dräniertes Pflanzgefäß mit weicheren Osmunda-Wurzeln, wenig Sphagnum und etwas Kuhfladengeriebsel einsetzen. *Pescatoria* wird ganzjährig im sehr luftfeuchten, beschatteten, warmen Gewächshaus gepflegt, wo sie wegen der fehlenden Pseudobulben einen gleichmäßig feuchten Wurzelballen benötigt sowie ständige Luftumwälzung durch gute Ventilation. Während der Vegetationsperiode ist schwache Düngung erforderlich. *Pescatoria* verträgt keine stagnierende Nässe, aber auch keine Ballentrockenheit, hält also keine ausgeprägte Ruheperiode ein. Die Gewächshauswärme beträgt das ganze Jahr über einschließlich der Heizwärme tagsüber um 20 bis 22°, nachts um 18°. Keine leicht zu pflegende Orchidee.

Phaius Lour.
(griech. *phaios* = dunkel, dunkelbraun; möglicherweise ein Hinweis auf die dunkle Blütenfarbe)

Terrestrisch wachsende Orchideen mit knolligen Pseudobulben oder verlängerten Stämmen, gestielten Laubblättern und mit einem seitenständigen locker- und vielblumigen Blütenstand. Die Sepalen und Petalen der Blüte gleichen sich. Die ungeteilte bis gelappte, an der Basis sackartig verlängerte oder gespornte Lippe ist mit dem Säulenfuß verwachsen und umschließt mit ihren Seitenlappen das parallel zu ihr stehende Säulchen. Etwa 30 Arten sind in tropischen Gebieten in Südasien, Südostasien, Afrika, auf Madagaskar und auf den Pazifischen Inseln beheimatet.
Die Standorte von *Phaius tankervilleae* sind grasige Bachränder, nasse Wiesen und feuchte Stellen in hochgrasigen Savannen.

P. flavus (Bl.) Lindl. entwickelt eiförmige, bis 12 cm hohe Pseudobulben mit 2 oder 3 gestielten, bis 70 cm langen, zugespitzten Laubblättern und mit seitenständigem, nicht so langem, lockerblumigem Blütenstand. Die 5 bis 6 cm breite gelbe Blüte hat eine kurzgesporte, gewellte, bräunlichgelbe Lippe. Blütezeit März bis Juni. Heimat Malaiischer Archipel.

P. tankervilleae (Banks) Bl. (*Ph. grandifolius* Lour., *Ph. wallichii* Hook.f.). Keine 10 cm hoch werden die Pseudobulben mit 3 oder 4 gestielten, lang zugespitzten, bis 90 cm langen Laubblättern. Der lockerblumige Blütenstand wird bis 120 cm hoch. Von der 7 bis 10 cm breiten Blüte sind die Sepalen und Petalen hell- bis dunkelbraun und die Lippe hell- bis dunkelrosa. Blütezeit Dezember bis März. Heimat tropisches Asien.

Phaius gehören während der Sommermonate in ein leicht beschattetes, von der Sonne durchwärmtes, luftfeuchtes und luftiges Gewächshaus, in dem sie während der Vegetationsperiode, etwa bis Mitte Oktober, 1 bis 2 cm hoch in einem wassergefüllten Untersatz stehen. Monatlich wird das Wasser entleert und durch frisches ersetzt. Zur Ausbildung kräftiger Pseudobulben, der Laubblätter und des Blütenstandes ist regelmäßige Düngung erforderlich. Mit Beginn der Blütensproßentwicklung und während der Blütezeit im hellen, luftfeuchten, temperierten Gewächshaus genügt eine Heizwärme tagsüber um 18°, nachts um 15°. In diesen Wochen und in der nachfolgenden Ruheperiode sind die Wassergaben, ohne daß der Wurzelballen austrocknet, einzuschränken. Umgepflanzt wird *Phaius* alle 3 bis 4 Jahre bei Verwendung einer für Epiphyten gebräuchlichen Mischung mit mehr als üblicher Hornspänezugabe.

Phalaenopsis Bl.
(griech. *phalaina* = Motte, Nachtfalter, *opsis* = Aussehen, ähnlich; möglicherweise eine Gleichsetzung der weißen Blüte der Typusart mit einem nächtlich fliegenden Falter)

Stammlose, gipfelständig wachsende Orchideen mit überhängenden Laubblättern und bandartig sich an den Unterlagen anheftenden Wurzeln. Der seitenständige traubige oder rispige Blütenstand ist wenig- bis vielblumig. Die spornlose Blüte mit ausgebreiteten Sepalen und Petalen trägt am Säulenfuß aufsitzend eine dreilappige Lippe. Die Seitenlappen stehen aufrecht und parallel zum Säulchen. Der je nach Art flaumig behaarte Mittellappen, mit oder ohne fleischiger Schwiele an der Basis, ist vorgestreckt. Das aufrechte Säulchen ist flügellos. Bekannt sind etwa 40 epiphytisch, seltener lithophytisch wachsende Arten mit Verbreitung zwischen Indien und den Philippinen, südwärts bis Nordaustralien.
Bevorzugter Standort sind, wie z.B. bei *P. amabilis*, die von der Laubkrone beschattete Wetterseite der Äste und Stämme einzeln stehender Bäume in feuchtwarmen Gebieten.

P. amabilis (L.) Bl. Ihre bis 30 cm langen, herabhängenden fleischigen Laubblätter sind hellgrün. Ihr bis 70 cm langer aufrechtstehender bis überhängender, nicht immer verzweigter, mehrblumiger Blütenstand enthält 5 bis 10 cm breite weiße Blüten. Die Basis der Lippe ist rötlich punktiert bis gestrichelt. Aus schmaler Basis sind die aufwärtsgerichteten Seitenlappen breit-oval und länger als der Vorderlappen, welcher dreieckige Nebenlappen mit fadenartigen Fortsätzen entfaltet. Die gelbe Schwiele ist bräunlichrot punktiert. Blütezeit Oktober bis April. Heimat Indonesien, ostwärts bis zu den Philippinen, südwärts bis Neuguinea.

P. cornu-cervi (Breda) Bl. et Rchb.f. bringt schmälere, bis 20 cm lange grüne Laubblätter und einen verzweigten, blattartig verbreiteten Blütenschaft hervor. An diesem erblühen sukzessiv über mehrere Jahre 2 cm breite Blüten. Die gelblichen

Orchidaceae

Phaius tankervilleae

Pescatoria cerina

Sepalen und Petalen sind rötlichbraun quer gebändert. Die weiße Lippe hat aufrechtstehende gelbliche Seitenlappen und vorn einen breit dreieckigen Vorderlappen. Die Schwiele ist fünfborstig. Blütezeit ganzjährig. Heimat Burma, Thailand, Borneo, Sumatra.

P. hieroglyphica (Rchb. f.) Sweet (*P. lueddemanniana* Rchb. f. var. *hieroglyphica* Rchb. f.) entwickelt schmälere, bis 30 cm lange, grüne Laubblätter und einen aufrechten bis vorgeneigten, bis 30 cm langen Blütenstand mit langlebigen, 3 bis 5 cm breiten Blüten. Die bräunlichgelben Sepalen und Petalen sind mit einem bräunlichen, hierogylphenartigen Muster gezeichnet. Die Lippe, von gleicher Grundfarbe, hat einen spatelförmigen Vorderlappen und eine mehrmals geteilte Schwiele. Blütezeit April bis September. Heimat Philippinen.

P. lueddemanniana Rchb. f. Ihre schmäleren grünen Laubblätter werden bis 25 cm lang. Ihr kürzerer, wenigblumiger Blütenstand trägt fleischige, 4 bis 5 cm breite Blüten. Die rahmfarbenen bis rosa Sepalen und Petalen sind purpurbräunlich bis lila, seltener grünlich gebändert. Die Lippe von gleicher Grundfarbe hat einen ovalen Vorderlappen mit schwach geteilter Schwiele. Eine varietätreiche Art. Blütezeit April bis September. Heimat Philippinen.

P. mannii Rchb. f. entfaltet schmälere, bis 35 cm lange, grüne Laubblätter und einen schlanken, überhängenden, seltener verzweigten Blütenstand mit etwa 5 cm breiten, sukzessiv aufblühenden Blüten. Die gelblichen Sepalen und Petalen sind ockerbraun gestreift bis zusammenfließend. Von der weißen Lippe sind die aufrechtstehenden Seitenlappen und der ankerförmige Vorderlappen teilweise gestreift und gepunktet. Blütezeit März bis September. Heimat Assam, Sikkim, Vietnam.

P. schilleriana Rchb. f. Ihre bis 45 cm langen dunkelgrünen Laubblätter sind silbergrau gebändert bis marmoriert. Der überhängende, verzweigte, vielblumige Blütenstand trägt 3 bis 5 cm breite, zart- bis lilarosa Blüten mit rötlich punktierter Lippe. Der ankerförmige Vorderlappen und die gelbliche Schwiele sind rötlichbraun getupft. Blütezeit Dezember bis März. Heimat Philippinen.

P. stuartiana Rchb. f. ist in Habitus und Blütenform *P. schilleriana* sehr ähnlich, jedoch sind die mattgrünen Laubblätter im Jugendstadium grünlichweiß marmoriert.

Phalaenopsis schilleriana × **Phalaenopsis mannii**

Phalaenopsis sanderiana

Phalaenopsis schilleriana

Von der 4 bis 6 cm breiten weißen Blüte sind die untere Hälfte der Sepalen und die Basis der Lippe sowie die gelbe Schwiele bräunlichrot punktiert. Blütezeit November bis März. Heimat Philippinen.

Hybriden. Der Aufschwung der Züchtung bei *Phalaenopsis* begann nach dem Versuch, ausgesucht schöne *P. amabilis* miteinander zu kreuzen, mit dem Ergebnis von Primärhybriden, deren Blüten an der Pflanze als Schnittblume bessere Haltbarkeit als die Eltern aufwiesen. Mit diesem Aufschwung und der Einkreuzung weiterer Arten wurden Sorten mit größeren und farbenprächtigeren Blüten und solche mit gelben, orangefarbenen und roten Farbtönen erzielt. Ein weiteres Zuchtziel war der Abbau der großen Empfindlichkeit für unzureichend warme Kulturräume. Diese neueren Hybriden lassen sich mit gutem Erfolg im warm-temperierten Gewächshaus, aber auch in einer dafür eingerichteten Vitrine im Wohnraum pflegen.
Weitere Bastardierungen mit Arten aus anderen Gattungen ergaben farbenprächtige und schönblühende Gattungshybriden. Von diesen ist × **Doritaenopsis** (*Doritis × Phalaenopsis*) wegen geringerer Pflegeansprüche und auffallend schön gefärbter Blüten die wertvollste.

Die Wärmeansprüche von *Phalaenopsis* sind im Sommerhalbjahr durch die Einwirkung der Sonne im beschatteten, luftfeuchten, warmen und an warm-heißen Tagen gelüfteten Gewächshaus unschwer zu erfüllen. Tagsüber kann die Temperatur bis 28° ansteigen, nachts soll sie nicht unter 20° sinken. Bei dieser Wärme ist eine entsprechende Bewässerung und Düngung notwendig. Ohne die Temperaturdifferenz zwischen Tag und Nacht ist kein Blütensproßansatz möglich. Mit Einbruch der kühleren Witterung im Spätsommer und Herbst wird mit Heizwärme nachgeholfen. Die Temperatur soll wie in den Wintermonaten tagsüber um 20 bis 22°, nachts um 16 bis 17° betragen. Bei dieser Wärme ist, obwohl *Phalaenopsis* keiner streng einzuhaltenden Ruheperiode bedürfen, bei entsprechender Luftfeuchtigkeit ein mäßig feuchter bis leicht übertrockneter Wurzelballen einem nassen vorzuziehen.
Umgepflanzt wird in mehrjährigem Abstand vor oder mit dem Austrieb neuer Laubblätter. Das dafür benötigte Gemisch besteht aus 1 Teil Osmunda, 1 Teil Styromull, ½ Teil Sphagnum und üblichem Beimisch. Dieser Mischung kann 1 Teil grobfaserig-grobbrockiger Torf zugegeben werden. Beim Einsetzen wird das Pflanzmaterial, bei Vermeiden von Wurzelbruch, nicht fest angedrückt. Zur besseren Wurzelbildung und vorbeugend gegen Stamm- und Wurzelfäule bleibt der oberseitige Stammteil außerhalb des Pflanzmaterials, ebenso die jüngeren Wurzeln, welche ohne unser Dazutun ins Pflanzmaterial eindringen. Nach dem Umpflanzen bieten wir den *Phalaenopsis*, damit sie sich möglichst ungestört weiterentwickeln, durch 3 bis 6 Wochen eine gespannte, luftfeuchte, warme Gewächshausatmosphäre, außerdem wird in dieser Periode entsprechend der Witterung ein- oder zweimal am Tag leicht überspritzt und seltener gegossen.

Phragmipedium Rolfe
(griech. *phragma* = Zaun, Abgrenzung, *pedi(l)on* = Pantoffel; bezieht sich auf den unterteilten Fruchtknoten und auf die pantoffelähnliche Lippe)

Das Gattungsmerkmal bildet der dreifächerige Fruchtknoten. Die mehrjährigen, riemenförmigen Laubblätter wachsen zu einer ansehnlichen Rosette heran. Der die Laubblätter überragende Blütenstand ist mehrblumig. Dem Aussehen nach ist die Blüte ähnlich der von *Paphiopedilum*. Die Fahne ist mehr oder weniger vornüber geneigt. Die Petalen sind kurz bis sehr lang und je nach Art herabhängend. Der gestreckte Schuh ist seitlich etwas zusammengedrückt. Das kurze Säulchen trägt beiderseits je eine Anthere, welche von dem für die Art typisch aussehenden Staminodium überdeckt wird. Typisch für *Phragmipedium* ist auch das Abfallen der Blüte im Stadium des Verblühens. Etwa 20 terrestrisch, seltener epiphytisch wachsende Arten mit Verbreitung in Süd- und Mittelamerika sind bekannt.

P. caudatum (Lindl.) Rolfe. Sein wenigblumiger Blütenstand erreicht mitunter die doppelte Länge der 25 bis 50 cm langen, riemenförmigen steifen Laubblätter. Die 8 bis 12 cm breite grünlichgelbe, dunkelgrün und bräunlichrot geaderte bis überlaufene Blüte hat beim Aufblühen kurze Petalen, welche innerhalb weniger Tage mehr als 35 cm lang werden. Der weißliche Schuh ist rosa überlaufen und grün geadert. Blütezeit Juni bis September. Heimat Peru, Ekuador, Kolumbien, Venezuela, Costa Rica, Panama.

Die nicht erwähnten, seltener gepflegten Arten sind bei ausreichender Beschattung und Frischluft sowie bei gleichmäßig feuchtem Wurzelballen ganzjährig im temperiert-warmen Gewächshaus zu pflegen. Anders *P. caudatum*, das in das kühl-temperierte Gewächshaus gehört und nur bei gewissenhafter Pflege jährlich neue Laub- und Blütensprosse entwickelt. Dazu sind in den Sommermonaten ein luftfeuchter, frischluftreicher, schattiger Stand und ausreichende Ballenfeuchtigkeit erforderlich. Im Winterhalbjahr ist dieser bei mäßig feuchtem Wurzelballen hell und luftfeucht zu halten. Die Heizwärme soll tagsüber 17 bis 18° nicht übersteigen, nachts nicht unter 13 bis 14° sinken.

Pleione D. Don
(in der griechischen Mythologie *Pleione* = die Mutter der Plejaden)

Pleione ist eine mit *Coelogyne* nah verwandte Orchidee, welche sich von dieser durch die Form der Lippe und durch die gebüschelt wachsenden, einjährigen, laubabwerfenden Pseudobulben unterscheidet. An dem neuen Sproßaustrieb entwickelt sich vor Entfaltung der Laubblätter die relativ große Blüte. Ihre undeutlich dreilappige, je nach Art gefranste Lippe umhüllt tütenförmig das Säulchen. Die Lippe ist je nach Art mit unterschiedlich langen und vielen Leisten versehen. Bekannt sind etwa 10 terrestrisch, epi- und lithophytisch wachsende Arten, die von Indien bis Südwestchina und auf Taiwan verbreitet sind. Die Wuchsorte von *Pleione* sind moosbewachsene Stämme der Bäume in Gebirgswäldern, vermooste Felsen und krautig bewachsene Bachränder der Gebirge in Höhen zwischen 900 und 3300 m. *Pleione* sind während der Vegetationsperiode reichlichen Niederschlägen ausgesetzt und während der Ruheperiode größerer Trockenheit. Die bevorzugt epiphytisch wachsenden Arten mit gefleckten Pseudobulben blühen in der Kultur nach dem spätsommerlichen Sproßaustrieb zu Herbstanfang, wogegen bei den bevorzugt terrestrisch wachsenden Arten mit grünlichen bis schwärzlichgrünen Pseudobulben die Blütezeit nach dem Sproßaustrieb im Frühjahr beginnt.

1. Gefleckbulbige Arten mit Blütezeit im Herbst

P. × lagenaria Lindl. (nach neueren Erkenntnissen ein Naturbastard) bringt 1 bis 2 cm hohe Pseudobulben mit zwei bis 15 cm langen Laubblättern und einem kurzen ein-, seltener zweiblumigen Blütenstand. Die 3 bis 5 cm breite rosalila Blüte hat eine weiße, dunkellila gefleckte Lippe mit gelblichem bis orangefarbenem Fleck auf dieser. Heimat Burma, Bhutan, Assam, Sikkim, Thailand.

P. maculata (Lindl.) Lindl. ist im Habitus etwas kleiner als *P. × lagenaria*. Im Jugendstadium sind die den Sproß umgebenden blasigen Niederblätter besonders deutlich ausgebildet. Von der 3 bis 5 cm breiten weißen Blüte ist die Lippe goldgelb und lilarot gefleckt. Heimat Burma, Bhutan, Assam, Sikkim, Thailand.

P. praecox (Sm.) D. Don (*P. wallichiana* (Lindl.) Lindl.) ist in Habitus und Blütengröße sehr ähnlich der *P. × lagenaria*. Die hell- bis dunkellila Blüte mit gefranster Lippe hat im Schlund ein orangegelbes, streifenartiges Fleckmuster. Die Heimat ist Assam, Sikkim, Nepal und westliches China.

2. Grünbulbige Arten mit Blütezeit im Frühjahr

P. bulbocodioides (Franch.) Rolfe steht im Habitus etwa in der Mitte der beiden nachfolgend beschriebenen Arten. Von der dunkelrosalila Blüte ist die hellere Lippe mit weißlichgelbem Schlund hellbraun bis rosapurpurfarben gefleckt. Heimat Tibet, China, Taiwan.

P. formosana Hayata (*P. pricei* Rolfe) ist eine sehr variable Art mit grünlichen bis schwärzlichen Pseudobulben von 1 bis 2 cm Höhe und bis 30 cm langen Laubblättern. Von der 7 bis 10 cm breiten hell- bis dunkelrosalila Blüte ist die hellere bis weißliche, gefranste Lippe bräunlichgelb strichartig gefleckt. Heimat Yünnan.

P. limprichtii Schlechter. Ihre bis 1 cm hohen grünen Pseudobulben tragen 8 bis 12 cm lange Laubblätter. An der 4 bis 6 cm breiten rosalila Blüte ist der Schlund der helleren, gefransten Lippe purpurlila gefleckt. Heimat China.

Herbstblühende Arten sind bevorzugt auf Korkbrettchen mit für Epiphyten bestimmtem nährstoffreichem Pflanzmaterial aufzubinden. Sie gehören in ein kühl-temperiertes Gewächshaus, wo sie bei beschattetem, luftfeuchtem und luftigem Stand und bei reichlichen Wassergaben vom Frühjahr bis Hochsommer ihre Pseudobulben entwickeln. Ihre Größe wird durch den dem Pflanzmaterial beigegebenen organischen Dünger bestimmt oder durch Düngung gefördert. Nach Erstarkung der Pseudobulben sollen diese schattenlos bei geringeren Wassergaben und tieferen Nachttemperaturen ausreifen, wobei ihre Laubblätter vergilben. Der neue Sproßaustrieb bringt aus seiner Mitte die Blüte. Nach zweiwöchentlicher Blühperiode halten die herbstblühenden *Pleione* bei mäßiger Ballenfeuchtigkeit im kühleren Gewächshaus bei einer Heizwärme tagsüber um 15 bis 16°, nachts um 12° bis zur Weiterentwicklung der Laubblätter ihre Ruheperiode ein.

Frühjahrsblühende Arten gedeihen während der Sommermonate eingetopft und eingesenkt an einem beschatteten, kühleren luftfeuchten Standort im Garten. Bei gleichbleibender Ballenfeuchtigkeit sind Dunggüsse zur Erstarkung der Pseudobulben unbedingt erforderlich. Mit abfallendem Laub im Herbst werden sie bei übertrocknetem Wurzelballen sehr kühl, frostfrei und luftfeucht überwintert. Aus der Mitte des im Frühjahr heranwachsenden Sprosses kommt bei noch nicht entfaltetem Laubblatt der Blütenstand. Diese frühjahrsblühenden *Pleione* sind schwieriger als die im Herbst blühenden zu pflegen.

Die herbstblühenden Arten sind vor Blattausbildung im Frühjahr, die frühjahrsblühenden Arten nach der Blüte umzupflanzen, aber nicht in jedem Jahr. Für die herbstblühenden Arten wird als Pflanzmaterial eine Mischung aus Farnwurzeln, Sphagnum und Kuhfladengeriebsel ver-

Pleione maculata

wendet, für die frühjahrsblühenden eine Mischung aus Farnwurzeln, etwas Rasenerde, Torf und Kuhfladengeriebsel (Hornspäne).

Pleurothallis R. Br.
(griech. *pleuron* = Rippe, *thallos* = kurz, Ast; ein Hinweis auf die rippenartigen Niederblätter am kurzen Sproß)

Kleinbleibende, polsterartig wachsende Orchideen mit kriechenden Rhizomen, kurzen einblättrigen Sprossen und gipfelständigem, wenig- bis mehrblumigem Blütenstand. Die Sepalen sind mehr oder weniger miteinander verwachsen und bilden mit dem Säulenfuß ein Kinn. Die Petalen sind klein, die ebenfalls kleine, bewegliche, am Säulenfuß sitzende Lippe kann ganzrandig oder dreilappig sein. Das Säulchen ist geflügelt. Etwa 900 botanisch interessante, epi- und lithophytisch wachsende Arten mit häufigster Verbreitung in den Nebelwäldern der Gebirgsgegenden der amerikanischen Tropen.

Entsprechend den vermoosten und flechtenbewachsenen Wuchsorten an Baumstämmen, Ästen und Felswänden sind *Pleurothallis* mit nicht viel Pflanzmaterial für Epiphyten auf Korkbrettchen aufzubinden. *Pleurothallis* gehören in ein beschattetes, kühleres Gewächshaus, wo sie bei luftigem Stand, größerer Luftfeuchtigkeit und gleichbleibend feuchtem Wurzelballen gepflegt werden. Im Sommerhalbjahr sind sie an sonnig-heißen Tagen leicht zu überspritzen. Während der winterlichen Ruheperiode benötigen sie hellen Stand

Pleione formosana 'Oriental Jewel'

Pleione limprichtii

und ausreichende Luftfeuchtigkeit, mäßig feuchten, keineswegs trockenen Wurzelballen. Die Heizwärme soll tagsüber 17 bis 18° nicht übersteigen, nachts nicht unter 13 bis 14° sinken.

Polystachya Hook.
(griech. *polys* = viel, *stachys* = Ähre; ein Hinweis auf die Form der Blütenstände)

Gebüschelt stehen an kurzen Rhizomen ein- oder mehrblättrige stamm- oder pseudobulbenähnliche Sprosse beisammen. Der gipfelständige, wenig- bis vielblumige, je nach Art verzweigte Blütenstand hat kleine, 2 bis 10 mm große Blüten. Die seitlichen die Petalen überragenden Sepalen sind mit dem Säulenfuß verwachsen und bilden ein Kinn. Die ganzrandige oder dreilappige, bei der Mehrzahl der Arten kaputzenartig aufwärtsgerichtete Lippe ist mit Schwielen und flaumigen Haaren besetzt. Die etwa 150 epi- und lithophytisch, seltener terrestrisch wachsenden botanisch interessanten Arten sind überwiegend im tropischen Afrika, seltener in den Tropen von Amerika sowie auf Madagaskar und in Asien verbreitet.

Nur die wenigen terrestrisch wachsenden Arten sind in kleinere drainierte Pflanzgefäße einzusetzen. Alle epiphytisch wachsenden Arten dagegen sind mit wenig Pflanzmaterial für Epiphyten auf Korkbrettchen aufzubinden. Sie werden während ihrer Vegetationsperiode bei höherer Luftfeuchtigkeit und reichlicheren Wassergaben im beschatteten, gelüfteten, temperierten Gewächshaus gepflegt. Eine sommerliche Glashauswärme von 20 bis 22° ist tagsüber ausreichend. Im Winterhalbjahr sagt ihnen tagsüber eine Heizwärme zwischen 17 bis 18°, nachts eine solche von nicht unter 15° zu. Der Wurzelballen wird mäßig feucht gehalten, darf aber keineswegs austrocknen.

Promenaea Lindl.
(*Promeneia* = eine von Herodot erwähnte Priesterin am Orakel von Dodona)

Mehrere eiförmige, seitlich abgeflachte zwei- oder dreiblättrige Pseudobulben stehen gehäuft beisammen. Der kurze ein- oder zweiblumige Blütenstand sproßt aus der Achsel eines der die Pseudobulben umhüllenden Niederblätter. Von der durch ihre Farbe auffallenden Blüte sind die seitlichen Sepalen mit dem schiefen Säulenfuß verwachsen und bilden ein kräftiges Kinn. Die dreilappige, gelenkige Lippe ist am Säulenfuß angewachsen. Die Seitenlappen umfassen das Säulchen und der vorgestreckte Mittellappen trägt einen querlaufenden, warzenbesetzten oder gefransten Schwielenbogen. Das am Säulenfuß aufsitzende kräftige Säulchen ist etwas gekrümmt. Etwa 15 epiphytisch wachsende Arten sind in Brasilien verbreitet.

P. microptera (Rchb. f.) Rchb. f. hat etwas kantige, kaum 2 cm hohe Pseudobulben mit zwei 5 bis 7 cm langen, schmal lanzettlichen, zugespitzten Laubblättern. An dem nur wenig überhängenden ein- oder zweiblumigen Blütenstand sitzen 3 bis 4 cm breite ockergelbe, karminrot gestreifte Blüten. Blütezeit April bis August. Heimat Brasilien.

P. stapelioides (Lindl.) Rchb. f. gleicht im Habitus *P. microptera*, jedoch sind die Sepalen und Petalen der grünlichgelben Blüte nur wenig, die Lippe dagegen stark dunkel-schwärzlichpurpurn gefleckt. Blütezeit April bis August. Heimat Brasilien.

P. xanthina (Lindl.) Lindl. (*P. citrina* D. Don) ist im Habitus den erwähnten Arten gleich, jedoch hat sie eine zitronengelbe Blüte mit roten Punkten an der Basis der Lippe. Blütezeit April bis August. Heimat Brasilien.

Promenaea wird entweder mit etwas Pflanzmaterial auf Korkbrettchen aufgebunden oder in einen drainierten kleinen Blumentopf eingesetzt. Sie wird während der Vegetationsperiode bei feuchterem Wurzelballen im luftfeuchten, frischluftreichen, beschatteten, temperierten Gewächshaus gepflegt, in den übrigen Monaten hell, luftfeucht und bei mäßig feuchtem Wurzelballen im temperiert-kühlen Gewächshaus bei einer Heizwärme von 17 bis 18° tagsüber und 13 bis 14° nachts gehalten.

Psychopsis Raf.,
Schmetterlingsorchidee
(griech. *psyche* = Schmetterling, *opsis* = Aussehen, ähnlich; ein Hinweis auf die Ähnlichkeit der Blüte mit einem Schmetterling)

Zu *Psychopsis* gehören einige früher zu *Oncidium* gerechnete Arten. Ihre Pseudobulben sind seitlich zusammengedrückt, gerunzelt, gefleckt und tragen ein lanzenförmiges, geflecktes Laubblatt. Von der Basis der Pseudobulbe sproßt der drahtige, bis 70 cm lange Blütenschaft, an dessen oberen Ende sich die knospenreiche Rispe befindet. Die Blüte hat drei schmale aufwärtsgerichtete Blumenblätter, die breiten, gewellten oder gekrausten Sepalen sind sichelförmig abwärts gebogen und die gleichfalls gewellte oder gekrauste Lippe ist mit einem gelben Mittelfleck versehen. Die Basis der Lippe trägt verschiedenartigen Kallus, das Säulchen ist geflügelt. Bisher sind 3 epiphytisch wachsende Arten mit Verbreitung in Mittel- und Südamerika in Höhen zwischen 200 und 1000 m bekannt.

Psychopsis wachsen an aus Baumkronen oder Sträuchern herausragenden Zweig- und Astspitzen, auch an Lianen, bevorzugt im Uferbereich von Wasserläufen.

P. krameriana (Rchb. f.) Jones (*Oncidium kramerianum* Rchb. f.) entwickelt 2 bis 4 cm hohe Pseudobulben und 15 bis 25 cm lange dunkelgrüne, schwärzlichgrau marmorierte Blätter. Der 40 bis 75 cm lange, aufrechte stielrunde Blütenschaft entfaltet über Jahre hindurch nacheinander aufblühende 5 bis 10 cm breite Blüten. Das schmale mittlere Sepalum und die beiden etwas breiteren, am Rand gewellten Petalen sind schokoladenbraun und gelbfleckig umrandet. Die seitlichen gelben Sepalen sind rotbraun gefleckt. An der gelben Lippe ist der rundliche Vorderlappen breit kreisförmig rotbraun gefleckt. Einzelblüten zu jeder Jahreszeit. Heimat Kolumbien, Ekuador.

P. papilio (Lindl.) Jones (*Oncidium papilio* Lindl.) ist im Habitus etwas größer als *P. krameriana*. Das olivgrüne Laubblatt ist rötlichbraun gefleckt, der Blütenschaft im oberen Drittel flachgedrückt. Das schmale mittlere Sepalum und die ebensobreiten seitlichen Petalen sind rötlichbraun und gelb gefleckt. Die sichelförmigen seitlichen Petalen sind braun und gelb quergebändert. An der gelben Lippe ist der rundliche Vorderlappen breitkreisförmig braun umrandet. Einzelblüten zu jeder Jahreszeit. Heimat nördliches Südamerika, Westindische Inseln.

Die günstigsten Entwicklungsbedingungen bietet ein feuchtwarmes Gewächshaus, in dem den Pflanzen bei gleichfeuchtem Wurzelballen ein beschatteter Standort geboten wird. Im Sommer erwärmt die Sonne trotz Schattierung und Lüftung die Gewächshausluft auf 25 bis 28°, auf Temperaturen also, die entwicklungsfördernd auf *Psychopsis* einwirken. Durch Benässung des Weges und der Gewächshauswände wird für entsprechende Luftfeuchtigkeit gesorgt. In der Übergangsperiode und in den Wintermonaten ist bei höherer Luftfeuchtigkeit eine Heizwärme von tagsüber um 20 bis 22°, nachts um 17 bis 18° ausreichend. In dieser Periode der Ruhe ist der Wurzelballen mäßig feucht bis etwas übertrocknet zu halten. Die Wurzeln sind gegen stagnierende Nässe sehr empfindlich, anderseits vertragen sie aber auch keine Trockenheit. Über Nacht naß gebliebene Sproßaustriebe sind fäulnisanfällig.

Renanthera Lour.
(lat. *renes* = Nieren, griech. *anthera* = Staubbeutel; ein Hinweis auf die nierenähnliche Form des Staubbeutels)

Monopodial wachsende Stämme oder Sprosse mit zweizeilig angeordneten, lederartig-derben Laubblättern und seitenständigem, mitunter verzweigtem Blütenstand. Das mittlere Sepalum und die beiden seitlichen Petalen der Blüte gleichen sich. Die beiden seitlichen Sepalen sind bedeutend länger und breiter. Die relativ sehr kleine Lippe ist dreilappig mit aufwärts gerichteten Seitenlappen und bandartigem Mittellappen. Unterseits ist die Basis der Lippe gespornt oder sackartig vergrößert, oberseits ist die Basis des Vorderlappens mit Schwielen besetzt. Das Säulchen ist kurz, die zweipaarigen Pollinien sind nierenförmig. Etwa 15 epiphytisch wachsende Arten sind in feuchtwarmen Gebieten Südostasiens und auf den Philippinen beheimatet.

R. coccinea Lour. Die Laubblätter des bis über ein Meter hoch werdenden Stammes sind 8 bis 12 cm, der vielblumige Blütenstand bis 80 cm lang. Von der 4 bis 6 cm hohen Blüte sind das mittlere Sepalum und die beiden Petalen hellrosa und scharlachrot gefleckt. Die beiden seitlichen, größeren und längeren Sepalen sind leuchtend scharlachrot, ebenso die sehr kleine Lippe, welche zusätzlich stellenweise gelb gestreift oder gefleckt ist. Blütezeit Februar bis Juni. Heimat Burma, Indochina, China.

R. imschootiana Rolfe gleicht mit Ausnahme kürzerer, 6 bis 8 cm langer Laubblätter *R. coccinea*. Bei der 4 bis 6 cm hohen Blüte sind das mittlere Sepalum gelb, mitunter scharlachrot punktiert, die seitlichen Sepalen scharlachrot und die beiden Petalen gelblich und scharlachrot punktiert. Die Lippe mit gelblicher Schwiele ist gleichfalls scharlachrot. Blütezeit Februar bis Juni. Heimat Burma, Assam, Indochina.

Renanthera werden in den Sommermonaten im warmen Gewächshaus bei geringer Schattierung, hoher Luftfeuchtigkeit, entsprechender Frischluftzufuhr an sonnigheißen Tagen bei sich gleichbleibender Ballenfeuchtigkeit gepflegt. Mit Ende des Sproßzuwachses im Hochsommer erhalten sie volles Sonnenlicht und bei Beibehaltung hoher Luftfeuchtigkeit verringerte Wassergaben. Diese Wartung wird in den Wintermonaten fortgesetzt, wobei die Heizwärme tagsüber um 20°, nachts um 16° betragen soll. In dieser lichtarmen Periode wird weder Ballennässe noch Ballentrockenheit vertragen. Bei abgefaulten Wurzeln und zu geringer Luftfeuchtigkeit schrumpfen die Laubblätter und der Sproßzuwachs bleibt kurz oder fällt aus.
Zu hochgewachsene *Renanthera* sind durch Wegschneiden des abgestorbenen unteren Stammteils zu kürzen. Beim Einpflanzen wird jedes Brechen der Wurzeln vermieden, jedoch müssen wenigstens die längsten mit ihren Spitzen ins Pflanzmaterial eingesetzt werden. Als Pflanzmaterial wird eine Mischung bestehend aus 2 Teilen Osmunda-Wurzeln (Mexifern), 1 Teil Sphagnum, 1 Teil Styromull (Styropor-Schnitzel) und üblichem Beimisch verwendet.

Restrepia H.B.K.
(José Emanuel Restrepo, spanischer Geograph und Naturforscher, der als erster Geographie und Naturgeschichte der Antiguischen Anden von Kolumbien untersuchte)

Kleine, gebüschelt wachsende Orchideen mit einblättrigen, stämmchenartigen Sprossen und einem endständigen Blütenstand. An der Blüte sind das mittlere Sepalum und die etwas kürzeren Petalen mit blasenartiger Spitze lanzettlich-langgestreckt. Die beiden abwärtsgerichteten, seitlichen Sepalen sind fast immer miteinander verwachsen. Die kleinere, an der Spitze zweigelappte Lippe trägt im Bereich des Säulchens zwei hörnerartige Fortsätze. Das gekrümmte Säulchen ist nach vorn zu erweitert. Etwa 30 epi- und lithophytisch wachsende botanisch interessante Arten sind in den Anden von Mexiko bis Argentinien verbreitet.

R. elegans Karst. Gebüschelt stehen die 4 bis 6 cm langen, mit weißlichen, röhrenförmigen, spitzen Scheidenblättern bedeckten Stämmchen mit einem 3 bis 5 cm langen elliptischen, lederartigen Laubblatt beisammen. Der blattachselständige Blütenstand bringt durch Jahre nach und nach aufblühende, wochenlang haltende Blüten. Das mittlere Sepalum und die beiden seitlichen Petalen sind weißlich und rotbraun liniert. Die seitlichen orangebraunen Sepalen sind rotbraun, die hellbraune Lippe dunkelbraun getupft. Blütezeit das ganze Jahr über. Heimat Venezuela.

Restrepia gehören wie *Pleurothallis* in ein kühles, luftfeuchtes Gewächshaus. Sie werden mit wenig Pflanzstoff auf Korkbrettchen aufgebunden und bei gleichbleibend feuchtem Wurzelballen im beschatteten, in den Sommermonaten gelüfteten Gewächshaus gepflegt. An heißen Tagen werden sie zu Erhöhung der Luftfeuchtigkeit und Kühlung leicht überspritzt. Im Winterhalbjahr wird keine strenge Ruheperiode eingehalten, wegen der fehlenden Speicherorgane benötigen sie einen gleichmäßig feuchten Wurzelballen, höhere Luftfeuchtigkeit und eine Heizwärme tagsüber um 17 bis 18°, nachts um 13 bis 14°.

Ryncholaelia Schlechter
(griech. *rhynchos* = Stachel, *Laelia* = Orchideengattung; bezieht sich auf die schnabelartige Verlängerung an der Samenkapsel)

Die zwei Arten der Gattung gleichen im Habitus *Laelia* und mit ihrer schnabelartigen Samenkapsel *Brassavola*. *Ryncholaelia* entwickeln kurze zylindrische bis spindelförmige Pseudobulben mit nur einem sukkulentenartigen graugrünen Laubblatt. Der einblumige Blütenstand erhebt sich mit seiner weißlichen Blüte über das Laubblatt. Beide epiphytisch wachsenden Arten sind in lichten Bergwäldern höherer Gebirge in Mittelamerika beheimatet.

R. digbyana (Lindl.) Schlechter (*Brassavola digbyana* Lindl., *Laelia digbyana* (Lindl.) Benth.) entfaltet eine 10 bis 15 cm breite weiße, grünlich überlaufene Blüte mit weißer, breitrandig gefranster Lippe. Blütezeit April bis August. Heimat Mexiko, Honduras.

R. glauca (Lindl.) Schlechter (*Brassavola glauca* Lindl., *Laelia glauca* (Lindl.) Benth.) ist im Habitus kleiner als *R. digbyana*. Ihre weiße, grünlich überlaufene Blüte ist 6 bis 10 cm breit, ihre einen purpurrosa Schlundfleck tragende Lippe nicht gefranst. Blütezeit Januar bis Mai. Heimat Mexiko, Guatemala, Honduras.

Hybriden. In den Anfangszeiten der Züchtung wurde sehr häufig *R. digbyana*

Pleurothallis vittata

Restrepia elegans

als ein Elternteil bei Kreuzungen mit *Cattleya* oder *Laelia* verwendet. Die dabei erzielten Hybriden, × *Brassocattleya* (*Cattleya* × *Rhyncholaelia*) entwickelten unter dem Einfluß von *R. digbyana* größere, stark gefranste Blüten, bei Verwendung von *R. glauca* breitrandige Blüten. Bei Bastardierung mit *Brassolaelia* × *Laelia*, ließen sich aus den gewonnenen Hybriden viele wertvolle Sorten mit lange an der Pflanze haltbaren Blüten selektieren.

Während der monatelangen herbst- und winterlichen Ruheperiode benötigen *Rhyncholaelia* bei übertrocknetem Wurzelballen einen kühleren, luftigen, sonnigen Standort im temperierten Gewächshaus. In dieser lichtarmen Zeit ist eine Heizwärme tagsüber um 18°, nachts um 15° ausreichend. Mit Beginn des Sproßaustriebes erhöhen wir die Heizwärme auf tagsüber 22°, nachts soll sie nicht unter 18° sinken. Zugleich wird die Luftfeuchtigkeit erhöht, ebenso die Wassergaben. Während der Sproßentwicklung ist mehrmalige Düngung für die Größe der nach Ausbildung von Laubblatt und Pseudobulbe zur Entfaltung kommenden Blüte von größter Wichtigkeit. *Rhyncholaelia* sind bei unzu-

reichender Ernährung und zu geringer Wurzelbildung, auch nach zu stark ausgetrocknetem Wurzelballen während der Ruheperiode, blühfaul. Nach der Blüte wird die weitere Betreuung auf die für die Überwinterung erforderliche Pflege reduziert. *R. digbyana* ist eine nur für erfahrene Orchideenfreunde erfolgreich zu pflegende Art. Sie ist zugleich eine Orchidee, die Verpflanzen nicht gut verträgt. Deshalb wird dem über den Rand des Pflanzgefäßes herauswachsenden Sproßaustrieb ein mit Epiphytenmaterial gefülltes Ansatzgefäß zu ungestörter Weiterentwicklung untergeschoben.

Rhynchostylis Bl.
(griech. *rhynchos* = Schnabel, *stylis* = Säulchen; bezieht sich auf das schnabelartige Säulchen)

Monopodial wachsende Orchideen mit fleischig-lederigen Laubblättern und dicken Wurzeln. Der hängende oder aufrechte traubige Blütenstand ist vielblumig. Von der 1 bis 2 cm breiten Blüte sind das mittlere Sepalum und die seitlichen Petalen gleich aussehend. Die seitlichen Sepalen sind am Säulenfuß angewachsen, und die ganzrandige Lippe bildet mit dem Säulenfuß eine sackartige Ausbuchtung oder einen nach rückwärts gestreckten, zweiseitig abgeflachten Sporn. Das Säulchen ist kräftig und kurz. Etwa 15 epiphytisch wachsende Arten mit Verbreitung im tropischen Indien, auf dem Malaiischen Archipel und den Philippinen.

R. gigantea (Lindl.) Ridl. Der kräftige, hoch werdende Stamm trägt dichtstehende, 15 bis 30 cm lange, sehr dicke linealische Blätter. Mitunter entwickeln sich zugleich mehrere achselständige, vielblumige Blütenstände mit 2 bis 3 cm breiten Blüten. Die weißen Sepalen und Petalen sind mit einigen dunkellila bis purpurfarbenen Tupfen versehen. Die weiße Lippe hat den Tupfen gleichfarbige Vorderlappen. Von dieser Art sind mehrere Varietäten bekannt. Blütezeit Mai bis August. Heimat Burma, Indochina, Thailand.

R. retusa (Sw.) Bl. ist die am häufigsten gepflegte Art. Sie entwickelt einen kräftigen Stamm und 15 bis 30 cm lange, dichtstehende abwärts gebogene Laubblätter. Der ebensolang werdende überhängende

Blütenstand hat dichtstehende 1 bis 3 cm breite weißliche Blüten, deren Sepalen und Petalen rosalila gefleckt und deren purpurfarbene Lippe an der Basis heller ist. Blütezeit März bis Juni. Heimat tropische Gebiete von Indien bis zu den Philippinen.

Rhynchostylis ist in aufzuhängende oder stehende Körbchen einzupflanzen und wie *Vanda* zu pflegen. Sie benötigt im warmen, gelüfteten Gewächshaus während der sommerlichen Vegetationsperiode nur geringen Schatten, jedoch höhere Luftfeuchtigkeit und feuchten Wurzelballen. In den Wintermonaten soll ihr Standort hell und luftfeucht, der Wurzelballen etwas übertrocknet sein. Heizwärme von tagsüber um 20 bis 22° und nachts um 16 bis 18° ist

Scuticaria steelii

Rodriguezia secunda

ausreichend. *Rhynchostylis* entwickelt mit Vorliebe längere herabhängende Wurzeln, welche an mehreren Tagen in der Woche entsprechend der vorherrschenden Witterung und unabhängig vom Gießen des Wurzelballens zu benässen sind.

Rodriguezia Ruiz et Pav.
(Don Manuel Rodriguez, um 1780–1846, spanischer Botaniker und Apotheker)

Kleinbleibende Orchideen mit dicht beisammen, oder durch längere Rhizome entferntstehenden, eiförmigen, etwas zusammengedrückten Pseudobulben, welche ein oder zwei fleischig-lederige Laubblätter tragen. Der überhängende, wenig- bis vielblumige Blütenstand ist traubig. Von der auffälligen Blüte sind die Sepalen und Petalen vorgeneigt, die seitlichen Sepalen bis etwa zur Hälfte zusammengewachsen und je nach Art an der Basis spornig vor- oder nach rückwärts gestreckt. Die vorn zweigelappte, am Grund mit zwei Kielen versehene Lippe ist genagelt und kurz gespornt. Das schlanke Säulchen ist an seiner Spitze mit zwei mitunter bewimperten Fortsätzen, Hörnern oder Flügeln versehen. Etwa 30 epiphytisch wachsende Arten in den Tropen von Amerika, vorwiegend in Brasilien.
Bevorzugte Standorte sind sonnige bis beschattete Äste und Zweige locker stehender Laubbäume innerhalb übriggebliebener Baumgruppen der Primärwälder oder an Nutzbäumen ausgedehnter Plantagen.

R. decora (Lem.) Rchb.f. Drahtige, bis 15 cm lang werdende Rhizome tragen an ihren Enden etwa 2 bis 3 cm hohe Pseudobulben mit einem gipfelständigen und einem seitlichen, die Pseudobulbe halb umhüllenden Laubblatt. Dieses ist etwa 15 cm lang und schmal zugespitzt. Der achselständige Blütenschaft wird bis 40 cm lang und trägt nahe der Spitze eine mehrblumige Blütentraube. Von der etwa 2 cm breiten Blüte sind die weißen Sepalen und Petalen bräunlich gefleckt, die vorn deutlich zweilappige Lippe weiß. Blütezeit Mai bis September. Heimat Brasilien.

R. secunda H.B.K. 2 bis 4 cm hohe Pseudobulben stehen an kurzen Rhizomen beisammen und tragen zwei oder drei schmale lederige, bis 15 cm lange Laubblätter und einen ebensolangen vielblumigen Blütenstand. Die etwa 1 cm breite Blüte ist rosa- bis dunkelrot. Blütezeit Mai bis September. Heimat nördliches Südamerika.

Gebüschelt wachsende Arten (wie z.B. *R. secunda*) sind mit wenig Pflanzmaterial aus weichen Osmunda-Wurzeln mit wenig Sphagnum auf der Pflanzengröße angepaßte Korkbrettchen aufzubinden. Arten mit längeren, aufwärts wachsenden Rhizomen (wie z.B. *R. decora*) erhalten längere mit Pflanzmaterial umwickelte Korkbrettchen. Auf diesen wird am unteren Ende die Pflanze aufgebunden, wodurch ihrem aufwärts wachsenden Rhizom die Möglichkeit ungestörter Entwicklung durch mehrere Jahre geboten wird. Das drahtige Rhizom bildet keine Wurzeln aus, diese sprossen an der Basis der sich entwickelnden Pseudobulbe. Die Wurzeln fast aller Arten dringen teils in das Pflanzmaterial ein, teils entfalten sie sich frei nach allen Seiten. Im Sommerhalbjahr beanspruchen *Rodriguezia* einen stärker beschatteten Standort im luftfeuchten, warmen, an sonnig-heißen Tagen frischluftreichen Gewächshaus. Der Witterung angepaßt wird Gießwasser gegeben, wobei auch alle freiwachsenden Wurzeln zu benässen sind. In den Wintermonaten wird unter Beibehaltung feuchter Luft die Menge des Gießwassers eingeschränkt, jedoch darf das Pflanzmaterial keineswegs austrocknen. Junge Sproßaustriebe sind gegen über Nacht stehengebliebenes Restwasser sehr empfindlich. Heizwärme von tagsüber um 20 bis 22°, nachts um 17 bis 18° ist ausreichend.

Rossioglossum (Schlechter) Garay et G.C. Kennedy
(John Ross, sammelte zwischen 1830 und 1840 in Mexiko, und griech. *glossa* = Zunge)

Eiförmige, etwas gekantete Pseudobulben tragen zwei breit-eiförmige, etwas zugespitzte Laubblätter und einen traubigen, mehrblumigen Blütenstand, welcher aus der Achsel eines der beiden die Pseudobulbe umhüllenden Deckblätter hervorkommt. Die je nach Art sehr unterschiedlich große Blüte hat ähnliche Sepalen und Petalen und eine geigenformähnliche Lippe. Das geöhrte Säulchen steht, typisch für die Gattung, zur Lippe rechtwinklig und frei, nicht verwachsen wie bei *Odontoglossum*. Die fleischige Schwiele ist je nach Art verschieden und mehrlappig. Bisher gehören zu dieser Gattung 6 epiphytisch wachsende Arten mit einer auf Mittelamerika beschränkten Verbreitung.
Rossioglossum sind bevorzugt in kühleren Berg- und Nebelwäldern in Höhen zwischen 1000 und 2700 m anzutreffen, in Gebieten also, in denen während der Trockenheit nach sonnig-warmen Mittagsstunden abends ein dichter, alles benässender Nebel einsetzt und bei Einbruch der Nacht sich wieder auflöst. Während der Vegetationsperiode sorgen ergiebige Regenfälle für die notwendige Durchnässung des Standortes.

R.grande (Lindl.) Garay et G.C. Kennedy (*Odontoglossum grande* Lindl.). Je nach Entwicklungsstärke der Pseudobulben sind diese 6 bis 12 cm hoch, die Laubblätter 15 bis 30 cm lang und der 20 bis 60 cm hohe Blütenstand bis achtblumig. Ausgenommen die weißliche, bräunlich gebänderte Lippe, sind die Sepalen und Petalen der 10 bis 15 cm breiten Blüte in der Grundfarbe grünlich bis gelblich. Außerdem sind die Sepalen rotbraun gebändert, die basisnahe Hälfte der Petalen rotbraun. Diese fallen gegenüber den übrigen Blumenblättern durch größere Länge auf. Blütezeit Juli bis Oktober. Heimat Mexiko, Guatemala.

R.insleayi (Bark. ex Lindl.) Garay et G.C. Kennedy (*Ondontoglossum insleayi* Bark. ex Lindl.) ist im Habitus etwa ein Viertel kleiner als *R.grande*. Die 6 bis 8 cm breite Blüte hat schwefel- bis hellgelbe, rotbraun gebänderte Sepalen und Petalen. Die dottergelbe ei- bis nierenförmige Lippe ist an der Basis karminrot streifig gefleckt. Blütezeit Juni bis September. Heimat Mexiko.

R.schlieperianum (Rchb.f.) Garay et G.C. Kennedy (*Odontoglossum schlieperianum* Rchb.f.). Pseudobulben, Laubblätter und Blütenstand sind etwas kleiner als bei *R.grande*. Die 6 bis 10 cm breite Blüte mit schwefel- bis blaßgelben, rotbraun gebänderten Sepalen und Petalen hat eine hellgelbe bandförmige, vorn eingekerbte Lippe, deren Basis bräunlich gestreift ist. Blütezeit Juni bis September. Heimat Costa Rica, Panama.

R.splendens (Rchb.f.) Garay et G.C. Kennedy (*Odontoglossum splendens* Rchb.f.) gleicht im Habitus *R.grande*. Die 6 bis 10 cm breite Blüte hat, mit nicht gut erkennbarer streifiger grünlicher Zeichnung, schokoladenbraune Sepalen und Petalen. Die dottergelbe, der Basis zu weißliche Lippe ist breitrandig schokoladenbraun gefleckt und an der Basis orangebraun gestreift. Blütezeit Juni bis September. Heimat Mexiko.

R.williamsianum (Rchb.f.) Garay et G.C. Kennedy (*Odontoglossum williamsianum* Rchb.f.) erreicht nicht die Größe von *R.grande*. In Grundfärbung und Bänderung gleicht seine 8 bis 10 cm breite Blüte der von *R.grande*, ausgenommen die um die Hälfte kürzeren Petalen. Blütezeit Juli bis September. Heimat Costa Rica, Honduras, Guatemala.

Rossioglossum gehören entsprechend den heimatlichen Standorten in ein beschattetes, kühl-temperiertes Gewächshaus mit relativ hoher Luftfeuchtigkeit, viel frischer Luft und nächtlicher Kühle. Die Wassergaben sollen entsprechend der vorhandenen Gewächshauswärme ergiebig sein, dürfen aber keineswegs zu stagnierender Nässe im Wurzelbereich führen. *Rossioglossum* wird an sonnig-heißen Tagen morgens und mittags leicht überspritzt. Während der Ausbildung der Pseudobulben sind einige Dunggüsse angebracht. Im Winterhalbjahr soll bei hellem, luftfeuchtem Stand die Heizwärme tagsüber 18° nicht überschreiten, nachts nicht unter 13° fallen. Durch Sonneneinstrahlung aufgeheizte Glashauswärme ist keineswegs nachteilig. In den Wochen mit kurzem Tag halten alle *Rossioglossum*-Arten bei mäßig feuchtem bis übertrocknetem Wurzelballen eine Ruheperiode ein. Bei ausbleibender Blüte, insbesondere bei *R.grande*, liegt die Ursache meistens im Fehlen entsprechender nächtlicher Abkühlung als Anreiz zur Ausbildung des Blütenstandes.

Schomburgkia Lindl.
(Sir Moritz Richard Schomburgk, 1811–1890, und Sir Robert Hermann Schomburgk, 1804–1865, deutsch-englische Forschungsreisende und Botaniker)

Durch Ausbildung ein bis zwei Meter langer Blütenschäfte sind *Schomburgkia* im Habitus groß werdende Orchideen, welche auch durch die Größe der im Alter hohl werdenden Pseudobulben und der steifen Laubblätter auffallen. Die Pseudobulben sind je nach Art von unterschiedlicher Form, keulenförmig oder spindelig, und tragen bis drei längere, lederige Laubblätter sowie am Ende des langen Blütenschaftes eine wenig- bis mehrblumige Blütentraube. Die langgestielte Blüte kann von der ihr nahverwandten *Laelia* dadurch unterschieden werden, daß die dreilappige Lippe das Säulchen nicht umfaßt und die freien, gleichaussehenden Sepalen und Petalen gekraust sind. Etwa 12 epi- und lithophytisch, seltener terrestrisch wachsende Arten, die vom nördlichen Süd- über Mittelamerika bis in die tropischen Gebiete Nordamerikas sowie auf den Westindischen Inseln verbreitet sind.
Nach Berichten wächst *S.tibicinis* in regenarmen Gebieten auf sonnendurchfluteten Astgabelungen einzeln stehender Eichen.

S.superbiens (Lindl.) Rolfe (*Laelia superbiens* Lindl., *Cattleya superbiens* (Lindl.) Beer). Ihre spindelförmigen, bis 30 cm hohen, gefurchten Pseudobulben sind durch kurze Rhizome voneinander getrennt und tragen ein bis drei bis 30 cm lange, lanzettliche, lederartige Laubblätter. Der vielblumige, bis über 1 m lange Blütenstand trägt 8 bis 12 cm breite Blüten. Ihre zugespitzten bräunlichen, sich zurückschlagenden Brakteen sind von gleicher Länge. Die gekrausten Sepalen und Petalen sind rosalila, bei der gleichfarbigen Lippe sind die dunkleren Seitenlappen dunkelrot geädert. Im gelben Schlund sind mehrere Leisten vorhanden. Blütezeit Dezember bis März. Heimat Mexiko, Guatemala, Honduras.

S. tibicinis Batem. Ihre Pseudobulben sind keulenförmig, bis 20 cm hoch und hohl. Ihre Basis weist schlitzartige Sprünge auf. Von gleicher Länge ist das derblederige Laubblatt. Der Blütenschaft der wenig- bis mehrblumigen Traube wird bis 2 m lang. Von der 7 bis 10 cm breiten Blüte sind die zungenförmigen orangefarbenen bis bräunlichen Sepalen und Petalen dunkelviolett überlaufen. Von der dreilappigen weißlichgelben Lippe sind Vorder- und Seitenlappen dunkelviolett strichartig gezeichnet. Nicht jeder Blütenstand verlängert sich nach Abblühen seiner ersten Blüten und entwickelt an der weitergewachsenen Blütenstandsspitze neue Blüten. Blütezeit März bis Juli. Heimat Mexiko.

Die Betreuung von *Schomburgkia* an dem sonnenreichsten Platz im warm-feuchten Gewächshaus gleicht der Pflege von *Cattleya*. Wie diese benötigen sie während der sommerlichen Vegetationsperiode der Witterung entsprechende Frischluftzufuhr, reichliche Wassergaben und bei gut durchwurzeltem Ballen die übliche Düngung. Nur kräftig entwickelte Pseudobulben bilden einen Blütenstand aus. Dieser sproßt ohne sichtliche Ruheperiode gipfelständig nach Abschluß der Erstarkung der Pseudobulben. Bis zur Ausbildung der Knospen benötigt der Schaft eine Zeit von bis zu drei Monaten. Nach der Blüte wird bei übertrocknetem Wurzelballen eine Ruheperiode eingehalten, welche bei nicht zum Blühen gekommenen Pflanzen länger und ausgeprägter sein soll. Eine winterliche Heizwärme von nachts um 13 bis 15° ist ausreichend, tagsüber sollte die Temperatur etwas höher liegen. Wichtigste Faktoren für die Blütenbildung sind wenig Schatten im Sommerhalbjahr, heller Stand im Winter und ausreichende Ernährung. Dem über das Pflanzgefäß hinausgewachsenen Sproßaustrieb wird durch ein untergeschobenes Zusatzgefäß das ungestörte Hineinwachsen in das neue Gefäß ermöglicht. *Schomburgkia* vertragen nämlich jede durch Umpflanzen bedingte Störung des Wurzelballens sehr schlecht. Das für sie verwendete Pflanzmaterial soll reicher an organischen Nährstoffen als jenes sein, welches für *Cattleya* verwendet wird.

Scuticaria Lindl.
(lat. *scutica* = Geißel, Peitsche; ein Hinweis auf die hängenden, peitschenförmigen Laubblätter)

An dem dicht der Unterlage anliegenden kurzen Stamm entwickelt sich an kurzer Pseudobulbe ein stielrundes, herabhängendes Laubblatt. Der grundständige Blütenstand trägt eine, seltener mehrere Blüten. An diesen sind sich mittleres Sepalum und seitliche Petalen sehr ähnlich. Die seitlichen mit dem Säulenfuß verwachsenen Sepalen bilden ein Kinn. Die dreilappige, gegliederte, schwielentragende Lippe sitzt an einem aufrechten Säulenfuß. Etwa 6 Arten sind als Epiphyten von Brasilien nordwärts bis Venezuela verbreitet.

S. steelii (Hook.) Lindl. (*Maxillaria steelii* Hook.). An einem kurzen Stamm entwickelt sich die etwa 3 cm lange Pseudobulbe und an dieser ein stielrundes, etwa bleistiftstarkes, bis 80 cm langes Laubblatt. Der grundständige, bis dreiblumige Blütenstand ist eine Traube mit 4 bis 8 cm breiten Blüten. Die grünlichgelben Sepalen und Petalen sind schokoladenbraun gefleckt, die weißlich-grünlichgelbe Lippe gleichfarbig gestreift. Ihre kurze gezähnte Schwiele ist gelb und rot gestreift. Blütezeit Juni bis September. Heimat Brasilien, Venezuela, Guayana.

Wegen der lang herabhängenden Laubblätter werden *Scuticaria* günstiger auf ein mit Pflanzmaterial belegtes Korkbrettchen aufgebunden als in aufzuhängende Körbchen eingepflanzt, zumal der *Scuticaria*-Stamm eine feste Unterlage zum Anlehnen benötigt. *Scuticaria* werden im warmen, luftfeuchten Gewächshaus an einem nicht zu schattigen Platz gehalten. An sonnig-heißen Tagen sind die Blätter leicht zu überspritzen. Bei zu dunkel gehaltenen Pflanzen wächst das heranwachsende Blatt nicht abwärts, sondern schräg dem Licht zu. In der Vegetationsperiode werden der Witterung entsprechend ausreichende Wassergaben gegeben. Achtsamkeit auf Restwasser ist wegen Fäulnisgefahr während der Ausbildung des neuen Sprosses und des Blütenstandes angebracht. Nach der Blüte wird eine längere, nicht zu trockene Ruheperiode eingehalten, wobei es zu keinem Schrumpfen der Blätter kommen darf. Eine Ursache dafür kann auch zu geringe Luftfeuchtigkeit sein. Die winterliche Heizwärme des Gewächshauses soll 20 bis 22°, nachts 17 bis 18° betragen.

Sophronitella Schlechter
(griech. *sophron* = bescheiden; *Sophronitella* ist eine Verkleinerungsform von *Sophronia*, Name einer anderen Orchideengattung)

Klein bleibende, buschig wachsende Orchidee, deren keulenförmige zweiblättrige Pseudobulben mit kurzen, kriechenden Rhizomen dicht beisammenstehen. Die schmalen, 4 bis 7 cm langen Laubblätter sind länger als der ein- oder zweiblumige Blütenstand. Die schmalen Sepalen und Petalen sind sich sehr ähnlich, die etwas breitere, abwärts gerichtete Lippe trägt an der Basis eine fleischige zweilappige Schwiele. Am kurzen Säulchen sind beiderseits der Narbe sichelförmige Fortsätze.

S. violacea (Lindl.) Schlechter (*Sophronitis violacea* Lindl.) ist die einzige, epiphytisch wachsende Art der Gattung. An der 3 bis 5 cm breiten purpur- bis lilarosa Blüte hat die Lippe, anders als *Sophronitis*, keine Seitenlappen. Blütezeit Dezember bis April. Heimat Brasilien.

Die Pflege stimmt überein mit der von *Sophronitis*.

Sophronitis Lindl.
(griech. *sophron* = bescheiden; *Sophronitis* ist eine Verkleinerungsform von *Sophronia*, Name einer anderen Orchideengattung)

Kleinbleibende Orchideen mit gebüschelt beisammenstehenden einblättrigen Pseudobulben und einer endständig stehenden Blüte oder einem mehrblumigen Blütenstand. Zu den sehr ähnlichen Sepalen und Petalen der in der Färbung sehr auffälligen Blüte umfaßt die kleinere, dreilappige oder ungeteilte Lippe mit ihren Seitenlappen die Basis des Säulchens. Dieses ist kurz und dick sowie beiderseits der Narbe geflügelt. Etwa 7 epi- und lithophytisch wachsende Arten mit Verbreitung in Brasilien und im Randgebiet von Paraguay.

S. brevipedunculata (Cogn.) Fowl. Ihre zweizeilig angeordneten, keine 3 cm hohen Pseudobulben bringen ein breit-ovales, bis 4 cm langes Laubblatt und eine, seltener zwei 3 bis 7 cm breite lilarosa Blüten. Die Lippe hat nahezu dreieckige Seitenlappen

Sophronitis coccinea

und einen keilförmigen Mittellappen von nicht halber Lippenlänge. Blütezeit Dezember bis April. Heimat Brasilien.

S. cernua Lindl. Spindelförmige, 2 bis 6 cm hohe Pseudobulben mit 2 bis 3 cm langem, dickfleischigem Laubblatt und einem vielblumigen, von der Spitze abwärts aufblühenden Blütenstand tragen etwa 1 cm breite, gelblich- bis zinnoberrote Blüten. Die Basis der breit-ovalen, zugespitzten Lippe ist gelblich. Blütezeit November bis April. Heimat Brasilien.

S. coccinea (Lindl.) Rchb. f. (*Cattleya coccinea* Lindl., *Sophronitis grandiflora* Lindl.) gleicht im Habitus *S. brevipedunculata* und blüht mit gleichgroßer, jedoch scharlachroter Blüte. Die Lippe hat gegenüber *S. brevipedunculata* rundliche Seitenlappen und einen schlankeren Mittellappen. Von dieser Art sind mehrere Varietäten bekannt. Blütezeit November bis April. Heimat Brasilien.

Hybriden. Dank der Veranlagung von *S. coccinea*, ihre rote Blütenfarbe zu vererben, entstanden verschieden nuancierte rotblühende Gattungshybriden. Die genannte Art ist bei Bastardierungen vorwiegend mit *Cattleya*, *Laelia* und *Epidendrum* der eine Elternteil und beeinflußt mit ihrer roten Farbe und Leuchtkraft die daraus hervorgehenden Hybriden. Diese erbten von *Sophronitis* leider die kleinere Blüte, aber den Habitus vom anderen Elternteil. Anderseits vererben *Sophronitis* ihre Willigkeit zur stärkeren vegetativen Vermehrung sowie den Vorteil, während ihrer Ruheperiode mit geringerer Glashauswärme als *Cattleya* und *Laelia* auszukommen. Die wichtigsten Gattungshybriden sind × **Epiphronitis** (*Epidendrum* × *Sophronitis*); × **Sophrocattleya** (*Sophronitis* × *Cattleya*); × **Sophrolaelia** (*Sophronitis* × *Laelia*) und × **Sophrolaeliocattleya** (*Sophronitis* × *Laelia* × *Cattleya*).

Sophronitella und *Sophronitis* sind bei Verwendung geschmeidigeren Pflanzmaterials aus weicheren Farnwurzeln mit wenig Sphagnum und Kuhfladengeriebsel (Hornspäne) entweder in kleine, gut drainierte Blumentöpfe einzusetzen, oder besser auf Korkbrettchen aufzubinden. Sie werden während des Sommerhalbjahres bei höherer Luft und gleichbleibender Ballenfeuchtigkeit im kühlen, wenig temperierten, beschatteten, reichlich gelüfteten Gewächshaus gepflegt und an sonnig-heißen Tagen leicht überspritzt. Der Wurzelballen wird vor stagnierender Nässe bewahrt, insbesondere während der kühlen Jahreszeit, da bei der geringen Heizwärme dieser Periode, tagsüber zwischen 15 bis 17°, nachts zwischen 12 bis 14°, der nasse Wurzelballen nur zögernd austrocknet. Der Standort im Gewächshaus soll hell und luftfeucht sein. Der Blütenstand entwickelt sich endständig und kommt aus dem noch nicht vollständig entfalteten Laubblatt heraus. Bleibt in diesem durch Unachtsamkeit Wasser über Nacht stehen, bewirkt dieses vielfach das Ausfaulen, somit das Ausbleiben des ersehnten Blütenstandes. Umpflanzung und Teilung wird nicht immer gut vertragen.

Spathoglottis Bl.
(griech. *spathe* = Spatha (farbiges Hochblatt), *glotta* = Zunge)

Aus im Erdboden wachsenden Knollen verschiedenster Form erheben sich aus ihrer Mitte mehrere schmale, langgestielte Laubblätter und seitenständig der Blütenschaft mit wenig- bis vielblumiger Blütentraube. Von der langgestielten Blüte sind die Sepalen schmäler und die Petalen breiter. An der nach vorn gestreckten Lippe ist diese der Basis zu mit obenaufsitzender behaarter Schwiele zweilappig und nach vorn zu spatelförmig. Das schlanke, gekrümmte Säulchen erweitert sich der Spitze zu. Etwa 40 terrestrisch wachsende Arten in den südlichen Gebieten von Asien, in Südostasien bis Australien sowie auf den Pazifischen Inseln.

S. plicata Bl. Aus 2 bis 4 cm hohen Knollen erheben sich mehrere bis 60 cm lange, gestielte, lanzettliche, längsgefaltete Laubblätter und seitenständig der bis 70 cm hoch werdende arm- bis reichblumige Blütenstand. Die weit voneinander getrennt stehenden, 2 bis 3 cm breiten Blüten sind lila- bis purpurrosa. An der Lippe ist die schwachbehaarte Schwiele gelb. Blütezeit Juni bis September. Heimat Südostasien südwärts bis Neuguinea, ostwärts bis zu den Philippinen.

Alljährlich gegen Ende der Ruheperiode im Spätwinter sind die Knollen umzupflanzen. Bewährt hat sich eine Erdmischung bestehend aus gleichen Teilen Torfkultursubstrat und gröberem Flußsand mit Kuhfladengeriebsel und Hornmehl als Beimischung. Dieser Erdmischung kann etwas Lehm oder alte Rasenerde dazugegeben werden. Die Knolle ist in ihrer ganzen Höhe mit der gleichen Erdmischung zu bedecken. Bis zum Sproßaus-

Stanhopea devoniensis

trieb sind geringe Wassergaben angebracht, welche mit Entfaltung des Sprosses und der Laubblätter sukzessiv reichlicher werden. Während der Ausbildung des Blütenstandes sind ausreichende Wassergaben erforderlich. Sie fördern auch die in diese Periode fallende Entwicklung der neuen Knolle. Mit beginnender Vergilbung der Laubblätter im Spätsommer bis Herbst verringern sich die Wassergaben. Während der Überwinterung der Knolle ist diese nicht immer blattlos, sie soll bei übertrockneter Erde erfolgen, doch darf diese keinesfalls austrocknen. *Spathoglottis* ist im temperierten Gewächshaus zu pflegen, luftfeucht und etwas beschattet. Für die Überwinterung der Knollen genügt eine Wärme von tagsüber um 16 bis 18°, nachts um 14°.

Stanhopea Frost ex Hook.
(Philipp Henry Stanhope (1781–1855) 4th Earl Stanhope. Englischer Politiker und Gelehrter, von 1829–1837 Präsident der Medico-Botanical Society of London)

Horstbildende Orchideen mit dichtstehenden eiförmigen, gefurchten Pseudobulben mit je einem gestielten, mehrjährigen, derblederigen Laubblatt sowie mit einem abwärtswachsenden, ein- bis mehrblumigen Blütenstand. Von der relativ großen, stark duftenden, abwärtsgerichteten Blüte sind die Sepalen und Petalen mehr oder weniger aufwärts zurückgeschlagen. Von der parallel zum Säulchen stehenden fleischigen, wachsartig überzogenen Lippe ist das mit seitlichen Kielen versehene Hypochil (hinterer Lippenteil) sack- oder kahnartig, das Mesochil (mittlerer Lippenteil) mit zwei hörnerähnlichen Auswüchsen versehen und das Epichil (vorderer Lippenteil) dreizähnig oder -lappig. Das schlanke Säulchen ist nach vorn zu abgeflacht. Das Unterscheidungsmerkmal der Arten liegt weniger in der von Individuum zu Individuum stark variierenden Färbung der Blüte als vielmehr in der Form und Stellung der zueinander stehenden Hypo-, Meso- und Epichile. Etwa 50 epiphytisch wachsende Arten mit mehr oder weniger intensiv duftenden Blüten sind in Mittel- und Südamerika verbreitet.

Die Wuchsorte von *Stanhopea* sind die Baumkronen freistehender Bäume an Bach- und Flußufern, in Waldlichtungen, an Stromschnellen, wo Sonne und Luftfeuchtigkeit optimal sind. Je nach Art kommen sie von der Niederung bis in Höhen von 2700 m vor.

S. devoniensis Lindl. Ihre 4 bis 6 cm hohen, eiförmigen Pseudobulben tragen je ein bis 30 cm langes, gestieltes elliptisches Laubblatt und einen wenigblumigen, etwa 10 cm langen Blütenstand. Die 8 bis 10 cm breite hellgelbliche bis orangegelbe Blüte ist rotbräunlich gefleckt, das geflügelte weißliche Säulchen karminrot getupft. Blütezeit Juni bis September. Heimat Mexiko, Guatemala.

S. graveolens Lindl. ist im Habitus größer als *St. devoniensis*, hat jedoch einen längeren und mehrblumigen Blütenstand. Von der 5 bis 8 cm breiten Blüte sind die cremefarbenen Sepalen und Petalen rötlichbraun getupft. An der gleichfarbigen Lippe ist die Basis orange gefleckt und hat zusätzlich im Mesochil beiderseits je einen schwärzlich-rotbraunen, augenartigen Fleck. Blütezeit Mai bis September. Heimat Mexiko, Guatemala, Honduras.

S. hernandezii (Kunth) Schlechter (*S. tigrina* Batem.) gleicht im Habitus *S. oculata*, jedoch ist der wenigblumige Blütenstand nur bis 10 cm lang, dafür die Einzelblüte sehr groß. Die weißlich- bis dunkelgelblichen Sepalen und Petalen haben zusammenfließende purpurbraune Flecken. Die etwas rötlichgelbe Lippe ist dunkelrotbraun gefleckt bis punktiert. Blütezeit Juli bis Oktober. Heimat Mexiko, südwärts über Venezuela bis Brasilien.

S. oculata (Lodd.) Lindl. entwickelt 4 bis 7 cm hohe Pseudobulben mit je einem 30 bis 50 cm langen Laubblatt und einen bis zehnblumigen, bis 30 cm langen Blütenstand. Die gelblichen bis weißlichen Sepalen und Petalen der 5 bis 8 cm breiten Blüte sind rötlichbraun gepunktet, die gleichfarbige Lippe hat beiderseits je einen dunkelrotbraunen, augenartigen Fleck sowie mehrere kleinere. Blütezeit Juni bis September. Heimat Mittelamerika.

S. wardii Lodd. ex Lindl. ist im Habitus wie *S. oculata*, nur sind die an der Basis orangegelben, der Spitze zu hellgelben Sepalen und Petalen purpurbraun gepunktet, und die hellere Lippe trägt beiderseits je einen schwärzlichbraunen, augenartigen Fleck. Blütezeit Juni bis September. Heimat von Venezuela bis Peru.

Wegen der durch das Pflanzmaterial abwärtswachsenden Blütensprosse sind alle *Stanhopea* in durchbrochene Körbchen mit nährstoffreichem Pflanzmaterial für Epiphyten einzusetzen. Die günstigste Jahreszeit dafür ist das Frühjahr vor Beginn der Vegetation; bei gespannter, luftfeuchter Atmosphäre im wärmeren Gewächshaus wurzeln sie ein und treiben neue Sprosse. Während der Sommermonate benötigen *Stanhopea* einen sonnigen, leicht beschatteten Standort im luftigen Gewächshaus sowie der Witterung angepaßte Wassergaben. Sie lassen sich während der Sommermonate auch unter Baumkronen im Garten pflegen, wenn der Standort entsprechend beschattet und luftfeucht ist. Sie dürfen keineswegs unter Trockenheit leiden. Nach der Blüte im Spätsommer sind die Wassergaben einzuschränken und bei sehr mäßiger Ballenfeuchtigkeit im hellen, kühleren Gewächshaus zu überwintern. In dieser lichtarmen Periode ist eine Heizwärme tagsüber um 16 bis 17°, nachts um 13 bis 14° ausreichend.

Stelis Sw.
(Deutung des Namens verschieden, entweder griech. *stelis* = kleine Säule oder *stelis* = eine Schmarotzerpflanze)

Kleine, gebüschelt wachsende Orchideen mit kurzen, einblättrigen, stämmchenartigen Sprossen an kürzeren bis längeren Rhizomen. Der blattachselständige Blütenstand ist wenig- bis vielblumig, die Blüte durchwegs klein bis sehr klein. Die gleich aussehenden Sepalen sind abstehend, die sehr kleinen, fleischigen Petalen und die diesen sehr ähnliche Lippe sind um das kurze, dicke Säulchen angeordnet. Etwa 200 botanisch interessante, epiphytisch wachsende Arten in den Tropen von Mittel- und Südamerika.

Stelis werden in ihrem Verbreitungsgebiet mit Flechten und Moosen zusammen an feuchtigkeitsreichen Wuchsorten angetroffen. Sie haben keine Speicherorgane und sind deshalb mit und wie *Pleurothallis* zu pflegen. Sie werden mit nicht zu viel Pflanzmaterial aus weicheren Farnwurzeln mit wenig Sphagnum und etwas organischem Dünger als Zugabe auf ihrer Größe angepaßte Korkbrettchen aufgebunden und im beschatteten, kühleren, luftfeuchtigkeitsreichen Gewächshaus, das im Sommerhalbjahr reichlich Frischluft erhält, gepflegt. Der Wurzelballen wird gleichbleibend feucht gehalten. An sonnig-heißen Tagen sind *Stelis* zu überspritzen. Sie werden in der winterlichen Vegetationsruhe hell, luftfeucht und bei mäßig feuchtem Wurzelballen im kühl-temperierten Gewächshaus untergebracht. Jegliches Austrocknen des Wurzelballens ist zu vermeiden. Die winterliche Heizwärme beträgt tagsüber nicht über 17 bis 18°, nachts um 13 bis 14°.

Thunia Rchb. f.
(Leo Graf von Thun und Hohenstein, 1811–1888, österreichischer Staatsmann, 1849–1860 Kultusminister)

Die stammartigen Sprosse überdauern keine zweite Ruheperiode. Schmal und lang zugespitzt sind die bläulichgrünen Laubblätter. Der überhängende, wenig- bis vielblumige Blütenstand ist gipfelständig. Die im Knospenstadium von größeren Brakteen umhüllte Blüte hat gleich aussehende Sepalen und Petalen. Die ganzrandige, gefranste Lippe ist kurz gespornt und trägt 5 bis 7 gefranste Kämme. Das schlanke Säulchen ist geflügelt. Etwa 6 epiphytisch und/oder terrestrisch wachsende Arten sind in Indien, Burma, Nepal, China und in Südostasien verbreitet.

In Nepal wachsen *Thunia* auf vermoosten Baumstämmen und auf mit Moos bewachsenen Felsen.

T. alba Rchb. f. Fingerstarke Sprosse werden bis 100 cm hoch. Der wenig- bis vielblumige Blütenstand trägt 4 bis 6 cm breite weiße Blüten, deren schlankere Lippe im Gegensatz zu *Th. marshalliana* hellgelbe Kämme hat. Blütezeit Juni bis August. Heimat Burma, Nepal.

T. marshalliana Rchb. f. gleicht im Habitus *T. alba*, aber ihre Blüte hat breitere Sepalen und Petalen sowie eine breitere Lippe, welche vorn gelb gefleckt ist und orangefarbene Kämme trägt. Blütezeit Juni bis August. Heimat Burma, Thailand, Südchina.

Alljährlich werden die mit trockenem Wurzelballen überwinternden Sprosse im März in nährstoffreiches Pflanzmaterial für Epiphyten nicht tiefer als sie bisher standen umgesetzt und an dazugesteckte Stäbchen aufgebunden. *Thunia* wird im warmen, luftfeuchten, beschatteten Gewächshaus mit Temperaturen tagsüber um 25°, nachts um 20° gepflegt, anfangs bei spärlicheren Wassergaben, die aber entsprechend dem raschen Heranwachsen der Sprosse immer ergiebiger werden müssen. Trotz des dem Pflanzmaterial beigemischten organischen Düngers sind einige Düngergaben erforderlich. Vom Überspritzen der *Thunia* wird wegen der Empfindlichkeit der Blätter gegen Wasser abgeraten. Nach der Blüte, wenn die Laubblätter vergilben, werden die Wassergaben eingeschränkt und die Pflanze bei trockenem Wurzelballen im kühleren Gewächshaus bei 13 bis 15° überwintert.

Trichoglottis Bl.
(griech. *thrix, trichos* = Haar, *glotta* = Zunge; ein Hinweis auf die bei manchen Arten vorhandene behaarte Lippe)

Monopodial wachsende, teils kletternde, teils hängende Sprosse mit zweizeiliger Beblätterung, in deren Blattachseln sich unterschiedlich lange ein- bis mehrblumige Blütenschäfte entwickeln. An der Blüte sind die fleischigen Sepalen und Petalen untereinander frei, die seitlichen Sepalen jedoch mit dem kurzen Säulenfuß verwachsen. Die dreilappige, fleischige, an der Basis sackartige oder gesporante, je nach Art behaarte Lippe sitzt unbeweglich am Säulchen. Die Seitenlappen der Lippe sind aufrecht, der Mittellappen ungeteilt oder dreilappig. Der Sporn hat unterhalb des Säulchens einen behaarten Auswuchs. Das kurze Säulchen trägt einen kurzen Säulenfuß. Etwa 60 epiphytisch wachsende Arten im östlichen Asien, Südostasien, auf den Philippinen und den Polynesischen Inseln.

T. philippinensis Lindl. (*Stauropsis philippinensis* (Lindl.) Rchb.f.) Am aufrechtwachsenden Sproß sind die 3 bis 6 cm langen Laubblätter zweizeilig angeordnet. Der blattachselständige Blütenstand ist einblumig. Von der etwa 3 cm breiten Blüte sind die Sepalen und Petalen rötlichbraun, die Lippe an der Basis gelblich und in der Mitte weiß behaart. Eine varietätenreiche Art. Blütezeit Juni bis August. Heimat Philippinen.

Trichoglottis wird mit *Vanda* zusammen im warmen, hellen, luftfeuchten Gewächshaus gepflegt, wo sie, wenn auch in den Sommermonaten durch Beschattung gedämpft, sehr viel Sonnenschein erhält. Die Gewächshauswärme kann tagsüber 28° erreichen. Bei dieser hohen Temperatur sind *Trichoglottis* wie *Vanda*, ohne dem Wurzelballen viel Wasser zu verabreichen, zur Vergrößerung der Luftfeuchtigkeit leicht zu überspritzen. In der kühlen und kalten Jahreszeit während der Vegetationsruhe steht *Trichoglottis* bei etwas übertrocknetem Wurzelballen hell und luftfeucht. Während dieser Periode ist eine Heizwärme um 20 bis 22° tagsüber und um 18° nachts erforderlich. Umgepflanzt wird nur, wenn durch Wegschneiden des unteren abgestorbenen Stammteils das gesunde Sproßende tiefer eingesetzt werden muß.

Trichopilia Lindl.
(griech. *thrix, trichos* = Haar, *pilos* = Filz; ein Hinweis auf den behaarten Rand des Klinandriums (Hohlraum), in dem der Staubbeutel hängt)

Rundliche, ovale, abgeflachte Pseudobulben tragen ein lederiges, elliptisches, zugespitztes Laubblatt und bringen aus der Achsel der Niederblätter einen bis mehrere ein- oder mehrblumige Blütenstände. Die kleinere bis größere Blüte hat gleich aussehende, abstehende oder schraubig gedrehte Sepalen und Petalen sowie eine tütenförmige, undeutlich dreigelappte Lippe. Diese ist an der Basis mit dem keulenförmigen Säulchen verwachsen. Das Säulchen ist an seiner Spitze geflügelt oder gezähnt. Etwa 30 Arten sind epiphytisch wachsend in den Tropen von Mittel- und Südamerika anzutreffen. Sie wachsen dort in moosreichen Regenwäldern in mittleren Höhenlagen der Gebirge.

T. fragrans (Lindl.) Rchb.f. hat gegenüber *T. marginata* fast doppelt so hohe Pseudobulben und ein annähernd doppelt so langes Laubblatt. Von der 5 bis 8 cm breiten Blüte sind die hellgrünen Sepalen und Petalen gewellt, der Schlund der weißen Lippe orange. Blütezeit Dezember bis April. Heimat nördliches Südamerika, Westindische Inseln.

T. marginata Henfr. (*T. coccinea* Lindl., *T. crispa* Lindl.). 4 bis 6 cm hohe Pseudobulben entfalten ein bis 15 cm langes Laubblatt und einen wenigblumigen Blütenstand. Von der etwa 10 cm breiten rosafarbigen Blüte sind die Sepalen und Petalen weiß umrandet, der Schlund der Lippe dunkler. Blütezeit April bis Juni. Heimat Costa Rica, Guatemala.

T. suavis Lindl. et Paxt. Ihre Pseudobulben sind so groß wie die von *T. marginata*, das Laubblatt erreicht jedoch beinahe die doppelte Länge. Vom ein- bis fünfblumigen Blütenstand ist die große weiße bis gelblichweiße Blüte reichlich rosa bis rot gestrichelt bis punktiert. Außerdem ist der Rand der Sepalen und Petalen gewellt, der Schlund der Lippe gelb gefleckt. Blütezeit Januar bis Mai. Heimat Costa Rica südwärts bis nördliches Südamerika.

T. tortilis Lindl. hat einen mit *T. suavis* übereinstimmenden Habitus, ausgenommen der zweiblumige Blütenstand mit 8 bis 12 cm großen Blüten. Die gedrehten gelblichgrünen Sepalen und Petalen sind bräunlichrot gefleckt, von der weißlichen oder gelblichweißen Lippe ist der gelbe Schlund rötlichbraun gemustert. Blütezeit Januar bis Mai. Heimat Mexiko, Guatemala, Honduras, El Salvador.

Trichopilia gehören in das kühl-temperierte, beschattete und luftfeuchte Gewächshaus, in dem sie im Sommerhalbjahr bei mäßig feuchtem Wurzelballen gepflegt werden. Sie benötigen viel Frischluft und werden an sonnig-heißen Tagen morgens leicht überspritzt. Neuaustrieb und unfertig entwickelte Sprosse sind gegen nicht verdunstetes Spritz- und Gießwasser sehr empfindlich. Vom Hochsommer an wird das Gießwasser reduziert und eine nicht zu strenge Ruheperiode bis zum Neuaustrieb nach der Blüte eingehalten. Der übertrocknete Wurzelballen darf keineswegs austrocknen. Im Winterhalbjahr ist Heizwärme tagsüber von 17 bis 18°, nachts um 14 bis 15° ausreichend.

Tropilis Raf.
(Herkunft des Namens unbekannt)

Tropilis bildet aus relativ schwacher Basis mehrgliederige keulenförmige oder zylindrische bis spindelförmige Pseudobulben mit verschiedenartigen (dimorphen) Laubblättern. An den Knoten der Pseudobulben sitzen frühzeitig vertrocknende Blattschuppen und im Bereich der Spitze mehrjährige, derblederige Laubblätter. An der Basis des endständigen Blütenstandes sind Blattschuppen vorhanden, aus denen jährlich weitere Blütenstände erscheinen können. Die Blüte gleicht morphologisch jener von *Dendrobium*. Die seitlichen Sepalen sind sichelförmig abwärts gekrümmt und bilden an der Basis ein Kinn. Von der dreilappigen Lippe sind die Seitenlappen hochgestellt und ist der Kallus weniger gut entwickelt. Am niederen Säulchen ist ein ausgeprägter Fuß vorhanden. Bisher sind etwa 15 Arten bekannt, welche von einzel-

Trichopilia suavis

Vanda coerulea

nen Botanikern zu *Dendrobium*, *Callista* oder *Dendrocoryne* gehörend angesehen werden. *Tropilis* sind epi- und lithophytisch wachsende Orchideen mit Verbreitung in Südostasien.

Tropilis-Arten wachsen auf sonnenreichen Bäumen und an humusbedeckten Felsen im küstennahen Hochland von Nordostaustralien, in einem feuchtwarmen Gebiet, das alljährlich von einer ausgeprägten Trockenperiode nicht verschont bleibt.

T. kingiana (Bidw. ex Lindl.) Butzin (*Dendrobium kingianum* Bidw. ex Lindl., *Dendrocoryne kingianum* (Bidw. ex Lindl.) Brieg.) haben bis 30 cm hohe, keulenförmige Pseudobulben, bis fünf derbledrige Laubblätter und einen wenig- bis mehrblumigen Blütenstand. Die 1 bis 2 cm breite cremefarbene bis purpurrosa variierende Blüte ist dunkler geadert. Blütezeit Januar bis Juni. Heimat Nordostaustralien.

T. speciosa (Sm.) Butzin (*Dendrobium speciosum* Sm., *Dendrocoryne speciosum* (Sm.) Brieg.) gleicht im Habitus und ähnelt in der Form der Blüte *T. kingiana*, nur ist die Blüte schwefelgelb mit purpurroten, strichartigen Flecken auf ihrer Lippe. Eine an Varietäten reiche Art. Blütezeit Januar bis Mai. Heimat Nordostaustralien.

Ohne Schwierigkeit gedeiht *Tropilis* im kühl-kalten oder kühl-temperierten Gewächshaus. Sie benötigen bei bescheidenen Wassergaben hell-sonnige Überwinterung und eine Heizwärme tagsüber um 15°, nachts um 10°. Bleiben im Frühjahr die Blütenstände aus und kommen statt dessen im Spitzenbereich der Pseudobulben seitenständige Laubsprosse, war die Überwinterung der Pflanze zu warm, zu luft- und ballenfeucht. Mit dem nach der Blüte beginnenden Sproßaustrieb sind bis gegen Ende des Hochsommers ausreichende Wasser- und einige Düngergaben erforderlich. Im Sommerhalbjahr sollen sie in einem wenig beschatteten, luftigen, kühl-temperierten Gewächshaus stehen. Nach Entwicklung der Pseudobulben wird bei eingeschränkten Wassergaben volle Sonne, viel frische Luft sowie kühle Nachttemperatur geboten.

Vanda Jones
(der Name *Vanda* wurde aus dem Sanskrit übernommen, er bezeichnete dort die in Bengalen heimische *Vanda tessellata*)

Monopodial wachsende Stämme mit zweizeilig stehenden, riemenförmigen, seltener stielrunden Laubblättern und zahlreichen bis meterlangen Luft- und Bodenwurzeln. Blattachselständig ist der aufrechtstehende bis überhängende, wenig- bis vielblumige Blütenstand. An der Blüte sind die Sepalen und Petalen gleich aussehend, jedoch sind die seitlichen Petalen bei einigen Arten mehr oder weniger gedreht. Die dreilappige Lippe mit aufrecht stehenden Seitenlappen und mit vorgestrecktem Mittellappen trägt einen kurzen, stumpfen, innen haarlosen Sporn. Das kurze Säulchen ist zylindrisch. Etwa 40 epi- und lithophytisch wachsende Arten sind zwischen Indien und den Philippinen sowie südwärts bis Australien verbreitet.

Am heimatlichen Standort haben *Vanda* auf laubabwerfenden oder immergrünen Bäumen sowie an moosbewachsenen Felsen helle, sonnenreiche und luftige Wuchsorte. Ihre je nach Art meterlangen Wurzeln dringen in Moos- und Flechtenpolster oder in Moderansammlungen ein oder haften sich an der Borke des Baumes oder am Gestein der Felswand fest.

Zygopetalum crinitum

1. Warm zu pflegende Vanda-Arten

V. coerulea Griff. ex Lindl. Ihr reich beblätterter, zahlreiche Luftwurzeln ausbildender Stamm wird über einen Meter hoch, trägt bis 25 cm lange Laubblätter und einen bis 60 cm langen, aufrecht bis schräg stehenden, wenig- bis vielblumigen Blütenstand. Die 5 bis 10 cm breite bläulichweiße bis bläulichschiefergraue Blüte ist mehr oder weniger dunkel netzartig geadert. Die gleiche Farbe wie diese Aderung hat die Lippe. Blütezeit August bis Dezember. Heimat Assam, Burma, Thailand.

V. stangeana Rchb. f. gleicht im Habitus *V. coerulea*, ist aber nur halb so groß und hat kleinere, 3 bis 5 cm breite Blüten. Die gelblich-grünen Sepalen und Petalen haben ein rotbraunes Netzmuster, die weißliche Lippe ist vorn orangegelb. Blütezeit Juni bis September. Heimat Assam, Nepal.

V. tessellata (Roxb.) Hook. (*V. roxburghii* R. Br.) gleicht in Habitus und Blütengröße *V. stangeana*. Die gelblichbraunen Sepalen und Petalen zeigen ein dunkleres Netzmuster, die rosalila Blüte ist weißlich umrandet. Blütezeit Juni bis September. Heimat Indien, Sri Lanka (Ceylon), Burma.

V. tricolor Lindl. (*V. suaveolens* Bl.) entwickelt bis über einen Meter hohe, reichbeblätterte Stämme mit bis 50 cm langen, riemenförmigen Laubblättern. An einem nur kurzen Blütenstand sitzen die 4 bis 5 cm breiten Blüten. Sie haben gelbliche, braun gefleckte Sepalen und Petalen, die weißliche Lippe einen lilafarbigen, purpurgestreiften Mittellappen. Von dieser unterscheidet sich **V. tricolor** var. **suavis** (Lindl.) Rchb. f. (*V. suavis* Lindl.) durch den doppelt so langen Blütenstand sowie durch weißliche, bräunlichlila bis purpur gefleckte Sepalen und Petalen sowie eine purpurfarbene Lippe mit einem rosa- bis dunkellila Mittellappen. Blütezeit Februar bis Juni oder September bis Oktober. Heimat Java, Laos.

Hybriden. Die züchterische Arbeit an *Vanda* und nahverwandten Gattungen wird vorwiegend in Orchideenaufzuchtbetrieben in Südostasien vorgenommen, wo die günstigen klimatischen Bedingungen ein rasches Wachstum der Hybriden von der Aussaat bis zur Blüte fördern. Das Zuchtziel bei der Bastardierung sind großblumige und/oder farbenprächtige Hybriden mit Blüten von langer Haltbarkeit. Die wertvollsten Gattungshybriden sind

× **Vandanthe** (*Euanthe* × *Vanda*);
× **Ascocenda** (*Ascocentrum* × *Vanda*)
× **Renantanda** (*Renanthera* × *Vanda*).

In der Vegetationsperiode kommen die warm zu pflegenden *Vanda* trotz großer Sonnenverträglichkeit am heimatlichen Standort nicht ohne Beschattung des Gewächshauses aus. Sie benötigen neben hoher Luftfeuchtigkeit und Frischluft höhere Wärme, die tagsüber zwischen 24 und 28° und nachts zwischen 18 bis 22° betragen soll, sowie an sonnig-heißen Tagen bei mäßig feuchtem Wurzelballen leichtes Überspritzen ihrer Laubblätter. Von September an erhalten sie volle Sonne, außerdem werden die Wassergaben reduziert. In den Wintermonaten ist bei höherer Luftfeuchtigkeit eine Heizwärme von 20° am Tag und um 18° während der Nacht ausreichend.

2. Kühl zu pflegende Vanda-Arten

V. alpina Lindl. ist eine klein bleibende Art mit 10 bis 20 cm langem Stamm und 5 bis 10 cm langen Laubblättern. An dem Blütenstand sitzen nur 2 bis 3 cm breite gelbliche Blüten mit spornloser Lippe, deren Mittellappen an der Basis in der Farbe der purpurfarbenen Seitenlappen gestreift ist. Der vorn abgerundete Mittellappen hat zwei hornartige Anhängsel. Blütezeit März bis Juni. Heimat Himalaja.

V. amesiana Rchb. f. Am kurzen, kräftigen Stamm entfalten sich bis 30 cm lange, sichelförmig gebogene, halbzylindrische, tief gerillte Laubblätter. Der aufrechte, wenigblumige Blütenstand trägt 3 bis 4 cm breite rosafarbige Blüten, deren Lippe am gewellten Mittellappen rosalila bis purpurrosa gefleckt ist. Blütezeit November bis April. Heimat Burma, Kambodscha, China.

V. cristata Lindl. gleicht im Habitus, jedoch mit 3 bis 4 cm breiteren Blüten *V. alpina*. Von der gelblichgrünen Blüte ist die etwas hellere Lippe purpurviolett gestreift. Die breit-längliche, kurz gespornte Lippe weist zwischen den zwei Lappen am vorderen Ende des Mittellappens einen kleineren auf. Blütezeit März bis Juni. Heimat Sikkim.

V. pumila Hook. f. gleicht in Habitus und Blüte weitgehend *V. cristata* und *V. alpina*, unterscheidet sich aber von diesen durch das Fehlen der hörnerartigen Anhängsel am Mittellappen der Lippe und durch den kurzen konischen Sporn. Blütezeit März bis Juni. Heimat Sikkim, Bhutan, Thailand.

Diese aus höhergelegenen, kühleren Gebirgsgegenden stammenden Arten beanspruchen ein kühles und luftfeuchtes Gewächshaus, in dem die winterliche Heizwärme 17 bis 18° nicht übersteigt und nachts bis auf 12 bis 13° sinkt. Nur geringe Wassergaben sind wegen der niederen Temperaturen zu geben. Im Sommerhalbjahr benötigen diese *Vanda* ein beschattetes, kühles, luftfeuchtes und frischluftreiches Gewächshaus. An sonnig-heißen Tagen vertragen diese Arten ein leichtes Überspritzen. Die Wassergaben sind der vorherrschenden Witterung anzupassen, wobei es zu keiner Übernässung des Wurzelballens kommen soll. Für eine gute Laubblattentwicklung darf regelmäßige Düngung nicht vernachläßigt werden. Kleinere Pflanzen dieser Artengruppe sind günstiger auf Korkbrettchen aufzubinden als einzutopfen.

Verpflanzt werden *Vanda* beider Pflegegruppen nur, wenn dies unumgänglich notwendig ist, stets aber vor beginnender Weiterentwicklung der Wurzelspitzen. Das Pflanzmaterial besteht aus einem Gemisch aus Osmunda-Wurzeln (Mexifern), Sphagnum (Styromull, Styropor) und organischem Beimisch wie entsprechend zubereiteten Farnwedeln (Buchenlaub) und Hornspänen. Auch werden zur Lockerung des Pflanzmaterials Rindenstücke und Holzkohle beigemischt. Daß die Pflanzgefäße reichlich zu dränieren sind, ist eine Selbstverständlichkeit. Die Notwendigkeit zum Umpflanzen ergibt sich bei hochgewachsenen Pflanzen durch das Absterben des unteren Stammendes. Nach Wegschneiden des toten Stammteils wird ohne Bruch der sparrigen Wurzeln das untere Ende des Stammes tiefer in ein entsprechend großes Pflanzgefäß eingesetzt. Hochgewachsene Pflanzen mit blattlosem Stamm lassen sich durch Abmoosen in Wipfelhöhe verjüngen. Neue Wurzeln entwickeln sich dann innerhalb von 1 bis 2 Jahren im Bereich der Abmoosung. Dazu sind hohe Luftfeuchtigkeit und Wärme erforderlich.

Xylobium Lindl.
(griech. *xylon* = Holz, *bios* = leben)

Die gebüschelt beisammenstehenden eiförmigen bis zylindrischen, ein- oder zweiblättrigen Pseudobulben haben niedrigbleibende bis sehr groß werdende, gestielte, längsgefaltete Laubblätter. Der seitenständige Blütenstand kann wenig- bis vielblumig sein mit Blüten, von deren abstehenden Sepalen und Petalen die seitlichen Sepalen am Säulenfuß angewachsen sind. Ebenso ist die ganzrandige oder gelappte, schwielentragende Lippe mit dem gut ausgebildeten Säulenfuß des zylindrischen Säulchens verwachsen. Bekannt sind etwa 30 epiphytisch, seltener terrestrisch wachsende Arten mit Verbreitung in den Tropen von Süd- und Mittelamerika.

X. variegatum (Ruiz et Pav.) Garay et Dunsterv. (*X. squalens* Lindl.). Die bis 8 cm hohen, eiförmigen Pseudobulben tragen gipfelständig zwei gestielte, relativ schlanke, zugespitzte und gerippte Laubblätter von 20 bis 40 cm Länge. Der kurzbleibende, traubige, dicht- und vielblumige Blütenstand sproßt an der Basis der Pseudobulbe. Die 4 bis 5 cm breite weißlichgelbe Blüte ist mehr oder weniger bräunlich bis rötlichbraun überlaufen. Blütezeit Juni bis September. Heimat Costa Rica, Kolumbien, Venezuela, Brasilien.

Obwohl *Xylobium* ein Epiphyt ist, wird es wegen seines erreichbaren Größenumfanges nicht auf Korkbrettchen aufgebunden, sondern in ein reichlich drainiertes Pflanzgefäß eingesetzt. Diese Orchidee wird im beschatteten, luftfeuchten, temperierten bis warmen Gewächshaus gepflegt und während der sommerlichen Vegetation mit ausreichend viel Wasser und mehrmaliger Düngung versorgt. Nach Entwicklung des Blütenstandes sind die Wassergaben zu reduzieren. In den Wintermonaten hält *Xylobium* im luftfeuchten Gewächshaus seine Ruheperiode ein, in welcher eine Heizwärme von tagsüber um 20°, nachts um 15 bis 16° ausreichen.

Zygopetalum Hook.
(griech. *zygon* = Joch, *petalon* = Blumenblatt; möglicherweise ein Hinweis auf den an der Basis der Lippe vorhandenen jochähnlichen Kallus)

Pflanzen mit mehrblättrigen Pseudobulben und seitenständigem ein- oder mehrblumigem Blütenstand. Von der Blüte sind die seitlichen Sepalen sowie die Lippe am Säulenfuß angewachsen. Der große abstehende Mittellappen der dreilappigen Lippe trägt einen gekrümmten Kallus oder eine ungeteilte oder unterteilte Schwiele. Das einwärts gekrümmte Säulchen ist kurz geflügelt. Etwa 40 epiphytisch und terrestrisch wachsende Arten in den Tropen von Mittel- und Südamerika.
Brasilianische Arten wachsen an gebüschreichen Waldrändern und in Lichtungen entlang von Flüssen und Bächen.

Z. crinitum Lodd. Bis 6 cm hohe Pseudobulben tragen bis drei schmal-lanzettliche, bis 30 cm lange Laubblätter und bringen seitlich an den Pseudobulben entstehende, bis 50 cm hohe locker- und wenigblumige Blütenstände hervor. Die 5 bis 7 cm breite, auffällige Blüte hat grünliche bis gelbliche, rotbraun bis purpurbraun gefleckte Sepalen und Petalen sowie eine weißliche, rötlichbraun bis purpurrot geaderte, flaumig behaarte Lippe mit hufeisenförmigem Kallus. Blütezeit Oktober bis Januar. Heimat Brasilien.

Z. intermedium Lindl. gleicht im Habitus *Z. crinitum*, doch hat die Blüte grünliche, dunkelrotbraun gefleckte Sepalen und Petalen sowie eine weiße, purpurgeaderte, flaumig behaarte Lippe mit gefurchter Schwiele. Blütezeit November bis März. Heimat Brasilien.

Z. mackaii Hook. ist im Habitus größer als *Z. crinitum*, unterscheidet sich aber von dieser Art durch eine breitere, violettblau geaderte, nicht flaumig behaarte Lippe. Blütezeit November bis März. Heimat Brasilien.

Erforderlich für die jährliche Blütenbildung ist ein das ganze Jahr über hohe Luftfeuchtigkeit bietendes, kühl-temperiertes Gewächshaus, welches während der Sommermonate gelüftet und beschattet wird. In dieser Periode sind reichliche Wassergaben erforderlich, ebenso Düngergaben für die Entwicklung großer Pseudobulben mit attraktivem Blütenstand. In der kühlen und kalten Jahreszeit stehen *Zygopetalum* hell, der Wurzelballen ist mäßig feucht zu halten. Die Heizwärme soll tagsüber 17 bis 18° nicht übersteigen und nachts nicht unter 13 bis 14° sinken.

Beim Umpflanzen wird ein reichlich drainiertes größeres Pflanzgefäß verwendet. Als Pflanzmaterial eine Mischung aus 2 Teilen Osmunda-Wurzeln (Mexifern), 2 Teilen Sphagnum, 2 Teilen Styromull (Styropor-Schnitzel), 1 Teil grobem bis faserigem Torf, 1 Teil Lehmerde, dazu trockene, geschnittene Farnwedel (Buchenlaub) und Kuhfladengeriebsel (Hornspäne). Umgepflanzt wird nach der Blüte vor Austrieb des neuen Sprosses. Vor der Wurzelneubildung sind bescheidenere Wassergaben angebrachter als ein zu feucht gehaltenes Pflanzmaterial.

Literatur

Bechtel, H., Cribb, P., und Launert, E.: Orchideenatlas. Ulmer, Stuttgart 1980.

Fast, G. (Hrsg.): Orchideenkultur, 2. Aufl. Ulmer, Stuttgart 1981.

Richter, W.: Orchideen, pflegen - vermehren - züchten. Neumann-Neudamm, Melsungen, Basel, Wien 1971.

Röth, J.: Orchideen. Neumann-Neudamm, Melsungen, Berlin, Basel, Wien 1982.

Sander, D.: Orchideen und Orchideen-Pflege; aus dem Englischen von H. Carrington. Schmersow, Hildesheim.

Schlechter, R.: Die Orchideen, 2. Aufl., Hrsg. E. Miethe. Parey, Berlin 1927.

Schlechter, R.: Die Orchideen, 3. Aufl., Hrsg. F.G. Brieger, R. Maatsch und K. Senghas. Parey, Berlin, Hamburg, ab 1970 in Lieferungen.

Schultes, R.E., and Pease, A., S.: Generic Names of Orchis. Academic Press, New York, London 1963.

Stein, B.: Stein's Orchideenbuch. Parey, Berlin 1892.

Die Orchidee, Hrsg. Deutsche Orchideen-Gesellschaft. Schmersow, Hildesheim, ab 1949.

Orchis, Mitteilungen des Orchideenausschusses der Deutschen Gartenbau-Gesellschaft. Mosse, Berlin 1913–1920.

Orchis, Blätter für Orchideenkunde. Hrsg. Deutsche Gartenbau-Gesellschaft im Selbstverlag, Berlin 1937–1941.

Orobanchaceae
Sommerwurzgewächse

In die Verwandtschaft der *Gesneriaceae* und der *Lentibulariaceae* gehören die Sommerwurzgewächse, die sich dadurch auszeichnen, daß sie als Vollparasiten ohne jedes Blattgrün leben. Zu ihnen gehören 13 Gattungen mit etwa 180 Arten, fast alle in der nördlichen temperierten Zone vorkommend, nur wenige in der südlichen Hemisphäre und in tropischen Ländern. Es sind ausdauernde oder einjährige parasitisch lebende Kräuter mit schuppenförmigen Blättern. Anstelle der Wurzeln haben sie Haustorien, wurzelähnliche Saugorgane. Nur die beiden folgenden Gattungen interessieren uns hier.

Aeginetia L.
(Paulus von Aegina, Mitte des 7. Jahrh., bedeutender griechischer Arzt und Geburtshelfer, Autor medizinischer Werke)

10 Arten in Indomalesien, Japan, auf den Riukiu-Inseln und in China.

Aeginetia indica

A.indica L., heimisch in Indien, Malaysia, Japan und auf den Riukiu-Inseln, blüht vom Sommer bis in den Herbst hinein. Auf einem etwa 40 cm langen, blattlosen Blütenschaft sitzt eine endständige, leicht überhängende, etwa 5 cm lange, weiß-violett gefärbte Blüte mit großer kugelförmiger, gelber Narbe.

Die Pflanze schmarotzt auf den Wurzeln verschiedenster Monokotylen, so auf *Setaria palmifolia*, Reis, Mais, *Canna*, Ingwer, *Pitcairnea* und anderen Bromelien.

Dieser Schmarotzer ist nicht nur interessant, sondern auch schön und dabei von leichter Kultur. Man zieht sich durch Aussaat oder Teilung Jungpflanzen von *Setaria* oder *Pitcairnea* heran, entblößt die jungen Wurzeln von Erde und sät darauf den staubfeinen Samen, der auch an Kulturpflanzen alljährlich reich angesetzt wird. Darauf bedeckt man die Wurzeln wieder mit Erde, verpflanzt die Wirtspflanze nach Bedarf und hält sie stets im Warmhaus. Nach etwa 7 Monaten erscheinen die prächtigen Blüten. Da dieser Schmarotzer mehrere Jahre hintereinander auf der Wirtspflanze Blüten entwickelt, werfe man diese nicht weg, sondern kultiviere sie so weiter, daß sie sich in bestem Zustand befindet.

Orobanche L., Sommerwurz
(lat. Name einer auf Leguminosen schmarotzenden Pflanze)

Mit etwa 140 Arten, die in den gemäßigten und subtropischen Gebieten beider Erdhälften vorkommen, ist sie die größte Gattung der Familie. Viele ihrer Arten haben sich auf einen ganz bestimmten Wirt spezialisiert, andere sind etwas weniger wählerisch und wachsen auf verschiedenen Wirten, vor allem solchen aus den Familien der Korb- und Schmetterlingsblütler. Die Blüten sitzen in den Achseln der Schuppen oder bilden eine dichte oder unterbrochene Ähre.

Viele Arten kann man im Garten ansiedeln, die folgenden lassen sich gut als Topfpflanzen heranziehen. Es sind dies die 30 bis 90 cm hoch werdende **O.crenata** Forssk., eine einjährige, im Mittelmeergebiet heimische, sehr stattliche Art; **O.hederae** Duby, mehrjährig, bis 60 cm hoch, aus West- und Südeuropa, gut auf *Fatsia* und × *Fatshedera* gedeihend; **O.ramosa** L., weit verbreitet in Süd- und im südlichen Mitteleuropa, am Kaspischen und Roten Meer, Nordwest- und Südafrika, eine einjährige, namentlich auf Tabak und Hanf schmarotzende 10 bis 30 cm hohe Art.

Oxalidaceae
Sauerkleegewächse

Die meisten der in 3 Gattungen mit etwa 875 Arten zusammengefaßten Sauerkleegewächse sind Kräuter mit Zwiebeln, Rhizomen oder Knollen, selten Halbsträucher oder gar Bäume. Sie sind vor allem auf der südlichen Halbkugel in Tropen und Subtropen verbreitet, nur wenige wagen sich in die gemäßigte Zone vor. Viele Arten haben dreizählige oder gefingerte, andere gefiederte Blätter. Interessant ist, daß diese bei vielen Arten Reizbewegungen ausführen können.

Biophytum DC.
(griech. *bios* = Leben, *phyton* = Pflanze, der reizbaren Blätter wegen)

Mit Ausnahme Polynesiens wachsen *Biophytum* in den Tropen aller Erdteile. Die Gattung steht *Oxalis* sehr nahe. Ihre Blätter sind vielpaarig-gefiedert, an der Spitze des Stengels oder der Zweige zu Rosetten angeordnet, Schlafstellung einnehmend und bei kräftiger Berührung zusammenklappend. Von den etwa 70 vielfach einander sehr ähnlichen Arten findet man in botanischen Sammlungen u.a.

B. proliferum (Arn.) Wight aus Ceylon, vielfach verzweigt und mit sehr kleinen Blättern, und

B. sensitivum (L.) DC., eine Art, die durch das tropische Afrika und Asien bis zu den Philippinen verbreitet ist. Sie bildet 5 bis 10 cm hohe Stämmchen, die von einer Blattrosette schirmförmig gekrönt sind und deren Blätter sich bei Berührung rückwärts neigen. Die nur kleinen Blüten sind gelb. In Deutschland bereits um 1840 kultiviert.

Alle Arten, vor allem aber *B. sensitivum* und ihr ähnliche, sind interessant durch die Reizbarkeit der Blätter und durch ihre Gestalt, die Miniaturbäumen ähnelt. Deshalb sollte man sie auch außerhalb botanischer Sammlungen ziehen. Durch Samen, der zu jeder Jahreszeit gesät werden kann, sind sie leicht zu vermehren. Einmal vorhanden, sorgen sie selbst für weitere Aussaat und Verbreitung, da der Samen durch einen Schleudermechanismus des Fruchtknotens weit fortgeschleudert wird und sich dadurch z. B. oft auf Epiphytenkörbchen ansiedelt. Kultur im feuchten Warmhaus in humoser Erde.

Oxalis L., Sauerklee
(bei Nikandros Name einer säuerlichen Pflanze, wohl vom griech. *oxys* = sauer)

Äußerst vielgestaltige Gattung, die etwa 800 hauptsächlich krautige Arten umfaßt, daneben nur wenige Halbsträucher und Sträucher. Sie sind weit verbreitet. Zentren der Verbreitung liegen in den Anden Brasiliens einerseits, in Südafrika andererseits.

Orobanche crenata

Diese drei Arten, darüber hinaus aber noch viele andere in der Natur auf verschiedenen Wirten schmarotzende Arten, gedeihen merkwürdigerweise auch auf *Pelargonium*-Zonale-Sorten. Im Februar säe man den feinen Samen auf die freigelegten Wurzeln von Pelargonien aus. Ein gutes halbes Jahr lang sieht man gar nichts, bis dann eines Tages die kräftigen Blütenstände die Erde durchstoßen und kurz darauf ihre Blüten entfalten. Nach der Samenbildung werfe man die nur einjährigen *O. crenata* und *O. ramosa* weg. Die auf *Fatsia* gezogene *O. hederae* aber hebe man auf, da sie noch viele Jahre hintereinander ihre Blüten bringen wird. *O. crenata* kann man auch Anfang März im Garten auf die Wurzeln junger Puffbohnen, *O. ramosa* auf diejenigen von Hanf oder Ziertabak aussäen, um sich dann im Spätsommer an ihnen zu freuen. Für den speziell interessierten Liebhaber oder einen Biologielehrer wäre es eine dankbare Aufgabe, möglichst viele Arten dieser interessanten Schmarotzer im Garten oder als Topfpflanzen zu ziehen. Er muß aber schon ein guter Kenner der heimischen Flora sein, um zunächst einmal Samen der verschiedenen Arten am natürlichen Standort zu sammeln, denn in Katalogen werden sie nicht angeboten, und auch in botanischen Gärten beschränkt sich die Zahl der Arten meist auf die obengenannten.

Oxalis ortgiesii

Aber auch in den gemäßigten Zonen finden wir Vertreter, so *O.acetosella* L., den Sauerklee unserer Wälder.

Halbsträucher

O.hedysaroides H.B.K. aus Venezuela, Kolumbien und Ekuador ist ein kurzlebiges, bis 60 cm hohes Sträuchlein mit braunen Stengeln. Die dreizähligen Blätter sitzen an einem 2 bis 3 cm langen Stiel. Der mehrblütige Blütenstand ist langgestielt und erscheint in den Blattachseln. Er trägt gelbe Blüten. Empfehlenswert ist nur die prächtige Sorte 'Rubra' mit leuchtend blutroten Blättern. Sie ist eine der schönsten rotblättrigen Warmhauspflanzen, leider empfindlich gegen trockene Luft und Zug. Sie wächst aber gut im kleinen Warmhaus, wo sie schattig aber hell, dicht unter Glas in nicht zu großen Gefäßen in durchlässiger, humoser Erde zu halten ist. Da junge Pflanzen am schönsten sind, vermehre man häufig. Stecklinge bewurzeln sich im geschlossenen Beet bei 25° innerhalb von 2 bis 3 Wochen.

O.ortgiesii Regel aus den Anden Perus hat bis 30 cm hohe fleischige Stengel und langgestielte, dreizählige Blätter, deren Blättchen an ihrer Spitze auffallend stark eingebuchtet sind. Die ganze Pflanze ist braunrot. Die gegabelten Blütenstände erscheinen in den Blattachseln und tragen eine Fülle kleiner gelber Blüten. 1872 in Frankreich eingeführt.

O.rusciformis Mikan aus Brasilien ist ein kleiner Strauch, der durch die phyllodienhaft verbreiterten Blattstiele, an deren Ende drei kleine Blättchen sitzen, auffällt. Auch die beiden letztgenannten Arten lassen sich leicht durch Stecklinge im geschlossenen, warmen Vermehrungsbeet vermehren. Ihre Pflege gleicht der anderer Warmhauspflanzen, etwa der von *Fittonia* oder *Hemigraphis*.

Krautige, knollentragende Arten

Ihnen gemeinsam sind die knollenartig verdickten Wurzeln und eine mehr oder weniger lange Ruhezeit, während der die oberirdischen Teile absterben. Hierzu gehören u.a.

O.tuberosa Mol., die in den Anden Perus und Boliviens bis Chiles mit ihren stärkereichen Knollen der Ernährung dient, **O.deppei** Lodd. ex Sweet, eingeführt 1833, und **O.tetraphylla** Cav. non hort. nec Link et Otto, beide aus Mexiko, und die als gute winterblühende Topfpflanze gezogene **O.bowiei** Herb. vom Kap, 1812 eingeführt. Außer diesen gibt es noch eine große Zahl anderer empfehlenswerter Arten, von denen sich der spezielle Liebhaber eine ganze Sammlung anlegen könnte. Leider sind aber außer den obengenannten Arten außerhalb weniger botanischer Gärten kaum weitere Arten zu bekommen.

Sie alle gehören ins helle Kalthaus, manche der sommerblühenden Arten kann man auch in den Garten setzen. Wichtig ist die Einhaltung der Ruhezeit, bei der sie im Kalthaus unter der Stellage, auf dem Hängebrett oder einem ähnlichen Ort bis zum Antreiben aufgehoben werden können. Im Sommer ruht z.B. *O.purpurea (O.variabilis)* im Winter *O.deppei*, *O.bowiei* und *O.tetraphylla*. Vermehrung durch reichlich gebildete Brutknöllchen.

Nach der Ruhezeit legt man sie in lehmige Erde und hält sie mit beginnendem Wachstum feuchter. »Glücksklee«, *O.deppei*, mit den Sorten 'Braunherz' und 'Iron Cross', der in der Weihnachtszeit in den Blumengeschäften angeboten wird, wurde von Spezialgärtnereien erst 6 bis 7 Wochen vor dem Verkauf in Kultur genommen. Bis dahin wurden die Knollen im Kühlhaus bei + 1° aufgehoben.

Chrysalidocarpus lutescens

Palmae (Arecaceae)
Palmen

Die meisten Palmen sind hohe, unverzweigte Bäume, deren meist säulenförmiger Stamm mit Blattnarben und Blattresten bedeckt ist und oben in einen Schopf großer Fächer- oder Fiederblätter endet. Andere Palmen bilden vieltriebige Sträucher oder Lianen. Ihre Verbreitung erstreckt sich über die Tropen und Subtropen der ganzen Welt, nur wenige Arten reichen in die nördliche gemäßigte Zone, darunter als einzige europäische Art *Chamaerops humilis*, die »Zwergpalme«. Hauptverbreitungsgebiete sind das Amazonasgebiet und Indomalesien. Die Angaben über die Zahl der Gattungen und Arten schwanken bei den einzelnen Autoren, doch dürfte sie bei etwa 210 Gattungen und 2800 Arten liegen. Wohl kaum eine andere Pflanzengruppe gibt vielen tropischen und subtropischen Gebieten so das besondere Gepräge wie die Palmen. Darüber hinaus findet man unter ihnen viele wichtige Nutzpflanzen wie Kokos- und Dattelpalmen, verschiedene Ölpalmen, sowie andere, die Piassave, Stuhlrohr, Bast, Sago, Wein,

Wachs, Vegetabilisches Elfenbein etc. liefern. Auch als Zierpflanzen werden einige in Gewächshäusern und Zimmern gezogen. Es sind dies allerdings nicht mehr so viele wie Ende des vorigen und Anfang dieses Jahrhunderts, wo Palmen auch in den Wohnungen die große Mode waren. Viele Gattungen und Arten sind ganz mit Unrecht völlig verschwunden, als Jungpflanzen sind sie von einer Schönheit, die zu einer Wiederaufnahme in die Sortimente reizen sollte. Einige dieser Gattungen und Arten sind nachfolgend kurz aufgeführt. Manche wird man auch heute noch als jüngere oder ältere Pflanzen erwerben können, von anderen wird ab und zu, so z.B. von der Firma Albert Schenkel, Hamburg-Blankenese, Samen angeboten. Die Anzucht aus Samen ist für den Besitzer eines kleinen Warmhauses interessant und lohnend.

Calamus L., Rotangpalme
(griech. *kalamos* = Rohr)

Mit 375 Arten ist die Gattung *Calamus* wohl die größte der Familie. Sie alle sind in feuchten Tropenwäldern der Alten Welt von Afrika bis Australien weit verbreitet. Die größte Zahl der Arten stammt aus dem westlichen Indonesien. Sie alle sind Lianen, die als Spreizkletterer mit Hilfe der an Blattspindeln und Blattscheiden sitzenden rückwärts gerichteten Stacheln hoch hinauf in die Bäume klettern. Ihre 1 bis 3 cm dicken Stengel werden bis 50 m, bei manchen sogar bis 150 m lang. Es sind vieltriebige Fiederpalmen, von denen manche Arten Stuhlrohr, Peddigrohr oder Spanisches Rohr liefern. Als Jungpflanzen sind sie für das feuchte Warmhaus interessant.
Eine der zierlichsten Arten ist

C. ciliaris Bl. von Sumatra und Java. Außer den Stacheln trägt diese Art noch eigenartige, ebenfalls bestachelte Geißeln. 1869 in England eingeführt. Hin und wieder sieht man auch **C. rotang** L., die echte Rotangpalme, heimisch in Südindien und auf Ceylon, eine der Lieferantinnen des Peddig- und Spanisch-Rohres. Ähnlich sind Arten der Gattung **Daemonorops** Bl. Vermehrung durch Aussaat aus den Tropen eingeführter Samen oder durch Abtrennen bewurzelter Stengel. Das ganze Jahr hindurch darf die Nachttemperatur nicht unter 18 bis 20° sinken. Die Luft muß sehr feucht sein, bei Sonne muß beschattet werden. Die Erde sei humos, brockig und durchlässig. Man setze der Mischung Holzkohle oder Styromull zu. Da ihr Wasserbedarf hoch ist, stellt man sie am besten in stets mit Wasser gefüllte Untersätze.

Caryota L., Fischschwanzpalme
(griech. *karyon* = Nuß)

Etwa 12 Arten baumförmiger Fiederpalmen, die vom tropischen Asien bis Australien verbreitet sind, Palmwein und Holz liefern. Ihr Stamm ist unbewehrt und treibt bei manchen Arten am Grunde des Stammes Sprosse. Nach Blüte und Samenbildung stirbt der Hauptstamm ab. Die Wedel sind doppelt-fiederschnittig mit oft fischflossenähnlichen, vorne ausgefressengezähnten Abschnitten.
Hin und wieder findet man in den Sammlungen **C. mitis** Lour., von Burma bis zu den Malayen verbreitet, 1848 in Deutschland eingeführt, und **C. urens** L., die Brennpalme, von Indien und dem Malaiischen Archipel, 1788 eingeführt, erstere mit, letztere ohne Ausläufer.
Schon junge Pflanzen gehören zu den schönsten und eigenartigsten Gewächsen des Warmhauses. Sie nehmen mit Nachttemperaturen von 16 bis 18° vorlieb. Im übrigen sind sie wie *Calamus* zu pflegen, vor allem stets reichlich zu wässern. Samen keimen meist ohne Schwierigkeit.

Chamaedorea Willd., Bergpalme
(griech. *chamai* = niedrig, *dorea* = Geschenk)

Über 100 Arten mittel- oder südamerikanischer, unbestachelter, kleiner, zierlicher Palmen mit rohrartigem Stamm und gefiederten, selten ungeteilten, nur an der Spitze zweispaltigen Blättern. Die zweihäusigen Blüten, denen erbsengroße, beerenartige Früchte folgen, sitzen an einfachen oder rispig verzweigten Blütenkolben, die unter oder zwischen den Blättern, oft schon bei recht jungen Pflanzen erscheinen. Alle Arten sind schön und empfehlenswert für Zimmer und Gewächshaus.
Arten mit nichtgefiederten Blättern sind **C. ernesti-augusti** H. Wendl., Mexiko bis Honduras, 1 bis 2 m hoch werdend, 1857 eingeführt, die etwas kleinere **C. geonomiformis** H. Wendl. aus Honduras und Belize, eingeführt 1856, und eine der kleinsten aller Palmen, selten höher als 50 bis 80 cm werdend, **C. tenella** H. Wendl. aus Mexiko. Ihre Blätter sind nur 10 bis 12 cm lang und 7 cm breit.
Von Arten mit gefiederten Blättern wird am häufigsten **C. elegans** Mart. aus Mexiko und Guatemala, 1849 in Deutschland eingeführt, gezogen, daneben aber noch eine ganze Reihe anderer empfehlenswerter Arten wie z.B. die in Florida in Massen für den Export gezogene **C. erumpens** H.E. Moore aus Honduras und Guatemala.
Wie alle Palmen werden sie warm ausgesät. Bis zur Keimung vergehen je nach Art und Frische des Samens 1 bis 6 Monate. Die ersten 1 bis 2 Jahre werden sie warm, schattig und feucht gehalten. Dann wachsen sie recht schnell heran. Zu hoch gewordene Pflanzen kann man wie Gummibäume kurz unter dem Blättersproß abmoosen. Auch durch Abnahme von Nebentrieben, die manche Arten am Grunde bilden, lassen sie sich vermehren. Ältere Pflanzen gedeihen gut bei Temperaturen von 14 bis 18°, doch schadet ihnen ein kürzeres Abweichen der Wärme nach oben oder unten nicht. Am besten pflanzt man Sämlinge zu dritt in einen Topf, die Arten mit ungeteilten Blättern aber einzeln. Sonne vertragen sie weder in der Jugend noch im Alter.

Chamaedorea-Hybride

Chamaerops L., Zwergpalme
(griech. *chamai* = niedrig, *rhops* = Gesträuch)

Nur 1 vielgestaltige Art im westlichen Mittelmeergebiet, östlich bis Malta und in Südportugal; neben *Phoenix theophrastii* Greuter die einzige europäische Palme.

C. humilis L. wird im allgemeinen nicht höher als 1 m, kann aber als ältere Pflanze doch bis 7 m hohe Stämme bilden. Ihre fächerförmigen Blätter sind halbkreis- oder keilförmig und tief geschlitzt, die Blattstiele sehr dornig. In Belgien bereits 1593 in Kultur.
Häufig gezogene Art für kalte Räume und Kalthäuser, die im Sommer ins Freie gestellt werden sollte. Der Überwinterungsraum braucht nur frostfrei zu sein, das genügt völlig, doch muß man ihn reichlich lüften können. Im Sommer wollen sie in voller Sonne stehen. Die Anzucht aus Samen ist nicht schwierig. Später benötigen sie lehmig-humose Erde und den Sommer über neben reichlicher Bewässerung wöchentlich einmal einen Dungguß.

Chrysalidocarpus H. Wendl., Goldfruchtpalme
(griech. *chrysos* = Gold, *karpos* = Frucht)

Sprossenbildende, buschig wachsende Fiederpalmen, von denen in Madagaskar, auf Pemba und den Komoren etwa 20 Arten vorkommen. Zu einer der schönsten Palmen für Zimmer und temperierte oder warme Gewächshäuser gehört

C. lutescens (Bory) H. Wendl. (*Areca lutescens* Bory), eine niedrige, aber doch im Alter bis 6 m hoch werdende Palme mit kammartig gefiederten Blättern und gelben, schwarzpunktierten Blattspindeln. Um 1820 in Deutschland eingeführt.
Sie ist leicht aus Samen heranzuziehen, der im feuchten und schattigen Warmhaus bald keimt. Nach zwei Jahren brauchen sie weniger Wärme, 15 bis 18° genügen dann völlig, unter 15° sollte aber die Temperatur nicht sinken. Da sie viel Feuchtigkeit verlangt, steht sie am besten in einem Untersatz mit Wasser. Sie ist empfindlich gegen zu hellen Stand, dann färben sich ihre Blätter oft krankhaft gelb.

Cocos L., Kokospalme
(Nach Genaust aus portug. *coca* = Hirnschale, Popanz, Kokosnuß entlehnt, das seinerseits zu lat. *coccum, cocca* = Fruchtkern, Scharlachbeere gehört)

C. nucifera L., die Kokospalme, ist die einzige Art der Gattung, allenthalben in den Tropen, besonders in den Küstenländern, ihrer wertvollen Früchte wegen angebaut. Sie wird dort bis 30 m hoch. Man kann sie nicht im kleinen Gewächshaus ziehen, doch kann man dort, vorausgesetzt die Wärme sinkt nicht unter 20°, die Keimung der Frucht, der »Kokosnuß«, beobachten und sich einige Jahre an der Jungpflanze, die dann immer noch mit der Frucht verbunden ist, freuen. Die Keimung selbst dauert fast ein halbes Jahr. Bei ihr kommen Keimwurzel und Laubtrieb aus der gleichen Keimöffnung hervor, während im Inneren des Samens ein lockeres, ihn völlig ausfüllendes Gewebe entsteht, das als Saugorgan das Nährgewebe, das weiße »Fleisch« der Kokosnuß, aufzehrt und die Nährstoffe an den Keimling weitergibt.

Cocos nucifera

Microcoelum weddelianum

In Feinkostläden bekommt man manchmal, wenn man danach fragt, sonst nicht mehr verkäufliche Kokosnüsse, die gerade beginnen auszutreiben. Sie werden auf feuchtes Moos gelegt, bei 20 bis 25° gehalten und erst eingepflanzt, wenn die Wurzel zu sehen ist, aber so, daß die Nuß zum größten Teil aus der Erde herausragt.

Seit einiger Zeit werden von Versandgeschäften keimende Kokosnüsse angeboten. Sie gehören wohl meist zu Zwergsorten, die auch in den Tropen niedrig bleiben. Man legt die Nüsse nach der Ankunft in einen entsprechenden Topf mit Erde und stellt sie hell bei einer Wärme um 22° auf. Wenn sie in der Regel auch nicht allzu alt werden, so kann man doch gut den weiteren Vorgang der Keimung beobachten. Empfehlenswert ist es, keimende Kokosnüsse in Hydrokultur weiterzuziehen und, wenn möglich, im Winter durch Zusatzbeleuchtung den Tag auf 12 Stunden zu verlängern. Es scheint, daß der Lichtmangel im Winter für das mangelnde Wachstum von größerem Einfluß ist als das Fehlen hoher Wärmegrade. So schreibt eine Pflanzenfreundin, daß sie ihre Kokospalme im Winter im Zimmer bei 15 bis 20°, im Sommer im Garten stehen hat, und das mit gutem Erfolg.

Howeia Becc., Kentiapalme
(nach den Lord Howe Inseln, der Heimat beider Arten)

Wer kennt nicht die Kentiapalmen, die seit einem dreiviertel Jahrhundert zu den verbreitetsten aller Zimmerpalmen gehören. Die beiden Arten **H.belmoreana** (C. Moore et F. v. Muell.) Becc. und **H.forsteriana** (C. Moore et F. v. Muell.) Becc. sind einander sehr ähnlich, wahrscheinlich gibt es auch die verschiedensten Übergänge zwischen ihnen. Sie fallen durch ihre gefiederten, auffallend dunkelgrünen Wedel auf. Jungpflanzen verlangen in den ersten zwei Jahren eine Temperatur um 20°, ältere halten im Winter selbst bei 6 bis 10° aus, doch wachsen sie ebenfalls gut bei Wärmegraden bis 18°. Dabei vertragen sie sehr viel Schatten. In voller Sonne allerdings bekommen die Blätter braune Brandflecken, also sind sie stets davor zu schützen. *H.belmoreana* wurde 1858 in England, *H.forsteriana* 1872 in Belgien eingeführt.

Vermehrung durch Aussaat. Die Keimung erfolgt unregelmäßig während eines Zeitraumes zwischen 2 und 12 Monaten.

Licuala Thunb.
(von leko wala, dem molukkischen Namen dieser Palmen)

Von Indonesien bis Australien kommen etwa 100 verschiedene Arten vor. Sie wachsen niedrig und buschartig, ihre Stämme sind fast rohrartig, die Blattfläche ist kreisrund. Noch sehr selten, aber eine leichtwachsende, ausgezeichnete Palme für warme Zimmer und Warmhäuser ist

L.grandis H. Wendl., von Inseln nördlich Neuguineas stammend. Sie wird selbst im

Caryota mitis

Alter nicht über 2 m hoch, hat zahlreiche aus keilförmigem Grunde fast runde, ungeteilte Blätter, die am Rande teilweise kurz gelappt sind. Um 1876 eingeführt.

Auch andere Arten sind empfehlenswert, so z.B. **L.peltata** Roxb., **L.pumila** Bl. ex Schult. et Schult.f., **L.spinosa** Thunb. *L.grandis* wie die anderen Arten werden bei 25 bis 30° Bodenwärme ausgesät. Bis zur Keimung vergehen etwa 3 bis 6 Monate. Im übrigen bedürfen sie der gleichen Pflege wie *Calamus*. Sie sollen dauernd in einem mit Wasser gefüllten Untersatz stehen.

Microcoelum Burret et Potzt., Kokospälmchen
(griech. *mikros* = klein, *koilon* = Höhlung)

Nur zwei Arten kleiner brasilianischer Fiederpalmen, von denen

M.weddelianum (H. Wendl.) H.E. Moore (*Cocos weddeliana* H. Wendl., *Syagrus weddeliana* (H. Wendl.) Becc.) als sogenanntes Kokospälmchen in jedem Blumengeschäft zu kaufen ist. Es stammt aus dem tropischen Brasilien und wird selbst im höchsten Alter nicht höher als 3 m. Ihr Stämmchen ist dicht mit braunen Fasern besetzt. Die Fiedern sind sehr schmal und stehen bis zu 50 an jeder Seite der Blattspindel. Wurde um 1858 in Belgien eingeführt.

Eine ganz reizende Pflanze, die im warmen Gewächshaus, dessen Nachttemperatur

Chamaerops humilis

Licuala grandis

nicht unter 18° sinken darf, ausgezeichnet wächst. Sie gedeiht sowohl in Einheitserde, als auch in mooriger, brockiger Lauberde, warm, feucht und schattig, stets in einem Untersatz mit Wasser stehend.

Die Vermehrung überlasse man Spezialgärtnereien, die die dafür nötigen Einrichtungen besitzen (Beete mit 25 bis 30° Bodenwärme. Dort beträgt die Keimdauer 2 bis 3 Monate). Für wenig Geld kann man ein- bis zweijährige Jungpflänzchen kaufen, die man aber recht bald in einen anderen Topf pflanzen sollte, da die kleinen Verkaufstöpfe oft kein Abzugsloch im Boden besitzen. In warmen Zimmer halten sie sich gut und wachsen im Laufe der Jahre zu grossen Pflanzen heran.

Phoenix L., Dattelpalme
(von Theophrast gebrauchter alter griechischer Name für die Dattelpalme)

Nur 17 Arten stammloser, niedriger oder mittelhoher Fiederpalmen, deren Blattstiel meist mit kurzen, starr oder dornig gewordenen Fiedern besetzt ist. Ihr Vorkommen erstreckt sich vom tropischen und subtropischen Afrika bis Indien, Sumatra, Taiwan und Hainan. Bekannteste Art der Gattung ist die echte Dattelpalme,

P. dactylifera L., deren Stämme 10 bis 20 m hoch werden können. Datteln sind für bestimmte Landstriche ein wichtiges Nahrungsmittel, seit alter Zeit werden sie in Europa als Südfrucht gegessen. So mancher hat sich aus einem Dattelkern eine schöne Dattelpalme gezogen, die aber nur dann gut wächst, wenn man sie im Winter luftig und nicht zu warm, also möglichst nicht über 10 bis 12° hält und im Sommer an eine sonnige Stelle ins Freie stellt. Schöner aber als die echte Dattelpalme, die sparriger und steifer wächst, ist die kanarische Dattelpalme,

P. canariensis hort. ex Chabaud. Sie bleibt kleiner, bildet im Alter einen dicken Stamm und ist in ihrer ganzen Tracht weniger steif, dabei sind ihre Wedel dunkler grün. 1888 in Belgien eingeführt.
Aber auch andere Arten sind dem Besitzer eines hellen Gewächshauses zu empfehlen. Am schönsten ist wohl

P. roebelenii O'Brien, in Laos verbreitet, buschig wachsend oder höchstens 1 bis 2 m hohe Stämmchen bildend. Ihre Fiederblättchen sind im Gegensatz zu denen aller anderen Arten weich, sehr schmal und wie die ganzen Wedel leicht überhängend. 1889 eingeführt. Sie will etwas wärmer als die übrigen Arten stehen, am besten bei einer Nachttemperatur von 14 bis 16°, auch im Sommer sollte sie im Haus bleiben. Während die anderen Arten am besten in lehmiger Rasenerde gedeihen, verlangt *P. roebelenii* eine humosere Erde, man muß also alte Lauberde oder Torfmull hinzufügen.

Die Anzucht aller Arten aus Samen ist nicht schwierig, man muß nur Geduld haben, da sie im Anfang langsam wachsen und es geraume Zeit dauert, bis sich die ersten gefiederten Blätter entwickeln. Die ersten Blätter sind nämlich länglich, ganzrandig und ungefiedert.

Pritchardia Seem. et H. Wendl. ex H. Wendl.
(W. T. Pritchard, 19. Jahrhundert, englischer Beamter auf Polynesien)

Auf Hawaii und den Fidschi-Inseln kommen 38 verschiedene Arten vor, von denen bei uns lediglich

P. pacifica Seem. et H. Wendl. ex H. Wendl., heimisch auf den Fidschi-Inseln und Samoa, eine bis 10 m hohe Fächerpalme, gezogen wird. Die rundlichen, langgestielten Blätter sind auf ihrer Unterseite dicht mit einem weißlichen Überzug bedeckt. 1870 eingeführt. Sie wachsen rasch aus Samen heran, die in 2 bis 3 Monaten keimen, und sollten bei einer Nachttemperatur von 14 bis 16° gehalten werden. Auch als Jungpflanzen sind sie schön und daher empfehlenswert. In großen Gewächshäusern botanischer Gärten kommen sie regelmäßig zum Blühen und Fruchten.

Rhapis L. f. ex Ait., Steckenpalme
(griech. *rhapis* = Rute, Stecken)

In Ostasien findet man 9, nach anderen Quellen 15 verschiedene Arten buschförmig wachsender, ausläufertreibender kleiner oder mittelgroßer Palmen mit dünnen rohrartigen, aufrechten Stengeln, die dicht mit netzartigen Blattscheidenresten bedeckt sind. Die Fächerblätter sind klein und vielfach fast bis zum Grunde geteilt. Zwei früher sehr häufig gezogene, aber jetzt selten gewordene Arten aus China sind zu empfehlen,

R. excelsa (Thunb.) Henry (*R. flabelliformis* L'Hérit. ex Ait.) und **R. humilis** Bl., erstere mit bis 5 m hohen, letztere mit niedrigeren, rohrartigen, in Fasern eingehüllten Stämmchen. Erstere um 1774 in England, letztere 1841 in Holland eingeführt. Sie gedeihen am besten im Kalthaus, im Sommer im Freien, können aber auch das ganze Jahr hindurch bei Wintertemperaturen bis zu 16° im Hause gehalten werden. Besitzt man ältere Pflanzen, kann man sie durch vorsichtiges Abtrennen der Ausläufer vermehren, doch dauert es lange, bis sie sich zu schönen Pflanzen entwickeln.

Rhopalostylis H. Wendl. et Drude, Nikanpalme
(griech. *rhopalon* = Keule, *stylis* = kleine Säule)

Von den drei Arten werden

R. baueri (Seem.) H. Wendl. et Drude von den Norfolkinseln und **R. sapida** (Soland. ex G. Forst.) H. Wendl. et Drude aus Neuseeland ab und zu gezogen. Sie sind auch als kleine Pflanzen sehr hübsch. Im Alter werden sie bis 10 m hoch. Es sind Fiederpalmen mit geringelten Stämmen, sehr gleichmäßig gefiederten Blättern, die eine sehr starke Mittelrippe haben. Beide wachsen unter den gleichen Bedingungen wie *Howeia* und werden durch Aussaat vermehrt. Frischer Samen keimt innerhalb von zwei bis drei Monaten. Ältere Pflanzen in den Gewächshäusern botanischer Gärten blühen und fruchten regelmäßig. Erstere wurde 1832, letztere 1827 eingeführt.

Trachycarpus H. Wendl., Hanfpalme
(griech. *trachys* = rauh, *karpos* = Frucht)

Acht Arten hoher, harter Fächerpalmen, deren Stamm nach oben zu mit einem dichten Fasernetz und den alten Blattscheiden bedeckt ist. Ihre Heimat liegt in China, Japan und dem westlichen Himalaja. Die oberseits flachen Blattstiele sind im Gegensatz zu *Chamaerops* nur mit kleinen Dornen besetzt.
Bei uns wird seit fast 200 Jahren häufig die 4 bis 12 m hohe **T. fortunei** (Hook.) H. Wendl. (*Chamaerops excelsa* Mart. non Thunb. ex Murr.) aus Oberburma, Mittel- und Ostchina und Südjapan gezogen, eine Art, die sogar einige Grade Frost verträgt, besser jedoch vor den Frösten in einen frostfreien, aber gut zu lüftenden Raum gestellt und dort überwintert wird. Im übrigen gleichen Anzucht und Pflege völlig der von *Chamaerops*. Der Samen keimt innerhalb von zwei Monaten.

Es wurden hier nur solche Palmengattungen aufgeführt, die schon als Jungpflanzen besonders schön sind, oder solche, die während des Sommers im Freien stehen können und mit primitiven Überwinterungsmöglichkeiten vorliebnehmen. In botanischen Gärten wird man noch eine Reihe anderer Gattungen und Arten finden, die dort oft zu stattlicher Größe herangewachsen sind, die aber auch im jugendlichen Zustand dem Besitzer eines kleinen Hauses nicht empfohlen werden können. Einige der bekanntesten seien wenigstens mit Namen hier angeführt, so *Corypha* L., *Brahea* Mart. ex Endl., *Livistona* R. Br., *Trithrinax* Mart., *Wallichia* Roxb., *Washingtonia* H. Wendl., *Archontophoenix* H. Wendl. et Drude, *Arenga* Labill., *Ptychosperma* Labill., *Sabal* Adans., alles Gattungen, die man häufig auch in südlichen Gegenden Europas in den Gärten und Anlagen angepflanzt sieht.
Die meisten Palmen werden durch Aussaat vermehrt. Die günstigste Temperatur dafür liegt bei einer Beetwärme von 25 bis 30°. Auch die erste Zeit nach dem Aufgehen sollte diese Wärme aufrechterhalten werden. Samen muß möglichst frisch sein und gleich nach der Ernte ausgesät werden. Von gekauftem Samen weiß man natürlich nicht, wie alt er schon ist. Je älter er aber ist – vorausgesetzt er ist überhaupt noch keimfähig – desto länger dauert es mit der Keimung. Diese dauert bei vielen Arten der sehr harten Schalen wegen überhaupt sehr lange. Nicht gekeimten Samen sollte man nicht vor 1½ Jahren fortwerfen, da er immer noch keimen kann. Vor der Aussaat sollte man ihn in Wasser von 30 bis 35° Wärme 48 Stunden einweichen, danach in Torfmull und Sand auslegen, stets gleichmäßig feucht und warm halten. Die Keimdauer ist nach Art und Alter des Samens

sehr verschieden, bei vielen auch sehr unregelmäßig, d.h. über einen längeren Zeitraum sich erstreckend. Beim Eintopfen oder Verpflanzen der Sämlinge darf der noch anhaftende Samen nicht entfernt werden, sondern man bringt ihn beim Topfen mit in den Topf hinein. Dabei muß man sehr vorsichtig sein, da die jungen Wurzeln sehr brüchig sind. Während der ersten 1 bis 2 Jahre nehme man Einheitserde, später je nach Art eine mehr humose oder mehr lehmige Mischung aus alter Laub- oder Mistbeeterde und lehmiger Rasenerde mit Zusatz von Sand und Osmocote. Beim Verpflanzen, das bei älteren Pflanzen nur alle paar Jahre einmal vorzunehmen ist, beachte man, daß die Erde dabei ziemlich fest angedrückt werden muß, vor allem bei größeren Topf- oder Kübelpflanzen, bei denen man mit einem flachen Holz die Erde zwischen Gefäßrand und Ballen festdrückt. Durchgewurzelte Palmen werden von Februar bis zum August regelmäßig gedüngt, sei es mit einem organischen Dünger oder einem anorganischen Volldünger. Bei großen Palmen, die in kleinen Gefäßen stehen, ist das regelmäßige Düngen ganz besonders wichtig. Schatten bei sonnigem Wetter zu geben, ist für die meisten genauso wichtig wie Luftfeuchtigkeit, frische Luft und regelmäßiges Gießen. Der Ballen soll stets gleichmäßig feucht sein und darf nie austrocknen. Abweichungen bei der Anzucht und späteren Pflege wurden bei den einzelnen Gattungen angegeben.

Bei richtiger Pflege werden Palmen von nur wenigen Schädlingen und Krankheiten befallen. Vor allem sind dies Schild- und Wolläuse, denen man am besten durch Abwaschen der Wedel, bei dem ja auch gleichzeitig Staub und Schmutz entfernt werden, zu Leibe geht. Danach sollte man gleich mit einem Schädlingsmittel spritzen und diese Spritzung noch zwei- bis dreimal in Abständen von 8 Tagen wiederholen, um die noch auskriechenden Jungtiere ebenfalls zu vernichten. Auftreten von Blasenfuß (Thrips) und »Roter Spinne« (Spinnmilben) ist immer ein Zeichen dafür, daß die Luft zu trocken ist. Bei *Phoenix* tritt bei zu warmem und feuchtem Stand häufig der Pilz *Graphiola phoenicis* auf, der an kleinen harten Höckern auf den Blättern zu erkennen ist, sowie die *Oxosporium*-Blattfleckenkrankheit, die sich durch runde, zunächst gelbe, später braune Flecken zu erkennen gibt. Beide Krankheiten sind ein Zeichen dafür, daß die Pflanzen zu warm stehen. Neben dem Spritzen mit kupferhaltigen Mitteln müssen die Pflanzen sofort kühler und luftiger gehalten werden.

Pandanaceae
Schraubenbaumgewächse

Von den etwa 700 Arten, die in 3 Gattungen zusammengefaßt sind, kommen nur wenige Arten der Familie für kleine Gewächshäuser in Frage. Alle sind Bäume, Sträucher und Lianen, an den Küsten und in Wäldern der Tropen und Subtropen weit verbreitet, in Amerika und Australien fehlend. Viele haben als Stützwurzeln dienende Luftwurzeln mit großer Wurzelhaube, die sich in einem gewissen Entwicklungsstadium wie ein Fingerhut von der Wurzel abnehmen läßt. Die meist schmalen Blätter sitzen schopfig gedrängt am Ende der Stämme und Äste. Den Blüten fehlt die Blütenhülle. Bei *Freycinetia* Gaudich., einer Gattung, die selten einmal in botanischen Sammlungen gezogen wird, dort aber in einem gewissen Alter ihre schönen und eigenartigen Blüten bringt, ist der Blütenstand von auffallend gefärbten Hochblättern umgeben. Die Blüten sollen übrigens von Fledermäusen bestäubt werden.

Pandanus Parkins., Schraubenbaum
(*pandang* oder *pandan*, malaiischer Volksname)

Zwischen 600 und 650 Arten nie kletternder Bäume und Sträucher mit einfachem oder verzweigtem Stamm und kräftigen Luftwurzeln wachsen in ihrer Mehrzahl auf dem Malaiischen Archipel, nur wenige, aber oft der betreffenden Landschaft das Gepräge gebend, kommen auf den pazifischen Inseln, in Madagaskar und im tropischen Afrika vor. Von den wenigen in unseren Gewächshäusern gezogenen Arten gehören die folgenden zu den schönsten.

P. baptistii Warb. von der Südsee bildet nur einen kurzen Stamm, der mit völlig

Pandanus veitchii

Freycinetia insignis

stachellosen, leider leicht knickenden Blättern mit gelblichen Längsstreifen besetzt ist. 1892 in England eingeführt.

P. pygmaeus Thou. aus Madagaskar bildet einen niedrigen, stark in die Breite wachsenden, vielverzweigten Strauch, der auf vielen starken Stelzwurzeln steht. Die nur schmalen, am Rande stark bewehrten Blätter sind grün. 1830 in England eingeführt.

P. sanderi Mast. von Timor und dem Malaiischen Archipel hat einen Schopf langer, 5 bis 6 cm breiter, am Rande dicht bestachelter Blätter mit gelblichem oder goldfarbenen Längsstreifen. 1898 in England eingeführt.

P. utilis Bory ist in Madagaskar weit verbreitet. Er fällt durch seinen ausgesprochen schraubenförmigen Wuchs und die langen, mit roten Stacheln besetzten Blätter auf. Im Alter bildet er hohe Bäume. 1856 in England eingeführt. In Kultur kommt er mit etwas weniger Wärme als die übrigen Arten aus, doch sollte auch im Winter die Temperatur nicht unter 16° liegen.

P. veitchii hort. Veitch ex Mast. et T. Moore aus Polynesien ist *P. sanderi* sehr ähnlich, nur daß die Längsstreifen auf den Blättern statt gelb weiß sind. Er ist wohl die am häufigsten gezogene Art. 1868 in England eingeführt.

Bis auf *P. utilis* werden alle hier genannten Arten durch Abtrennen und Einpflanzen der reichlich gebildeten Nebentriebe vermehrt. *P. utilis* vermehrt man durch aus der Heimat eingeführten Samen, der sofort nach Empfang auszusäen ist und bei 25 bis 30° in wenigen Wochen keimt. Zur Bewurzelung der abgetrennten Nebentriebe reicht die normale Wärme von 20 bis 22°. Sind sie zu groß für das Vermehrungsbeet, hülle man sie bis zur Wurzelbildung in Folie ein. Alle Arten gehören in das feuchte und helle Warmhaus, wo sie bei 18 bis 22°, vor Sonne geschützt, rasch wachsen. Temperaturen unter 15° führen unweigerlich zum Tode. Oft dauert es allerdings 5 oder 6 Wochen, bis sich die Folgen zu niedriger Temperaturen zeigen. Die Erde sei locker und nährstoffreich, also entweder eine Mischung aus Lauberde und Torfstreu mit Lehmzusatz oder Einheitserde.

Passifloraceae
Passionsblumengewächse

12 Gattungen mit etwa 600 Arten in den Tropen und Subtropen, meist Amerikas oder Afrikas. Es sind vorwiegend mit Ranken kletternde Kräuter oder Sträucher mit meist ansehnlichen, eigenartigen Blüten.

Adenia Forssk.
(nach der Stadt Aden in Südarabien)

Ein Hinweis auf die interessante sukkulente Gattung *Adenia* soll nicht fehlen, obwohl sie selbst in botanischen Gärten selten gezogen wird. Ihre Arten finden sich in den Trockenwäldern Afrikas und Madagaskars. An sehr großen, knollenförmigen Stammbasen entspringen aufrechte oder überhängende, teils dornenbewehrte Äste. Bei anderen sind die wasserspeichernden Knollen ganz in die Erde verlegt.
Die am ehesten noch in den Sammlungen zu findende Art ist **A. pechuellii** (Engl.) Harms. Die Kultur gleicht der anderer sukkulenter Pflanzen und ist nicht schwierig. Vermehrung nur durch Aussaat, da Sproßstecklinge keine Knollen bilden.

Passiflora L., Passionsblume
(lat. *passio* = das Leiden, *flos* = Blüte; man verglich die Blütenteile von *P. caerulea* mit den Attributen des Leidens Christi, also mit den Nägeln, der Dornenkrone, den Wunden, der Lanze, den Geißeln etc.)

Etwa 400 Arten von ein- oder mehrjährigen Kräutern, meist aber von rankenden Sträuchern mit einfachen oder gelappten bis gefingerten Blättern und einfachen achselständigen Ranken. Die oft auffallenden Blüten erscheinen einzeln oder paarweise, selten in mehrblütigen Trauben oder Trugdolden in den Blattachseln. Die Blüte besteht aus je fünf sich abwechselnden Kelch- und Kronblättern. Zwischen ihnen und den auf halber Höhe an einer Säule sitzenden fünf Staubblättern ist ein ein- oder mehrfacher, meist auffällig gezeichneter Strahlenkranz (»Korona«) aus mehr oder weniger dicken Fäden eingefügt. An der Spitze der Säule sitzen drei Griffeläste mit dicken Narben an ihren Enden. Der Blütengrund ist zu einem Nektarbehälter ausgebildet. Der Strahlenkranz bildet über ihm einen »Rost«, von dem aus die Insekten ihren Rüssel an verschiedenen dafür

Passiflora quadrangularis

vorgesehenen Stellen in den Nektar tauchen können, wobei sie mit dem Rücken bei noch jungen Blüten die Staubblätter, bei älteren die sich herabneigenden Narben berühren. Außer Hummeln und Bienen sollen auch Kolibris an der Bestäubung beteiligt sein.

Manche Arten wie *Passiflora alata*, *P. edulis*, *P. quadrangularis* u. a. werden der wohlschmeckenden Früchte (Granadillos) wegen in vielen tropischen Ländern auch außerhalb ihrer Heimat angebaut.

1. Arten mit bunten Blättern

P. coriacea Juss., verbreitet von Mexiko bis Bolivien, hat ungelappte lederige, silbern gezeichnete Blätter, die breiter als lang sind. Die unscheinbaren gelblichgrünen, 2,5 bis 4 cm breiten Blüten erscheinen in den Blattachseln. Um 1900 eingeführt, erneut 1987 in Dänemark angeboten.

P. organensis Gardn. (*P. maculifolia* Mast.) aus Brasilien hat kurzgestielte rundliche, fast dreieckige Blätter, die aussehen, als seien ihre Spitzen mit der Schere abgeschnitten! Oberseits sind sie unregelmäßig grün und gelblich gefleckt und marmoriert, unterseits purpurfarben. Die kleinen Blüten sind rahmweiß und duftlos. Sie erscheinen von Juni bis August. Um 1890 eingeführt.

P. trifasciata Lem. stammt aus Peru. Ihre länglich-eiförmigen Blätter sind in ihrem oberen Drittel dreifach gelappt, oberseits braunrot mit silberweißer, aschgrauer oder rosafarbener Zone längs der drei Hauptnerven, unterseits purpurrot. Die kleinen gelblichen Blüten duften nach Vanille und erscheinen im Juli und August. 1868 eingeführt.

Diese Arten sind schöne Blattpflanzen, die auch im kleinen Warmhaus noch gezogen werden können. In lehmig-humoser Erde wachsen sie rasch heran. Im Herbst schneide man sie rigoros zurück, noch besser werfe man die ganze Pflanze weg, nachdem man sie durch Stecklinge im Warmbeet vermehrt hat. Jungpflanzen werden bei 16 bis 18° im hellen Warmhaus leicht überwintern und wachsen schnell zu kräftigen Pflanzen heran.

2. Grünblättrige Arten für Warmhäuser

P. alata Dryand. aus Brasilien und Peru, **P. quadrangularis** L., die Riesengranadilla, aus dem tropischen Amerika, und der Bastard beider, **P.** × **decaisneana** Planch., haben wohl die größten und schönsten Blüten der ganzen Gattung. Ihre Blütezeit erstreckt sich vom Frühling bis in den Sommer. Die Blüten haben einen Durchmesser von 10 bis 12 cm und sind prächtig gefärbt. Auch bei uns setzen sie bei künstlicher Bestäubung ihre großen, eßbaren Früchte an. Sie wachsen so stark, daß sie für kleine Warmhäuser zu groß werden. Dort sollte man also trotz ihrer besonderen Schönheit auf sie verzichten. Während des Winters nehmen sie mit 15° vorlieb. Im Frühling oder Spätwinter schneidet man sie kräftig zurück. Stecklingsvermehrung im geschlossenen Warmbeet.

P. gracilis Jacq. ex Link aus Venezuela, heute im tropischen und subtropischen Amerika eingebürgert, ist eine einjährige Kletterpflanze mit nur 2,5 cm breiten im Juli und August erscheinenden Blüten. Auffallend sind bei ihr die kirschgroßen, bei der Reife leuchtend roten Früchte. Auch sie wird im Warmhaus gezogen und jährlich von neuem durch Aussaat im Januar bis Februar vermehrt. 1823 in England eingeführt.

P. racemosa Brot. aus Brasilien blüht vom Frühling bis zum Oktober. Wer sich eine rotblühende Passionsblume wünscht, der greife zu dieser dankbaren Art, die schwachwüchsig ist und deshalb sich gerade für kleine Warmhäuser eignet. Ihre roten Blüten erscheinen in einer mehrblütigen Traube. 1815 in England eingeführt, 1840 in Deutschland verbreitet. *P. racemosa* kann sowohl im Topf als auch ausgepflanzt gezogen werden. Als Stecklinge nehme man bereits halbholzig gewordene Triebe, die in Stücke mit je zwei Blattpaaren geschnitten und ins Warmbeet gesteckt werden. Dort muß man oft allerdings ziemlich lange auf das Erscheinen der ersten Wurzeln warten.

Ebenfalls schwachwüchsig, aber mit violetten Blüten ist die von Mai bis zum Herbst blühende brasilianische **P. raddiana** DC. (*P. kermesina* Link et Otto). 1831 in England eingeführt, vor 1840 in Deutschland.

P. violacea Vell., verbreitet von Ostbrasilien bis Paraguay und Bolivien, hat tief dreilappige Blätter und an langen Stielen herabhängende, dabei sich aber nach oben richtende 8 bis 10 cm breite duftende, violette Blüten mit weißviolettem Strahlenkranz. Man zieht sie unter dem Dach entlang, damit die Blüten nach unten hängen können. 1885 eingeführt.

3. Grünblättrige Arten für Kalthäuser

P. caerulea L., die Blaue Passionsblume, wurde bereits 1699 eingeführt. Ihre Heimat liegt im südlichen Brasilien, in Paraguay und Argentinien. Sie ist ein starkwüchsiger Kletterstrauch mit fünf- bis siebenlappigen, ziemlich harten Blättern und mit vom Sommer bis zum Herbst erscheinenden weißlichen Blüten mit einem blauen Fadenkranz. Die Sorte 'Constance Elliott' hat elfenbeinweiße Blüten. Eine andere Sorte, 'Kaiserin Eugenie', scheint eine Hybride zwischen *P. caerulea* und einer nicht mehr bekannten Art zu sein. Ihre Blüten sind violett und erscheinen schon an kleinen Pflanzen. Sie eignet sich besonders gut als Zimmerpflanze.

P. incarnata L. wächst in Nordamerika von Maryland bis Missouri und Oklahoma, südlich bis Florida und Texas, ebenso ist sie auf den Bermudas zu finden. Sie wurde bereits 1629 eingeführt. Ihre Blüte ist weniger auffallend als die der anderen hier hervorgehobenen Arten. Dafür nimmt sie aber mit sehr geringen Temperaturen vorlieb und ist für die Anpflanzung an eine warme und geschützt liegende Hauswand im Freien die härteste Art. Wie *P. caerulea* hält sie in milden Wintern unter genügender Bedeckung (Nadel- oder Torfstreu oder Styromull) aus.

P. caerulea und ihre Sorten, aber auch *P. incarnata* werden bei 3 bis 8° hell und luftig bei nur mäßigem Gießen überwintert. Sie dürfen dabei ruhig ihre Blätter abwerfen. Im März wird in schwere, lehmige Erde verpflanzt und die Ranken auf 4 bis 8 Augen zurückgeschnitten. Diese zurückbleibenden Augen treiben aus, bilden aber nur kurze Triebe, an denen viele Blüten erscheinen. Nach Verpflanzen und Rückschnitt brauchen die Pflanzen mehr Wärme, viel Licht und Luft, dazu Helligkeit und Sonne. Im Sommer darf in den heißesten Mittagsstunden ganz leicht schattiert werden. Man kann diese Arten und Sorten sowohl an einem Gestell als auch unter dem Gewächshausdach entlang ziehen. In beiden Fällen werden sie reich blühen. Vermehrt wird durch Stecklinge aus halbreifem Holz, am besten von Februar bis April.

Alle Passifloren der Sektion Tacsonia, von der des öfteren Samen angeboten werden, sind andine Pflanzen von schwieriger Kultur, die sich für Töpfe und kleine Gewächshäuser nicht eignen. Man verzichte daher besser auf sie.

Passiflora caerulea

Phytolaccaceae
Kermesbeerengewächse

Meist unbehaarte Kräuter, Halbsträucher, Sträucher und einige Bäume, in 12 Gattungen und 100 Arten zusammengefaßt, sind in den Tropen der ganzen Welt, vor allem aber im tropischen Amerika und in Südafrika verbreitet. Als Freilandpflanze bekannt ist die Kermesbeere, *Phytolacca americana* L., die in Weinbaugebieten bisweilen verwildert und durch ihre Höhe und die schwarzen Beeren auffällt. Ihr Saft wird zum Färben von Zuckerwaren und Rotwein benutzt.

Rivina L.
(Augustus Quirinus Rivinus, 1652–1723, Botaniker in Leipzig)

R. humilis L. ist eine sehr veränderliche Art, die im tropischen und subtropischen Amerika weit verbreitet ist, aber auch in tropische Länder anderer Erdteile verschleppt wurde und dort verwilderte. Sie ist ein Halbstrauch mit unscheinbaren Blüten in überhängenden Trauben, denen später rote oder orangefarbene Beeren folgen, die die Schönheit der sonst unscheinbaren Pflanze ausmachen. Um 1700 in England eingeführt.

Sie werden aus Samen oder krautigen Stecklingen vermehrt. Später pflanzt man sie entweder aus oder man setzt sie zu dritt in 12 bis 14 cm große Töpfe, wo man sie einmal stutzen sollte. Sie wachsen gleichgut in Einheitserde wie in jeder lehmighumosen Mischung. Jungpflanzen sind am schönsten, deshalb sollte man sie alljährlich neu ziehen, die alten Pflanzen aber nach der Fruchtreife wegwerfen.

Trichostigma A. Rich.
(griech. *trix, trichos* = Haar, lat. *stigma* = Narbe)

Nur 4 Arten kleiner, im tropischen Amerika heimischer Sträucher, von denen bei uns

T. peruvianum (Moq.) H. Walt. (*Ledenbergia roseoaenea* Lem.) von den Anden Perus gezogen wird. Es bildet bis 3 m hohe Sträucher mit 25 × 12 cm großen, oberseits bronzefarbenen, unten violetten Blättern und in den Blattachseln entspringenden, bis 30 cm langen überhängenden Blütentrauben, deren Blütenstandsachse wie auch die kurzen Blütenstiele violett sind. Um 1869 eingeführt.
Schöne Blattpflanze für Warmhäuser, wo sie am besten bei 18 bis 20° wächst. Ausgepflanzt gedeiht sie besser als im Topf, entweder in Einheitserde oder in jeder anderen lehmig-humosen Mischung. Im Frühjahr wird kräftig zurückgeschnitten. Die Triebspitzen werden gesteckt und im geschlossenen Vermehrungsbeet bei 25° bewurzelt.

Rivina humilis

Piperaceae
Pfeffergewächse

Meist Kräuter oder Sträucher, vielfach schlingend, oft mit knotig gegliederten Stengeln und einfachen, ganzrandigen Blättern, die sehr oft bogennervig sind. Die Blüten sind sehr klein und sitzen in dichten, blattachselständigen oder den Blättern gegenüberstehenden Ähren, seltener Trauben. Der Fruchtknoten ist einfächerig, die Frucht eine kleine Steinfrucht. Etwa 3000 Arten in 4, nach anderer Auffassung etwa 9 Gattungen sind in allen Tropengebieten, vor allem aber in den Urwäldern des tropischen Amerika und Malesiens anzutreffen.

Peperomia Ruiz et Pav., Zwergpfeffer, Peperomie
(griech. *peperi* = Pfeffer, *homoios* = ähnlich)

Von den mehr als 1000 bis heute bekannten Arten sind die meisten mehrjährige, nur wenige einjährige Kräuter mit dicken Stengeln und Blättern. Sie leben mit einigen Ausnahmen als Bodenpflanzen oder Epiphyten im tropischen Regenwald. Die Blattoberseiten sind bei ihnen als Wasserbehälter ausgebildet, erst darunter liegt das grüne Blattgewebe, ein Aufbau, der sich bei besonders dickblättrigen Arten beim Durchschneiden des Blattes mit bloßem Auge erkennen läßt. Die Heimat der meisten Arten liegt im tropischen und subtropischen Amerika.
Ihrer schönen Blätter wegen werden viele Arten in unseren Warmhäusern gezogen. Es lohnt sich, eine ganze Sammlung dieser schönen kleinen Pflanzen zusammenzubringen, um so mehr, als man wegen ihrer Kleinheit selbst auf geringem Raum eine Menge Arten unterbringt, vor allem auch dann, wenn man die epiphytisch wachsenden Arten auf Äste setzt oder auf Holz- oder Korkstücke gepflanzt aufhängt.
Die Zahl der in Frage kommenden Arten ist so groß, daß sie hier nicht beschrieben, sondern nur einige der schönsten und interessantesten genannt werden können.

1. Arten mit bunten Blättern

P. argyraea (Miq.) Hook. f., Südbrasilien, 1864 in England eingeführt; **P. caperata** Yuncker, Brasilien?, um 1955 in USA, wenig später in Europa, mit einigen Sorten; **P. griseoargentea** Yuncker (*P. hederifolia*)

Piperaceae 453

Piper crocatum

hort., *P.pulchella* hort. non A. Dietr.), Brasilien, 1935 in England; **P.maculosa** (L.) Hook., tropisches Südamerika, 1813 in England in Kultur; **P.metallica** Lind. et Rodig., Peru, 1892 in Beglien?; **P.rubella** (Haw.) Hook., Jamaika; **P.sarcophylla** Sodiro, tropisches Südamerika; **P.velutina** Lind. et André, Ekuador, 1872 in Belgien eingeführt.

2. *Arten mit grünen Blättern*

P.arifolia hort. non Miq., Heimat unbekannt, 1854; **P.blanda** (Jacq.) H.B.K., tropisches Südamerika, 1802 in England; **P.glabella** (Sw.) A. Dietr., Mittelamerika;

P.fraseri C.DC. (*P.resediflora* Lind. et André), Kolumbien, 1865 in Belgien, mit duftenden weißen Blüten, als blühende Topfpflanze zu empfehlen; **P.incana** (Haw.) Hook., Brasilien, 1915 in England, mit weißwolligen Blättern; **P.obtusifolia** (L.) A. Dietr., tropisches Südamerika, 1789 in Österreich, mit einigen Sorten; **P.trichocarpa** Miq., Brasilien; **P.verticillata** (L.) A. Dietr., Kuba, Jamaika.

3. *Arten mit kriechenden oder hängenden Trieben*

P.angulata H.B.K., Venezuela, Brasilien; **P.rotundifolia** (L.) H.B.K. (*P.nummulariifolia* H.B.K., *P.prostrata* B.S. Williams), Mittelamerika, Argentinien, Bolivien, 1865 in England; **P.serpens** (Sw.) Loud. (*P.scandens* Ruiz et Pav.), gemäßigtes Peru, mit hängenden Trieben.

Vermehrt werden kann sowohl durch Kopf- als auch durch Blattstecklinge, bei manchen ist auch Aussaat möglich, ebenso Teilung. Im übrigen verlangen sie Wärme möglichst nicht unter 18°, Schatten, Luftfeuchtigkeit und humose, durchlässige Erde. Sie gedeihen gleichgut in Töpfen oder Schalen wie ausgepflanzt.

Neben den obengenannten gibt es noch eine kleine Gruppe sehr interessanter sukkulenter Arten, die hell und bei geringerer Wärme gezogen werden wollen. 16 bis 18° genügen ihnen. Hierher gehören u.a. **P.asperula** Hutchins. et Rauh, Nordperu, und **P.dolabriformis** H.B.K., Peru, beide mit Fensterblättern; **P.galioides** H.B.K., Kolumbien, Bolivien; **P.nivalis** Miq., Peru.

Piper L., Pfeffer
(lat. *piper* = Pfeffer)

Unter den etwa 2000 in den Tropen der ganzen Welt verbreiteten Arten befinden sich einige Nutzpflanzen wie der Lieferant des schwarzen und weißen Pfeffers, Kubebenpfeffer, Aschantipfeffer, Kawapfeffer, Betelpfeffer etc. Alle Pfefferarten sind aufrechte oder kletternde Sträucher, von denen einige als Zierpflanzen gezogen werden.

P.nigrum L., eine grünblättrige, kletternde Art aus dem tropischen Asien, der Lieferant des schwarzen Pfeffers – Früchte kurz vor der Reife geerntet – und des weißen Pfeffers – ausgereifte Früchte, bei denen das Fruchtfleisch entfernt wird. 1790 in England eingeführt. Diese Art oder jedenfalls das, was unter diesem Namen in den Gärtnereien gezogen wird, gedeiht bei Temperaturen zwischen 10 und 25° und fühlt sich im tiefsten Schatten noch wohl. Die folgenden buntblättrigen Arten sind empfindlicher.

P.ornatum N.E.Br. von Celebes hat im Gegensatz zu folgender Art etwas schildstielige, glänzendgrüne Blätter, die mit zahlreichen oft zusammenfließenden rosafarbenen, später weißlichen Flecken gezeichnet sind. Ihre Unterseite ist etwas rotfleckig. Um 1884 in England eingeführt. Sehr ähnlich, aber zierlicher ist **P.crocatum** Ruiz et Pav. aus Peru.

Piperaceae

Peperomia rotundifolia

P. porphyrophyllum (Lindl.) N.E.Br. stammt aus Malakka. Seine Blätter sind am Grunde tief herzförmig, unterseits gleichmäßig gerötet, oberseits olivgrün und nur entlang der Hauptnerven rosa gefleckt. Um 1860 eingeführt.

P. magnificum hort. ex Trel. (*P. bicolor* Juncker) aus Peru bildet einen aufrechten, etwas steifen Strauch, dessen Blattstiele und Äste geflügelt sind. Seine Blätter sind 20 × 10 cm groß, glänzend dunkelgrün, unterseits rot. 1876 in Belgien eingeführt. Diese besonders schöne und eigenartige Pflanze gedeiht nur im gleichmäßig warmen Gewächshaus unter den gleichen Bedingungen wie Marantaceen.

Alle Arten sind leicht durch Stecklinge im Warmbeet zu vermehren. Von den kletternden Arten setzt man gleich 4 bis 5 Stecklinge zusammen in den Topf. *P. nigrum* nimmt noch mit Temperaturen von 10° und darüber vorlieb, alle anderen sind typische Warmhauspflanzen, die sich bei 18 bis 20°, Luftfeuchtigkeit und Schatten am wohlsten fühlen. In Einheitserde oder einer Mischung aus Laub- und Mistbeeterde wachsen alle gleich gut. Außer *P. magnificum* kann man sie sowohl als Hängepflanzen verwenden als auch Wände mit ihnen bekleiden, an denen sie sich mit ihren Haftwurzeln selbst festhalten. Auch als Bodendecke sind sie brauchbar. *P. nigrum* gedeiht selbst noch im tiefen Schatten.

Pittosporaceae
Klebsamengewächse

Eine nur kleine Familie mit etwa 200 Arten in 9 Gattungen, von denen alle in Australien vertreten sind, Vertreter von 3 Gattungen darüber hinaus auch in tropischen und subtropischen Gebieten der Alten Welt. Fast alle sind Sträucher oder Halbsträucher, einige aber auch baumartig. Ihr Samen ist oft in eine klebrige Pulpa eingebettet, eine Eigenschaft, die der Familie ihren Namen einbrachte.

Billardiera Sm.
(Jacques Julien Houtton de La Billardière, 1755–1834, französ. Botaniker und Forschungsreisender)

9 Arten umfassende Gattung kleiner immergrüner, im Sommer blühender Sträucher mit windenden Ästen aus Australien.

B. longiflora Labill., in schattigen Wäldern Südostaustraliens und Tasmaniens vorkommend. Kleiner Kletterstrauch mit lanzettlichen, ganzrandigen Blättern und an dünnen, etwa 1 cm langen Stielen einzeln herabhängenden gelblichgrünen, später meist rot werdenden Blüten und blauen Beeren. Um 1810 eingeführt.
Ähnlich ist die auch bisweilen gezogene
B. scandens Sm.
Seltene, aber schöne kleine Schlingsträucher, die im Kalthaus an kleinen Gittern oder auch als Ampelpflanzen gezogen werden können. Sie sehen im Schmuck ihrer von Juli an erscheinenden Blüten und der später folgenden Früchte sehr hübsch aus. Wenn sie nicht im Kalthaus ausgepflanzt gezogen werden, kann man sie im Sommer ins Freie stellen. Sie gedeihen sowohl in Einheitserde als auch in TKS oder in einer humos-lehmigen Mischung aus alter Lauberde mit Zusatz von faseriger Rasenerde und einem Sechstel Sand. Vermehrung durch Aussaat, aber auch durch Stecklinge bei nur mäßiger Bodenwärme.

Citriobatus A. Cunn. ex Putterl., Orangenbeere
(griech. *kitrion* = Zitrone, *batos* = Dornstrauch)

5 Arten in Malaysia, Nord- und Westaustralien. Starkverzweigte Sträucher oder kleine Bäume mit in Dornen endenden Zweigen oder kurzen Seitendornen, klei-

nen Blättern und kleinen sitzenden Blüten. In botanischen Sammlungen ist bisweilen die folgende bizarre Art, die auch Liebhabern empfohlen werden kann, vertreten.

C. multiflorus A. Cunn. stammt aus den Küstengebieten des nördlichen Neusüdwales und des südlichen Queensland. Nur 50 bis 60 cm großer, dichtverzweigter, reich mit sehr spitzen Dornen besetzter Strauch mit kaum 3 mm langen Blättern, kleinen weißen, im März und April erscheinenden Blüten und sich lange an der Pflanze haltenden, 5 mm dicken orangefarbenen Beeren. Nach 1900 eingeführt. Vermehrung durch Aussaat und Stecklinge, die bei nur mäßiger Bodenwärme gehalten werden sollen. Kultur einfach, im Sommer sonnig im Freien, im Winter im hellen Kalthaus bei 3 bis 10° in Einheitserde oder humoser Rasenerde mit Zusatz von Torf, alter Lauberde und Sand.

Pittosporum tobira

Pittosporum Banks ex Soland., Klebsamen
(griech. *pitta* = Pech, lat. *spora* = Samen)

Etwa 150 Arten immergrüner Bäume und Sträucher mit ganzrandigen ledrigen Blättern und einzeln oder in end- oder seitenständigen Doldenrispen erscheinenden duftenden Blüten. Die Samen sind in einen sehr klebrigen Schleim eingebettet. Ihre Heimat liegt im tropischen und subtropischen Afrika, Asien, Australien, Neuseeland und auf den pazifischen Inseln. Von den vielen schönblühenden oder im Habitus charakteristischen Arten seien einige besonders empfehlenswerte hier als haltbare und dankbare Kalthauspflanzen genannt:

P. coriaceum Ait. aus Bergwäldern Madeiras und Teneriffas, mit weißen Blüten. 1783 eingeführt.

P. crassifolium Banks et Soland. ex A. Cunn. aus Neuseeland, mit dunkelroten Blüten und behaarten Blättern. 1872 eingeführt.

P. revolutum Ait. f. aus Regenwaldgebieten zwischen Queensland und Neusüdwales (Australien), in allen Teilen dichtbehaart, mit gelben Blüten.

P. tenuifolium Soland. ex Gaertn. aus Neuseeland, sehr dicht belaubt, mit hellgrünen Blättern, deren Rand gewellt ist, und dunkelroten Blüten ist eine der schönsten und dekorativsten Arten. Um 1845 eingeführt. Dazu 'Variegatum' mit unregelmäßig weißgeränderten Blättern.

P. tobira (Thunb. ex Murr.) Ait. f., in subtropischen Gebieten Chinas, Japans und Südkoreas verbreiteter Strauch mit dunkelgrünen 10 bis 12 × 3 bis 4 cm großen, glänzenden Blättern und am Ende der Triebe doldig gehäuften, von März bis Mai erscheinenden, gelblichweißen, sehr stark duftenden Blüten. 1804 in England eingeführt. Hierzu eine Sorte 'Variegatum' mit weißbunten Blättern. Um 1830 in England entstanden.

Sehr haltbare und dekorative Kalthaussträucher, die im Sommer ins Freie gestellt werden. Zur Überwinterung brauchen die meisten Arten viel Licht und eine Temperatur von 4 bis 10°. Als Erde nehme man eine Mischung aus Laub- und Rasenerde zu gleichen Teilen mit Sandzusatz. Vermehrung durch Aussaat oder halbausgereifte Stecklinge unter Glas im Spätsommer.

Sollya Lindl.
(Richard Horsman Solly, 1778–1858, engl. Botaniker, Anatom und Physiologe)

Nahe mit *Billardiera* verwandte, nur 2 Arten umfassende, in Westaustralien heimische Gattung, von der als Seltenheit die folgende Art bisweilen in Kultur ist.

S. heterophylla Lindl. (*S. fusiformis* (Labill.) Briq.) wächst auf sandigen Buschtriften, wird bis 2 m hoch, hat windende Zweige und sehr variabel geformte Blätter. Die im Juli erscheinenden himmelblauen Blüten sitzen in 4- bis 8-, bisweilen bis 12blütigen hängenden Trugdolden. 1830 in England eingeführt.

Vermehrung und Pflege wie bei *Billardiera*, am besten im Kalthaus ausgepflanzt.

Plumbaginaceae
Bleiwurzgewächse

Von den 19 Gattungen mit etwa 775 Arten sind die meisten Bewohner der Alten Welt, und zwar vornehmlich Bewohner der Meeresküsten und der Steppen. Dort wachsen sie als Sträucher, Halbsträucher oder mehrjährige, selten einjährige Kräuter. Ihre Blumenkrone ist zu einer Röhre verwachsen, ebenso die Kelchblätter, die meist trockenhäutig bleiben und mitunter wie Kronblätter gefärbt sind. In den Gärten finden wir Arten von *Acantholimon* Boiss., *Armeria* (DC.) Willd., *Ceratostigma* Bunge und *Limonium* Mill.

Plumbago L., Bleiwurz
(lat. *plumbum* = Blei; der Saft von *P. europaea* färbt die Haut bleigrau!)

Die zuweilen kletternden Sträucher, Halbsträucher und Kräuter sind in etwa 12 Arten in Tropen und Subtropen verbreitet. Die einzige europäische Art ist *P. europaea*. Die Blüten erscheinen in endständigen Ähren.

P. auriculata Lam. (*P. capensis* Thunb.) ist ein kleiner südafrikanischer Strauch, der aufrechte, fast kletternde Stengel hat und dessen hellblaue Blüten vom Frühling bis zum Herbst in kurzen, fast einseitigen Endähren erscheinen. Ihr Kelch ist drüsigklebrig behaart. 1818 in England eingeführt.

P. indica L., in Indien und Südostasien heimisch und **P. zeylanica** L. aus Südostasien, die eine mit roten, die andere mit weißen Blüten, brauchen etwas mehr Wärme. Sie werden manchmal in luftigen Warmhäusern botanischer Sammlungen gezogen, können sich an Schönheit aber nicht mit *P. auriculata* messen.

Vermehrt wird durch krautige Stecklinge im Spätwinter oder im Frühherbst. Bei mäßiger Bodenwärme wurzeln sie bald. Weiterkultur in lehmiger Erde mit Zusatz von Mistbeet- oder Lauberde, im Sommer im Freien, im Winter im hellen und luftigen Kalthaus bei 4 bis 8°. Auch Halb- oder Hochstämmchen sind schön, doch brauchen sie drei Jahre bis sie eine genügend große Krone gebildet haben. Besser als im Topf wachsen und blühen sie im Freien ausgepflanzt, natürlich in voller Sonne. Im Herbst werden die Büsche wieder eingetopft, kühl und mäßig feucht überwintert. An der Sonnenseite des Hauses, über eine Mauerkrone hängend wie auch im Fensterkasten sind sie von schönster Wirkung. Ältere Pflanzen setzt man am besten in Drahtkörbe, in denen man sie auspflanzt und im Herbst wieder herausnimmt, ohne daß der Ballen leidet.

Pittosporum crassifolium

Polemoniaceae
Sperrkrautgewächse

In ihrer Mehrzahl bewohnen die 15 Gattungen mit etwa 300 Arten Nordamerika und das westliche Südamerika, nur 5 Arten finden sich in Europa. Fast alle sind ein- oder mehrjährige Kräuter, nur wenige Sträucher, Lianen oder kleine Bäume. Ihre Blätter sind spiralig gestellt oder gegenständig, die Blüten in Trugdolden, Doldentrauben, selten einzeln.

Cantua J. Juss. ex Lam.
(der peruanische Name für *C. buxifolia*)

Die Gattung umfaßt 11 Arten immergrüner kleiner Bäume oder Sträucher, deren Blüten in endständigen, oft hängenden, dichten Büscheln erscheinen. Die Kronröhre ist langröhrig, den Kelch weit überragend, die Krone rot, rot mit gelb, violett oder weiß. Ihre Heimat sind die Anden von Ekuador bis Bolivien und Chile.

C. buxifolia J. Juss. ex Lam. wird als einzige Art bei uns gezogen. Sie bildet einen bis 3 m hohen Strauch mit etwas schlaffen, überhängenden Zweigen und kleinen, 1 bis 2,5 cm langen Blättern. Am Ende der Triebe gehäuft erscheinen im April die großen, innen rosenroten, außen karminroten Blüten, deren gelbe Kronröhre etwa 6 cm lang und rot gestreift ist. 1848 in England eingeführt.

Ein prächtiger Blütenstrauch, der im Winter bei 8 bis 10° im luftigen Kalthaus, im Sommer sonnig im Freien gehalten wird. Vermehrt wird durch halbreife Stecklinge, die unter Glas bei 15 bis 20° willig wurzeln. Weiterkultur in Einheitserde oder in einer Mischung von Laub-, Mistbeet- und lehmiger Rasenerde mit Sandzusatz. Nur Jungpflanzen werden einige Male entspitzt, damit sie sich besser verzweigen, ältere Pflanzen aber darf nie Messer oder Schere berühren. Denn sie blühen nur dann reich, wenn man sie nicht schneidet. Allerdings brauchen sie dann ein gutes Gestell, an dem sie unter dem Glasdach entlang gezogen werden. Schön sind sie auch als Hochstämme, deren Stämme allerdings nicht unter 1,50 m, besser noch höher sein sollen, damit die Triebe auch wirklich recht lang herunterhängen können. Nach Ende Juli darf man nicht mehr düngen, damit das Holz gut ausreift, eine Vorbedingung für reiches Blühen.

Polemoniaceae 457

Plumbago auriculata

Plumbago auriculata

Cantua buxifolia

Cobaea Cav., Glockenrebe
(Barnabas Cobo, 1582–1657 (nach Stearn 1572–1659), spanischer Jesuit und Naturwissenschaftler, der viele Jahre in Mexiko und Peru lebte)

Diese mit Hilfe von Blattranken hochkletternden Sträucher werden bei uns meist als Einjahrspflanzen behandelt und verwendet. Ihre Blüten erscheinen einzeln an langen Stielen in den Blattachseln. Sie hängen, sind glockenförmig und von etwas fahler violetter oder grünlicher Färbung. Die in dreiklappiger Kapsel sitzenden Samen sind flach und breit geflügelt. Von den 18 im tropischen Amerika heimischen Arten ist die einzige bei uns gezogene

C. scandens Cav., in Mexiko heimisch, bis 10 m hoch kletternd. Ihre zwei- bis dreifach gefiederten Blätter enden in eine Wikkelranke. Die Blüten hängen an 15 bis 25 cm langen Stielen, duften abends etwas unangenehm, vielleicht zur Anlockung der in ihrer mexikanischen Heimat die Bestäubung vornehmenden Fledermäuse. 1791 in England eingeführt.

Im allgemeinen wird man *Cobaea* alljährlich um Mitte März herum im warmen Gewächshaus aussäen und bis zum Auspflanzen nach den letzten Nachtfrösten im Mai im luftigen Gewächshaus halten. Dort sowohl wie im Wintergarten und Blumenfenster oder im Garten und auf dem Balkon kann man allerlei Gitterwerk mit ihnen beranken. Von Juli an bis zum Frost wird bei hellem Stand eine Blüte der anderen folgen, vorausgesetzt die Pflanzen werden gut ernährt und reichlich gegossen.

Im Gewächshaus kann man *Cobaea* mehrere Jahre alt werden lassen. In diesem Falle schneide man im Spätwinter kräftig zurück. Diese Pflanzen beginnen bereits Ende Mai zu blühen.

Polygalaceae
Kreuzblumengewächse

Bei nur oberflächlichem Betrachten erinnert der Blütenbau an einen Schmetterlingsblütler. Erst bei genauerer Betrachtung entdeckt man die Verschiedenartigkeit. Das mittlere Kronblatt ist schiffchenförmig und mit einem Pinsel feiner, zerschlitzter weißer Haare versehen. Die Familie besteht aus kleinen Bäumen, Sträuchern, Lianen und Kräutern mit etwa 800 Arten in 12 Gattungen. Sie alle sind in den Tropen aller Erdteile mit Ausnahme Neuseelands und Polynesiens bis hin zur gemäßigten Zone vertreten.

Polygala L., Kreuzblume
(griech. *polys* = viel, *gala* = Milch)

Kräuter, Halbsträucher und Sträucher mit wechsel-, gegen- oder wirtelständigen Blättern und zu end-, seiten- oder achselständigen Trauben oder Ähren angeordneten Blüten. Die rund 500 bis 600 Arten sind mit Ausnahme Neuseelands, Polynesiens und der arktischen Gebiete über den ganzen Erdball verbreitet. Wohl die einzige heute noch als reichblühende Zierpflanze in manchen Gewächshäusern gezogene Art ist

P. myrtifolia L. aus dem Kapland, die von Januar bis in den Sommer hinein blüht. Sie bildet einen kleinen Strauch von 100 bis 150 cm Höhe mit angedrückt-weichhaarigen Zweigen, ziemlich kleinen Blättern und 12 bis 15 mm langen Blüten. Ihre dunkelgeaderten Kelchflügel sind außen hellpurpurrot, innen weißlich mit purpurrotem Rand. Das ebenfalls dunkler geaderte »Schiffchen« ist blaßrot, ebenso der fransige Saum; die seitlichen Kronblätter sind weiß. 1702 in England eingeführt. In Kultur ist wohl nur var. *grandiflora* (Lodd.) Hook., in allen Teilen größer als die Art. 1826 in England eingeführt.

Da man wohl kaum einmal Samen bekommt, ist man auf die Vermehrung durch 3 bis 6 cm lange, nicht mehr ganz weiche Stecklinge angewiesen, die, in Sand gesteckt, bei etwa 20° Bodenwärme in einigen Wochen wurzeln. Bei der Weiterkultur achte man darauf, daß die Töpfe stets verhältnismäßig klein bleiben. Als Erde nehme man Einheitserde oder eine sandige Lauberde mit recht faseriger Rasenerde gemischt. Im Winter stellt man sie in ein helles, luftiges Kalthaus von 8 bis 12°. Hier sind sie besonders in den dunkelsten Monaten sehr vorsichtig zu gießen. Den Sommer über gehören sie ins Freie, wo sie während der Mittagsstunden ganz leicht zu beschatten sind. Jungpflanzen sollte man mehrfach entspitzen, um reiche Verzweigung anzuregen.

Polygala myrtifolia

Polygonaceae
Knöterichgewächse

Die meisten Vertreter dieser Familie sind krautartige Pflanzen, nur wenige bilden Sträucher oder kleine Bäume. Ihre Stengel sind stielrund, oft knotig gegliedert, die Blätter wechselständig, die Blüten strahlig und klein mit einem einfächerigen Fruchtknoten. Charakteristisch für die meisten Arten ist die »Ochra«, eine häutige Scheide, die den untersten Teil jedes Stengelgliedes umhüllt. Die 40 Gattungen mit etwa 800 Arten kommen in allen Erdteilen vor. Einige, wie Rhabarber und Buchweizen, sind wichtige Nutzpflanzen, andere, wie manche *Polygonum*- und *Rumex*-Arten, verbreitete Unkräuter, wenige Zierpflanzen der Gärten, die folgenden verwandtschaftlich einander sehr nahestehenden 3 Gattungen interessante Gewächshauspflanzen.

Coccoloba P. Br. corr. L.,
Meertraube
(griech. *kokkolobis* = antiker Name für eine auch *balisca* genannte Rebensorte)

Etwa 150 Arten von Bäumen, Sträuchern und Lianen in den Tropen und Subtropen Amerikas. Das Perigon (die Blütenhülle) ist verwachsen und wird zur Fruchtreife mehr oder weniger fleischig und eßbar, so z.B. bei der Seetraube, *C. uvifera* (L.) L. Ihrer riesigen Blätter wegen wird

C. pubescens L. in den Gewächshäusern botanischer Sammlungen gezogen. Sie ist auf den Antillen, in Mexiko und Guayana heimisch und bildet dort kleine Bäume, deren sitzende, fast kreisrunde, mit der Basis den Stengel umfassenden Blätter einen Durchmesser von 40 bis 110 cm erreichen können. Bereits 1690 eingeführt.

Eine Pflanze mit so riesigen Blättern kann man nur in großen Warmhäusern ziehen, es sei denn, daß man sie nur so lange behält, als sie jung sind, oder versucht, durch Zurückschneiden der alten Pflanzen und Abstecken der Köpfe immer wieder junge Pflanzen zu bekommen. Das ist aber schwierig; halbreife Stecklinge bewurzeln sich nur im geschlossenen Beet bei 30 bis 35°. Leichter als durch Stecklinge vermehrt man durch Abmoosen ganzer Triebe. Bis zur Wurzelbildung muß man auch dabei Geduld haben, da darüber viele Wochen vergehen. Die weitere Kultur findet im schattigen Warmhaus bei 14 bis 18° Nacht-

Coccoloba pubescens

Homalocladium platycladum

Eichhornia crassipes

temperatur statt. Die Tagestemperatur sollte um einige Grad ansteigen, besonders im Frühling und Sommer. Die Erde sei lehmig und nährstoffreich, auch mit Dungstoffgaben sei man nicht kleinlich. Im Topf wird man allerdings nie so große Blätter erzielen wie bei in den freien Grund eines großen Gewächshauses ausgepflanzten Exemplaren.

Homalocladium (F. v. Muell.) L.H. Bailey, Bandbusch
(griech. *homalos* = gleich, *kladion* = Zweig)

H. platycladum (F. v. Muell.) L.H. Bailey (*Muehlenbeckia platycladia* (F. v. Muell.) Meissn.) von den Salomoninseln ist die einzige Art der Gattung. Sie bildet bei uns einen etwa meterhohen Strauch mit flachen bandartigen, bis 2 cm breiten, grünen Zweigen, an denen ab und zu nach kurzer Zeit wieder verschwindende Blätter gebildet werden. Die Blüten erscheinen zu 1 bis 7 in sitzenden Büschelchen an den Knoten. Ihnen folgen die beerenartigen rosa- bis purpurfarbenen Früchte. 1863 in England eingeführt.
Diesen höchst eigenartigen kleinen Sträuchern kann man eigentlich kaum etwas Ähnliches gegenüberstellen. Sie sind sehr zu empfehlen, zumal sie ohne Schwierigkeit bei Temperaturen von 8 bis 16° gedeihen und während des Sommers im Freien stehen können. Bei leichter Bodenwärme wurzeln krautige Stecklinge unter Glas recht bald. Beim Einpflanzen setze man 3 bis 5 der jungen Pflänzchen zusammen in einen Topf, da man dadurch schneller zu starken Pflanzen kommt. Als Erde ist Einheitserde oder eine lehmig-humose Mischung zu empfehlen.

Muehlenbeckia Meissn.
(Heinrich Gustav Mühlenbeck, 1798–1845, Arzt und Botaniker in Mülhausen)

15 Arten oft windender Sträucher oder Halbsträucher auf der südlichen Halbkugel, von denen die niederliegende, mattenförmig wachsende *M. axillaris* (Hook. f.) Walp. aus Neuseeland winterhart ist und im Steingarten oder Moorbeet zwischen immergrünen Pflanzen als schöne Bodendecke verwendet werden kann.

M. adpressa (Labill.) Meissn., 1822 in England eingeführt, aus dem außertropischen Australien und **M. complexa** (A. Cunn.) Meissn. aus Neuseeland, 1842 in England eingeführt, gehören ins Kalthaus. Sie sind hochwindende, niederliegende oder herabhängende zierliche Klettersträucher mit kleinen rundlichen, immergrünen Blättchen, mit denen man allerhand Gitterwerk beranken, die man als Bodendecke auspflanzen oder als Ampelpflanze verwenden kann. Man kann sie auch an einige kräftige Reiser setzen, die sie bald mit ihren feinen Trieben überwuchern. Kultur in jedem lehmig-humosen Boden oder in Einheitserde. Vermehrt wird am besten durch Stecklinge, von denen 10 bis 15 in einen Stecklingstopf gesetzt werden. Sie wurzeln in nur kurzer Zeit und bilden sofort eine buschige Pflanze, deren Triebe bald in die Länge wachsen.

Pontederiaceae
Pontederiagewächse

7 Gattungen mit etwa 30 Arten meist ausdauernder, selten einjähriger Sumpf- oder Wasserpflanzen der Tropen und Subtropen mit meist kurzlebigen Blüten.

Eichhornia Kunth, Wasserhyazinthe
(Johann Albert Friedrich Eichhorn, 1779–1856, preußischer Politiker und von 1840–1848 Kultusminister)

Von den 7 im tropischen und subtropischen Amerika verbreiteten Arten ist

E. crassipes (Mart.) Solms, die Wasserhyazinthe, zu einem in den Tropen gefürchteten Wasserunkraut geworden. Sie hat wirtelig angeordnete Blätter und nach dem Grunde zu blasenartig angeschwollene, aus lockerem Gewebe mit vielen Lufträumen bestehende Blattstiele. Diese befähigen die Pflanze zum Schwimmen. Die großen violettpurpurfarbenen bis blauen Blüten sind zu einer vielblütigen Scheinähre angeordnet. Die inneren Blütenhüllblätter sind ganzrandig, das obere trägt einen gelben Fleck. Vor 1829 eingeführt. Die Pflanzen vermehren sich ungeheuer schnell durch Ausläufer, so soll eine einzige Rosette in wenigen Monaten eine Fläche von 600 m² bedecken! Auf allen tropischen Wasserläufen und Seen, wo sie einmal durch den Menschen oder Wassertiere hingebracht wurden, haben sie sich so vermehrt, daß sie eine Gefahr für die Schiffahrt darstellen. Selbst mit chemischen Mitteln, die in der neuesten Zeit angewendet wurden, konnte man ihrer nicht Herr werden.
Ähnlich, aber ohne zu Schwimmblasen verdickten Blattstielen, ist die ebenfalls schönblühende **E. azurea** (Sw.) Kunth, um 1880 eingeführt, außerdem wird die meist nur einjährig gezogene 50 bis 60 cm hohe, aufrechtwachsende **E. paniculata** (Spreng.) Solms, um 1850 eingeführt, in botanischen Sammlungen gezogen.
Nur in heizbaren Wasserbecken bei einer Temperatur von 20 bis 25° in voller Sonne wachsen Eichhornien während des Sommers im Freien. Noch besser gedeihen und blühen sie unter Glas. Selten werden sie bei den beschränkten Möglichkeiten des Liebhabers so schön werden wie in den Wasserpflanzenhäusern botanischer Sammlungen. Zur Überwinterung werden

im Herbst, am besten Anfang September schon einige Pflanzen in Schalen mit Sumpfmoos gepflanzt. Diese werden möglichst nahe unter Glas bei 18 bis 20° aufgestellt. Da ihr Lichtbedürfnis sehr hoch ist, gehen sie auch da in dunklen Wintern zugrunde. Deshalb ist es besser, ihnen in den dunkelsten Monaten Zusatzbelichtung zu geben. Schoser empfiehlt eine tägliche Lichtperiode von 14 bis 16 Stunden unter Leuchtstofflampenlicht mit 5000 bis 10000 lx. *E.crassipes* überwintert leichter als *E.azurea*, die ohne Zusatzbeleuchtung in den seltensten Fällen den Winter überlebt. *E.paniculata* wird alljährlich im Februar ausgesät und als Sumpfpflanze gezogen. Vertreter der nur wenige Arten umfassenden Gattung *Pontederia* L., von Argentinien bis Südkanada in Sümpfen wachsend, gedeihen bei uns sowohl im Freien, wo sie aber nicht ganz winterhart sind, also Winterschutz verlangen, als auch im Gewächshaus, wo es ihnen aber im Sommer zu warm ist, weswegen sie dort verkümmern. Man sollte deshalb bei uns auf sie verzichten, zumal sie für kleine Gewächshäuser zu groß werden. In tropischen Gärten wachsen sie zu beachtlichen Größen heran. Dort sind sie ein sehr eindrucksvoller Gartenschmuck.

Lewisia tweedyi

Portulacaceae
Portulakgewächse

Die meisten von ihnen sind Bewohner der tropischen und subtropischen Trockengebiete, vor allem in Amerika, wo sie meist als ein- oder mehrjährige Kräuter, seltener als kleine Halbsträucher und Sträucher wachsen. 19 Gattungen mit etwa 580 Arten sind bekannt, die meisten von ihnen von mehr oder weniger sukkulentem Bau. Ihre Blätter sind stets schmal und ungeteilt, ihre Blüten meist klein, in einigen Fällen aber groß und auffallend gefärbt, so bei den als Einjahrsblumen verbreiteten Portulak (*Portulaca grandiflora* L.) und bei *Calandrinia* H.B.K.

Anacampseros L., Liebesröschen
(griech. *anakamptein* = zurückbringen, *eros* = Liebe)

Etwa 70 Arten niedriger sukkulenter Stauden oder Zwergsträucher mit oft großen, die Blätter überragenden pergamentartigen Stipeln und sehr vergänglichen, oft kleistogamen Blüten. Bis auf die südwestaustralische *A.australiana* J.M. Black wachsen alle Arten in Südafrika.

Bei der Sektion Avonia bekleiden die weißen, pergamentähnlichen Nebenblätter wie Schuppen dachziegelartig die Äste. Hierher gehören als besonders schöne Arten **A.albissima** Marl., 1912 eingeführt, **A.alstonii** Schönl., 1903, **A.dinteri** Schinz, 1901, **A.herreana** v. Poelln., **A.papyracea** E. Mey. ex Sond., 1862, **A.quinaria** E. Mey. ex Sond., 1862, und **A.ustulata** E. Mey. ex Sond., 1862.

Bei der Sektion Telephiastrum stehen die borstenförmigen Nebenblätter zwischen dicken Stengelblättern. Hierzu gehören u.a. so verbreitete und wüchsige Arten wie **A.arachnoides** (Haw.) Sims, 1811 eingeführt, **A.densifolia** Dint., **A.lanceolata** (Haw.) Sweet, **A.rufescens** (Haw.) Sweet (*A.filamentosa* De Willd. non (Haw.) Sims, 1827, **A.tomentosa** Berger, 1908, und **A.telephiastrum** DC., 1813.

Reizende kleine sukkulente Pflanzen, vor allem die silbrigweißen Arten, für das helle Sukkulentenhaus, wo sie das ganze Jahr hindurch in voller Sonne stehen sollen. Alle sind im Winter sehr trocken, im Sommer nur mäßig feucht zu halten. Die Arten der Sektion Avonia vertragen im Winter mehr Wärme, am besten etwa 14°, als die der Sektion Telephiastrum, die mit 10 bis 12° auskommen. Alle gedeihen sowohl im Topf als auch ausgepflanzt in sehr durchlässiger, sandig-lehmiger Erde. Am schönsten wirken sie zwischen Geröll. Vermehrt wird am besten durch Aussaat.

Lewisia Pursh
(Meriwether Lewis, 1774–1809, durchquerte 1806 bis 1807 den nordamerikanischen Kontinent)

Etwa 15 bis 20 Arten stengelloser, rosettig wachsender Stauden mit dickem Wurzelstock, fleischigen Blättern und großen, auffallend gefärbten Blüten in locker verzweigten rispigen Blütenständen. Alle Arten stammen aus dem westlichen Nordamerika.

Sie sind ohne Ausnahme schön, zumindest aber interessant. Zwischen den Arten entstanden viele Kreuzungen. Oft ist es schwierig, manche Arten überhaupt noch rein zu bekommen. Auch eine Reihe schöner mit Namen versehener Sorten ist vorhanden. Zu empfehlen sind:
L.brachycalyx Engelm. ex A. Gray, New Mexiko, Arizona, Utah, Südkalifornien, mit schmalen Blättern und weißen Blüten, **L.columbiana** (Howell) Robins., Washington, Kaskaden Gebirge, 1906 in Eng-

Portulacaria afra

Primulaceae
Primelgewächse

Fast stets ausdauernde oder einjährige Kräuter, die als Rosettenstauden, Polster- oder Knollenpflanzen in allen temperierten und wärmeren Gebieten der Erde, vor allem in der nördlichen temperierten Zone, in 20 Gattungen mit etwa 1000 Arten, davon allein die Gattung *Primula* L. mit etwa 500 Arten, vorkommen. Viele von ihnen sind beliebte Gartenpflanzen, einige gehören zu den verbreitetsten blühenden Topfpflanzen, so das Alpenveilchen, *Primula malacoides* Franch., *P. obconica* Hance, *P. praenitens* Ker-Gawl., in geringerem Maße *P. floribunda* Wall. und *P. verticillata* Forssk. mit dem Bastard *P.* × *kewensis* Wall. Für den Liebhaber lohnt es nicht, sich wenige Exemplare dieser Arten heranzuziehen, er kauft sich besser die blühenden Pflanzen beim Gärtner oder im Blumengeschäft. Sie werden dann bei richtiger Pflege wochen-, *P. obconica* sogar monatelang im Gewächshäuschen oder am Zimmerfenster blühen.

Grevillea thelemanniana

land eingeführt, ebenfalls schmalblättrig, mit weißen oder rosafarbenen, dunkler geaderten Blüten, **L. cotyledon** (S. Wats.) Robins., Oregon, mit breit-spatelförmigen Blättern und rosaweiß gestreiften Blüten, **L. cotyledon** var. **howellii** (S. Wats.) Robins., Oregon, um 1910, mit am Rande gekrausten Blättern und hellgestreiften rosafarbenen Blüten, **L. heckneri** (C. V. Morton) Howell, Kalifornien, mit rosaroten Blüten, **L. oppositifolia** (S. Wats.) Robins., Oregon, Kalifornien, 1887, mit weißen Blüten, **L. rediviva** Pursh, Rocky Mountains, 1826, mit im Spätsommer absterbenden und erst im Frühling wieder austreibenden Blättern und rosa Blüten, **L. tweedyi** (A. Gray) Robins., Washington, Rocky Mountains, 1898, mit 5 bis 8 cm breiten, pfirsichrosafarbenen, am Grunde gelblichen Blüten, im Sommer ganz trocken zu halten.

Vermehrt wird am besten durch Aussaat gleich nach der Samenreife oder nach 3 bis 4 wöchigem Kälteschock, in geringem Umfange auch durch vorsichtige Teilung alter Pflanzen. Da Lewisien sehr nässeempfindlich sind, ist ihre Lebensdauer im Freien meist nur kurz. Am schönsten entwickeln sie sich im nichtheizbaren Gewächshaus, dem sog. Alpinenhaus, im Topf oder ausgepflanzt, also Sommer und Winter unter Glas. Lediglich bei trockenem Sommerwetter sollte man das Glas abnehmen. Dort fühlen sie sich so wohl, daß überall im Haus ihre Sämlinge erscheinen. Wichtig sind ein gut drainierter Untergrund und kalkfreie, sandig-lehmige Erde. Auch im Frühbeet, wo man sie, wenn es nötig wird, vor Nässe und Feuchtigkeit durch Auflegen der Fenster schützen kann, entwickeln sie sich ausgezeichnet. Dort wird man sie am besten in Schalen oder tiefen Töpfen halten. Dann kann man sie sich während ihrer viele Wochen anhaltenden Blütezeit auch einmal ins Zimmer stellen.

Portulacaria Jacq.,
Strauchportulak
(vom Gattungsnamen *Portulaca* abgeleitet)

Nur 2 Arten südafrikanischer, sukkulenter Sträucher oder Bäumchen.

P. afra Jacq., der Speckbaum, bildet in der Heimat 3 bis 4 m hohe kahle, frischgrüne Bäumchen mit graurindigem Stamm und fast waagerecht abstehenden rotbraunen Ästen, die mit gegenständigen 2 × 1,5 cm großen Blättern besetzt sind. Bereits 1732 in Deutschland in Kultur.

Leichtwachsende, ihres charakteristischen Wuches wegen zu empfehlende, auch im Zimmer gut gedeihende, sukkulente Pflanze, die auch bei uns 1 bis 2 m hoch werden kann. Sie braucht einen hellen, luftigen Stand, dabei im Winter Temperaturen um 10°, und sandig-lehmigen Boden. Stecklinge wachsen leicht.

Proteaceae
Proteusgewächse

Eine Familie mit vielen schönblühenden und eigenartigen Arten, die den Gärtner immer wieder reizen, sie im Gewächshaus zu ziehen, bei den meisten allerdings ohne Erfolg. 61 Gattungen und etwa 1400 Arten verteilen sich hauptsächlich auf die trockenen Gebiete der südlichen Halbkugel, vor allem auf Australien und Südafrika. Sie sind fast ausschließlich Bäume oder Sträucher mit lederartigen, wechselständigen, ungeteilten oder fiederteiligen, selten gefiederten Blättern. Die eigenartigen Blüten stehen häufig in von auffallend gefärbten Hochblättern umgebenen Köpfen, sonst in Trauben, Ähren oder Dolden. Sie werden von Insekten und Vögeln, einige auch durch Beuteltiere bestäubt.

Leider sind die meisten Arten nicht für längere Zeit im Gewächshaus am Leben zu erhalten, geschweige denn zum Blühen zu bringen. Zu den wenigen Gattungen, von denen einige Arten im Kalthaus gedeihen und zu blühfähigen Exemplaren heranwachsen, gehören u.a. *Grevillea, Hakea, Leucadendron, Roupala* und *Stenocarpus*. Die meisten anderen Gattungen – etwa *Banksia* L.f., *Dryandra* R.Br., *Protea* L. – werden meist nicht alt, vor allem erreichen sie nie die Schönheit wie in ihrer Heimat oder ihren Ansprüchen entsprechenden subtropischen Gärten.

Stenocarpus sinuatus

Grevillea R.Br. corr. R.Br.
(Charles Francis Greville, 1749–1809, einer der Gründer der Royal Horticultural Society, London)

Immergrüne Sträucher oder Bäume mit wechselständigen Blättern und paarweise gestellten Blüten in seiten- oder endständigen Trauben. Der am Ende verdickte Griffel ragt meist lang aus der Blüte heraus. Die meisten der etwa 190 Arten wachsen in Australien, wenige in Tasmanien, Neukaledonien und Melanesien.

Eine der beliebtesten Zimmerpflanzen ist

G. robusta A. Cunn. ex R.Br., die Australische Silbereiche, in ihrer Heimat Queensland und Neusüdwales ein bis 50 m hoher Baum. Er hat 15 bis 20 cm lange, gefiederte Blätter und gehört zu den wenigen Proteaceen, die auch bei uns ohne Probleme gedeihen. Um 1830 in England eingeführt.

Zu den leichter wachsenden, aber doch empfindlichen Arten dieser Gattung, die auch bei uns ihre schönen Blüten bringen, gehören **G. alpina** Lindl., Victoria, 1854 in England eingeführt, **G. crithmifolia** R.Br., Westaustralien, **G. glabrata** (Lindl.) Meissn., Westaustralien, um 1845, **G. juniperina** R.Br., Neusüdwales, 1822, **G. rosmarinifolia** A. Cunn., Neusüdwales, um 1840, und **G. thelemanniana** Huegel (*G. preissii* Meissn.), Westaustralien, 1838. Letztere wird bei uns etwa 40 bis 80 cm hoch, hat gefiederte, seidenhaarige Blätter, deren Fiedern nochmals mehrfach gefiedert sind. Sie hat rote Blüten und ist zweifellos eine der schönsten Arten, die auch bei uns regelmäßig im Frühling, vereinzelt auch zu anderen Jahreszeiten blüht. Man sorge jedoch stets für Nachwuchs, da ältere Pflanzen oft über Nacht eingehen.

Alle Arten sind entweder durch ihre Belaubung oder durch ihre Blüten oder durch beides reizvolle Sträucher, die am besten bei 4 bis 10°, sehr hell und luftig, vor Niederschlag geschützt im Kalthaus stehen sollen. Im Sommer gehören sie ins Freie an eine helle, vor Mittagssonne geschützte Stelle, wo man sie in nassen Jahren durch Überdecken mit Glas oder Folie vor Niederschlägen schützen muß. Vorsichtiges Gießen ist zu jeder Jahreszeit die Voraussetzung des Erfolges, nicht nur bei diesen, sondern bei allen anderen Proteaceen. Der Erdballen darf nie austrocknen, soll aber auch nicht naß sein. Bei einem Liebhaber treffen sie oft bessere Bedingungen an als in einer öffentlichen botanischen Sammlung, da jener seine Pflanzen alle sieben Tage der Woche pflegen kann, während der Berufsgärtner seine Pflanzen nur noch fünf Tage in der Woche selbst betreut. Als Erde nehme man eine Mischung aus sandiger Heideerde mit einem Zusatz von humosem Wiesenlehm (Maulwurfshügelerde!), alter

464   Proteaceae

Grevillea robusta

Lauberde und Sand. Beim Verpflanzen darf man den alten Ballen nicht schädigen und den neuen Topf nur wenig größer als den alten nehmen.

Vermehrt wird durch Aussaat im Warmhaus. Dabei ist zu beachten, daß die Keimung oft sehr unregelmäßig vor sich geht, ja sich bei mehreren Arten über 1 bis 2 Jahre ausdehnen kann. Samen vieler Arten bekommt man bei australischen Samenhandlungen, Jungpflanzen mancher Arten bei Hilliers & Sons, Winchester, England. Will man vorhandene Pflanzen vermehren, steckt man im August halbreife Stecklinge in ein lauwarmes Vermehrungsbeet mit einer Bodenwärme von 18 bis 20°, unter Glas natürlich. Bis zur Wurzelbildung vergehen bei manchen Arten einige Monate.

Grevillea robusta weicht von allen anderen Arten insofern ab, als sie ohne jede Schwierigkeit wächst. Sie wird im Januar, Februar ausgesät, am besten bei 18 bis 20°. Die Sämlinge topft man ein und kultiviert sie weiter in einer lehmig-humosen Mischung oder in Einheitserde. Sie wächst sowohl im Zimmer bei Temperaturen von 10 bis 20° als auch im Kalthaus, im Sommer im Freien.

Hakea Schrad.
(Freiherr Christian Ludwig von Hake, 1745–1818, hannov. Minister und Botaniker)

Mit ihren etwa 100 Arten ist diese Gattung auf Australien und Tasmanien beschränkt. Es sind meist Sträucher mit verschiedenartig gestalteten Blättern, die bei manchen Arten nadelartig sind. Zu diesen gehören **H.cyclocarpa** Lindl., um 1848 eingeführt, **H.pugioniformis** Cav., Australien, Tasmanien, 1796, und **H.sericea** Schrad. (*H.acicularis* (Sm. ex Vent.) Knight, Australien und Tasmanien, vor 1840, nach Johnson 1790 in England. Arten mit mehr oder weniger gefiederten Blättern sind **H.ceratophylla** R.Br., Westaustralien, vor 1840, nach Johnson 1824 in England, **H.suaveolens** R.Br., Westaustralien, 1803, und **H.varia** R.Br., Australien, 1825 in England, mit weidenartigen Blättern **H.laurina** R.Br., Westaustralien, 1830 in England, und **H.salicifolia** (Vent.) B.L. Burtt (*H.saligna* (Andr.) Knight, Neusüdwales, Queensland, 1791. Manche dieser Arten blühen regelmäßig bei uns und tragen später die zum Teil steinharten Fruchtkapseln.

Vermehrung und Pflege gleichen derjenigen von *Grevillea*.

Leucadendron R.Br.
(griech. *leukos* = weiß, *dendron* = Baum)

80 Arten von Bäumen und Sträuchern mit stets ganzrandigen Blättern. Die Blüten stehen meist in Köpfchen, die oft von breiten farbigen Deckblättern umgeben sind. Alle Arten sind im Kapland beheimatet.

L.argenteum (L.) R.Br., der Silberbaum, ist eine Charakterpflanze des Tafelberges. Seine Zweige sind dicht beblättert, die Blätter sind 7 bis 15 cm lang bei einer Breite von 1,2 bis 1,5 cm. Sie sind dicht mit silberweißen Haaren bedeckt. Bereits 1693 in England in Kultur. In ihrer südafrikanischen Heimat werden sie häufig als hübsches Buchzeichen benutzt! Wohl eine der schönsten, aber auch der am schwierigsten zu haltenden Arten dieser Gattung. Bei den häufiger gezogenen **L.corymbosum** R.Br., 1790 eingeführt, **L.levisianum** Bergius, 1774, **H.plumosum** R.Br., 1774, und **L.tortum** R.Br., um 1845, handelt es sich um buschige, behaarte Sträucher von eigenartigem Habitus, die bereits im Alter von wenigen Jahren ihre nicht allzu auffallenden Blütenköpfchen bringen. Sie wachsen verhältnismäßig leicht und sind wie *Grevillea* zu behandeln.

Die Erde soll lehmig-humos sein. Die vier zuletzt genannten Arten werden wie *Grevillea* aus Stecklingen vermehrt, *L.argenteum* dagegen wird stets ausgesät. Samen wird ab und zu aus der Heimat importiert und z.B. von Schenkel, Hamburg-Blanke-

Banksia media

nese, vertrieben. Er ist sofort nach Empfang auszusäen, läuft aber sehr unregelmäßig auf. Sämlinge werden auf Jungpflanzen der obengenannten Arten, am besten auf *L. tortum*, veredelt. Auch ältere Pflanzen des Silberbaumes lassen sich vermehren, und zwar durch Ablaktieren auf entsprechend kräftige Unterlagen, vornehmlich auf solche von *L. tortum*. Sämlinge, die man nicht veredeln will, setze man nach dem Aufgehen sofort in einen 16 bis 20 cm großen Topf. Sie entwickeln sich darin besser als in kleine Töpfe gesetzt und später mehrmals verpflanzt. *L. argenteum* muß in allen Lebensaltern sehr vorsichtig gegossen werden. Trotz allem gehen selbst ältere Pflanzen manchmal über Nacht ein, ohne daß man eine Ursache dafür nennen könnte. Sehr langlebig sind sie in den seltensten Fällen, deshalb sollte man stets für Nachzucht sorgen. Auch heute noch kann jeder Gärtner, der Amateurgärtner eingeschlossen, auf eine schöne Pflanze des Silberbaumes stolz sein!

Roupala Aubl.
(Name der Pflanze in Guayana)

Roupala ist mit 50 Arten von dem tropischen Mexiko bis Brasilien verbreitet. Die Schönheit vieler Arten liegt in dem rostbraunen Filz, mit dem die ganze Pflanze bekleidet ist. Die einzige bei uns gezogene Art,

Leucadendron argenteum

R. macrophylla Pohl (*R. corcovadensis* hort. ex Meissn.), wird in ihrer brasilianischen Heimat bis 7 m hoch. Ihre Blätter sind oft über 30 cm lang und gefiedert. Alle jüngeren Teile der Pflanze sind mit einem rostfarbenen Filz überzogen. Um 1860 in Belgien.
Junge oder alte Pflanzen sind gleichschön. Sie wachsen am besten in einem hellen, luftigen, temperierten Gewächshaus von 12 bis 16° in lehmig-humoser Erde. Im Sommer können alte Pflanzen sogar an einem vor Sonne geschützten Platz im Freien stehen. Stecklinge wurzeln bei etwa 25° im geschlossenen Vermehrungsbeet. Doch dauert es oft viele Monate bis zur Wurzelbildung. Sie bilden zwar sehr viel Kallus, den man am besten anschneidet, wenn gar keine Wurzeln erscheinen wollen.

Stenocarpus R. Br.
(griech. *stenos* = schmal, *karpos* = Frucht)

Von den 25 Arten wachsen 16 in Neukaledonien, die übrigen in Nord- und Ostaustralien und auf Neuguinea. Es sind immergrüne Bäume oder Sträucher mit ungeteilten oder fiederspaltigen Blättern. Die beiden folgenden Arten werden häufiger gezogen.

S. salignus R. Br., ein australischer Baum, hat braunrote Zweige und lederige, fast sitzende lanzettliche Blätter und erinnert im Habitus an die phyllodientragenden australischen Acacien. Seine Blüten sind weiß und duftend.

S. sinuatus (A. Cunn.) Endl. aus Queensland, Neusüdwales und Neuguinea, in der Heimat ein bis 30 m hoher Baum, vermag auch im Gewächshaus mehrere Meter hoch zu werden. Er ist eine sehr schöne Blattpflanze mit dünnen, 30 bis 40 cm langen, ledrigen, glänzenden, hellgrünen, tief-fiederspaltigen Blättern. Ältere Pflanzen sollen auch im Kalthaus ihre leuchtend-scharlachroten Blüten mit den gelben Staubblättern bringen. 1830 in England eingeführt.

Beide Arten werden wie *Grevillea* behandelt, durch Aussaat herangezogen oder durch Spätherbststecklinge unter Glasglocken im Kalthaus vermehrt. Haben sie bis zum Frühjahr keine Wurzeln gebildet, gibt man ihnen milde Bodenwärme (18 bis 20°), dann erscheinen meist in wenigen Wochen Wurzeln.
In Australien und Südafrika werden Samen vieler Proteusgewächse angeboten. Nur dem ganz erfahrenen Liebhaber kann geraten werden, sie auszusäen und zu versuchen, sich ein größeres Sortiment zusammenzustellen. Meist werden die Sämlinge nicht sehr alt werden, vor allem nicht diejenigen der auffälligsten und schönsten Arten. Dagegen wird man mit Arten der Gattungen *Isopogon* R. Br., *Lomatia* R. Br., *Macadamia* F. v. Muell. etc. eher Erfolg haben und sich lange daran freuen können. Vermehrung und Kultur gleicht mehr oder weniger derjenigen von *Grevillea*. Im allgemeinen wachsen alle australischen Arten besser als die südafrikanischen. Fast alle Arten brauchen Wintertemperaturen zwischen 6 bis 10°, viel Luft, Helligkeit, Schutz vor unerwünschtem Niederschlag und als Wichtigstes vorsichtiges Gießen. Zuviel oder zuwenig Feuchtigkeit bedeutet für die meisten den Tod, besonders während der trüben und kalten Jahreszeit. Jungpflanzen und empfindliche Arten sollten im Winter durch künstliche Belichtung den Tag auf 12 bis 14 Stunden verlängert bekommen. Angaben über Beleuchtungsstärke und die günstigste Tageslänge liegen noch nicht vor.
Die schönstblühenden Arten werden in Südafrika, aber auch in anderen subtropischen Ländern, deren Klima ihnen zusagt, zum Schnitt für den Export angebaut. Ihre eigenartigen, prächtigen Blüten sieht man häufig in den Blumengeschäften. Sie halten sich recht lange in der Vase.

Pteridophyta
Farnpflanzen

Die Abteilung der *Pteridophyta*, der Farnpflanzen, soll hier zusammengefaßt behandelt werden, besonders deshalb, weil sie neben ihrer natürlichen Verwandtschaft auch in ihren Ansprüchen meist gleichartige Vertreter enthält. Vor allem die nachfolgenden Klassen, Unterklassen und Familien nicht winterharter Farnpflanzen sind in fast allen botanischen Sammlungen vertreten.

Klasse *Lycopsida*
mit den Familien *Lycopodiaceae*, *Selaginellaceae* und *Isoëtaceae*.

Klasse *Sphenopsida*
mit der Familie *Equisetaceae*.

Klasse *Psilotopsida*
mit der Familie *Psilotaceae*.

Klasse *Filicopsida*, Farne

Unterklasse *Ophioglossidae* mit der Familie *Botrychichiaceae* und *Ophioglossaceae*.

Unterklasse *Gleichenidae* mit der Familie *Polypodiaceae*.

Unterklasse *Schizaeidae* mit den Familien *Lygodiaceae*, *Sinopteridaceae*, *Cryptogrammaceae*, *Angiopteridaceae*, *Acrostichaceae*, *Adiantaceae*, *Hemionitidaceae*, *Vittariaceae*, *Parkeriaceae*.

Unterklasse *Marsileidae* mit der Familie *Marsiliaceae*.

Unterklasse *Hymenophyllidae* mit den Familien *Hymenophyllaceae*, *Dicksoniaceae*, *Cyatheaceae*, *Dennstaedtiaceae*, *Hypolepidaceae*, *Aspleniaceae*, *Aspidiaceae*, *Lomariopsidaceae*, *Elaphoglossaceae*, *Nephrolepidaceae*, *Oleandraceae*, *Davalliaceae*, *Blechnaceae*.

Unterklasse *Salviniidae* mit den Familien *Azollaceae* und *Salviniaceae*.

Der Einteilung dieses Buches entsprechend werden nachfolgend die auch dem Liebhaber zu empfehlenden Familien, soweit sie mehr als nur botanisches Interesse erwecken, in alphabetischer Reihenfolge aufgeführt. Ihre natürliche Verwandtschaft geht aus der obigen Aufstellung hervor.

Lycopodium squarrosum

Acrostichaceae
Mangrovefarngewächse

Acrostichum L., Mangrovefarn
(griech. *akros* = Spitze, *stichos* = Reihe)

Von den 3 Arten bildet

A. aureum L. als Sumpfpflanze den hinteren Abschluß der Mangrovevegetation. Dort findet man es allenthalben in den Tropen. Die einfach gefiederten Blätter können bis 2 m lang werden, übersteigen also bei weitem das Maß eines kleinen Gewächshauses. Nur in Wasserpflanzenhäusern botanischer Gärten entwickeln sie sich zu stattlichen Pflanzen. Für den Liebhaber kommen also nur Jungpflanzen in Frage, die in einem stets mit Wasser gefüllten Untersatz stehend sich gut entwickeln. Werden sie zu groß, muß man sich von ihnen trennen.

Das kann man auch ohne Gewissensbisse, da dieser Farn sich leicht durch Aussaat der Sporen vermehren läßt. Humos-lehmige Rasenerde oder Einheitserde ist ihnen gemäß. Im Sommer sollten sie bei 18 bis 22° stehen, im Winter genügen 14 bis 16°. Wie am natürlichen Standort wollen sie auch in Kultur sehr hell stehen, aber doch vor der Mittagssonne geschützt. 1815 eingeführt.

Pteris L., Saumfarn
(griech. Name für viele Farne, abgeleitet von dem griech. Wort *pteron* = Flügel)

Zu dieser Gattung, die mit etwa 250 Arten in Tropen und Subtropen verbreitet ist, gehören einige unserer bekanntesten und auch im Zimmer viel gezogenen Farne. Alle sind reine Erdfarne, haben gebüschelte, gefiederte bis zerteilte Blätter. Die Sori sind randständig und bilden dort eine durchgehende Linie, die meist in den Buchten unterbrochen ist und auch nicht in die Spitzen der Abschnitte geht. Sie werden durch den trockenhäutigen, umgeschlagenen Rand der Blattabschnitte bedeckt. Die wichtigsten Arten sind:

P. cretica L., in allen tropischen und subtropischen Ländern verbreitet, ja selbst im Mittelmeergebiet vorkommend, 1802 in England eingeführt, eine veränderliche Art mit vielen Sorten, von denen nur einige wie die bunte 'Albolineata', 'Duthriana', 'Major', 'Rivertoniana' und die weitverbreitete 'Wimsettii' hier genannt seien,

P. ensiformis Burm.f. aus dem tropischen Asien, Australien und Polynesien, um 1890 in England eingeführt, mit den beiden zierlichen weißbunten Sorten 'Evergemiensis', 1956 in Belgien entstanden, und 'Victoriae', 1890 in England entstanden, **P. umbrosa** R.Br. aus Australien, 1823 eingeführt, wohl die anspruchsloseste Art der Gattung, vor allem gegen tiefen Schatten unempfindlich. Weiter zu empfehlen sind **P. argyrea** T. Moore aus Zentralindien, 1859 in England eingeführt, mit silberweißem Mittelstreif auf den Wedeln, **P. dentata** Forssk. (*P. flabellata* Thunb.), in Südamerika verbreitet, und **P. tremula** R.Br. aus Australien und Neuseeland, 1827 in England eingeführt, beide mit über meterlangen, freudig grünen Wedeln, die eigenartige, in Tropen und Subtropen weit verbreitete **P. vittata** L. (*P. longifolia* L.), 1772 in England eingeführt, mit nur einfach gefiederten, bis 70 cm langen Blättern, **P. multifida** Poir. (*P. serrulata* auct. non Forssk.), 1770 in England eingeführt, mit der Sorte 'Cristata', in China und Japan heimisch, und **P. quadriaurita** Retz., 1824 in England eingeführt, in allen wärmeren Ländern verbreitet.

Alle Arten sind Kalthauspflanzen, nur die buntlaubigen sind etwas wärmer zu halten. Vermehrung durch Sporen, ältere Pflanzen durch vorsichtiges Teilen, das aber nicht sehr ergiebig ist.

Pteris cretica 'Albolineata'

Actiniopteridaceae
Strahlenfarngewächse

Actiniopteris Link, Strahlenfarn
(griech. *aktis* = Strahl, *pteris* = Farn)

Nur 5 Arten im tropischen Afrika und Asien, von denen nur eine in Kultur ist.

A. australis (L.f.) Link (*A. radiata* (Sw.) Link) ist ein 5 bis 15 cm hoher, büschelig wachsender Farn mit fächerförmigen, aus zahlreichen gabelig verzweigten Segmenten bestehenden Wedeln. Die Sporangien sitzen entlang der Blatträndern und sind durch die umgeschlagenen Ränder der Spreite geschützt. 1869 eingeführt.
Actiniopteris ist nicht einfach zu halten, aber eine Perle jeder Sammlung. Vermehrung durch Sporen, in geringem Maße auch durch vorsichtige Teilung im März bis April. Wichtig ist eine gleichbleibende Temperatur von 16 bis 18° im Winter, um 22° im Sommer, dazu Schatten und eine möglichst gleichbleibende Luftfeuchte. Der Pflanzstoff sei locker, etwa bestehend aus je einem Drittel alter Lauberde, faseriger, humoser Rasenerde und Styromull. Während des ganzen Jahres ist reichlich, aber gleichmäßig zu gießen, deshalb gehört in den Topf oder die Schale bis zur halben Höhe eine Dränageschicht aus Topfscherben, Styromull oder Perlite, damit das Gießwasser stets schnell ablaufen kann.

Adiantaceae
Frauenhaarfarngewächse

Adiantum L., Frauenhaarfarn
(griech. *adianton* = Name eines Farns, der von Wasser nicht benetzt wird)

Von den mehr als 200 Arten sind fast alle reine Schattenpflanzen, in Tropen und Subtropen aller Erdteile, besonders aber in Mittel- und Südamerika verbreitet. Eine Art, *A.pedatum* L., erreicht sogar die Polargrenze, eine andere, *A.capillus-veneris* L., fast ein Kosmopolit, wächst noch in England und in den Südalpen. Alle *Adiantum* gehören zu den reizvollsten und zierlichsten Farnen. Sie sind ausgezeichnet durch die drahtigen, glänzenden braunen bis fast schwarzen Blattstiele und die meist sehr feine Fiederung. Die Sporangien sitzen entlang des zurückgebogenen Blattrandes.

Die Vielfalt innerhalb dieser Gattung ist so groß und reizvoll, daß es sich lohnen würde, eine ganze Sammlung von *Adiantum*-Arten und -Formen zusammenzubringen. Glücklicherweise wachsen die meisten von ihnen ohne jede Schwierigkeit im Lauwarm- oder Warmhaus. Die stattlichsten Arten sind:

A.macrophyllum Sw., 1793 in England eingeführt, **A.polyphyllum** Willd. und **A.trapeziforme** L., 1793 eingeführt, aus dem tropischen Amerika mit sehr großen Wedeln. Bei der erstgenannten Art sind die jungen Wedel rötlich gefärbt.

Zu ebenfalls sehr stattlichen Exemplaren wachsen viele der im Erwerbsgartenbau gezogenen Arten und Sorten heran. Es sind dies
A.raddianum K.B. Presl (*A.cuneatum* Langsd. et Fisch.), 1820 in England eingeführt, mit Sorten wie 'Elegans', 'Fragrantissimum', 'Goldelse', 'Gracillimum' mit den wohl kleinsten Fiederchen, 'Matador' u.a., **A.tenerum** Sw., heimisch in Florida, auf den Azoren und von Mexiko bis Peru, 1793 in England eingeführt, mit Sorten wie 'Farleyense', 'Jan Bier', 'Scutum', 'Scutum Roseum'. Hierher gehört wohl auch die außerordentlich haltbare Sorte 'Fritz Lüthi', die als wohl einzige der Sorten völlig echt aus Sporen fällt.

Seltenere, aber gute und wüchsige Arten für kalte und temperierte Häuser sind **A.capillus-veneris** L., kalkliebend, mit einigen Sorten, **A.formosum** R.Br., 1820 eingeführt, Ostaustralien und Neuseeland, **A.fulvum** Raoul, Polynesien, Australien, Neuseeland, **A.hispidulum** Sw., Neuseeland, Australien, tropisches Asien und Afrika, 1822 in England eingeführt, **A.philippense** L. (*A.lunulatum* Burm.f.), sowohl in Afrika als auch in Teilen Asiens verbreitet, **A.williamsii** T. Moore, Peru, 1877.

Schöne nur im Warmhaus gedeihende Arten sind **A.concinnum** Willd., Mexiko bis Brasilien und Peru, **A.diaphanum** Bl., Südchina über Indien bis Neuseeland, **A.platyphyllum** Sw., Mittelamerika bis Bolivien und Brasilien, 1868, **A.pulverulentum** L., Mexiko bis Bolivien und Brasilien, 1793, mit rostrot behaarten Blattstielen, **A.tetraphyllum** Humb. et Bonpl. ex Willd., tropisches Amerika, Westafrika.

Zu den eigenartigsten *Adiantum*-Arten gehören **A.reniforme** L. von den atlantischen Inseln und aus dem madagassischen Gebiet, bereits seit 1699 in Kultur, mit ungeteilten, nierenförmigen, etwa 5 cm breiten, ledrigen Blättern, im Kalthaus in kalkhaltiger, humoser Erde zu ziehen, und **A.caudatum** L. aus dem tropischen Asien sowie **A.edgeworthii** Hook., Himalaja bis China, mit fast liegenden, bis 25 cm langen, an der Spitze wurzelnden und Jungpflanzen entwickelnden Blättern.

Dies ist nur eine kleine Auswahl heute in den Sammlungen nicht allzu seltener Arten. Andere hier nicht genannte Arten sind ebenfalls schön. Vermehrung erfolgt leicht durch Aussaat der Sporen, Teilung, und durch Abtrennen der Jungpflanzen an den Wedelenden bei den letztgenannten Arten, die sehr empfindlich gegen Lufttrockenheit und kühle Temperaturen sind. Alle Arten wachsen gut in Einheitserde oder in grober Laub- und Nadelerde mit Zusatz alter, lehmiger Rasenerde und Sand.

Actiniopteris australis

Adiantum tenerum 'Scutum Roseum'

Anemiaceae
Anemiagewächse

Anemia Sw.
(griech. *aneimon* = nackt, unbekleidet, d.h. Sori ohne Schleierchen)

Die meisten der etwa 90 Arten entstammen den Trockengebieten des tropischen Amerika, vor allem der südbrasilianischen Camposflora. Nur wenige kommen in Afrika und Indien vor. Bei den meisten Arten sind die beiden unteren Fiederchen des Blattes fertil. Sie sind aufgerichtet und zu zwei langgestielten, verzweigten Sporangienständen umgebildet. Dies macht ihre besondere Eigenart aus. Ausgeprägt ist sie bei den am häufigsten in botanischen Sammlungen gezogenen Arten

A. mandiocana Raddi aus Brasilien, **A. phyllitidis** (L.) Sw., im tropischen Amerika verbreitet, um 1829 in England eingeführt, und der außer in Südamerika auch in Natal, Abessinien und Südindien heimischen **A. tomentosa** Sw. Als schöne Ampelpflanze zu verwenden ist die südbrasilianische **A. rotundifolia** Schrad.

Aspidiaceae
Schildfarngewächse

Arachniodes Bl., Lederfarn
(griech. *arachne* = Spinne, also spinnenartig)

Diese Gattung umfaßt etwa 30 Arten 30 bis 90 cm hoher Farne mit kriechenden oder kletternden Rhizomen und ziemlich dicken, lederartigen, drei- bis vierfach gefiederten Blättern.

A. adiantiformis (G. Forst.) Tindale (*Rumohra adiantiformis* (G. Forst.) Ching), Lederfarn. Weit verbreitet in Südafrika, Mittel- und Südamerika, Australien, Polynesien und Neuseeland. Die flach kriechenden, bisweilen auch kletternden, kräftigen Rhizome sind dicht mit papierartigen braunen Schuppen besetzt. An ihnen sitzen dreieckige, am Grunde einfach gefiederte, auf bis 30 cm langen silbrig beschuppten Stielen sitzende bis 90 cm lange, lederige, kahle, glänzend dunkelgrüne Blätter. Die großen, von einem gestielten Indusium bedeckten Sori sitzen in zwei Reihen auf der Unterseite der Wedel. Um 1970 in Deutschland eingeführt und im großen zum Schnitt angebaut.

Auch dem Liebhaber zu empfehlender, harter Kalthausfarn von einfacher Kultur. Vermehrung aus Sporen. Substrat am besten Einheitserde oder TKS, aber auch gut in einer Mischung aus grober Rasen- und Lauberde mit Zusatz von Torf und Sand gedeihend.

Cyrtomium K.B. Presl
(griech. *kyrtos* = krumm)

Wenige Arten, heute bisweilen mit *Phanerophlebia* K.B. Presl vereinigt, in vielen Tropenländern. In den Sammlungen werden vor allem das 1832 durch Siebold in Holland eingeführte **C. falcatum** (L.f.) K.B. Presl, in Japan, China, Ceylon und Südafrika verbreitet, und das ähnliche **C. fortunei** J. Sm. aus Japan, Korea, China, um 1860 in Holland eingeführt, als harte und widerstandsfähige Kalthausfarne gezogen. Sie haben einfach gefiederte, lederige, oben glänzende dunkelgrüne Blätter. Aus Sporen sind sie leicht zu vermehren. Sie vertragen sehr viel Schatten und wachsen selbst unter der Stellage eines Kalthauses noch gut.

Adiantum reniforme

Cyrtomium falcatum

Alle werden durch Aussaat der Sporen vermehrt. Im Gegensatz zu den meisten anderen Farnen wollen sie hell und lufttrocken, dabei aber bei etwa 18 bis 20° stehen. Der Ballen muß gleichmäßig feucht, die Blätter dagegen stets trocken sein. Die Erde sei humos und durchlässig, am besten vermischt mit Bimskies oder Perlit.

Blechnum gibbum

Didymochlaena Desv.
(griech. *didymos* = doppelt, *chlaina* = Kleid, Mantel, Hülle)

Nur 1 sehr variable Art,

D. truncatula (Sw.) J. Sm., die in allen Tropenländern als Erdfarn vorkommt. Die langen, etwas bräunlichen, doppelt gefiederten Blätter tragen sitzende, dichtstehende, sehr zahlreiche ungleichseitige Fiedern. 1799 eingeführt.
Dieser schöne Farn wird auch heute noch, wenn auch nicht in großen Mengen, von Jungpflanzengärtnereien gezogen. Er gedeiht am besten im Lauwarmhaus bei 14 bis 16°. Sein Ballen darf nie trocken werden, da die Pflanze sonst alle Fiedern abwirft. Anzucht aus Sporen ist nicht schwierig.

Fadyenia Hook.
(James MacFadyen, 1800–1850, englischer Botaniker, der eine Flora von Jamaika schrieb)

F. prolifera Hook. ist die einzige Art der auf den Antillen heimischen Gattung, ein Zwergfarn mit ungeteilten, aber verschiedenartig geformten länglichen Blättern, die zum Teil in eine verlängerte Spitze auslaufen, die wurzelt und neue Pflanzen hervorbringt. Auf diese Weise bildet eine zunächst einzelne Pflanze im Laufe der Zeit einen ganzen Teppich. Die fertilen Blätter sind stets schmäler und länger, außerdem wurzeln sie nie. Die länglichen Sori stehen nahe der Mittelrippe in zwei Reihen. Die kurzen Blattstiele sind am Grunde mit dünnen hellbraunen, linealisch-nadelspitzigen Schuppen besetzt. 1843 eingeführt.
Interessanter Zwergfarn für das feuchte

Warmhaus, wo er am besten ausgepflanzt zur Geltung kommt. Andernfalls setzt man ihn in flache, geräumige Schalen. Um seine Eigenart zu zeigen, müssen die Blattenden die Erde berühren, um dort zu wurzeln. Gleichmäßige Feuchtigkeit, wenig Spritzen, durchlässige, grobbrockige Humuserde und Platz zum »Laufen« sind Voraussetzung für befriedigendes Wachstum.

Polystichum Roth, Schildfarn
(griech. *polys* = viel, *stichos* = Reihe)

Eine fast kosmopolitische Gattung mit etwa 135 Arten, von denen einige wie *P. acrostichoides* (Michx.) Schott, *P. aculeatum* (L.) Roth, *P. lonchitis* (L.) Roth, *P. munitum* (Kaulf.) K.B. Presl und *P. setiferum* (Forssk.) T. Moore ex Woynar als schöne immergrüne Freilandfarne einen Platz im Garten verdienen, ebenso das nicht wintergrüne *P. braunii* (Spenn.) Fée. Von nicht winterharten Arten werde nur wenige gezogen, so **P. auriculatum** (L.) K.B. Presl, von Vorderindien bis Ceylon, 1824 eingeführt, im Warmhaus, vor allem aber auch das als Zimmerpflanze empfehlenswerte, auch hier und da angebotene **P. tsussimense** (Hook.) J.Sm., in Japan, Korea, China und Taiwan heimisch, als Zwergfarn im Kalthaus. Man kann es gut durch Teilung vermehren.

Tectaria Cav.
(lat. *tecte* = bedeckt)

Von dieser großen, *Aspidium* nahestehenden, etwa 200 Arten umfassenden Gattung, die in vielen Tropenländern zu finden ist, werden nur wenige Arten als große Erdfarne in unseren Gewächshäusern gezogen. Sie sind ziemlich groß, gedeihen noch an recht dunklen Stellen, verlangen viel Feuchtigkeit an den Wurzeln und im Sommer häufiges Spritzen. Am verbreitetsten ist

T. cicutaria (L.) Copel., ein in vielen Tropenländern häufig vorkommender Farn mit frischgrünen, krautigen, behaarten, dreifach fiederspaltigen Blättern, der die Eigenart hat, auf der Blattoberfläche an den Hauptnerven erbsengroße Adventivknospen zu bilden, die entweder an der Pflanze oder nach dem Abfallen austreiben und neue Pflanzen bilden.
Vermehrung durch Sporen oder Einpflanzen der Adventivknospen ist einfach. Kultur im Warmhaus, wo sie noch an sehr schattigen Stellen wachsen.

Aspleniaceae
Streifenfarngewächse

Asplenium L., Streifenfarn
(griech. *a* = gegen, *splen* = Milz)

Das Verbreitungsgebiet dieser vielgestaltigen, etwa 650 Arten umfassenden Gattung erstreckt sich über die ganze Erde. Die Blätter sind ungeteilt oder aber gefiedert bis fein zerteilt, dabei meist ledrig und fest. Die Sori auf der Blattunterseite sind im allgemeinen länglich oder linear, schräg zum Mittelnerv an ein oder beiden Seiten den Seitennerven eingefügt.
Auch in Deutschland sind einige Arten wie *A. adiantum-nigrum* L., *A. ruta-muraria* L., *A. septentrionale* (L.) Hoffm., *A. trichomanes* L. emend. Huds., *A. viride* Huds. als Fels- oder Mauerfarne verbreitet.

A. nidus L., der Nestfarn, mit var. **australasicum** J. Sm. ist die stattlichste Art der Gattung. Er ist ein großer Epiphyt mit einer humussammelnden Rosette ungeteilter immergrüner Blätter, der in den altweltlichen Tropen etwa die gleiche Rolle spielt wie viele Bromelien in Amerika. Er ist leicht aus Sporen zu vermehren, wächst aber im ersten Jahr langsam.
Einige andere Arten sind deshalb besonders interessant, weil sich auf ihren Wedeln junge Pflänzchen entwickeln, die nach einiger Zeit abfallen und auf der Erde weiterwachsen. Diese Arten sind nicht nur interessant, sondern mit ihren fein zerteilten, elegant gebogenen Wedeln auch sehr schön. Sie wachsen gleichgut im Lauwarm- und Warmhaus. Es sind dies u.a.
A. bulbiferum G. Forst. in Australien, Neuseeland und Nordindien verbreitet, bereits 1635 in Frankreich in Kultur, **A. decorum** Kunze (*A. belangeri* Kunze non Bory) aus dem malaiischen Gebiet, **A. dimorphum** Kunze von den Norfolkinseln, 1832 in England kultiviert, besonders schön und widerstandsfähig, **A. daucifolium** Lam. (*A. viviparum* (L.f.) K.B. Presl) auf Mauritius und Bourbon, 1844 in England kultiviert. Hier ist auch noch das kleine, in Japan, Südkorea, Taiwan und von China bis Indien verbreitete **A. rutifolium** (Bergius) Kunze zu nennen. Es bildet an der lang ausgezogenen Spitze der Blattspindel junge Pflanzen. Ausgepflanzt bedeckt es auf diese Weise in kurzer Zeit große Flächen.
Leider sind außer *A. nidus* außerhalb botanischer Sammlungen nur wenige Arten dieser Gattung in Kultur.

Azollaceae, Salviniaceae
Schwimmfarne

Alle Arten der nur je 1 Gattung enthaltenden, einander sehr nahestehenden Familien sind ein- oder mehrjährige Schwimmpflanzen.

Azolla Lam.
(nach Genaust über das portugiesische Azola aus einer amerikanischen Sprache entlehnt)

Die Gattung ist mit 6 Arten in den subtropischen und tropischen Gebieten beider Erdhälften verbreitet. Es sind Schwimmpflanzen mit reichverzweigten, zweizeilig beblätterten Sprossen, deren Blätter meist so dicht stehen, daß sie sich dachziegelig decken. Am schönsten und verbreitetsten ist

A. filiculoides Lam., in Nordamerika von Alaska bis Kalifornien, in Mexiko und in Mittel- und Südamerika heimisch, von dort aber in andere Erdteile verschleppt, ein 2 bis 9 cm langes Pflänzchen, das oft, besonders zum Herbst hin, rot überlaufen ist. Um 1890 eingeführt und in West- und Südeuropa verwildert.
Diese *Azolla* ist gleich schön für Aquarien, Wasserbecken und Teiche. Wo man sie auch aussetzt, sei man sich klar darüber, daß die Pflänzchen in Kürze die ganze Oberfläche des Wassers völlig bedecken, daß man also nichts mehr vom Wasser sieht, was bei Wasserflächen im Freien keineswegs erwünscht ist. Erst im Herbst sterben sie im Freien wieder ab.

Salvinia Séguier, Schwimmfarn
(Antonio Maria Salvini, 1633–1729, Professor in Florenz)

Die meisten der 10 Arten stammen aus dem tropischen Amerika und Afrika, nur **S. natans** (L.) All. wächst im temperierten Europa und Asien. Alle leben als Schwimmpflanzen über seichten Gewässern; zum Teil sind sie ein-, zum Teil mehrjährig. Ihre Blätter stehen in dreizähligen Wirteln, deren beide oberen Blätter ungeteilt sind und auf dem Wasser schwimmen, während das dritte ein in feine Abschnitte zerteiltes Wasserblatt darstellt, das die fehlenden Wurzeln ersetzt. Die Schwimmblätter sind auf der Oberfläche meist mit Papillen oder Haaren besetzt, die

Didymochlaena truncatula

Blechnaceae
Rippenfarngewächse

Blechnum L., Rippenfarn
(*blechnon* = griechischer Name für einen Farn)

Etwa 200 Arten von Erdfarnen mit aufrechtem, öfter kurz baumartigem Stamm oder mit kriechenden Rhizomen. Die Blätter sind meist gefiedert, seltener fiederspaltig, ganz selten ungeteilt. Die Sori stehen auf parallel zur Rippe verlaufenden Aderverbindungen, einer auf jeder Seite, meist ununterbrochen, daher lang und linealisch. Eine Art, *B.spicant* (L.) Roth, wächst in den Wäldern unserer Heimat. Die meisten aber sind tropischen und subtropischen Ursprungs, und zwar meist von der südlichen Erdhälfte.

Nur wenige Arten werden bei uns gezogen, darunter das im Alter 50 bis 100 cm hohe, stämmchenbildende **B.brasiliense** Desv., verbreitet in Guatemala, Kolumbien, Peru, Bolivien, Brasilien, Argentinien, Paraguay und Uruguay, 1820 in England eingeführt. **B.gibbum** (Labill.) Mett. (*Lomaria gibba* Labill.) von Neukaledonien und den Neuen Hebriden, 1861 in England eingeführt, und **B.moorei** C. Chr. (*Lomaria ciliata* T. Moore), Neukaledonien.

Alle wachsen gut im Lauwarm- und im Warmhaus. Sie dürfen nie ballentrocken werden, sind nicht zu spritzen und wachsen

Salvinia auriculata

sie unbenetzbar machen. Am schönsten ist **S.auriculata** Aubl., heimisch auf den Bermudas, Westindien, von Mexiko bis Argentinien und in Westafrika, die 7 bis 25 cm lang werden kann. Sie ist für Aquarien und andere Wasserbecken zu empfehlen, wo sie bei Temperaturen über 18° gut gedeiht. Man kann sie aber auch in flachen, mit Wasser gefüllten Schalen ziehen, deren Wasserstand nicht mehr als 1 bis 5 cm beträgt. In solchen Schalen, die unten mit lehmiger Erde bedeckt werden, überwintern sie bei 18 bis 20° Wärme, dicht unter Glas gestellt, am besten. Für den Winter empfiehlt Schoser eine Beleuchtungsstärke von 5000 lx während 12 Stunden des Tages, für *Azolla* 5000 bis 10000 lx für die Dauer von 12 bis 14 Stunden. Dann werden sie auch in den dunklen Wintermonaten kräftig weiterwachsen. Doch auch ohne Zusatzbeleuchtung bleiben sie im allgemeinen am Leben, aber wachsen während der dunklen Monate nur sehr spärlich. Die heimische *S.natans* ist nur einjährig.

im übrigen gut in jeder humosen Erde, der etwas lehmige Rasenerde zugesetzt ist, oder in Einheitserde. Sie sind leicht aus Sporen heranzuziehen.

Ein reizender niedriger Warmhausfarn ohne Stämmchen ist **B.occidentale** L., im tropischen Amerika weit verbreitet, mit beim Austrieb roten Blättern. 1823 in England eingeführt.

Doodia R.Br.
(Samuel Doody, 1656–1706, Apotheker, von 1691 an Leiter des Botanischen Gartens Chelsea)

Das Verbreitungsgebiet der 11 Arten erstreckt sich von Australien und Neuseeland über Java, Ceylon und Hawaii bis Juan Fernandez. Bis auf *D.maxima* J.Sm. handelt es sich bei allen um hübsche kleine, wenig Platz beanspruchende Farne mit gefiederten Blättern, deren Fiedern rauh, dünn und scharf gezähnt sind. Die sich nicht berührenden länglichen Sori befinden sich in zumindest einer Reihe auf jeder Seite der Rippe. Am meisten verbreitet in den Sammlungen sind
D.aspera R.Br., 1818 eingeführt, **D.caudata** (Cav.) R.Br., 1839 in England eingeführt, und **D.media** R.Br. Sie stammen aus Australien und Neuseeland, gehören also eigentlich ins Kalthaus, obwohl ihnen auch höhere Temperaturen zusagen. Man pflanze sie in Einheitserde oder in eine Mischung aus Laub- und Rasenerde mit Zusatz von Torf und Sand. Vermehrung sehr leicht durch Sporen. Teilung ist schwierig und nur bei großen Pflanzen möglich.

Stenochlaena J.Sm.
(griech. *stenos* = schmal, eng, *chlaina* = Mantel, Kleid, Hülle)

Nur 5 Arten in den altweltlichen Tropen, die mit ihren Rhizomen an den Baumstämmen bis in die Kronen emporklettern. Die sterilen Blätter sind einfach, die fertilen doppelt gefiedert. Sie sind so starkwüchsig, daß sie für kleine Gewächshäuser bald zu groß werden, in großen Tropenhäusern dagegen wachsen sie zu stattlichen Pflanzen heran, vorausgesetzt, man gibt ihnen die Möglichkeit, an einer Steinwand oder an Baumstämmen emporzuklettern. Sie gedeihen sowohl im Warmhaus als auch im Lauwarmhaus. Winterliche Nachttemperaturen von 14 bis 16° reichen dann aus, wenn die Wärme am Tag auf 16 bis 18° steigt. Gezogen werden **S.palustris** (Burm.f.) Bedd., in Asien, Australien und Polynesien

Asplenium nidus

Blechnum brasiliense

heimisch, 1841 eingeführt, und **S.tenuifolia** (Desv.) T. Moore, aus Südafrika und Madagaskar. Vermehrung durch Zerschneiden der Rhizome und durch Sporen.

Woodwardia Sm.
(Thomas Jenkins Woodward, 1745–1820, englischer Botaniker)

Von den 12 von Südeuropa bis Japan und im westlichen Nordamerika heimischen Arten wird in botanischen Sammlungen **W.radicans** (L.) Sm. gezogen. Sie wächst auf Madeira, den Kanarischen Inseln, in Südeuropa, Nordwestafrika und Asien. 1779 eingeführt. Sie gehört in ein großes Kalthaus, wo man sie der herabhängenden Blätter wegen am besten etwas erhöht stellt oder auf einen alten Baumstumpf etc. pflanzt. Die Wedel erreichen bei guter Entwicklung eine Länge bis zu 2 m bei 50 cm Breite, werden also für kleine Gewächshäuser zu groß. Interessant ist dieser Farn durch die oberseits wurzelnden und sprossenden Fiedern. Vermehrung durch Abtrennen dieser Jungpflanzen.

Cryptogrammaceae
Cryptogrammegewächse

Llavea Lag.
(M. la Llave, Anfang des 19. Jahrhunderts, Entdecker dieses Farns)

Bekannt ist nur eine Art

L.cordifolia Lag. findet man von Zentralmexiko bis Guatemala. Ein immergrüner Erdfarn mit sehr kurzem Rhizom, bis 50 cm langen Blattstielen und einer blaugrünen, dreifach gefiederten, kahlen, bis 60 × 30 cm großen Spreite. Nur die gestielten Abschnitte der oberen Blatthälfte sind fertil. 1853 in England eingeführt.
Dieser sehr selten gewordene Farn gehört in das Lauwarmhaus. Der Erde mischt man am besten etwas Steinschlag bei, im übrigen soll sie aus grober Lauberde, Torfbrocken und Sand bestehen. Die Blätter dürfen nie durch Spritzen oder Nebeln feucht werden, auch sollte die Luft nie stagnieren. Vermehrung durch vorsichtiges Teilen älterer Pflanzen oder durch Sporen.

Onychium Kaulf., Klauenfarn
(griech. *onyx* = Klaue)

6 Arten sind von Japan und dem Himalaja bis nach Neuguinea verbreitet. Sie fallen durch die stark zerteilten Blätter, vor allem aber durch die sehr kleinen und schmalen äußeren Fiederchen auf. Die Sori laufen entlang der Blattränder und werden von diesen bedeckt.

O.japonicum (Thunb.) Kunze ist die einzige bei uns gezogene Art, heimisch in Japan, Südkorea, China, Taiwan, Malakka bis Indien. Er ist ein durch die aufrechten, fein zerteilten Blätter auffallender Farn für das Kalthaus, der ebensogut aber auch im Lauwarm- oder Warmhaus gedeiht. Er wächst sowohl im Topf als auch ausgepflanzt, besonders gut aber in Holzkörbchen gepflanzt und aufgehängt, wohl deshalb, weil seine empfindlichen Wedel dort nicht mit Wasser in Berührung kommen. Der an sich humosen Mischung ist Rasenerde beizumengen. Auch Einheitserde ist zu verwenden. Die Vermehrung ist problemlos durch Sporen und durch Teilung älterer Pflanzen.

Pellaea rotundifolia

Cyatheaceae und Dicksoniaceae

Beide einander sehr nahestehende Familien enthalten mehr oder weniger stattliche Baumfarne, die in ihrer tropischen und subtropischen Heimat zu den schönsten und stattlichsten aller Pflanzen gehören. Von der Fülle der Arten werden nur sehr wenige in den Gewächshäusern größerer botanischer Gärten gezogen. Zum einen brauchen sie sehr viel Platz, zum anderen sind die meisten nicht einfach zu halten. Am ehesten noch sieht man die folgenden Gattungen und Arten:

Dicksonia antarctica Labill. aus Australien, die im Sommer ins Freie gestellt werden kann, **Cibotium regale** Versch. et Lem. und **C. schiedei** Schlechtend. et Cham., beide aus Mexiko, für das kalte oder temperierte Gewächshaus, **Alsophila tricolor** (Col.) Tryon (*Cyathea dealbata* (G. Forst.) Sw.) aus Neuseeland, **Sphaeropteris medullaris** (G. Forst.) Bernh. (*Cyathea medullaris* (G. Forst.) Sw.) von Neuseeland und den Pazifischen Inseln, und **Cyathea spinulosa** Wall. von Indien bis Burma. Alle sind ganz herrliche Pflanzen. Am verbreitetsten von allen Baumfarnen aber ist die folgende Art, die als Jungpflanze auch dem Liebhaber empfohlen werden kann.

Sphaeropteris Bernh.
(griech. *sphaera* = Kugel, *pteris* = ein Farn)

Von den etwa 120 Arten bisweilen sehr hoher tropischer Baumfarne ist nur

S. cooperi (F. v. Muell.) Tryon (*Alsophila cooperi* F. v. Muell., *A. australis* hort. non R. Br.) aus Australien weit verbreitet. In der Heimat erreichen die Stämme eine Höhe von 20 m und tragen einen Schopf 3 m langer, doppelt bis dreifach gefiederter Blätter.
Diese Art ist leicht aus Sporen heranzuziehen und wird schon nach 3 bis 4 Jahren zu groß für das kleine Gewächshaus. Sie ist aber als Jungpflanze so schön, daß man sich an ihr freuen sollte, solange sie noch klein ist. Wird sie zu groß, wirft man sie weg, nicht ohne durch rechtzeitige Aussaat für Nachzucht gesorgt zu haben. Ihre Pflege gleicht der anderer Farne. Am besten gedeihen sie bei einer Wärme von 8 bis 12°, aber auch tiefere Temperaturen schaden nicht, wie in der Jugend auch höhere Wärme vertragen wird. Sie wachsen rasch und verlangen viel Nahrung. Deshalb muß man sie regelmäßig düngen. Nur gegen eines sind sie empfindlich, gegen Trockenwerden des Ballens. Schon ein einmaliges Trockenwerden hat das Vertrocknen der Wedel zur Folge. Meist erholen sich die Pflanzen dann nicht mehr, und es ist besser, sie gleich fortzuwerfen.

Davalliaceae
Davalliagewächse

Davallia Sm.
(Edmond Davall, 1763–1798, Schweizer Botaniker englischer Herkunft)

Etwa 40 Arten sehr zierlicher, meist epiphytisch wachsender Farne mit langen, dicken, mit gewimperten Schuppen besetzten Rhizomen und fein zerteilten oder zerschnittenen Wedeln. Die Sori stehen endständig auf kleinen Äderchen. In ihrer Heimat, den Tropen der Alten Welt, vor allem in Polynesien, wachsen sie auf Bäumen und Felsen. Alle Arten sind empfehlenswert. Wohl am meisten verbreitet sind

D. bullata Wall. ex Hook., China und tropisches Asien, **D. canariensis** (L.) Sm., atlantische Inseln, Marokko, Spanien, Portugal, **D. pyxidata** Cav., Australien, kleiner und gedrungener als die übrigen, **D. solida** (G. Forst.) Sw., von Malakka bis Polynesien und Australien.
Die meisten Arten werden direkt auf Kork oder Rindenstücke gebunden und bis zum Anwachsen recht feucht gehalten. Sie kriechen dann auf der Rinde weiter, ebenso natürlich am Epiphytenbaum. Auch in flachen Holzkörbchen gedeihen sie gut, am besten in einer Mischung aus *Osmunda*- oder *Polypodium*-Wurzeln mit Sphagnum,

Elaphoglossum crinitum

Microsorum pteropus

also einem typischen Orchideenpflanzstoff. Sie wachsen gleichgut im Warm- wie im Lauwarmhaus, wo sie recht hell, aber vor Sonne geschützt gehalten werden wollen. Die Vermehrung durch Teilung der Rhizome ist nicht schwierig. Auf feuchtes Sphagnum gelegt, bilden sie Adventivknospen, die später austreiben. Auch Sporenaussaat ist zu empfehlen.
Verwandt mit *Davallia* ist **Scyphularia pentaphylla** (Bl.) Fée, ein von Java bis Neuguinea verbreiteter Epiphyt mit weitkriechendem Rhizom und etwas gröberen Blättern.

Humata Cav.
(lat. *humatus* = mit Erde bedeckt)

Den Davallien sehr nahestehende kleine, epiphytisch wachsende Farne, von denen etwa 40 Arten in Polynesien und dem malaiischen Gebiet bis Japan und zum Himalaja, auch in Madagaskar ihre Heimat haben. Einige Arten, wie **H. heterophylla** (Sm.) Desv., Malakka bis Polynesien, und **H. repens** (L.f.) Diels, trop. Asien und Australien, werden hin und wieder unter den gleichen Bedingungen wie *Davallia* gezogen. Am schönsten ist die chinesische **H. tyermannii** T. Moore, deren Rhizome dicht mit silberweißen Schuppen besetzt sind. Auch sie gedeiht gut im Warmhaus, doch kann man sie ohne Schaden auch im Kalthaus halten.

Dennstaedtiaceae
Dennstaedtiagewächse

Microlepia K.B. Presl
(griech. *mikros* = klein, *lepis* = Schuppe)

Die meisten der etwa 45 Arten sind Bewohner der altweltlichen Tropen. Sie haben kriechende, behaarte Rhizome und meist ebenfalls behaarte, gefiederte oder zerteilte Blätter. Die Sori befinden sich am Rande, und zwar stets nur am Ende der Adern. Am bekanntesten ist

M. speluncae (L.) T. Moore, eine in allen tropischen und subtropischen Ländern verbreitete Art. Bezeichnend sind die immer hellgrünen, spärlich behaarten Wedel, die bis 2 m lang werden können, bei uns aber meist wesentlich kürzer bleiben. Bei dem unter diesem Namen vom Erwerbsgartenbau angebotenen Farn handelt es sich wohl meist um eine andere Art, wahrscheinlich um **M. strigosa** (Thunb.) K.B. Presl. Eine ebenfalls schöne Art ist

M. platyphylla (D. Don) J. Sm., in Nordindien und Ceylon heimisch, mit bis meterlangen, etwas lederigen, kahlen, dreifach gefiederten Blättern.
Beide Arten gedeihen im Lauwarm- und im Warmhaus. Sie werden durch Aussaat der Sporen vermehrt.

Dicksonia antarctica

Elaphoglossaceae
Zungenfarngewächse

Elaphoglossum Schott ex J. Sm., Zungenfarn
(griech. *elaphos* = Hirsch, *glossa* = Zunge)

Typisch für die in Tropen und Subtropen vor allem der Neuen Welt verbreiteten etwa 400 Arten sind die ungeteilten lanzettlichen Blätter, von denen die fertilen in der Regel etwas schmaler als die sterilen sind. Außerdem ist bei ihnen die ganze Blattfläche mit Sporangien bedeckt. Die Gattung enthält Erdfarne, aber auch Epiphyten. Leider sind nur wenige Arten in den Sammlungen vertreten, am häufigsten wohl die auch schönste Art

E. crinitum (L.) J. Sm., der Elefantenohrfarn, in Mexiko, Guatemala und Costa Rica heimisch. Seine bis 40 cm langen und bis 20 cm breiten ovalen, dünnlederigen Blätter sind wie die ganze Pflanze mit abstehenden, langen, purpurschwarzen, pfriemigen Haaren gleichmäßig bedeckt. Die fertilen Blätter sind nur halb so groß wie die sterilen und länger gestielt. Die schwärzlichbraunen Sporangien bedecken die gesamte Unterseite des Blattes. 1793 in England eingeführt.
Auch andere Arten sind zu empfehlen. Sie alle werden durch Sporen vermehrt und gehören in das feuchte und schattige Warmhaus, wo sie zusammen mit *Selaginella*-Arten, denen sie in ihren Ansprüchen ähneln, ausgezeichnet gedeihen. Man hüte sich aber davor, sie zu spritzen. Die Luft soll zwar feucht, die Blätter selbst aber trocken sein. Weiter ist recht vorsichtig zu gießen, denn der Ballen soll zwar stets gleichmäßig feucht, aber nie für längere Zeit naß sein.

Pityrogramma chrysophylla

Hemionitidaceae
Hemionitisgewächse

Coniogramme Fée
(griech. *konia* = Staub, *gramme* = Strich)

Von den etwa 20 vornehmlich in Südasien, Polynesien und Afrika vorkommenden Arten ist **C.japonica** (Thunb.) Diels, deren Verbreitungsgebiet sich über Japan, die Riukiu-Inseln, Taiwan, China und Korea erstreckt, besonders empfehlenswert. Sie hat frischgrüne, lederige, einfach bis doppelt gefiederte Blätter und wächst im Kalthaus ohne Schwierigkeit. Anzucht aus Sporen oder durch Teilung. 1863 eingeführt.

Hemionitis L.
(griech. *hemionos* = Maulesel)

Eigenartige Zwergfarne, von denen 7 Arten im nördlichen tropischen Amerika und 1 Art von Indien bis zu den Philippinen verbreitet sind. Ihre Blattstiele sind dünn und braun oder schwarz. Die Blätter sind stets rundlich, herzförmig oder fiederteilig, die fertilen länger gestielt als die sterilen. Die Sporangien stehen entlang der Adern. In den Achseln der Fiedern bilden sich bei den meisten Arten Bulbillen, die abfallen oder abgenommen zu neuen Pflanzen heranwachsen, also auch zur Vermehrung benutzt werden können. Am besten legt man dazu die ganzen Blätter auf feuchtes Sphagnum. In botanischen Sammlungen findet man am ehesten noch **H.arifolia** (Burm.) T. Moore, Indien, Ceylon, Malaysia, Philippinen, mit ungeteilten Blättern, und **H.palmata** L. aus dem tropischen Amerika, deren handförmige Blätter sich in fünf nahezu gleichartige Abschnitte teilen. 1793 in England eingeführt.
Sie gehören in das feuchte und schattige Warmhaus, wo sie in brockiger Mischung aus Lauberde und Torfstreu oder in TKS gut wachsen. Die Wurzelbildung ist allerdings so gering, daß man sie in möglichst kleine Gefäße setzen soll, wenn man nicht vorzieht, sie auszupflanzen.

Pityrogramma Link, Gold- und Silberfarne
(griech. *pityron* = Kleie, *gramma* = Schrift, Linie)

Von den 40 Arten kommen die meisten im tropischen Amerika vor, einige in Südafrika und Madagaskar. Alle sind Erdfarne mit

Lycopodium squarrosum

einfach bis dreifach gefiederten krautigen bis lederigen Blättern, deren Unterseite bei einer Reihe von Arten mehr oder weniger dicht mehlig bestäubt ist. Darin liegt ihre besondere Eigenart und Schönheit. Die Sporangien sitzen längs aller Adern. In den Sammlungen befinden sich vor allem

P.argentea (Willd.) Domin aus dem tropischen und Südafrika mit unterseits dicht weiß bestäubten Blättern, **P.calomelanos** (L.) Link, von den Antillen bis Südbrasilien und Ekuador verbreitet, außerdem auch auf den westafrikanischen Inseln, ebenfalls unterseits weiß bestäubt, bei einigen Sorten aber auch hell- bis goldgelb, 1790 in England eingeführt, **P.chrysophylla** (Sw.) Link aus Puerto Rico und den kleinen Antillen, mit dichter goldgelber Bestäubung, einer der schönsten aller Goldfarne, **P.sulphurea** (Sw.) Maxon von den Antillen, goldgelb bestäubt, 1818 eingeführt, **P.tartarea** (Cav.) Maxon, im tropischen Amerika verbreitet, mit dicht weiß bemehlter Unterseite, 1817 eingeführt.

Alle Arten wachsen am besten im Lauwarmhaus, etwa bei 12 bis 15°, doch vertragen einige, wie *P.calomelanos*, *P.sulphurea* und *P.tartarea*, auch Temperaturen von 15 bis 18°. Sie kann man z.B. mit einer Reihe verschiedener Begonien-Arten halten. Wie für diese ist bei Sonne zu schattieren und das Haus zu lüften. Als xerophytische Farne wollen sie wohl hell, aber vor Sonne geschützt stehen. Vor allem darf man sie weder brausen noch spritzen, da dadurch der Belag mehr oder weniger abgespült wird, sie also ihre besondere Eigenart verlieren. Sie sind nicht allzu langlebig, wachsen aber bei Sporenaussaat sehr rasch heran, wenn man sie zunächst im warmen Hause kultiviert. Will man sie in einem Gewächshaus mit vielen anderen Farn- oder anderen Pflanzenarten zusammen halten, sollte man sie in Körbe pflanzen und unter dem Dach aufhängen. Dadurch werden sie vor Wasser geschützt, wenn man die anderen Pflanzen spritzt, sie bekommen viel Licht, und schließlich sieht man besonders schön die Blattunterseiten mit ihrer weißen oder gelben Bemehlung.

Hymenophyllaceae
Hautfarne

Der besondere Stolz jeder botanischen Sammlung sind die außerordentlich schwierig zu haltenden und daher so selten anzutreffenden Hautfarne, deren zarte dünne Blätter keine Spaltöffnungen besitzen. Viele ähneln im Habitus Laubmoosen. Mit diesen zusammen wachsen die meisten Arten epiphytisch an Baumstämmen und Ästen, wo sie große Polster bilden, andere Arten gedeihen an Felsen, vor allem die aus Gebieten mit ozeanischem Klima. Die meisten der etwa 600 Arten kommen in den Nebelwäldern der subtropischen und tropischen Gebiete der südlichen Hemisphäre vor. Die einzige, fast pantropische Art, auch in Europa an wenigen Orten vorkommend, ist **Hymenophyllum tunbrigense** (L.) Sm. Außer wenigen Arten der nur kleinen Gattung **Hymenophyllum** Sm. werden hier und da auch einige Arten der nach älterer Auffassung etwa 350 Arten umfassenden Gattung **Trichomanes** L. gezogen.

Alle sind nur in kleinen, geschlossenen, sehr luftfeuchten Räumen mit Dauerschatten zu halten, am besten in Nordlage. Man sollte für sie eine Nebelanlage einbauen, die der einer Nebelvermehrung entspricht, also immer dann sprüht, wenn die Oberflächen der Pflanzen beginnen abzutrocknen. Das Wasser muß weich, also kalkarm sein. Die Temperatur richtet sich nach der Herkunft der Arten. Für die von kühleren Standorten, z.B. die vielen Arten aus Neuseeland, Tasmanien, Chile und den Antillen, genügen 10° durchaus, Arten wärmerer Länder benötigen 15 bis 20°. So konstant wie die Luftfeuchtigkeit sollte auch die Wärme sein. Bei der Kultur in flachen Schalen mischt man der Erde (Nadel-, Heide- oder Lauberde) viel Sphagnum bei, vor allem bei den aus tropischen Wäldern stammenden und dort epiphytisch an Holz wachsenden Arten. Die im kühleren Klima vorkommenden Hautfarne wachsen besser an moosigen Felsen, ebenso wie die meisten Arten von *Trichomanes*. Für sie nimmt man am besten einen rauhen Sandstein oder einen anderen nicht zu harten, mehr porösen Stein. Die in Schalen gezogenen senkt man in lebendes Sphagnum ein. Die Einführung aus den Tropen erfolgt in Tüten aus Polyethylenfolie und grundsätzlich nur mit dem Flugzeug. Je schneller sie die Reise überstehen, desto größer ist die Chance des Weiterwachsens. Ihre Kultur unter normalen Gewächshausbedingungen zusammen mit anderen Topfpflanzen ist nicht möglich.

Hypolepidaceae
Hypolepisgewächse

Hypolepis Bernh.
(griech. *hypo* = unter, *lepis* = Schuppe)

Eine in allen Tropenländern anzutreffende Gattung mit etwa 45 Arten. In den Sammlungen sind sie nur sehr selten anzutreffen. Ihr Wasserbedarf ist sehr groß. Töpfe oder Schalen müssen deshalb gut drainiert werden und sehr lockere, durchlässige Humuserde enthalten. Will man sie auspflanzen, läßt man sie am besten über und zwischen Steinen kriechen. Je nach Herkommen gehören sie ins Lauwarm- oder Warmhaus, wo sie aber nicht von der Sonne getroffen werden dürfen. Vermehrt wird durch Sporen oder Teilung der Rhizome. Wegen ihres sparrigen Wuchses entwickeln sie sich am schönsten in einem recht luftfeuchten Hause ausgepflanzt. Hin und wieder trifft man die fast winterharte **H.millefolia** Hook. aus Neuseeland, sowie **H.repens** K.B. Presl aus dem tropischen Amerika, durch die bis 60 cm langen gelben Blattstiele auffallend, und **H.tenuifolia** (G. Forst.) Bernh. ex K.B. Presl, von Java bis Australien verbreitet. Beide wurden 1824 eingeführt.

Sphaeropteris cooperi

Davallia solida

Lomariopsidaceae
Lomariopsisgewächse

Bolbitis Schott
(griech. *bolbos* = Zwiebel, Knolle)

Von dieser etwa 85 Arten umfassenden Gattung stammen die meisten aus dem indomalesischen Gebiet. In botanischen Sammlungen findet man bisweilen

B. heteroclita (K.B. Presl) Ching (*Gymnopteris flagellifera* (Wall.) Bedd.) aus dem tropischen Asien. Sie hat ein braun beschupptes, kriechendes Rhizom und einfache, lineal-lanzettliche, an der Spitze in eine lange bandförmige Zunge ausgezogene Blätter, die häufig auch mit mehreren Seitenfiedern ausgestattet sind. Die Spitze der Blätter wurzelt und bringt neue Pflänzchen hervor. Die fertilen Blätter mit den an den Blattspitzen sich entwickelnden Pflänzchen sind unterseits dicht mit Sporangien bedeckt. Interessanter Warmhausfarn, der im lockeren, humosen Substrat weit kriecht und sich leicht durch Abnehmen der Jungpflanzen vermehren läßt. Besonders hübsch wirkt dieser Farn, wenn er an Farnstämmen emporklettert. 1828 eingeführt.

Goniophlebium subauriculatum 'Knightiae'

Lycopodiaceae
Bärlappgewächse

Die meisten der mehr als 400 Arten umfassenden kosmopolitischen Familie sind tropisch. Auch in unserer Heimat wie in anderen temperierten Gebieten sind einige Arten vertreten. Bis auf wenige Ausnahmen ist es bisher nicht gelungen, sie für längere Zeit im Gewächshaus zu halten. Als Epiphyten pflanzt man die tropischen Arten in Holzkörbchen in eine Mischung aus Sphagnum, Polypodiumwurzeln, Torfbrocken und Holzkohlenstückchen. Sie verlangen hohe Luftfeuchtigkeit, kalkarmes oder kalkfreies Wasser, gleichmäßige Wärme von 18 bis 20°, wenig Spritzen, also ähnliche Verhältnisse, wie sie die meisten *Selaginella*-Arten verlangen, mit denen man sie auch am besten zusammen hält.

Am besten wächst in Kultur **Lycopodium squarrosum** G. Forst., in Indien, auf Ceylon und Java verbreitet. Bei Einfuhr aus den Tropen sollte man sich nur kleine Pflanzen schicken lassen, denn die großen gewöhnen sich bei uns nicht mehr ein und sterben nach wenigen Monaten. Manche Arten lassen sich durch Stecklinge vermehren, so auch *L. squarrosum*.

Lygodiaceae
Kletterfarngewächse

Lygodium Sw., Kletterfarn
(griech. *lygodes* = ruten-, weidenartig)

Farne als Lianen sind nicht häufig, die 39 Arten dieser Gattung gehören dazu. Ihre windenden, dichotom oder fiederartig verzweigten Blätter können fast unbegrenzt lang werden, bis 15 m hat man gemessen! Sie sind in Tropen und Subtropen heimisch, nur

L. palmatum (Bernh.) Sw. aus dem atlantischen Nordamerika und **L. japonicum** (Thunb.) Sw. aus Japan, den Riukiu-Inseln, Taiwan, Korea und China, 1830 in England, 1856 in Holland eingeführt, wachsen in kühleren Klimaten. Beide gehören ins Kalthaus. Neben ihnen, aber im Warmhaus, finden wir ab und zu die einander recht ähnlichen **L. flexuosum** (L.) Sw., in Südchina, den Philippinen und Queensland heimisch, sehr starkwüchsig, **L. scandens** (L.) Sw., in Afrika, Asien, Polynesien und dem tropischen Australien verbreitet, sowie **L. volubile** Sw. aus dem tropischen Amerika, 1810 eingeführt.

Sie alle wollen im temperierten Gewächshaus bei Nachttemperaturen von etwa 16° stehen, *L. flexuosum* verträgt eine um einige Grade höhere Temperatur. Je länger sie ungestört wachsen können, desto schöner entwickeln sie sich. Man lasse sie an Reisig, Wellendraht oder Schnüren sich emporwinden. Sie verlangen viel Licht, also einen hellen Stand ohne direkte Sonnenbestrahlung. Ausgepflanzt gedeihen sie am besten, aber auch in größeren Gefäßen wachsen sie noch befriedigend. Als Erde nehme man eine Mischung aus lehmiger Rasenerde, brockiger Lauberde und Sand. Auch Einheitserde bewährte sich. Ihr schlimmster Feind sind Schild- und Wollläuse, die sich kaum restlos vernichten lassen. Deshalb nicht zu warm, aber recht luftfeucht halten. Bei Schädlingsbefall bleibt meist nichts anderes übrig, als die ganzen Triebe abzuschneiden und zu vernichten. Das bedeutet aber eine recht große Schwächung der Pflanzen. Vermehrung aus Sporen ist nicht schwierig.

Nephrolepidaceae
Nephrolepisgewächse

Nephrolepis Schott
(griech. *nephros* = Niere, *lepis* = Schuppe)

Hierzu gehören einige der bekanntesten Zimmerfarne, vor allem zahlreiche monströse Formen. Die Gattung ist mit etwa 30 Arten in Subtropen und Tropen weit verbreitet. Die Blätter sind einfach gefiedert, die Pflanzen treiben meist lange Ausläufer. Wichtigste Art ist die in allen Tropenländern häufige, bereits 1793 in England eingeführte

N. exaltata (L.) Schott, die sowohl epiphytisch als auch auf dem Boden vorkommt. Die Art selbst wird kaum noch gezogen, dagegen viele Sorten mit mehr oder weniger krausen Blattfiedern, stark oder schwachwüchsig, mit sehr langen oder kurzen Wedeln. An der gleichen Pflanze treten oft ganz verschiedene Blattformen auf. Aus dem großen Sortiment seien genannt: 'Bostoniensis', kräftig im Wuchs, 'Maasii', 'Rooseveltii', für die Anzucht von Schaupflanzen besonders geeignet, 'Rooseveltii Plumosus', 'Teddy Junior', 'Whitmannii', kleinbleibend, mit dichten krausen Blättern.

Von anderen Arten werden gezogen **N. acuminata** (Houtt.) Kuhn von den Sundainseln, Java und Celebes, mit dicht gebüschelten, bis meterlangen Blättern, 1852 eingeführt, **N. biserrata** (Sw.) Schott (*N. acuta* (Schkuhr) K.B. Presl, pantropisch, **N. cordifolia** (L.) K.B. Presl (*N. tuberosa* Hook.), in vielen Tropenländern verbreitet, mit haselnußgroßen, schuppigen Knollen an den langen Ausläufern, 1841 eingeführt.

Vermehrung je nach Art und Sorte durch Sporenaussaat oder durch Abtrennen der Ausläufer. Viele *Nephrolepis* vertragen mehr Licht, ja sogar etwas Sonne, als andere Farne.

Oleandraceae
Oleandragewächse

Oleandra Cav.
(nach den langen, schmalen, oleanderähnlichen Wedeln)

Etwa 40 Arten weithin auf dem Boden oder an Baumstämmen kriechende Farne mit dem Rhizom angefügten Blättern, deren lanzettliche Spreite ungeteilt ist. Die Sori sitzen beiderseits der Mittelrippe den Nebenadern auf. Selten einmal findet man in den Sammlungen

O. articulata (Sw.) K.B. Presl, Antillen, Guatemala und Guayana, die als Epiphyt in Warmhäusern an Stämmen oder Aststücken gezogen wird. Vermehrt wird durch Teilung der Rhizome und durch Aussaat der Sporen.

Nephrolepis exaltata

Parkeriaceae
Parkeriagewächse

Ceratopteris Brongn., Hornfarn
(griech. *keras* = Horn, *pteris* = Farn)

In tropischen und subtropischen seichten Gewässern wächst **C. thalictroides** (L.) Brongn., eine der wenigen echten Wasserpflanzen unter den Farnen. Sie ist einjährig, wurzelt im Schlamm oder schwimmt (*f. cornuta* (P. Beauv.) Glück) auf dem Wasser. Diese Form ist fast stets steril und entwickelt an den Blatträndern viele Adventivpflanzen. Die aufrechtwachsende Form bildet zuerst einfach- bis fiedrig geteilte sterile Wedel. Die später sich entwickelnden fertilen Wedel sind mehrfach gefiedert und bis 40 cm lang. Nach der Sporenbildung geht die Pflanze ein, doch bilden sich in den Achseln der Fiedern vor-

Pteridophyta

Platycerium willinckii

Platycerium bifurcatum

Polypodiaceae
Tüpfelfarngewächse

Aglaomorpha Schott
(griech. *aglaos* = glänzend, herrlich, *morphos* = Form)

Nur 4, nach anderer Auffassung etwa 10 Arten großer epiphytischer Farne mit fleischigen, schuppigen Rhizomen und sitzenden, am Grunde seicht gelappten, weiter oben fiederspaltigen, an Eichen erinnernden Blättern, zwischen denen sich wie bei *Platycerium* Humus sammelt. Sori ohne Schleierchen (Indusium).
Für kleine Gewächshäuser ihrer Größe wegen nicht zu empfehlen, aber in botanischen Sammlungen zu prächtigen Pflanzen heranwachsend. Man findet dort vor allem **A.coronans** (Wall.) Copel. aus Südostasien, **A.heracleum** (Kunze) Copel., von Sumatra bis Neuguinea verbreitet, wohl die größte und dekorativste Art, und **A. meyeniana** Schott von den Philippinen. Vermehrung und Pflege wie bei *Drynaria* und *Platycerium*.

Drymoglossum K.B. Presl.
(griech. *drymos* = Wald, *glossa* = Zunge)

Etwa 6 Arten kleiner, epiphytisch wachsender Farne mit verschieden gestalteten Blättern, die auf Rinde und Ästen der Bäume vom Himalaja bis Japan, von Madagaskar bis zu den Salomoninseln vorkommen. Die sterilen Blätter sind rundlich, oval oder elliptisch und ungeteilt, meist etwas fleischig, die fertilen Blätter linealisch oder linealisch-lanzettlich mit gleichmäßig verteilten Sporangien.
In den Sammlungen finden wir vor allem

D.carnosum (Wall.) J.Sm. vom Himalaja mit kreisrunden oder elliptischen kleinen Blättern, **D.niphoboloides** (Luerss.) Bak. aus Madagaskar mit spatelförmigen Blättchen und **D.piloselloides** (L.) K.B. Presl, im tropischen Asien an trockenen und heißen Standorten verbreitet, mit kurzgestielten, dickfleischigen, schiefovalen Blättern. 1828 eingeführt.
Alle Arten werden auf Korkrinde, Äste aus Robinienholz oder auf größere Epiphytenstämme gebunden und im Warmhaus gehalten. Dort wachsen sie sehr willig und bedecken nach und nach das ganze Aststück. Durch Spritzen und regelmäßiges Tauchen verhindert man ein Austrocknen, das sie nicht gut vertragen. Vermehrung am

her häufig viele Brutknospen. Die Art ist je nach der Höhe des Wasserstandes sehr variabel.
Ceratopteris mit allen ihren Formen wächst nur gut bei großer Helligkeit, einer Wärme von 20 bis 24° und hoher Luftfeuchtigkeit. Vermehrung durch Aussaat der Sporen im Januar bis Februar auf feuchten Torf oder durch Abnahme und Weiterkultur der Adventivpflänzchen. Im Januar ausgesäte Pflanzen sind bis zum Juli bis August voll entwickelt. Besonders die untergetaucht lebende Form wie auch die Schwimmform sind ideale Pflanzen für das warme Aquarium. Schoser empfiehlt im Winter Zusatzbeleuchtung. Er nennt als Beleuchtungsstärke 2000 lx bei einer Lichtperiode von 12 bis 14 Stunden je Tag.

besten durch Teilung, aber auch durch Sporenaussaat möglich, doch ziemlich langwierig.

Drynaria (Bory) J. Sm.
(griech. *drys* = Eiche, nach der Form der Nischenblätter)

Diese in ihrer Lebensweise und in ihrem Aufbau den Platycerien ähnlichen Farne haben zweierlei Blätter, nämlich in der Form Eichenblättern ähnliche, trockenhäutige, humussammelnde Mantelblätter und einfach gefiederte Blätter, die die Sporangien tragen. Abwechselnd erscheint entweder ein Schub der einen oder anderen. Bekannt sind 20 Arten aus dem tropischen Asien und Australien sowie 3 Arten aus Afrika.

Am häufigsten in Kultur sind **D. quercifolia** (L.) J. Sm., 1824 eingeführt, die von Indien bis Ostaustralien und Polynesien verbreitet ist, und **D. rigidula** (Sw.) Bedd. aus dem malaiischen Gebiet.
Alle Arten werden recht groß, sprengen also den Rahmen eines kleinen Gewächshauses. Für botanische Sammlungen jedoch sind sie recht interessant. Sie gehören in ein helles und luftfeuchtes Warmhaus in Holzkästchen aufgehängt oder an Epiphytenstämme. Als Pflanzstoff nimmt man eine Mischung aus Farnwurzeln und Sphagnum mit Zusatz von Torfbrocken, Holzkohle oder Styromull und getrocknetem Kuhdung. Vermehrung am besten durch Teilung größerer Pflanzen.

Goniophlebium K. B. Presl.
(griech. *gonio* = Winkel, Ecke, *phleps, phlebos* = Ader)

20 Arten meist großer von Asien bis zu den Fidschi-Inseln verbreiteter Farne, von denen das epiphytisch wachsende

G. subauriculatum (Bl.) K. B. Presl (*Polypodium subauriculatum* Bl., *P. reinwardtii* Kunze), in Nordindien, Malaysia und Nordostaustralien heimisch, in den meisten botanischen Sammlungen vertreten, seiner Größe wegen aber für kleine Gewächshäuser ungeeignet ist. Es hat kriechende, mit kleinen braunen Schuppen besetzte Rhizome, 20 bis 30 cm lange Blattstiele und 1 bis 2 m lange, 25 bis 30 cm breite, gefiederte Blätter. Die nahe der Mittelrippe der Fiedern in einer Reihe sitzenden Sori sind rund und eingesenkt. 1856 in England in Kultur.

Eine stattliche Ampelpflanze für große Warmhäuser, die am besten in großen Körben in recht lockerem Pflanzstoff kultivert wird, aber auch an großen Epiphytenstämmen angesiedelt werden kann. Wärme, Feuchtigkeit und Schatten sind Vorbedingung für üppiges Wachstum.

Microsorum Link
(griech. *mikros* = klein, *soros* = Haufen)

Aus dieser etwa 60 Arten umfassenden altweltlichen Gattung wird seit einiger Zeit ein echter Unterwasserfarn,

M. pteropus (Bl.) Copel. (*Polypodium pteropus* Bl.) angeboten. Er kommt aus Indien, Ceylon und Java, wo er häufig in Flüssen und an Felsen unter Wasser zwischen 1000 und 1300 m Höhe wächst. Der Stamm ist verzweigt und kriecht. Die Blätter sind 5 bis 25 cm lang bei einer Breite von nur 2 bis 5 cm, schmutzig dunkelgrün und meist ungeteilt.
Dieser interessante Farn eignet sich als Unterwasserpflanze für warme und schattige Aquarien, wo er sich bald durch Ausläufer vermehrt. Er ist sehr haltbar und deshalb zu empfehlen.

Platycerium Desv., Geweihfarn
(griech. *platys* = breit, *keras* = Horn)

Sehr eigenartige, allgemein bekannte, ausschließlich epiphytisch lebende Farne mit auffallend verschieden gestalteten sterilen und fertilen Blättern. Die dünnen Jugendblätter liegen der Unterlage in dichter Rosette als humussammelnde Mantelblätter an. Sie werden bald trocken und braun, an ihrem Ende stehen sie mehr oder weniger tütenförmig ab. Die später aus der Mitte dieser Rosette sich entwickelnden fertilen Blätter sind zunächst aufrecht, dann überhängend, an ihrer Spitze meist gabelig oder geweihförmig verzweigt. An bestimmten je nach Art verschiedenen Stellen der Blattunterseite entwickeln sich die Sporangien und bedecken sie als dichte braune Masse. Die meisten Arten sind Bewohner feuchtwarmer Regenwälder, wo sie in großen Höhen in den Astgabeln und an den Stämmen der Urwaldbäume wachsen. Das Verbreitungsgebiet der 17 Arten umfassenden Gattung erstreckt sich von Südchina, Hinterindien und Malakka bis nach Australien. Vereinzelt kommen sie darüber hinaus auf den Maskarenen, in Westafrika, Peru und Bolivien vor.
An Arten werden vor allem gezogen

P. bifurcatum (Cav.) C. Christ (*P. alcicorne* hort.) mit verschiedenen Sorten, aus dem tropischen Australien und aus Neuguinea, 1808 in England eingeführt, das seltene **P. angolense** Welw. ex Bak. aus dem tropischen Afrika mit ungeteilten fertilen Blättern, **P. coronarium** (J. G. Koenig ex O. F. Muell.) Desv. aus dem malaiischen Gebiet mit bis 2 m langen, in viele 3 cm breite, riemenförmige Abschnitte zerteilten fertilen Blättern, an deren Grunde die Sporangien auf einem dort entspringenden nierenförmigen kleinen Gebilde sitzen, **P. hillii** T. Moore aus Australien, 1877 in England eingeführt, **P. grande** (J. Sm. ex Fée) K. B. Presl von der Philippinen-Insel Luzon, das ähnliche **P. wilhelminae-reginae** Alderw. van Rosenb. aus Neuguinea und das verbreitete **P. superbum** Jonch. et Hennipm. (*P. grande* auct. et hort. non (J. Sm. ex Fée) K. B. Presl), in Australien, Ostmalaysia und Java beheimatet, 1842 in England eingeführt, die wohl drei stattlichsten Arten, **P. stemaria** (P. Beauv.) Desv. aus dem tropischen Afrika, 1822 eingeführt, **P. willinckii** T. Moore von Java, Celebes und Timor, mit einigen Sorten, sehr groß und besonders weißfilzig, um 1873 in England eingeführt. Als Seltenheit von schwieriger Kultur findet man in manchen botanischen Sammlungen das madagassische **P. madagascariense** Bak., eine Art, die es kühler als die anderen haben will.

Die meisten Arten (nicht alle!) gedeihen ohne Schwierigkeit im luftfeuchten Warmhaus, hell, aber vor direkter Sonne geschützt. Für das kleine Gewächshaus werden manche Arten, wie das stattliche *P. superbum*, im Laufe der Zeit allerdings zu groß. Man kultiviert sie am Rindenstück sowie am Epiphytenbaum oder aber in Lattenkörbchen aus Holz- oder Kunststoff bei 18 bis 20°, Temperaturen, die nachts, vor allem im Winter, ohne Schaden auf 16 bis 18° zurückgehen dürfen. Man darf sie nie trocken werden lassen, sollte sie aber nie spritzen. So wird man sie also von oben gießen müssen. Für Düngung sind sie dankbar. Entweder steckt man getrockneten Kuhdung zwischen die Nischenblätter, zwischen denen ja auch Wurzeln sind, oder aber man setzt dem Gießwasser geringe Mengen eines Mischdüngers zu, zum Beispiel 1 bis 2 g Crescal (= Poly C) auf 10 l Wasser.
Vermehrt wird durch Abnahme von Adventivsprossen oder durch Sporenaussaat, die aber schwierig, vor allem langwierig ist, deshalb aber gerade den Liebhaber reizen wird.

Pteridophyta

Phlebodium (R. Br.) J. Sm.
(griech. *phleps, phlebos* = Ader)

10 Arten im tropischen Amerika, von denen das prächtige, schon 1740 in England eingeführte

P. aureum (L.) J. Sm. (*Polypodium aureum* L.) aus dem tropischen Amerika auch heute noch recht häufig gezogen wird. Die im Alter über meterlangen, 30 bis 50 cm breiten, fiederspaltigen Blätter sind wie die gelblichen, bis 50 cm langen Blattstiele kahl und blau überlaufen. Die in zwei unregelmäßigen Reihen stehenden Sori sind oft leuchtend gelb. Hierzu gehören auch meist etwas kleiner bleibenden Sorten mit mehr oder weniger gekrausten oder gewellten Fiedern, so 'Cristatum' und 'Mandaianum'.
Alle sind für kleinere Gewächshäuser nur als Jungpflanzen zu empfehlen. Ihre volle Schönheit erreichen diese durch die bläulichen Wedel auffallenden Farne nur in großen Warmhäusern, wo sie sich nach allen Seiten voll entwickeln können. Sie müssen zwar vor Sonne geschützt stehen, dabei aber doch recht hell, da nur dann die Färbung sich gut entwickelt.

Polypodium L., Tüpfelfarn
(griech. *polypous* = vielfüßig, *podion* = kleiner Fuß)

Diese früher sehr umfangreiche Sammelgattung wurde in den letzten Jahrzehnten in viele kleinere Gattungen aufgeteilt. Übriggeblieben sind noch etwa 75 meist in den Tropen und Subtropen als Erd- oder Felsenfarne wie auch als Epiphyten wachsende Arten, darunter das auch in unserer Heimat meist als Felsenfarn vorkommende *P. vulgare* L., das Engelsüß, dessen Wurzeln dem Orchideenliebhaber als Orchideenpflanzstoff vertraut sind. Die Rhizome treiben nach ihrer Verwendung meist bald wieder aus und fühlen sich im warmen Gewächshaus genauso wohl wie im Freien. Es gibt sowohl Arten mit gefiederten als auch solche mit ungeteilten Blättern.
Kleinere Arten mit gefiederten Blättern sind **P. lucidum** Roxb. (*P. leiorhizum* Wall. et Mett.), Nord- und Südindien, und **P. scandens** G. Forst. (*P. pustulatum* Cheesem.), Australien und Neuseeland.
Arten mit ungeteilten, ganzrandigen, lederigen Blättern sind **P. crassifolium** L. aus dem tropischen Mittel- und Südamerika, **P. longifolium** Mett. von der malaiischen Region und den Philippinen, mit bis 60 cm langen und nur 2 cm breiten Blättern,

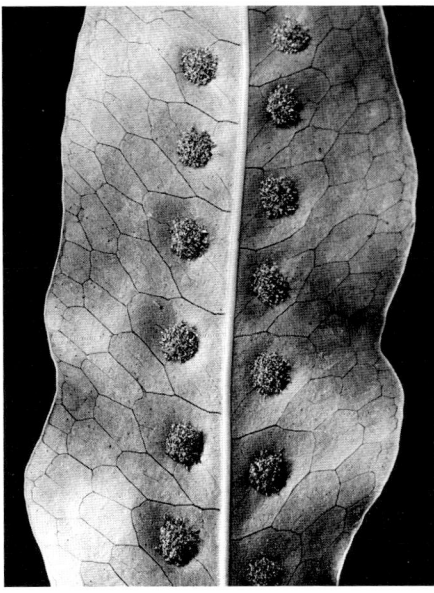
Polypodium crassifolium

P. musifolium Bl. aus dem gleichen Gebiet, den Philippinen und Neuguinea. Kleine, epiphytisch wachsende Arten sind **P. lycopodioides** L., 1793 eingeführt, und **P. vacciniifolium** Langsd. et Fisch., beide im tropischen Südamerika verbreitet. Die meisten der hier genannten Arten werden als Epiphyten behandelt. Vor allem die Arten mit ungeteilten Blättern können aber auch im Topf gehalten oder in einem Erdbeet ausgepflanzt werden. Vermehrt wird durch Teilung oder Aussaat.

Solanopteris Copel.
(*Solanum* = Kartoffel, griech. *pteris* = ein Farn)

Nur wenige kleine südamerikanische Arten, für die die Bildung hohler Knollen charakteristisch ist. Eine der interessantesten, aber sehr schwierig zu kultivierenden und deshalb seltensten Arten ist das erst um 1960 von Prof. Rauh aus Ekuador wiedereingeführte **S. bifrons** (Hook.) Copel. (*Polypodium bifrons* Hook.), ein kleiner Epiphyt, der durch die Bildung großer brauner, runder, innen hohler Taschen auffällt. Er wird am Aststück gezogen, gehört ins feuchte Warmhaus und muß täglich in Wasser getaucht und bei warmem Wetter oder starker Heizung im Winter außerdem mehrmals am Tage fein gespritzt oder genebelt werden. Die Vermehrung geschieht in der Regel durch Übertragung der kletternden Rhizome auf ein anderes Aststück oder durch Aussaat der Sporen, die auch an kultivierten Exemplaren gebildet werden.

Selaginellaceae
Mooskrautgewächse

Nur eine Gattung mit etwa 700 Arten, von denen die meisten im tropischen Regenwald, nur wenige in tropischen und subtropischen Trockengebieten, einige in Ländern mit gemäßigtem Klima vorkommen.

Selaginella P. Beauv., Mooskraut
(Verkleinerungsform von *selago* = Pflanzenname bei Plinius)

Ausdauernde Kräuter mit in die Länge wachsendem, meist gabelig geteiltem Stamm, der mit kleineren Oberblättern und größeren Unterblättern besetzt ist. Diese sind schuppenförmig, angedrückt oder abstehend. Am Stamm befinden sich eigenartige »Wurzelträger«, aus deren Innerem die sich gabelig verzweigenden Wurzeln hervorbrechen. Die Sporenblätter vereinigen sich an der Spitze der Zweige zu ährenartigen, vierkantigen Ständen. Am Grunde der Blättchen sitzen die weiblichen Sporangien mit 4, selten 2 oder 8 Makrosporen und die männlichen Mikrosporangien mit zahlreichen Mikrosporen.
Im Habitus sind die Arten sehr verschieden, es gibt solche mit niederliegenden Zweigen, andere mit Ausläufern, auf denen wedelartige Zweige stehen, bei wieder anderen sind die Zweige kammartig um einen kurzen Scheinstamm gestellt, noch andere haben lange Zweige und wachsen als Spreizklimmer.
Die Unterscheidung vieler Arten ist nicht leicht. Alle aber sind so schöne und interessante Pflanzen, daß es sich lohnt, eine möglichst große Sammlung von ihnen zusammenzubringen. Gerade für das kleine Warmhaus des Liebhabers eignen sie sich, da man ihnen dort leichter als in großen Gewächshäusern die ihnen zusagenden Lebensbedingungen, das richtige Kleinklima, schaffen kann. Man sollte ihnen noch Farne und andere kleine, schatten- und feuchtigkeitsliebende Tropenpflanzen beigesellen.
Kleine winterharte Arten für Steinbeet und Steingarten, vielleicht noch besser für das Alpinenhaus sind

S. denticulata (L.) Link (nur für Alpinenhaus), **S. douglasii** (Hook. et Grev.) Spring, Westl. Nordamerika, **S. helvetica** (L.) Link, Alpen, Mittel- und Südosteuropa, Kleinasien, Kaukasus, Ostasien, **S. rupestris** (L.) Spring, Nordamerika:

Polypodium crassifolium

Selaginella gracilis

Quebec bis Manitoba, südlich bis Georgia, Alabama, Arkansas u. Oklahoma, mit den ähnlichen **S.sibirica** (Milde) Hieron., Japan, Sachalin, Nordkorea, Ostsibirien bis Alaska, und **S.underwoodii** Hieron., westliche USA, **S.selaginoides** (L.) Link, Nordeuropa, Gebirge Mittel- und Südeuropas, Kaukasus, Sibirien, Nordostasien, nördliches Nordamerika.

Eine Beschreibung der vielen schönen Arten würde hier zu weit führen. Darum werden nachfolgend, getrennt nach ihrer Wuchsform, nur einige genannt. Ausführliche Beschreibungen findet man in Pareys Blumengärtnerei, Bd. I.

1. Niedrige, oft rasenbildende Arten

S.apoda (L.) Fern. (*S.apus* Spring), von Kanada durch die USA, südlich bis Florida und Texas, für das Kalthaus. 1878 eingeführt.

S.kraussiana (Kunze) A.Br. aus dem tropischen und Südafrika, 1878 in England eingeführt, mit den Sorten 'Argentea' und 'Aurea'. Von 5 bis 20° gedeihend, ideal für Rasenbildung in großen und kleinen Gewächshäusern und Untergrundbepflanzungen. Sie darf vor allem im Winter nicht zu feucht gehalten werden. Vermehrung durch Abstecken der Zweigspitzen.

S.rotundifolia Spring, Westindien, gedeiht gut von 14 bis 22°. Sie wird durch Teilung vermehrt.

S.serpens (Desv. ex Poir.) Spring, ebenfalls aus Westindien, ist sehr interessant durch den Farbwechsel der Blätter, die tagsüber hellgrün, gegen Abend und nachts aber weiß sind. Vermehrung durch Abstecken der Zweigspitzen.

S.stolonifera Spring, auf den Westindischen Inseln, Kuba, Puerto Rico und San Domingo zu Hause, wird durch Zweigspitzen und Zweigteile vermehrt. Ihre Zweige laufen oft in peitschenförmige Spitzen aus.

S.tenella (P. Beauv.) Spring, Westindien, für das Warmhaus.

S.uncinata (Desv. ex Poir.) Spring (*S.caesia* (hort.) hort. ex Kunze) wächst im südlichen China. Sie kriecht bis 60 cm lang und gehört in das Warmhaus. Bei tiefem Schatten und hoher Luftfeuchtigkeit schillert die ganze Pflanze metallisch blaugrün. Auch als Ampelpflanze ist sie schön. Vermehrt wird durch Abstecken von Zweigspitzen und -teilen.

2. Aufrechtwachsende, nur im Warmhaus gedeihende Arten

S.braunii Bak., Westchina, wird 50 cm hoch. Um 1867 in England eingeführt.

S.flabellata (L.) Spring, in Westindien weit verbreitet, bis 50 cm hoch. Ihre Seitenblätter berühren sich und greifen wie Dachziegel übereinander.

S.gracilis T. Moore aus Polynesien, 60 bis 90 cm hoch, hat etwas rauhe Zweige und frischgrüne Blättchen. Sie ist eine der zierlichsten, leider selten gewordenen Arten. 1886 in England eingeführt.

S.grandis T. Moore von Borneo, 1882 eingeführt, ist eine der schönsten und stattlichsten, aber auch empfindlichsten Arten. Sie gedeiht nur gut bei einer Temperatur, die nie unter 20 bis 22° fällt, bei tiefem Schatten und hoher gleichmäßiger Luftfeuchtigkeit, am besten in einem geschlossenen Glaskasten ausgepflanzt.

S.griffithii Spring. von den Mergui-Inseln bei Hinterindien, 15 bis 30 cm hoch. 1860 eingeführt.

S.haematodes (Kunze) Spring., heimisch in den Anden von Venezuela, Ekuador und Peru, besonders schön, aber nicht ganz so empfindlich wie *S.grandis*, 50 bis 60 cm hoch.

S.involvens (Sw.) Spring emend. Hieron. (*S.caulescens* (Wall. ex Hook. et Grev.) Spring), in Indien, China, Japan und den Sunda-Inseln verbreitet, 30 bis 60 cm hohe Art. 1868 eingeführt.

S.plana (Desv.) Hieron. (*S.inaequalifolia* (Hook. et Grev.) Spring var. **perelegans** (T. Moore) Bak.) von Ostindien und Java ist ebenfalls besonders schön, starkwachsend, 50 bis 70 cm hoch werdend.

S.lepidophylla (Hook. et Grev.) Spring, eine von Texas bis Arizona, südlich bis El Salvador vorkommende »Auferstehungspflanze«. Ihre Stämmchen sind mit einer flachen Rosette bei Feuchtigkeit ausgebreiteter Zweige besetzt. Bei Trockenheit aber schließen sich diese Zweige über dem Herz der Pflanze zu einem dichten Ball zusammen. Auch bereits abgestorbene Pflanzen behalten diese Eigenschaft bei. 1869 in Belgien in Kultur.

Pflege im Warmhaus, am besten unter dem Glasdach in Körbchen oder in Töpfen aufgehängt. Bringt man die Pflanzen in sehr feuchte Luft oder legt man einige Zweige in ein geschlossenes Vermehrungsbeet auf feuchtes Sphagnum oder feuchten Torf, so bilden sich auf ihnen junge Pflanzen, die abgenommen und selbständig weiterkultiviert werden.

S.martensii Spring aus Mexiko, 1866 in Belgien kultiviert, ist eine bis 30 cm hoch werdende Art, die bei Temperaturen von etwa 12° aufwärts ausgezeichnet wächst und besonders schön für die Bildung höherer Rasen als auch zur Unterpflanzung ist, aber auch im Topf gehalten werden kann. Sie wird durch Zweigstecklinge vermehrt, die zu mehreren zusammen in einen Topf gesteckt werden. Eine vielgestaltige Art.

S.pallescens (K.B. Presl) Spring (*S.emmeliana* Van Geert, *S.cuspidata* var. *emiliana* Van Houtte ex Nichols.) ist von Mexiko bis Kolumbien und Venezuela verbreitet. Ihre aufrecht stehenden Zweige erreichen eine Länge von 30 cm. Um 1881 in der Schweiz in Kultur. Vor allem die gelbblättrige Sorte 'Aurea' wird häufig gezogen. Sie wird auf die gleiche Weise wie *S.lepidophylla* vermehrt.

S.pilifera A.Br., Mexiko und Texas, ähnelt *S.lepidophylla*, ist aber weniger ausgesprochen xerophytisch, daher etwas feuchter zu halten.

S.pulcherrima Liebm. et Fourn., Mexiko, hat strohgelbe Zweige und hellgrüne Blätter. Ihre Höhe beträgt 30 cm.

S.umbrosa Lem. ex Hieron. heimisch in Yucatan, Mittelamerika, Kolumbien und Brasilien, ist besonders schön, aber empfindlich. Sie muß ähnlich wie *S.grandis* vor Zugluft geschützt in tiefem Schatten bei etwa 22° stehen. Sie bildet etwa 25 cm hohe, weitausladende Büsche.

S.victoriae T. Moore, auf Borneo und den Fidschi-Inseln heimisch, ist mit einer Höhe von 60 bis 90 cm eine der größten und prächtigsten Arten, unter den gleichen Bedingungen wie die vorige Art gut gedeihend. 1878 in England eingeführt.

3. Klimmende Arten

S.willdenowii (Desv. ex Poir.) Bak., im tropischen Asien verbreitet, klimmt mehrere Meter zwischen Zweigen empor. Ihre Wedel schimmern metallisch-blaugrün, aber nur unter sehr feuchten, warmen und schattigen Verhältnissen.

Die meisten Arten lassen sich gut, wenn auch nicht sehr ausgiebig durch vorsichtiges Teilen vermehren, andere durch das Abstecken einzelner Zweigteile und der Zweigspitzen, wodurch eine sehr ausgiebige Vermehrung möglich ist, wieder andere durch Abnehmen der durch hohe Luftfeuchtigkeit hervorgerufenen jungen Pflanzen auf den Blättern. Ihre Pflege ähnelt der vieler Farne, doch verlangen die meisten Arten höhere Luftfeuchtigkeit und noch intensiveren Schatten. Als typische Pflanzen des Regenwaldes sind sie besonders empfindlich gegen Zugluft, weshalb man sie in größeren Gewächshäusern in von der Umgebung abgeschlossene Glaskästen setzt, in denen sich besser eine gleichmäßig hohe Luftfeuchtigkeit halten läßt. Neben der normalen Schattierung des Hauses wird man diese Glaskästen durch Auflage von Schattengewebe nochmals schattieren. Dieser Schatten bleibt mit Ausnahme der Monate November, Dezember und erste Hälfte Januar das ganze Jahr liegen. Ausnahmen von dieser Behandlung sind bei den einzelnen hier aufgeführten Arten angegeben. Bei neuen Arten vergewissere man sich über das Herkunftsland und ihren dortigen natürlichen Standort. Die Erde sei vor allem humos und luftdurchlässig, ganz ähnlich wie die der Farne. Sie ist stets gleichmäßig feucht (nicht naß) zu halten. Einmaliges Austrocknen des Erdballens kann zum Tode führen. Durch Spritzen und Nebeln, dessen Häufigkeit sich nach der Witterung, im Winter auch nach der schwächeren oder stärkeren Intensität des Heizens richtet, sorge man für die lebensnotwendige Luftfeuchtigkeit.

Pellaea rotundifolia

Sinopteridaceae
Sinopterisgewächse

Doryopteris J. Sm., Speerfarn
(griech. *dory* = Speer, *pteris* = ein Farn)

Kleinfarne, in allen Tropenländern mit etwa 35 Arten verbreitet. Ihre Blätter sind klein, ungeteilt, meist aber fußförmig und eingeschnitten oder gegabelt, glatt und lederig. Die Sori sind ganz oder fast randständig und bilden dort eine meist ununterbrochene Reihe. In den Sammlungen finden sich

D. palmata (Willd.) J. Sm., 1821 in Deutschland in Kultur, und die sehr ähnliche **D. pedata** (L.) Fée aus dem tropischen Amerika, interessant durch die Ausbildung von Bulbillen, die auf dem Blatt zu jungen Pflanzen auswachsen. Sie bilden sich an derjenigen Stelle, wo der Blattstiel auf die Spreite trifft. Sie können zur Vermehrung benutzt werden, doch sollte man sie solange wie möglich an der Mutterpflanze lassen, weil sie ja zu deren besonderer Eigenart beitragen. Im übrigen ist die Anzucht aus Sporen leicht. Sie dürfen nicht zu dunkel stehen, andererseits aber auch nicht von den Sonnenstrahlen getroffen werden.
Ebenfalls schön, aber nicht ganz einfach zu halten ist **D. ludens** (Wall.) J. Sm. von Hinterindien und den Philippinen.

Pellaea Link
(griech. *pellaios* = schwärzlich, dunkel)

Die etwa 80 Arten kommen vorwiegend in kühlen Gebieten vor, so in den trockenen Zonen Südamerikas, Südafrikas und Neuseelands. Sie wachsen dort als meist echte Xerophyten häufig an Felsen. Die Blätter sind ein- oder mehrfach gefiedert und haben dunkle, meist glänzende Spindeln. Die Fiedern sind gleichgestaltet, die Sori fast endständig und sich meist seitlich berührend. Einige der härtesten Arten werden auch vom Gartenbau hin und wieder gezogen, die empfindlichen Arten aus den Trockengebieten sind in Deutschland zur Zeit wohl nicht in Kultur. Sie gehören in das helle Sukkulentenhaus, wo sie hell, aber nicht in der Sonne stehen sollen, besser noch ist es, sie in hängende Körbchen zu pflanzen. Am häufigsten gezogen wird

P. rotundifolia (G. Forst.) Hook. aus Neuseeland und von den Norfolkinseln, ein reizender Zwergfarn mit einfach gefiederten, lederigen, glänzenden 20 bis 30 cm langen und nur etwa 3 cm breiten Blättern, die 10 bis 20 Fiederpaare haben. 1841 in England eingeführt.

P. atropurpurea (L.) Link, ein fast winterharter Felsenfarn, der in Nordamerika von Neuengland bis Ontario, Minnesota und Süddakota, südlich bis Florida und Arizona meist auf Kalkgestein vorkommt und durch rotbraune Wedel auffällt. 1770 eingeführt.

P. ovata (Desv.) Weatherby (*P. flexuosa* Kaulf. ex Schlechtend. et Cham.), verbreitet von Texas bis Nordargentinien, Haiti, mit meterlang hin und her gebogenen Spindeln und dreifach gefiederten grünen Blättern. 1838 eingeführt.

P. viridis (Forssk.) Prantl, in Südafrika, Madagaskar und auf den Maskarenen heimisch, mit schwarzroten Blattspindeln und Stielen sowie dunkelgrünen, zwei- bis dreifach gefiederten, bis 60 cm langen Blättern.

Die hier aufgeführten Arten gehören in das Kalt- oder Lauwarmhaus, wo sie nur wenig gespritzt und nicht zu feucht gehalten werden sollen. Sie gedeihen gut in Einheitserde oder normaler Farnerde, sowohl im Topf als auch ausgepflanzt. Vermehrt wird am besten aus Sporen. Jungpflanzen wachsen schnell heran.

Vittariaceae
Bandfarngewächse

Vittaria Sm., Bandfarn
(lat. *vitta* = Band, Binde)

Etwa 50 Arten sind als eigenartige Epiphyten in allen Tropenländern verbreitet. Typisch für sie sind die schmalen, gegitterten Schuppen, mit denen die Rhizome besetzt sind, und die schmal-linealischen, oft grasartigen Blätter.
In botanischen Sammlungen findet man als Kostbarkeit selten einmal die fast pantropische, bereits 1793 erstmalig eingeführte **V. lineata** (L.) Sw.
Die Kultur ist nicht einfach. Sie gehören in das feuchte Warmhaus, wo man sie am Aststück oder in schief zu hängenden Lattenkörbchen hält. Vermehrung durch Teilung oder Sporen. Interessant sind die Prothallien, die im Gegensatz zu denen der meisten anderen Farne band- oder lappenartig zerteilt sind.

Doryopteris pedata

Vermehrung der Farne

Die Vermehrung der meisten Farne mit Ausnahme der unfruchtbaren Sorten erfolgt durch Aussaat der Sporen. Aus jeder Spore entwickelt sich ein Prothallium (Gametophyt), das die männlichen, Antheridium genannten und die weiblichen, Archegonium genannten Organe trägt. Das Prothallium ähnelt äußerlich einem Lebermoos. Das im Archegonium gebildete Ei wird unter Zusatz von Außenwasser durch die aus den Antheridien austretenden Schwärmsporen (Spermatozoiden) befruchtet. Aus der befruchteten Eizelle geht dann der Sporophyt, also die eigentliche in Stamm, Blätter und Wurzeln gegliederte Farnpflanze hervor, die auf der Unterseite ihrer Blätter oder seltener auf besonderen blattähnlichen Organen in den Sporangien die Sporen erzeugt.

Diesen Entwicklungsgang muß man verstehen, da er der Aufzucht durch Sporen zugrunde liegt. Wenn diese auch nicht ganz leicht ist, so wird doch gerade der Liebhaber, vor allem wenn er naturwissenschaftlich interessiert ist, sich ihrer bedienen. Er kann das ganze Jahr hindurch Aussaaten vornehmen. Einige Tage vorher schneide er sich Wedel mit reifen Sporen von der gewünschten Farnart ab, lege sie in einen sauberen Papierbeutel und hänge oder lege diesen an einen warmen und trockenen Ort. Nach wenigen Tagen werden die Sporen, ein staubfeines Pulver, ausgefallen sein. Vor der Aussaat fülle man einige Töpfe oder Schalen bis 1 cm unter dem Rand mit Einheitserde P oder mit ausgekochtem oder gedämpften Torf. Auch die Gefäße selbst, am besten Topfschalen von 12 cm Durchmesser, müssen vorher keimfrei gemacht werden. Nach dem Angießen werden die Sporen dünn und gleichmäßig auf der Oberfläche verteilt. Dabei muß vollständige Wind- und Luftstille herrschen. Trotzdem werden viele Sporen im Raume schweben. Deshalb sind alle Aussaatgefäße bis auf das gerade gebrauchte abzudecken, andernfalls wird in jedem Topf eine Mischung der verschiedenen gerade ausgesäten Sporen aufgehen. Vor allem hüte man sich davor, *Adiantum* und *Pteris* zusammen mit anderen Farnen auszusäen, da deren Sporen besonders leicht sind, in die anderen Aussaatgefäße gelangen und beim Aufgehen die anderen Prothallien verdrängen. Anders als der Erwerbsgärtner hat der Liebhaber ja Zeit, er kann also die Aussaat verschiedener Arten auf verschiedene Tage legen. Nach der Aussaat wird das Gefäß mit Polyethylenfolie zugebunden. Das an der Folie sich bildende Schwitzwasser schadet nicht und braucht nicht entfernt zu werden. In einem hellen, leicht schattierten Haus wird die Keimung bei einer Temperatur von 20° in 2 bis 6 Wochen erfolgen. Die Dauer der Keimung ist bei den einzelnen Arten verschieden. Ist die Erde grün überzogen, nimmt man die Folie ab, ebenso das etwa als Schatten aufgelegte Papier. Zum Feuchthalten stellt man die Aussaatschalen in Untersätze, die nach Bedarf mit Wasser gefüllt werden. Wachsen die Prothallien zusammen, werden sie das erste Mal pikiert, und zwar in kleinen Büschelchen in Einheitserde P oder in eine Mischung aus Lauberde und Torfmull zu gleichen Teilen mit Sandzusatz. Durchschnittlich 10 bis 12 Wochen nach der Aussaat erscheinen die ersten Wedelchen und mit ihnen auch die ersten Würzelchen. Nach Bedarf wird mehrmals pikiert und dabei die Klümpchen so reduziert, daß am Ende Büschelchen mit 2 bis 3 Farnen übrigbleiben. Häufiges Pikieren ist notwendig, um Algen- und Moosbildung, die für die kleinen Pflanzen tödlich sein kann, zu verhindern. Während der ganzen Anzuchtzeit halte man für alle Arten die Wärme gleichmäßig auf 18 bis 20° und halte durch entsprechendes Schattieren die Sonne fern.

Neben der Sporenaussaat lassen sich manche Arten auch auf andere Weise vermehren, so kann man viele Arten teilen, andere wie *Nephrolepis* bilden Ausläufer, die abgetrennt werden, wieder andere bilden Knospen oder junge Pflanzen auf den Wedeln aus, die abgenommen und pikiert werden. Bei den einzelnen Gattungen und Arten wurde auf die jeweils möglichen Vermehrungsarten hingewiesen.

Pflege der Farne

Die Pflege ist sich bei den meisten Gattungen und Arten, sofern bei ihrer Beschreibung nichts Gegenteiliges gesagt wird, in den Grundzügen sehr ähnlich. Sie bedürfen mehr oder minder starken Schattens, Luftfeuchtigkeit und vor allem einer sehr gleichmäßigen Feuchtigkeit der Erde, also darf der Topfballen nie austrocknen. Die Pflanzen selbst sollte man nicht spritzen, sondern nur ihre Umgebung feucht halten. Die Reaktion der Erde liegt bei den meisten am günstigsten zwischen 4,5 und 5,5 pH, bei *Adiantum* soll die Erde leicht alkalisch sein. Fast alle Arten wachsen gut in Einheitserde, vorzüglich in der nährstoffarmen P-Erde, in der sich auch Aussaaten am besten und schnellsten entwickeln. Sonst bewährte sich eine Mischung aus $1/3$ alter Lauberde, $1/3$ Nadelerde, $1/3$ Torfmull und etwa $1/10$ Sand. Das Einsenken in Torfmull trägt zur gleichmäßigen Feuchtigkeit des Ballens bei. Auch Auspflanzen ist vorteilhaft. Dafür bringt man in das kleine Gewächshaus, das eine Spezialsammlung von Farnen aufnehmen soll, etwa 15 cm Erde auf den Tisch, unterbreche sie aber so durch umgedrehte Wurzelstubben, zwischen deren Wurzeln man die gleiche Erdmischung füllt, modernes Holz oder auch schöne Steine, daß die Oberfläche recht bewegt wird.

Die Höhe der Temperaturen ist bei der Beschreibung der Gattungen und Arten angegeben. Während der Wachstumszeit wird Dünger gut vertragen. Besonders bei in Töpfen stehenden Pflanzen kann auf eine flüssige Düngung nicht verzichtet werden. Doch nehme man dazu Lösungen, die schwächer sind als bei der Düngung anderer Pflanzen. $1/2$ g eines guten Mischdüngers, z.B. Poly C, auf einen Liter Wasser genügt vollkommen.

Es treten die üblichen Schädlinge auf, aber eigentlich nur dann, wenn die Bedingungen den Pflanzen nicht zusagen. Farne für das Kalt- oder Lauwarmhaus, zu warm und geschlossen gehalten, werden stets von Läusen befallen werden. Schnecken können zu einer Plage werden. Vorsorglich lege man eines der üblichen Mittel aus oder spritze ab und zu mit einem Schnecken-Vernichtungsmittel. Ablesen ist immer noch eine der besten Methoden.

Farne gehören zu den zierlichsten und reizvollsten Pflanzen überhaupt. Wer sich einmal näher mit ihnen beschäftigt hat, wird sie nicht mehr missen wollen und versuchen, seine Sammlung zu vergrößern. In der vorangegangenen Übersicht wurden nur die bekanntesten Gattungen und Arten genannt, darunter große und kleine, solche für das Kalthaus und solche für das Warmhaus, Arten für den Epiphytenstamm oder das Rindenstück, solche, die im Topf oder ausgepflanzt als Erdfarn zu kultivieren sind. Im Aufbau einer Farnsammlung liegt ein ganz besonderer Reiz. Mit steigender Erfahrung und den nötigen Verbindungen zu tropischen Ländern wird noch so manche hier nicht genannte Gattung oder Art aufgenommen werden können.

Neben ihrer Schönheit liegt für den naturwissenschaftlich Gebildeten oder Interessierten ein Hauptreiz in der Vermehrung durch Sporenaussaat, bei der der Generationswechsel zu beobachten ist, also der Wechsel zwischen dem kleinen, unscheinbaren »Gametophyten« und dem großen, vielgestaltigen »Sporophyten«, dem Gebilde, das wir als »Farnpflanze« zu bezeichnen pflegen.

Punica granatum

Punicaceae
Granatapfelgewächse

Kleine, den Myrtengewächsen nahestehende Familie mit 1 Gattung und 2 Arten.

Punica L., Granatapfelbaum
(lat. Name der Pflanze *punica arbor*, *punicum malum*, *punicum*, zu *Punicus*, *Poenicus* = phönizisch, punisch, nach der Herkunft der Pflanze. Sie stammt aus dem Orient)

Laubabwerfende, dicht verzweigte, 2 bis 6 m hohe kleine Bäume oder Sträucher mit meist an Kurztrieben gebüschelten Blättern und roten, einzeln oder zu zweit bis dritt an den Spitzen der Seitenzweige stehenden Blüten. Ihnen folgt später die kugelige Beere mit bei der Reife aufbrechender, dicker, lederartiger Schale, oben vom bleibenden Kelch gekrönt. Im Inneren befindet sich eine Vielzahl von Samen, die dicht gepackt in das saftige rote Fleisch eingebettet sind. Das säuerlich schmeckende Samenfleisch kann man essen oder einen erfrischenden Saft daraus gewinnen.

P. granatum L., der Granatbaum, hat seine Heimat ursprünglich in den Ländern zwischen dem östlichen Mittelmeergebiet und dem Himalaja. Bei allen Mittelmeervölkern aber wurden seit ältesten Zeiten »Granaten« gezogen, in unseren Tagen sind sie – zwar mehr als Zier- wie als Nutzpflanze – über die subtropischen Länder der ganzen Erde verbreitet. In Mitteleuropa gehören Granatbäume zu den ältesten dort gezogenen Kübelpflanzen. In Deutschland wurden sie schon Anfang des 16. Jahrhunderts gezogen und bereits 1539 von Hieronymus Bock abgebildet. Auch heute noch sieht man sie besonders auf dem Lande und in kleineren Städten vor allem Süddeutschlands. Meist ist es aber dort nicht mehr die fruchttragende Art, sondern Sorten mit gefüllten roten, rosa, weißen oder gelben Blüten. Außerdem ist vielerorts die Zwerggranate ›Nana‹ verbreitet und beliebt, da sie selbst im höchsten Alter eine Höhe von 100 bis 150 cm nicht überschreitet.

Die Überwinterung soll möglichst kühl, aber völlig frostfrei bei 2 bis 6° in einem hellen, gut zu lüftenden Keller oder einem ähnlichen Raum erfolgen. Dort sind sie nur mäßig zu gießen, gleichmäßig kühl und luftig zu halten. Treiben sie nämlich vorzeitig aus, ist es im Sommer um die Blüte geschehen. Erst nach den letzten Nachtfrösten setze man sie an die sonnigste und wärmste Stelle im Freien, gieße und dünge sie bis Mitte Juli regelmäßig, dann aber gebe man sparsamer Wasser und höre mit der Düngung ganz auf. Wichtigste Voraussetzung für das nächstjährige Blühen ist ein völliges Ausreifen des Holzes. Vor dem Einräumen wird das schwächste Holz ganz fortgeschnitten, auch die längsten Triebe eingekürzt. So bilden sich im Frühjahr überall neue Triebe, an deren Spitzen später die Blüten erscheinen. Jungpflanzen werden jährlich, ältere und alte nur alle 5 bis 6 Jahre einmal verpflanzt. Dabei sollten aber die Gefäße so klein wie möglich gehalten werden. Als Erde nehme man alten mürben Lehm, dem man etwa ⅓ Mistbeet- oder Lauberde und Sand zusetzt.

Vermehrt wird im Februar bis März durch das Stecken etwa 10 cm langer, unbelaubter Zweige in das warme Vermehrungsbeet. Später kann man auch durch krautige, halbreife Stecklinge vermehren.

Neben Oleander gehören Granatbäume zu den schönsten aller Kübelpflanzen. Sie werden von Jahr zu Jahr schöner und können außerordentlich alt werden. Zusammen mit Oleandern verschiedenster Sorten, Myrten, Zitrusbäumchen, Eugenien, *Viburnum tinus* und Wollmispeln wurden sie seit Jahrhunderten in den Orangerien der Fürsten und reichen Bürger gehalten.

Punica granatum

Rhamnaceae
Kreuzdorngewächse

Den *Vitaceae* nahe verwandt, aber stets mit einfachen, nie zusammengesetzten Blättern. Fast alle sind Sträucher oder Bäume und in 58 Gattungen mit mehr als 900 Arten in temperierten, hauptsächlich aber tropischen und subtropischen Gebieten zu Hause. Ihre Blüten sind stets klein, grünlich oder gelb. In den Gärten finden sich verschiedene Arten des Faulbaumes (*Rhamnus* L.) und von *Ceanothus* L.

Colletia Comm. ex Juss.
(Philibert Collet, 1643–1718, französischer Botaniker)

17 Arten in der Mehrzahl blattloser Sträucher mit dornigen, kreuzgegenständigen, bisweilen verdickten oder zusammengedrückten Zweigen.

C. cruciata Gill. et Hook. ist ein bis 3 m hoch werdender Strauch mit zu flachen Dreiecken umgewandelten, kreuzweise übereinanderstehenden, grünen Seitenzweigen, die hin und wieder winzige, bald abfallende Blättchen tragen, denen bei älteren Pflanzen im Herbst und Winter Büschel kleiner maiglöckchenähnlicher Blüten folgen. Bei Sämlingen und Jungpflanzen sind die Zweige noch nicht abgeplattet, sondern runde, grüne Dornen. Ihre Heimat erstreckt sich von Südbrasilien bis nach Uruguay und Nordargentinien. 1824 in England, um 1870 in Deutschland eingeführt.

Diese Art ist so eigenartig, daß sie den Liebhabern seltsamer Pflanzengestalten empfohlen sei. Sie ist eine ausgesprochene Kalthauspflanze, die im Winter mit 4 bis 6° vorliebnimmt, aber auch Temperaturen von 10 bis 12 oder sogar 14° verträgt. Im Sommer sollte sie sonnig, am besten vor einer warmen Hauswand im Freien stehen. Zeitweilig kann man sie auch ruhig ins Zimmer stellen. In lehmiger Erde wächst sie am besten. Rückschnitt wird zwar vertragen, doch leidet die Schönheit der Pflanze. Es ist besser, Jungpflanzen ein- oder zweimal zu entspitzen, damit sie sich rechtzeitig verzweigen. Vermehrt wird durch Aussaat, falls ältere Pflanzen einmal Samen ansetzen, sonst durch halbausgereifte Stecklinge, die allerdings sehr lange stehen, ehe die erwartete Wurzelbildung einsetzt.

Phylica L., Kapmyrte
(griech. *phylike* bei Theophrast Name von *Rhamnus alaternus*)

Fast alle der uns bekannten 150 Arten bilden kleine erica- oder myrtenähnliche, dicht verzweigte Sträucher, deren kleine Blüten vorwiegend in endständigen Köpfchen, Ähren oder Trauben erscheinen. Die meisten Arten wachsen in Südafrika, wenige in Madagaskar und anderen der afrikanischen Küste vorgelagerten Inseln.
Von ihnen werden einige südafrikanische Arten wie **P.ericoides** L., 1731 eingeführt, **P.paniculata** Willd., 1817 in Deutschland in Kultur, und **P.plumosa** L. ab und zu in botanischen Sammlungen gezogen. Es sind eigenartige, hübsche kleine Sträucher, die auch dem Liebhaber interessanter Kalthauspflanzen empfohlen werden können.
Vermehrung und Kultur gleichen völlig der von *Coleonema* (siehe unter *Rutaceae*).

Rhamnus L., Kreuzdorn
(rhamnos = griechische Bezeichnung für verschiedene dornige Sträucher)

Alle bilden sommer- oder immergrüne kleine Bäume oder Sträucher mit unscheinbaren Blüten, denen eine kugelige oder längliche Steinfrucht mit 2 bis 4 Steinkernen folgt. Von den etwa 160 Arten, von denen einige in unserer Heimat wild vorkommen, wird in Gewächshäusern ab und zu

R.alaternus L., eine Charakterpflanze der Macchien des Mittelmeergebietes, gezogen. Sie bildet dort einen meist 3 m Höhe nicht übersteigenden, immergrünen Strauch mit 2 bis 5 cm langen, ganzrandigen Blättern. Die bei uns seit dem 17. Jahrhundert als Kalthauspflanze gezogene Sorte 'Variegatus' hat etwas schmalere, weißgeränderte Blätter.
Vermehrung und Kultur wie bei *Colletia* angegeben. Stecklinge, die im Februar gesteckt werden, wurzeln bei leichter Bodenwärme in einigen Wochen.

Roridulaceae siehe Insektivoren

Colletia cruciata

Rosaceae
Rosengewächse

Eine große Familie mit etwa 100 Gattungen und mehr als 2000 Arten, die fast über die ganze Erde verbreitet sind. Unter ihnen sind viele bekannte Nutz- und Zierpflanzen. Besonders reich entwickelt ist die Familie in der nördlichen Hemisphäre.

Eriobotrya Lindl., Wollmispel
(griech. *erion* = Wolle, *botrys* = Traube)

Von den 25 bis 30 in Süd- und Ostasien verbreiteten Arten wird

E.japonica (Thunb.) Lindl. wird wegen ihrer recht wohlschmeckenden, aprikosen-

Eriobotrya japonica

Raphiolepis indica

farbenen Früchte in vielen subtropischen Ländern angebaut. Sie stammt aus China und wird im Deutschen auch Japanische Mispel oder Loquate genannt. Sie ist ein immergrüner, 5 bis 10 m groß werdender Baum, dessen Schönheit in den großen gebuckelten, bis 25 cm langen, unterseits filzigen Blättern liegt. 1787 in England eingeführt.

Diese Art gehört zu unseren schönsten Kalthauspflanzen. Im Sommer stellt man sie am besten an einen recht sonnigen und geschützten Platz im Freien, im Winter in ein Kalthaus oder einen anderen hellen Überwinterungsraum, dessen Temperatur zwischen 6 und 12° liegt. Die Erde sollte lehmig-humos und nährstoffreich sein. Häufig werden Früchte oder Samen von Urlaubern aus südlichen Ländern mitgebracht. Diese gehen bald nach der Aussaat auf und wachsen recht schnell heran. Auch Stecklingsvermehrung bei 20 bis 22° ist möglich, doch dauert es oft sehr lange bis zur Wurzelbildung.

Osteomeles Lindl., Steinapfel
(griech. *osteon* = Bein, Knochen, *melis* = Apfel)

In Ostasien und auf den pazifischen Inseln sind wenige Arten immergrüner oder laubabwerfender Sträucher mit gefiederten Blättern und weißen Blüten in endständigen Doldenrispen verbreitet. Von ihnen wird

O. schweriniae Schneid. (*O. anthyllidifolia* Franch. non Lindl.) aus Westchina als schöne Kalthauspflanze gezogen. Sie bildet 1 bis 1,50 m hohe immergrüne Sträucher, deren 3 bis 7 cm lange, unpaarig gefiederte Blätter aus 15 bis 31 Paaren zusammengesetzt sind. Die Blüten erscheinen im Frühling, ihnen folgen blauschwarze, etwa erbsengroße, sich lange an der Pflanze haltende Früchte. 1892 in England eingeführt.

Eine sehr schöne Topf- und Kübelpflanze, die mit einer Wintertemperatur von 3 bis 10° vorlieb nimmt, im Sommer aber an einer hellen und sonnigen Stelle im Freien stehen will. Vermehrung am besten durch Aussaat oder durch halbreife Stecklinge unter Glas. Kultur stets hell, sonnig und luftig in lehmiger Erde.

Rhaphiolepis Lindl. corr. Poir.
(griech. *rhaphis* = Nadel, *lepis* = Schuppe)

Von den 15 von Hinterindien bis Südchina und Südjapan verbreiteten Arten immergrüner Sträucher werden nur wenige bei uns gezogen. Als Kalthauspflanzen finden sich

R. indica (L.) Lindl. aus Südchina, 1806 in England eingeführt, mit schmal-lanzettlichen, bis 7,5 cm langen, scharf gesägten dünnen Blättern und lockeren, glatten Trauben mit weißen, rosa getönten Blüten, und **R. umbellata** (Thunb.) Mak. aus Japan, Korea und den Riukiu-Inseln, 1862 eingeführt, mit dicklederigen, dunkelgrünen, fast ganzrandigen stumpfen Blättern und duftenden, weißen, in endständigen dichtfilzigen Doldentrauben stehenden, im Mai und Juni erscheinenden Blüten. *R. indica* ist deshalb so dankbar, weil sie fast ununterbrochen vom Januar bis zum Herbst blüht.

Beide sind schöne Kalthauspflanzen, die im Winter mit Temperaturen zwischen 5 und 10° vorliebnehmen. Sie werden durch Aussaat oder durch Februar- oder Auguststecklinge bei mäßiger Bodenwärme vermehrt. Sie gedeihen gut in einer lehmighumosen, möglichst neutralen oder schwach sauren Erde.

Rubus L., Brombeere, Himbeere
(römischer Name für verschiedene *Rubus*-Arten)

Gattung und Arten sind außerordentlich vielgestaltig. Bei weiter Auslegung des Artbegriffes gliedert sich die Gattung in etwa 250 Arten, von denen nur wenige und auch diese meist in den Gebirgen der Tropen wachsen, die meisten aber in den temperierten Gebieten der ganzen Welt vorkommen. Alle sind ausdauernd, die meisten Halbsträucher und Sträucher, nur wenige krautig.

R. australis G. Forst. aus Neuseeland ist ein eigenartiger, klimmender Strauch mit zickzackartig wachsenden, dünnen, sehr stacheligen Stengeln und drei bis fünfzähligen, immergrünen Blättern. Am eigenartigsten ist der ähnliche **R. squarrosus** Fritsch, ebenfalls aus Neuseeland, dessen dünne Stengel nur gelbbestachelte Blattstiele und Mittelrippen tragen.

Vermehrung durch Stecklinge, die weder zu hart noch zu weich sein dürfen, im richtigen Zeitpunkt geschnitten aber recht gut wurzeln, im anderen Fall gar nicht oder erst nach sehr langer Zeit. Durch Ableger kann ebenfalls vermehrt werden. Kultur im luftigen Kalthaus, im Topf oder ausgepflanzt, in lehmiger Erde. Sehr empfindlich sind sie gegen nur einmaliges Trockenwerden des Ballens, das fast immer zum Tode der Pflanze führt. Also nie das Gießen vergessen! Blüten- und Fruchtbildung wurde an Pflanzen im Gewächshaus noch nicht beobachtet.

R. reflexus Ker-Gawl. (*R. moluccanus* hort. non L.) aus China ist eine starkwachsende Kletterpflanze mit filzigen Trieben und bis 20 × 14 cm großen, oberseits rauhen, frischgrünen, bei der Jugendform lebhaft rotbraun gestreiften Blättern. 1817 in England eingeführt.

Alte Pflanzen werden für kleine Gewächshäuser zu groß. Man kann sie zwar zurückschneiden, doch sind Jungpflanzen sehr viel schöner gefärbt. Deshalb sollte man sie jährlich durch Abstecken vermehren. Stecklinge bilden im geschlossenen Warmbeet bald Wurzeln. Die Weiterkultur erfolgt in lehmig-humoser Erde oder in Einheitserde im Lauwarm- oder Warmhaus. Für die Überwinterung älterer Pflanzen genügen 10 bis 12°. Je wärmer die Pflanzen stehen, desto intensiver wird die Färbung der Blätter.

Eriobotrya japonica

Rubus reflexus

Hoffmannia ghiesbreghtii 'Variegata'

Rubiaceae
Krappgewächse

500 Gattungen mit etwa 6000 Arten machen die Krappgewächse zu einer der größten Familien unter den Blütenpflanzen. Sie sind in der ganzen Welt, besonders aber in tropischen Ländern verbreitet und wachsen dort als Bäume, Sträucher und Kräuter, denen gegenständige, ganzrandige, mit Nebenblättern versehene Blätter gemeinsam sind.
Die wichtigste Nutzpflanze der Familie ist der Kaffee, daneben *Cinchona*-Arten als Lieferanten des Chinins, das aus der Rinde der Wurzeln und der Stämme gewonnen wird.

Bouvardia Salisb.
(Charles Bouvard, 1572–1658, Leibarzt Ludwig XIII. und Vorsteher des Jardin du Roi, Paris)

Sträucher, seltener Kräuter in etwa 50 Arten. Sie sind in Mittelamerika, vor allem in Mexiko verbreitet. Ihre auffallenden Blüten sind zu endständigen Trugdolden oder Doldentrauben angeordnet. Von den Arten werden nur noch wenige gezogen, dagegen zum Schnitt eine Anzahl von Hybriden, an deren Entstehung eine ganze Reihe von Arten beteiligt war, so z.B. *Bouvardia laevis* Martens et Gal., 1845 eingeführt, *B.leiantha* Benth., 1850, *B.longiflora* (Cav.) H.B.K., 1827 in England, *B.multiflora* (Cav.) Schult. et Schult.f., 1816, *B.ternifolia* (Cav.) Schlechtend., 1794.
Bouvardia-Hybriden sind schöne Schnittblumen, die sich lange in der Vase halten. Es gibt einfach- und gefülltblühende Sorten in Weiß, Rosa und Scharlachrot. Ihre Kultur lohnt aber nur, wenn man sie bei etwa 12° auspflanzt oder die Töpfe einsenkt und mit Erde überfüttert. Doch überlasse man dies besser dem Erwerbsgärtner. Die beiden folgenden Arten dagegen lassen sich auch gut im Topf ziehen und sind deshalb dem Liebhaber zu empfehlen.

B.leiantha Benth. ist von Mexiko bis Costa Rica zu finden. Ihre Hauptblütezeit liegt zwischen Juli und November, aber auch zu anderen Zeiten erscheinen einzelne Blütentriebe. Die Pflanze ist strauchig und wird 30 bis 60 cm hoch. Die Blüten erscheinen an den Zweigenden in reichblütigen, büschelartigen Doldentrauben, sind etwa 2 cm lang, außen scharlachrot, innen hellrot. 1850 (in Frankreich?) eingeführt. Diese Art macht im Winter keine Ruhezeit durch. Sie wird durch krautige Stecklinge vermehrt, mehrfach entspitzt, im Winter im Kalthaus, im Sommer sonnig im Freien gehalten und ist eine schöne Topfpflanze.

B.longiflora (Cav.) H.B.K. (*B.humboldtii* hort.) stammt aus Mexiko und blüht vom Spätsommer bis zum Herbst. Sie wächst mehr halbstrauchig und kann bis 90 cm hoch werden. Ihre großen weißen, stark duftenden Blüten sind langröhrig und werden 5 bis 10 cm lang. Sie erscheinen einzeln, zu zweit oder dritt in den Achseln der oberen Blätter, also eine endständige Doldentraube bildend. 1827 in England eingeführt.
Im Winter macht diese Art eine ausgesprochene Ruhezeit durch, während der sie nur wenig gegossen wird und eine Temperatur von 5 bis 10° braucht. Im Februar wird die Erde aus den Ballen ausgeschüttelt, danach in kleine Töpfe in lehmig-humose Erde wieder eingetopft und bei 12 bis 14° langsam angetrieben. Während des Sommers kann sie an sonniger Stelle im Freien stehen. Mehrfaches Umpflanzen und wöchentliche Düngergaben sind Voraussetzung dafür, daß sie im Sommer von unten recht kräftige Stengel treiben, die später die Blüten tragen. Vermehrt wird durch krautige Stecklinge bei einer Bodenwärme von 22 bis 25° oder durch Wurzelschnittlinge, die man abschneidet, nachdem man im Februar die Erde aus den Ballen ausgeschüttelt hat. Doch dauert es einige Wochen, bis die Wurzelstücke austreiben. Große, vieljährige Pflanzen blühen am reichsten.

Coffea L., Kaffeestrauch
(Herkunft des Namens nach Marzell: latinisiert aus dem schwedischen *coffe* und dies aus dem englischen *coffee*, das über türkisch *kahve* auf das arabische *khawa* = »Kaffeetrank« zurückgeht)

Etwa 40 Arten von Sträuchern und Bäumchen in den altweltlichen Tropen, vor allem in Afrika verbreitet. Wichtigste Art, auch für unsere Gewächshäuser, ist

C.arabica L. und ihre Sorten. Sie stammt aus dem tropischen Afrika und wurde von dort schon frühzeitig nach Arabien gebracht; heute wird sie in vielen Teilen der Tropen angebaut. Sie ist ein 3 bis 5 m hoher Strauch mit waagerechten Seitenzweigen, glänzend dunkelgrünen Blättern und sternförmigen, weißen, duftenden Blüten, denen später die kirschartigen, etwa 1,2 cm langen roten Früchte folgen, die in der Regel 2 Samen, die »Kaffeebohnen« enthalten. Bereits 1640 in Holland eingeführt.
Kaffeesträucher sind gute und haltbare Zimmerpflanzen, noch viel besser allerdings wachsen sie im hellen Warmhaus. Man vermehrt sie durch Samen, dessen Keimkraft nur kurz ist. Er ist möglichst direkt nach der Reife auszusäen. Am besten gedeihen ältere Pflanzen bei 18 bis 22°, hell, aber vor der Mittagssonne geschützt, luftig, aber vor Temperaturschwankungen behütet. Als Erde bewährte sich eine Mischung aus Rasen-, Laub- und Mistbeeterde mit Sandzusatz. Statt der Mistbeeterde kann man auch humose Komposterde verwenden. Ebensogut gedeihen sie in Einheitserde und in TKS. Es ist so reichlich zu gießen, daß der Ballen stets gleichmäßig feucht ist. Düngen, Lüften und bei sonnigem, warmem Wetter Spritzen darf man nicht vergessen. Dreijährige Pflanzen werden in der Regel erstmals blühen und fruchten. Auch Stecklinge im geschlossenen Warmbeet wurzeln, doch achte man darauf, daß immer Spitzentriebe genommen werden, da nur diese zu normalen Pflanzen heranwachsen. Seitentriebe bewurzeln sich zwar genausogut und können als Pflanzen sehr alt werden, doch machen sie nie einen Mitteltrieb. Deshalb lassen sie sich als hübsche und eigenartige Ampelpflanzen verwenden.

Coprosma J.R. et G.Forst.
(griech. *kopros* = Mist, *osme* = Geruch)

Von den 90 in Malaysia, Australien, Polynesien und Neuseeland vorkommenden Arten – nur 1 Art stammt aus Chile – sind nur wenige als stattliche Kalthaussträucher zu empfehlen.

C.baueri Endl. aus Neuseeland wächst meist strauchartig, in der Heimat allerdings bildet sie 8 m hohe Bäumchen. Die Schönheit dieser 1876 in England eingeführten Art liegt in den lackartig glänzenden, dunkelgrünen Blättern, die bei der Sorte 'Variegata' verschiedenartig gelb gefleckt und gezeichnet sind.

C.lucida J.R. et G.Forst., ebenfalls aus Neuseeland, ist der vorigen sehr ähnlich, nur sind ihre Blätter wesentlich größer.

C.acerosa A. Cunn., 1890 eingeführt, mit verschlungenen gelblichbraunen Zweigen und sehr kleinen, nur 1 bis 2 mm breiten Blättern, sowie **C.petriei** Cheesem., um

Rubiaceae

Oben und rechts: Coffea arabica

1910 eingeführt, ein mattenartig wachsender, nur 8 bis 10 cm hoher Zwergstrauch, sind für frostfreie Alpinenhäuser zu empfehlen. Beide stammen ebenfalls aus Neuseeland, wo die erstgenannte Art an Meeresküsten und in Flußtälern wächst, die zweite im Gebirge vorkommt, wo sie über 1500 Meter hoch steigt.

Außer den hier empfohlenen sind andere, ebenfalls schöne Arten einführungswert.

C. baueri und *C. lucida* sind wegen ihrer Belaubung nicht nur schön, sondern sie zeichnen sich durch große Widerstandsfähigkeit aus. Sie sind ausgesprochene Kalthaussträucher, die auch im kalten Zimmer, in Treppenhäusern, Fluren etc. gut wachsen. Man vermehrt sie durch halbreife

Coprosma baueri 'Variegata'

Gardenia jasminoides

Ixora coccinea

Stecklinge, am besten im Februar bis März oder im August bis September. Im geschlossenen Beet oder unter Glasglocken bewurzeln sie sich bei 15 bis 20° sehr gut. In der Jugend entspitze man sie mehrmals, damit sie sich gut von unten her verzweigen. Die Erde sei lehmig und nährstoffreich.

Gardenia Ellis, Gardenie
(nach Genaust: Alexander Garden, gest. 1721, englischer Arzt und Naturwissenschaftler in North Carolina. Nach Stearn: 1730–1791, schottischer Botaniker, Korrespondent Linnés, viele Jahre Arzt in Charlestown, South Carolina)

Überwiegend unbewehrte Sträucher, selten Bäume, von denen etwa 200 Arten in tropischen und subtropischen Gebieten Asiens und Afrikas verbreitet sind, darunter

G. jasminoides Ellis (*G. florida* L.), beheimatet in Japan, auf den Riukiu-Inseln, in Taiwan und China. Sie wird 30 bis 150 cm hoch, ist immergrün und hat glänzende, etwa 7 × 4 bis 5 cm große Blätter und fast endständige, sitzende, einzelstehende weiße Blüten, die außerordentlich stark duften. Um 1754 in England eingeführt. In Kultur sind nur Sorten mit gefüllten Blüten wie 'Plena' oder 'Fortunei'. Letztere 1844 in England eingeführt. Ihre Blätter sind größer als bei der Art, die Blüten bis 10 cm breit und kamelienartig gefüllt. Ihre Hauptblütezeit fällt in den Sommer und Herbst.

Gardenienblüten sind vor allem in den angelsächsischen Ländern seit mehr als 100 Jahren beliebte Ansteckblumen. Gardenien zu besitzen, ist bei uns der Wunschtraum vieler Liebhaber. Eine einzige Blüte füllt mit ihrem Duft ein ganzes Gewächshaus oder Zimmer. Ihre Pflege im Gewächshaus erfordert aber einige Erfahrung. Im Sommer verlangen sie viel Wärme, Sonne und Feuchtigkeit, doch sollte auch dann die Nachttemperatur nicht über 15 bis 17° liegen, da dies entscheidend die Knospenbildung beeinflußt. Im Winter machen die Pflanzen eine Ruhezeit durch, bei der man sie bei nur mäßigem Gießen bei 12 bis 15° hält. Einheitserde hat sich am besten bewährt, vor allem weil sie sehr wasserdurchlässig ist. Die Bodentemperatur darf nicht zu niedrig liegen, besonders nicht bei hohen Lufttemperaturen, weil dies wahrscheinlich ein Grund für die gefürchtete Gelbfärbung vieler Pflanzen ist. Ältere Exemplare schneide man im Spätwinter kräftig zurück, verpflanze und stelle sie wärmer, etwa bei 18 bis 20°. Je sonniger und wärmer das Haus ist, desto häufiger spritze man und neble sie ein. Da Jungpflanzen am willigsten und reichsten blühen, lasse man sie nicht zu alt werden, sondern vermehre sie immer wieder. Stecklinge bewurzeln sich bei einer Bodenwärme von 25 bis 30° in etwa 20 Tagen, bei geringeren Temperaturen gehen sie zwar nicht ein, bilden aber auch keine Wurzeln. Die beste Zeit zum Vermehren liegt in der Zeit von Januar bis März und im August bis September, aber auch zu anderen Zeiten wurzeln Stecklinge noch befriedigend.

Hamelia Jacq.
(Henry Louis Duhamel du Monceau, 1700–1782, französischer Naturwissenschaftler, schrieb hauptsächlich über Bäume und Sträucher)

Etwa 40 Arten immergrüner Sträucher mit dünnhäutigen, gegenständigen oder in Quirlen gestellten Blättern. Die Blüten sitzen in endständigen, gegabelten, in Wikkeln auslaufenden Trugdolden. Die Arten sind verbreitet von Mexiko bis Paraguay und auf Westindien. Die einzige bei uns gezogene Art ist

H. patens Jacq., deren Verbreitungsgebiet sich von Florida bis Paraguay erstreckt. Der grauflaumhaarige, in der Heimat bis 4 m hohe Strauch hat in dreiteiligen Quirlen stehende, oft rötlich überlaufene 7 bis 10 cm lange Blätter und meist im Sommer erscheinende orangefarbene, dicht an den Ästen einer Trugdolde sitzende Blüten. 1752 in England eingeführt.

Am besten entwickeln sich Hamelien in einem Lauwarmhaus ausgepflanzt. Dort entwickeln sie sich schon im Laufe eines Jahres zu großen Büschen. Doch auch im Topf gehalten blühen sie schon als jüngere Pflanze sehr reichlich. Sie sollen stets luftig und schattig, aber dabei recht hell stehen. Sie gedeihen sowohl in Einheitserde und TKS als auch in einer lehmig-humosen Mischung. Vermehrung leicht durch krautige oder halbharte Stecklinge im warmen Vermehrungsbeet. Ältere Pflanzen können im Spätwinter zurückgeschnitten werden. Zu guter Entwicklung, besonders im Topf, ist reichliche Ernährung Voraussetzung, also ist vom Frühling bis zum Herbst allwöchentlich flüssig zu düngen oder der Erde beim Verpflanzen ein Vorratsdünger beizumischen.

Hoffmannia Sw.
(Georg Franz Hoffmann, 1761–1826, deutscher Arzt und Botaniker)

Viele der etwa 100 verschiedenen von Mexiko bis Argentinien vorkommenden Arten von Sträuchern und Kräutern haben schön gefärbte Blätter und mehr oder weniger vierkantige Zweige. Die Blüten sind klein und unscheinbar.

H. ghiesbreghtii (Lem.) Hemsl., in Mexiko und Guatemala heimisch, ist ein bis 1,50 m hoch werdender Halbstrauch mit scharf vierkantigen oder schwach geflügelten Zweigen. Die stark genervten Blätter sind etwa 30 × 8 bis 10 cm groß, manchmal sogar noch größer, oberseits samtigolivgrün, unterseits purpurrot. Büschel gelblicher Blüten erscheinen bei älteren Pflanzen in den Achseln der oberen Blätter. 1859 in Belgien eingeführt. Bei der Sorte 'Variegata' sind die Blätter weiß gefleckt und marmoriert.

H. discolor (Lem.) Hemsl. aus Mexiko wird nur etwa 15 cm hoch und wächst mattenartig. Ihre Blätter sind von der gleichen Färbung und etwa 15 × 6 cm groß. 1850 eingeführt.

H. refulgens (Hook.) Hemsl., ebenfalls aus Mexiko, ähnelt der vorigen, wird aber 30 bis 60 cm hoch, hat aufrechte rote Stengel, sitzende, oberseits purpurn und braun schattierte, unterseits weinrote Blätter. 1860 in Belgien eingeführt.

Hoffmannien gehören zu den schönsten Blattpflanzen des feuchten Warmhauses. Am besten wachsen sie ausgepflanzt, doch lassen sie sich bei einigem Geschick auch in Töpfen oder Schalen ziehen. Stecklinge wurzeln zu jeder Jahreszeit im geschlossenen Vermehrungsbeet bei 25 bis 30°. Im Hause sollten die Temperaturen auch für ältere Pflanzen nicht unter 18 bis 20° sinken. Dort wachsen sie bei genügender Luftfeuchtigkeit rasch und willig. Ihre größten Feinde sind Wärmegrade unter 18° und Lufttrockenheit. Die Erde sei humos, eine Mischung aus grober Lauberde, Torfmull oder Torfstreu mit Zusatz von etwas lehmiger Rasenerde und Sand. Auch in Einheitserde gedeihen sie. Jüngere, wüchsige Pflanzen sind am schönsten, deshalb lasse man sie nicht zu alt werden und sorge beizeiten für junge Pflanzen. Am verbreitetsten ist *H. ghiesbreghtii*. Sie alle wachsen am besten unter den gleichen Bedingungen wie Marantaceen.

Hoffmannia refulgens

Ixora L.
(nach dem Namen einer malabarischen Gottheit)

Etwa 400 Arten meist kahler Sträucher oder Bäumchen sind in den Tropen aller Erdteile, vor allem aber in Malaysia verbreitet. Ihre Blätter sind lederig und immergrün. Die weißen, roten, scharlach- oder orangefarbenen Blüten sind meist in endständigen, seltener achselständigen Doldentrauben angeordnet. Von reinen Arten wird heute eigentlich nur noch die aus Indien stammende

I. coccinea L., dazu eine Reihe sehr schöner Hybriden gezogen. Erstere ist ein immergrüner indischer Strauch, bei uns selten meterhoch, in der Heimat wesentlich höher. Er hat glänzende, lederige, 5 bis 10 × 2,5 bis 5 cm große Blätter und 2,5 bis 3,5 cm lange, leuchtendrote Blüten in 5 bis 10 cm breiten Doldentrauben. 1782 in Frankreich eingeführt. Die Art ist vielgestaltig und neben der ebenfalls in Indien heimischen *I. chinensis* Lam. Elter vieler Kreuzungen. Vielleicht sind auch noch andere Arten an der Entstehung der heutigen Sorten beteiligt. Das Sortiment der Ixora-Hybriden ist nicht sehr groß, in den Tropen allerdings dürfte es wesentlich reichhaltiger sein. Angeboten werden hier und da die Sorten 'Fraseri' mit scharlachlachsfarbenen, 'Shawii' mit lachsorangefarbe-

Luculia gratissima

nen und vor allem 'Biers Glory' mit dunkelorangefarbenen Blüten, außerdem 'Biers Beauty', gedrungener wachsend mit etwas kleineren orangefarbenen Blütenbällen, 'Orange King', orangefarben. Neue Sorten mit weniger leicht abfallenden Blüten wären erwünscht.

Fast das ganze Jahr hindurch kann durch Abstecken der Triebspitzen vermehrt werden. Im geschlossenen Vermehrungsbeet einzeln in Töpfe gesteckt, bewurzeln sie sich bei 25 bis 30° Bodenwärme in 3 bis 4 Wochen. Sie werden in Einheitserde oder einer Mischung aus sandiger Lauberde und altem Wiesenlehm weitergezogen und nach Bedarf verpflanzt, doch hüte man sich dabei, zu große Töpfe zu nehmen. Man entspitzt so lange, bis die Pflanzen blühen sollen. 18 bis 20° Wärme, hellen, aber vor Sonne geschützten Stand, häufiges Spritzen, gute Ernährung und für ältere Pflanzen im Winter eine Ruhezeit bei 14 bis 16° und geringerem Gießen sind die Voraussetzungen für befriedigendes Wachstum und reiches Blühen. Ixoren gehören zu den schönsten und dankbarsten Blütenpflanzen des Warmhauses. Ihr einziger Fehler liegt darin, daß sie – besonders bei Veränderung des Standortes – leicht die Blüten fallen lassen.

I. borbonica Cordem. von der Insel Réunion wurde erst um 1960 herum eingeführt. Sie gehört zu unseren schönsten buntblattrigen Warmhauspflanzen, zumindest solange die Pflanzen noch jung sind. Die kurzgestielten, etwa 20 × 6 cm großen Blätter sind dunkelgrün, von einer roten Mittelrippe durchzogen und mit unregelmäßigen gelblich-grünen Flecken übersät. Die Unterseite ist hellgrün, die durchscheinenden Flecken weißlich.

Die Vermehrung aus Kopf- und Stengelstecklingen mit einem Blattpaar im geschlossenen Beet bei etwa 25 bis 30° Luft- und Bodenwärme ist nicht schwierig, dauert aber 5 bis 6 Wochen bis zur Wurzelbildung. Die weitere Kultur findet im geschlossenen Warmhaus unter den gleichen Bedingungen statt, unter denen man Marantaceen hält. Als Erde nimmt man Einheitserde oder eine humos-lehmige, sehr durchlässige Mischung.

Luculia Sweet
(*luculi-swa* = Name der Pflanze in Indien)

Nur 5 Arten von laubabwerfenden Sträuchern oder kleinen Bäumen im gemäßigten Ostasien und im Himalaja mit großen, in endständigen Rispen oder Doldentrauben stehenden roten oder weißen Blüten. Trotz ihrer ganz besonderen Schönheit sind Luculien seltene Pflanzen geblieben. Am ehesten findet man

L. gratissima (Wall.) Sw., die im Himalaja in Höhen von 1200 bis 2000 m zu Hause ist. Sie wird dort baumartig oder bildet bis 7 m hohe Sträucher. Bei uns blüht sie aber schon als junge Pflanze. Die rundlichen, endständigen, 10 bis 25 cm breiten Rispen enthalten viele etwa 2,5 bis 3 cm breite, hellrosafarbene, stark, aber angenehm duftende, im Vorwinter erscheinende Blüten. 1816 in England eingeführt. Noch seltener als diese Art wird **L. pinceana** Hook. aus dem Khasiagebirge gezogen. Sie ist in allen Teilen kleiner als vorige, nur die Blüten sind größer, oberseits reinweiß, später zu cremefarben wechselnd und rosa überhaucht, außen rosa mit roter Kronröhre. 1843 in England eingeführt.

Samen wird bisweilen angeboten. Er wird sofort nach Erhalt im Warmhaus ausgesät, wo er schon nach kurzer Zeit aufgeht. Bis zu den ersten Blüten dauert es 2 bis 3 Jahre, von der Aussaat an gerechnet. Dann werden die besten Typen durch krautige Stecklinge bei 20 bis 25° Bodenwärme weitervermehrt. Schwierig wird es erst bei der weiteren Kultur, vor allem mit zunehmendem Alter. Dann scheinen sie gegen kalkhaltiges Wasser und alkalische Erde empfindlich zu sein. Man halte sie nicht zu warm und geschlossen, sondern am besten in einem temperierten Gewächshaus bei Nachttemperaturen von 14 bis 16°, die über Tag um einige Grade ansteigen können. Jungpflanzen werden mehrfach gestutzt, ältere im Februar zurückgeschnitten. Nach Mitte Juni aber darf nicht mehr entspitzt werden, da dies auf Kosten

Rubiaceae 499

Myrmecodia platytyrea

ist rot und geht nach der Spitze zu in Gelb über. Die kurzen Abschnitte sind ausgebreitet zurückgeschlagen. Der Griffel ragt aus der Röhre heraus. 1843 eingeführt.

M.inflata Sprague aus Paraguay und Uruguay ist der vorigen Art sehr ähnlich und wird oft mit ihr verwechselt, weicht aber im folgenden von ihr ab: Blätter gestielt, Krone am Grunde bauchiger und gröber behaart, der gelbe Teil der Blüte viel kleiner und der Griffel nur halb so lang wie die Kronröhre. Um 1841 in England eingeführt.

Myrmecodia platytyrea

der Blütenbildung gehen würde. Sie wollen hell, aber bei Sonne leicht schattiert stehen und in nicht zu trockener Luft. Also ist ab und zu einzunebeln. Nach dem Abblühen empfiehlt sich das Einschalten einer kurzen Ruhezeit durch etwas geringere Wärme und mäßige Trockenheit. Als Erde eignet sich besonders gut Einheitserde, sonst eine Mischung aus kalkarmer, lockerer, lehmiger Rasenerde mit alter Lauberde und kalkfreiem Sand. Luculien sind während der Blütezeit so schön und ihr Duft so angenehm, daß sich alle Mühe lohnt, die beste Kulturmethode herauszufinden, selbst wenn man dabei einige Fehlschläge in Kauf nehmen muß. Es ist anzunehmen, daß sie in Gebirgslagen mit feuchten, kühlen Nächten besser als in der Ebene oder der Großstadt gedeihen.

Manettia Mutis ex L.
(Saverio Manetti, 1723–1784; italienischer Botaniker, Vorsteher des Botanischen Gartens Florenz)

Etwa 130 Arten windender Kräuter und Sträucher aus Mittel- und dem tropischen Südamerika mit achselständigen Blüten, deren Röhre sehr verschieden gestaltet sein kann, rund oder kantig, lang oder kurz, zylindrisch oder bauchig, gerade oder gebogen. Beide hier und da bei uns gezogene Arten blühen vom Frühling bis zum Herbst.

M.bicolor Paxt. aus Brasilien hat sitzende Blätter und einzeln an kurzem Stiele stehende Blüten, deren Röhre etwa 2 cm lang und am Grunde bauchig erweitert ist. Sie

Manettien sind schöne, reich und lange blühende, zierliche Schlingpflanzen, die leider immer wieder von Ungeziefer befallen werden, weshalb man sie regelmäßig vorbeugend dagegen spritzen sollte. Krautige Stecklinge wurzeln fast das ganze Jahr hindurch im offenen Vermehrungsbeet bei 20 bis 25° Bodenwärme innerhalb von 8 bis 14 Tagen. Während des Winters dürfen sie nicht zu kalt stehen, 10 bis 12° sollten nicht unterschritten, aber auch nicht wesentlich überschritten werden. Im Sommer sollten sie im luftigen Kalthaus oder im Freien stehen. Die dünnen Triebe winden am lieb-

Manettia bicolor

sten an dünnen Drähten oder Schnüren empor. Man kann mit ihnen so manches im Gewächshaus begrünen. Die Erde sei lehmig-humos. Schöne und ungezieferfreie Pflanzen sieht man nur sehr selten.

Mussaenda L.
(die latinisierte Form des singhalesischen Volksnamens *mussenda* auf Ceylon)

Etwa 200 pantropische Arten aufrechter oder windender Sträucher, seltener Stauden, mit gegen-, seltener zu dreien quirlig stehenden Blättern und in endständigen, lockeren, wenig- oder vielblütigen Doldentrauben angeordneten Blüten. Diese sind gelb, rot oder seltener weiß. Eines ihrer Kronblätter ist groß, blattartig und lebhaft gefärbt. Hierin liegt die Auffälligkeit der sonst nicht allzu großen Blüten. Eine der schönsten Arten ist

M. erythrophylla Schum. et Thonn. aus dem tropischen Westafrika, ein silberhaariger, aufrechter oder kletternder bis 10 m hoher Strauch mit frischgrünen, rundlich-eiförmigen Blättern. Die Blüten sind schwefelgelb, das vergrößerte Kronblatt ist 8 bis 10 cm lang und 7 cm breit, dazu leuchtend scharlachrot. 1888 eingeführt.
Die Vermehrung ist nicht schwierig, entweder durch Aussaat oder durch Frühlingsstecklinge im warmen Vermehrungsbeet unter Glas. Sie gedeihen gut im feuchten Warmhaus, hell, aber vor Sonne geschützt, in TKS, Einheitserde oder einer Mischung aus alter Lauberde und humoslehmiger, faseriger Rasenerde.
Auch andere Arten sind kulturwert, gehören aber wie die obengenannte zu den Seltenheiten botanischer Sammlungen.

Myrmecodia Jack, Ameisenknolle
(griech. *myrmekos* = Ameise)

Ihre Heimat liegt in Südostasien, Neuguinea, Nordaustralien und auf den Salomoninseln. Dort kommen etwa 45 Arten vor. Sie alle sind epiphytisch wachsende Halbsträucher mit faustgroßen der Unterlage aufsitzenden Knollen, die mit Dornenwurzeln besetzt sind und von röhrenartigen, mit der Außenwelt in Verbindung stehenden Gängen durchzogen werden. Auf der Knolle entwickelt sich ein dickfleischiger Trieb, der die ledrigen Blätter trägt, in deren Achseln die kleinen weißen Blüten erscheinen. In ihrer Heimat sollen die Hohlräume der Knollen stets von Ameisen bewohnt sein (siehe Bild Seite 499).

Mussaenda-Hybride

Nertera granadensis

Alle Arten sind für den Pflanzenfreund gleichermaßen interessant. In botanischen Sammlungen trifft man fast ausschließlich **M. echinata** Miq. von Malakka und **M. platytrea** Becc. aus Neuguinea.

Nahe verwandt ist die ähnlich gestaltete Gattung **Hydnophytum** Jack, die u.a. durch unbestachelte, mehrtriebige Knollen abweicht. Vor allem **H. formicarum** Jack von den Molukken und von Sumatra wird in botanischen Gärten gehalten.

Die Kultur gleicht durchaus der der epiphytischen Orchideen des Warmhauses. Wie diese werden sie in Holzkörbchen in einer Mischung aus Osmunda und Sphagnum gehalten. Auch die Kultur auf einem Aststück mit grober Rinde ist möglich, doch achte man dabei besonders darauf, daß die Pflanzen nicht trocken werden dürfen. Alle werden regelmäßig gegossen, getaucht und gespritzt. Ältere Pflanzen blühen und fruchten alljährlich. Die Vermehrung aus diesen Samen ist nicht schwer. Man sät sie auf kleingehackten Pflanzstoff gleicher Mischung. Bei 20 bis 25° und regelmäßiger Feuchtigkeit gehen sie bald auf und wachsen rasch weiter. Dem biologisch interessierten Liebhaber sind sie ebenso zu empfehlen wie tierfangende Pflanzen und echte Schmarotzer. Wie diese sind sie Glanzstücke jeder Sammlung.

Nertera Banks et Soland. ex Gaertn., Korallenbeere
(griech. *nerteros* = niedrig)

In den Gebirgen der südlichen Halbkugel kommen etwa 12 verschiedene Arten vor. Alle sind ausdauernde, kriechende Kräuter mit unscheinbaren achsel- oder endständigen Blüten und kleinen, meist eirunden Blättchen. Ihr Reiz liegt in den verhältnismäßig großen, oft auffallend gefärbten Beeren. Bei uns gezogen wird die in Mittelamerika, Südamerika, Neuseeland und Tasmanien verbreitete, rasenartig wachsende, nur wenige Zentimeter hohe, kahle, ausdauernde

N. granadensis (Mutis ex L.f.) Druce (*N. depressa* Banks et Soland. ex Gaertn.). Ihre 15 bis 25 cm langen Stengel wurzeln an den Nodien. Die Blättchen sind nur 7 mm lang und sitzen auf 4 bis 7 mm langen Stielen. Den winzigen grünlichen Blüten folgen beerenähnliche, bis 6 mm breite, runde orangefarbene Früchte, die von August bis in den Winter hinein halten. 1868 in England eingeführt.

Die Kultur dieses reizenden Pflänzchens ist nicht einfach und gelingt sehr oft nicht. So gibt es auch nur wenige Gärtnereien, die es mit Erfolg ziehen können. Dies sollte aber für den Liebhaber kein Grund sein, es nicht mit ihnen zu versuchen. Vermehrt werden kann durch Aussaat, im allgemeinen aber teilt man ältere Pflanzen und setzt die Teilstücke in 8 cm große Töpfe und stellt sie dann hell und luftig den Winter über in ein Kalthaus. Im März kommen sie in einen tiefen Frühbeetkasten, der aber eine Bodenheizung haben sollte, es sei denn, man kann durch eine Mistpackung milde Bodenwärme erzeugen. Da es aber im allgemeinen schwer ist, Pferdemist zu bekommen, greife man für die Erwärmung zu einer elektrischen oder Warmwasserbodenheizung. Im Kasten beginnt bald die Blüte. Während dieser Zeit hält man den Kasten heller und luftiger, gießt und spritzt weniger, denn nur so erzielt man einen reichen Fruchtansatz. Außerhalb der Blütezeit ist stets halbschattig, luftig und vor allem gleichmäßig feucht zu halten. In der Gleichmäßigkeit liegt wohl überhaupt ein Geheimnis des Erfolges. Sandige Laub- oder Moorerde oder Torfmull zur Hälfte mit alter abgelagerter lehmiger Land- oder Rasenerde gemischt dürfte am verträglichsten sein. Die Topfgröße sollte 8 bis 9 cm nicht übersteigen. Zwischen insektivoren Pflanzen im Sumpfmoos ausgepflanzt, überzieht *Nertera* oft weite Flächen.

Pentas Benth.
(lat. *pentas* = Fünfzahl)

50 Arten im tropischen und südlichen subtropischen Afrika und Madagaskar, von denen

P. lanceolata (Forssk.) Deflers (*P. carnea* Benth.) schon seit mehr als hundert Jahren in unseren Gewächshäusern gezogen wird. Sie ist heimisch in Arabien, Abessinien, Niederguinea, im Kilimandscharogebiet und in Sansibar. Heute ist sie in vielen anderen tropischen Ländern als Gartenpflanze verbreitet. Sie blühen bei uns im Herbst und Winter als aufrechte bis niederliegende Halbsträucher von 30 bis 60 cm Höhe. Die Blüten erscheinen bis zu 20 in endständigen doldigen Büscheln. Sie sind bis 3 cm lang und sehr langröhrig. 1842 eingeführt.
Bei jeder Aussaat erscheinen viele in der Blütenfarbe verschiedene Formen, deren Blüten von reinem Weiß über fleischfarben und rosa bis zum tiefsten Karminrot wechseln kann. Hiervon lese man die in Farbe und Form Besten aus und vermehre sie durch krautige Stecklinge weiter. Diese wurzeln im Warmbeet sehr rasch. Obwohl sie auch im Warmhaus noch gedeihen und auch blühen, ist ihre Entwicklung im temperierten Haus bei 12 bis 15° sehr viel besser. Sie gedeihen gut in sandiger, mit altem Lehm vermischter Lauberde, ebenso in Einheitserde oder in TKS. Buschige, reichblühende Pflanzen erzielt man nur durch mehrmaliges Entspitzen und häufiges Umpflanzen. Nach dem letzten Verpflanzen ist regelmäßig flüssig zu düngen, bis dann Anfang September die Blüten erscheinen. Im übrigen ist vorsichtig zu gießen, also nie zu naß zu halten, eine Voraussetzung für den Erfolg. An geschützter Stelle im Freien aufgestellt, blühen sie auch dort in warmen Sommern reich.

Rondeletia L.
(Guillaume Rondelet, 1507–1566, französischer Arzt und Naturforscher. Kanzler der Universität Montpellier)

Etwa 120 Arten von Sträuchern und Bäumen sind über das tropische Amerika und Westindien verbreitet. Nur wenige Arten sind ihrer zwar nicht großen aber lebhaft gefärbten Blüten wegen kulturwert, darunter

R. odorata Jacq. (*R. speciosa* Lodd.) aus Kuba und Panama, im Spätherbst und Winter blühend, eine der schönsten Arten überhaupt. Sie bildet bis 1,50 m hohe, etwas steife Sträucher mit dunkelgrünen runzligen, etwa 5 cm langen Blättern. Die leuchtend orangeroten Blüten haben einen gelblichen Kronschlund und sitzen in endständigen, dicht- bis wenigblütigen Trugdolden. Die aus Aussaaten hervorgehenden besten Typen vermehrt man durch Stecklinge weiter. 1835 in England eingeführt.
Neben Aussaat vermehrt man durch halbreife Stecklinge vom Januar bis zum März im geschlossenen Warmbeet bei etwa 25°. Sie werden im Warmhaus, besser im Lauwarmhaus gehalten und bis zur Blütenbildung durchkultiviert. Bis dahin dürfen sie nie ins Stocken kommen. Deshalb verpflanzt man häufig, düngt nach Durchwurzelung flüssig, hält sie warm und luftig bis zur Bildung der Blütenknospen. Nach jedem zweiten Blatt – bis zum August – wird entspitzt. Sie wachsen sowohl in Einheitserde wie auch in recht brockiger, humoslehmiger Mischung. Die Blüten sind sehr hübsch, duften aber, jedenfalls in dem bei uns verbreiteten Typ, nicht.

Rutaceae
Rautengewächse

150 Gattungen mit etwa 900 Arten von Bäumen oder Sträuchern, selten Kräutern, denen die durch Auflösung entstandenen (lysigenen) Sekretbehälter oder mehrzelligen Öldrüsen gemeinsam sind. Auf den Blättern erscheinen sie als durchscheinende Punkte, aber auch an anderen Teilen der Pflanze, wie Stamm und Stengel, sind sie vorhanden. Die ganzen Pflanzen riechen dadurch angenehm. Die Blätter sind meist spiralig angeordnet, selten gegenständig, einfach, geteilt oder zusammengesetzt. Die Blüten können groß und auffallend, aber auch klein und unscheinbar sein.

Neben wichtigen Nutzpflanzen wie den *Citrus*-Arten (Apfelsinen, Zitronen etc.) umfaßt die Familie auch eine größere Zahl offizineller Pflanzen (z.B. *Ruta* L., *Dictamnus* L., *Pilocarpus* Vahl).

Barosma Willd., Bukkostrauch
(griech. *barys* = schwer, *osme* = Geruch)

In Südafrika kommen die 20 Arten immergrüner, feinbelaubter Sträucher dieser Gattung vor. Ihre Blüten stehen achselständig.

B.foetidissima Bartl. et H.L. Wendl. wird bis meterhoch und ist reich verzweigt. Bezeichnend für diese Art ist der unangenehme Geruch, den die ganze Pflanze ausströmt.

B.lanceolata (Thunb.) Sond. ist vom Kapland bis Natal verbreitet. Sie blüht im Spätwinter.

In der Verwandtschaft von *Barosma* und ihr im Habitus sehr ähnlich sind **Agathosma** Willd. mit der formenreichen Art **A.imbricata** (L.) Willd. aus Südafrika, eingeführt 1774, und **Adenandra** Willd. mit der noch am ehesten anzutreffenden Art **A.fragrans** (Sims) Roem. et Schult. von Kap, 1812 eingeführt. Sie sind dem Liebhaber duftender Kalthaussträucher sehr zu empfehlen, doch sind sie leider selbst in größeren botanischen Sammlungen nur noch selten anzutreffen.

Vermehrung am besten durch halbharte Stecklinge, die unter Glasglocken oder Folie gesteckt werden, im Februar und im August. Bis zur Wurzelbildung dauert es oft sehr lange. Manche Arten, wie z.B. *Adenandra fragrans*, sind besser durch Aussaat oder durch Veredlung auf *Coleonema pulchrum* oder *C.album* zu vermehren. Im Winter hält man alle Arten in einem hellen, luftigen Kalthaus bei 5 bis 10°, im Sommer stellt man sie halbschattig ins Freie. Sandige Heide- oder Nadelerde mit Zusatz von etwas faseriger Rasenerde ist ihnen zuträglich. Am wichtigsten während des ganzen Jahres ist vorsichtiges Gießen, also nicht zu feucht, aber auch nicht zu trocken halten, eben jedes Extrem vermeiden!

Boronia Sm., Korallenraute
(Francesco Borone, Assistent des Botanikers Sibthorp, † 1794 in Athen)

In Australien, vor allem in Südwestaustralien, kommen etwa 70 verschiedene Arten vor, von denen die meisten immergrüne kleine Sträucher oder Halbsträucher mit sehr verschieden gestalteten frischgrünen Blättern sind. Die Blüten erscheinen achsel- oder entständig, einzeln oder in Blütenständen.

Alle sind reizende kleine im Spätwinter und Frühjahr blühende Topfpflanzen für den Liebhaber, die im vorigen Jahrhundert häufiger gezogen wurden, heute aber fast völlig aus den Kulturen und Sammlungen verschwunden sind. Die einzige Art, die man ab und zu noch antrifft, ist *B.elatior*. Sie wird auch heute noch in kleineren Mengen in Dresden gezogen.

B.elatior Bartl. ist ein kleiner westaustralischer Strauch mit nadelartigen Blättern und im Frühjahr erscheinenden roten Blüten. Diese sitzen in den Blattachseln, sind etwa 6 mm breit und duften sehr gut. Bei guter Kultur ist jeder Zweig von oben bis unten mit Blüten besetzt. 1874 in England eingeführt.

B.megastigma Nees ex Bartl. blüht von März bis Mai, ist etwas schwachwüchsiger als vorige und auch etwas empfindlicher. Die Blätter sind sitzend und gefiedert, die Blüten stehen einzeln in den Blattachseln, sind außen kastanienbraun, innen gelb und außerordentlich wohlriechend. Eine einzelne Blüte reicht aus, einen ganzen Raum mit ihrem Duft zu füllen. 1870 in England eingeführt.

In Australien werden auch Samen anderer Arten angeboten, darunter **B.alata** Sm., 1823 eingeführt, mit harten Fiederblättern, duftenden rosa Blüten, **B.heterophylla** F. v. Muell., 1881 eingeführt, mit verschieden gestalteten Blättern und roten Blüten, sowie **B.pinnata** Sm., 1794 in England eingeführt, rosa blühend, duftend und fiederblättrig.

Die Pflege ist nicht ganz einfach und erfordert vor allem beim Gießen viel Fingerspitzengefühl. Vermehrt wird durch ausgereifte krautige Stecklinge von Mai bis August. Bei 20° Bodenwärme im geschlossenen Beet bewurzeln sie sich leicht. Sandige Laub-, Heide- oder Nadelerde mit Torfbrocken untermischt sagt ihnen zu. Man kann sie zwar im ersten Jahr auspflanzen, doch wird der Liebhaber mit seinem nur kleinen Bestand sie am besten von Anfang an in Töpfen kultivieren. Zur Erzie-

Choisya ternata

Rutaceae

Boronia heterophylla

lung buschiger Pflanzen ist mehrmaliges Stutzen erforderlich; ältere Pflanzen werden nach dem Abblühen um ⅓ bis ¼ ihrer Länge zurückgeschnitten. Die Überwinterung erfolgt im hellen und luftigen Kalthaus, am besten bei 5 bis 8°. Im Sommer sollten sie im Freien stehen, bei Regenwetter aber unter hochgelegten Frühbeetfenstern.

Das schwierigste bei der ganzen Pflege ist das richtige Gießen, denn sie sind gleich empfindlich gegen zu große Nässe wie gegen zu große Trockenheit, außerdem darf das Wasser 15 bis 16° dH nicht übersteigen. Härtegrade unter 10° sind am zuträglichsten, deshalb sollte man möglichst Regen- oder entkalktes Wasser nehmen.

Choisya H.B.K., Orangenblume
(Jacques Denis Choisy, 1799–1859, Schweizer Botaniker, Geistlicher und Philosoph)

Nur 7 Arten kleiner immergrüner Sträucher mit gegenständigen ledrigen, dreizähligen oder 5- bis 10fingerigen Blättern und weißen Blüten kommen in Mexiko und im südlichen Nordamerika vor, darunter die bei uns fast winterharte

C. ternata H.B.K. Sie wird bei uns nur etwa meterhoch, hat dreizählige Blätter, deren Blättchen durchscheinend punktiert sind und nach Orangen duften. Die weißen, von April bis Juni erscheinenden etwa 3 cm breiten Blüten sind in end- oder achselständigen Trugdolden zusammengefaßt. 1866 in Frankreich eingeführt.

Schöne Kalthauspflanzen, die frostfrei überwintert werden müssen, in lehmig-humoser, nährstoffreicher Erde wachsen und im Sommer sonnig im Freien aufzustellen sind. Vermehrt wird durch halbreife Stecklinge im Februar oder August bei 18 bis 20° Bodenwärme.

Citrus L.
(lat. *citrus* = Zitronenbaum)

Die Gattung umfaßt etwa 16 ursprünglich in Südostasien und Indonesien heimische Arten. Sie wird heute in einer Vielzahl von Arten und Sorten in allen subtropischen Ländern gezogen. Für viele dieser Länder stellen sie eine wichtige Einnahmequelle dar. Hierzu gehören u.a.

C. aurantium L. (Pomeranzen und Bergamotten), **C. limetta** Risso (Süße Zitrone), **C. limon** (L.) Burm.f. (Zitrone, Sauerzitrone), **C. maxima** (Burm.) Merr. (Riesenorange, Pampelmuse), **C. medica**

Citrus limon

Citrus sinensis

L. (Zitronatzitrone), **C. × paradisi** Macfad. (Grapefruit), **C. reticulata** Blanco (Mandarine) und schließlich als wichtigste **C. sinensis** (L.) Pers. (Apfelsine, Orange).

Schon so mancher Liebhaber hat einmal Orangen- oder Apfelsinenkerne ausgesät und freut sich an dem zunächst raschen Wachstum dieser Sämlinge. Sie wachsen bald zu hübschen Pflanzen heran, doch dauert es einige Zeit bis sie blühen oder gar Frucht tragen. Es sind keine Edelsorten, denn diese werden ja sowenig durch Ausaat vermehrt wie Äpfel und Birnen. Will man Edelsorten ziehen, so müssen sie wie diese auch veredelt werden. Man kann dazu als Unterlage die Zufallssämlinge benutzen, besonders dann, wenn sie starkwüchsig sind, doch ist es besser, Sämlinge von *C. medica* oder von *Poncirus trifoliata*, der Bitterorange, hierfür zu nehmen. Ihre Aussaat erfolgt im Winter in reinem Sand in einem Warmhaus. Veredelt wird entweder durch Augen- und Seitenpfropfen im August oder durch Pfropfen und Anschäften von noch nicht getriebenen Reisern auf angetriebene Unterlagen im März bis April. Auch Stecklinge unter Glas bewurzeln sich im Warmbeet nach einiger Zeit. Die Erde bei der Weiterkultur soll kalkarm, humos und nährstoffreich sein, also etwas aus $2/3$ alter Waldlauberde und $1/3$ Mistbeet- oder humoser Komposterde mit Zusatz lehmiger Rasenerde und Sand bestehen. Ältere Pflanzen brauchen nur alle paar Jahre verpflanzt zu werden, jüngere jährlich. Nie sollte man zu große Gefäße nehmen. Besonders zu beachten ist, daß der Wurzelhals über der Erde steht. Schnitt wird gut vertragen und sollte bei größeren oder für die Platzverhältnisse zu groß gewordenen Pflanzen alljährlich erfolgen. Überwintert wird möglichst kühl, am besten bei Temperaturen, die nicht über 3 bis 5° liegen. Dabei soll es stets sehr luftig und möglichst hell sein.
Für Topfkultur besonders empfehlenswert ist die der Gattung *Citrus* nahestehende

Fortunella japonica (Thunb.) Swingle (Marumi-Kumquat) aus Südchina und Indochina. Sie bleibt niedrig und muß sehr kühl, aber ebenfalls frostfrei überwintert werden. Sie hat kleine, leuchtend orangefarbene Früchte. Hierher gehört auch
× **Citrofortunella mitis** (Blanco) J. Ingram et H. E. Moore, entstanden aus *Citrus reticulata × Fortunella* species, ein Bastard, der schon als ganz junge Pflanze blüht und Früchte trägt. Näheres über Arten, Geschichte und Kultur siehe Encke, Kübelpflanzen.

Coleonema Bartl. et H. L. Wendl.
(griech. *koleos* = Schwertscheide, *nema* = Faden)

5 Arten heidekrautähnlicher, immergrüner, duftender, feinbelaubter Sträucher mit dünnen Zweigen, die im südwestlichen Kapland beheimatet sind. Die kurzgestielten Blüten stehen einzeln oder zu wenigen beieinander.

C. album (Thunb.) Bartl. et H. L. Wendl. (*Diosma alba* Thunb.) blüht im Frühling mit etwa 4 mm breiten, sehr zahlreich erscheinenden weißen Blüten. Der Strauch kann bis 1,50 cm hoch werden und ist dicht mit nadelähnlichen, leuchtend grünen, beim Anfassen einen angenehmen Wohlgeruch ausströmenden Blättern besetzt. 1798 in England eingeführt.
Das sehr ähnliche, aber etwas stärker wachsende um 1850 eingeführte **C. pulchrum** Hook. hat rosarote Blüten.
Diese schöne, das ganze Jahr hindurch frischgrüne Topfpflanze sei dem Liebhaber besonders warm empfohlen. Man freut sich immer wieder von neuem an ihr, doch nicht nur an ihrem Anblick, sondern erst recht an dem würzigen Duft, der beim Berühren der Zweige lange an der Hand haften bleibt. Sie sind typische Kalthauspflanzen, also bei 4 bis 12° hell und luftig zu überwintern und im Sommer sonnig im Freien aufzustellen. Häufiges Entspitzen, zeitweise auch Stutzen, erzeugt buschige Pflanzen. Als Erde nehme man sandige Laub- oder Nadelerde mit Zusatz alter lehmiger Rasenerde.
Vermehrt wird von März bis September durch krautige Stecklinge im halbwarmen, geschlossenen Vermehrungsbeet, unter Glasglocken oder Folie.

Correa Andr.
(José Francesco Correa da Serra, 1751–1823, portugiesischer Diplomat, Gelehrter, Botaniker)

Die 11 australischen Arten sind immergrüne Sträucher oder kleine Bäume, meist dicht-sternfilzig behaart. Von allen anderen Gattungen der Familie unterscheiden sie sich durch die nachträgliche Verwachsung der vier Kronblätter zu einer langen Röhre. Die hängenden Blüten entspringen zu 1 bis 3 den Blattachseln oder sind endständig, groß, weiß, grün, gelb oder rot.

C. alba Andr. von den Küsten Victorias, Tasmaniens und Südaustraliens blüht fast das ganze Jahr hindurch. Der fast meterhohe Strauch hat unterseits weißfilzige, sternhaarige Blätter. Die weißliche Krone ist graufilzig und auffallend kurz. 1793 in England eingeführt. Diese Art blüht nicht allzu reich, ist aber sehr eigenartig. Da sie wüchsiger als andere Arten ist, dient sie als Veredelungsunterlage für diese.

C. speciosa Ait. (*C. cardinalis* F. v. Muell.) blüht im Frühling, doch erscheinen einzelne Blüten das ganze Jahr hindurch. Sie entspringen einzeln in den Blattachseln, sind 3 bis 5 cm lang, röhrig und leuchtend rot mit vier grünlichen Spitzchen. 1804 in England eingeführt.
Leider sind alle Arten sehr selten geworden, ja, fast völlig aus den Sammlungen verschwunden. Man sollte sie aus Australien wieder einführen, wobei zu beachten wäre, daß der Samen frisch sein muß, also sofort nach der Reife auszusäen ist. Halbreife Stecklinge von *C. alba* und *C. speciosa* mit var. *virens*, im Februar oder August unter Glas oder Folie bei etwa 20° Bodenwärme gesteckt, wurzeln ohne Schwierigkeit, alle anderen Arten und Sorten jedoch außerordentlich schwer, wenn überhaupt. Deshalb veredelt man sie durch Seitenpfropfen auf Unterlagen von *C. alba*. Im übrigen gleicht ihre Kultur etwa derjenigen von *Boronia*.

Erythrochiton Nees et Mart., Rotkelchbaum
(griech. *erythros* = rot, *chiton* = Kelch)

Kleine Bäume oder Sträucher, deren große lederige Blätter am Ende des Stämmchens gedrängt zusammenstehen. Die großen Blüten haben einen röhrig-kantigen, glockenförmigen Kelch. Alle 5 Arten kommen im tropischen Amerika vor.

E. brasiliense Nees et Mart. wird in fast allen botanischen Gärten gezogen. Es ist eine Warmhauspflanze von leichter Kultur, die in den Urwäldern Südbrasiliens, des östlichen Brasiliens und Perus zu Hause ist. Sie wird erst im Laufe langer Zeit 3 bis 4 m hoch, in Kultur kaum höher als 1 m. Die langgestielten Blüten erscheinen in den Blattachseln. Sie sind groß und weiß, dazu kontrastiert der auffallende rote Kelch. 1842 eingeführt.
Die Vermehrung durch Aussaat ist leicht, sollte aber bald nach der Reife der Samen erfolgen. Stecklinge wurzeln nur schwer. Im übrigen erfolgt die Pflege im Warmhaus bei 18 bis 20° schattig, bei häufigem Spritzen, in humos-lehmiger Erde oder in Einheitserde. Die ersten Blüten und auch Sa-

× **Citrofortunella mitis**

men erscheinen bereits 3 bis 4 Jahre nach der Aussaat.

Murraya J.G. Koenig ex L. corr. Murr., Orangenraute
(Johann Andreas Murray, 1740–1791, schwedischer Schüler Linnés, seit 1760 in Göttingen Professor der Medizin und Direktor des Botanischen Gartens)

In Indomalesien, Ostasien und auf den Pazifischen Inseln findet man 12 Arten, von denen die wohlriechende Rinde von *M. paniculata* (Cosmetic barc tree) in der Kosmetik verwendet wird. Alle Arten bilden kleine Bäume oder Sträucher mit immergrünen, unpaarig-gefiederten Blättern und duftenden weißen Blüten.

M. paniculata (L.) Jack (*M. exotica* L. corr. Murr.) hat ein sehr weites Verbreitungsgebiet, so kommt sie u.a. in verschiedenen Teilen Indiens, auf Ceylon, Java, Sumatra und den Philippinen vor; in anderen tropischen Ländern wird sie angepflanzt. Ihre glockenförmigen, weißen, wohlriechenden Blüten sind kurzgestielt, bis 1,8 cm lang und sitzen in vielblütigen Doldentrauben. 1771 in England eingeführt.
Eine dem Liebhaber wohlriechender Pflanzen warm zu empfehlende Art. Stecklinge im geschlossenen Vermehrungsbeet wurzeln am besten bei etwa 30° Bodenwärme. Aussaat hat nur dann Erfolg, wenn der Samen sofort nach der Reife im Warmhaus ausgesät wird. Die Kultur größerer Pflanzen erfolgt im Lauwarmhaus bei 14 bis 16°, halbschattig und luftig. Als Erde eignet sich jede humos-lehmige Mischung oder Einheitserde. Ausgepflanzt wachsen und blühen sie besonders gut.

Sapindaceae
Seifenbaumgewächse

Etwa 2000 Arten in 150 Gattungen wachsen als Bäume und Sträucher, unter ihnen viele als Lianen in den Tropen und Subtropen aller Erdteile. Viele sind, sei es nun lokal oder ganz allgemein, wichtige Nutzpflanzen, so liefern die Samen von *Paullinia cupana* H.B.K. die koffeinreichsten Samen, das Fruchtfleisch des Seifenbaumes (*Sapindus saponaria* L.) Saponin, die Gattungen *Litchi* Sonn. und *Nephelium* L. Obst, andere Gattungen Pfeil- und Fischgifte, harte Nutzhölzer, technische Öle etc. In Gärten pflanzen wir *Koelreuteria paniculata* Laxm., einen kleinen, erst im Juli gelb blühenden Baum.
Zierpflanze unserer Gewächshäuser ist eigentlich nur die 1871 eingeführte

Paullinia thalictrifolia Juss., ein kleiner Kletterstrauch mit farnähnlichen, fein zerteilten, in der Jugend bronzefarbenen Blättern aus Brasilien. Er ist eine reizende Warmhauspflanze, die in humos-lehmiger Erde in nicht zu großen Gefäßen gut gedeiht und sich vom Spätwinter bis in den Sommer hinein durch krautige Stecklinge im geschlossenen, 30° warmen Vermehrungsbeet vermehren läßt.
Ebenso zu empfehlen, aber heute kaum noch irgendwo gezogen, sind Jungpflanzen von

Filicium decipiens (Wight et Arn.) Thwaites, dem Flügelblatt, eines in der tropischen Heimat (Zentral- und Ostafrika, Vorderindien, Ceylon etc.) hohen Baumes, dessen immergrüne Blätter farnartig gegliedert sind. Vermehrung durch aus den Tropen eingeführten frischen Samen, der sofort nach Eintreffen ausgesät werden muß, oder durch Abstecken des Haupttriebes und der nach dem Köpfen erscheinenden Nebentriebe, die sich unter den gleichen Verhältnissen wie *Paullinia* bewurzeln lassen. Man sorge stets für Nachzucht, da nur junge Pflanzen schön sind.

Sarraceniaceae siehe Insektivoren

Saxifragaceae
Steinbrechgewächse

Wenn man weiterer Aufspaltung der Familie nicht folgt, enthält sie etwa 80 Gattungen und 1200 Arten. Bei der Aufspaltung in mehrere Familien jedoch nur 30 Familien und 580 Arten, von denen die meisten in der nördlichen temperierten Zone vorkommen. Die meisten sind ausdauernde, selten einjährige Kräuter oder Sträucher, selten Bäume oder Lianen. Ihre Blätter sind meist spiralig gestellt, einfach oder zusammengesetzt, fast stets ohne Nebenblätter.
Die Familie *Saxifragaceae* enthält viele Gartenpflanzen, daneben auch einige Nutzpflanzen, wie Stachel- und Johannisbeeren. Als wichtige und dekorative Ziersträucher finden wir in den Gärten und Parks Vertreter der Gattungen *Deutzia* Thunb., *Hydrangea* L., *Philadelphus* L. und *Ribes* L., als Stauden u.a. die Gattungen *Astilbe* Buch.-Ham. ex D. Don, *Bergenia* Moench, *Heuchera* L., *Rodgersia* A. Gray, *Saxifraga* L. und *Tiarella* L. In den Tropen kommen nur verhältnismäßig wenige Gattungen und Arten vor, demgemäß ist auch ihre Zahl in unseren Gewächshäusern gering.

Brexia Noronha ex Thou.
(griech. *brexis* = Regen)

9 Arten kleiner Bäume oder großer Sträucher, auf Madagaskar und den benachbarten Inseln heimisch, mit immergrünen, dick-ledrigen länglichen Blättern und großen grünlichen Blüten in achselständigen Scheindolden.

B. madagascariensis (Lam.) Ker-Gawl. ist die einzige Art, die außer auf Madagaskar auch noch in Ostafrika vorkommt. Sie bildet dort bis 6 m hohe Bäumchen mit ledrigen, länglichen oder linealischen, am Rande glatten oder gezähnten und bis 20 cm langen Blättern. Sie wurde 1812 eingeführt.
Diese haltbare Pflanze ist vor allem in der Jugend für das luftige und schattige Warmhaus als hübsche Topfpflanze zu empfehlen. Sie ist leicht durch aus tropischen Ländern importierten Samen zu vermehren, ebenso durch Kopf- oder Blattstecklinge mit einem Auge im geschlossenen Vermehrungsbeet bei etwa 30°. Die weitere Kultur gleicht derjenigen des Kaffeestrauches (s. Seite 494).

Filicium decipiens

Brexia madagascariensis

Corokia A. Cunn.
(Name der Pflanze bei den neuseeländischen Maori)

Diese Gattung umfaßt nur 3 oder 4 in Neuseeland heimische Arten kleiner Bäume oder Sträucher, die gelbe, kleine, fünfzählige Blüten tragen.

C. cotoneaster Raoul, der Zickzackstrauch, hat zickzackförmig gebogene dunkle Zweige und kleine rundliche, oberseits dunkelgrüne, unterseits weißfilzige Blätter. Die sternförmigen, etwa zentimeterbreiten gelben Blüten erscheinen im Spätwinter und Frühjahr. 1875 in England eingeführt.
Ebenfalls hübsche, aber selten einmal angebotene Arten sind **C. buddleoides** A. Cunn., 1870 eingeführt und **C. macrocarpa** Kirk.
Dieser bizarre kleine Kalthausstrauch wird bei 2 bis 12° überwintert und im Sommer ins Freie gestellt. Am schönsten steht er auf einer Terrasse vor einer hellen Wand, vor der sich das bizarre dunkle Gezweig am besten abhebt.
Vermehrt werden kann während des ganzen Jahres. Krautige oder halbreife Stecklinge wurzeln ohne Schwierigkeit bei 15 bis 20° Boden- und Luftwärme. Die Erde sei humos-lehmig, das Gefäß nicht zu groß.

Dichroa Lour.
(griech. *dis* = doppelt, *chroa* = Färbung)

Von den etwa 13 im tropischen Asien beheimateten Arten wird nur

D. febrifuga Lour. hier und da gezogen. Sie hat ein großes Verbreitungsgebiet, so kommt sie u.a. vor im Himalaja von 1500 bis 2600 m, in Assam, Malakka, Thailand, Sumatra, Java, Celebes, aber auch in Teilen Chinas. Sie bildet einen immergrünen Strauch von etwa Meterhöhe. Das Auffallende sind die in rispig-pyramidalen Ständen zusammengefaßten Blüten. Sie sind in der Knospe weiß, beim Aufblühen aber färben sie sich violett, dunkel- und hellblau. 1829 in England eingeführt. In Kultur gibt es viele minderwertige Typen; auch unter den Aussaaten erscheinen nur wenige Pflanzen, deren Weiterkultur lohnt. Sie sind vegetativ weiterzuvermehren.
Vermehrung leicht durch Aussaat, besser aber durch von wirklich schönen Pflanzen genommene Stecklinge, die im Warmbeet ohne Schwierigkeit wurzeln. Überwinterung am besten bei 10 bis 12°. Von Februar an aber gebe man mehr Wärme und halte sie hell und luftig bei etwa 14 bis 16°. Einheitserde ist geeignet, ebenso eine Mischung aus Moor- und lehmiger Rasenerde mit einem Zusatz von Torfbrocken oder Torfmull und Sand.
Dichroa ist keine sehr auffallende Pflanze, für den Liebhaber aber doch sehr reizvoll.

Saxifraga L., Steinbrech
(lat. *saxum* = Fels, *frangere* = brechen)

Fast alle der etwa 370 Arten sind Hochgebirgspflanzen der nördlichen temperierten Zone und der Arktis, nur wenige kommen aus den amerikanischen Anden. Eine seit über 150 Jahren beliebte Zimmerpflanze ist die aus Japan und China stammende Art

S. stolonifera Meerb. (*S. sarmentosa* L.f.), der Hängende Steinbrech oder Judenbart, mit langgestielten, unterseits roten Grundblättern, einem dicht-rothaarigen Stengel und einer große Rispe mit weißen, meist gelb punktierten Blüten. Sie treibt lange Ausläufer, die sie zu reizenden Ampelpflanzen machen. 1771 in Holland eingeführt.
Sie eignen sich nicht nur als Ampelpflanzen, sondern auch als schöne Bodendekken, die in Kürze weite Strecken im Gewächshaus überziehen. Vermehrt wird durch Abtrennen und Einpflanzen der Ausläufer, von denen man am besten gleich mehrere zusammen in einen Topf setzt. Sie wachsen am besten im Kalthaus bei Temperaturen von 1 bis 10°, bei höherer Wärme verlausen sie bald. Auch ohne Blüten sind sie sommers und winters gleichschön. Die Sorte 'Tricolor' mit dreifarbigen Blättern ist sehr viel empfindlicher und braucht Temperaturen von 14 bis 18°. Alle gedeihen in Einheitserde oder einer Mischung aus Laub-, Rasen- und humoser Komposterde oder Torfmull, eine Erde, die vor allem recht humos und durchlässig sein soll.

Tolmiea Torr. et A. Gray
(Dr. William Fraser Tolmie, 1830–1886, schottischer Arzt, Fellhändler, Ethnologe und Pflanzensammler im westlichen Nordamerika)

Nur eine Art in Küstenwäldern des pazifischen Nordamerika von Alaska bis Nordkalifornien.

T. menziesii (Pursh) Torr. et A. Gray, »Henne und Küken«, ist eine frischgrüne, 20 bis 30 cm hohe winterharte Staude mit langgestielten Blättern. In den Buchten der Blätter entwickeln sich Brutknospen, die zu kleinen Pflänzchen auswachsen und Wurzeln bilden, sobald das alte Blatt sich zur Erde neigt. Daher auch ihr hübscher deutscher Name, dem in ihrer Heimat so nette Namen wie »Youth-on-age«, »Piggyback-plant« und »Thousand-Mothers« entsprechen. 1812 in England eingeführt.
Vermehrung am besten durch Einpflanzen der Brutknospen oder der oft unter der Pflanze angesiedelten jungen Pflänzchen, aber auch durch Teilung älterer Pflanzen. Sonst gleichen ihre Ansprüche völlig denjenigen von *Saxifraga stolonifera*. Im allgemeinen ist sie volkommen winterhart, aber auch eine interessante Topfpflanze für kühle Räume.

Scrophulariaceae
Braunwurzgewächse

Eine über die ganze Erde verbreitete Familie, die sich in 220 Gattungen mit etwa 3000 Arten gliedert. Sie besteht zum größten Teil aus Kräutern, weniger aus Sträuchern und sehr selten aus Bäumen und Lianen. Sie haben spiralig gestellte oder gegenständige, selten quirlig angeordnete Blätter. Ihre Blüten stehen niemals endständig, selten einzeln in den Blattachseln, im allgemeinen in Trauben, Ähren, Rispen oder Trugdolden. Die Krone ist oft zweilippig. In dieser Familie sind viele Parasiten und Halbparasiten vertreten. Die Blüten werden durch Insekten, selten durch Vögel bestäubt.
In unseren Gärten finden wir als eigenartigen Baum *Paulownia* Sieb. et Zucc., im übrigen eine Vielzahl von Einjahrsblumen und Stauden wie *Alonsoa* Ruiz et Pav., Löwenmäulchen, *Linaria* Mill., *Nemesia* Vent., *Chelone* L., Fingerhut, *Erinus* L., *Mimulus* L. und *Veronica* L.

Asarina Mill., Maurandie
(nach dem spanischen Volksnamen für *Antirrhinum*)

15 Arten meist mit ihren Blatt- und Blütenstielen klimmender Kräuter aus dem westlichen Nordamerika und Mexiko, 1 Art im wärmeren Europa.
Bis auf die nichtklimmende *A. purpusii* werden alle Arten, obwohl sie ausdauernd sind, bei uns nur einjährig gezogen. Sie eignen sich sowohl für die Berankung von allerlei Gitterwerk auf der Terrasse und dem Balkon, schöner und reicher aber blühen sie selbst in Regensommern im Kalthaus, wofür sie nicht nur der langen Blütezeit, sondern auch ihres nicht allzu üppigen Wuchses wegen besonders zu empfehlen sind.

A. barcleiana (Lindl.) Pennell (*Maurandya barcleiana* Lindl.) stammt wie die folgende Art aus Mexiko. Beide blühen von Juli bis zum Herbst, im Kalthaus sogar bis zum Frühwinter. Die breit-dreieckigen, wie die ganze Pflanze drüsig-behaarten Blätter haben lange Stiele, mit deren Hilfe die Pflanze klimmt. Die 5 bis 7 cm langen Blüten sind außen seidig behaart, haben einen schiefen Kronsaum, eine grünliche Kelchröhre und eine verschiedenfarbige Krone, so purpurn, rosa, violett oder weiß. 1825 eingeführt.

Tolmiea menziesii

Saxifraga stolonifera 'Tricolor'

A. scandens (Cav.) Pennell (*Maurandya scandens* Cav.). Sie ist wie die vorige eine 2 bis 3 m hohe Kletterpflanze mit kahlen herzspießförmigen Blättern und 3 bis 5 cm langen Blüten, deren Krone lavendelfarben bis violettrot mit weißem Kronschlund ist. 1796 eingeführt.

A. purpusii (T.S. Brandeg.) Pennell (*Maurandya purpusii* T.S. Brandeg.) aus Südwestmexiko ist eine im Winter einziehende Staude mit knolligem Wurzelstock und dünnen mehr oder weniger niederliegenden Trieben und langgestielten, großen, dunkelpurpurfarbenen Blüten. 1912 eingeführt.

Die kletternden Arten werden im Februar bis März bei 18 bis 20° ausgesät. Nach genügender Erstarkung werden die Sämlinge zu dritt in 9 cm große Töpfe in lehmighumose Erde gesetzt und ihnen gleich ein Stab beigesteckt. Von Anfang April an hält man sie kühler, pflanzt Anfang Mai in größere Töpfe und stellt sie in das helle und stets luftig gehaltene Kalthaus. Empfindlich sind sie gegen Lufttrockenheit, weshalb man sie bei sonnigem, warmem Wetter einnebelt und die Wege feucht hält. Die nicht kletternde *A. purpusii* eignet sich gut als Ampelpflanze. Sie zieht im Herbst ein und ist trocken im Kalthaus zu überwintern. Im März bis April wird sie umgepflanzt und erneut in Kultur genommen.

Bacopa Aubl.
(aus einer Sprache Guayanas)

Etwa 100 Arten von Kräutern in Tropen und Subtropen, von denen einige als Sumpf- oder Wasserpflanzen von Aquarianern gezogen werden.

B. caroliniana (Walt.) Robins. (*B. amplexicaulis* (Pursh) Wettst.) wächst als Sumpf- oder Wasserpflanze in den USA von Virginia und Florida bis Texas in Sümpfen und Mooren. Sie ist ein ausdauerndes, dickfleischiges Kraut mit rundlichen, eiförmigen, stengelumfassenden Blättern und einzeln in den Achseln erscheinenden meist blauen Blüten. 1905 eingeführt.

B. monnieri (L.) Pennell, verbreitet in Mexiko, dem subtropischen Mittel- und Südamerika bis Paraguay und Brasilien, aber auch in manchen anderen Ländern. Sie ist eine der vorigen Art ähnliche, stärker verzweigte Pflanze mit weißen oder hellblauen Blüten. 1899 eingeführt.

Sowohl unter Wasser im Aquarium gedeihend als auch im Sumpfbecken mit flachem Wasserstand, wo sie an über Wasser stehenden Trieben regelmäßig im Sommer blühen. Die erste Art gedeiht gut im ungeheizten Becken bei 18 bis 20°, die zweite Art verlangt etwas mehr Wärme. Sie wachsen gut im ungewaschenen Sand, dem man etwas Lehm beifügen kann, in weichem Wasser und bei hellem Stand. Vermehrung leicht durch Stecklinge, die zu mehreren in Töpfe gepflanzt an einem hellen Fester oder im Lauwarmhaus bei 15 bis 18° besser überwintern als im Aquarium.
Der Aquarianer kennt beide Arten oft besser unter den Namen *Herpestis* Gaertn. und *Moniera* P. Br.

Calceolaria L., Pantoffelblume
(lat. *calceolus* = kleiner Schuh)

Von Mexiko bis Südamerika kommen etwa 500 verschiedene Arten vor. Sie wachsen dort als ein- oder mehrjährige Kräuter und kleine Sträucher vielfach in großen Höhen im Gebirge, so in den Anden von Peru und Chile. Allen gemeinsam ist die zu einem breiten Schuh aufgeblasene Unterlippe.
Von einjährigen Pantoffelblumen werden vor allem *Calceolaria*-Hybriden als Topfpflanzen gezogen. Von anderen Arten ist die halbstrauchige chilenische *C. integri-*

Hebe diosmifolia

folia Murr. (*C. rugosa* Ruiz et Pav.) verbreitet. Für Balkonbepflanzungen, Fensterkästen und Beete ist sie ihrer langen Blütezeit und der leuchtendgelben Blüten wegen unersetzlich. Im Steingarten pflanzt man an etwas feucht-moorige Stellen die unter guter Decke eine ganze Reihe von Jahren winterharte *C. polyrrhiza* Cav. von Patagonien sowie einigen ähnlichen Arten.

Vor einigen Jahrzehnten wurde in den Sammlungen der Liebhaber und botanischer Gärten noch eine ganze Reihe der strauchigen Arten gezogen. Sie sind fast alle verschwunden oder sehr selten geworden. Man sollte sie wieder einführen, denn gerade der Liebhaber wird an ihnen trotz der manchmal schwierigen Kultur der schönen Blüten wegen seine besondere Freude haben.

Sie alle wachsen im Gebirge besser als in der Ebene oder gar in der Stadt, weil sie ihrer Herkunft entsprechend kühle Nächte und nicht allzu warme, dafür auch nicht zu trockene Tage bevorzugen. Ein ausgeglichenes kühl-feuchtes Klima behagt ihnen am besten. Ausgepflanzt gedeihen sie besser als im Topf. Die Wärme im Winter sollte 8 bis 10° nicht übersteigen. Die Erde sei humos-lehmig; in Einheitserde wachsen sie gut. Vermehrt werden kann sowohl durch Aussaat – der staubfeine Samen sollte nicht mit Erde bedeckt werden – nach Möglichkeit im Spätwinter oder im Spätsommer, weil die Keimlinge hohe Wärme schlecht vertragen, als auch durch im Kalthaus unter Glas gesteckte krautige Stecklinge, die meist bald wurzeln. Möglichst bald nach dem Aufgehen müssen die Sämlinge pikiert werden, da sie sehr anfällig gegen Pilze sind.

Arten, deren Kultur besonders lohnt, sind **C. alba** Ruiz et Pav., Argentinien, Peru, Chile, 1844 eingeführt, mit weißen Blüten, **C. bicolor** Ruiz et Pav., Peru, 1829 eingeführt, mit gelben, nur am Grunde weißen, 2 cm langen Blüten, **C. flexuosa** Ruiz et Pav., Peru, 1847 eingeführt, mit reingelben Blüten mit großem zottigem Kelch, und die besonders schöne **C. pavonii** Benth., Peru und Bolivien, um 1850 eingeführt, mit zottig behaarten Blättern und großen gelben Blüten. Aber auch unter der Fülle der anderen Arten finden sich gewiß noch viele bisher ungehobene Schätze.

Calceolaria-Hybride

Dermatobotrys H. Bol.
(griech. *derma, dermatos* = Fell, Haut, *botrys* = Traube)

Nur eine Art,

D. saundersii H. Bol. in Natal: Zululand. Sie ist ein kleiner epiphytischer, laubabwerfender Strauch mit einem dicklichen Stamm und im Querschnitt quadratischen Zweigen. Die Blüten sitzen gehäuft am Ende der Triebe, direkt unterhalb der nach dem Abblühen erscheinenden Blätterschöpfe. Sie sind etwa 5 cm lang und blaßrot. 1892 in England eingeführt.

Vermehrung durch Aussaat (Samen werden leicht angesetzt) und Stecklinge ist nicht schwer. Während des Winters halte man die Pflanzen im Kalthaus bei 6 bis 10°, im Sommer in voller Sonne im Freien. Bei Einhaltung einer strengen Ruhezeit von Ende Oktober an erscheinen die Blüten im Januar und Februar. Während dieser Zeit fallen die alten Blätter ab. Erst nach Ausbildung der Blüten darf wieder gegossen werden, denn ohne eine so entschieden durchgeführte Ruhezeit findet keine Blüten-, sondern nur die Bildung neuer Blätter statt. Jede lehmig-humose Erde sagt ihnen zu.

Hebe Comm. ex Juss., Strauchveronika
(aus der griechischen Mythologie: Hebe, die Göttin der Jugendschönheit, ist die Tochter von Zeus und Hera)

Von der nahestehenden Gattung *Veronica* unterscheiden sie sich durch ihren strauchartigen Wuchs, die Form der Kapsel. Die meisten der etwa 100 Arten wachsen in Neuseeland, 2 in Südamerika, 1 auf den Falklandinseln, nur wenige in Tasmanien, Südostaustralien und Neuguinea. Alle sind sehr eigenartige immergrüne Sträucher, selten kleine Bäume mit gegenständigen ledrigen Blättern. Manche sehen kleinen Nadelhölzern sehr ähnlich. Die Blüten erscheinen in achselständigen Trauben, Ähren oder Köpfchen. Sie sind weiß, rosa oder blau.

Manche der Arten, vor allem *H. armstrongii* und *H. pinguifolia*, sind absolut winterhart und vertragen Temperaturen bis − 25°, andere, wie *H. speciosa*, die *H.*-Andersonii-Hybriden und *H. diosmifolia*, vertragen nicht den leisesten Frost. Zwischen diesen beiden Extremen gibt es alle Übergänge in der Frostempfindlichkeit. Viele Arten halten sich recht gut in einem nicht heizbaren, aber gut dränierten Alpinenhaus ausgepflanzt, in Töpfen lassen sie sich gut in einem nicht heizbaren Kasten überwintern, der aber bei Frost so zu bedecken ist, daß es nicht hineinfriert.

Als blühende Pflanzen in Topfkultur eignen sich nur die *Hebe*-Andersonii-Hybriden und *H. diosmifolia*, die anderen sollte man im April an einer von morgens bis abends sonnigen Stelle im Freien auspflanzen, sie dann im Oktober mit Ballen herausnehmen und eingeschlagen im kalten Kasten bis zum April überwintern. Wer im Platz so beschränkt ist, daß er ältere Pflanzen nicht irgendwo überwintern kann, der vermehre sein ganzes Sortiment im Sommer durch Stecklinge und überwintere diese im kalten Zimmer, im Kalthaus oder kalten Kasten. Um die im Freien stehenden älteren Pflanzen könnte man einen Kasten bauen und danach die ganzen Pflanzen mit Styromull ringsherum einfüllen. Auch so werden sie in den meisten Jahren den Winter überleben. Stecklinge wurzeln mit Ausnahme der dunkelsten Wintermonate das ganze Jahr hindurch. Man steckt in ein geschlossenes Frühbeetfenster oder in Schalen, die man mit einer Glasscheibe abdeckt oder mit Folie umhüllt. Bei 20 bis 22° bilden sie bald Wurzeln. Aussaat ist im allgemeinen nicht zu empfehlen, da viele Arten leicht miteinander bastardieren. Alle Arten, auch die im Topf gezogenen Sorten, verlangen eine lehmig-humose Erde, reichliche Düngung – aber nicht mehr nach Ende Juli – und ausreichende Bewässerung. Topfpflanzen müssen häufig verpflanzt werden.

Reine Topfpflanzen des Kalthauses sind neben den **Hebe-Andersonii-Hybriden**, von denen es Sorten mit weißen, blauen, violetten und roten Blüten gibt, **H. diosmifolia** (R. Cunn. ex A. Cunn.) Cock. et Allan, 1835 eingeführt, ein im April bis Mai blaßblau blühender kleiner reichverzweigter Strauch, in der Heimat allerdings ein bis 5 m hohes Bäumchen bildend, und **H. elliptica** (G. Forst.) Pennell, 1776 eingeführt, **H. macrocarpa** (Vahl) Cock. et Allan, **H. salicifolia** (G. Forst.) Pennell, **H. speciosa** (R. Cunn. ex A. Cunn.) Andersen, alles Arten, die an der Entstehung der Andersonii-Hybriden beteiligt waren und keinen Frost vertragen.

Alle anderen Arten sind es wert, in einer Sammlung enthalten zu sein. Einige gibt es in deutschen Baumschulen, viele in einigen englischen Baumschulen. Als ganz besonders schön und eigenartig können die folgenden Arten empfohlen werden:
H. armstrongii (Johnson et Armstr.) Cock. et Allan, 1899 eingeführt, **H. bal-**

Hebe-Andersonii-Hybride

fouriana (Hook. f.) Cock., 1895, **H. bidwillii** (Hook. f.) Wall., **H. buxifolia** (Benth.) Cock. et Allan, 1885, **H. carnosula** (Hook. f.) Cock. et Allan, 1914, **H. cupressoides** (Hook. f.) Andersen, 1888, **H. epacridea** (Hook. f.) Cock. et Allan, **H. glaucocaerulea** (J. Armstr.) Cock., **H. hectoris** (Hook. f.) Cock. et Allan, 1895, **H. loganioides** (J. Armstr.) Wall., **H. lycopodioides** (Hook. f.) Allan, **H. pinguifolia** (Hook. f.) Cock. et Allan, um 1868, **H. subalpina** (Cock.) Cock. et Allan, **H. traversii** (Hook. f.) Cock. et Allan, 1868, **H. vernicosa** (Hook. f.) Cock. et Allan, 1894.

Isoplexis (Lindl.) Benth.
(griech. *isos* = gleich, *plexis* = Schlag, Hieb)

Diese nur 3 Arten enthaltende Gattung steht *Digitalis* nahe und wird von einigen Botanikern als Sektion *Isoplexis* mit dieser vereinigt. Es sind strauchig wachsende Arten von den Kanarischen Inseln, von denen die folgende eine hübsche und empfehlenswerte, leicht blühende Kalthauspflanze ist.

I. canariensis (L.) Lindl. ex G. Don ist ein von April bis Juni blühender kleiner immergrüner Strauch mit aufrechten Trieben, oval-lanzettlichen, etwa 12 × 2,5 bis 5 cm großen, vor allem auf der Unterseite flaumigen Blättern. Die Blüten stehen zu vielen dicht in endständigen aufrechten Ähren, die 20 bis 30 cm lang werden können. Sie sind gelblichorange, ändern aber bei Sämlingen im Farbton sehr ab. Typen mit den reinsten und kräftigsten Farben sollte man durch Stecklinge weitervermehren, alle blaßblühenden Sämlinge aber fortwerfen. Bereits 1698 in Kultur.

Vermehrung durch Aussaat und Stecklinge, die von April bis August bei mäßiger Bodenwärme im geschlossenen Beet meist recht bald wurzeln. Weiterkultur im Sommer an sonniger Stelle im Freien, im Winter bei 8 bis 10° im hellen Kalthaus bei sehr vorsichtigem Gießen. Jüngere Pflanzen blühen besser als alte, deshalb sollte man immer für Nachwuchs sorgen.

Jovellana Ruiz et Pav.
(Gaspar Melchor de Jovellanos, 18. Jahrhundert, ein Kenner der peruanischen Flora)

Von den 6 Arten kommen 2 in Chile, die übrigen 4 in Neuseeland vor. Sie sind nahe mit *Calceolaria* verwandt, von diesen aber durch die fast gleiche, nur wenig aufgeblasene Ober- und Unterlippe verschieden. Sie wachsen als kriechende Kräuter, meist aber als aufrechte Halbsträucher oder Sträucher.

J. punctata Ruiz et Pav. aus Südchile wird etwa meterhoch und hat bis 10 cm lange Blätter und hellviolette, dunkler gefleckte, in vielblütigen Rispen stehende etwa

18 mm breite Blüten. Wurde 1863 in England eingeführt.

J. sinclairii (Hook.) Kraenzl. aus Neuseeland, ein nur bis 60 cm hoher, weicher Halbstrauch mit behaarten Zweigen, hat kleine Blätter und nur 8 mm breite weißliche, rötlich gefleckte Blüten, deren Unterlippe viel länger als die Oberlippe ist. 1881 in England eingeführt.

J. violacea (Cav.) G. Don aus Chile, anschließend an die vorige im Juli bis August blühend, ist ein kräftig wachsender Strauch mit bräunlichen dicht behaarten Zweigen, eiförmigen, nur 2,5 × 2 cm großen, unregelmäßig grobgezähnten Blättern und 1,2 cm breiten, in lockeren endständigen Rispen erscheinenden gelblichweißen oder helllilafarbenen, purpurn gefleckten flaumigen Blüten. 1853 in England eingeführt, wenig später in Deutschland.

Vermehrung durch Aussaat oder krautige Stecklinge, am besten im August und September, die sich bei mäßiger Bodenwärme unter Glas leicht bewurzeln. Überwintert wird im hellen und luftigen Kalthaus, im Sommer kommen sie ins Freie an einen halbschattigen oder schattigen Platz. Besser als im Topf wachsen sie in humoser Erde ausgepflanzt. Im übrigen gilt für ihre Kultur das gleiche, was bei den strauchigen Calceolarien gesagt wurde. Alle sind schöne kleine Sträucher, die durch die auf hellem Grund dunkelgefleckten Blüten auffallen.

Limnophila R. Br.
(griech. *limne* = Sumpf, *phile* = Freundin)

Etwa 35 Arten im tropischen und subtropischen Afrika, Asien, Australien und auf den Pazifischen Inseln. Sie leben dort als ganz oder teilweise untergetauchte Wasserpflanzen und haben häufig zweigestaltige Blätter. Vor allem die folgende Art wird wegen ihrer feinzerteilten Blätter in Aquarien gezogen.

L. indica (L.) Druce ist im tropischen und subtropischen Asien, Afrika und Australien weit verbreitet. Sie wächst dort im flachen Wasser der Sümpfe, Reisfelder und ruhigen Gräben. Ihre Schönheit liegt in den 30 bis 50 cm langen Trieben, an denen die fein zerteilten gefiederten Blätter in Quirlen zu 6 bis 8 sitzen. Die gestielten Blüten erscheinen zu 1 bis 3 in den Achseln der Luftblätter. Sie sind bis 1 cm lang und haben eine blaß-purpurrote bis weiße Krone. 1931 eingeführt.
Seltener in Kultur sind die asiatischen **L. heterophylla** (Roxb.) Benth. und **L. sessiliflora** Bl. Bei den Aquarianern ist die Gattung *Limnophila* oft bekannter unter dem heute nicht mehr gültigen Namen *Ambulia*.

Vermehrt wird am besten durch Stecklinge, auch Aussaat ist möglich, aber nicht erforderlich. Alle Arten gehören in ein Warmwasserbecken mit einer Temperatur von 20 bis 25°. Gut entwickeln sie sich nur bei viel Licht und weichem oder neutralem Wasser in mit Lehm durchsetztem Sand. Im Winter gehen sie durch Lichtmangel stark zurück, nur bei zusätzlicher Belichtung von mindestens 10 Stunden bleiben sie so schön wie im Sommer. Ein Nachteil von *L. indica*, nicht aber der anderen Arten, ist die Giftigkeit ihres Saftes. Deshalb darf man unter Wasser keine Stengel abschneiden. Will man den Bestand verringern, weil die Pflanzen im Aquarium überhandnehmen, zieht man einzelne Triebe mit den Wurzeln heraus. Zur Vorsicht aber sollte man in reich mit *L. indica* besetzten Becken auf pflanzenfressende Fische verzichten.

Lindenbergia Lehm.
(Johann Bernhard Wilhelm Lindenberg, Bergedorf, 1781–1851, deutscher Moosforscher)

Von den etwa 20 im tropischen Asien und Afrika heimischen Arten wird hier und da einmal die folgende gezogen.

L. grandiflora (Buch.-Ham.) Benth. ist in den wärmeren Gebieten des Himalaja bis zu Höhen von 2000 m zu Hause. Sie ist ein von November bis Februar blühender kleiner Halbstrauch mit wollig behaarten Zweigen und ungleichmäßig gesägten eiförmigen Blättern. Die etwa 2 cm langen goldgelben Blüten erscheinen in achselständigen, lockeren Trauben. Nach 1860 eingeführt.
Bei Aussaaten erscheinen oft sehr wenig schöne Typen. Deshalb muß man die besten auslesen und durch krautige Stecklinge im Spätwinter vermehren. Sie gedeihen sowohl im Kalt- als auch im Lauwarmhaus, während des Sommers am besten in einem luftig gehaltenen kalten Kasten. Einheitserde oder eine Mischung aus lehmiger Kompost- und alter Lauberde ist ihnen zuträglich. Diese nach dem Kriege selten gewordene Pflanze ist gerade dem Liebhaber als dankbarer Winterblüher zu empfehlen.

Mimulus L., Gauklerblume, Affenblume
(lat. *mimulus*, Verkleinerungsform von *mimus* = Schauspieler, Gaukler; Hinweis auf die mannigfaltige Färbung und Zeichnung der Blüten)

Alle 100 bis 150 Arten sind Bewohner außertropischer Gegenden. Die meisten wachsen im westlichen Nordamerika, einige in Ostafrika, Asien und Australien als niedrige Kräuter, seltener als niedrige Sträucher. Ihre Blätter sind stets ungeteilt, ganzrandig oder gezähnt, die Blüten achselständig, einzeln, die oberen bisweilen traubig, gestielt und ohne Deckblätter. Bekannt sind die als Einjahrsblumen gezogenen großblumigen *Mimulus*-Hybriden, als Stauden finden wir – leider nur selten – *M. cardinalis* Dougl. ex Benth., USA: Utah bis Oregon, Niederkalifornien, *M. cupreus* hort. ex Dombr., Chile, *M. moschatus* Dougl. ex Lindl., Nordamerika, und *M. primuloides* Benth., USA: Washington bis Kalifornien, in den Gärten vor allem an feuchten, halbschattigen Stellen größerer Steingärten. Leider sind sie aber nicht allzu langlebig. Von den Hybriden kann man die mit besonders schönen Blüten im Herbst durch Stecklinge vermehren und hell und frostfrei überwintern. Eine alte Zimmerpflanze ist die folgende Art.

M. aurantiacus Curt. (*M. glutinosus* J.C. Wendl.) aus Kalifornien ist ein 50 bis 150 cm hoher klebriger Strauch mit länglichen Blättern und 3,5 bis 5 cm langen, kurzgestielten orange-, bräunlichorange- bis lachsfarbenen Blüten. Bei der Art sind die Blüten leuchtend orangerot, bei 'Puniceus' dunkelgranat- bis orangerot, bei Sämlingen mit vielen Zwischentönen. Um 1800 eingeführt.
Eine Vermehrung aus Samen ist möglich, doch findet sich unter den Sämlingen eine Vielfalt von Schattierungen, vor allem sehr viele blasse Farben. Deshalb ist es besser, die Namensorten oder die Sämlinge mit den schönsten Blüten durch Stecklinge zu vermehren. Diese sind vom Spätwinter bis zum Herbst zu schneiden, lauwarm zu stecken und geschlossen zu halten. Am besten steht diese Art in einem luftigen Kalthaus, doch kann sie von Mai bis September auch halbschattig ins Freie gestellt werden. Kultur am besten in Einheitserde, die anscheinend ihre Bedürfnisse am besten befriedigt. Während des Sommers muß sehr reichlich gegossen werden, denn nur dann wachsen sie wirklich üppig. Dafür muß aber die Erde sehr durchlässig sein, wie es

Scrophulariaceae

Mimulus aurantiacus

Phygelius capensis

Isoplexis canariensis

eine gute Einheitserde ist. Bei geringeren Wassergaben gehen sie zwar nicht ein, aber wachsen und blühen nur spärlich. In englischen Baumschulen werden Art und Sorten angeboten.

Otacanthus Lindl.
(griech. *ous, otos* = Ohr, *acanthos* = Dorn)

Nur 4 Arten ausdauernder Kräuter in Brasilien, darunter die nur selten gezogene Art

O. coeruleus Lindl., eine aufrechtwachsende Staude mit gegenständigen, elliptischen, 7 × 5 cm großen grobgezähnten Blättern und einzeln in den oberen Blattachseln stehenden, von April bis Oktober erscheinenden blaupurpurnen Blüten. 1862 eingeführt.
Vermehrung durch Stecklinge im Warmbeet, die nach dem Eintopfen einmal gestutzt und bis zur Blütenbildung im Warmhaus gehalten werden. Erst nach der Bildung der Blütenknospen vertragen sie bis zum Abblühen Temperaturen von 10 bis 15°. Schon 8 bis 12 Wochen nach Bewurzelung erscheinen die ersten Blüten.

Phygelius E. Mey. ex Benth., Fünferling
(griech. *phygein* = fliehen, *helios* = Sonne)

2 Arten südafrikanischer Halbsträucher mit gekerbten Blättern und Blüten, deren lange Röhre gekrümmt ist.

P. capensis E. Mey. blüht vom Juli bis in den Herbst hinein. Ausgepflanzt wird er etwa einen halben Meter hoch. Seine vierkantigen Stengel verholzen am Grunde. Die Blüten erscheinen in einer 20 bis 30 cm hohen pyramidalen lockeren Rispe, an der sie in Etagen zu je 5 nach unten hängen. Sie sind etwa 5 cm lang, außen korallenrot, innen gelb, die Staubbeutel violett. Die Blütenstandsstiele stehen waagerecht von der Rispe ab. 1855 in England eingeführt.
Die Vermehrung durch Aussaat ist genauso leicht wie die aus krautigen Stecklingen. Bei letzterer vermehre man nur Pflanzen, deren Blüten klar und auffallend gefärbt sind. Kultur und Verwendung gleichen der der Fuchsien. Wie diese werden sie im Herbst mit Ballen herausgenommen und unter der Stellage eines Kalthauses eingeschlagen und überwintert. Bereits im April, in Gegenden mit starken und späten Nachtfrösten erst im Mai, werden sie an sonniger Stelle des Gartens in humos-lehmige und nährstoffreiche Erde ausgepflanzt. Besonders schön wirken sie zwischen silbergrauen bodenbedeckenden Pflanzen. Topfkultur lohnt sich nicht, weil dabei die Blütenrispen klein und mager bleiben. Im Weinbauklima, aber auch unter einer im Winter nicht auftauenden Schnee-

decke viele Jahre im Freien ausdauernd. Zur Vorsicht stets einige Herbststecklinge frostfrei überwintern.

Russelia Jacq.
(Alexander Russell, 1714–1768, engl. Arzt, ca. 1740–1753 in Aleppo. Verfasser der 1756 erschienenen »Natural History of Aleppo«)

Von den 40 Arten tropisch-amerikanischer Kleinsträucher mit langen grünen, überhängenden Zweigen mit teilweise verkümmerten Blättern und leuchtend roten Blüten wird meist nur die folgende ab und zu gezogen.

R. equisetiformis Schlechtend. et Cham. (*R. juncea* Zucc.) stammt aus Mexiko sowie von Mittelamerika und Westindien bis Guayana, Kolumbien und Peru. Sie blüht meist über eine lange Zeit im Sommer und wird im Alter bis meterhoch. Die binsenförmigen Äste tragen zahlreiche dünne Zweiglein mit kleinen, mehr schuppenförmigen Blättern. Die Blüten stehen in sehr lockeren Trauben, sie sind etwa 2,5 cm lang und scharlachrot. 1830 in Deutschland eingeführt.

Seltener als diese Art wird **R. sarmentosa** Jacq. aus dem wärmeren Mexiko und Kuba gezogen. Sie ist der zuerst beschriebenen sehr ähnlich, braucht aber etwas mehr Wärme. 1812 in England eingeführt.

Samen ist wohl nicht zu bekommen, deshalb ist man auf die Vermehrung durch Ausläufer und Stecklinge angewiesen. Zu Stecklingen kann jeder Teil eines Triebes genommen werden. Im geschlossenen Warmbeet wurzeln sie ziemlich schnell. Sie werden nach der Wurzelbildung zu 5 bis 8 zusammengepflanzt, damit man schneller zu größeren Pflanzen kommt. Als Erde bewährte sich eine Mischung aus alter Laub- und lehmiger Rasenerde oder Einheitserde. 12 bis 15° sind ihnen am zuträglichsten. Keinesfalls sollte man sie kühler als 12° halten. Sie sind gleich schön als Ampelpflanze wie ausgepflanzt. Dann müssen sie allerdings etwas erhöht gepflanzt werden, damit die langen Triebe überhängen können. Obwohl man sie im Sommer ins Freie stellen kann, ist doch eine ganzjährige Kultur in einem hellen, luftigen Hause, etwa mit Kakteen zusammen, vorzuziehen. Alte Pflanzen sollte man ab und zu etwas auslichten und dabei nur ganz alte Zweige entfernen. Am jungen Holz darf nie geschnitten werden, weil daran die meisten Blüten erscheinen.

Russelia equisetiformis

Torenia baillonii

Sutera Roth (*Chaenostoma* Benth.)
(Johann Rudolf Suter, 1766–1827.
Schweizer Arzt, Botaniker und Philologe)

Etwa 130 Arten ein- oder mehrjähriger Kräuter, Halbsträucher und kleiner Sträucher, von denen die meisten ihre Heimat in Südafrika haben. Ihre Blüten sitzen end- oder achselständig in einfachen Trauben oder Ähren. Zu empfehlen ist

S. hispida (Thunb.) Druce (*Chaenostoma hispida* (Thunb.) Benth.), ein südafrikanischer Halbstrauch, der ununterbrochen von Juni bis September blüht. Er wird etwa 30 cm hoch, seine Äste sind niedergestreckt oder ausgebreitet, die blühenden aufstrebend. Die achselständigen, gestielten Blüten sind etwa 6 mm breit und weiß. 1816 eingeführt.
Hübsche, lange blühende Pflanzen von leichter Kultur für im Sommer leerstehende Kalthäuser. Im Herbst werden sie aus Stecklingen vermehrt, nach der Bewurzelung zu drei bis fünf in Töpfe gesetzt und dicht unter Glas bei 4 bis 8° überwintert. Im Spätwinter ist dann in 10 bis 12 cm große Töpfe in Einheitserde oder TKS umzupflanzen. Bei reichlichem Wässern und voller Sonne werden sie im luftigen Kalthaus oder im Frühbeetkasten weitergezogen.

Tetranema Benth. ex Lindl.
(griech. *tetra* = vier, *nema* = Faden)

Nur 3 Arten kleiner, ausdauernder Kräuter wachsen in Mexiko und Guatemala.

T. roseum (Martens et Gal.) Standl. et Steyerm. (*T. mexicanum* Benth. ex Lindl.) aus Mexiko und von Guatemala bis Panama vorkommend blüht fast das ganze Jahr hindurch. Es hat kurze Stämmchen mit lederigen glatten, verkehrt-eiförmigen, gekerbten Blättern und einen etwa 10 cm hohen Schaft, an dem die kurzgestielten purpurvioletten kleinen Blüten sitzen. 1843 in Belgien eingeführt.
Anspruchslose kleine Warmhauspflanzen, die man sowohl ausgepflanzt als auch in Töpfen oder Schalen ziehen kann. Sie bilden eine hübsche Bodendecke zwischen höheren Pflanzen. Sie gedeihen gleich gut in Einheitserde wie in einer humos-lehmigen Mischung bei Temperaturen von 14 bis 20°. Am schönsten sind junge Pflanzen, die man sich alle zwei Jahre aus dem reichlich gebildeten Samen heranziehen sollte. Bei frühzeitiger Aussaat blühen Sämlinge noch im gleichen Jahr.

Torenia L.
(Olaf Torén, 1718–1753, schwedischer Geistlicher, der *Torenia asiatica* entdeckte. Bereiste von 1750–1752 Surat (Indien) und China)

Kleine, niedrige Kräuter, zum Teil mit schönen großen, auffallend gefärbten Blüten. Von ihnen sind etwa 40 bis 50 Arten im tropischen und subtropischen Asien und Afrika beheimatet.

T. asiatica L. aus Südindien ist ein vom Sommer bis zum Herbst ununterbrochen blühendes, ausdauerndes Kraut, dessen geflügelte vierkantige Triebe niederliegen oder bis 30 cm lang herabhängen. Die achselständigen Blüten häufen sich am Ende der Triebe. Die Krone ist 3 bis 4 cm lang und fast ebensobreit, ihre Röhre schwärzlich violett, der Saum blau mit dunkelvioletten Seitenabschnitten.

T. baillonii Godefr., in Südvietnam und Sumatra verbreitet, ist einjährig und hat 15 bis 30 cm lange niederliegende oder aufrechte, oft an den Knoten wurzelnde Stengel. Ihre Blütenkrone ist goldgelb, Schlund und Kronröhre dunkelpurpurfarben. 1876 eingeführt.

T. fournieri Lind. aus Südvietnam, wie die vorige einjährig und von Juli bis zum September blühend, ist die am häufigsten gezogene Art. Die Kronröhre ist unten meist gelb, die Oberlippe porzellanblau, die Seitenabschnitte samtig-indigoblau gefleckt, ebenso der untere Abschnitt, der außerdem noch einen großen gelben Fleck trägt. 1875 in Belgien eingeführt.

Torenien gehören zu den schönsten Blütenpflanzen des Sommers. Sie eignen sich zur Ausschmückung im Sommer leerstehender Kalthäuser. *T. baillonii* und *T. fournieri* werden im Februar im Warmhaus ausgesät, einmal pikiert und dann zu 6 bis 12 in Schalen gepflanzt, wo sie sowohl in Einheitserde als auch in jeder humos-lehmigen Mischung wachsen. Nach und nach werden sie an geringere Temperaturen gewöhnt. Von Juli an blühen sie bei hellem Stand ununterbrochen 6 bis 8 Wochen lang. *T. asiatica* gehört das ganze Jahr hindurch ins Warmhaus, wo sie bei nicht zu schattigem Stand ebenfalls den ganzen Sommer hindurch blüht. Besonders schön wirkt sie als Ampelpflanze. Am besten zieht man alljährlich aus Stecklingen neue Pflanzen heran. Sie wurzeln im Warmbeet in wenigen Tagen und werden zu 6 bis 12 zusammen in einen Topf oder eine Schale gesetzt.

Solanaceae
Nachtschattengewächse

Eine für den Menschen sehr wichtige Pflanzenfamilie, die aus 90 Gattungen mit etwa 2300 Arten besteht. Die meisten von ihnen wachsen in den Tropen und Subtropen, nur wenige kommen in temperierten Gebieten vor. Besonders in Amerika sind viele Gattungen und Arten verbreitet. Die Familie enthält sowohl Kräuter als auch Bäume und Sträucher. Bei den meisten Gattungen sind die Blüten strahlig, der Kelch bleibend und oft zur Fruchtzeit vergrößert. Die Blätter sind wechselständig, spiralig gestellt, oft aber durch das Emporwachsen der Blattstiele am Stengel verschoben. Die Frucht ist meist eine Beere, selten eine Kapsel. Zwischen beiden gibt es eine ganz Reihe von Übergangsformen. Wichtige Nutzpflanzen sind u.a. Kartoffeln, Tomaten, Eierfrüchte, Paprika, grüner Pfeffer und Tabak. Von Giftpflanzen seien vor allem die Tollkirsche (Atropin) und der Stechapfel genannt, die beide in der Medizin eine Rolle spielen.
In unseren Gärten finden wir als bekannte Zierpflanzen *Browallia*, Ziertabak, Petunien, *Physalis* L. (Laternen- oder Lampionpflanze), *Salpiglossis* Ruiz et Pav., *Schizanthus* Ruiz et Pav., dazu einjährige oder einjährig gezogene *Solanum*-Arten. Für das Gewächshaus kommen nur wenige Gattungen und Arten der Nachtschattengewächse in Frage.

Browallia L.
(Johan Browall, 1707–1755, schwedischer Botaniker, Bischof von Abo. Verteidigte das Sexualsystem Linnés)

Aus Südamerika kennen wir 6 Arten niedriger Kräuter und nur eine halbstrauchige. Als einjährige Sommerblumen werden in unseren Gärten bisweilen *B. grandiflora* D. Don und *B. viscosa* H.B.K. gezogen, für Gewächshäuser ist die schöne, aus Kolumbien stammende, vom Spätwinter bis zum Spätherbst blühende

B. speciosa Hook. (*B. major* hort.) eine empfehlenswerte Pflanze. Sie ist ein 30 bis 50 cm hoher kahler, vom Grunde aus verzweigter Halbstrauch mit dunkelgrünen Blättern und vielen einzeln in den Blattachseln erscheinenden blauen Blüten mit weißem Schlund. Ihre Röhre ist 2,5 cm lang, die Krone 4 bis 5 cm breit. Die Kronabschnitte sind länger als bei den übrigen Ar-

ten und nicht eingeschnitten, sondern rundlich. 1846 in England eingeführt.
Am besten ist es, im Februar warm auszusäen, einmal zu pikieren, später die Sämlinge zu viert in 12 cm große Töpfe zu pflanzen und ein- bis zweimal zu entspitzen. Von Mai an hält man sie im Kalthaus, wo sie bald anfangen zu blühen. Sie sind aber auch nicht empfindlich gegen wärmere Temperaturen, so daß man sie auch im Warmhaus halten kann, wo sie ebenfalls unermüdlich blühen, allerdings im Wuchs länger werden. Hat man erst einmal Pflanzen, so kann man sie auch leicht durch Stecklinge weitervermehren. Diese bilden im geschlossenen, warmen Vermehrungsbeet in wenigen Tagen Wurzeln und werden dann genau so weiterbehandelt wie die Sämlinge. Alle gedeihen gut in einer humos-lehmigen Mischung oder in Einheitserde.

Brunfelsia L.
(Otto Brunfels, 1488–1534, Arzt, Botaniker, Theologe, Verfasser eines berühmten, erstmals mit guten Pflanzenabbildungen ausgestatteten, 1530 erschienenen Kräuterbuches)

Etwa 30 Arten kleiner Bäume und Sträucher, die ausschließlich im tropischen Mittel- und Südamerika sowie auf den Antillen verbreitet sind. Ihre Blüten sind groß, weiß, gelb oder violett und haben eine tellerförmig flache Krone mit einer langen Röhre.

B. americana L. von den Antillen ist ein kleiner Strauch oder bis 7 m hoher Baum mit großen, beim Auf- und Verblühen gelblichen, sonst weißen, besonders nachts stark duftenden Blüten. 1735 in England eingeführt. Ähnlich ist **B. undulata** Sw. aus Jamaika mit gelblichem Laub und ebenfalls weißen, duftenden Blüten. 1780 in England eingeführt.

B. pauciflora (Cham. et Schlechtend.) Benth. var. **calycina** (Benth.) J.A. Schmidt (*B. calycina* Benth.) aus Brasilien bringt ihre großen violetten Blüten im März und April. Sie bildet sparrige, in die Breite wachsende kleine Sträucher, die sich selbst bei häufigem Entspitzen nur wenig verzweigen. 1850 in Belgien eingeführt. 'Eximia' ist ähnlich, hat mehr purpurviolette Blüten, die sich beim Verblühen rein weiß färben. Die größten Blüten – 6 bis 7 cm im Durchmesser – soll 'Macrantha' haben. Ob und wieweit diese Sorten noch gezogen werden, ist fraglich.

B. uniflora (Pohl) D. Don (*B. hopeana* (Hook.) Benth.) aus Guayana, Venezuela und Brasilien hat nur kleine Blüten, dafür erscheinen diese aber in großer Fülle. Sie verzweigt sich stark und wird bis 2 m hoch. Ihre Blüten haben einen Durchmesser von 2,5 cm, ihre Krone ist im Aufblühen hellviolett, im Verblühen weiß und stark duftend. Die Blütezeit fällt in den Winter, meist in die Monate Dezember, Januar und Februar. 1828 eingeführt.

Am häufigsten wird *B. pauciflora* var. *calycina* angeboten. Man vermehrt sie aus halbreifen Stecklingen im geschlossenen Vermehrungsbeet bei 20 bis 22° Bodenwärme. Diese bewurzeln sich nach 6 bis 8 Wochen. Samen wird nur nach künstlicher Bestäubung angesetzt. Stecklinge der anderen Arten wurzeln leichter, vor allem die von *B. uniflora*, die sich auch gut aus Samen heranziehen läßt.
B. pauciflora var. *calycina* ist von November bis in den Januar hinein eine Ruhezeit zu geben, bei der die Wärme zwischen 10 und 12° liegen soll und nur soviel gegossen wird, daß die Pflanzen nicht welken. Im Februar wärmer gestellt – bei 18 bis 20° –, beginnen sie bereits nach 4 bis 5 Wochen zu blühen. Während des Sommers halte man sie warm, schattig und feucht, von Ende August an aber brauchen sie viel Licht und Sonne, damit das Holz gut ausreifen kann, eine Vorbedingung für reichen Blütenansatz. Nach dem Abblühen können die längsten Triebe leicht eingekürzt und die Spitzen als Stecklinge verwendet werden. Die übrigen Arten, vor allem *B. uniflora*, werden unter den gleichen Bedingungen wie *Codiaeum* gehalten, nur im Sommer schattiger. Eine Mischung aus alter Laub-, humoser Kompost- und lehmiger Rasenerde sagt ihnen zu, ebenso auch Einheitserde oder TKS 2. Man nehme die Töpfe nicht zu groß und dünge nach dem Abblühen, aber nicht länger als bis Anfang August.

Cestrum L., Hammerstrauch
(alter griechischer Pflanzenname für einen Lippenblütler, gebildet aus *kestron* = spitzes Eisen)

Im tropischen und subtropischen Amerika und in Westindien findet man etwa 150 Arten dieser Gattung. Sie leben dort als immergrüne Sträucher mit ganzrandigen

Cestrum aurantiacum

518 Solanaceae

Browallia speciosa

Blättern und zierlichen Blüten in überhängenden Büscheln, Trauben oder Doldentrauben. Einige Arten sind leicht wachsende, hübsch blühende Kalthauspflanzen. Am verbreitetsten sind die folgenden:

C. aurantiacum Lindl. aus Guatemala wird etwa meterhoch und blüht im Spätsommer und Herbst mit bis 2 cm langen orangefarbenen Blüten in end- und achselständigen Doldentrauben. Ihnen folgen häufig große runde weiße Beeren. 1840 eingeführt.

C. diurnum L. von den Antillen blüht im Spätsommer und Herbst mit tagsüber stark duftenden weißen Blüten in achselständigen, langgestielten Ähren. Es blüht bei uns weniger dankbar als die beiden anderen hier genannten Arten. 1732 eingeführt.

C. elegans (Brongn. ex Neum.) Schlechtend. (*C. purpureum* (Lindl.) Standl., *Habrothamnus elegans* Brongn. ex Neum.) kommt aus den Gebirgen Mexikos zu uns. Es wird 1 bis 2 m hoch und hat überhängende oder hin- und hergebogene Zweige, an deren Enden von April bis September die purpurroten Blüten in trugdoldigen Doldentrauben sitzen. 1840 in England eingeführt.

Alle werden durch Aussaat, besser durch krautige Stecklinge vom Februar bis zum April in einem geschlossenen Beet mit 20 bis 25° Bodenwärme vermehrt. Im Winter sollen alle Arten kühl, also bei 4 bis 10° im luftigen Kalthaus stehen, während des Sommers stellt man sie an eine recht sonnige Stelle im Freien. Ältere Pflanzen werden im Spätwinter kräftig zurückgeschnitten und verpflanzt. Die dann erscheinenden neuen Triebe blühen am reichsten. Vom Spätwinter bis zum August verpflanze man im allgemeinen zwei- bis dreimal in nährstoffreiche lehmig-humose Erde und dünge sie nach Durchwurzelung regelmäßig bis zum September. *C. diurnum* weicht insofern in der Pflege von den beiden anderen Arten ab, als es im Winter im Warmhaus, im Sommer im luftigen und hellen Lauwarmhaus stehen muß.

Alle *Cestrum*-Arten wachsen ausgepflanzt sehr viel besser als im Topf oder im Kübel. Hat man Platz genug, setze man sie in Plastik- oder Drahtkörbe und pflanze sie dann den Sommer über in recht nährstoffreicher Erde im Freien aus. Dadurch, daß sie im Korb stehen, werden sie beim Herausnehmen Ende September nur wenig gestört und behalten ihren Ballen. Genau wie für die im Topf gezogenen Pflanzen ist dann ihr Platz im Kalthaus.

Datura L., Stechapfel
(hindi *dhatura* = altindisch *dhattura* = Bezeichnung für einen Stechapfel)

Etwa 15 Arten von Kräutern, Sträuchern und Bäumen, die in den wärmeren Teilen der Erde verbreitet sind. Alle haben große Blätter und große, meist stark duftende Blüten mit trichterförmiger Krone und vielsamigen, meist stacheligen oder dornigen Früchten. Bei allen Vertretern der Gattung sind Blätter, Samen und Früchte sehr giftig. Sie enthalten vor allem Hyoscyamin und Hyoscin. Die einjährigen Arten werden deshalb bisweilen im großen angebaut. Aus den Gärten sollte man sie ihrer Giftigkeit wegen verbannen, vor allem dort, wo Kinder sind. Dagegen gehören einige strauchige Arten aus den Tropen zu den prächtigsten frostfrei zu überwinternden Schmuckpflanzen des Gartens.
Einige Botaniker haben neuerdings wieder die strauch- und baumartigen Arten von *Datura* getrennt und in die bereits 1803 von Persoon aufgestellte Gattung *Brugmansia* überführt, eine Auffassung, der wir hier nicht folgen.

D. aurea (Lagerh.) Saff. wächst in den Anden von Mittelkolumbien bis Südekuador in Höhen zwischen 3000 und 3600 m. Dort bilden sie kleine, bisweilen bis 10 m hohe Bäume. Ihre 15 bis 25 cm langen Blüten

Iochroma coccineum

Juanulloa aurantiaca

nicken oder hängen. Ihre Kronen sind weiß oder goldgelb.

D. × candida (Pers.) Saff. (*D. aurea* × *D. versicolor*), eine in tropischen Gärten weit verbreitete, aus Ekuador stammende Hybride hat mindestens 20 cm lange weiße Blüten, deren Kronsaum zwischen den Abschnitten nicht ausgebuchtet ist. Der Kelch ist einseitig geschlitzt. Die Blüten erscheinen vom Sommer bis zum Spätherbst.

D. rosei Saff. aus Ekuador wird häufig mit der heute kaum noch gezogenen *D. sanguinea* Ruiz et Pav. verwechselt. Ihre duftlose, 15 bis 17 cm lange Blütenkrone ist röhrig mit einem kleinen, flach ausgebreiteten rötlichen Saum. Zum Grunde hin ist sie zunächst gelblich, dann grünlich. Der Kelch besitzt an seiner Mündung 2 bis 5 Abschnitte. Da ihre Hauptblütezeit in die Monate von September bis April fällt, eignet sich diese schöne Art vor allem für Kalthäuser und Wintergärten.

D. suaveolens Humb. et Bonpl. ex Willd., die Engelstrompete, stammt aus den brasilianischen Staaten Minas Gerais und Sao Paulo und blüht im Spätsommer und Herbst, im Gewächshaus auch vereinzelt zu anderen Zeiten. Sie wird bis 5 m hoch, blüht jedoch schon als kleine Pflanze. Ihre Blüten sind 20 bis 30 cm lang, hängen an 4 cm langen Stielen, sind weiß und strömen einen betäubenden Duft aus. 1809 in Deutschland eingeführt.

D. versicolor (Lagerh.) Saff. ist im Guyaquil Basin (Ekuador) heimisch und bildet dort zierliche 2 bis 5 m hohe Bäumchen. Ihre Blüten sind besonders groß, in der Regel zwischen 30 und 50 cm lang. Beim Aufblühen sind sie weiß, später färben sie sich nach und nach aprikosenfarbig.

Neben den oben genannten Arten und *D. × candida* gibt es eine ganze Reihe verschiedener Sorten, darunter auch solche mit halbgefüllten oder gefüllten Blüten in weiß, gelb und rot, deren Zuordnung zu den einzelnen Arten aber schwierig, wenn nicht ganz unmöglich ist. Für unsere Gär-

Brunfelsia pauciflora var. calycina

ten am wichtigsten sind *D.* × *candida* und vor allem *D. suaveolens.*

Stecklinge bewurzeln sich im offenen Vermehrungsbeet bei nur mäßiger Bodenwärme in Kürze. Lediglich bei *D. rosei* muß man Geduld haben, da ihre Stecklinge oft sehr lange stehen, bis sie Wurzeln bilden. Im Sommer gehören *Datura* an den hellsten und wärmsten Platz im Freien. Am besten wachsen und blühen sie ausgepflanzt in sehr nährstoffreicher humoslehmiger Erde. Um beim Herausnehmen im Herbst den Ballen nicht zu zerstören, sollte man sie in Draht- oder Kunststoffkörbe pflanzen, die einen Grundballen gewährleisten, der weder beim Herausnehmen im Herbst noch beim Auspflanzen im Frühjahr zerstört wird. Überwintert wird bei nur geringen Wassergaben in einem hellen, luftigen Raum bei 4 bis 10°. Je kühler sie stehen, desto weniger darf man sie gießen. Vor dem Auspflanzen kann man sie um ein Drittel ihrer Länge zurückschneiden. Sie treiben im Freien sehr schnell wieder aus. Mit fortschreitender Entwicklung muß wöchentlich mit einem Mischdünger gegossen oder alle vier Wochen ein solcher gestreut werden. Die Blüten erscheinen schubweise, nie einzeln hintereinander. So wechseln in kurzen Abständen Blütezeiten mit blütelosen Zeiten ab. In großen, luftigen, hellen, auch im Sommer nicht zu warmen Gewächshäusern können sie das ganze Jahr ausgepflanzt stehen bleiben, natürlich auch in Kübeln, wenn man regelmäßig düngt. Bis auf die eigentlichen dunklen Wintermonate blühen sie dort von Mai bis zum November. Ein ausgesprochener Winterblüher, der deshalb auch keine Ruhezeit durchzumachen braucht, ist *Datura rosei*, bei uns meist ein kleiner Strauch, der schon als sehr junge und noch kleine Pflanze reich blüht. Auch ihn sollte man im Frühjahr zurückschneiden.

Fabiana Ruiz et Pav.
(Francisco Fabian y Fuero, 1719–1801, Valencia, spanischer Erzbischof, Förderer der Botanik)

Von diesen eigenartigen heideähnlichen Sträuchern, deren Habitus so völlig von allen anderen Solanaceen abweicht, gibt es in Südamerika 25 verschiedene Arten, von denen nur

F. imbricata Ruiz et Pav. aus den Gebirgen Chiles in europäischen Sammlungen gezogen wird. Der etwa meterhohe Strauch ist dicht mit kleinen, schuppenförmigen, immergrünen, dachziegelig angeordneten Blättern besetzt. Seine Blüten erscheinen von Mai bis Juli, sie sind etwa 8 mm lang, röhrenförmig und weiß. Sie wirken völlig fremdartig an der Pflanze, so als ob sie nicht dazugehörten. 1838 in England eingeführt. Als Sorten hierzu zählen 'Nana' von niedrigerem Wuchs und die 1854 eingeführte 'Violacea' mit hellvioletten Blüten.

Sommerstecklinge, in ein geschlossenes Vermehrungsbeet mit mäßiger Bodenwärme in Sand gesteckt, bewurzeln sich leicht. Ihre Weiterkultur erfolgt ausgepflanzt oder im Topf in Einheitserde oder einer lehmig-humos-sandigen Mischung, im Winter bei 1 bis 10° im Kalthaus, im Sommer hell, warm und sonnig im Freien. Ihre Winterhärte ist nur gering. Am ehesten gedeiht sie in einem Alpinenhaus ausgepflanzt, vorausgesetzt, daß unter der oberen Erdschicht eine dicke Drainagelage eingebaut wurde. Der Sicherheit wegen überwintere man jedoch stets einige bewurzelte Stecklinge in einem frostfreien Raum, also einem Kalthaus oder einem kalten, frostfreien Kasten. Am kräftigsten wächst die Sorte 'Violacea'. In englischen Baumschulen werden Art und Sorten angeboten.

Iochroma Benth., Veilchenstrauch
(griech. *ion* = blaues Veilchen, *chroma* = Farbe)

25 Arten im tropischen Südamerika. Alle sind Sträucher oder kleine Bäume mit wechselständigen, ganzrandigen, oft großen Blättern und blauen, purpur- oder orangefarbenen, weißen oder gelben röhren- oder trompetenförmigen Blüten, die zu zweit oder in Büscheln gehäuft stehen. Ihrer Reichblütigkeit wegen in tropischen Gärten häufig gezogen, sieht man sie bei uns nur selten einmal in den Sammlungen. Sie blühen im Sommer und Herbst.

I. coccineum Scheidw. aus Mittelamerika hat hängende, zu 8 oder mehr am Ende der Triebe gehäuft stehende scharlachrote Blüten.

I. cyaneum (Lindl.) M. L. Greene, in Kolumbien heimisch, hat tiefblaue bis purpurfarbene Blüten, die gehäuft am Ende der Triebe erscheinen. 1847 eingeführt.

I. fuchsioides (H.B.K.) Miers wächst in den Anden Perus als kahler, meterhoher Strauch mit hängenden, in den Achseln in Büscheln sitzenden, 3,5 bis 5 cm langen orangeroten Blüten mit gelbem Schlund. 1843 eingeführt.

I. grandiflorum Benth. von den Anden Perus und Ekuadors hat endständige, in Büscheln zu 6 bis 8 sitzende, hängende, leuchtend purpurfarbene Blüten. Um 1846 eingeführt.

Vermehrung leicht durch krautige Stecklinge, jedoch darf man nur die schönsten und am leichtesten blühenden Typen abstecken. Auch Aussaat ist möglich, doch hierbei muß man erst recht nur die besten Typen auslesen. Kultur im luftigen Lauwarmhaus, bei mehrmaligem Verpflanzen in Einheitserde oder TKS 2. In warmen Jahren kann man die Pflanzen im Spätsommer auch ins Freie stellen. Da alle *Iochroma* sich nur bei reichlicher Ernährung gut entwickeln, ist wöchentlich flüssig zu düngen.

Juanulloa Ruiz et Pav.
(nach Jorge Juan y Santacilia, 1713–1773, spanischer Seeoffizier und Naturforscher, und Antonio Ulloa, spanischer Naturforscher des 18. Jahrhunderts. Bereisten zusammen von 1734–1746 Südamerika)

12 Arten meist epiphytisch wachsender, von Mexiko bis Bolivien verbreiteter Sträucher. Nur

J. aurantiaca Otto et A. Dietr. wird in den Sammlungen gezogen. Sie ist in Peru zu Hause, wo sie als 1 bis 2 m hoher Strauch wachsen soll. Die Äste sind filzig behaart, die Blätter 5 bis 10 cm lang, lederig, oben kahl, unten weichhaarig. Ihre röhrenförmigen Blüten erscheinen von Juni bis Oktober am Ende der Triebe und hängen mehr oder weniger. Die Krone ragt kaum über den großen, ebenfalls leuchtend orangerot gefärbten Kelch hinaus. 1840 eingeführt.

Immer wieder wird versucht, diese schöne Pflanze in größeren Mengen anzubieten. Da sie sich aber im Zimmer nicht hält, außerdem nicht zu buschigem Wuchs zu zwingen ist, verschwindet sie nach einiger Zeit wieder aus dem Angebot und bleibt weiterhin auf die botanischen Sammlungen beschränkt. Dabei ist sie aber so schön, daß man sie jedem Liebhaber, der ein Warmhaus besitzt, empfehlen muß. Vermehrt wird durch Stecklinge, die, vom Spätwinter bis in den Sommer hinein ins geschlossene Warmbeet bei 25 bis 30° gesteckt, nach einigen Wochen wurzeln. Die Weiterkultur erfolgt im schattigen und feuchten Warmhaus, dessen Temperatur auch im Winter nicht unter 18° sinken sollte. So kann man sie z.B. gut mit Marantaceen zusammen halten. Ähnlich wie diese wachsen sie in grober brockiger Lauberde, der etwas lehmige Rasenerde und Torfbrocken beigemischt werden. Alle paar Jahre sollte man kräftig zurückschneiden, da die Triebe sonst zu lang und spillerig werden. Es sei nicht verschwiegen, daß sie ausgepflanzt viel besser wächst als im Topf, wo sie oft klein und kümmerlich bleibt.

Nierembergia Ruiz et Pav.
(Juan Eusebio Nieremberg, 1595–1658, spanischer Jesuit und Naturwissenschaftler)

Von Mexiko bis Patagonien kommen etwa 35 Arten dieser Kräuter und Halbsträucher umfassenden Gattung vor. Früher wurden mehrere Arten in den Sammlungen gezogen, heute nur noch

N. hippomanica Miers, und zwar in der var. **violacea** Millan aus Argentinien. Sie ist ein kleines, selten 20 cm übersteigendes Kraut mit fast aufrechten Stengeln und gebüschelten, bis 2,5 cm langen, schmalen Blättern. Ihre vom Frühsommer bis in den späten Herbst erscheinenden Blüten sind einfarbig blau. 1932 in Deutschland eingeführt. Die Art selbst, die weiße, rosa überlaufene Blüten hat, ist nicht mehr in Kultur.

Diese schöne und lange blühende Pflanze eignet sich zur Ausschmückung im Sommer leerstehender Kalthäuser, vor allem aber zur Bepflanzung von Balkonkästen oder bunten Rabatten im Garten. Vermehrt wird durch Aussaat im Februar bis März im warmen Gewächshaus oder durch Stecklinge im Sommer und Spätwinter. Letztere werden hell, luftig und bei 5 bis 10° überwintert. Sämlinge und Stecklinge werden zu dritt in 9 bis 11 cm große Töpfe gesetzt, am besten in Einheitserde, und einmal entspitzt.

Solanum L., Nachtschatten
(lat. Name einer Pflanze, wahrscheinlich von *Solanum nigrum*)

Mit etwa 1700 verschiedenen Arten ist die Gattung *Solanum* eine der umfangreichsten unter den Blütenpflanzen. Ihre Verbreitung erstreckt sich über die ganze Erde, die meisten wachsen allerdings in den Tropen und Subtropen. Viele von ihnen enthalten Solanin. Die für uns wichtigste Nutzpflanze ist die Kartoffel, aber auch Eierfrüchte und Auberginen haben eine gewisse Bedeutung. Für Blattpflanzenrabatten in Garten und Park gibt es viele schöne Arten, vor allem so auffallend bestachelte wie *S. atropurpureum* Schrank, *S. marginatum* L.f., *S. pyracanthum* Jacq., *S. robustum* H. Wendl. u.a. oder so schön blühende wie *S. laciniatum* Ait., *S. sisymbriifolium* Lam. etc.

Für Gewächshäuser sind nur wenige, dafür aber sehr schöne Arten zu empfehlen, insbesondere einige kletternde und beerentragende.

S. jasminoides Paxt., ein brasilianischer Schlingstrauch, hat dünne, rutenförmige Zweige, die bis 4 m hoch klettern, und sehr verschieden geformte Blätter. Die Blüten erscheinen in rispenartigen, end- und seitenständigen zierlichen Trauben. Die 2 cm breite Krone ist weißlichblau, bei der Sorte 'Alba' weiß, und tief fünfspaltig. Sie wächst sowohl im Kalt- als auch im Lauwarm- und Warmhaus, paßt sich also an die verschiedensten Temperaturverhältnisse an, und blüht fast das ganze Jahr hindurch. Um 1838 in England eingeführt.

Solanum seaforthianum

Weitere schöne schlingende Arten sind **S. pensile** Sendtn. aus Guayana und dem Amazonasgebiet für Lauwarm- und Warmhaus, mit bis 4 cm breiten purpurvioletten Blüten, 1887 eingeführt; **S. seaforthianum** Andr., wahrscheinlich in Brasilien zu Hause und 1804 in Deutschland eingeführt.

S. wendlandii Hook.f. ist ebenfalls ein Schlingstrauch. Er stammt aus Costa Rica, wo er in den Kordilleren in Höhen von 2000 bis 3000 m vorkommen soll. Mit seinen 5 bis 7 cm breiten blauvioletten Blüten und den auffallenden gelben Staubbeuteln ist er eine der schönsten Arten, verlangt aber Kultur im Warmhaus. Um 1887 in Deutschland eingeführt.

S. pseudocapsicum L., der Korallenstrauch, von der Insel Madeira, ist ein 50 bis 100 cm hoch werdender sparriger Strauch, der durch seine kirschgroßen, glänzend orangescharlachfarbenen Beeren auffällt. Wurde bereits um 1596 in England kultiviert. Die Art ist wohl kaum mehr in Kultur, sondern nur zwei weitverbreitete Sorten, 'New Patterson' mit großen runden orangeroten und 'Goldball' mit goldgelben Früchten. Eine ähnliche Art mit kleineren Früchten ist *S. capsicastrum* Link ex Schau. aus Südbrasilien und Uruguay, von der die Sorte 'Variegatum' weißbunte Blätter hat.

Die kletternden Arten werden sowohl durch Aussaat als auch durch krautige Stecklinge im Warmbeet vermehrt. Am besten wachsen sie ausgepflanzt, im Topf kümmern sie meist. Ihre Zweige werden unter dem Glasdach entlanggezogen. Sie geben einen lichten Schatten, der den darunter stehenden Pflanzen keineswegs schadet. Im Spätherbst werden sie leicht zurückgeschnitten oder ausgelichtet. Hinsichtlich der Erde sind sie nicht wählerisch. Sie soll nährstoffreich und lehmig-humos sein, auch Einheitserde ist ihnen zuträglich. »Korallenbäumchen«, wie *S. pseudocapsicum* bei den Liebhabern heißt, werden am besten im Februar im Warmhaus ausgesät. Nach zweimaligem Pikieren pflanzt man sie in 9 cm große Töpfe. Nach Durchwurzelung kommen sie in den 11 bis 12 cm großen Endtopf. Bei der Anzucht größerer Mengen wird nach dem zweiten Pikieren in einen Mistbeetkasten ausgepflanzt und Mitte bis Ende Juli direkt in den Endtopf gepflanzt. Man hält sie den Sommer über unter hochgelegten Fenstern, während der Blütezeit aber besser ganz offen. Nach dem ersten Pikieren wird einmal gestutzt. Das reicht, da sie schon von Natur aus die Neigung haben, sich zu verzweigen. Den Winter über hält man sie im Kalthaus bei 8 bis 10° sehr hell und luftig. Der Liebhaber behalte seine Pflanzen nach dem Abfallen der Beeren, schüttele im Februar die alte Erde zum Teil aus dem Ballen aus, schneide ein Drittel zurück und pflanze sie dann wieder in neue Erde ein. Einheitserde oder eine lehmig-humose Komposterde ist ihnen gleich zuträglich. Auch diese Pflanzen werden ein-, höchstens zweimal gestutzt und sollen den Sommer über recht sonnig und hell im Freien stehen. Mäuse fressen in manchen Jahren sämtliche Beeren ab, also vorbeugend etwas gegen sie unternehmen!

Streptosolen Miers
(griech. *streptos* = gedreht, *solen* = Röhre)

S. jamesonii (Benth.) Miers, einzige Art der Gattung, in den Gebirgen Ekuadors und Kolumbiens, wo sie ausschließlich in Höhen von etwa 2000 m vorkommen. Sie bilden dort 100 bis 150 cm hohe, dicht verzweigte Sträucher mit kleinen, 2 bis 2,5 cm langen Blättern. Die Blüten erscheinen in endständigen, doldentraubigen Rispen und sind leuchtend orangerot, dabei so zahlreich, daß man kaum noch Blätter sieht. 1847 eingeführt.

Eigentlich sollte man diese Pflanze trotz ihrer Schönheit nicht empfehlen, da sie in den meisten Gegenden unseres Landes nicht blüht. Sie gedeiht eigentlich nur in Höhenlagen, wo sie tagsüber bei voller Sonne recht warm steht, nachts aber eine starke Abkühlung unter 10° stattfindet. Nur dort bildet sie ihre Blüten aus, in der Ebene versagt sie ganz. Ihrer Schönheit wegen wurde sie seit 1847 immer wieder von neuem eingeführt, aber schon nach kurzer Zeit verschwand sie wieder aus den Sammlungen.

Vermehrt wird durch Aussaat oder Stecklinge unter Glas, die sich in kurzer Zeit bewurzeln. Bei mehrmaligem Stutzen und Verpflanzen – die Erde sei sandig-lehmig-humos – wachsen sie rasch heran, versagen aber und blühen nie, wenn man ihnen nicht tagsüber viel Wärme im luftigen und hellen Lauwarmhaus, nachts aber Temperaturen unter 8 bis 10° und starke Taubildung bieten kann.

Solanum pseudocapsicum

Sterculiaceae
Sterkuliengewächse

Diese Familie mit 60 Gattungen und etwa 700 Arten steht den Malven- und Lindengewächsen sehr nahe. Sie ist fast ausschließlich in den Tropen verbreitet, in Europa fehlt sie ganz. Hauptsächlich sind es Bäume und Sträucher, aber auch einige krautige Gewächse sind vertreten, so fast alle der mehr als 300 Arten von *Hermannia*. Alle haben wechselständige, ungeteilte, selten gelappte oder gefiederte Blätter mit meist abfallenden Nebenblättern. Die Blüten sind regelmäßig gebaut, die Staubblätter zumindest teilweise zu einer Röhre verwachsen. Unter den Nutzpflanzen am wichtigsten sind Kakaobaum und Kolabäume, neuerdings auch *Sterculia urens* Roxb., deren an der Luft eintrocknender Schleim den Karaya-Gummi bildet, der in der Kosmetik in steigendem Maße verwendet wird. Als Gewächshauspflanzen haben nur wenige Gattungen und Arten für botanische Sammlungen und Liebhaber geringe Bedeutung erlangt.

Sterculiaceae 523

Dombeya wallichii

Fremontodendron californicum

Abroma Jacq.
(griech. *a* = nicht, ohne, *brome* = Speise)

Von den 2 bis 3 Arten findet man

A. augustum (L.) L.f. aus Indien ab und zu in botanischen Sammlungen. Es ist dies ein in der Heimat kaum über 3 m hoch werdendes Bäumchen mit großen drei- bis fünflappigen, nach oben zu aber ungeteilten Blättern und schon an ein- bis zweijährigen Sämlingen erscheinenden 5 cm breiten, trübroten Blüten. 1770.
Vermehrung leicht aus Samen, der schon an jungen Pflanzen reichlich angesetzt wird. Auch Stecklinge im warmen, geschlossenen Vermehrungsbeet wurzeln gut. Im übrigen erfolgt die ganze Kultur im warmen und feuchten Warmhaus in humoslehmiger Mischung oder in Einheitserde.

Brachychiton Schott et Endl., Australischer Flaschenbaum
(griech. *brachys* = kurz, *chiton* = Tunika, Kleid, Hülle)

11 Arten meist großer laubabwerfender oder immergrüner Bäume in Australien, von denen *B. acerifolius* (A. Cunn.) F. v. Muell. und *B. populneus* (Schott et Endl.) R. Br. seit Jahrzehnten als Jungpflanzen in den meisten botanischen Gärten gezogen werden. Seit 1985 wird die folgende als Zimmer-Bonsai gezogene Art unter dem Namen »Glücksbaum« angeboten.

B. rupestris (Lindl.) K. Schum., Australischer Flaschenbaum. In seiner Heimat, dem australischen Queensland, wächst er zu einem halbimmergrünen, 6 bis 15 m hohen Baum heran, dessen Eigenart in dem gewaltigen flaschenförmigen Stamm liegt, dessen Durchmesser im Alter 3,50 m betragen kann. Seine Blätter sind sehr variabel und können an der gleichen Pflanze einfach oder handförmig geteilt sein. Bereits die Jungpflanzen entwickeln kräftige, holzige Wurzeln, die die Pflanze aus dem Topf heben und dadurch ein oder mehrere Stämme vortäuschen, an deren Ende Triebe mit ungeteilten Blättern erscheinen. Hierdurch entsteht der Eindruck eines japanischen Bonsais.
Als Zimmer-Bonsai hält man den »Glücksbaum« in einem mäßig warmen Raum bei Temperaturen, die zwischen 10 und 20° liegen können. Zum Umpflanzen nimmt man Einheitserde P oder eine Mischung aus lehmiger Rasenerde, alter Lauberde und Sand. Damit die Pflanze klein bleibt, darf sie nur alle drei bis vier Wochen einmal mit einem der gebräuchlichen Volldünger gegossen werden. Der Ballen soll das ganze Jahr hindurch stets gleichmäßig feucht, nicht naß sein. Vermehrt wird durch Aussaat, doch wird Samen kaum einmal zu bekommen sein, es sei denn direkt aus der Heimat der Pflanze.

Dombeya Cav.
(Joseph Dombey, 1742–1795, französischer Botaniker, der mit Ruiz und Pavon Chile und Peru bereiste)

Von dieser Gattung sind etwa 200 oder mehr Arten von Bäumen und Sträuchern in Afrika und auf Madagaskar verbreitet. Sie haben sternhaarige große Blätter und große Blütenstände, meist in Form kopfförmiger Trugdolden oder Doldentrauben, die in den Blattachseln entspringen und häufig herunterhängen.
Einige Arten werden in botanischen Sammlungen gezogen. Sie entwickeln sich aber nur dort zu voller Schönheit, wo sie in

den freien Grund eines entsprechend hohen Lauwarm- oder Warmhauses ausgepflanzt werden können. Muß man sie im Kübel halten, benötigen sie reichliche Düngung. Die nachfolgend genannten Arten gedeihen bei Temperaturen zwischen 14 und 18° in lehmig-humoser Erde. Ihre Blüten erscheinen im Winter, entwickeln sich aber nur, wenn die Wärme nicht unter 16° fällt. Von manchen Arten bringen im Topf gezogene Stecklingspflanzen bereits als Kleinpflanzen ihre interessanten Blütenstände. In dieser Form sind sie also auch dem Liebhaber mit kleinem Warmhaus zu empfehlen, vor allem die 1820 eingeführte

D. wallichii (Lindl.) Benth. et Hook. f. aus Madagaskar mit großen hängenden Trugdolden und scharlachroten Blüten mit herausragenden gelben Staubbeuteln. Vermehrt wird durch aus den Tropen eingeführten Samen und durch von Seitentrieben genommene krautige Stecklinge, die im geschlossenen Warmbeet bei 25 bis 30° bald wurzeln.
Zu empfehlen sind außerdem **D. acutangula** Cav., heimisch auf Mauritius und Réunion, 1820 eingeführt, **D. burgessiae** Gerrard ex Harv. (*D. mastersii* Hook. f.), verbreitet von Kenia bis Südafrika, 1867 eingeführt, und **D. tiliacea** (Endl.) Planch. (*D. natalensis* Sond.) aus Südafrika, 1850 eingeführt.

Fremontodendron Coville
(John Charles Fremont, 1813–1890, amerikanischer General und Naturforscher, der den Westen Nordamerikas erforschte und sich von dort schöne neue Bäume und Sträucher mitbrachte; *dendron* = Baum)

In Arizona, Kalifornien und Mexiko sind 5 Arten verbreitet, von denen aber nur

F. californicum (Torr.) Coville (*Fremontia californica* Torr.) in unseren Gewächshäusern gezogen wird. Sie stammt aus Arizona und Kalifornien und bildet 2 bis 5 m hohe sparrig wachsende Sträucher, die bei uns aber viel kleiner bleiben und schon im zweiten Jahr nach der Aussaat blühen. Die gelben 5 bis 6 cm breiten Blüten stehen gehäuft am Ende der Zweige. Die gelappten Blätter sind unterseits dicht rostfarben-filzig. Die Blütezeit beginnt im April und erstreckt sich über viele Monate. 1851 eingeführt.
Trotz seines sparrigen Wuchses der schönen Blüten wegen gar nicht genug zu empfehlender kleiner Strauch für den Besitzer eines kleinen Kalthauses. Vermehrt wird durch Aussaat oder durch Seitenstecklinge, die sich bei mäßiger Bodenwärme – 20 bis 22° – bewurzeln. Oft dauert dies aber ziemlich lange, man muß also Geduld haben und die Stecklinge nicht vorzeitig wegwerfen. Die sonstige Kultur gleicht der von *Grevillea robusta*, also im luftigen Kalthaus hell und luftig halten, im Sommer sonnig im Freien aufstellen und lehmige, aber durchlässige Erde verwenden. Rückschnitt oder Stutzen ist nicht zu empfehlen, da beides selten zur Verzweigung führt, dafür aber die Blüte verzögert.

Hermannia L.
(Paul Hermann, 1646–1695, holländischer Arzt und Botaniker deutscher Herkunft. Von 1671–1679 als Arzt in Ceylon, von 1680 an Professor in Leiden)

Die mehr als 300 Arten von Kräutern und Halbsträuchern, selten Sträuchern, kommen fast ausschließlich in Afrika vor. Nur

H. incana Cav. (*H. candicans* Ait.) aus Südafrika findet man heute noch ab und zu in botanischen Gärten. Sie ist keine auffallende Schönheit, blüht aber von April bis in den August hinein. Meist wächst sie als ausgebreiteter Halbstrauch. Die kleinen Blätter fallen durch die auf der Oberseite eingesenkten Nerven und die unregelmäßigen Ränder auf. Die nickenden gelben Blüten sitzen zu 15 bis 20 in langen endständigen Trauben. Bereits seit dem Jahr 1817 in Kultur.
Kein auffallendes, aber durch die ununterbrochene Blüte dankbares Pflänzchen, das im Winter im hellen und luftigen Kalthaus, im Sommer an sonniger Stelle im Freien stehen soll. Die Erde sei lehmig-humos, auch Einheitserde ist geeignet. Vermehrung am einfachsten durch Aussaat, denn Samen wird regelmäßig auch in Kultur angesetzt. Aber auch krautige Stecklinge bewurzeln sich bei mäßiger Bodenwärme von 20 bis 22° im geschlossenen Beet ohne Schwierigkeit.

Theobroma L., Kakaobaum
(griech. *theos* = Gott, *broma* = Speise)

Alle 30 Arten des Kakaos stammen aus Südamerika, der Hauptanbau aber findet merkwürdigerweise in Westafrika statt. Alle Arten bilden kleine Bäume mit einfachen, auffallend geäderten, ledrigen Blättern und nur kleinen Blüten.

T. cacao L., der Kakaobaum, wächst wahrscheinlich wild im Unterholz der Regenwälder des Amazonenstromgebietes, wo er 3 bis 8 m hohe baumartige Sträucher bildet. Seine Blätter werden bis 30 cm lang, die sehr zahlreichen, kleinen, gelblichen Blüten entspringen dem alten Holz der Stämme. Ihnen folgen wenige 10 bis 15 cm lange, etwa birnförmige, bei der Reife gelbliche oder rötliche hartschalige Früchte, die in ihrem Inneren in 5 Reihen je etwa 10 bohnenähnliche große Samen enthalten, die sog. Kakaobohnen. In Holland bereits 1601, in England 1739 in Kultur.

Vermehrt werden kann sowohl durch Aussaat direkt nach der Ernte des Samens bei 20 bis 25° oder durch nicht zu weiche Stecklinge, die in einem geschlossenen, 30 bis 35° warmen Vermehrungsbeet in einigen Wochen Wurzeln bilden. Die Weiterkultur findet im Warmhaus statt, dessen Wärme auch im Winter nicht unter 20° sinken darf, über Tag aber dann bis 22°, im Sommer bis 25° ansteigen sollte. Die Erde sei nährstoffreich, so eignet sich z. B. eine Mischung aus alter Lauberde zu zwei Dritteln und Torfbrocken, altem Lehm und Sand zu einem Drittel. Auch Einheitserde ist zu empfehlen.
In großen Schauhäusern wird man sie am besten auspflanzen, in kleinen Häusern aber im Topf oder Kübel halten. Ältere Pflanzen schneide man im Frühjahr kräftig zurück. Bei Jungpflanzen erscheinen bereits im dritten Jahr die ersten Blüten, zunächst noch spärlich, bei zunehmendem Alter aber in immer größerer Menge.
Wie bei uns die Bestäubung der Blüten zustande kommt, ist mir nicht bekannt, vielleicht durch Ameisen oder kleine Fliegen. Es wird künstliche Bestäubung empfohlen, die aber häufig auch nicht zum Ziele führt. Vielleicht gibt es leicht und weniger leicht ansetzende Typen oder es ist Kreuzbefruchtung zwischen Pflanzen verschiedener Herkunft nötig. Jedenfalls erfolgt in manchen botanischen Gärten ganz regelmäßig ein reicher Fruchtbesatz, in anderen nur ein sehr spärlicher oder gar keiner.
Der Liebhaber mit einem feuchten und warmen Gewächshaus sollte es einmal mit der Pflege einer Kakaopflanze versuchen. Durch kräftigen Rückschnitt kann er problemlos die Pflanze der Größe seines Hauses anpassen. Selbst ohne Früchte sind blühende Pflanzen durch die Stammblütigkeit (Cauliflorie) sehr interessant, außerdem sind sie durch ihre Belaubung und die tropische Eigenschaft der »Laubausschüttung« auffallend.

Taccaceae
Taccagewächse

Nur 1 Gattung mit etwa 30 Arten enthaltende, den *Dioscoreaceae* nahestehende Familie, die ausdauernde Kräuter mit stärkereichen Knollen umfaßt. Die Blätter sind grundständig, groß, ungeteilt oder aber finger- bis fiederförmig geteilt. Die Blüten stehen in Scheindolden auf blattlosen Schäften und fallen durch die oft fadenförmig verlängerten, lang herabhängenden Hochblätter auf.
Von der Gattung **Tacca** J.R. et G. Forst. werden hier und da die Arten **T.aspera** Roxb. vom Malaiischen Archipel und Burma, um 1849 in England eingeführt, mit 20 bis 50 × 8 bis 20 cm großen Blättern und einer dunkelrotbraunen Blütenhülle mit langen Bartfäden und **T.chantrieri** André aus Thailand und Burma, 1900 in Frankreich eingeführt, mit breiteren Blättern und Blüten gezogen, deren weiße Bartfäden 30 bis 35 cm lang herabhängen.
Alle Arten sind Pflanzen des feuchtwarmen und schattigen Warmhauses, dessen Temperatur auch im Winter nicht unter 16 bis 18° sinken darf. Kultur in humos-lockerer Erde im ganzen wie die der Marantaceen. Vermehrung durch Aussaat.

Pilea cadierei

Theaceae
Teegewächse

16, nach anderen Quellen etwa 25 Gattungen mit etwa 500 Arten, ausschließlich Bäume und Sträucher, in den Tropen und Subtropen vor allem in Gebirgswäldern vorkommend. Nur wenige dringen in die temperierten Gebiete Nordamerikas und Ostasiens vor. Die einfachen immergrünen Blätter sind spiralig gestellt, oft abwechselnd zweizeilig. Nebenblätter sind nicht vorhanden. Die strahligen Blüten sind fast stets zwitterig und bestehen aus 5 bis 7 Kelchblättern, 4 bis 9 Blütenblättern und meist zahlreichen Staubblättern.
Wichtigste Nutzpflanze der Familie ist der Teestrauch (*Camellia sinensis* (L.) O.-Kuntze). In unseren Gärten finden sich bisweilen Arten der Gattung *Stewartia* L. Wichtigste Zierpflanze ist die Kamelie.

Camellia L., Kamelie
(Georg Joseph Kamel, latinisiert Camellus, 1661–1706, Apotheker der mährischen Brüdermission auf Manila, Verfasser eines Abbildungswerkes der auf der Insel Luzon wachsenden Pflanzen. Mit der Einführung der Kamelie nach Europa, die erst später erfolgte, hatte Kamel nichts zu tun)

82 Arten immergrüner Bäume und Sträucher, von Südost- und Ostasien bis Java, Celebes und die Philippinen weit verbreitet. Alle sind immergrüne kleine Bäume oder Sträucher mit glänzenden, ledrigen Blättern und meist großen Blüten.

C.japonica L., unsere Kamelie, wächst in Wäldern Japans, Koreas, Taiwans und der Riukiu-Inseln. Sie wird dort bis 15 m hoch. Ihre Blüten werden in Japan durch Kolibris bestäubt.
Die reine Art ist wohl nicht in Kultur, sondern nur eine größere Zahl von Sorten. Schon lange vor ihrer ersten Einführung nach Europa, um die Mitte des 18. Jahrhunderts, war die Kamelie eine alte japanische und chinesische Gartenpflanze. Neben Sorten von *C.japonica* gibt es auch solche von **C.reticulata** Lindl. aus Westchina und von **C.sasanqua** Thunb. ex Murr. aus Südjapan und von den Riukiu-Inseln. Sorten der letztgenannten Arten blühen bereits von November an. In Ländern ohne größere Winterfröste hat sich die Kamelienliebhaberei in den letzten Jahrzehnten sehr ausgebreitet, so in vielen Mittelmeerländern, den milden Teilen Englands, Australien, den südlichen und westlichen Teilen der USA, während sie in Mitteleuropa, vor allem in Deutschland, gegenüber dem vorigen Jahrhundert sehr zurückgegangen ist.
Von den vielen im vorigen Jahrhundert vorhandenen Sorten werden heute nur noch wenige gezogen, vor allem die schon 1824 entstandene 'Chandleri Elegans' mit gefüllten rosa und weiß gefleckten, sehr großen Blüten, immer noch eine der schönsten überhaupt. Daneben 'Alba Plena', weiß gefüllt, 'Mathotiana Alba' und 'Mathotiana Rubra', ebenfalls gefüllt, 'Frau Minna Seidel', zartrosa gefüllt, und einige andere. Wer sich ein größeres Sortiment aufbauen will, der kann in englischen, Schweizer und italienischen Baumschulen viele schöne auch einfachblühende Sorten sowie solche des Reticulata- und Sasanqua-Kreises erwerben. Mit ihnen kann man die Blütezeit so ausweiten, daß man von November bis März, also 4 bis 5 Monate lang blühende Kamelien hat.
Als Zimmerpflanzen werden sie immer seltener, da sie in unseren mit Zentralheizung versehenen Wohnungen nicht die richtigen Lebensbedingungen vorfinden, vor allem ist es dort zu warm und zu lufttrocken, wohl der Hauptgrund dafür, daß die Pflanzen nach dem Einräumen ins Haus, also im Oktober, November, wenn stärker geheizt wird, alle Blütenknospen abwerfen. In einem kleinen Gewächshaus dagegen,

einem Kalthaus von 10 bis 12° Wärme, wachsen und blühen Kamelien ohne jede Schwierigkeit.

Blühfähige Pflanzen sind nur alle paar Jahre einmal zu verpflanzen, denn je seltener gesunde Pflanzen umgesetzt werden, desto besser blühen sie. Die beste Verpflanzzeit liegt in den Monaten Juni und Juli, also dann, wenn die jungen Triebe fertig ausgebildet sind und Blütenknospen angesetzt haben. Als Erde nehme man eine durchlässige, lockere Mischung aus Moor- und Heide- oder Nadelerde mit geringem Zusatz alter Rasenerde und Sand. Ihr pH-Wert soll zwischen 4,5 und 5,5 liegen, die Erde soll also sauer sein. Der neue Topf oder Kübel wird besonders bei älteren Pflanzen nur wenig größer als der alte genommen. Während des ganzen Jahres ist der Erdballen stets gleichmäßig feucht zu halten, lediglich vor dem völligen Ausreifen des neuen Triebes und der Bildung der Blütenknospen, also im Juli etwa, kann einige Zeit etwas trockener gehalten werden. Im übrigen bedenke man, daß Voraussetzung für die Ausbildung von Blütenknospen Temperaturen von über 15° sind. Nach diesem kurzen Trockenerhalten aber wird wieder gleichmäßig wie vorher gegossen. Von Ende Juni bis zum September werden Kamelien an einer halbschattigen Stelle im Freien aufgestellt. Während des übrigen Jahres stehen sie am besten hell und luftig, im Winter bei 6 bis 10° im Kalthaus. Während des Wachstums, also von der Zeit nach dem Abblühen bis zum Abschluß der Blütenknospenbildung, wird einmal wöchentlich mit einer Volldüngerlösung gegossen, z.B. mit Crescal, von Mai an mit Fertisal, 1 g je 1 l Wasser.

Vermehrt wird durch Stecklinge, vor allem im Januar und im August. Am besten nimmt man Kopfstecklinge mit etwa 3 Blättern, die man in ein Torf-Sand-Gemisch oder Perlit steckt und bei einer Bodenwärme von 18 bis 22° bewurzelt. Durch vorherige Behandlung mit Wuchsstoff, z.B. Maos oder Rhizopon B, wird eine gleichmäßigere und schnellere Wurzelbildung erreicht. In 6 bis 10 Wochen sind sie soweit bewurzelt, daß man sie eintopfen kann. In den ersten zwei bis drei Jahren wird kräftig zurückgeschnitten, um vieltriebige Pflanzen zu erzielen. Schwachwachsende Sorten kann man auch auf starkwachsende wie 'Lady Campbell' veredeln, und zwar vor Triebbeginn im Januar durch seitliches Einspitzen. Bis zum Anwachsen sollen die Veredlungen bei etwa 18° im geschlossenen Beet stehen.

Cleyera Thunb.
(Andrew Cleyer, gestorben 1697 oder 1698, holländischer Arzt und Botaniker deutscher Herkunft)

Neben 16 in Mittelamerika heimischen Arten wächst

C. japonica Thunb. in Japan, Korea, auf den Riukiu-Inseln, Taiwan und in China. Sie ist ein formenreicher kleiner Baum oder Strauch. Die Blätter sind immergrün, sehr veränderlich, elliptisch bis verkehrteiförmig und etwa 5 bis 10 × 4 cm groß. 1859 in Holland eingeführt. In Kultur ist wohl ausschließlich die Sorte 'Tricolor' (*Eurya japonica* 'Variegata'), deren Blätter entlang dem Mittelnerv dunkel- und hellgrün marmoriert, an den Rändern unregelmäßig creme- bis goldgelb gezeichnet sind. In der Jugend sind sie häufig rot überlaufen. 1861 in England eingeführt. Es ist eine wirklich schöne buntblättrige Pflanze, die sich im nicht zu kühlen Kalthaus bei 10 bis 12°, im Sommer auch im Freien, jahrzehntelang hält, dabei aber nur langsam wächst.

Vermehrt wird durch Stecklinge, die sich bei etwa 18 bis 20° im geschlossenen Beet bewurzeln. Doch dauert dies in der Regel recht lange. Unter Wasserstaubvermehrung wird es wahrscheinlich beträchtlich schneller gehen. Die Weiterkultur erfolgt in nicht zu schwerer Erde, am besten alter Lauberde mit Zusatz von Rasenerde. In den ersten Jahren wird mehrfach gestutzt, um eine möglichst dichte Verzweigung zu erzielen.

Tacca aspera

Camellia japonica 'Chandleri'

Theophrastaceae
Theophrastagewächse

Den *Myrsiniaceae* verwandte Familie mit nur 5 Gattungen und etwa 110 Arten. Alle sind Bäume oder Sträucher, deren Heimat im tropischen Amerika und auf Westindien liegt.

Deherainia Decne.
(Pierre Paul Deherain, 19. Jahrhundert, Naturwissenschaftler am Jardin des Plantes, Paris)

Nur 2 Arten ästiger Sträucher mit grünen Blüten. Sie sind in Mexiko und Kuba zu Hause. Von beiden wird die mexikanische, bis 2 m hoch werdende

D. smaragdina Decne. in botanischen Sammlungen gezogen. Am Ende der Zweige gehäuft stehen die recht stattlichen Blätter und die bis 5 cm breiten grünen, radförmigen Blüten. 1875 eingeführt.
Diese eigentlich unauffällige Pflanze sei nur dem Liebhaber merkwürdiger Pflanzen empfohlen, und zwar wegen ihrer großen reingrünen Blüten. Vermehrung und Pflege wie bei *Codiaeum*. Nur im Sommer ist sie schattig zu halten.

Deherainia smaragdina

Thymelaeaceae
Seidelbastgewächse

Typisch für die Familie sind die meist vierzähligen Blüten, die aus einem tiefen von der Blütenachse (dem Hypanthium) gebildeten Becher bestehen, auf dessen Rand Kelch und Staubblätter stehen. Im Grund des Bechers steht der Fruchtknoten. Das Hypanthium ist fast stets schön gefärbt, Blütenblätter fehlen. Von den 48 Gattungen mit etwa 500 Arten sind die meisten Sträucher, nur wenige Bäume oder Kräuter. Alle haben ganzrandige, spiralig gestellte oder gegenständige Blätter ohne Nebenblätter. Sie sind über den größten Teil der Welt verbreitet, besonders viele Arten kommen in Südafrika, dem Mittelmeergebiet, den Steppen Asiens und in Australien vor.
Einige Arten liefern einen zähen Bast. So wird das japanische Mitsumata-Papier aus den Fasern von *Edgeworthia papyrifera* Sieb. et Zucc., die in China heimisch ist und in Japan angebaut wird, hergestellt. In unseren Gärten werden neben dem heimischen Seidelbast (*Daphne* spec.) noch einige andere Arten gezogen, außerdem ein interessanter kleiner Strauch, *Dirca palustris*, das Lederholz aus Nordamerika. Für Gewächshäuser kommen nur wenige in Frage.

Daphne L., Seidelbast
(griech. *daphne* = Lorbeer)

Etwa 70 Arten immer- oder sommergrüner Sträucher und Zwergsträucher mit meist duftenden Blüten, in Europa, Nordafrika, dem temperierten und subtropischen Asien, in Australien und auf den Pazifischen Inseln verbreitet. Eine alte, seltene Zimmer- und Gewächshauspflanze ist

D. odora Thunb. ex Murr. aus China, in Japan häufig angepflanzt. Sie bildet einen in der Heimat bis 2 m hohen Strauch, bei uns erreicht er selten 50 bis 100 cm. Er wächst aufrecht und hat glänzende, gedrängt stehende 5 bis 8 cm lange Blätter. Die Blüten erscheinen von Ende Dezember bis März, bisweilen einige auch zu anderen Jahreszeiten. Sie sind 2,5 cm lang, weiß, außen oft rötlich überlaufen, seidig behaart und angenehm duftend. 1771 eingeführt.
Im vorigen Jahrhundert wurde sie häufig als Zimmerpflanze im kalten Zimmer gezogen, heute ist sie in Deutschland fast ganz verschwunden, kann aber in englischen Baumschulen, bei Hilliers und Sons z.B., wieder erworben werden. Die Vermehrung ist nicht leicht. Sie kann durch Ableger erfolgen oder durch Stecklinge, die aber selbst bei milder Bodenwärme oft lange Zeit bis zur Bewurzelung brauchen. Veredelung auf *D. laureola* ist möglich, doch sind aus Ablegern oder Stecklingen gezogene Pflanzen sehr viel widerstandsfähiger. Als Erde nimmt man eine Mischung aus kalkfreier, humoser Rasenerde (etwa von Maulwurfshügeln entsprechender Wiesen!) und Moorerde. Unten in den Topf kommt eine gute Dränage aus Sand oder Kies. Darüber hinaus ist vorsichtiges Gießen mit kalkarmen Wasser erforderlich. Im Winter stehen sie am besten in einem hellen, luftigen Kalthaus bei 6 bis 10°, im Sommer halbschattig im Freien auf einem gut dränierten Beet. Wenn mitten im Winter die Fülle der lange haltenden, duftenden Blüten erscheint, hat sich alle Mühe gelohnt.

Pimelea Banks ex Soland., Glanzstrauch
(griech. *pimele* = Fett)

Von den 80 in Neuseeland, Australien und Malaysia beheimateten Arten immergrüner Bäume, Sträucher oder Halbsträucher mit sehr verschieden gestalteten Blättern wurden im vorigen Jahrhundert mehrere in botanischen Sammlungen gezogen. In Deutschland findet man heute, und auch das nur selten

528 Tiliaceae

Sparmannia africana

P. ferruginea Labill. (*P. decussata* R. Br.) aus Westaustralien. Sie bildet aufrechte bis 60 cm hohe, reich verzweigte, etwas steife Sträucher, deren Zweige dicht mit sitzenden, kreuzgegenständigen, dunkelgrünen, nur 8 bis 12 mm langen Blättern besetzt sind. Die Blüten erscheinen im April und Mai in dichten 3 bis 4 cm breiten kugligen Köpfen am Ende eines jeden Zweiges. Sie sind rosa und werden beim Verblühen heller. 1824 in England eingeführt.

Auch andere Arten sind schön. Man sollte sie deshalb aus Australien wieder einführen. Dafür eignen sich besonders Arten wie **P. hypericina** A. Cunn., **P. linifolia** Sm., **P. rosea** R. Br., **P. spectabilis** (Fisch. et Mey.) Lindl., **P. suaveolens** Meissn., alle aus Westaustralien. Allerdings wachsen sie nicht so leicht wie *P. ferruginea*, wohl mit ein Grund, daß sie aus den Sammlungen verschwunden sind, doch lohnt es sich, sie wieder einzuführen.

Samen aus der Heimat wird in sandige Lauberde ausgesät und bei 12 bis 15° zum Keimen gebracht. Im allgemeinen jedoch ist man auf die Vermehrung durch halbreife Stecklinge angewiesen, die im August geschnitten und wie Erica-Stecklinge behandelt werden. Gelingt die Einführung empfindlicher Arten aus Australien, so sollte man sie zur Vorsicht auf Jungpflanzen der unempfindlichen *P. ferruginea* durch Kopulation veredeln. Sie werden dann wesentlich widerstandsfähiger sein als auf den eigenen Wurzeln. Gepflanzt wird in eine Mischung aus grobbrockiger alter Lauberde, Nadelerde und lehmig-humoser Rasenerde mit Zusatz von Sand, eine Erde, die einen pH-Wert von 4,5 bis 5,5 haben sollte. Die Überwinterung erfolgt im hellen und luftigen Kalthaus bei 5 bis 10°, keinesfalls wärmer. Dabei ist sehr vorsichtig zu gießen. Im Sommer stellt man sie ins Freie, wo sie von Mai bis August leicht schattiert werden, danach sollen sie volle Sonne haben. In Regenjahren sollte man sie durch hochgelegte Frühbeetfenster vor zuviel Nässe schützen; diese ist überhaupt, wie bei vielen australischen und südafrikanischen Pflanzen, ihr größter Feind. Jungpflanzen werden mehrfach entspitzt, ältere Pflanzen nach dem Abblühen leicht zurückgeschnitten.

Von anderen Thymelaeaceen seien dem interessierten Liebhaber noch Arten der Gattungen **Gnidia** L. und **Passerina** L. empfohlen, vor allem **Gnidia denudata** Lindl. und **G. polystachya** Bergius sowie **Passerina ericoides** L. und **P. filiformis** L., alle aus Südafrika.

Tiliaceae
Lindengewächse

So wie Linden in unsere Städte und Dörfer, in Anlagen und Parks gehören, so gehört die Zimmerlinde in unsere Wohnungen und Büros. *Tilia*, die Linde und *Sparmannia*, die Zimmerlinde, bilden mit 45 weiteren Gattungen die etwa 400 Arten umfassende Lindenfamilie. Die meisten von ihnen wachsen in den Tropen, nur wenige in den temperierten Gebieten. Fast alle sind Bäume oder Sträucher. Linden gehören zu den schösten Bäumen überhaupt. So manche »1000jährige« Linde ist weithin berühmt. Kaum etwas anderes verbindet sich so mit dem Begriff des Sommers wie der Duft blühender Linden.

Urera baccifera

Sparmannia L., Zimmerlinde
(Andreas Sparmann, 1748–1820, schwedischer Botaniker. Begleitete Captain Cook auf der zweiten Entdeckungsfahrt (1772–1775) auf der Resolution und bereiste mit Thunberg Südafrika)

Eine der 7 Arten ist die Zimmerlinde,

S. africana L. f., ein südafrikanischer baumartiger Strauch mit großen hellgrünen weichhaarigen, fast gelappten Blättern und großen Trugdolden weißer Blüten am Ende der Triebe. Die Schönheit der Blüten liegt in dem halbkugeligen Büschel gelber und rotbrauner Staubblätter. Bei der Berührung durch ein Insekt spreizen sie sich langsam nach außen, ein Vorgang, den man durch Berührung der an ihnen befindlichen reizbaren Knötchen auslösen und miterleben kann. 1790 in England eingeführt. Die gefüllt blühende Sorte 'Plena' ist weniger schön als die Art. 1884 in Frankreich in Kultur.

Zur Vermehrung werden Seitenstecklinge von Blütentrieben geschnitten, da diese später besser blühen als die von großblättrigen Laubtrieben genommenen. Unter Glas bei etwa 20° lassen sie sich im Zimmer und Gewächshaus gleich gut bewurzeln. Bei der Weiterkultur bedürfen sie einer Mischung aus Mistbeeterde und lehmiger Rasenerde oder aber Einheitserde. Durch mehrfaches Entspitzen der jungen Triebe erzielt man eine reiche Verzweigung. Nach dem Abblühen kann kräftig zurückgeschnitten werden. Während des Frühlings und Sommers sollte man gut durchwurzelte Töpfe wöchentlich mit einer Mischdüngerlösung (2 bis 3 g auf 1 l Wasser) gießen. Im Winter stehen sie am besten bei Temperaturen um 10°. Setzt man sie in Drahtkörbe, kann man sie im Sommer auch in der Nähe des Hauses im Freien auspflanzen. Dann entwickeln sie sich bis zum Herbst zu stattlichen Sträuchern. Beim Herausnehmen im Laufe des Septembers wird kräftig zurückgeschnitten, da man sie ja sonst kaum auf ihrem Überwinterungsplatz unterbringen könnte. Bei dieser Methode allerdings muß man auf Blüten verzichten, kann sich also nur an der so stattlichen Blattpflanze freuen.

Soleirolia soleirolii

Tropaeolaceae
Kapuzinerkressegewächse

Tropaeolum L., Kapuzinerkresse (griech. *tropaion*, lat. tropaeum = Trophäe, Siegeszeichen)

Von den beiden Gattungen ist *Tropaeolum* mit etwa 90 Arten durch die bei uns als schöne Einjahrsblume in den Gärten verbreitete Kapuzinerkresse bekannt. Bei den meisten Arten handelt es sich um kletternde Kräuter, die mitunter Knollen haben, so z.B. *T.tuberosum* Ruiz et Pav., in Peru und Bolivien heimisch, als Nahrungsmittel der Indianer aber von Chile bis Kolumbien angebaut. Die Lebensgebiete der verschiedenen Arten sind sehr vielfältig, kommen sie doch vom tropischen Regenwald bis in die großen Trockengebiete und bis zur Schneegrenze vor, besonders in den Anden. Eine Reihe der mehrjährigen Arten mit Knollen sind reizende Topfpflanzen.

T.azureum Miers aus Chile, **T.polyphyllum** Cav., vor allem aber das entzückende **T.pentaphyllum** Lam., verbreitet von Ostbolivien durch Mittelbrasilien bis Paraguay, Uruguay und Argentinien, halten im Alpinenhaus aus, vorausgesetzt, sie werden den ganzen Winter über völlig trocken gehalten. Sie verlieren dort im Herbst ihr Laub und treiben im Frühling wieder aus. Eine der zierlichsten Topfpflanzen für das Kalthaus aber ist

T.tricolor Sw. (*T.yarrattii* Youel), in Bolivien und Chile heimisch, vom Spätwinter bis in den Frühling ununterbrochen blühend. Diese Art klettert mit fadendünnen, mit kleinen, mehrteiligen Blättern besetzten Trieben bis meterhoch an beigesteckten dünnen Reisern empor. Die Blüten sind klein, aber sehr schön. Ihr Kelch ist feurig-scharlachrot, seine gegen die Krone gekrümmten Abschnitte sind an den Spitzen schwarz, die Kronblätter selbst zitronengelb. 1825 eingeführt.

Tropaeolum tricolor

Im November bis Dezember beginnt der neue Trieb. Dann werden die Knollen in frische Erde, ein schwach saures Gemisch von Lauberde, faseriger Rasenerde und Torfmull, gepflanzt und mit steigendem Wachstum langsam mehr gegossen, aber nie zu feucht gehalten. Die jungen Triebe sind mit großer Vorsicht, denn sie brechen sehr leicht, an Gitterwerk, Drahtgeflecht oder an Reiser anzuheften. Während der ganzen Wachstumszeit sollen die Pflanzen hell und luftig bei 5 bis 10° stehen. Nach dem Abblühen, wenn die Triebe beginnen gelb zu werden, ist langsam immer weniger zu gießen. Die Knollen werden bis zum Beginn des neuen Triebes am besten in ihrem alten Topf gelassen und nicht mehr gegossen. *T.tuberosum* ruhen im Winter und treiben erst Anfang März wieder aus. Vermehrung durch Aussaat. Samen wird nach künstlicher Bestäubung, und zwar nur nach dieser, angesetzt. Auch Stecklinge wurzeln. Kleine Knöllchen bilden sich, wenn man die jungen Stengel niederlegt und flach mit Erde bedeckt. Die Spitzen der niedergelegten Triebe müssen aus der Erde herausschauen. Blühfähige Knollen werden ab und zu von der Firma G.C. van Tubergen, Haarlem, Holland, angeboten.

Turneraceae
Turneragewächse

Eine kleine den *Violaceae* nahestehende Familie im tropischen Amerika und Afrika vorkommender Bäume, Sträucher und Kräuter mit 7 Gattungen und etwa 120 Arten.

Turnera L.
(William Turner, um 1508–1568, englischer Theologe, Arzt und Botaniker)

Etwa 60 Arten von Sträuchern und Kräutern im subtropischen Amerika, 1 Art in Südwestafrika. Von ihnen ist nur

T. ulmifolia L., verbreitet in Mexiko und von Westindien bis Argentinien, in Kultur. Sie bildet einen 60 bis 100 cm hohen dicht behaarten Halbstrauch mit lanzettlichen bis länglich-eiförmigen bis 10 cm langen, gesägten Blättern und bis 10 cm breiten gelben, nur morgens geöffneten, fast sitzenden Blüten, die von Juni bis September in ununterbrochener Folge erscheinen. 1733 eingeführt.

Die Pflanzen setzen im allgemeinen reichlich Samen an, so daß sie am besten durch Aussaat im Januar vermehrt werden. Auch Stecklinge wachsen ohne Schwierigkeit im warmen Vermehrungsbeet. Sämlinge blühen bereits im Sommer nach der Aussaat. Pflege im hellen und luftigen Warmhaus in Einheitserde oder TKS 2. Man sorge aber stets für Nachwuchs, denn ein- oder zweijährige Pflanzen blühen am reichlichsten. Ihrer langen Blütezeit wegen sind sie dem Liebhaber zu empfehlen.

Turnera ulmifolia

Urticaceae
Nesselgewächse

Die Nesselgewächse sind mit 45 Gattungen und etwa 550 Arten über die ganze Erde, vor allem ihre tropischen Gebiete, verbreitet. Die meisten sind Kräuter, nur wenige Gehölze. Viele von ihnen haben lange Bastfasern, manche tragen Brennhaare. Die weiblichen Blüten enthalten immer nur ein Fruchtblatt mit einer Samenanlage, die männlichen Blüten eine interessante Einrichtung zum Ausstreuen des Pollens. Unsere beiden heimischen Brennesselarten sind jedermann als Unkraut bekannt. Eine heute noch wichtige Faserpflanze ist *Boehmeria nivea* (L.) Gaudich., in Japan, China, Indochina und Malaysia verbreitet, die bis zu 26 cm lange Bastfasern besitzt, als Ramiefasern oder Chinagras im Handel. Einige Arten sind Blattpflanzen unserer Gewächshäuser.

Pilea cadierei 'Nana', Pilea 'Silver Tree', Pilea microphylla

Pellionia Gaudich.
(Alphonse Odet Pellion, 1796–1868. Offizier der zweiten Freycinetschen Expedition, 1817–1820)

Etwa 50 Arten ein- oder zweihäusiger Kräuter, selten Sträucher aus dem tropischen und Ostasien sowie Polynesien. Sie alle sind Bewohner des tropischen Regenwaldes. In unseren Warmhäusern werden ihres kriechenden Wuchses und ihrer farbigen Blätter wegen

P. repens (Lour.) Merr. (*P. daveauana* N.E.Br.) von Vietnam und dem Malaiischen Archipel mit bronzeolivgrünen, farnblattähnlich gezeichneten Blättern gezogen. Wurde 1880 in Frankreich eingeführt. Hierzu gibt es eine grünblättrige var. **viridis** N.E.Br.

P. pulchra N.E.Br. aus Südvietnam hat etwas kleinere rundliche, fast schwarzbraune, heller gezeichnete Blätter. Beide Arten haben zweizeilige, am Grunde sehr ungleiche, an Begonien erinnernde Blätter. Um 1881 in Belgien eingeführt.

Stecklinge im Warmbeet, am besten gleich zu mehreren in kleine Töpfe gesteckt, machen in wenigen Tagen Wurzeln. Die weitere Pflege erfolgt im Warmhaus bei Temperaturen zwischen 16 und 24°. Kühler dürfen sie keinesfalls stehen. Im Sommer hält man sie schattig, im Winter hell in durchlässiger Humus- oder Einheitserde. Schöne buntblättrige den Boden deckende Pflanzen, die aber auch im Topf oder in Schalen gezogen werden können.

Pilea Lindl., Kanonierblume
(lat. *pileus* = Filzkappe, Mütze)

Etwa 400 pantropische Arten, nur in Australien fehlend. Fast alle sind ein- oder mehrjährige Kräuter mit ein- oder zweihäusigen Blüten in achselständigen Trugdolden. Der deutsche Name weist auf eine biologische Eigentümlichkeit hin: taucht man an einem sonnigen Tage eine blühende Pflanze ins Wasser, so öffnen sich alle dem Aufblühen nahen Knospen. Dabei wird durch rasches Zurückschnellen der Staubblätter der Blütenstaub fortgeschleudert (Kanonierblume!).

P. cadierei Gagnep. et A. Guill. stammt aus den Urwäldern Nordvietnams, wurde erst 1938 entdeckt und 1948 eingeführt. Sie wird 15 bis 20 cm hoch, hat gestielte 10 × 5 cm große, elliptisch-eiförmige, dunkelgrüne Blätter, die auf ihrer Oberseite vier Reihen mehr oder weniger weißer Flecke tragen. Häufiger als die Art wird die in allen Teilen kleinere Sorte 'Minima' gezogen. Sie ist eine dankbare Zimmer- und Gewächshauspflanze, vor allem zur Bodenbedeckung und Zwischenpflanzung, die bei Temperaturen von 10 bis 20° gedeiht.

P. crassifolia (Willd.) Bl. (P. 'Moon Valley') aus Jamaika hat behaarte, spitz-eiförmige, gesägte Blätter, deren grüne Oberseite durch die braunrote Mitte und die starken Runzeln auffällt.

P. microphylla (L.) Liebm. (*P. muscosa* Lindl.), die Kanonierblume, kommt aus dem tropischen Amerika, wo sie bis zu Höhen von 2000 m emporsteigt. Sie wird 10 bis 15 cm hoch, hat flach ausgebreitete Stengel und nur 1 bis 5 mm lange, ungleichgroße Blätter und einhäusige Blüten. Bereits 1793 in England kultiviert. Sie eignet sich für kühle und warme Räume gleichgut, während des Sommers kann man sie sogar ins Freie pflanzen. Dort bildet sie eine schöne hellgrüne Bodendecke zwischen Einjahrsblumen, Semperflorens-Begonien u.a. Auch als Einfassung kann man sie dort verwenden. Am besten gedeiht sie in Humus- oder Einheitserde. Stecklinge bewurzeln sich im Warmbeet in wenigen Tagen.

Von den übrigen Arten kann man noch **P. nummulariifolia** (Sw.) Wedd., verbreitet in Westindien, Panama und dem nördlichen Südamerika, mit fadendünnen kriechenden Stengeln und kreisrunden, zentimetergroßen, halbrunden Blättern empfehlen, ebenso die unter dem wahrscheinlich unzutreffenden Namen **P. spruceana** Wedd. aus Peru und Bolivien in allen botanischen Sammlungen anzutreffende Art mit aufsteigenden Zweigen und rotbraunen rundlichen Blättern.
Beide werden wie die vorhergenannten Arten vermehrt und behandelt. *P. spruceana* sät sich dort von selbst aus, wo sie sich wohlfühlt, so daß man sie allenthalben im Hause antrifft. Außerdem werden noch einige buntblättrige Sorten unsicherer Herkunft angeboten. Alle Arten außer *P. cadierei* und *P. microphylla* sind reine Warmhauspflanzen.

Soleirolia Gaudich., Bubiköpfchen
(Joseph François Soleirol, gestorben 1863. Sammler korsischer Pflanzen in der ersten Hälfte des 19. Jahrhunderts)

S. soleirolii (Req.) Dandy (*Helxine soleirolii* Req.), die einzige Art, eine Bewohnerin Korsikas, Sardiniens und Elbas, wird häufig bei uns als Zimmerpflanze, aber auch als Bodendecke in Blumenfenstern und Gewächshäusern gezogen. Sie ist ein kleines Kraut mit fadendünnen kriechenden Zweigen und winzigen glänzend grünen Blättchen, das als ein dichter grüner Teppich den Boden bedeckt. Um 1914, nach Boom bereits 1903, in England kultiviert. Auch im Freien hält *Soleirolia* in nicht zu kalten Wintern aus, vor allem wenn ihre Triebe sich unter Steine und Trittplatten zurückziehen können. Sie wächst in jedem Boden, in Sonne und Schatten, bei Temperaturen von 0 bis 20°. Auch für Terrarien ist sie zu empfehlen. Vermehrung durch Teilung und Abrisse, von denen das kleinste Stückchen noch weiterwächst.

Urera Gaudich.
(lat. *urere* = brennen)

35 Arten von Sträuchern oder Bäumen des tropischen Amerika und Afrika, außerdem auf den Maskarenen und den pazifischen Inseln. Sie fallen auf durch die zur Fruchtreife fleischig werdende Blütenhülle. Die dieser Gattung nahestehende, im australischen Queensland heimische **Laportea moroides** Wedd. (*Dendrocnide moroides* (Wedd.) Chew) wird wegen der sehr unangenehm wirkenden Brennhaare in vielen botanischen Gärten gehalten, der Liebhaber aber verbanne sie aus seinem Gewächshaus, da sie gefährlich ist.

Urera baccifera (L.) Gaudich. ex Wedd. dagegen ist ungefährlich und im Schmucke ihrer Früchte sehr schön. Sie ist im tropischen Amerika von Brasilien bis zu den westindischen Inseln verbreitet. Bei uns wird sie selten höher als 1 m. Ihre Zweige sind stachelig, die großen Blätter kahl oder borstig und dann leicht brennend. Die achselständigen trugdoldigen Blütenstände sind reichverzweigt, rosa oder rot. In schönem Kontrast dazu stehen die vielen auffallenden, 6 mm großen, weißen Früchte, die lange an der Pflanze halten. Durch Aussaat oder Stecklinge zieht man leicht junge Pflanzen. Sie bleiben während ihres ganzen Lebens im feuchten Warmhaus und wachsen gut in lehmiger Humuserde. Hat man eine Rasse mit »brennenden« Blättern, dann darf man die Pflanzen nur mit Handschuhen anfassen. Im Schmuck ihrer Früchte gehört sie zu den eigenartigsten und schönsten Pflanzen des Warmhauses.

Verbenaceae
Verbenengewächse

Von den 75 Gattungen mit etwa 3000 Arten wachsen die meisten in den Tropen und Subtropen sowie in den gemäßigten Gebieten der südlichen Halbkugel, nur wenige haben ihre Heimat in Teilen der nördlichen gemäßigten Zone. Die Familie umfaßt Bäume, Sträucher, Lianen und Kräuter mit meist gegenständigen oder quirlig gestellten einfachen oder geteilten Blättern ohne Nebenblätter. Die Blüten sind in Scheindolden oder Trauben zusammengefaßt, selten stehen sie einzeln, meist sind sie fünfzählig und zweiseitig-symmetrisch, selten strahlig, mit verwachsener Krone. Die Bestäubung einer ganzen Reihe von Arten wird durch Kolibris oder Honigvögel ausgeführt.

Eine wichtige Nutzpflanze ist der von Indien bis Java vorkommende, bis 40 m hohe, laubabwerfende Teakbaum (*Tectona grandis* L.f.), der Lieferant des seit langem für den Schiffsbau, in jüngerer Zeit für die Möbelfabrikation so begehrten Teakholzes. Wichtiger Bestandteil der Mangrovezone ist die pantropische Gattung *Avicennia* L. mit ihren interessanten, an den Wechsel von Ebbe und Flut angepaßten Stelzwurzeln und den senkrecht nach oben wachsenden Atemwurzeln.

Zierpflanzen unserer Gärten schließlich sind die einjährig gezogenen Gartenverbenen und als Sträucher einige Arten von *Callicarpa* L., deren violette Früchte Glasperlen gleichen, und die im Herbst blaublühende *Caryopteris* Bunge, besonders für Steinbeete und Terrassen geeignet.

Im Gewächshaus werden nur wenige Gattungen und Arten gezogen.

Aloysia Juss.
(nach Maria Luisa, 1751–1819, Gattin Karls IV. von Spanien)

Diese gärtnerisch unbedeutende Gattung umfaßt etwa 37 in Amerika heimische Arten. Die meisten sind aromatisch duftende Sträucher mit unscheinbaren Blüten.

A. triphylla (L'Hérit) Britt. (*Lippia citriodora* (Ort. ex Pers.) H.B.K.), das Zitronenblatt, ist eine alte Zimmerpflanze, die ihre Verbreitung den nach Zitronen duftenden Blättern, nicht aber besonderer Schönheit verdankt. Sie bildet einen 1 bis 2 m hohen sparrigen Strauch mit quirlig gestellten, 7 bis 10 × 1 bis 1,5 cm großen ganzrandigen Blättern und kleinen weißen, zu achselständigen Ähren oder zu endständigen Rispen zusammengefaßten duftenden Blüten. In Südamerika ist dieser Strauch weit verbreitet, in tropischen und subtropischen Gärten in der ganzen Welt häufig gepflanzt. 1784 in England eingeführt.

Vermehrung und Pflege gleichen der der Lantanen. Wie diese sollte man den Zitronenstrauch an die sonnigste Stelle des Gartens in recht nährstoffreichen Boden pflanzen, im Herbst herausnehmen, zur Hälfte zurückschneiden und bei 3 bis 10° hell, luftig und bei nur geringen Wassergaben überwintern.

Amasonia L.f.
(Thomas Amason, amerikanischer Reisender wahrscheinlich des 18. Jahrhunderts)

8 Arten kleiner Halbsträucher aus dem tropischen Südamerika mit gelben Blüten, oft in Trauben zusammengefaßt oder aber einzeln in den Achseln der wie Blütenstiele und Kelch rotgefärbten Hochblätter.

A. calycina Hook.f. aus Guayana ist ein im Winter blühender 30 bis 60 cm hoher, nur wenig verzweigter Halbstrauch mit langen, leicht überhängenden Trauben, die dicht mit großen, purpurn behaarten roten Deckblättern besetzt sind, in deren Achseln die hängenden schwefelgelben, 4 bis 5 cm langen Blüten erscheinen. Der Schmuck der Pflanze liegt in den nach dem Abfallen der Blüten noch etwa drei Monate lang am Blütenstand haftenden roten Deckblättern. 1881 in England eingeführt. Leider ist diese prachtvolle und dankbare Pflanze fast völlig aus den Sammlungen verschwunden. Man sollte sie wieder einführen. Sie gehört ins Warmhaus, wo sie genauso kultiviert wird wie *Clerodendrum speciosissimum* (siehe unten). Die Vermehrung erfolgt durch Stecklinge, die im geschlossenen Warmbeet bei 25 bis 30° bald wurzeln. Leider aber bilden die Mutterpflanzen nur wenige Stecklinge, da sie sich so gut wie gar nicht verzweigen, so daß es oft schwierig ist, auf diese Weise zu einem gewissen Bestand zu kommen.

Clerodendrum L., Losbaum
(griech. *kleros* = Los, *dendron* = Baum)

Die meisten der etwa 390 Arten stammen aus den altweltlichen Tropen, nur wenige aus den neuweltlichen. Alle sind Holzpflanzen, einige schlingen. Der glockige Kelch ist oft kronblattartig gefärbt und haftet lange an der Pflanze. Selten einmal gezogen werden einige Ameisenpflanzen, wie *C. fistulosum* Becc. aus Borneo mit hohlen Stengelgliedern. Winterhart ist das schöne *C. bungei* Steud.

1. Schlingsträucher

C. splendens G. Don stammt aus west- und zentralafrikanischen Gebirgen und bringt fast zu jeder Jahreszeit Blüten. Die Hauptblütezeit allerdings liegt zwischen Dezember und Mai. Die end- und achselständigen doldentraubigen Blütenstände sind dicht mit leuchtend scharlachroten, man möchte sagen geranienroten Blüten besetzt, deren Kelch im Gegensatz zu folgender Art nur klein und unauffällig ist. 1839 in England eingeführt.

C. thomsoniae Balf. wächst im tropischen Afrika von Uganda bis Südzimbabwe und blüht bei uns im Frühling, schwächer auch zu anderen Jahreszeiten. Es kann unbeschnitten bis 4 m hoch schlingen, so z.B. wenn man es unter dem Glasdach eines Warmhauses entlangzieht. Die Blüten sitzen zu vielen in lockerblütigen Ständen. Ihre Kronen sind rot, aber nicht sehr lange haltbar, der aufgeblasene weiße Kelch dagegen bleibt viele Wochen an der Pflanze, macht also ihre eigentliche Schönheit aus. 1861 in England eingeführt.

L. ugandense Prain, im tropischen Afrika ebenfalls von Uganda bis Zimbabwe verbreitet, blüht vom Frühling bis zum Herbst und ist nur deshalb hier zu nennen, weil seine Blüten blau sind, und zwar ein Kronabschnitt dunkelviolettblau, die übrigen vier hellblau, die 3 cm aus der Blüte hervorragenden Staubblätter blau. 1906 in England eingeführt.

Die kletternden Arten sind am besten durch Stecklinge im Warmbeet bei etwa 25° zu vermehren. Um bald zu vollen Pflanzen zu kommen, steckt man gleich 3 bis 4 Stecklinge zusammen in den Stecklingstopf. Sollen die Pflanzen als Schlingpflanzen unter dem Dach entlang gezogen werden oder an Pfeilern und Lattenwerk wachsen, werden sie weder gestutzt noch zurückgeschnitten, ehe sie nicht die gewünschte Höhe oder Länge erreicht haben. Will man aber von *C. thomsoniae* – und nur bei diesem ist es möglich – buschige Topfpflanzen ziehen, dann muß man oftmals stutzen, so oft bis sie eine Höhe von 50 bis 80 cm erreicht haben. Im Erwerbsgartenbau erzielt man das gleiche Resultat durch die Anwendung von Stauchemitteln. Als Erde nehme man Lauberde mit lehmiger Rasenerde vermischt oder Einheitserde. Man halte die Pflanzen vom Frühjahr bis zum Herbst im luftigen Warmhaus, schattig, bei häufigem Spritzen und einer Temperatur von 18 bis 20°. Im Winter aber – etwa von Ende November bis Ende Januar – muß man die Wärme auf 12 bis 15° senken und sehr sparsam gießen. Während dieser Ruhezeit werfen sie die meisten ihrer Blätter ab. Danach schneidet man zurück, verpflanzt nach Bedarf und steigert die Wärme auf 18 bis 20°. Bald erfolgt der neue Austrieb und mit ihm erscheinen die neuen Blüten. *C.splendens* und *C.ugandense* sollten eine weniger ausgesprochene Ruhezeit durchmachen. Bei ihnen reicht es, sie im November und halben Dezember trockener zu halten. Sie eignen sich nicht gut als Topfpflanzen, sondern besser für freies, ungezwungenes Wachstum unter dem Glasdach des Gewächshauses.

Lantana-Camara-Hybride

2. Aufrechte Sträucher

C.fragrans (Vent.) R.Br. ist eine alte, aus dem wärmeren China stammende Zimmerpflanze, die zu den verschiedensten Zeiten des Jahres, vor allem aber im Sommer, ihre dichten Doldentrauben bringt. Die Blüten sind weiß, außen gerötet und duften außerordentlich stark. Die breit-eiförmigen, 7 bis 25 cm langen Blätter sind meist filzig-flaumig. In Kultur ist nur die Sorte 'Pleniflorum' mit dicht gefüllten Blüten. 1790 in England eingeführt.

C.speciosissimum Van Geert (*C.fallax* hort. non Lindl.) ist von den Sunda-Inseln bis Neuguinea und Polynesien zu finden. Seine leuchtend scharlach- bis granatroten Blüten sitzen in endständigen großen Blütenrispen mit abstehenden Ästen. Der mit kurzbehaarten Blättern besetzte Strauch kann bis 3 m hoch werden. Um 1830 in Belgien eingeführt.

C.fragrans wird durch krautige Stecklinge oder durch Wurzelschnittlinge im Warmbeet vermehrt. Die weitere Pflege findet bei 12 bis 15° im Lauwarmhaus oder im Zimmer statt. Es ist häufig zu lüften, nach Durchwurzelung zu verpflanzen und bei Erreichen des Endtopfes regelmäßig mit einem Mischdünger zu gießen. Als Erde nehme man Einheitserde oder eine lehmighumose Mischung. Zwei- bis dreimaliges Entspitzen, beim bewurzelten Steckling angefangen, führt zu buschigen Pflanzen. In großen Gewächshäusern ausgepflanzt erreichen die Pflanzen eine Höhe bis zu drei Metern und machen lange unterirdische Ausläufer, die an den verschiedensten Stellen des Grundbeetes erscheinen, abgetrennt und eingepflanzt werden können. *C.speciosissimum* kann ebenfalls durch Stecklinge vermehrt werden, mehr zu empfehlen jedoch ist die Aussaat. Samen wird reichlich angesetzt, so daß man nie auf Samenkauf angewiesen ist. Gesät wird im Februar bis März im Warmhaus. Statt zu stutzen setzt man gleich 3 Sämlinge zusammen in den Topf. Bereits 6 Monate nach der Aussaat blühen sie. Im Gegensatz zu voriger Art brauchen sie etwas höhere Temperaturen, gehören also ins luftige Warmhaus. Schöner als einjährige im Topf gezogene Pflanzen sind mehrjährige im Warmhaus ausgepflanzte oder im Kübel gezogene Exemplare, die sich verzweigen und dadurch eine Fülle großer Blütenstände, und zwar bereits im Mai, bringen. Im Herbst wird leicht zurückgeschnitten. Alle Arten verlangen viel Nahrung, also nach der Ruhezeit und Durchwurzelung regelmäßige wöchentliche Düngung mit einer Volldüngerlösung (2 bis 3 g auf 1 l Wasser).

Lantana L., Wandelröschen
(nach Stearn lat. Name für *Viburnum*, von Linné auf diese Gattung übertragen)

Von den mehr als 150 meist tropischen bis subtropischen amerikanischen Arten werden bei uns wohl nur *Lantana*-Camara-Hybriden und *L.montevidensis* gezogen.

Lantana-Camara-Hybriden sind durch mannigfache Kreuzungen entstanden. An ihrer Entstehung war außer *L.camara* L., einem sparrigen 30 bis 100 cm hohen Strauch, eine Reihe anderer Arten beteiligt, so *L.montevidensis* und *L.urticifolia* Mill. *L.camara* wurde bereits 1691 in England kultiviert.

Die Blüten stehen doldenartig in halbrunden Köpfchen am Ende der Zweige. Je nach Sorte sind sie weiß, rosa, orange oder violett. Die meisten wechseln (wandeln, Name!) im Laufe des Erblühens ihre Farbe, so z.B. von orange zu gelb, von rosa zu karmin. Darin liegt der ganz besondere Reiz.

Die Sorten laufen teils nur unter Farbbezeichnungen, teils unter besonderen Namen wie 'Fabiola' (lachsrosa mit gelb), 'Arlequin' (dunkelrosa mit gelb), 'Raoux' (scharlachrot mit orange), 'Schloß Ortenburg' (ziegelrot mit lachsgelb), 'Goldsonne' (reingelb), 'Naide' (weiß mit gelbem Auge).

L.montevidensis (Spreng.) Briq. (*L.delicatissima* hort.) von Brasilien und Montevideo blüht wie die vorigen den ganzen Sommer lang bis tief in den Herbst hinein, ist im ganzen zierlicher und, wenn als Hochstämmchen gezogen, von etwas hängendem Wuchs. Ihre Blüten sind violett. 1820 in Deutschland eingeführt.

Mutterpflanzen werden bei 8 bis 10° überwintert und im Januar angetrieben. Sobald die neuen Triebe groß genug sind, werden sie abgeschnitten und bei etwa 20 bis 22° bewurzelt. Steckt man bereits im August und überwintert die bewurzelten und eingetopften Stecklinge bei 10 bis 12°, bekommt man für das Frühjahr wesentlich kräftigere Pflanzen. Dies wird man nur dann tun, wenn man wenig Platz zur Überwinterung hat. Nach dem Eintopfen der etwa im Februar bewurzelten Stecklinge in Einheitserde oder in Praxismischung aus Mistbeet- oder humoser Komposterde mit Zusatz lehmiger Rasenerde hält man die Jungpflanzen zunächst bei etwa 14 bis 16° im Gewächshaus, später auf einem Mistbeetkasten mit schwacher Bodenwärme, stets hell und luftig. Zwei- bis dreimaliges Entspitzen ist erforderlich. Freudiges Wachstum setzt in der Regel erst mit Eintritt der warmen Jahreszeit ein. Mitte bis Ende Mai pflanzt man sie ins Freie aus. Es gibt wenig dankbarere und farbenfreudigere Pflanzen für Beete, Balkon- und Fensterkästen, aber auch für Töpfe, vorausgesetzt sie stehen stets in voller Sonne, werden vom Samenansatz befreit und bis Ende August alle 14 Tage einmal mit einer Volldüngerlösung gegossen. Die alten Pflanzen können im Herbst wieder eingetopft und überwintert werden.

Schön sind *Lantana*-Hoch- und Halbstämme. Sie werden aus Stecklingen gezogen, die man halbwarm unter Glas möglichst schnell bis zu der gewünschten Höhe eintriebig wachsen läßt und dann stutzt. Durch häufiges Entspitzen erzielt man eine dichte und gut verzweigte Krone. Ältere Pflanzen setzt man am besten in Draht- oder Plastikkörbe, mit denen man sie im Frühjahr auspflanzt, im Herbst wieder ohne Beeinträchtigung des Ballens herausnimmt und im Kalthaus überwintert. Im ersten Jahre entfernt man von dem Stämmchen nur die Seitentriebe, nicht aber die Blätter. Solche Stämmchen können viele Jahrzehnte alt und dabei von Jahr zu Jahr schöner werden.

Petrea L.
(Lord Robert James Petre, 1713–1743, englischer Pflanzenliebhaber)

Lianen, von denen in den Tropen Mittel- und Südamerikas etwa 30 Arten verbreitet sind.

P. volubilis L., der Purpurkranz, von Mexiko bis Panama und auf den Westindischen Inseln verbreitet, ist die einzige hier und da bei uns gezogene Art. Sie ist ein bis 10 m hoch windender Strauch mit 8 bis 20 cm langen, rauhen Blättern und bis 20 cm langen Blütentrauben. Die Blüten erscheinen im März und April. Ihre großen blauen Kelchabschnitte sind schon vor dem Erblühen auffallend. Die Blüten selbst sind violett. 1731 in England eingeführt. Leider keine Pflanze für den Besitzer eines kleinen Gewächshauses, sondern nur botanischen Sammlungen mit großen Glashäusern zu empfehlen. Nur dort findet sie den für sie notwendigen Platz. Sie wird unter dem Glasdach entlang gezogen, braucht große Helligkeit, reichliche Lüftung, im Sommer die Temperatur eines Lauwarmhauses, im Winter eine Wärme, die zwischen 12 und 15° liegt. Man kann sie sowohl in großen Gefäßen als auch ausgepflanzt in lehmig-humoser Erde ziehen. Von der Pflanzung bis zum ersten Blühen vergehen meist mehrere Jahre. Hat sie aber erst einmal das richtige Alter und die nötige Größe erreicht, wird sie in jedem Jahr gleich schön blühen. Nach dem Abblühen wird ausgelichtet und leicht zurückgeschnitten.
Vermehrt wird durch Stecklinge im warmen und geschlossenen Beet. Dabei muß man allerdings Geduld haben, denn es dauert oft Monate, bis sich die ersten Wurzeln zeigen.

Rhaphithamnus Miers
(griech. *rhaphis* = Nadel, *thamnos* = Strauch)

Nur 2 Arten immergrüner fiedernerviger Sträucher oder Bäume mit glänzenden, fast sitzenden Blättern, kleinen Blüten und auffallenden beerenartigen Früchten aus Chile und Argentinien.

R. spinosus (Juss.) Moldenke (*R. cyanocarpus* Miers) ist in Argentinien sowie in Mittel- und Südchile zu Hause. Er bildet dort kleine dichtzweigige Büsche, die dicht mit kleinen harten, glänzend dunkelgrünen Blättern besetzt sind und schon in der Jugend leicht blühen. Später sitzen sie dicht voll erbsengroßer hellblauer Früchte. 1843 in England eingeführt.
In England winterharter, bei uns kleiner Kalthausstrauch, der im Winter mit Temperaturen von 3 bis 10° vorliebnimmt, im Sommer an sonnige Stelle ins Freie gestellt wird. Er wird durch Aussaat oder halbreife Stecklinge im Februar oder August bei mäßiger Bodenwärme vermehrt. Im übrigen gleicht seine Pflege völlig der von *Coprosma* etwa.

Violaceae
Veilchengewächse

22 Gattungen mit etwa 900 Arten ein- oder mehrjähriger Kräuter, seltener Sträucher, von denen viele *Viola*-Arten wichtige Pflanzen unserer Gärten sind. Nur wenige sind für Gewächshäuser zu empfehlen.

Hymenanthera R. Br.
(griech. *hymen, hymenos* = Häutchen, *aner, andros* = Mann, Staubbeutel)

Nur 7 Arten starrer, oft dorniger, bisweilen blattloser Sträucher oder kleiner Bäumchen, die in Ostaustralien und Neuseeland sowie auf den Norfolk-Inseln zu Hause sind. Die Kelchblätter und die nur kurzen Kronblätter sind fast gleichförmig, die Frucht ist eine kugelige oder längliche Beere mit 1 bis 2 Samen.

H. crassifolia Hook. f. aus Neuseeland ist ein fast immergrüner, vielverzweigter, bis 1 m hoher Strauch mit oft niederliegenden und ausgebreiteten Zweigen. Die lederigdicken ganzrandigen Blätter sind 1 bis 3 cm lang. Die eingeschlechtlichen, kleinen gelblichen Blüten sind achselständig. Ihnen folgen bei den weiblichen Pflanzen längliche weiße, violett überlaufene, kleine auf der Zweigunterseite sitzende Früchte. Um 1875 in England eingeführt.
Als strauchige Veilchengewächse sind sie dem Liebhaber interessanter Pflanzen zu empfehlen. Obwohl das Sträuchlein einige warme Winter im Freien übersteht, ist es besser, es im Alpinen- oder Kalthaus zu halten. Entweder pflanzt man sie im Alpinenhaus auf schotteriger Unterlage aus und hält sie dort im Winter recht trocken, dann überstehen sie Temperaturen bis −10°, oder aber man zieht sie im Topf im luftigen Kalthaus und stellt sie im Sommer ins Freie. Als Erde eignet sich jede humoslehmige Mischung oder Einheitserde. Vermehrt wird durch Aussaat, krautige Stecklinge unter Glas oder Ableger.

Viola L., Veilchen
(römischer Pflanzenname)

Die etwa 500 Arten umfassende Gattung ist so bekannt, daß sich eine nähere Beschreibung erübrigt. Sie ist in den gemäßigten Zonen der ganzen Erde verbreitet. Zu ihr gehören so bekannte Gartenpflanzen wie das Duftveilchen, *V. odorata* L., das

Hornveilchen, *V.cornuta* L. und die *V.-Wittrockiana*-Hybriden, die Gartenstiefmütterchen. Von nicht winterharten Arten ist die folgende zu empfehlen.

V.hederacea Labill. aus Australien bildet kleine ausläufertreibende, dichte, den Boden bedeckende Büsche. Ihre Blätter sind nieren- oder spatelförmig mit herzförmigem Grund, ganzrandig oder entfernt gezähnt. Die fast spornlosen Blüten haben violette Kronblätter mit weißen Spitzen. 1832 eingeführt.
Am einfachsten ist die Vermehrung durch Teilung. Samen scheinen bei uns nicht angesetzt zu werden. Die Pflanzen gehören sommers wie winters in ein Kalthaus mit Temperaturen um 10°. Man kann sie zwar während des Sommers an einen halbschattigen, gleichmäßig feuchten Platz in den Steingarten pflanzen oder in ein Alpinenhaus stellen, doch blühen sie viel reicher, wenn sie das ganze Jahr hindurch in einem Gewächshaus stehen. Man hält sie dort am besten in Schalen, wo sie von April bis in den Herbst hinein ununterbrochen blühen. Hübsch wirken sie auch als Ampelpflanzen, wo sie bald durch ihre lang herabhängenden Ausläufer den Topf verdecken. Als Erde nehme man TKS 1 oder eine Mischung aus gleichen Teilen humoser Rasenerde und alter Lauberde oder Torfmull.

Rhoicissus capensis

Vitaceae
Weinrebengewächse

Die meisten Weinrebengewächse sind Klettersträucher oder Lianen, nur wenige Sträucher oder kleine Bäume mit sukkulentem Stamm. Man kennt 12 Gattungen, deren Grenzen aber fließend sind, weil sie alle durch mannigfache Übergänge miteinander verbunden sind, mit etwa 700 Arten. Ihre Blätter sind einfach oder zusammengesetzt. Ihnen gegenüber stehen häufig Ranken, morphologisch Blütenständen oder Teilen von ihnen entsprechend. Die 4- bis 5zähligen Blüten sind strahlig, zwitterig, bisweilen aber auch eingeschlechtig. Auch Zweihäusigkeit kommt vor. Die Frucht ist eine hartschalige, Samen enthaltende Beere.
Die wichtigste Nutzpflanze der Familie ist die Weinrebe (*Vitis vinifera* L.), eine uralte Kulturpflanze. In den Gärten werden als Kletterpflanzen mehrere Arten gehalten, so *Vitis riparia* Michx. mit duftenden Blüten, *Parthenocissus quinquefolia* (L.) Planch. emend. Rehd., der »Wilde Wein«, mit einer selbstklimmenden Sorte sowie einige *Ampelopsis*-Arten. In unseren Gewächshäusern sind die Gattungen *Ampelopsis, Cissus, Parthenocissus, Rhoicissus* und *Tetrastigma* vertreten.

Ampelopsis Michx. emend. Planch., Scheinrebe
(griech. *ampelos* = Weinstock, *opsis* = Aussehen)

Eine *Vitis* und *Parthenocissus* nahestehende Gattung mit etwa 20 Arten, von ersterer leicht zu unterscheiden durch die nicht abfasernde Borke, von letzterer durch das Fehlen von Haftscheiben an den Ranken.

A.brevipedunculata (Maxim.) Trautv. aus Nordostasien mit seinen Formen ist winterhart. Als Topfpflanze im Kalthaus wird häufig gezogen var. **maximowiczii** (Regel) Rehd. 'Elegans', eine Sorte mit kleinen Blättern, die grün, weiß und rosa marmoriert sind. Sie werden im Winter abgeworfen. 1829 in Holland eingeführt.

A.orientalis (Lam.) Planch., in Kleinasien und Syrien beheimatet, ist nicht winterhart, aber immergrün. Sie hat einfache, doppelt- oder dreifachgefiederte Blätter mit 9 bis 15 zwei bis sieben Zentimeter langen Blättchen. 1818 eingeführt.

Hübsch als hängende Topfpflanzen oder zum Beranken von Wänden, Pfeilern oder Lattenwerk im Kalthaus oder Wintergarten. Vermehrt wird durch krautige Stecklinge im Juli bis August. Diese werden zu 2 bis 5 in Töpfen mit sandiger Erde gesteckt. Im Mistbeet oder einem geschlossenen Vermehrungskasten mit leichter Bodenwärme, etwa 15 bis 18°, wurzeln sie leicht. Man kann aber auch ganze Ranken nehmen, in fingerlange Stücke schneiden und stecken. Dies geschieht am besten im Mai bis Juni. Die weitere Pflege erfolgt in Einheitserde oder irgendeiner lehmig-humosen Mischung. Im Sommer gedeihen sie auch im Freien.

Cissus L., Klimme
(griech. *kissos* = Efeu)

Diese große, mehr als 350 Arten umfassende Gattung enthält in der Mehrzahl Lianen, daneben aber auch einige sukkulente Arten mit dicken, bis 4 m hohen Stämmen. Fast alle Arten sind tropisch, nur wenige kommen in den Subtropen vor. Ihre Blüten haben stets 4 Kronblätter, die Blätter sind einfach oder 3- bis 5zählig.

1. Nicht sukkulente, kletternde Arten für Kalthäuser

C.antarctica Vent., die Känguruhklimme, aus Australien ist eine verbreitete

Zimmerpflanze, immergrün, mit ziemlich dicken, 12 × 8 cm großen Blättern. 1790 in England eingeführt. Sie gedeiht bei Temperaturen von 5 bis 20°, bekommt im allgemeinen keine Schädlinge und kann sehr alt werden.

C.rhombifolia Vahl (*Rhoicissus rhomboidea* (hort. non E. Mey. ex Harv.) Planch.) ist verbreitet von Mexiko und Westindien durch das tropische Amerika. Die jungen Triebe und die Unterseiten der Blätter sind mehr oder weniger rötlich behaart, die Blätter dreistrahlig und langgestielt. 1948 in Deutschland eingeführt. Schöner als die Art ist die gedrungener wachsende Sorte 'Danica', bei deren Blättern die Adern in Zähne auslaufen, was ihnen ein fiederteiliges Aussehen verschafft. Gleich gut im Zimmer und Gewächshaus wachsend, auch zur Bekleidung von Wänden und Gitterwerk geeignet.

C.striata Ruiz et Pav. aus Chile und Südbrasilien rankt nur schwach, ist immergrün, hat gestreifte Zweige und kleine 3- bis 5zählige Blätter. Zierliche, aber seltene Art für Kalthäuser. 1878 in England eingeführt.

2. Nichtsukkulente, kletternde Arten für Warmhäuser

C.amazonica Lind., nordbrasilianisch, wächst schwächer als die folgenden Arten und hat große oberseits blaugraue, silbern gezeichnete, unterseits rote Blätter. 1865 in Belgien eingeführt.

C.discolor Bl. aus Java, ein hochwachsender Rankenstrauch, hat im Alter verholzende, gefurchte Zweige, die in der Jugend wie die Blattstiele dunkelrot sind. Die herzförmig-länglichen, zugespitzten, bis 15 × 8 cm großen Blätter sind samtig glänzend violettpurpurn, silbergrau marmoriert und längs der Hauptnerven olivgrün, unterseits dunkelrot. An älteren Pflanzen erscheinen in kurzen achselständigen Blütenständen die kleinen gelblichen Blüten. Um 1850 in England eingeführt.
Diese Art ist eine der schönsten Blattpflanzen unserer Warmhäuser, die bei hoher Wärme und Luftfeuchtigkeit sehr schnell wächst.

C.gongylodes (Bak.) Burch. (*Vitis pterophora* Bak.) kommt in den wärmsten Teilen Brasiliens, Paraguays und Perus vor. Ihre Zweige sind vierkantig und geflügelt. An ihnen entspringen unzählige lange, rote Wurzeln, die wie ein Schnurteppich wirken und mehrere Meter lang herunterhängen können. Die dreizähligen behaarten Blätter werden bis 30 cm lang, ihr Mittelabschnitt ist häufig dreilappig. Die Ranken enden in Haftscheiben. Um 1890 eingeführt. Unter günstigen Verhältnissen, z. B. in einem Victoriahaus bei hoher Wärme und Luftfeuchtigkeit, in humose Erde ausgepflanzt, gehört sie zu den raschwüchsigsten Lianen überhaupt und macht durch die langen roten Luftwurzeln einen eigenartigen Eindruck.

C.njegerre Gilg aus dem Usambaragebirge Ostafrikas ist ähnlich, aber in allen Teilen zierlicher als die vorige. Ihre Blätter sind, besonders in der Jugend, dicht mit violetten bis roten Haaren besetzt. Hierin liegt die Eigenart und Schönheit der Pflanze. 1904 in Deutschland eingeführt.

Alle Arten sind zu jeder Jahreszeit leicht aus Stecklingen zu vermehren. Im geschlossenen Warmbeet bei 25 bis 30° bewurzeln sie sich schnell. Am besten steckt man 3 bis 5 zusammen in ein Stecklingstöpfchen. Da man ältere Pflanzen nur selten überwintert, steckt man im August ab und überwintert die bewurzelten Stecklinge hell und warm. Die Arten für das Kalthaus bleiben auch im Winter an ihrem Platz stehen. Sie werden wie auch *C.discolor* lediglich im Spätwinter etwas ausgelichtet. Die Erde sei recht humos und durchlässig, etwa ein Gemisch aus Lauberde und Torfbrocken mit Zusatz lehmiger Rasenerde. In Einheitserde wachsen sie besonders gut. Die Kalthausarten verlangen mehr Lehm und weniger Lauberde. *C.gongylodes* und *C.njegerre* sprengen durch ihr starkes Wachstum den Rahmen eines kleinen Gewächshauses. Sie gehören in große Warmhäuser oder Victoriahäuser botanischer Gärten, sollen sie sich zu ihrer vollen Schönheit auswachsen.

3. Kletternde, sukkulente Arten

C.quadrangula L. (syn. *C.quadrangularis* hort.), eine häufig in den Steppengebieten des tropischen und Südafrikas sowie des tropischen Asiens vorkommende hochwachsende sukkulente Liane mit vierrippigen oder vierfach geflügelten, oft blattlosen Stengeln und bald abfallenden einfachen, bisweilen dreifach gelappten, bis 5 cm langen Blättern. Den grünlichen Blüten folgen rote Früchte.

Stecklinge, aus den weichen Teilen der Stengel geschnitten, wurzeln bald. Im übrigen werden sie am besten im Warmhaus in brockiger, durchlässiger, humos-lehmiger Erde gezogen. In der Heimat wachsen sie zu riesigen Lianen heran; im Gewächshaus, besonders einem kleinen, kann man sie durch Rückschnitt und Auslichten in Grenzen halten.

4. Nichtkletternde Arten mit sukkulentem Stamm

Diese kleine Gruppe sukkulenter *Cissus*-Arten wird von manchen Autoren in der Gattung *Cyphostemma* (Planch.) Alston vereinigt. Alle sind in Südwestafrika heimisch.

C.bainesii (Hook.f.) Gilg et M. Brandt, **C.crameriana** Schinz, **C.juttae** Dint. et Gilg und andere sind in Südwestafrika heimisch. Sie fallen durch den dicken sukkulenten Stamm, der in der Heimat 2 bis 4 m hoch werden kann, auf. Während des Sommers tragen sie eine Reihe großer Blätter, die im Herbst wieder vergilben und abfallen. Alle Arten sind dem Liebhaber ausgefallener sukkulenter Pflanzen sehr zu empfehlen.
Am einfachsten ist die Vermehrung durch Aussaat. Sämlingspflanzen wachsen schnell heran und bilden in 10 bis 20 Jahren bereits stattliche, bis 50 cm hohe Pflanzen, die sogar in diesem Alter schon blühen und fruchten. Abgesteckte Seitenzweige wurzeln zwar ohne Schwierigkeit, doch leidet die Schönheit alter Pflanzen, wenn man von ihnen Äste oder Zweige abschneidet. Deswegen sollte man unbedingt auf diese Art der Vermehrung verzichten. Kultur im hellen Sukkulentenhaus bei 10 bis 12°, luftig und stets in voller Sonne. Während der Ruhezeit im Winter brauchen sie gar kein Wasser, im Sommer während der Wachstumszeit wird mäßig gegossen. Sukkulente *Cissus*-Arten – es gibt außer den hier angeführten noch einige andere – sind eine besondere Zierde jeder Sukkulentensammlung, sie wachsen leicht und halten sich fast unbegrenzt. Besonders interessant sehen sie aus, wenn sich nach dem Abblühen die weinbeerenartigen Früchte ausbilden.

Parthenocissus Planch., Jungfernrebe
(griech. *parthenos* = Jungfrau, *kissos* = Efeu)

Von den 15 meist im temperierten Asien und in Nordamerika heimischen Arten ist lediglich

P.henryana (Hemsl.) Diels et Gilg für Kalthauskultur zu empfehlen. Sie stammt

Vitaceae

Cissus discolor
Cissus juttae
Tetrastigma voinierianum

aus Mittelchina und ähnelt in ihrem Habitus dem Wilden Wein unserer Gärten. Die stets fünfzähligen Blätter sind oben samtgrün und breit weißgeadert, unten in der Jugend purpurn. Um 1895 eingeführt.
Ein sehr hübscher Ranker für Kalthäuser und kühle Wintergärten zur Bekleidung von Gittern und Stützen. Einen Nachteil allerdings hat diese hübsche Art, sie verliert im Herbst ihr Laub. Für kleinere Kalthäuser kann dies aber insofern von Nutzen sein, weil im Winter kein Licht durch eine solche Berankung verlorengeht. Vermehrt wird am besten während des Sommers durch krautige Stecklinge, die, unter Glas gehalten, bald wurzeln. Die weitere Pflege erfolgt in humos-lehmiger Mischung oder in Einheitserde, ausgepflanzt oder in größeren Gefäßen. Auslichten während des Winters ist zu empfehlen.

Rhoicissus Planch.
(lat. *rhus, rhois* = Essigbaum, griech. *kissos* = Efeu)

Von dieser 12 Arten umfassenden, von Südarabien bis Südafrika verbreiteten Gattung wird nur

R. capensis (Burm. f.) Planch. aus Natal im Gewächshaus gezogen. Bei dieser Art handelt es sich um einen immergrünen Kletterstrauch, dessen junge Triebe behaart sind und der ungeteilte 15 × 18 cm große Blätter hat. 1887 in England eingeführt. Wie *Cissus antarctica* und *C. rhombifolia* gehört er ins Kalthaus und ist wie diese zu vermehren und zu pflegen.

Tetrastigma (Miq.) Planch.
(griech. *tetra* = vier, *stigma* = Narbe)

Etwa 90 Arten sind vom tropischen Südostasien bis Neuguinea verbreitet, eine Art wächst in Nordostaustralien. Alle sind Schlingsträucher oder mächtige Lianen mit meist 3- oder 5-, seltener 7zähligen Blättern. Allen gemeinsam ist die vierlappige oder vierteilige Narbe, die nur bei dieser Gattung der Familie vorkommt. Ihre Blüten stehen meist achselständig, seltener blattgegenständig in verzweigten und vielblütigen Trugdolden. Als einzige Art ist

T. voinierianum (Baltet) Pierre ex Gagnep. (*Vitis voinieriana* Baltet) aus Tongking in Kultur. Sie ist eine immergrüne Liane, die beträchtliche Länge erreichen kann. Sie hat handförmig-fünffach geteilte, oberseits glatte, unterseits braunfilzige Blätter an bis 25 cm langen Stielen. Blüten erscheinen nur an sehr alten Pflanzen. 1897 in Frankreich eingeführt.
Diese Art kann zu jeder Jahreszeit durch Stecklinge mit einem Blatt und einem Auge im geschlossenen Beet bei etwa 25° Wärme vermehrt werden. Wichtig dabei ist, daß das Auge über der Erde sitzt, da es sonst erst nach langer Zeit oder überhaupt nicht austreibt. Sie wächst gut bei Temperaturen von 10 bis 20° und hält sich auch im Zimmer und Wintergarten. Im kleineren Gewächshaus muß man sie jedoch von Jahr zu Jahr zurückschneiden, da sie sonst zu groß wird. Am prächtigsten entwickelt sie sich in großen Tropenhäusern ausgepflanzt. Sie wird fast nie von Krankheiten oder Schädlingen befallen. Das macht sie neben ihrer Schönheit, Raschwüchsigkeit und Temperaturverträglichkeit so besonders wertvoll, ebenso wie das Ertragen noch tiefen Schattens.

Winteraceae
Winterrindengewächse

Diese kleine Familie mit nur 7 Gattungen und rund 120 Arten ist den Magnoliaceen verwandt. Sie enthält Bäume und Sträucher, die sich dadurch auszeichnen, daß ihr Holz sehr primitiv gebaut ist, fehlen ihm doch die Tracheen genannten Zellen, die bei fast allen Angiospermen durch Auflösung der Zwischenwände der Wasserleitung dienen. Die Familie ist verbreitet von Indonesien über Ostaustralien und Melanesien bis Neuseeland sowie in Mittel- und Südamerika.

Drimys J. R. et G. Forst.,
Winterrinde
(griech. *drimys* = beißend, scharf)

Von den etwa 70 Arten wird nur

D. winteri J. R. et G. Forst. aus Südchile und dem angrenzenden Südargentinien bei uns gezogen. Sie lieferte früher in ihrer Rinde ein berühmtes Antiskorbutikum, das aber heute nicht mehr verwendet wird. Bei uns wächst sie mit der Zeit zu stattlichen Sträuchern heran, die besonders durch die bis 25 cm langen, unterseits silbergrauen, immergrünen Blätter auffallen. Die Blüten dagegen sind unauffällig. 1827 eingeführt. *D. winteri* ist ein prächtiger Kalthausstrauch, der bei 5 bis 10° hell und luftig überwintert werden muß, ebenso *D. lanceolata* (Poir.) Baill. mit kleineren Blättern. Im Sommer stellt man ihn ins Freie. Vermehrt wird durch Aussaat oder halbreife Stecklinge im August bis September unter Glas oder durch Ableger. Die Erde sei lehmig-humos, neutral oder leicht sauer.

Drimys winteri

Zingiberaceae
Ingwergewächse

Wegen der oft großen und eigenartig gebauten Blüten werden viele Arten im Gewächshaus wie auch in tropischen Gärten gezogen. Kelch- und Blütenblätter sind mehr oder weniger röhrenförmig verwachsen und in drei mehr oder weniger gleiche oder ungleiche Zähne aufgeteilt. Nur ein pollenführendes Staubblatt ist vorhanden, die übrigen 2 oder 4 sind zu Staminodien umgewandelt. Die große, oft bunte Lippe, der auffallendste Teil der Blüte, gehört nicht zur Krone, sondern ist vielmehr durch Verwachsung von zwei Staminodien entstanden. Der Griffel ist stets auffallend dünn und liegt in einer Rille des Staminodiums. Die Frucht ist trocken und kapselartig oder beerenartig. Alle sind ausdauernde kleine oder sehr große Kräuter mit verlängertem oder knolligem Rhizom, häufig auch verdickten Wurzeln, gestielten Blättern und endständigen Blütenständen. Die Familie umfaßt 45 Gattungen mit etwa 700 Arten, die ausschließlich in Tropen und Subtropen verbreitet sind.
Von Nutzpflanzen sind hervorzuheben *Aframomum melegueta* K. Schum. (Paradieskörnerpflanze), *Alpinia galanga* (L.) Willd., *Alpinia officinarum* Hance (Galgant), *Curcuma longa* L. (Gelbwurzel, Kurkuma), *C. zedoaria* (Christm.) Rosc. (Zitwer) u. a., *Kaempferia galanga* L., *K. rotunda* L., verschiedene Ingwer-Arten wie *Zingiber cassumunar* Roxb. (Blockzitwer), *Z. officinale* Rosc. und *Z. zerumbet* (L.) Sm. Sie alle enthalten ätherische Öle und werden vor allem als Gewürz- und Arneimittel verwendet. Im warmen Gewächshaus gedeihen sie ohne Schwierigkeit, wenn man die Winterruhe durch Trockenerhalten beachtet.

Alpinia Roxb.
(Prospero Alpino, 1553–1617, italienischer Botaniker)

Mit 250 in den Tropen der Neuen und Alten Welt vorkommenden Arten eine der größten Gattungen der Familie. Die knolligen Rhizome sind sehr aromatisch, die Stengel beblättert, die Blüten häufig sehr groß. Neben den oben als Nutzpflanzen genannten eignen sich vor allem die beiden folgenden Arten für unsere Gewächshäuser.

A. vittata Bull (*A. sanderae* hort. Sand.) von den Pazifischen Inseln wird ausgepflanzt bis meterhoch, im Topf bleibt sie schwächer. Ihre länglichen dunkelgrünen Blätter sind von breiten weißen Längsstreifen durchzogen. 1903 in England eingeführt.

Eine prächtige, leider etwas empfindliche buntblättrige Blattpflanze, die durch vorsichtige Teilung unter möglichster Schonung des Ballens vermehrt werden kann. Sie gehört in das feuchte, geschlossene Warmhaus, wo sie genauso wie die empfindlicheren bunten Marantaceen behandelt wird. Ausgepflanzt wächst sie sehr viel besser als im Topf, vor allem wohl deshalb, weil sie dabei der Gefahr des Trokkenwerdens weniger ausgesetzt ist. Trocknet nämlich der Ballen einmal aus, was bei gut durchwurzelten Pflanzen leicht geschehen kann, trocknen die Blätter sofort ein, wenn nicht gar die ganze Pflanze eingeht. Die Schwächung ist jedenfalls stets groß.

A. zerumbet (Pers.) B.L. Burtt et R.M. Sm. (*A. speciosa* (J.C. Wendl.) K. Schum., *A. nutans* hort.) aus den wärmeren Teilen Japans, von den Riukiu-Inseln und Taiwan wird heute in vielen Tropenländern als Zierpflanze gezogen. Sie blüht bei uns von März bis Mai. Der etwa 30 cm lange endständige Blütenstand hängt leicht über und ist mit vielen großen Blüten besetzt. Der große, fast glockige Kelch ist wie die Krone weiß, die bis 4 cm lange gelbe Lippe ist rot gefleckt und gestreift. Der englische Name Shellflower (Muschelblume) ist sehr treffend. Die ganze Pflanze wird unter günstigen Verhältnissen bis 3 m hoch. 1792 in England eingeführt.

Es gibt viele andere ebenfalls schön blühende *Alpinia*-Arten, die aber kaum mehr in unseren Sammlungen vertreten sein dürften, deren Einführung aber lohnen würde.

Vermehrt wird am besten durch Teilung. Aussaat ist ebenfalls möglich, doch muß der Samen ganz frisch sein. Im Winter ist die Einhaltung einer Ruhezeit durch trockene und kühle Haltung wichtig; 12 bis 14° genügen von November bis Anfang März vollkommen. Dann aber brauchen sie bis zum Herbst viel Wärme, möglichst nicht unter 20°, Luftfeuchtigkeit, Wasser, Nahrung und Sonne. Die Erde sei schwer und lehmig, mit Zusatz verrotteten Kuhdungs. In jedem Jahre kann man kräftigen Pflanzen diejenigen Triebe wegnehmen, die im Frühling geblüht hatten. Alle anderen Triebe aber müssen erhalten bleiben, dürfen also auch während der Ruhezeit nicht leiden, da sie ja im April blühen sollen.

Alles in allem eine Pflanze, die in der Kultur keine Schwierigkeiten macht, aber nur dann alljährlich ihre prächtigen Blüten bringt, wenn sie während der dunklen Jahreszeit eine entsprechende Ruhezeit durchgemacht hat.

Brachychilum (R.Br. ex Wall.) O.G. Peters
(griech. *brachys* = kurz, *cheilos* = *Lippe*)

Nur 2 Arten zierlicher, nicht über 60 cm hoch werdender, nahe mit *Hedychium* verwandter Kräuter aus Java, die weniger durch ihre armblütige Ähre auffallen als durch den aufrechten Fruchtstand, in dem die von einem auffallenden roten Samenmantel umgebenen Samen zu einer rund 5 cm hohen dreikantigen Masse verklebt sind.

In fast allen botanischen Gärten wird als einzige Art **B. horsfieldii** (R.Br. ex Wall.) O.G. Peters gezogen. 1894 in England eingeführt. Im Warmhaus ausgesät und weitergezogen blühen und fruchten Jungpflanzen bereits im zweiten Jahr. Ihre Pflege gleicht der von *Costus* (siehe unten). Einer Ruhezeit bedürfen sie nicht.

Burbidgea Hook.f.
(Frederick William Burbidge, 1847–1905, englischer Botaniker, Entdecker der Gattung)

Ihre 5 Arten wachsen auf Borneo. Sie haben kriechende Rhizome, lederige Blätter und orange- oder scharlachfarbene Blüten in 10- bis 20blütigen Trauben.

Gezogen wird lediglich **B. schizocheila** Hackett aus Borneo, 30 bis 40 cm hoch, mit oberseits grünen, unterseits braunroten Blättern und leuchtend orangeroten Blüten. Zwischen 1910 und 1920 in England eingeführt.

Diese schöne und dankbare Art ist nicht häufig, aber doch in manchen Sammlungen vertreten. Dem Besitzer eines kleinen Warmhauses ist sie besonders zu empfehlen, da sie niedrig bleibt, dadurch nicht viel Platz fortnimmt, das ganze Jahr hübsch aussieht und regelmäßig blüht. Da leicht Samen angesetzt wird, ist die Vermehrung durch Aussaat im Warmhaus am meisten zu empfehlen. Jungpflanzen blühen bereits im zweiten Jahr. Teilung ist nur bei älteren Pflanzen möglich, aber nicht zu empfehlen. Im übrigen werden *Burbidgea* genauso behandelt und unter den gleichen Verhältnissen gezogen wie Marantaceen.

Cautleya (Benth.) Royle ex Hook.f.
(Sir Proby Thomas Cautley, 1802–1871, englischer Offizier, Geologe und Paläontologe)

Von der nahe verwandten Gattung *Roscoea* unterscheidet sich *Cautleya* durch den kürzeren Fruchtknoten, die bald aufspringende Kapsel und die gelben Blüten. Bekannt sind 5 Arten im Himalaja, von denen

C. gracilis (J.J. Sm.) Dandy (*C. lutea* Royle) hin und wieder gezogen wird. Sie kommt im Himalaja in Höhen zwischen 2200 und 2600 Metern vor. Ihre im August erscheinenden gelben Blüten stehen zu 6 bis 8 in einer lockeren Ähre.

Vermehrung und Pflege wie *Roscoea*, doch ist *C. gracilis* im Gegensatz zu jener nicht winterhart und muß deshalb frostfrei überwintert werden. In Drahtkörbe gepflanzt kann man sie im Sommer ins Freie pflanzen, im Herbst mit Ballen wieder herausnehmen und unter der Stellage eines Kalthauses trocken überwintern.

Costus L.
(nach Genaust vom griech. *kostos* = würzige, pfefferähnliche Wurzel, das aus dem arab. *qust* entlehnt ist)

Diese pantropische Gattung enthält etwa 150 Arten meist ansehnlicher Kräuter mit dickem Rhizom, vielfach spiralig gedrehtem Stengel und spiralig angeordneten sitzenden oder kurzgestielten Blättern. Ihre Blütenstände sind ähren- oder zapfenförmig und sehen recht eigenartig aus. Die Blüten sind meist groß und auffallend, aber nicht lange haltbar. Nur einige der schönsten und in den Sammlungen häufigsten Arten seien hier genannt.

C. cuspidatus (Nees et Mart.) Maas (*C. igneus* N.E.Br.) stammt aus Brasilien und wird nur 30 bis 50 cm hoch. Die 16 bis 18 × 3 bis 5 cm großen Blätter sind glatt, oben dunkelgrün, unten rötlich. Die vorwiegend im Herbst und Winter, vereinzelt auch zu anderen Jahreszeiten erscheinenden Blüten sind scharlachorangerot, sehr groß, mit waagerecht ausgebreiteten Abschnitten. Sie ähneln kleinen japanischen Papierschirmchen. Eine der schönsten Arten, wegen der geringen Größe und der auffallenden Blüten dem Besitzer eines kleinen Warmhauses besonders zu empfehlen. 1884 eingeführt.

Vermehrung durch Aussaat oder Stecklinge. Kultur im Topf, im feuchten Warm-

Alpinia zerumbet

Brachychilum horsfieldii

Curcuma roscoeana

haus, vor Sonne geschützt, in brockiger Laub- oder Nadelerde oder in Einheitserde unter den gleichen Bedingungen wie Marantaceen. Ausgepflanzt werden sie kräftiger und höher als im Topf, blühen deshalb aber nicht etwa reicher.

C. lucanusianus J. Br. et K. Schum. aus Kamerun und dem Kongo wird 2 bis 3 m hoch, die blühenden Stengel aber erreichen nur eine Höhe von etwa 50 cm. Die oben graugrünen, unterseits silberweißen Blätter sind etwa 30 × 10 cm groß. Die Blüten sitzen in einer 4 bis 9 cm langen kopfigen Ähre, sind sehr groß und duften stark. Die Blütenhülle ist weiß, die Lippe karminrot mit gelben Flecken. 1892 eingeführt.

C. malortieanus H. Wendl. aus Costa Rica wird nur 1 bis 2 m hoch und ist dichtweichhaarig. Die etwa 18 × 35 cm großen Blätter sind oben samtig grün und dunkler gezeichnet, die Ähre kuglig-zapfenförmig, die Blüten rötlichgelb, die Lippe goldgelb mit bräunlichen Bändern. 1857 in Deutschland (Herrenhausen) eingeführt.

C. speciosus (J. G. Koenig) Sm. stammt aus dem indomalaiischen Gebiet, ist aber heute in vielen tropischen Ländern, auch Amerikas, verbreitet. Die am Grunde etwas verholzenden, 2 bis 3 m hoch werdenden Stengel tragen seidenhaarige 15 bis 20 × 6 bis 7 cm große, elliptische oder eiförmige Blätter. Die 7 bis 12 cm lange elliptische oder eiförmige Ähre bringt große rot, weiß und gelb gefärbte Blüten hervor. Diese Art ist sehr veränderlich. 1799 eingeführt.

Samen wird man nur selten bekommen, deshalb ist man auf die Vermehrung durch Stengelstücke von 10 bis 20 cm Länge oder durch Kopfstecklinge angewiesen, die sich im geschlossenen Warmbeet bald bewurzeln. Bei älteren Pflanzen ist auch vorsichtige Teilung möglich. Alle gedeihen am besten ausgepflanzt bei Temperaturen von 18 bis 20° in humos-lehmiger, nährstoffreicher, durchlässiger Erde, schattig und luftfeucht. Je stärker das Wachstum, desto besser erkennt man die spiralige Drehung der Stengel und desto eher hat man Aussicht auf Blütenbildung. Sie wachsen zwar auch im Topf noch recht gut, erreichen darin aber kaum die Schönheit ausgepflanzter Exemplare. Für kleinere Warmhäuser beschränke man sich auf *C. cuspidatus*.

Curcuma L., Safranwurz
(nach dem arab. *kurkum* = Safran)

Kräuter mit dickem Wurzelstock, deren Wurzeln an ihren Enden knollig angeschwollen sind, großen Blättern und zapfenförmigen Blütenständen. Sie sind in etwa 60 Arten vom tropischen Asien bis Nordaustralien verbreitet. Einige werden als Nutzpflanzen angebaut, vor allem die Gelbwurzel, *C. longa* L., deren Wurzelstock den Hauptbestandteil des Currygewürzes darstellt, außerdem den gelben Farbstoff Curcumin liefert, der früher als Indikator für Säuren und Laugen diente. Als schöne, eigenartige Zierpflanze ist

C. roscoeana Wall. zu empfehlen. Sie stammt aus Burma und blüht von August bis Oktober. Auf 30 bis 40 cm langen Stielen stehen 6 bis 8 lanzettliche bis 30 cm lange Blätter. Die etwa 20 cm lange Ähre ist dicht und regelmäßig mit lange sich haltenden orangefarbenen Deckblättern besetzt, in deren Achseln kurzlebige gelbe Blüten erscheinen. 1837 in England eingeführt.

Eine wirklich reizende kleine Topfpflanze, die jedem Warmhaus während der Blüte-

Zingiberaceae 543

Kaempferia gilbertii

Roscoea purpurea

zeit zur Zierde gereicht und allgemeine Bewunderung erweckt. Vermehrt wird ausschließlich durch vorsichtiges Teilen der Rhizome nach Abschluß der Ruhezeit Ende Februar, Anfang März. Leider ist diese Art der Vermehrung nicht sehr ausgiebig, so daß man seinen Bestand nur sehr langsam vergrößern kann. Im Spätherbst

Hedychium gardnerianum

sterben die Blätter ab und die Ruhezeit beginnt. Bis Ende Februar stellt man sie bei 18 bis 20° unter die Stellage des Warmhauses, wo sie völlig trocken gehalten werden müssen. Erst dann nimmt man sie wieder zur Hand, schüttelt die alte Erde aus, teilt vorsichtig und setzt die knolligen Rhizome in mehr breite als hohe Gefäße in Einheitserde oder eine Mischung aus Laub- und Rasenerde mit Sandzusatz. Erst wenn die neuen Triebe erscheinen, wird langsam wieder Wasser gegeben. Im Warmhaus bei 20°, hell, aber vor Sonne geschützt, bei hoher Luftfeuchtigkeit bleiben sie über die Blütezeit hinweg bis zum Herbst, also bis zum langsamen Vergilben der Blätter stehen. Bei zu trockener Luft, aber auch nur dann, werden sie von »Roter Spinne« befallen. Alle übrigen Arten sind ähnlich zu behandeln, doch haben sie als ausgesprochene Nutzpflanzen nur für botanische Sammlungen Wert.

Globba L.
(*galoba*, ein malaiischer Name)

Von dieser von Indien bis Südchina, die Philippinen und Neuguinea verbreiteten Gattung sind etwa 100 Arten bekannt. Die Blüten sind sehr eigenartig gestaltet. Die Seitenstaminodien sind sehr groß und blumenblattartig. Der Wurzelstock ist fleischig oder rübenartig und die Stengel beblättert. Die Blüten stehen in Rispen, die in den Achseln der Deckblätter häufig stecknadelkopf- bis erbsengroße Brutknöllchen tragen.

Man findet sie in den meisten botanischen Sammlungen, allerdings die gleiche Art oft unter den verschiedensten Namen! Vor allem die Brutknospen tragenden Arten mit meist gelben oder gelblichen Blüten sind zu empfehlen. Dabei ist es nicht von großer Bedeutung, um welche Art es sich handelt, weil viele Arten einander sehr ähnlich sind.

Verbreitet sind **G. atrosanguinea** Teijsm. et Binn. aus Borneo, **G. bulbifera** Roxb., im östlichen Himalaja und in Westmalakka, **G. marantina** L., heimisch auf den Molukken, Ambor und den Südseeinseln, **G. winitii** C.H. Wright aus Thailand.

Die Vermehrung durch Legen der Brutknöllchen in Töpfe bereitet keine Schwierigkeit, vorausgesetzt die Knöllchen sind nicht eingetrocknet, dann nämlich ist es

544 Zingiberaceae

Alpinia vittata

Hedychium coccineum

besser, sie gleich wegzuwerfen. Will man sie von Herbst bis zum Spätwinter aufheben, so muß man sie in feuchten Sand einschlagen oder in einen Folienbeutel tun. Alte Pflanzen kann man auch teilen. Die weitere Kultur gleicht völlig der von *Curcuma*. Der einzige Unterschied liegt darin, daß während der Ruhezeit das Substrat, in dem sie stehen, nicht ganz austrocknen darf, sondern stets mäßig feucht sein soll.

Hedychium J.G. Koenig
(griech. *hedys* = süß)

Die meisten der 50 Arten stammen aus Indonesien und China, nur je 2 sind auf den Philippinen und Madagaskar zu Hause. Alle sind stattliche Kräuter mit hohen beblätterten Stengeln, die am Ende die stattlichen, meist dichten Blütenähren tragen, denen die besonders langen Staubblätter ihre Eigenart verleihen. Nur wenige Arten erfreuen sich in unseren Gewächshäusern, aber auch in tropischen Gärten weiterer Verbreitung.

H.coccineum Buch.-Ham. aus Ostindien und Burma blüht von August bis in den Oktober hinein. Es treibt Ausläufer und wird 150 bis 200 cm hoch. Die sehr dichte Ähre ist 15 bis 25 cm lang und 3 bis 5 cm breit, die Blüten sind scharlachrot. 1815 in England eingeführt. Bei der noch stattlicheren Sorte 'Carneum' sind die Blüten fleischfarben und sehr wohlriechend.

H.coronarium J.G. Koenig, wahrscheinlich im Himalaja heimisch, heute aber in allen tropischen Ländern verbreitet, blüht im Frühjahr und wird etwa 1 m hoch. Es trägt eine dichte, 10 bis 20 cm lange Ähre, deren Blüten weiß sind und stark duften. Diese Art gehört ins Warmhaus. Eingeführt 1791.

H.gardnerianum Rosc. wächst im östlichen Himalaja, in Nepal und Sikkim. Es wird 2 bis 3 m hoch, bildet im August und September bis 45 cm lange Ähren, die dicht mit goldgelben Blüten von starkem Wohlgeruch besetzt sind. Es ist nicht nur die schönste, sondern auch die härteste Art. 1819 in England eingeführt.

Im allgemeinen wird man ältere Pflanzen teilen, aber auch Aussaat im Warmhaus führt in etwa zwei Jahren zu blühenden Pflanzen. *H.coccineum* und *H.coronarium* sind Warmhauspflanzen, *H.gardnerianum* braucht weniger Wärme. Ihre Kultur ähnelt am meisten derjenigen von *Alpinia speciosa*. Wie für diese reicht zur Überwinterung eine Temperatur von 12 bis 14°. Im Sommer kann man es an warmen und sonnigen Stellen, also auf sonnigen Balkons, Dachgärten oder auf einer geschützten Terrasse am Hause im Freien halten. Auch ohne Blüten sind es dekorative Pflanzen, mit Blüten aber gehören sie zu den schönsten Gewächsen unserer Gärten. Genausogut wie im Freien wachsen sie während des Sommers im kalten oder warmen Gewächshaus. Voraussetzungen für den Erfolg sind während des Winters Temperaturen von 12 bis 14° bei nur mäßiger Feuchtigkeit, während des Sommers volle Sonne, reichliche Bewässerung und gute Ernährung durch wöchentliche Dunggüsse mit einem Mischdünger, aber nicht länger als bis zum August.

Kaempferia L., Gewürzlilie
(Engelbert Kaempfer, 1651–1716, deutscher Arzt und Botaniker)

Etwa 70 Arten meist niedriger Kräuter mit kurzgestielten breiten Blättern und kopfförmigem viel- oder wenigblütigem Blütenstand. Die meisten Arten sind im tropischen Asien, nur wenige im tropischen Afrika zu Hause. Nutzpflanzen sind *K.galanga* L. und *K.rotunda* L. Besonders schön sind die Arten mit grau- oder weißgebänderten Blättern.

K.gilbertii Bull aus Indien ist stammlos und hat niederliegende, nach Art der bunten Funkien unserer Gärten in der Mitte und am Rande weißgebänderte Blätter. Ihre Blüten sind weiß mit violett gestreifter Lippe. 1882 eingeführt.

K.ornata N.E.Br. aus Borneo hat aufrechte, langgestielte, lanzettliche bis 18 cm lange Blätter, die oberseits samtig grün mit federartigem silbernem Mittelstreif, unterseits rot sind. Die sitzende Ähre trägt Blüten mit gelber Kronröhre und gelber, orangefarben gefleckter Lippe. 1764 eingeführt.

K.rotunda L. aus Borneo wird im ganzen indomalaiischen Gebiet häufig angebaut. Ihre Blätter erscheinen nach der Blüte, sie sind kurzgestielt, bis 25 cm lang und oberseits oft weißbunt. Die besonders beim Verwelken stark duftenden Blüten sind weiß, die geaderte Lippe ist lila. 1764 in England eingeführt.

K.vittata N.E.Br. aus Sumatra hat einen bis 20 cm hohen Stengel, 8 bis 10 × 5 cm große dunkelgrüne, dicht seidenhaarige, unten weißlichgrüne Blätter, deren Oberseite ein silbriger, federiger Streifen ziert. Die Blüten stehen zwischen weißen, rot gezeichneten Deckblättern, sind weiß mit einer weißgelben Lippe. Wurde 1881 eingeführt.

Auch andere als die hier genannten Arten sind schön. Viele blühen vor den Blättern. Leider sind ihre Blüten sehr vergänglich. Vermehrung und Pflege gleichen der von *Curcuma roscoeana*.

Roscoea Sm.
(William Roscoe, 1753–1831, englischer Richter, Gelehrter und Botaniker)

Bekannt sind etwa 15 Arten aus dem Himalaja und Yunnan. Sie alle zeichnen sich durch fleischige Wurzeln, längliche bis linealische Blätter und in terminalen Ähren stehende Blüten aus.

Sie sind bei richtiger Pflege durchaus winterhart. Nach W. Schacht sollen sie 50 cm tief gepflanzt werden. Außerdem ist im Spätherbst der Boden so abzudecken, daß kein Frost den Wurzelstock erreicht. So gezogen blühen sie in jedem Jahre sehr reich. Am härtesten ist die unscheinbare **R.alpina** Royle aus Indien, Tibet, Sikkim und Bhutan, am schönsten sind **R.cautleoides** Gagnep., Nordwestyunnan, Szetschuan, 1912 in England eingeführt, **R.humeana** Balf.f. et W.W.Sm., heimisch in Westyunnan und Szetschuan, 1911 in England eingeführt, **R.purpurea** Sm. vom Himalaja in der 1820 in England eingeführten Sorte 'Procera'.

Man kann sie auch im Winter in Töpfen im Kalthaus halten und im Sommer ins Freie stellen, doch blühen sie bei Topfkultur lange nicht so reich wie im Freien ausgepflanzt. Vermehrung durch Aussaat und Teilung, der Sorten nur durch Teilung.

Zingiber Boehm., Ingwer
(lat. Name des Ingwer)

Vom tropischen Asien bis Nordaustralien erstreckt sich das Verbreitungsgebiet der etwa 85 Ingwer-Arten. Bei den meisten Arten stehen die Blütenstände auf besonderen, etwa 25 cm hohen, mit Schuppen bedeckten Stengeln. Der Wurzelstock von **Z.officinale** Rosc. wird geschält und liefert dann den echten Ingwer. Neben ihm wird in botanischen Sammlungen das ähnliche **Z.zerumbet** (L.) Sm. gehalten, das wie der echte Ingwer wohl ursprünglich aus dem tropischen Asien stammt, heute aber in vielen Tropenländern gezogen wird. In Europa waren beide Arten bereits im 16. Jahrhundert in den Sammlungen vertreten. Letztere Art ist deshalb besonders zu empfehlen, da sie auch im Gewächshaus alljährlich ihren interessanten zapfenförmigen, fast runden, etwa 10 bis 20 cm langen Blütenstand, der auf 20 bis 30 cm langen Stielen steht, bringt. Im Warmhaus zwischen Marantaceen oder Araceen ausgepflanzt, stirbt sie im Herbst oberirdisch ab und treibt alljährlich wieder aus, ohne daß man sich um sie zu kümmern braucht. Vor allem aber bringt sie regelmäßig von Juli bis September ihre Blütenstände hervor.

Bei Topfkultur ist Vermehrung und Pflege die gleiche wie bei *Curcuma roscoeana*.

Empfehlenswerte Bücher

* = vergriffen, d.h. nur in Bibliotheken einzusehen, ab und zu aber in Antiquariaten zum Kauf angeboten

Umfangreiche, meist teure Sammelwerke

Bailey, Liberty Hyde and Ethel Zoe, Hortus Third. Revised and expanded by Staff of the Liberty Hyde Bailey Hortorium. New York 1976.
*Bailey, The Standard Cyclopedia of Horticulture. 3 Bände. New York 1928, aber danach verschiedentlich neu gedruckt.
*Bailey, Manual of Cultivated Plants. New York 1949. (Enthält nur Beschreibungen kultivierter Pflanzen, aber keine Kulturangaben.)
*Bosse, Vollständiges Handbuch der Blumengärtnerei. 2. Auflage. 3 Bände. Hannover 1840–42. Mit je 1 Nachtrag von 1849 und 1854. (Der Kulturangaben wegen auch heute noch wertvoll.)
Chittenden, The Royal Horticultural Society Dictionary of Gardening. 4 Bände und 1 Supplementband. Oxford 1951 und 1956.
Encke (Hrsg.), Pareys Blumengärtnerei, 2., neubearbeitete Auflage. 2 Bände und 1 Indexband. Berlin und Hamburg 1958–1961.
Englers Syllabus der Pflanzenfamilien, 12. Auflage. Hrsg. von H. Melchior. 2 Bände. Berlin 1954 und 1964.
Engler/Prantl, Die natürlichen Pflanzenfamilien. 1. Auflage. Leipzig 1896–1915.
Engler, Die natürlichen Pflanzenfamilien. 2. Auflage. Leipzig, ab 1940 Berlin, 1925–heute. (Erscheinen noch nicht abgeschlossen.)
Krüssmann, Handbuch der Laubgehölze. 4 Bände und Registerband. Berlin 1972–1978.
Maatsch, Pareys Illustriertes Gartenbaulexikon. 2 Bände. Berlin und Hamburg 1956.
Walters u.a., The European Garden Flora. Cambridge, London etc. 1986.
*De Wit und Paul, Knaurs Pflanzenreich in Farben. Bände I und II, Höhere Pflanzen. Zürich 1964, 1965.

Bücher über verschiedene Spezialgebiete

Baker and Oliver, Ericas in Southern Africa. Cape Town 1968. (Mit 167 farbigen Tafeln.)
Bechtel, Cribb und Launert, Orchideen-Atlas. 2. Auflage. Stuttgart 1985.
Blombery and Rodd, Palms. London, Sidney, Melbourne 1982.
Boom, Flora van Kamer- en Kasplanten (Flora der Zimmer- und Gewächshauspflanzen). Wageningen 1968.
Brünner, Terrarienpflanzen – richtig gepflegt. Stuttgart 1981.
Brünner, Wasserpflanzen. Braunschweig 1953.
Clifford, Pelargoniums. London 1958.
Cullmann, Götz und Gröner, Kakteen. 5. Auflage. Stuttgart 1984.
De Wit, Aquarienpflanzen. Stuttgart 1970.
Elbert, The Miracle Houseplants. African Violets and other Easy-to-Bloom plants in the Gesneriad Family. New York 1984.
Eliovson, Proteas for Pleasure. 5. Auflage. Johannesburg, Südafrika 1979.
Encke, Kübelpflanzen. 2. Auflage. Stuttgart 1987.
Encke, Zimmerpflanzen. 13. Auflage. Stuttgart 1987.
*Encke, Sommerblumen. Stuttgart 1962.
Encke, Buchheim, Seybold, Zander – Handwörterbuch der Pflanzennamen. 13. Auflage. Stuttgart 1984.
Fast, Orchideenkultur. 2. Auflage. Stuttgart 1981.
Feßler, Fuchsien für Haus und Garten. Stuttgart 1980.
Frank, Zwiebel und Knollengewächse. Stuttgart 1986.
Ganslmaier und Henseler, Beet- und Balkonpflanzen. Stuttgart 1980.
Genders, Bulbs. A complete Handbook of Bulbs, Corms and Tubers. London 1973.
Graf, Exotica 3, Pictorial Cyclopedia of Exotic Plants. Mit 12025 Abbildungen, davon 291 farbig. Rutherford, N.J. 1963.
Graf, Tropica. Color Cyclopedia of Exotic Plants and Trees from the Tropics and Subtropics. Rutherford, N.J. 1978.
Grunert, Das Blumenzwiebelbuch. Stuttgart 1980.
Hanselmann, Hydrokultur. Stuttgart 1981.
Heywood u.a., Blütenpflanzen der Welt. Basel, Boston, Stuttgart 1982.
Hume, Azaleas, Kinds and Culture. New York 1954.
Hume, Camellias, Kinds and Culture. New York 1955.
Kawollek, Bonsai für das Zimmer. 2. Auflage. Stuttgart 1985.
Kawollek, Sukkulenten für Zimmer und Fensterbank. Stuttgart 1985.
Köhlein, Pflanzen vermehren. 6. Auflage. Stuttgart 1983.
Lötschert, Palmen. Stuttgart 1985.
Maatsch, Cyclamen. 5. Auflage. Berlin 1971.
Maatsch u.a., Pelargonien. Berlin 1977.
Mac Currach, Palms of the World. New York 1960.
Macself, Ferns for Garden and Greenhouse. London 1952.
Manthey, Fuchsien. Stuttgart 1983.
*Moore, African Violets, Gloxinias and their relatives. A guide to the cultivated Gesnerias. New York 1957.
Oudshoorn, Farne für Haus und Garten. Stuttgart 1986.
*Pape, Krankheiten und Schädlinge der Zierpflanzen und ihre Bekämpfung. 5. Auflage. Berlin und Hamburg 1964.
Rauh, Die großartige Welt der Sukkulenten. Hamburg und Berlin 1965.
Rauh, Kakteen an ihren Standorten… Berlin 1979.
Rauh und Lehmann, Bromelien. 2. Auflage. Stuttgart 1981.
Rücker, Die Pflanzen im Haus. Stuttgart 1982.
Ruge, Angewandte Pflanzenphysiologie als Grundlage für den Gartenbau. Stuttgart 1966.
Slack, Karnivoren. Biologie und Kultur der insektenfangende Pflanzen. Stuttgart 1985.
Stahl und Umgelter, Pflanzenschutz im Zierpflanzenbau. 2. Auflage. Stuttgart 1976.
Steib u.a., Topfpflanzenkulturen. 5. Auflage. Stuttgart 1981.
Vogel, Azaleen, Eriken, Kamelien. Hamburg und Berlin 1982.
Walter, Das Kleingewächshausbuch. 2. Auflage. Stuttgart 1980.

Literatur über Aizoaceae, Begonia, Bromelien, insektivore Pflanzen, Kakteen, Orchideen und über Sukkulenten siehe am Schluß des entsprechenden Stichwortes.

Die Zeitschrift »Gartenpraxis«, im Verlag Eugen Ulmer Stuttgart erscheint monatlich und bringt u.v.a. immer wieder neue Beiträge über interessante Kalt- und Warmhauspflanzen (vorzügliche Abbildungen!).

Pflanzen-Gesellschaften

Bonsai-Club – Verein Europäischer Miniaturbaumfreunde e.V.
Deutsche Bromelien-Gesellschaft e.V.
International Camellia Society (deutsch-österreichische Sektion)
Deutsche Dendrologische Gesellschaft e.V.
Deutsche Dahlien-, Fuchsien- und Gladiolen-Gesellschaft e.V.
Gesellschaft für Fleischfressende Pflanzen e.V.
Deutsche Fuchsien-Gesellschaft e.V.
Gesellschaft der Heidefreunde e.V.
Deutsche Kakteengesellschaft e.V.
Deutsche Orchideen-Gesellschaft e.V.
Deutsche Rhododendron-Gesellschaft e.V.
Verein Deutscher Rosenfreunde e.V.
Gesellschaft der Staudenfreunde e.V.

Wer mit einer Vereinigung Kontakt aufnehmen möchte, der wende sich an die Arbeitsgemeinschaft deutscher Pflanzenliebhaber-Gesellschaften
Godesberger Allee 142–148, 5300 Bonn 2, Tel. 0228/81002-13

Bildquellen

Hans Apel, Baden-Baden: Seite 81 oben, 100 oben links, 103, 112 oben links, 123 mitte rechts, 208 oben links, 244 links, 294 unten (2), 303 links, 449, 460 links, 464 unten, 465, 467, 472 unten, 480 489, 492 rechts, 496 links, 501 oben, 506, 510 oben, 511, 519 oben links, 523 rechts, 539, 542 rechts.
Andreas Bärtels, Waake: Seite 488.
Jürgen Bosch, Leinfelden-Echterdingen: Seite 148 unten.
Thomas Carow, Nüdlingen: Seite 268, 273 oben, 277 oben.
Holger Dopp, Empfingen: Seite 172 oben, 184 oben rechts.
Erich Götz, Stuttgart-Hohenheim: Seite 112 unten, 123 unten, 148 oben, 153 mitte, 191, 192 unten rechts, 355, 534.
Gerhard Gröner, Stuttgart: Seite 152 unten, 161 oben und unten rechts, 165 oben und unten links, 169 oben, 172 unten links und rechts, 173 (2), 185 unten.
Martin Haberer, Raidwangen: Seite 161 unten links.
Klaus Hesselbarth, Kiel: Seite 55 oben.
Josef Jungbauer, Münster: Seite 84 unten, 86 unten, 223, 231 rechts, 297, 444 unten, 469 links, 519 unten.
Ewald Kleiner, Radolfzell: Seite 185 oben rechts.
Wolfgang Krahn, Stuttgart: Seite 152 mitte links.
Eberhard Morell, Frankfurt a.M.: Seite 2, 6, 7, 33 (2), 36, 37 oben, 40, 43, 44, 45, 47, (2), 48 (2), 49 rechts, 52 rechts, 55 unten, 56, 57 unten, 58, 59, 62, 63 links, 64 unten, 66, 67, 72, 76 unten, 77 (2), 79, 80, 81 mitte, 84 oben links, 86 oben, 89 (2), 91 unten, 93, 96, 97 rechts, 100 unten rechts, 104, 105, 107, 108 (2), 109 links, 112 oben rechts, 113 rechts, 116 oben links und unten, 117 links, 120 oben, 125 (2), 129, 132 oben links und unten, 133, 136 rechts, 140, 144, 149 (2), 156 (2), 157, 158, 163, 164 oben, unten links und rechts, 165 unten rechts, 168 oben rechts, 169 unten links, 171, 176 oben, 177 links, 181 oben, 185 oben links, 189 oben, 192 oben, 193 unten, 196 oben, 197 links, 204, 207, 208 unten links und oben rechts, 210 unten, 211 (2), 212 oben, 214 (2), 215, 217 oben, 219 oben, 222 (2), 225, 230 oben, 231 mitte, 234, 235, 238 rechts, 239 rechts, 241 (3), 244 rechts, 245, 248 (2), 249, 252 unten, 256 oben und mitte, 260 (2), 261, 262, 263, 269, 276 (2), 277 unten, 280, 281, 285, 295 unten, 299 (2), 302 rechts, 303 rechts, 306 (2), 318, 322, 327 unten mitte und rechts, 329 oben rechts und unten links, 336 rechts, 340 oben, 346, 347, 350, 351 oben, 359 links, 380 oben rechts, 384 unten, 412, 418 oben, 419 oben links und rechts, 423 (2), 432, 433, 436 (2), 440 unten, 444 rechts, 445, 448, 460 rechts, 462 oben, 464 unten, 468 links, 473 (2), 476 rechts, 477, 481 oben, 484 rechts, 485, 492 links, 496 rechts, 501 unten, 510 unten, 514 oben links und rechts, 515 unten, 526 links, 527, 530 unten, 531 unten links, 538 (3), 542 links.
Friedrich Nolte, Kassel: Seite 193 oben.
Werner Rauh, Heidelberg: Seite 153 oben links.
Karl Reis†, Frankfurt a.M.: Seite 31, 34, 35, 46, 50, 51, 75, 87, 90, 91 oben, 94, 95, 98, 102 oben links, 106, 111, 114, 119 (2), 122, 127, 130, 131 (2), 135, 138, 187, 190, 194, 195, 199 (2), 201, 202, 203, 205 (2), 212 unten, 213, 217 unten, 220 (2), 221, 224, 228, 229, 233, 237, 242, 243, 247, 250, 251, 254, 255, 264, 265, 275 (2), 283, 287, 293, 300, 305, 309 unten, 312 (2), 313, 320 (2), 325, 331 (2), 334 (2), 339, 342, 348, 349, 352 (2), 356, 360, 439, 442, 443 (2), 447, 451, 454, 458, 459, 462 unten, 463, 466, 470, 474, 475 (2), 478 (2), 479, 483, 490, 491 (2), 495 (3), 498, 499 (2), 503, 508, 509, 512, 517, 521, 525, 528, 529, 536, 541, 544 (2).
Karlheinz Rücker, Stuttgart: Seite 121, 196 unten, 363, 497.
Dieter Schacht, München: Seite 49 unten links, 84 oben rechts, 136 unten mitte, 197 rechts, 385 mitte.
Hans Seibold†, Hannover: Seite 52 links, 69, 70, 76 oben, 184 oben links, 514 unten rechts, 518, 531 rechts.
Sebastian Seidl, München: Seite 37 mitte und unten, 39 (2), 41, 85, 88, 97 links, 101, 102 rechts, 113 links, 116 oben rechts, 117 rechts, 120 unten, 123 oben, 124, 132 oben rechts, 136 oben links, 137, 153 unten, 188, 192 unten links, 198, 216, 218, 227, 230 unten, 238 links, 239 links, 252 oben links und mitte rechts, 253, 272, 273 unten, 284, 290, 294 oben, 302 links, 307, 309 oben, 310, 314 (2), 315, 319 unten, 326 (2), 327 oben und unten links, 329 unten rechts, 332 (2), 333, 336 links, 337, 340 unten, 341 (2), 351 unten, 354 oben, 358, 381 unten, 392, 393 oben rechts, 452, 453, 457 oben rechts und unten, 461, 469 rechts, 500, 507, 523 links, 526 rechts, 543 unten.
Walter Vöth, Mödling (Österreich): Seite 366 oben, 367, 369 unten, 373 (2), 380 unten, 384 oben, 385 oben, 388 (2), 396 unten, 397 unten, 400 rechts, 401 unten, 408 (2), 409 (2), 422 oben links und rechts, 425 oben links, 428 (2), 429 links.
World Wide Plant Pictures: Seite 53, 57 oben, 60 (2), 61, 63 rechts, 64 oben, 68 (3), 73, 81 unten, 109 rechts, 145, 160 (2), 164 oben rechts, 168 oben links und unten, 169 unten rechts, 176 unten, 177 unten, 180, 181 unten, 184 unten, 189 unten, 200 (2), 208 unten rechts, 210 oben, 219 unten, 226, 256 unten, 257, 288, 291 (2), 295 oben, 311, 319 oben, 324, 326, 329 oben links, 344 (2), 354 unten, 359 rechts, 362 (3), 377, 393 oben links und unten, 400 links, 401 oben, 404 (2), 405, 413, 422 unten, 425 oben rechts und unten, 429 rechts, 437, 440 oben, 441, 455, 456, 457 oben links, 468 links, 472 rechts, 476 links, 481 unten, 484 links, 486, 493, 504 (3), 515 oben, 519 oben rechts, 522, 530 oben, 543 oben links und rechts.
Erich Zecha, München: Seite 366 unten, 369 oben links und rechts, 372 (2), 376 (2), 380 oben links, 381 oben, 389, 396 oben, 397 oben, 416, 418 unten, 419 unten links und rechts.

Register

Deutsche Pflanzennamen

Aasblume 114
Ackerwinde 209
Affenblume 513
Affenbrotbaum 124
Agavengewächse 47
Aguacate 298
Akanthus 32
Akanthusgewächse 32
Akazie 298
Aloe, Hundertjährige 47
Alpenrose 233
Alpenveilchen 462
»Amaryllis« 77
– Blaue 79
Amaryllisgewächse 74
Amberbaum 264
Ameisenakazien 299
Ameisenbaum 341
Ameisenknolle 501
Ananas 126
Ananasgewächse 125
Anemiagewächse 469
Apfelsine 505
Araliengewächse 102
Araukariengewächse 106
Ardisie 349
Aronstabgewächse 87
Auferstehungspflanze 485
Australheide 228
Avocadobirne 298
Azaleen der Gärtner 233

Balsambirne 219
Balsamine 115
Balsaminengewächse 115
Bambus 261
Bambusgras 262
Banane 346
Bananengewächse 345
Bandbusch 460
Bandfarn 486
Bandfarngewächse 486
Banyanbaum 345
Baobab 124
Bärlappgewächse 479
Basellagewächse 117
Baum der Reisenden 346
Baumfuchsie 361
Baumheide 231
Baumwolle 328
Begonie 117
Begoniengewächse 117
Belladonnalilie 74
Bergamotte 504
Bergaralie 104
Bergheide 228
Bergheidegewächse 228
Bergpalme 442
Bignoniagewächse 123

Binsenkaktus 181
Bischofsmütze 146
Bitterorange 505
Bixagewächse 123
Blattbegonien 120
Blattkaktus 155
Blaues Lieschen 245
Blaugummibaum 352
Bleiwurz 456
Bleiwurzgewächse 456
Blockzitwer 539
Blutblume 76
Blutweiderich 325
Bobaum 343
Bogenhanf 50
Boretschgewächse 124
Borstenhirse 262
Braunwurzgewächse 509
Brautmyrte 354
Brombeere 492
Brotfruchtbaum 340
Bubiköpfchen 532
Buddleiagewächse 141
Bukkostrauch 503
Buschmannskerze 246
Butterbaum 212
Byblisgewächse 269

Cashew nut 81
Cephalotusgewächse 270
Chincherinchee 318
Chloranthusgewächse 192
Christusdorn 236
Clivie 74
Commelinengewächse 194
»Croton« der Gärtner 236
Cryptogrammegewächse 474
Cunoniagewächse 220

Daphniphyllumgewächse 224
Dattelpalme 445
Davalliagewächse 475
Dennstaedtiagewächse 476
Dickblatt 212
Dickblattgewächse 211
Dickfuß 86
Didiereagewächse 225
Dilleniagewächse 225
Dipladenie 84
Dracaene 48
Drachenbaum 48
Drachenblatt 228
Drehfrucht 259
Duftveilchen 535
Durianbaum 124

Efeu 102
Efeuaralie 103
Eibisch 328
Eidechsenwurz 99
Eisenholzbaum 354
Elefantenfuß 226
Elefantenohr 76
Elefantenohrfarn 476
Engelstrompete 519
Enziangewächse 244
Erdbeerbaum 230
Erdmandel 223
Erdnuß 303
Essigbaum 539
Eugenie 352

Farne 466
Faserbanane, Japanische 346
Feigenbaum 342, 344
Feigenkaktus 175
Felsenkaktus 148
Fensterblatt 97
Fetthenne 217
Fettkraut 279
Feuerkolben 92
Fiederaralie 104
Fingeraralie 103
Fingerhut 509
Fischschwanzpalme 442
Flamboyant 302
Flamingoblume, Große 90
– Kleine 90
Flammendes Käthchen 215
Flaschenbaum, Australischer 523
Flaschenkürbis 219
Flaschenputzer 350
Fleißiges Lieschen 328
Fliederfuchsie 361
Fliegenblume 112
Flügelblatt 507
Frangipani 86
Frauenhaarfarn 468
Frauenhaarfarngewächse 468
Frauenhaar 224
Frauenschuh 414
Freesien 292
Fuchsie 361
Fuchsschwanzgewächse 73
Fünferling 514

Galgant 539
Gamander 296
Gänsedistel 203
Gardenie 496
Garten-Cinerarien 206
Gartenstiefmütterchen 536
Gauklerblume 513

Geigenfeige 343
Geißblattgewächse 190
Geißklee 306
Gelbwurzel 539
Gesneriengewächse 248
Geweihfarn 482
Gewürzlilie 544
Gewürznelkenbaum 350, 355
Giftschön 82
Ginseng 102
Gladiole 292
Glanzstrauch 527
Glockenblume 187
Glockenblumengewächse 187
Glockenheide 231
Glockenrebe 457
Glücksbaum 523
Glücksklee 441
Goldfarne 477
Goldfruchtpalme 443
Goldorange 209
Granatapfelbaum 489
Granatapfelgewächse 489
Grapefruit 505
Gräser 261
Greisenhaupt 147
Guava, Chilenische 350
Guayaven 350
Gummibaum 343
Guttibaumgewächse 263

Haemodoragewächse 263
Hakenlilie 74
Hammerstrauch 517
Hanf 340
Hanfpalme 446
Harfenstrauch 295
Hartriegelgewächse 209
Hautfarne 478
Heidekrautgewächse 229
Heidelbeere 235
Helmkraut 296
Hemionitisgewächse 477
»Henne und Küken« 509
Himbeere 492
Honigbaumgewächse 339
Honigstrauch 339
Hopfen 340
Hornfarn 480
Hornklee 308
Hornveilchen 536
Hülsenfrüchtler 298
Hundsgiftgewächse 82
Hundszahn 308
Hyazinthe 308
Hypolepisgewächse 478
Hypoxisgewächse 264

Igelkaktus 151
Ingwer 545
Ingwergewächse 539
Insektivoren 266

Jakobslilie 79
Jambolanpflaume 355
Jambuse 350
Jasmin 359
Johannisbeere 507
Johannisbrotbaum 302
Judenbart 509
Jungfernrebe 537

Kaffeestrauch 494
Kakaobaum 524
Kakteen 141
Kaladie 92
Kalmus 88
Kamelie 525
Kanarenglocke 187
Känguruhbaum 191
Känguruhblume 263
Känguruhklimme 536
Kannenpflanze, westaustralische 270
Kannenstrauch 283
Kannenstrauchgewächse 283
Kanonierblume 532
Kaperngewächse 190
Kapernstrauch 190
Kapmyrte 490
Kapuzinerkresse 530
Kapuzinerkressegewächse 530
Karakabaum 210
Karakabaumgewächse 210
Kassie 301
Kasuarine 191
Katzenschwanz 236
Kentiapalme 444
Kermesbeerengewächse 452
Keulenbaumgewächse 191
Kirschmyrte 352
Klauenfarn 474
Klebsame 455
Klebsamengewächse 454
Kletterfarn 479
Kletterfarngewächse 479
Klimme 536
Knoblauch 308
Knöterichgewächse 458
Köcherblümchen 325
Kokospalme 443
Kolabaum 522
Kolbenhirse 262
Koloquinte 219
Königin der Nacht 182
Korallenbäumchen 522

Korallenbeere 502
Korallenkaktus 181
Korallenraute 503
Korallenstrauch 307, 521
Korbblütler 199
Krappgewächse 494
Kreuzblume 458
Kreuzblumengewächse 458
Kreuzdorn 490
Kreuzdorngewächse 489
Kreuzkraut 202, 206, 208
Kürbisgewächse 219
Kurkuma 539

Lampionpflanze 516
Laternenpflanze 516
Lauch 308
Laurustinus 191
Lebender Granit 53
Lebende Steine 53, 59
Lederfarn 469
Lederholz 527
Leeagewächse 298
Leingewächse 324
Leuchterblume 108
Liebesröschen 461
Lilie 308
Liliengewächse 308
Lindengewächse 529
Lippenblütler 293
Lobelie 189
Loganiengewächse 324
Lomariopsisgewächse 479
Loquate 490
Lorbeer 297
– Alexandrinischer 319
Lorbeergewächse 297
Losbaum 533
Lotosblume, Amerikanische 357
– Indische 358
Louisiana-Moos 137
Löwenmäulchen 509
Löwenohr 295
Lowiagewächse 325

Maiglöckchen 308
Malabarspinat 117
Malpighiengewächse 326
Malvengewächse 327
Mandarine 505
Mango 81
Mangrovefarn 467
Mangrovefarngewächse 467
Manilahanfbanane 346
Maniokstrauch 236
Marantengewächse 330
Marumi-Kumquat 505
Mauerpfeffer 217
Maulbeerbaum 340
Maulbeerbaumgewächse 340
Maurandie 509
Mäusedorn 319
Meertraube 458
Meerzwiebel 318
– Echte 323
Melastomagewächse 333

Milchbusch 243
Milchstern 318
Mispel, Japanische 490
Mistel-Feigenbaum 343
Mittagsblumengewächse 53
Mombipflaume 81
Montbretie 292
Mooskraut 483
Mooskrautgewächse 483
Mottenkönig 295
Myoporumgewächse 348
Myrsinegewächse 349
Myrte 354
Myrtengewächse 350
Myrtenheide 353

Nachtkerzengewächse 361
Nachtschatten 521
Nachtschattengewächse 516
Natternkopf 124
Nelkenpfefferpflanze 350
Nephrolepisgewächse 480
Nesselgewächse 531
Nestfarn 471
Neuseeländer Flachs 318
Nikanpalme 446

Ochnagewächse 359
Ölbaum 360
Ölbaumgewächse 359
Oleander 85
Oleandragewächse 480
Ölfruchtgewächse 227
Olivenbaum 360
Ölweide 227
Ölweidengewächse 227
Orange 505
Orangenbeere 454
Orangenblume 504
Orangenraute 506
Orchideengewächse 363
Ordensstern 114
Orleansbaum 123
Osagedorn 340
Osterluzeigewächse 107

Palmen 441
Palmengras 262
Palmfarngewächse 221
Palmlilie 51
Pampelmuse 504
Panamapalme 222
Pantoffelblume 510
Papiermaulbeerbaum 340
Papyrusstaude 224
Paradieskörnerpflanze 539
Paradiesvogelblume 346
Parkeriagewächse 480
Passionsblume 448
Passionsblumengewächse 448
Peitschenkaktus 145
Pelargonie 246
Pelzsame 203
Peperomie 452
Pepulbaum 343
Petunie 516
»peyote« 165

»peyotl« 165
Pfeffer, Grüner 516
Pfeffer, Schwarzer 453
Pfeffer, Weißer 453
Pfeffergewächse 452
Pfeifenblume 107
Pfeilwurz 330
Phyllokakteen 155
Piggy-back-plant 509
Pisang 346
Pistakinuß 81
Pistakistrauch 81
Pomeranze 505
Pontederiagewächse 460
Portulak 461
Portulakgewächse 461
Prärieenzian 244
Preiselbeere 235
Primelgewächse 462
Proteusgewächse 463
Purgiernuß 242
Purpurkranz 535

Rautengewächse 503
Regenbogenpflanze 269
Reis 261
Riedgräser 223
Riemenblume 264
Riesenorange 504
Rippenfarn 472
Rippenfarngewächse 472
Ritterstern 77
Rosenapfel 350, 355
Rosenapfelbaum 225
Roseneibisch, Chinesischer 328
Rosengeranium 246
Rosengewächse 490
Rosmarin 296
– Australischer 297
Rotangpalme 442
Rotkelchbaum 505
Ruhmesblume 304, 320
Rutenkaktus 181
Rutenweiderich 325

Safranwurz 542
Saguaro 147
Salbei 296
Sanddorn 227
Saudistel 203
Sauerdorngewächse 122
Sauergräser 223
Sauerklee 440
Sauerkleegewächse 440
Sauerzitrone 504
Säulenkakteen 143
Saumfarn 467
Scharlachfuchsie 361
Scheibenblumengewächse 222
Scheinbeere 232
Scheineller 193
Scheinellergewächse 193
Scheinmalve 328
Scheinrebe 536
Scheinschwertel 293

Schieftenteller 248
Schildfarn 470
Schildfarngewächse 469
Schlangenbart 317
Schlangenkaktus 145
Schlangenstapelie 113
Schlauchpflanze 289
Schlauchpflanzengewächse 289
Schmetterlingsorchidee 426
Schneckenfaden 194
Schnee am Berg 236
Schneeball 190
Schneebusch 236
Schneeheide 231
Schnurbaum 308
Schopflilie 320
Schraubenbaum 447
Schraubenbaumgewächse 447
Schusterpalme 314
Schwarzholzakazie 300
Schwertliliengewächse 292
Schwiegermutterstuhl 151
Schwimmfarn 471
Seeigelkaktus 154
Seerose 357
Segge 223
Seide 221
Seidelbast 527
Seidelbastgewächse 527
Seidengewächse 221
Seidenpflanze 108
Seidenpflanzengewächse 107
Seifenbaum 507
Seifenbaumgewächse 507
Shavin'-brush-tree 124
Silberbaum 464
Silberfarne 477
Silberwinde 209
Simse 224
Singrün 82
Sinnpflanze 300
Sinopterisgewächse 486
Sommerwurz 439
Sommerwurzgewächse 439
Sonnentau 272
Sonnentaugewächse 270
Spargel 313
Speerfarn 486
Sperrkrautgewächse 456
Springkraut 115
Stachelbeere 507
St. Augustine-Gras 262
Stechapfel 518
Steckenpalme 446
Steinapfel 491
Steinbrech 509
– Hängender 509
Steinbrechgewächse 507
Sterkuliengewächse 522
Sternjasmin 87
Storchschnabelgewächse 245
Strahlenfarn 467
Strahlenfarngewächse 467
Strauchlein 324
Strauchportulak 462

Strauchveronika 511
Streifenfarn 472
Streifenfarngewächse 472
Stundeneibisch 328
Sumachgewächse 81
Sumpfeibisch 328
Sumpfkrug 289
Surinamkirsche 350

Tabak 516
Taccagewächse 525
Taro 93
Taubenorchis 420
Taublatt 279
Taupflanze 287
Taupflanzengewächse 287
Teakbaum 533
Teegewächse 525
Teestrauch 525
Telegraphenpflanze 306
Terebinthengewächse 81
Terpentin-Pistazie 81
Teufelskopf 304
Teufelszwirn 221
Theophrastagewächse 527
Thousand-Mothers 509
Tigerrachen 57
Tigridie 292
Torfmyrte 232
Tuberose 50
Tulpen 308
Tungölbaum 235
Tüpfelfarn 483
Tüpfelfarngewächse 481
Turneragewächse 531

Urnenpflanze 109
Usambaraveilchen 259

Veilchen 535
Veilchengewächse 535
Veilchenstrauch 520
Venusfliegenfalle 271
Venusschuh 414
Verbenengewächse 533
Vogelhirse 262
Vogelnestkaktus 166

Wachsbaum 83
Wachsblume 110
Wachskürbis 219
Wandelröschen 534
Wasserdost 204
Wasserfalle 270
Wasserhyazinthe 460
Wassersalat 98
Wasserschlauchgewächse 279, 282
Weiderichgewächse 325
Weihnachtskaktus 182
Weihnachtsstern 236
Weinrebe 536
Weinrebengewächse 536
Wein, Wilder 536
Winde 209
Windengewächse 209
Winterrinde 539

Winterrindengewächse 539
Wolfsmilch 239
Wolfsmilchgewächse 235
Wollbaumgewächse 124
Wollmispel 490
Wunderbaum 235
Wunderblume 356
Wunderblumengewächse 356
Wunderstrauch 236
Wüstenrose 82

Yamsgewächse 226
Yamswurzel 226
Youth-on-age 509

Zaubernußgewächse 264
Zeiland 194
Zeilandgewächse 194
Zephirblume 81
Ziertabak 516
Zigarettenblümchen 325
Zimmeraralie 103
Zimmercalla 101
Zimmerhafer 132
Zimmerlinde 529
Zimmertanne 106
Zistrose 193
Zistrosengewächse 193
Zitronatzitrone 505
Zitrone 504
– Süße 504
Zitronenblatt 533
Zitwer 539
Zuckerrohr 261
Zungenfarn 476
Zungenfarngewächse 476
Zwergbanane 346
Zwergpalme 443
Zwergpfeffer 452
Zwiebel 308
Zylinderputzer 350
Zypergras 223
Zypresse 220
Zypressengewächse 220

Wissenschaftliche Pflanzennamen

Synonyme sind in gerader Schrift gesetzt. Die Betonungszeichen, auf die im Text verzichtet wurde, sollen zur richtigen Aussprache der Namen beitragen. Seitenzahlen mit Sternchen* verweisen auf Abbildungen.

Abélia floribúnda 190, 192*
Abróma augústum 523
Abromeitiélla brevifólia 125
– *chlorántha* 125
– *lorentziána* 125
Abrónia 356
Abutilon darwinii 327
– Hybriden 327*, 328
– *megapotámicum* 327*
– *píctum* 328
– *striátum* 328
– *vexillárium* 327
Acácia aculeatíssima 300
– *aláta* 300
– *armáta* 299*
– *baileyána* 299
– *cornígera* 299
– *cubénsis* 299
– *cultrifórmis* 300
– *dealbáta* 299
– *decúrrens* 299
– *drummóndii* 299
– *farnesiána* 299
– *juniperína* 299
– *longifólia* 299*, 300
– *melanóxylon* 300
– *podalyriifólia* 300
– *pulchélla* 299
– *pycnántha* 300
– *retinódes* 300
– *riceána* 300
– *salígna* 300
– *spadicigera* 299
– *sphaerocéphala* 299
– *suavéolens* 300
– *veracruzénsis* 299
– *verticilláta* 300
Acalýpha hispaniolae 2*
– *híspida* 235*, 236
– *integrifólia* 236
– – var. *coloráta* 236
– *péndula* 236
– *réptans* 236
– *sánderi* 236
– *wilkesiána* 236
– Wilkesiana-Hybriden 236
Acantháceae 32

Acanthocalýcium aurantiacum 145
– *klimpeliánum* 145
– *violáceum* 145
Acantholímon 456
Acanthorhípsalis monacántha 145
– – var. *samaipatána* 145
Acánthus dioscórídis var. *perríngii* 32
– *ilicifólius* 32
– *móllis* 32
– *montánus* 32, 33*
– *spinósus* 32
Achímenes cándida 248
– *coccínea* 248
– *erécta* 248
– *glabráta* 248
– *grandiflóra* 249
– Hybriden 249*
– *longiflóra* 249
– *pátens* 249
Acinéta chrysántha 366*
– *dénsa* 366
Acokanthéra oblongifólia 82
– *oppositifólia* 82
– *spectábilis* 82
– *venenáta* 82
Ácorus cálamus 88
– *gramíneus* 88
– – var. *pusíllus* 88
Ácrodon bellidiflórus 54
Acrostichaceae 467
Acróstichum aureum 467
Actiniopteridáceae 467
Actiniópteris austrális 467, 468*
– *radiáta* 467
Áda aurantíaca 366*
Adansónia digitáta 124
Adenándra frágrans 503
Adénia pechuéllii 448
Adénium obésum 82, 84*
– – ssp. *multiflórum* 82
Adiantáceae 468

Adiántum capillus-véneris 468
– *caudátum* 468
– *concínnum* 468
– *cuneátum* 468
– *diáphanum* 468
– *edgewórthii* 468
– *formósum* 468
– *fúlvum* 468
– *hispídulum* 468
– *lunulátum* 468
– *macrophýllum* 468
– *pedátum* 468
– *philippénse* 468
– *platyphýllum* 468
– *polyphýllum* 468
– *pulverulénum* 468
– *raddiánum* 468
– *renifórme* 468, 469*
– *ténerum* 468
– – 'Scutum Roseum' 468*
– *tetraphýllum* 468
– *trapezifórme* 468
– *williamsii* 468
Adromíschus clavifólius 211
– *cooperi* 211
– *cristátus* 211
– *festívus* 211
– *hemisphaéricus* 211
– *maculátus* 211
– *mammilláris* 211
– *mariánae* 211
– *poellnitziánus* 211*
– *rhombifólius* 211
– – var. *sphenophýllus* 211
– *rotundifólius* 211
– *trígynus* 211
Aechméa bracteáta 131
– *bromeliifólia* 131
– *calyculáta* 130
– *chantínii* 129, 131*
– *coeléstis* 130
– *distichántha* 131
– *fasciáta* 129, 130*
– *filicaulis* 130
– *fosteriána* 130
– *fúlgens* 130
– – var. *díscolor* 130
– *lindénii* 130
– *lueddemanniána* 130
– *mariae-regínae* 131
– *miniáta* 130
– – var. *díscolor* 130
– *nudicaulis* 130

Aechméa orlandiána 130
– *pineliána* 131
– *racínae* 130
– *recurváta* 131
– *sérvitensis* 132
– – var. *éxqua* 132*
– *tillandsioídes* 130
– *weilbáchii* 131
– – var. *leodiénsis* 131
Aeginétia índica 439*
Aeollánthus répens 293
Aeónium arbóreum 212*
– *balsamíferum* 212
– *caespitósum* 211
– *canariénse* 212
– *cuneátum* 212
– *glutinósum* 212
– *goochiae* 211
– *holochrýsum* 212
– *lindléyi* 211
– *manriqueórum* 212
– *nóbile* 212
– *sedifólium* 211
– *símsii* 211
– *spathulátum* 211
– *tabulifórme* 211*, 212
– *tortuósum* 211
– *undulátum* 212
Aérides fieldíngii 367
– *multiflórum* 367
– *odorátum* 367
Aérva
– *sanguinolénta* 73
– *scándens* 73
– – 'Sanguinea' 73
Aeschynánthus boscheánus 254
– *grandiflórus* 254
– *marmorátus* 254
– *parasíticus* 254
– *púlcher* 254
– *radicans* 254
– *speciósus* 254*
– × *spléndidus* 254
– *trícolor* 254, 256*
Aframómum meleguéta 539
Agapánthus africánus 311*
– *praécox* 311
– – ssp. *mínimus* 311
– – ssp. *orientális* 311
– – ssp. *praécox* 311
Agapétes buxifólia 229, 230*
– *rugósa* 230
– *sérpens* 229*

Agathaéa caeléstis 206
Agathósma imbricáta 503
Agaváceae 47
Agáve americána 47*
– *attenuáta* 47*
– *cántula* 47
– *cérnua* 47
– *filífera* 47, 48*
– *fourcróydes* 47
– *parrasána* 47
– *párryi* 47
– *salmiána* 47
– *schidígera* 47
– *sisaléna* 47
– *victóriae-regínae* 47
Agaváceae 47
Aglaomórpha corónans 481
– *heracléum* 481
– *meyeniána* 481
Aglaonéma commutátum 88
– – 'Fransher' 88*
– – 'Pseudobracteatum' 88
– – 'Treubii' 88
– – 'Tricolor' 88
– *costátum* 88
– *críspum* 88
– *marantifólium* var. *tricolor* 88
– *nítidum* 88
– *píctum* 88
– *roebelínii* 88
– *treubii* 88
Agónis 350
Aizoáceae 53
Akérsia roseiflóra 147
Albízia
– *distáchya* 300
– *lophántha* 300*
Aldrovánda vesiculósa 270
Aleurítes 235
Allamánda cathártica 83, 84*
– – 'Grandiflora' 83
– – 'Hendersonii' 83
– – 'Nobilis' 83
– – 'Schottii' 83
– – 'Williamsii' 83
– *grandiflóra* 83
– *hendersónii* 83
– *neriifólia* 83
– *nóbilis* 83
– *schóttii* 83
– *violácea* 83

Alloplectus capitátus 254, 256*
- *schlímii* 254
- *vittátus* 254
Alluaúdia ascéndens 225
- *comósa* 225
- *dumósa* 225
- *humbértii* 225
- *procéra* 225
Alluaudiópsis 225
Áloë africána 308
- *albiflóra* 309
- *arboréscens* 309, 310*
- *aristáta* 309
- *barbadénsis* 309
- *bellátula* 309
- *brevifólia* 309
- *ciliáris* 309
- *descoinýsii* 309
- *dístans* 309
- *férox* 309
- *glaúca* 309*
- *grandidentáta* 309
- *húmilis* 309
- *longistýla* 309
- *marlóthii* 309
- *mitrifórmis* 309
- *párvula* 309
- *pérryi* 308
- *plicátilis* 309
- *saponária* 309
- *striáta* 309
- *succotrína* 309
- *variegáta* 309
- *véra* 309
- *vírens* 309
- *vulgáris* 309
Alocásia cúprea 89
- indica 88
- *korthálsii* 87*, 89
- *lówii* 89
- *macrorrhíza* 88
- *metállica* 89
- *micholitziána* 89
- *sanderiána* 89
- *zebrína* 89
Aloinópsis loddewýkii 54
- *luckhóffii* 54
- *schooneésii* 54
Alónsoa 509
Aloýsia triphýlla 533
Alpínia galánga 539
- *nútans* 540
- *officinárum* 539
- *sánderae* 539, 544*
- *speciósa* 540
- *vittáta* 539
- *zerúmbet* 540, 541*
Alsóbia dianthiflóra 258
Alsómitra sarcophýlla 219
Alsóphila
- *austrális* 475
- *cooperi* 475
- *tricolor* 475
Altamiránoa 218
Alternanthéra ficoídea 73
Amaranthaceae 73
Amaryllidáceae 74

Amaryllis bélla-dónna 74
- - 'Parkeri Alba' 73*
- *procéra* 79
Amasónia calýcina 533
Ambúlia 513
Amícia zygómeris 302
Amorphophállus búlbifer 89*
- *riviéri* 89
- *titánum* 89*
Ampelópsis brevipedunculáta 536
- - var. *maximowíczii* 536
- *orientális* 536
Anacámpseros albíssima 461
- *alstónii* 461
- *arachnoídes* 461
- *australieána* 461
- *densifólia* 461
- *dínteri* 461
- *filamentósa* 461
- *herreána* 461
- *lanceoláta* 461
- *papyrácea* 461
- *quinária* 461
- *ruféscens* 461
- *telephiástrum* 461
- *tomentósa* 461
- *ustuláta* 461
Anacardiáceae 81
Anacárdium occidentále 81
Ánanas bracteátus 126
- *comósus* 125*, 126
- *nánus* 126
- *satívus* 126
Ancistrocáctus crassihamátus 145
- *scheérii* 145
- *uncinátus* 145
Anémia mandiocána 469
- *phyllítidis* 469
- *rotundifólia* 469
- *tomentósa* 469
Anemiáceae 469
Angiopteridáceae 466
Angraécum distichum 367*
- *ebúrneum* 367
- *infundibuláre* 367
- *sesquipedále* 368
- *supérbum* 367
Angulóa clowésii 368, 369*
- *uniflóra* 368
× *Angulocáste* 368, 403
Anigozánthos
- *coccíneus* 263
- *flávidus* 263
- *manglésii* 263
- *pulchérrimus* 263
Anisodóntea capénsis 328, 329*
Anrédera cordifólia 117
Anséllia africána 368
- *gigantéa* 368
Anthúrium
- Andreanum-Hybriden 90*
- *bákeri* 91
- *bogoténse* 91

Anthúrium crassinérvium 91
- *crystállinum* 91*
- × cultórum 90
- *digitátum* 91
- *ellípticum* 91
- *erythrocárpum* 91
- *físsum* 91
- *forgétii* 91
- × *hortulánum* 90
- *insígne* 91
- *kalbréyeri* 91
- *leuconeúrum* 91
- *pedatoradiátum* 91
- *rádicans* 91
- *regále* 91
- *scándens* 91
- Scherzerianum-Hybriden 90
- *signátum* 91
- *veítchii* 91
- *warocqueánum* 91
- *wendlíngeri* 91
Anthýllis bárba-jóvis 308
- *hermánniae* 308
Anúbias bárteri var. *glábra* 92
- *lanceoláta* 92
- *nána* 92
Aphelándra aurantíaca 32
- - var. *nítens* 33
- *bahiénsis* 34
- *blanchetiána* 33
- *chamissoniána* 33
- *fláva* 33, 35*
- fuscopunctata 33
- *liboniána* 33
- *maculáta* 33
- *nítens* 33
- *sinclairiána* 33*
- *squarrósa* 32, 34*
- - var. *leopóldii* 32
- - var. *louísae* 32
- *tetragóna* 34
Apocynáceae 82
Aporocáctus flagellifórmis 145
- × Heliáporus smíthii 144*
Apténia cordifólia 67
Aráceae 88
Árachis hypogaéa 303*
Arachnánthe lówii 369
Arachnióides adiantifórmis 469
Árachnis lówii 369*
- *flos-aéris* 369
Arália elegantíssima 103
- *reticuláta* 104
Araliáceae 102
Araucária angustifólia 106
- *araucána* 106
- *bidwíllii* 106
- *cunninghámii* 106
- *excélsa* 106
- *heterophýlla* 106*
Araucariáceae 106
Araújia sericífera 107

Árbutus andráchne 230
- *únedo* 230*
Archontophoénix 446
Ardísia crenáta 349*
- *malouiána* 349
Aréca lutéscens 443
Arecáceae 441
Arénga 446
Argyreía 209
Argyrodérma delaétii 54
Ariocárpus agavoídes 146
- *fissurátus* 146
- *furfuráceus* 146
- *kotschoubeyánus* 146
- *retúsus* 146
- *trigónus* 146
Arisaéma candidíssimum 92
- *consanguíneum* 92
- *dracóntium* 92
- *fargésii* 92
- *griffíthii* 92
- *ríngens* 92
- *serrátum* 91*
- *triphýllum* 92
Aristolóchia brasiliénsis 107
- - var. *macrophýlla* 107
- *clematítis* 107
- *élegans* 107
- *grandiflóra* 107
- *littorális* 107*
- *tricaudáta* 107
Aristolochiáceae 107
Armería 456
Arthrocéreus microsphaéricus 146
Arthropódium cándidum 312
- *cirrhátum* 312
Artocárpus áltilis 340
- *commúnis* 340
- *heterophýllus* 340
- *incísus* 340
Arundinária
- *fortúnei* 261
- *variegáta* 261
- *viridistriáta* 261
Asarína barcleiána 509
- *purpúsii* 510
- *scándens* 510
Asclepiadáceae 107
Asclépias curassávica 108*
- *incarnáta* 108
- *speciósa* 108
- *syríaca* 108
- *tuberósa* 108
× *Ascocénda* 370, 437
Ascocéntrum ampulláceum 370
- *curvifólium* 369*, 370
- Hybriden 370
- *miniátum* 370
Aspáragus álbus 313
- *asparagoídes* 313
- *críspus* 313
- *defléxus* 313
- *densiflórus* 313
- *madagascariénsis* 313
- *plumósus* 313
- *scándens* 313

Aspáragus setáceus 313
- *sprengeri* 313
Aspidístra elátior 313*, 314*
Aspidiáceae 469
Aspleniáceae 471
Asplénium adiántum-nigrum 471
- *belángeri* 471
- *bulbíferum* 471
- *daucifólium* 471
- *decórum* 471
- *dimórphum* 471
- *nídus* 471, 473*
- - var. *australásicum* 471
- *rúta-murária* 471
- *rutifólium* 471
- *septentrionále* 471
- *trichómanes* 471
- *víride* 471
- *vivíparum* 471
Astélia bánksii 314
Asteráceae 206
Asteránthera 261
Asteríscus marítimus 206
- *pygmaéus* 206
- *seríceus* 206
Astílbe 507
Astróloba 311
Astróphytum astérias 145*, 146
- *capricórne* 146
- *myriostígma* 146
- *ornátum* 146
Asystásia bélla 41
Athanásia crithmifólia 199
Aúliza ciliáris 370
- *claváta* 370
- *oerstédii* 370
- *parkinsoniána* 370
- *stamfordiána* 370
Aucúba japónica 209, 210*
Austrocylindropúntia clavarioídes 175
- *subuláta* 176
Aylóstera deminúta 179
- *fiebrígii* 179
- *kupperiána* 179
- *múscula* 179
- *pseudodeminúta* 179
- *spinosíssima* 180
Avicénnia 533
Azólla filiculoídes 471
Azolláceae 471
Azorína vidálii 187
Aztékium rítteri 147
Azureocéreus hertlingiánus 147

Babiána 292
Báccharis genestilloídes 199*
Bácopa
- *amplexicaúlis* 510
- *caroliniána* 510
- *monniéri* 510
Baéckea 350
Balsamináceae 115

Bánksia 463
– *média* 464*
Barkéria lindleyána 371
– *skínneri* 371, 372*
– *spectábilis* 371
Barléria cristáta 34
– *lancifólia* 34
– *lupulína* 34
– *obtúsa* 34
– *prionítis* 34
– *strigósa* 34
Barnadésia rósea 200
Barósma foetidíssima 503
– *lanceoláta* 503
Baséla álba 117*
– *rúbra* 117
Baselláceae 117
Batemánnia búrtii 399
– *meleágris* 399
Bauhínia acumináta 301
– *racemósa* 301
– *tomentósa* 301, 302*
Beaucárnea recurváta 52
Beaufórtia 350
Begónia
– *ácida* 120
– *albopícta* 118
– *anguláris* 118
– *cathayána* 118
– *coccínea* 118
– – Corallina-Hybriden 118
– × *crédneri* 118
– *crispula* 119
– *daedálea* 120
– *dichótoma* 118
– *drégei* 118, 121
– × *erythrophýlla* 119
– *evansiána* 121
– × *feástii* 119
– *foliósa* 120
– – var. *miniáta* 118
– *fruticósa* 118
– *fuchsioides* 118
– × *fuscomaculáta* 120
– *glaucophýlla* 121
– *goegoénsis* 119
– *grándis* 121
– – var. *evansiána* 121
– × *heracleicótyle* 120
– *heracleifólia* 118, 119
– – var. *longipila* 119
– – var. *nígricans* 119
– × *herimpéria* 120
– *híspida* 118
– – var. *cucullífera* 118, 119*
– *incána* 118
– *incarnáta* 118
– *limmingheána* 121
– *limínghii* 121
– *lindleyána* 119
– – Lorrainbegonien-Hybriden 121
– *lubbérsii* 118
– 'Lucerna' 118
– *luxúrians* 118, 119*
– *imperiális* 119
– *maculáta* 118

Begónia manicáta 118, 119
– *masoniána* 119, 120*
– *metáchroa* 120
– *metállica* 118
– *mexicána* 120
– Mexicross-Hybriden 121*
– *nelumbifólia* 120
– *ólbia* 120
– *pauléensis* 120
– *peltáta* 118
– *peponifólia* 120
– × *phyllomaniaca* 118
– *platanifólia* 118
– × *pseudophyllomaniaca* 118
– *rájah* 120
– × *reichenheímii* 120
– Rex-Hybriden 117*, 120
– × *ricinifólia* 120
– *sanguínea* 118
– *scharffiána* 118
– *schmidtiána* 118
– *serratipétala* 118
– *socotrána* 121
– *stipulácea* 118
– *strigillósa* 120
– *subácida* 120
– *sutherlándii* 118
– *unduláta* 118
– *venósa* 118
– *vitifólia* 118
– × *weltoniénsis* 118
Begoniáceae 117
Belamcánda 292
Belopérone guttáta 34, 36*
Beníncasa híspida 219, 220*
Berberidáceae 122
Bergénia 507
Bergeránthus múlticeps 54
Bertolónia maculáta 333
– *marmoráta* 333
– – var. *marmoráta* 333*
– *pubéscens* 335
– × *Bertonerila* 333
– *houtteána* 333, 334*
Beschornéria 52
Bifrenária harrisóniae 371, 372*
Bignónia únguis-cáti 123
Bignoniáceae 123
Billardiéra longiflóra 454
– *scándens* 454
Billbérgia amoéna 131
– *chlorosticta* 132
– *decóra* 131
– *distáchia* 131
– *euphémiae* 131
– *nútans* 132*
– *porteána* 131
– *pyramidális* 131
– *saundérsii* 132
– *venezueléna* 131*, 132
– *vittáta* 132
– *zebrína* 132
Biophytum dendroídes 440
– *proliferum* 440
– *sensitivum* 440

Biovulária 266, 279
Bíxa oreléna 123*
Bixáceae 123
Blechnáceae 472
Bléchnum brasiliénse 472, 473*
– *gíbbum* 470*, 472
– *moórei* 472
– *occidentále* 473
– *spicant* 472
Blétia campanuláta 371
– *purpúrea* 371
– *striáta* 372
– *hyacínthina* 372
Bletilla striáta 372
Blossféldia liliputána 147, 148*
Boehméria nívea 531
Bolbítis heteróclita 479
Bolivicéreus 147
Bombacáceae 124
Bómbax ellipticum 124
Boragináceae 124
Borónia aláta 503
– *elátior* 503
– *heterophýlla* 503, 504*
– *megastígma* 503
– *pinnáta* 503
Borzicactus icosagónus 147
– *roezlii* 147
– *roseiflórus* 147
– *samaipatánus* 147, 148*
Bossiaéa 308
Bougainvíllea glábra 356
– *spectábilis* 356
Boussingaúltia cordifólia 117
Bouvárdia
– *humbóldtii* 494
– Hybriden 494
– *laévis* 494
– *leiántha* 494
– *longiflóra* 494
– *multiflóra* 494
– *ternifólia* 494
Bowénia spectábilis 221
Bowiea volúbilis 309*
Brachychílum horsfíéldii 540, 542*
Brachychíton acerifólius 523
– *populneus* 523
– *rupéstris* 523
Brachyglóttis repánda 200
Bráhea 446
Brasiliáctus graéssneri 174
– *haselbérgii* 174
Brassaía actinophýlla 103
Brassávola cucculáta 373
– *digbyána* 427
– *frágrans* 373
– *glaúca* 427
– *nodósa* 373*
– *perrínii* 373
– *tuberculáta* 373
Brássia
– *brachiáta* 374
– *gireoudiána* 373
– Hybriden 374

Brássia lawrenceána 373
– – var. *longíssima* 37
– *longíssima* 374
– *longíssima* 373*, 374
– *verrucósa* 374
× *Brassocattleéya* 380, 428
× *Brassolaélia* 428
× *Brassolaeliocattleéya* 380
Bréxia madagascariénsis 507, 508*
Breýnia disticha 236, 238*
– *nivósa* 236
Brillantaísia lámium 36
Brodiaéa uniflóra 321
Bromeliáceae 125
Broughtónia domingénsis 374, 376*
– *sanguínea* 374
Broussonétia 340
Browállia grandiflóra 516
– *májor* 516
– *speciósa* 516, 518*
– *viscósa* 516
Brównea coccínea 301
– *grándiceps* 301
Browníngia hertlingiána 147
Brugmánsia 518
Brunfélsia americána 517
– *calýcina* 517
– *hopeána* 517
– *pauciflóra* 517
– – var. *calýcina* 517, 519*
– *unduláta* 517
– *uniflóra* 517
Bryophýllum calýcinum 215, 216
– *pinnátum* 215
Buddléja índica 141
Buddlejáceae 141
Bulbíne alooídes 310
Bulbophýllum careyánum 374
– *falcátum* 374, 376*
– *macrobúlbon* 377
– *medúsae* 383
– *ornatíssimum* 383
– *schombúrgkii* 377
Burbídgea schizochíla 540
Byblidáceae 269
Býblis gigantéa 269*
– *liniflóra* 269

Cabómba aquática 357
– *austrális* 357
– *caroliniána* 357
– *furcáta* 357
– *pulchérrima* 357
Cactáceae 141
Caesalpinioideae 301
Caládium bícolor 92
– Bicolor-Hybriden 92, 93*
– *humbóldtii* 92
– *schombúrgkii* 92
– Schomburgkii-Hybriden 92
Calamophýllum teretiúsculum 54, 55*
Cálamus ciliáris 442
– *rótang* 442

Calandrínia 461
Calánthe
– Hybriden 375
– *triplicáta* 375
– *veratrifólia* 375
– *vestíta* 375, 377*
– – var. *regniéri* 375
– – var. *rubromaculáta* 375
Caláthea argyraéa 330
– *bachemiána* 330
– *crocáta* 330
– *cylíndrica* 330, 331*
– *insígnis* 330
– *lancifólia* 330
– *leopárdina* 330
– *lietzei* 330
– *lindeniána* 330
– *makoyána* 330, 331*, 332*
– *mediopícta* 330
– *mícans* 330
– *ornáta* 330
– *picturáta* 330
– *roseopícta* 330
– *rotundifólia* 330
– *rufibárba* 330
– *unduláta* 330
– *variegáta* 330
– *veitchiána* 330
– *wiotiána* 330
– *zebrína* 330
Calceolária álba 511
– *bícolor* 511
– *flexuósa* 511
– Hybriden 510, 511*
– *integrifólia* 510
– *pavónii* 511
– *polyrrhíza* 511
– *rugósa* 511
Callicárpa 533
Callísia élegans 194
– *frágrans* 194
– *naviculáris* 194
– *répens* 194
– *warscewicziána* 194
Callista aggregáta 375
– – var. *jenkínsii* 375
– *amábilis* 375
– *chrysotóxa* 376
– *densiflóra* 376
– *fármeri* 376
Callistémon citrínus 350*
– *lanceolátus* 350
– *rígidus* 350
– *salígnus* 350
– *speciósus* 350
Callópsis volkénsii 93
Callúna vulgáris 229
Calonýction 209
Calocéphalus brównii 200*
Calymnánthium substeríle 147
Camélia japónica 525, 526*
– *reticuláta* 525
– *sasánqua* 525
– *sinénsis* 525

Register 553

Campánula frágilis 197
- *isophýlla* 187, 188*
- *pyramidális* 187
- *vidálii* 187
Campanuláceae 187
Campélia zanónia 193*, 194
Cámpsis rádicans 123
Canarína
- campanuláta 187
- *canariénsis* 187*
Canístrum aurantíacum 133
- *fosteriánum* 133
- *lindénii* 133
- - var. *róseum* 133
Cántua buxifólia 456, 457*
Capparáceae 190
Cápparis spinósa 190, 192*
- - var. *inérmis* 190
Caprifoliáceae 190
Carallúma burchárdii 112
- *europǣa* 112
- *lugárdii* 112
- *lútea* 112
- *mamilláris* 112
- *nebrównii* 112
Cárex brúnnea 223
- *elegantíssima* 223
Caríssa
- *arduína* 83
- *bispinósa* 83
- *grandiflóra* 83
- *macrocárpa* 83
- *spectábilis* 82
Carludovíca palmáta 220*, 222
Carmicháelia enýsii 303
- *flagellifórmis* 303
- *petriéi* 303
Carnegíea gigantéa 147
Carpobrótus acinacifórmis 67, 68*
- *aequiláterus* 67
- *edúlis* 67, 68*
Carylópsis 264
Caryópteris 533
Caryóta mítis 442, 444*
- *úrens* 442
Cássia angustifólia 301
- *corymbósa* 301
- - var. *plurijuga* 301
- *didymobótrya* 302, 303*
- *fistula* 301
- *floribúnda* 301
- *sénna* 301
Cassinia fúlvida 200
Cassýtha pubéscens 297
Casuarína cunninghamiána 191
- *equisetifólia* 191
- *strícta* 191
- *torulósa* 191
Casuarináceae 191
Catálpa 123
Catasétum
- *cruciátum* 378
- *fimbriátum* 376
- *integérrimum* 378
- *maculátum* 378

Catasétum macrocárpum 378
- *oerstédii* 378
- *piléatum* 378
- *russelliánum* 383
- *saccátum* 378, 380*
Catharánthus róseus 83
Catópsis 137
Cattléya amethystoglóssa 379
- *aurantíaca* 379, 380*
- *bícolor* 379, 381*
- *bowringiána* 379
- *citrína* 395
- *coccínea* 432
- *dominguénsis* 374
- *dowiána* 378
- - ssp. *aúrea* 378
- *forbésii* 379
- *gígas* 379
- *granulósa* 379
- *guttáta* 379
- *harrisoniána* 379
- Hybriden 380
- *intermédia* 379
- *labiáta* 378
- *leopóldii* 379
- *loddigésii* 379
- - ssp. *harrisoniána* 379
- *lútea* 401
- *lutéola* 378
- *máxima* 378
- *móssiae* 379
- *percivaliána* 379, 381*
- *rex* 379
- *skínneri* 379
- *supérbiens* 430
- *triánaei* 379
- *violácea* 379, 380*
- *walkeriána* 379
- *warscewíczii* 379
Caulárthron bicornútum 382, 384*
Cautléya grácilis 540
- *lútea* 540
Cavendíshia acumináta 230, 233*
- *floribúnda* 231
Ceanóthus 489
Cecrópia palmáta 341
- *peltáta* 341
Ceíba 124
Centradénia floribúnda 334
- *grandifólia* 334
- *inaequilaterális* 334
Centropógon × (?) *lucyánus* 188
Cephalocéreus
- *pálmeri* 179
- *senílis* 147
Cephalocleistocáctus 148
Cephalophýllum alstónii 54
- *dissímile* 55
- *tricolórum* 55
Cephalotáceae 270
Cephalótus folliculáris 265*, 268*, 270

Ceratónia síliqua 302
Ceratópteris thalictroídes 480
- - f. *cornúta* 480
Ceratostígma 456
Ceratozámia 221
Céreus
- *chalbyǣus* 148
- *jamacáru* 148
- *peruviánus* 148
Ceropégia africána 108
- *bárkleyi* 108
- *bulbósa* 108
- *crassifólia* 108
- *dichótoma* 109, 112
- *distíncta* 108
- - ssp. *haygárthii* 108*
- - ssp. *lugárdae* 108
- *élegans* 108
- - var. *gárdneri* 108
- *fúsca* 109*
- *lineáris* 108
- *rádicans* 109
- *sandersónii* 109*
- *stapeliifórmis* 109
- *woódii* 108, 112
- - ssp. *débilis* 108
Céstrum aurantíacum 517*, 518
- *diúrnum* 518
- *élegans* 518
- *purpúreum* 518
Chaenostóma híspida 516
Chamaecéreus 161
- *silvéstrii* 163
Chamaecýparis 220
Chamaedórea élegans 442
- *ernésti-augústi* 442
- *erúmpens* 442
- *geonomifórmis* 442
- Hybride 442*
- *tenélla* 442
Chamelaúcium 350
Chamaeránthemum gaudichaúdii 36
- *igneum* 45
- *venósum* 36
Chamǣrops
- *excélsa* 446
- *húmilis* 443, 444*
Chasmatophýllum musculínum 55
Cheiridópsis boreális 55*
- *candidíssima* 55
- *pillánsii* 55
- *purpuráta* 55
Chelóne 509
Chionánthus 359
Chionodóxa 308
Chiríta barbáta 255
- *hamósa* 255
- *horsfíeldii* 255
- *lavandulácea* 255
- *micromúsa* 255
- *púmila* 255
Chirónia linoídes 244
- *pedunculáris* 244
Chlidánthus frágrans 74

Chlorantháceae 192
Chloránthus spicátus 192
- *inconspícuus* 192
Chlorophýtum amaniénse 316
- *bichétii* 316
- *comósum* 314*, 316
- *hoffmánnii* 316
- *inornátum* 316
- *macrophýllum* 316
Choísya ternáta 503*, 504
Chondrorhýncha díscolor 383
Chorizéma cordátum 304
- *ilicifólium* 304
- *várium* 304
Chrístia vespertiliónis 308
Chrysalidocárpus lutéscens 441*, 443
Chrysánthemum 199
Chrysocóma cóma-aúrea 201
Chrysóthemis 261
Chýsis aúrea 382
- *bractéscens* 382, 384*
Cibótium regále 475
- *schíedei* 475
Cinchóna 494
Cinerária marítima 206
Cirrhopétalum medúsae 383, 385*
- *ornatíssimum* 383
- *rothschildiánum* 383
Císsus amazónica 537
- *antárctica* 536
- *bainésii* 537
- *crameriána* 537
- *díscolor* 537, 538*
- *gongylódes* 537
- *júttae* 537, 538*
- *njegérre* 537
- *pteróphora* 537
- *quadrángula* 537
- *quadranguláris* 537
- *rhombifólia* 537
- *striáta* 537
Cistáceae 193
Cístus álbidus 193
- *créticus* 193
- *críspus* 193
- *incánus* 192*, 193
- - ssp. *créticus* 193
- *ladánifer* 191*, 193
- *laurifólius* 193
- *monspeliénsis* 193
- *villósus* 193
Citriobátus multiflórus 455
× *Citrofortunélla mítis* 505, 506*
Citrúllus colocýnthis 219
Cítrus aurántium 504
- *limétta* 504
- *limon* 504*
- *máxima* 504
- *médica* 504
- × *paradisi* 505
- *reticuláta* 505
- *sinénsis* 504*, 505
Clárkia 361

Cleistocáctus baumánnii 149
- *broókei* 149
- *smaragdiflórus* 149
- *straúsii* 149
- var. *frícii* 149
- *vúlpis-cánda* 149*
- *wendlandiórum* 149
Cleóme spinósa 190
Clerodéndrum
- *búngei* 533
- *fállax* 534
- *fistulósum* 533
- *frágrans* 534
- *speciosíssimum* 534
- *spléndens* 533
- *thomsóniae* 533
- *ugandénse* 533
Cléthra alnifólia 193*
- *arbórea* 193
Clethráceae 193
Cléyera japónica 526
Cliánthus
- *dampíeri* 304
- *formósus* 304, 305*
- *puníceus* 304
- *speciósus* 304
Clistanthocéreus 147
Clitória ternátea 304
Clívia miniáta 74, 75*
- *nóbilis* 74
Clovésia russelliána 383
Clúsia grandiflóra 263
- *rósea* 263*
Clusiáceae 263
Cneoráceae 194
Cneórum tricóccon 193*, 194
Cobáea scándens 457
Coccóloba pubéscens 458, 459*
- *uvífera* 458
Cochemíea posélgeri 167
Cochleánthes aromática 383
- *díscolor* 383
Cochlióda rósea 384
Cochliostéma
- jacobiánum 195
- *odoratíssimum* 195, 196*
Cócos nucífera 443*
- *weddeliána* 444
Codiaéum variegátum 236
- - var. *píctum* 236
Codonánthe 261
Coelógyne asperáta 385
- × *burfordiénse* 385
- *corymbósa* 385*
- *cristáta* 385
- *dayána* 385
- *lawrenceána* 385
- *massangeána* 385
- *panduráta* 385
- *paríshii* 385
- *speciósa* 385
Cóffea arábica 494, 495*
Cólax jugósus 414
Coleonéma álbum 505
- *púlchrum* 505

Cóleus-Blumei-Hybriden 294*
– *frederícii* 295
– *púmilus* 293*, 294
– *rehneltiánus* 294
– *thyrsoídeus* 295
Collétia cruciáta 489, 490*
× *Colmanára* 407, 411
Colocásia affínis 94
– *esculénta* 93, 94*
– *fállax* 94
– *gigantéa* 94
– *índica* 94
Colúmnea allénii 255
– *argúta* 255
– × *bánksii* 255
– *crassifólia* 255
– *glábra* 255
– *gloriósa* 255, 257*
– – 'Purpurea' 7*
– – var. *supérba* 255
– *hírta* 256
– *illépida* 255
– *lepidocaūla* 255
– *lineáris* 255
– *microphýlla* 256
– *nicaraguénsis* 247*, 255
– *oerstediána* 255
– *percrássa* 255
– *sanguínea* 255
– *schiedeána* 255
– *teūscheri* 255*, 256
– *túlae* 255
– *verecúnda* 255
Commelína benghalénsis 195
– *tuberósa* 195
Commelináceae 194
Comparéttia coccínea 386
– *falcáta* 386
– *macropléctron* 386
– *rósea* 386
Compósitae 199
Conándron ramondioídes 257
Conicósia pugioniformis 68
Coniográmme japónica 477
Conophýllum 55
Conóphytum 53, 55, 56*
– *citrínum* 56
– *cupreiflórum* 56
– *éctypum* 56
– *frutéscens* 56
– *minútum* 56
– *wettsteīnii* 53*, 56
Convallária 308
Convolvuláceae 209
Convólvulus arvénsis 209
– *cneórum* 208*, 209
– *mauritánicus* 209
– *sabátius* 209, 210*
Copiápoa cinérea 150
– – var. *albispína* 152*
– *hypogaēa* 150
– *krainziána* 150
– *tenuíssima* 150
Coprósma acerósa 494
– *baūeri* 494*
– *lúcida* 494

Coprósma petríei 494
Corallobótrys acuminátus 231
Corallodíscus 261
Cordylíne austrális 48
– *bánksii* 48
– *fruticósa* 47, 48*, 49
– *haageána* 48
– *indivísa* 48
– *rúbra* 48
– *strícta* 48
– *terminális* 47
Cornáceae 209
Corókia buddleoides 508
– *cotoneáster* 508
– *macrocárpa* 508
Coronílla valentína 308
– – ssp. *glaūca* 308
Córrea álba 505
– *cardinális* 505
– *speciósa* 505
– – var. *vírens* 505
Corryocáctus tenuículus 150
Corylópsis 264
Corynocarpáceae 210
Corynocárpus laevigátus 210
Corýpha 446
Coryphántha andréae 150
– *claváta* 150
– *elephántidens* 150
– *macrómeris* 150, 152*
– – var. *rungónii* 150
– *mínima* 150
– *pálmeri* 150
– *rádians* 150
– *vivípara* 150
Cóstus cuspidátus 540
– *ígneus* 540
– *lucanusiánus* 542
– *malortieánus* 542
– *speciósus* 542
Cótinus 81
Cotylédon cacalioídes 212
– *orbiculáta* 212
– *paniculáta* 212
– *reticuláta* 212
– *unduláta* 212*
Crássula alstónii 212
– *arboréscens* 212
– *argéntea* 212
– *barbáta* 212
– *bárklyi* 214
– *coccínea* 217
– *columnáris* 214
– *coōperi* 212
– *corallína* 212
– *cordáta* 212
– *cultráta* 212
– *decéptor* 214
– *exílis* 212
– – ssp. *coōperi* 212
– *falcáta* 214*
– *hemisphaērica* 212
– × *jústi-corderoȳi* 212
– *láctea* 212
– *lycopodioídes* 212
– *mesembrianthemópsis* 214
– *multicáva* 212

Crássula muscósa 212
– *oblíqua* 212
– *orbiculáris* 212
– *ováta* 212
– *perfoliáta* 212
– – var. *falcáta* 212
– *perforáta* 212
– *portulácea* 212
– *pyramidális* 214
– *rupéstris* 212
– *schmídtii* 212
– *sociális* 212
– *spathuláta* 212
– *técta* 212
– *téres* 214
Crassuláceae 211
Crinodéndron hookeriánum 227
– *patágua* 227
Crínum amábile 75
– *asiáticum* 75
– *augústum* 75
– *bulbispérmum* 75
– *erubéscens* 75
– *jágus* 75
– *latifólium* 75
– *macowánii* 75
– *moōrei* 75
– *pedunculátum* 75
– × *powéllii* 75, 76*
– *praténse* 75
– *purpuráscens* 74
– *virgíneum* 75
– *zeylánicum* 75
Crócus 292
Crossándra fláva 37
– *infundibuliformis* 37*
– *nilótica* 36
– *subacaūlis* 37
– *undulifólia* 37
Cróton elutéria 235
– *tíglium* 235
Cryptánthus acaūlis 126
– *bahiánus* 126
– *beūckeri* 126
– *bivittátus* 126
– *bromelioídes* 126
– *fosteriánus* 126
– *lacérdae* 126
– *sinuósus* 126
– *undulátus* 126
– *zonátus* 125*, 126
Cryptocéreus anthonyánus 150
Cryptocóryne beckéttii 94
– *blássii* 94
– *ciliáta* 94
– *cordáta* 94
– *grabówskii* 94
– *grándis* 94
– *griffíthii* 94
– *nevíllii* 94
Cryptogrammáceae 474
Ctenánthe compréssa 330
– *kummeriána* 330
– *lubbersiána* 330
– *oppenheimiána* 330
– *setósa* 330

Cucurbitáceae 219
Cullmánnia viviperína 186
Cunónia capénsis 220
Cunoniáceae 220
Cúphea hyssopifólia 325
– *ígnea* 325
– *lanceoláta* 325
– *llávea* 325
– *micropétala* 325*
– *procúmbens* 325
Cupressáceae 220
Cupréssus sempérvirens 220
Curcúligo capituláta 264
– *recurváta* 264
Cúrcuma lónga 542
– *roscoeána* 542*
– *zedoária* 539
Cúscuta odoráta 221, 222*
Cuscutáceae 221
Cussónia spicáta 103
Cyanótis kewénsis 195
– *somaliénsis* 196
Cyáthea austrális 478
– *dealbáta* 475
– *medulláris* 475
– *spinulósa* 475
Cyatheáceae 475
Cycadáceae 221
Cýcas 221
Cyclantháceae 222
Cyclánthus bipartítus 222
– *cristátus* 222
Cycnóches egertoniánum 386
– *loddigésii* 386
– *ventricósum* 386, 388*
Cylindropúntia bigelówii 175
Cylindrophýllum calamiförme 57
Cymbídium devoniánum 387
– *ebúrneum* 387
– *ensifólium* 387
– *floribúndum* 387
– *gigantéum* 387
– Hybriden 387
– *lowiánum* 387
– Miniatur-Hybriden 387, 389*
– *púmilum* 387
– *sikkiménse* 387
– *tigrínum* 387
– *tracyánum* 387, 388*,
Cymbiglóssum bictoniénse 388
– *cervantésii* 390
– *cordátum* 390
– *ehrenbérgii* 390
– *maculátum* 390
– *majále* 390
– *róssii* 390
– *úro-skínneri* 390
Cypélla 292
Cyperáceae 223
Cypérus albostriátus 223
– *alternifólius* 223
– *flabelliformis* 223
– *diffúsus* 223
– *esculéntus* 223

Cypérus fértilis 223
– *háspan* 224*
– *láxus* 223
– *papýrus* 223
Cyphostémma 537
Cyrtómium falcátum 469*
– *fortúnei* 469
Cyrtospérma edúlis 94
– *johnstónii* 94
Cýtisus canariénsis 306
– – var. *ramosíssimus* 306
– × *racemósus* 306

Daedalacánthus nervósus 37
– *wáttii* 37
Daemónorops 442
Dalechámpia
– *roezliána* 238
– – var. *rósea* 238
– *spathuláta* 238*
– – var. *spathuláta* 238
Dánaë racemósa 319
Dáphne lauréola 527
– *odóra* 527
Daphniphylláceae 224
Daphnipýllum macrópodum 224
Darlingtónia califórnica 287*, 289
Darwínia 350
Dasylírion 52
Datúra aūrea 518
– × *cándida* 519
– *rósei* 519
– *sanguínea* 519
– *suavéolens* 519
– *versícolor* 519
Davállia bulláta 475
– *canariénsis* 475
– *pyxidáta* 475
– *sólida* 475, 478*
Davalliáceae 475
Deāmia testúdo 151
Decabelóne grandiflóra 111*, 112
Decárya 225
Deheraīnia smarágdina 527*
Délonix régia 302
Delospérma 68*
– *aberdeenése* 68
– *brunnthéleri* 68, 69*
– *coōperi* 68
– *echinátum* 69
– *lehmánnii* 69
– *parviflórum* 69
– *pruinósum* 69
– *sutherlándii* 69
– *tradescantioídes* 69
Dendróbium
– *aggregátum* 375
– – var. *jenkínsii* 375
– *amoēnum* 390
– *anósmum* 390
– *antennátum* 391
– *aphýllum* 390
– *aūreum* 391

Register

Dendróbium bigíbbum 391
– *chrysánthum* 391
– *chrysotóxum* 376
– *dalhousieánum* 392
– *děarei* 391
– *densiflórum* 376
– *devoniánum* 391
– *fārmeri* 376
– *fimbriátum* 391
– – var. *oculátum* 391
– *formósum* 381
– 'Gatton Monarch' 393*
– *heterocárpum* 391
– *infundibulum* 391
– – var. *jamesiánum* 393*
– *jenkinsii* 375
– *kingiánum* 436
– *loddigésii* 391
– *longicórnu* 391
– *macrophýllum* 390
– *nóbile* 391, 393*
– *paríshii* 391
– *phalaenópsis* 391
– *pierárdii* 390
– *primulínum* 391, 392*
– *pulchéllum* 392
– *schūetzei* 392
– *secúndum* 420
– *speciósum* 436
– *stratiótes* 392
– *supérbum* 390
– *thyrsiflórum* 375
– *wardiánum* 391
Dendrócnide moroídes 532
Dendrocoryne
– *kingiánum* 436
– *speciósum* 436
Denmóza rhodacántha 151
Dennstaedtiáceae 476
Dermatóbotrys saundérsii 511
Desmódium
– *gýrans* 306
– *motórium* 306
Dēutzia 507
Diácrium bicornútum 382
Dianélla caerúlea 316
– *intermédia* 316
– *lǣvis* 316
– *revolúta* 316
– *tasmánica* 316
Dichorisándra
– *albolineáta* 194
– *regínae* 196
– *thyrsiflóra* 196
Díchroa febrifúga 508
Dicksónia antárctica 475, 476*
Dicksoniáceae 475
Dictámnus
Didiérea madagascariénsis 225
– *tróllii* 225*
Didiereáceae 225
Didymochlǣna truncátula 470, 472*
Dieffenbáchia × *bāusei* 95
– *húmilis* 95

Dieffenbáchia imperiális 95
– *macrophýlla* 95
– *maculáta* 95
– *pícta* 95*
– *seguíne* 95
Dieráma 292
Diervílla 190
Dillénia índica 225
Dilleniáceae 225
Dimorphórchis lówii 369
Dinéma polybúlbon 394
Dinteránthus microspérmus 97
Dionǣa muscípula 271, 272*
Dióon 221
Dioscórea aláta 226
– *batátas* 226
– *bulbífera* 226
– *cayanénsis* 226
– *díscolor* 226
– *elephántipes* 226
– *macroúra* 226
– *marlóthii* 226
– *montána* 226
– *sansibarénsis* 226
– *satíva* 226
– *vittáta* 226
Dioscoreáceae 226
Diósma álba 505
Diótis marítima 207
Dipladénia boliviénsis 84
– *exímia* 84
– *sánderi* 84
– *spléndens* 85
Diplarrhéna 292
Dipteracánthus devosiánus 43
– *portéllae* 43
Dírca palústris 527
Dischídia májor 110
– *merríllii* 110
– *rafflesiána* 110
Discocáctus hórstii 151, 153*
Disocáctus eichlámii 151
Dissótis
– *plumósa* 335
– *rotundifólia* 335
Distýlium racemósum 264
Dizygothéca elegantíssima 103*
Dolichothéle
– *bāumii* 166
– *camptótricha* 166
– *longimámma* 167
– *surculósa* 170
Dombēya acutángula 524
– *burgéssiae* 524
– *mastérsii* 524
– *natalénsis* 524
– *tiliácea* 524
– *wallíchii* 523*, 524
Dōodia áspera 473
– *caudáta* 473
– *média* 473
× *Doritaenópsis* 394, 423
Dorítis pulchérrima 394

Dorotheánthus bellidifórmis 53
Dorsténia argentáta 342
– *arifólia* 342
– *contrajérva* 342
– *convéxa* 342
– *erécta* 342
– *multiradiáta* 342
– *psilúrus* 342
– *urceoláta* 342
– *yambuyaénsis* 340*, 342
Doryánthes 52
Doryópteris lúdens 486
– *palmáta* 486
– *pedáta* 486*
Dracǣna arbórea 49
– *concínna* 49
– *dereménsis* 49
– – 'Bausei' 49
– – 'Warneckii' 49
– *dráco* 48
– *frágrans* 49
– – 'Lindenii' 49
– – 'Victoria' 49*
– *godseffiána* 49
– *goldieána* 49
– *hookeriána* 49
– *margináta* 49
– *phrynioídes* 49
– *refléxa* 49
– – 'Song of India' 49
– – 'Variegata' 49
– *sanderiána* 49
– *surculósa* 49
– – var. *maculáta* 49*
– – – 'Florida Beauty' 49
– – – 'Punctulata' 49
– *umbraculifera* 49
Dracophýllum secúndum 228*
Drimiópsis kírkii 316
– *maculáta* 316
Drosánthemum bícolor 70
– *floribúndum* 69
– *híspidum* 70
– *speciósum* 70
Drósera adélae 278
– *alíciae* 274, 275*
– *ánglica* 274
– *auriculáta* 275
– *bináta* 273*, 275
– *brevifólia* 274
– *burkeána* 278
– *capénsis* 275*
– *capilláris* 276
– *cistiflóra* 276
– *cuneifólia* 278
– *dichótoma* 275
– *dichrosépala* 272
– *erythrorrhíza* 278
– *filifórmis* 276*, 277
– – var. *filifórmis* 277
– – var. *tráceyi* 277
– *gigantéa* 274
– *heterophýlla* 273
– *índica* 278
– *intermédia* 277
– *lineáris* 278

Drósera macrántha 273
– *menziésii* 274
– × *obováta* 278
– *multifída* 275
– *paleácea* 272
– *pauciflóra* 276
– *pulchélla* 273*
– *pygmǣa* 277
– *régia* 278
– *rotundifólia* 278
– *schizándra* 278
– *spathuláta* 278
– *subhirtélla* 273
– *sulphúrea* 273
– *villósa* 276*
Droseráceae 270
Drosophýllum lusitánicum 277*, 279
Drácula bélla 394
– *chimǣra* 394
– *erythrochǣte* 394
Drimys lanceoláta 539
– *winteri* 539*
Dryándra 463
Drymoglóssum carnósum 481
– *niphoboloídes* 481
– *piloselloídes* 481
Drymónia 261
Drynária quercifólia 482
– *rígidula* 482
Dudlēya 218
Dúrio zibethinus 124
Duválla compácta 113
– *políta* 113
– *radiáta* 113
– *reclináta* 113
Dýckia 127*
– *brevifólia* 128
– *cinérea* 128
– *fosteriána* 128
– *hebdíngii* 128
– *marniér-lapostóllei* 128
– *remotiflóra* 128

Eccremocárpus scáber 123
Echevéria agavaoídes 214
– *amóena* 214
– *carnícolor* 214
– *coccínea* 214
– *cuspidáta* 214
– *derenbérgii* 214
– × *derósa* 214
– *desmetiána* 214
– *élegans* 214
– *fúlgens* 214
– *gibbiflóra* 214
– – 'Carunculata' 214
– *gigantéa* 214
– *hármsii* 214
– *leucótricha* 214
– *multicaūlis* 214
– *peacóckii* 214
– *pilósa* 214
– *prínglei* 214
– *pulchélla* 214
– *pulvináta* 214

Echevéria purpusórum 214*
– *secúnda* 214
– *setósa* 214
Echidnópsis cereifórmis 113
Echinocáctus grusónii 151, 153*
– *horizontalónius* 151
– *íngens* 151
– – var. *grándis* 151
– *texénsis* 151
Echinoceréus
– *baīleyi* 153
– *blánckii* 152, 153*
– – var. *blánckii* 152
– – var. *berlandiéri* 152
– *chloránthus* 152
– – var. *davísii* 152
– *davísii* 152
– *delǣtii* 152
– *enneacánthus* 152
– *fítchii* 153
– *knippeliánus* 152
– *pectinátus* 153
– – var. *rigidíssimus* 153
– *pentálophus* 153
– *reichenbáchii* 153
– – var. *albispínus* 153
– – var. *fítchii* 153
– *salm-dyckiánus* 153
– *rigidíssimus* 153
– *subinérmis* 153
– *viridiflórus* 153
– var. *chloránthus* 152
Echinofossulocátus coptonogónus 154
– *crispátus* 154
– *hastátus* 154
– *lamellósus* 154
– *multicostátus* 154
Echinomástus macdowéllii 172
Echinópsis ancistróphora 154
– – var. *hamatacántha* 154
– – var. *kratochviliána* 154
– *arachnacántha* 154
– *aūrea* 154
– *calochlóra* 154
– *eyriésii* 155
– Eyriesii-Hybriden 155
– *hamatacántha* 154–
– Hybriden 154
– *kratochviliána* 154
– *kermesína* 155
– *mamillósa* 155
– – var. *kermesína* 155, 156*
– *múltiplex* 155
– *obrepánda* 155
– *tubiflóra* 155
Echítes rubrovenósa 87
Échium
– *bourgaeánum* 124
– *pininána* 124
– *símplex* 124
– *wildprétii* 124*
Edgewórthia papyrífera 527

556 Register

Eichhórnia azúrea 460
– *crássipes* 460*
– *paniculáta* 460
Elaeagnáceae 227
Elaeágnus macrophýlla 227
– *púngens* 226*, 227
Elaeocarpáceae 227
Elaphoglossáceae 476
Elaphoglóssum crinítum 475*, 476
Encephalártos hórridus 221
– *villósa* 221*
Encephalocárpus strobilifórmis 155
Encýclia adenocátula 395
– *advéna* 395
– *aláta* 395
– *atropurpúrea* 395
– *brassávolae* 395
– *citrína* 395, 396*
– *cochleáta* 395
– *cordígera* 395
– *frágrans* 395
– *glumácea* 395
– *maríae* 395
– *nemorális* 395
– *polybúlbon* 394
– *prismatocárpa* 395, 396*
– *radiáta* 395
– *vitellína* 395
Enséte ventricósum 345
Epacridáceae 228
Epácris
– Hybriden 227*, 228
× *Epicattléya* 396
Epidéndrum
– *adenocátulum* 395
– *advénum* 395
– *alátum* 395
– *atropurpúreum* 395
– *brassávolae* 395
– *ciliáre* 370
– *citrínum* 395
– *clavátum* 370
– *cochleátum* 395
– *cucullátum* 373
– *evéctum* 396
– *falcátum* 370
– *frágrans* 395
– *fúlgens* 396
– *glumáceum* 395
– *lindleyánum* 371
– *maríae* 395
– *medúsae* 408
– *mosénii* 396
– *nemoréle* 395
– *nodósum* 373
– × *o'brieniánum* 396
– *oerstédii* 370
– *parkinsoniánum* 370
– *polybúlbon* 394
– *pórpax* 409
– *prismatocárpum* 395
– *radiátum* 395
– *radicans* 396
– *sanguíneum* 374
– *schombúrgkii* 396
– *skinneri* 371

Epidéndrum spectábile 371
– *stamfordiánum* 370
– × *veítchii* 396
– *vitellínum* 395
× *Epilaélia* 396
Epilóbium 361
× *Epiphronítis* 396, 432
Epiphyllánthus obovátus 155
Epiphyllópsis gaértneri 180
Epiphýllum chrysocárdium 155
– Hybriden 155, 157*
– *oxypétalum* 155
Epiprémnum áureum 96
– *pinnátum* 96
Epíscia cupreáta 258, 260*
– *dianthiflóra* 258
– *fúlgida* 258
– *lilacína* 258
– *réptans* 258
Epithelántha micrómeris 155
Equisetáceae 466
Eránthemum
– *atropurpúreum* 42
– *cooperi* 43
– *gaudichaúdii* 36
– *ígneum* 45
– *nervósum* 37
– *pulchéllum* 37
– *reticulátum* 43
– *sinuátum* 43
– *wáttii* 37
Erdísia tenuiculus 150
Eremúrus 308
Erépsia incláudens 70
Éria 396
Eríca
– *abietína* 231
– *álbens* 231
– *arbórea* 231
– *baúera* 231
– *blánda* 231
– *bowieána* 231
– *bucciniifórmis* 231
– *cáffra* 231
– *canaliculáta* 231
– *cerinthoídes* 231
– *conspícua* 231
– *curviflóra* 231
– *cyathifórmis* 231
– *doliifórmis* 231
– *grácilis* 231
– *herbacéa* 231
– *hiemális* 231
– Hybriden 231*
– *mammósa* 231
– *persolúta* 231
– *regérminans* 231
– *speciósa* 231
– *ventricósa* 231
– *versícolor* 231*
– *viridiflóra* 231
– *viridipurpúrea* 231
Ericáceae 229
Erínus 509
Eriobótrya japónica 490, 491*, 492*

Eriocáctus leninghaúsii 174
– *magníficus* 174
– *schumanniánus* 174
Eriocéphalus africánus 201
Eriocéreus bonplándii 156
– *jusbértii* 156
– *pomanénsis* 156*
Eriosýce ceratístes 156
Eródium gruínum 246
Erýthrina crísta-gálli 306*, 307
Erythróchiton brasiliénse 505
Erythrónium 308
Erythrorhípsalis pilocárpa 156
Escobária bélla 156
– *nélliae* 150
– *tuberculósa* 156
– *vivípara* 150
Espóstoa
– *blossfeldiórum* 183
– *lanáta* 157
– *melanostéle* 157
Euánthe sanderiána 397*
Eucalýptus amygdálina 351
– *citriodóra* 352
– *glóbulus* 352*
– *gúnnii* 352
– *régnans* 351
– *resinífera* 352
Eucharis amazónica 75
– *grandiflóra* 76*
Eucomis autumnális 320
– *bícolor* 319*, 320
– *comósa* 320
– *punctáta* 320
– *unduláta* 320
Eugénia
– *austrális* 355
– *myriophýlla* 351*, 352
– *paniculáta* 355
– *uniflóra* 351*, 352
Eulóphia guineénsis 397
– *quartiniána* 397
Eulýchnia saint-pieána 157
Eupatórium atrórubens 204*
– *iánthinum* 204
– *megalophýllum* 204
– *sórdidum* 204
Euphórbia abyssínica 240
– *ámmak* 240
– *aphýlla* 239
– *avasmontána* 237*
– *beaumeriána* 240
– *bérgeri* 240
– *biglandulósa* 235
– *bubalína* 240
– *bupleurifólia* 240
– *canariénsis* 240
– *capituláta* 235
– *cáput-medúsae* 240
– *cereifórmis* 240
– *coeruléscens* 240
– *echínus* 240
– *férox* 240, 241*
– *fimbriáta* 240
– *franckiána* 240
– *fúlgens* 239*
– *grandicórnis* 240

Euphórbia grándidens 240
– *globósa* 240
– *gorgónis* 240
– *heptagóna* 240
– *inconstántia* 240
– *láctea* 240
– *láthyris* 235
– *lophogóna* 240
– *mammilláris* 240
– *margináta* 235
– *mauritánica* 240
– *melofórmis* 240
– *mílii* 239*
– *myrsinítes* 236
– *neriifólia* 240
– *obésa* 240, 241*
– *oncóclada* 240
– *officinárum* 240
– *ornithopus* 240
– *pentagóna* 240
– *polyacántha* 240
– *polychróma* 235
– *polygóna* 240
– *pseudocáctus* 240
– *pteroneúra* 240
– *pugnifórmis* 240
– *pulchérrima* 239
– *ramipréssa* 240
– *resinífera* 240
– *rígida* 235
– *schoenlándii* 240
– *squarrósa* 240
– *stellispína* 240
– *submammilláris* 240
– *suzánnae* 240
– *tirucálli* 240
– *trianguláris* 240
– *túbiglans* 240
– *undulatifólia* 240
– *xylophylloídes* 240
Euphorbiáceae 235
Euryále férox 357
Euryops acraéus 200*, 201
– *athanásiae* 201
– *evánsii* 201
– *pectinátus* 201
– *virgíneus* 201
Eustoma grandiflórum 244*
– *russeliánum* 244
Evólvulus 208*
– *arbúscula* 209
– *purpureocaerúleus* 209
Éxacum affíne 244*, 245
Excoecária
– *bícolor* 239
– *cochinchinénsis* 239

Fabiáceae 298
Fabiána imbricáta 520
Faboídeae 302
Fadyénia prolífera 470
Farfúgium gránde 206
– *japónicum* 206
Fasciculária bícolor 128
– *pitcairniifólia* 128
× *Fatshédera lízei* 103
Fátsia japónica 103, 104*

Faucária bosscheána 58
– *felína* 57
– *paúcidens* 58
– *tigrína* 57*
– *tuberculósa* 58*
Felícia amelloídes 205*, 206
– *tenélla* 206
Fenestrária 53, 58
– *aurantíaca* 57*, 58
– *rhopalophýlla* 58
Ferocáctus acanthódes 157
– *hamatacánthus* 157, 160*
– *latispínus* 157
– *setispínus* 158
– *stainésii* 158, 160*
– *wislizénii* 158
Fícus áspera 343
– – 'Parcellii' 341*, 343
– *austrális* 343
– *barbáta* 344
– *benghalénsis* 345
– *benjamína* 343
– *buxifólia* 345
– *cannónii* 342
– *cárica* 344*
– *cerasifórmis* 345
– *cyathistípula* 343
– *deltoídea* 343
– *diversifólia* 343
– *dryepondtiána* 343
– *edúlis* 343
– *eetveldiána* 345
– *elástica* 343
– – 'Schrijveriana' 341*, 343
– *glabélla* 345
– *leprieúrii* 345
– *lyráta* 343
– *macrophýlla* 345
– *montána* 344
– *neckbúdu* 345
– *nítida* 343
– *panduráta* 343
– *parcéllii* 343
– *porteána* 345
– *púmila* 343
– – 'Sonny' 344*
– *quercifólia* 344
– *rádicans* 344
– *religiósa* 343
– *répens* 343
– *retúsa* 345
– *rubiginósa* 342*, 343
– *sagittáta* 344
– *schléchteri* 345
– *stipuláta* 345
– *trianguláris* 345
– *útilis* 345
– *villósa* 344
Filícium decípiens 507*
Filicópsida 466
Fittónia gigantéa 38
Fontanésia verscháffeltii 37*, 38
Forestiéra 359
Forsýthia 359
Fortunélla japónica 505
Fothergílla 264

Frailea asteroides 158
– *castánea* 158
– *cataphrácta* 158
Fráxinus 359
Fremóntia califórnica 524
Fremontodéndron califórnicum 523*, 524
Freycinétia insígnis 448
Fritillária 308
Fúchsia arboréscens 361
– *boliviána* 361
– *corymbiflóra* 361
– *fúlgens* 361, 363*
– Hybriden 361, 362*
– *magellánica* 361
– *microphýlla* 361
– *minimiflóra* 361
– *minutiflóra* 361
– *procúmbens* 361, 362*
– *syringiflóra* 361
– Triphylla-Hybriden 361
Furcraea 52
– *sellóa* 46*

Galáxia 292
Galtónia 308
Gardénia
– *flórida* 496
– *jasminoídes* 496*
Gastéria acinacifólia 310
– *armstróngii* 310
– *caespitósa* 310
– *carináta* 310
– *húmilis* 310
– *liliputána* 310
– *maculáta* 310
– *nítida* 310
– *pícta* 310
– *subcarináta* 310
– *trigóna* 310
– *verrucósa* 310, 312*
Gastrochílus bellínus 397*, 398
– *calceoláris* 398
× *Gaulnéttya wisleyénsis* 232
Gaulthéria antípoda 232
– *forréstii* 232
– *hookeri* 232
– *itoána* 232
– *miqueliána* 232
– *nummularioídes* 232
– *procúmbens* 232
– *shállon* 232
– *veitchiána* 232
– *wárdii* 232
– *wisleyénsis* 232
Gaura 361
Geissorrhíza 292
Genlísea 266, 279
Gentianáceae 244
Geogenánthus poeppígii 194*, 196
– *undátus* 196
Geraniáceae 245
Geránium 245

Gesnéria
– *cardinális* 251
– *cubénsis* 258
– *libanénsis* 258
– *ventricósa* 258
Gesneriáceae 248
Greenóvia 218
Greigia sphaceláta 128
Gibbaeum álbum 58
– *díspar* 59
– *heathii* 58, 59
– *petrénse* 59
– *schwantésii* 59, 60*
– *velutínum* 58, 59
Glandulicáctus crassihamátus 145
– *uncinátus* 145
Gleichenídae 466
Glóbba atrosanguínea 543
– *bulbífera* 543
– *marantína* 543
– *winítii* 543
Gloriósa
– *rothschildiána* 321
– *supérba* 321, 322*
– *viréscens* 321
Glottiphýllum depréssum 59
– *frágrans* 59*
– *jacobseniánum* 59, 60*
– *linguifórme* 59
– *parvifólium* 59
Gloxínia perénnis 249
– *sylvática* 249, 252*
Gnídia denudáta 529
– *polystáchya* 529
Gocenóvia aurea 219*
Godétia 361
Goethea cauliflóra 329*, 330
Goldfússia anisophýlla 38
– *isophýlla* 38
Goméesa críspa 398
Góngora 400*
– *atropurpúrea* 398
– *galeáta* 398
– *maculáta* 398
– *quinquenérvis* 398
Goniophlébium subauriculátum 479*, 482
Gossýpium herbáceum 327*, 328
– *hirsútum* 328
Gramíneae 261
Graptopétalum amethýstinum 215
– *béllum* 215*
– *filíferum* 215
– *paraguayénse* 215
Graptophýllum
– *horténse* 38
– *píctum* 38
Grenóvia 218
– *aurea* 219*
Greigia sphaceláta 128
Grevíllea alpína 463
– *crithmifólia* 463
– *glabráta* 463
– *juniperína* 463
– *preíssii* 463

Grevíllea robústa 463, 464*
– *rosmarinifólia* 463
– *thelemanniána* 462*, 463
Greyia sutherlándii 340*
Grisélinia littorális 210
– *lúcida* 210
– *scándens* 210
Guttíferae 263
Guzmánia
– Hybriden 133
– *linguláta* 132*, 133
– – var. *minor* 133
– *minor* 133
– *monostáchya* 133
– *musáica* 133
– *sanguínea* 133
– *trícolor* 133
– *záhnii* 133
Gymnocáctus knuthiánus 183
Gymnocalýcium andréae 159
– *baldiánum* 159
– *brúchii* 159
– *denudátum* 159
– – Hybride 161*
– *gibbósum* 159
– *herbáceum* 159
– *horridispínum* 159
– *lafaldénse* 159
– *mihanovíchii* 159
– – var. *friedríchii* 159, 161*
– *moseriánum* 158
– *multiflórum* 159, 161*
– *oenánthemum* 159
– *platénse* 159
– *quehliánum* 159
– *sagliónis* 159
Gymnópteris flagellífera 479
Gynúra aurantíaca 204
– *sarmentósa* 204
– *scándens* 204

Haageocéreus chosicénsis 159
– *decúmbens* 159
– *versícolor* 159
Habérlea 248
Habránthus tubispáthus 76
Habrothámnus élegans 518
Hadródemas warscewicziánum 196*
Haemánthus álbiflos 76
– *cinnabarínus* 77
– *coccíneus* 6*, 77
– *katherínae* 77*
– *magníficus* 77
– *multiflórus* 77
– *natalénsis* 77
– *puníceus* 77
– *tigrínus* 77
Haemária díscolor 402
Haemodoráceae 263
Hákea
– *aciculáris* 464
– *ceratophýlla* 464
– *cyclocárpa* 464
– *laurína* 464
– *média* 464*
– *pugionifórmis* 464

Hákea salicifólia 464
– *salígna* 464
– *serícea* 464
– *suavéolens* 464
– *vária* 464
Hamamelidáceae 264
Hamamélis 264
Hamatocáctus crassihamátus 145
– *hamatacánthus* 157
– *setispínus* 158
– *uncinátus* 145
Hamélia pátens 497
Hardenbérgia 308
Harrísia bonplándii 156
Hatióra salicornioídes 160
Hawórthia angustifólia 311
– *arachnoídea* 311
– *attenuáta* 311
– *chalwinii* 311
– *coarctáta* 311
– *cymbifórmis* 311
– *fasciáta* 311, 312*
– *glabráta* 311
– *glauca* 311
– *herbácea* 311
– *limifólia* 311
– *margaritífera* 311
– *maughánii* 311
– *mirábilis* 311
– *mucronáta* 311
– *paradóxa* 311
– *rádula* 311
– *reinwárdtii* 311
– *reticuláta* 311
– *retúsa* 311
– *rígida* 311
– *tortuósa* 311
– *translúcens* 311
– *truncáta* 311
– *viscósa* 311
Hébe
– Andersonii-Hybriden 512*
– *armstróngii* 512
– *balfouriána* 512
– *bidwillii* 512
– *buxifólia* 512
– *carnósula* 512
– *cupressoídes* 512
– *diosmifólia* 510*, 512
– *ellíptica* 512
– *epacrídea* 512
– *glaucocaerúlea* 512
– *hectóris* 512
– *loganioídes* 512
– *lycopodioídes* 512
– *macrocárpa* 512
– *pinguifólia* 512
– *salicifólia* 512
– *speciósa* 512
– *subalpína* 512
– *travérsii* 512
– *vernicósa* 512
Hebeclinium atrorubens 204
Hechtia argéntea 128
– *glomeráta* 128

Hechtia márnier-lapostóllei 128
– *stenopétala* 128
Hédera hélix 102*
Hedýchium coccíneum 544
– var. *cárneum* 544*
– *coronárium* 544
– *gardneriánum* 543*, 544
Heeria élegans 336
Heimerliodéndron brunoniánum 357
Heliámphora heterodóxa 289
– *macdonáldae* 289
– *minor* 289
– *nútans* 289, 290*
– *tátei* 289
– *týleri* 289
Heliánthemum 193
Helianthocéreus huáscha 185
– *pasacána* 185
Helicónia aurantíaca 345, 346*
– *húmilis* 345
– *illústris* 345
– *metállica* 345
– *psittacórum* 345
Heliocéreus
– *amecaménsis* 160
– *speciósus* 160, 164*
– – var. *amecaménsis* 160
Helxine soleirólii 532
Hemerocállis 308
Hemígraphis alternáta 38
– *coloráta* 38
– *repánda* 38
Hemionitidáceae 477
Hemionítis arifólia 477
– *palmáta* 477
Hermánnia
– *cándicans* 524
– *incána* 524
Herpéstis 510
Hertrichocéreus benéckei 182
Hesperántha 292
Heterocéntron élegans 336
– *macrostáchyum* 336
– *róseum* 336
– *subtriplinérvium* 336
Heterópteris 326
Heterotríchum mácrodon 334*
Heúchera 507
Hévea brasiliénsis 235
Hibbértia scándens 225
– *tetrándra* 225
– *volúbilis* 225
Hibíscus cannabínus 328
– *moscheútos* 328
– *rósa-sinénsis* 328, 329*
– *schizopétalus* 328
– *syríacus* 328
– *triónum* 328
Hildewintera aureispína 160, 164*
Hippeástrum aulicum 77
– – var. *robústum* 78

558 Register

Hippeástrum-Hybriden 77*, 78
— *leopóldii* 77
— *procérum* 79
— *psittacínum* 77
— *puníceum* 77
— *striátum* 77
— *vittátum* 77
Hippobróma longiflóra 188
Hippóphaë rhamnoídes 227
Hoffmánnia díscolor 497
— *ghiesbréghtii* 497
— — 'Variegata' 493*
— *refúlgens* 497*
Homalánthus populifólius 242*
Homalocéphala texénsis 151
Homalocládium platýcladum 460*
Homaloména rubéscens 96
— *wallísii* 96*
Homéria 292
Hoódia baínii 113*
Hormídium 399
Horridocáctus 172
Hósta 308
Hóvea 308
Hóweia belmoreána 444
— *forsteriána* 444
Hóya austrális 110
— *bélla* 110
— *carnósa* 110, 112*
— *cinnamomifólia* 110
— *imperiális* 110
— *lacunósa* 110
— *lineáris* 110
— *multiflóra* 112*
— *purpureofúsca* 110
Huérnia áspera 113
— *brevirróstris* 113
— *confúsa* 113
— *hýstrix* 113
— *keniénsis* 113
— *macrocárpa* 113
— *marnieriána* 113
— *oculáta* 113
— *primulína* 113
— *zebrína* 113
Huerniópsis atrosanguínea 114
— *decípiens* 114
Humáta heterophýlla 476
— *répens* 476
— *tyermánnii* 476
Huntléya
— *búrtii* 399
— *cérina* 420
— *meleágris* 399, 400*
Hydnóphytum formicárum 502
Hydrangéa 507
Hydrósme riviéri 89
Hylocéreus undátus 160, 164*
Hymenanthéra crassifólia 535
Hymenocállis amáncaës 78
— *caribaéa* 78

Hymenocállis × *macrostéphana* 78
— *narcissiflóra* 78
— *speciósa* 80*
— *tubiflóra* 78
— *unduláta* 78
Hymenophylláceae 478
Hymenophýllidae 466
Hymenophýllum tunbrigénse 478
Hypéricum 263
Hypoéstes phyllostáchya 39*
— *sanguinolénta* 39
Hypolepidáceae 478
Hypólepis millefólia 478
— *répens* 478
— *tenuifólia* 478
Hypoxidáceae 264
Hypóxis 264

Impátiens auricoma 115
— *balsámina* 115
— *glandulífera* 115
— *háwkeri* 115
— *hólstii* 116
— *linearifólia* 115
— *mariánae* 115, 116*
— Neuguinea-Hybriden 115, 116*
— *niamniaménsis* 115, 116*
— *platypétala* 115
— — ssp. *aurantíaca* 115
— *répens* 116
— *sultánii* 116
— *tuberósa* 116
— *walleriána* 116
— — Walleriana-Hybriden 115
Incarvillea 123
Insektivoren 266
Iochróma coccíneum 419*, 520
— *cyáneum* 520
— *fuchsioídes* 520
— *grandiflórum* 520
Ionópsis
— *paniculáta* 399
— *utricularioídes* 399
Iphéion uniflórum 321
Ipomoéa 209
Iresíne hérbstii 73
— *lindénii* 73
Iridáceae 292
Iris 292
Isláya 172
Isméne amáncaës 78
— *caláthina* 78
Isólepis grácilis 224
Isopléxis canariénsis 512, 514*
Isopógon 465
Isotóma longiflóra 188
Isótypus onoseroídes 205
Íxia 292
Ixóra borbónica 498
— *chinénsis* 497
— *coccínea* 496*, 497
— Hybriden 497

Jacaránda mimosifólia 123
— *ovalifólia* 123
Jacobínia cárnea 39, 40*
— *ghiesbreghtiána* 39
— *pauciflóra* 39*
— × *penrhosiénsis* 39
— *rizzínii* 39
Jancaéa 248
Jasmínum azóricum 360
— *beesiánum* 360
— *flóridum* 360
— *frúticans* 360
— *húmile* 360
— — 'Revolutum' 360
— *mésnyi* 360
— *nudiflórum* 360
— *officinále* 360
— — 'Grandiflorum' 359
— *polyánthum* 360
— *primulínum* 360
— *sámbac* 359*
— × *stephanénse* 360
Játropha cúrcas 242
— *multífida* 242
— *podágrica* 241*, 242
Jovellána punctáta 512
— *sincláirii* 513
— *violácea* 513
Juanullóa aurantíaca 519*, 520
Juníperus 220
Justícia
— *brandegeána* 34
— *cárnea* 39
— *ghiesbreghtiána* 39
— *magnífica* 39

Kaempféria galánga 545
— *gilbértii* 543*, 545
— *ornáta* 545
— *rotúnda* 545
— *vittáta* 545
Kalánchoë beharénsis 215, 216*
— *blossfeldiána* 215
— *crenáta* 216
— *daigremontiána* 213*, 216
— *flámmea* 216
— *grandiflóra* 216
— *laciniáta* 216
— *mangínii* 216, 218*
— *marmoráta* 216
— *pinnáta* 216
— *prolífera* 216
— *schizophýlla* 216
— *somaliénsis* 216
— *thyrsiflóra* 216
— *tomentósa* 216
— *tubiflóra* 216
— *uniflóra* 216
Kefersteínia gramínea 400
Kennédia 308
Kitchíngia schizophýlla 216
Klúgia 261
Kniphófia 308
Koellikéria
— *argyrostígma* 250
— *erinoídes* 250

Koelreutéria paniculáta 507
Kohléria
— Amabilis-Hybriden 250
— Bogotensis-Hybriden 250, 252*
— Eriantha-Hybriden 250, 252*
Kolkwítzia 190
Kraínzia guelzowiána 167
— *longiflóra* 167
Kúnzea 350

Labiátae 293
Labísia malouiána 349
Lachenália aloídes 321, 323*
— Aloides-Hybriden 321
— *trícolor* 321
Laélia ánceps 401
— *autumnális* 401
— *cinnabárina* 401
— *dayána* 401
— *digbyána* 427
— *fláva* 401
— *fúlva* 401
— *gláuca* 427
— *gouldiána* 401
— *harpophýlla* 401*
— *mílleri* 401
— *perrínii* 401
— *praéstans* 402
— *púmila* 401
— — ssp. *dayána* 401
— — ssp. *praéstans* 402
— *purpuráta* 401*, 402
— *supérbiens* 431
— × *Laeliocattléya* 381, 401
Lagenándra ováta 94
Lagenária sicerária 219
— *vulgaris* 219
Lagerstroémia índica 325, 326*
Lamiáceae 293
Lampránthus aurantíacus 70
— *coccíneus* 70
— *conspícuus* 70*
— *magníficus* 70
— *zéyheri* 70
Lantána camára 534
— Camara-Hybriden 534*
— *delicatíssima* 534
— *montevidénsis* 534
— *urticifólia* 534
Lapagéria rósea 315*, 316
Lapidária margarétae 59
Lapórtea moroídes 523
Lásia spinósa 96
Lauráceae 297
Laúrus nóbilis 297*
Ledeboúria sociális 317, 318*
Ledenbérgia roseoaénea 452
Leéa amábilis 298
— *rúbra* 298
— *sambucína* 298
Leeáceae 298
Leguminósae 298

Lemaireocéreus benéckei 182
— *stellátus* 182
— *wéberi* 177
Lenophýllum 218
Lentibulariáceae 279
Leonótis leonúrus 294*, 295
Lepidocoryphántha runyónii 150
Lepísmium crucifórme 161
— *paradóxum* 161
Leptospérmum flavéscens 353
— *laevigátum* 353
— *rodwayánum* 353
— *scopárium* 353, 354*
Leptótes bícolor 402
Leucadéndron argénteum 464, 465*
— *corymbósum* 464
— *levisiánum* 464
— *plumósum* 464
— *tórtum* 464
Leuchtenbérgia príncipis 161, 164*
Leucóphyta brównii 200
Lewísia brachýcalyx 461
— *columbiána* 461
— *cotylédon* 462
— — var. *howéllii* 462
— *héckneri* 462
— *oppositifólia* 462
— *redivíva* 462
— *tweédyi* 461*, 462
Libónia floribúnda 39
Licuála grándis 444, 445*
— *peltáta* 444
— *púmila* 444
— *spinósa* 444
Ligulária tussilagínea 203*, 206
Ligústrum 359
Liliáceae 308
Limnóphila heterophýlla 513
— *índica* 513
— *sessiliflóra* 513
Limónium 456
Lináceae 324
Linária 509
Lindenbérgia grandiflóra 513
Lippia citriodóra 533
Liquidámbar styracíflua 264
Líriope muscári 317
— *spicáta* 317
Lisiánthus russeliánus 244
Lítchi 507
Lithops 53, 59, 61*
— *glaudínae* 60
— *helmútii* 60
— *karasmontána* 60, 62*
— *margináta* 60
— *pseudotruncatélla* 60
— *salícola* 60
— *turbinifórmis* 60
Livistóna 446
Llávea cordifólia 474

Lobélia cardinális 189
- *erínus* 189
- *laxiflóra* 189
- *siphilítica* 189
Lobívia
- *arachnacántha* 154
- *aūrea* 154
- *backebérgii* 162
- *binghamiána* 162
- *boliviénsis* 162
- *chrysántha* 162
- - var. *jajoiána* 162
- *cinnabárina* 162
- *densispína* 162
- *drijveriána* 162
- *famatiménsis* 162
- *haageána* 163
- *haematántha* 162
- - var. *kuehnríchii* 162
- - ssp. *densispína* 162
- *hertrichiána* 162
- *higginsiána* 162
- *jajoiána* 162
- *kuehnríchii* 162
- *maximiliána* 162
- *mistiénsis* 162
- *pampána* 162
- *pentlándii* 162, 164*
- - var. *maximiliána* 162
- *pugionacántha* 162
- - var. *róssii* 162
- *rhaphidacántha* 162
- *róssii* 162
- *rubéscens* 163
- *silvéstrii* 163
- *tiegeliána* 163
- *winteriána* 163
- *wrightiána* 163
Loganiáceae 324
Lomária ciliáta 472
- *gíbba* 472
Lomariospidáceae 479
Lomátia 465
Lonícera 190
Lopézia 361
Lophomýrtus bulláta 353
- *obcordáta* 353
Lophóphora williámsii 165*
Loropétalum chinénse 264*
Lotoídeae 302
Lótus berthelótii 306*, 308
- *corniculátus* 308
- *peliorhýnchus* 308
- *uliginósus* 308
Loūrea vespertiliónis 308
Lowiáceae 325
Loxanthocéreus
- *aureispínus* 164*
Lucúlia gratíssima 498*
- *pinceána* 498
Ludísia díscolor 402
Ludóvia
- *crenifólia* 222
- *lancifólia* 222
Ludwígia 361
Lúffa 219
Lúma apiculáta 353

Lycáste aromática 403
- *cruénta* 403
- *déppei* 403
- *macrophýlla* 404*
- *skínneri* 403
- *virginális* 403
Lycopodiáceae 479
Lycopódium squarrósum 466*, 477*, 479
Lycópsida 466
Lygodiáceae 479
Lygódium flexuósum 479
- *japónicum* 479
- *palmátum* 479
- *scándens* 479
- *volúbile* 479
Lythráceae 325
Lýthrum salicária 325
- *virgátum* 325

Macadámia 465
Macfadyéna únguis-cáti 123
Machaerocéreus erúca 165*, 166
Mackāya bélla 41
Macleánia 231
Maclúra 340
Macódes petóla 403
Macrozámia 221
Mahónia aquifólium 122
- *fortúnei* 122
- *fremóntii* 122
- *japónica* 122
- *lomariifólia* 122*
Malacocárpus 174
Malpíghia coccígera 326
- *glábra* 326
- *punicifólia* 326
- *úrens* 326
Malpighiáceae 326
Malváceae 327
Malvástrum capénse 328
Mamillópsis senílis 170
Mammillária baūmii 166
- *bocasána* 166, 168*
- *bombýcina* 166
- *camptótricha* 166
- *celsiána* 166
- *centricírrha* 166
- *crucígera* 166
- *dixanthocéntron* 166
- *élegans* 166
- *elongáta* 166
- *geminíspina* 166
- *glochidiáta* 170
- *grácilis* 167
- *guelzowiána* 167, 168*
- *haageána* 167
- *hahniána* 167
- *haudeána* 167
- *longiflóra* 167
- *longimámma* 167, 168*
- *magnimámma* 167
- *mercadénsis* 167
- *microhélia* 167
- - var. *microheliópsis* 167
- *microheliópsis* 167
- *moelleriána* 167

Mammillária parkinsónii 167
- *pectinífera* 167, 169*
- *pennispinósa* 167
- *plumósa* 167
- *posélgeri* 167
- *prolífera* 167
- - var. *haitiénsis* 167
- - var. *múlticeps* 167
- - var. *texána* 167
- *rhodántha* 167
- *sabóae* 167
- - f. *haudeána* 167
- *schiedeána* 170
- *semperviví* 170
- *senílis* 170
- *spinosíssima* 170
- *surculósa* 170
- *therésae* 169*, 170
- *uncináta* 170
- *wildii* 170
- *wōōdsii* 170
- *yaquénsis* 170
- *zeilmanniána* 169*, 170
Mandevílla boliviénsis 84
- *exímia* 84
- *láxa* 84
- *sánderi* 84*
- *spléndens* 85
- *suavéolens* 84
Manéttia bícolor 499, 500*
- *infláta* 499
Mangífera índica 81
Mánihot esculénta 235, 242
- - 'Variegáta' 243*
- *utilíssima* 242
Maránta arundinácea 330
- *bícolor* 331
- *leuconēūra* 331
- - 'Erythroneura' 331, 332*
- - 'Kerchoviana' 331
- - 'Massangeana' 331
Marantáceae 330
Marginatocéreus marginátus 182
Marniéra chrysocárdium 155
Marshallocéreus 182
Marsileída 466
Marsiliáceae 466
Masdevállia
- *bélla* 394
- *chimaēra* 394
- *coccínea* 404
- *erythrochaēte* 394
- *harryána* 404
- *ignea* 404
- *infrácta* 404
- *militáris* 404
- *peristéria* 405*
- 'Prince de Galle' 404*
- *tovarénsis* 404
- *veitchiána* 404
Matucána aurantíaca 170
- *haÿnei* 170
- *madisoniórum* 170

Maurándya barcleiána 509
- *purpúsii* 510
- *scándens* 510
Maxillária horíchii 406
- *jugósa* 414
- *meleágris* 406
- *pícta* 406
- *porphyrostéle* 406, 408*
- *sanderiána* 406
- *sophronítes* 406
- *steēlii* 431
- *tenuifólia* 406
- *variábilis* 406
Medéola asparagoídes 313
Medinílla curtísii 338
- *farinósa* 338
- *javanénsis* 338
- *magnífica* 337*, 338
- *sedifólia* 338
- *sieboldiána* 338
- *venósa* 338
Mediolobívia aureiflóra 179
- *pygmaēa* 179
Melaleūca armilláris 354
- *decussáta* 354
- *hypericifólia* 353
- *leucadéndra* 350
- *micromería* 354
- *thymifólia* 354
Melastomatáceae 333
Meliánthaceae 339
Meliánthus comósus 339
- *májor* 339
- *mínor* 339
Melocáctus azúreus 171, 172*
- *matanzánus* 171
- *peruviánus* 171
Méryta denhámii 104
Mesembryanthemáceae 53
Metrosidéros diffúsa 354
- *excélsa* 354
- *fúlgens* 354
- *perforáta* 354
- *robústa* 354
- *scándens* 354
- *umbelláta* 354
Micónia calvéscens 334
- - 'Magnífica' 334, 336*
- *magnífica* 334
Microcoēlum weddeliánum 443*, 444
Microcýcas 221
Microlépia platyphýlla 476
- *strigósa* 476
- *spelúncae* 476
Microsórum ptéropus 475*, 482
Mikánia
- *apiifólia* 205
- *ternáta* 205
Míla caespitósa 171
× Miltássia 374, 407
Miltónia clowésii 406
- *flavéscens* 406
- *regnéllii* 406
- *roēzlii* 407
- *spectabilis* 406

Miltónia spectábilis
- - var. *moreliána* 406
- *vexilláría* 407
× Miltonídium 407
× Miltonióda 407
Miltonioídes laēvis 407
Miltonióps roēzlii 407
- *vexilláría* 407
Mimósa púdica 300, 302*
- *sensitíva* 301
- *spegazzínii* 301
Mimosoídae 298
Mímulus aurantiacus 513, 514*
- *cardinális* 513
- *cúpreus* 513
- *glutinósus* 513
- Hybriden 513
- *moschátus* 513
- *primuloídes* 513
Mirábilis jalápa 356
Mitrária 261
Mitrophýllum 62
- *compáctum* 63*
- *mitrátum* 62
Momórdica charántia 219*
Monánthes anagénsis 216
- *laxiflóra* 216
- *murális* 216
- *polyphýlla* 216
Moniéra 510
Monochaētum alpéstre 338
- *bonplándii* 338
- *hírtum* 338
Monoléna primuliflóra 335
Mónstera acumináta 97
- *deliciósa* 97
- *friedrichsthálii* 97
- *oblíqua* 97
Montánoa bipinnatífida 201
Monvíllea haageána 171
- *spegazzínii* 171
Moráceae 340
Moraēa 292
Mormódes buccinátor 407
- *colóssus* 408*
- *flávida* 407
- *wendlándii* 408
Morawétzia doelziána 176
Mórus 340
Muehlenbéckia adpréssa 460
- *axilláris* 460
- *compléxa* 460
- *platycládia* 460
Murraÿa
- *exótica* 506
- *paniculáta* 506
Músa acumináta 346, 348*
- *arnoldiána* 345
- *básjoo* 346
- *cavendíshii* 346
- *enséte* 345
- × *paradisíaca* 346
- *sanguínea* 346
- *sumatrána* 346
- *téxtilis* 346
- *ventricósa* 345
Musáceae 345

Muscári 308
Mussaénda erythrophýlla 501*
Músschia aúrea 189
– *wollastónii* 189*
Mutísia clématis 201
– *decúrrens* 201
– *ilicifólia* 201
– *sinuáta* 201
– *speciósa* 201
Myoporáceae 348
Myóporum laétum 348
– *parvifólium* 348
Myricária myriophýlla 352
Myrmecódia echináta 502
– *platytyréa* 499*, 502
Myrsiniáceae 349
Myrsine africána 349
– – var. *microphýlla* 349
– – var. *retúsa* 349
Myrtáceae 350
Myrtillocáctus geometrízans 171*
Mýrtus
– *bulláta* 353
– *commúnis* 355
– *lúma* 353
– *obcordáta* 353
– *úgni* 355

Nananthus 63*
– *aloídes* 63
– *rosulátus* 63
– *vittátus* 63
Nandína doméstica 122, 123*
Nanódes medúsae 408, 409*
– *pórpax* 409
Nautilócalyx bullátus 258
– *forgétii* 258
– *lýnchii* 258
Nelúmbium 357
Nelúmbo lútea 357
– *nucífera* 357, 358*
Nematánthus lóngipes 259
Nemésia 509
Neoalsomítra sarcophýlla 219
Neobesséya missouriénsis 171
Neochilénia esmeraldána 172
  napína 172
– *occúlta* 172
– *paucicostáta* 172
– *réichei* 172
Neogomésia agavoídes 146
Neohenrícia sibbéttii 63
Neollóydia conoídea 171
– – var. *grandiflóra* 171
– *grandiflóra* 171
– *macdowéllii* 172
Neomárica coerúlea 293
– *grácilis* 293
– *northiána* 293
Neomóorea irroráta 409*

Neoportéria esmeraldána 172
– *gerocéphala* 172
– *napína* 172*
– *nídus* 172
– – var. *gerocéphala* 172*
– *occúlta* 172
– *paucicostáta* 172
– *réichei* 172
– *senílis* 172
– *subgibbósa* 172
– *umadeáve* 173
– *villósa* 173
Neoregélia ampullácea 134
– *binótii* 134
– *carolínae* 133*, 134
– *chlorostícta* 134
– *concéntrica* 134
– *prínceps* 134
– *sarmentósa* 134
– *spectábilis* 134
– *trístis* 134
Neowerdermánnia vorwérkii 173*
Nepentháceae 283
Nepénthes aláta 284*, 285
– *ampullária* 285
– *bicalcaráta* 285*
– *distillatória* 285
– *grácilis* 285
– × *hookeriána* 285
– Hybriden 285
– *khasiána* 285
– *löwii* 285
– *madagascariénsis* 285
– *máxima* 285
– *mirábilis* 285
– *rafflesiána* 286
– *rájah* 286
– *sanguínea* 286
– *véitchii* 286
– *ventricósa* 286
– *villósa* 286
Nephélium 507
Nephrolepidáceae 480
Nephrólepis acumináta 480
– *acúta* 480
– *biserráta* 480
– *cordifólia* 480
– *exaltáta* 480*
– *tuberósa* 480
Neptúnia olerácea 301
– *pléna* 301
Nerínc 78
– *bowdénii* 79
Nérium
– *índicum* 85
– *odórum* 85
– *oleánder* 85*
Nértera
– *depréssa* 502
– *granadénsis* 501*, 502
Nicodémia diversifólia 141
Nidulárium billbergioídes 134
– *citrínum* 134
– *fúlgens* 134, 136*
– *innocéntii* 134

Nidulárium innocéntii
– – var. *lineátum* 134
– – var. *striátum* 134
– *lineátum* 134
– *scheremetiéwii* 134
– *striátum* 134
Nierembérgia hippománica var. *violácea* 521
Nolína 52
Nopalxóchia × *ackermánnii* 173
– *phyllanthoídes* 173
Normanbókea pseudopectináta 186
– *valdeziána* 186
Notocáctus aprícus 174
– *arechavalétai* 173*
– *concinnus* 174
– *floricómus* 174
– *graéssneri* 174
– *haselbérgii* 174
– *leninghaúsii* 174
– *magníficus* 174
– *mammulósus* 174
– *ottónis* 174
– *rútilans* 174
– *schumanniánus* 174
– *scópa* 174
– *submammulósus* 174
– *tephracánthus* 175
– *uebelmanniánus* 175
Notýlia 410
Nyctagináceae 356
Nyctocéreus serpentínus 175
Nymphaéa 357
Nymphaeáceae 357

Obregónia denégrii 175
Óchna
– *atropurpúrea* 359
– *multiflóra* 359
– *serruláta* 359*
Ochnáceae 359
Octoméria 410
× *Odontióda* 411, 412*
× *Odontocídium* 411
Odontoglóssum
– *bictoniénse* 388
– *cariníferum* 410
– *cervantésii* 390
– *citrósmum* 410
– *cordátum* 390
– *críspum* 410
  ehrenbérgii 390
– *gránde* 430
– *harryánum* 410, 413*
– *insleáyi* 430
– *laéve* 407
– *maculátum* 390
– *majále* 390
– *odorátum* 410
– *péndulum* 410
– *pulchéllum* 414
– *röezlii* 407
– *róseum* 384
– *róssii* 390
– *schlieperiánum* 430
– *spléndens* 430

Odontoglóssum úro-skínneri 390
– *vexillárium* 407
– *williamsiánum* 430
× *Odontocídium* 411
Odontonéma schomburgkiánum 41
× *Odontónia* 407, 411
Odontóphorus marlóthii 63
– *nánus* 63
Oenothéra 361
Ólea europaéa 360*
Oleáceae 359
Oleándra articuláta 480
Oleandráceae 480
Oleária erubéscens 202
– *försteri* 202
– *gunniána* 202
– *insígnis* 202
– *macrodónta* 202
– *nummulariifólia* 201*, 202
– *odoráta* 202
– *paniculáta* 202
– *ramulósa* 202
– *solándri* 202
Onagráceae 361
Oncídium bicallósum 413
– *carthaginénse* 413
– *cavendishiánum* 413
– *cebolléta* 414
– *críspum* 411
– *flexuósum* 413
– *forbésii* 411
– *gárdneri* 412
– *gireoudeánum* 373
– *incúrvum* 413
– *jonesiánum* 414
– *krameriánum* 426
– *lanceánum* 414, 416*
– *lawrenceánum* 373
– *leucochílum* 413
– *ornithorhýnchum* 413
– *papílio* 426
– *varicósum* 413
– – var. *rogérsii* 413
– *variegátum* 412
Onóseris
– *isotýpus* 205
– *onseroídes* 205
Onýchium
– *japónicum* 474
Ophioglossáceae 466
Ophioglóssidae 466
Ophiopógon
– *jabúran* 317
– *japónicus* 317
– *planiscápus* 317
Ophthalmophýllum friedríchiae 64
– *pubéscens* 64
Opithándra 261
Oplísmenus
– *hirtéllus* 'Variegatus' 262*
– *imbecíllis* 261
Opúntia articuláta 175
– – f. *papyracántha* 175
– *azúrea* 175, 176*
– *basiláris* 175

Opúntia bergeriána 175
– *bigelówii* 175
– *clavarioídes* 175
– *fícus-índica* 176
– *micródasys* 176*
– – var. *albispína* 176
– – var. *rúfida* 176
– *papyracántha* 175
– *rúfida* 176
– *scheérii* 176
– *subuláta* 176
Orchidáceae 363
Orchidántha maxillarioídes 325
Oreocéreus celsiánus 176, 177*
– – var. *hendrikseniánus* 176
– *doelziánus* 177
– *hendrikseniánus* 176
Oreópanax dactylifólius 104
– *nymphaeifólius* 104
– *reticulátus* 104
Ornithógalum caudátum 318
– *thyrsoídes* 318
Orobancháceae 439
Orobánche crenáta 439, 440*
– *héderae* 439
– *ramósa* 439
Oróya peruviána 177
Órphium frutéscens 245
Osbéckia stelláta 338
Osmánthus 359
Osmoglóssum pulchéllum 414
Osteoméles
– *anthyllidifólia* 491
– *schweríniana* 491
Otacánthus coerúleus 514
Otánthus marítimus 207
Othónna arbúscula 205*, 207
– *capénsis* 207
– *crassifólia* 207
– *cárnosa* 207
Oxalidáceae 440
Óxalis acetosélla 441
– *bowíei* 441
– *déppei* 441
– *hedysaroídes* 441
– *ortgiésii* 440*, 441
– *purpúrea* 441
– *rusciförmis* 441
– *tetraphýlla* 441
– *tuberósa* 441
– *variábilis* 441
Oxylóbium 308
Oxypétalum caerúleum 110, 112*

Pábstia jugósa 414
Pachíra fastuósa 124
– *insígnis* 124
Pachycéreus
– *marginátus* 182
– *prínglei* 177
– *wéberi* 177

Register 561

Pachýphytum bracteósum 216
- *compáctum* 216
- *hookeri* 216
- *ovíferum* 216, 217*
- *uniflórum* 216
Pachypódium bispinósum 86
- *brevicaule* 86
- *geayi* 86
- *lamérei* 86*
- *rosulátum* 86
- *succulentum* 86
Pachýstachys lútea 41*, 42
Pachystégia insignis 199*, 202
Palisóta albértii 197
- *bárteri* 197
- *bracteósa* 197
- *elizabéthae* 197
- *pynaertii* 197
- – 'Elizabethae' 197
Pálmae 441
Pánax ginseng 102
Pancrátium illýricum 78
- *marítimum* 78
Pandanáceae 447
Pándanus baptistii 447
- *pygmaeus* 448
- *sánderi* 448
- *útilis* 448
- *veitchii* 447*, 448
Panícum plicátum 262
Paphiopedilum barbátum 415
- *bellátulum* 417
- *callósum* 415
- *chamberlainiánum* 417
- *charleswórthii* 415
- *cóncolor* 417
- *delenátii* 417, 419*
- *fairrieánum* 415, 419*
- *glaucophýllum* 417
- *hirsutissimum* 415, 418*
- Hybriden 418, 419*
- *insigne* 415
- *níveum* 417
- *paríshii* 417
- *philippinénse* 417
- *rothschildiánum* 417, 418*
- *spiceriánum* 415
- *sukhakúlii* 416
- *tónsum* 417
- *venústum* 416
- *victóriae-regínae* 417
- – ssp. *chamberlainiánum* 417
- – ssp. *glaucophýllum* 417
- *villósum* 416
Papilionátae 302
Parkeriáceae 480
Paródia aureispína 177
- *ayopayána* 178
- *chrysacánthion* 177*, 178
- *maasii* 178
- *mairanána* 178
- *nivósa* 178
- *sanguiniflóra* 178

Parrótia pérsica 264
Parthénium 199
Parthenocíssus henryána 537
- *quinquefólia* 536
Passerína ericoídes 529
- *filifórmis* 529
Passiflóra aláta 450
- *caerúlea* 450
- *coriácea* 450
- × *decaisneána* 450
- *edúlis* 450
- *grácilis* 450
- *incarnáta* 450
- *kermesina* 450
- *maculifólia* 450
- *organénsis* 450
- *quadranguláris* 449*, 450
- *racemósa* 450
- *raddiána* 450
- *trifasciáta* 450
- *violácea* 450, 451*
Passifloráceae 448
Paullínia cupána 507
- *thalictrifólia* 507
Paulównia 509
Pavónia multiflóra 329*, 330
Pectinária pillánsii 114
- *saxátilis* 114
Pedilánthus tithymaloídes 242
Pedilónum secúndum 420
Pediocáctus papyracánthus 178
Peiréskia 178
Peireskiópsis velutína 178
Pelargónium angulósum 246
- *carnósum* 246, 248*
- *crassicaule* 246
- *críspum* 246, 248*
- *cucullátum* 246
- *echinátum* 246
- *crithmifólium* 246
- *exstipulátum* 246
- *feruláceum* 246
- Grandiflorum-Hybriden 245*, 246
- *graveólens* 246
- *inquinans* 246
- *peltátum* 246
- Peltatum-Hybriden 246
- *quercifólium* 246
- *rádens* 246
- *rádula* 246
- *tetragónum* 246
- *tomentósum* 246
- *zonále* 246
- Zonale-Hybriden 246
Pelecýphora asselifórmis 178
- *pseudopectináta* 186
- *valdeziána* 186
Peltaea atropurpúrea 486
- *flexuósa* 486
- *ováta* 486
- *rotundifólia* 474*, 485*, 486
- *víridis* 486

Pelliónia
- *daveauána* 532
- *púlchra* 532
- *répens* 532
Pentapterýgium rugósum 230
- *sérpens* 229
Péntas
- *cárnea* 502
- *lanceoláta* 502
Peperómia 454*
- *anguláta* 453
- *argyreia* 452
- *arifólia* 453
- *aspérula* 453
- *blánda* 453
- *caperáta* 452
- *dolabrifórmis* 453
- *fráseri* 453
- *galioides* 453
- *glabélla* 453
- *griseoargéntea* 452
- *hederifólia* 452
- *incána* 453
- *maculósa* 453
- *metállica* 453
- *niválus* 453
- *nummulariifólia* 453
- *obtusifólia* 453
- *prostráta* 453
- *pulchélla* 453
- *resediflóra* 453
- *rotundifólia* 453, 454*
- *rubélla* 453
- *sarcophýlla* 453
- *scándens* 453
- *sérpens* 453
- *trichocárpa* 453
- *velutína* 453
- *verticilláta* 453
Peréskia aculeáta 178
- – var. *godseffiána* 178
- *bahiénsis* 178
- *bléo* 182
Perilépta dyeriána 42
Peristéria eláta 420
- *péndula* 420
Perístrophe hyssopifólia 42
- *salicifólia* 42
- *speciósa* 42
Pernéttya mucronáta 232
- *prostráta* 232
- *tasmánica* 232
Pérsea americána 298
- *gratissima* 298
Pescatória cérina 421, 422*
Pétrea volúbilis 535
Petrocósmea 261
Pháius flávus 421
- *grandifólius* 421
- *tankervílleae* 421, 422*
- *wallíchii* 421
Phalaenópsis amábilis 421
- *córnu-cérvi* 421
- *esmerálda* 394
- *hieroglýphica* 422
- Hybriden 422*, 423

Phalaenópsis luedde-manniána 422
- – var. *hieroglýphica* 422
- *mánnii* 422
- *pulchérrima* 394
- *sanderiána* 423*
- *schilleriána* 422, 423*
- *stuartiána* 422
Phanerophlébia 469
Philadélphus 507
Philippicéreus 157
Phillýrea 359
Philodéndron
- *andreánum* 98
- *angustiséctum* 98
- *bipinnatifidum* 98
- *élegans* 98
- *erubéscens* 98
- *ilsemánnii* 98
- *melanochrýsum* 97*, 98
- *rugósum* 98
- *scándens* 98
- *sélloum* 98
- *squamíferum* 97*, 98
- *verrucósum* 98
Phlebódium aureum 483
Phoenix canariénsis 446
- *dactylífera* 445
- *roebelénii* 446
- *theophrástii* 443
Phórmium colénsoi 318
- *ténax* 318, 319*
Phragmipédium caudátum 424
Phygélius capénsis 514*
Phýlica ericoídes 490
- *paniculáta* 490
- *plumósa* 490
Phyllánthus angustifólius 243
- *arbúscula* 243
- *nivósus* 236
- *speciósus* 243
Phýsalis 516
Phytolácca americána 452
Phytolaccáceae 452
Piaránthus foetidus 114
- *párvulus* 114
- *pillánsii* 114
Pílea cadiérei 525*, 529*, 532
- *crassifólia* 532
- Hybriden 529*
- *microphýlla* 529*, 532
- *muscósa* 532
- *nummulariifólia* 532
- *spruceána* 532
Pilocárpus 503
Pilosocéreus pálmeri 179
Pimélea
- *decussáta* 529
- *ferrugínea* 529
- *hypericína* 529
- *linifólia* 529
- *rósea* 529
- *spectábilis* 529
- *suaveólens* 529
Pimenta dioíca 350

Pinguícula alpína 280
- *caudáta* 281
- *coerúlea* 280
- *ehlérsae* 281
- *esseriána* 281
- *grandiflóra* 280, 281
- *gypsícola* 280*
- *ionántha* 281
- *kóndei* 281
- *lútea* 281
- *moranénsis* 281
- *planifólia* 281
- *primuliflóra* 281
- *púmila* 281
- *vulgáris* 281
Píper crocátum 453*
- *bícolor* 454
- *magníficum* 454
- *nígrum* 453
- *ornátum* 453
- *porphyrophýllum* 454
Piperáceae 452
Pisónia
- *brunoniána* 357
- *umbellífera* 356*, 357
Pistácia lentíscus 81*
- *terebínthus* 81
- *véra* 81
Pistia stratiótes 98*
Pitcairnia andreána 128
- *angustifólia* 128
- *aphelandriflóra* 128
- *coráliína* 128
- *feliciána* 128
- *flámmea* 128
- *heterophýlla* 128, 129*
- *maidifólia* 128
- *tabulifórmis* 128
- *xanthócalyx* 128
Pittosporáceae 454
Pittospórum coriáceum 455
- *crassifólium* 455, 456*
- *revolútum* 455
- *tenuifólium* 455
- *tobira* 455*
Pityrográmma argéntea 477
- *calomélanos* 477
- *chrysophýlla* 476*, 477
- *sulphúrea* 477
- *tartárea* 477
Platycérium
- *alcicórne* 482
- *angolénse* 482
- *bifurcátum* 481*, 482
- *coronárium* 482
- *gránde* 482
- *grándé* 482
- *híllii* 482
- *madagascariénse* 482
- *stemária* 482
- *supérbum* 482
- *wilhelmínae-regínae* 482
- *willínckii* 481*, 482
Platyopúntia 175
Plectránthus fruticósus 294*, 295
- *oertendáhlii* 295

Pleióne bulbocodioídes 424
— *formosána* 424
— — 'Oriental Jewel' 425*
— × *lagenária* 424
— *limpríchtii* 424, 425*
— *maculáta* 424, 425*
— *praécox* 424
— *prícei* 424
— *wallichiána* 424
Pleióspilos 53
— *bolúsii* 64
— *longibracteátus* 64*
— *nélii* 64
— *símulans* 64
— *willowmooreénse* 64
Pleurothállis 425
— *vittáta* 428*
Plumbagináceae 456
Plumbágo auriculáta 456, 457*
— *capénsis* 456
— *índica* 456
— *zeylánica* 456
Pluméria rúbra 86*
Poáceae 261
Poellnítzia 311
Pogonátherum paníceum 262
Pogostémon cáblin 296
— *patchoúli* 296
Polemoniáceae 456
Poliánthes tuberósa 50*
Polýgala myrtifólia 458*
— — var. *grandiflóra* 458
Polygaláceae 458
Polygonáceae 458
Polýgonum 458
Polypodiáceae
Polypódium
— *aúreum* 483
— *bifrons* 483
— *crassifólium* 483*, 484*
— *leiorhízum* 483
— *longifólium* 483
— *lúcidum* 483
— *lycopodioídes* 483
— *musifólium* 483
— *ptéropus* 482
— *pustulátum* 483
— *reinwárdtii* 482
— *scándens* 483
— *subauriculátum* 482
— *vacciniifólium* 483
— *vulgáre* 483
Polypómpholyx 266, 279
Polýscias balfouriána 104
— *filicifólia* 104
— *fruticósa* 105
— *guilfoýlei* 104
— *paniculáta* 105*
Polystáchya 426
Polýstichum 472
— *acrostichoídes* 471
— *aculeátum* 471
— *auriculátum* 471
— *braúnii* 471
— *lónchitis* 471
— *munítum* 471
— *setíferum* 471

Polýstichum tsussiménse 471
Poncírus trifoliáta 505
Pontederiáceae 460
Pórtea kermesína 135
— *leptántha* 135
— *petropolitána* 135
Portuláca grandiflóra 461
Portulacáceae 461
Portulacária áfra 462*
Póthos
— *aúreus* 96
— *lourérii* 99
— *scándens* 99
— × *Potinára* 381
Prátia anguláta 189*
— *begoniifólia* 189
— *nummulária* 189
— *répens* 189
Prestónia quinquanguláris 87
Prímula floribúnda 462
— × *kewénsis* 462
— *malacoídes* 462
— *obcónica* 462
— *praénitens* 462
— *verticilláta* 462
Primuláceae 462
Pritchárdia pacífica 446
Promenaéa
— *citrína* 426
— *micróptera* 426
— *stapelioídes* 426
— *xánthina* 426
Prostanthéra nívea 296
— *ovalifólia* 295*, 296
— *rotundifólia* 296
— *stéberi* 296
— *violácea* 296
Prótea 463
Proteáceae 463
Pseuderánthemum alátum 42
— *atropurpúreum* 42
— *reticulátum* 43
— *sinuátum* 43
Pseudóbombax ellípticum 124
Pseudoespostóa 157
Pseudolobívia ancistróphora 154
— *aúrea* 154
— *hamatacántha* 154
— *kermesína* 155
— *kratochviliána* 154
— *obrepánda* 155
Pseudópanax crassifólius 105
— *díscolor* 105
— *férox* 105
Psídium cattleyánum 350
— *guineénse* 350
Psilotópsida 466
Psilotáceae 466
Psychópsis krameriána 426
— *papílio* 426
Ptéris argyréa 467
— *crética* 467
— — 'Albo-Lineata' 467*
— — *dentáta* 467
— *ensifórmis* 467
— *flabelláta* 467

Ptéris longifólia 467
— *multífida* 467
— *quadriauríta* 467
— *serruláta* 467
— *trémula* 467
— *umbrósa* 467
— *vittáta* 467
Pteridophýta 466
Pterocáctus tuberósus 179
Ptychospérma 446
Púnica granátum 488*, 489*
Punicáceae 489
Púya chilénsis 129
— *raimóndii* 129
Pyrrheímia loddigésii 197
Pyrrhocáctus umadeáve 173

Quesnélia húmilis 135
— *liboniána* 135
— *marmoráta* 135
— *quesneliána* 135

Rabíea albinóta 65
— *diffórmis* 65
Radermáchera sínica 123*
Ramónda 248
Rauvólfia 82
Ravenála madagascariénsis 346
Rebútia aureiflóra 179
— *calliántha* 180
— *deminúta* 179
— *einstéinii* 179
— *fiebrígii* 179, 180*
— *krainziána* 179
— *kupperiána* 179
— *marsonéri* 179
— *minúscula* 179
— — ssp. *minúscula* 179
— — ssp. *violaciflóra* 179
— *múscula* 179
— *pygmaéa* 179
— *pseudodeminúta* 179
— *senilis* 179
— *spinosíssima* 180
— *wessneriána* 180
— — f. *calliántha* 180
— *violaciflóra* 179
Rechsteinéria
— *cardinális* 251
— *leucótricha* 251, 256*
Reicheocáctus 172
Reinéckea cárnea 318
Reinwárdtia índica 324*
— *tetrágyna* 324
— *trígyna* 324
× *Renantánda* 437
Renánthera coccínea 427
— *imschootiána* 427
Restrépia élegans 427, 428*
Rhabdothámnus 261
Rhamnáceae 489
Rhámnus alatérnus 490
Rhaphidóphora
— *aúrea* 96
— *celatocaúlis* 99
— *decursíva* 99

Rhaphiólepis índica 491*
— *umbelláta* 491
Rhaphithámnus
— *cyanocárpus* 535
— *spinósus* 535
Rhápis excélsa 446
— *flabellifórmis* 446
— *húmilis* 446
Rhinephýllum broómii 65
— *múiri* 65
Rhipsalidópsis gaértneri 180
— × *graéseri* 181
— *rósea* 181*
Rhypsaphyllópsis graéseri 181
Rhípsalis capillifórmis 181
— *cassútha* 181
— *claváta* 181
— *crucifórmis* 161
— *houlletiána* 181
— *mesembryanthemoídes* 181*
— *paradóxa* 161
Rhododéndron símsii 233, 234*
Rhodocáctus bléo 182
Rhodohypóxis baúrii 264
Rhóeo
— *díscolor* 197
— *spathácea* 197*
Rhoicíssus capénsis 536*, 539
— *rhomboídea* 537
Rhombophýllum dolabrifórme 65
— *rhomboídeum* 65
Rhopalostýlis baúeri 446
— *sápida* 446
Rhus 81
Rhynchoglóssum 261
Rhyncholaélia digbyána 427
— *glaúca* 427
Rhynchostýlis gigantéa 428
— *retúsa* 428
Ríbes 507
Rícinus 235
Rivína húmilis 452*
Róchea coccínea 217
— *jasmínea* 217
— *odoratíssima* 217
— *versícolor* 217
Rodgérsia 507
Rodriguézia
— *crispa* 398
— *decóra* 429
— *secúnda* 429*
Róhdea japónica 318, 320*
Romúlea 292
Rondelétia odoráta 502
— *speciósa* 502
Rorídula dentáta 287
— *gorgónias* 287
Roriduláceae 287
Rosáceae 490
Roscoéa alpína 545
— *cautleoídes* 545
— *humeána* 545
— *purpúrea* 545
— — 'Procera' 543*, 545

Roseocáctus fissurátus 146
— *kotschoubeyánus* 146
Rosmarínus officinális 296
Rosioglóssum gránde 430
— *insleaýi* 430
— *schlieperiánum* 430
— *spléndens* 430
— *williamsiánum* 430
Roúpala
— *corcovadénsis* 465
— *macrophýlla* 465
Rubiáceae 494
Rúbus austrális 492
— *moluccánus* 492
— *refléxus* 492*
— *squarrósus* 492
Ruéllia 43
— *amoéna* 43
— *devosiána* 43
— *graecízans* 43
— *longifólia* 43
— *macrántha* 43
— *maculáta* 44
— *portéllae* 43, 44*
Rúmex 458
Rumóhra adiantifórmis 469
Rúschia derenbergiána 70
— *máxima* 70
— *milleflóra* 71
— *perfoliáta* 71
— *rubricaúlis* 71
— *uncináta* 71
Rúscus aculeátus 319, 320*
— *hypoglóssum* 319
— *hypophýllum* 319
Russélia equisetifórmis 515*
— *júncea* 515
— *sarmentósa* 515
Rúta 503
Rutáceae 503

Sábal 446
Saccolábium bellínum 398
— *calceoláre* 398
Saintpaúlia ionántha 259
— Jonantha-Hybriden 259
Salpiglóssis 516
Sálvia aethíopis 296
— *argéntea* 296
— *canariénsis* 296
— *farinácea* 296
— *heérii* 296
— *hormínum* 296
— *involucráta* 296
— *nemorósa* 296
— *officinális* 296
— *páatens* 296
— *praténsis* 296
— *spléndens* 296
— *víridis* 296
Salvínia auriculáta 472*
— *nátans* 471
Salviniáceae 471
Salviniídae 466
Sambúcus 190
Sanchézia nóbilis 44
— *parvibracteáta* 43*, 44

Sansevieria arboréscens 51
- *cylindrica* 51
- *ehrenbérgii* 51
- *grácilis* 51
- *grándis* 51
- *kírkii* 51
- *trifasciáta* 50, 52*
- - 'Craigii' 50, 52*
- - 'Golden Hahnii' 50, 52*
- - 'Hahnii' 50, 52*
- - 'Laurentii' 50, 52*
Sapindáceae 507
Sapíndus saponária 507
Sarcocaúlon 246
Sarracénia aláta 290
- *drummóndii* 290
- *fláva* 290, 291*
- Hybriden 291
- *leucophýlla* 290, 291*
- *minor* 290
- *oreóphila* 290
- *psittácina* 290
- *purpúrea* 288*, 291
- *rúbra* 291
- - ssp. *jonésii* 291
- *slédgei* 290
Sarraceniáceae 289
Sása variegáta 261
Sauromátum
- *guttátum* 99
- *venósum* 99, 100*
Saxifraga
- *sarmentósa* 509
- *stolonífera* 509, 510*
Saxifragáceae 507
Scelétium anatómicum 65
Schéfflera
- *actinophýlla* 103
- *arborícola* 105
- *digitáta* 105
- *venulósa* 105
Schismatoglóttis concínna 99
- *neoguineénsis* 99
- *pícta* 99
- *púlchra* 99
Schizaeídae 466
Schizánthus 516
Schizostýlis 292
Schlumbérgera bridgésii 182
- *gaértneri* 180
- *truncáta* 182, 184*
Schombúrgkia supérbiens 430
- *tibícinis* 431
Schwantésia acutipétala 66
- *hérrei* f. *májor* 66
- *ruedebúschii* 64*
Scílla
- *sociális* 317
- *violácea* 317
Scindápsus
- *aúreus* 96, 99
- *píctus* 99
Scírpus cérnuus 223*, 224
- *grácilis* 224
- *prólifer* 224
Scrophulariáceae 509

Scutellária costaricána 295*, 296
- *mociniána* 296
Scuticária steélii 429*, 431
Scyphulária pentaphýlla 476
Séchium edúle 219
× *Sedádia amecamecánum* 218
Sédum adólphii 218
- *alamosánum* 218
- *allantoídes* 218
- *amecamecánum* 218
- *béllum* 218
- *caerúleum* 217
- *compáctum* 218
- *compréssum* 218
- *cupressoídes* 218
- *dendroídeum* 218
- *diffúsum* 218
- *diversifólium* 218
- *gréggii* 218
- *gríseum* 218
- *hulténii* 218
- *humifúsum* 218
- *liebmanniánum* 218
- *lineáre* 218
- *mexicánum* 218
- *moranénse* 218
- *morganiánum* 217*, 218
- *múlticeps* 218
- *nussbaumeriánum* 218
- *oaxacánum* 218
- *pachyphýllum* 218
- *pálmeri* 218
- *praeáltum* 218
- *retúsum* 218
- *sarmentósum* 218
- *stáhlii* 218
- *treleásii* 218
Seemánnia
- *latifólia* 249
- *sylvática* 249
Selaginélla
- *albónitens* 484
- *ápoda* 484
- *ápus* 484
- *braúnii* 484
- *caésia* 484
- *cauléscens* 484
- *cuspidáta* var. *emiliana* 485
- *denticuláta* 483
- *douglásii* 483
- *emmeliána* 485
- *flabelláta* 484
- *grácilis* 484*
- *grándis* 484
- *gríffithii* 484
- *haematódes* 484
- *helvética* 483
- *inaequalifólia* 484
- - var. *perélegans* 484
- *invólvens* 484
- *kraussiána* 484
- *lepidophýlla* 485
- *marténsii* 485
- *palléscens* 485
- *pilífera* 485

Selaginélla plána 484
- *pulchérrima* 485
- *rotundifólia* 484
- *rupéstris* 483
- *selaginoídes* 484
- *sérpens* 484
- *sibírica* 484
- *stolonífera* 484
- *tenélla* 484
- *umbrósa* 485
- *uncináta* 484
- *underwoódii* 484
- *victóriae* 485
- *willdenówii* 485
Selaginelláceae 483
Selenicéreus grandiflórus 182, 184*
- *pteránthus* 182
Sémele andrógyna 319
Semnánthe lácera 71
Senécio acaúlis 208
- *amaniénsis* 208
- *anteuphórbium* 208
- *articulátus* 208
- *bícolor* 206
- *cinerária* 206
- *compáctus* 203
- *cruéntus* 206
- *ficoídes* 208
- *fúlgens* 208
- *galpínii* 208
- *grandifólius* 202*, 203
- *gréyi* 203
- *hawórthii* 207*, 208
- *héctoris* 203
- *heritiéri* 206
- *herreánus* 208
- *kírkii* 203
- *kleínia* 208*
- *laxifólius* 203
- *leucóstachys* 206
- *longiflórus* 208
- *marítimus* 206
- *mikanioídes* 206
- *petasítis* 202
- *répens* 208
- *scapósus* 208
- *sempervívus* 208*
- *sérpens* 208
- *stapeliifórmis* 208
Setária itálica 262
- *palmifólia* 262
- *plicátilis* 262
Setcreásia
- *purpúrea* 198
- *striáta* 194
Seticéreus isacogónus 147
- *roézlii* 147
Setiechinópsis mirábilis 182
Sidérasis fuscáta 197
Sinníngia barbáta 251
- *canéscens* 251
- *cardinális* 251
- *eumórpha* 251
- Hybriden 251
- *leucótricha* 251, 256*
- *pusílla* 251

Sinníngia regína 251
- *speciósa* 250*, 251
Sinocrássula yunnanénsis 218
Sinopteridáceae 486
Siphocámpylus manettiiflórus 188
Sisyrínchium 292
Smithiántha cinnabárina 252
- Hybriden 251*, 252
- *multiflóra* 252
- *zebrína* 252
Solanáceae 516
Solanópteris bífrons 483
Solánum atropurpúreum 521
- *capsicástrum* 522
- *jasminoídes* 521
- *laciniátum* 521
- *marginátum* 521
- *pénsile* 521
- *pseudocápsicum* 521, 522*
- *pyracánthum* 521
- *robústum* 521
- *seaforthiánum* 521*
- *sisymbriifólium* 521
- *wendlándii* 521
Soleirólia soleirólii 530*, 532
Solísia pectináta 167
Sóllya
- *fusifórmis* 455
- *heterophýlla* 455
Sónchus arbóreus 203
- *congéstus* 203
- *gúmmifer* 203
- *leptocéphalus* 203
- *oleráceus* 203
- *pinnátus* 203
Soneríla margaritácea 335
- - var. *victóriae* 336*
Sophóra japónica 308
- *microphýlla* 308
- *tetráptera* 307*, 308
× *Sophrocattléya* 381, 432
× *Sophrolaélia* 432
× *Sophrolaeliocattléya* 381, 432
Sophronitélla violácea 431
Sophronítis brevipedunculáta 431
- *cérnua* 432
- *coccínea* 432*
- *grandiflóra* 432
- *violácea* 431
Sparáxis 292
Sparmánnia africána 528*, 529
Spathicárpa sagittifólia 100*
Spathiphýllum 102*
- *blándum* 100
- *cannifólium* 100
- *cochlearispáthum* 100
- *floribúndum* 100
- *patínii* 100
- *phryniifólium* 100
Spathoglóttis plicáta 432

Sphaerógyne cinnamómea 335
Sphaeroópteris coóperi 475, 478*
- *medulláris* 475
Spigélia spléndens 324
Spironéma frágrans 194
- *warscewicziána* 194
Spóndias 81
Sprekélia formosíssima 79*
Stangéria eríopus 221
- *paradóxa* 221
Stangeriáceae 221
Stanhópea devoniénsis 433*, 434
- *graveólens* 434
- *hernandézii* 434
- *oculáta* 434
- *tigrína* 434
- *wárdii* 434
Stapélia astérias 114
- *gigantéa* 114
- *grandiflóra* 114
- *hirsúta* 114
- *mutábilis* 114
- *variegáta* 114*
Stauróspis philippinénsis 435
Stélis 434
Stenándrium lindénii 33
Stenocáctus 154
Stenocárpus salígnus 465
- *sinuátus* 463*, 465
Stenocéreus benéckei 182
- *marginátus* 182
- *stellátus* 182
Stenochlaéna palústris 473
- *tenuifólia* 474
Stenotáphrum secundátum 262
Stephanophýsum longifólium 43
Stephanótis floribúnda 111, 113*
Stercúlia úrens 522
Sterculiáceae 522
Stereospérmum sínicum 123
Stewártia 525
Stomátium 66*
- *agnínum* 66
- *pátulum* 66
Strelítzia álba 346
- *augústa* 346
- *caudáta* 346
- *nicolái* 346, 347*
- *parvifólia* 346
- *reginae* 346
- - var. *júncea* 348
Streptocárpus cauléscens 259
- *cyáneus* 259
- *dúnnii* 260
- *galpínii* 260
- *gardénii* 260
- *grándis* 260
- *haygárthii* 260
- *hólstii* 259
- Hybriden 253*, 260

Streptocárpus kírkii 259
– *parviflórus* 259
– *polyánthus* 260
– *réxii* 259
– *saundérsii* 260
– *saxórum* 259
– *wendlándii* 260
Streptosólen jamesónii 522
Strobilánthes
– anisophýllus 38
– dyeriánus 42
– isophýllus 38
– maculátus 44
Strománthe porteána 331
– *sanguínea* 331
Strombocáctus discifórmis 182
Strophánthus 82
Submatucána aurantíaca 170
– *madisoniórum* 170
Sulcorebútia arenácea 183
– *cándiae* 183
– *caniguerálii* 183, 185*
– *krúgerii* 183
– *lépida* 183
– *mizquénsis* 183
– *raŭschii* 183
– *steinbáchii* 183
– *verticillacántha* 183
Súteria hispida 516
Sutherlándia 308
Swainsónia 308
Sýagrus weddeliána 444
Sýmpagis maculáta 44
Symphoricárpos 190
Synadénium grántii 243
Syngónium aurítum 101
– *podophýllum* 101
Syrínga 359
Syzýgium aromáticum 355
– *cumíni* 355
– *jámbos* 355
– *paniculátum* 354*, 355

Tácca áspera 525, 526*
– *chantriéri* 525
Taccáceae 525
Tácitus béllus 215
Taráxacum 199
Tarchonánthus camphorátus 203
Tavarésia grandiflóra 112
Tectária cicutária 471
Tectóna grándis 533
Templetónia 308
Tephrocáctus articulátus 175
Testudinária elephántipes 226
– *multiflóra* 226
– *sylvática* 226
Tetranéma
– *mexicánum* 516
– *róseum* 516
Tetrápanax papýrifer 102
Tetrastígma voinieriánum 538*, 539

Teŭcrium frúticans 297
– *márum* 297
Theáceae 525
Thelocáctus bícolor 183, 184*
– *conothélos* 183
– *heterochrómus* 183
– *hexaedróphorus* 183
– *knuthiánus* 183
Theobróma cacáo 524
Theophrastáceae 527
Thibaŭdia floribúnda 231
Thrixanthocéreus blossfeldiórum 183
Thryállis 326
Thúja 220
Thujópsis 220
Thunbérgia battiscómbei 45
– *erécta* 45
– *gregórii* 45
– *laurifólia* 45*
Thúnia álba 434
– *marshalliána* 434
Thymelaeáceae 527
Thyrsacánthus rútilans 41
Tiarélla 507
Tibouchina
– *semidecándra* 339
– *urvilleána* 339*
Tiliáceae 529
Tillándsia aeránthos 136
– *ánceps* 135
– *argéntea* 136
– *araŭjei* 136
– *balbisiána* 136
– *brachycaŭlos* 135
– *bryoídes* 136
– *bulbósa* 136
– *cáput-medúsae* 136
– *complanáta* 136
– *cyánea* 135*
– *decompósita* 196
– *dianthoídea* 136
– *didísticha* 136
– *durátii* var. *saxátilis* 136
– *fasciculáta* 135
– *flabelláta* 135
– *filifólia* 136
– *funckiána* 136*
– *gárdneri* 136
– *ionántha* 136
– *júncea* 136
– *lindeniána* 135, 136*
– *lindénii* 135
– *lindénii* 135
– *lorentziána* 136
– *morreniána* 135
– *multicaŭlis* 135
– *plumósa* 136
– *polystáchya* 136
– *pruinósa* 136
– *punctuláta* 135
– *recurváta* 136
– *schiedeána* 136
– *streptophýlla* 136
– *stricta* 136, 137*
– *tectórum* 136
– *tenuifólia* 136

Tillándsia trícolor 136
– *usneoídes* 137
– *vestíta* 136
Titanópsis calcárea 66, 67*
– *primósii* 66
Tocóca
– *cinnamómea* 335
– *neocinnamómea* 335
Tolmíea menziésii 509*
Torénia asiática 516
– *baillónii* 515*, 516
– *fourniéri* 516
Toumeŷa papyracántha 178
– *poláskii* 186
Trachelospérmum jasminoídes 87
Trachycárpus fortúnei 446
Tradescántia
– *albiflóra* 197
– Andersoniana-Hybriden 197
– *blossfeldiána* 198
– *cerinthoídes* 198
– *crássula* 195*, 198
– *fluminénsis* 197
– *fuscáta* 197
– *myrtifólia* 197
– *naviculáris* 194
– *ohiénsis* 197
– *pállida* 198
– – 'Purple Heart' 198
– *sillamontána* 198
– *subáspera* 197
– *virginiána* 197
– *zebrína* 198*
Trevésia búrckii 106
– *palmáta* 106
– *sánderi* 106
Trichántha teŭscheri 256
Trichocaŭlon
– *cactifórme* 114
– *clavátum* 114
– *columnáre* 114
– *melofórme* 114
– *pedicellátum* 114
Trichocéreus cándicans 185
– *huáscha* 185
– Hybriden 185*
– *macrogónus* 185
– *pachánoi* 185
– *pasacána* 185
– *spachiánus* 185
– *schickendántzii* 185
Trichodiadéma barbátum 71
– *bulbósum* 71
– *dénsum* 71, 72*
– *mirábilis* 71
Trichoglóttis philippinénsis 435
Trichómanes 478
Trichopília
– *coccínea* 435
– *críspa* 435
– *frágrans* 435
– *margináta* 435
– *suávis* 435, 436*
– *tórtilis* 435

Trichostígma peruviánum 452
Triólena hirsúta 335
– *pustuláta* 335
– *scorpioídes* 335
Tripogándra
– *warscewicziána* 194
Tristánia 350
Triteleĭa uniflóra 321
Trithrínax 446
Tropaeoláceae 530
Tropaeolum azúreum 530
– *pentaphýllum* 530
– *polyphýllum* 530
– *trícolor* 530*
– *tuberósum* 530
– *yarráttii* 530
Trópilis kingiána 436
– *speciósa* 436
Tulbághia violácea 320
Turbinicárpus lophophoroídes 186
– *pseudopectinátus* 186
– *schmiedeckiánus* 186
– – var. *schwárzii* 186
– *schwárzii* 186
– *valdeziánus* 186
Túrnera ulmifólia 531*
Turneráceae 531

Uebelmánnia pectinífera 185*, 186
Úgni molínae 355*
Úhdea bipinnatífida 201
Umbilícus 218
– *horizontális* 218
– *pendulínus* 218
– *rupéstris* 218
Úrera baccífera 529*, 532
Urgínea marítima 323
Urticáceae 531
Utriculária alpína 283
– *amethýstina* 283
– *brémii* 282
– *coerúlea* 283
– *gíbba* 282
– – ssp. *exoléta* 282
– *intermédia* 282
– *longifólia* 283
– *menziésii* 282
– *mínor* 282
– *negléctia* 282
– *nelumbifólia* 282
– *ochroleŭca* 282
– *olivácea* 282
– *purpúrea* 282
– *renifórmis* 281*, 283*
– *sandersónii* 283
– *símulans* 283
– *vulgáris* 282

Vaccínium arctostáphylos 235
– *glaucoálbum* 235
– *moupinénse* 235
– *nummulária* 235
– *ovátum* 235
– *rollisónii* 235

Vallóta
– *purpúrea* 79
– *speciósa* 79, 81*
Vánda alpína 437
– *amesiána* 438
– *coerúlea* 436*, 437
– *cristáta* 438
– *púmila* 438
– *roxbúrghii* 437
– *sanderiána* 397
– *stangeána* 437
– *suavéolens* 437
– *suávis* 437
– *tesseláta* 437
– *trícolor* 437
– – var. *suávis* 437
× *Vandánthe* 397, 437
Vandópsis lówii 369
Vanheĕrdea divérgens 67
– *roŏdiae* 67
Velthĕĭmia bracteáta 323*
– *capénsis* 323
Verátrum 308
Verbenáceae 533
Verónica 509
Vibúrnum odoratíssimum 191
– *tínus* 190*
Victória amazónica 357
– *cruziána* 357
Vinca májor 82
– *rósea* 83
Víola cornúta 536
– *hederácea* 536
– *odoráta* 535
– Wittrockiana-Hybriden 536
Violáceae 535
Vitáceae 536
Vítis pteróphora 537
– *ripária* 536
– *vinífera* 536
– *voinieriána* 539
Vittária lineáta 486
Vittariáceae 486
Vrĭesea barillétii 139
– *carináta* 139
– *chrysóstachys* 139
– *ensifórmis* 139
– *erythrodáctylon* 139
– *fenestrális* 138
– *gigantéa* 138*, 139
– *guttáta* 139
– *hieroglýphica* 139
– Hybriden 139
– *imperiális* 139
– *incurváta* 139
– *platynéma* 139
– *psittacina* 139
– *racinae* 139
– *regínae* 139
– *saundérsii* 139
– *scaláris* 139
– *spléndens* 139
– *tesseláta* 138*, 139
– *viridiflóra* 139, 140*
× *Vuylstekeára* 407, 411, 412*

Wallíchia 446
Wárrea díscolor 383
Washingtónia 446
Watsónia 292
Weígela 190
Weingártia lanáta 186
– *neocumíngii* 186
Weldénia cándida 197*, 198
Westríngia fruticósa 297
– *rosmarinifórmis* 297
Whitfíeldia laterítia 45
Wiggínsia tephracántha 175
Wilcóxia albiflóra 186
– *posélgeri* 186
– *schmóllii* 186
– *viperína* 186

Wilcóxia × *Wilsonára* 411
Winteráceae 539
Wintéria 160
Winterocéreus 160
Woodwárdia radicans 474
Worsléya ráyneri 79

Xantheránthemum ígneum 45
Xanthosóma atróvirens 101
– – var. *appendiculátum* 101
– *nígrum* 101
– *robústum* 101
– *violáceum* 101

Xylóbium
– *squálens* 438
– *variegátum* 438

Yúcca aloifólia 51*, 52
– *elephántipes* 52*
– *filamentósa* 51
– *fláccida* 51
– *gloriósa* 52
– *guatemalénsis* 52

Zámia
– *furfurácea* 221
– *loddigésii* 221
– *oblíqua* 221
– *púmila* 221, 222*

Zamiáceae 221
Zamiocúlcas
– *loddigésii* 101
– *zamiifólia* 101
Zantedéschia aethiópica 101*, 102
– *albomaculáta* 102
– *elliottiána* 101, 102
– *rehmánnii* 102
Zebrína péndula 198
Zephyránthes atamásco 81
– *aúrea* 81
– *cándida* 81*
– *carináta* 81
– *grandiflóra* 81
– *rósea* 81

Zephyránthes tubiflóra 81
Zíngiber cassumúnar 539
– *officinále* 545
– *zerúmbet* 545
Zingiberáceae 539
Zygocáctus truncátus 182
Zygopétalum
– aromáticum 383
– *crinítum* 437*, 438
– díscolor 383
– *gramíneum* 400
– *intermédium* 438
– jugósum 414
– *mackáii* 438
– wendlándii 383

Die Pflanzen im Haus. Ein Handbuch für die erfolgreiche Pflege aller Zimmerpflanzen. Von → **Karlheinz Rücker,** Stuttgart. 386 Seiten mit 467 Farbfotos und 320 Zeichnungen. Leinen mit Schutzumschlag → **DM 98,-.** Dieses Werk gibt umfassende Information und Anschauung über Blatt- und Blütenpflanzen, Blumenzwiebeln und -knollen, Bromelien, Farne, Kakteen und andere Sukkulenten, Kübelpflanzen, Orchideen und Palmen.

Kakteen. Kultur, Vermehrung und Pflege. Lexikon der Gattungen und Arten. Von → **Dr. Willy Cullmann,** Marktheidenfeld. Völlig neubearbeitete und neugestaltete 5. Auflage von → **Dr. Erich Götz** und → **Prof. Dr. Gerhard Gröner,** Stuttgart. 338 Seiten mit 404 Farbfotos und 50 Zeichnungen. Leinen mit Schutzumschlag → **DM 98,-.** Ein praktisches und verläßliches Handbuch zum Lesen und Nachschlagen.

Bromelien. Tillandsien und andere kulturwürdigen Bromelien. Von → **Prof. Dr. Werner Rauh,** Heidelberg, unter Mitarbeit von → **Herbert Lehmann,** Heidelberg. Neubearbeitete 2. Auflage. 410 Seiten mit 134 Farbfotos, 362 Schwarzweißfotos und 88 Zeichnungen. Leinen mit Schutzumschlag → **DM 108,-.** Der Leser erfährt alles Wissenswerte über die Biologie der Bromelien, ihre Herkunft, die natürlichen Standorte, ihre Morphologie und Lebensweise und über die Bromelienkultur.

Karnivoren. Biologie und Kultur der insektenfangenden Pflanzen. Von → **Adrian Slack,** England. Aus dem Englischen von → **Dr. Steffen Volk,** Schorndorf. 271 Seiten mit 16 Farbtafeln, 106 Schwarzweißfotos und 70 Zeichnungen. Leinen mit Schutzumschlag → **DM 88,-.** Der Autor schildert die Fangtechniken von rund 50 Karnivoren-Arten und gibt Anleitungen zu ihrer Kultur.

Orchideenatlas. Die Kulturorchideen. Lexikon der wichtigsten Gattungen und Arten. Von → **Helmut Bechtel,** Düsseldorf, → **Dr. Philipp Cribb,** Kew, und → **Dr. Edmund Launert,** London. Überarbeitete 2. Auflage. 475 Seiten mit 720 Farbfotos auf 120 Tafeln und 150 Zeichnungen. Leinen mit Schutzumschlag → **DM 228,-.** Dieses großformatige Werk gibt einen repräsentativen Querschnitt durch die Welt der Orchideen.

Orchideenkultur. Botanische Grundlagen, Kulturverfahren, Pflanzenbeschreibungen. Hrsg. von → **Dr. Gertrud Fast,** Freising. Durchgesehene 2. Auflage. 460 Seiten mit 119 Farbfotos auf 32 Tafeln, 113 Zeichnungen und Schwarzweißfotos. Leinen mit Schutzumschlag → **DM 108,-.** Eine umfassende Darstellung der theoretischen und praktischen Grundlagen der Orchideenkultur, wie sie dem heutigen Wissensstand entspricht.

Die Orchideen. Biologie und Systematik der Orchidaceae. Von → **Prof. Dr. Robert L. Dressler,** Smithsonian Tropical Research Institute, Balboa/Panama. Aus dem Englischen von → **Dr. Guido J. Braem,** Lahnau. Etwa 380 Seiten mit 95 Farbfotos, 22 Schwarzweißfotos und 103 Zeichn. Ln. mit Schutzumschlag → **DM 98,-.** Dieses Werk gibt nicht nur umfassenden Einblick in die Morphologie und Ökologie der Orchideen, sondern stellt auch die Verwandtschaftsverhältnisse als Grundlage für die Klassifikation und Taxonomie der Orchideenfamilie dar.

Orchideen als Zimmerpflanzen. Von → **Rainer Feldmann,** Ilmenau. 208 Seiten mit 105 Farbfotos und 21 Zeichnungen. Kt. → **DM 28,-.** Der Autor beantwortet alle grundsätzlichen Fragen zur Orchideen-Kultur in bezug auf Standort, Pflege, Substrate, Vermehrung, Schädlinge und Krankheiten.

Prospekte kostenlos

Erhältlich in Ihrer Buch(Fach)handlung ober beim **Verlag Eugen Ulmer,** Postfach 70 05 61, 7000 Stuttgart 70

VERLAG EUGEN ULMER

Die ideale Zeitschrift für Pflanzen- und Gartenkenner:

garten praxis

Ob Sie Ihre Liebe zu Orchideen als Hobby oder im Beruf pflegen – „Gartenpraxis" bietet regelmäßig Neues, auch für den Kenner. Unsere Experten geben wertvolle Tips zur fachgerechten Pflege und informieren ausgiebig über die Züchtung neuer Arten.

Darüber hinaus ist „Gartenpraxis" genau die richtige Partnerin für anspruchsvolle Gartenfreunde. Unsere international bekannten Mitarbeiter stellen Ihnen jeden Monat Interessantes für Garten und Blumenfenster vor. „Gartenpraxis" zeigt Ihnen nicht nur gesunde blühende Stauden und Gehölze, sondern gibt auch Pflegehinweise, um die Schönheit Ihrer Pflanzen zu erhalten. Neben den verschiedensten Gestaltungsvorschlägen für Wasser- oder Heidegärten finden Sie ebenso Anregungen zum häuslichen Blumenbinden wie Kaufempfehlungen zur Gartentechnik.

„Gartenpraxis" bietet allen Lesern einen umfangreichen Leserservice. Neben den „Bezugsquellen" für Pflanzen und Gartengeräte und einem „Veranstaltungskalender" erhalten Sie von unseren Experten kostenlosen Rat, falls unter Ihren Pflanzen ein „Problemkind" ist. Für Gartenliebhaber ist die „Pflanzenbörse" eine wahre Fundgrube. Hier können Sie kostenlos seltene Pflanzen oder Samen davon anbieten und suchen.

Sie sehen also, mit „Gartenpraxis" bieten wir Ihnen mehr als nur eine Zeitschrift!

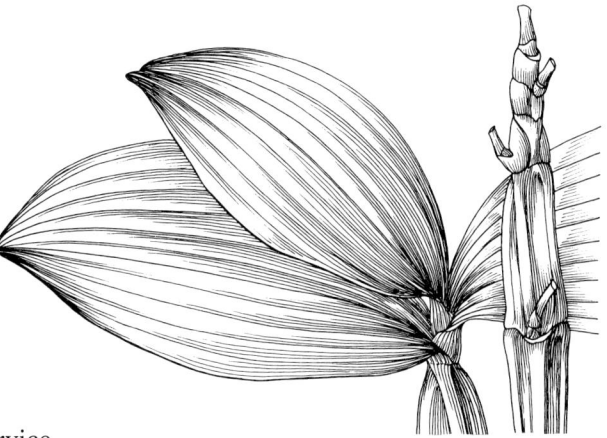

Überzeugen Sie sich selbst. Zwei Probehefte liegen für Sie bereit.
(Schutzgebühr z. Z. DM 3,– pro Heft)

garten praxis

Verlag Eugen Ulmer · Postfach 70 05 61 · 7000 Stuttgart 70